统计学习
（R 语言版）

李高荣　编著

中国教育出版传媒集团
高等教育出版社·北京

内容简介

本书介绍了统计学习的思想、方法和理论以及 R 语言应用，涵盖的内容包括：绪论、模型评价、线性回归模型、重抽样方法、判别分析、K近邻法、模型选择与正则化、非参数回归模型、logistic 回归、决策树、支持向量机、主成分分析、聚类分析、前馈神经网络和卷积神经网络等．本书的主要特色是提供了大量翔实的应用案例，并使用 R 语言进行计算和数据可视化，对书中的统计学习方法和理论都给出了 R 语言程序和应用，并配有相当数量的习题可供练习．

本书取材新颖、阐述严谨、推导详尽、重点突出、深入浅出、富有启发性，便于教学与自学．

本书可作为统计学、数据科学、数学、计算机科学、人工智能、金融学、经济学、医学和工程领域等专业本科生和研究生的统计学习、机器学习和数据分析等课程的教材或参考书，也可供从事数据分析的相关科技人员和工作者参考．

图书在版编目（CIP）数据

统计学习：R 语言版 / 李高荣编著．-- 北京：高等教育出版社，2024. 9. -- ISBN 978-7-04-062518-9

Ⅰ．C8

中国国家版本馆 CIP 数据核字第 2024SP6798 号

Tongji xuexi: R Yuyan ban

策划编辑 吴淑丽	责任编辑 吴淑丽	封面设计 张志奇	版式设计 李彩丽
责任绘图 邓　超	责任校对 刁丽丽	责任印制 存　怡	

出版发行	高等教育出版社	网　　址	http://www.hep.edu.cn
社　　址	北京市西城区德外大街4号		http://www.hep.com.cn
邮政编码	100120	网上订购	http://www.hepmall.com.cn
印　　刷	北京华联印刷有限公司		http://www.hepmall.com
开　　本	787mm × 1092mm　1/16		http://www.hepmall.cn
印　　张	34.75		
字　　数	880 千字	版　　次	2024 年 9 月第 1 版
购书热线	010-58581118	印　　次	2024 年 9 月第 1 次印刷
咨询电话	400-810-0598	定　　价	89.00 元

物 料 号　62518-00

前　　言

在大数据时代, 数据的地位愈发凸显, 已经成为现代生活不可或缺的一部分. 2019 年, 中国共产党第十九届中央委员会第四次全体会议通过《中共中央关于坚持和完善中国特色社会主义制度推进国家治理体系和治理能力现代化若干重大问题的决定》, 首次提出数据可作为生产要素按贡献参与分配. 2022 年 6 月 23 日, 习近平总书记在金砖国家领导人第十四次会晤上指出: “谁能把握大数据、人工智能等新经济发展机遇, 谁就把准了时代脉搏.” 2024 年 6 月 20 日, 习近平总书记在向世界智能产业博览会的致贺信中指出 “人工智能是新一轮科技革命和产业革命的重要驱动力量, 将对全球经济社会发展和人类文明进步产生深远影响. 中国高度重视人工智能发展, 积极推动互联网、大数据、人工智能和实体经济深度融合, 培育壮大智能产业, 加快发展新质生产力, 为高质量发展提供新动能.” 这些都阐明了大数据和人工智能已经成为未来发展的关键, 并为社会和经济的发展提供了新的机遇. 目前, 数据与人工智能、机器学习和大数据的先进分析技术等结合在一起, 一个全新的人工智能大数据时代已经来临, 特别是数字化、网络化和智能化已经成为新一轮科技革命的重要技术代表, 正引领着全球的创新与变革. 2022 年 11 月, OpenAI 推出的 ChatGPT 更是产生了深远的影响, 掀起了一场大模型浪潮, 再次证明了人工智能技术的无限可能. 然而, 这些技术背后的方法、模型、理论和算法究竟是什么?

统计学习或机器学习是统计学、数据科学和人工智能中一个重要的分支, 其思想、方法和理论正是这些科学技术的基础和核心, 在人工智能大数据时代具有重要的基础作用. 统计学习或机器学习不仅能从庞大的数据中提炼有价值的信息, 还能实现数据的清洗与整合、数据的建模与预测、数据的可视化与智能化. 它已在生物、医学、经济、金融、环境科学、抽样调查及工程技术等领域得到越来越广泛的应用, 尤其是在大数据技术迅速发展的今天, 它的重要性更加凸显. 因此, 统计学习或机器学习已被国内外多数高等院校列入统计学、数学、计算机、生物统计学、医学、计量经济学、管理学、金融学等专业的本科生和研究生所学习或研究的内容之一.

作者早在 10 多年前拜读 Hastie 等 2009 年出版的统计学习经典著作 *The Elements of Statistical Learning: Data Mining, Inference, and Prediction* 时, 被其内容深深吸引, 便开设统计学习和机器学习的研讨班, 开始深入研究. 作者于 2018 年有幸在北京工业大学, 给全校的博士研究生和学术硕士研究生开设统计学习选修课程, 选修人数众多, 反响热烈. 此后, 2019 年在北京师范大学增设了本科生的统计学习课程, 同样受到学生们的热烈欢迎, 被认为是一门非常重要的专业课程, 让学生收获颇丰. 多年的教学实践让作者深刻体会到教材建设的重要性. 这也成为作者编写本书的主要动机.

作者经过 10 多年的资料收集和整理, 6 次统计学习课程的教学经验, 并吸收了国内外已出版同类优秀教材的精华和优点, 编写完成了本书. 本书的主要内容是基于本科统计学习教学形成的课程体系, 力图体现结构的科学性、内容的前沿和新颖性、数学推导的严谨性以及方法和算法的实用性. 全书共有 15 章内容, 包括绪论、模型评价、线性回归模型、重抽样方法、判别分析、K 近邻法、模型选择与正则化、非参数回归模型、logistic 回归、决策树、支持向量机、主成分分析、聚类分析、前馈神经网络和卷积神经网络等内容. 本书不仅详细介绍了各种统计学习的思想、方法和理论, 还结合 R 语言进行计算和可视化, 此外还提供了大量的应用案例和习题, 使读者能够更好地掌握和应用统计学习的知识.

在本书出版之际, 作者谨向所有帮助和支持本书编写和出版的同志表示衷心的感谢. 首先, 特别感谢北京师范大学统计学院和北京工业大学统计学专业所有在本书撰写过程中给予鼓励和支持的各位老师, 同时也要感谢薛留根教授和朱力行教授在科研方面给予的指导和帮助. 其次, 感谢研究生何沁锶、靳昌翰、苏瀚、王雨宣、王艺杰、张家悦、郑任重、郑胜彬和朱慧姚协助整理了第 4 章和第 8 章至第 11 章的部分习题, 特别感谢罗敬宣博士在部分程序、数据可视化和习题等方面的大力支持. 最后, 感谢所有修读过这门课程的学生, 他们的建议和帮助让本书更加完善.

本书的顺利完成得到了北京师范大学“十四五”高等教育领域教材建设校级重大教材教改项目和国家自然科学基金 (批准号: 12271046 和 12131006) 等相关项目的支持, 作者谨在此表示感谢.

作者特别感谢家人一直以来的支持和理解, 特别是在本书撰写过程中让作者有足够的时间来完成撰写工作. 在本书的出版过程中, 得到了高等教育出版社领导和吴淑丽等编辑的支持和帮助, 谨在此一并表示感谢.

为了方便教学, 本教材配套了电子教案, 教材中涉及的数据、R 语言程序和彩色插图等, 供使用本教材的师生参考和使用, 相关数字教学资源可通过给作者发 E-mail 索取. 也可以通过关注微信公众号 (BNUlgr) 在线获取, 所有电子资源只能用于教学和学习.

出一本卓越的统计学习教材, 使莘莘学子受益, 一直是作者追求的目标, 但由于作者水平所限, 尽管倾注了极大的心血和努力, 仍难免有疏漏或错误之处, 恳请同行及广大读者多提宝贵意见, 以便进一步修改和完善.

李高荣
ligaorong@bnu.edu.cn
北京师范大学统计学院
2024 年 5 月

符 号 表

$\mathbb{P}(A)$	事件 A 的概率
$\mathrm{E}(X)$ 或 $\mathrm{E}(\boldsymbol{X})$	随机变量 X 或随机向量 $\boldsymbol{X}$ 的数学期望
$\mathrm{Var}(X)$	随机变量 X 的方差
$\mathrm{Cov}(\boldsymbol{X})$	随机向量 $\boldsymbol{X}$ 的协方差矩阵
$N_p(\boldsymbol{\mu}, \boldsymbol{\Sigma})$	均值为 $\boldsymbol{\mu}$, 协方差阵为 $\boldsymbol{\Sigma}$ 的 p 元正态分布
χ_p^2	自由度为 p 的 χ^2 分布
t_p	自由度为 p 的 t 分布
$F_{m,n}$	自由度为 m 和 n 的 F 分布
$=:$	“定义为” 或 “记为”
$\boldsymbol{a}^{\mathrm{T}}$ 或 $\mathbf{A}^{\mathrm{T}}$	向量 $\boldsymbol{a}$ 或矩阵 $\mathbf{A}$ 的转置
$\mathrm{tr}(\mathbf{A})$	矩阵 $\mathbf{A}$ 的迹
$\mathbf{I}_p$	p 阶单位矩阵
$\mathrm{diag}(a_1, a_2, \cdots, a_n)$	由元素 $a_1, a_2, \cdots, a_n$ 组成的对角矩阵
$\mathbf{A}_{(i,j)}$	矩阵 $\mathbf{A}$ 的第 (i,j) 个位置上的元素
$\lambda_{\max}(\mathbf{A})$ 和 $\lambda_{\min}(\mathbf{A})$	分别表示矩阵 $\mathbf{A}$ 的最大和最小特征值
$\xrightarrow{d}$	依分布收敛
$y = O(1)$	y 是有界变量
$y = o(1)$	y 是无穷小量
$\mathrm{sgn}(\cdot)$	符号函数
$I(\cdot)$	示性函数. 例如, $I(y \neq x)$ 表示当 $y \neq x$ 时返回值为 1, 否则为 0
$x_+ = \max\{x, 0\}$	表示取 x 和 0 的最大值
$\\|\boldsymbol{a}\\|_q = \left(\sum_{j=1}^{p} \|a_j\|^q\right)^{1/q}$	向量 $\boldsymbol{a}$ 的 L_q 范数, 其中 $q = 0, 1, 2, \infty$
$\\|\mathbf{A}\\|_F$	表示矩阵 $\mathbf{A}$ 的 Frobenius 模长
$\circledast$	表示卷积运算符号
$*$	表示互相关运算符号
$\mathrm{rot180}(\cdot)$	表示矩阵 180 度旋转

目　　录

第 1 章 绪　　论

学习目标与要求:

1. 了解统计学习的概述, 重点掌握统计学习的特点、对象和分类;
2. 了解本书的特点和符号表示.

统计学习 (statistical learning, SL), 使用统计方法的一种**机器学习** (machine learning, ML), 可视作基于数据构建概率统计模型并运用模型对数据进行预测与分析的一门学科. 统计学习是从事数据科学的基础工具, 在许多领域有重要的应用, 包括金融、经济、医学、生物、工业、教育、地质、社会、环境和文学等方面.

§1.1 统计学习概述

1.1.1 统计学习的特点

统计学习是以理解数据为目的的庞大工具集, 李航 (2019) 给出了统计学习的特点, 他认为: ① 统计学习以计算机及网络为平台, 是建立在计算机及网络上的; ② 统计学习以数据为研究对象, 是数据驱动的学科; ③ 统计学习的目的是对数据进行预测与分析; ④ 统计学习以方法为中心, 统计学习方法构建模型并应用模型进行预测与分析; ⑤ 统计学习是统计学、概率论、数学、信息论、计算理论、最优化理论及计算机科学等多个领域的交叉学科, 并且在发展中逐步形成独自的理论体系与方法论.

统计学习和机器学习之间的界定一直很模糊, 它们之间有较大的重叠, 或者说机器学习是建立在统计学习的基础之上. 统计学习是方法和理论驱动, 对数据分布进行假设, 以强大的统计学和数学作为理论支撑, 注重统计推断. 机器学习是通过统计学算法, 对大量历史数据进行学习, 进而利用生成的经验模型进行预测, 是一门多领域交叉的学科. 机器学习是数据驱动, 依赖于大规模数据进行预测, 弱化了统计理论, 注重模型预测, 通常会牺牲可解释性以获得强大的预测能力. 作者认为两者之间已经没有特别的界限, 因为统计学习也非常重视模型的预测能力, 而机器学习也需要通过理论进一步提升模型的解释能力和预测能力.

事实上, Hastie 等 (2009) 出版的著作 *The Elements of Statistical Learning: Data Mining, Inference, and Prediction*, 自第一版 2001 年出版以来, 一直被誉为统计机器学习的奠基之作, 该书首次对统计学习的许多重要研究方向进行了全面而精细的梳理, 并率先对统计学习给出了一种清晰而完整的解读, 受到来自各个领域读者的青睐. 该书出版后, 引起了统计学习和机器学习的蓬勃发展, 并涌现出了许多优秀的统计学习和机器学习方面的成果和著作. 例如, 周志华 (2016), 李航 (2019), Fan 等 (2020), 陈强 (2020), Suzuki (2020), James 等 (2021), 陈强 (2021), 李航 (2022), James 等 (2023).

随着大数据时代各领域对数据分析需求的持续增加, 通过统计学习和机器学习高效地挖掘数据并获取知识, 已逐渐成为当今大数据技术和人工智能发展的主要推动力. 大数据时代更强调 "学习本身是手段", 统计学习和机器学习已成为大数据分析的一种支持和服务技术. 所以, 统计学习和机器学习越来越朝着智能数据分析的方向发展, 并已成为智能数据分析技术的一个重要源泉.

1.1.2 统计学习的对象

统计学习研究的对象是**数据** (data), 它从数据出发, 提取数据的变量特征, 抽象出数据的数学和统计模型, 发现数据中的知识和规律, 又回到对数据的预测与分析中去. 作为统计学习的研究对象, 随着计算机技术和大数据的快速发展, 数据呈现了海量性、多样性、时效性及可变性等特征, 普遍存在于很多实际领域, 如基因组数据、芯片数据、生物医学数据、金融交易数据、卫星遥感数据、医学成像数据、传感器数据、视频和监控数据, 以及互联网文本数据等. 此外, 数据来自多种数据源, 数据种类和格式日渐丰富, 包含结构化、半结构化和非结构化等多种数据形式. 数据的这些特征和结构极大地增加了数据分析的难度, 也使得从数据中更有效进行统计学习或机器学习成为大数据时代至关重要的挑战问题之一和主要研究方向.

为了对统计学习的研究对象和内容有更深入的了解, 首先介绍几个数据例子.

例 1.1 (前列腺癌症数据) 前列腺癌症数据集来自 R 语言中程序包 faraway, 可通过函数 data (prostate) 获取该数据集, 其中包含 97 个样本和 9 个变量. Stamey 等 (1989) 对 97 名接受前列腺切除手术的男性患者数据进行分析, 主要研究前列腺特异性抗原 (Prostate specific antigen, PSA) 水平与临床指标之间的相关性, 矩阵散点图见图 1.1.

对该数据集, 主要的目的是通过 8 个临床指标预测 lpsa (PSA 的对数), 其中 8 个临床指标变量为: lcavol (癌体积的对数)、lweight (前列腺重量的对数)、age (患者年龄)、lbph (良性前列腺增生量的对数)、svi (精囊浸润)、lcp (包膜穿透的对数)、gleason (格里森分数) 和 pgg45 (格里森分数为 4 或 5 的比例).

例 1.2 (Credit 数据) Credit 数据来自 James 等 (2021), 在程序包 ISLR 中, 可用函数 data (Credit) 获取该数据集, 该数据集包含 400 个样本和 11 个变量:

① Balance, 表示个体客户的平均信用卡债务 (单位: 美元);

② Income, 表示客户的收入 (单位: 千美元);

③ Limit, 表示信用额度;

④ Rating, 表示信用评级;

⑤ Cards, 表示信用卡数量;

⑥ Age, 表示客户的年龄;

⑦ Education, 表示客户的受教育年限;

⑧ Gender, 表示客户的性别, 如果取 "Male" 表示男性, 取 "Female" 表示女性;

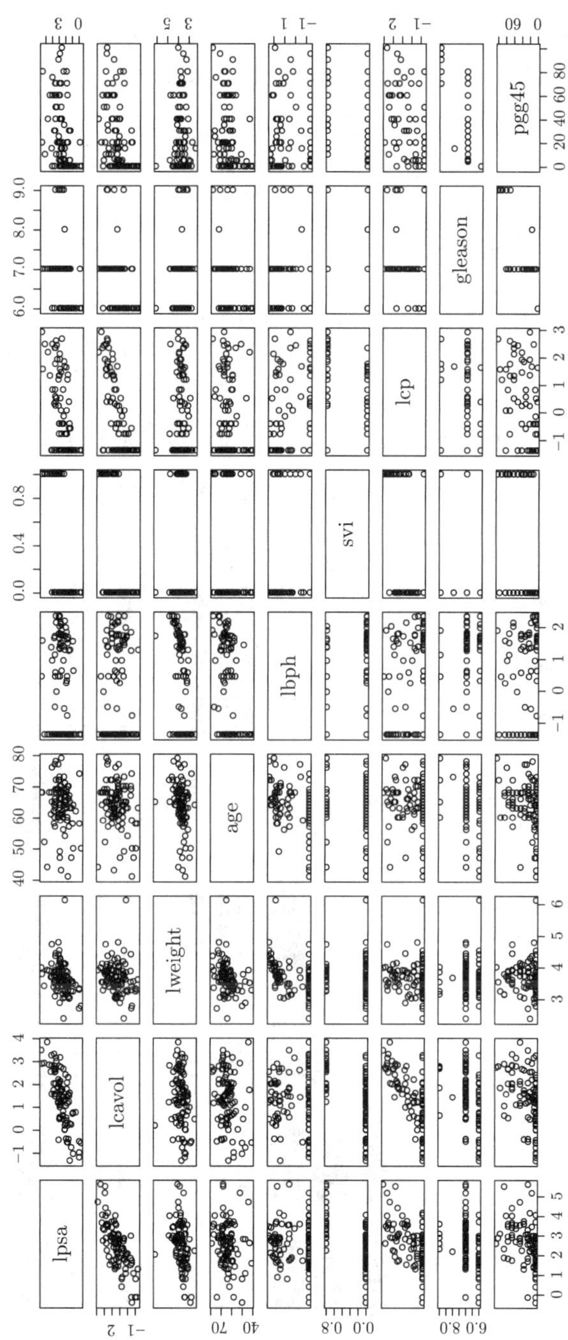

图 1.1 前列腺癌症数据的矩阵散点图

⑨ Student, 表示客户是否为学生, 如果取 “Yes” 表示客户为学生, 如果取 “No” 表示客户不是学生;

⑩ Married, 表示客户是否结婚, 如果取 “Yes” 表示客户已婚, 如果取 “No” 表示客户未婚;

⑪ Ethnicity, 表示客户的种族, 取 “Caucasian” 表示白种人, 取 “African American” 表示非裔

美国人, 取 “Asian” 表示亚洲人.

对该数据集, 主要目的是通过其他 10 个变量预测个体客户的平均信用卡债务 Balance, 该数据的矩阵散点图见图 1.2.

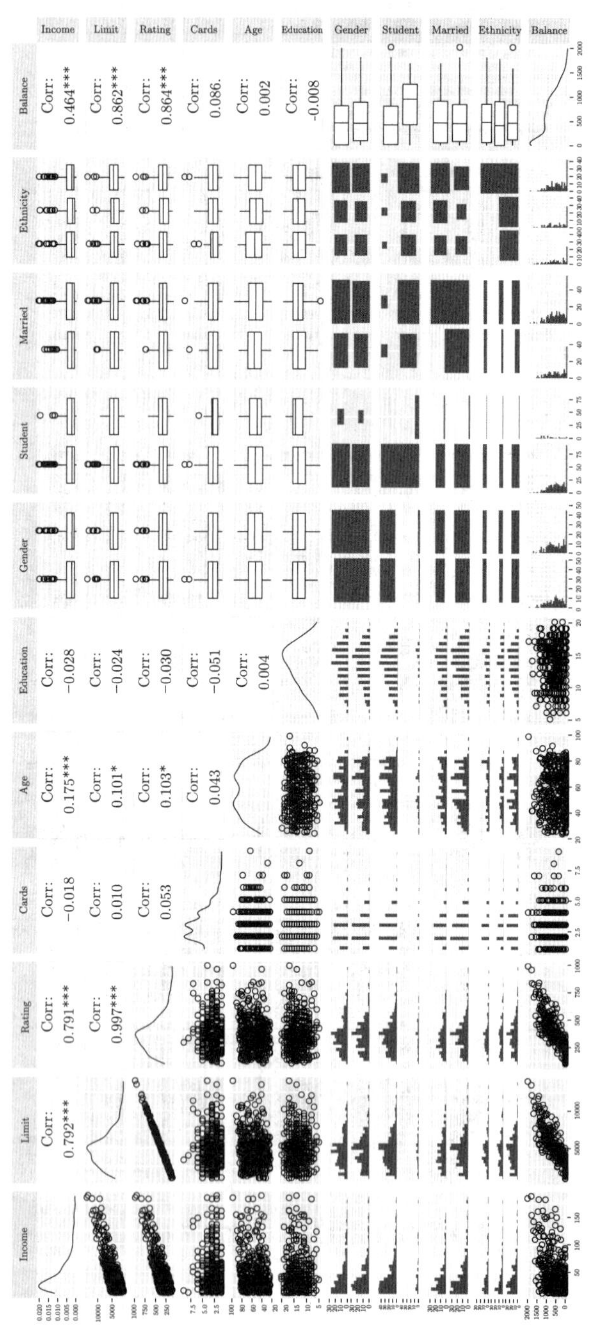

图 1.2 Credit 数据的矩阵散点图

例 1.3 (信用卡违约数据) 信用卡违约数据来自 James 等 (2021), 在程序包 ISLR2 中, 可通过函数 data (Default) 获取该数据集, 其中包含 10 000 个样本和 4 个变量: ① default, 表示客户是否违约, 为定性变量或因子变量, 如果为 "Yes" 表示客户违约, 如果为 "No" 表示客户不违约; ② student, 表示客户是否为学生, 如果取 "Yes" 表示客户为学生, 如果取 "No" 表示客户不是学生; ③ balance, 表示客户每月信用卡的平均余额; ④ income, 表示客户的年收入. 对该数据集, 主要目的是通过 student、balance 和 income 三个变量预测客户是否具有违约行为, 该数据的矩阵散点图见图 1.3.

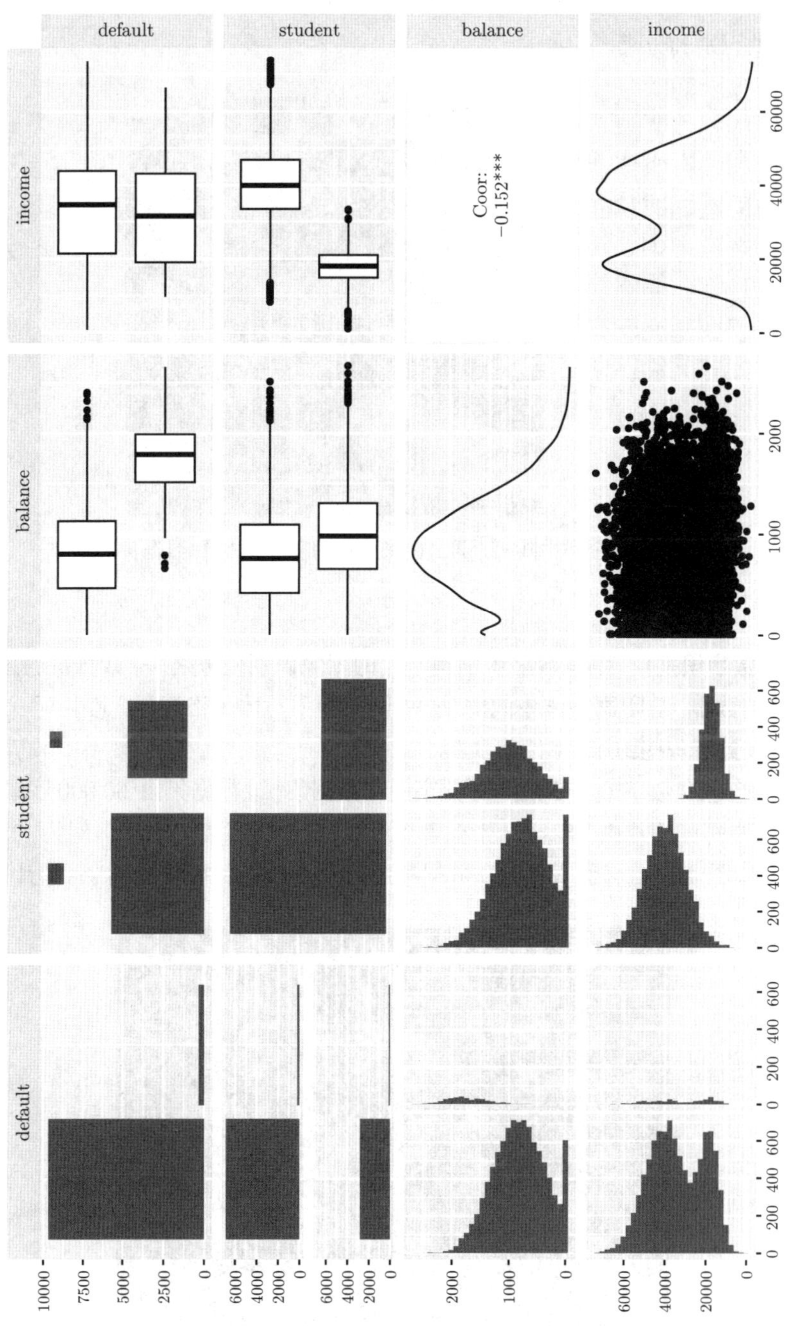

图 1.3 信用卡违约数据的矩阵散点图

例 1.4 (CIFAR-10 数据集) CIFAR-10 是一个用于识别普适物体的数据集, 由 10 个类别的 60 000 张 32×32 RGB 彩色图片组成, 每类 6 000 张图片, 其中 50 000 张为训练图片, 10 000 张为测试图片. CIFAR-10 数据集中 10 个类别分别是 "airplane" "automobile" "bird" "cat" "deer" "dog" "frog" "horse" "ship" 和 "truck". 图 1.4 提供了从每类中随机选取 10 张图片的展示. 对该数据集, 主要目的是通过训练集建立统计模型, 然后通过测试集验证分类效果, 最后把所建立的统计模型用于普适物体的识别和分类.

图 1.4 每个类中随机选取 10 张图片的 CIFAR-10 数据集展示

例 1.5 (手写数字识别) 手写数字识别是常见的图像识别任务之一, 计算机通过手写数字图片来识别出图片中的数字, 与印刷字体不同的是, 不同人的手写体风格迥异, 大小不一, 造成了计算机对手写数字识别任务有一些困难.

MNIST 是一个包含数字 $0 \sim 9$ 的手写数字图片数据集, 该数据集由 60 000 个训练集和 10 000 个测试集组成, 其中每张图片由 28×28 个像素点组成, 每个像素点的取值区间为 $[0, 255]$, 0 表示白色, 255 表示黑色. 图 1.5 展示了 MNIST 数据集中对每个数字随机选取 10 张图片的数据. 手写数

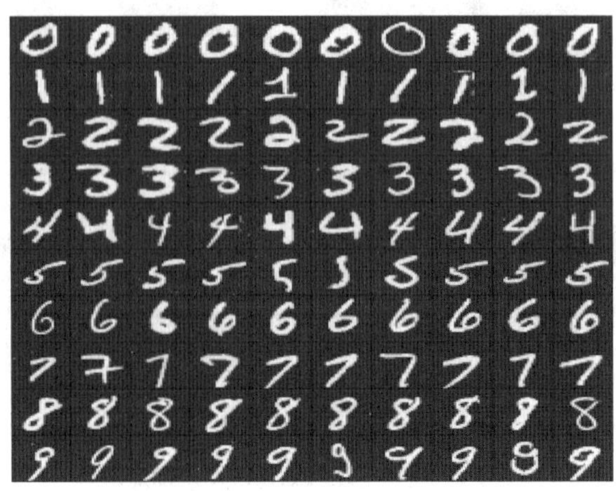

图 1.5 手写数字图片例子

字识别是一个多分类问题, 共有 10 个类, 每张手写数字图像的类别标签是 $0 \sim 9$ 中的一个数字. 手写识别的主要任务就是从 28×28 的灰度值矩阵中快速又准确地判断每张图片上的数字, 使得分类错误率尽量低.

在统计学习中, 以变量或变量组表示数据, 数据分为由连续型变量和离散型变量表示的类型. 因此, 根据变量取值的不同, 可把变量分为两大类: **定量变量**和**定性 (或属性) 变量**.

定量变量 通常就是指连续型变量. 例如, 时间、长度、重量、产量、温度和速度等, 它们是由测量或计数、统计所得到的具有数值特征的量.

例如, 在例 1.1 的前列腺癌症数据中, 所有 9 个变量都为定量变量; 在例 1.2 的 Credit 数据中, 变量 Balance, Income, Limit, Rating, Cards, Age 和 Education 为定量变量; 在例 1.3 的信用卡违约数据中, 变量 balance 和 income 为定量变量.

定性变量 又称为**类别变量**或**属性变量**. 当观测的个体只能归属于几种互不相容类别中的一种时, 一般是用非数字来表达其类别, 这样的观测数据称为定性变量. 定性变量并非真有数量的变化, 而只有性质上的差异. 定性变量还可分为两种: ① 有序变量, 它没有数量关系, 只有次序关系, 如某种产品分为一等品、二等品、三等品等, 矿石的质量分为贫矿和富矿; ② 名义变量, 这种变量既无等级关系, 也无数量关系, 如天气 (阴、晴), 性别 (男、女), 职业 (工人、农民、教师、干部、医生等), 物体的颜色 (红、黄、白等), 医学化验结果 (阴性、阳性) 和产品的型号等.

例如, 在例 1.2 的 Credit 数据中, 变量 Gender, Student, Married 和 Ethnicity 为定性变量; 在例 1.3 的信用卡违约数据中, 变量 default 和 student 为定性变量; 在例 1.4 的 CIFAR-10 数据集中, 令 $Y \in \{$“airplane”, “automobile”, “bird”, “cat”, “deer”, “dog”, “frog”, “horse”, “ship”, “truck”$\}$, 则 Y 为类别变量, 即定性变量; 在例 1.5 的手写数字识别数据中, 令 $Y \in \{$“0”, “1”, $\cdots$, “9”$\}$, 则 Y 为类别变量, 同样为定性变量.

例 1.4 的 CIFAR-10 数据集和例 1.5 的手写数字识别数据, 所收集到的是图片数据, 为非结构化数据, 可在软件读取时转成数值型数据进行分析.

1.1.3 统计学习的分类

统计学习一般分为两类: **监督学习** (supervised learning) 和**无监督学习** (unsupervised learning). 所谓监督学习是有目标的学习, 而无监督学习是无目标的学习.

1. 监督学习

监督学习是根据已有的训练数据集, 知道输出变量 Y 与 p 维输入变量 $\boldsymbol{X} = (X_1, X_2, \cdots, X_p)^{\mathrm{T}}$ 之间的关系, 根据这种已知关系训练得到一个最优模型. 在监督学习中, 训练数据集应该既有输入变量又有输出变量, 然后利用训练数据集学习一个模型, 找到输出变量 Y 与输入变量 $\boldsymbol{X} = (X_1, X_2, \cdots, X_p)^{\mathrm{T}}$ 之间的联系, 对其相应的输出做出一个好的预测, 然后用模型对没有输出变量的测试数据集进行预测. 对例 1.1—例 1.5, 都可写成表 1.1 的数据结构.

在表 1.1 中, 把输出变量 Y 称为**响应变量**或**因变量**, 把输入变量 $\boldsymbol{X} = (X_1, X_2, \cdots, X_p)^{\mathrm{T}}$ 称为 p 维**协变量**、**预测变量**、**自变量**或**特征变量**. 根据输出变量 Y 的类型, 即定量变量和定性变量, 监督学习又可划分为两种.

(1) 输出变量 Y 为定量变量时的监督学习称为**回归** (regression). 本书将要介绍的回归方法包

表 1.1 有监督统计学习的数据结构

	输出变量	输入变量			
序号	Y	X_1	X_2	$\cdots$	X_p
1	y_1	x_{11}	x_{12}	$\cdots$	x_{1p}
2	y_2	x_{21}	x_{22}	$\cdots$	x_{2p}
3	y_3	x_{31}	x_{32}	$\cdots$	x_{3p}
$\vdots$	$\vdots$	$\vdots$	$\vdots$		$\vdots$
n	y_n	x_{n1}	x_{n2}	$\cdots$	x_{np}

括: 线性回归、K 近邻回归、非参数回归、回归树、装袋法、随机森林、提升法、支持向量回归和神经网络等. 例如, 对例 1.1 的前列腺癌症数据和例 1.2 的 Credit 数据分析问题, 都可以看成是回归问题.

(2) 输出变量 Y 为定性变量时的监督学习称为**分类** (classification). 本书将要介绍的分类方法包括: 判别分析 (Bayes 判别分析、线性判别分析、二次判别分析和 Fisher 判别分析)、K 近邻分类、logistic 回归、分类树、装袋法、随机森林、AdaBoost 算法、支持向量机和神经网络等. 例如, 对例 1.3 的信用卡违约数据, 例 1.4 的 CIFAR-10 数据和例 1.5 的手写数字识别数据的分析问题, 都可以看成是分类问题.

在这些方法中, 有些方法既可用于回归问题, 也可以用于分类问题. 例如, K 近邻法、决策树方法、装袋法、随机森林、支持向量机和神经网络.

2. 无监督学习

无监督学习是对无标记的训练数据集 $D = \{\boldsymbol{x}_1, \boldsymbol{x}_2, \cdots, \boldsymbol{x}_n\}$ 进行建模, 寻找数据的模型和规律, 并作出推断结论, 其中 $\boldsymbol{x}_i = (x_{i1}, x_{i2}, \cdots, x_{ip})^{\mathrm{T}}$ 为 p 维的观测样本数据, 且 $i = 1, 2, \cdots, n$. 最典型的无监督学习方法有聚类分析、主成分分析和因子分析. 例如, 聚类分析, 通过研究对象之间某种亲近关系 (如距离、相似系数等), 将研究对象 (样本或变量) 在低维空间中给出标度或位置, 以便全面而又直观地再现原始各研究对象之间的关系, 同时在此基础上也可按对象点之间距离的远近实现对样本的分类.

例如, 电子商务通过分组聚类出具有相似浏览行为的客户, 并分析客户的共同特征, 可以更好地帮助电子商务的用户了解自己的客户, 向客户提供更合适的服务; 通过检测铅合金中元素 (铜、银、锡、锑) 的含量, 公安机构可以判断一些子弹是否来自同一批次?

§1.2 关于本书

目前, 国内外统计学者和计算机学者已经出版了很多优秀的统计学习和机器学习教材. 例如, Bishop (2006), Hastie 等 (2009), 周志华 (2016), 李航 (2019), Fan 等 (2020), 陈强 (2020), 邱锡鹏 (2020), James 等 (2021), 陈强 (2021), 李航 (2022), James 等 (2023). 本书在编写过程中, 吸收了这些优秀教材的许多优点, 突出了以下几个特色.

(1) 为了让读者系统掌握统计学习内容, 本书严谨并系统地介绍了各种统计学习方法的基本思想、方法和理论, 还配有大量翔实的应用案例可供参考.

(2) 用 R 语言进行案例分析, 力求让读者做到在方法和理论的学习中体会应用, 在应用的分析中加深对统计学习方法和理论的理解. 书中所有的统计学习方法都给出了 R 语言程序, 在应用 R 语言进行案例分析时, 除了介绍相关统计学习方法的程序包和核心函数外, 更重要的是突出编程思想, 培养读者应用 R 语言进行编程和数据分析的能力. 通过编程, 加深读者对相关统计学习方法的理解和掌握.

(3) 本书在进行案例分析时, 几乎对所有统计学习方法的结果都通过精美的图形进行数据可视化展示, 可以让读者更直观地对各种统计学习方法进行比较和评价.

(4) 本书有相当数量的习题, 这些习题中一部分可以加强和巩固统计方法和理论, 另一部分针对实际问题, 可培养读者结合统计方法独立解决实际问题的能力和素质.

(5) 本书增加了教学资源的电子教案, 教材中涉及的数据、R 语言程序和插图等, 可免费供使用本书的师生参考和使用, 以丰富教与学的过程, 提高教与学的效果.

(6) 本书使用的符号、变量和参数非常多, 因此, 在撰写本书的过程中, 当数学符号第一次出现时, 都会给出清晰的定义, 从而做到数学符号的全书统一, 增强可读性. 在本书中, 用黑正体表示矩阵, 黑斜体表示向量. 例如, 令 $\mathbf{X}$ 表示一个 $n \times p$ 矩阵, 表示为

$$\mathbf{X} = \begin{pmatrix} x_{11} & x_{12} & \cdots & x_{1p} \\ x_{21} & x_{22} & \cdots & x_{2p} \\ \vdots & \vdots & & \vdots \\ x_{n1} & x_{n2} & \cdots & x_{np} \end{pmatrix}.$$

令 $\boldsymbol{x}_i = (x_{i1}, x_{i2}, \cdots, x_{ip})^{\mathrm{T}}$ 表示长度为 p 的列向量, 其中 $\mathbf{X}^{\mathrm{T}}$ 或 $\boldsymbol{x}^{\mathrm{T}}$ 表示矩阵 $\mathbf{X}$ 或向量 $\boldsymbol{x}$ 的转置. 在本书中, 除非特别说明, log 通常指底数为 e 的对数函数. 此外, 本书提供了符号说明表供读者参考.

§1.3 本书适用对象

本书可作为统计学、数据科学、数学、计算机科学、人工智能、金融学、经济学、医学和工程领域等专业本科生和研究生的统计学习、机器学习和数据分析等课程的教材或参考书, 也可作为数据分析相关科技人员和工作者使用统计学习、机器学习和 R 语言的参考手册. 本书涵盖了统计学习的全部内容, 包括: 模型评价、线性回归模型、重抽样方法、判别分析、K 近邻法、模型选择与正则化、非参数回归模型、logistic 回归、决策树、支持向量机、主成分分析、聚类分析、前馈神经网络和卷积神经网络等内容, 主要目的是介绍统计学习的思想、方法和理论, 并通过案例让读者理解所学统计学习或机器学习方法, 掌握统计学习或机器学习方法的 R 语言应用. 本书的学习要求具备一些基础课程, 如概率论、数理统计、高等数学、高等代数和矩阵论等.

本书的内容较多, 教师在选用此书作为教材时, 对于不同培养层次的学生, 可灵活选取适当的内容进行讲授. 在本书中, 第 2 章是本书的核心基础, 主要介绍回归模型和分类模型的评价准则, 以及过拟合和欠拟合的思想, 会贯穿本书的所有内容. 第 4 章重抽样方法, 重点介绍交叉验证方法和 bootstrap 方法的思想、方法和应用, 在本书中占有重要的地位, 在各种统计学习方法中都会涉及. 其他各章内容都相对独立, 每一章都是一个独立的统计学习方法, 读者可独立学习. 对于神经网络,

本书仅介绍了最基础的前馈神经网络和卷积神经网络, 对初次接触神经网络的读者起到一个抛砖引玉的作用. 有一定的基础后, 感兴趣的读者可更深入学习相关知识.

习 题 1

1. R 语言中自带的 mtcars 数据集包含 32 款汽车的油耗、汽车设计和性能等 11 个指标, 针对该数据集, 绘制以下图形:

(1) 绘制该数据集的矩阵散点图;

(2) 对该数据集中定量变量绘制直方图, 观察每个定量变量的分布情况;

(3) 绘制该数据集中任意三个变量的三维散点图和气泡图.

2. 对程序包 ISLR2 中的数据集 Auto 进行研究, 首先确认有缺失数据的行是否已经从该数据中删除, 试考虑如下问题:

(1) 判断数据集 Auto 中哪些变量是定量的, 哪些变量是定性的?

(2) 判断每个定量变量的取值范围, 可以用函数 range() 判断;

(3) 计算每个定量变量的均值和方差;

(4) 删除第 10 个和第 85 个观测样本, 计算删除两个样本后数据子集中每个定量变量的取值范围、均值和标准差;

(5) 对原始数据集, 用图形可视化变量的方式, 创建一些能够直观反映变量之间关系的图形, 并对结果进行分析;

(6) 假设需要一些协变量预测响应变量 mpg (每英里①汽油消耗量), 是否能找到影响变量 mpg 的协变量的信息?

3. 程序包 MASS 中的 Boston 数据集共有 506 个样本, 14 个变量: crim (人均犯罪率), zn (可建 25 000 平方英尺②以上大院的住宅用地比例), indus (非零售商业用地比例), chas (是否毗邻查尔斯河), nox (氮氧化物浓度), rm (平均房间数), age (房屋年龄), dis (距离波士顿五个就业中心的加权平均距离), rad (高速公路可达性指标), tax (房产税率), ptratio (学生与教师比), black (黑人所占比重的平方), lstat (低端人口所占百分比) 和 medv (社区房价中位数). 试考虑如下问题:

(1) 读入该数据集, 对预测变量 (列) 做一些成对的散点图, 结合散点图描述你的发现;

(2) 是否有一些预测变量与 crim (人均犯罪率) 有关? 如果有, 请解释这个关系;

(3) 波士顿郊外的人均犯罪率会特别高吗? 房产税率会特别高吗? 学生与教师比高吗? 在这个空间范围内对每个预测变量进行讨论;

(4) 该数据集里的社区有多少在查尔斯河附近?

(5) 该数据集中学生与教师比的中位数是多少?

(6) 波士顿社区房价中位数最小的社区是哪个? 该社区其他预测变量的取值是多少, 这些预测变量在各自总体的分布上是什么水平? 对所发现的结论作评价;

(7) 在该数据集中, 有多少个社区居民平均居住房间数量超过了 7? 超过 8 个房间的社区数呢? 讨论居民平均居住房间数超过 8 个的社区特征.

---

① 注: 1 英里 =1.609 千米.

② 注: 1 平方英尺约等于 0.093 平方米.

4. R 语言中自带的 Iris 数据有四个属性: 萼片长度、萼片宽度、花瓣长度和花瓣宽度. 数据共有 150 个样本, 分为三类, 前 50 个样本是属于第一类 Setosa, 中间的 50 个样本属于第二类 Versicolor, 最后 50 个样本属于第三类 Virginica. 根据三类对四个属性绘制矩阵散点图和三维散点图.

第 2 章 模型评价

学习目标与要求:

1. 掌握回归模型的建模, 模型估计的参数方法和非参数方法, 以及回归模型的评价准则. 特别是掌握偏差-方差权衡问题, 以及过拟合与欠拟合的思想和解决方案;

2. 掌握分类模型的评价准则, 重点掌握分类模型评价的错误率和准确率, 对分类问题有总体的了解.

统计模型或统计学习方法的预测效果与它们在独立测试集上的预测能力有关, 预测效果的评价在实际应用中特别重要, 因为它指导如何选择统计模型或统计学习方法, 且给了对最终选择统计模型或统计学习方法质量的一个度量. 本章将重点介绍回归模型及评价准则和分类模型及评价准则, 重点掌握偏差、方差和模型复杂度之间的相互作用, 介绍过拟合和欠拟合的核心思想, 并展示如何把模型评价准则应用到模型选择问题中.

§2.1 回归模型及评价准则

2.1.1 回归模型

在实际问题中, 通常关心 p 个变量 $X_1, \cdots, X_p$ 与变量 Y 之间的相互关系, 而**回归模型** (regression model) 就是研究这种变量之间相互关系的一个有力的工具. 通常情况下, 研究变量 Y 和 p 维向量 $\boldsymbol{X} = (X_1, \cdots, X_p)^{\mathrm{T}}$ 之间的关系, 可以建立下面的模型

$$Y = g(\boldsymbol{X}) + \varepsilon, \tag{2.1}$$

其中 Y 称为**响应变量**或**因变量**, $\boldsymbol{X} = (X_1, \cdots, X_p)^{\mathrm{T}}$ 称为 p 维**协变量**, 也称为**预测变量**、**自变量**或**特征变量**, $g(\boldsymbol{X})$ 是 p 维协变量 $X_1, \cdots, X_p$ 的未知函数, ε 是**随机误差**, 通常假设与 $\boldsymbol{X}$ 独立, 并满足: $\mathrm{E}(\varepsilon|\boldsymbol{X}) = 0$ 和 $\mathrm{Var}(\varepsilon) = \sigma^2 < \infty$. 由于回归模型 (2.1) 中随机误差 ε 的存在, 当给定 $\boldsymbol{X} = \boldsymbol{x}$ 时, Y 的取值不能确定, 只能通过一定的概率分布来描述. 因此, 把给定 $\boldsymbol{X} = \boldsymbol{x}$ 时, Y 的条件数学期望

$$g(\boldsymbol{x}) = \mathrm{E}(Y|\boldsymbol{X} = \boldsymbol{x}) \tag{2.2}$$

称为随机变量 Y 对 $\boldsymbol{X} = \boldsymbol{x}$ 的 p 元**回归函数**, 或称为随机变量 Y 对 $\boldsymbol{X} = \boldsymbol{x}$ 的**均值回归函数**, 其中 $\boldsymbol{x} = (x_1, \cdots, x_p)^{\mathrm{T}}$. 式 (2.2) 从平均意义下刻画了协变量 $\boldsymbol{X}$ 和响应变量 Y 之间的统计规律. 例如,

在例 1.1 的前列腺癌症数据中, 关心的是 8 个临床指标 lcavol, lweight, age, lbph, svi, lcp, gleason 和 pgg45 与 lpsa 之间的相互关系, 希望通过 8 个临床指标对 lpsa 进行预测, 因此把 lpsa 作为响应变量 Y, 其他 8 个临床指标作为协变量 $X_1, \cdots, X_8$.

在回归模型 (2.2) 中, 回归函数 $g(\boldsymbol{x})$ 一般是未知的, 回归分析的任务就是根据试验观测数据去估计回归函数 $g(\boldsymbol{x})$, 讨论回归函数 $g(\boldsymbol{x})$ 估计的好坏及对数据的拟合效果, 以及对响应变量 Y 的预测等问题.

2.1.2 模型估计

在实际应用中, 首要解决的问题是如何根据样本观测值确定 Y 关于 $\boldsymbol{X} = (X_1, \cdots, X_p)^{\mathrm{T}}$ 的回归函数 $g(\boldsymbol{X})$. 假设进行 n 次独立试验, 则可得到 n 组独立同分布的观测样本, 记为 $D = \{(\boldsymbol{x}_i, y_i), i = 1, \cdots, n\}$, 其中 $\boldsymbol{x}_i = (x_{i1}, \cdots, x_{ip})^{\mathrm{T}}$, 数据结构见表 1.1. 统计学习的主要任务之一是通过观测样本数据 D, 利用统计学习方法估计未知的回归函数 $g(\cdot)$, 即得到一个估计 $\widehat{g}(\cdot)$. 对给定的任意样本 $(\boldsymbol{X}, Y)$, 都有 $\widehat{Y} \approx \widehat{g}(\boldsymbol{X})$.

对给定的观测样本数据 $D = \{(\boldsymbol{x}_i, y_i), i = 1, \cdots, n\}$, 则可通过极小化下面的经验风险函数或目标函数 $R_n(g)$, 获得回归函数 $g(\cdot)$ 的估计, 即

$$\widehat{g} = \arg\min_g R_n(g) = \arg\min_g \frac{1}{n}\sum_{i=1}^{n} \ell_n(y_i, g(\boldsymbol{x}_i)), \tag{2.3}$$

其中 $\ell_n(y_i, g(\boldsymbol{x}_i))$ 为**损失函数**, 用于度量 y_i 与 $g(\boldsymbol{x}_i)$ 之间的偏离程度. 在实际应用中, 损失函数 $\ell_n(y, g(\boldsymbol{x}))$ 的选择有很多. 例如, 平方损失函数: $\ell_n(y, g(\boldsymbol{x})) = (y - g(\boldsymbol{x}))^2$; 绝对损失函数: $\ell_n(y, g(\boldsymbol{x})) = |y - g(\boldsymbol{x})|$; L_q 损失函数: $\ell_n(y, g(\boldsymbol{x})) = |y - g(\boldsymbol{x})|^q$, 其中 $q > 0$; 以及 $0-1$ 损失函数, 负对数似然损失函数和分位数损失函数等. 在实际应用中, 需要根据数据类型和已知的数据信息等使用合适的损失函数, 如当响应变量 Y 的观测样本来自正态分布时, 可使用平方损失函数或负对数似然损失函数; 而当响应变量 Y 的观测样本具有离群点或来自重尾分布时, 可使用稳健的绝对损失函数或分位数损失函数.

在统计学习和机器学习中, 估计回归函数 $g(\cdot)$ 的方法通常有: **参数方法**和**非参数方法**. 本节先对两种估计方法做简要介绍, 具体的思想和方法将在本书相关章节作详细介绍.

1. 参数方法

参数方法是一种基于参数模型的估计方法, 通常需要根据专业知识或者经验知识假设回归函数 $g(\boldsymbol{X})$ 具有关于未知参数的一定形式或形状, 一旦模型被选定后, 就需要用观测样本数据去拟合或训练模型. 例如, 最经典的参数模型为线性回归模型, 即假设回归函数具有如下线性形式

$$g(\boldsymbol{X}) = \beta_0 + \beta_1 X_1 + \beta_2 X_2 + \cdots + \beta_p X_p, \tag{2.4}$$

其中 $\beta_0, \beta_1, \cdots, \beta_p$ 为未知的参数. 在线性回归模型中, 只需要估计未知参数 $\beta_0, \beta_1, \cdots, \beta_p$, 常用的方法是**普通最小二乘** (ordinary least squares, OLS) 方法, 即使用平方损失函数, 详细的讨论见第 3 章.

特别当 $p = 1$ 时, 回归函数 (2.4) 变为 $g(X) = \beta_0 + \beta_1 X$, 这时模型 (2.1) 退化为最简单的一元线性回归模型 $Y = \beta_0 + \beta_1 X + \varepsilon$. 例如, 图 2.1(a) 展示了受教育年限对收入的散点图和普通最小二

乘 (OLS) 拟合回归直线 $\widehat{y}=\widehat{\beta}_0+\widehat{\beta}_1 x$, 其中 x 表示受教育年限, 响应变量表示收入. 图 2.1(a) 中的黑竖线表示 OLS 拟合回归直线与每个观测值的误差 $\widehat{\varepsilon}_i=y_i-\widehat{y}_i=y_i-\widehat{\beta}_0-\widehat{\beta}_1 x_i$, 若第 i 个观测点落在 OLS 拟合回归直线的上方, 则误差 $\widehat{\varepsilon}_i$ 为正, 若第 i 个观测点落在 OLS 拟合回归直线的下方, 则误差 $\widehat{\varepsilon}_i$ 为负. 从图中可见, 一部分观测点落在 OLS 拟合回归直线的上方, 另一部分落在 OLS 拟合回归直线下方, 总体而言, 与拟合回归直线的误差均值接近于 0. 进一步, 图 2.2(a) 展示了当 $p=2$ 时, 多元线性回归模型的 OLS 拟合平面. 同样, 一部分观测点落在 OLS 拟合平面的上方, 另一部分落在 OLS 拟合平面下方.

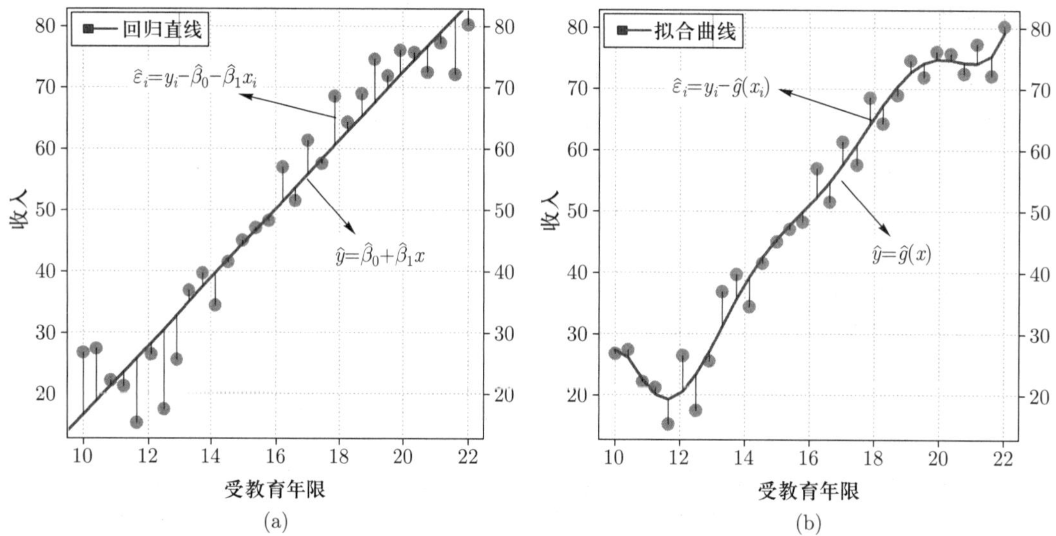

图 2.1 当 $p=1$ 时的散点图和拟合曲线. (a) 一元线性回归模型的 OLS 拟合回归直线; (b) 非参数回归模型的拟合曲线, 其中竖线表示与每个观测值有关的误差 $\widehat{\varepsilon}_i=y_i-\widehat{y}_i$, 若观测点落在拟合回归直线或曲线的上方, 则误差为正, 若观测点落在拟合回归直线或曲线的下方, 则误差为负

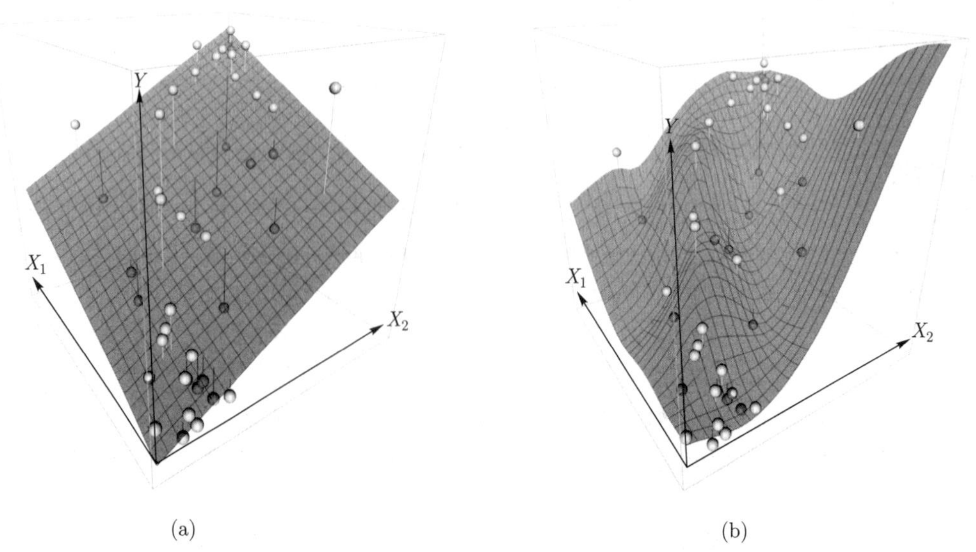

图 2.2 当 $p=2$ 时的散点图和拟合图. (a) 线性回归模型的 OLS 拟合平面; (b) 非参数拟合曲面

在很多情况下, 感兴趣的是当协变量 $X_1, \cdots, X_p$ 变化时对响应变量 Y 产生怎样的影响. 在这种情形下, 估计回归函数 $g(\boldsymbol{X})$ 的目标不仅是为了预测响应变量 Y, 更重要的是理解 $\boldsymbol{X}$ 与 Y 之间的关系, 即, 哪些协变量对响应变量 Y 有显著的影响, 而哪些协变量对响应变量 Y 没有显著的影响. 对于该问题的讨论, 将在第 7 章作详细的介绍.

另外一个经典的参数回归模型是非线性回归模型, 即

$$Y = g(\boldsymbol{X}, \boldsymbol{\beta}) + \varepsilon, \tag{2.5}$$

其中 $g(\cdot)$ 是依赖于 p 维协变量向量 $\boldsymbol{X}$ 和 q 维未知参数向量 $\boldsymbol{\beta} = (\beta_1, \cdots, \beta_q)^{\mathrm{T}}$ 的已知回归函数. 对模型 (2.5), 只需要估计模型中 q 维未知参数向量 $\boldsymbol{\beta}$, 最经典的估计方法为非线性最小二乘 (nonlinear least squares, NLS) 方法. 在 R 语言中, 可用程序包 nls2 拟合非线性最小二乘问题, 更详细的讨论见 Huet 等 (2004).

参数方法仅需要对模型中的未知参数向量 $\boldsymbol{\beta}$ 进行估计, 不需要估计任意一个未知的回归函数 $g(\cdot)$. 参数方法的缺陷是当假定的参数回归模型错误指定时, 即与真实的回归函数 $g(\cdot)$ 偏离较大, 将导致拟合的回归函数 $\widehat{g}(\cdot)$ 效果会很差, 进而不能对响应变量 Y 作出很好的预测. 为了解决该问题, 可以考虑更加**灵活** (flexible) 的模型对数据进行拟合. 拟合更加灵活的模型将需要估计更多的未知参数或者更加复杂的模型, 这样会导致**过拟合** (overfitting) 问题发生, 即拟合了很多错误变量或**噪声变量**.

2. 非参数方法

非参数方法能够有效解决参数方法模型错误指定的问题, 它不需要假设回归函数 $g(\cdot)$ 的具体形式, 可在更大的范围内选择更适合 $g(\cdot)$ 形状的估计, 所得估计 $\widehat{g}(\cdot)$ 的形式完全由数据来决定. 非参数方法可以看成是一种数据驱动的方法, 能够更好地拟合数据.

例如, 图 2.1(b) 展示了利用非参数方法对受教育年限与收入关系的拟合曲线 $\widehat{y} = \widehat{g}(x)$, 其中 x 表示受教育年限, 响应变量表示收入. 图 2.1(b) 中的黑竖线表示非参数拟合曲线与每个观测值有关的误差 $\widehat{\varepsilon}_i = y_i - \widehat{y}_i = y_i - \widehat{g}(x_i)$, 若第 i 个观测点落在非参数拟合曲线的上方, 则误差 $\widehat{\varepsilon}_i$ 为正, 若第 i 个观测点落在非参数拟合曲线的下方, 则误差 $\widehat{\varepsilon}_i$ 为负. 同样, 非参数拟合曲线的误差均值接近于 0. 对比图 2.1(a) 的 OLS 拟合回归直线和图 2.1(b) 的非参数拟合曲线, 非参数方法不对回归函数 $g(\cdot)$ 施加任何模型形式, 而且非参数方法可以更好捕捉数据的局部特征, 能够更好拟合数据. 进一步, 图 2.2(b) 展示了当 $p = 2$ 时的非参数拟合曲面, 对比图 2.2(a) 多元线性回归模型的 OLS 拟合平面, 发现 OLS 拟合平面对数据的拟合不够精确, 不能捕捉真实曲面的一些曲率和变化, 而非参数拟合曲面可以捕捉这些曲率和变化, 能够更好拟合数据.

对比参数方法, 非参数方法的缺点是无法将估计回归函数 $g(\cdot)$ 的问题简化为仅仅对少数参数进行估计, 所以为了获得对 $g(\cdot)$ 更为精准的估计, 往往需要大量的观测样本. 如果维数 p 很大时, 会遭遇 "**维数灾祸**" 问题.

在统计学习中, 有很多非参数方法可以估计未知的回归函数 $g(\cdot)$, 如 K 近邻回归方法、多项式回归方法、回归样条方法、光滑样条方法、Nadaraya-Watson 核光滑方法、局部多项式光滑方法、回归树方法、随机森林和神经网络等.

3. 维数灾祸

所谓 "维数灾祸" 问题就是随着协变量 $\boldsymbol{X}$ 的维数 p 变大, 利用非参数方法估计回归函数 $g(\cdot)$ 会

变得越来越困难, 估计的收敛速度也会越来越慢, 计算的复杂度也会呈指数阶增长. 例如, 对一个二次可微的回归函数 $g(\boldsymbol{x})$, 其非参数估计 $\widehat{g}(\boldsymbol{x})$ 的**均方误差** (mean squared error, MSE) 为

$$\mathrm{MSE}(\widehat{g}(\boldsymbol{x})) \approx \frac{c}{n^{4/(4+p)}},$$

其中 $c>0$ 为常数, n 为样本量大小, p 为协变量的维数. 如果要求非参数估计 $\widehat{g}(\boldsymbol{x})$ 的均方误差 $\mathrm{MSE}(\widehat{g}(\boldsymbol{x}))=\epsilon$, 其中 $\epsilon>0$ 为给定很小的常数. 通过求解方程, 可解得样本量 n 为

$$n \propto \left(\frac{c}{\epsilon}\right)^{p/4}. \tag{2.6}$$

式 (2.6) 意味着, 随着维数 p 的变大, 样本量 n 需要呈指数阶增长才能保证 $\mathrm{MSE}(\widehat{g}(\boldsymbol{x}))=\epsilon$. 因为非参数方法需要使用 $\boldsymbol{x}$ 局部邻域内的观测样本点估计回归函数 $g(\boldsymbol{x})$, 但是在高维情形, 数据点是非常稀疏的, 进而在 $\boldsymbol{x}$ 的局部邻域内样本点更少, 导致了 "维数灾祸" 问题. 例如, 假设从超立方体区间 $[-1,1]^p=[-1,1]\times\cdots\times[-1,1]$ 的均匀分布抽取 n 个样本点, 请问在子区间 $[-0.1,0.1]^p$ 内大约有多少个样本点? 如果 $p=1$ 时, 容易得到在子区间 $[-0.1,0.1]$ 内大约有 $n/10$ 个样本点; 如果 $p=10$ 时, 在子区间 $[-0.1,0.1]^{10}$ 内大约有

$$n\times\left(\frac{0.2}{2}\right)^{10}=\frac{n}{10\,000\,000\,000}$$

个样本点. 因此, 样本量 n 足够大才能保证子区间 $[-0.1,0.1]^{10}$ 内有足够多的样本点.

4. 自由度

Hastie 和 Tibshirani (1990) 定义了有效的**自由度** (degrees of freedom, df), 它表示模型的复杂度或灵活度, 对估计拟合模型的预测精度非常有用. 由式 (2.3) 所得回归函数 $g(\cdot)$ 的估计 $\widehat{g}(\cdot)$, 则 y_i 的预测为 $\widehat{y}_i=\widehat{g}(\boldsymbol{x}_i)$, 其中 $i=1,\cdots,n$. 这时, 可定义估计 $\widehat{g}$ 的自由度为

$$df(\widehat{g})=\frac{1}{\sigma^2}\sum_{i=1}^{n}\mathrm{Cov}(\widehat{y}_i,y_i). \tag{2.7}$$

从式 (2.7) 定义的自由度可看出, 估计 $\widehat{g}$ 的自由度反映的是响应变量预测值 $\widehat{y}_i$ 与观测值 y_i 之间协方差之和除以方差 σ^2. 令 $\widehat{\boldsymbol{Y}}=(\widehat{y}_1,\cdots,\widehat{y}_n)^{\mathrm{T}}\in\mathbb{R}^n$ 和 $\boldsymbol{Y}=(y_1,\cdots,y_n)^{\mathrm{T}}\in\mathbb{R}^n$, 则自由度可以写成如下矩阵形式

$$df(\widehat{g})=\frac{1}{\sigma^2}\mathrm{tr}\Big(\mathrm{Cov}(\widehat{\boldsymbol{Y}},\boldsymbol{Y})\Big). \tag{2.8}$$

不管对参数方法还是非参数方法, 假设回归函数的估计具有线性光滑, 即 $\widehat{\boldsymbol{g}}=\mathbf{S}\boldsymbol{Y}$, 其中 $\mathbf{S}$ 为 $n\times n$ 的**投影矩阵**或**光滑矩阵**, $\widehat{\boldsymbol{g}}=(\widehat{g}(\boldsymbol{x}_1),\cdots,\widehat{g}(\boldsymbol{x}_n))^{\mathrm{T}}$. 这时, $\boldsymbol{Y}$ 的预测可以写为 $\widehat{\boldsymbol{Y}}=\mathbf{S}\boldsymbol{Y}$, 且由 $\mathrm{Cov}(\boldsymbol{Y})=\sigma^2\mathbf{I}_n$, 则自由度为 $df(\widehat{g})=\mathrm{tr}(\mathbf{S})$. 事实上, 自由度表示估计回归函数 $g(\cdot)$ 时, 需要估计的有效参数个数. 如果自由度变大, 模型的复杂度增加, 模型对数据的拟合变得更加灵活.

例如, 假设 $y_1,\cdots,y_n$ 独立同分布, 且来自正态分布 $N(\mu,\sigma^2)$, 则均值 μ 的估计为 $\widehat{\mu}=\overline{y}=\dfrac{1}{n}\sum\limits_{i=1}^{n}y_i$, 且 $\widehat{\mu}$ 的自由度为

$$df(\widehat{\mu})=\frac{1}{\sigma^2}\sum_{i=1}^{n}\mathrm{Cov}(\overline{y},y_i)=\frac{1}{\sigma^2}\sum_{i=1}^{n}\frac{\sigma^2}{n}=1.$$

假设一个同方差模型 $\boldsymbol{Y}=(y_1,\cdots,y_n)^{\mathrm{T}}\sim(\boldsymbol{\mu},\sigma^2\mathbf{I}_n)$, 其中 $\boldsymbol{\mu}=(\mu_1,\cdots,\mu_n)^{\mathrm{T}}$, 则 $\boldsymbol{\mu}$ 的估计为 $\widehat{\boldsymbol{\mu}}=(y_1,\cdots,y_n)^{\mathrm{T}}$, 且 $\widehat{\boldsymbol{\mu}}$ 的自由度为

$$df(\widehat{\boldsymbol{\mu}})=\frac{1}{\sigma^2}\sum_{i=1}^{n}\mathrm{Cov}(y_i,y_i)=n.$$

2.1.3 回归模型精度的评价准则

估计回归函数 $g(\cdot)$ 的主要原因有两个: **预测** (prediction) 和**统计推断** (statistical inference). 因此, 回归函数 $g(\cdot)$ 估计的好坏直接影响着预测和统计推断的结果. 下面重点讨论影响回归函数 $g(\cdot)$ 估计的因素, 以及回归模型精度的评价准则.

1. 可约误差和不可约误差

利用 2.1.2 节的参数方法或非参数方法, 得到回归函数 $g(\cdot)$ 的一个估计 $\widehat{g}(\cdot)$, 则可以通过下式预测 Y, 即

$$\widehat{Y}=\widehat{g}(\boldsymbol{X}),$$

其中 $\widehat{g}(\cdot)$ 表示回归函数 $g(\cdot)$ 的估计, $\widehat{Y}$ 表示 Y 的预测值. $\widehat{Y}$ 作为 Y 的预测值, 其精确性依赖于两个量: **可约误差** (reducible error) 和**不可约误差** (irreducible error). 为了度量预测效果, 由模型 (2.1), 在给定 $\boldsymbol{X}=\boldsymbol{x}$ 的条件下, 考虑**均方误差** (mean squared error, MSE) 或**期望预测误差** (expected prediction error, EPE), 即

$$\begin{aligned}\mathrm{E}(Y-\widehat{Y})^2&=\mathrm{E}[g(\boldsymbol{x})+\varepsilon-\widehat{g}(\boldsymbol{x})]^2\\&=\underbrace{\mathrm{E}[g(\boldsymbol{x})-\widehat{g}(\boldsymbol{x})]^2}_{\text{可约误差}}+\underbrace{\mathrm{Var}(\varepsilon)}_{\text{不可约误差}},\\&=[\mathrm{bias}(\widehat{g}(\boldsymbol{x}))]^2+\mathrm{Var}(\widehat{g}(\boldsymbol{x}))+\mathrm{Var}(\varepsilon),\end{aligned}\tag{2.9}$$

其中 $\mathrm{bias}(\widehat{g}(\boldsymbol{x}))=\mathrm{E}(\widehat{g}(\boldsymbol{x}))-g(\boldsymbol{x})$ 表示估计 $\widehat{g}(\boldsymbol{x})$ 的**偏差**, 反映估计 $\widehat{g}(\boldsymbol{x})$ 对真实回归函数 $g(\boldsymbol{x})$ 的偏离程度, $\mathrm{Var}(\widehat{g}(\boldsymbol{x}))=\mathrm{E}[\widehat{g}(\boldsymbol{x})-\mathrm{E}(\widehat{g}(\boldsymbol{x}))]^2$ 表示估计 $\widehat{g}(\boldsymbol{x})$ 的**方差**, 反映的是估计 $\widehat{g}(\boldsymbol{x})$ 对 $\mathrm{E}(\widehat{g}(\boldsymbol{x}))$ 的波动情况, $\mathrm{Var}(\varepsilon)$ 表示随机误差 ε 的方差.

在式 (2.9) 中, 预测 $\widehat{Y}$ 的均方误差或期望预测误差分解为可约误差和不可约误差, 其中可约误差是由回归函数 $g(\boldsymbol{x})$ 的估计 $\widehat{g}(\boldsymbol{x})$ 所引起的, 而不可约误差是由随机误差 ε 所引起的. 事实上, 可约误差反映的是估计 $\widehat{g}(\boldsymbol{x})$ 的均方误差, 由偏差的平方和方差构成. 在实际应用中, 当估计 $\widehat{g}(\boldsymbol{x})$ 不是 $g(\boldsymbol{x})$ 的一个最优估计时, 对模型的估计和预测的不准确性会引起一些误差. 但是这个误差是可约的, 只要选择合适的统计学习方法提高 $\widehat{g}(\boldsymbol{x})$ 的估计精度就可降低这种误差. 然而, 即使得到回归函数 $g(\boldsymbol{x})$ 的一个最优估计 $\widehat{g}(\boldsymbol{x})$, 预测 $\widehat{Y}$ 仍然存在误差, 因为响应变量 Y 依赖于随机误差 ε. 随机误差又称为**偶然误差**, 是由不固定的因素所引起的, 在实际问题中无法避免, 通常假设 $\mathrm{E}(\varepsilon)=0$ 和 $\mathrm{Var}(\varepsilon)=\sigma^2$. 例如, 当 $p=1$ 时, 对一元非参数回归模型 $Y=g(X)+\varepsilon$, 其中 $g(\cdot)$ 为一元的未知回归函数, 且随机误差 ε 满足 $\mathrm{E}(\varepsilon)=0$ 和 $\mathrm{Var}(\varepsilon)=\sigma^2$. 图 2.3 提供了不同标准差 σ 情形下的散点图, 真实曲线和非参数估计拟合曲线, 并展示了随机误差 ε 对回归函数拟合曲线的影响.

从图 2.3 可以看出, 当随机误差 ε 的标准差 $\sigma=0.01$ 时, 两种非参数拟合曲线和真实曲线几乎

重合, 都具有很好的拟合效果; 当标准差变大时, 拟合曲线会越来越偏离真实曲线, 当 $\sigma = 0.5$ 时, 两种非参数拟合曲线都偏离了真实曲线, 特别在边界点和曲率较大的位置都有较大的偏差. 因此, 随机误差 ε 对回归函数 $g(\cdot)$ 的估计和响应变量 Y 的预测都具有很大的影响.

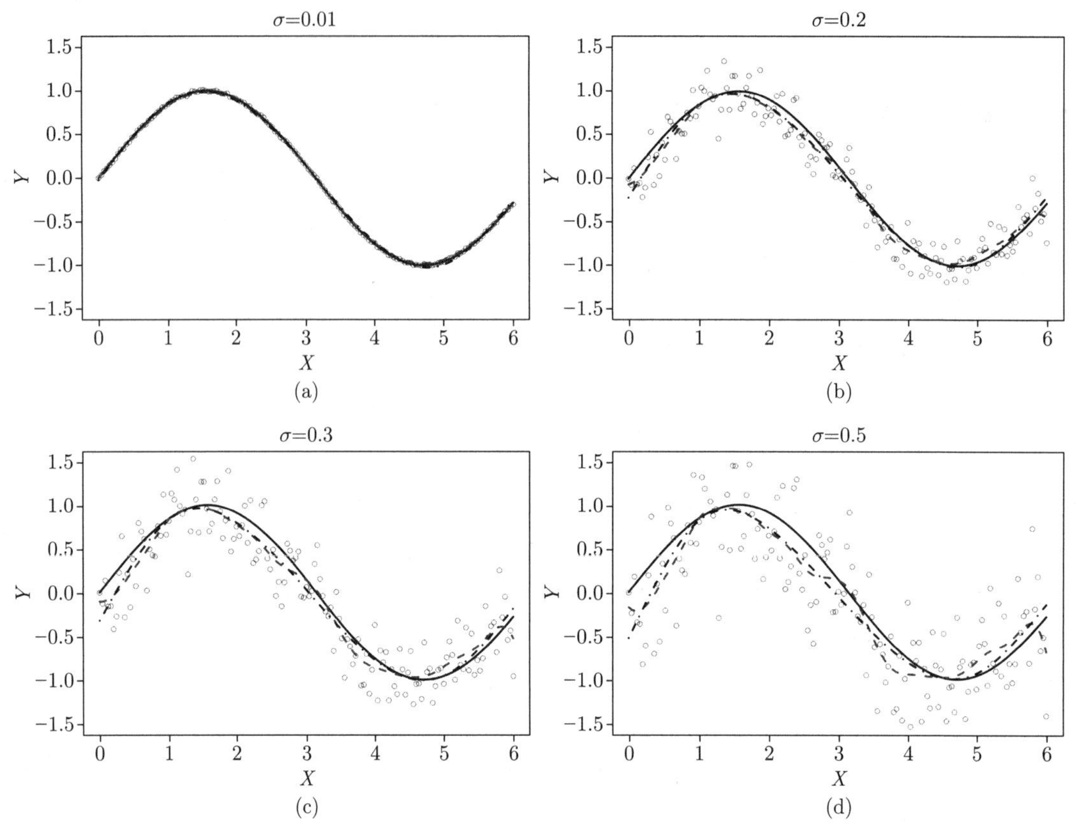

图 2.3 不同标准差 σ 情形下的散点图, 真实曲线和非参数估计拟合曲线, 其中黑色实线表示真实曲线, 蓝色①点断线和红色虚线是两种非参数拟合曲线. (a) $\sigma = 0.01$; (b) $\sigma = 0.2$; (c) $\sigma = 0.3$; (d) $\sigma = 0.5$

在实际应用中, 不可约误差是不可控制的, 提供了响应变量 Y 预测精度的一个上界. 本书重点关注回归函数 $g(\cdot)$ 的估计问题, 尽量具有最小的可约误差, 核心思想是权衡偏差和方差, 提高回归函数 $g(\cdot)$ 估计的精度, 进而提高响应变量 Y 的预测精度.

2. 评价准则

在统计学习中, 有很多方法可以估计回归函数 $g(\cdot)$, 如参数方法和非参数方法. 为什么要介绍这么多不同的统计学习方法, 而不直接介绍一种最优的统计学习方法用于数据拟合呢? 在对数据分析的实际应用中, 很难找到一种统计学习方法可以击败其他所有的统计学习方法, 每种统计学习方法都有它的优点和缺点, 可能对某一数据集有好的拟合效果, 但是对另外的数据集却表现较差. 另外, 当对数据进行拟合时, 究竟是选择对回归函数形式具有限制的欠灵活参数模型, 还是使用更加灵活的非参数模型, 并如何评价它们对数据拟合的效果, 都是需要考虑的问题. 因此, 在实际数据分析时,

① 注: 由于本书为黑白印刷, 在书中不能显示彩色, 但读者可通过代码自己生成相应图像, 或通过微信公众号 (BNUlgr) 查看. 以后碰到类似问题不再说明.

需要判断哪种统计学习方法能产生更好的拟合和预测效果.

为评价统计学习方法对某个数据集的拟合和预测效果, 需要一些方法评价模型的预测结果与实际观测数据在结果上的一致性. 这时, 对一组给定的观测样本数据集 $D=\{(\boldsymbol{x}_i,y_i),i=1,\cdots,n\}$, 需要定量测量预测的响应值 $\widehat{y}_i=\widehat{g}(\boldsymbol{x}_i)$ 与真实响应值 y_i 之间的接近程度, 在回归分析中, 常用的评价准则是均方误差 (MSE), 即

$$\mathrm{MSE}=\frac{1}{n}\sum_{i=1}^{n}(y_i-\widehat{y}_i)^2=\frac{1}{n}\sum_{i=1}^{n}\Big[y_i-\widehat{g}(\boldsymbol{x}_i)\Big]^2, \tag{2.10}$$

其中 $\widehat{g}(\boldsymbol{x}_i)$ 是第 i 个观测点 $\boldsymbol{x}_i$ 的拟合值或预测值. 如果预测的响应值 $\widehat{y}_i=\widehat{g}(\boldsymbol{x}_i)$ 与真实响应值 y_i 很接近, 则 MSE 会非常小; 如果预测的响应值 $\widehat{y}_i=\widehat{g}(\boldsymbol{x}_i)$ 与真实响应值 y_i 之间的差异较大, 则 MSE 会非常大.

用式 (2.10) 定义的 MSE 作为模型拟合的评价准则不太合适, 因为式 (2.10) 定义的 MSE 是用训练样本计算得到, 这些训练样本就是用来拟合模型的, 因此预测精度一般会很高, 通常把式 (2.10) 定义的 MSE 称为**训练均方误差** (training MSE). 在实际应用中, 通常关注的不是模型在训练集上的表现如何, 而真正关心的是在新的测试样本数据上的预测效果. 通常解决的办法是把数据随机分成训练样本和测试样本. 首先基于训练样本或训练数据, 利用统计学习方法得到回归函数 $g(\cdot)$ 的估计 $\widehat{g}(\cdot)$, 进而计算训练均方误差. 然后, 基于测试样本或测试数据, 用于测试模型的拟合效果, 计算**测试均方误差** (test MSE). 在机器学习中, 也把测试均方误差称为**泛化误差** (generalization error).

具体计算测试均方误差过程为: 首先, 将观测样本数据集 $D=\{(\boldsymbol{x}_i,y_i),i=1,\cdots,n\}$ 随机分成互不重叠的**训练集** (training set) 和**测试集** (testing set), 其中记 $D^{\mathrm{Tr}}=\{(\boldsymbol{x}_i^{\mathrm{Tr}},y_i^{\mathrm{Tr}}),i=1,\cdots,n_{\mathrm{Tr}}\}$ 为训练集, $D^{\mathrm{Te}}=\{(\boldsymbol{x}_i^{\mathrm{Te}},y_i^{\mathrm{Te}}),i=1,\cdots,n_{\mathrm{Te}}\}$ 为测试集, 且 $n_{\mathrm{Tr}}+n_{\mathrm{Te}}=n$, 通常训练集占 70%. 其次, 在训练集 $D^{\mathrm{Tr}}=\{(\boldsymbol{x}_i^{\mathrm{Tr}},y_i^{\mathrm{Tr}}),i=1,\cdots,n_{\mathrm{Tr}}\}$ 上用统计学习方法拟合模型, 估计记为 $\widehat{g}(\cdot)$, 并计算训练均方误差为

$$\text{training MSE}=\frac{1}{n_{\mathrm{Tr}}}\sum_{i=1}^{n_{\mathrm{Tr}}}\Big[y_i^{\mathrm{Tr}}-\widehat{g}(\boldsymbol{x}_i^{\mathrm{Tr}})\Big]^2.$$

最后, 将所得拟合模型用于没有参与建模和模型拟合的测试集 $D^{\mathrm{Te}}=\{(\boldsymbol{x}_i^{\mathrm{Te}},y_i^{\mathrm{Te}}),i=1,\cdots,n_{\mathrm{Te}}\}$ 上预测响应变量, 记为 $\widehat{y}_i^{\mathrm{Te}}=\widehat{g}(\boldsymbol{x}_i^{\mathrm{Te}})$, 其中 $i=1,\cdots,n_{\mathrm{Te}}$, 并计算测试均方误差为

$$\text{test MSE}=\frac{1}{n_{\mathrm{Te}}}\sum_{i=1}^{n_{\mathrm{Te}}}\Big(y_i^{\mathrm{Te}}-\widehat{y}_i^{\mathrm{Te}}\Big)^2=\frac{1}{n_{\mathrm{Te}}}\sum_{i=1}^{n_{\mathrm{Te}}}\Big[y_i^{\mathrm{Te}}-\widehat{g}(\boldsymbol{x}_i^{\mathrm{Te}})\Big]^2.$$

在实际应用中, 训练均方误差是否越小越好? 选择使训练均方误差最小的模型还是使测试均方误差最小的模型, 即如何选择一个拟合效果好的模型呢? 对于统计学习而言, 不仅要求它对训练样本有很好的拟合, 同时也希望它可以对测试样本有很好的拟合效果或泛化能力, 即要求测试均方误差尽可能达到最小. 度量泛化能力的好坏, 最直观的表现就是模型的**过拟合**和**欠拟合** (underfitting). 如果选择使训练均方误差最小的模型时, 不能保证模型的测试均方误差会同时很小, 则拟合模型会出现过拟合问题. 因此, 在实际应用中, 通常选择使测试均方误差最小的模型作为最终的预测模型. 为使测试均方误差达到最小, 需要选择一种统计学习方法使其在测试集上偏差的平方和方差同时达到最小. 一般而言, 使用灵活度更高的非参数模型和方法, 尽管所得模型的偏差会减小, 但是方差会增加, 会产生过拟合问题. 反过来, 如果使用灵活度更低的模型和方法, 会使得模型的偏差增加, 而

方差减小, 产生欠拟合问题. 下面通过三个例子进行说明.

图 2.4(a) 展示了散点图, 真实曲线和三种估计的拟合曲线, 其中黑色实线表示真实曲线, 深红色断线表示一元线性回归模型的拟合直线, 蓝色虚线和红色点断线表示另外两个非参数拟合曲线, 三种估计方法考虑了回归函数三种不同自由度或灵活度问题. 一元线性回归模型是最简单的含有两个自由度的参数回归模型, 也是灵活度最低的模型, 尽管一元线性回归模型拟合直线非常光滑, 但是远远偏离实际数据, 导致偏差较大, 有欠拟合问题. 另外两个非参数拟合曲线使用多项式回归方法 (见第 8 章) 对数据进行拟合. 显然, 当自由度变大或模型灵活度变高时, 红色点断线对实际数据匹配最好, 偏差较小. 然而, 红色点断线过度曲折, 偏离了真实曲线, 方差较大, 明显有过拟合问题. 当取合适的多项式阶数时, 蓝色虚线变得光滑, 对真实曲线有很好的拟合效果.

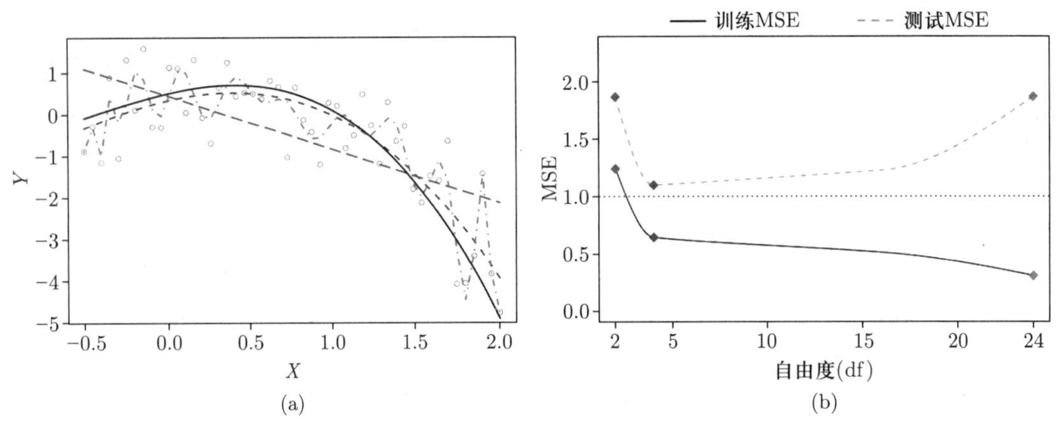

图 2.4 (a) 展示散点图, 真实曲线和三种估计的拟合曲线, 其中黑色实线表示真实曲线, 深红色断线表示一元线性回归模型的拟合直线, 以及另外两个是非参数拟合曲线 (蓝色虚线和红色点断线); (b) 三种估计方法对应的训练均方误差 (黑色曲线) 和测试均方误差 (红色曲线), 三种方法都已使测试均方误差尽可能最小, 三种颜色方块对应三种估计方法, 水平虚线表示不可约误差 $\mathrm{Var}(\varepsilon)$

图 2.4(b) 展示了三种估计方法对应的训练均方误差 (黑色曲线) 和测试均方误差 (红色曲线) 关于自由度的函数, 三种颜色方块对应图 2.4(a) 中的三种估计方法. 从图中可以看出, 真实模型是非线性的, 用两个自由度的一元线性回归模型进行拟合显然是不充足的, 在训练均方误差和测试均方误差都比较大. 当自由度变大时, 训练均方误差单调递减, 而测试均方误差呈 U 形曲线, 即先减小后变大. 红色点断线拟合方法具有最大的自由度或最高的灵活度, 模型在训练集上拟合数据时最灵活, 有最小的训练均方误差, 但是在测试集上却表现很差. 图 2.4(b) 表示在训练集上的过拟合和欠拟合, 在测试集上都表现较差. 综合来看, 蓝色虚线拟合方法具有最小的测试均方误差, 表现最好.

图 2.5 提供了另一个例子, 真实曲线 $g(\cdot)$ 接近于线性函数. 图 2.5(a) 同样展示了散点图, 真实曲线和三种估计的拟合曲线, 图 2.5(b) 同样展示了三种估计方法对应的训练均方误差 (黑色曲线) 和测试均方误差 (红色曲线) 关于自由度的函数. 随着自由度的变大, 训练均方误差仍然是单调递减的, 而测试均方误差呈 U 形曲线. 由于真实曲线接近于线性函数, 因此一元线性模型的拟合直线也接近于真实曲线, 并且训练均方误差和测试均方误差都优于自由度最大的红色点断线拟合方法, 但仍然存在较小的欠拟合问题. 综合来看, 仍然是蓝色虚线拟合方法具有最小的测试均方误差, 表现最好.

图 2.6 提供了真实曲线 $g(\cdot)$ 完全是一个非线性函数的例子, 结果类似于前两个例子, 即训练均

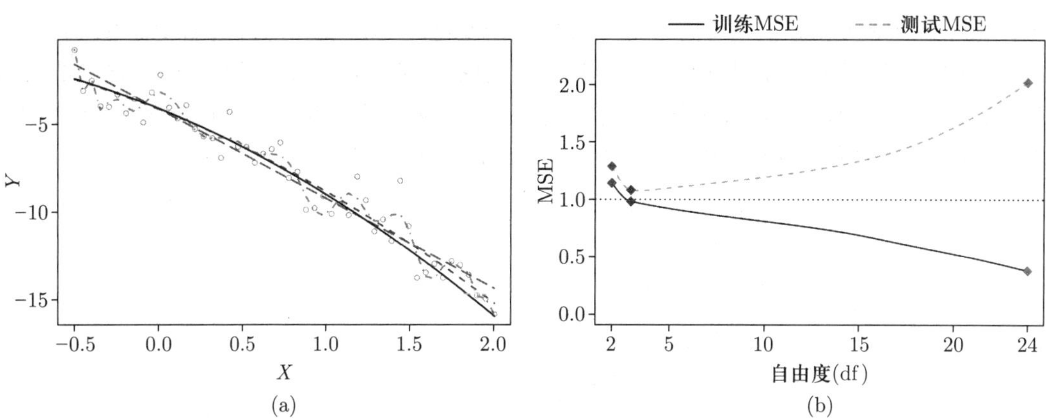

图 2.5　与图 2.4 类似, 但是真实函数 $g(x)$ 接近于线性函数, 这时一元线性模型有较好的拟合

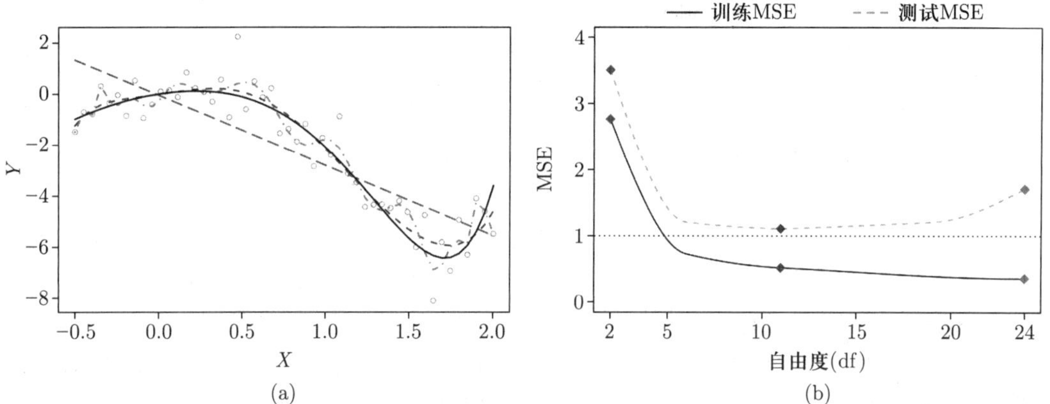

图 2.6　与图 2.4 类似, 真实函数 $g(x)$ 完全不同于线性函数, 这时一元线性回归模型有很差的拟合, 而两种非参数方法有较好的拟合, 特别是蓝色拟合曲线非常接近于真实曲线

方误差随着自由度变大单调递减, 而测试均方误差呈 U 形曲线.

在实际应用中, 计算训练均方误差相对容易, 而计算测试均方误差较为困难, 主要是在实际问题中很难获得测试样本数据. 为了解决该问题, 本书将在第 4 章介绍重抽样的交叉验证法, 通过训练样本数据估计测试均方误差.

3. 偏差–方差权衡

由图 2.4—图 2.6 可知, 随着自由度增加, 测试均方误差呈 U 形曲线, 表明统计学习方法在计算上存在两种博弈. 给定新的测试样本点 $(\boldsymbol{x}_0, y_0)$, 满足 $y_0 = g(\boldsymbol{x}_0) + \varepsilon_0$, 其中随机误差 ε_0 满足 $\mathrm{E}(\varepsilon_0) = 0$ 和 $\mathrm{Var}(\varepsilon_0) = \sigma^2$. 由式 (2.9), 期望测试均方误差能分解成三个基本量的和, 即

$$\mathrm{E}[y_0 - \widehat{g}(\boldsymbol{x}_0)]^2 = [\mathrm{bias}(\widehat{g}(\boldsymbol{x}_0))]^2 + \mathrm{Var}(\widehat{g}(\boldsymbol{x}_0)) + \mathrm{Var}(\varepsilon_0),$$

其中 $\widehat{g}(\cdot)$ 为基于训练样本所得回归函数 $g(\cdot)$ 的估计. 可见, 期望测试均方误差依赖于预测 $\widehat{g}(\boldsymbol{x}_0)$ 的偏差的平方, 方差和随机误差 ε_0 的方差.

由图 2.4—图 2.6 可知, 选择灵活度更高或自由度更大的统计学习方法, 所得模型尽管偏差会减小, 但是方差会变大, 将导致过拟合问题. 由于灵活度越高的统计模型方差越大, 所以改变其中任何

一个样本点, 得到回归函数的估计 $\widehat{g}(\cdot)$ 也有非常大的变化. 反之, 如果选择灵活度更低或自由度更小的统计学习方法, 所得模型尽管方差会减小, 但是偏差会变大, 将导致欠拟合问题, 图 2.7 展示了模型灵活度与训练均方误差和测试均方误差之间的关系. 因此, 要使期望测试均方误差达到最小, 需要选择一种统计学习方法对偏差和方差权衡, 使得偏差的平方和方差同时达到最小.

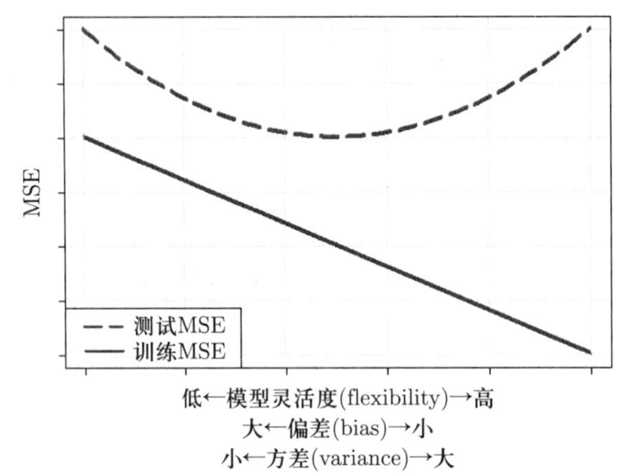

图 2.7 模型灵活度与训练均方误差和测试均方误差之间的关系

对一种统计学习方法, 灵活度的变化对期望测试均方误差有一定的影响. 一方面, 提高一种统计学习方法的灵活度时, 当偏差减小的速度要比模型方差增大的速度快时, 这时期望测试均方误差会下降. 另一方面, 提高一种统计学习方法的灵活度时, 如果对偏差的影响不明显, 但是模型的方差增大的较快, 从而期望测试均方误差会变大. 以上两个方面使得期望测试均方误差呈现 U 形曲线. 因此, 通过对偏差和方差进行权衡, 寻找使得期望测试均方误差最小的灵活度或自由度, 然后对数据进行拟合才有很好的预测效果.

针对图 2.4—图 2.6 的三个例子, 图 2.8 分别展示了偏差的平方 (橙色曲线), 方差 (蓝色曲线), 测试均方误差 (红色 U 形曲线) 和不可约误差 (黑色水平虚线). 对三个例子, 当自由度变大时, 偏差变小而方差变大. 图 2.8(a) 和 (c) 中的数据是非线性的, 当自由度变大时, 偏差迅速变小, 使得测试均方误差也迅速变小. 当自由度继续变大时, 偏差有较小的减少, 但是测试均方误差由于方差的变大而呈现增加的趋势. 图 2.8(b) 中的数据是接近线性的, 当自由度变大时, 偏差有轻微的减少, 且测试均方误差在由方差的变大所引起的迅速增加前仅出现了轻微的减小. 因此, 在三个图中, 可以极小化测试均方误差, 找到最优的自由度, 图中垂直的黑色虚线表示最小测试均方误差所对应的最优自由度. 通常, 把这种寻找最优拟合模型的方法称为**偏差–方差权衡** (bias-variance trade-off) 方法.

4. 正则化方法

过拟合问题往往是由训练样本少, 模型中存在很多对响应变量不显著的噪声变量, 以及模型的拟合能力太强等原因造成的. 要想解决过拟合问题, 就要显著减少测试误差而不过度增加训练误差, 从而提高模型的泛化能力. 解决过拟合问题, 可以使用**正则化** (regularization) 方法, 在模型的拟合能力和复杂度之间进行权衡. 拟合能力强的模型一般复杂度会比较高, 容易导致过拟合. 相反, 如果限制模型的复杂度, 降低其拟合能力, 又可能会导致欠拟合.

因此, 如何在模型的拟合能力和复杂度之间取得一个较好的权衡, 对一个统计学习方法十分重

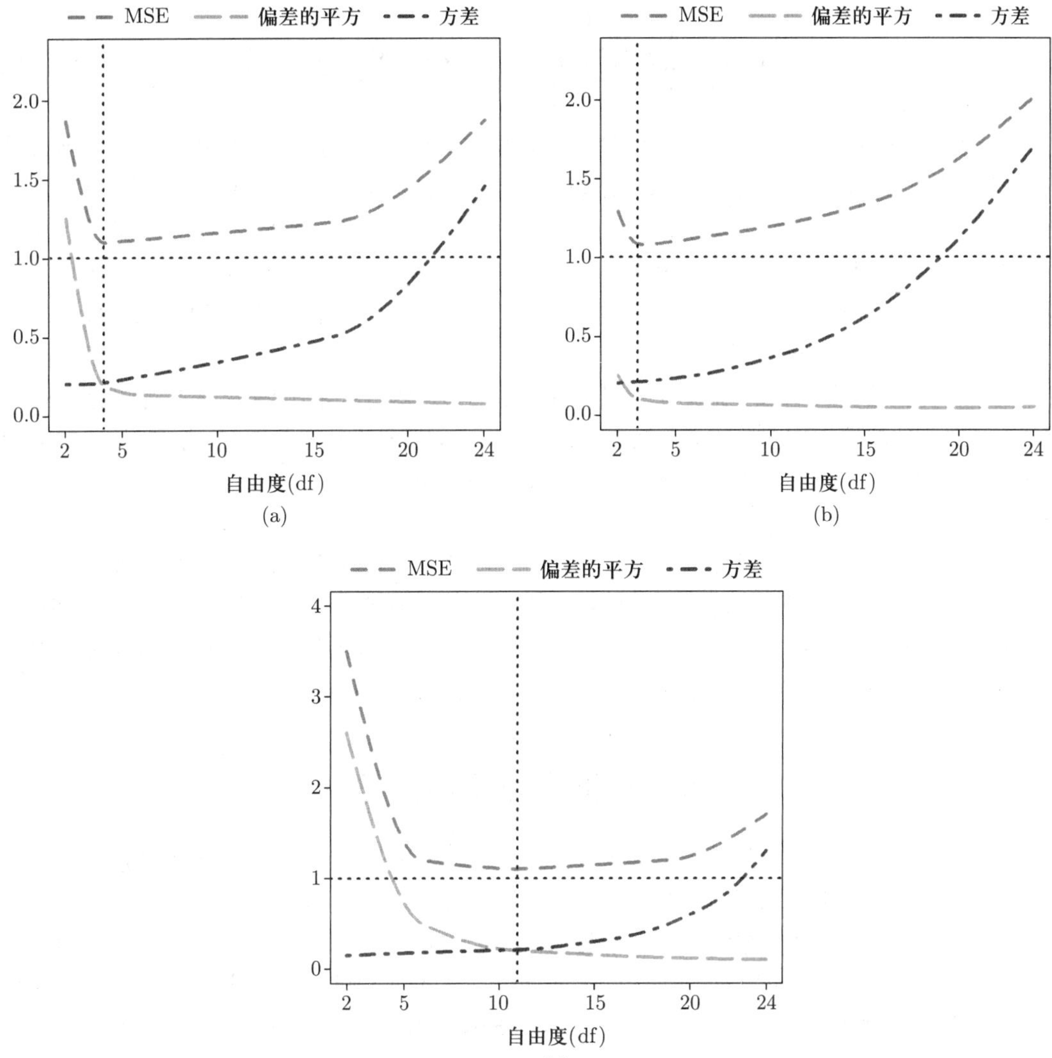

图 2.8 分别表示图 2.4—图 2.6 三个例子的偏差的平方 (橙色曲线), 方差 (蓝色曲线), 测试均方误差 (红色 U 形曲线), 不可约误差 (水平黑色虚线), 垂直的黑色虚线表示最小测试均方误差所对应的自由度

要. 正则化方法就是在式 (2.3) 定义的经验风险函数 $R_n(g)$ 后面施加惩罚项来限制模型拟合能力, 使其不要过度地最小化经验风险函数, 即

$$\widehat{g}_\lambda = \arg\min_g \left\{R_n(g) + p_\lambda(g)\right\} = \arg\min_g \left\{\frac{1}{n}\sum_{i=1}^n \ell_n(y_i, g(\boldsymbol{x}_i)) + p_\lambda(g)\right\}, \tag{2.11}$$

其中 $\ell_n(y_i, g(\boldsymbol{x}_i))$ 为**经验损失函数**, $p_\lambda(\cdot)$ 为**惩罚函数**, $\lambda \geqslant 0$ 为**正则参数**或**调节参数**, 主要用来控制模型的复杂度或灵活度. 如果回归函数 $g(\boldsymbol{x}_i)$ 是依赖于 p 维参数向量 $\boldsymbol{\beta} = (\beta_1, \cdots, \beta_p)^{\mathrm{T}}$ 的参数模型, 如多元线性回归模型, 则使用正则化方法估计参数模型中的未知参数向量, 即

$$\widehat{\boldsymbol{\beta}}_\lambda = \arg\min_{\boldsymbol{\beta}} \left\{R_n(\boldsymbol{\beta}) + \sum_{j=1}^p p_\lambda(|\beta_j|)\right\}$$

$$= \arg\min_{\boldsymbol{\beta}} \left\{ \frac{1}{n}\sum_{i=1}^{n} \ell_n(y_i, g(\boldsymbol{x}_i, \boldsymbol{\beta})) + \sum_{j=1}^{p} p_\lambda(|\beta_j|) \right\}. \tag{2.12}$$

随着模型复杂度或灵活度的增加, 模型的拟合能力变强, 偏差减小而方差增大, 从而导致过拟合. 正则化方法可以通过调节参数 λ 来控制模型的复杂度或自由度. 当 λ 变大时, 模型复杂度会降低, 可以有效地减小方差, 避免过拟合, 但偏差会上升. 当 λ 过大时, 总的期望误差反而会上升. 因此, 一个好的调节参数 λ 需要在偏差和方差之间取得比较好的权衡. 图 2.7 和图 2.8 给出了统计学习模型的训练均方误差、测试均方误差、偏差的平方和方差随复杂度的变化情况. 最优模型并不一定是偏差平方曲线和方差曲线的交点.

与过拟合相反的是欠拟合, 由于模型对训练样本的拟合能力不足, 即模型不能很好地拟合训练样本, 在训练集上的训练均方误差会比较高. 解决欠拟合问题相对比较简单, 在建模时, 可以增加模型的复杂度, 如可以考虑在模型中增加协变量的平方项和交互项等, 甚至考虑灵活度更高的非参数模型.

总之, 统计学习中的学习准则并不仅仅是拟合训练集上的样本或数据, 同时也要使得测试集上误差最低. 给定一个训练集, 统计学习的目标是从假设空间中找到一个泛化误差较低的 “理想” 模型, 以便更好地对未知的样本进行预测, 特别是不在训练集中出现的样本. 因此, 统计学习可以看作是一个从有限、高维、有噪声的数据上得到更一般性规律的泛化问题.

§2.2　分类模型及评价准则

分类问题也是统计学习研究的主要内容之一, 并存在很多分类学习方法, 如判别分析、K 近邻分类方法、logistic 回归、支持向量机、分类树、随机森林和神经网络等.

假设存在 n 个独立同分布的观测样本数据集, 记为 $D = \{(\boldsymbol{x}_i, y_i), i = 1, \cdots, n\}$, 其中 $\boldsymbol{x}_i = (x_{i1}, \cdots, x_{ip})^{\mathrm{T}} \in \mathbb{R}^p$ 为观测的协变量向量, $y_i \in \{1, 2, \cdots, J\}$ 为类别变量, 其中 $J \geqslant 2$. 度量分类模型精度的准则为**准确率** (accuracy rate, accRate) 和**错误率** (error rate, errRate), 分别定义为

$$\text{accRate} = \frac{1}{n}\sum_{i=1}^{n} I(y_i = \widehat{y}_i), \qquad \text{errRate} = \frac{1}{n}\sum_{i=1}^{n} I(y_i \neq \widehat{y}_i),$$

其中 $\widehat{y}_i$ 为类别变量 y_i 的预测结果, $I(\cdot)$ 为示性函数, 如果其括号内的表达式为真, 则取值为 1, 否则取值为 0. 准确率和错误率满足 errRate=1−accRate, 因此本书更专注使用错误率作为分类模型的评价准则.

类似于回归模型, 分类模型依赖于**学习函数**或**学习分类器** $C(\boldsymbol{x})$, 并通过 $C(\boldsymbol{x})$ 对类别变量进行预测. 在统计学习中, **Bayes 分类器**是一个最理想的分类方法, 其将每个观测值分配到它最大可能所在的类中, 并将这个类作为它的预测结果. 对 $j = 1, 2, \cdots, J$, Bayes 分类器的最优预测应该最大化下面**条件概率**或**后验概率**, 即

$$\max_j p_j(\boldsymbol{x}_i) = \max_j \mathbb{P}(y_i = j | \boldsymbol{X} = \boldsymbol{x}_i).$$

对于第 i 个类别变量 y_i, 如果估计的后验概率 $\widehat{p}_j(\boldsymbol{x}_i)$ 最大, 则应选择预测结果为 $\widehat{y}_i = \widehat{C}(\boldsymbol{x}_i) = j$. 这种决策方式称为 **Bayes 最优决策** (Bayes optimal decision), 由此所得决策边界为 **Bayes 决策边界**

(Bayes decision boundary). 使用 Bayes 最优决策, 所得错误率称为 **Bayes 错误率** (Bayes error rate). 下面以 Hastie 等 (2009) 的 mixture.example 模拟数据为例介绍 Bayes 分类器方法, 该数据是由协变量 X_1 和 X_2 构成的二维空间的一个模拟数据. 图 2.9 提供了 Hastie 等 (2009) 中 mixture.example 模拟数据两个类别的散点图, Bayes 决策边界和 Bayes 错误率, 其中红色曲线是由条件概率等于 0.5 计算得到的 Bayes 决策边界. 对于该模拟数据, Bayes 错误率为 0.210, 因为这两个类在一些部分有交叠.

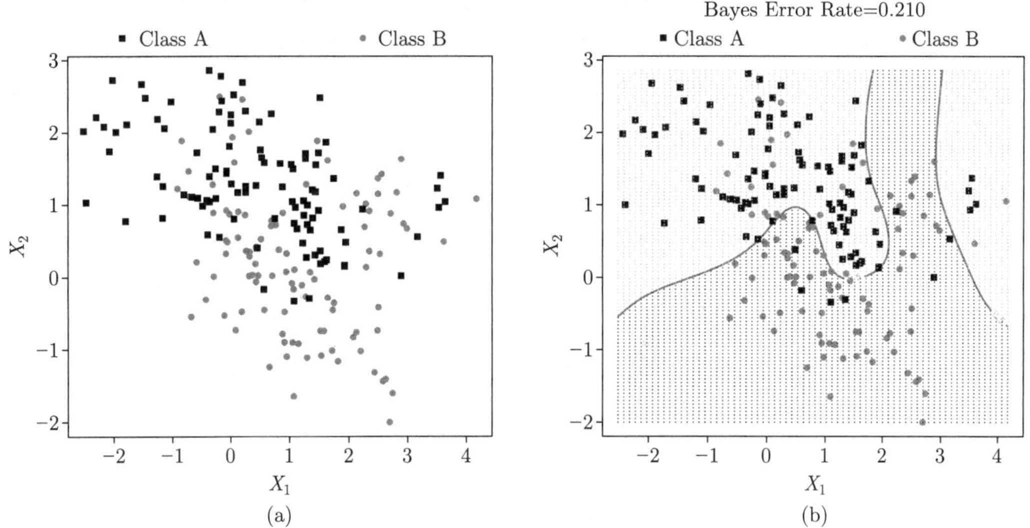

图 2.9 (a) Hastie 等 (2009) 中 mixture.example 模拟数据两个类别的散点图; (b) Bayes 决策边界和 Bayes 错误率, 其中红色曲线为 Bayes 决策边界

在实际应用中, 应该关注的不是分类模型在训练集上的表现如何, 而是在新的测试样本数据上的分类效果. 解决的办法仍是在训练集上利用统计学习方法得到学习函数或学习分类器 $C(\boldsymbol{x})$ 的估计 $\widehat{C}(\boldsymbol{x})$, 进而计算**训练错误率** (training errRate). 然后, 基于测试样本或测试数据, 测试分类模型的分类效果, 计算**测试错误率** (test errRate), 其中测试错误率也被称为分类问题的**泛化误差** (generalization error). 一个好的分类模型或分类器应该是使测试错误率降到最小.

具体计算测试错误率的过程为: 首先, 将观测样本数据集 $D=\{(\boldsymbol{x}_i,y_i),i=1,\cdots,n\}$ 随机分成互不重叠的训练集和测试集, 其中记 $D^{\mathrm{Tr}}=\{(\boldsymbol{x}_i^{\mathrm{Tr}},y_i^{\mathrm{Tr}}),i=1,\cdots,n_{\mathrm{Tr}}\}$ 为训练集, $D^{\mathrm{Te}}=\{(\boldsymbol{x}_i^{\mathrm{Te}},y_i^{\mathrm{Te}}),i=1,\cdots,n_{\mathrm{Te}}\}$ 为测试集, 且 $n_{\mathrm{Tr}}+n_{\mathrm{Te}}=n$. 其次, 在训练集 $D^{\mathrm{Tr}}=\{(\boldsymbol{x}_i^{\mathrm{Tr}},y_i^{\mathrm{Tr}}),i=1,\cdots,n_{\mathrm{Tr}}\}$ 上用统计学习方法估计学习函数或学习分类器 $C(\boldsymbol{x})$, 估计记为 $\widehat{C}(\boldsymbol{x})$, 并计算训练错误率为

$$\text{training errRate}=\frac{1}{n_{\mathrm{Tr}}}\sum_{i=1}^{n_{\mathrm{Tr}}}I\left(y_i^{\mathrm{Tr}}\neq\widehat{y}_i^{\mathrm{Tr}}\right)=\frac{1}{n_{\mathrm{Tr}}}\sum_{i=1}^{n_{\mathrm{Tr}}}I\left(y_i^{\mathrm{Tr}}\neq\widehat{C}(\boldsymbol{x}_i^{\mathrm{Tr}})\right),$$

其中 $\widehat{y}_i^{\mathrm{Tr}}=\widehat{C}(\boldsymbol{x}_i^{\mathrm{Tr}})$ 为训练集 D^{Tr} 上给定 $\boldsymbol{x}_i^{\mathrm{Tr}}$ 时的预测结果, 且 $\widehat{C}(\cdot)$ 为在训练集 D^{Tr} 上得到的分类器. 最后, 将所得学习函数或学习分类器 $\widehat{C}(\cdot)$ 用于没有参与建模的测试集 $D^{\mathrm{Te}}=\{(\boldsymbol{x}_i^{\mathrm{Te}},y_i^{\mathrm{Te}}),i=1,\cdots,n_{\mathrm{Te}}\}$ 上计算测试错误率, 即

$$\text{test errRate}=\frac{1}{n_{\mathrm{Te}}}\sum_{i=1}^{n_{\mathrm{Te}}}I\left(y_i^{\mathrm{Te}}\neq\widehat{y}_i^{\mathrm{Te}}\right)=\frac{1}{n_{\mathrm{Te}}}\sum_{i=1}^{n_{\mathrm{Te}}}I\left(y_i^{\mathrm{Te}}\neq\widehat{C}(\boldsymbol{x}_i^{\mathrm{Te}})\right),$$

其中 $\widehat{y}_i^{\mathrm{Te}}=\widehat{C}(\boldsymbol{x}_i^{\mathrm{Te}})$ 为测试集 D^{Te} 上给定 $\boldsymbol{x}_i^{\mathrm{Te}}$ 时的预测结果.

类似于回归模型, 度量分类模型泛化能力的好坏, 最直观的表现就是分类模型的过拟合和欠拟合. 如果选择灵活度很高的分类模型和方法, 可使得训练错误率最小, 但不能保证分类模型的测试错误率会同时很小, 而拟合的分类模型可能会出现过拟合问题, 决策边界会变得非常曲折, 分类结果偏差小而方差大. 反过来, 如果选择灵活度更低的分类模型和方法, 会使得分类模型的偏差增加, 而方差减小, 产生欠拟合问题. 在图 2.7 中把均方误差换成错误率, 对分类模型进行解释同样适用.

为了展示灵活度对分类模型错误率的影响, 从二元正态总体中生成三个不同类别共 1 000 个模拟数据, 把数据随机分成 700 个训练样本和 300 个测试样本, 利用第 6 章将要介绍的 K 近邻分类方法为例绘制决策边界, 计算训练错误率和测试错误率. 图 2.10 提供了 700 个训练样本上的 K 近邻决策边界和训练错误率, 图 2.11 提供了 300 个测试样本上的 K 近邻决策边界和测试错误率.

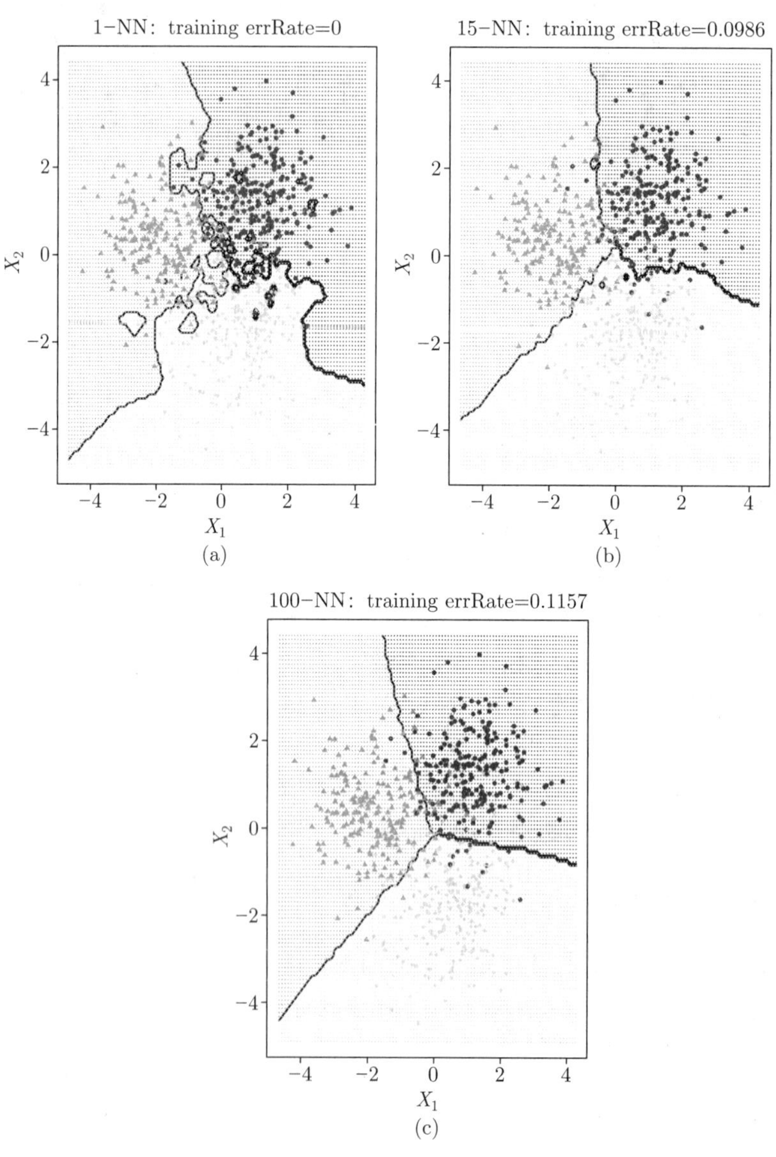

图 2.10 训练样本上的 K 近邻决策边界和训练错误率. (a) $K = 1$, 训练错误率为 0; (b) $K = 15$, 训练错误率为 0.098 6; (c) $K = 100$, 训练错误率为 0.115 7

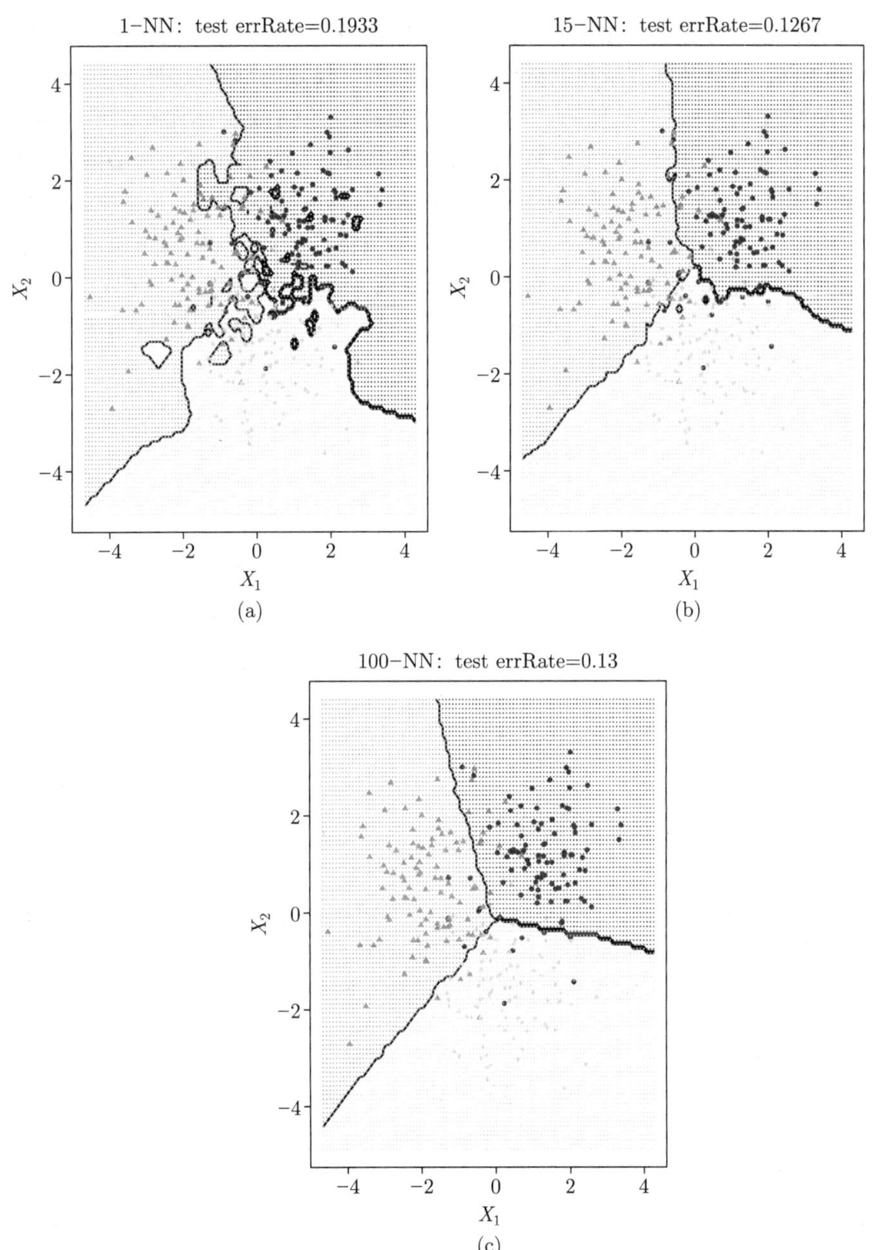

图 2.11 测试样本上的 K 近邻决策边界和测试错误率. (a) $K=1$, 测试错误率为 0.193 3; (b) $K=15$, 测试错误率为 0.126 7; (c) $K=100$, 测试错误率为 0.13

K 近邻分类方法中的 K 值大小决定着自由度或分类模型的灵活度, 且自由度为 n/K. 因此, 当 K 值变大时, K 近邻分类方法拟合的自由度变小, 这时分类模型的灵活度变低, 将产生欠拟合问题, 即方差小而偏差大. 当 K 值变小时, K 近邻分类方法拟合的自由度变大, 这时分类模型的灵活度变高, 将会产生过拟合问题, 即偏差小而方差大. 从图 2.10 和图 2.11 可以看出, 当 $K=1$ 时, 尽管 K 近邻分类方法的训练错误率为 0, 且决策边界非常不规则, 但该分类器在测试样本上的预测效果较差, 导致测试错误率较大, 为 0.193 3. 当 $K=100$ 时, K 近邻分类方法的决策边界变得光滑, 训练错误率为 0.115 7, 但是该分类器在测试样本上也产生了较差的预测效果, 测试错误率为 0.13. 一般而言, 随着 K 值变小, 即灵活度变高, 训练错误率会减小, 但是测试错误率则不一定会减小.

图 2.12 提供了模拟数据 K 近邻分类方法的训练错误率 (蓝色) 和测试错误率 (红色) 对分类模型灵活度变化的曲线, 其中 $1/K$ 反映分类模型的灵活度, 当 K 值变小, 即 $1/K$ 变大时, 分类模型的灵活度变高. 从图 2.12 中可看出, 当 $1/K$ 变大时, 即灵活度变高时, 训练错误率有递减趋势, 而测试错误率显示有不明显的 U 形曲线, 原因是当 K 值很大时, 测试错误率变化较小, 但是当 $K=17$ 时, 测试错误率达到最小. 当 $1/K=1$ 即 $K=1$ 时, 训练错误率为 0, 而测试错误率却很大.

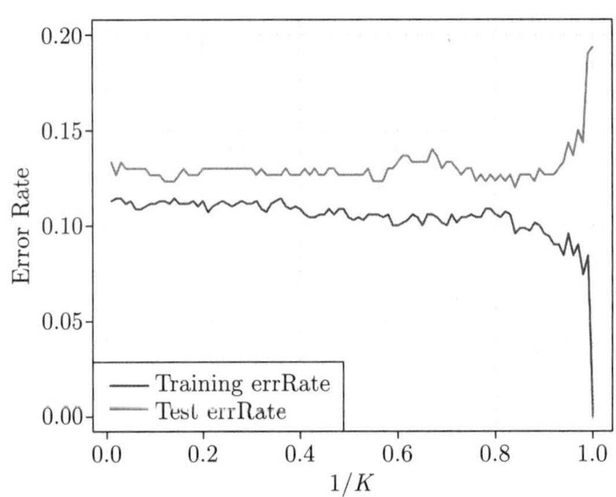

图 2.12 模拟数据 K 近邻分类方法的训练错误率 (蓝色) 和测试错误率 (红色) 对分类模型灵活度变化的曲线

对于回归和分类问题, 无论何种统计学习方法, 选择合适的灵活度或自由度可以更好拟合实际数据, 并有很好的预测效果. 在测试集上, 偏差–方差的权衡可以导致测试误差具有 U 形曲线, 并帮助选择合适的灵活度或自由度, 从而找到预测效果最理想的回归模型或分类模型.

习 题 2

1. 请证明式 (2.9) 成立, 并写出详细的证明过程.

2. 在式 (2.6) 中, 假设 $c=2$ 和 $\epsilon=0.01$, 试计算给定不同维数 p 时, 样本量 n 的大小, 并根据所得计算结果对 "维数灾祸" 问题进行理解.

3. 对 $\boldsymbol{Y}=(y_1,\cdots,y_n)^{\mathrm{T}}$ 的一个线性光滑预测 $\widehat{\boldsymbol{Y}}=\mathbf{S}\boldsymbol{Y}$, 其中 $\mathbf{S}$ 为 $n\times n$ 的投影矩阵或光滑矩阵, 且 $\mathrm{Cov}(\boldsymbol{Y})=\sigma^2\mathbf{I}_n$. 试证明

$$\sum_{i=1}^{n}\mathrm{Cov}(\widehat{y}_i,y_i)=\mathrm{tr}(\mathbf{S})\sigma^2.$$

4. 对下面 (1)–(4) 所列各种情况, 分别比较一个灵活度高的统计学习模型拟合效果好还是一个灵活度低的模型更合适, 请给出判断的依据.

(1) 当样本量 n 非常大, 而协变量维数 p 很小时;

(2) 当协变量维数 p 非常大, 而样本量 n 很小时;

(3) 协变量与响应变量之间的关系是非线性的;

(4) 随机误差 ε 的方差 $\mathrm{Var}(\varepsilon)=\sigma^2$ 非常大.

5. 根据你对偏差–方差分解的理解, 试考虑如下问题.

(1) 根据偏差的平方、方差、训练误差、测试误差和不可约误差曲线, 考察从灵活度低的模型转到灵活度高的模型时, 这些曲线的变化.

(2) 解释 (1) 中 5 条曲线的形状会在什么情况下变化.

6. 针对你所接触的实际问题, 请给出一些实际问题中所涉及的统计学习方法.

(1) 描述三个实际应用的回归模型例子, 分别给出响应变量和协变量, 建立回归模型并描述研究的目的是预测还是推断, 并给出你的判断依据.

(2) 描述三个实际应用的分类模型例子, 分别给出响应变量和协变量, 建立分类模型并描述研究的目的是预测还是推断, 并给出你的判断依据.

7. 一个灵活度高 (或灵活度低) 的回归模型或分类模型的优点和缺点是什么? 分析在什么情况下更需要一个灵活度高的统计学习方法而不是一个灵活度低的统计学习方法呢? 什么情况下一个灵活度较低的模型或统计学习方法比灵活度较高的模型对数据拟合效果更好?

8. 比较参数模型和非参数模型之间的不同, 并讨论参数回归模型或分类模型相对于非参数回归模型或分类模型的优缺点分别是什么?

9. 利用模拟数据评价回归模型的预测效果, 考虑回归模型: $y_i=g(x_i)+\varepsilon_i$, 其中回归函数为 $g(x_i)=2\cos(5x_i)$, x_i 是来自区间 $[-1,1]$ 的均匀分布, $\varepsilon_i\sim N(0,1)$, 且响应变量 y_i 从模型中产生. 考虑样本量 $n=500$, 并把样本随机分成 70% 的训练集和 30% 的测试集, 在训练集上利用函数 `lm(y~poly(x, degree=d))` 拟合多项式回归模型, 试考虑如下问题:

(1) 取多项式阶数 $d=1,2,5,10,15,20,25$, 在训练集上拟合多项式模型, 并绘制训练集散点图、真实曲线和拟合曲线, 最后对拟合曲线进行比较和判断;

(2) 计算训练均方误差和测试均方误差, 针对不同多项式阶数, 绘制训练均方误差曲线和测试均方误差曲线, 并根据测试均方误差 U 形曲线确定最优的多项式阶数 d;

(3) 在训练集和测试集上计算回归函数 $g(\cdot)$ 估计的偏差和方差, 并进行比较.

第 3 章　线性回归模型

学习目标与要求:

1. 掌握多元线性回归模型的最小二乘估计方法、理论和应用;
2. 掌握多元线性回归模型的回归诊断方法和应用, 能够熟练使用 R 语言进行数据分析;
3. 掌握加权最小二乘估计方法, Box-Cox 变换和定性协变量建模, 并能够使用 R 语言进行数据分析.

"回归" 的概念是 1886 年由英国统计学家 Galton 在研究父代身高与子代身高之间的关系时提出的. 目前回归分析已经成为现代统计学中应用最为广泛的方法之一, 主要用于探索和检验协变量 (或预测变量) 与响应变量之间的相关关系, 也可以通过协变量 (或预测变量) 的取值变化来预测响应变量的取值, 进一步可以描述协变量 (或预测变量) 和响应变量之间的相互关系. 本章重点介绍多元线性回归模型的估计方法、理论、回归诊断和应用. 进一步, 介绍了加权最小二乘方法, Box-Cox 变换和定性协变量建模.

§3.1　线性回归模型

3.1.1　模型介绍

假设 Y 为响应变量, $X_1,\cdots,X_p$ 为 p 个协变量 (或预测变量), 这时响应变量与协变量之间有如下的关系

$$Y=\beta_0+\beta_1X_1+\cdots+\beta_pX_p+\varepsilon, \tag{3.1}$$

其中 β_0 为截距项, $\beta_1,\cdots,\beta_p$ 为回归系数, ε 为随机模型误差. 当给定 $\boldsymbol{X}=\boldsymbol{x}$ 时, 则回归函数为

$$g(\boldsymbol{x})=\mathrm{E}(Y|\boldsymbol{X}=\boldsymbol{x})=\beta_0+\beta_1x_1+\cdots+\beta_px_p,$$

其中 $\boldsymbol{X}=(X_1,\cdots,X_p)^{\mathrm{T}}$ 和 $\boldsymbol{x}=(x_1,\cdots,x_p)^{\mathrm{T}}$. 称模型 (3.1) 为**多元线性回归模型**.

假设对 $Y,X_1,\cdots,X_p$ 进行了 n 次独立的试验, 得到 n 组观测值 $\{(y_i,\boldsymbol{x}_i),i=1,\cdots,n\}$, 数据结构见表 1.1. 观测样本 $\{(y_i,\boldsymbol{x}_i),i=1,\cdots,n\}$ 满足

$$y_i=\beta_0+\beta_1x_{i1}+\cdots+\beta_px_{ip}+\varepsilon_i,\qquad i=1,\cdots,n, \tag{3.2}$$

其中 ε_i 为随机的模型误差, 满足如下的 Gauss–Markov 假设:

(1) $\mathrm{E}(\varepsilon_i)=0,\quad i=1,\cdots,n;$

(2) $\mathrm{Var}(\varepsilon_i)=\sigma^2,\quad i=1,\cdots,n;$

(3) $\mathrm{Cov}(\varepsilon_i,\varepsilon_j)=0,\quad i\neq j,\quad i,j=1,\cdots,n.$

为了简单, 引进矩阵记号

$$\boldsymbol{Y}=\begin{pmatrix}y_1\\y_2\\\vdots\\y_n\end{pmatrix},\quad \mathbf{X}=\begin{pmatrix}1&x_{11}&\cdots&x_{1p}\\1&x_{21}&\cdots&x_{2p}\\\vdots&\vdots&&\vdots\\1&x_{n1}&\cdots&x_{np}\end{pmatrix},\quad \boldsymbol{\beta}=\begin{pmatrix}\beta_0\\\beta_1\\\vdots\\\beta_p\end{pmatrix},\quad \boldsymbol{\varepsilon}=\begin{pmatrix}\varepsilon_1\\\varepsilon_2\\\vdots\\\varepsilon_n\end{pmatrix},$$

其中 $\boldsymbol{Y}$ 为 $n\times 1$ 的响应变量的观测向量, $\mathbf{X}$ 为 $n\times(p+1)$ 的已知矩阵, 称为**设计矩阵**, $\boldsymbol{\beta}$ 为 $p+1$ 维的未知参数向量, $\boldsymbol{\varepsilon}$ 为 $n\times 1$ 的随机模型误差向量. 模型 (3.2) 可写成如下矩阵形式

$$\boldsymbol{Y}=\mathbf{X}\boldsymbol{\beta}+\boldsymbol{\varepsilon}, \tag{3.3}$$

其中模型误差向量 $\boldsymbol{\varepsilon}$ 满足 Gauss–Markov 假设: $\mathrm{E}(\boldsymbol{\varepsilon})=\mathbf{0}$ 和 $\mathrm{Cov}(\boldsymbol{\varepsilon})=\sigma^2\mathbf{I}_n$.

下面讨论 $\boldsymbol{\beta}$ 的最小二乘估计和 σ^2 的无偏估计, 以及它们估计量的理论性质, 并讨论它们的置信区间和假设检验等统计推断问题.

3.1.2 最小二乘估计

下面采用最小二乘方法估计模型中的未知参数向量 $\boldsymbol{\beta}$, 记最小二乘目标函数为

$$\begin{aligned}Q(\boldsymbol{\beta})=&\|\boldsymbol{Y}-\mathbf{X}\boldsymbol{\beta}\|_2^2=(\boldsymbol{Y}-\mathbf{X}\boldsymbol{\beta})^{\mathrm{T}}(\boldsymbol{Y}-\mathbf{X}\boldsymbol{\beta})\\=&\boldsymbol{Y}^{\mathrm{T}}\boldsymbol{Y}-2\boldsymbol{Y}^{\mathrm{T}}\mathbf{X}\boldsymbol{\beta}+\boldsymbol{\beta}^{\mathrm{T}}\mathbf{X}^{\mathrm{T}}\mathbf{X}\boldsymbol{\beta}.\end{aligned} \tag{3.4}$$

对 $\boldsymbol{\beta}$ 求偏导数, 并令其为零, 则可以得到关于 $\boldsymbol{\beta}$ 的估计方程组

$$\mathbf{X}^{\mathrm{T}}\mathbf{X}\boldsymbol{\beta}=\mathbf{X}^{\mathrm{T}}\boldsymbol{Y}. \tag{3.5}$$

将式 (3.5) 定义的估计方程组称为**正规方程**. 正规方程有唯一解的充要条件是 $\mathbf{X}^{\mathrm{T}}\mathbf{X}$ 的秩为 $p+1$, 或者矩阵 $\mathbf{X}^{\mathrm{T}}\mathbf{X}$ 的逆存在. 解正规方程 (3.5), 可得 $\boldsymbol{\beta}$ 的**最小二乘估计**为

$$\widehat{\boldsymbol{\beta}}=(\mathbf{X}^{\mathrm{T}}\mathbf{X})^{-1}\mathbf{X}^{\mathrm{T}}\boldsymbol{Y}. \tag{3.6}$$

下面根据微积分的极值理论, 证明 $\widehat{\boldsymbol{\beta}}$ 是最小二乘目标函数 $Q(\boldsymbol{\beta})$ 的最小值. 对任意一个 $\boldsymbol{\beta}$, 有

$$\begin{aligned}\|\boldsymbol{Y}-\mathbf{X}\boldsymbol{\beta}\|_2^2=&\|\boldsymbol{Y}-\mathbf{X}\widehat{\boldsymbol{\beta}}+\mathbf{X}(\widehat{\boldsymbol{\beta}}-\boldsymbol{\beta})\|_2^2\\=&\|\boldsymbol{Y}-\mathbf{X}\widehat{\boldsymbol{\beta}}\|_2^2+(\widehat{\boldsymbol{\beta}}-\boldsymbol{\beta})^{\mathrm{T}}\mathbf{X}^{\mathrm{T}}\mathbf{X}(\widehat{\boldsymbol{\beta}}-\boldsymbol{\beta})+2(\widehat{\boldsymbol{\beta}}-\boldsymbol{\beta})^{\mathrm{T}}\mathbf{X}^{\mathrm{T}}(\boldsymbol{Y}-\mathbf{X}\widehat{\boldsymbol{\beta}}).\end{aligned}$$

因为 $\widehat{\boldsymbol{\beta}}$ 满足正规方程 (3.5), 则有 $\mathbf{X}^{\mathrm{T}}(\boldsymbol{Y}-\mathbf{X}\widehat{\boldsymbol{\beta}})=0$. 因此对于任意的 $\boldsymbol{\beta}$, 有

$$\|\boldsymbol{Y}-\mathbf{X}\boldsymbol{\beta}\|_2^2=\|\boldsymbol{Y}-\mathbf{X}\widehat{\boldsymbol{\beta}}\|_2^2+(\widehat{\boldsymbol{\beta}}-\boldsymbol{\beta})^{\mathrm{T}}\mathbf{X}^{\mathrm{T}}\mathbf{X}(\widehat{\boldsymbol{\beta}}-\boldsymbol{\beta}).$$

因为 $\mathbf{X}^{\mathrm{T}}\mathbf{X}$ 是一个正定矩阵, 故上式第二项总是非负的, 则有

$$Q(\boldsymbol{\beta}) = \|\boldsymbol{Y} - \mathbf{X}\boldsymbol{\beta}\|_2^2 \geqslant \|\boldsymbol{Y} - \mathbf{X}\widehat{\boldsymbol{\beta}}\|_2^2 = Q(\widehat{\boldsymbol{\beta}}),$$

等号成立当且仅当 $(\widehat{\boldsymbol{\beta}} - \boldsymbol{\beta})^{\mathrm{T}}\mathbf{X}^{\mathrm{T}}\mathbf{X}(\widehat{\boldsymbol{\beta}} - \boldsymbol{\beta}) = 0$.

定理 3.1.1 对模型 (3.3), 最小二乘估计 $\widehat{\boldsymbol{\beta}} = (\mathbf{X}^{\mathrm{T}}\mathbf{X})^{-1}\mathbf{X}^{\mathrm{T}}\boldsymbol{Y}$ 具有下列性质:
(1) $\mathrm{E}(\widehat{\boldsymbol{\beta}}) = \boldsymbol{\beta}$;
(2) $\mathrm{Cov}(\widehat{\boldsymbol{\beta}}) = \sigma^2(\mathbf{X}^{\mathrm{T}}\mathbf{X})^{-1}$.

证明 (1) 因为 $\mathrm{E}(\boldsymbol{Y}) = \mathbf{X}\boldsymbol{\beta}$, 故有

$$\mathrm{E}(\widehat{\boldsymbol{\beta}}) = (\mathbf{X}^{\mathrm{T}}\mathbf{X})^{-1}\mathbf{X}^{\mathrm{T}}\mathrm{E}(\boldsymbol{Y}) = (\mathbf{X}^{\mathrm{T}}\mathbf{X})^{-1}\mathbf{X}^{\mathrm{T}}\mathbf{X}\boldsymbol{\beta} = \boldsymbol{\beta}.$$

(2) 因为 $\mathrm{Cov}(\boldsymbol{Y}) = \mathrm{Cov}(\boldsymbol{\varepsilon}) = \sigma^2\mathbf{I}_n$, 故有

$$\begin{aligned}\mathrm{Cov}(\widehat{\boldsymbol{\beta}}) =& \mathrm{Cov}[(\mathbf{X}^{\mathrm{T}}\mathbf{X})^{-1}\mathbf{X}^{\mathrm{T}}\boldsymbol{Y}] = (\mathbf{X}^{\mathrm{T}}\mathbf{X})^{-1}\mathbf{X}^{\mathrm{T}}\mathrm{Cov}(\boldsymbol{Y})\mathbf{X}(\mathbf{X}^{\mathrm{T}}\mathbf{X})^{-1} \\ =& (\mathbf{X}^{\mathrm{T}}\mathbf{X})^{-1}\mathbf{X}^{\mathrm{T}}\sigma^2\mathbf{I}_n\mathbf{X}(\mathbf{X}^{\mathrm{T}}\mathbf{X})^{-1} = \sigma^2(\mathbf{X}^{\mathrm{T}}\mathbf{X})^{-1}.\end{aligned}$$

定理 3.1.1 (1) 说明了最小二乘估计 $\widehat{\boldsymbol{\beta}}$ 是参数向量 $\boldsymbol{\beta}$ 的无偏估计. 有了最小二乘估计 $\widehat{\boldsymbol{\beta}} = (\widehat{\beta}_0, \widehat{\beta}_1, \cdots, \widehat{\beta}_p)^{\mathrm{T}}$, 可得下面的经验线性回归方程

$$\widehat{Y} = \widehat{\beta}_0 + \widehat{\beta}_1 X_1 + \cdots + \widehat{\beta}_p X_p. \tag{3.7}$$

3.1.3 σ^2 的估计

模型误差方差 σ^2 反映了模型误差以及观测误差的大小, 是一个重要的参数, 本节讨论 σ^2 的估计问题.

进一步, 由式 (3.6) 定义的最小二乘估计 $\widehat{\boldsymbol{\beta}}$, 可得 $\boldsymbol{Y}$ 的拟合值为

$$\widehat{\boldsymbol{Y}} = \mathbf{X}\widehat{\boldsymbol{\beta}} = \mathbf{X}(\mathbf{X}^{\mathrm{T}}\mathbf{X})^{-1}\mathbf{X}^{\mathrm{T}}\boldsymbol{Y}, \tag{3.8}$$

其中 $\mathbf{H} = \mathbf{X}(\mathbf{X}^{\mathrm{T}}\mathbf{X})^{-1}\mathbf{X}^{\mathrm{T}}$ 称为**投影矩阵**或**帽子矩阵**. 根据 Hastie 和 Tibshirani (1990) **有效自由度**的定义, 利用 $\mathrm{tr}(\mathbf{AB}) = \mathrm{tr}(\mathbf{BA})$, 则最小二乘估计的有效自由度可定义为

$$df(ols) = \mathrm{tr}(\mathbf{H}) = \mathrm{tr}(\mathbf{X}(\mathbf{X}^{\mathrm{T}}\mathbf{X})^{-1}\mathbf{X}^{\mathrm{T}}) = \mathrm{tr}(\mathbf{X}^{\mathrm{T}}\mathbf{X}(\mathbf{X}^{\mathrm{T}}\mathbf{X})^{-1}) = \mathrm{tr}(\mathbf{I}_{p+1}) = p + 1. \tag{3.9}$$

可见, 最小二乘估计的有效自由度为模型中待估参数的个数. 此外, 模型误差向量 $\boldsymbol{\varepsilon} = \boldsymbol{Y} - \mathbf{X}\boldsymbol{\beta}$ 是不可观测的随机向量, 可以考虑下面的残差向量, 定义为

$$\widehat{\boldsymbol{\varepsilon}} = \boldsymbol{Y} - \mathbf{X}\widehat{\boldsymbol{\beta}} = \boldsymbol{Y} - \widehat{\boldsymbol{Y}} = [\mathbf{I}_n - \mathbf{X}(\mathbf{X}^{\mathrm{T}}\mathbf{X})^{-1}\mathbf{X}^{\mathrm{T}}]\boldsymbol{Y} = (\mathbf{I}_n - \mathbf{H})\boldsymbol{Y}. \tag{3.10}$$

对于第 i 个残差, 可以定义为 $\widehat{\varepsilon}_i = y_i - \boldsymbol{x}_i^{\mathrm{T}}\widehat{\boldsymbol{\beta}}$, 其中 $\boldsymbol{x}_i = (1, x_{i1}, \cdots, x_{ip})^{\mathrm{T}}$, 且 $i = 1, \cdots, n$. 同时可以证明: $\mathbf{H}^2 = \mathbf{H}$, $\mathbf{H}(\mathbf{I}_n - \mathbf{H}) = \mathbf{0}$, $\mathbf{X}^{\mathrm{T}}\widehat{\boldsymbol{\varepsilon}} = \mathbf{0}$ 和 $\widehat{\boldsymbol{Y}}^{\mathrm{T}}\widehat{\boldsymbol{\varepsilon}} = \mathbf{0}$. 最小二乘方法的几何解释见图 3.1.

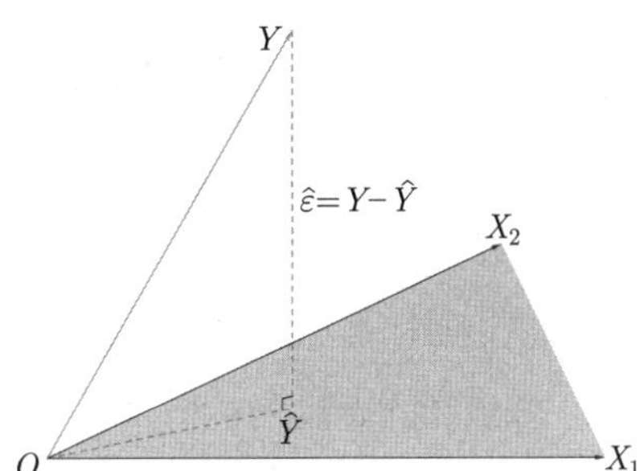

图 3.1 最小二乘方法的几何解释, 拟合值 $\widehat{\boldsymbol{Y}}$ 可以看成是 $\boldsymbol{Y}$ 投影到由 X_1 和 X_2 张成的空间上

为了给出 σ^2 的无偏估计, 首先定义下面的**残差平方和** (residual sum of squares, RSS), 即

$$\text{RSS} = \sum_{i=1}^{n} \widehat{\varepsilon}_i^2 = \widehat{\boldsymbol{\varepsilon}}^{\mathrm{T}}\widehat{\boldsymbol{\varepsilon}}. \tag{3.11}$$

残差平方和 RSS 的大小反映了实际数据与理论模型的偏离程度或者拟合程度. RSS 越小, 说明模型对数据的拟合变得越好. 下面定理说明可以用残差平方和 RSS 来给出方差 σ^2 的无偏估计.

定理 3.1.2 由式 (3.11) 定义的残差平方和 RSS, 可以得到 σ^2 的无偏估计为

$$\widehat{\sigma}^2 = \frac{\text{RSS}}{n-p-1}. \tag{3.12}$$

证明 由式 (3.3), 式 (3.6), 式 (3.10) 和式 (3.11), 以及 $\mathbf{I}_n - \mathbf{H}$ 为幂等矩阵, 则残差平方和 RSS 有

$$\begin{aligned}\text{RSS} &= \widehat{\boldsymbol{\varepsilon}}^{\mathrm{T}}\widehat{\boldsymbol{\varepsilon}} = \boldsymbol{Y}^{\mathrm{T}}[\mathbf{I}_n - \mathbf{X}(\mathbf{X}^{\mathrm{T}}\mathbf{X})^{-1}\mathbf{X}^{\mathrm{T}}]\boldsymbol{Y} \\ &= (\mathbf{X}\boldsymbol{\beta} + \boldsymbol{\varepsilon})^{\mathrm{T}}[\mathbf{I}_n - \mathbf{X}(\mathbf{X}^{\mathrm{T}}\mathbf{X})^{-1}\mathbf{X}^{\mathrm{T}}](\mathbf{X}\boldsymbol{\beta} + \boldsymbol{\varepsilon}) \\ &= \boldsymbol{\varepsilon}^{\mathrm{T}}[\mathbf{I}_n - \mathbf{X}(\mathbf{X}^{\mathrm{T}}\mathbf{X})^{-1}\mathbf{X}^{\mathrm{T}}]\boldsymbol{\varepsilon}.\end{aligned}$$

因为 $\text{Cov}(\boldsymbol{\varepsilon}) = \sigma^2\mathbf{I}_n$, 故有

$$\begin{aligned}\text{E(RSS)} =& \text{E}[\boldsymbol{\varepsilon}^{\mathrm{T}}(\mathbf{I}_n - \mathbf{X}(\mathbf{X}^{\mathrm{T}}\mathbf{X})^{-1}\mathbf{X}^{\mathrm{T}})\boldsymbol{\varepsilon}] = \sigma^2\text{tr}(\mathbf{I}_n - \mathbf{X}(\mathbf{X}^{\mathrm{T}}\mathbf{X})^{-1}\mathbf{X}^{\mathrm{T}}) \\ =& \sigma^2[n - \text{tr}(\mathbf{X}(\mathbf{X}^{\mathrm{T}}\mathbf{X})^{-1}\mathbf{X}^{\mathrm{T}})].\end{aligned}$$

利用 $\text{tr}(\mathbf{AB}) = \text{tr}(\mathbf{BA})$, 可得 $\text{tr}(\mathbf{X}(\mathbf{X}^{\mathrm{T}}\mathbf{X})^{-1}\mathbf{X}^{\mathrm{T}}) = p+1$. 综上可得, 残差平方和 RSS 的自由度为 $n-p-1$, 且

$$\text{E(RSS)} = \sigma^2(n-p-1).$$

由上述讨论, 则完成了定理 3.1.2 的证明. □

为了进一步讨论 σ^2 无偏估计 $\widehat{\sigma}^2$ 的统计性质, 假设随机模型误差向量 $\boldsymbol{\varepsilon}$ 服从正态分布, 即 $\boldsymbol{\varepsilon} \sim N_n(\mathbf{0}, \sigma^2\mathbf{I}_n)$, 给出下面的定理.

定理 3.1.3 对于线性回归模型 (3.3), 进一步假设随机模型误差向量 $\boldsymbol{\varepsilon} \sim N_n(\mathbf{0}, \sigma^2\mathbf{I}_n)$, 则
(1) $\widehat{\boldsymbol{\beta}} \sim N_{p+1}(\boldsymbol{\beta}, \sigma^2(\mathbf{X}^{\mathrm{T}}\mathbf{X})^{-1})$;
(2) $\dfrac{\mathrm{RSS}}{\sigma^2} = \dfrac{(n-p-1)\widehat{\sigma}^2}{\sigma^2} \sim \chi^2_{n-p-1}$;
(3) $\widehat{\boldsymbol{\beta}}$ 和 RSS 相互独立.

定理 3.1.3 的详细证明见王松桂, 陈敏和陈立萍 (1999) 中定理 3.2.4, 此处省略.

因为 $\boldsymbol{\beta}$ 是 $p+1$ 维的参数向量, 其第一个分量是 β_0, 有时需要讨论第 $k+1$ 个分量估计 $\widehat{\beta}_k$ 的统计性质, 其中 $k=0,1,\cdots,p$. 取 $\boldsymbol{e}_{k+1,p+1}=(0,\cdots,0,1,0,\cdots,0)^{\mathrm{T}}$ 表示第 $k+1$ 个位置上的元素为 1, 其他位置元素为 0 的长度为 $p+1$ 的列向量, 则 $\beta_k = \boldsymbol{e}^{\mathrm{T}}_{k+1,p+1}\boldsymbol{\beta}$. 若 $\widehat{\boldsymbol{\beta}}=(\widehat{\beta}_0,\widehat{\beta}_1,\cdots,\widehat{\beta}_p)^{\mathrm{T}}$, 则相应的有 $\widehat{\beta}_k = \boldsymbol{e}^{\mathrm{T}}_{k+1,p+1}\widehat{\boldsymbol{\beta}}, k=0,1,\cdots,p$. 由定理 3.1.3, 直接可得下面的推论.

推论 3.1.1 对于线性回归模型 (3.3), 若 $\boldsymbol{\varepsilon} \sim N_n(\mathbf{0}, \sigma^2\mathbf{I}_n)$, 则
(1) $\widehat{\beta}_k \sim N(\beta_k, \sigma^2 c_{k+1,k+1})$, 其中 $c_{k+1,k+1}$ 表示矩阵 $(\mathbf{X}^{\mathrm{T}}\mathbf{X})^{-1}$ 的第 $(k+1,k+1)$ 个元素;
(2) 在 β_k 的一切线性无偏估计中, $\widehat{\beta}_k$ 是唯一方差最小者, 其中 $k=0,1,\cdots,p$.

由推论 3.1.1, 可得 β_k 的 $100(1-\alpha)\%$ 的置信区间如下

$$\widehat{\beta}_k \pm t_{n-p-1}\left(\frac{\alpha}{2}\right)\sqrt{\widehat{\mathrm{Var}}(\widehat{\beta}_k)}, \qquad k=0,1,\cdots,p,$$

其中 $\widehat{\mathrm{Var}}(\widehat{\beta}_k) = \widehat{\sigma}^2 c_{k+1,k+1}$, 且 $c_{k+1,k+1}$ 是矩阵 $(\mathbf{X}^{\mathrm{T}}\mathbf{X})^{-1}$ 的第 $(k+1,k+1)$ 个元素, $t_{n-p-1}(\alpha/2)$ 为自由度为 $n-p-1$ 的 t 分布的上侧 $\alpha/2$ 分位数.

定理 3.1.4 对于多元线性回归模型 (3.3), 假设 $\mathbf{X}$ 是 $p+1$ 满秩矩阵, $\boldsymbol{\varepsilon} \sim N_n(\mathbf{0}, \sigma^2\mathbf{I}_n)$, 则 $\boldsymbol{\beta}$ 的 $100(1-\alpha)\%$ 的置信域为

$$(\widehat{\boldsymbol{\beta}}-\boldsymbol{\beta})^{\mathrm{T}}\mathbf{X}^{\mathrm{T}}\mathbf{X}(\widehat{\boldsymbol{\beta}}-\boldsymbol{\beta}) \leqslant (p+1)\widehat{\sigma}^2 F_{p+1,n-p-1}(\alpha),$$

其中 $F_{p+1,n-p-1}(\alpha)$ 是自由度为 $p+1$ 和 $n-p-1$ 的 F 分布的上侧 α 分位数.

由定理 3.1.4, 可以构造 β_k 的 $100(1-\alpha)\%$ 的同时置信区间如下

$$\widehat{\beta}_k \pm \sqrt{\widehat{\mathrm{Var}}(\widehat{\beta}_k)}\sqrt{(p+1)F_{p+1,n-p-1}(\alpha)}, \qquad k=0,1,\cdots,p,$$

其中 $\widehat{\mathrm{Var}}(\widehat{\beta}_k) = \widehat{\sigma}^2 c_{k+1,k+1}$, 且 $c_{k+1,k+1}$ 是矩阵 $(\mathbf{X}^{\mathrm{T}}\mathbf{X})^{-1}$ 的第 $(k+1,k+1)$ 个元素.

3.1.4 假设检验

1. 回归系数的显著性检验

在实际问题中, 需要检验第 k 个协变量 X_k 对响应变量 Y 的影响是否显著, 即检验 X_k 的系数 β_k 是否为 0. 如果 $\beta_k=0$, 说明协变量 X_k 对响应变量 Y 的影响是不显著的, 否则 $\beta_k \neq 0$ 表示协变量 X_k 对响应变量 Y 有显著的影响. 因此, 回归系数的显著性检验问题是考虑下面的假设检验

$$H_{k0}:\ \beta_k = 0 \longleftrightarrow H_{k1}:\ \beta_k \neq 0, \qquad k=1,\cdots,p.$$

由推论 3.1.1, 定理 3.1.2 和定理 3.1.3, 可以证明, 当原假设 H_{k0} 成立时, 统计量

$$T_k = \frac{\widehat{\beta}_k}{\widehat{\sigma}\sqrt{c_{k+1,k+1}}} \sim t_{n-p-1}, \qquad k = 1, \cdots, p. \tag{3.13}$$

如果 $|T_k| \geqslant t_{n-p-1}(\alpha/2)$ 或者 t 统计量的 p 值, 即 $p_k = \mathbb{P}(t_{n-p-1} \geqslant |T_k|) < \alpha/2$ 时, 则拒绝原假设 H_{k0}, 认为 $\beta_k \neq 0$.

2. 回归方程的拟合优度

由式 (3.7), 得到经验回归方程以后, 如何度量回归方程对观测值 $\{(\boldsymbol{x}_i, y_i), i = 1, \cdots, n\}$ 的拟合程度呢? 这就涉及回归方程或回归模型的**拟合优度** (goodness of fit). 回归方程的拟合优度是检验是否可用线性回归模型对数据进行拟合, 则需要检验回归模型中的系数是否全为 0, 即考虑下面的假设检验问题

$$H_0: \quad \beta_1 = \cdots = \beta_p = 0 \longleftrightarrow H_1: \quad \beta_1, \cdots, \beta_p \text{ 不全为 } 0.$$

响应变量 Y 有不同的取值 $y_1, \cdots, y_n$, 将特定的观测值 y_i 与样本均值 $\overline{y}$ 之间的差异定义为**离差**. 将这些离差 $y_i - \overline{y}$ 的平方和称为**总平方和**, 记为 SST (sum of squares total, SST), 考虑如下的分解

$$\begin{aligned}\mathrm{SST} &= \sum_{i=1}^{n}(y_i - \overline{y})^2 = \sum_{i=1}^{n}[(\hat{y}_i - \overline{y}) + (y_i - \hat{y}_i)]^2 \\ &= \sum_{i=1}^{n}(\hat{y}_i - \overline{y})^2 + \sum_{i=1}^{n}(y_i - \hat{y}_i)^2 + 2\sum_{i=1}^{n}(\hat{y}_i - \overline{y})(y_i - \hat{y}_i),\end{aligned}$$

其中 $\overline{y} = \dfrac{1}{n}\sum_{i=1}^{n} y_i$ 和 $\widehat{y}_i = \widehat{\beta}_0 + \widehat{\beta}_1 x_{i1} + \cdots + \widehat{\beta}_p x_{ip}$. 由 $\mathbf{X}^{\mathrm{T}}\widehat{\boldsymbol{\varepsilon}} = \mathbf{0}$ 和 $\widehat{\boldsymbol{Y}}^{\mathrm{T}}\widehat{\boldsymbol{\varepsilon}} = 0$, 可证得上式中交叉项等于 0. 这时总平方和 SST 可以分解为

$$\mathrm{SST} = \mathrm{SSReg} + \mathrm{RSS},$$

其中

$$\mathrm{SSReg} = \sum_{i=1}^{n}(\hat{y}_i - \overline{y})^2, \qquad \mathrm{RSS} = \sum_{i=1}^{n}(y_i - \hat{y}_i)^2.$$

SSReg (sum of squares regression, SSReg) 称为**回归平方和**, 表示总平方和中被回归方程解释的那部分变异或离差, 反映了协变量 $\boldsymbol{X}$ 对响应变量 Y 变动平方和的贡献. 残差平方和 RSS 反映的是随机误差的变动对总平方和的贡献. 对总平方和进行分解, 并构造 F 检验统计量. 当原假设 H_0 成立时, 可证得统计量

$$F = \frac{\mathrm{SSReg}/p}{\mathrm{RSS}/(n-p-1)} \sim F_{p,n-p-1}. \tag{3.14}$$

当 $F > F_{p,n-p-1}(\alpha)$ 时, 则拒绝原假设 H_0, 否则就接受原假设 H_0. 检验统计量 (3.14) 是把回归平方和 SSReg 和残差平方和 RSS 进行比较, 当回归平方和 SSReg 相对残差平方和 RSS 比较大时, 就拒绝原假设, 认为经验回归方程与样本观测值的拟合效果是显著的. 类似于方差分析, 对线性回归的拟合优度检验可使用方差分析表 3.1 进行解释.

表 3.1 方差分析表

方差来源	平方和	自由度	均方	F 比值
回归	SSReg	p	$\overline{\text{SSReg}}=\text{SSReg}/p$	$F=\overline{\text{SSReg}}/\overline{\text{RSS}}$
误差	RSS	$n-p-1$	$\overline{\text{RSS}}=\text{RSS}/(n-p-1)$	
总和	SST	$n-1$		

对给定的显著性水平 α, 当 $F>F_{p,n-p-1}(\alpha)$ 或 $p_v=\mathbb{P}(F_{p,n-p-1}\geqslant F)<\alpha$ 时, 拒绝原假设 H_0, 否则就接受原假设 H_0.

进一步, 在实际应用中, 大家关心的问题是部分协变量对响应变量是否显著, 即需要检验部分回归系数是否为 0, 或者检验某个子模型对数据拟合是否和全模型一样显著. 为了解决这个问题, 把式 (3.1) 定义的模型称为**全模型** (full model, FM), 而把包含 k 个协变量的模型称为**简约模型** (reduced model, RM), 其中 $0\leqslant k<p$. 因此, 需要考虑如下的假设检验

$$H_0':\text{简约模型对数据拟合是显著的}\longleftrightarrow H_1':\text{全模型对数据拟合是显著的}.$$

明显, 简约模型是全模型的一个子模型, 具有嵌套关系. 如果简约模型对数据的拟合跟全模型对数据的拟合效果一样好, 则不能拒绝原假设 H_0'. 假设 $\widehat{y}_i$ 是基于 p 个协变量全模型对 y_i 的拟合值, $\widehat{y}_i^*$ 是基于 k 个协变量简约模型对 y_i 的拟合值, 这时全模型和简约模型的残差平方和分别定义为

$$\text{RSS}_{\text{FM}}=\sum_{i=1}^n(y_i-\widehat{y}_i)^2,\qquad \text{RSS}_{\text{RM}}=\sum_{i=1}^n(y_i-\widehat{y}_i^*)^2.$$

值得注意的是, 全模型需要用最小二乘方法估计 $p+1$ 个未知参数, 而简约模型仅需要估计 $k+1$ 个未知参数, 且有 $\text{RSS}_{\text{RM}}\geqslant\text{RSS}_{\text{FM}}$. 这时, 可构造下面的检验统计量

$$F'=\frac{(\text{RSS}_{\text{RM}}-\text{RSS}_{\text{FM}})/(p-k)}{\text{RSS}_{\text{FM}}/(n-p-1)},\tag{3.15}$$

其中 $\text{RSS}_{\text{RM}}-\text{RSS}_{\text{FM}}$ 表示用简约模型拟合数据时残差平方和的增量. 此外, 全模型需要估计 $p+1$ 个未知参数, 故 RSS_{FM} 的自由度为 $n-p-1$, 而简约模型需要估计 $k+1$ 个未知参数, 故 RSS_{RM} 的自由度为 $n-k-1$. 因此, $\text{RSS}_{\text{RM}}-\text{RSS}_{\text{FM}}$ 的自由度为 $(n-k-1)-(n-p-1)=p-k$. 明显, 当统计量 F' 较小时, 接受原假设 H_0', 否则将拒绝原假设 H_0'. 当原假设 H_0' 成立时, 可以证明

$$F'=\frac{(\text{RSS}_{\text{RM}}-\text{RSS}_{\text{FM}})/(p-k)}{\text{RSS}_{\text{FM}}/(n-p-1)}\sim F_{p-k,n-p-1}.$$

详细的证明可参考 Graybill (1976), Rao (1973), Searle (1971), Seber 和 Lee (2003). 对给定的显著性水平 α, 当 $F'>F_{p-k,n-p-1}(\alpha)$ 或 $p_v=\mathbb{P}(F_{p-k,n-p-1}\geqslant F')<\alpha$ 时, 拒绝原假设 H_0', 否则就接受原假设 H_0'.

当 $k=0$ 时, 假设检验退化为 $H_0':Y=\beta_0+\varepsilon\leftrightarrow H_1':Y=\beta_0+\beta_1X_1+\cdots+\beta_pX_p+\varepsilon$. 这时, β_0 的最小二乘估计为 $\widehat{\beta}_0=\overline{y}$, 且 $\text{RSS}_{\text{RM}}=\sum\limits_{i=1}^n(y_i-\overline{y})^2=\text{SST}$. 由 $\text{SST}=\text{SSReg}+\text{RSS}$, 则检验统计量 F' 退化为式 (3.14) 定义的检验统计量 F, 即

$$F'=\frac{(\text{RSS}_{\text{RM}}-\text{RSS}_{\text{FM}})/p}{\text{RSS}_{\text{FM}}/(n-p-1)}=\frac{(\text{SST}-\text{RSS})/p}{\text{RSS}/(n-p-1)}=\frac{\text{SSReg}/p}{\text{RSS}/(n-p-1)}=F.\tag{3.16}$$

3. 判定系数 R^2

对于多元线性回归模型, 也可以通过计算判定系数 R^2 的大小, 对多元线性回归方程拟合数据观测值的效果来进行判断. 判定系数 R^2 定义为回归平方和 SSReg 占总平方和 SST 的比例, 即

$$R^2=\frac{\text{SSReg}}{\text{SST}}=1-\frac{\text{RSS}}{\text{SST}}=1-\frac{\sum\limits_{i=1}^{n}(y_i-\widehat{y}_i)^2}{\sum\limits_{i=1}^{n}(y_i-\overline{y})^2}, \tag{3.17}$$

其中 $\widehat{y}_i=\widehat{\beta}_0+\widehat{\beta}_1x_{i1}+\cdots+\widehat{\beta}_px_{ip}$. 在多元线性回归分析中, 通常把 $R=\sqrt{R^2}$ 称为**复相关系数**, 是度量响应变量与协变量 $X_1,\cdots,X_p$ 之间相关程度的指标.

回归方程对观测值 $\{(\boldsymbol{x}_i,y_i),i=1,\cdots,n\}$ 拟合程度的好坏或者回归方程解释能力的大小就反映在判定系数 R^2 上, 判定系数 R^2 的取值在 [0,1] 之间. 在总平方和 SST 中, 如果回归平方和 SSReg 所占的比重越大, 这时判定系数 R^2 越接近于 1, 则线性回归效果就越好, 说明回归方程与样本观测值的拟合效果就越好. 如果残差平方和 RSS 所占的比较大, 这时判定系数 R^2 越接近于 0, 则说明回归方程与样本观测值的拟合效果就不理想.

相对于判定系数 R^2, **调整的判定系数** R^2_{adj} 也可同样用于回归模型的拟合优度评价, 定义为

$$R^2_{\text{adj}}=1-\frac{\text{RSS}/(n-p-1)}{\text{SST}/(n-1)}=1-\frac{n-1}{n-p-1}(1-R^2). \tag{3.18}$$

调整的判定系数 R^2_{adj} 主要用于对具有不同协变量个数的模型进行选择和比较, 详细的讨论见 7.1.3 节. 不同于 R^2, R^2_{adj} 不能直接用于解释回归平方和 SSReg 在总平方和 SST 中所占的比重, 在 R 语言中同时提供了 R^2 和 R^2_{adj}.

3.1.5 预测区间与置信区间

经过上节假设检验, 如果回归效果显著, 就可以利用回归方程进行预测. 所谓预测, 就是对给定协变量的取值, 对响应变量 Y 进行点预测和区间预测.

1. Y 的点预测和预测区间

给定 $\boldsymbol{x}_0=(x_{01},x_{02},\cdots,x_{0p})^{\text{T}}$, 回归方程的真实值为

$$y_0=\beta_0+\beta_1x_{01}+\cdots+\beta_px_{0p}+\varepsilon_0.$$

因为回归系数和 ε_0 都是未知的, 只能不考虑随机误差 ε_0, 把回归系数的最小二乘估计代入上式, 可得响应变量的点估计为

$$\widehat{y}_0=\widehat{\beta}_0+\widehat{\beta}_1x_{01}+\cdots+\widehat{\beta}_px_{0p}=\widetilde{\boldsymbol{x}}_0^{\text{T}}\widehat{\boldsymbol{\beta}},$$

其中 $\widetilde{\boldsymbol{x}}_0=(1,x_{01},x_{02},\cdots,x_{0p})^{\text{T}}$. 由定理 3.1.3(1), 可以证明: $\widehat{y}_0\sim N\Big(g(\boldsymbol{x}_0),\sigma^2\widetilde{\boldsymbol{x}}_0^{\text{T}}(\mathbf{X}^{\text{T}}\mathbf{X})^{-1}\widetilde{\boldsymbol{x}}_0\Big)$, 其中 $g(\boldsymbol{x}_0)=\beta_0+\beta_1x_{01}+\cdots+\beta_px_{0p}$. 进一步, 可得

$$\widehat{y}_0-y_0\sim N\left(0,\sigma^2\left[1+\widetilde{\boldsymbol{x}}_0^{\text{T}}(\mathbf{X}^{\text{T}}\mathbf{X})^{-1}\widetilde{\boldsymbol{x}}_0\right]\right). \tag{3.19}$$

由定理 3.1.3(2) 和式 (3.19), 以及 $y_0,\widehat{y}_0$ 和 RSS 的相互独立性, 则有

$$\frac{\widehat{y}_0 - y_0}{\sigma\sqrt{1+\widetilde{\boldsymbol{x}}_0^{\mathrm{T}}(\mathbf{X}^{\mathrm{T}}\mathbf{X})^{-1}\widetilde{\boldsymbol{x}}_0}} \Bigg/ \sqrt{\frac{(n-p-1)\widehat{\sigma}^2}{\sigma^2}\Big/(n-p-1)} \sim t_{n-p-1},$$

即

$$\frac{\widehat{y}_0 - y_0}{\widehat{\sigma}\sqrt{1+\widetilde{\boldsymbol{x}}_0^{\mathrm{T}}(\mathbf{X}^{\mathrm{T}}\mathbf{X})^{-1}\widetilde{\boldsymbol{x}}_0}} \sim t_{n-p-1}. \tag{3.20}$$

由式 (3.20), 给定置信水平为 $1-\alpha$, 则可得 y_0 的预测区间为

$$\left[\widehat{y}_0 \pm t_{n-p-1}(\alpha/2)\widehat{\sigma}\sqrt{1+\widetilde{\boldsymbol{x}}_0^{\mathrm{T}}(\mathbf{X}^{\mathrm{T}}\mathbf{X})^{-1}\widetilde{\boldsymbol{x}}_0}\right]. \tag{3.21}$$

当 $p=1$ 时, 多元线性回归模型 (3.3) 退化为一元线性回归模型: $Y=\beta_0+\beta_1 x+\varepsilon$. 这时, 给定 $x=x_0$ 时, 则 y_0 的置信水平为 $1-\alpha$ 预测区间为

$$\left[\widehat{y}_0 \pm t_{n-2}(\alpha/2)\widehat{\sigma}\sqrt{1+\frac{1}{n}+\frac{(x_0-\overline{x})^2}{S_{xx}}}\right],$$

其中 $\widehat{y}_0=\widehat{\beta}_0+\widehat{\beta}_1 x_0, \overline{x}=\dfrac{1}{n}\sum\limits_{i=1}^{n}x_i$ 和 $S_{xx}=\sum\limits_{i=1}^{n}(x_i-\overline{x})^2$. 容易看到, 该预测区间的长度是 x_0 的函数, 它随着 $|x_0-\overline{x}|$ 的增加而增加. 当 $x_0=\overline{x}$ 时, 预测区间长度达到最短.

2. 回归函数 $g(\boldsymbol{x})$ 的点估计和置信区间

给定协变量 $\boldsymbol{x}$ 的一个指定的观测值 $\boldsymbol{x}_0=(x_{01},x_{02},\cdots,x_{0p})^{\mathrm{T}}$, 可用经验回归函数 $\widehat{y}=\widehat{g}(\boldsymbol{x})=\widehat{\beta}_0+\widehat{\beta}_1 x_1+\cdots+\widehat{\beta}_p x_p$ 在 $\boldsymbol{x}_0$ 点处的函数值 $\widehat{y}_0=\widehat{g}(\boldsymbol{x}_0)$ 作为 $g(\boldsymbol{x}_0)$ 的点估计, 记为

$$\widehat{y}_0=\widehat{g}(\boldsymbol{x}_0)=\widehat{\beta}_0+\widehat{\beta}_1 x_{01}+\cdots+\widehat{\beta}_p x_{0p}.$$

由 $\widehat{y}_0 \sim N\Big(g(\boldsymbol{x}_0),\sigma^2\widetilde{\boldsymbol{x}}_0^{\mathrm{T}}(\mathbf{X}^{\mathrm{T}}\mathbf{X})^{-1}\widetilde{\boldsymbol{x}}_0\Big)$ 和定理 3.1.3(2), 可得

$$\frac{\widehat{y}_0 - g(\boldsymbol{x}_0)}{\widehat{\sigma}\sqrt{\widetilde{\boldsymbol{x}}_0^{\mathrm{T}}(\mathbf{X}^{\mathrm{T}}\mathbf{X})^{-1}\widetilde{\boldsymbol{x}}_0}} \sim t_{n-p-1}. \tag{3.22}$$

由式 (3.22), 则可得回归函数 $g(\boldsymbol{x}_0)$ 置信水平为 $1-\alpha$ 的置信区间为

$$\left[\widehat{y}_0 \pm t_{n-p-1}(\alpha/2)\widehat{\sigma}\sqrt{\widetilde{\boldsymbol{x}}_0^{\mathrm{T}}(\mathbf{X}^{\mathrm{T}}\mathbf{X})^{-1}\widetilde{\boldsymbol{x}}_0}\right]. \tag{3.23}$$

从式 (3.21) 和式 (3.23) 可以看出, 在相同的置信水平 $1-\alpha$ 下, y_0 的预测区间要比回归函数 $g(\boldsymbol{x}_0)$ 的置信区间要长. 这是因为 $y_0=\beta_0+\beta_1 x_{01}+\cdots+\beta_p x_{0p}+\varepsilon_0$ 比回归函数 $g(\boldsymbol{x}_0)=\beta_0+\beta_1 x_{01}+\cdots+\beta_p x_{0p}$ 多了误差项 ε_0.

当 $p=1$ 时, 可得到 $g(x_0)=\beta_0+\beta_1 x_0$ 置信水平为 $1-\alpha$ 的置信区间为

$$\left[\widehat{y}_0 \pm t_{n-2}(\alpha/2)\widehat{\sigma}\sqrt{\frac{1}{n}+\frac{(x_0-\overline{x})^2}{S_{xx}}}\right].$$

3.1.6 R 语言函数及应用

对于多元线性回归模型的应用, 在 R 语言中, 可用函数 lm() 进行计算, 其调用格式为

```
lm(formula, data, subset, weights, na.action,
   method = "qr", model = TRUE, x = FALSE, y = FALSE, qr = TRUE,
   singular.ok = TRUE, contrasts = NULL, offset, ...)
```

其中 formula 为模型公式; data 为数据框数据; subset 为观测数据的子集; weights 为可选择向量, 表示用于数据拟合的权重; 其余参数见在线帮助.

函数 lm() 的返回值称为拟合结果的对象, 本质上是一个具有类属性值 lm 的列表, 包含 model、coefficients、residuals 和 fitted.values 等成员. 下面介绍多元线性回归模型的几种常用函数的使用方法.

(1) 函数 anova(), 计算方差分析表, 调用格式为

```
anova(object, ...)
```

其中 object 为函数 lm() 和 glm() 得到的对象, 其返回值为模型的方差分析表.

(2) 函数 coefficients(), 提取模型系数, 可以简写为 coef(), 调用格式为

```
coefficients(object, ...)
```

其中 object 为函数 lm() 和 glm() 得到的对象, 其返回值为模型的系数.

(3) 函数 formula(), 提取模型公式, 调用格式为

```
formula(object, ...)
```

其中 object 是由模型构成的对象, 其返回值为模型公式.

(4) 函数 deviance(), 计算残差平方和, 调用格式为

```
deviance(object, ...)
```

其中 object 是由模型构成的对象, 其返回值为模型的残差平方和.

(5) 函数 plot(), 绘制模型诊断图, 调用格式为

```
plot(object, ...)
```

其中 object 是由函数 lm() 得到的对象, 绘制模型诊断的几种图形, 显示残差、拟合值和一些诊断情况.

(6) 函数 confint(), 给出截距和回归系数的置信区间, 调用格式为

```
confint(object, ...)
其中 object 是由函数 lm() 得到的对象, 返回值为截距和回归系数的置信区间.
```

(7) 函数 predict(), 作预测, 调用格式为

```
predict(object, newdata, se.fit = FALSE, scale = NULL, df = Inf,
        interval = c("none", "confidence", "prediction"),
        level = 0.95, type = c("response", "terms"),
        terms = NULL, na.action = na.pass,
        pred.var = res.var/weights, weights = 1, ...)
其中 object 是由函数 lm() 得到的对象; newdata 是预测点的数据框数据; 选 interval 为
"confidence", 返回值为回归函数的置信区间; 选 interval 为"prediction", 返回值为 Y
的预测区间; 其余参数见在线帮助.
```

(8) 函数 residuals(), 计算残差, 调用格式为

```
residuals(object, type = c("working", "response", "deviance",
                           "pearson", "partial"))
其中 object 是由 lm 或 aov 构成的对象, type 是返回值的类型, 返回值为模型的残差.
```

(9) 函数 summary(), 提取模型资料, 调用格式为

```
summary(object,...)
其中 object 是由 lm 构成的对象, 返回值是显示较为详细的模型拟合结果.
```

为了更好地说明多元线性回归模型的应用, 下面对例 1.1 的前列腺癌症数据进行分析. 对前列腺癌症数据集, 考虑下面的多元线性回归模型

$$\begin{aligned}\text{lpsa} =&\beta_0 + \beta_1\text{lcavol} + \beta_2\text{lweight} + \beta_3\text{age} + \beta_4\text{lbph} + \beta_5\text{svi}\\&+ \beta_6\text{lcp} + \beta_7\text{gleason} + \beta_8\text{pgg45} + \varepsilon.\end{aligned} \tag{3.24}$$

(1) 首先用 library(faraway) 加载程序包 faraway, 并用 data(prostate) 获取数据集, 用函数 lm() 进行计算, 用函数 summary() 提取信息. 程序和输出结果如下.

```
data(prostate, package = "faraway")
lm.reg = lm(lpsa ~ ., data = prostate)
```

```
> summary(lm.reg)         ## 输出结果
Call:
lm(formula = lpsa ~ ., data = prostate)
Residuals:
    Min       1Q   Median       3Q      Max
-1.7331  -0.3713  -0.0170   0.4141   1.6381
Coefficients:
             Estimate  Std. Error  t value   Pr(>|t|)
(Intercept)  0.669337    1.296387    0.516    0.60693
lcavol       0.587022    0.087920    6.677   2.11e-09 ***
lweight      0.454467    0.170012    2.673    0.00896 **
age         -0.019637    0.011173   -1.758    0.08229 .
lbph         0.107054    0.058449    1.832    0.07040 .
svi          0.766157    0.244309    3.136    0.00233 **
lcp         -0.105474    0.091013   -1.159    0.24964
gleason      0.045142    0.157465    0.287    0.77503
pgg45        0.004525    0.004421    1.024    0.30886
---
Signif. codes: 0  '***'  0.001  '**'  0.01  '*'  0.05  '.'  0.1  ' '  1
Residual standard error: 0.7084 on 88 degrees of freedom
Multiple R-squared:  0.6548,    Adjusted R-squared:  0.6234
F-statistic: 20.86 on 8 and 88 DF,  p-value: < 2.2e-16
```

进一步, 可以使用函数 confint() 给出截距和回归系数的置信区间, 并利用程序包 GGally 中的函数 ggcoef() 和程序包 ggstats 中的函数 ggcoef_model() 进行可视化, 程序和输出结果如下, 可视化的置信区间见图 3.2.

```
> confint(lm.reg)       ## 输出结果
                     2.5 %          97.5 %
(Intercept)    -1.906960983     3.245634379
lcavol          0.412298699     0.761744954
lweight         0.116603435     0.792331414
age            -0.041840618     0.002566267
lbph           -0.009101499     0.223209561
svi             0.280644232     1.251670420
lcp            -0.286344443     0.075395916
```

```
gleason         -0.267786053      0.358069248
pgg45           -0.004260932      0.013311395
## 利用程序包 GGally 和 ggstats 对回归系数置信区间进行可视化
library(GGally); library(ggstats)
ggcoef(lm.reg, exclude_intercept = T, vline_color = "red",
       errorbar_color = "blue", errorbar_height = 0.1) + theme_bw()
ggcoef_model(model = lm.reg)
```

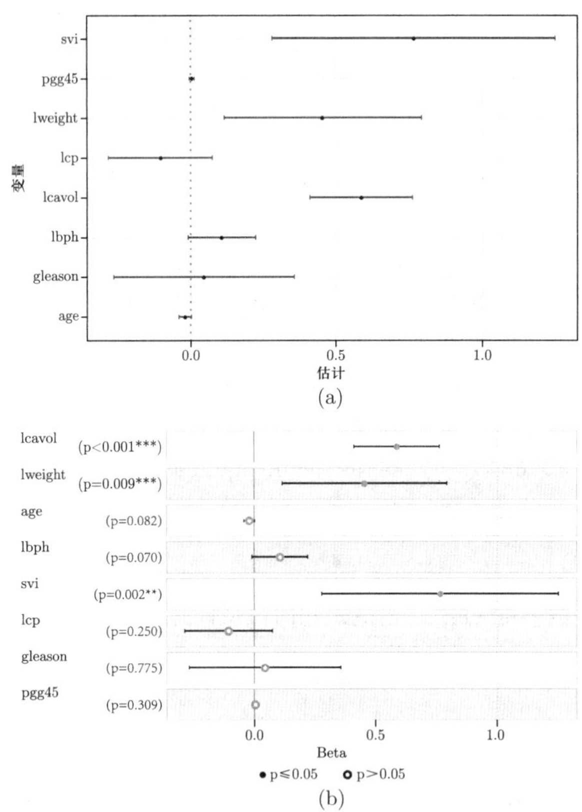

图 3.2 (a) 程序包 GGally 对回归系数置信区间的可视化; (b) 程序包 ggstats 对回归系数置信区间的可视化

综合上面的输出结果, 进行分析, 有下面的结论:

(a) 经验回归方程为: $\text{lpsa} \approx 0.669\,3 + 0.587\,0 \times \text{lcavol} + 0.454\,5 \times \text{lweight} - 0.019\,6 \times \text{age} + 0.107\,1 \times \text{lbph} + 0.766\,2 \times \text{svi} - 0.105\,5 \times \text{lcp} + 0.045\,1 \times \text{gleason} + 0.004\,5 \times \text{pgg45}$, 其中估计值采用四舍五入, 保留小数点后四位有效数字;

(b) 回归系数的显著性检验: 从各个回归系数的 p 值看出, 变量 lcavol, lweight 和 svi 的 p 值小于显著性水平 $\alpha = 0.05$, 可以认为它们是线性回归显著的, 而变量 age, lbph, lcp, gleason 和 pgg45 的 p 值大于显著性水平 $\alpha = 0.05$, 可认为它们是不显著的变量. 从各个回归系数的置信区间可以看出, 变量 age, lbph, lcp, gleason 和 pgg45 的置信区间包含了 0, 也可以判定它们是不显著的;

(c) 判定系数 $R^2 = 0.654\,8$, 说明经验回归方程对数据的拟合效果较为显著;

(d) 回归方程的检验, F 统计量的 p 值为 2.2×10^{-16}, 远远小于显著性水平 $\alpha = 0.05$, 说明经验回归方程是显著的.

(2) 对比全模型 (3.24), 考虑下面两个简约模型对数据拟合的假设检验问题.

$$\text{RM1}: \ \text{lpsa} = \beta_0 + \beta_2 \text{lweight} + \beta_5 \text{svi} + \varepsilon,$$

$$\text{RM2}: \ \text{lpsa} = \beta_0 + \beta_1 \text{lcavol} + \beta_2 \text{lweight} + \beta_5 \text{svi} + \varepsilon.$$

用函数 lm() 对两个简约模型进行拟合, 然后用函数 anova() 输出方差分析表, 对结果进行比较, 程序和结果如下. 从结果中可以看出, 当取 2 个协变量 lweight 和 svi 时, $p_v = 5.389 \times 10^{-11} \ll 0.05 = \alpha$, 则拒绝原假设 H_0', 认为仅仅考虑 2 个协变量 lweight 和 svi 时, 拟合效果不好. 当取 3 个协变量 lcavol, lweight 和 svi 时, $p_v = 0.216\,7 > 0.05 = \alpha$, 则接受原假设 H_0', 认为用 3 个协变量 lcavol, lweight 和 svi 的模型和全模型的拟合效果是没有显著差异的.

```
lm.reg2 = lm(lpsa ~ lweight + svi, data = prostate)
lm.reg3 = lm(lpsa ~ lcavol + lweight + svi, data = prostate)
> anova(lm.reg2, lm.reg3, lm.reg)     ## 输出结果
Analysis of Variance Table
Model 1: lpsa ~ lweight + svi
Model 2: lpsa ~ lcavol + lweight + svi
Model 3: lpsa ~ lcavol + lweight + age + lbph + svi + lcp + gleason
              + pgg45
  Res.Df    RSS  Df  Sum of Sq       F     Pr(>F)
1     94  75.829
2     93  47.785  1    28.0445 55.8820  5.389e-11  ***
3     88  44.163  5     3.6218  1.4434     0.2167
---
Signif. codes: 0  '***'  0.001  '**'  0.01  '*'  0.05  '.'  0.1  ' '  1
```

(3) 给定 $\boldsymbol{x}_0 = (0.88, 3.50, 45, -1.25, 1, -1.35, 6, 10)^{\mathrm{T}}$, 使用函数 predict(), 求 y_0 的估计值、y_0 的置信水平为 95% 的预测区间和回归函数 $g(\boldsymbol{x}_0)$ 的置信水平为 95% 的置信区间.

```
x.0 = data.frame(lcavol=0.88, lweight=3.50, age=45, lbph=-1.25,
                 svi=1, lcp=-1.35, gleason=6, pgg45=10)
Y.pred = predict(lm.reg, x.0, interval="prediction", level=0.95)
> Y.pred
       fit         lwr         upr
```

```
1 2.983711    1.435591    4.531831
g.conf = predict(lm.reg, x.0, interval="confidence", level=0.95)
> g.conf
       fit         lwr         upr
1 2.983711    2.339739    3.627683
```

从上面的结果可以看出, y_0 的预测值和 $g(\boldsymbol{x}_0)$ 的估计值都是2.983 711, y_0 的 95% 预测区间为 [1.435 591, 4.531 831], 区间长度为 3.096 24, 而 $g(\boldsymbol{x}_0)$ 的 95% 置信区间为 [2.339 739, 3.627 683], 区间长度为 1.287 944. 可见, y_0 的预测区间比 $g(\boldsymbol{x}_0)$ 的置信区间要长.

§3.2 回 归 诊 断

3.2.1 什么是回归诊断?

回归诊断是对回归分析中的假设以及数据的检验与分析. 通常包含两方面的内容: ① 检验回归模型中的假设是否合理, 如在多元线性回归模型中, 通常假设随机误差之间独立、期望为 0 或方差相同, 或者进一步假设它们服从正态分布. 这时, 回归诊断所要解决的问题就是检验这些假设是否合理, 如果这些假设不合理, 对数据作怎样的修正后, 能使它们满足或近似满足这些假设; ② 对数据进行诊断, 检验观测值中是否存在异常值, 并如何处理有异常值的数据. 回归诊断的主要内容有:

(1) 误差项是否满足独立性、等方差性、正态性;

(2) 选择多元线性回归模型是否合适;

(3) 样本数据中是否存在异常值;

(4) 回归分析的结果是否对某些样本的依赖性过重, 即回归模型是否具备稳健性;

(5) 协变量之间是否存在高度相关, 即是否存在多重共线性问题.

在 R 语言中, 下面函数与回归诊断有关.

```
influence.measures    rstandard    rstudent    dffits
cooks.distance        dfbeta       dfbetas     covratio
hatvalues             hat
```

3.2.2 残差

在利用最小二乘方法求解多元线性回归模型时, 通常对残差作了独立性、等方差性和正态性的假设. 但在实际应用中, 利用观测样本 $\{(\boldsymbol{x}_i, y_i), i = 1, \cdots, n\}$ 得到回归模型的残差, 是否满足这三个假设还应该进行残差的假设检验. 因此, 在讨论残差的假设检验问题之前, 先对残差进行一些讨论.

1. 普通残差

针对多元线性回归模型 (3.3), 在 3.1.3 节的讨论, 可知残差为: $\widehat{\varepsilon} = \boldsymbol{Y} - \widehat{\boldsymbol{Y}} = (\mathbf{I}_n - \mathbf{H})\boldsymbol{Y}$, 其中

$$\mathbf{H} = \mathbf{X}(\mathbf{X}^{\mathrm{T}}\mathbf{X})^{-1}\mathbf{X}^{\mathrm{T}}$$

为**帽子矩阵**. 在 R 语言中, 函数 residuals() 提供了模型残差的计算. 因此, 得到残差后, 可对残差进行检验, 如正态性检验等. 例如, 对前列腺癌症数据所得回归模型的残差作正态性检验, 用函数 residuals() 计算残差, 并用函数 shapiro.test() 进行残差的正态性检验, 见下面的程序和输出结果.

```
y.res = residuals(lm.reg)
> shapiro.test(y.res)          ## 输出结果
        Shapiro-Wilk normality test
data:   y.res
W = 0.99113, p-value = 0.7721
```

可见 p 值为 $p_v = 0.772\,1 > 0.05 = \alpha$, 则残差满足正态性假设.

2. 标准化残差

由模型误差 ε 的性质, 可知

$$\mathrm{E}(\widehat{\varepsilon}) = \mathbf{0}, \qquad \mathrm{Cov}(\widehat{\varepsilon}) = \sigma^2(\mathbf{I}_n - \mathbf{H}).$$

因此, 对每个残差 $\widehat{\varepsilon}_i$, 有

$$\frac{\widehat{\varepsilon}_i}{\sigma\sqrt{1-h_{ii}}} \sim N(0,1), \quad i = 1, \cdots, n, \tag{3.25}$$

其中 h_{ii} 为帽子矩阵 $\mathbf{H}$ 对角线上的元素, 称为**杠杆统计量**. 用式 (3.12) 定义的 $\widehat{\sigma}^2$ 作为 σ^2 的估计值, 称

$$r_i = \frac{\widehat{\varepsilon}_i}{\widehat{\sigma}\sqrt{1-h_{ii}}}$$

为**标准化残差** (standardized residual), 或称为**内学生化残差** (internally studentized residual). 因为估计量 $\widehat{\sigma}^2$ 包含了第 i 个样本在内的全部数据, 由式 (3.25) 可知, 标准化残差 r_i 近似服从标准正态分布.

R 语言中, 函数 rstandard() 用来计算回归模型的标准化 (内学生化) 残差, 使用格式为

```
rstandard(model, infl = lm.influence(model, do.coef = FALSE),
          sd = sqrt(deviance(model)/df.residual(model)), ...)
其中 model 是由 lm 或 glm 生成的对象, infl 是由 lm.influence 返回值得到的影响结构,
sd 是模型的标准差.
```

3. 外学生化残差

若删除第 i 个样本后, 由余下的 $n-1$ 个样本求回归系数 $\boldsymbol{\beta}$ 的最小二乘估计, 记为 $\widehat{\boldsymbol{\beta}}_{(-i)}$, 则 σ^2 的估计定义为

$$\widehat{\sigma}^2_{(-i)} = \frac{1}{n-p-2}\sum_{j\neq i}(y_j - \boldsymbol{x}_j\widehat{\boldsymbol{\beta}}_{(-i)})^2, \tag{3.26}$$

其中 $\boldsymbol{x}_j$ 为 $n \times (p+1)$ 设计矩阵 $\mathbf{X}$ 的第 j 行. 对 $i = 1, \cdots, n$, 称

$$\frac{\widehat{\varepsilon}_i}{\widehat{\sigma}_{(-i)}\sqrt{1-h_{ii}}} \tag{3.27}$$

为**学生化残差** (studentized residual), 或者称为**外学生化残差** (externally studentized residual).

R 语言中, 函数 rstudent() 用来计算回归模型的 (外) 学生化残差, 使用格式为

```
rstudent(model, infl = lm.influence(model, do.coef = FALSE),
      res = infl$wt.res, ...)
其中 model 是由 lm 或 glm 生成的对象, infl 是由 lm.influence 返回值得到的影响结构,
res 是模型残差.
```

3.2.3 残差图

数据可视化是数据分析的一个重要工具, 能够直观展示数据分析结果. Anscombe (1973) 提供了一个经典的例子, 数据见表 3.2. 从表 3.2 中的数据可以看出, 4 个数据集中 Y 的取值是不同的, 但是前 3 个数据集中协变量 X 的取值完全相同. 下面提供了 4 个数据集的拟合图和残差图的程序.

表 3.2 Anscombe (1973) 的 4 个数据集

序号	X_1	X_2	X_3	X_4	Y_1	Y_2	Y_3	Y_4
1	10	10	10	8	8.04	9.14	7.46	6.58
2	8	8	8	8	6.95	8.14	6.77	5.76
3	13	13	13	8	7.58	8.74	12.74	7.71
4	9	9	9	8	8.81	8.77	7.11	8.84
5	11	11	11	8	8.33	9.26	7.81	8.47
6	14	14	14	8	9.96	8.10	8.84	7.04
7	6	6	6	8	7.24	6.13	6.08	5.25
8	4	4	4	19	4.26	3.10	5.39	12.50
9	12	12	12	8	10.84	9.13	8.15	5.56
10	7	7	7	8	4.82	7.26	6.42	7.91
11	5	5	5	8	5.68	4.74	5.73	6.89

```
anscombe = read.table("anscombe.txt", header=TRUE); attach(anscombe)
par(mfrow = c(2, 2))
plot(x1, y1, xlim=c(4,20), ylim=c(3,14)); abline(lsfit(x1,y1))
plot(x2, y2, xlim=c(4,20), ylim=c(3,14)); abline(lsfit(x2,y2))
plot(x3, y3, xlim=c(4,20), ylim=c(3,14)); abline(lsfit(x3,y3))
```

```
plot(x4, y4, xlim=c(4,20), ylim=c(3,14)); abline(lsfit(x4,y4))
m1 = lm(y1 ~ x1); summary(m1); m2 = lm(y2 ~ x2); summary(m2)
m3 = lm(y3 ~ x3); summary(m3); m4 = lm(y4 ~ x4); summary(m4)
par(mfrow = c(2, 2))
plot(x1,m1$residuals,ylab="Residuals",xlim=c(4,20),ylim=c(-3.5,3.5))
plot(x2,m2$residuals,ylab="Residuals",xlim=c(4,20),ylim=c(-3.5,3.5))
plot(x3,m3$residuals,ylab="Residuals",xlim=c(4,20),ylim=c(-3.5,3.5))
plot(x4,m4$residuals,ylab="Residuals",xlim=c(4,20),ylim=c(-3.5,3.5))
```

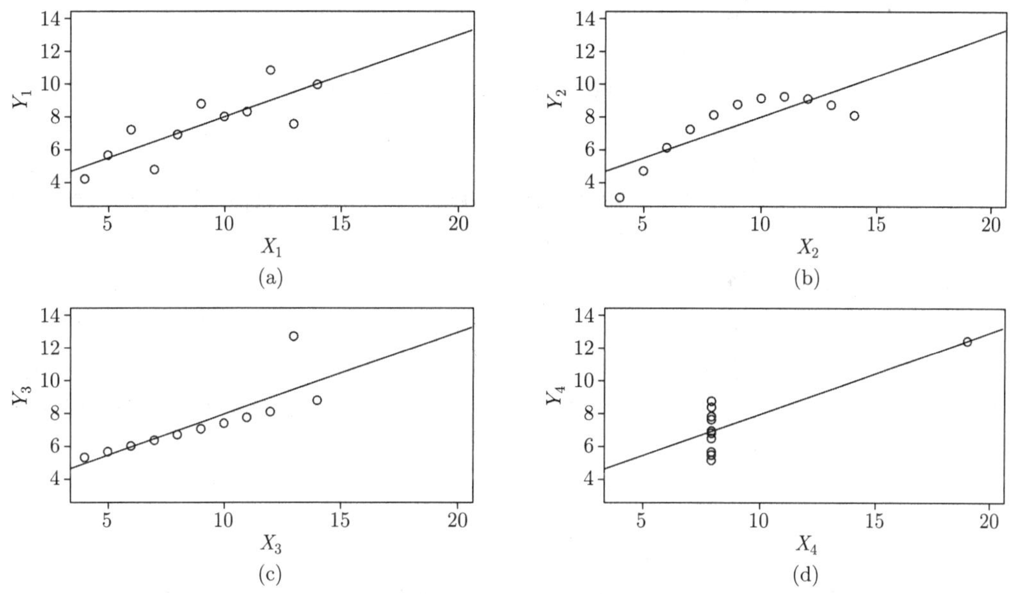

图 3.3 Anscombe (1973) 中 4 个数据集的散点图和拟合直线

从数据分析的结果可以看出, 4 个数据集都有下面相同的经验回归方程

$$\widehat{Y} = 3.0 + 0.5X.$$

进一步, 回归系数显著性检验的 p 值都为 0.002, 回归方程拟合优度检验的 p 值也都为 0.002, 表明上面的线性经验回归方程对 4 个数据集的拟合都是显著的. 从图 3.3 的散点图和拟合直线图, 以及图 3.4 的残差图, 可以看出: ① 图 3.3(a) 显示用线性模型对 (X_1, Y_1) 的数据集进行拟合是合理的, 图 3.4(a) 的残差图也显示残差均匀分布在 $[-3, 3]$ 的区间内, 表示线性模型对 (X_1, Y_1) 的数据集拟合具有合理性; ② 图 3.3(b) 的散点图和图 3.4(b) 的残差图显示, (X_2, Y_2) 的数据集是非线性的, 用线性直线对 (X_2, Y_2) 的数据集拟合是不合理的; ③ 图 3.3(c) 的散点图和图 3.4(c) 的残差图显示, (X_3, Y_3) 的数据集中存在 1 个离群点, 即第 3 个样本点; ④ 图 3.3(d) 显示, 当用线性模型对 (X_4, Y_4) 的数据集进行拟合时, 第 8 个样本点决定了拟合直线的斜率, 图 3.4(d) 的残差图显示第 8 个样本点的残差为 0, 把这样的样本点称为**强影响点**. 因此, 仅仅通过数值结果可能给出错误的结论, 而数据

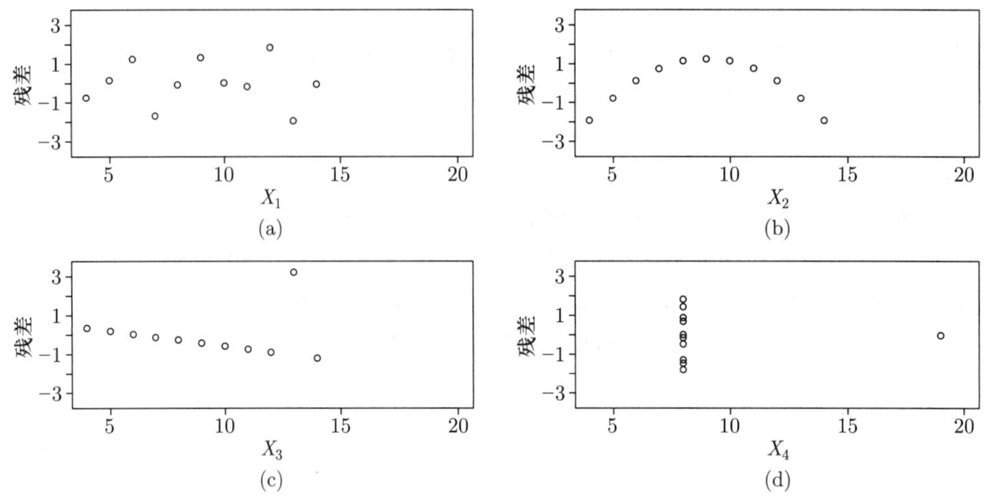

图 3.4 Anscombe (1973) 中 4 个数据集的残差图

可视化可以帮助提高数据分析的可靠性.

以残差 $\widehat{\varepsilon}_i$ 为纵坐标, 以拟合值 $\widehat{y}_i$ 或对应的数据观测序号 i, 或数据观测时间为横坐标的散点图统称为**残差图**. 残差图是进行模型诊断的重要工具.

1. 拟合值 $\widehat{y}_i$ 与残差的残差图

为检验建立的多元线性回归模型是否合适, 可以通过拟合值 $\widehat{y}_i$ 与残差的残差图来检验. 主要绘制方法是: 绘制拟合值 $\widehat{y}_i$ 与普通残差 $\widehat{\varepsilon}_i$ 的散点图, 或者绘制拟合值 $\widehat{y}_i$ 与标准残差 r_i 的散点图.

例如, 对前列腺癌症数据集进行多元线性回归分析后, 可绘制普通残差的散点图和标准化残差的散点图, 见下面的程序和图 3.5.

```
par(mfrow = c(1, 2)); y.fit = predict(lm.reg)
y.res = residuals(lm.reg); y.rst = rstandard(lm.reg)
plot(y.res~y.fit, col = "blue"); plot(y.rst~y.fit, col = "blue")
```

当残差服从正态分布的假设时, 标准化残差应该近似服从标准化正态分布. 根据正态分布的性质, 若随机变量 $X \sim N(\mu, \sigma^2)$, 则有

$$\mathbb{P}(\mu - 2\sigma < X < \mu + 2\sigma) = 0.954.$$

即对于标准化残差, 应该有 95.4% 的样本点落在区间 $[-2, 2]$ 内. 由 $\widehat{\boldsymbol{Y}}^{\mathrm{T}}\widehat{\boldsymbol{\varepsilon}} = 0$, 即拟合值 $\widehat{\boldsymbol{Y}}$ 与残差 $\widehat{\boldsymbol{\varepsilon}}$ 相互独立, 则可得拟合值 $\widehat{\boldsymbol{Y}}$ 与标准化残差向量 $\boldsymbol{r} = (r_1, \cdots, r_n)^{\mathrm{T}}$ 也独立. 所以, 如果以拟合值 $\widehat{y}_i$ 为横坐标, 标准化残差 r_i 为纵坐标, 那么平面上的点 $\{(y_i, r_i), i = 1, \cdots, n\}$ 大致应落在宽度为 4 的水平带 $|r_i| \leqslant 2$ 的区域内, 且不呈现任何趋势. 因此, 通过标准化残差图, 更容易诊断出回归模型是否出现问题.

从图 3.5(b) 可以看出, 除个别点外, 其余所有点均在宽度为 4 的水平带 $|r_i| \leqslant 2$ 的区域中, 且不呈现任何趋势. 因此, 用线性回归模型拟合前列腺癌症数据是合适的.

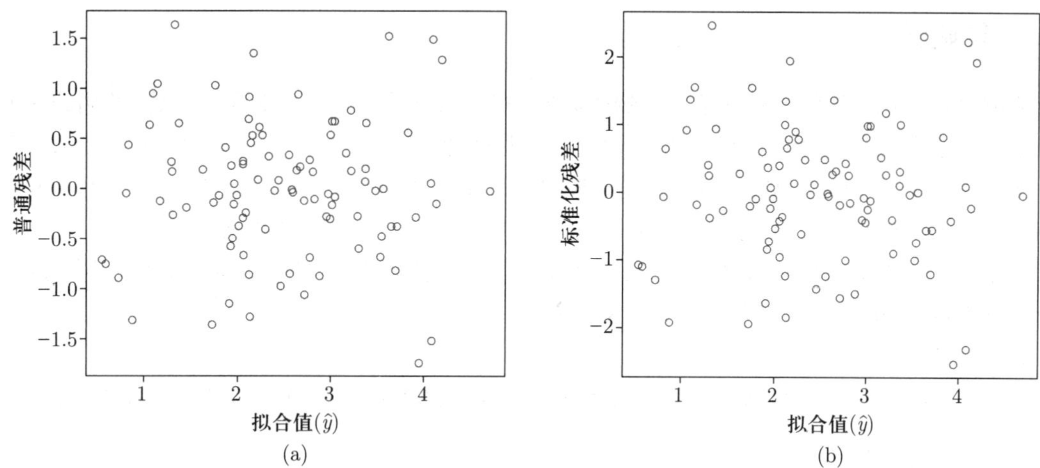

图 3.5 前列腺癌症数据集多元线性回归分析的残差图. (a) 普通残差的残差图; (b) 标准化残差的残差图

2. 残差的 Q-Q 图

可用残差的 Q-Q 图检验残差的正态性, 设 $\widehat{\varepsilon}_{(i)}$ 表示残差 $\widehat{\varepsilon}_i$ 的次序统计量, 其中 $i=1,\cdots,n$. 令

$$q_{(i)}=\Phi^{-1}\left(\frac{i-0.375}{n+0.25}\right),\qquad i=1,\cdots,n,$$

其中 $\Phi(x)$ 为标准正态分布 $N(0,1)$ 的分布函数, $\Phi^{-1}(x)$ 为其反函数. 称 $q_{(i)}$ 为 $\widehat{\varepsilon}_{(i)}$ 的期望值.

可证明, 若 $\widehat{\varepsilon}_i(i=1,\cdots,n)$ 是来自正态分布总体的样本, 则点 $\{(q_{(i)},\widehat{\varepsilon}_{(i)}),i=1,\cdots,n\}$ 应在一条直线上. 因此, 若残差 Q-Q 图中点的大致趋势明显不在一条直线上, 则有理由怀疑对误差的正态性假设的合理性; 否则认为误差的正态性假设是合理的.

在 R 语言中, 可用函数 plot(model, 2) 绘制残差的 Q-Q 图, 其中 model 是由函数 lm() 生成的对象.

3. 以协变量为横坐标的残差图

还可以每个协变量 $X_j(1\leqslant j\leqslant p)$ 的各个观测值 $x_{ij}(1\leqslant i\leqslant n)$ 为点的横坐标, 即以协变量为横坐标绘制残差图. 在 R 语言中, 函数 plot() 可以绘制回归模型的残差图, 调用格式为

```
plot(x, which = 1:6,
   caption = c("Residuals vs Fitted", "Normal Q-Q plot"
           "Scale-Location plot", "Cook's distance plot")
   panel = points, sub.caption = deparse(x$call), main = "",
   ask = prod(par("mfcol"))<length(which)&&dev.interactive(),
   id.n = 3, label.id = names(residuals(x)), cex.id = 0.75)
```

其中 x 是由 lm 生成的对象, which 是 1-6 的全部或某个子集, 1 表示绘制普通残差与拟合值的残差图; 2 表示绘制残差的 Q-Q 图; 3 表示绘制标准化残差绝对值的开方与拟合值的残差图; 4 表示绘制 Cook 距离图; 5 表示标准化残差对杠杆图; 6 表示 Cook 距离对杠杆图. 其余参数见在线帮助.

3.2.4 影响分析

影响分析是探究对估计有异常大影响的数据. 在回归分析中的一个重要假设是, 使用的模型对所有数据是适当的. 在应用中, 有一个或多个样本观测值似乎与模型不相符, 但模型拟合于大多数数据. 例如, 对 Anscombe 数据的回归分析, 从图 3.4(c) 和图 3.4(d) 的残差图分别可以看出, (X_3, Y_3) 的数据集中第 3 个样本为离群点, (X_4, Y_4) 的数据集中第 8 个样本为强影响点.

如果某个样本不遵从回归模型, 但是其余数据都遵从这个回归模型, 则称该样本点为**强影响点**, 也称为**异常点**. 影响分析的主要目的就是区分这样的强影响点或异常点数据.

1. 杠杆统计量

由 3.1.1 节的讨论可知, 响应变量的拟合值为 $\widehat{\boldsymbol{Y}} = \mathbf{X}(\mathbf{X}^{\mathrm{T}}\mathbf{X})^{-1}\mathbf{X}^{\mathrm{T}}\boldsymbol{Y} = \mathbf{H}\boldsymbol{Y}$. 从几何上看, $\widehat{\boldsymbol{Y}}$ 是 $\boldsymbol{Y}$ 在 $\mathbf{X}$ 的列向量张成子空间内的投影, 且满足

$$\frac{\partial \widehat{y}_i}{\partial y_i} = h_{ii}.$$

因此, h_{ii} 的大小可以表示第 i 个样本值对 $\widehat{y}_i$ 影响的大小. 由 3.2.2 节可知, h_{ii} 称为**杠杆统计量**, 定义为帽子矩阵 $\mathbf{H}$ 对角线上的元素. 可计算得 $\widehat{y}_i$ 的方差为

$$\mathrm{Var}(\widehat{y}_i) = \sigma^2 h_{ii}.$$

可见, h_{ii} 反映了拟合值 $\widehat{y}_i$ 的波动情况. 由投影矩阵 $\mathbf{H}$ 的性质可得

$$0 \leqslant h_{ii} \leqslant 1, \quad i = 1, \cdots, n, \quad \sum_{i=1}^{n} h_{ii} = p + 1.$$

Hoaglin 和 Welsch (1978) 给出了一种判断异常点的方法, 当

$$h_{i_0 i_0} \geqslant \frac{2(p+1)}{n},$$

则可认为第 i_0 个样本点影响较大, 可结合其他准则, 考虑是否将其剔除.

R 语言提供了计算杠杆统计量 h_{ii} 的函数, 即函数 hatvalues() 和 hat(), 使用格式为

```
hatvalues(model, infl = lm.influence(model, do.coef = FALSE), ...)
hat(x, intercept = TRUE)
其中 model 是由 lm 或 glm 生成的对象, x 是设计矩阵 X.
```

在异常点检测的实际应用中, 经常会遇到 masking 和 swamping 问题, 其中 masking 问题是指没有正确地检测数据中存在的异常点, 而 swamping 问题是指错误地把非异常点检测为异常点, 详细的讨论见 Hadi 和 Simonoff (1993), Chatterjee 和 Hadi (2006).

2. DFFITS 准则

Belsley 等 (1980) 提供了另一种准则, 考虑统计量

$$D_i(\widehat{\sigma}_{(-i)}) = \sqrt{\frac{h_{ii}}{1-h_{ii}}}\frac{\widehat{\varepsilon}_i}{\widehat{\sigma}_{(-i)}\sqrt{1-h_{ii}}},$$

其中 $\widehat{\sigma}_{(-i)}$ 被定义在式 (3.26) 中. 对于第 i 个样本, 如果有

$$|D_i(\widehat{\sigma}_{(-i)})| > 2\sqrt{\frac{p+1}{n}},$$

则认为第 i 个样本的影响比较大. R 语言提供了 DFFITS 准则的计算函数 dffits(), 使用格式为

```
dffits(model, infl = , res = )
其中 model 是由 lm 或 glm 生成的对象.
```

3. Cook 距离统计量

Cook (1977) 提出了 Cook **距离统计量**, 定义为

$$C_i = \frac{(\widehat{\boldsymbol{\beta}} - \widehat{\boldsymbol{\beta}}_{(-i)})^{\mathrm{T}}\mathbf{X}^{\mathrm{T}}\mathbf{X}(\widehat{\boldsymbol{\beta}} - \widehat{\boldsymbol{\beta}}_{(-i)})}{(p+1)\widehat{\sigma}^2}, \qquad i = 1, \cdots, n,$$

其中 $\widehat{\boldsymbol{\beta}}_{(-i)}$ 为剔除第 i 个样本后, 用剩余的 $n-1$ 个样本得到的回归系数 $\boldsymbol{\beta}$ 的最小二乘估计. 经过推导, Cook 距离统计量可以改写为

$$C_i = \frac{1}{p+1}\left(\frac{h_{ii}}{1-h_{ii}}\right) r_i^2, \quad i = 1, \cdots, n,$$

其中 r_i 是标准化残差. R 语言提供了计算 Cook 距离统计量的函数 cooks.distance(), 使用格式为

```
cooks.distance(model, infl = lm.influence(model, do.coef = FALSE),
               res = weighted.residuals(model),
               sd = sqrt(deviance(model)/df.residual(model)),
               hat = infl$hat, ...)
其中 model 是由 lm 或 glm 生成的对象.
```

直观上讲, 对 Cook 距离统计量 C_i 越大的样本点, 越可能是强影响点或异常点, 但是给 Cook 距离统计量一个用以判定异常点的阈值很困难, 在实际应用中根据具体问题而定.

4. COVRATIO 准则

分别利用全部样本和剔除掉第 i 个样本后回归系数 $\boldsymbol{\beta}$ 的最小二乘估计 $\widehat{\boldsymbol{\beta}}$ 和 $\widehat{\boldsymbol{\beta}}_{(-i)}$, 计算它们的协方差矩阵分别为

$$\mathrm{Cov}(\widehat{\boldsymbol{\beta}}) = \sigma^2(\mathbf{X}^{\mathrm{T}}\mathbf{X})^{-1}, \quad \mathrm{Cov}(\widehat{\boldsymbol{\beta}}_{(-i)}) = \sigma^2(\mathbf{X}_{(-i)}^{\mathrm{T}}\mathbf{X}_{(-i)})^{-1},$$

其中 $\mathbf{X}_{(-i)}$ 是 $n\times(p+1)$ 的设计矩阵 $\mathbf{X}$ 剔除掉第 i 行得到的 $(n-1)\times(p+1)$ 矩阵. 分别用 $\widehat{\sigma}$ 和 $\widehat{\sigma}_{(-i)}$ 代替上式中的 σ. 为了比较其对应的回归系数估计的精度, 考虑其协方差的比, 即

$$C_i = \frac{\det\left(\widehat{\sigma}_{(-i)}^2(\mathbf{X}_{(-i)}^{\mathrm{T}}\mathbf{X}_{(-i)})^{-1}\right)}{\det\left(\widehat{\sigma}^2(\mathbf{X}^{\mathrm{T}}\mathbf{X})^{-1}\right)} = \frac{(\widehat{\sigma}_{(-i)}^2)^{p+1}}{(\widehat{\sigma}^2)^{p+1}}\frac{1}{1-h_{ii}}, \qquad i = 1, \cdots, n.$$

如果第 i 个样本所对应的 C_i 值离 1 越远, 则认为该样本影响越大. R 语言提供了计算 COV-

RATIO 统计量的函数 covratio(), 使用格式为

```
covratio(model, infl = lm.influence(model, do.coef = FALSE),
       res = weighted.residuals(model))
其中 model 是由 lm 或 glm 生成的对象.
```

综合上面的分析, 可对前列腺癌症数据进行回归诊断和影响分析.

首先, 用函数 plot() 绘制前列腺癌症数据的回归诊断图, 共展示 6 个图, 分别为: ① 普通残差与拟合值的残差图; ② 残差的 Q-Q 图; ③ 标准化残差绝对值的开方与拟合值的残差图; ④ Cook 距离图; ⑤ 标准化残差对杠杆图; ⑥ Cook 距离对杠杆图. 进一步, 利用函数 hatvalues()、dffits()、cooks.distance() 和 covratio() 进行影响分析, 确定强影响点或异常点. 程序和输出结果如下, 回归诊断图见图 3.6.

```
par(mfrow = c(3, 2))
plot(lm.reg, which = 1:6)
n = nrow(prostate); p = ncol(prostate)-1
> round(prostate[hatvalues(lm.reg)>2*(p+1)/n, ], 4)
   lcavol lweight age    lbph svi     lcp gleason pgg45   lpsa
32 0.1823  6.1076  65  1.7047   0 -1.3863       6     0 2.0082
37 1.4231  3.6571  73 -0.5798   0  1.6582       8    15 2.1576
41 0.6206  3.1420  60 -1.3863   0 -1.3863       9    80 2.2976
74 1.8390  3.2367  60  0.4383   1  1.1786       9    90 3.0750
92 2.5329  3.6776  61  1.3481   1 -1.3863       7    15 4.1296
> round(prostate[dffits(lm.reg)>2*sqrt((p+1)/n), ], 4)
    lcavol lweight age    lbph svi     lcp gleason pgg45   lpsa
69 -0.4463  4.4085  69 -1.3863   0 -1.3863       6     0 2.9627
95  2.9074  3.3962  52 -1.3863   1  2.4638       7    10 5.1431
96  2.8826  3.7739  68  1.5581   1  1.5581       7    80 5.4775
97  3.4720  3.9750  68  0.4383   1  2.9042       7    20 5.5829
> round(prostate[cooks.distance(lm.reg)>0.1, ], 4)
    lcavol lweight age    lbph svi     lcp gleason pgg45   lpsa
32  0.1823  6.1076  65  1.7047   0 -1.3863       6     0 2.0082
47  2.7279  3.9954  79  1.8795   1  2.6568       9   100 2.5688
69 -0.4463  4.4085  69 -1.3863   0 -1.3863       6     0 2.9627
s = rep("", n); co = covratio(lm.reg)
abs.co = abs(co-1); s[abs.co==max(abs.co)] = "*"
> data.frame(COVRATIO = co, s)
```

```
  COVRATIO s
41 1.4363072 *
```

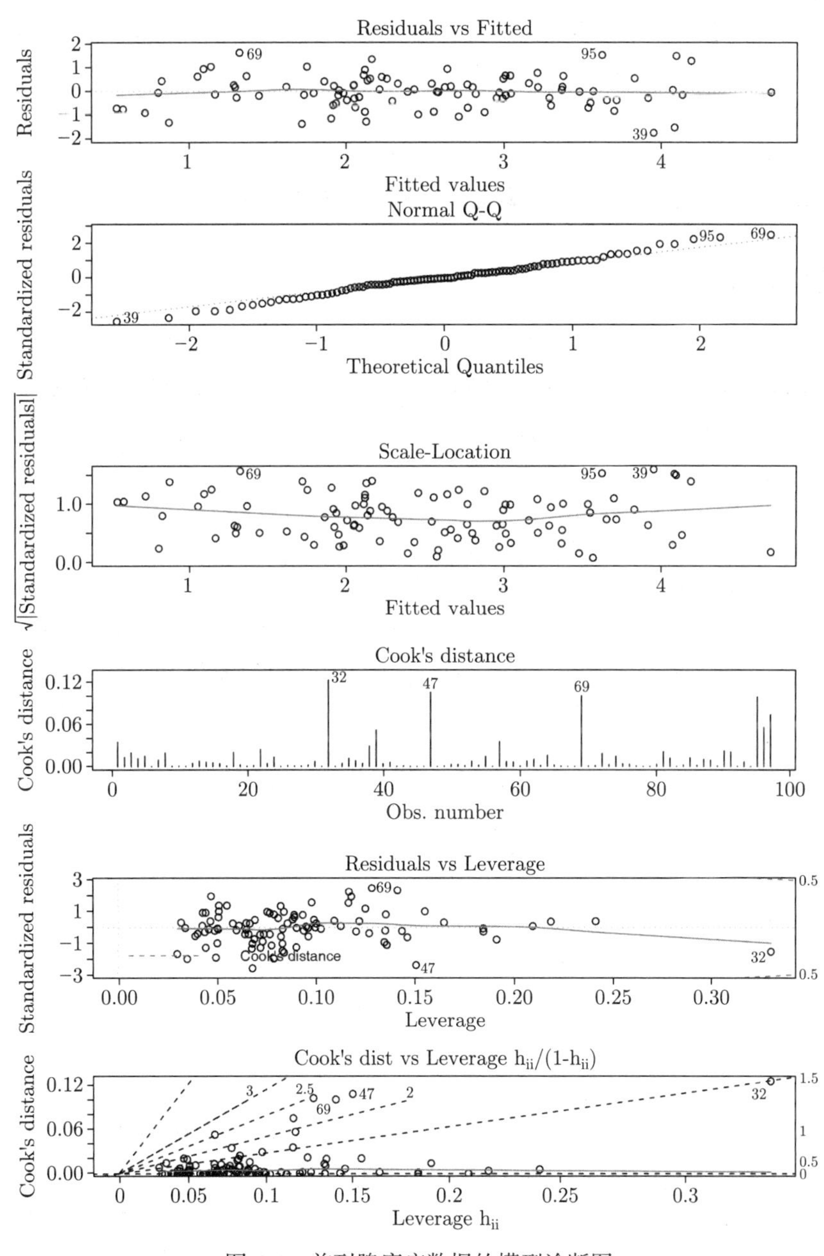

图 3.6 前列腺癌症数据的模型诊断图

从图 3.6 可以看出: ① 从第 1 个残差图中可以看出, 第 39 个、第 69 个和第 95 个样本点远离其他样本点, 从第 2 个 Q-Q 图中也发现这三个样本点远离直线; ② 从第 3 个标准化残差绝对值的开方与拟合值的残差图可知, 第 39 个、第 69 个和第 95 个样本点的标准化残差的开方最大, 说明这三个样本点在 95.4% 的范围以外; ③ 第 4 个 Cook 距离图显示, 第 32 个、第 47 个和第 69 个样本点的值最大, 说明这三个样本点可能是强影响点或异常点; ④ 从标准化残差对杠杆图和 Cook 距离对杠杆图也能发现类似的现象; ⑤ 从杠杆统计量可以判定第 32 个、第 37 个、第 41 个、第 74 个和第 92 个样本为强影响点; DFFITS 准则判定第 69 个、第 95 个、第 96 个和第 97 个样本点为强影响点; 取阈值为 0.1, 当 Cook 距离统计量大于阈值 0.1 时, 也判定第 32 个、第 47 个和第 69 个样本点为强影响点; 而 COVRATIO 准则判定第 41 个样本点为强影响点. 对于这些结果是否合理, 还需要做进一步的研究.

进一步, 可以用 influence.measures(lm.reg) 作回归诊断的总结, 返回的列表中包含了 DFFITS 统计量、COVRATIO 统计量、Cook 距离统计量和杠杆统计量等.

3.2.5 多重共线性

多重共线性是指线性回归模型中的协变量之间由于存在精确相关关系或高度相关关系而使模型估计失真或难以估计准确. 因此, 在进行回归分析之前, 了解协变量之间的关系变得很重要.

如果存在不全为 0 的常数 $a_0, a_1, a_2, \cdots, a_p$, 使得

$$a_1X_1 + a_2X_2 + \cdots + a_pX_p = a_0. \tag{3.28}$$

如果数据中所有样本都满足上式 (3.28), 则称协变量 $X_1, X_2, \cdots, X_p$ 存在精准共线性. 在实际问题中, 精准共线性问题并不多见. 如果式 (3.28) 对观测数据近似成立, 则有近似共线性, 也就表示这 p 个协变量存在多重共线性. 因此, 在线性回归分析中所谈的共线性主要是指非精准共线性.

假设 $\boldsymbol{x}_1, \boldsymbol{x}_2, \cdots, \boldsymbol{x}_p$ 是协变量 $X_1, X_2, \cdots, X_p$ 经过中心化或标准化得到的观测向量, 记 $\mathbf{X} = (\boldsymbol{x}_1, \boldsymbol{x}_2, \cdots, \boldsymbol{x}_p)$ 为 $n \times p$ 的设计矩阵, 其中 $\boldsymbol{x}_i = (x_{1i}, x_{2i}, \cdots, x_{ni})^{\mathrm{T}}$ 是第 i 个变量的 n 个样本观测. 这时, 考虑不存在截距项的多元线性回归模型: $\boldsymbol{Y}_{n\times 1} = \mathbf{X}_{n\times p}\boldsymbol{\beta}_{p\times 1} + \boldsymbol{\varepsilon}_{n\times 1}$, 其中 $\boldsymbol{\varepsilon} \sim N_n(\mathbf{0}, \sigma^2\mathbf{I}_n)$. 设 λ 为 $\mathbf{X}^{\mathrm{T}}\mathbf{X}$ 的一个特征值, $\boldsymbol{\phi}$ 为其对应的特征向量, 其长度为 1, 即 $\boldsymbol{\phi}^{\mathrm{T}}\boldsymbol{\phi} = 1$. 若 $\lambda \approx 0$, 则

$$\mathbf{X}^{\mathrm{T}}\mathbf{X}\boldsymbol{\phi} = \lambda\boldsymbol{\phi} \approx \mathbf{0}.$$

用 $\boldsymbol{\phi}^{\mathrm{T}}$ 左乘上式, 得到

$$\boldsymbol{\phi}^{\mathrm{T}}\mathbf{X}^{\mathrm{T}}\mathbf{X}\boldsymbol{\phi} = \lambda\boldsymbol{\phi}^{\mathrm{T}}\boldsymbol{\phi} = \lambda \approx 0.$$

则有, $\mathbf{X}\boldsymbol{\phi} \approx \mathbf{0}$, 即

$$\phi_1\boldsymbol{x}_1 + \phi_2\boldsymbol{x}_2 + \cdots + \phi_p\boldsymbol{x}_p \approx \mathbf{0}, \tag{3.29}$$

其中 $\boldsymbol{\phi} = (\phi_1, \phi_2, \cdots, \phi_p)^{\mathrm{T}}$. 由式 (3.29) 和线性代数的理论可知, 若矩阵的某个特征值接近零, 就意味着矩阵 $\mathbf{X}$ 的列向量 $\boldsymbol{x}_1, \boldsymbol{x}_2, \cdots, \boldsymbol{x}_p$ 之间存在近似线性关系. 也就是说, 对于协变量 $X_1, X_2, \cdots, X_p$, 存在不全为 0 的常数 $a_0, a_1, a_2, \cdots, a_p$, 使得式 (3.28) 近似成立, 即协变量之间存在多重共线性.

下面讨论多重共线性问题对回归系数最小二乘估计的影响. 回归系数 $\boldsymbol{\beta}$ 的最小二乘估计为: $\widehat{\boldsymbol{\beta}} = (\mathbf{X}^{\mathrm{T}}\mathbf{X})^{-1}\mathbf{X}^{\mathrm{T}}\boldsymbol{Y}$. 进一步, 计算 $\widehat{\boldsymbol{\beta}}$ 的均方误差为

$$\mathrm{MSE}(\widehat{\boldsymbol{\beta}}) = \mathrm{E}[(\widehat{\boldsymbol{\beta}}-\boldsymbol{\beta})^{\mathrm{T}}(\widehat{\boldsymbol{\beta}}-\boldsymbol{\beta})] = \sigma^2 \sum_{i=1}^{p} \frac{1}{\lambda_i},$$

其中假设 $\lambda_1 \geqslant \lambda_2 \geqslant \cdots \geqslant \lambda_p$ 是矩阵 $\mathbf{X}^{\mathrm{T}}\mathbf{X}$ 的特征值. 显然, 如果矩阵 $\mathbf{X}^{\mathrm{T}}\mathbf{X}$ 至少有一个特征值非常接近于零, 则 $\mathrm{MSE}(\widehat{\boldsymbol{\beta}})$ 就会很大, 则最小二乘估计 $\widehat{\boldsymbol{\beta}}$ 也就不再是回归系数 $\boldsymbol{\beta}$ 的一个好的估计. 如果线性回归模型存在精准共线性, 则回归系数的最小二乘估计不存在.

判断多重共线性及其严重程度的方法主要有**条件数** (conditional numbers) 方法和**方差膨胀因子** (variance inflation factor, VIF) 方法.

首先介绍条件数方法, 度量多重共线性严重程度的一个重要指标是矩阵 $\mathbf{X}^{\mathrm{T}}\mathbf{X}$ 的条件数, 定义为

$$\kappa(\mathbf{X}^{\mathrm{T}}\mathbf{X}) = \|\mathbf{X}^{\mathrm{T}}\mathbf{X}\| \cdot \|(\mathbf{X}^{\mathrm{T}}\mathbf{X})^{-1}\| = \frac{\lambda_{\max}(\mathbf{X}^{\mathrm{T}}\mathbf{X})}{\lambda_{\min}(\mathbf{X}^{\mathrm{T}}\mathbf{X})},$$

其中 $\lambda_{\max}(\mathbf{X}^{\mathrm{T}}\mathbf{X})$ 和 $\lambda_{\min}(\mathbf{X}^{\mathrm{T}}\mathbf{X})$ 分别是矩阵 $\mathbf{X}^{\mathrm{T}}\mathbf{X}$ 的最大和最小特征值.

直观上, 条件数刻画了矩阵 $\mathbf{X}^{\mathrm{T}}\mathbf{X}$ 特征值差异性的大小, 一般若 $\kappa < 100$, 则认为多重共线性的程度很小; 若 $100 \leqslant \kappa \leqslant 1\ 000$, 则认为存在中等程度或较强的多重共线性; 若 $\kappa > 1\ 000$, 则认为存在严重的多重共线性.

R 语言提供了计算条件数的函数 kappa(), 使用格式为

```
kappa(z, exact=FALSE, norm=NULL, method=c("qr", "direct"),...)
其中 z 是矩阵, exact 是逻辑变量, 当 exact=TRUE 时, 精确计算条件数; 否则近似计算条件数. 函数 kappa(z, exact=FALSE) 也可用以求线性模型的条件数, 这时 z 可取函数 lm() 得到的对象.
```

方差膨胀因子 (VIF) 是多元线性回归模型中多重共线性严重程度的又一种度量. 假设模型中数据已进行标准化, 则回归系数最小二乘估计的协方差矩阵为 $\sigma^2\mathbf{R}_{\boldsymbol{X}}^{-1}$, 其中 $\mathbf{R}_{\boldsymbol{X}}$ 是协变量 $\boldsymbol{X}$ 的样本相关系数矩阵. 因此, 第 k 个回归系数估计 $\widehat{\beta}_k$ 的方差为 σ^2 和矩阵 $\mathbf{R}_{\boldsymbol{X}}^{-1}$ 中第 k 个对角线元素的乘积, 则把矩阵 $\mathbf{R}_{\boldsymbol{X}}^{-1}$ 中第 k 个对角线元素称为方差膨胀因子, 记为 $\mathrm{VIF}(\widehat{\beta}_k)$, 其中 $k=1,\cdots,p$. 可以证明

$$\mathrm{VIF}(\widehat{\beta}_k) = \frac{1}{1-R^2_{X_k|\boldsymbol{X}_{(-k)}}}, \qquad k=1,\cdots,p,$$

其中 $R^2_{X_k|\boldsymbol{X}_{(-k)}}$ 是第 k 个协变量 X_k 与其余的 $p-1$ 个协变量 $\boldsymbol{X}_{(-k)}$ 之间的判定系数. 因此, 当第 k 个协变量与其余的协变量之间相关程度越高, 即判定系数 $R^2_{X_k|\boldsymbol{X}_{(-k)}}$ 越接近于 1, 相应的方差膨胀因子 $\mathrm{VIF}(\widehat{\beta}_k)$ 也就越大, 则表示存在多重共线性. VIF 的最小可能的值是 1, 表示完全不存在多重共线性.

实际应用中, 一个经验法则是当方差膨胀因子 VIF 的值超过 5 或 10, 就表示存在多重共线性问题. 在 R 语言中, 可用程序包 car 中的函数 vif() 计算方差膨胀因子.

例如, 对例 1.2 的 Credit 数据进行分析, 仅仅考虑 5 个定量协变量 Income, Limit, Rating, Cards 和 Age 对响应变量 Balance 的多元线性回归问题, 从矩阵散点图 1.2 可以看出, 变量 Limit 和 Rating 之间具有很强的线性关系. 试用求矩阵条件数和方差膨胀因子的方法, 分析协变量间是否

存在多重共线性问题.

计算 5 个协变量 Income, Limit, Rating, Cards 和 Age 的相关系数矩阵, 再用函数 kappa() 求出相关系数矩阵的条件数, 用函数 eigen() 求相关系数矩阵的最小特征值和相应的特征向量. 然后用函数 vif() 计算方差膨胀因子, 求解程序如下.

```
library(ISLR); library(car); attach(Credit)
XX = cor(Credit[2:6]); kappa(XX, exact = TRUE)
lm.C=lm(Balance~Income + Limit + Rating + Cards + Age, data=Credit)
> round(vif(lm.C), 3)
 Income      Limit    Rating      Cards       Age
  2.773    227.843   229.588      1.434     1.038
```

得到的条件数是 $\kappa = 1\,256.042 > 1\,000$, 认为有严重的多重共线性.

为了找出哪些变量是存在多重共线性的, 用函数 eigen() 计算协变量 Income, Limit, Rating, Cards 和 Age 的相关系数矩阵的最小特征值和相应的特征向量为

$$\lambda_{\min} = 0.002\,19, \qquad \boldsymbol{\phi} = (0.002\,2, 0.705\,4, -0.708\,1, 0.030\,6, 0.000\,2)^{\mathrm{T}}.$$

由式 (3.29), 对每个样本点, 近似都有

$$0.002\,2\text{Income} + 0.705\,4\text{Limit} - 0.708\,1\text{Rating} + 0.030\,6\text{Cards} + 0.000\,2\text{Age} \approx 0.$$

由于 Income, Cards 和 Age 的系数近似为 0, 因此有

$$0.705\,4\text{Limit} - 0.708\,1\text{Rating} \approx 0.$$

所以, 存在不全为 0 的常数 a_0, a_1, a_2, 使得

$$a_1 \times \text{Limit} + a_2 \times \text{Rating} \approx a_0.$$

这说明变量 Limit 和 Rating 存在多重共线性. 从 VIF 得到的结果可以看出, 变量 Limit 和 Rating 的 VIF 都远远大于 10, 而变量 Income, Cards 和 Age 的 VIF 小于 5, 则表明变量 Limit 和 Rating 存在多重共线性.

§3.3 加权最小二乘方法

在多元线性回归模型 (3.3) 中, 假设模型误差向量 $\boldsymbol{\varepsilon}$ 满足 Gauss-Markov 条件, 即要求 $\varepsilon_1, \cdots, \varepsilon_n$ 相互独立, 且满足 $\mathrm{E}(\varepsilon_i) = 0$ 和 $\mathrm{Var}(\varepsilon_i) = \sigma^2 < \infty$. 但在实际应用中, 很难满足模型误差是同方差且相互独立的假设条件. 因此, 如何处理模型误差 $\varepsilon_1, \cdots, \varepsilon_n$ 是相关且异方差的情形?

本节针对多元线性回归模型 (3.3), 但是假设模型误差满足

$$\mathrm{E}(\boldsymbol{\varepsilon}|\mathbf{X}) = \mathbf{0}, \qquad \mathrm{Cov}(\boldsymbol{\varepsilon}|\mathbf{X}) = \sigma^2\mathbf{W}, \tag{3.30}$$

其中 $\mathbf{W}$ 是一个已知的 n 阶正定矩阵. 如果 $\mathbf{W} = \mathbf{I}_n$ 时, 式 (3.30) 的假设退化为 Gauss-Markov 假

设. 如果 $\mathbf{W} = \mathrm{diag}\{w_{11}, \cdots, w_{nn}\}$ 时, 模型变为异方差的多元线性回归模型. 令 $\mathbf{W}^{-1/2}$ 是 $\mathbf{W}^{-1}$ 的平方根, 即有 $(\mathbf{W}^{-1/2})^{\mathrm{T}}\mathbf{W}^{-1/2} = \mathbf{W}^{-1}$, 则

$$\mathrm{Cov}(\mathbf{W}^{-1/2}\boldsymbol{\varepsilon}) = \sigma^2\mathbf{I}_n.$$

可见 $\mathbf{W}^{-1/2}\boldsymbol{\varepsilon}$ 是不相关且同方差的. 进一步, 令

$$\boldsymbol{Y}^* = \mathbf{W}^{-1/2}\boldsymbol{Y}, \quad \mathbf{X}^* = \mathbf{W}^{-1/2}\mathbf{X}, \quad \varepsilon^* = \mathbf{W}^{-1/2}\varepsilon.$$

这时, 可得如下的多元线性回归模型

$$\boldsymbol{Y}^* = \mathbf{X}^*\boldsymbol{\beta} + \boldsymbol{\varepsilon}^*,$$

其中 $\boldsymbol{\varepsilon}^*$ 满足 Gauss-Markov 条件. 因此, 可定义如下的最小二乘目标函数

$$Q(\boldsymbol{\beta}) = \|\boldsymbol{Y}^* - \mathbf{X}^*\boldsymbol{\beta}\|_2^2 = (\boldsymbol{Y} - \mathbf{X}\boldsymbol{\beta})^{\mathrm{T}}\mathbf{W}^{-1}(\boldsymbol{Y} - \mathbf{X}\boldsymbol{\beta}). \tag{3.31}$$

式 (3.31) 定义的最小二乘目标函数 $Q(\boldsymbol{\beta})$ 也称为**加权最小二乘目标函数**, 则极小化加权最小二乘目标函数 $Q(\boldsymbol{\beta})$, 可得 $\boldsymbol{\beta}$ 的**加权最小二乘估计**为

$$\widehat{\boldsymbol{\beta}}_{\mathrm{WLS}} = (\mathbf{X}^{*\mathrm{T}}\mathbf{X}^*)^{-1}\mathbf{X}^{*\mathrm{T}}\boldsymbol{Y}^* = (\mathbf{X}^{\mathrm{T}}\mathbf{W}^{-1}\mathbf{X})^{-1}\mathbf{X}^{\mathrm{T}}\mathbf{W}^{-1}\boldsymbol{Y}. \tag{3.32}$$

在实际应用中, 通常协方差矩阵 $\mathbf{W}$ 是未知的. 对加权最小二乘估计 $\widehat{\boldsymbol{\beta}}_{\mathrm{WLS}}$, 当协方差矩阵 $\mathbf{W}$ 错误指定时, $\widehat{\boldsymbol{\beta}}_{\mathrm{WLS}}$ 是否还是 $\boldsymbol{\beta}$ 的无偏估计. 假设模型误差 $\boldsymbol{\varepsilon}$ 的真实协方差矩阵为 $\mathrm{Cov}(\boldsymbol{\varepsilon}) = \sigma^2\mathbf{W}_0$, 其中 $\mathbf{W}_0$ 是未知的. 可以证明, 即使 $\mathbf{W}$ 被错误指定, 加权最小二乘估计 $\widehat{\boldsymbol{\beta}}_{\mathrm{WLS}}$ 仍然是无偏的, 即

$$\mathrm{E}(\widehat{\boldsymbol{\beta}}_{\mathrm{WLS}}|\mathbf{X}) = (\mathbf{X}^{\mathrm{T}}\mathbf{W}^{-1}\mathbf{X})^{-1}\mathbf{X}^{\mathrm{T}}\mathbf{W}^{-1}\mathbf{X}\boldsymbol{\beta} = \boldsymbol{\beta}.$$

进一步, 可得 $\widehat{\boldsymbol{\beta}}_{\mathrm{WLS}}$ 的协方差矩阵为

$$\mathrm{Cov}(\widehat{\boldsymbol{\beta}}_{\mathrm{WLS}}) = \sigma^2(\mathbf{X}^{\mathrm{T}}\mathbf{W}^{-1}\mathbf{X})^{-1}(\mathbf{X}^{\mathrm{T}}\mathbf{W}^{-1}\mathbf{W}_0\mathbf{W}^{-1}\mathbf{X})(\mathbf{X}^{\mathrm{T}}\mathbf{W}^{-1}\mathbf{X})^{-1}.$$

可知, 即使 $\mathbf{W}$ 被错误指定, $\widehat{\boldsymbol{\beta}}_{\mathrm{WLS}}$ 仍然是 $\boldsymbol{\beta}$ 的无偏估计. 当 $\mathbf{W}$ 被正确指定时, 即 $\mathbf{W} = \mathbf{W}_0$ 时, $\mathrm{Cov}(\widehat{\boldsymbol{\beta}}_{\mathrm{WLS}}) = \sigma^2(\mathbf{X}^{\mathrm{T}}\mathbf{W}_0^{-1}\mathbf{X})^{-1}$, 则 $\widehat{\boldsymbol{\beta}}_{\mathrm{WLS}}$ 是 $\boldsymbol{\beta}$ 的最有效估计.

§3.4 Box-Cox 变换

在一些实际应用中, 协变量和响应变量之间是非线性的, 如何用线性回归模型对这些问题进行分析? 在应用中, 为了用线性模型对数据进行更好的拟合, 经常需要先对响应变量 Y 作变换. Box 和 Cox (1964) 提出了变量变换方法, 称为 **Box-Cox 变换**, 即考虑下面的变换函数

$$Y^{(\lambda)} = \begin{cases} \dfrac{Y^\lambda - 1}{\lambda}, & \text{如果 } \lambda \neq 0, \\ \log(Y), & \text{如果 } \lambda = 0, \end{cases} \tag{3.33}$$

其中 λ 是一个未知参数. 考虑如下的 Box-Cox 模型

$$Y^{(\lambda)} = \beta_0 + \beta_1 X_1 + \cdots + \beta_p X_p + \varepsilon, \tag{3.34}$$

其中 $\varepsilon \sim N(0,\sigma^2)$. 例如, 对 Cobb-Douglas 生产函数 $Q_t = aL_t^b K_t^c$ 两边取对数, 有

$$\log(Q_t) = \log(a) + b\log(L_t) + c\log(K_t), \quad t = 1,\cdots,T.$$

令 $Y_t = \log(Q_t)$, $X_{t1} = \log(L_t)$, $X_{t2} = \log(K_t)$ 和 $\beta_0 = \log(a)$, $\beta_1 = b$, $\beta_2 = c$, 上式右边加一项误差项, 则转化为线性回归模型

$$Y_t = \beta_0 + \beta_1 X_{t1} + \beta_2 X_{t2} + \varepsilon_t, \quad t = 1,\cdots,T.$$

对给定的独立同分布的样本 $\{(y_i,\boldsymbol{x}_i), i = 1,\cdots,n\}$, Box-Cox 模型 (3.34) 的似然函数为

$$L(\lambda,\boldsymbol{\beta},\sigma^2) = \left(\frac{1}{\sqrt{2\pi}\sigma}\right)^n \exp\left\{-\frac{1}{2\sigma^2}\|\boldsymbol{Y}^{(\lambda)} - \mathbf{X}\boldsymbol{\beta}\|_2^2\right\} J(\lambda,\boldsymbol{Y}),$$

其中 $\boldsymbol{Y}^{(\lambda)} = \left(y_1^{(\lambda)},\cdots,y_n^{(\lambda)}\right)^{\mathrm{T}}$ 是 $n\times 1$ 的向量, $\mathbf{X}$ 是 $n\times(p+1)$ 的设计矩阵, $\boldsymbol{\beta} = (\beta_0,\beta_1,\cdots,\beta_p)^{\mathrm{T}}$ 是 $p+1$ 维的未知参数向量, $J(\lambda,\boldsymbol{Y}) = \prod_{i=1}^n \left|\frac{\partial y_i^{(\lambda)}}{\partial y_i}\right| = \left(\prod_{i=1}^n |y_i|\right)^{\lambda-1}$. 对给定的 λ, 可得 $\boldsymbol{\beta}$ 和 σ^2 的极大似然估计分别为

$$\widehat{\boldsymbol{\beta}}(\lambda) = (\mathbf{X}^{\mathrm{T}}\mathbf{X})^{-1}\mathbf{X}^{\mathrm{T}}\boldsymbol{Y}^{(\lambda)}, \quad \widehat{\sigma}^2(\lambda) = \frac{1}{n}\|\boldsymbol{Y}^{(\lambda)} - \mathbf{X}(\mathbf{X}^{\mathrm{T}}\mathbf{X})^{-1}\mathbf{X}^{\mathrm{T}}\boldsymbol{Y}^{(\lambda)}\|_2^2.$$

把估计量 $\widehat{\boldsymbol{\beta}}(\lambda)$ 和 $\widehat{\sigma}^2(\lambda)$ 代入似然函数 $L(\lambda,\boldsymbol{\beta},\sigma^2)$, 可得 λ 的对数似然函数为

$$\log(L(\lambda)) = (\lambda-1)\sum_{i=1}^n \log(|y_i|) - \frac{n}{2}\log(\widehat{\sigma}^2(\lambda)) - \frac{n}{2}.$$

这时, 可得 λ 的极大似然估计为

$$\widehat{\lambda} = \arg\max_{\lambda} \log(L(\lambda)).$$

最后, 可得 $\boldsymbol{\beta}$ 和 σ^2 的极大似然估计分别为 $\widehat{\boldsymbol{\beta}}(\widehat{\lambda})$ 和 $\widehat{\sigma}^2(\widehat{\lambda})$.

下面对 Siegel (1997) 提供的某产品零件缺陷率 (defective rates) 数据进行举例说明, 该数据也被 Sheather (2009) 进行了详细的分析, 数据见表 3.3. Y 表示每生产 1 000 个零件的平均缺陷率 (Defective), X_1 表示温度 (Temperature), X_2 表示密度 (Density), X_3 表示生产速度 (Rate). 图 3.7 提供了该数据的矩阵散点图.

从图 3.7 可以看出, 三个协变量之间具有一定的线性关系, 但是每个协变量和响应变量 Y 之间具有非线性关系. 首先, 考虑下面的多元线性回归模型

$$y_i = \beta_0 + \beta_1 x_{i1} + \beta_2 x_{i2} + \beta_3 x_{i3} + \varepsilon_i, \quad i = 1,\cdots,30. \tag{3.35}$$

图 3.8(a) 提供了基于模型 (3.35), 所得拟合值 $\widehat{y}_i = \widehat{\beta}_0 + \widehat{\beta}_1 x_{i1} + \widehat{\beta}_2 x_{i2} + \widehat{\beta}_3 x_{i3}$ 和 y_i 的散点图, 其中 $\widehat{\beta}_0, \widehat{\beta}_1, \widehat{\beta}_2$ 和 $\widehat{\beta}_3$ 是最小二乘估计. 从图 3.8(a) 可知, 拟合值 $\widehat{y}_i$ 和 y_i 之间用线性函数拟合, 效果较差, 而用二次函数拟合效果更好. 考虑用 Box-Cox 变换对响应变量进行变换, 为了选取最优的 λ, 采用程序包 MASS 中的函数 boxcox() 选取最优的 λ, 图 3.8(b) 提供了 Box-Cox 变换方法的对数似然, 从图中可看出, λ 的最优取值约为 0.45, 并且 λ 的 95% 置信区间不包含 0, 故考虑如下的多

表 3.3 产品零件缺陷率数据

编号	X_1	X_2	X_3	Y	编号	X_1	X_2	X_3	Y
1	0.97	32.08	177.7	0.2	16	2.76	21.58	244.7	42.2
2	2.85	21.14	254.1	47.9	17	2.36	26.30	222.1	13.4
3	2.95	20.65	272.6	50.9	18	1.09	32.19	181.4	0.1
4	2.84	22.53	273.4	49.7	19	2.15	25.73	241.0	20.6
5	1.84	27.43	210.8	11.0	20	2.12	25.18	226.0	15.9
6	2.05	25.42	236.1	15.6	21	2.27	23.74	256.0	44.4
7	1.50	27.89	219.1	5.5	22	2.73	24.85	251.9	37.6
8	2.48	23.34	238.9	37.4	23	1.46	30.01	192.8	2.2
9	2.23	23.97	251.9	27.8	24	1.55	29.42	223.9	1.5
10	3.02	19.45	281.9	58.7	25	2.92	22.50	260.0	55.4
11	2.69	23.17	254.5	34.5	26	2.44	23.47	236.0	36.7
12	2.63	22.70	265.7	45.0	27	1.87	26.51	237.3	24.5
13	1.58	27.49	213.3	6.6	28	1.45	30.70	221.0	2.8
14	2.48	24.07	252.2	31.5	29	2.82	22.30	253.2	60.8
15	2.25	24.38	238.1	23.4	30	1.74	28.47	207.9	10.5

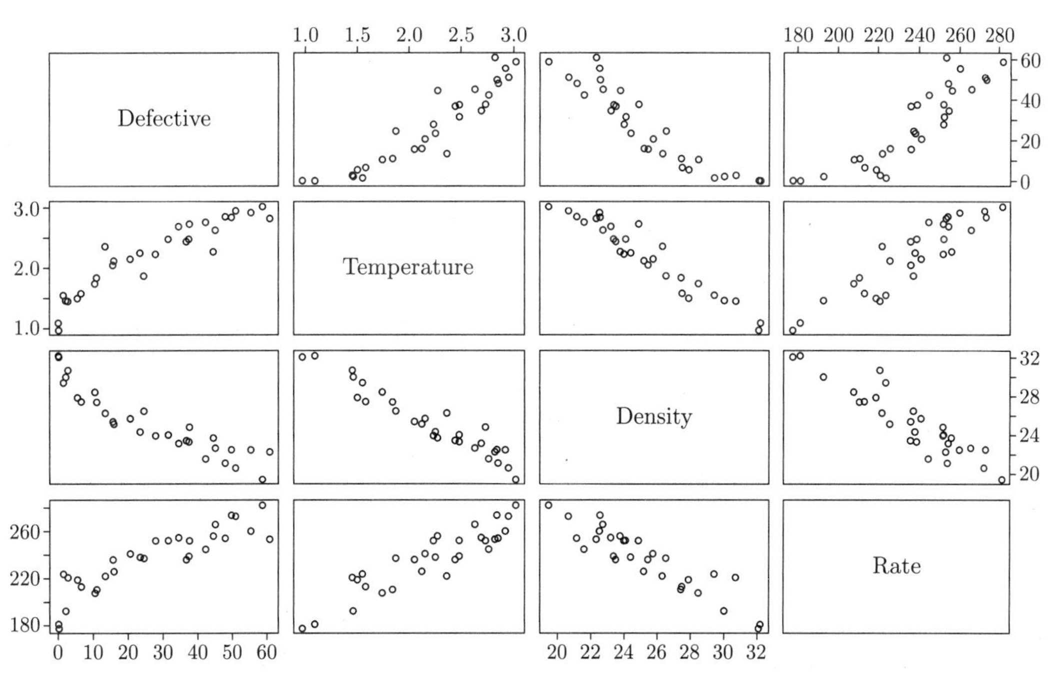

图 3.7 产品零件缺陷率数据的矩阵散点图

元线性回归模型

$$y_i^{0.45} = \beta_0 + \beta_1 x_{i1} + \beta_2 x_{i2} + \beta_3 x_{i3} + \varepsilon_i, \quad i = 1, 2, \cdots, 30. \tag{3.36}$$

图 3.8(c) 提供了基于模型 (3.36), 所得拟合值 $\widehat{y}_i^{0.45}$ 和 $y_i^{0.45}$ 的散点图, 以及拟合直线. 图 3.8(c) 显示经过 Box-Cox 变换后, 模型 (3.36) 对数据的拟合效果更好, 并有好的预测效果. 进一步, 也可以绘制残差图和回归诊断图, 对结果作详细的分析.

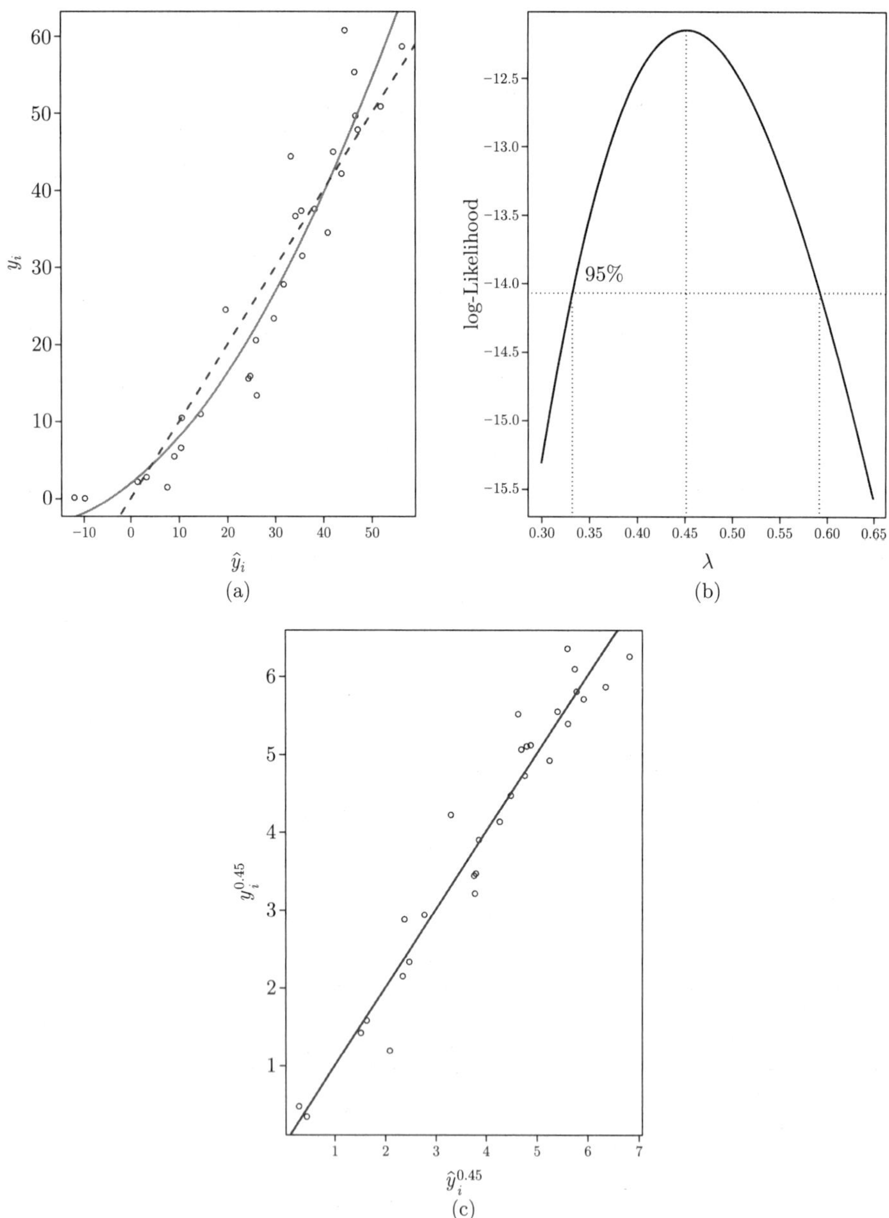

图 3.8 (a) 基于模型 (3.35), 所得拟合值 $\widehat{y}_i$ 和 y_i 的散点图, 以及拟合直线和二次曲线; (b) Box-Cox 变换方法的对数似然, λ 的最优值和 95% 的置信区间; (c) 基于模型 (3.36), 所得拟合值 $\widehat{y}_i^{0.45}$ 和 $y_i^{0.45}$ 的散点图, 以及拟合直线

```
library(MASS)
defects = read.table("defects.txt", header=TRUE); attach(defects)
pairs(Defective ~ Temperature + Density + Rate, col = "blue")
m1 = lm(Defective ~ Temperature + Density + Rate)
par(mfrow = c(1, 3))
fit1 = m1$fitted.values; m2 = lm(Defective ~ fit1 + I(fit1^2))
plot(fit1, Defective, xlab = "Fitted Values")
fitnew = seq(-15, 60, len = 76)
lines(fitnew, predict(m2, newdata = data.frame(fit1 = fitnew)))
abline(lsfit(m1$fitted.values, Defective), lty = 2)
boxcox(m1, lambda = seq(0.3, 0.65, length = 20))
mt = lm(Defective^{0.45} ~ Temperature + Density + Rate)
plot(mt$fitted.values, Defective^{0.45}, xlab="Fitted Values",
    ylab = expression(Defective^{0.45}))
abline(lsfit(mt$fitted.values, Defective^{0.45}))
summary(mt)
```

§3.5 定性协变量建模

当协变量中存在定性变量时, 如何进行建模和分析? 在回归分析中, 经常会遇到协变量中存在定性变量的情形, 如 Chatterjee 和 Hadi (2006) 考虑了计算机专业人员的工资调查数据 (见表 3.4), 该数据集包含 46 个样本和 4 个变量, 其中响应变量 S 表示雇员工资 (单位: 美元), X 表示工作经历 (单位: 年), E 表示教育水平 (1 为高中学历, 2 为学士学位, 3 为高级学位), M 表示是否为管理人员 (1 为管理人员, 0 为其他). 在这个数据中, X 是定量协变量, E 和 M 是定性协变量, 工资调查的目的是确定和量化决定工资差异的变量.

表 3.4 工资调查数据

编号	S	X	E	M	编号	S	X	E	M
1	13 876	1	1	1	10	12 313	3	2	0
2	11 608	1	3	0	11	14 975	3	1	1
3	18 701	1	3	1	12	21 371	3	2	1
4	11 283	1	2	0	13	19 800	3	3	1
5	11 767	1	3	0	14	11 417	4	1	0
6	20 872	2	2	1	15	20 263	4	3	1
7	11 772	2	2	0	16	13 231	4	3	0
8	10 535	2	1	0	17	12 884	4	2	0
9	12 195	2	3	0	18	13 245	5	2	0

续表

编号	S	X	E	M	编号	S	X	E	M
19	13 677	5	3	0	33	23 780	10	2	1
20	15 965	5	1	1	34	25 410	11	2	1
21	12 336	6	1	0	35	14 861	11	1	0
22	21 352	6	3	1	36	16 882	12	2	0
23	13 839	6	2	0	37	24 170	12	3	1
24	22 884	6	2	1	38	15 990	13	1	0
25	16 978	7	1	1	39	26 330	13	2	1
26	14 803	8	2	0	40	17 949	14	2	0
27	17 404	8	1	1	41	25 685	15	3	1
28	22 184	8	3	1	42	27 837	16	2	1
29	13 548	8	1	0	43	18 838	16	2	0
30	14 467	10	1	0	44	17 483	16	1	0
31	15 942	10	2	0	45	19 207	17	2	0
32	23 174	10	3	1	46	19 346	20	1	0

假设忽略其他变量, 只考虑协变量 M 对工资 S 的影响, 即调查管理人员和非管理人员的工资差异. 对于定性变量, 也被称为**因子变量** (factor variable). 定性变量 M 是一个二值变量, 表示有两个水平 (levels). 在建模时, 只需给二值变量 M 创建一个指标, 称为**哑变量** (dummy variable), 即

$$M_i = \begin{cases} 1, & \text{第 } i \text{ 个雇员为管理人员}, \\ 0, & \text{其他}. \end{cases}$$

在回归模型中仅使用定性变量 M, 并考虑下面的模型

$$S_i = \beta_0 + \beta_1 M_i + \varepsilon_i = \begin{cases} \beta_0 + \beta_1 + \varepsilon_i, & \text{第 } i \text{ 个雇员为管理人员}, \\ \beta_0 + \varepsilon_i, & \text{其他}, \end{cases}$$

其中 β_0 可解释为非管理人员的平均工资, $\beta_0 + \beta_1$ 为管理人员的平均工资, 所以 β_1 是管理人员和其他人员之间平均工资的差异. 用函数 lm() 进行回归分析, 结果见表 3.5.

表 3.5 仅考虑定性变量 M 的回归分析结果

参数	估计	标准误差	t 统计量	p 值
β_0	14 285.3	639.8	22.327	$< 0.000\,1$
β_1	6 865.2	970.3	7.075	$< 0.000\,1$
$n = 46$	$R^2 = 0.532\,2$	$R^2_{\text{adj}} = 0.521\,6$	3 262.41	d.f. $= 44$

从表 3.5 的结果可以看出, 非管理人员的平均工资为 14 285.3 美元, 而管理人员的平均工资比非管理人员的平均工资多 6 865.2 美元, 共为 14 285.3 美元 +6 865.2 美元 = 21 150.5 美元. 定性变量 M 的系数的 p 值远远小于显著性水平 0.05, 故认为管理人员与非管理人员的平均工资具有显著性的差异. 此外, 仅仅考虑定性变量 M 时的判定系数为 $R^2 = 0.532\,2$.

当一个定性协变量有两个以上水平时, 单个哑变量不能代表所有可能的取值. 这时, 需要考虑更多的哑变量. 例如, 对定性协变量 E, 取值为三种情况: 1 为高中学历, 2 为学士学位, 3 为高级学位, 可以考虑两个哑变量. 第一个哑变量和第二个哑变量分别为

$$E_{i1}=\begin{cases}1, & \text{第 } i \text{ 个雇员为学士学位,}\\ 0, & \text{其他.}\end{cases}\qquad E_{i2}=\begin{cases}1, & \text{第 } i \text{ 个雇员为高级学位,}\\ 0, & \text{其他.}\end{cases}$$

在回归模型中仅使用定性变量 E, 并考虑用上面两个哑变量建模, 则回归模型为

$$S_i=\beta_0+\beta_2E_{i1}+\beta_3E_{i2}+\varepsilon_i=\begin{cases}\beta_0+\beta_2+\varepsilon_i, & \text{第 } i \text{ 个雇员为学士学位,}\\ \beta_0+\beta_3+\varepsilon_i, & \text{第 } i \text{ 个雇员为高级学位,}\\ \beta_0+\varepsilon_i, & \text{其他.}\end{cases}$$

如果仅考虑定性协变量 E, 那么 β_0 可解释为高中学历雇员的平均工资; $\beta_0+\beta_2$ 为具有学士学位雇员的平均工资, 所以 β_2 是学士学位雇员和高中学历雇员之间平均工资的差异; $\beta_0+\beta_3$ 为具有高级学位雇员的平均工资, 所以 β_3 是高级学位雇员和高中学历雇员之间平均工资的差异. 用函数 lm() 进行回归分析, 结果见表 3.6.

表 3.6 仅考虑定性变量 E 的回归分析结果

参数	估计	标准误差	t 统计量	p 值
β_0	14 942	1 217	12.275	$< 0.000\,1$
β_2	3 345	1 604	2.085	0.043 0
β_3	3 351	1 754	1.910	0.062 8
$n=46$	$R^2=0.109$	$R^2_{\text{adj}}=0.067\,57$	4 554.48	d.f.= 43

从表 3.6 的结果可以看出, 高中学历雇员的平均工资为 14 942 美元, 而学士学位雇员的平均工资比高中学历雇员的平均工资多 3 345 美元, 高级学位雇员的平均工资比高中学历雇员的平均工资多 3 351 美元. 哑变量 E_2 的 p 值为 0.062 8, 稍大于显著性水平 0.05, 故认为不显著. 此外, 仅仅考虑定性协变量 E 时的判定系数 $R^2=0.109$, 表示仅考虑定性协变量 E 时的回归方程不是很显著.

当定性协变量和定量协变量同时存在时, 可以考虑如下的多元线性回归模型

$$S_i=\beta_0+\beta_1M_i+\beta_2E_{i1}+\beta_3E_{i2}+\beta_4X_i+\varepsilon_i,\quad i=1,\cdots,46. \tag{3.37}$$

由模型 (3.37), 对不同工作经历的雇员, 哑变量有助于确定不同教育水平和是否为管理者的基本工资. 用函数 lm() 进行回归分析, 结果见表 3.7.

表 3.7 模型 (3.37) 的回归分析结果

参数	估计	标准误差	t 统计量	p 值
β_0	8 035.60	386.69	20.781	$< 0.000\,1$
β_1	6 883.53	313.92	21.928	$< 0.000\,1$
β_2	3 144.04	361.97	8.686	$< 0.000\,1$
β_3	2 996.21	411.75	7.277	$< 0.000\,1$
β_4	546.18	30.52	17.896	$< 0.000\,1$
$n=46$	$R^2=0.956\,8$	$R^2_{\text{adj}}=0.952\,5$	1 027.44	d.f. = 41

从表 3.7 的结果可以看出, 回归方程对数据拟合的判定系数为 $R^2 = 0.956\,8$, 说明回归方程是非常显著的. 变量 X 回归系数的估计 $\widehat{\beta}_4 = 546.18$, 说明工作经历增加 1 年, 雇员的工资将平均增加 546.18 美元. 对其他回归系数, 结论为: $\widehat{\beta}_1 = 6\,883.53$, 度量了管理人员比非管理人员工资的平均增加值; $\widehat{\beta}_2 = 3\,144.04$ 度量了具有学士学位雇员相对高中学历雇员平均工资的差异; $\widehat{\beta}_3 = 2\,996.21$ 度量了具有高级学位雇员相对高中学历雇员平均工资的差异; $\widehat{\beta}_2 - \widehat{\beta}_3 = 147.83$ 表示学士学位雇员比高级学位雇员的平均工资多 147.83 美元.

进一步, 可以在模型中考虑变量之间的**交互效应**, 如在模型 (3.37) 的基础上考虑定性协变量 M 和 E 的交互效应, 即考虑下面的扩展模型, 分析结果见表 3.8.

$$S_i = \beta_0 + \beta_1 M_i + \beta_2 E_{i1} + \beta_3 E_{i2} + \beta_4 X_i + \beta_5 (E_{i1} \times M_i) + \beta_6 (E_{i2} \times M_i) + \varepsilon_i. \tag{3.38}$$

表 3.8 模型 (3.38) 的回归分析结果

参数	估计	标准误差	t 统计量	p 值
β_0	9 472.685	80.344	117.90	$< 0.000\,1$
β_1	3 981.377	101.175	39.35	$< 0.000\,1$
β_2	1 381.671	77.319	17.87	$< 0.000\,1$
β_3	1 730.748	105.334	16.43	$< 0.000\,1$
β_4	496.987	5.566	89.28	$< 0.000\,1$
β_5	4 902.523	131.359	37.32	$< 0.000\,1$
β_6	3 066.035	149.330	20.53	$< 0.000\,1$
$n = 46$	$R^2 = 0.998\,8$	$R^2_{\text{adj}} = 0.998\,6$	173.8	d.f.= 39

从表 3.8 的结果可以看出, 考虑变量 M 和 E 的交互效应后, 判定系数增加到了 $R^2 = 0.998\,8$, 说明模型 (3.38) 的拟合效果更好.

习 题 3

1. 在钢线碳含量对于电阻效应的研究中, 得到表 3.9 中的数据.

表 3.9 钢线碳含量对电阻效应的数据

碳含量 $x(\%)$	0.10	0.30	0.40	0.55	0.70	0.80	0.95
20°C 时电阻 $y(\mu\Omega)$	15	18	19	21	22.6	23.8	26

(1) 画出散点图;

(2) 求线性回归方程 $\widehat{y} = \widehat{\beta}_0 + \widehat{\beta}_1 x$;

(3) 求 ε 的方差 σ^2 的无偏估计;

(4) 检验假设 $H_0 : \beta_1 = 0 \leftrightarrow H_1 : \beta_1 \neq 0$, 并进行解释;

(5) 若回归效果显著, 求 β_1 的置信水平为 95% 的置信区间, 并进行可视化绘图;

(6) 求 $x_0=0.5$ 处回归函数 $g(x_0)$ 的置信水平为 95% 的置信区间;

(7) 求 $x_0=0.5$ 处, Y_0 的置信水平为 95% 的预测区间, 并和 $g(x_0)$ 的置信区间进行比较;

(8) 计算判定系数 R^2, 并进行解释;

(9) 计算方差分析表, 并用方差分析的思想进行解释.

2. 设 $X_1,\cdots,X_n$ 相互独立, 且 $X_i\sim N(\beta+\gamma z_i,\sigma^2), i=1,\cdots,n$, 其中 z_i 为已知数值, 并满足 $z_1+\cdots+z_n=0, z_1^2+\cdots+z_n^2>0$, 且 β,γ 和 σ^2 为未知参数. 试考虑下面的问题:

(1) 请给出参数 β,γ 和 σ^2 的极大似然估计;

(2) 请给出 β,γ 和 σ^2 置信水平为 $1-\alpha$ 的置信区间, 其中 $\alpha\in(0,1)$ 是给定的显著性水平;

(3) 针对假设检验: $H_0:\gamma=0\leftrightarrow H_1:\gamma\neq 0$, 构造显著性水平为 α 的拒绝域.

3. 考虑一元线性回归模型: $y_i=\beta_0+\beta_1x_i+\varepsilon_i, i=1,\cdots,n$, 其中模型误差 $\varepsilon_1,\cdots,\varepsilon_n$ 相互独立, 且满足 $\mathrm{E}(\varepsilon_i)=0$ 和 $\mathrm{Var}(\varepsilon_i)=\sigma^2$. 令 $S_{xy}=\sum\limits_{i=1}^n(x_i-\overline{x})(y_i-\overline{y}), S_{xx}=\sum\limits_{i=1}^n(x_i-\overline{x})^2$, 其中 $\overline{x}=\dfrac{1}{n}\sum\limits_{i=1}^n x_i$ 和 $\overline{y}=\dfrac{1}{n}\sum\limits_{i=1}^n y_i$. 试考虑如下问题:

(1) 请给出 β_0 和 β_1 的最小二乘估计, 以及 σ^2 的无偏估计;

(2) 证明 $\mathrm{E}(\widehat{\beta}_1)=\beta_1$, 其中 $\widehat{\beta}_1$ 是 β_1 的最小二乘估计;

(3) 证明 $y_i-\widehat{y}_i=(y_i-\overline{y})-\widehat{\beta}_1(x_i-\overline{x})$, 其中 $\widehat{y}_i=\widehat{\beta}_0+\widehat{\beta}_1x_i$;

(4) 证明 $\widehat{y}_i-\overline{y}=\widehat{\beta}_1(x_i-\overline{x})$;

(5) 证明 $\sum\limits_{i=1}^n(y_i-\widehat{y}_i)(\widehat{y}_i-\overline{y})=0$;

(6) 当回归系数 $\beta_1=0$ 时, 模型变为 $y_i=\beta_0+\varepsilon_i$, 试给出 β_0 的最小二乘估计, 并计算残差和 $\sum\limits_{i=1}^n(y_i-\widehat{y}_i)$ 的值.

4. 给出数据

$\boldsymbol{x}$	10	5	7	19	11	8
$\boldsymbol{y}$	15	9	3	25	7	13

拟合线性回归模型: $y_i=\beta_0+\beta_1x_i+\varepsilon_i,\ i=1,\cdots,6$. 计算 $\boldsymbol{\beta}=(\beta_0,\beta_1)^{\mathrm{T}}$ 的最小二乘估计 $\widehat{\boldsymbol{\beta}}=(\widehat{\beta}_0,\widehat{\beta}_1)^{\mathrm{T}}$, 拟合值 $\widehat{\boldsymbol{y}}$, 残差向量 $\widehat{\varepsilon}$, 残差平方和 $\widehat{\varepsilon}^{\mathrm{T}}\widehat{\varepsilon}$ 和判定系数 R^2.

5. 令 $\widehat{\varepsilon}=\boldsymbol{Y}-\widehat{\boldsymbol{Y}}$, 其中 $\widehat{\boldsymbol{Y}}=\mathbf{X}\widehat{\boldsymbol{\beta}}$, 且 $\widehat{\boldsymbol{\beta}}$ 是最小二乘估计. 试证明: (1) $\mathbf{X}^{\mathrm{T}}\widehat{\varepsilon}=\mathbf{0}$; (2) $\widehat{\boldsymbol{Y}}^{\mathrm{T}}\widehat{\varepsilon}=0$; (3) $\widehat{\boldsymbol{\beta}}$ 和 $\widehat{\varepsilon}$ 是不相关的.

6. 对于多元线性回归模型 (3.3), 假设 $\boldsymbol{\varepsilon}\sim N_n(\mathbf{0},\sigma^2\mathbf{I}_n)$, 试证明下面结论:

(1) $\widehat{\boldsymbol{\beta}}=\boldsymbol{\beta}+(\mathbf{X}^{\mathrm{T}}\mathbf{X})^{-1}\mathbf{X}\boldsymbol{\varepsilon}$ 和 $\mathrm{E}(\widehat{\boldsymbol{\beta}}-\boldsymbol{\beta})(\widehat{\boldsymbol{\beta}}-\boldsymbol{\beta})^{\mathrm{T}}=\sigma^2(\mathbf{X}^{\mathrm{T}}\mathbf{X})^{-1}$;

(2) $\widehat{\boldsymbol{\beta}}\sim N_{p+1}(\boldsymbol{\beta},\sigma^2(\mathbf{X}^{\mathrm{T}}\mathbf{X})^{-1})$;

(3) $\dfrac{\mathrm{RSS}}{\sigma^2}\sim\chi^2_{n-p-1}$;

(4) $\widehat{\boldsymbol{\beta}}$ 和 RSS 相互独立.

7. 假设一个数据集有 5 个预测变量, $X_1=\mathrm{GPA}, X_2=\mathrm{IQ}, X_3=\mathrm{Gender}$ (1 代表女性, 0 代表男性), $X_4=\mathrm{GPA}$ 和 IQ 之间的交互作用, $X_5=\mathrm{GPA}$ 和 Gender 之间的交互作用. 响应变量 Y 是毕业后的起薪 (单位: 千元), 假设用最小二乘方法拟合模型, 并得到回归系数的估计为:

$\widehat{\beta}_0=50,\widehat{\beta}_1=20,\widehat{\beta}_2=0.07,\widehat{\beta}_3=35,\widehat{\beta}_4=0.01,\widehat{\beta}_5=-10$, 试考虑如下问题.

(1) 下列哪个选项是正确的, 为什么?

① 当 IQ 和 GPA 一定时, 男性的平均收入高于女性; ② 当 IQ 和 GPA 一定时, 女性的平均收入高于男性; ③ 当 IQ 和 GPA 一定时, 在 GPA 足够高的情况下, 男性的平均收入高于女性; ④ 当 IQ 和 GPA 一定时, 在 GPA 足够高的情况下, 女性的平均收入高于男性.

(2) 估计一名智商为 110, GPA 为 4.0 的女性收入.

(3) 请判断真假: 由于 GPA 和 IQ 交互项的系数很小, 所以没有证据表明二者之间存在交互作用. 解释你的答案.

8. 给定新的样本点 $\boldsymbol{x}_0=(x_{01},x_{02},\cdots,x_{0p})^{\mathrm{T}}$, 可得响应变量的点估计为

$$\widehat{y}_0=\widehat{\beta}_0+\widehat{\beta}_1x_{01}+\cdots+\widehat{\beta}_px_{0p},$$

其中 $\widehat{\boldsymbol{\beta}}=(\widehat{\beta}_0,\widehat{\beta}_1,\cdots,\widehat{\beta}_p)^{\mathrm{T}}$ 为最小二乘估计.

(1) 试推导出响应变量 y_0 如下 $100(1-\alpha)\%$ 的预测区间

$$\left[\widehat{y}_0\pm t_{n-p-1}(\alpha/2)\widehat{\sigma}\sqrt{1+\widetilde{\boldsymbol{x}}_0^{\mathrm{T}}(\mathbf{X}^{\mathrm{T}}\mathbf{X})^{-1}\widetilde{\boldsymbol{x}}_0}\right],$$

其中 $\widetilde{\boldsymbol{x}}_0=(1,x_{01},x_{02},\cdots,x_{0p})^{\mathrm{T}}$.

(2) 试推导出回归函数 $g(\boldsymbol{x}_0)$ 如下 $100(1-\alpha)\%$ 的置信区间

$$\left[\widehat{y}_0\pm t_{n-p-1}(\alpha/2)\widehat{\sigma}\sqrt{\widetilde{\boldsymbol{x}}_0^{\mathrm{T}}(\mathbf{X}^{\mathrm{T}}\mathbf{X})^{-1}\widetilde{\boldsymbol{x}}_0}\right].$$

(3) 讨论当新的样本点 $\boldsymbol{x}_0$ 满足什么条件时, 可使得两个置信区间长度变得更小?

9. 对于多元线性回归模型 (3.3), 假设 $\mathbf{X}$ 是 $p+1$ 阶满秩矩阵, 模型误差 $\boldsymbol{\varepsilon}\sim N_n(\mathbf{0},\sigma^2\mathbf{I}_n)$, 试证明: $\boldsymbol{\beta}$ 的 $100(1-\alpha)\%$ 的同时置信域为

$$(\widehat{\boldsymbol{\beta}}-\boldsymbol{\beta})^{\mathrm{T}}\mathbf{X}^{\mathrm{T}}\mathbf{X}(\widehat{\boldsymbol{\beta}}-\boldsymbol{\beta})\leqslant(p+1)\widehat{\sigma}^2F_{p+1,n-p-1}(\alpha),$$

其中 $F_{p+1,n-p-1}(\alpha)$ 是自由度为 $p+1$ 和 $n-p-1$ 的 F 分布的上侧 α 分位数.

10. 针对多元线性回归模型: $\boldsymbol{Y}_{n\times1}=\mathbf{X}_{n\times(p+1)}\boldsymbol{\beta}_{(p+1)\times1}+\boldsymbol{\varepsilon}_{n\times1}$, 其中 $\mathbf{X}$ 的第 1 列为元素全为 1 的 n 维列向量. 帽子矩阵定义为: $\mathbf{H}=\mathbf{X}(\mathbf{X}^{\mathrm{T}}\mathbf{X})^{-1}\mathbf{X}^{\mathrm{T}}$, 其对角线元素为 h_{ii}.

(1) 试证明: $\mathbf{H}$ 和 $\mathbf{I}_n-\mathbf{H}$ 都为幂等矩阵.

(2) 试证明: 杠杆值 h_{ii} 满足: $0<h_{ii}<1,i=1,\cdots,n$, 且 $\sum\limits_{i=1}^{n}h_{ii}=p+1$, 或者 $1/n\leqslant h_{ii}<1$.

(3) 对于一元线性回归模型, 杠杆值 h_{ii} 满足

$$h_{ii}=\frac{1}{n}+\frac{(x_i-\bar{x})^2}{\sum\limits_{j=1}^{n}(x_j-\bar{x})^2}.$$

11. 一种合金在某种添加剂的不同浓度下, 各做三次试验, 数据见表 3.10.

(1) 对三次试验, 作散点图.

(2) 以模型 $y=\beta_0+\beta_1x+\beta_2x^2+\varepsilon,\varepsilon\sim N(0,\sigma^2)$ 拟合数据, 其中 β_0,β_1,β_2 和 σ^2 与 x 无关. 求回归方程 $\widehat{y}=\widehat{\beta}_0+\widehat{\beta}_1x+\widehat{\beta}_2x^2$.

表 3.10　某种合金在不同浓度添加剂下的试验数据

浓度 x	10.0	15.0	20.0	25.0	30.0
抗压强度 y	25.2	29.8	31.2	31.7	29.4
	27.3	31.1	32.6	30.1	30.8
	28.7	27.8	29.7	32.3	32.8

12. 通过 10 次试验, 得到 10 次观测数据如表 3.11 所示. 若以 X_1, X_2 为协变量, 试用条件数和方差膨胀因子判断它们之间是否存在复共线性关系?

表 3.11　10 次试验观测数据

Y	16.3	16.8	19.2	18.0	19.5	20.9	21.1	20.9	20.3	22.0
X_1	1.1	1.4	1.7	1.7	1.8	1.8	1.9	2.0	2.3	2.4
X_2	1.1	1.5	1.8	1.7	1.9	1.8	1.8	2.1	2.4	2.5

13. 下面的模型是否表示一般的线性回归模型? 如果不是, 能否通过适当的变换使它变成线性回归模型?

(1) $y_i = \beta_0 + \beta_1 x_{i1} + \beta_2 x_{i1}^2 + \beta_3 \log(x_{i2}) + \varepsilon_i$;

(2) $y_i = \varepsilon_i \exp(\beta_0 + \beta_1 x_{i1} + \beta_2 x_{i1}^2)$;

(3) $y_i = [1 + \exp(\beta_0 + \beta_1 x_{i1} + \varepsilon_i)]^{-1/2}$;

(4) $y_i = \beta_0 + \beta_1(x_{i1} + x_{i2}) + \beta_2 \exp(x_{i1} + x_{i2}) + \beta_3 \log(x_{i1}^2) + \varepsilon_i$.

14. 考虑响应变量 Salary (雇员工资, 单位: 美元) 和四个协变量 (Sex, Education, Experience, Months) 之间的多元线性回归模型, 其中 Sex 为定性变量 (1 为男性, 0 为女性), 表 3.12 提供了多元线性回归模型的拟合结果.

表 3.12　Salary 与四个协变量多元线性回归模型的拟合结果

方差分析表				
方差来源	平方和	自由度	均方	F 比值
回归	23 665 352	4	5 916 338	22.98
误差	22 657 938	88	257 477	
系数估计表				
变量	系数估计	标准误差	t 统计量	p 值
截距项	3 526.4	327.7	10.76	0.000
Sex	722.5	117.8	6.13	0.000
Education	90.02	24.69	3.65	0.000
Experience	1.269 0	0.587 7	2.16	0.034
Months	23.406	5.201	4.50	0.000
$n = 93$	$R^2 = 0.515$	$R^2_{\text{adj}} = 0.489$	$\widehat{\sigma} = 507.4$	$df = 88$

给定显著性水平 $\alpha=0.05$, 请回答如下问题:

(1) 构造 F 检验统计量, 进行拟合优度检验, 并给出拒绝域;

(2) 考虑协变量 Sex, Education 和 Months 的影响后, 检验协变量 Experience 对响应变量 Salary 是否有正的影响?

(3) 对于一个男性, 当 Education=12, Experience=10, Months=15 时, 给出该雇员工资的预测结果;

(4) 对于男性雇员, 当 Education=12, Experience=10, Months=15 时, 预测该公司男性雇员的平均工资;

(5) 对于女性雇员, 当 Education=12, Experience=10, Months=15 时, 预测该公司女性雇员的平均工资.

15. 考虑下面两个模型

$$\mathrm{RM}: H_0: Y=\varepsilon,$$

$$\mathrm{FM}: H_1: Y=\beta_0+\beta_1X_1+\cdots+\beta_pX_p+\varepsilon.$$

给定显著性水平 $\alpha=0.05$, 试回答如下问题:

(1) 构造 F 检验统计量, 给出上面假设检验的检验过程;

(2) 令 $p=1$, 即 FM 为一元线性回归模型, 这时给出上面假设检验的检验过程;

(3) 对上面两个模型, 计算判定系数 R^2, 并对两个模型的残差平方和大小进行比较.

16. 考虑洛河在某河段河水受污染情况. 考察的指标 (响应变量) 有两个: BOD 浓度 Y_1, 氧亏浓度 Y_2. 而 Y_1 和 Y_2 与以下几个因素 (协变量) 有关: 初始断面的 BOD 浓度 X_1; 初始断面的氧亏浓度 X_2; 水温 X_3; 河流流量 X_4; 排污口流量 X_5; 污水 BOD 浓度 X_6; 流过该河段所需时间 X_7. 共测量了 15 组数据 (见表 3.13), 试考虑下面的问题:

表 3.13 河水污染数据

序号	X_1	X_2	X_3	X_4	X_5	X_6	X_7	Y_1	Y_2
1	6.88	−0.25	27.0	67.478 4	1.123 2	477.0	0.083	9.35	−2.66
2	6.08	−2.21	27.5	47.779 2	1.123 2	193.0	0.083	12.30	−4.02
3	2.14	−3.04	26.0	47.779 2	1.123 2	404.0	0.083	15.60	−4.59
4	5.02	−0.73	26.0	85.622 4	1.123 2	363.0	0.073	5.88	−3.96
5	7.89	−2.26	26.0	85.622 4	1.123 2	363.0	0.069	6.34	−3.02
6	2.38	−1.65	15.0	149.040 0	1.555 2	428.0	0.104	4.00	−1.74
7	1.86	−1.35	15.8	149.040 0	1.555 2	428.0	0.104	3.76	−1.47
8	1.02	−2.12	17.1	149.472 0	1.382 4	428.0	0.104	3.98	−2.33
9	1.22	−1.92	17.5	149.472 0	1.382 4	428.0	0.104	3.98	−2.19
10	0.90	−0.27	17.0	362.880 0	0.993 6	202.0	0.104	2.78	0.33
11	2.58	−0.09	17.0	362.880 0	0.993 6	202.0	0.104	1.88	0.23
12	2.78	−1.17	13.5	326.592 0	0.993 6	114.0	0.104	2.56	−0.74
13	2.10	−1.30	13.5	326.592 0	0.993 6	114.0	0.104	2.72	−0.80
14	2.32	−0.60	14.5	364.608 0	0.864 0	57.3	0.104	1.64	−0.62
15	2.96	−0.60	14.5	364.608 0	0.864 0	57.3	0.104	2.36	−0.32

(1) 把 BOD 浓度 Y_1 作为响应变量, $X_1,\cdots,X_7$ 作为协变量, 建立多元线性回归模型, 计算残差和标准化残差, 绘制残差图, 并检验模型误差是否为正态分布;

(2) 进行拟合优度检验, 并计算方差分析表;

(3) 分别把 BOD 浓度 Y_1 和氧亏浓度 Y_2 作为响应变量, $X_1,\cdots,X_7$ 作为协变量, 进行回归分析, 分别计算杠杆统计量和 DFFITS 统计量, 进行影响分析;

(4) 计算条件数和方差膨胀因子 (VIF), 判断 $X_1,\cdots,X_7$ 是否存在多重共线性问题;

(5) 通过程序包MASS中的函数 boxcox(), 判断用 Y_1 和 Y_2 作为响应变量, 分别与 $X_1,\cdots,X_7$ 作回归时, 是否需要对 Y_1 和 Y_2 作 Box-Cox 变换, 并给出具体的分析过程.

17. 用程序包 ISLR2 中的 Auto 数据集进行简单线性回归分析, 试考虑如下问题.

(1) 使用函数 lm() 完成一个简单线性回归分析, 其中 mpg 是响应变量, horsepower 是协变量. 用函数 summary() 输出结果并对结果进行分析. 例如, ① 协变量和响应变量之间有关系吗? ② 协变量和响应变量之间的关系有多强? ③ 协变量和响应变量是正相关还是负相关? ④ 当 horsepower=98 时, mpg 的预测值是多少? 请给出相应的 95% 置信区间和预测区间.

(2) 绘制协变量 horsepower 和响应变量 mpg 的关系图, 并用函数 abline() 显示最小二乘回归线. 进一步, 绘制残差图, 判断协变量 horsepower 和响应变量 mpg 之间的关系.

(3) 用函数 plot() 绘制最小二乘拟合的回归诊断图, 并对结果进行分析和说明.

(4) 如果协变量 horsepower 和响应变量 mpg 之间是非线性关系时, 用程序包 MASS 中的函数 boxcox() 对响应变量 mpg 进行 Box-Cox 变换, 确定最优 λ, 并进行回归分析.

18. 用程序包 ISLR2 中的 Auto 数据集进行多元线性回归分析, 试考虑如下问题.

(1) 绘制数据集中所有变量的矩阵散点图.

(2) 去掉定性变量 origin, 用函数 cor() 计算变量之间的相关系数矩阵.

(3) 使用函数 lm() 进行多元线性回归分析, 其中 mpg 是响应变量, 其余变量作为协变量. 用函数 summary() 输出结果并对结果进行分析. 例如, ① 协变量和响应变量之间有关系吗? ② 哪些协变量对响应变量具有显著性影响?

(4) 用函数 plot() 绘制回归诊断图, 并对结果进行分析和说明, 即数据中是否有离群点或异常点.

(5) 对模型进行扩展, 考虑变量之间的交互效应, 并分析变量间是否存在显著性的交互效应.

(6) 对协变量尝试不同的变换, 如 $\log(X)$, $\sqrt{X}$ 和 X^2, 并进行回归分析.

(7) 数据中变量 origin 为定性变量, 表示汽车原产地 (1 为 American, 2 为 European, 3 为 Japanese), 请考虑哑变量建模, 并对结果进行分析.

第 4 章　重抽样方法

学习目标与要求:

1. 掌握交叉验证法的思想, 方法和应用, 重点掌握 LOOCV 方法, GCV 方法和 k 折 CV 方法, 能够熟练使用这些方法进行数据分析和应用;

2. 掌握自助法 (bootstrap) 的思想和应用, 并能够熟练使用 R 语言进行数据分析和应用.

重抽样方法 (resampling method) 是现代统计学的一个重要工具, 该方法通过反复从训练集中抽取样本, 然后利用每组样本重新对兴趣模型进行拟合, 来获取关于拟合模型的附加信息. 从第 2 章可知, 在数据分析中, 为了避免过拟合和欠拟合, 通常选择一个使测试误差最小的模型. 因此, 想要验证一个模型是否具有普适性, 通常要在测试集上检验预测效果. 在实际应用中, 如何计算测试误差避免模型的过拟合和欠拟合是一个重要问题? 重抽样方法是一个有效解决该问题的数据驱动方法, 在数据分析中具有广泛的应用. 本章主要介绍两种常用的重抽样方法: **交叉验证法** (cross-validation, CV) 和**自助法** (bootstrap).

交叉验证法和自助法在统计学习、机器学习和数据科学中都是非常重要的工具, 在经济、金融、管理、医学、生物学和工程等领域也都有非常重要的应用. 交叉验证法在本书中是一个非常重要的工具, 常用来选取调节参数和光滑参数等.

§4.1　交叉验证法

在回归和分类问题中, 如何选择最优模型进行预测是非常重要的问题? 本节主要介绍实际应用中最常用的几种交叉验证法: **验证集方法** (validation set method)、**留一交叉验证法** (leave-one-out cross-validation method, LOOCV 方法)、**广义交叉验证法** (generalized cross-validation method, GCV 方法)和 **k 折交叉验证法** (k-fold cross-validation method, k 折 CV 方法).

本节以非参数回归模型和多项式回归方法为例介绍验证集方法、LOOCV 方法、GCV 方法和 k 折 CV 方法. 对于分类问题, 同样可采用这些方法选择最优模型进行预测.

假设独立同分布的观测样本 $\{(x_i, y_i), i = 1, \cdots, n\}$ 来自下面的回归模型

$$y_i = g(x_i) + \varepsilon_i, \qquad i = 1, \cdots, n, \tag{4.1}$$

其中 $g(\cdot)$ 是一元未知的连续光滑函数, ε_i 是模型误差, 且满足 $\mathrm{E}(\varepsilon_i) = 0$ 和 $\mathrm{Var}(\varepsilon_i) = \sigma^2$.

第 3 章介绍了线性回归模型, 如果数据呈现非线性关系时, 用线性回归模型拟合效果会很差. 为

了克服线性回归模型的缺点, 更好拟合数据, 未知的回归函数 $g(x)$ 可用 d 阶多项式函数进行逼近, 即

$$g(x) \approx \beta_0 + \beta_1 x + \beta_2 x^2 + \cdots + \beta_d x^d,$$

其中 $1, x, x^2, \cdots, x^d$ 称为**多项式基函数**. 多项式回归的进一步讨论见第 8 章. 这时, 非参数回归模型 (4.1) 可写为如下的多项式回归模型

$$y_i \approx \beta_0 + \beta_1 x_i + \beta_2 x_i^2 + \cdots + \beta_d x_i^d + \varepsilon_i, \qquad i = 1, \cdots, n, \tag{4.2}$$

其中 $x_i, x_i^2, \cdots, x_i^d$ 可视为 d 维协变量, $\boldsymbol{\beta} = (\beta_0, \beta_1, \cdots, \beta_d)^{\mathrm{T}}$ 可视为 $d+1$ 维的未知待估参数向量. 这时, 模型 (4.2) 看成一个多元线性回归模型, 可用最小二乘方法对模型进行拟合. 令

$$\mathbf{X}_d = \begin{pmatrix} 1 & x_1 & x_1^2 & \cdots & x_1^d \\ \vdots & \vdots & \vdots & & \vdots \\ 1 & x_n & x_n^2 & \cdots & x_n^d \end{pmatrix}, \qquad \boldsymbol{Y} = \begin{pmatrix} y_1 \\ \vdots \\ y_n \end{pmatrix}.$$

利用最小二乘方法得到参数向量 $\boldsymbol{\beta}$ 的最小二乘估计 $\widehat{\boldsymbol{\beta}}_d = (\widehat{\beta}_0, \widehat{\beta}_1, \cdots, \widehat{\beta}_d)^{\mathrm{T}} = (\mathbf{X}_d^{\mathrm{T}} \mathbf{X}_d)^{-1} \mathbf{X}_d^{\mathrm{T}} \boldsymbol{Y}$ 后, 可得回归函数 $g(x)$ 的 d 阶多项式回归估计为

$$\widehat{g}_d(x) = \widehat{\beta}_0 + \widehat{\beta}_1 x + \cdots + \widehat{\beta}_d x^d. \tag{4.3}$$

在多项式回归中, 多项式阶数 d 的大小非常关键, 控制着模型的自由度和复杂度. 如果 d 太大, 模型变得复杂, 容易出现过拟合, 即偏差小而方差大; 如果 d 太小, 自由度变小, 模型变得非常光滑, 则容易出现欠拟合, 即偏差大而方差小. 例如, 当 $d = 0$ 时, 模型的自由度为 1, 模型 (4.1) 变为常数模型; 当 $d = 1$ 时, 自由度为 2, 模型 (4.1) 变为一元线性回归模型; 当 d 变大时, 自由度也变大, 模型将变得越来越复杂, 对数据的拟合也变得越来越灵活.

下面对 Sheather (2009) 中使用的 curve 数据集进行分析, 该数据集包含 150 个样本, 来自模型 $y_i = g(x_i) + \varepsilon_i$, 其中 $g(x_i) = 15[1 + x_i \cos(4\pi x_i)]$, $\varepsilon_i \sim N(0, 4)$, x_i 均匀分布于区间 $[0, 1]$, 且 $i = 1, \cdots, 150$. 考虑多项式回归的阶数为 $d = 0, 1, 3, 5, 10$, 对回归函数进行多项式拟合, 程序如下, 结果见图 4.1.

```
curve = read.table("curve.txt", header = TRUE)
attach(curve); x = curve$x; y = curve$y
n = length(x); newdata = data.frame(x)
g = 15 + 15*x*cos(4*pi*x)
fit1 = lm(y ~ 1)
fit2 = lm(y ~ poly(x, degree = 1))
fit3 = lm(y ~ poly(x, degree = 3))
fit4 = lm(y ~ poly(x, degree = 5))
fit5 = lm(y ~ poly(x, degree = 10))
plot(y ~ x,  pch = 8, col = "lightblue")
```

```
lines(x, predict(fit1, newdata), col="red",     lwd=2, lty=2)
lines(x, predict(fit2, newdata), col="blue",    lwd=4, lty=3)
lines(x, predict(fit3, newdata), col="magenta",lwd=2, lty=4)
lines(x, predict(fit4, newdata), col="orange", lwd=2, lty=5)
lines(x, predict(fit5, newdata), col="purple", lwd=2, lty=6)
lines(x, g, col = "black", lwd = 2, lty = 1)
legend("topleft", c("y ~ 1", "y ~ poly(x, 1)", "y ~ poly(x, 3)",
       "y ~ poly(x, 5)", "y ~ poly(x, 10)", "True curve"),
       col=c("red","blue","magenta","orange","purple","black"),
       lty = c(2, 3, 4, 5, 6, 1), lwd = 2)
```

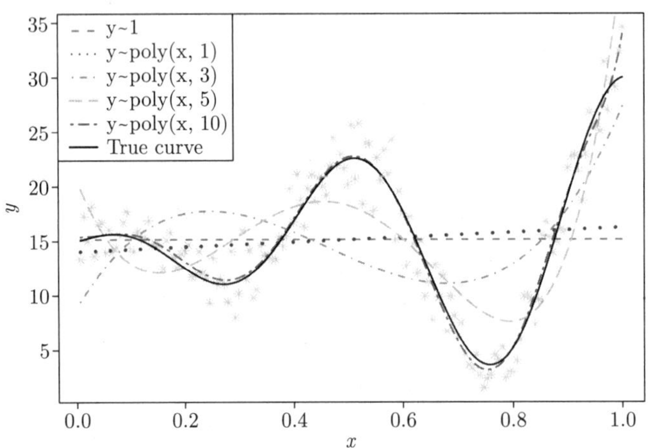

图 4.1 Curve 数据集的散点图, 真实曲线和多项式回归拟合曲线, 其中黑色实线为真实曲线, 其他 5 条曲线分别为 $d = 0, 1, 3, 5, 10$ 的多项式拟合曲线

图 4.1 提供了 $d = 0, 1, 3, 5, 10$ 时的多项式回归拟合曲线. 当 $d = 0$ 时, 模型变为 $y_i = \beta_0 + \varepsilon_i$, 则回归函数 $g(x)$ 的估计为 $\widehat{g}(x) = \widehat{\beta}_0 = \overline{y} = \dfrac{1}{n}\sum\limits_{i=1}^{n} y_i$, 见图 4.1 中的红色断线. 当 $d = 1$ 时为一元线性回归模型, 拟合曲线见图 4.1 中的蓝色点线. 可见, 当 d 很小时, 拟合曲线完全偏离真实曲线, 偏差较大, 明显有欠拟合. 图 4.1 显示, 当 $d = 10$ 时, 拟合曲线接近于真实曲线, 有较好的拟合效果. 如果 d 取很大时, 曲线将会变得更曲折, 方差会变大, 将会产生过拟合. 本节介绍的交叉验证法可以选择最优的多项式阶数 d.

下面介绍交叉验证法, 包括验证集方法、LOOCV 方法、GCV 方法和 k 折 CV 方法.

4.1.1 验证集方法

假设 $D = \{(\boldsymbol{x}_i, y_i), i = 1, \cdots, n\}$ 是一组观测样本数据集, 其中 $\boldsymbol{x}_i = (x_{i1}, \cdots, x_{ip})^{\mathrm{T}}$ 为 p 维协变量向量. 如果 y_i 是定量变量, 则考虑回归问题, 且假设观测数据集来自模型 $y_i = g(\boldsymbol{x}_i) + \varepsilon_i$. 针对

回归问题, 验证集方法的步骤为:

步骤 1 将观测数据集 $D=\{(\boldsymbol{x}_i,y_i),i=1,\cdots,n\}$ 随机分成互不重叠的两部分: **训练集** (training set) 和**测试集** (testing set) 或**保留集** (hold-out set), 其中记 $D^{\mathrm{Tr}}=\{(\boldsymbol{x}_i^{\mathrm{Tr}},y_i^{\mathrm{Tr}}),i=1,\cdots,n_{\mathrm{Tr}}\}$ 为训练集, $D^{\mathrm{Te}}=\{(\boldsymbol{x}_i^{\mathrm{Te}},y_i^{\mathrm{Te}}),i=1,\cdots,n_{\mathrm{Te}}\}$ 为测试集, 且 $n_{\mathrm{Tr}}+n_{\mathrm{Te}}=n$;

步骤 2 在训练集 $D^{\mathrm{Tr}}=\{(\boldsymbol{x}_i^{\mathrm{Tr}},y_i^{\mathrm{Tr}}),i=1,\cdots,n_{\mathrm{Tr}}\}$ 上用统计学习方法拟合模型, 估计模型记为 $\widehat{g}(\cdot)$. 然后用所得拟合模型在测试集 $D^{\mathrm{Te}}=\{(\boldsymbol{x}_i^{\mathrm{Te}},y_i^{\mathrm{Te}}),i=1,\cdots,n_{\mathrm{Te}}\}$ 上预测响应变量, 记为 $\widehat{y}_i^{\mathrm{Te}}=\widehat{g}(\boldsymbol{x}_i^{\mathrm{Te}})$, 其中 $i=1,\cdots,n_{\mathrm{Te}}$;

步骤 3 计算测试均方误差, 即

$$\mathrm{MSE}=\frac{1}{n_{\mathrm{Te}}}\sum_{i=1}^{n_{\mathrm{Te}}}\left[y_i^{\mathrm{Te}}-\widehat{g}(\boldsymbol{x}_i^{\mathrm{Te}})\right]^2.$$

1 2 3 n

⬇

训练集 测试集

图 4.2 验证集方法的原理图, 把 n 个观测样本随机分成训练集和测试集

图 4.2 给了验证集方法的原理图, 在验证集方法中, 通常取 70% 的样本为训练集, 30% 的样本为测试集, 但是也可以根据具体情况决定训练集和测试集的比例. 此外, 验证集方法也可以用于分类问题, 如果变量 y_i 为定性变量, 则可计算测试集上的混淆矩阵和分类错误率 (error rate, errRate), 其中步骤 3 中的分类错误率为

$$\mathrm{errRate}=\frac{1}{n_{\mathrm{Te}}}\sum_{i=1}^{n_{\mathrm{Te}}}I(y_i^{\mathrm{Te}}\neq\widehat{y}_i^{\mathrm{Te}})=\frac{1}{n_{\mathrm{Te}}}\sum_{i=1}^{n_{\mathrm{Te}}}I\left(y_i^{\mathrm{Te}}\neq\widehat{C}(\boldsymbol{x}_i^{\mathrm{Te}})\right),$$

其中 $\widehat{y}_i^{\mathrm{Te}}=\widehat{C}(\boldsymbol{x}_i^{\mathrm{Te}})$ 为测试集上给定 $\boldsymbol{x}_i^{\mathrm{Te}}$ 时的预测结果, 且 $\widehat{C}(\cdot)$ 为在训练集 D^{Tr} 上得到的分类器.

由于验证集方法随机把观测样本分为训练集和测试集, 因此重复执行把观测样本分为训练集和测试集, 将会得到不同的测试均方误差. 为了展示验证集方法的表现, 下面以 curve 数据集为例介绍回归问题验证集方法的应用. 首先, 把观测数据集随机分成训练集和测试集, 其中训练集包含 100 个观测样本, 测试集包含 50 个观测样本; 其次, 取多项式的阶数 $d=1,\cdots,15$, 对 15 个多项式回归模型在训练集上进行拟合, 并在测试集上计算测试均方误差; 最后, 设种子为 set.seed (2023), 重复验证集方法 $B=100$ 次试验, 为了更清楚展示验证集方法, 取其中 10 次重复试验的测试均方误差绘制 **CV 误差图**, 纵坐标为测试均方误差 (MSE). 进一步, 基于 $B=100$ 次重复试验计算选取模型的频数. 程序如下, 结果见图 4.3(a) 和 (b).

```
set.seed(2023)
B = 100; d = 15; mse = matrix(0, ncol = d, nrow = B)
calc_mse = function(actual, predicted)  ## 测试 MSE 计算函数
{ mean((actual - predicted) ^ 2) }
```

```
for (i in 1:B) {
  id.tr = sample(1:nrow(curve), 100)
  curve.tr  = curve[id.tr, ]                ## 训练集
  curve.val = curve[-id.tr, ]               ## 测试集
  for (j in 1:d) {
    fit = glm(y ~ poly(x, degree = j), data = curve.tr)
    mse[i, j] = calc_mse(actual = curve.val$y,
                         predicted = predict(fit, curve.val))
  }
}
par(mfrow = c(1, 2))
matplot(t(mse)[, 12:21], pch = 16, lwd=2, type = "b", xlab = "d",
       ylab = "MSE", main = "验证集方法")
barcol = rep("lightblue", d); barcol[9] = "purple"
barplot(table(factor(apply(mse, 1, which.min), levels = 1:d)),
       xlab = "d", ylab = "频数", col = barcol, main="验证集方法")
```

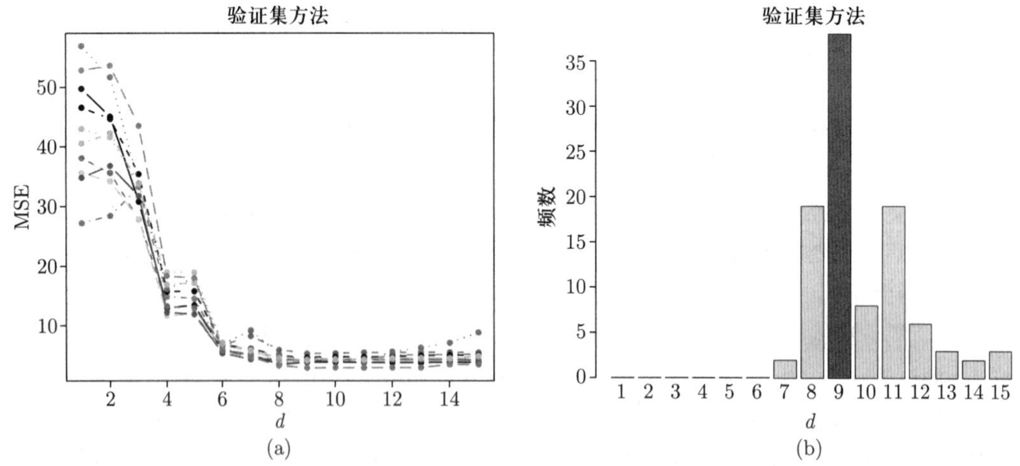

图 4.3 针对 curve 数据集, 验证集方法的 CV 误差图和选取模型的频数图. (a) 从 $B = 100$ 次重复试验中选取 10 次结果的 CV 误差图; (b) 基于 $B = 100$ 次重复试验选取模型的频数图, 其中 9 阶多项式回归模型的频数为 38

从计算结果和图 4.3 可知, 在重复的 $B = 100$ 次试验中, 当 $d = 9$ 时, 9 阶多项式回归模型有 38 次的测试均方误差达到最小, 在所有模型中被选为最优模型的频数也最多. 此外, 也说明更高阶的多项式回归模型对数据拟合效果并没有显著的提升. 当 $d < 7$ 时, 多项式回归模型在 $B = 100$ 次重复试验中都没有被选为最优模型. 因此, 把 9 阶多项式回归模型作为最优模型. 从表 4.1 中验证集方法测试均方误差的标准差和图 4.3(a) 的 CV 误差图可以看出, 验证集方法具有很大的波动性, 方差

比较大, 表现不是很稳定.

在实际应用中, 验证集方法简单, 并容易执行, 但是存在很明显的两个缺陷:

(1) 由于验证集方法依赖于观测数据集的随机分割, 所以验证集方法的结果依赖于哪些观测样本分到训练集, 而另外哪些观测样本被分到测试集. 这种很强的随机性导致验证集方法的测试错误率波动性很大, 说明验证集方法具有较大的方差;

(2) 在步骤 2 中, 验证集方法只利用训练集的样本对模型进行估计和拟合, 并没有利用测试集的观测样本, 导致统计方法在测试集上的拟合效果并不好, 出现偏差. 另外, 验证集方法的测试错误率可能会高估在整个数据集上拟合模型所得到的测试错误率.

在实际应用中, LOOCV 方法、GCV 方法和 k 折 CV 方法可以有效改进验证集方法.

4.1.2 LOOCV 方法

假设 $D=\{(\boldsymbol{x}_i,y_i),i=1,\cdots,n\}$ 是一组观测样本数据集, 其中 $\boldsymbol{x}_i=(x_{i1},\cdots,x_{ip})^{\mathrm{T}}$ 为 p 维协变量向量. 如果 y_i 是定量变量, 且假设观测数据集来自模型 $y_i=g(\boldsymbol{x}_i)+\varepsilon_i$. 针对回归问题, LOOCV 方法的步骤为

步骤 1 将数据集 $D=\{(\boldsymbol{x}_i,y_i),i=1,\cdots,n\}$ 分成两部分, 把 $(\boldsymbol{x}_1,y_1)$ 作为测试集, 利用剩余的 $n-1$ 个观测样本作为训练集, 在训练集上利用统计学习方法拟合模型, 去掉第 1 个样本的估计记为 $\widehat{g}^{(-1)}(\cdot)$, 然后计算测试样本 $(\boldsymbol{x}_1,y_1)$ 的测试均方误差: $\mathrm{MSE}_1=(y_1-\widehat{y}_1)^2$, 其中 $\widehat{y}_1=\widehat{g}^{(-1)}(\boldsymbol{x}_1)$;

步骤 2 将 $(\boldsymbol{x}_2,y_2)$ 作为测试集, 利用剩余 $n-1$ 个观测样本作为训练集, 在训练集上利用统计学习方法拟合模型, 计算 $\mathrm{MSE}_2=(y_2-\widehat{y}_2)^2$, 其中 $\widehat{y}_2=\widehat{g}^{(-2)}(\boldsymbol{x}_2)$. 重复这个方法 n 次, 得到 n 个测试均方误差 $\mathrm{MSE}_1,\cdots,\mathrm{MSE}_n$;

步骤 3 计算 n 个测试均方误差 $\mathrm{MSE}_1,\cdots,\mathrm{MSE}_n$ 的平均值, 即

$$\mathrm{CV}_{(n)}=\frac{1}{n}\sum_{i=1}^{n}\mathrm{MSE}_i=\frac{1}{n}\sum_{i=1}^{n}\left(y_i-\widehat{g}^{(-i)}(\boldsymbol{x}_i)\right)^2,$$

其中 $\widehat{g}^{(-i)}(\cdot)$ 表示去掉第 i 个样本后, 用剩余 $n-1$ 个样本所得回归函数 $g(\cdot)$ 的估计, $\widehat{g}^{(-i)}(\boldsymbol{x}_i)$ 为给定 $\boldsymbol{x}_i$ 时的预测结果. 图 4.4 提供了回归问题的 LOOCV 方法原理图.

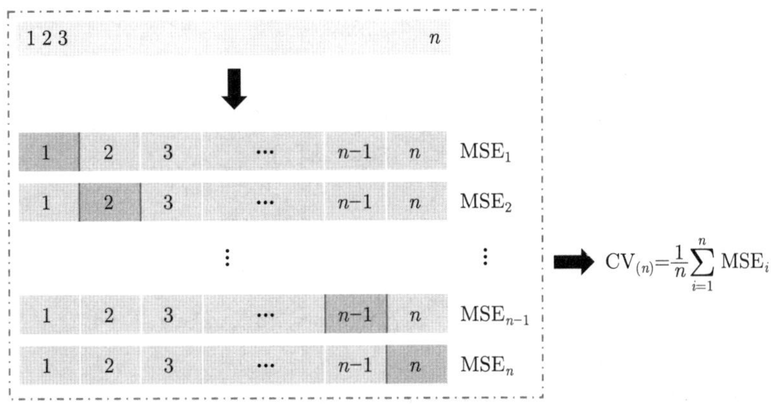

图 4.4 回归问题的 LOOCV 方法原理图

同样, 当 y_i 为定性变量时, LOOCV 方法也可用于分类问题, 其中测试集的分类错误率为

$$\text{errRate} = \frac{1}{n}\sum_{i=1}^{n} I(y_i \neq \widehat{y}_i) = \frac{1}{n}\sum_{i=1}^{n} I\Big(y_i \neq \widehat{C}^{(-i)}(\boldsymbol{x}_i)\Big),$$

其中 $\widehat{y}_i = \widehat{C}^{(-i)}(\boldsymbol{x}_i)$ 为给定 $\boldsymbol{x}_i$ 时的预测结果, 且 $\widehat{C}^{(-i)}(\cdot)$ 表示去掉第 i 个样本后, 用剩余 $n-1$ 个样本所得的分类器.

在一元非参数回归模型 (4.1) 的多项式回归拟合中, 可用 LOOCV 方法选择最优的多项式阶数 d, 定义下面的 LOOCV 目标函数

$$\text{CV}_{(n)}(d) = \frac{1}{n}\sum_{i=1}^{n}\Big(y_i - \widehat{g}_d^{(-i)}(x_i)\Big)^2, \tag{4.4}$$

其中 $\widehat{g}_d^{(-i)}(\cdot)$ 表示去掉第 i 个样本后, 用剩余 $n-1$ 个样本所得 d 阶多项式回归估计. 极小化式 (4.4), 可得最优的 d 为 $\widehat{d} = \arg\min\limits_{d} \text{CV}_{(n)}(d)$.

在 R 语言中, 可用程序包boot进行交叉验证法和 bootstrap 方法的计算, 其中 LOOCV 方法和 k 折 CV 方法可用函数 cv.glm() 进行拟合, 函数 cv.glm() 主要用于广义线性模型的拟合中. 函数 cv.glm() 的调用格式为

```
cv.glm(data, glmfit, cost, K)
其中 data 为包含响应变量的矩阵数据或数据框数据; glmfit 为函数 glm() 的输出结果;
cost 表示为 CV 方法指定的损失函数, 缺省为平方误差函数; 参数 K 缺省表示 LOOCV 方法,
指定参数 K 值为 k 折 CV 方法.
```

为了展示 LOOCV 方法的表现, 下面以 curve 数据集为例介绍回归问题 LOOCV 方法的应用. 类似于验证集方法, 同样计算重复 $B = 100$ 次试验的测试均方误差, 并绘制其中 10 次重复试验的 CV 误差图和选取模型的频数图, 程序如下, 结果见图 4.5(a) 和图 4.5(b).

```
library(boot);  set.seed(2023)
loocv_mse = matrix(0, ncol = d, nrow = B)
for (i in 1:B) {
    for (j in 1:d) {
    fit = glm(y ~ poly(x, degree = j), data = curve)
    loocv_mse[i, j] = cv.glm(curve, fit)$delta[1]
  }
}
par(mfrow = c(1, 2))
matplot(t(loocv_mse)[, 1:10],  pch = 16, type = "b", xlab = "d",
        ylab = "MSE", main = "LOOCV")
barcol = rep("lightblue", d); barcol[9] = "purple"
```

```
barplot(table(factor(apply(loocv_mse, 1, which.min), levels=1:d)),
      ylab="频数", xlab="d", col=barcol, main="LOOCV")
```

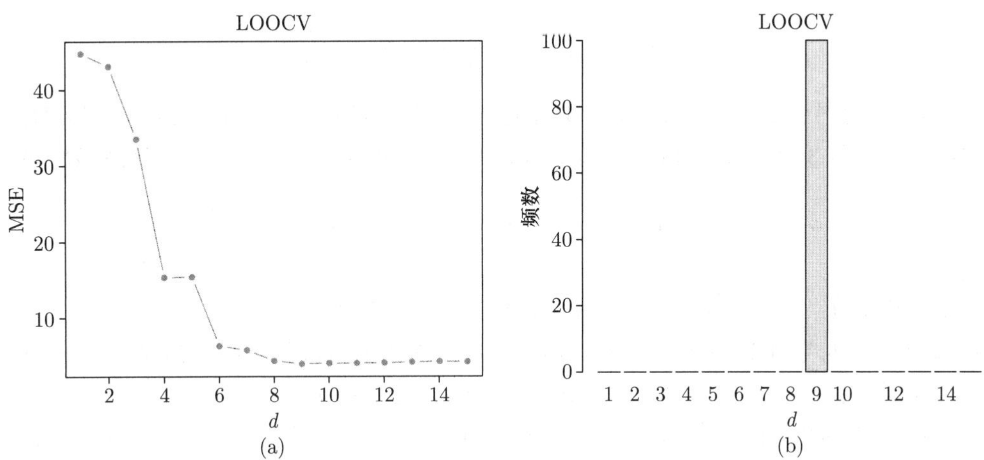

图 4.5 针对 curve 数据集, LOOCV 方法的 CV 误差图和选取模型的频数图. (a) 从 $B = 100$ 次重复试验中选取 10 次结果的 CV 误差图; (b) 基于 $B = 100$ 次重复试验选取模型的频数图, 其中 9 阶多项式回归模型的频数为 100

从计算结果和图 4.5 可知, 在重复的 $B = 100$ 次试验中, 9 阶多项式回归模型的测试均方误差都达到最小, 在所有模型中被选为最优模型的频数为 100. 因此, 把 9 阶多项式回归模型作为最优模型对 curve 数据进行拟合, 具有很好的预测效果, 结果也相同于验证集方法. 从表 4.1 中 LOOCV 方法测试均方误差的标准差和图 4.5(a) 的 CV 误差曲线图可知, 标准差全部为 0, 且 10 条 CV 误差曲线图完全重合, 说明 LOOCV 方法几乎没有随机性, 表现稳定, 解决了验证集方法的缺陷. 另外, LOOCV 方法需要消耗 1 110 秒的计算时间, 远远高于其他方法.

对比于验证集方法, LOOCV 方法的优点有:

(1) 偏差较小, LOOCV 方法反复使用包含 $n-1$ 个观测的训练样本来拟合模型, 几乎使用了全样本对模型进行拟合, 因此偏差非常小, LOOCV 方法比验证集方法更不容易高估测试错误率;

(2) LOOCV 方法在训练集和测试集的分割上不存在随机性, 多次使用 LOOCV 方法将得到相同的结果, 表现非常稳定.

LOOCV 方法的缺点是计算量很大, 特别是当样本量 n 很大时, 模型需要被拟合 n 次, 会消耗大量计算时间.

如果用最小二乘方法拟合多项式回归模型时, 由最小二乘估计 $\widehat{\boldsymbol{\beta}}_d = (\mathbf{X}_d^{\mathrm{T}}\mathbf{X}_d)^{-1}\mathbf{X}_d^{\mathrm{T}}\boldsymbol{Y}$ 和式 (4.3), 可得

$$\widehat{\boldsymbol{g}}_d = (\widehat{g}_d(x_1), \cdots, \widehat{g}_d(x_n))^{\mathrm{T}} = \mathbf{X}_d(\mathbf{X}_d^{\mathrm{T}}\mathbf{X}_d)^{-1}\mathbf{X}_d^{\mathrm{T}}\boldsymbol{Y} = \mathbf{H}_d\boldsymbol{Y}, \tag{4.5}$$

其中 $\mathbf{H}_d = \mathbf{X}_d(\mathbf{X}_d^{\mathrm{T}}\mathbf{X}_d)^{-1}\mathbf{X}_d^{\mathrm{T}}$ 为投影矩阵或帽子矩阵, 且 $\mathrm{tr}(\mathbf{H}_d) = d+1$. 这时, 式 (4.4) 中的估计

$\widehat{g}_d^{(-i)}(x_i)$ 可以写成

$$\widehat{g}_d^{(-i)}(x_i) = \boldsymbol{x}_i^{\mathrm{T}}\widehat{\boldsymbol{\beta}}_d^{(-i)} = \boldsymbol{x}_i^{\mathrm{T}}\left[(\mathbf{X}_d^{(-i)})^{\mathrm{T}}\mathbf{X}_d^{(-i)}\right]^{-1}(\mathbf{X}_d^{(-i)})^{\mathrm{T}}\boldsymbol{Y}^{(-i)},$$

其中 $\boldsymbol{x}_i = (1, x_i, x_i^2, \cdots, x_i^d)^{\mathrm{T}}$, $\widehat{\boldsymbol{\beta}}_d^{(-i)}$ 为去掉第 i 个样本后的最小二乘估计, $\mathbf{X}_d^{(-i)}$ 是矩阵 $\mathbf{X}$ 去掉第 i 行后的 $(n-1)\times(d+1)$ 矩阵, $\boldsymbol{Y}^{(-i)}$ 是 $\boldsymbol{Y}$ 去掉第 i 个分量后的 $n-1$ 维向量. 由 Fan 等 (2020) 的定理 2.7, 有

$$y_i - \widehat{g}_d^{(-i)}(x_i) = \frac{y_i - \widehat{y}_i}{1 - h_{d,ii}} = \frac{y_i - \widehat{g}(x_i)}{1 - h_{d,ii}}, \tag{4.6}$$

其中 $\widehat{y}_i = \widehat{g}(x_i)$ 为用全样本最小二乘估计拟合的第 i 个样本的估计值, $h_{d,ii}$ 为投影矩阵 $\mathbf{H}_d$ 的第 i 个对角线元素, 在第 3 章定义为杠杆统计量. 这时, 由式 (4.4) 定义的 LOOCV 目标函数等价于

$$\mathrm{CV}_{(n)}(d) = \frac{1}{n}\sum_{i=1}^{n}\left(\frac{y_i - \widehat{g}(x_i)}{1 - h_{d,ii}}\right)^2. \tag{4.7}$$

同样, 极小化式 (4.7), 可得最优的 d 为 $\widehat{d} = \arg\min\limits_{d} \mathrm{CV}_{(n)}(d)$.

对比式 (4.4) 和式 (4.7) 发现, 式 (4.4) 需要拟合 n 个模型, 而式 (4.7) 仅需要拟合一个模型, 因而式 (4.7) 的计算会更节省时间. 另外, 在式 (4.7) 中, 通过将第 i 个残差 $y_i - \widehat{y}_i$ 除以 $1 - h_{d,ii}$, 可对第 i 个残差进行调整. 杠杆值 $h_{d,ii} \in (1/n, 1)$, 当杠杆值 $h_{d,ii}$ 接近于 1 时, 表示第 i 个样本点为异常点, 这时 $[(y_i - \widehat{y}_i)/(1 - h_{d,ii})]^2$ 将趋于无穷大. 同样, 在式 (4.4) 中, 当第 i 个样本点为异常点时, 第 i 个残差的平方 $(y_i - \widehat{y}_i)^2$ 也会变得很大. 因此, 式 (4.4) 和式 (4.7) 等价是合理的.

进一步, 介绍下面的 GCV 方法和 k 折 CV 方法, 它们同样可以解决 LOOCV 方法计算量大的问题, 并在数据分析中具有广泛的应用, 很多 R 语言函数中也提供了它们的应用.

4.1.3 GCV 方法

由第 2 章的讨论可知, 响应变量向量 $\boldsymbol{Y}$ 的预测值可以写为线性算子: $\widehat{\boldsymbol{Y}} = \mathbf{S}\boldsymbol{Y}$, 其中 $\mathbf{S}$ 为光滑矩阵或投影矩阵. 由自由度的定义可知, 有效自由度为 $df = \mathrm{tr}(\mathbf{S})$. 有了有效自由度的定义, Craven 和 Wahba (1979) 提出了如下的 GCV 目标函数

$$\mathrm{GCV}_n = \frac{1}{n}\sum_{i=1}^{n}\left(\frac{y_i - \widehat{y}_i}{1 - \mathrm{tr}(\mathbf{S})/n}\right)^2 = \frac{1}{n}\sum_{i=1}^{n}\left(\frac{y_i - \widehat{y}_i}{1 - df/n}\right)^2. \tag{4.8}$$

对一元非参数回归模型 (4.1) 的多项式回归拟合, 用 GCV 方法选择最优的多项式阶数 d 为

$$\widehat{d} = \arg\min_{d} \frac{1}{n}\sum_{i=1}^{n}\left(\frac{y_i - \widehat{g}_d(x_i)}{1 - df/n}\right)^2,$$

其中 $\widehat{y}_i = \widehat{g}_d(x_i)$ 为 d 阶多项式拟合, 有效自由度为 $df = \mathrm{tr}(\mathbf{H}_d) = d + 1$. GCV 方法也仅需要拟合一个模型, 明显可以降低 LOOCV 方法的计算量.

为了展示 GCV 方法的表现, 下面以 curve 数据集为例对 GCV 方法和 LOOCV 方法进行比较. 既然两种方法都是基于几乎全部样本进行拟合, 因此只进行一次试验, 比较两种方法的计算时间和均方误差, 程序如下, 两种方法的 CV 误差图见图 4.6.

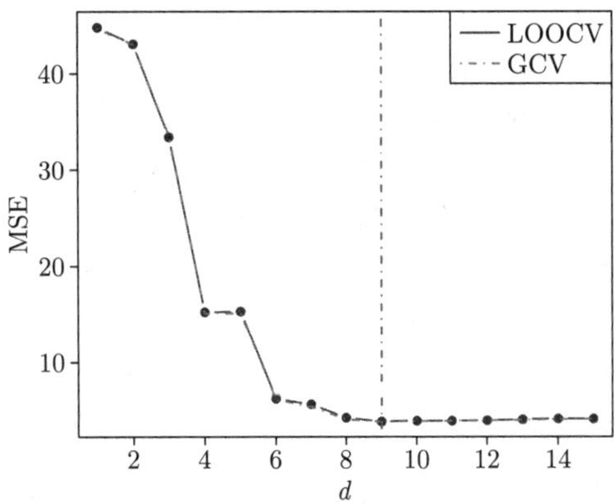

图 4.6 对 curve 数据集, LOOCV 方法和 GCV 方法的 CV 误差图, 蓝色实线为 LOOCV 方法, 红色点断线为 GCV 方法

```
curve = read.table("curve.txt", header = TRUE)
attach(curve); x = curve$x; y = curve$y; n = length(x)
## LOOCV 方法
mse = matrix(0, ncol = 15, nrow = n)
start = Sys.time()
for(d in 1:15){
  for(i in 1:n){
    loocv.fit = lm(y ~ poly(x, d), data = curve[-i, ])
    mse[i, d] = (y[i] - predict(loocv.fit, curve[i, ]))^2
  }
}
end = Sys.time()
t.loocv = end - start; loocv.error = colMeans(mse)
## GCV 方法
gcv.error = rep(0, 15)
start = Sys.time()
for(d in 1:15){
  gcv.fit = lm(y ~ poly(x, d))
  gcv.error[d] = mean(((y-predict(gcv.fit, curve))/(1-(d+1)/n))^2)
}
end = Sys.time()
t.gcv = end - start
> t.loocv
Time difference of 3.797975 secs
```

```
> t.gcv
Time difference of 0.05360794 secs
plot(x=1:15, y = loocv.error, type = "b", pch = 20, col = "blue",
     cex = 1.5, lwd = 2, ylab = "MSE", xlab = "d")
lines(x=1:15, y=gcv.error, lty=4, pch=8, col="red", cex=1.5, lwd=2)
abline(v = 9, lty = 4, col = "purple", lwd = 2)
legend("topright",c("LOOCV","GCV"),col=c("blue","red"),lty=c(1,4))
```

图 4.6 显示 LOOCV 方法和 GCV 方法的 CV 误差曲线图几乎重合, 并且两种方法都在 $d=9$ 时达到最小, 表明两种方法有相同的表现. 另外, LOOCV 方法的计算时间几乎是 GCV 方法的 71 倍, 说明 GCV 方法显著提高了 LOOCV 方法的计算效率. 因此, 在实际应用中可以推荐使用 GCV 方法.

4.1.4 k 折 CV 方法

为了解决 LOOCV 方法计算量大的问题, 以回归问题为例, 给出下面的 k 折 CV 方法.

步骤 1 将数据集 $D=\{(\boldsymbol{x}_i,y_i),i=1,\cdots,n\}$ 随机分为 k 个大小基本一致的组, 或者说**折** (fold), 记为 $D_1,\cdots,D_k$, 把第 1 折 D_1 作为测试集, 利用剩余的 $k-1$ 折观测样本作为训练集, 在训练集上利用统计学习方法拟合模型, 去掉第 1 折的估计记为 $\widehat{g}^{(-1)}(\cdot)$, 然后在第 1 折测试集 D_1 上计算测试均方误差

$$\mathrm{MSE}_1=\frac{1}{n_1}\sum_{(\boldsymbol{x}_i,y_i)\in D_1}(y_i-\widehat{y}_i)^2=\frac{1}{n_1}\sum_{(\boldsymbol{x}_i,y_i)\in D_1}\Big(y_i-\widehat{g}^{(-1)}(\boldsymbol{x}_i)\Big)^2,$$

其中 $\widehat{y}_i=\widehat{g}^{(-1)}(\boldsymbol{x}_i)$, 且 $\boldsymbol{x}_i$ 为第 1 折 D_1 中的观测样本, n_1 表示第 1 折 D_1 中的样本量.

步骤 2 当 $j=1,\cdots,k$, 重复步骤 1 方法 k 次, 得到 k 个测试均方误差 $\mathrm{MSE}_1,\cdots,\mathrm{MSE}_k$.

步骤 3 计算 k 个测试均方误差 $\mathrm{MSE}_1,\cdots,\mathrm{MSE}_k$ 的平均值, 即

$$\mathrm{CV}_{(k)}=\frac{1}{k}\sum_{j=1}^{k}\mathrm{MSE}_j=\frac{1}{k}\sum_{j=1}^{k}\left[\frac{1}{n_j}\sum_{(\boldsymbol{x}_i,y_i)\in D_j}\Big(y_i-\widehat{g}^{(-j)}(\boldsymbol{x}_i)\Big)^2\right],$$

其中 $\widehat{g}^{(-j)}(\cdot)$ 表示去掉第 j 折样本后, 用剩余 $k-1$ 折样本所得回归函数 $g(\cdot)$ 的估计.

图 4.7 提供了回归问题的 k 折 CV 方法原理图, 通常在 k 折 CV 方法中, 每折取相同样本量, 即 $n_j=n/k,j=1,\cdots,k$. 如果取 $k=n$ 时, 明显 LOOCV 方法是 k 折 CV 方法的一个特殊情况.

同样, 当 y_i 为定性变量时, k 折 CV 方法也可用于分类问题, 其中测试集的分类错误率为

$$\mathrm{errRate}=\frac{1}{k}\sum_{j=1}^{k}\mathrm{errRate}_j=\frac{1}{k}\sum_{j=1}^{k}\left[\frac{1}{n_j}\sum_{(\boldsymbol{x}_i,y_i)\in D_j}I\Big(y_i\neq\widehat{C}^{(-j)}(\boldsymbol{x}_i)\Big)\right],$$

其中 $\widehat{y}_i=\widehat{C}^{(-j)}(\boldsymbol{x}_i)$ 为给定 $\boldsymbol{x}_i$ 时的预测结果, 且 $\widehat{C}^{(-j)}(\cdot)$ 表示去掉第 j 折样本后, 用剩余 $k-1$ 折样本所得分类器.

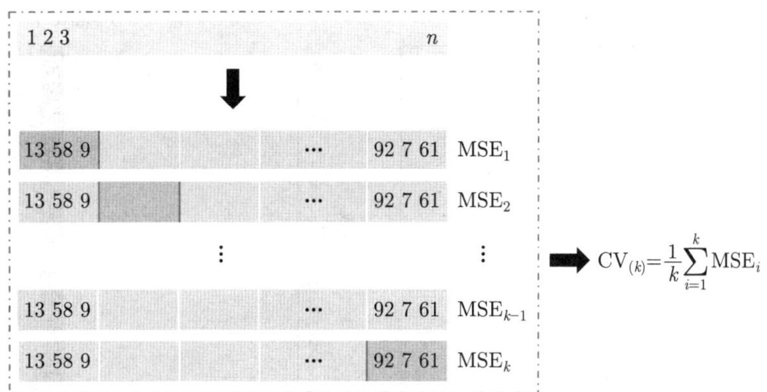

图 4.7 回归问题的 k 折 CV 方法原理图

为了展示 k 折 CV 方法的表现, 下面以 curve 数据集为例介绍回归问题 5 折 CV 方法的应用. 类似于验证集方法和 LOOCV 方法, 同样计算重复 $B = 100$ 次试验的测试均方误差, 并绘制其中 10 次重复试验的 CV 误差图和选取模型的频数图, 程序如下, 结果见图 4.8(a) 和图 4.8(b).

```
set.seed(2023)
cv_mse = matrix(0, ncol = d, nrow = B)
for (i in 1:B) {
    for (j in 1:d) {
    fit = glm(y ~ poly(x, degree = j), data = curve)
    cv_mse[i, j] = cv.glm(curve, fit, K = 5)$delta[1]
  }
}
par(mfrow = c(1, 2))
matplot(t(cv_mse)[, 1:10],  pch = 16, type = "b", xlab = "d",
        ylab = "MSE", main = "5-fold CV")
barcol = rep("lightblue", d); barcol[9] = "purple"
barplot(table(factor(apply(cv_mse,  1, which.min), levels=1:d)),
        ylab="频数", xlab="d", col=barcol, main="5-fold CV")
```

从计算结果和图 4.8 可知, 在重复的 $B = 100$ 次试验中, 9 阶多项式回归模型使测试均方误差达到最小的频数最多, 在所有模型中被选为最优模型的频数为 32. 当 $d \leqslant 8$ 时, 低阶多项式回归模型在 $B = 100$ 次重复试验中都没有被选为最优模型, 而更高阶的多项式回归模型对数据拟合效果也并没有显著的提升. 因此, 把 9 阶多项式回归模型作为最优模型对 curve 数据进行拟合, 具有很好的预测效果, 结果也相同于验证集方法和 LOOCV 方法. 图 4.8(a) 的 CV 误差曲线图表现非常稳定, 10 条 CV 误差曲线波动性很小, 说明 5 折 CV 方法比验证集方法表现更稳定, 解决了验证集方法的缺陷.

表 4.1 提供了验证集方法, LOOCV 方法和 5 折 CV 方法的计算时间, 其中验证集方法需要

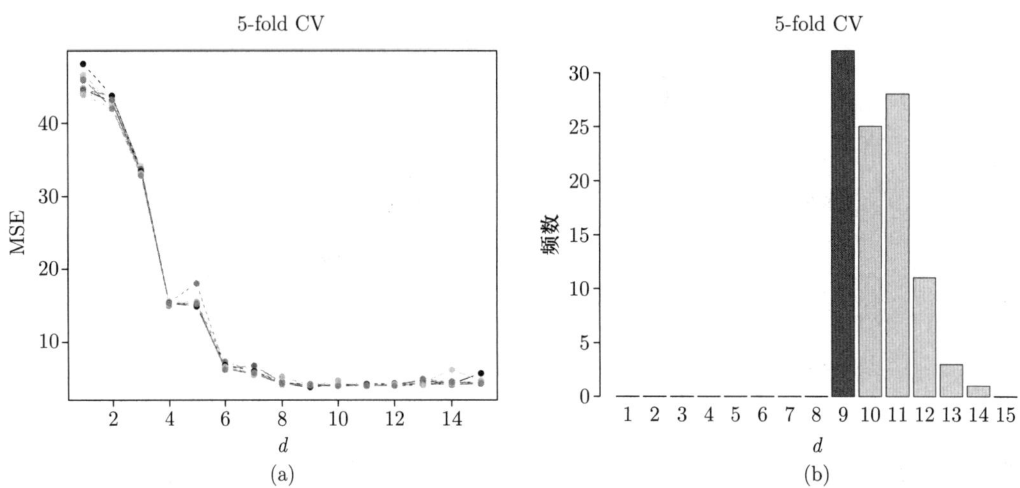

图 4.8 针对 curve 数据集, 5 折 CV 方法的 CV 误差图和选取模型的频数图. (a) 从 $B=100$ 次重复试验中选取 10 次结果的 CV 误差图; (b) 基于 $B=100$ 次重复试验选取模型的频数图, 其中 9 阶多项式回归模型的频数为 32

3.02 秒, LOOCV 方法需要 1 110 秒, 5 折 CV 方法需要 22.86 秒. 可见 5 折 CV 方法的计算时间比验证集方法要长, 但是却远远少于 LOOCV 方法. 因此, 5 折 CV 方法解决了验证集方法不稳定的缺陷, 同时也解决了 LOOCV 方法计算耗时的问题.

根据三种方法对不同多项式的回归模型, 重复 $B=100$ 次试验计算测试均方误差, 表 4.1 提供了三种方法均方误差的平均值和标准差.

表 4.1 基于 $B=100$ 次重复试验, 三种方法测试均方误差的均值和标准差

	验证集方法		LOOCV 方法		5 折 CV 方法	
d	均值	标准差	均值	标准差	均值	标准差
1	45.484	7.854	44.735	0	45.046	1.121
2	43.903	6.964	43.030	0	43.408	1.190
3	33.970	4.392	33.403	0	33.553	0.691
4	15.955	2.538	15.299	0	15.451	0.380
5	16.473	3.598	15.377	0	15.674	0.692
6	6.743	1.949	6.315	0	6.470	0.318
7	6.541	2.640	5.744	0	5.980	0.514
8	4.714	1.086	4.358	0	4.505	0.331
9	4.221	0.706	3.970	0	4.060	0.137
10	4.410	0.957	4.054	0	4.123	0.186
11	4.637	2.690	4.048	0	4.101	0.159
12	5.086	5.500	4.092	0	4.202	0.300
13	6.535	12.762	4.195	0	4.428	0.521
14	7.550	18.577	4.266	0	5.866	11.714
15	8.906	24.190	4.256	0	4.737	0.835
时间	3.02 秒		1 110 秒		22.86 秒	

从表 4.1 可以看到: ① 除 LOOCV 方法测试均方误差的标准差外, 当 $d < 9$ 时, 三种方法测试均方误差的均值和标准差都随着 d 的增大而减小, 当 $d = 9$ 时, 三种方法测试均方误差的均值和标准差都达到最小, 当 $d > 9$ 时, 随着 d 增大, 三种方法测试的均方误差的均值和标准差都会变大; ② 5 折 CV 方法测试的均方误差的标准差小于验证集方法的标准差, 说明 5 折 CV 方法比验证集方法更稳定; ③ LOOCV 方法测试均方误差的标准差为 0, 结果完全相同于图 4.5(a) 的 CV 误差曲线图的结果, 原因是 LOOCV 方法每次取 $n-1$ 个样本作为训练集对模型进行拟合, 几乎使用了全样本对模型进行拟合, 因此偏差非常小, 表现很稳定.

在实际应用中, 尽管 k 折 CV 方法计算上优于 LOOCV 方法, 但是需要确定最优的 k 值. 如果 k 值变大, 偏差会变小, 会增加计算时间. 如果 k 值变小, 偏差会变大, 表现会变得非常不稳定. 理论上, 需要平衡偏差和方差, 选择一个最优的 k. 在实际应用中推荐 $k = 5$ 或 $k = 10$, 经验上具有较好的拟合效果.

§4.2 Bootstrap 方法

Efron (1979) 提出了一种经典的简单重抽样统计方法——**bootstrap 方法**, 也称为**自助法**. Efron (1979) 系统地介绍了 bootstrap 方法和 bootstrap 分布. 在 bootstrap 方法提出之前, 统计应用中的重抽样方法有 Quenouille-Tukey Jackknife 方法 (刀切法). **Jackknife 方法**的基本思想是: 对于一个估计量, 不仅关心估计值的好坏, 也关心估计量的偏差和方差的大小, 即关心估计量的稳定性. 对于给定的一组样本, 只能计算出一个估计值, 这时如何计算估计量的方差就成为一个主要问题. 同样, 当参数真值未知时, 如何计算偏差也是一大难题. Jackknife 方法的做法是: 对于给定的一组样本, 每次删除一个 (或者几个) 样本点, 用剩下的样本点去重新计算估计值, 经过逐个删除并计算之后, 就可以得到一系列的估计值, 基于这一系列的估计值, 可以计算出偏差和方差.

基于 bootstrap 方法的理论基础, 使得 Efron(1979) 提出的 bootstrap 方法有了广泛的实际应用, 关于它的理论结果和应用, 可参考 Hall(1992), Efron 和 Tibshirani(1993), 与 Davison 和 Hinkley(1997). Bootstrap 方法的核心是通过**有放回重抽样**来构造 bootstrap 样本, 常用于数据的分布假设未知, 样本量很小, 需要解决的问题比较复杂, 构造的统计量不存在理论分布等情形.

下面对 bootstrap 方法做一个简单的描述. 假设 $x_1, \cdots, x_n$ 是独立同分布的一组随机样本, 来自未知的总体分布 F, 并令 $T_n = T_n(x_1, \cdots, x_n)$ 是感兴趣的一个统计量. 进一步, 假设 F_n 是样本 $x_1, \cdots, x_n$ 的经验分布函数, $x_1^*, \cdots, x_n^*$ 是从经验分布函数 F_n 有放回抽取的一组随机样本. Bootstrap 方法就是在给定样本 $x_1, \cdots, x_n$ 的条件下, 通过 $T_n^* = T_n(x_1^*, \cdots, x_n^*)$ 的条件分布来估计 T_n 的分布. 条件分布称为 T_n 的 **bootstrap 分布**, T_n^* 称为 T_n 的 **bootstrap 统计量**. 具体过程如下:

步骤 1 由样本观测值构造样本的经验分布函数 F_n, 即 F_n 表示在每个样本点处具有概率质量 $1/n, i = 1, \cdots, n$. 事实上, 该经验分布正好是非参数的极大似然估计;

步骤 2 从经验分布函数 F_n 中抽取简单样本 $x_i^*, i = 1, \cdots, n$, 称 $x_1^*, \cdots, x_n^*$ 为 **bootstrap 样本**, 且 $x_i^* \sim F_n, i = 1, \cdots, n$. 这一步称为所谓的重抽样;

步骤 3 利用 bootstrap 样本 $x_1^*, \cdots, x_n^*$ 计算统计量 T_n, 记为 T_n^*;

步骤 4 对步骤 2 和步骤 3 重复 B 次, 其中 B 要求为较大的正整数. 一般 B 的大小要根据实际检验问题和数据进行确定, 如果是通过统计量 T_n 构造置信区间, 一般 B 的大小不能小于 1 000;

步骤 5 利用 bootstrap 统计量 $T_{n,1}^*, \cdots, T_{n,B}^*$, 计算或画出该 bootstrap 统计量的频率直方图. 所得到的 bootstrap 分布就可以看成是 T_n 抽样分布的估计. 进而可以利用该分布对总体分布 F 中的未知参数 θ 进行各种统计推断任务.

在上述 bootstrap 算法中, 由于进行有放回抽样, 因此 bootstrap 样本 $x_1^*, \cdots, x_n^*$ 中, 有些观测值可能被多次抽到, 而有些观测样本却一直未被抽到. 在获得 bootstrap 样本的 n 次抽样中, 某个观测值一直未被抽到的概率为 $(1-1/n)^n$. 当样本量 n 较大时, 则该样本观测值一直未被抽到的概率的极限为

$$\lim_{n\to\infty}\left(1-\frac{1}{n}\right)^n \to \frac{1}{\mathrm{e}} \approx 0.368. \tag{4.9}$$

如果样本量 n 较大, 则 bootstrap 样本中未被抽到的观测样本占 36.8%(近似于总样本的 1/3), 因此把这些未被抽到的观测样本称为**袋外观测值** (out-of-bag observations). 由于袋外观测值并不出现于 bootstrap 样本中, 故可将其构成测试集, 并用于计算测试误差, 称为**袋外误差** (out-of-bag error).

Bootstrap 方法的优点是可以产生任意数量的 bootstrap 样本, 如 1 000 个 bootstrap 样本, 然后对 1 000 个袋外误差进行平均. 由于所得 bootstrap 样本与原样本集有相同的规模, 且有些观测值可能被多次抽到, 因此这些 bootstrap 样本并非来自真正的总体, 并有很强的相关性, 会产生较大偏差. 在统计学中, bootstrap 方法用于估计统计量的标准差, 评估该统计量的不确定性. 在统计学习和机器学习中, bootstrap 方法常用于集成学习, 见本书第 10 章的装袋法和随机森林.

在 R 语言中, 用于 bootstrap 方法的主要程序包有 boot 和 bootstrap, 其中程序包 boot 收录了 Davison 和 Hinkley (1997) 书中的数据和例子, 程序包 bootstrap 收录了 Efron 和 Tibshirani (1993) 书中的数据和例子.

为了展示 bootstrap 方法的应用, 下面针对程序包 boot 中的 cd4 数据, 对变量 baseline 和 oneyear 之间的相关系数 ρ 进行统计推断. 例如, 为了构造相关系数 ρ 的置信区间, 通常解决的办法有: ① 在小样本情形下, 给出相关系数估计 $\widehat{\rho}$ 的精确分布, 然后根据精确分布构造置信区间; ② 在大样本情形下, 需要证明相关系数估计 $\widehat{\rho}$ 的渐近正态分布, 然后根据渐近正态分布构造置信区间. 然而在实际应用中, 很难得到估计量的精确分布和渐近正态分布中标准差的无偏估计. 这时, 构造 ρ 的置信区间便成了一个难题, 但是 bootstrap 方法却很容易解决该问题.

李高荣和吴密霞 (2021) 给出了相关系数估计 $\widehat{\rho}$ 的渐近正态分布, 即

$$\sqrt{n}(\widehat{\rho}-\rho) \xrightarrow{d} N(0,\sigma^2), \qquad n\to\infty, \tag{4.10}$$

其中 $\sigma^2=(1-\rho^2)^2$. 有了样本相关系数 $\widehat{\rho}$ 的渐近正态分布 (4.10) 以后, 可以构造总体相关系数 ρ 的区间估计, 但是渐近方差 $\sigma^2=(1-\rho^2)^2$ 包含未知的参数 ρ. 因此, 很难直接利用渐近正态分布 (4.10) 构造 ρ 的置信区间. 为了解决这个问题, 可用插入 (plug-in) 方法和 Fisher Z 变换方法. 本节首先回顾插入 (plug-in) 方法和 Fisher Z 变换方法, 并介绍 bootstrap 方法, 进一步对这三种方法进行比较.

(1) **插入方法** 既然渐近方差 $\sigma^2=(1-\rho^2)^2$ 包含未知的参数 ρ, 可用它的估计 $\widehat{\rho}$ 来替换. 当

$n\to\infty$ 时, 可以证明 $\widehat{\rho}\xrightarrow{P}\rho$, 然后由 Slutsky 定理, 可得

$$\frac{\sqrt{n}(\widehat{\rho}-\rho)}{1-\widehat{\rho}^2}=\frac{\sqrt{n}(\widehat{\rho}-\rho)}{1-\rho^2}\frac{1-\rho^2}{1-\widehat{\rho}^2}\xrightarrow{d}N(0,1),\qquad n\to\infty. \tag{4.11}$$

由此结果, 可构造总体相关系数 ρ 的置信水平为 $1-\alpha$ 的置信区间为

$$\left[\widehat{\rho}-\frac{1-\widehat{\rho}^2}{\sqrt{n}}z_{1-\alpha/2},\ \ \widehat{\rho}+\frac{1-\widehat{\rho}^2}{\sqrt{n}}z_{1-\alpha/2}\right], \tag{4.12}$$

其中 $z_{1-\alpha/2}$ 是标准正态分布的上 $\alpha/2$ 分位点.

(2) **Fisher Z 变换方法** 求函数 f, 使得 $f(\widehat{\rho})$ 的渐近方差为 1, 即

$$\sqrt{n}[f(\widehat{\rho})-f(\rho)]\xrightarrow{d}N(0,1).$$

根据李高荣和吴密霞 (2021) 定理 5.4.3, 有

$$\sqrt{n}[f(\widehat{\rho})-f(\rho)]\xrightarrow{d}N\left(0,(f'(\rho))^2(1-\rho^2)^2\right).$$

这时, 只需要让 $(f'(\rho))^2(1-\rho^2)^2=1$, 即可解得函数 $f(x)=\dfrac{1}{2}\log\dfrac{1+x}{1-x}$, 故有

$$\sqrt{n}\left[\frac{1}{2}\log\frac{1+\widehat{\rho}}{1-\widehat{\rho}}-\frac{1}{2}\log\frac{1+\rho}{1-\rho}\right]\xrightarrow{d}N(0,1).$$

由上面结果, 可构造 $\dfrac{1}{2}\log\dfrac{1+\rho}{1-\rho}$ 的置信水平为 $1-\alpha$ 的置信区间为

$$\left[\frac{1}{2}\log\frac{1+\widehat{\rho}}{1-\widehat{\rho}}-\frac{1}{\sqrt{n}}z_{1-\alpha/2},\ \ \frac{1}{2}\log\frac{1+\widehat{\rho}}{1-\widehat{\rho}}+\frac{1}{\sqrt{n}}z_{1-\alpha/2}\right].$$

为了构造 ρ 的置信区间, 对上面的置信区间进行变换, 可得到 ρ 的置信水平为 $1-\alpha$ 的置信区间为

$$\left[\frac{\dfrac{1+\widehat{\rho}}{1-\widehat{\rho}}\exp\left(-\dfrac{2}{\sqrt{n}}z_{1-\alpha/2}\right)-1}{\dfrac{1+\widehat{\rho}}{1-\widehat{\rho}}\exp\left(-\dfrac{2}{\sqrt{n}}z_{1-\alpha/2}\right)+1},\ \ \frac{\dfrac{1+\widehat{\rho}}{1-\widehat{\rho}}\exp\left(\dfrac{2}{\sqrt{n}}z_{1-\alpha/2}\right)-1}{\dfrac{1+\widehat{\rho}}{1-\widehat{\rho}}\exp\left(\dfrac{2}{\sqrt{n}}z_{1-\alpha/2}\right)+1}\right]. \tag{4.13}$$

(3) **Bootstrap 方法** 根据 bootstrap 方法, 下面给出构造置信区间的估计过程.

步骤 1 给定观测样本 $\{(x_i,y_i),i=1,\cdots,n\}$, 并计算相关系数估计为

$$\widehat{\rho}=\frac{\sum\limits_{i=1}^n(x_i-\overline{x})(y_i-\overline{y})}{\sqrt{\sum\limits_{i=1}^n(x_i-\overline{x})^2\sum\limits_{i=1}^n(y_i-\overline{y})^2}}, \tag{4.14}$$

其中 $\overline{x}=\dfrac{1}{n}\sum\limits_{i=1}^n x_i$ 和 $\overline{y}=\dfrac{1}{n}\sum\limits_{i=1}^n y_i$.

步骤 2 利用 bootstrap 重抽样方法, 获得 bootstrap 样本 $\{(x_i^{*(b)},y_i^{*(b)}),i=1,\cdots,n\}$, 其中 $b=1,\cdots,B$.

步骤 3 对 $b=1,\cdots,B$, 根据式 (4.14) 计算 bootstrap 相关系数估计 $\widehat{\rho}^{(1)},\cdots,\widehat{\rho}^{(B)}$. 进一步,

计算 bootstrap 相关系数估计的 $\alpha/2$ 分位数和 $1-\alpha/2$ 分位数, 分别作为 ρ 置信水平为 $1-\alpha$ 的置信下限和上限.

现在把上面三种方法用于程序包boot中的 cd4 数据, 构造相关系数置信水平为 95% 的置信区间, 其中 bootstrap 方法中取 $B=1\ 000$, 程序和结果如下.

```
library(boot)
attach(cd4); n = nrow(cd4); rho = cor(baseline, oneyear)
## plug-in 方法
rho_lower = rho - 1.96*(1-rho^2)/sqrt(n)
rho_upper = rho + 1.96*(1-rho^2)/sqrt(n)
> c(rho_lower,   rho_upper)
[1] 0.5140969      0.9322338
## Fisher Z 变换方法
z1 = ((1+rho)/(1-rho))*exp(-2/sqrt(n)*1.96)
z2 = ((1+rho)/(1-rho))*exp(2/sqrt(n)*1.96)
fz_lower = (z1-1)/(z1+1); fz_upper = (z2-1)/(z2+1)
> c(fz_lower,     fz_upper)
[1] 0.4430180      0.8746464
## bootstrap 方法
rhoboot = c()
for (i in 1:1000){
  loca = sample(1:n, n, T)
  xboot = baseline[loca]; yboot = oneyear[loca]
  rhoboot = c(rhoboot, cor(xboot, yboot))
}
rhosort = sort(rhoboot)
> c(rhosort[25],    rhosort[975])
[1] 0.5081344         0.8624523
```

从上面结果可以看出, 插入方法的置信区间为 $[0.514\ 1, 0.932\ 2]$, 区间长度为 0.418 1. Fisher Z 变换方法的置信区间为 $[0.443\ 0, 0.874\ 6]$, 区间长度为 0.431 6. Bootstrap 方法的置信区间为 $[0.508\ 1, 0.862\ 5]$, 区间长度为 0.354 4. 从结果来看, 三种方法的差异不大, 但是 bootstrap 方法的置信区间长度最短.

进一步, 可用程序包 boot 中的函数 boot.ci() 计算置信区间, 该函数提供了五种类型的置信区间: 基本置信区间、正态逼近的置信区间、分位数置信区间、学生化置信区间以及纠偏和加速 (bias-corrected and accelerated, BCa) 的修正分位数置信区间. 关于这几种置信区间可参考 Davison 和 Hinkley(1997), 下面给出程序和计算结果.

```
rho.fun = function(data, index) {
   x = data$baseline[index]; y = data$oneyear[index]
   cor(x, y)
}
cd4.boot = boot(data = cd4, statistic = rho.fun, R = 1000)
> boot.ci(cd4.boot, conf = 0.95)
BOOTSTRAP CONFIDENCE INTERVAL CALCULATIONS
Based on 1000 bootstrap replicates
CALL :
boot.ci(boot.out = cd4.boot, conf = 0.95)
Intervals :
Level      Normal              Basic
95%   ( 0.5495,  0.9123 )   ( 0.5830,  0.9476 )
Level     Percentile            BCa
95%   ( 0.4987,  0.8633 )   ( 0.5082,  0.8680 )
Calculations and Intervals on Original Scale
Warning message:
In boot.ci(cd4.boot, conf = 0.95) :
  bootstrap variances needed for studentized intervals
```

对于学生化置信区间, 因为需要提供 bootstrap 样本方差, 此处并没有给出. 从上面的计算结果可以看出, 四个置信区间相差不大, 但是 BCa 的置信区间长度最短. 为了节省篇幅, 此处不再提供 bootstrap 方法的应用. 更多的应用案例可见 Hall (1992), Efron 和 Tibshirani (1993), 与 Davison 和 Hinkley (1997).

习 题 4

1. 对于一元非参数回归模型 (4.1), 用 d 阶多项式回归拟合非参数函数, 试证明式 (4.6) 成立.

2. 当 $k=2$ 时, 请判断 2 折 CV 方法等价于验证集方法吗? 根据你的判断说明理由.

3. 回顾 k 折 CV 方法, 请考虑下面的问题:

(1) 阐述 k 折 CV 方法的步骤;

(2) 分别对比验证集方法和 LOOCV 方法, 请阐述 k 折 CV 方法的优势和劣势在哪里.

4. 对程序包faraway中的 exa 数据进行多项式回归分析, 取多项式的阶数为 $d=1,\cdots,20$, 根据式 (4.7) 编写程序, 给出计算时间和绘制 CV 误差图, 并与 LOOCV 方法和 GCV 方法进行比较, 对结果进行分析.

5. 假设从二元正态总体 $N_2(\boldsymbol{\mu}, \boldsymbol{\Sigma})$ 中随机产生 n 个模拟样本, 其中

$$\boldsymbol{\mu} = \begin{pmatrix} 1 \\ 2 \end{pmatrix}, \qquad \boldsymbol{\Sigma} = \begin{pmatrix} \sigma_1^2 & \rho\sigma_1\sigma_2 \\ \rho\sigma_1\sigma_2 & \sigma_2^2 \end{pmatrix},$$

且 $\sigma_1 = 1$, $\sigma_2 = 2$, $\rho = 0.6$. 针对不同的样本量 $n = 50$, 100, 200, 重复模拟 1 000 次.

(1) 试计算参数 $\mu_1, \mu_2, \sigma_1, \sigma_2$ 和 ρ 估计的平均值, 偏差和标准差, 并通过 Q-Q 图和直方图展示估计的好坏. 进一步, 随着样本量的变化, 说明结果有什么变化;

(2) 编写程序, 采用插入法, Fisher Z 变换方法和 bootstrap 方法构造相关系数 ρ 置信水平为 95% 的置信区间, 其中 bootstrap 方法取 $B = 500$. 基于 1 000 次重复模拟试验, 比较三种方法所构造置信区间的平均区间长度和覆盖概率, 并比较哪种方法最优, 其中覆盖概率表示在 1 000 次重复模拟试验中, 真值 $\rho = 0.6$ 落到置信区间内的比例. 进一步, 随着样本量的变化, 平均区间长度和覆盖概率有什么变化?

6. 假设 $x_1, \cdots, x_n$ 为来自 0–1 分布的独立同分布的简单随机样本, 其分布律为 $\mathbb{P}(x_1 = 1) = p$, $\mathbb{P}(x_1 = 0) = 1 - p$, 其中 $0 < p < 1$. 根据中心极限定理, 有 $\sqrt{n}(\overline{x} - p) \xrightarrow{d} N(0, p(1-p))$, 其中 $\overline{x} = \dfrac{1}{n}\sum\limits_{i=1}^{n} x_i$.

(1) 试用 Fisher Z 变换方法构造 p 的置信水平为 $1 - \alpha$ 的置信区间;

(2) 取 $p = 0.6$, 从 0–1 分布中随机产生样本量 $n = 50$, 100, 200 的随机数, 重复 1 000 次试验. 编写程序, 采用插入法, Fisher Z 变换方法和 bootstrap 方法构造 p 置信水平为 95% 的置信区间, 其中 bootstrap 方法取 $B = 500$ 次. 基于 1 000 次重复模拟试验, 比较三种方法所构造置信区间的平均区间长度和覆盖概率, 并观察随着样本量的变化, 平均区间长度有什么变化;

(3) 仅考虑采用 bootstrap 方法构造 p 置信水平为 95% 的置信区间, 固定 $p = 0.6$ 和样本量 $n = 100$, 设定种子 set.seed(2023), 取不同的 B 值, 如 $B = 200, 500, 1\,000, 2\,000$ 四种情况, 比较不同 B 值对所构造置信区间的影响.

7. 假设 $x_1, \cdots, x_n$ 为来自泊松分布 $P(\lambda)$ 的独立同分布的简单随机样本, 其中 $\lambda > 0$. 根据中心极限定理, 有 $\sqrt{n}(\overline{x} - \lambda) \xrightarrow{d} N(0, \lambda)$, 其中 $\overline{x} = \dfrac{1}{n}\sum\limits_{i=1}^{n} x_i$.

(1) 试用 Fisher Z 变换方法构造 λ 的置信水平为 $1 - \alpha$ 的置信区间;

(2) 取 $\lambda = 3$, 从泊松分布 $P(3)$ 中随机产生样本量 $n = 50$, 100, 200 的随机数, 重复 1 000 次试验. 编写程序, 采用插入法, Fisher Z 变换方法和 bootstrap 方法构造 λ 置信水平为 95% 的置信区间, 其中 bootstrap 方法取 $B = 500$. 基于 1 000 次重复模拟试验, 比较三种方法所构造置信区间的平均区间长度和覆盖概率, 并观察随着样本量的变化, 平均区间长度有什么变化;

(3) 仅考虑 bootstrap 方法构造 λ 置信水平为 95% 的置信区间, 固定 $\lambda = 3$ 和样本量 $n = 100$, 设定种子 set.seed(2023), 并取 $B = 500$, 分别采用程序包 boot 和 bootstrap 中的函数构造置信区间, 并对结果进行比较.

8. 数据集包含 100 个样本, 其中正、反例各占一半, 假定学习算法所产生的模型是将样本预测为训练样本数较多的类别 (训练样本数相同时进行随机猜测), 试分别给出用 10 折 CV 方法和验证集方法对错误率进行评估所得结果.

9. 假设要用一些统计学习方法, 用协变量 $\boldsymbol{X}$ 的一个特定的值, 对响应变量 Y 做预测. 详细说

明可以如何估计预测结果的标准差.

10. 考虑程序包 ISLR2 中的 Default 数据集, 用 income 和 balance 作为协变量建立 logistic 回归模型来预测违约 (default=1) 的概率. 设定一个种子, 用验证集方法来估计这个 logistic 回归模型的测试错误率.

(1) 拟合一个用协变量 income 和 balance 来预测违约 (default=1) 的 logistic 回归模型.

(2) 用验证集方法, 估计这个模型的测试错误率. 步骤如下: ① 把数据集随机分为 70% 的训练集和 30% 的测试集; ② 只用训练集的观测来拟合一个多元 logistic 回归模型; ③ 计算每个个体违约的后验概率, 如果后验概率大于 0.5, 就将这个个体分到违约 (default=1) 类, 通过这种方法得到测试集中每个个体是否违约的一个预测; ④ 计算测试错误率, 即测试集中被错误分类的观测所占的比例.

(3) 重复步骤 (2) 三次, 用三种不同的分割把观测分为一个训练集和一个测试集. 讨论得到的结果.

(4) 现在考虑一个用变量 income, balance 和定性变量 student 来预测违约 (default=1) 概率的 logistic 回归模型. 用验证集方法来估计这个模型的测试错误率. 讨论包括哑变量 student 对于减小测试错误率是否有影响.

11. 继续考虑在 Default 数据集上用协变量 income 和 balance 来预测违约概率的 logistic 回归模型. 特别地, 下面用两种方法来计算 income 和 balance 的 logistic 回归系数的标准误差估计: ① 用 bootstrap 方法; ② 用函数 glm() 中计算标准误差的公式.

(1) 利用函数 glm() 和 summary(), 计算用 income 和 balance 这两个协变量拟合的多元 logistic 回归模型中 income 和 balance 系数的标准误差估计.

(2) 编写 bootstrap 函数 boot.fn(), 使其输入 Default 数据集, 以及观测的序号, 然后输出多元 logistic 回归模型中 income 和 balance 系数的估计.

(3) 用函数 boot() 和编写的 bootstrap 函数 boot.fn() 来估计 logistic 回归模型中 income 和 balance 系数的标准误差.

(4) 讨论用函数 glm() 和编写的 bootstrap 函数 boot.fn() 所估计的标准误差的区别.

12. 请根据程序包 ISLR2 中的 Weekly(周投资回报) 数据集做下列分析.

(1) 拟合一个用 Lag1 (滞后 1 期) 和 Lag2 (滞后 2 期) 来预测 Direction (市场走势) 的 logistic 回归模型.

(2) 用除了第一个观测外的所有观测, 拟合一个用 Lag1 和 Lag2 来预测 Direction 的 logistic 回归模型.

(3) 用 (2) 中的模型来预测第一个观测的变化方向. 假如 Derection 预测概率值大于 0.5, 则预测第一个观测会上升. 这个观测被正确地归类了吗?

(4) 编写一个从 $i = 1$ 到 $i = n$ 的循环, 其中 n 为数据集中的观测数, 然后进行下列步骤: ① 用除了第 i 个观测外的所有观测, 拟合一个用 Lag1 和 Lag2 来预测 Direction 的 logistic 回归模型; ② 计算第 i 个观测市场上升的后验概率; ③ 用第 i 个观测的后验概率来预测市场是否上升; ④ 判断在预测第 i 个观测的变化方向时, 是否产生了误差. 如果产生了一个错误, 则为 1, 否则为 0.

(5) 取 (4) ④ 中所得到的 n 个数字的均值为 LOOCV 的测试错误率估计. 讨论得到的结果.

13. 在一个模拟数据集上使用交叉验证法.

(1) 生成一个模拟数据集如下:

```
set.seed(2023)
y = rnorm(100)
x = rnorm(100)
y = x - 2*x^2 + rnorm(100)
```

在这个数据集中, n 和 p 分别是多少? 用方程的形式写出生成这个数据的模型.

(2) 作 x 对 y 的散点图. 讨论结果.

(3) 设定种子 set.seed (2023), 计算用最小二乘法来拟合下面四个模型所产生的 LOOCV 误差: ① $y = \beta_0 + \beta_1 x + \varepsilon$; ② $y = \beta_0 + \beta_1 x + \beta_2 x^2 + \varepsilon$; ③ $y = \beta_0 + \beta_1 x + \beta_2 x^2 + \beta_3 x^3 + \varepsilon$; ④ $y = \beta_0 + \beta_1 x + \beta_2 x^2 + \beta_3 x^3 + \beta_4 x^4 + \varepsilon$. 注意, 可用函数 data.frame() 来创建一个同时包含 x 和 y 的数据集.

(4) 换另一个随机种子来重复步骤 (3), 并讨论结果. 所得结果与步骤 (3) 中所得结果一样吗? 为什么?

(5) 步骤 (3) 中的哪个模型有最小的 LOOCV 误差? 这跟你预计的结果一样吗? 解释你的结论.

(6) 讨论用最小二乘法拟合 (3) 中的每个模型所得到的系数估计的统计意义. 这些结果与用交叉验证法所得到的结论一致吗?

14. 推导一个给定的观测被包含在一个 bootstrap 样本中的概率. 假如从一个有 n 个观测的集合中得到了一个 bootstrap 样本.

(1) 第一个 bootstrap 观测不是原始样本中第 j 个观测的概率是多少? 证明你的结论.

(2) 第二个 bootstrap 观测不是原始样本中第 j 个观测的概率是多少?

(3) 证明第 j 个观测不在 bootstrap 样本里的概率为 $(1-1/n)^n$.

(4) 当 $n=5$ 时, 第 j 个观测在 bootstrap 样本里的概率是多少?

(5) 当 $n=100$ 时, 第 j 个观测在 bootstrap 样本里的概率是多少?

(6) 当 $n=10\,000$ 时, 第 j 个观测在 bootstrap 样本里的概率是多少?

(7) 作图展示, 对于 n 从 1 到 100 000 的每个整数, 第 j 个观测在 bootstrap 样本里的概率. 讨论观察到的结果.

(8) 现在研究一个样本量为 $n=100$ 的 bootstrap 样本包含第 j 个观测的概率, 这里 $j=4$. 首先反复地产生 bootstrap 样本, 然后每次把第四个观测是否包含在 bootstrap 样本里记录下来, 讨论所得到的结果.

```
store = rep(NA, 10000)
for (i in 1:10000){
    store[i] =  sum(sample(1:100, rep = TRUE) == 4) > 0
}
mean(store)
```

15. 考虑程序包 MASS 中的 Boston 住房数据集.

(1) 基于这个数据集, 给出一个对 medv (房价中位数) 的总体均值的估计, 记为 $\hat{\mu}$.

(2) 给出一个对 $\hat{\mu}$ 的标准误差的估计. 解释这个结果. (提示: 可以用样本的标准差除以观测数的平方根来计算样本均值的标准误差.)

(3) 用 bootstrap 方法来估计 $\hat{\mu}$ 的标准误差. 这与 (2) 中所得到的结果相比如何?

(4) 基于 (3) 中得到的 bootstrap 估计, 给出对 medv 均值的 95% 置信区间. 将这个置信区间与用函数 t.test (Boston$medv) 所得到的结果相比较. (提示: 可以用公式 $[\hat{\mu}-2\mathrm{SE}(\hat{\mu}), \hat{\mu}+2\mathrm{SE}(\hat{\mu})]$ 来得到近似的 95% 的置信区间.)

(5) 基于这个数据集, 给出 medv 总体中位数的估计 $\hat{\mu}_{\mathrm{med}}$.

(6) 现在想要估计 $\hat{\mu}_{\mathrm{med}}$ 的标准误差. 虽然没有一个简单的公式来计算中位数的标准误差, 但可以用 bootstrap 方法来估计中位数的标准误差. 讨论计算的结果.

(7) 基于这个数据集, 给出 Boston 郊区的 medv 的 10% 分位数的估计, 记为 $\hat{\mu}_{0.1}$. (这里可以使用函数 quantile() 计算.)

(8) 用 bootstrap 方法来估计 $\hat{\mu}_{0.1}$ 的标准误差. 讨论结果.

第 5 章 判别分析

学习目标与要求:

1. 理解判别分析的目的及其统计思想, 并掌握两个总体的 Bayes 判别方法和判别准则;

2. 掌握两个多元正态总体的判别, 重点掌握 Fisher 判别、线性判别和二次判别方法, 以及分类效果的评价;

3. 掌握多个正态总体分布的判别方法和多个总体的 Fisher 判别方法, 并掌握它们的统计思想和应用;

4. 掌握判别分析方法的 R 语言应用和可视化.

判别分析 (discrimination analysis) 是使用具有类别信息的观测数据建立一个**分类器** (classifier) 或者**分类法则** (classification rule), 其可以最大可能区分事先定义的类. 而分类 (classification) 是给定一组新的未知类别信息的观测数据集, 使用分类器将其分配到一些已知的类中. 有时也把判别分析称为分类, 是主要用于判断样本所属类型的一种统计分析方法. 在生产、科研和日常生活中经常遇到如何根据观测到的数据资料对所研究对象进行判别归类的问题. 例如, 在医学诊断中, 一个患者肺部有阴影, 医生要判断患者是肺结核、肺部良性肿瘤还是肺癌. 这里肺结核患者、良性肿瘤患者、肺癌患者组成三个总体, 患者来源于这三个总体之一, 判别分析的目的是通过测得患者的指标 (例如, 阴影的大小, 边缘是否光滑, 体温多少等) 来判断患者应该属哪个总体 (即判断患者生什么病).

§5.1 判别准则

5.1.1 判别准则简介

假设有 J 个总体 (类), $j=1,2,\cdots,J$ 表示类别, $\boldsymbol{x}=(x_1,\cdots,x_p)^{\mathrm{T}}$ 为取值 Ω 上的 p 元观测, 且 $\boldsymbol{x}|y=j\sim f_j(\boldsymbol{x}), j=1,2,\cdots,J$, 其中 $f_j(\cdot)$ 表示第 j 个总体的概率密度函数. 判别分析的目的就是, 对任意给定的观测值 $\boldsymbol{x}_0$, 把 $\boldsymbol{x}_0$ 归到 J 个类中的某一个类中. 例如, 肺部有阴影患者来到医院, 医生通过患者的一系列症状将患者归到三类可能病症中的一类; 银行根据客户提供的年龄、收入、工作和信用等信息决定是否贷款给客户; 一位生物学家对一定数量患先天疾病的患者和未患病的人进行 DNA 排列信息分析, 发现哪些 DNA 突变是致病的, 哪些是不致病的. 直观上讲, 对一个好的判别分析方法, 希望错判概率达到最小, 或者使错判的平均损失达到最小. 为了简单, 此节只介绍两个类别的情形, 下节再推广到更一般的情况.

给定一个个体的测量值向量 $\boldsymbol{x}=(x_1,\cdots,x_p)^{\mathrm{T}}$, 如何判断该个体是来自总体 π_1, 还是总体 π_2? 对于该问题, 主要是寻找判别方法, 把 $\mathbb{R}^p$ 空间分成两个区域 R_1 和 R_2, 记为 $R=(R_1,R_2)$. 如果这个个体的观测值向量 $\boldsymbol{x}\in R_1$, 则把它判断为来自总体 π_1, 否则判断为来自总体 π_2. 在判别分析中, 经常会犯两类错误:

(1) 个体来自总体 π_1, 却被误判为来自总体 π_2;

(2) 个体来自总体 π_2, 却被误判为来自总体 π_1.

此外, 还需要考虑这两种判别分析带来的损失, 假设 $C(2|1)$ 表示个体来自总体 π_1, 却被误判为来自总体 π_2 的错判损失; $C(1|2)$ 表示个体来自总体 π_2, 却被误判为来自总体 π_1 的错判损失. 表 5.1 给了判别分析的两类错误. 很明显, 一个好的判别分析方法就是使错判带来的损失达到最小.

表 5.1 判别的两类错误

统计决策	π_1	π_2
π_1	0	$C(2\|1)$
π_2	$C(1\|2)$	0

5.1.2 两个总体的情形

针对两个总体的情形, 首先考虑寻求达到最小损失的判别分析方法, 进而推广到多个总体的情形. 首先假设这两个总体都有一个先验概率, 令 q_1 是来自总体 π_1 观测值的先验概率, q_2 是来自总体 π_2 观测值的先验概率, 满足 $q_1+q_2=1$. 既然各个总体的概率由其分布函数决定, 为了方便, 假设总体 π_1 的密度函数为 $f_1(\boldsymbol{x})$, 总体 π_2 的密度函数为 $f_2(\boldsymbol{x})$. 这时可以定义, 若个体来自总体 π_1, 则被正确判别为 π_1 的概率为

$$\mathbb{P}(1|1,R)=\int_{R_1}f_1(\boldsymbol{x})\mathrm{d}\boldsymbol{x},\quad \mathrm{d}\boldsymbol{x}=\mathrm{d}x_1\cdots\mathrm{d}x_p;$$

若个体来自总体 π_1, 则被错判为来自总体 π_2 的概率为

$$\mathbb{P}(2|1,R)=\int_{R_2}f_1(\boldsymbol{x})\mathrm{d}\boldsymbol{x}.$$

同样, 若个体来自总体 π_2, 则被正确判别为 π_2 的概率为

$$\mathbb{P}(2|2,R)=\int_{R_2}f_2(\boldsymbol{x})\mathrm{d}\boldsymbol{x};$$

若个体来自总体 π_2, 则被错判为来自总体 π_1 的概率为

$$\mathbb{P}(1|2,R)=\int_{R_1}f_2(\boldsymbol{x})\mathrm{d}\boldsymbol{x}.$$

由于观测值来自总体 π_1 的先验概率是 q_1, 来自总体 π_2 的先验概率是 q_2, 则观测值来自总体 π_1 且被正确判别的概率为 $q_1\mathbb{P}(1|1,R)$, 观测值来自总体 π_1 且被错判为来自总体 π_2 的错判概率为 $q_1\mathbb{P}(2|1,R)$. 类似地, 可以定义另外两种概率分别为: $q_2\mathbb{P}(2|2,R)$ 和 $q_2\mathbb{P}(1|2,R)$. 这时, 可以定义**错判的平均损失** (expected cost of misclassification, ECM) 为

$$\mathrm{ECM}(R_1,R_2)=C(2|1)\mathbb{P}(2|1,R)q_1+C(1|2)\mathbb{P}(1|2,R)q_2. \tag{5.1}$$

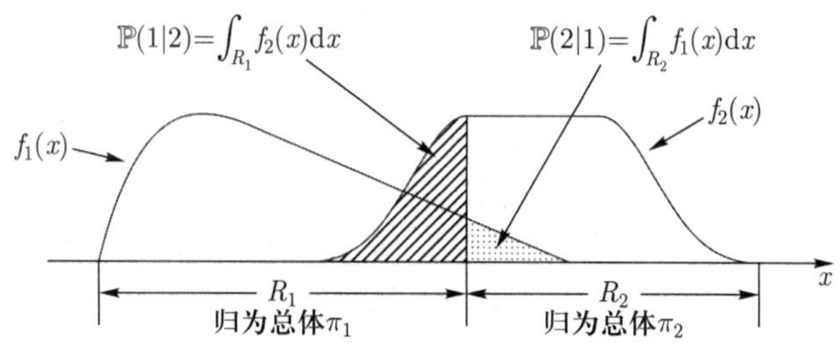

图 5.1 当维数 $p=1$ 时, 错判概率的示意图

图 5.1 展示了当维数 $p=1$ 时, 错判概率的示意图. 判别分析的目的, 就是寻找最优判别方法, 把空间划分成 R_1 和 R_2, 使得由式 (5.1) 定义的 $\mathrm{ECM}(R_1,R_2)$ 达到最小. 当给定先验概率 q_1 和 q_2 时, 使错判的平均损失 $\mathrm{ECM}(R_1,R_2)$ 达到最小的方法称为 **Bayes 判别方法**.

当先验概率 q_1 和 q_2 给定时, 如何划分区域 R_1 和 R_2, 使得由式 (5.1) 定义的 $\mathrm{ECM}(R_1,R_2)$ 达到最小, 是接下来讨论的问题. 对于先验概率 q_1, 给定观测值 $\boldsymbol{x}$, 它来自总体 π_1 的条件概率为

$$\frac{q_1f_1(\boldsymbol{x})}{q_1f_1(\boldsymbol{x})+q_2f_2(\boldsymbol{x})}.$$

如果不考虑损失, 则 $\mathrm{ECM}(R_1,R_2)$ 变为下面的错判概率

$$q_1\int_{R_2}f_1(\boldsymbol{x})\mathrm{d}\boldsymbol{x}+q_2\int_{R_1}f_2(\boldsymbol{x})\mathrm{d}\boldsymbol{x}. \tag{5.2}$$

对于一个给定的观测向量 $\boldsymbol{x}$, 为了使错判概率 (5.2) 达到最小, 只需把这个个体指定到有最高条件概率的总体. 如果

$$\frac{q_1f_1(\boldsymbol{x})}{q_1f_1(\boldsymbol{x})+q_2f_2(\boldsymbol{x})}>\frac{q_2f_2(\boldsymbol{x})}{q_1f_1(\boldsymbol{x})+q_2f_2(\boldsymbol{x})},$$

则把观测向量 $\boldsymbol{x}$ 指定到总体 π_1, 否则指定到总体 π_2. 由于在每个观测点上错判概率都达到了最小, 因此可以说在整个空间上达到了最小, 故判别区域为

$$\begin{aligned}R_1&=\{\boldsymbol{x},q_1f_1(\boldsymbol{x})>q_2f_2(\boldsymbol{x})\},\\R_2&=\{\boldsymbol{x},q_1f_1(\boldsymbol{x})<q_2f_2(\boldsymbol{x})\}.\end{aligned} \tag{5.3}$$

如果 $q_1f_1(\boldsymbol{x})=q_2f_2(\boldsymbol{x})$, 则观测值可以任意判别为来自总体 π_1 或 π_2; 如果 $q_1f_1(\boldsymbol{x})+q_2f_2(\boldsymbol{x})=0$, 则该观测值可以归类为任意区域, 但是发生这种情形的概率为 0. 如果考虑不同的损失, 使错判的 $\mathrm{ECM}(R_1,R_2)$ 达到最小, 这时选择 R_1 和 R_2 的判别区域变为

$$\begin{aligned}R_1&=\Big\{\boldsymbol{x},[C(2|1)q_1]f_1(\boldsymbol{x})\geqslant[C(1|2)q_2]f_2(\boldsymbol{x})\Big\},\\R_2&=\Big\{\boldsymbol{x},[C(2|1)q_1]f_1(\boldsymbol{x})<[C(1|2)q_2]f_2(\boldsymbol{x})\Big\}.\end{aligned} \tag{5.4}$$

由于 $C(2|1)q_1$ 和 $C(1|2)q_2$ 是非负常数, 则上面判别准则可以写成另一种形式

$$\begin{aligned} R_1 &= \left\{\boldsymbol{x}, \frac{f_1(\boldsymbol{x})}{f_2(\boldsymbol{x})} \geqslant \left(\frac{C(1|2)}{C(2|1)}\right)\left(\frac{q_2}{q_1}\right)\right\}, \\ R_2 &= \left\{\boldsymbol{x}, \frac{f_1(\boldsymbol{x})}{f_2(\boldsymbol{x})} < \left(\frac{C(1|2)}{C(2|1)}\right)\left(\frac{q_2}{q_1}\right)\right\}. \end{aligned} \tag{5.5}$$

对于给定的一个新的观测样本 $\boldsymbol{x}_0$, 利用判别准则 (5.5) 进行分类时, 要求以下三个要素: ① 密度函数在 $\boldsymbol{x}_0$ 处的比值 $f_1(\boldsymbol{x}_0)/f_2(\boldsymbol{x}_0)$; ② 错判损失的比值 $C(1|2)/C(2|1)$; ③ 先验概率的比值 q_2/q_1. 理论上, 使得 $\mathrm{ECM}(R_1, R_2)$ 达到最小的 Bayes 判别准则 (5.5) 是一个最优的黄金准则. 但在实际应用中, 需要给定密度函数、错判损失和先验概率, 通常它们可以通过训练数据进行估计.

当没有训练数据可用时, 可以考虑下面的三种特殊情况:

(1) 当密度函数和错判损失已知, 而先验概率未知时, 通常取 $q_1 = q_2$, 这时判别准则 (5.5) 变为

$$R_1 = \left\{\boldsymbol{x}, \frac{f_1(\boldsymbol{x})}{f_2(\boldsymbol{x})} \geqslant \frac{C(1|2)}{C(2|1)}\right\}, \qquad R_2 = \left\{\boldsymbol{x}, \frac{f_1(\boldsymbol{x})}{f_2(\boldsymbol{x})} < \frac{C(1|2)}{C(2|1)}\right\}; \tag{5.6}$$

(2) 当密度函数和先验概率已知, 而错判损失未知时, 通常取 $C(2|1) = C(1|2)$, 这时判别准则 (5.5) 变为 (5.3), 即

$$R_1 = \left\{\boldsymbol{x}, \frac{f_1(\boldsymbol{x})}{f_2(\boldsymbol{x})} \geqslant \frac{q_2}{q_1}\right\}, \qquad R_2 = \left\{\boldsymbol{x}, \frac{f_1(\boldsymbol{x})}{f_2(\boldsymbol{x})} < \frac{q_2}{q_1}\right\}; \tag{5.7}$$

(3) 当密度函数已知, 而错判损失和先验概率未知时, 通常取 $C(2|1) = C(1|2)$ 和 $q_1 = q_2$, 这时判别准则 (5.5) 变为

$$R_1 = \left\{\boldsymbol{x}, \frac{f_1(\boldsymbol{x})}{f_2(\boldsymbol{x})} \geqslant 1\right\}, \qquad R_2 = \left\{\boldsymbol{x}, \frac{f_1(\boldsymbol{x})}{f_2(\boldsymbol{x})} < 1\right\}. \tag{5.8}$$

当密度函数 $f_1(\boldsymbol{x})$ 和 $f_2(\boldsymbol{x})$ 未知时, 先用训练观测样本对密度函数 $f_1(\boldsymbol{x})$ 和 $f_2(\boldsymbol{x})$ 进行估计, 然后再进行判别分析. 如果知道密度函数的形式, 只是密度函数中参数未知时, 可用极大似然估计方法估计密度函数中的未知参数; 如果密度函数完全未知, 需要用非参数方法对密度函数进行估计, 如第 8 章将介绍的核光滑方法.

例 5.1 假设有足够多的训练数据分别估计总体 π_1 和 π_2 的密度函数 $f_1(\boldsymbol{x})$ 和 $f_2(\boldsymbol{x})$, 且假设错判损失分别为 $C(2|1) = 2$ 和 $C(1|2) = 4$. 此外, 在训练数据集中, 有 60% 的观测数据属于总体 π_2. 这时, 先验概率分别为 $q_1 = 0.4$ 和 $q_2 = 0.6$.

给定先验概率和错判损失, 根据判别准则 (5.5), 可得划分区域 R_1 和 R_2 为

$$\begin{aligned} R_1 &= \left\{\boldsymbol{x}, \frac{f_1(\boldsymbol{x})}{f_2(\boldsymbol{x})} \geqslant \left(\frac{4}{2}\right)\left(\frac{0.6}{0.4}\right) = 3\right\}, \\ R_2 &= \left\{\boldsymbol{x}, \frac{f_1(\boldsymbol{x})}{f_2(\boldsymbol{x})} < \left(\frac{4}{2}\right)\left(\frac{0.6}{0.4}\right) = 3\right\}. \end{aligned}$$

对给定新的观测样本 $\boldsymbol{x}_0$, 假设密度函数分别为: $f_1(\boldsymbol{x}_0) = 0.7$ 和 $f_2(\boldsymbol{x}_0) = 0.2$. 这时把观测样本 $\boldsymbol{x}_0$ 判别给总体 π_1, 还是总体 π_2? 为了回答这个问题, 只需要计算密度比并进行比较, 有

$$\frac{f_1(\boldsymbol{x}_0)}{f_2(\boldsymbol{x}_0)} = \frac{0.7}{0.2} = 3.5 > 3 = \left(\frac{C(1|2)}{C(2|1)}\right)\left(\frac{q_2}{q_1}\right).$$

可见, $\boldsymbol{x}_0 \in R_1$, 即把 $\boldsymbol{x}_0$ 判归为总体 π_1.

§5.2 两个多元正态分布的判别

本节讨论两个正态总体 $N_p(\boldsymbol{\mu}_1, \boldsymbol{\Sigma}_1)$ 和 $N_p(\boldsymbol{\mu}_2, \boldsymbol{\Sigma}_2)$ 的判别分析, 其中 $\boldsymbol{\mu}_j = (\mu_{j1}, \cdots, \mu_{jp})^{\mathrm{T}}$ 为第 j 个总体的均值向量, $\boldsymbol{\Sigma}_j$ 为第 j 个总体的协方差矩阵, $j = 1, 2$. 对 $j = 1, 2$, 第 j 个总体的密度函数为

$$f_j(\boldsymbol{x}) = \frac{1}{(2\pi)^{p/2}|\boldsymbol{\Sigma}_j|^{1/2}} \exp\left[-\frac{1}{2}(\boldsymbol{x} - \boldsymbol{\mu}_j)^{\mathrm{T}}\boldsymbol{\Sigma}_j^{-1}(\boldsymbol{x} - \boldsymbol{\mu}_j)\right]. \tag{5.9}$$

5.2.1 当 $\boldsymbol{\Sigma}_1 = \boldsymbol{\Sigma}_2 = \boldsymbol{\Sigma}$ 时, 正态总体的判别

当两个总体的协方差矩阵相等, 即 $\boldsymbol{\Sigma}_1 = \boldsymbol{\Sigma}_2 = \boldsymbol{\Sigma}$ 时, 由式 (5.9), 则似然比可以定义为

$$\begin{aligned}\frac{f_1(\boldsymbol{x})}{f_2(\boldsymbol{x})} &= \frac{\exp\left[-\frac{1}{2}(\boldsymbol{x} - \boldsymbol{\mu}_1)^{\mathrm{T}}\boldsymbol{\Sigma}^{-1}(\boldsymbol{x} - \boldsymbol{\mu}_1)\right]}{\exp\left[-\frac{1}{2}(\boldsymbol{x} - \boldsymbol{\mu}_2)^{\mathrm{T}}\boldsymbol{\Sigma}^{-1}(\boldsymbol{x} - \boldsymbol{\mu}_2)\right]} \\ &= \exp\left\{-\frac{1}{2}\left[(\boldsymbol{x} - \boldsymbol{\mu}_1)^{\mathrm{T}}\boldsymbol{\Sigma}^{-1}(\boldsymbol{x} - \boldsymbol{\mu}_1) - (\boldsymbol{x} - \boldsymbol{\mu}_2)^{\mathrm{T}}\boldsymbol{\Sigma}^{-1}(\boldsymbol{x} - \boldsymbol{\mu}_2)\right]\right\}.\end{aligned}$$

当 $\dfrac{f_1(\boldsymbol{x})}{f_2(\boldsymbol{x})} \geqslant k$ 时, 判别区域 R_1 属于总体 π_1. 由于对数函数是单调递增的, 该不等式可以写成

$$-\frac{1}{2}\left[(\boldsymbol{x} - \boldsymbol{\mu}_1)^{\mathrm{T}}\boldsymbol{\Sigma}^{-1}(\boldsymbol{x} - \boldsymbol{\mu}_1) - (\boldsymbol{x} - \boldsymbol{\mu}_2)^{\mathrm{T}}\boldsymbol{\Sigma}^{-1}(\boldsymbol{x} - \boldsymbol{\mu}_2)\right] \geqslant \log k.$$

对上式左边简单计算, 有

$$\boldsymbol{x}^{\mathrm{T}}\boldsymbol{\Sigma}^{-1}(\boldsymbol{\mu}_1 - \boldsymbol{\mu}_2) - \frac{1}{2}(\boldsymbol{\mu}_1 + \boldsymbol{\mu}_2)^{\mathrm{T}}\boldsymbol{\Sigma}^{-1}(\boldsymbol{\mu}_1 - \boldsymbol{\mu}_2) \geqslant \log k, \tag{5.10}$$

其中式 (5.10) 左边第一项为判别函数, 是关于 $\boldsymbol{x}$ 的线性函数. 因此, 称为**线性判别函数.** 若先验概率 q_1 和 q_2 已知, 取 $k = \dfrac{q_2C(1|2)}{q_1C(2|1)}$, 则最好的判别区域为

$$\begin{aligned}R_1 &= \left\{\boldsymbol{x} : \boldsymbol{x}^{\mathrm{T}}\boldsymbol{\Sigma}^{-1}(\boldsymbol{\mu}_1 - \boldsymbol{\mu}_2) - \frac{1}{2}(\boldsymbol{\mu}_1 + \boldsymbol{\mu}_2)^{\mathrm{T}}\boldsymbol{\Sigma}^{-1}(\boldsymbol{\mu}_1 - \boldsymbol{\mu}_2) \geqslant \log k\right\}, \\ R_2 &= \left\{\boldsymbol{x} : \boldsymbol{x}^{\mathrm{T}}\boldsymbol{\Sigma}^{-1}(\boldsymbol{\mu}_1 - \boldsymbol{\mu}_2) - \frac{1}{2}(\boldsymbol{\mu}_1 + \boldsymbol{\mu}_2)^{\mathrm{T}}\boldsymbol{\Sigma}^{-1}(\boldsymbol{\mu}_1 - \boldsymbol{\mu}_2) < \log k\right\}.\end{aligned} \tag{5.11}$$

当两个总体是相似的且错判损失相等, 即 $k = 1$ 或 $\log k = 0$ 时, 则判别区域为

$$R_1 = \left\{\boldsymbol{x} : \boldsymbol{x}^{\mathrm{T}}\boldsymbol{\Sigma}^{-1}(\boldsymbol{\mu}_1 - \boldsymbol{\mu}_2) \geqslant \frac{1}{2}(\boldsymbol{\mu}_1 + \boldsymbol{\mu}_2)^{\mathrm{T}}\boldsymbol{\Sigma}^{-1}(\boldsymbol{\mu}_1 - \boldsymbol{\mu}_2)\right\},$$

$$R_2 = \left\{\boldsymbol{x} : \boldsymbol{x}^{\mathrm{T}}\boldsymbol{\Sigma}^{-1}(\boldsymbol{\mu}_1 - \boldsymbol{\mu}_2) < \frac{1}{2}(\boldsymbol{\mu}_1 + \boldsymbol{\mu}_2)^{\mathrm{T}}\boldsymbol{\Sigma}^{-1}(\boldsymbol{\mu}_1 - \boldsymbol{\mu}_2)\right\}.$$

当总体分布的参数已知时, 可以说由式 (5.11) 定义的判别准则在某种意义下是最好的, 因为它

在先验概率已知的情况下, 能使得 $\mathrm{ECM}(R_1,R_2)$ 达到最小. 在实际应用中, 参数 $\boldsymbol{\mu}_j$ 和 $\boldsymbol{\Sigma}$ 都是未知的, 需要通过训练样本进行估计, 其中 $j=1,2$. 对于训练样本 $\boldsymbol{x}_1^{(1)},\cdots,\boldsymbol{x}_{n_1}^{(1)}\sim N_p(\boldsymbol{\mu}_1,\boldsymbol{\Sigma})$ 和 $\boldsymbol{x}_1^{(2)},\cdots,\boldsymbol{x}_{n_2}^{(2)}\sim N_p(\boldsymbol{\mu}_2,\boldsymbol{\Sigma})$, 如何把一个新的观测值 $\boldsymbol{x}$ 判别为来自总体 π_1 或 π_2.

首先, 根据这些训练样本的信息, 可以计算估计量. 均值向量 $\boldsymbol{\mu}_1$ 和 $\boldsymbol{\mu}_2$ 的无偏估计分别为

$$\widehat{\boldsymbol{\mu}}_1=\overline{\boldsymbol{x}}^{(1)}=\frac{1}{n_1}\sum_{i=1}^{n_1}\boldsymbol{x}_i^{(1)},\qquad \widehat{\boldsymbol{\mu}}_2=\overline{\boldsymbol{x}}^{(2)}=\frac{1}{n_2}\sum_{i=1}^{n_2}\boldsymbol{x}_i^{(2)}. \tag{5.12}$$

协方差矩阵 $\boldsymbol{\Sigma}$ 的无偏估计为

$$\widehat{\boldsymbol{\Sigma}}=\mathbf{S}=\frac{\mathbf{V}^{(1)}+\mathbf{V}^{(2)}}{n_1+n_2-2}, \tag{5.13}$$

其中

$$\mathbf{V}^{(1)}=\sum_{i=1}^{n_1}(\boldsymbol{x}_i^{(1)}-\overline{\boldsymbol{x}}^{(1)})(\boldsymbol{x}_i^{(1)}-\overline{\boldsymbol{x}}^{(1)})^{\mathrm{T}},\qquad \mathbf{V}^{(2)}=\sum_{i=1}^{n_2}(\boldsymbol{x}_i^{(2)}-\overline{\boldsymbol{x}}^{(2)})(\boldsymbol{x}_i^{(2)}-\overline{\boldsymbol{x}}^{(2)})^{\mathrm{T}}$$

分别为两组训练样本的**样本离差矩阵**.

Fisher (1936) 建议把参数估计代入式 (5.10), 可得下面的 **Fisher 线性判别函数**

$$W(\boldsymbol{x})=\boldsymbol{x}^{\mathrm{T}}\mathbf{S}^{-1}(\overline{\boldsymbol{x}}^{(1)}-\overline{\boldsymbol{x}}^{(2)})-\frac{1}{2}(\overline{\boldsymbol{x}}^{(1)}+\overline{\boldsymbol{x}}^{(2)})^{\mathrm{T}}\mathbf{S}^{-1}(\overline{\boldsymbol{x}}^{(1)}-\overline{\boldsymbol{x}}^{(2)}). \tag{5.14}$$

如果先验概率 q_1 和 q_2 给定时, 则可得到 **Fisher 线性判别准则**为

$$R_1=\{\boldsymbol{x}:W(\boldsymbol{x})\geqslant\log k\},\qquad R_2=\{\boldsymbol{x}:W(\boldsymbol{x})<\log k\}, \tag{5.15}$$

这里, $k=\dfrac{q_2C(1|2)}{q_1C(2|1)}$. 进一步, 需要强调的问题是:

(1) 如果先验概率 q_1 和 q_2 未知时, 可用训练样本进行估计, 即 $\widehat{q}_1=n_1/n$ 和 $\widehat{q}_2=n_2/n$, 其中 $n=n_1+n_2$. 但在实际应用中, 有时先验概率的估计通常导致判别效果不好. 在 minimax 准则下, 通常在假设错判概率或错判损失相等情况下, 确定判别区域 R_1 和 R_2, 详细的讨论见李高荣和吴密霞 (2021). 更简单的方法, 直接取相等的先验概率, 即 $q_1=q_2$.

(2) 尽管所得 Fisher 线性判别函数 (5.14), 是把式 (5.10) 中的未知参数用它们的无偏估计进行替换, 但是所得到的判别准则 (5.15) 仅是一个估计的最优准则, 它并不能保证使 $\mathrm{ECM}(R_1,R_2)$ 达到最小. 如果在大样本情形下, $\overline{\boldsymbol{x}}^{(1)}$, $\overline{\boldsymbol{x}}^{(2)}$ 和 $\mathbf{S}$ 分别是 $\boldsymbol{\mu}_1$, $\boldsymbol{\mu}_2$ 和 $\boldsymbol{\Sigma}$ 的强相合估计, 这时判别准则 (5.15) 是渐近最优的.

下面讨论一个特殊情况, 错判损失和先验概率相等的情况, 即 $k=1$. 如果 $\log k=0$, 令

$$y=(\overline{\boldsymbol{x}}^{(1)}-\overline{\boldsymbol{x}}^{(2)})^{\mathrm{T}}\mathbf{S}^{-1}\boldsymbol{x}=\widehat{\boldsymbol{\xi}}^{\mathrm{T}}\boldsymbol{x},$$

$$m=\frac{1}{2}(\overline{\boldsymbol{x}}^{(1)}-\overline{\boldsymbol{x}}^{(2)})^{\mathrm{T}}\mathbf{S}^{-1}(\overline{\boldsymbol{x}}^{(1)}+\overline{\boldsymbol{x}}^{(2)})=\frac{1}{2}(\overline{y}_1+\overline{y}_2),$$

其中 $\overline{y}_1=(\overline{\boldsymbol{x}}^{(1)}-\overline{\boldsymbol{x}}^{(2)})^{\mathrm{T}}\mathbf{S}^{-1}\overline{\boldsymbol{x}}^{(1)}=\widehat{\boldsymbol{\xi}}^{\mathrm{T}}\overline{\boldsymbol{x}}^{(1)}$ 和 $\overline{y}_2=(\overline{\boldsymbol{x}}^{(1)}-\overline{\boldsymbol{x}}^{(2)})^{\mathrm{T}}\mathbf{S}^{-1}\overline{\boldsymbol{x}}^{(2)}=\widehat{\boldsymbol{\xi}}^{\mathrm{T}}\overline{\boldsymbol{x}}^{(2)}$. 因此, 当 $\log k=0$ 时, 判别区域为

$$R_1=\{\boldsymbol{x}:y\geqslant m\},\qquad R_2=\{\boldsymbol{x}:y<m\}. \tag{5.16}$$

由判别准则 (5.16) 可知: 对给定一个新的观测样本 $\boldsymbol{x}_0$, 把它判归为总体 π_1 或 π_2, 依赖于它的

线性组合 $y_0 = \widehat{\boldsymbol{\xi}}^{\mathrm{T}}\boldsymbol{x}_0$ 与中点 m 的大小. 如果 $y_0 \geqslant m$, 则把新的观测样本 $\boldsymbol{x}_0$ 判归为总体 π_1, 否则判归为总体 π_2.

5.2.2 Fisher 判别

Fisher (1938) 希望把一个 p 维向量 $\boldsymbol{X} = (X_1, \cdots, X_p)^{\mathrm{T}}$ 投影到某一个方向上去, 使其最容易判别, 即考虑 $Y = \boldsymbol{\xi}^{\mathrm{T}}\boldsymbol{X}$, 使得

$$\frac{[\mathrm{E}_1(\boldsymbol{\xi}^{\mathrm{T}}\boldsymbol{X}) - \mathrm{E}_2(\boldsymbol{\xi}^{\mathrm{T}}\boldsymbol{X})]^2}{\mathrm{Var}(\boldsymbol{\xi}^{\mathrm{T}}\boldsymbol{X})} = \frac{\boldsymbol{\xi}^{\mathrm{T}}(\boldsymbol{\mu}_1 - \boldsymbol{\mu}_2)(\boldsymbol{\mu}_1 - \boldsymbol{\mu}_2)^{\mathrm{T}}\boldsymbol{\xi}}{\boldsymbol{\xi}^{\mathrm{T}}\boldsymbol{\Sigma}\boldsymbol{\xi}}$$

达到最大, 其中 E_j 表示对总体 π_j 的数学期望, $j = 1, 2$. 令 $\boldsymbol{\beta} = \boldsymbol{\Sigma}^{1/2}\boldsymbol{\xi}$, 代入上式, 则有

$$\frac{\boldsymbol{\beta}^{\mathrm{T}}\boldsymbol{\Sigma}^{-1/2}(\boldsymbol{\mu}_1 - \boldsymbol{\mu}_2)(\boldsymbol{\mu}_1 - \boldsymbol{\mu}_2)^{\mathrm{T}}\boldsymbol{\Sigma}^{-1/2}\boldsymbol{\beta}}{\|\boldsymbol{\beta}\|^2}. \tag{5.17}$$

使式 (5.17) 达到最大值的 $\boldsymbol{\beta}$ 必须与 $\boldsymbol{\Sigma}^{-1/2}(\boldsymbol{\mu}_1 - \boldsymbol{\mu}_2)$ 落在同一个方向上, 即 $\boldsymbol{\beta} = a\boldsymbol{\Sigma}^{-1/2}(\boldsymbol{\mu}_1 - \boldsymbol{\mu}_2)$, 其中 $a \neq 0$. 把 $\boldsymbol{\beta} = a\boldsymbol{\Sigma}^{-1/2}(\boldsymbol{\mu}_1 - \boldsymbol{\mu}_2)$ 代入式 (5.17), 则式 (5.17) 的最大值为

$$\Delta^2 = (\boldsymbol{\mu}_1 - \boldsymbol{\mu}_2)^{\mathrm{T}}\boldsymbol{\Sigma}^{-1}(\boldsymbol{\mu}_1 - \boldsymbol{\mu}_2).$$

把 $\boldsymbol{\beta} = a\boldsymbol{\Sigma}^{-1/2}(\boldsymbol{\mu}_1 - \boldsymbol{\mu}_2)$ 代入 $\boldsymbol{\xi}$, 则有

$$\boldsymbol{\xi} = \boldsymbol{\Sigma}^{-1/2}\boldsymbol{\beta} = a\boldsymbol{\Sigma}^{-1}(\boldsymbol{\mu}_1 - \boldsymbol{\mu}_2) =: a\boldsymbol{\theta}.$$

可见: $\boldsymbol{\xi}$ 与 $\boldsymbol{\theta} = \boldsymbol{\Sigma}^{-1}(\boldsymbol{\mu}_1 - \boldsymbol{\mu}_2)$ 成比例, 即 $\boldsymbol{\theta} = \boldsymbol{\Sigma}^{-1}(\boldsymbol{\mu}_1 - \boldsymbol{\mu}_2)$ 是使得 $\boldsymbol{X}$ 投影最容易的判别方向, 所以它会出现在最佳判别函数中. 这里, a 是尺度参数, 不会影响 $\boldsymbol{\xi}$ 的判别方向, 但不同的尺度参数 a, 将导致不同的判别函数. 常数 a 可以通过对 $\boldsymbol{\xi}$ 进行规范化以保证 $\boldsymbol{\xi}$ 的唯一性, 即取 $a = (\boldsymbol{\theta}^{\mathrm{T}}\boldsymbol{\theta})^{-1/2}$, 这时 $\boldsymbol{\xi}$ 有单位长度.

Fisher 判别方法不需要假设总体 π_1 和 π_2 来自正态分布, 然而需要假设两个总体具有相同的协方差矩阵 $\boldsymbol{\Sigma}$. 假设存在训练样本 $\boldsymbol{x}_1^{(1)}, \cdots, \boldsymbol{x}_{n_1}^{(1)} \sim (\boldsymbol{\mu}_1, \boldsymbol{\Sigma})$ 和 $\boldsymbol{x}_1^{(2)}, \cdots, \boldsymbol{x}_{n_2}^{(2)} \sim (\boldsymbol{\mu}_2, \boldsymbol{\Sigma})$. 根据上面的训练样本, 利用 Fisher 判别方法如何把一个新的观测值 $\boldsymbol{x}$ 判别为来自总体 π_1 或 π_2. 图 5.2 展示了当维数 $p = 2$ 时, Fisher 判别方法的示意图. 首先, 利用训练样本得到 $\boldsymbol{\mu}_1$, $\boldsymbol{\mu}_2$ 和 $\boldsymbol{\Sigma}$ 的估计分别为 $\overline{\boldsymbol{x}}^{(1)}$, $\overline{\boldsymbol{x}}^{(2)}$ 和 $\mathbf{S}$, 分别见式 (5.12) 和 (5.13); 然后, 得到 $\boldsymbol{\xi}$ 的估计为 $\widehat{\boldsymbol{\xi}} = \widehat{a}\mathbf{S}^{-1}(\overline{\boldsymbol{x}}^{(1)} - \overline{\boldsymbol{x}}^{(2)})$; 最后, 根据 Fisher 判别的思想, 令

$$y = \widehat{\boldsymbol{\xi}}^{\mathrm{T}}\boldsymbol{x}, \qquad m = \frac{1}{2}\widehat{\boldsymbol{\xi}}^{\mathrm{T}}(\overline{\boldsymbol{x}}^{(1)} + \overline{\boldsymbol{x}}^{(2)}) = \frac{1}{2}(\overline{y}_1 + \overline{y}_2),$$

其中 $\overline{y}_1 = \widehat{\boldsymbol{\xi}}^{\mathrm{T}}\overline{\boldsymbol{x}}^{(1)}$ 和 $\overline{y}_2 = \widehat{\boldsymbol{\xi}}^{\mathrm{T}}\overline{\boldsymbol{x}}^{(2)}$. 因此, 可得 Fisher 判别区域为

$$R_1 = \{\boldsymbol{x} : y \geqslant m\}, \qquad R_2 = \{\boldsymbol{x} : y < m\}. \tag{5.18}$$

由判别准则 (5.18) 可知: 对给定一个新的观测样本 $\boldsymbol{x}_0$, 把它判归为总体 π_1 或 π_2, 依赖于它的线性组合 $y_0 = \widehat{\boldsymbol{\xi}}^{\mathrm{T}}\boldsymbol{x}_0$ 与中点 m 的大小. 如果 $y_0 \geqslant m$, 则把新的观测样本 $\boldsymbol{x}_0$ 判归为总体 π_1, 否则判归为总体 π_2.

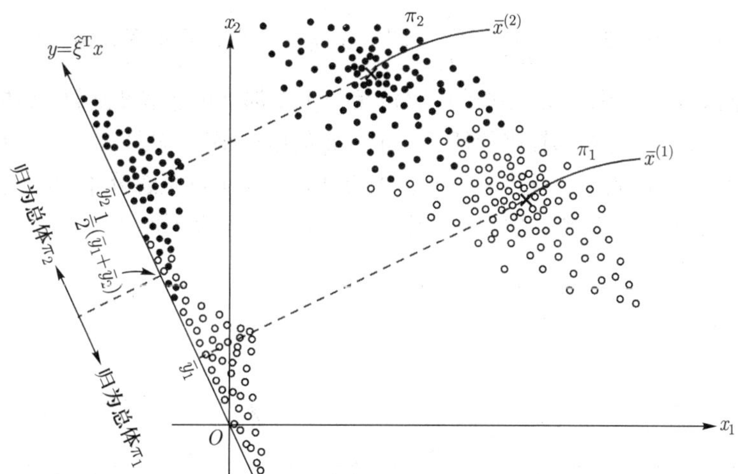

图 5.2 当维数 $p=2$ 时, Fisher 判别方法的示意图

5.2.3 当 $\Sigma_1 \neq \Sigma_2$ 时, 正态总体的判别

由式 (5.9), 当 $\boldsymbol{\Sigma}_1 \neq \boldsymbol{\Sigma}_2$ 时, 则似然比可以定义为

$$\frac{f_1(\boldsymbol{x})}{f_2(\boldsymbol{x})} = \frac{|\boldsymbol{\Sigma}_2|^{1/2}}{|\boldsymbol{\Sigma}_1|^{1/2}} \times \frac{\exp\left[-\frac{1}{2}(\boldsymbol{x}-\boldsymbol{\mu}_1)^{\mathrm{T}}\boldsymbol{\Sigma}_1^{-1}(\boldsymbol{x}-\boldsymbol{\mu}_1)\right]}{\exp\left[-\frac{1}{2}(\boldsymbol{x}-\boldsymbol{\mu}_2)^{\mathrm{T}}\boldsymbol{\Sigma}_2^{-1}(\boldsymbol{x}-\boldsymbol{\mu}_2)\right]}. \tag{5.19}$$

当 $\dfrac{f_1(\boldsymbol{x})}{f_2(\boldsymbol{x})} \geqslant k$ 时, 判别区域 R_1 属于总体 π_1. 由于对数函数是单调递增的, 该不等式可以写成

$$\log f_1(\boldsymbol{x}) - \log f_2(\boldsymbol{x}) \geqslant \log k.$$

由简单计算, 可得判别区域为

$$\begin{aligned} R_1 &= \left\{\boldsymbol{x} : -\frac{1}{2}\boldsymbol{x}^{\mathrm{T}}(\boldsymbol{\Sigma}_1^{-1}-\boldsymbol{\Sigma}_2^{-1})\boldsymbol{x} + (\boldsymbol{\mu}_1^{\mathrm{T}}\boldsymbol{\Sigma}_1^{-1} - \boldsymbol{\mu}_2^{\mathrm{T}}\boldsymbol{\Sigma}_2^{-1})\boldsymbol{x} - \zeta \geqslant \log k\right\}, \\ R_2 &= \left\{\boldsymbol{x} : -\frac{1}{2}\boldsymbol{x}^{\mathrm{T}}(\boldsymbol{\Sigma}_1^{-1}-\boldsymbol{\Sigma}_2^{-1})\boldsymbol{x} + (\boldsymbol{\mu}_1^{\mathrm{T}}\boldsymbol{\Sigma}_1^{-1} - \boldsymbol{\mu}_2^{\mathrm{T}}\boldsymbol{\Sigma}_2^{-1})\boldsymbol{x} - \zeta < \log k\right\}, \end{aligned} \tag{5.20}$$

其中 $k = \dfrac{q_2 C(1|2)}{q_1 C(2|1)}$, 且 $\zeta = \dfrac{1}{2}\log\left(\dfrac{|\boldsymbol{\Sigma}_1|}{|\boldsymbol{\Sigma}_2|}\right) + \dfrac{1}{2}(\boldsymbol{\mu}_1^{\mathrm{T}}\boldsymbol{\Sigma}_1^{-1}\boldsymbol{\mu}_1 - \boldsymbol{\mu}_2^{\mathrm{T}}\boldsymbol{\Sigma}_2^{-1}\boldsymbol{\mu}_2)$.

为了简单, 记

$$\delta(\boldsymbol{x}) = -\frac{1}{2}\boldsymbol{x}^{\mathrm{T}}\left(\boldsymbol{\Sigma}_1^{-1}-\boldsymbol{\Sigma}_2^{-1}\right)\boldsymbol{x} + \left(\boldsymbol{\mu}_1^{\mathrm{T}}\boldsymbol{\Sigma}_1^{-1} - \boldsymbol{\mu}_2^{\mathrm{T}}\boldsymbol{\Sigma}_2^{-1}\right)\boldsymbol{x} - \zeta. \tag{5.21}$$

由式 (5.21) 可看出, $\delta(\boldsymbol{x})$ 包含了二次项: $-\dfrac{1}{2}\boldsymbol{x}^{\mathrm{T}}(\boldsymbol{\Sigma}_1^{-1}-\boldsymbol{\Sigma}_2^{-1})\boldsymbol{x}$, 它是关于 $\boldsymbol{x}$ 的二次函数, 故把式 (5.21) 定义的 $\delta(\boldsymbol{x})$ 称为**二次判别函数**. 这时, 最好的判别区域 (5.20) 也可以写为

$$R_1 = \{\boldsymbol{x} : \delta(\boldsymbol{x}) \geqslant \log k\}, \qquad R_2 = \{\boldsymbol{x} : \delta(\boldsymbol{x}) < \log k\}. \tag{5.22}$$

若先验概率 q_1 和 q_2 已知, 则 $k = \dfrac{q_2 C(1|2)}{q_1 C(2|1)}$. 图 5.3 展示了当先验概率和错判损失相等时, 具有不同方差情形的判别区域, 其中图 5.3(a) 中的 $f_1(x)$ 和 $f_2(x)$ 都是正态密度函数; 图 5.3(b) 中的 $f_2(x)$ 是正态密度函数, 而 $f_1(x)$ 是左部轻尾的任意一个分布的密度函数. 从图 5.3 可以看出, 区域 R_1 由两个互不相交的区域组成. 此外, 当其中一个总体的分布不是来自正态分布, 但是具有轻尾分布时, 通常会导致更大的错判概率, 反映二次判别准则对正态分布的假设更加敏感.

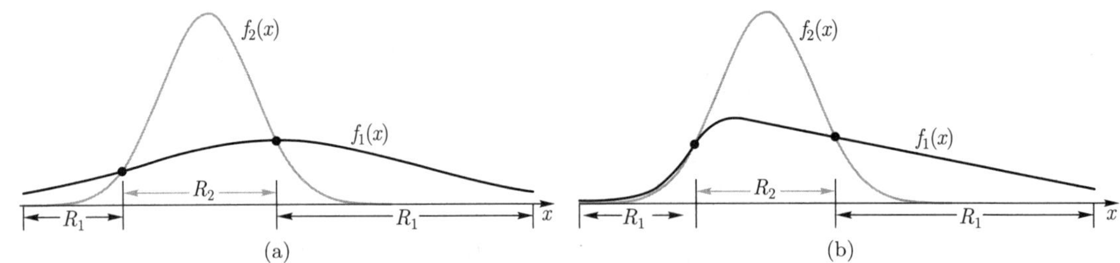

图 5.3 基于二次判别准则所得判别区域的示意图. (a) $f_1(x)$ 和 $f_2(x)$ 都是正态密度函数; (b) $f_2(x)$ 是正态密度函数, 而 $f_1(x)$ 是左部轻尾的任一分布的密度函数

当两个总体的先验概率相等, 即 $q_1 = q_2$, 且错判损失相等, 即 $k = 1$ 或 $\log k = 0$ 时, 则判别区域为

$$R_1 = \{\boldsymbol{x} : \delta(\boldsymbol{x}) \geqslant 0\}, \qquad R_2 = \{\boldsymbol{x} : \delta(\boldsymbol{x}) < 0\}.$$

在实际应用中, 二次判别函数 $\delta(\boldsymbol{x})$ 中参数 $\boldsymbol{\mu}_1, \boldsymbol{\mu}_2, \boldsymbol{\Sigma}_1$ 和 $\boldsymbol{\Sigma}_2$ 未知, 解决办法就是在二次判别函数 $\delta(\boldsymbol{x})$ 中用它们的相合估计替换这些未知参数, 则得到估计的二次判别函数

$$\widehat{\delta}(\boldsymbol{x}) = -\frac{1}{2}\boldsymbol{x}^{\mathrm{T}}(\widehat{\boldsymbol{\Sigma}}_1^{-1} - \widehat{\boldsymbol{\Sigma}}_2^{-1})\boldsymbol{x} + (\widehat{\boldsymbol{\mu}}_1^{\mathrm{T}}\widehat{\boldsymbol{\Sigma}}_1^{-1} - \widehat{\boldsymbol{\mu}}_2^{\mathrm{T}}\widehat{\boldsymbol{\Sigma}}_2^{-1})\boldsymbol{x} - \widehat{\zeta}, \tag{5.23}$$

其中

$$\widehat{\boldsymbol{\mu}}_j = \overline{\boldsymbol{x}}^{(j)} = \frac{1}{n_j}\sum_{i=1}^{n_j}\boldsymbol{x}_i^{(j)}, \quad \widehat{\boldsymbol{\Sigma}}_j = \mathbf{S}^{(j)} = \frac{1}{n_j - 1}\sum_{i=1}^{n_j}(\boldsymbol{x}_i^{(j)} - \overline{\boldsymbol{x}}^{(j)})(\boldsymbol{x}_i^{(j)} - \overline{\boldsymbol{x}}^{(j)})^{\mathrm{T}}, \quad j = 1, 2,$$

$$\widehat{\zeta} = \frac{1}{2}\log\left(\frac{|\widehat{\boldsymbol{\Sigma}}_1|}{|\widehat{\boldsymbol{\Sigma}}_2|}\right) + \frac{1}{2}(\widehat{\boldsymbol{\mu}}_1^{\mathrm{T}}\widehat{\boldsymbol{\Sigma}}_1^{-1}\widehat{\boldsymbol{\mu}}_1 - \widehat{\boldsymbol{\mu}}_2^{\mathrm{T}}\widehat{\boldsymbol{\Sigma}}_2^{-1}\widehat{\boldsymbol{\mu}}_2).$$

这时, 可得二次判别准则的区域为

$$R_1 = \left\{\boldsymbol{x} : \widehat{\delta}(\boldsymbol{x}) \geqslant \log k\right\}, \qquad R_2 = \left\{\boldsymbol{x} : \widehat{\delta}(\boldsymbol{x}) < \log k\right\}, \tag{5.24}$$

这里, $k = \dfrac{q_2 C(1|2)}{q_1 C(2|1)}$. 如果先验概率 q_1 和 q_2 未知时, 可用训练样本进行估计, 即 $\widehat{q}_1 = n_1/n$ 和 $\widehat{q}_2 = n_2/n$, 其中 $n = n_1 + n_2$. 但在实际应用中, 有时先验概率的估计通常导致判别效果不好. 在 minimax 准则下, 通常在假设错判概率或错判损失相等的情况下, 进一步确定判别区域 R_1 和 R_2.

下面考虑 Bouma 等 (1975) 对潜在 A 型血友病携带者的研究数据, Johnson 和 Wichern (2008) 在第 11 章对该数据进行了判别分析, 数据见表 5.2. 为了检测患者是否为潜在 A 型血友病的携带者, 对两组妇女的血液样本进行分析, 考虑两个变量: $X_1 = \log_{10}$(AHF activity) 和 $X_2 = \log_{10}$(AHF-like antigen), 其中 AHF 表示抗血友病因子. 第一组为正常组 π_1, 从不携带血友病基因女性中抽取 $n_1 = 30$ 个样本; 第二组为血友病携带者 π_2, 从已知的 A 型血友病妇女携带者中选取 $n_2 = 45$ 个样本. 考虑如下的问题: ① 对表 5.2 中数据建立线性判别准则 (5.15) 和二次判别准则 (5.24), 并对表 5.2 中待判别的 15 个新的观测样本进行判别; ② 当 $\log k = 0$ 时, 分别使用线性判别准则和二次判别准则对表 5.2 中待判别的 15 个新的观测样本进行判别, 并对结果进行比较.

表 5.2 血友病数据

π_1			π_2					
组号	X_1	X_2	组号	X_1	X_2	组号	X_1	X_2
1	−0.005 6	−0.165 7	2	−0.347 8	0.115 1	2	−0.335 1	−0.136 8
1	−0.169 8	−0.158 5	2	−0.361 8	−0.200 8	2	−0.014 9	0.153 9
1	−0.346 9	−0.187 9	2	−0.498 6	−0.086 0	2	−0.031 2	0.140 0
1	−0.089 4	0.006 4	2	−0.501 5	−0.298 4	2	−0.174 0	−0.077 6
1	−0.167 9	0.071 3	2	−0.132 6	0.009 7	2	−0.141 6	0.164 2
1	−0.083 6	0.010 6	2	−0.691 1	−0.339 0	2	−0.150 8	0.113 7
1	−0.197 9	−0.000 5	2	−0.360 8	0.123 7	2	−0.096 4	0.053 1
1	−0.076 2	0.039 2	2	−0.453 5	−0.168 2	2	−0.264 2	0.086 7
1	−0.191 3	−0.212 3	2	−0.347 9	−0.172 1	2	−0.023 4	0.080 4
1	−0.109 2	−0.119 0	2	−0.353 9	0.072 2	2	−0.335 2	0.087 5
1	−0.526 8	−0.477 3	2	−0.471 9	−0.107 9	2	−0.187 8	0.251 0
1	−0.084 2	0.024 8	2	−0.361 0	−0.039 9	2	−0.174 4	0.189 2
1	−0.022 5	−0.058 0	2	−0.322 6	0.167 0	2	−0.405 5	−0.241 8
1	0.008 4	0.078 2	2	−0.431 9	−0.068 7	2	−0.244 4	0.161 4
1	−0.182 7	−0.113 8	2	−0.273 4	−0.002 0	2	−0.478 4	0.028 2
1	0.123 7	0.214 0	2	−0.557 3	0.054 8	?	−0.112	−0.279
1	−0.470 2	−0.309 9	2	−0.375 5	−0.186 5	?	−0.059	−0.068
1	−0.151 9	−0.068 6	2	−0.495 0	−0.015 3	?	0.064	0.012
1	0.000 6	−0.115 3	2	−0.510 7	−0.248 3	?	−0.043	−0.052
1	−0.201 5	−0.049 8	2	−0.165 2	0.213 2	?	−0.050	−0.098
1	−0.193 2	−0.229 3	2	−0.244 7	−0.040 7	?	−0.094	−0.113
1	0.150 7	0.093 3	2	−0.423 2	−0.099 8	?	−0.123	−0.143
1	−0.125 9	−0.066 9	2	−0.237 5	0.287 6	?	−0.011	−0.037
1	−0.155 1	−0.123 2	2	−0.220 5	0.004 6	?	−0.210	−0.090
1	−0.195 2	−0.100 7	2	−0.215 4	−0.021 9	?	−0.126	−0.019
1	0.029 1	0.044 2	2	−0.344 7	0.009 7	?	−0.460	−0.200

续表

π_1			π_2					
组号	X_1	X_2	组号	X_1	X_2	组号	X_1	X_2
1	−0.228 0	−0.171 0	2	−0.254 0	−0.057 3	?	−0.510	−0.156
1	−0.099 7	−0.073 3	2	−0.377 8	−0.268 2	?	−0.486	−0.310
1	−0.197 2	−0.060 7	2	−0.404 6	−0.116 2	?	−0.400	−0.168
1	−0.086 7	−0.056 0	2	−0.063 9	0.156 9	?	−0.350	0.198

首先, 图 5.4 给了两组数据变量 (X_1, X_2) 的散点图, 以及包含样本点概率为 50% 和 95% 的轮廓图. 从图 5.4 可以看出, 二元正态分布可以很好拟合这个数据集.

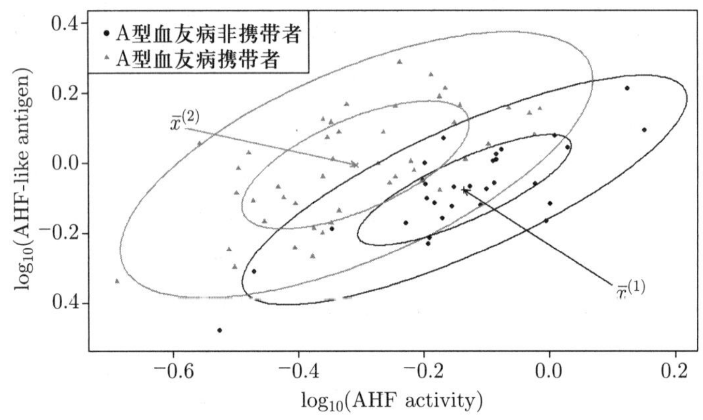

图 5.4 A 型血友病非携带者和携带者两个变量 (X_1, X_2) 的散点图, 以及包含样本点概率为 50% 和 95% 的轮廓图

其次, 根据 5.2.1 节和 5.2.3 节介绍的两正态总体的 Bayes 判别方法, 薛毅和陈立萍 (2007) 编写了下面的 R 语言函数 BDA(). 利用函数 BDA() 对表 5.2 中的血友病数据进行判别分析.

```
BDA = function(TrnX1,TrnX2,k = 1,TstX = NULL,var.equal = FALSE){
   if (is.null(TstX) == TRUE) TstX = rbind(TrnX1, TrnX2)
   if (is.vector(TstX) == TRUE)  TstX = t(as.matrix(TstX))
   else if (is.matrix(TstX) != TRUE) TstX = as.matrix(TstX)
   if (is.matrix(TrnX1) != TRUE) TrnX1 = as.matrix(TrnX1)
   if (is.matrix(TrnX2) != TRUE) TrnX2 = as.matrix(TrnX2)
   nx = nrow(TstX)
   blong = matrix(rep(0, nx), nrow = 1, byrow = TRUE,
         dimnames=list("blong", 1:nx))
   mu1 = colMeans(TrnX1); mu2 = colMeans(TrnX2)
   if (var.equal == TRUE  || var.equal == T){
      S = var(rbind(TrnX1,TrnX2)); beta = 2*log(k)
      w = mahalanobis(TstX, mu2, S)-mahalanobis(TstX, mu1, S)
```

```
    }
    else{
      S1 = var(TrnX1); S2 = var(TrnX2)
      beta = 2*log(k) + log(det(S1)/det(S2))
      w = mahalanobis(TstX, mu2, S2)-mahalanobis(TstX, mu1, S1)
    }
    for (i in 1:nx){
      if (w[i]>beta)  blong[i] = 1
      else            blong[i] = 2
    }
    blong
}
```

在函数 BDA() 中, 输入变量 TrnX1 和 TrnX2 分别表示总体 π_1 和 π_2 的训练样本, 其输入格式是数据框或数据矩阵. $k = \dfrac{C(1|2)}{C(2|1)} \cdot \dfrac{q_2}{q_1}$, 缺省值为 1. 输入变量 TstX 为待判别的测试样本, 其输入格式为数据框, 或数据矩阵, 或向量. 如果 TstX=NULL, 则待判别样本为两个训练样本之和. 输入变量 var.equal 为逻辑变量, 如果 var.equal=TRUE, 表示两个总体的协方差矩阵相同, 缺省时表示两个总体的协方差矩阵不相同. 函数的输出是由 “1” 和 “2” 构成的一维矩阵, 其中 “1” 表示待判别样本属于总体 π_1, “2” 表示待判别样本属于总体 π_2.

下面使用函数 BDA(), 假设两个总体 π_1 和 π_2 的协方差矩阵相等和不等两种情况下, 并考虑错判损失相同, 且取 $k = q_2/q_1 = 45/30$ 和 $k = 1$ 两种情况对训练样本进行分类, 然后再对待判别的 15 个新的样本进行分类, 程序如下.

```
Hemo.tran  = read.table(file = "Hemophilia.dat", header = F)
Hemo.test  = read.table(file = "Hemophilia-Test.dat")
TrnX1 = Hemo.tran[1:30, 2:3]; TrnX2 = Hemo.tran[31:75, 2:3]
## 认为协方差矩阵相同, 取 k=45/30 和 k=1, 对训练样本的判别
BDA(TrnX1, TrnX2, k = 45/30, var.equal = TRUE)
BDA(TrnX1, TrnX2, var.equal = TRUE)
## 认为协方差矩阵相同, 取 k=45/30 和 k=1, 对 15 个待判别样本的判别
BDA(TrnX1, TrnX2, k = 45/30, TstX = Hemo.test, var.equal = TRUE)
BDA(TrnX1, TrnX2, TstX = Hemo.test, var.equal = TRUE)
## 认为协方差矩阵不同, 取 k=45/30 和 k=1, 对训练样本的判别
BDA(TrnX1, TrnX2, k = 45/30)
BDA(TrnX1, TrnX2)
## 认为协方差矩阵不同, 取 k=45/30 和 k=1, 对 15 个待判别样本的判别
```

```
BDA(TrnX1, TrnX2, k = 45/30, TstX = Hemo.test)
BDA(TrnX1, TrnX2, TstX = Hemo.test)
```

为了节省篇幅, 此处不再输出结果, 但是对结果做如下总结:

(1) 当两个总体 π_1 和 π_2 的协方差矩阵相等, 且 $k = 45/30$ 时, 在训练样本中, 总体 π_1 中的第 3 号、第 5 号、第 7 号、第 17 号、第 20 号和第 29 号样本错判到了总体 π_2 中; 而总体 π_2 中的第 58 号、第 64 号和第 69 号样本错判到总体 π_1 中; 错判率为 $9/75 = 12\%$;

(2) 当两个总体 π_1 和 π_2 的协方差矩阵相等, 且 $k = 1$ 时, 在训练样本中, 总体 π_1 中的第 5 号、第 7 号和第 17 号样本错判到了总体 π_2 中; 而总体 π_2 中的第 32 号、第 35 号、第 58 号、第 62 号、第 63 号、第 64 号、第 67 号和第 69 号样本错判到总体 π_1 中; 错判率为 $11/75 \approx 14.67\%$;

(3) 当两个总体 π_1 和 π_2 的协方差矩阵不等, 且 $k = 45/30$ 时, 在训练样本中, 总体 π_1 中的第 3 号、第 5 号、第 7 号和第 17 号样本错判到了总体 π_2 中; 而总体 π_2 中的第 35 号、第 58 号、第 64 号、第 67 号和第 69 号样本错判到总体 π_1 中; 错判率为 $9/75 = 12\%$;

(4) 当两个总体 π_1 和 π_2 的协方差矩阵不等, 且 $k = 1$ 时, 在训练样本中, 总体 π_1 中的第 5 号、第 7 号和第 17 号样本错判到了总体 π_2 中; 而总体 π_2 中的第 32 号、第 35 号、第 58 号、第 62 号、第 63 号、第 64 号、第 67 号和第 69 号样本错判到总体 π_1 中; 错判率为 $11/75 \approx 14.67\%$;

(5) 对 15 个待判别的样本, 在所有情况下, 都是把前 10 个样本判归为总体 π_1, 而把后面 5 个样本判归为总体 π_2, 结果见表 5.3.

表 5.3　15 个待判别血友病样本的判别结果

判别结果	X_1	X_2	判别结果	X_1	X_2	判别结果	X_1	X_2
1	−0.112	−0.279	1	−0.094	−0.113	2	−0.460	−0.200
1	−0.059	−0.068	1	−0.123	−0.143	2	−0.510	−0.156
1	0.064	0.012	1	−0.011	−0.037	2	−0.486	−0.310
1	−0.043	−0.052	1	−0.210	−0.090	2	−0.400	−0.168
1	−0.050	−0.098	1	−0.126	−0.019	2	−0.350	0.198

从理论角度讲, Bayes 判别方法可使得错判的平均损失 $\mathrm{ECM}(R_1, R_2)$ 达到最小, 可以看成是一种黄金判别准则. 然而, Bayes 判别方法需要知道每个总体的密度函数, 在实际应用中受到了极大的限制, 因为首先需要使用训练样本对密度函数进行估计. 在 5.2.1 节中, 通常把式 (5.15) 定义的判别准则称为**线性判别分析** (linear discriminant analysis, LDA) 方法. 在 5.2.3 节中, 把式 (5.24) 定义的判别准则称为**二次判别分析** (quadratic discriminant analysis, QDA) 方法, 它们并不需要给定总体的密度函数, 仅仅需要估计判别函数中的未知参数. 因此, QDA 和 LDA 方法应用较为广泛.

李高荣和吴密霞 (2021) 在 11.8 节通过模拟数据比较了 Bayes 判别方法、LDA 方法和 QDA 方法的决策边界和分类错误率, 并提供了图 5.5(a) 和图 5.5(b).

由图 5.5 可以看出, Bayes 判别方法的决策边界是数据自适应的, 当 $\mathbf{\Sigma}_1 = \mathbf{\Sigma}_2 = \mathbf{\Sigma}$ 时, 更适合 LDA 方法, 这时 Bayes 判别方法和 LDA 方法的决策边界都是线性的; 而当 $\mathbf{\Sigma}_1 \neq \mathbf{\Sigma}_2$ 时, 更适合

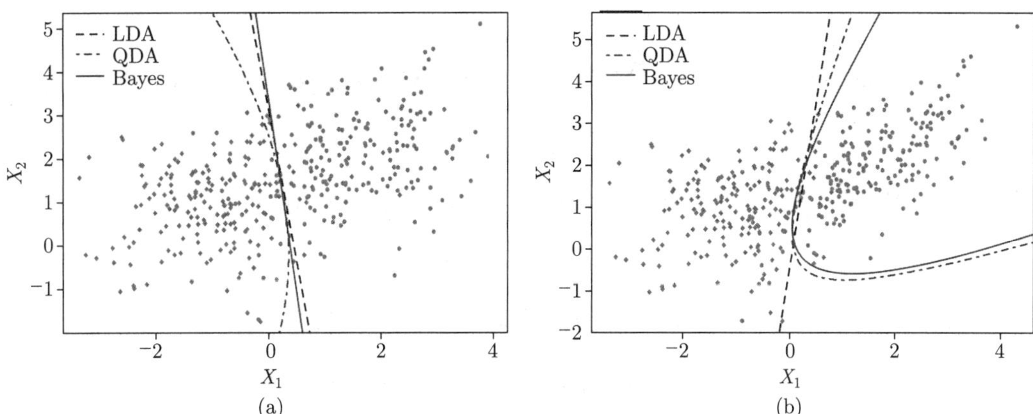

图 5.5 (a) 当 $\mathbf{\Sigma}_1=\mathbf{\Sigma}_2=\mathbf{\Sigma}$ 时, Bayes 判别方法 (紫色实线)、LDA 方法 (黑色虚线) 和 QDA 方法 (蓝色点断线) 的决策边界, 三种方法的错误率分别为: 0.1、0.108 和 0.103; (b) 当 $\mathbf{\Sigma}_1\neq\mathbf{\Sigma}_2$ 时, Bayes 判别方法 (紫色实线)、LDA 方法 (黑色虚线) 和 QDA 方法 (蓝色点断线) 的决策边界, 三种方法的错误率分别为: 0.087、0.1 和 0.087

QDA 方法, 这时 Bayes 判别方法和 QDA 方法的决策边界都是非线性的.

在实际应用中, 使用 LDA 方法和 QDA 方法时, 需要注意:

(1) 对于给定的观测数据, 首先需要对数据进行正态性检验, 如果数据不是多元正态数据, 需要先对数据进行变换, 使数据近似为多元正态数据. 通常的变换方法有 Box-Cox 变换, 详细讨论见 Johnson 和 Wichern (2008) 的第 4 章;

(2) 需要对两个总体的协方差矩阵进行假设检验, 如果两个协方差矩阵相等, 则使用线性判别准则 (5.15), 否则使用二次判别准则 (5.24);

(3) 研究表明, 当数据不满足多元正态分布时, 通常线性判别准则和二次判别准则的分类效果都较差. 理想的情况是, 有足够多的训练样本和测试样本, 其中训练样本用于建立判别准则或分类器, 而测试样本用于评价判别准则或分类器的表现.

5.2.4 先验概率不存在的情形

当先验概率未知时, 如何进行判别是关键的问题. 下面重点讨论协方差矩阵相等的情形, 即 $\mathbf{\Sigma}_1=\mathbf{\Sigma}_2=\mathbf{\Sigma}$. 本节讨论先验概率不存在的情形, 选择 $\log k=c$. 令 $\boldsymbol{X}=(X_1,\cdots,X_p)^{\mathrm{T}}$ 是一个 p 维的随机观测向量, 希望找到下式定义的随机变量 U 的分布

$$U=\boldsymbol{X}^{\mathrm{T}}\mathbf{\Sigma}^{-1}(\boldsymbol{\mu}_1-\boldsymbol{\mu}_2)-\frac{1}{2}(\boldsymbol{\mu}_1+\boldsymbol{\mu}_2)^{\mathrm{T}}\mathbf{\Sigma}^{-1}(\boldsymbol{\mu}_1-\boldsymbol{\mu}_2).$$

如果 $\boldsymbol{X}\sim N_p(\boldsymbol{\mu}_1,\mathbf{\Sigma})$, 则 U 是正态分布, 其均值为

$$\begin{aligned}\mathrm{E}_1(U)&=\boldsymbol{\mu}_1^{\mathrm{T}}\mathbf{\Sigma}^{-1}(\boldsymbol{\mu}_1-\boldsymbol{\mu}_2)-\frac{1}{2}(\boldsymbol{\mu}_1+\boldsymbol{\mu}_2)^{\mathrm{T}}\mathbf{\Sigma}^{-1}(\boldsymbol{\mu}_1-\boldsymbol{\mu}_2)\\&=\frac{1}{2}(\boldsymbol{\mu}_1-\boldsymbol{\mu}_2)^{\mathrm{T}}\mathbf{\Sigma}^{-1}(\boldsymbol{\mu}_1-\boldsymbol{\mu}_2);\end{aligned}$$

方差为

$$\begin{aligned}\mathrm{Var}_1(U) &= (\boldsymbol{\mu}_1-\boldsymbol{\mu}_2)^{\mathrm{T}}\boldsymbol{\Sigma}^{-1}\mathrm{E}_1[(\boldsymbol{X}-\boldsymbol{\mu}_1)(\boldsymbol{X}-\boldsymbol{\mu}_1)^{\mathrm{T}}]\boldsymbol{\Sigma}^{-1}(\boldsymbol{\mu}_1-\boldsymbol{\mu}_2)\\ &= (\boldsymbol{\mu}_1-\boldsymbol{\mu}_2)^{\mathrm{T}}\boldsymbol{\Sigma}^{-1}(\boldsymbol{\mu}_1-\boldsymbol{\mu}_2).\end{aligned}$$

记 $N_p(\boldsymbol{\mu}_1,\boldsymbol{\Sigma})$ 和 $N_p(\boldsymbol{\mu}_2,\boldsymbol{\Sigma})$ 之间的**马氏距离** (Mahalanobis, 1936) 为

$$(\boldsymbol{\mu}_1-\boldsymbol{\mu}_2)^{\mathrm{T}}\boldsymbol{\Sigma}^{-1}(\boldsymbol{\mu}_1-\boldsymbol{\mu}_2)=\Delta^2,$$

则 $U\sim N(\Delta^2/2,\Delta^2)$. 反过来, 当 $\boldsymbol{X}\sim N_p(\boldsymbol{\mu}_2,\boldsymbol{\Sigma})$ 时, 同样可计算均值为

$$\mathrm{E}_2(U)=\frac{1}{2}(\boldsymbol{\mu}_2-\boldsymbol{\mu}_1)^{\mathrm{T}}\boldsymbol{\Sigma}^{-1}(\boldsymbol{\mu}_1-\boldsymbol{\mu}_2)=-\frac{1}{2}\Delta^2;$$

方差为 $\mathrm{Var}_2(U)=\mathrm{Var}_1(U)=\Delta^2$, 则 $U\sim N(-\Delta^2/2,\Delta^2)$.

这时, 来自总体 π_1 的观测值被错判的概率为

$$\mathbb{P}(2|1;c)=\int_{-\infty}^{c}\frac{1}{\sqrt{2\pi}\Delta}\exp\left[-\frac{1}{2\Delta^2}\left(z-\frac{1}{2}\Delta^2\right)^2\right]\mathrm{d}z=\int_{-\infty}^{(c-\Delta^2/2)/\Delta}\frac{1}{\sqrt{2\pi}}\exp(-y^2/2)\mathrm{d}y.$$

而来自总体 π_2 的观测值被错判的概率为

$$\mathbb{P}(1|2;c)=\int_{c}^{\infty}\frac{1}{\sqrt{2\pi}\Delta}\exp\left[-\frac{1}{2\Delta^2}\left(z+\frac{1}{2}\Delta^2\right)^2\right]\mathrm{d}z=\int_{(c+\Delta^2/2)/\Delta}^{\infty}\frac{1}{\sqrt{2\pi}}\exp(-y^2/2)\mathrm{d}y.$$

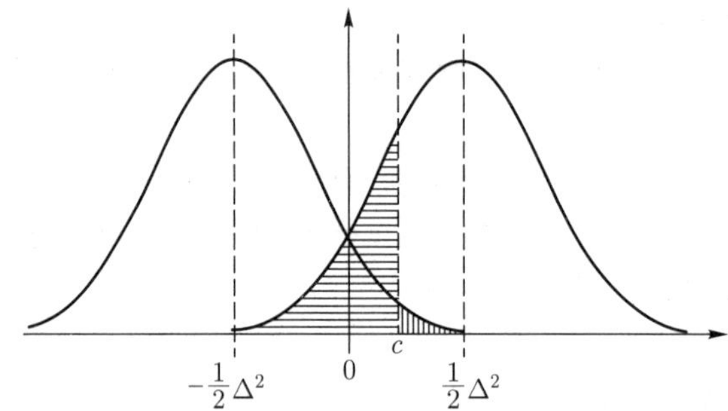

图 5.6　两个错判概率的意义

两个错判概率见图 5.6 中阴影部分. 一个重要的问题就是, 如何选择临界值 c, 使得两个错判概率达到最小. 由 minimax 准则, 选择 c 使得

$$C(1|2)\int_{(c+\Delta^2/2)/\Delta}^{\infty}\frac{1}{\sqrt{2\pi}}\exp(-y^2/2)\mathrm{d}y=C(2|1)\int_{-\infty}^{(c-\Delta^2/2)/\Delta}\frac{1}{\sqrt{2\pi}}\exp(-y^2/2)\mathrm{d}y,\tag{5.25}$$

其中 $C(i|j)$ 为错判损失. 当错判损失相等时, 有 $c=0$, 且错判概率分别为

$$\mathbb{P}(2|1)=\int_{-\infty}^{-\Delta/2}\frac{1}{\sqrt{2\pi}}\exp(-y^2/2)\mathrm{d}y,\qquad \mathbb{P}(1|2)=\int_{\Delta/2}^{\infty}\frac{1}{\sqrt{2\pi}}\exp(-y^2/2)\mathrm{d}y.$$

当错判损失不等的情况下, c 可以尝试由正态分布的性质来决定.

在实际问题中, 人们可能更关心的是某一个错判概率不能大于给定的 α, 如医生在进行医疗诊

断时, 不希望把患者误诊为正常人的错判概率大于 α. 为了确定 c, 根据 **Neyman-Pearson 准则**, 对给定的 α, 可以考虑下面的优化问题来确定最优的参数 c, 即

$$\widehat{c}_\alpha = \arg \min_{\mathbb{P}(2|1,c)\leqslant\alpha} \mathbb{P}(1|2,c).$$

关于 Neyman-Pearson 准则的详细讨论见 Tong 等 (2018), 计算函数见 R 语言中的程序包nproc.

5.2.5 分类效果的评价

如果对一个判别准则或分类器进行评价, 通常是采用错误率或错判概率. 当两个总体 π_1 和 π_2 的密度函数 $f_1(\boldsymbol{x})$ 和 $f_2(\boldsymbol{x})$ 已知时, 对任给的一个判别准则 $R=(R_1,R_2)$, 评价其分类效果, 直接计算如下**总的错判概率** (total probability of misclassification, TPM)

$$\text{TPM} = q_1\mathbb{P}(2|1) + q_2\mathbb{P}(1|2) = q_1\int_{R_2} f_1(\boldsymbol{x})\mathrm{d}\boldsymbol{x} + q_2\int_{R_1} f_2(\boldsymbol{x})\mathrm{d}\boldsymbol{x}.$$

例如, 对两个协方差矩阵相等的线性判别准则, 假设错判损失相等, 且先验概率 $q_1=q_2=1/2$, 由式 (5.25) 可知, 总的错判概率 TPM 为

$$\text{TPM} = q_1\mathbb{P}(2|1) + q_2\mathbb{P}(1|2) = \frac{1}{2}\varPhi\left(-\frac{\Delta}{2}\right) + \frac{1}{2}\left[1-\varPhi\left(\frac{\Delta}{2}\right)\right] = \varPhi\left(-\frac{\Delta}{2}\right).$$

如果取 $\Delta^2 = (\boldsymbol{\mu}_1-\boldsymbol{\mu}_2)^{\mathrm{T}}\boldsymbol{\Sigma}^{-1}(\boldsymbol{\mu}_1-\boldsymbol{\mu}_2) = 2.56$, 则 $\Delta = 1.6$, 且可得 $\text{TPM} = \varPhi(-1.6/2) = \varPhi(-0.8) = 0.2119$.

当密度函数 $f_1(\boldsymbol{x})$ 和 $f_2(\boldsymbol{x})$ 未知时, 则不能直接计算 TPM 对判别准则或分类器进行评价, 但是可以通过计算**实际错误率** (actual error rate, AER) 进行评价. 在第 9 章, 将介绍几种分类的评价方法, 如通过混淆矩阵, 计算正确率、真阳性率、假阳性率、准确率, 以及绘制 ROC 曲线等. 此外, 也可以利用第 4 章介绍的交叉验证法和 bootstrap 方法进行评价.

5.2.6 案例及 R 语言计算

本节在案例分析中, 重点介绍 QDA 和 LDA 方法的应用. 在 R 语言中, QDA 和 LDA 方法分别可以使用程序包 MASS 中的函数 qda() 和 lda() 来实现, 它们有三种调用格式.

```
## 第一种调用格式
qda(formula, data, ..., subset, na.action)
lda(formula, data, ..., subset, na.action)
其中 formula 表示判别公式, 形式为: groups ~ x1+x2+...;data 表示数据集;subset 表示子
样本;na.action 表示处理缺失值的方法, 默认为如果样本中有缺失值, 则函数无法运行; 如果
设置为 na.omit, 则表示自动删除样本中的缺失值, 然后进行计算.

## 第二种调用格式
qda(x, grouping, prior = proportions, method, CV = FALSE, nu, ...)
```

```
lda(x, grouping, prior = proportions, tol = 1.0e-4,
    method, CV = FALSE, nu, ...)
```
其中 x 表示数据框数据;grouping 表示每个观测样本的所属类别;prior 表示各类别的先验概率，默认取训练集中各样本的比例;tol 表示筛选变量，默认取 0.0001; 如果 CV=TRUE，表示返回结果是采用了留一交叉验证法 (LOOCV) 得到的分类结果或后验概率; 其他参数见在线帮助.

```
## 第三种调用格式
qda(x, grouping, ..., subset, na.action)
lda(x, grouping, ..., subset, na.action)
```
其中 x 表示数据矩阵，其他参数与上面两种调用格式相同.

以程序包 rrcov 中的 salmon 数据集为例介绍 QDA 和 LDA 方法的判别分析, 该数据集包含 100 个观测样本和 4 个变量, 其中 Gender 表示三文鱼的性别 (1 表示雌性, 2 表示雄性), Freshwater 表示三文鱼第一年淡水生长年轮直径大小 (单位: 英寸), Marine 表示三文鱼第一年深海生长年轮直径大小 (单位: 英寸), Origin 表示三文鱼的产地 (Alaskan 表示阿拉斯加产地, Canadian 表示加拿大产地). 把变量 Origin 看作类别变量, 其他三个变量作为特征变量, 主要目的是根据三个变量 Gender, Freshwater 和 Marine 对三文鱼的产地进行分类. 三文鱼的不同产地, 表示样本来自两个不同的总体 π_1 和 π_2. 从 salmon 数据集可知, 两个产地三文鱼的样本各包含 50 个观测样本, 则先验概率分别为 $q_1 = q_2 = 1/2$.

首先, 基于 salmon 数据集中的变量 Freshwater 和 Marine, 利用函数 lda() 进行线性判别分析. 其次, 把 salmon 数据集看成测试集, 对输出结果在测试集上用函数 predict() 进行预测, 然后用函数 table() 计算混淆矩阵. 进一步用函数 plot() 绘制线性判别图像见图 5.7(a). 最后, 使用程序包 klaR 中的函数 partimat() 对判别分析效果进行可视化, 该函数使用数据中任意两个特征变量进行判别分析, 并可视化所有特征变量组合的判别图像, 同时提供了错判率. 程序和输出结果如下, 线性判别图像和决策边界见图 5.7, 其中图 5.7(b) 的决策边界也可以根据函数 lda() 的输出结果, 编写程序进行绘制, 程序见李高荣和吴密霞 (2021).

```
library(MASS); library(klaR)
data(salmon, package = "rrcov"); attach(salmon)
lda.fit = lda(Origin Freshwater+Marine,data=salmon,prior=c(1,1)/2)
> lda.fit          ## 输出结果
Call:
lda(Origin ~ Freshwater+Marine, data=salmon, prior=c(1, 1)/2)
Prior probabilities of groups:
 Alaskan   Canadian
     0.5        0.5
```

```
Group means:
           Freshwater   Marine
Alaskan         98.38   429.66
Canadian       137.46   366.62
Coefficients of linear discriminants:
                   LD1
Freshwater    0.04458572
Marine       -0.01803856
## 利用函数 predict() 进行预测
lda.predict = predict(lda.fit, newdata = salmon)
> table(salmon[, 4], lda.predict$class)
             Alaskan  Canadian
  Alaskan         44         6
  Canadian         1        49
## 绘制线性判别图像和决策边界
plot(lda.fit)
partimat(Origin ~ Marine+Freshwater, data = salmon, method = "lda",
         main = "Linear Discriminant Analysis")
```

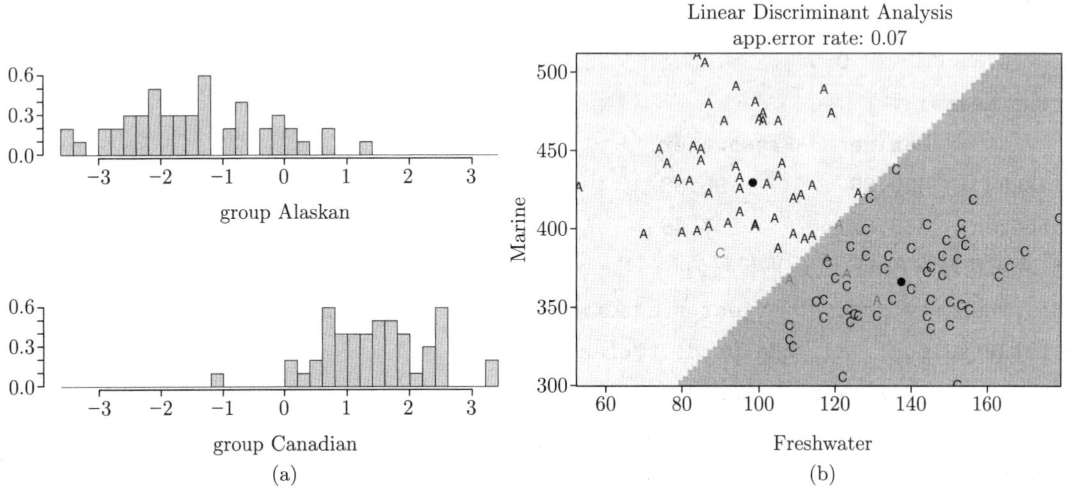

图 5.7 Salmon 数据的线性判别分析可视化. (a) 线性判别图像; (b) 线性判别函数的决策边界, 错判率为 0.07

由上面的输出结果可以看出:

(1) 函数 lda() 输出了先验概率, 类平均值, 以及线性判别函数中变量 Freshwater 和 Marine 的组合系数, 用来形成 LDA 方法的决策准则, 由式 (5.14), 线性判别函数为: $0.044 \times \text{Freshwater} - 0.018 \times \text{Marine}$.

(2) 函数 predict() 返回一个三元列表, 第一个元素 $class 给出了 LDA 方法关于 salmon 数据的预测结果; 第二个元素 $posterior 是一个 100×2 的矩阵, 其中第 j 列是观测值属于第 j 类的后验概率, 且 $j = 1, 2$; 第三个元素 $x 给出了每个样本的线性判别.

(3) 由预测结果可知, 当线性判别的值为正时, 把该样本判别为加拿大三文鱼, 否则判别为阿拉斯加三文鱼.

(4) 从混淆矩阵可知, LDA 方法的错判率为 $(6+1)/100 = 0.07$. 由图 5.7(b), 线性判别的决策边界是一条线性函数, LDA 方法只能用于协方差矩阵相等的情形, 而经计算, 阿拉斯加和加拿大的样本协方差矩阵分别为

$$\mathbf{S}_{\mathrm{A}} = \begin{pmatrix} 260.607\,8 & -188.092\,7 \\ -188.092\,7 & 1\,399.086\,1 \end{pmatrix}, \qquad \mathbf{S}_{\mathrm{C}} = \begin{pmatrix} 326.090\,2 & 133.504\,9 \\ 133.504\,9 & 893.260\,8 \end{pmatrix}.$$

既然两类的样本协方差矩阵差异较大, 可以考虑 QDA 方法进行判别, 利用函数 qda() 进行二次判别分析, 然后把 salmon 数据集看成测试集, 对输出结果在测试集上用函数 predict() 进行预测, 最后用函数 table() 计算混淆矩阵. 同样, 利用程序包 klaR 中的函数 partimat() 对二次判别分析结果进行可视化. 程序和输出结果如下, 二次判别函数的决策边界见图 5.8.

```
qda.fit = qda(Origin ~ Marine + Freshwater, data = salmon)
> qda.fit            ## 输出结果
Call:
qda(Origin ~ Marine + Freshwater, data = salmon)
Prior probabilities of groups:
 Alaskan    Canadian
    0.5         0.5
Group means:
           Marine    Freshwater
Alaskan    429.66         98.38
Canadian   366.62        137.46
## 利用函数 predict() 进行预测
qda.predict = predict(object = qda.fit, newdata = salmon)
> table(salmon[, 4], qda.predict$class)
            Alaskan   Canadian
  Alaskan        45          5
  Canadian        2         48
## 二次判别分析的决策边界
partimat(Origin ~ Marine+Freshwater, data = salmon, method = "qda",
         main = "Quadratic Discriminant Analysis")
```

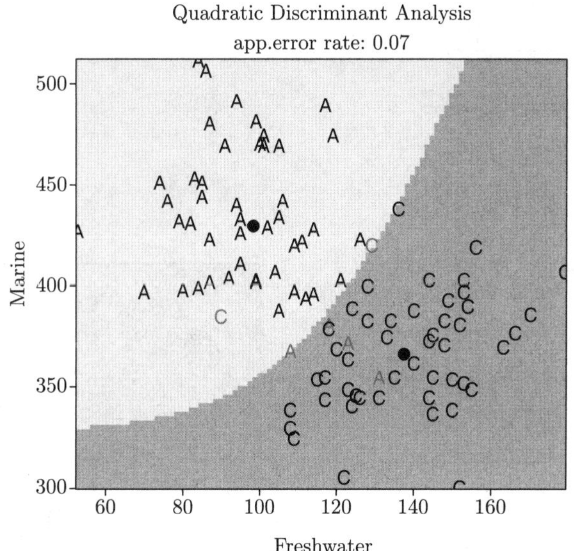

图 5.8 Salmon 数据的二次判别分析可视化, 二次判别函数的决策边界, 错判率为 0.07

从上面的输出结果可以看出: ① 函数 qda() 的输出结果包含了先验概率和类平均值; ② 从混淆矩阵可知, QDA 方法的错判率为 $(5+2)/100=0.07$; ③ 图 5.8 显示二次判别函数的决策边界为非线性, 是一个二次函数曲线.

进一步, 对表 5.2 中的潜在 A 型血友病携带者数据的分类结果进行可视化分析, 使用程序包 klaR 中的函数 partimat() 对五种方法进行可视化比较, 它们分别是: LDA 方法、QDA 方法、朴素 Bayes 方法 (naiveBayes)、KNN 方法 (sknn) 和分类树方法 (rpart). 程序如下, 结果见图 5.9. 可见 KNN 方法的错误率为 0.093, 是五种方法中最小的.

```
library(MASS); library(klaR); library(e1071)
Hemo = read.table(file = "Hemophilia.dat", header = F)
colnames(Hemo) = c("group", "X1", "X2")
m=c("lda", "qda", "naiveBayes", "sknn",  "rpart")
par(mfrow = c(2, 3))
for(i in 1:length(m)){
  partimat(as.factor(group) ~ X1 + X2, data = Hemo,
          method = m[i], main=paste("Method: ", m[i]))
}
```

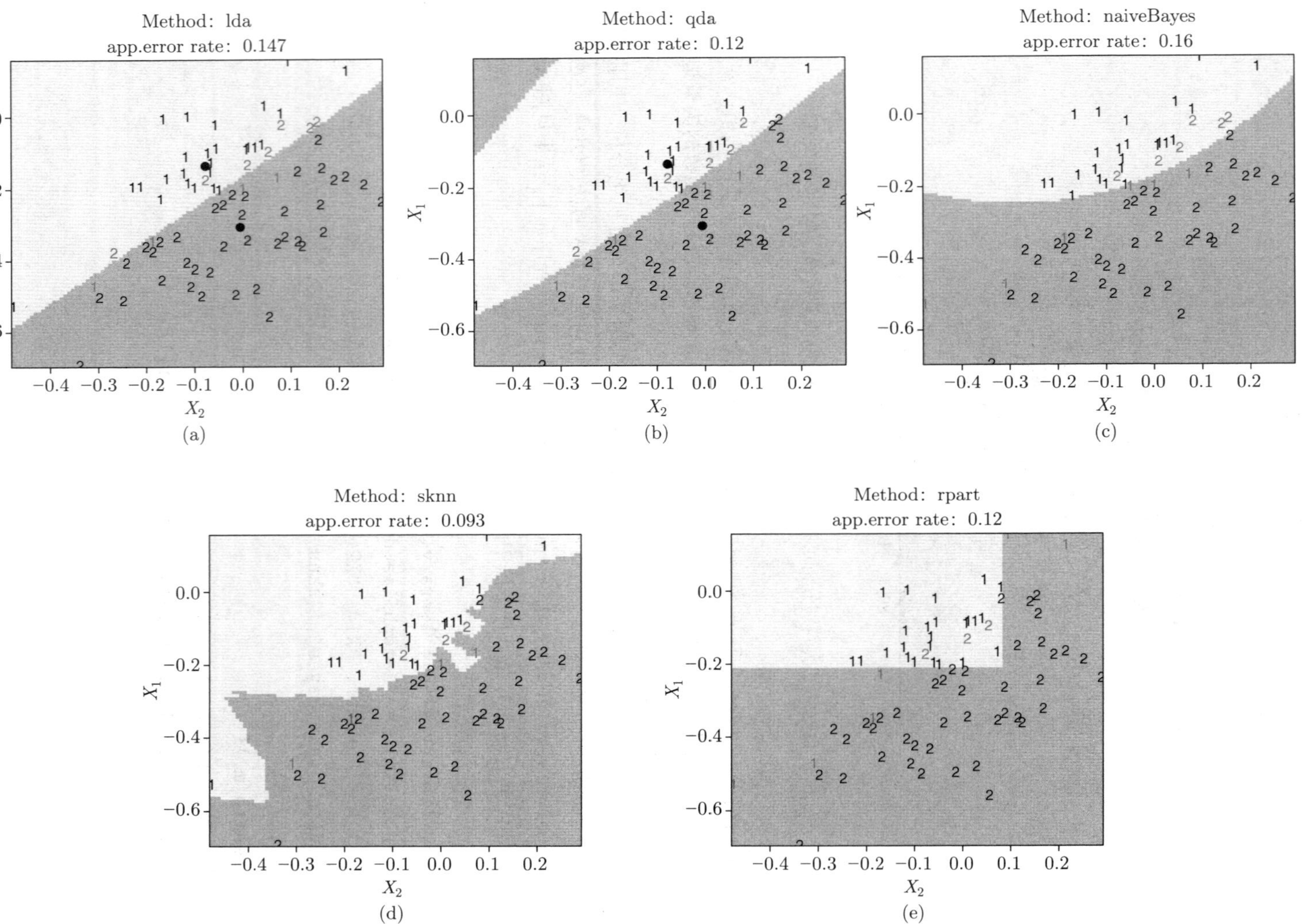

图 5.9 LDA 方法、QDA 方法、朴素 Bayes 方法、KNN 方法和分类树方法对 A 型血友病携带者数据分类结果的可视化

§5.3 多个总体的判别

5.3.1 多个总体的判别方法

本节考虑多个总体的判别问题. 令 $\pi_1, \cdots, \pi_J$ 是 J 个总体, 其密度函数分别为

$$f_1(\boldsymbol{x}), \cdots, f_J(\boldsymbol{x}).$$

将整个观测值空间划分成 J 个互不相交的区域 $R_1, \cdots, R_J$, 若观测值 $\boldsymbol{x}$ 落在区域 R_j 中, 则把它判定为来自总体 π_j. 令来自总体 π_j 的观测值错判到 $\pi_k (k \neq j)$ 的损失效应为 $C(k|j)$, 则错判概率为

$$\mathbb{P}(k|j, R) = \int_{R_k} f_j(\boldsymbol{x}) \mathrm{d}\boldsymbol{x}, \qquad k \neq j.$$

假设对每个总体, 有先验概率 $q_1, \cdots, q_J$, 则错判的平均损失为

$$\mathrm{ECM}(R_1, \cdots, R_J) = \sum_{j=1}^{J} q_j \left\{ \sum_{k=1, k\neq j}^{J} C(k|j) \mathbb{P}(k|j, R) \right\}. \tag{5.26}$$

判别分析的目的就是, 选择区域 $R_1, \cdots, R_J$ 使得上面的 $\mathrm{ECM}(R_1, \cdots, R_J)$ 达到最小. 如何完成该目标?

由于已知总体的先验概率, 可以定义观测值的条件概率, 观测来自总体 π_i 的条件概率为

$$\frac{q_i f_i(\boldsymbol{x})}{\sum_{j=1}^{J} q_j f_j(\boldsymbol{x})}, \qquad i = 1, \cdots, J.$$

若将观测值 $\boldsymbol{x}$ 判别到总体 π_i 中, 则给定 $\boldsymbol{x}$ 时其条件期望损失为

$$\sum_{k=1, k\neq i}^{J} \frac{q_k f_k(\boldsymbol{x}) C(i|k)}{\sum_{j=1}^{J} q_j f_j(\boldsymbol{x})}. \tag{5.27}$$

选择 i 使得式 (5.27) 达到最小, 也就是使期望损失达到最小. 对所有的 $i = 1, \cdots, J$, 考虑

$$\sum_{k=1, k\neq i}^{J} q_k f_k(\boldsymbol{x}) C(i|k), \tag{5.28}$$

并选择使式 (5.28) 达到最小的 i. 通过该方法, 可以定义 $\boldsymbol{x} \in R_i$. 对每一个 $\boldsymbol{x}$, 可以使用上述方法划分区域 $R_1, \cdots, R_J$. 则判别准则为, 当观测值 $\boldsymbol{x}$ 落在区域 R_i 时, 就将它归类为来自总体 π_i.

对 $k \neq i = 1, \cdots, J$, 假设所有的错判损失 $C(i|k)$ 都相等, 不失一般性, 假设都等于 1, 这时极小化 $\mathrm{ECM}(R_1, \cdots, R_J)$ 准则等价于极小化错判概率准则. 对观测值 $\boldsymbol{x}$, 对所有的 $i = 1, \cdots, J$, 当

$$\sum_{k=1, k\neq i}^{J} q_k f_k(\boldsymbol{x}) \tag{5.29}$$

达到最小时, 把观测值 $\boldsymbol{x}$ 判归为总体 π_i. 注意到: 式 (5.29) 最小等价于 $q_i f_i(\boldsymbol{x})$ 最大. 因此, 当所有

错判损失都相等时, 如果

$$q_i f_i(\boldsymbol{x}) > q_k f_k(\boldsymbol{x}), \qquad k = 1, \cdots, J, \qquad k \neq i, \tag{5.30}$$

或等价地

$$\log(q_i f_i(\boldsymbol{x})) > \log(q_k f_k(\boldsymbol{x})), \qquad k = 1, \cdots, J, \qquad k \neq i, \tag{5.31}$$

则将观测样本 $\boldsymbol{x}$ 判归为总体 π_i. 可见, 判别准则 (5.30) 等价于极大化后验概率准则. 对所有的 $i = 1, \cdots, J$, 如果后验概率 $\mathbb{P}(\pi_i|\boldsymbol{x})$ 最大, 则把观测样本 $\boldsymbol{x}$ 判归为总体 π_i, 其中

$$\mathbb{P}(\pi_i|\boldsymbol{x}) = \frac{q_i f_i(\boldsymbol{x})}{\sum_{j=1}^{J} q_j f_j(\boldsymbol{x})}, \qquad i = 1, \cdots, J. \tag{5.32}$$

例如, 表 5.4给定错判损失、先验概率和密度函数值, 试判别一个新的观测样本点 $\boldsymbol{x}_0$ 到三个总体 π_1, π_2 或 π_3.

表 5.4 错判损失、先验概率和密度函数值

		正确的总体		
		π_1	π_2	π_3
判归为:	π_1	$C(1\|1) = 0$	$C(1\|2) = 500$	$C(1\|3) = 100$
	π_2	$C(2\|1) = 10$	$C(2\|2) = 0$	$C(2\|3) = 50$
	π_3	$C(3\|1) = 50$	$C(3\|2) = 200$	$C(3\|3) = 0$
先验概率		$q_1 = 0.05$	$q_2 = 0.60$	$q_3 = 0.35$
$\boldsymbol{x}_0$ 的密度值		$f_1(\boldsymbol{x}_0) = 0.01$	$f_2(\boldsymbol{x}_0) = 0.85$	$f_3(\boldsymbol{x}_0) = 2$

利用三种方法进行判别: (1) 对 $i = 1, 2, 3$, 分别计算式 (5.28) 的值为

$$\begin{aligned}
i = 1: \quad & q_2 f_2(\boldsymbol{x}_0) C(1|2) + q_3 f_3(\boldsymbol{x}_0) C(1|3) \\
& = 0.60 \times 0.85 \times 500 + 0.35 \times 2 \times 100 = 325, \\
i = 2: \quad & q_1 f_1(\boldsymbol{x}_0) C(2|1) + q_3 f_3(\boldsymbol{x}_0) C(2|3) \\
& = 0.05 \times 0.01 \times 10 + 0.35 \times 2 \times 50 = 35.005, \\
i = 3: \quad & q_1 f_1(\boldsymbol{x}_0) C(3|1) + q_2 f_2(\boldsymbol{x}_0) C(3|2) \\
& = 0.05 \times 0.01 \times 50 + 0.60 \times 0.85 \times 200 = 102.025.
\end{aligned}$$

可见, 当 $i = 2$ 时, $\sum\limits_{k=1, k\neq 2}^{3} q_k f_k(\boldsymbol{x}_0) C(2|k)$ 最小. 因此, 把观测样本点 $\boldsymbol{x}_0$ 判归为总体 π_2.

(2) 假设所有错判损失相等, 对 $i=1,2,3$, 计算式 (5.30) 中的 $q_if_i(\boldsymbol{x}_0)$, 结果为

$$q_1f_1(\boldsymbol{x}_0)=0.05\times 0.01=0.000\,5,$$

$$q_2f_2(\boldsymbol{x}_0)=0.60\times 0.85=0.510,$$

$$q_3f_3(\boldsymbol{x}_0)=0.35\times 2=0.700.$$

可见, $q_3f_3(\boldsymbol{x}_0)=0.700>q_kf_k(\boldsymbol{x}_0),k=1,2$. 因此, 把观测样本点 $\boldsymbol{x}_0$ 判归为总体 π_3.

(3) 对 $i=1,2,3$, 计算由式 (5.32) 定义的后验概率 $\mathbb{P}(\pi_j|\boldsymbol{x}_0)$, 结果分别为

$$\mathbb{P}(\pi_1|\boldsymbol{x}_0)=\frac{q_1f_1(\boldsymbol{x}_0)}{\sum\limits_{i=1}^{3}q_if_i(\boldsymbol{x}_0)}=\frac{0.000\,5}{0.000\,5+0.510+0.700}\approx 0.000\,4,$$

$$\mathbb{P}(\pi_2|\boldsymbol{x}_0)=\frac{q_2f_2(\boldsymbol{x}_0)}{\sum\limits_{i=1}^{3}q_if_i(\boldsymbol{x}_0)}=\frac{0.510}{0.000\,5+0.510+0.700}\approx 0.421,$$

$$\mathbb{P}(\pi_3|\boldsymbol{x}_0)=\frac{q_3f_3(\boldsymbol{x}_0)}{\sum\limits_{i=1}^{3}q_if_i(\boldsymbol{x}_0)}=\frac{0.700}{0.000\,5+0.510+0.700}\approx 0.578.$$

可见, 三个后验概率中, $\mathbb{P}(\pi_3|\boldsymbol{x}_0)\approx 0.578$ 最大. 因此, 把观测样本点 $\boldsymbol{x}_0$ 判归为总体 π_3.

5.3.2 多个多元正态分布的判别方法

1. 协方差矩阵不相等的判别

令 $N_p(\boldsymbol{\mu}_j,\boldsymbol{\Sigma}_j)$ 是总体 π_j 的分布, 密度函数用 $f_j(\boldsymbol{x})$ 表示, 即

$$f_j(\boldsymbol{x})=\frac{1}{(2\pi)^{p/2}|\boldsymbol{\Sigma}_j|^{1/2}}\exp\left[-\frac{1}{2}(\boldsymbol{x}-\boldsymbol{\mu}_j)^{\mathrm{T}}\boldsymbol{\Sigma}_j^{-1}(\boldsymbol{x}-\boldsymbol{\mu}_j)\right],\qquad j=1,\cdots,J. \tag{5.33}$$

假设所有错判损失相等, 即不妨假设 $C(j|j)=0,\ C(k|j)=1,k\neq j$. 对给定的观测样本 $\boldsymbol{x}$, 根据式 (5.31) 和式 (5.33), 如果

$$\begin{aligned}\log(q_jf_j(\boldsymbol{x}))&=\log(q_j)-\left(\frac{p}{2}\right)\log(2\pi)-\frac{1}{2}\log|\boldsymbol{\Sigma}_j|-\frac{1}{2}(\boldsymbol{x}-\boldsymbol{\mu}_j)^{\mathrm{T}}\boldsymbol{\Sigma}_j^{-1}(\boldsymbol{x}-\boldsymbol{\mu}_j)\\&=\max_k\log(q_kf_k(\boldsymbol{x})),\end{aligned} \tag{5.34}$$

则把观测样本 $\boldsymbol{x}$ 判归为总体 π_j. 忽略式 (5.34) 中的常数项 $(p/2)\log(2\pi)$, 则定义第 j 个总体的**二次判别得分函数**为

$$d_j^Q(\boldsymbol{x})=-\frac{1}{2}\log|\boldsymbol{\Sigma}_j|-\frac{1}{2}(\boldsymbol{x}-\boldsymbol{\mu}_j)^{\mathrm{T}}\boldsymbol{\Sigma}_j^{-1}(\boldsymbol{x}-\boldsymbol{\mu}_j)+\log(q_j),\quad j=1,\cdots,J. \tag{5.35}$$

从式 (5.35) 可以看出, 二次判别得分函数 $d_j^Q(\boldsymbol{x})$ 依赖于广义方差 $|\boldsymbol{\Sigma}_j|$, 先验概率 q_j 和马氏距离 $(\boldsymbol{x}-\boldsymbol{\mu}_j)^{\mathrm{T}}\boldsymbol{\Sigma}_j^{-1}(\boldsymbol{x}-\boldsymbol{\mu}_j)$. 这时, 如果 $d_j^Q(\boldsymbol{x})=\max\{d_1^Q(\boldsymbol{x}),\cdots,d_J^Q(\boldsymbol{x})\}$, 则把观测样本 $\boldsymbol{x}$ 判归为总体 π_j.

在实际应用中, 由式 (5.35) 定义的二次判别得分函数 $d_j^Q(\boldsymbol{x})$ 中包含了未知参数 $\boldsymbol{\mu}_j$ 和 $\boldsymbol{\Sigma}_j$, 其中 $j=1,\cdots,J$. 如果有训练样本可用, 则可以把这些未知参数通过训练样本估计得到, 代入到 $d_j^Q(\boldsymbol{x})$ 的定义中, 进行判别分析.

设有样本 $\boldsymbol{x}_1^{(j)},\cdots,\boldsymbol{x}_{n_j}^{(j)}\sim N_p(\boldsymbol{\mu}_j,\boldsymbol{\Sigma}_j)$, $j=1,\cdots,J$. 均值向量 $\boldsymbol{\mu}_j$ 和协方差矩阵 $\boldsymbol{\Sigma}_j$ 的估计分别为

$$\widehat{\boldsymbol{\mu}}_j=\overline{\boldsymbol{x}}^{(j)}=\frac{1}{n_j}\sum_{i=1}^{n_j}\boldsymbol{x}_i^{(j)},\quad \widehat{\boldsymbol{\Sigma}}_j=\mathbf{S}^{(j)}=\frac{1}{n_j-1}\sum_{i=1}^{n_j}(\boldsymbol{x}_i^{(j)}-\overline{\boldsymbol{x}}^{(j)})(\boldsymbol{x}_i^{(j)}-\overline{\boldsymbol{x}}^{(j)})^{\mathrm{T}}.$$

把估计量代入到式 (5.35) 中, 可得第 j 个估计的二次判别得分函数为

$$\widehat{d}_j^Q(\boldsymbol{x})=-\frac{1}{2}\log|\widehat{\boldsymbol{\Sigma}}_j|-\frac{1}{2}(\boldsymbol{x}-\widehat{\boldsymbol{\mu}}_j)^{\mathrm{T}}\widehat{\boldsymbol{\Sigma}}_j^{-1}(\boldsymbol{x}-\widehat{\boldsymbol{\mu}}_j)+\log(q_j),\quad j=1,\cdots,J. \tag{5.36}$$

这时, 如果 $\widehat{d}_j^Q(\boldsymbol{x})=\max\{\widehat{d}_1^Q(\boldsymbol{x}),\cdots,\widehat{d}_J^Q(\boldsymbol{x})\}$, 则把观测样本 $\boldsymbol{x}$ 判归为总体 π_j.

2. 协方差矩阵相等的判别

当协方差矩阵相等 (即 $\boldsymbol{\Sigma}_1=\cdots=\boldsymbol{\Sigma}_J=\boldsymbol{\Sigma}$), 且所有错判损失相等 (不妨假设 $C(j|j)=0$, $C(k|j)=1$, $k\neq j$) 时, 对多个多元正态分布的判别分析, 下面介绍两种判别分析方法.

(1) 当协方差矩阵相等, 即 $\boldsymbol{\Sigma}_1=\cdots=\boldsymbol{\Sigma}_J=\boldsymbol{\Sigma}$ 时, 由式 (5.35) 定义的二次判别得分函数变为

$$d_j^Q(\boldsymbol{x})=-\frac{1}{2}\log|\boldsymbol{\Sigma}|-\frac{1}{2}\boldsymbol{x}^{\mathrm{T}}\boldsymbol{\Sigma}^{-1}\boldsymbol{x}+\boldsymbol{\mu}_j^{\mathrm{T}}\boldsymbol{\Sigma}^{-1}\boldsymbol{x}-\frac{1}{2}\boldsymbol{\mu}_j^{\mathrm{T}}\boldsymbol{\Sigma}^{-1}\boldsymbol{\mu}_j+\log(q_j),\quad j=1,\cdots,J. \tag{5.37}$$

由式 (5.37) 可以看出: 对给定的观测样本 $\boldsymbol{x}$, $d_1^Q(\boldsymbol{x}),\cdots,d_J^Q(\boldsymbol{x})$ 都包含了相同的项 $-\frac{1}{2}\log|\boldsymbol{\Sigma}|$ 和 $-\frac{1}{2}\boldsymbol{x}^{\mathrm{T}}\boldsymbol{\Sigma}^{-1}\boldsymbol{x}$. 因此, 忽略相同的这两项, 可以得到下面的**线性判别得分函数**

$$d_j^L(\boldsymbol{x})=\boldsymbol{\mu}_j^{\mathrm{T}}\boldsymbol{\Sigma}^{-1}\boldsymbol{x}-\frac{1}{2}\boldsymbol{\mu}_j^{\mathrm{T}}\boldsymbol{\Sigma}^{-1}\boldsymbol{\mu}_j+\log(q_j),\quad j=1,\cdots,J, \tag{5.38}$$

其中式 (5.38) 右边第一项是 $\boldsymbol{x}$ 的线性组合, 第二项 $c_j=\log(q_j)-\frac{1}{2}\boldsymbol{\mu}_j^{\mathrm{T}}\boldsymbol{\Sigma}^{-1}\boldsymbol{\mu}_j$ 是常数项. 这时, 如果 $d_j^L(\boldsymbol{x})=\max\{d_1^L(\boldsymbol{x}),\cdots,d_J^L(\boldsymbol{x})\}$, 则把观测样本 $\boldsymbol{x}$ 判归为总体 π_j.

在实际应用中, 由式 (5.38) 定义的线性判别得分函数中包含未知参数 $\boldsymbol{\mu}_j$ 和 $\boldsymbol{\Sigma}$, 其中 $j=1,\cdots,J$. 如果有训练样本可用, 则可以把这些未知参数通过训练样本估计出来, 代入到线性判别得分函数 $d_j^L(\boldsymbol{x})$ 的定义中, 进而进行判别分析.

设有样本 $\boldsymbol{x}_1^{(j)},\cdots,\boldsymbol{x}_{n_j}^{(j)}\sim N_p(\boldsymbol{\mu}_j,\boldsymbol{\Sigma})$, $j=1,\cdots,J$. 均值向量 $\boldsymbol{\mu}_j$ 和 $\boldsymbol{\Sigma}$ 的估计分别为

$$\widehat{\boldsymbol{\mu}}_j=\overline{\boldsymbol{x}}^{(j)}=\frac{1}{n_j}\sum_{i=1}^{n_j}\boldsymbol{x}_i^{(j)}$$

和

$$\widehat{\boldsymbol{\Sigma}}=\mathbf{S}=\frac{1}{n-J}\sum_{j=1}^{J}\sum_{i=1}^{n_j}(\boldsymbol{x}_i^{(j)}-\overline{\boldsymbol{x}}^{(j)})(\boldsymbol{x}_i^{(j)}-\overline{\boldsymbol{x}}^{(j)})^{\mathrm{T}},$$

其中 $n=n_1+\cdots+n_J$. 把估计量代入式 (5.38) 中, 可得第 j 个估计的线性判别得分函数为

$$\widehat{d}_j^L(\boldsymbol{x})=\widehat{\boldsymbol{\mu}}_j^{\mathrm{T}}\widehat{\boldsymbol{\Sigma}}^{-1}\boldsymbol{x}-\frac{1}{2}\widehat{\boldsymbol{\mu}}_j^{\mathrm{T}}\widehat{\boldsymbol{\Sigma}}^{-1}\widehat{\boldsymbol{\mu}}_j+\log(q_j),\quad j=1,\cdots,J. \tag{5.39}$$

这时, 如果 $\widehat{d}_j^L(\boldsymbol{x})=\max\{\widehat{d}_1^L(\boldsymbol{x}),\cdots,\widehat{d}_J^L(\boldsymbol{x})\}$, 则把观测样本 $\boldsymbol{x}$ 判归为总体 π_j.

注 5.3.1 式 (5.39) 定义的线性判别得分函数 $\widehat{d_j^L}(\boldsymbol{x})$ 是 $\boldsymbol{x}$ 的一个线性函数, 一个等价的判别函数是**广义平方距离判别函数**. 当协方差矩阵相等时, 忽略式 (5.36) 中的共同项 $-\dfrac{1}{2}\log|\widehat{\boldsymbol{\Sigma}}|$, 这时可以用观测样本 $\boldsymbol{x}$ 到样本均值向量 $\widehat{\boldsymbol{\mu}}_j$ 的平方距离进行解释

$$D_j^2(\boldsymbol{x}) = (\boldsymbol{x}-\widehat{\boldsymbol{\mu}}_j)^{\mathrm{T}}\widehat{\boldsymbol{\Sigma}}^{-1}(\boldsymbol{x}-\widehat{\boldsymbol{\mu}}_j).$$

当 $-\dfrac{1}{2}D_j^2(\boldsymbol{x})+\log q_j$ 最大时, 把观测样本 $\boldsymbol{x}$ 判归为总体 π_j, 等价于把观测样本 $\boldsymbol{x}$ 判归为距离最近的总体 π_j, 此处距离测度有一个惩罚项 $\log q_j$.

下面通过一个例子说明多个多元正态总体的判别分析问题. 假设样本来自三个二元正态总体 π_1, π_2 和 π_3, 且假设其中两个正态总体有相同的协方差矩阵. 下面分别提供了三个总体的数据、样本均值向量和样本协方差矩阵

$$\pi_1: \quad \mathbf{X}^{(1)} = \begin{pmatrix} -2 & 5 \\ 0 & 3 \\ -1 & 1 \end{pmatrix}, \quad \overline{\boldsymbol{x}}^{(1)} = \begin{pmatrix} -1 \\ 3 \end{pmatrix}, \quad \mathbf{S}^{(1)} = \begin{pmatrix} 1 & -1 \\ -1 & 4 \end{pmatrix};$$

$$\pi_2: \quad \mathbf{X}^{(2)} = \begin{pmatrix} 0 & 6 \\ 2 & 4 \\ 1 & 2 \end{pmatrix}, \quad \overline{\boldsymbol{x}}^{(2)} = \begin{pmatrix} 1 \\ 4 \end{pmatrix}, \quad \mathbf{S}^{(2)} = \begin{pmatrix} 1 & -1 \\ -1 & 4 \end{pmatrix};$$

$$\pi_3: \quad \mathbf{X}^{(3)} = \begin{pmatrix} 1 & -2 \\ 0 & 0 \\ -1 & -4 \end{pmatrix}, \quad \overline{\boldsymbol{x}}^{(3)} = \begin{pmatrix} 0 \\ -2 \end{pmatrix}, \quad \mathbf{S}^{(3)} = \begin{pmatrix} 1 & 1 \\ 1 & 4 \end{pmatrix}.$$

进一步, 假设先验概率分别为 $q_1 = q_2 = 0.25$ 和 $q_3 = 0.5$. 试建立样本判别得分函数, 并对给定新的观测样本 $\boldsymbol{x}_0 = (-2,-1)^{\mathrm{T}}$, 用建立的判别得分函数进行分类.

首先, 计算协方差矩阵 $\boldsymbol{\Sigma}$ 的估计为

$$\widehat{\boldsymbol{\Sigma}} = \mathbf{S} = \frac{3-1}{9-3}\mathbf{S}^{(1)} + \frac{3-1}{9-3}\mathbf{S}^{(2)} + \frac{3-1}{9-3}\mathbf{S}^{(3)} = \begin{pmatrix} 1 & -\dfrac{1}{3} \\ -\dfrac{1}{3} & 4 \end{pmatrix}.$$

其次, 由式 (5.39), 分别计算三个估计的线性判别得分函数为

$$\widehat{d_1^L}(\boldsymbol{x}) = \widehat{\boldsymbol{\mu}}_1^{\mathrm{T}}\widehat{\boldsymbol{\Sigma}}^{-1}\boldsymbol{x} - \frac{1}{2}\widehat{\boldsymbol{\mu}}_1^{\mathrm{T}}\widehat{\boldsymbol{\Sigma}}^{-1}\widehat{\boldsymbol{\mu}}_1 + \log(q_1) = -\frac{27}{35}x_1 + \frac{24}{35}x_2 - \frac{1}{2}\times\frac{99}{35} + \log(0.25);$$

$$\widehat{d_2^L}(\boldsymbol{x}) = \widehat{\boldsymbol{\mu}}_2^{\mathrm{T}}\widehat{\boldsymbol{\Sigma}}^{-1}\boldsymbol{x} - \frac{1}{2}\widehat{\boldsymbol{\mu}}_2^{\mathrm{T}}\widehat{\boldsymbol{\Sigma}}^{-1}\widehat{\boldsymbol{\mu}}_2 + \log(q_2) = \frac{48}{35}x_1 + \frac{39}{35}x_2 - \frac{1}{2}\times\frac{204}{35} + \log(0.25);$$

$$\widehat{d_3^L}(\boldsymbol{x}) = \widehat{\boldsymbol{\mu}}_3^{\mathrm{T}}\widehat{\boldsymbol{\Sigma}}^{-1}\boldsymbol{x} - \frac{1}{2}\widehat{\boldsymbol{\mu}}_3^{\mathrm{T}}\widehat{\boldsymbol{\Sigma}}^{-1}\widehat{\boldsymbol{\mu}}_3 + \log(q_3) = -\frac{6}{35}x_1 - \frac{18}{35}x_2 - \frac{1}{2}\times\frac{36}{35} + \log(0.5).$$

最后, 把新的观测样本 $\boldsymbol{x}_0 = (-2,-1)^{\mathrm{T}}$, 代入到 $\widehat{d_1^L}(\boldsymbol{x})$, $\widehat{d_2^L}(\boldsymbol{x})$ 和 $\widehat{d_3^L}(\boldsymbol{x})$ 中, 得到

$$\widehat{d_1^L}(\boldsymbol{x}_0) = -\frac{27}{35}\times(-2) + \frac{24}{35}\times(-1) - \frac{1}{2}\times\frac{99}{35} + \log(0.25) = -1.943;$$

$$\widehat{d_2^L}(\boldsymbol{x}_0) = \frac{48}{35} \times (-2) + \frac{39}{35} \times (-1) - \frac{1}{2} \times \frac{204}{35} + \log(0.25) = -8.158;$$

$$\widehat{d_3^L}(\boldsymbol{x}_0) = -\frac{6}{35} \times (-2) - \frac{18}{35} \times (-1) - \frac{1}{2} \times \frac{36}{35} + \log(0.5) = -0.350.$$

可见, $\widehat{d_3^L}(\boldsymbol{x}_0) = -0.350$ 是最大的判别得分, 所以把 $\boldsymbol{x}_0$ 判归为总体 π_3.

(2) 令 $N_p(\boldsymbol{\mu}_j, \boldsymbol{\Sigma})$ 是总体 π_j 的分布, 密度函数用 $f_j(\boldsymbol{x})$ 表示, $j = 1, \cdots, J$. 假设所有错判损失相等, 即不妨假设 $C(j|j) = 0$, $C(k|j) = 1$, $k \neq j$, 则使用函数

$$u_{jk}(\boldsymbol{x}) = \log \frac{f_j(\boldsymbol{x})}{f_k(\boldsymbol{x})} = \left[\boldsymbol{x} - \frac{1}{2}(\boldsymbol{\mu}_j + \boldsymbol{\mu}_k)\right]^{\mathrm{T}} \boldsymbol{\Sigma}^{-1}(\boldsymbol{\mu}_j - \boldsymbol{\mu}_k). \tag{5.40}$$

如果先验概率已知, 则区域 R_j 有如下的定义

$$R_j = \left\{\boldsymbol{x}: \ u_{jk}(\boldsymbol{x}) > \log \frac{q_k}{q_j}, \quad k = 1, \cdots, J, \quad k \neq j\right\}. \tag{5.41}$$

由式 (5.41) 定义的判别区域 $R_1, \cdots, R_J$ 可使得 ECM 达到最小. 注意到: $u_{jk}(\boldsymbol{x})$ 是与第 j 个总体和第 k 个总体相关的判别函数, 且 $u_{jk}(\boldsymbol{x}) = -u_{kj}(\boldsymbol{x})$. 既然这些判别函数是线性的, 所以区域 R_j 是被某些超平面所界定的. 对于每个 $j \neq k$, 不等式 (5.41) 是用超平面 $u_{jk}(\boldsymbol{x}) = \log(q_k/q_j)$ 把欧氏空间 $\mathbb{R}^p$ 分成了两部分, R_j 落在 $u_{jk} > \log(q_k/q_j)$ 的那半个空间里.

在实际应用中, 由式 (5.40) 定义的判别函数中包含未知参数 $\boldsymbol{\mu}_j$, $\boldsymbol{\mu}_k$ 和 $\boldsymbol{\Sigma}$, 其中 $j, k = 1, \cdots, J$. 如果有训练样本可用, 则可以把这些未知参数通过训练样本估计出来, 代入到 $u_{jk}(\boldsymbol{x})$ 的定义中, 则可定义下面估计的判别函数

$$\widehat{u}_{jk}(\boldsymbol{x}) = \left[\boldsymbol{x} - \frac{1}{2}(\widehat{\boldsymbol{\mu}}_j + \widehat{\boldsymbol{\mu}}_k)\right]^{\mathrm{T}} \widehat{\boldsymbol{\Sigma}}^{-1}(\widehat{\boldsymbol{\mu}}_j - \widehat{\boldsymbol{\mu}}_k), \quad j \neq k.$$

这时, 区域 R_j 有如下的定义

$$R_j = \left\{\boldsymbol{x}: \ \widehat{u}_{jk}(\boldsymbol{x}) > \log \frac{q_k}{q_j}, \quad k = 1, \cdots, J, \quad k \neq j\right\}. \tag{5.42}$$

如果先验概率未知时, 可用训练样本进行估计, 但在实际应用中, 先验概率的估计通常是不合适的. 由 5.2.4 节的讨论可知, 在 minimax 准则下, 通常在假设错判概率或错判损失相等的情况下, 确定判别区域 $R_1, \cdots, R_J$. 更简单的方法, 直接取相等的先验概率, 即 $q_1 = \cdots = q_J$. 更详细的讨论见 Anderson (2003) 经典的多元统计分析教材.

5.3.3 多个总体的 Fisher 判别方法

本节将 5.2.2 节的 Fisher 判别方法推广到多个总体的情形, 基本思想是**投影**. 将 J 类 p 维数据投影到某一个方向, 使得投影后类与类之间尽可能地分开. 衡量类与类之间是否分开的方法是借助于一元方差分析的思想, 利用方差分析的思想来导出判别函数, 这个函数可以是线性的, 也可以是很一般的函数. Fisher 判别方法无须假设 J 个总体是多元正态分布, 但是假设 J 个总体的协方差矩阵是相等的, 且是满秩的, 即 $\boldsymbol{\Sigma}_1 = \cdots = \boldsymbol{\Sigma}_J = \boldsymbol{\Sigma} > 0$.

假设第 j 个 p 维总体 π_j 的均值为 $\boldsymbol{\mu}_j$, 协方差矩阵为 $\boldsymbol{\Sigma}$, 其中 $j = 1, \cdots, J$. 进一步, 令 $\mathbf{B}_{\boldsymbol{\mu}}$ 为**类间离差矩阵**, $\overline{\boldsymbol{\mu}}$ 为总的总体均值向量, 分别定义为

$$\mathbf{B}_{\boldsymbol{\mu}} = \sum_{j=1}^{J}(\boldsymbol{\mu}_j - \overline{\boldsymbol{\mu}})(\boldsymbol{\mu}_j - \overline{\boldsymbol{\mu}})^{\mathrm{T}}, \qquad \overline{\boldsymbol{\mu}} = \frac{1}{J}\sum_{j=1}^{J}\boldsymbol{\mu}_j. \tag{5.43}$$

令 $\boldsymbol{\xi} = (\xi_1, \cdots, \xi_p)^{\mathrm{T}}$ 为 p 维空间的任一向量, 对随机向量 $\boldsymbol{X} = (X_1, \cdots, X_p)^{\mathrm{T}}$, 定义 $Y = \boldsymbol{\xi}^{\mathrm{T}}\boldsymbol{X}$ 为 $\boldsymbol{X}$ 在方向 $\boldsymbol{\xi}$ 上的投影. 对第 j 个总体 π_j 的期望为

$$\mathrm{E}(Y) = \boldsymbol{\xi}^{\mathrm{T}}\mathrm{E}(\boldsymbol{X}|\pi_j) = \boldsymbol{\xi}^{\mathrm{T}}\boldsymbol{\mu}_j, \qquad j = 1, \cdots, J.$$

对所有的 J 个总体, 方差都为

$$\sigma_Y^2 = \mathrm{Var}(Y) = \boldsymbol{\xi}^{\mathrm{T}}\mathrm{Cov}(\boldsymbol{X})\boldsymbol{\xi} = \boldsymbol{\xi}^{\mathrm{T}}\boldsymbol{\Sigma}\boldsymbol{\xi}.$$

进一步, 对第 j 个总体, 投影后的均值定义为 $\mu_{Y,j} = \boldsymbol{\xi}^{\mathrm{T}}\boldsymbol{\mu}_j$, 则总的均值定义为

$$\overline{\mu}_Y = \frac{1}{J}\sum_{j=1}^{J}\mu_{Y,j} = \frac{1}{J}\sum_{j=1}^{J}\boldsymbol{\xi}^{\mathrm{T}}\boldsymbol{\mu}_j = \boldsymbol{\xi}^{\mathrm{T}}\overline{\boldsymbol{\mu}}.$$

考虑下面的比值

$$\begin{aligned}\frac{\sum_{j=1}^{J}(\mu_{Y,j} - \overline{\mu}_Y)^2}{\sigma_Y^2} &= \frac{\sum_{j=1}^{J}(\boldsymbol{\xi}^{\mathrm{T}}\boldsymbol{\mu}_j - \boldsymbol{\xi}^{\mathrm{T}}\overline{\boldsymbol{\mu}})^2}{\boldsymbol{\xi}^{\mathrm{T}}\boldsymbol{\Sigma}\boldsymbol{\xi}} \\ &= \frac{\boldsymbol{\xi}^{\mathrm{T}}\left(\sum_{j=1}^{J}(\boldsymbol{\mu}_j - \overline{\boldsymbol{\mu}})(\boldsymbol{\mu}_j - \overline{\boldsymbol{\mu}})^{\mathrm{T}}\right)\boldsymbol{\xi}}{\boldsymbol{\xi}^{\mathrm{T}}\boldsymbol{\Sigma}\boldsymbol{\xi}} = \frac{\boldsymbol{\xi}^{\mathrm{T}}\mathbf{B}_{\mu}\boldsymbol{\xi}}{\boldsymbol{\xi}^{\mathrm{T}}\boldsymbol{\Sigma}\boldsymbol{\xi}}.\end{aligned}$$

若要使投影后 J 个类的均值有显著差异, 则比值 $\boldsymbol{\xi}^{\mathrm{T}}\mathbf{B}_{\mu}\boldsymbol{\xi}/\boldsymbol{\xi}^{\mathrm{T}}\boldsymbol{\Sigma}\boldsymbol{\xi}$ 应该充分大. 问题转化为求投影方向 $\boldsymbol{\xi}$, 使得比值 $\boldsymbol{\xi}^{\mathrm{T}}\mathbf{B}_{\mu}\boldsymbol{\xi}/\boldsymbol{\xi}^{\mathrm{T}}\boldsymbol{\Sigma}\boldsymbol{\xi}$ 达到最大值. 显然, 使比值达到最大的投影方向 $\boldsymbol{\xi}$ 不唯一. 为了保证唯一性, 需要对 $\boldsymbol{\xi}$ 施加约束条件, 即 $\boldsymbol{\xi}^{\mathrm{T}}\boldsymbol{\Sigma}\boldsymbol{\xi} = 1$.

在实际应用中, 参数 $\boldsymbol{\mu}_j$ 和 $\boldsymbol{\Sigma}$ 是未知的, 需要通过训练样本对其进行估计. 假设有训练样本 $\boldsymbol{x}_1^{(j)}, \cdots, \boldsymbol{x}_{n_j}^{(j)} \sim \pi_j$, 其中总体 π_j 的均值向量为 $\boldsymbol{\mu}_j$ 和协方差矩阵为 $\boldsymbol{\Sigma}$, 且 $j = 1, \cdots, J$. 对第 j 个总体均值向量 $\boldsymbol{\mu}_j$ 和协方差矩阵 $\boldsymbol{\Sigma}$ 的估计分别为

$$\widehat{\boldsymbol{\mu}}_j = \overline{\boldsymbol{x}}^{(j)} = \frac{1}{n_j}\sum_{i=1}^{n_j}\boldsymbol{x}_i^{(j)}, \qquad \mathbf{S}^{(j)} = \frac{1}{n_j - 1}\sum_{i=1}^{n_j}(\boldsymbol{x}_i^{(j)} - \overline{\boldsymbol{x}}^{(j)})(\boldsymbol{x}_i^{(j)} - \overline{\boldsymbol{x}}^{(j)})^{\mathrm{T}}.$$

进一步, 定义总的样本均值向量为

$$\overline{\boldsymbol{x}} = \frac{1}{J}\sum_{j=1}^{J}\overline{\boldsymbol{x}}^{(j)};$$

以及样本的类间离差矩阵 $\mathbf{B}$ 和样本的类内离差矩阵 $\mathbf{W}$ 分别为

$$\mathbf{B} = \sum_{j=1}^{J}(\overline{\boldsymbol{x}}^{(j)} - \overline{\boldsymbol{x}})(\overline{\boldsymbol{x}}^{(j)} - \overline{\boldsymbol{x}})^{\mathrm{T}}$$

和

$$\mathbf{W} = \sum_{j=1}^{J}(n_j - 1)\mathbf{S}^{(j)} = \sum_{j=1}^{J}\sum_{i=1}^{n_j}(\boldsymbol{x}_i^{(j)} - \overline{\boldsymbol{x}}^{(j)})(\boldsymbol{x}_i^{(j)} - \overline{\boldsymbol{x}}^{(j)})^{\mathrm{T}}.$$

因此, 可以定义协方差矩阵 $\boldsymbol{\Sigma}$ 的估计为: $\widehat{\boldsymbol{\Sigma}} = \mathbf{S} = \mathbf{W}/(n - J)$, 其中 $n = n_1 + \cdots + n_J$.

现在的问题是: 求投影方向 $\boldsymbol{\xi}$, 在约束条件 $\boldsymbol{\xi}^{\mathrm{T}}\mathbf{S}\boldsymbol{\xi}=1$ 下, 使得比值 $\boldsymbol{\xi}^{\mathrm{T}}\mathbf{B}\boldsymbol{\xi}/\boldsymbol{\xi}^{\mathrm{T}}\mathbf{S}\boldsymbol{\xi}$ 达到最大. 假设 $(\widehat{\lambda},\widehat{\boldsymbol{e}})$ 是矩阵 $\mathbf{W}^{-1}\mathbf{B}$ 的一对特征值和相应的单位正交特征向量, $\mathbf{W}^{-1}\mathbf{B}\widehat{\boldsymbol{e}}=\widehat{\lambda}\widehat{\boldsymbol{e}}$, 则可得到: $\mathbf{S}^{-1}\mathbf{B}\widehat{\boldsymbol{e}}=\widehat{\lambda}(n-J)\widehat{\boldsymbol{e}}$, 其中 $n=n_1+\cdots+n_J$. 因此, 求解该约束最优化问题也等价于求使得比值 $\boldsymbol{\xi}^{\mathrm{T}}\mathbf{B}\boldsymbol{\xi}/\boldsymbol{\xi}^{\mathrm{T}}\mathbf{W}\boldsymbol{\xi}$ 达到最大的投影方向 $\boldsymbol{\xi}$. 当 $\mathbf{W}$ 可逆时, 有

$$\widehat{\boldsymbol{\xi}}=\arg\sup_{\|\boldsymbol{\xi}\|_2=1}\frac{\boldsymbol{\xi}^{\mathrm{T}}\mathbf{B}\boldsymbol{\xi}}{\boldsymbol{\xi}^{\mathrm{T}}\mathbf{W}\boldsymbol{\xi}}=\widehat{\boldsymbol{e}}_1,$$

其中 $\widehat{\boldsymbol{e}}_1$ 为矩阵 $\mathbf{W}^{-1}\mathbf{B}$ 的最大特征值对应的单位正交特征向量. 记矩阵 $\mathbf{W}^{-1}\mathbf{B}$ 的所有非零特征值分别为 $\widehat{\lambda}_1\geqslant\widehat{\lambda}_2\geqslant\cdots\geqslant\widehat{\lambda}_s>0$, 且 $\widehat{\boldsymbol{e}}_1,\widehat{\boldsymbol{e}}_2,\cdots,\widehat{\boldsymbol{e}}_s$ 为对应的单位正交特征向量, 其中 $s\leqslant\min(J-1,p)$. 这时, 当 $\widehat{\boldsymbol{\xi}}_1=\widehat{\boldsymbol{e}}_1$, 把 $\widehat{\boldsymbol{\xi}}_1^{\mathrm{T}}\boldsymbol{x}$ 称为**样本第一判别函数**, 其判别效率为 $\widehat{\lambda}_1$. 有时候一个判别函数不能很好区分各个类, 可取 $\widehat{\boldsymbol{\xi}}_2=\widehat{\boldsymbol{e}}_2$ 时, 把 $\widehat{\boldsymbol{\xi}}_2^{\mathrm{T}}\boldsymbol{x}$ 称为**样本第二判别函数**, 其判别效率为 $\widehat{\lambda}_2$; 以此类推, 最多有 $\min(J-1,p)$ 个样本判别函数.

对任意的 $r\leqslant s\leqslant\min(J-1,p)$, 当有 r 个样本判别函数时, 这相当于将原始 p 维数据投影到 r 维空间. 这时 Fisher 判别准则为: 对所有的 $i\neq j$, 如果

$$\sum_{k=1}^{r}(\widehat{y}_k-\overline{y}_k^{(j)})^2=\sum_{k=1}^{r}[\widehat{\boldsymbol{\xi}}_k^{\mathrm{T}}(\boldsymbol{x}-\overline{\boldsymbol{x}}^{(j)})]^2\leqslant\sum_{k=1}^{r}[\widehat{\boldsymbol{\xi}}_k^{\mathrm{T}}(\boldsymbol{x}-\overline{\boldsymbol{x}}^{(i)})]^2$$

成立, 则把观测样本 $\boldsymbol{x}$ 判归为总体 π_j. 这里, $\widehat{y}_k=\widehat{\boldsymbol{\xi}}_k^{\mathrm{T}}\boldsymbol{x}$ 和 $\overline{y}_k^{(j)}=\widehat{\boldsymbol{\xi}}_k^{\mathrm{T}}\overline{\boldsymbol{x}}^{(j)}$.

下面举例说明多个总体的 Fisher 判别方法. 考虑如下的三个总体的数据

$$\mathbf{X}^{(1)}=\begin{pmatrix}-2&5\\0&3\\-1&1\end{pmatrix},\qquad\mathbf{X}^{(2)}=\begin{pmatrix}0&6\\2&4\\1&2\end{pmatrix},\qquad\mathbf{X}^{(3)}=\begin{pmatrix}1&-2\\0&0\\-1&-4\end{pmatrix}.$$

试建立 Fisher 样本判别函数, 并对新的观测样本 $\boldsymbol{x}_0=(1,3)^{\mathrm{T}}$, 用建立的判别函数进行分类.

首先, 计算三个总体的样本均值向量和总的均值向量, 分别为

$$\overline{\boldsymbol{x}}^{(1)}=\begin{pmatrix}-1\\3\end{pmatrix},\quad\overline{\boldsymbol{x}}^{(2)}=\begin{pmatrix}1\\4\end{pmatrix},\quad\overline{\boldsymbol{x}}^{(3)}=\begin{pmatrix}0\\-2\end{pmatrix},\quad\overline{\boldsymbol{x}}=\begin{pmatrix}0\\\frac{5}{3}\end{pmatrix}.$$

计算样本的类间离差矩阵 $\mathbf{B}$ 和样本的类内离差矩阵 $\mathbf{W}$ 分别为

$$\mathbf{B}=\sum_{j=1}^{3}\left(\overline{\boldsymbol{x}}^{(j)}-\overline{\boldsymbol{x}}\right)\left(\overline{\boldsymbol{x}}^{(j)}-\overline{\boldsymbol{x}}\right)^{\mathrm{T}}=\begin{pmatrix}2&1\\1&\frac{62}{3}\end{pmatrix}$$

和

$$\mathbf{W}=\sum_{j=1}^{3}\sum_{i=1}^{n_j}\left(\boldsymbol{x}_i^{(j)}-\overline{\boldsymbol{x}}^{(j)}\right)\left(\boldsymbol{x}_i^{(j)}-\overline{\boldsymbol{x}}^{(j)}\right)^{\mathrm{T}}=(9-3)\mathbf{S}=\begin{pmatrix}6&-2\\-2&24\end{pmatrix}.$$

进一步, 计算

$$\mathbf{W}^{-1}=\frac{1}{140}\begin{pmatrix}24&2\\2&6\end{pmatrix},\qquad\mathbf{W}^{-1}\mathbf{B}=\begin{pmatrix}0.357\,1&0.466\,7\\0.071\,4&0.900\,0\end{pmatrix}.$$

由 $s \leqslant \min(J-1,p)=\min(2,2)=2$, 求解矩阵 $\mathbf{W}^{-1}\mathbf{B}$ 的 $s=2$ 个非零特征值, 即

$$|\mathbf{W}^{-1}\mathbf{B}-\lambda\mathbf{I}_2|=\begin{vmatrix}0.357\,1-\lambda & 0.466\,7\\ 0.071\,4 & 0.900\,0-\lambda\end{vmatrix}=0.$$

求解可得: $\widehat{\lambda}_1=0.955\,6$ 和 $\widehat{\lambda}_2=0.301\,5$. 对 $j=1,2$, 在约束条件 $\widehat{\boldsymbol{\xi}}_j^{\mathrm{T}}\mathbf{S}\widehat{\boldsymbol{\xi}}_j=1$ 下, 求解方程 $(\mathbf{W}^{-1}\mathbf{B}-\widehat{\lambda}_j\mathbf{I}_2)\widehat{\boldsymbol{\xi}}_j=\mathbf{0}$, 得到相应的特征向量分别为

$$\widehat{\boldsymbol{\xi}}_1=(0.386,0.495)^{\mathrm{T}},\qquad \widehat{\boldsymbol{\xi}}_2=(0.938,-0.112)^{\mathrm{T}}.$$

其次, 可得两个样本 Fisher 判别函数分别为

$$\widehat{y}_1=\widehat{\boldsymbol{\xi}}_1^{\mathrm{T}}\boldsymbol{x}=0.386x_1+0.495x_2,$$

$$\widehat{y}_2=\widehat{\boldsymbol{\xi}}_2^{\mathrm{T}}\boldsymbol{x}=0.938x_1-0.112x_2.$$

最后, 把新的观测样本 $\boldsymbol{x}_0=(1,3)^{\mathrm{T}}$ 代入上面所得样本 Fisher 判别函数, 分别为

$$\widehat{y}_1=0.386\times 1+0.495\times 3\approx 1.87,$$

$$\widehat{y}_2=0.938\times 1-0.112\times 3\approx 0.60.$$

此外, 对 $k=1,2$ 和 $j=1,2,3$, 计算 $\overline{y}_k^{(j)}=\widehat{\boldsymbol{\xi}}_k^{\mathrm{T}}\overline{\boldsymbol{x}}^{(j)}$, 分别为

$$\overline{y}_1^{(1)}=\widehat{\boldsymbol{\xi}}_1^{\mathrm{T}}\overline{\boldsymbol{x}}^{(1)}=1.10,\qquad \overline{y}_2^{(1)}=\widehat{\boldsymbol{\xi}}_2^{\mathrm{T}}\overline{\boldsymbol{x}}^{(1)}=-1.27;$$

$$\overline{y}_1^{(2)}=\widehat{\boldsymbol{\xi}}_1^{\mathrm{T}}\overline{\boldsymbol{x}}^{(2)}=2.37,\qquad \overline{y}_2^{(2)}=\widehat{\boldsymbol{\xi}}_2^{\mathrm{T}}\overline{\boldsymbol{x}}^{(2)}=0.49;$$

$$\overline{y}_1^{(3)}=\widehat{\boldsymbol{\xi}}_1^{\mathrm{T}}\overline{\boldsymbol{x}}^{(3)}=-0.99,\qquad \overline{y}_2^{(3)}=\widehat{\boldsymbol{\xi}}_2^{\mathrm{T}}\overline{\boldsymbol{x}}^{(3)}=0.22.$$

这时, 计算

$$\sum_{k=1}^{2}\left(\widehat{y}_k-\overline{y}_k^{(1)}\right)^2=(1.87-1.10)^2+(0.60+1.27)^2=4.09,$$

$$\sum_{k=1}^{2}\left(\widehat{y}_k-\overline{y}_k^{(2)}\right)^2=(1.87-2.37)^2+(0.60-0.49)^2=0.26,$$

$$\sum_{k=1}^{2}\left(\widehat{y}_k-\overline{y}_k^{(3)}\right)^2=(1.87+0.99)^2+(0.60-0.22)^2=8.32.$$

可见, 当 $j=2$ 时, $\sum_{k=1}^{2}\left(\widehat{y}_k-\overline{y}_k^{(2)}\right)^2=0.26$ 最小. 因此, 把新的观测样本 $\boldsymbol{x}_0=(1,3)^{\mathrm{T}}$ 判归为总体 π_2.

5.3.4 多个总体的案例及 R 语言计算

R 语言中自带的 Fisher Iris 数据集有四个属性: 萼片长度、萼片宽度、花瓣长度和花瓣宽度. 数据共有 150 个样本, 分为三类: 前 50 个样本是属于第 1 类 Setosa, 中间的 50 个样本属于第 2 类 Versicolor, 最后 50 个样本属于第 3 类 Virginica. 现将该数据集随机分成两部分: 75 个样本作为训

练集训练判别函数; 其余 75 个样本作为测试集来测试判别精度. 试用 LDA 和 QDA 方法建立判别分类器, 并对结果进行可视化分析.

首先, 用函数 data (iris) 把 Fisher Iris 数据集导入 R 语言的工作环境中, 并用函数 set.seed (2021) 固定种子, 把数据集用函数 sample() 随机分成两部分, 其中 75 个样本作为训练集, 其余的 75 个样本作为测试集, 程序如下.

```
library(MASS); data(iris); set.seed(2021)
train = sample(1:150, 75)
> table(iris$Species[train])          ## 展示训练样本
    setosa   versicolor    virginica
        24           21           30
```

基于训练集数据, 利用函数 lda() 进行判别分析, 并用函数 plot() 绘制线性判别图像, 程序如下, 线性判别图像见图 5.10.

```
lda.iris=lda(Species ~ ., iris, prior=c(24,21,30)/75, subset=train)
plot(lda.iris, abbrev = T, col = as.numeric(iris$Species[train]))
> lda.iris              ## 输出结果
Call:
lda(Species ~ ., data=iris, prior=c(24, 21, 30)/75, subset=train)
Prior probabilities of groups:
    setosa   versicolor    virginica
      0.32         0.28         0.40
Group means:
           Sepal.Length Sepal.Width Petal.Length Petal.Width
setosa         5.079167    3.541667     1.462500   0.2666667
versicolor     5.961905    2.704762     4.228571   1.2857143
virginica      6.570000    2.930000     5.553333   2.0100000
Coefficients of linear discriminants:
                   LD1          LD2
Sepal.Length  1.276769   0.06739943
Sepal.Width   1.204560  -2.29478268
Petal.Length -2.737373   0.51175177
Petal.Width  -2.104923  -2.18494902
Proportion of trace:
   LD1         LD2
0.9901      0.0099
```

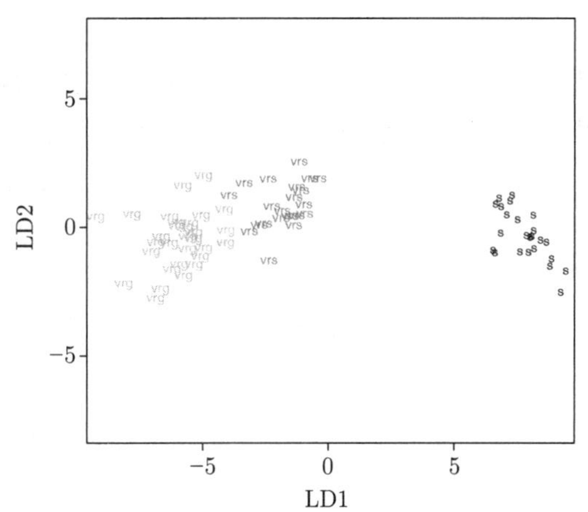

图 5.10 基于 Fisher Iris 训练数据的线性判别图像

函数 lda() 输出的结果包括每个类别的先验概率、每个类别数据的组平均值、第一和第二线性判别函数的系数 (因为有三个类别, 所以需要两个判别函数) 以及第一和第二线性判别函数解释方差的比例. 可见第一线性判别函数能够解释总体数据 99.01% 的方差, 两个线性判别函数为

$$W_1 = 1.28 \times \text{Sepal.Length} + 1.20 \times \text{Sepal.Width} - 2.74 \times \text{Petal.Length} - 2.10 \times \text{Petal.Width},$$

$$W_2 = 0.07 \times \text{Sepal.Length} - 2.29 \times \text{Sepal.Width} + 0.51 \times \text{Petal.Length} - 2.18 \times \text{Petal.Width}.$$

下面利用函数 predict() 对测试集数据进行预测, 并用函数 table() 输出混淆矩阵, 进一步可用程序包 mclust 中的函数 classError() 计算分类错误率, 程序和输出结果如下.

```
piris.lda = predict(lda.iris,  iris[-train, ])$class
cl.test  = iris$Species[-train]
> table(cl.test, piris.lda)        ## 输出混淆矩阵
              piris.lda
cl.test       setosa  versicolor  virginica
  setosa          26           0          0
  versicolor       0          27          2
  virginica        0           0         20
## 利用函数 classError() 计算分类错误率
library(mclust); classError(piris.lda, cl.test)
$misclassified
[1] 41   47
$errorRate
[1] 0.02666667
```

从上面结果可以看出, 在测试集上有两个样本被错判, 分别为第 41 号和第 47 号样本被错判, 分

类错误率约为 0.027.

下面采用 LOOCV 方法在整个数据集上对 LDA 方法的判别精度进行评价, 只需要在函数 lda() 中设置参数 CV=TRUE, 程序和计算结果如下. 可见基于 LOOCV 方法的错误率为 0.02.

```
cv.lda = lda(Species ~ ., iris, prior = c(24,21,30)/75, CV = TRUE)
> table(iris$Species, cv.lda$class)     ## 输出混淆矩阵
              setosa  versicolor  virginica
  setosa          50           0          0
  versicolor       0          48          2
  virginica        0           1         49
> mean(iris$Species != cv.lda$class)
[1] 0.02
```

最后, 利用函数 qda() 对数据进行判别分析. 首先利用函数 qda() 直接进行判别分析, 并计算分类错误率. 然后利用 LOOCV 方法在整个数据集上对 QDA 方法的判别精度进行评价, 程序如下.

```
set.seed(2021); tr.id = sample(1:50, 25)
train = rbind(iris3[tr.id,,1], iris3[tr.id,,2], iris3[tr.id,,3])
test = rbind(iris3[-tr.id,,1], iris3[-tr.id,,2], iris3[-tr.id,,3])
cl = factor(c(rep("s", 25), rep("c", 25), rep("v", 25)))
qda.iris = qda(train, cl, method = "mle")
piris.qda = predict(qda.iris, test)$class
> classError(piris.qda, cl)
$misclassified
[1] 45 70
$errorRate
[1] 0.02666667
## LOOCV 方法的 QDA 评价
cv.qda = qda(Species~., data=iris, CV=TRUE); cv.qda$class
> table(iris$Species, cv.qda$class)     ## 输出混淆矩阵
              setosa  versicolor  virginica
  setosa          50           0          0
  versicolor       0          47          3
  virginica        0           1         49
> mean(iris$Species != cv.qda$class)
[1] 0.02666667
```

从上面结果可以看出, QDA 方法在测试集上有两个样本被错判, 分别为第 45 号和第 70 号样本

被错判, 分类错误率约为 0.027. 在整个数据集上, 用 LOOCV 方法进行 QDA 方法的评价时, 错误率约为 0.027.

进一步, 可使用程序包 klaR 中的函数 partimat() 对判别分析效果进行可视化, 程序如下, 结果见图 5.11.

```
library(MASS); library(klaR)
partimat(Species ~ ., data = iris, method = "lda",
      main = "Linear Discriminant Analysis")
partimat(Species ~ ., data = iris, method = "qda",
      main = "Quadratic Discriminant Analysis")
```

从图 5.11(a) 可以看出, LDA 方法的决策边界是线性的, 而图 5.11(b) 显示的 QDA 方法的决策边界是非线性的. 图上也标出了每种情况的错判率大小, 有的情况 QDA 方法的错判率小于 LDA 方法的错判率, 而有的情况 LDA 方法的错判率更小. 但是整体而言, 两种方法的表现差不多.

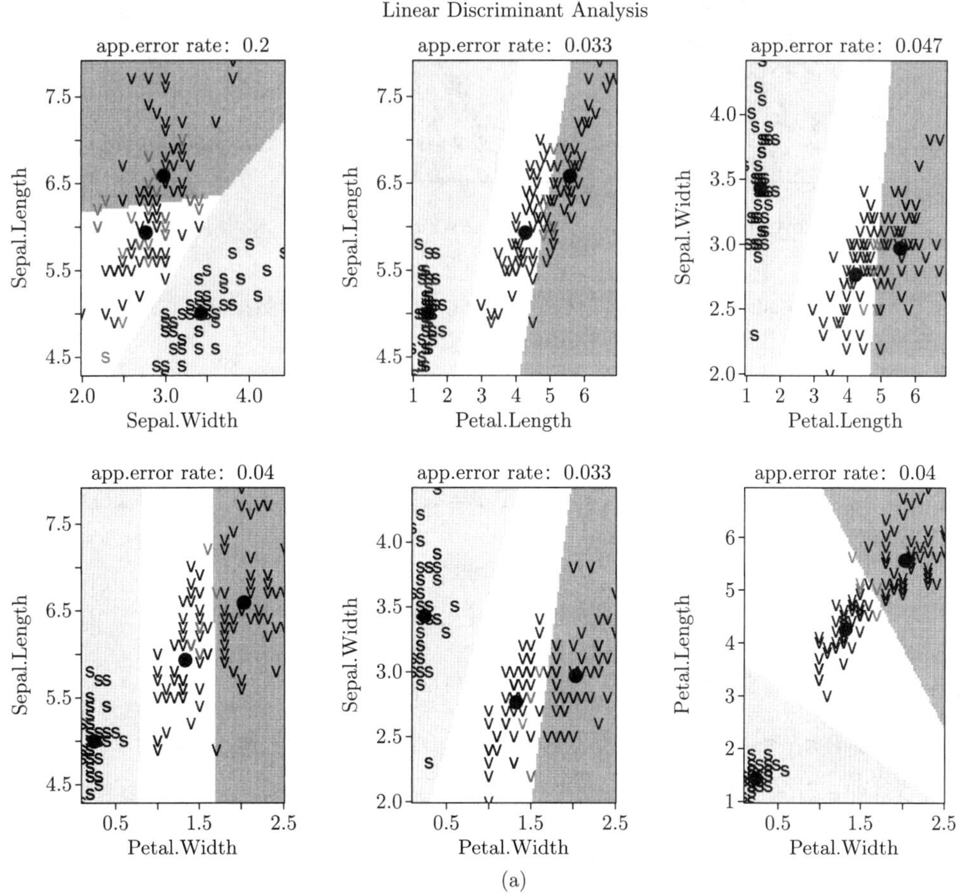

(a)

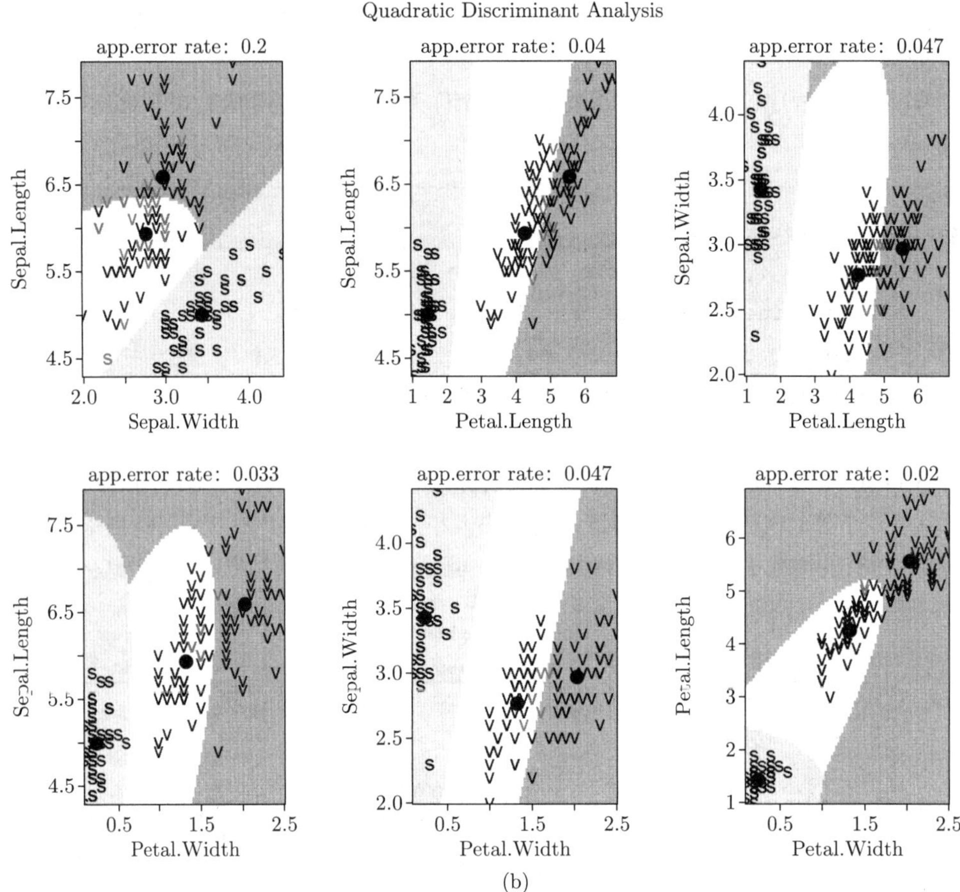

图 5.11 (a) Fisher Iris 数据的线性判别可视化; (b) Fisher Iris 数据的二次判别可视化

习 题 5

1. 对于类 G_i, 总体的分布为 $N(\mu_i, \sigma_i^2)$, 其中 $i = 1, 2$. 可以通过计算马氏距离进行判别, 不妨设 $\mu_1 > \mu_2$, 按距离判别准则有

$$\begin{cases} x \in G_1, & 若\ x > \mu^*, \\ x \in G_2, & 若\ x \leqslant \mu^*, \end{cases}$$

其中 $\mu^* = \dfrac{\sigma_1\mu_2 + \sigma_2\mu_1}{\sigma_1 + \sigma_2}$. 试求错判概率 $\mathbb{P}(2|1)$ 和 $\mathbb{P}(1|2)$.

2. 设三个总体 π_1, π_2 和 π_3 的分布分别为: $N(2, 0.5^2)$, $N(0, 2^2)$ 和 $N(3, 1^2)$. 采用下面两种判别准则, 试问样品 $x = 2.5$ 应判归为哪一类?

(1) 按距离判别准则;

(2) 按 Bayes 判别准则, 取先验概率为 $q_1 = q_2 = q_3 = 1/3$, 且考虑损失, 当 $i \neq j$ 时, 损失为 $C(j|i) = 1$, 否则损失为 $C(j|i) = 0$.

3. 设总体 π_i 的均值为 $\boldsymbol{\mu}_i (i = 1, 2)$, 具有相同的协方差矩阵为 $\boldsymbol{\Sigma}$, 令 $\overline{\mu} = \dfrac{1}{2}(\boldsymbol{a}^{\mathrm{T}}\boldsymbol{\mu}_1 + \boldsymbol{a}^{\mathrm{T}}\boldsymbol{\mu}_2)$, 其

中 $\boldsymbol{a}=\boldsymbol{\Sigma}^{-1}(\boldsymbol{\mu}_1-\boldsymbol{\mu}_2)$. 试证明:

(1) $\mathrm{E}(\boldsymbol{a}^{\mathrm{T}}\boldsymbol{X}|\pi_1)>\overline{\mu}$; (2) $\mathrm{E}(\boldsymbol{a}^{\mathrm{T}}\boldsymbol{X}|\pi_2)<\overline{\mu}$.

4. 设有两个二元正态总体 $\pi_1\sim N_2(\boldsymbol{\mu}_1,\boldsymbol{\Sigma}_1)$ 和 $\pi_2\sim N_2(\boldsymbol{\mu}_2,\boldsymbol{\Sigma}_2)$, 其中

$$\boldsymbol{\mu}_1=\begin{pmatrix}10\\15\end{pmatrix},\quad \boldsymbol{\Sigma}_1=\begin{pmatrix}18&12\\12&32\end{pmatrix},\quad \boldsymbol{\mu}_2=\begin{pmatrix}20\\25\end{pmatrix},\quad \boldsymbol{\Sigma}_2=\begin{pmatrix}20&-7\\-7&5\end{pmatrix}.$$

假设先验概率 $q_1=q_2$, 且损失为 $C(2|1)=10$ 和 $C(1|2)=75$. 试问样本 $\boldsymbol{x}_1=(20,20)^{\mathrm{T}}$ 和 $\boldsymbol{x}_2=(15,20)^{\mathrm{T}}$ 各应判归为哪一类?

(1) 按 Fisher 判别准则;

(2) 按 Bayes 判别准则, 其中假设 $\boldsymbol{\Sigma}_2=\boldsymbol{\Sigma}_1=\begin{pmatrix}18&12\\12&32\end{pmatrix}$;

(3) 已知样品 $\boldsymbol{x}=(20,20)^{\mathrm{T}}$, 对 $i=1,2$, 试计算后验概率 $\mathbb{P}(\pi_i|\boldsymbol{x})$.

5. 已知 $\boldsymbol{x}_i^{(k)}$ 为来自类 G_k 的简单随机样本, 其中 $k=1,2$; $i=1,\cdots,n_k$. 记 $\boldsymbol{d}=\overline{\boldsymbol{x}}^{(1)}-\overline{\boldsymbol{x}}^{(2)}$, 其中 $\overline{\boldsymbol{x}}^{(k)}=\dfrac{1}{n_k}\sum\limits_{i=1}^{n_k}\boldsymbol{x}_i^{(k)}$. 令 $\mathbf{S}=\dfrac{1}{n_1+n_2-2}(\mathbf{V}_1+\mathbf{V}_2)$, 其中 $\mathbf{V}_k$ 为类 G_k 的样本离差阵. 试证明: $\boldsymbol{a}=\mathbf{S}^{-1}(\overline{\boldsymbol{x}}^{(1)}-\overline{\boldsymbol{x}}^{(2)})$ 使比值 $(\boldsymbol{a}^{\mathrm{T}}\boldsymbol{d})^2/\boldsymbol{a}^{\mathrm{T}}\mathbf{S}\boldsymbol{a}$ 达最大值, 且最大值为马氏距离 $D^2=(\overline{\boldsymbol{x}}^{(1)}-\overline{\boldsymbol{x}}^{(2)})^{\mathrm{T}}\mathbf{S}^{-1}(\overline{\boldsymbol{x}}^{(1)}-\overline{\boldsymbol{x}}^{(2)})$.

6. 试证明:

$$\begin{aligned}&-\frac{1}{2}(\boldsymbol{x}-\boldsymbol{\mu}_1)^{\mathrm{T}}\boldsymbol{\Sigma}^{-1}(\boldsymbol{x}-\boldsymbol{\mu}_1)+\frac{1}{2}(\boldsymbol{x}-\boldsymbol{\mu}_2)^{\mathrm{T}}\boldsymbol{\Sigma}^{-1}(\boldsymbol{x}-\boldsymbol{\mu}_2)\\&=(\boldsymbol{\mu}_1-\boldsymbol{\mu}_2)^{\mathrm{T}}\boldsymbol{\Sigma}^{-1}\boldsymbol{x}-\frac{1}{2}(\boldsymbol{\mu}_1-\boldsymbol{\mu}_2)^{\mathrm{T}}\boldsymbol{\Sigma}^{-1}(\boldsymbol{\mu}_1+\boldsymbol{\mu}_2).\end{aligned}$$

7. 考虑下面两个数据集

$$\mathbf{X}_1=\begin{pmatrix}3&7\\2&4\\4&7\end{pmatrix},\qquad \mathbf{X}_2=\begin{pmatrix}6&9\\5&7\\4&8\end{pmatrix}.$$

计算可得

$$\overline{\boldsymbol{x}}_1=\begin{pmatrix}3\\6\end{pmatrix},\quad \overline{\boldsymbol{x}}_2=\begin{pmatrix}5\\8\end{pmatrix},\quad \mathbf{S}_{\text{pooled}}=\begin{pmatrix}1&1\\1&2\end{pmatrix}.$$

(1) 计算由式 (5.14) 定义的线性判别函数;

(2) 如果假设先验概率和损失相等, 对给定的观测值 $\boldsymbol{x}_0=(2,7)^{\mathrm{T}}$, 试用 Fisher 线性判别准则 (5.15) 把 $\boldsymbol{x}_0$ 归类为总体 π_1 或 π_2.

8. 在两个 p 元正态总体 $N_p(\boldsymbol{\mu}_k,\boldsymbol{\Sigma})(k=1,2)$ 下, 设 $\boldsymbol{\mu}_1$, $\boldsymbol{\mu}_2$ 和 $\boldsymbol{\Sigma}$ 均为已知. 又设线性判别函数为

$$W(\boldsymbol{X})=(\boldsymbol{X}-\overline{\boldsymbol{\mu}})^{\mathrm{T}}\boldsymbol{\Sigma}^{-1}(\boldsymbol{\mu}_1-\boldsymbol{\mu}_2),\qquad \overline{\boldsymbol{\mu}}=\frac{1}{2}(\boldsymbol{\mu}_1+\boldsymbol{\mu}_2).$$

判别准则为:

$$\begin{cases} 判\ \boldsymbol{X} \in G_1, & 当\ W(\boldsymbol{X}) > 0, \\ 判\ \boldsymbol{X} \in G_2, & 当\ W(\boldsymbol{X}) \leqslant 0. \end{cases}$$

试求错判概率 $\mathbb{P}(2|1)$ 和 $\mathbb{P}(1|2)$.

9. 考虑线性函数: $Y = \boldsymbol{\xi}^{\mathrm{T}}\boldsymbol{X}$. 如果 $\boldsymbol{X}$ 来自总体 π_1, 则令 $\mathrm{E}(\boldsymbol{X}) = \boldsymbol{\mu}_1$, $\mathrm{Cov}(\boldsymbol{X}) = \boldsymbol{\Sigma}$; 如果 $\boldsymbol{X}$ 来自总体 π_2, 则令 $\mathrm{E}(\boldsymbol{X}) = \boldsymbol{\mu}_2$, $\mathrm{Cov}(\boldsymbol{X}) = \boldsymbol{\Sigma}$. 令 $m = \dfrac{1}{2}(\mu_{1Y} + \mu_{2Y}) = \dfrac{1}{2}(\boldsymbol{\xi}^{\mathrm{T}}\boldsymbol{\mu}_1 + \boldsymbol{\xi}^{\mathrm{T}}\boldsymbol{\mu}_2)$. 给定 $\boldsymbol{\xi}^{\mathrm{T}} = (\boldsymbol{\mu}_1 - \boldsymbol{\mu}_2)^{\mathrm{T}}\boldsymbol{\Sigma}^{-1}$, 试证明:

(1) $\mathrm{E}(\boldsymbol{\xi}^{\mathrm{T}}\boldsymbol{X}|\pi_1) - m = \boldsymbol{\xi}^{\mathrm{T}}\boldsymbol{\mu}_1 - m > 0$;

(2) $\mathrm{E}(\boldsymbol{\xi}^{\mathrm{T}}\boldsymbol{X}|\pi_2) - m = \boldsymbol{\xi}^{\mathrm{T}}\boldsymbol{\mu}_2 - m < 0$.

10. 令两个总体的密度函数分别为

$$f_1(x) = \begin{cases} 1 - |x|, & |x| \leqslant 1; \\ 0, & 其他, \end{cases} \qquad f_2(x) = \begin{cases} 1 - |x - 0.5|, & -0.5 \leqslant x \leqslant 1.5; \\ 0, & 其他. \end{cases}$$

(1) 绘制 $f_1(x)$ 和 $f_2(x)$ 的密度函数;

(2) 当 $q_1 = q_2$ 且 $C(2|1) = C(1|2)$ 时, 试给出判别准则, 并确定判别区域 R_1 和 R_2;

(3) 当 $q_1 = 0.2$ 且 $C(2|1) = C(1|2)$ 时, 试给出判别准则, 并确定判别区域 R_1 和 R_2.

11. 已知两个总体的分布为 $N_p(\boldsymbol{\mu}_k, \boldsymbol{\Sigma})(k = 1, 2)$. 又设 $\boldsymbol{\mu}_1$, $\boldsymbol{\mu}_2$ 和 $\boldsymbol{\Sigma}$ 均为已知, 先验概率为 q_1 和 q_2, 且满足 $q_1 + q_2 = 1$, 错判损失为 $C(1|2)$ 和 $C(2|1)$. 试写出 Bayes 判别准则和距离判别准则, 并说明它们之间的关系.

12. 设在某地区抽取了 14 块岩石标本, 其中 7 块含矿, 7 块不含矿. 对每块岩石测定了 Cu, Ag 和 Bi 三种化学成分的含量, 得到的数据如表 5.5.

表 5.5 岩石化学成分的含量数据

类型	序号	Cu	Ag	Bi	类型	序号	Cu	Ag	Bi
含矿	1	2.58	0.90	0.95	不含矿	8	2.25	1.98	1.06
	2	2.90	1.23	1.00		9	2.16	1.80	1.06
	3	3.55	1.15	1.00		10	2.33	1.74	1.10
	4	2.35	1.15	0.79		11	1.96	1.48	1.04
	5	3.54	1.85	0.79		12	1.94	1.40	1.00
	6	2.70	2.23	1.30		13	3.00	1.30	1.00
	7	2.70	1.70	0.48		14	2.78	1.70	1.48

(1) 假定两类样本服从正态分布, 使用 LDA 方法进行判别归类 (先验概率取为相等, 并假定两类样本的协方差矩阵相等), 绘制决策边界;

(2) 假定两类样本服从正态分布, 使用 QDA 方法进行判别归类, 并绘制决策边界;

(3) 得一块新的标本, 并测得其 Cu, Ag 和 Bi 的含量分别为 2.95, 2.15 和 1.54, 试分别采用 LDA 方法和 QDA 方法判断该标本是含矿还是不含矿?

13. 已知某研究对象分为三类, 每个样本考察 4 项指标, 各类的观测样品数分别为 7, 4 和 6, 并假定样本均来自正态总体. 另外还有 3 个待判样本 (所有观测数据见表 5.6).

表 5.6 判别分类的数据

样本号	X_1	X_2	X_3	X_4	类别号	样本号	X_1	X_2	X_3	X_4	类别号
1	6.0	−11.5	19.0	90.0	1	11	−100.0	−21.5	15.0	−40.0	2
2	−11.0	−18.5	25.0	−36.0	3	12	13.0	−17.2	18.0	2.0	2
3	90.2	−17.0	17.0	3.0	2	13	−5.0	−18.5	15.0	18.0	1
4	−4.0	−15.0	13.0	54.0	1	14	10.0	−18.0	14.0	50.0	1
5	0.0	−14.0	20.0	35.0	2	15	−8.0	−14.0	16.0	56.0	1
6	0.5	−11.5	19.0	37.0	3	16	0.6	−13.0	26.0	21.0	3
7	−10.0	−19.0	21.0	−42.0	3	17	−40.0	−20.0	22.0	−50.0	3
8	0.0	−23.0	5.0	−35.0	1	1	−8.0	−14.0	16.0	56.0	?
9	20.0	−22.0	8.0	−20.0	3	2	92.2	−17.0	18.0	3.0	?
10	−100.0	−21.4	7.0	−15.0	1	3	−14.0	−18.5	25.0	−36.0	?

(1) 试用马氏距离判别法进行判别分析, 并对 3 个待判样本进行判别归类;

(2) 使用 LDA 方法和 QDA 方法进行判别分析, 并对 3 个待判样本进行判别归类. 进一步, 使用程序包 klaR 中的函数 partimat() 对判别分析效果进行可视化.

14. 某城市的环保监测站于 1982 年在全市均匀地布置了 14 个监测点, 每日三次定时抽取大气样品, 测量大气中二氧化硫 (X_1)、氮氧化物 (X_2) 和飘尘 (X_3) 的含量. 前后 5 天, 每个取样点 (监测点) 每种污染元素实测 15 次, 取 15 次实测值的平均作为该取样点大气污染元素的含量 (数据见表 5.7). 表中最后一列给出类别号表示: 第 1 类为严重污染地区, 第 2 类为一般污染地区, 第 3 类为基本没有污染地区). 该城市另有两个单位在同一期间测定了所有单位大气中这三种污染元素的含量 (见表 5.7 中最后两行).

表 5.7 大气污染数据

样本号	X_1	X_2	X_3	类别号	样本号	X_1	X_2	X_3	类别号
1	0.045	0.043	0.265	2	9	0.187	0.082	0.301	1
2	0.066	0.039	0.264	2	10	0.053	0.060	0.209	2
3	0.094	0.061	0.194	2	11	0.020	0.008	0.112	3
4	0.003	0.003	0.102	3	12	0.035	0.015	0.170	3
5	0.048	0.015	0.106	3	13	0.205	0.068	0.284	1
6	0.210	0.066	0.263	1	14	0.088	0.058	0.215	2
7	0.086	0.072	0.274	2	1	0.101	0.052	0.181	?
8	0.196	0.072	0.211	1	2	0.045	0.005	0.122	?

(1) 试用马氏距离判别法建立判别准则 (假设三个总体为多元正态总体, 其协方差矩阵相等, 先验概率取为各类样本的比例), 并列出判别结果; 进一步, 试用马氏距离判别法判断两个待判单位的

污染情况属哪一类.

(2) 使用程序包 MASS 中的函数 lda() 和 qda() 进行判别分析, 并分别判断两个待判单位的污染情况属哪一类.

15. 对程序包 ISLR2 中的 Weekly 数据集, 利用 attach(Weekly) 获取该数据集, 考虑如下的问题. 该数据集收集了从 1990 年初到 2010 年末 21 年间 1 089 个星期的投资收益数据, 其中类别变量为 Direction: Up 和 Down.

(1) 对 Weekly 数据进行数值和图像描述统计, 这些结果中是否存在一些模式?

(2) 使用 set.seed(88), 随机选取 70% 的样本作为训练集, 30% 作为测试集. 在训练集上利用 LDA 方法和 QDA 方法进行判别分析, 并绘制决策边界.

(3) 基于测试集, 利用函数 predict() 进行预测, 并计算混淆矩阵和错误率, 并对 LDA 方法和 QDA 方法得到的结果进行比较.

(4) 使用程序包 klaR 中的函数 partimat() 对判别分析效果进行可视化.

第 6 章　K 近邻法

学习目标与要求:

1. 掌握 KNN 分类算法, K 值对分类结果的影响, 并能够熟练使用 R 语言进行数据分析;
2. 掌握 KNN 回归算法, K 值对预测结果的影响, 并能够熟练使用 R 语言进行数据分析;
3. 掌握如何选取最优的 K 值, 并能应用到实际问题中.

K **近邻法** (K-nearest neighbor, KNN) 是一种有监督的统计学习和机器学习算法, 主要通过对距离的度量及选择合适的 K 值对数据进行分类或回归, 是一种简单有效和训练速度快的非参数方法. K 近邻法最早可以追溯到 Fix 和 Hodges (1951), Cover 和 Hart (1967) 对 KNN 分类问题进行的系统研究. 关于 K 近邻法, 更系统的讨论见 Dasarathy (1991), Hastie 和 Tibshirani (1996), Hastie 等 (2009).

本章主要介绍 KNN 分类和 KNN 回归的算法, K 值对分类结果和预测结果的影响, 以及如何选取最优的 K 值, 也重点介绍案例分析和 R 语言应用.

§6.1　KNN 分类

第 5 章介绍了 Bayes 判别、LDA、QDA 和 Fisher 判别等分类方法. 相较于其他分类方法, Bayes 判别方法是一种最好的分类方法, 可以看成是一种黄金标准. 对于分类问题, 如果给定先验概率和特征向量 $\boldsymbol{X} = (X_1, \cdots, X_p)^{\mathrm{T}}$ 的概率分布或密度函数后, 通过计算给定 $\boldsymbol{X} = \boldsymbol{x}$ 后, $Y = j$ 的条件概率或后验概率建立分类器, 即 $\mathbb{P}(Y = j|\boldsymbol{X} = \boldsymbol{x})$, 其中 $j = 1, 2, \cdots, J$. 但在实际应用中, Bayes 判别方法需要估计先验概率和特征向量 $\boldsymbol{X} = (X_1, \cdots, X_p)^{\mathrm{T}}$ 的概率分布或密度函数, 严重限制了 Bayes 判别方法的应用. 因此, 很多分类方法尝试通过计算条件概率 $\mathbb{P}(Y = j|\boldsymbol{X} = \boldsymbol{x})$ 建立分类器, 把一个给定的观测样本分类到估计的条件概率最大的类别中, 其中 K 近邻法就是一个非常成功的估计条件概率的非参数方法.

6.1.1　KNN 分类算法

假设存在一个训练样本集 $D = \{(\boldsymbol{x}_i, y_i), i = 1, \cdots, n\}$, 其中 $\boldsymbol{x}_i = (x_{i1}, \cdots, x_{ip})^{\mathrm{T}} \in \mathbb{R}^p$ 为观测特征向量, $y_i \in \{1, 2, \cdots, J\}$ 为观测的类别变量. 对给定的一个观测测试特征向量 $\boldsymbol{x}_0$, K 近邻法如何把 $\boldsymbol{x}_0$ 分到 $\{1, 2, \cdots, J\}$ 中的类? 下面给出 KNN 分类算法.

步骤 1 给定训练样本集 $D=\{(\boldsymbol{x}_i,y_i),i=1,\cdots,n\}$ 和一个正整数 K, 计算每个样本点的特征向量 $\boldsymbol{x}_i$ 到测试特征向量 $\boldsymbol{x}_0$ 的距离. 根据所计算距离的大小, 在训练集 D 中找出与 $\boldsymbol{x}_0$ 最邻近的 K 个样本点, 把包含这 K 个样本点的集合记为 $\mathcal{N}_0$.

步骤 2 对测试特征向量 $\boldsymbol{x}_0$ 和 $\mathcal{N}_0$, 计算条件概率 $\mathbb{P}(Y=j|\boldsymbol{X}=\boldsymbol{x}_0)$ 的估计为

$$\widehat{p}_j=\frac{1}{K}\sum_{\boldsymbol{x}_i\in\mathcal{N}_0}I(y_i=j),\qquad j=1,\cdots,J;\quad i=1,\cdots,n,$$

其中 $I(\cdot)$ 为示性函数, 即当 $y_i=j$ 时, $I(y_i=j)=1$, 否则为 0.

步骤 3 根据条件概率估计的大小进行分类, 将观测值 $\boldsymbol{x}_0$ 分到概率最大的类中. 如, 当 $\widehat{p}_j$ 最大时, 则把 $\boldsymbol{x}_0$ 分到第 j 类中.

在步骤 2 中也可以计算在 $\mathcal{N}_0$ 中 $y_i=j$ 的频数, 即 $\sum\limits_{\boldsymbol{x}_i\in\mathcal{N}_0}I(y_i=j)$, 然后在步骤 3 中使用**多数票规则** (majority vote rule) 进行分类.

在 KNN 分类算法中, K 值是非常关键的, 它会决定分类的结果. 例如, 图 6.1 提供了二分类问题的 KNN 分类示意图, 当取 $K=3$ 时, 可得 $\widehat{p}_1=2/3$ 和 $\widehat{p}_2=1/3$, 则把绿色测试样本分到类 I 中. 但是, 当取 $K=5$ 时, 可得 $\widehat{p}_1=2/5$ 和 $\widehat{p}_2=3/5$, 则把绿色测试样本分到类 II 中. 可见, 取不同的 K 值对分类结果有显著的影响.

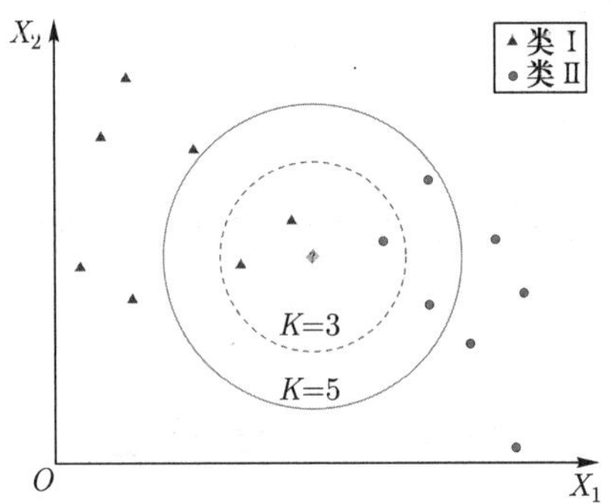

图 6.1 二分类问题的 KNN 分类示意图

在 KNN 分类算法中, 取极端情况, 即 $K=1$ 时, 则为**最近邻算法**, 将导致决策边界相当不规则, 这时这个分类器虽然偏差小但方差却很大, 有严重的过拟合问题. 进一步, 当 $K=1$ 时, 在训练集上的错误率为 0, 尽管可以完美解释训练数据, 但是在测试集上的错误率却很高. 另外一个极端情况, 当 K 值很大时, 将导致决策边界变得非常光滑, 这时这个分类器虽然方差小但偏差却很大, 有严重的欠拟合问题, 在测试集上也有较高的错误率. 如果 $K=n$, 无论测试样本 $\boldsymbol{x}_0$ 是什么, 都将简单把 $\boldsymbol{x}_0$ 分到训练集中最常见的类中. 如何选取最优的 K?

在 KNN 分类算法中, 距离度量选择也很重要, 可以使用欧氏距离、Manhattan 距离和马氏距离等, 关于这些距离的定义可参考第 13 章. 在实际应用中, 可通过调整距离占比的权重进一步优化. 调整距离占比权重可以加强距测试样本 $\boldsymbol{x}_0$ 近的样本点的影响力, 即施加距离权重, 使得距离测试样本 $\boldsymbol{x}_0$ 越近, 权重越大. 在 R 语言的程序包 kknn 中, 有距离的计算和权重的优化选项.

6.1.2 K 值的选择和 KNN 分类应用

K 值的选择对 KNN 分类算法非常关键, 如果选择较小的 K 值, 将会导致过拟合问题. 选择较大的 K 值, 将会导致欠拟合问题. 由第 2 章和第 4 章的思想, 可以平衡偏差和方差, 利用数据驱动的 CV 方法, 在测试集上绘制 U 形曲线, 选择使得测试集上错误率最小的 K 值.

在 R 语言中, 可用程序包 caret、kknn、class 和 FNN 进行 KNN 分类, 其中程序包 class 和 FNN 仅提供了欧氏距离, 而程序包 kknn 提供了 Minkowski 距离. 此外, 程序包 class 只能用于 KNN 分类问题. 程序包 caret 功能非常强大, 读者可通过在线帮助获取程序包 caret 的应用. 下面仅对程序包 kknn, class 和 FNN 中的函数调用进行介绍.

程序包 kknn 中主要的函数有: 用于 KNN 分类或回归的函数 kknn(), 基于 LOOCV 方法的函数 train.kknn() 和基于 k 折 CV 方法的函数 cv.kknn(), 它们的调用格式为

```
kknn(formula = formula(train), train, test, na.action = na.omit(),
    k = 7, distance = 2, kernel = "optimal", ykernel = NULL,
    scale = TRUE, contrasts = c('unordered' = "contr.dummy",
    ordered = "contr.ordinal"))
其中 formula 为模型公式; train 为训练集的数据框数据; test 为测试集的数据框数据; k
表示给定的 K 值, 缺省取为 7; distance 表示 Minkowski 距离, 当 distance=2 时为欧氏
距离, 当 distance=1 时为 Manhattan 距离; 权重为 kernel="optimal"; 其余参数见在线帮
助.
train.kknn(formula, data, kmax = 11, ks = NULL, distance = 2,
         kernel = "optimal", ykernel = NULL, scale = TRUE,
         contrasts = c('unordered' = "contr.dummy",
         ordered = "contr.ordinal"), ...)
cv.kknn(formula, data, kcv = 10, ...)
其中函数 train.kknn() 中参数 kmax 为给定的最大 K 值, 缺省为 11; 函数 cv.kknn() 中
参数 kcv 表示 k 折 CV 中的 k 值, 缺省为 10 折 CV; 其余参数同函数 kknn().
```

程序包 class 中的函数 knn() 和 knn.cv() 的调用格式为

```
knn(train, test, cl, k = 1, l = 0, prob = FALSE, use.all = TRUE)
knn.cv(train, cl, k = 1, l = 0, prob = FALSE, use.all = TRUE)
其中 train 为训练集的数据框数据; test 为测试集的数据框数据; cl 表示训练集的类别变量
数据; 参数 k 为给定的 K 值, 缺省取为 1; 如果 prob=TRUE 表示返回值为条件概率.
```

下面介绍程序包 FNN 中用于 KNN 分类的函数 knn() 和 knn.cv(), 以及用于 KNN 回归的函数 knn.reg() 的调用格式

```
knn(train, test, cl, k = 1, prob = FALSE, algorithm=c("kd_tree",
    "cover_tree", "brute"))
knn.cv(train, cl, k = 1, prob = FALSE, algorithm=c("kd_tree",
     "cover_tree", "brute"))
knn.reg(train, test = NULL, y, k = 3, algorithm=c("kd_tree",
     "cover_tree", "brute"))
knn.cv(train, cl, k = 1, l = 0, prob = FALSE, use.all = TRUE)
```

其中 train 为训练集的数据框数据; test 为测试集的数据框数据; cl 表示训练集的类别变量数据; 参数 k 为给定的 K 值; 参数 algorithm 为近邻搜索算法; 函数 knn.reg() 中的参数 y 表示训练集中的响应变量数据.

例 6.1 对程序包 locfit 中的训练数据集 cltrain 和测试数据集 cltest 进行 KNN 分类, 这两个数据集都包含 200 个样本和 3 个变量 x_1, x_2 和 y, 其中 x_1 和 x_2 为特征变量, y 为类别变量, 取值为 0 或 1, 分别视作类 A 和类 B. 此外, 200 个样本来自两个总体, 其中当 $y_i = 0$ 时, $x_{i1} \sim N(0,1), x_{i2} = (2 - x_{i1}^2 + z_i)/3$, 且 $z_i \sim N(0,1)$; 当 $y_i = 1$ 时, $x_{i1} \sim N(0,1), x_{i2} = -(2 - x_{i1}^2 + z_i)/3$. 从该数据的产生可知, 最优决策边界为 $x_1 = \pm\sqrt{2}$ 和 $x_2 = 0$ 的棋盘形状. 图 6.2 提供了训练集和测试集的散点图, 以及最优决策边界.

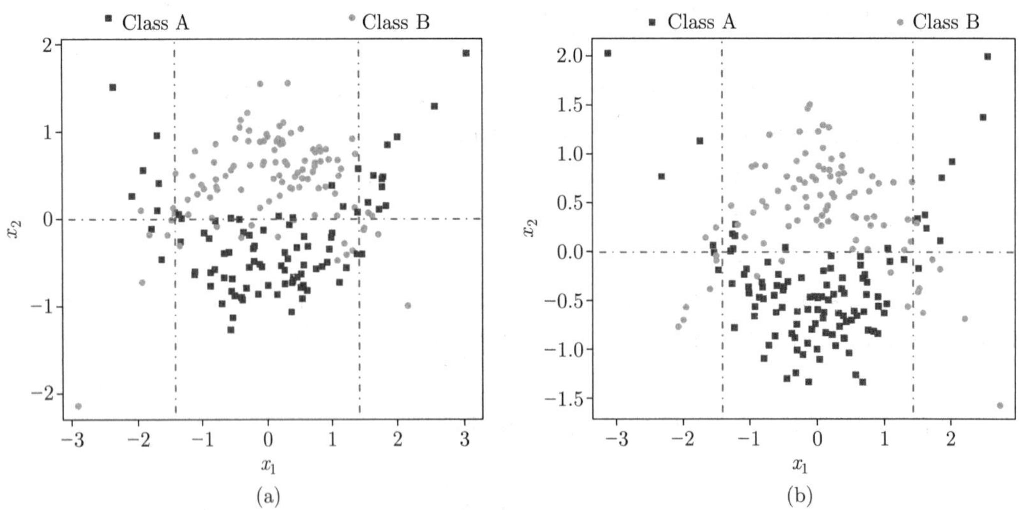

图 6.2 (a) 训练数据集 cltrain 的散点图和已知的最优决策边界; (b) 测试数据集 cltest 的散点图和已知的最优决策边界, 其中蓝色方块表示 $y = 0$ 类 (类 A), 红色圆点表示 $y = 1$ 类 (类 B), 紫色的点断线表示已知的最优决策边界

本例的主要问题是: ① 在训练数据集 cltrain 上取 $K = 1, 5, 15, 50$, 然后绘制 KNN 分类的决策边界和计算训练错误率, 并观测 K 值对决策边界和错误类的影响; ② 利用 CV 方法选择最优的 K 值, 在测试数据集 cltest 绘制 CV 误差图, 确定最优的 K 值, 然后用于测试数据集 cltest, 绘制决策边界, 并计算测试数据集 cltest 上的测试错误率.

为了完成上述问题, 本例调用程序包 FNN 进行 KNN 分类, 并利用程序包 mclust 计算错误率.

进一步, 编写下面三个函数, 可以对任意类别的情形进行 KNN 分类. 下面分别对三个函数进行介绍, 其中第一个函数为 cvk(), 利用第 4 章介绍的验证集方法, 主要目的是在训练集上用函数 knn() 拟合模型, 并在测试集上计算错误率, 并绘制测试错误率 U 形曲线, 然后确定最优的 K 值.

```
library(FNN); library(mclust); library(locfit)
data(cltrain); data(cltest)
cvk = function(train, test, train_label, k_max = 50){
  cverr = c(length = k_max)
  for (i in 1:50){
    fit_k = knn(train, test[, 1:2], train_label, k = i)
    cverr[i] = classError(fit_k, test[, 3])$errorRate
  }
  k_opt = which.min(cverr)
  plot(c(1:k_max), cverr, xlab = 'K', ylab = 'CV Error Rate',
       type = 'l', lwd = 2, col = 'blue')
  points(k_opt, cverr[k_opt], pch = 16, col = 'red', cex = 1.5)
  abline(v = k_opt, lty = 2, lwd=2, col = 'purple'); axis(1,k_opt)
  return(k_opt)
}
```

第二个函数是 plot_knn(), 主要用于绘制训练集和测试集的散点图, KNN 分类的决策边界, 并提供分类的错误率.

```
plot_knn = function(train, test, train_label, k){
  n.grid = 100; n_levels = length(unique(train_label))
  x1.lims = range(train[,1]); x2.lims = range(train[,2])
  x1.length=x1.lims[2]-x1.lims[1]; x2.length=x2.lims[2]-x2.lims[1]
  x1.lims = x1.lims + c(-x1.length, x1.length)*0.05
  x2.lims = x2.lims + c(-x2.length, x2.length)*0.05
  by1 = (x1.lims[2] - x1.lims[1])/(n.grid-1)
  by2 = (x2.lims[2] - x2.lims[1])/(n.grid-1)
  x1.grid = seq(from = x1.lims[1], to = x1.lims[2], by = by1)
  x2.grid = seq(from = x2.lims[1], to = x2.lims[2], by = by2)
  grid = expand.grid(x = x1.grid, y = x2.grid)
  cols = c('blue', 'hotpink', 'green', 'orange', 'purple')
  knn.fit = knn(train, grid, train_label, k=k, prob=TRUE)
  contour(x1.grid, x2.grid, matrix(knn.fit, nrow=n.grid), lwd=2,
```

```
      levels=c(1:n_levels), col="black", drawlabels=FALSE)
  if (ncol(test) == 3){
    if (0 %in% as.numeric(test[,3])) col_sel=as.numeric(test[,3])+1
    else col_sel = as.numeric(test[,3])
    points(test[,1:2],col=cols[col_sel],pch=as.numeric(test[,3])+15)
    fit = knn(train, test[,1:2], train_label, k=k)
    error = classError(fit, test[,3])$errorRate
    mtext(paste(k,'-NN: Error Rate = ', round(error,4)), line=0.8)
  }
  if (ncol(test) == 2){
    points(test[, 1:2], col = 'black', pch = 1)
    fit = knn(train, train, train_label, k = k)
    error = classError(fit,train_label)$errorRate
    mtext(paste(k,'-NN: Error Rate = ', round(error,4)), line=0.8)
  }
  points(grid, pch=".", cex=1.2, col=cols[as.numeric(knn.fit)])
}
```

第三个函数为 adaknn(), 该函数的输入变量有 train, test, train_label 和 k_max, 其中 train 表示 $n \times 2$ 的训练集矩阵数据, test 表示 $n \times 3$ 的测试集矩阵数据, 最后一列表示测试集的类别变量, train_label 表示训练集的类别变量数据, k_max 表示 K 值的最大值, 缺省为 50.

```
adaknn = function(train, test=NULL, train_label, k_max = 50){
  par(mfrow = c(1,2))
  if (is.null(test) == TRUE){
    id.tr = sample(1:nrow(train),round(0.7*nrow(train)),replace=F)
    k_opt = cvk(train[id.tr,], cbind(train, train_label)[-id.tr,],
                train_label[id.tr], k_max)
    plot_knn(train, cbind(train,train_label), train_label, k_opt)
  }
  else if (ncol(test) == 3){
    k_opt = cvk(train, test, train_label, k_max)
    plot_knn(train=train,test=test,train_label=train_label,k_opt)
  }
  else {
    id.tr = sample(1:nrow(train),round(0.7*nrow(train)),replace=F)
    k_opt = cvk(train[id.tr,], cbind(train, train_label)[-id.tr,],
```

```
            train_label[id.tr], k_max)
    plot_knn(train, test[,1:2], train_label, k_opt)
  }
}
```

在函数 adaknn() 中, 如果参数 test 缺省, 即只输入训练数据集, 函数会把输入的训练数据集随机分成 70% 的训练集和 30% 的测试集, 在 70% 的训练集上拟合模型, 然后利用函数 cvk() 在 30% 的测试集上选择最优的 K 值, 最后用函数 adaknn() 输出 CV 误差图, 训练数据集的决策边界图和训练错误率. 如果参数 test 给定, 函数 adaknn() 会在给定的训练数据集上拟合模型, 并利用函数 cvk() 在测试数据集上选择最优的 K 值, 最后用函数 adaknn() 输出 CV 误差图, 测试数据集的决策边界图和测试错误率. 函数 adaknn() 也可用于对不带类别变量的测试集进行 KNN 分类.

首先在训练数据集 cltrain 上进行 KNN 分类, 分别取 $K = 1, 5, 15, 50$, 然后绘制 KNN 分类的决策边界和计算训练错误率, 程序如下, 结果见图 6.3.

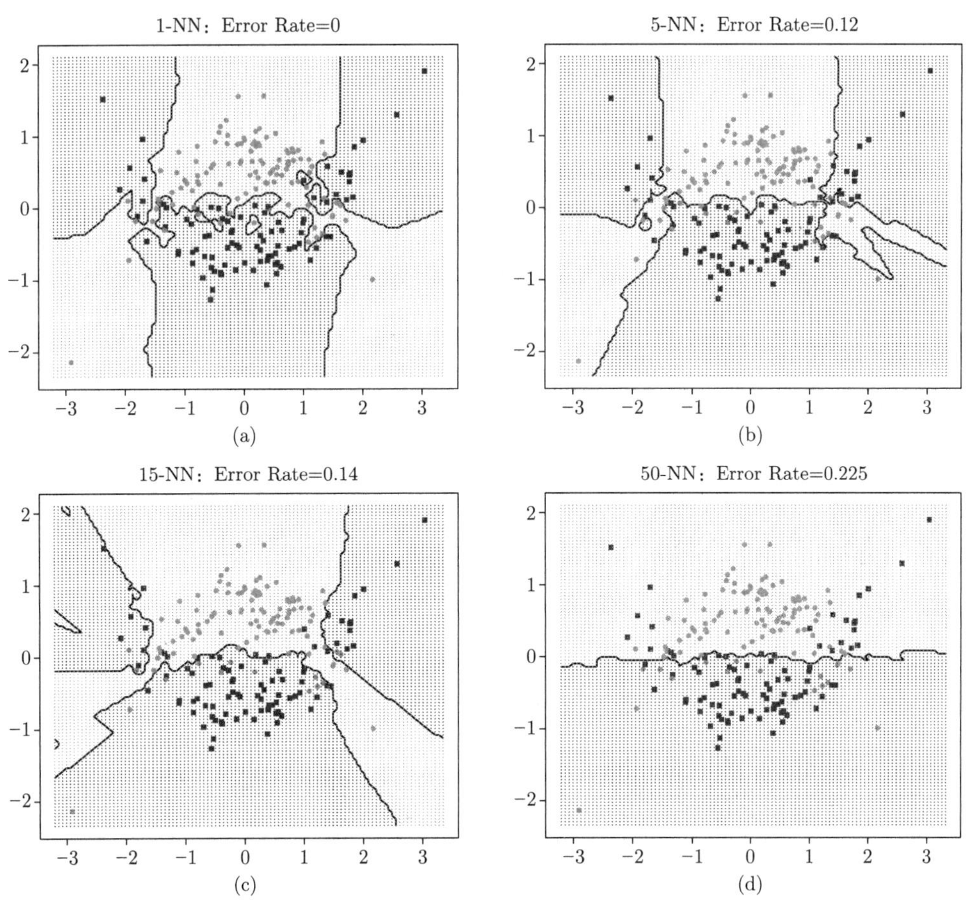

图 6.3 训练数据集 cltrain 的散点图, KNN 分类的决策边界和训练错误率. (a) $K = 1$ 的决策边界, 训练错误率为 0; (b) $K = 5$ 的决策边界, 训练错误率为 0.12; (c) $K = 15$ 的决策边界, 训练错误率为 0.14; (d) $K = 50$ 的决策边界, 训练错误率为 0.225

```
par(mfrow = c(2, 2))
for (k in c(1, 5, 15, 50)){
  train = cltrain[,1:2]; test = cbind(cltrain[,1:2], cltrain[,3])
  plot_knn(train, test, train_label = cltrain[,3], k)
}
```

从图 6.3 可以看出, 当 K 值很小时, 决策边界非常不光滑, 甚至也非常不规则, 当 $K=1$ 时 (见图 6.3(a)), 还出现了一些 "孤岛", 明显存在过拟合现象. 当 K 值变大时, 决策边界变得较为光滑, 当 $K=50$ 时 (见图 6.3(d)), 决策边界几乎是一条线性决策边界, 明显存在欠拟合. 进一步, 在训练集上, 随着 K 值的增大, 训练错误率会变大, 当 $K=1$ 时, 训练错误率为 0.

下面在训练数据集 cltrain 上建立 KNN 分类模型, 然后用于测试数据集 cltest 上绘制 CV 误差图, 确定最优的 K 值, 然后利用函数 adaknn() 在测试数据集 cltest 上绘制决策边界和计算测试错误率, 程序如下, 结果见图 6.4.

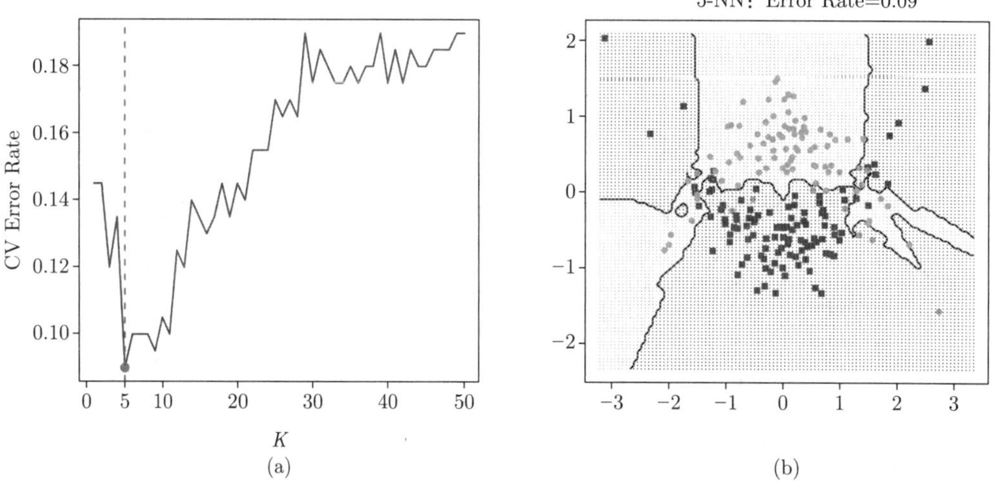

图 6.4 测试数据集 cltest 的 CV 误差图, KNN 分类的决策边界和测试错误率. (a) CV 误差图, 最优的 K 值为 $K=5$; (b) KNN 分类的决策边界和测试错误率, 测试错误率为 0.09

```
adaknn(train=cltrain[,1:2], test=cltest, train_label=cltrain[,3])
```

从图 6.4(a) 的 CV 误差图可以看到, 当 $K=5$ 时, 测试数据集 cltest 上的测试错误率达到最小, 故选择最优的 K 值为 $K=5$. 图 6.4(b) 显示, 当取最优的 K 值时, 决策边界较为光滑, 也有最小的测试错误率.

例 6.2 通过数值模拟进行 KNN 分类, 生成三个类别的模拟数据. 固定种子 set.seed(2022), 分别生成三组 600×3 的矩阵数据 $\mathbf{X}_1, \mathbf{X}_2$ 和 $\mathbf{X}_3$, 其中第三列为类别变量, 取值为 $c=1,2,3$, 分别记为类 A, 类 B 和类 C. ① 在矩阵数据 $\mathbf{X}_1$ 中, 中间 200 个样本为 $c=2$ 类, 其余 400 个样本为 $c=1$ 类,

且第一列数据从 $1+N(0,0.3^2)$ 中生成 600 个随机样本, 第二列中, 前 200 个样本来自 $1+N(0,0.3^2)$, 中间 200 个样本来自 $2+N(0,0.3^2)$, 最后 200 个样本来自 $3+N(0,0.3^2)$; ② 矩阵数据 $\mathbf{X}_2$ 中, 中间 200 个样本为 $c=3$ 类, 其余 400 个样本为 $c=2$ 类, 且第一列数据从 $2+N(0,0.3^2)$ 中生成 600 个随机样本, 第二列的数据产生相同于 $\mathbf{X}_1$ 的第二列; ③ 矩阵数据 $\mathbf{X}_3$ 中, 中间 200 个样本为 $c=1$ 类, 其余 400 个样本为 $c=3$ 类, 且第一列数据从 $3+N(0,0.3^2)$ 中生成 600 个随机样本, 第二列的数据产生相同于 $\mathbf{X}_1$ 的第二列; ④ 分别从矩阵数据 $\mathbf{X}_1, \mathbf{X}_2$ 和 $\mathbf{X}_3$ 中取 $1\sim100$, $201\sim300$, $401\sim500$ 构成 900×3 的训练数据集; ⑤ 分别从矩阵数据 $\mathbf{X}_1, \mathbf{X}_2$ 和 $\mathbf{X}_3$ 中取 $101\sim200$, $301\sim400$, $501\sim600$ 构成 900×3 的测试数据集. 数据的生成过程见如下程序, 图 6.5 提供了模拟生成训练数据集和测试数据集的散点图.

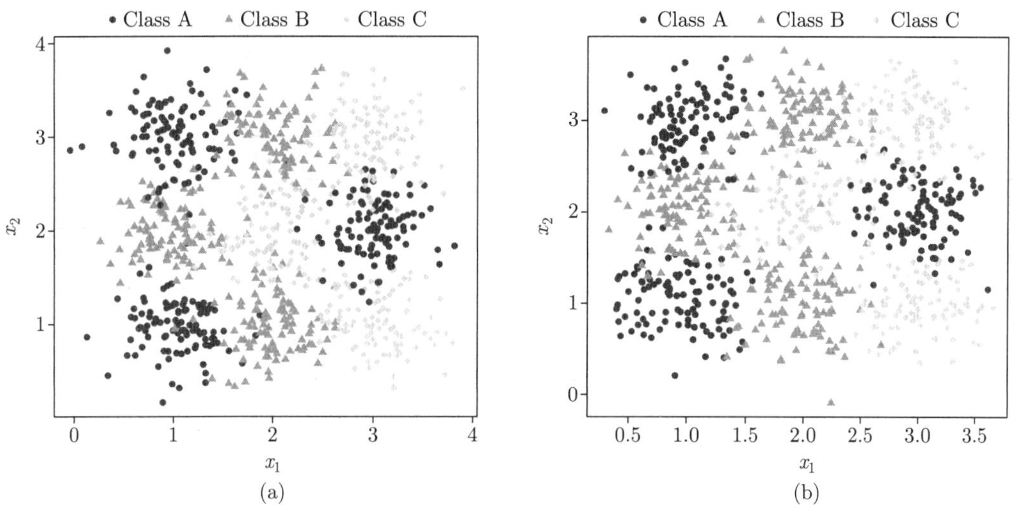

图 6.5　(a) 模拟生成训练数据集的散点图; (b) 模拟生成测试数据集的散点图, 其中不同颜色表示不同类别

本例题的主要目的是利用训练数据集建立 KNN 分类模型, 并在测试数据集上选择最优的 K 值, 并在测试数据集上绘制决策边界和计算测试错误率.

```
set.seed(2022)
n = 200
id.tr = c(1:100,   201:300, 401:500)
id.te = c(101:200, 301:400, 501:600)
x1 = cbind(1+rnorm(3*n,sd=0.3),rep(1:3,each=n)+rnorm(3*n,sd=0.3),
          c(rep(1,n), rep(2,n), rep(1,n)))
x2 = cbind(2+rnorm(3*n,sd=0.3),rep(1:3,each=n)+rnorm(3*n,sd=0.3),
          c(rep(2,n), rep(3,n), rep(2,n)))
x3 = cbind(3+rnorm(3*n,sd=0.3),rep(1:3,each=n)+rnorm(3*n,sd=0.3),
          c(rep(3,n), rep(1,n), rep(3,n)))
```

```
train = rbind(x1[id.tr, ], x2[id.tr, ], x3[id.tr, ])
test  = rbind(x1[id.te, ], x2[id.te, ], x3[id.te, ])
```

下面利用函数 adaknn() 绘制 CV 误差图, 测试集上的 KNN 分类决策边界和计算测试错误率, 程序如下, 结果见图 6.6.

```
adaknn(train = train[, 1:2], test = test, train_label = train[, 3])
```

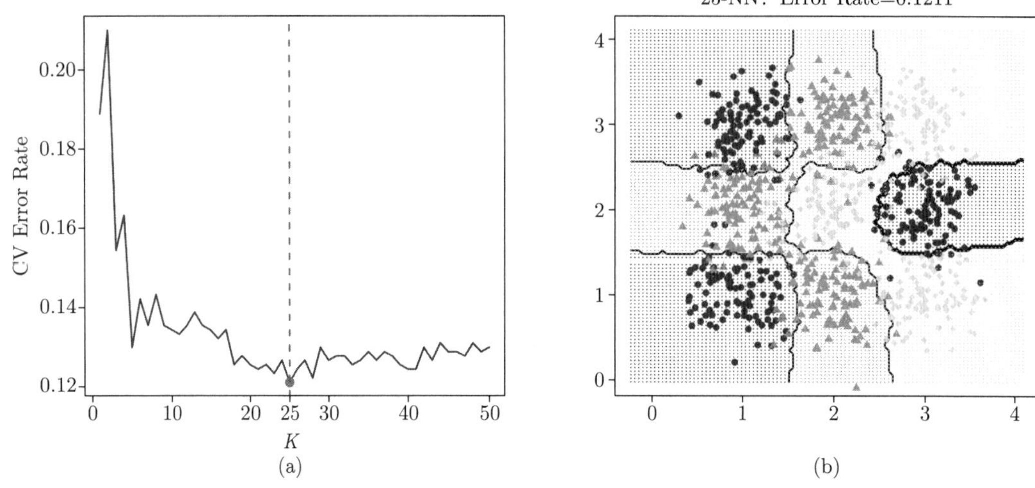

图 6.6　(a) 例 6.2 模拟数据的测试集 CV 误差图, 当 $K = 25$ 时, 测试错误率达到最小; (b) 测试集的 KNN 决策边界和测试错误率, 其中 $K = 25$ 时错误率为 0.121 1

从图 6.6(a) 看到, 当 $K = 25$ 时, 测试错误率达到最小. 因此选择最优的 K 值为 $K = 25$. 图 6.6(b) 提供了当 $K = 25$ 时, 测试数据集的 KNN 决策边界和测试错误率, 测试错误率为 0.121 1.

§6.2　KNN 回归

K 近邻法也可用于回归问题, 并且 KNN 回归不需要对回归函数假定任何形式, 可通过数据对回归函数进行拟合. 本节对 KNN 回归算法和应用进行详细介绍.

6.2.1　KNN 回归算法

假设存在一个训练样本集 $D = \{(\boldsymbol{x}_i, y_i), i = 1, \cdots, n\}$, 其中 $\boldsymbol{x}_i = (x_{i1}, \cdots, x_{ip})^{\mathrm{T}} \in \mathbb{R}^p$ 为协变量向量的观测数据, $y_i \in \mathbb{R}$ 为响应变量的观测数据, 来自下面的非参数回归模型

$$y_i = g(\boldsymbol{x}_i) + \varepsilon_i, \qquad i = 1, \cdots, n, \tag{6.1}$$

其中 $g(\cdot)$ 为未知的回归函数, ε_i 为随机模型误差, 满足 $\mathrm{E}(\varepsilon_i)=0$ 和 $\mathrm{Var}(\varepsilon_i)=\sigma^2<\infty$. 下面给出 KNN 回归算法.

步骤 1 给定训练样本集 $D=\{(\boldsymbol{x}_i,y_i),i=1,\cdots,n\}$ 和一个正整数 K, 计算每个样本点的协变量向量 $\boldsymbol{x}_i$ 到点 $\boldsymbol{x}$ 的距离. 根据所计算距离的大小, 在训练集 D 中找出与 $\boldsymbol{x}$ 最邻近的 K 个样本点, 把包含这 K 个样本点的集合记为 $\mathcal{N}_K(\boldsymbol{x})$.

步骤 2 对 $\mathcal{N}_K(\boldsymbol{x})$, 用 $\mathcal{N}_K(\boldsymbol{x})$ 中 K 个训练数据中响应变量的平均值来估计回归函数 $g(\boldsymbol{x})$, 即

$$\widehat{g}(\boldsymbol{x})=\frac{1}{K}\sum_{\boldsymbol{x}_i\in\mathcal{N}_K(\boldsymbol{x})}y_i. \tag{6.2}$$

假设 $(\boldsymbol{x}_0,y_0)$ 为测试样本, 满足 $y_0=g(\boldsymbol{x}_0)+\varepsilon_0$, 其中 $\mathrm{E}(\varepsilon_0)=0$ 和 $\mathrm{Var}(\varepsilon_0)=\sigma^2$. 由式 (6.2), 则期望测试均方误差 (MSE) 为

$$\begin{aligned}\mathrm{E}(y_0-\widehat{g}(\boldsymbol{x}_0))^2&=\sigma^2+\left[\mathrm{Bias}^2(\widehat{g}(\boldsymbol{x}_0))+\mathrm{Var}(\widehat{g}(\boldsymbol{x}_0))\right]\\&=\sigma^2+\left[g(\boldsymbol{x}_0)-\frac{1}{K}\sum_{l=1}^{K}g(\boldsymbol{x}_{(l)})\right]^2+\frac{\sigma^2}{K},\end{aligned} \tag{6.3}$$

其中下标 (l) 表示最接近 $\boldsymbol{x}_0$ 的样本点序列.

式 (6.3) 的右边有三项, 第一项 $\mathrm{Var}(\varepsilon_0)=\sigma^2$ 为不可约误差, 是由不可控制的模型误差 ε_0 所引起的. 第二项和第三项的和为估计 $\widehat{g}(\boldsymbol{x}_0)$ 的均方误差, 其中第二项为估计 $\widehat{g}(\boldsymbol{x}_0)$ 偏差的平方 $\mathrm{Bias}^2(\widehat{g}(\boldsymbol{x}_0))$, 第三项为估计 $\widehat{g}(\boldsymbol{x}_0)$ 的方差 $\mathrm{Var}(\widehat{g}(\boldsymbol{x}_0))$. 由式 (6.3) 可以看出: ① 当 K 很小时, 邻域 $\mathcal{N}_0$ 中邻近 $\boldsymbol{x}_0$ 的样本点少, 这时 $\frac{1}{K}\sum_{l=1}^{K}g(\boldsymbol{x}_{(l)})$ 非常接近于 $g(\boldsymbol{x}_0)$, 则偏差变小, 然而第三项方差 σ^2/K 将变大, 因此 K 值小时容易出现过拟合问题; ② 当 K 很大时, 邻域 $\mathcal{N}_0$ 中邻近 $\boldsymbol{x}_0$ 的样本点变多, 这时 $\frac{1}{K}\sum_{l=1}^{K}g(\boldsymbol{x}_{(l)})$ 将偏离 $g(\boldsymbol{x}_0)$, 则偏差变大, 然而第三项方差 σ^2/K 将变小, 因此 K 值大时容易出现欠拟合问题.

式 (6.3) 表明 K 值在 KNN 回归拟合中非常关键, 取小的 K 值 KNN 回归提供了最灵活的拟合, 将导致偏差变小而方差变大. 例如, 当 $p=1$, 且 K 值很小时, 拟合的曲线非常曲折和不光滑, 见图 6.8(a) 和图 6.8(b); 当 $p=2$, 且 K 值很小时, 拟合的曲面为阶梯函数, 见图 6.7(a), 该图来自 James 等 (2021). 此外, 取大的 K 值 KNN 回归提供了更平滑的拟合, 将导致方差变小而偏差变大. 例如, 当 $p=1$, 且 K 值很大时, 拟合的曲线变得较为光滑, 见图 6.8(d); 当 $p=2$, 且 K 值很大时, 拟合的曲面变得较为平滑, 见图 6.7(b), 该图来自 James 等 (2021). 因此, 可以通过平衡偏差和方差, 极小化测试均方误差 (MSE) 选择最优 K 值, 即

$$\widehat{K}_{\mathrm{opt}}=\arg\min_K \mathrm{MSE}(\widehat{g}(\boldsymbol{x}_0))=\arg\min_K\left[\mathrm{Bias}^2(\widehat{g}(\boldsymbol{x}_0))+\mathrm{Var}(\widehat{g}(\boldsymbol{x}_0))\right].$$

在实际应用中, 可以采用第 4 章介绍的数据驱动的 LOOCV 和 GCV 等方法选择最优的 K 值.

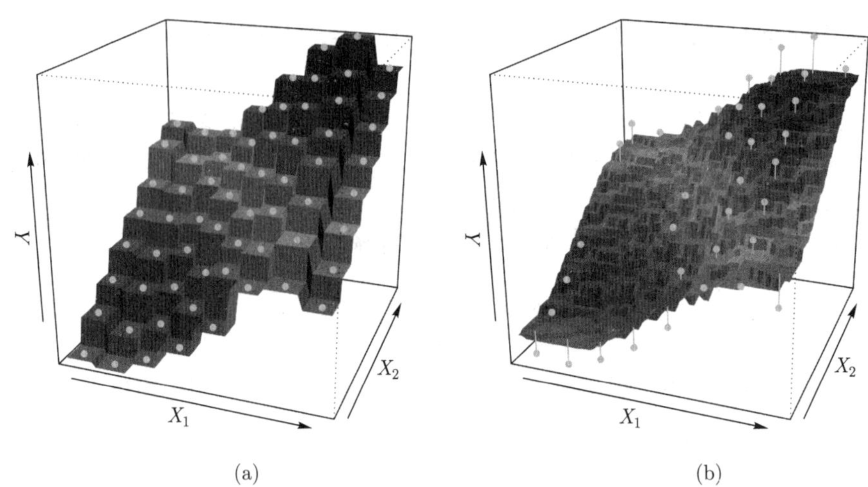

(a) (b)

图 6.7 对 64 个观测样本的 KNN 回归拟合图 (见 James 等 (2021)). (a) 当 $K = 1$ 时, KNN 回归拟合的阶梯函数; (b) 当 $K = 9$ 时, KNN 回归拟合的较为平滑的曲面

6.2.2 KNN 回归应用

在 R 语言中, 可用程序包 kknn 中的函数 kknn(), 程序包 FNN 中的函数 knn.reg() 和程序包 caret 中的函数 knnreg() 进行 KNN 回归分析.

以程序包 faraway 中的 exa 数据为例, 介绍 KNN 回归应用. 数据集 exa 包含 256 个样本, 是来自于模型 $Y = \sin^3(2\pi X^3) + \varepsilon$ 的模拟数据, 真实的回归函数为 $g(x) = \sin^3(2\pi x^3)$. 首先, 取 $K = 1, 5, 15, 45$, 利用程序包 kknn 中的函数 kknn() 进行 KNN 回归, 绘制散点图, 真实曲线和 KNN 拟合曲线, 程序如下, 结果见图 6.8(a) – 图 6.8(d).

```
library(kknn)
data(exa, package = "faraway"); attach(exa)
par(mfrow = c(2, 2))
for (i in c(1, 5, 15, 45)) {
  fit.knn = kknn(y~x, train=exa, test=exa, k=i, kernel="optimal")
  plot(y ~ x,  data = exa, pch = 8, col = "lightblue")
  lines(m ~ x, data = exa, lwd = 2, col = "blue", lty = 4)
  lines(x, fit.knn$fitted.values, lwd = 2, col = "red")
  legend("topleft", legend=c("True curve", paste("K=", i)),
          col = c("blue", "red"), lty = c(4, 1), lwd = 2)
}
```

图 6.8(a) 展示了 $K = 1$ (最近邻) 的 KNN 回归拟合结果, 拟合曲线非常不光滑, 呈锯齿状. 此时, 尽管训练 MSE 很小, 但是测试 MSE 会很大, 存在严重的过拟合. 图 6.8(b) 展示了 $K = 5$ 的 KNN 回归拟合结果, 尽管拟合曲线仍不光滑, 但是较好抓住了真实曲线的特征. 图 6.8(c) 展示了

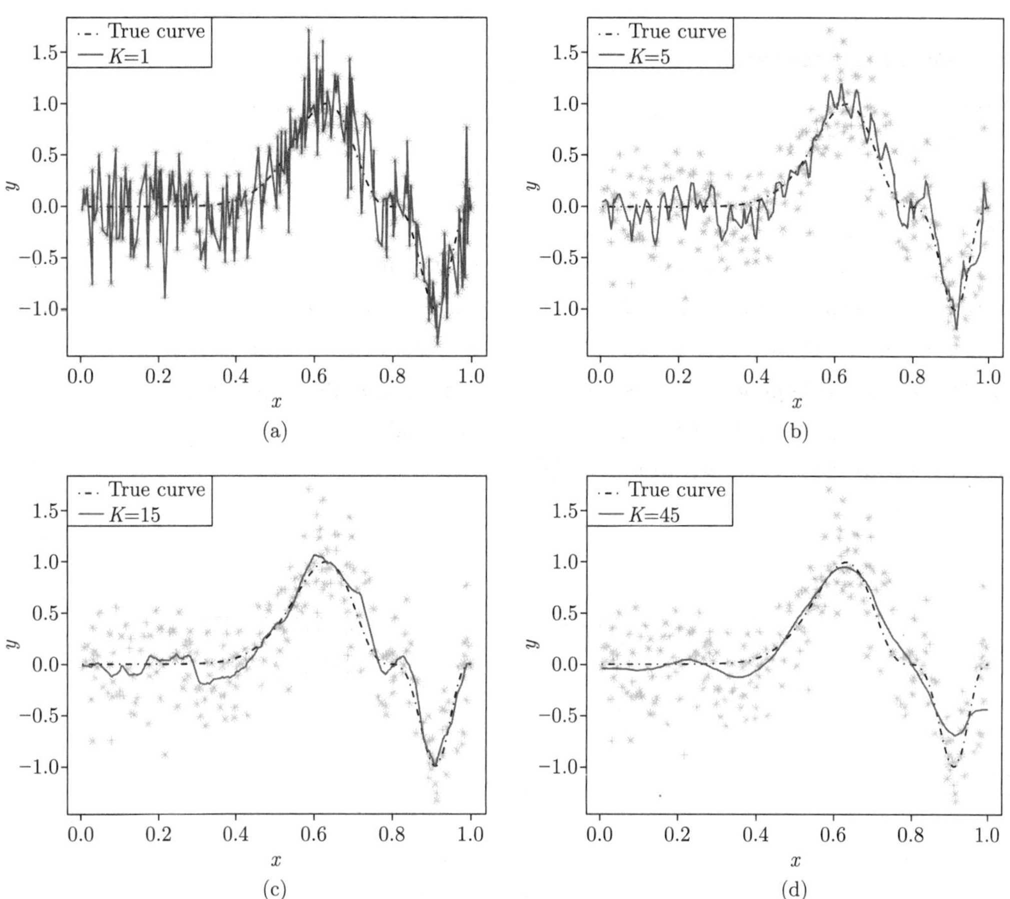

图 6.8 对程序包 faraway 中 exa 数据的 KNN 回归拟合曲线图. (a) $K = 1$ 时的 KNN 回归拟合曲线; (b) $K = 5$ 时的 KNN 回归拟合曲线; (c) $K = 15$ 时的 KNN 回归拟合曲线; (d) $K = 45$ 时的 KNN 回归拟合曲线, 其中蓝色点断线为真实曲线

$K = 15$ 的 KNN 回归拟合结果, 这时拟合曲线变得较为光滑, 有较好的拟合效果. 图 6.8(d) 展示了 $K = 45$ 的 KNN 回归拟合结果, 拟合曲线尽管变得更加光滑, 但是偏离了真实曲线, 存在较为严重的欠拟合. 当 K 取更大的值时, 拟合曲线会变得非常光滑, 但是欠拟合也会变得更严重.

其次, 利用 LOOCV 方法选择最优的 K 值, 并用最优的 K 值进行 KNN 回归拟合. 程序包 kknn 中的函数 train.kknn() 提供了 LOOCV 方法, 可以选择最优的 K 值和参数 kernel, 其中参数 kmax=35. 提供下面的程序, 绘制 CV 误差图和 KNN 回归拟合曲线, 并计算均方误差. 图 6.9(a) 提供了 CV 误差图, 图 6.9(b) 提供了最优参数 KNN 回归拟合曲线.

```
cv.exa = train.kknn(y~x,data=exa,kmax=35,kernel=c("rectangular",
       "triangular","epanechnikov","gaussian","rank","optimal"))
par(mfrow = c(1, 2))
plot(cv.exa)
```

```
> cv.exa$best.parameters
$kernel
[1] "rectangular"
$k
[1] 21
plot(y ~ x,  data = exa, pch = 8, col = "lightblue")
lines(m ~ x, data = exa, lwd = 2, col = "blue", lty = 4)
lines(x, cv.exa$fitted.values[21][[1]], lwd = 2, col = "red")
legend("topleft", legend=c("True curve", "Estimated KNN curve"),
       col = c("blue", "red"), lty = c(4, 1), lwd = 2)
> mean((y-cv.exa$fitted.values[21][[1]])^2)
[1] 0.1010119
```

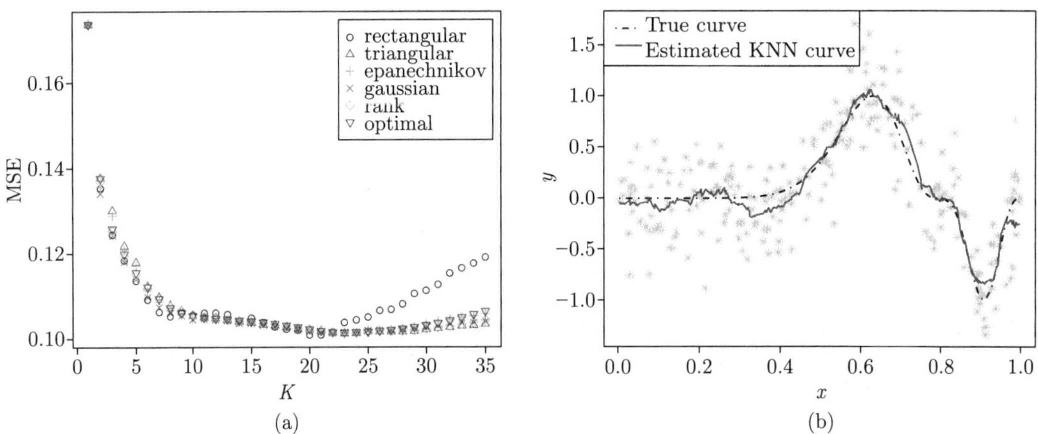

图 6.9 (a) 不同参数 kernel 的 CV 误差图; (b) 当取最优参数 $K = 21$ 和 kernel 时的 KNN 回归拟合曲线, 其中蓝色点断线为真实曲线

从输出结果和 CV 误差图可以看出, 最优的 K 值为 $K = 21$, 参数 kernel 为 rectangular. 在最优参数下, KNN 回归拟合曲线较为光滑, 并且很好地抓住了真实曲线的特征. 此外, 在最优参数下, KNN 回归拟合均方误差为 0.101 011 9, 有非常好的拟合效果.

最后, 程序包 FNN 中的函数 knn.reg() 也可以进行 KNN 回归拟合, 如下程序提供了 $K = 1, 5, 15, 45$ 的 KNN 回归拟合, 结果类似于图 6.8(a) – 图 6.8(d), 此处不再展示.

```
library(FNN)
data(exa, package = "faraway"); attach(exa)
par(mfrow = c(2, 2))
for (i in c(1, 5, 15, 45)) {
```

```
  fit1.knn = knn.reg(x, y = y, k = i)
  plot(y ~ x,  data = exa, pch = 8, col = "lightblue")
  lines(m ~ x, data = exa, lwd = 2, col = "blue", lty = 4)
  lines(x, fit1.knn$pred, lwd = 2, col = "red")
  legend("topleft", legend=c("True curve", paste("K=", i)),
  col = c("blue", "red"), lty = c(4, 1), lwd = 2)
}
```

§6.3 K 近邻法的优缺点

本章介绍了 K 近邻法的分类和回归问题, 现在总结 K 近邻法的优缺点. 首先, K 近邻法的优点有:

(1) 实现简单, 与其他统计学习方法相比, K 近邻法不需要复杂的数学, 统计学和概率论等理论原理, K 近邻法的原理和具体实现都简单直接;

(2) 对非线性数据拟合效果好, K 近邻法完全是非参数方法, 无须对模型作参数假设;

(3) 稳健性好, K 近邻法对训练样本中的异常值并不敏感, 对噪声数据具有较好的稳健性;

(4) 预测效果好, 如果训练样本足够大, K 近邻法的拟合效果可以更有效.

其次, K 近邻法存在的缺点或局限性有:

(1) K 值大小对 K 近邻法影响显著, 因此在使用 K 近邻法之前, 需要确定最优的 K 值, 这可能是一个复杂和反复调试的过程;

(2) 计算成本高, K 近邻法需要计算所有训练样本点之间的距离, 所以预测过程中需要存储所有训练样本, 对内存的要求较高, 而且随着训练样本增加, 计算量会变大;

(3) 维数灾祸问题, 当 $\boldsymbol{X} = (X_1, \cdots, X_p)^{\mathrm{T}}$ 的维数 p 增加时, 收敛速度会变慢, 预测效果会变差.

习 题 6

1. 根据你对 KNN 分类的理解, 请讨论 K 值大小分别在训练集和测试集上对 KNN 分类结果的影响, 并体会 K 值大小对预测精确度的影响.

2. 使用程序包 mlbench 中的印第安人糖尿病数据集 PimaIndiansDiabetes 进行 KNN 分类, 其中响应变量为因子变量 diabetes (取值 pos 或 neg, 表示是否患有糖尿病), 其他 8 个变量为特征变量, 试考虑如下问题:

(1) 展示数据结构, 并考察响应变量 diabetes 的分布;

(2) 根据响应变量 diabetes 的取值, 绘制变量 mass(body mass index) 的箱线图;

(3) 对所有特征变量进行标准化, 取不同的 K 值, 绘制决策边界, 观察不同 K 值决策边界的变化;

(4) 设定种子 set.seed(8), 随机把数据分成训练集和测试集, 其中测试集样本量取 200, 用训练集进行 KNN 分类, 建立模型, 然后分别在训练集和测试集上计算错误率, 针对不同的 K 值绘制 CV 误差图, 并选取最优的 K 值;

(5) 取最优的 K 值, 然后在测试集上计算混淆矩阵和预测准确率.

3. 表 6.1 提供了一个训练数据集, 其中有 6 个观测样本, 3 个特征变量 X_1, X_2 和 X_3 以及定性响应变量 Y.

表 6.1 观测数据

序号	X_1	X_2	X_3	Y
1	0	3	0	Red
2	2	0	0	Red
3	0	1	3	Red
4	0	1	2	Green
5	−1	0	1	Green
6	1	1	1	Red

假设 $X_1 = X_2 = X_3 = 0$ 为给定的一个测试样本点, 利用 KNN 分类方法对响应变量 Y 作预测.

(1) 计算每个训练观测样本和测试样本点 $X_1 = X_2 = X_3 = 0$ 的欧氏距离.

(2) 当 $K = 1$ 时的预测结果是什么? 为什么?

(3) 当 $K = 3$ 时的预测结果是什么? 为什么?

(4) 在这个问题中, 如果 Bayes 判别的决策边界是非线性的, 那么你期望最优的 K 值是大还是小呢?

4. 根据你对 KNN 回归估计的理解, 请讨论 K 值大小对 KNN 回归估计 $\widehat{g}(\boldsymbol{x})$ 的自由度影响, 并对两种极端情况进行讨论: 当 $K = 1$ 时, 请写出 KNN 回归估计, 并给出自由度; 当 $K = n$ 时, 请写出 KNN 回归估计, 并给出自由度.

5. 试把式 (6.2) 定义的 KNN 回归估计写为 $\widehat{\boldsymbol{g}} = (\widehat{g}(\boldsymbol{x}_1), \cdots, \widehat{g}(\boldsymbol{x}_n))^{\mathrm{T}} = \mathbf{S}_K\boldsymbol{Y}$, 其中 $\mathbf{S}_K$ 为依赖于 K 的 $n \times n$ 光滑矩阵, 且 $\boldsymbol{Y} = (y_1, \cdots, y_n)^{\mathrm{T}}$. 根据自由度的定义, 请给出 KNN 回归的自由度, 并讨论自由度与 K 的关系.

6. 假设 $(\boldsymbol{x}_0, y_0)$ 为测试样本, 满足 $y_0 = g(\boldsymbol{x}_0) + \varepsilon_0$, 其中 $\mathrm{E}(\varepsilon_0) = 0$ 和 $\mathrm{Var}(\varepsilon_0) = \sigma^2$. 由式 (6.2) 定义的 KNN 回归估计 $\widehat{g}(\boldsymbol{x})$, 试推导期望测试均方误差 (6.3).

7. 对非参数回归模型 (6.1), 假设: ① 对所有的 $i = 1, \cdots, n$, $\boldsymbol{x}_i$ 的支撑集都为 $[0,1]^p$; ② 回归函数 $g(\cdot)$ 是 Lipschitz 连续的, 即 $|g(\boldsymbol{x}) - g(\boldsymbol{x}_0)| \leqslant L\|\boldsymbol{x} - \boldsymbol{x}_0\|_2$, 其中 $L > 0$ 为常数; ③ KNN 回归算法中的 K 值取 $K \asymp n^{2/(2+p)}$. 对式 (6.2) 定义的 KNN 回归估计 $\widehat{g}(\boldsymbol{x})$, 试证明:

$$\mathrm{E}[\widehat{g}(\boldsymbol{x}) - g(\boldsymbol{x})]^2 \leqslant O(n^{-2/(2+p)}).$$

8. 设响应变量 Y 与协变量 X_1, X_2, X_3 有相关关系, 其 8 组观测数据见表 6.2.

假设 $X_1 = 36, X_2 = 20, X_3 = 15$ 为给定的一个测试样本点, 利用 KNN 回归方法对响应变量 Y 作预测.

(1) 计算每个训练观测样本和测试样本点 $X_1 = 36, X_2 = 20, X_3 = 15$ 的欧氏距离.

表 6.2 观测数据

序号	X_1	X_2	X_3	Y
1	38	47.5	23	66.0
2	41	21.3	17	43.0
3	34	36.5	21	36.0
4	35	18.0	14	23.0
5	31	29.5	11	27.0
6	34	14.2	9	14.0
7	29	21.0	4	12.0
8	32	10.0	8	7.6

(2) 当 $K=1$ 时, Y 的预测值是多少? 为什么?

(3) 当 $K=3$ 时, Y 的预测值是多少? 为什么?

(4) 在这个问题中, 如果响应变量 Y 与协变量 X_1, X_2, X_3 之间有线性关系, 那么你期望最优的 K 值是多少?

9. 用函数 attach(mcycle) 获取程序包 MASS 中的 mcycle 数据集, 用变量 accel 作为响应变量, times 作为协变量, 对不同的 K 值, 进行 KNN 回归分析, 并绘制 KNN 回归拟合曲线, 并对两个程序包 kknn 和 FNN 拟合的结果进行比较.

10. 用函数 attach(Boston) 获取程序包 MASS 中的 Boston 数据集, 该数据集是关于波士顿郊区住房价格数据, 共有 506 个样本, 14 个变量: crim, zn, indus, chas, nox, rm, age, dis, rad, tax, ptratio, black, lstat 和 medv. 试用 Boston 数据集进行如下分析.

(1) 把 medv 作为响应变量, 其他 13 个变量全部作为协变量, 并把数据集随机分成训练集和测试集, 其中测试集样本量取 200. 在训练集上做 KNN 回归, 然后在测试集上对房屋价格变量 medv 进行预测.

(2) 改变 K 值, 观测 KNN 回归模型在测试集上的预测效果变化, 并计算测试均方误差.

(3) 取不同的 K 值, 分别在训练集和测试集上计算 MSE, 并绘制 CV 误差图, 选取最优的 K 值, 并用最优的 K 值进行预测.

(4) 按照 (1), 把数据集分成训练集和测试集, 在不同协变量情形下计算测试均方误差, 并与线性模型的最小二乘方法进行比较, 其中 KNN 回归方法取 K 值为 $1, \cdots, 15$, 计算不同 K 值的测试均方误差. ① 当 $p=1$ 时, 协变量取 lstat; ② 当 $p=2$ 时, 协变量取 lstat 和 rm; ③ 当 $p=3$ 时, 协变量取 lstat, rm 和 dis; ④ 当 $p=5$ 时, 协变量取 lstat, rm, dis, crim 和 nox; ⑤ 把全部 13 个变量作为协变量, 进行分析. 可以通过图形或表格展示你的结果, 当维数变化时, 观测两种方法所得结果的变化, 并对结果进行分析.

11. 假设 $\{(\boldsymbol{x}_i, y_i), i=1, \cdots, n\}$ 是独立同分布的简单随机样本, 来自下面的回归模型

$$y_i = g(\boldsymbol{x}_i) + \varepsilon_i, \qquad i=1, \cdots, n,$$

其中 $g(\cdot)$ 为回归函数, ε_i 为随机误差, 满足 $\mathrm{E}(\varepsilon_i)=0$ 和 $\mathrm{Var}(\varepsilon_i)=\sigma^2$, 且 $\boldsymbol{x}_i \sim f(\boldsymbol{x})$. 假设可构造回

归函数 $g(\cdot)$ 的一个线性估计, 即

$$\widehat{g}(\boldsymbol{x}_0)=\sum_{i=1}^{n}\ell_i(\boldsymbol{x}_0;\mathcal{X})y_i, \tag{6.4}$$

其中权重 $\ell_i(\boldsymbol{x}_0;\mathcal{X})$ 不依赖于响应变量 y_i, 仅依赖于观测协变量 $\boldsymbol{x}_i$, 且 $\mathcal{X}=\{\boldsymbol{x}_1,\cdots,\boldsymbol{x}_n\}$ 表示观测协变量的集合.

(1) 试证明 KNN 回归估计是式 (6.4) 定义的线性估计类的一个特殊情况, 并写出 KNN 回归估计中权重 $\ell_i(\boldsymbol{x}_0;\mathcal{X})$ 的具体表达式.

(2) 请对下面的条件均方误差进行条件偏差的平方和条件方差分解

$$\mathrm{E}_{\mathcal{Y}|\mathcal{X}}[g(\boldsymbol{x}_0)-\widehat{g}(\boldsymbol{x}_0)]^2,$$

其中 $\mathcal{Y}=\{y_1,\cdots,y_n\}$ 表示观测响应变量的集合.

(3) 请对下面的无条件均方误差进行偏差的平方和方差分解

$$\mathrm{E}_{\mathcal{Y},\mathcal{X}}[g(\boldsymbol{x}_0)-\widehat{g}(\boldsymbol{x}_0)]^2.$$

第 7 章　模型选择与正则化

学习目标与要求:

1. 掌握传统的模型选择方法, 如最优子集选择方法, 逐步选择方法, C_p、AIC 和 BIC 等信息准则, 并能够熟练使用 R 语言进行数据分析;

2. 掌握岭回归和桥回归压缩的正则化估计方法, 并能够熟练使用 R 语言进行数据分析;

3. 掌握 Lasso、SCAD、自适应 Lasso 和弹性网等惩罚的正则化变量选择方法, 以及它们相应的算法和应用.

计算机的快速发展, 已经使得数据的收集变得越来越容易, 考虑的变量也越来越多, 问题也变得越来越复杂. 而在实际数据分析中, 仅有部分协变量对响应变量是显著的, 其他大部分协变量都是不显著的. 因此, 为了提高模型的预测精度和模型的解释能力, 模型选择或变量选择在统计建模和数据分析中变得越来越重要.

首先, 本章介绍经典的模型选择方法, 如最优子集选择方法和逐步选择方法, 以及 C_p、AIC 和 BIC 等信息准则方法. 这些传统的模型选择方法在理论和应用上存在一定挑战, 如统计性质很难证明, 计算量大且不够稳健等. 为了解决经典模型选择方法的缺点, 目前发展了一些正则化的惩罚变量选择方法, 这类方法通过施加惩罚函数, 从模型中排除不重要的变量, 同时选取重要变量进入模型, 从而找到一个最优的工作模型. 一些经典的惩罚变量选择方法有: 桥回归 (Frank 和 Friedman, 1993), Lasso (least absolute shrinkage and selection operator) 方法 (Tibshirani, 1996), SCAD (smoothly clipped absolute deviation) 方法 (Fan 和 Li, 2001), 弹性网 (elastic net) 方法 (Zou 和 Hastie, 2005), 自适应 Lasso 方法 (Zou, 2006), Dantzig 选择方法 (Candès 和 Tao, 2007), MCP (minimax concave penalty) 方法 (Zhang, 2010). 这些正则化的惩罚变量选择方法克服了经典变量选择方法计算量大和估计量的渐近性质研究困难等缺点, 它们共同的优点是利用惩罚函数能够同时进行变量选择和参数估计. 因此, 本章将重点介绍几种正则化估计和变量选择方法: 岭回归、桥回归、Lasso、SCAD、自适应 Lasso 和弹性网. 最后, 本章也将对这些正则化的变量选择方法进行案例分析和应用.

§7.1 子集选择

考虑如下的多元线性回归模型

$$Y = \beta_0 + \beta_1 X_1 + \cdots + \beta_p X_p + \varepsilon, \tag{7.1}$$

其中 Y 为响应变量, $X_1, \cdots, X_p$ 为 p 维协变量 (或预测变量), β_0 为截距项, $\beta_1, \cdots, \beta_p$ 为回归系数, ε 为随机模型误差.

在实际应用中, 如果人们把对响应变量 Y 所有可能有关的协变量 $X_1, X_2, \cdots, X_p$ 全部引入回归模型中, 这些协变量 $X_1, X_2, \cdots, X_p$ 中存在一些噪声变量, 它们对响应变量 Y 影响很小, 甚至没有影响. 在回归分析中, 这样不仅会增加计算量, 还会使模型的复杂度变高出现过拟合, 进而使得模型的预测精度下降. 因此, 需要从协变量集 $\{X_1, X_2, \cdots, X_p\}$ 中选出一个 "**最优子集**", 只有这个子集中的变量对响应变量 Y 有显著性的影响时, 才能做到有的放矢, 提高回归模型的预测精度. 但是如何从 $\{X_1, X_2, \cdots, X_p\}$ 中挑选出这个 "最优子集" 呢?

针对多元线性回归模型 (7.1), 本节介绍几种子集选择的方法, 如最优子集选择方法和逐步选择方法, 以及 C_p、AIC 和 BIC 等信息准则方法.

7.1.1 最优子集选择

最优子集选择 (best subset selection): 对 p 个协变量 (或预测变量) 的所有可能组合分别使用最小二乘回归方法进行拟合. 对含有一个协变量的模型, 需拟合 p 个模型; 对含有两个协变量的模型, 需拟合 $C_p^2 = p(p-1)/2$ 个模型, 依次类推. 最后在所有可能模型中选取一个最优子模型. 寻找最优子集选择的算法如下.

步骤 1 记不含任何协变量的模型为零模型, 用 $\mathcal{M}_0$ 表示, 该步只用于估计各观测的样本均值.

步骤 2 对于 $k = 1, 2, \cdots, p$:

(1) 拟合 C_p^k 个包含 k 个协变量的模型;

(2) 在 C_p^k 个模型中选择使 RSS 最小或判定系数 R^2 最大的模型作为最优子模型, 记为 $\mathcal{M}_k$.

步骤 3 根据交叉测试预测误差、C_p、AIC、BIC 或者调整的判定系数 R^2_{adj} 从 $\mathcal{M}_1, \cdots, \mathcal{M}_p$ 个模型中选出一个最优子模型.

虽然最优子集选择方法简单直观, 但是计算效率不高. 随着维数 p 的增加, 可选模型的数量也在迅速增加. 步骤 2 在不同子集规模下进行模型选择, 一共要拟合 $\mathrm{C}_p^1 + \cdots + \mathrm{C}_p^p = 2^p - 1$ 个模型, 再加上步骤 1 的 $\mathcal{M}_0$ 模型, 因此, 共有 2^p 个模型, 然后从 2^p 个模型中选取 p 个模型作为候选模型. 步骤 3, 根据交叉测试预测误差、C_p、AIC、BIC 或者调整的判定系数 R^2_{adj}, 从 p 个候选模型中选择一个最优模型. 例如, 如果协变量的维数 $p = 10$, 则需要拟合 1 000 多个模型; 如果维数 $p = 20$, 则需要拟合超过 100 万个模型; 如果维数 $p = 30$, 则需要拟合超过 10 亿个模型.

7.1.2 逐步选择方法

当协变量的维数 p 增大时, 对最优子集选择方法的计算提出了严峻的挑战, 而且一些统计性质也很难进行讨论和研究. James 等 (2021) 指出, 随着搜索空间的增大, 最优子集选择方法找到的模型虽然在训练集上有较好的表现, 但对新的数据不具有良好的预测能力, 通常会有过拟合和系数估计方差大的问题.

为了解决最优子集选择方法计算量大的问题, 并减少搜索空间, 提高运算效率, 给出下面的向前逐步选择和向后逐步选择方法.

1. 向前逐步选择

与最优子集选择方法相比, 向前逐步选择 (forward stepwise selection) 方法具有更高的运算效率, 考虑的模型集合要小很多. 向前逐步选择方法以一个不包含任何协变量的零模型为起点, 依次往模型中添加一个协变量, 直至所有的协变量都包含在模型中. 特别是, 每次只能把最大限度提升模型效果的协变量加入模型中, 具体算法如下.

步骤 1 记不含任何协变量的模型为 $\mathcal{M}_0$.

步骤 2 对于 $k=0,1,\cdots,p-1$:

(1) 从 $p-k$ 个模型中进行选择, 每个模型都在模型 $\mathcal{M}_k$ 的基础上增加一个协变量;

(2) 在 $p-k$ 个模型中选择 RSS 最小或判定系数 R^2 最大的最优模型, 记为 $\mathcal{M}_{k+1}$.

步骤 3 根据交叉测试预测误差、C_p、AIC、BIC 或者调整的判定系数 R^2_{adj} 从 $\mathcal{M}_0,\cdots,\mathcal{M}_p$ 个模型中选出一个最优模型.

2. 向后逐步选择

类似于向前逐步选择方法, 向后逐步选择 (backword stepwise selection) 方法以包含所有 p 个协变量的全模型为起点, 逐次迭代, 每次从模型中移除一个对模型拟合结果最不利的协变量, 具体算法如下.

步骤 1 记包含全部 p 个协变量的模型为 $\mathcal{M}_p$.

步骤 2 对于 $k=p,p-1,\cdots,1$:

(1) 在 k 个模型中进行选择, 在模型 $\mathcal{M}_k$ 的基础上减少一个协变量, 则模型只含 $k-1$ 个协变量;

(2) 在 k 个模型中选择 RSS 最小或判定系数 R^2 最大的最优模型, 记为 $\mathcal{M}_{k-1}$.

步骤 3 根据交叉测试预测误差、C_p、AIC、BIC 或者调整的判定系数 R^2_{adj} 从 $\mathcal{M}_0,\cdots,\mathcal{M}_p$ 个模型中选出一个最优模型.

对于向前逐步选择和向后逐步选择方法, 从步骤 2 可以看出, 两个选择方法的计算复杂度为: $1+\sum\limits_{k=0}^{p-1}(p-k)=1+p(p+1)/2$. 步骤 3, 根据交叉测试预测误差、$C_p$、AIC、BIC 或者调整的判定系数 R^2_{adj}, 从 p 个候选模型中选择一个最优模型. 例如, 当协变量的维数 $p=10$ 时, 只需要拟合 56 个模型; 如果维数 $p=20$, 则仅需要拟合 211 个模型; 如果维数 $p=30$, 则仅需要拟合 466 个模型. 对比于最优子集选择方法, 明显向前逐步选择和向后逐步选择方法大大减少了计算量.

最优子集选择、向前逐步选择和向后逐步选择方法都产生了一系列由 p 个协变量子集所构成的模型. 但问题是, 哪个模型是所要的最优模型? 根据前面介绍, 通常是选择使 RSS 最小或判定系数 R^2 最大的模型, 但是这些统计量只与训练误差有关, 而我们希望选择具有最小测试误差的模型. 为了达到这个目的, 可以采用如下方法: ① 根据过拟合导致的偏差对训练误差进行调整, 间接估计测试误差; ② 可以利用验证集方法或交叉验证方法, 直接估计测试误差.

训练集的均方误差 (MSE $=$ RSS$/n$) 通常比测试集的均方误差要低, 原因是最小二乘方法使训练集的 RSS 尽可能小 (而不是测试集的 RSS), 获得回归系数的估计. 因此, 不能使用训练集的 RSS 或判定系数 R^2 值对协变量个数不同的模型进行模型选择. 对训练误差进行调整的方法有很多, 而通常采用的方法有: 调整的判定系数 R^2_{adj} (adjusted R^2)、C_p 准则、Akaike 信息准则 (Akaike information criterion, AIC)、贝叶斯信息准则 (Bayesian information criterian, BIC) 和风险膨胀准则 (risk inflation criterion, RIC).

7.1.3　调整的判定系数 R^2_{adj}

首先回顾在 3.1.4 节定义的判定系数 R^2

$$R^2 = 1 - \frac{\text{RSS}}{\text{SST}},$$

其中 $\text{SST} = \sum_{i=1}^{n}(y_i - \overline{y})^2$ 为总平方和, $\text{RSS} = \sum_{i=1}^{n}(y_i - \widehat{y}_i)^2$ 为残差平方和. 对于包含 d 个协变量的最小二乘模型, 调整的判定系数 R^2_{adj} 统计量定义为

$$R^2_{\text{adj}} = 1 - \frac{\text{RSS}_d/(n-d-1)}{\text{SST}/(n-1)}, \tag{7.2}$$

这里, RSS_d 是基于 d 个协变量的残差平方和. 调整的判定系数 R^2_{adj} 统计量是另一种常用的对一系列具有不同协变量个数的模型进行选择的方法, 当 R^2_{adj} 的值越大, 模型测试误差越低. 最大化 R^2_{adj} 等价于最小化 $\text{RSS}_d/(n-d-1)$. RSS_d 随着模型中包含协变量个数 d 的增加而减小, 由于 d 在 $\text{RSS}_d/(n-d-1)$ 的分母上, 则 $\text{RSS}_d/(n-d-1)$ 可能增加也可能减小.

随着显著变量个数的逐渐增加, $\text{RSS}_d/(n-d-1)$ 将逐渐减小, 导致 R^2_{adj} 逐渐增大. 当模型中包含了所有正确的协变量后, 再增加其他噪声变量只会导致 RSS 小幅度的减小. 由于加入这些噪声变量的同时增加了 d 的值, 因此这些协变量的加入会导致 $\text{RSS}_d/(n-d-1)$ 的增大, 从而降低 R^2_{adj} 的值.

因此, 在理论上, 拥有最大 R^2_{adj} 的模型只包含了正确的协变量, 而没有噪声变量. 与判定系数 R^2 不同, R^2_{adj} 统计量对引入不必要的噪声变量进行了惩罚.

7.1.4　C_p 准则

Mallows (1973) 提出 C_p 准则, 通过采用最小二乘拟合一个包含 d 个协变量的模型, 极小化下面的 C_p 准则, 获得一个最优模型. C_p 值的公式如下

$$C_p = \frac{1}{n}(\text{RSS}_d + 2d\widehat{\sigma}^2), \tag{7.3}$$

其中 RSS_d 是基于 d 个协变量的残差平方和, $\widehat{\sigma}^2$ 是基于全模型时 σ^2 的无偏估计. Mallow 的 C_p 值有时也被定义为

$$C'_p = \frac{\text{RSS}_d}{\widehat{\sigma}^2} - (n-2d). \tag{7.4}$$

可以发现

$$C_p = \frac{1}{n}\widehat{\sigma}^2(C'_p + n).$$

因此, 有最小的 C_p 等价于有最小的 C'_p. 实质上, C_p 统计量在训练集 RSS_d 的基础上增加了惩罚项 $2d\hat{\sigma}^2$, 目的是调整训练误差倾向于低估测试误差的问题. 显然, 惩罚项 $2d\hat{\sigma}^2$ 的大小随着 d 的增大而增大, 但是可以调节由于变量个数 d 增加而不断降低训练集的残差平方和 RSS 的问题.

在式 (7.3) 和式 (7.4) 中, 如果 $\hat{\sigma}^2$ 是 σ^2 的无偏估计, 则统计量 C_p 是测试均方误差的无偏估计, 因此测试误差较低的模型使得统计量 C_p 的取值也较低. 这时, 可以选择使统计量 C_p 达到最低的模型作为最优模型.

7.1.5 信息准则

假设独立同分布的观测样本 $\{(y_i, \boldsymbol{x}_i), i = 1, \cdots, n\}$ 来自模型 (7.1), 并假设模型误差 $\varepsilon_i \sim N(0, \sigma^2)$. 这时, 在给定 $\boldsymbol{x}_i$ 的条件下, y_i 的条件密度函数为

$$f(y_i|\boldsymbol{x}_i) = \frac{1}{\sqrt{2\pi}\sigma}\exp\left(-\frac{(y_i - \beta_0 - \beta_1 x_{i1} - \cdots - \beta_p x_{ip})^2}{2\sigma^2}\right), \qquad i = 1, \cdots, n.$$

对给定的独立同分布观测样本 $\{(y_i, \boldsymbol{x}_i), i = 1, \cdots, n\}$, 未知参数 $\boldsymbol{\beta} = (\beta_0, \beta_1, \cdots, \beta_p)^{\mathrm{T}}$ 和 σ^2 的似然函数为

$$\begin{aligned} L(\boldsymbol{\beta}, \sigma^2) &= \prod_{i=1}^{n} \frac{1}{\sqrt{2\pi}\sigma}\exp\left(-\frac{(y_i - \beta_0 - \beta_1 x_{i1} - \cdots - \beta_p x_{ip})^2}{2\sigma^2}\right) \\ &= \frac{1}{(2\pi\sigma^2)^{n/2}}\exp\left(-\frac{1}{2\sigma^2}\|\boldsymbol{Y} - \mathbf{X}\boldsymbol{\beta}\|_2^2\right). \end{aligned}$$

对数似然函数为

$$\log(L(\boldsymbol{\beta}, \sigma^2)) = -\frac{n}{2}\log(2\pi) - \frac{n}{2}\log(\sigma^2) - \frac{1}{2\sigma^2}\|\boldsymbol{Y} - \mathbf{X}\boldsymbol{\beta}\|_2^2. \tag{7.5}$$

这时, $\boldsymbol{\beta}$ 的极大似然估计相同于最小二乘估计, 即 $\hat{\boldsymbol{\beta}} = (\mathbf{X}^{\mathrm{T}}\mathbf{X})^{-1}\mathbf{X}^{\mathrm{T}}\boldsymbol{Y}$. 把 $\hat{\boldsymbol{\beta}}$ 代入式 (7.5) 中, 则有

$$\log(L(\hat{\boldsymbol{\beta}}, \sigma^2)) = -\frac{n}{2}\log(2\pi) - \frac{n}{2}\log(\sigma^2) - \frac{1}{2\sigma^2}\text{RSS},$$

其中 $\text{RSS} = \|\boldsymbol{Y} - \mathbf{X}\hat{\boldsymbol{\beta}}\|_2^2$. 令 $\dfrac{\partial\log(L(\hat{\boldsymbol{\beta}}, \sigma^2))}{\partial\sigma^2} = 0$, 可得 σ^2 的极大似然估计为

$$\hat{\sigma}^2_{\text{MLE}} = \frac{\text{RSS}}{n}.$$

由 3.1.3 节可知, σ^2 的无偏估计为 $\hat{\sigma}^2 = \text{RSS}/(n-p-1)$. 把 $\boldsymbol{\beta}$ 和 σ^2 的极大似然估计 $\hat{\boldsymbol{\beta}}$ 和 $\hat{\sigma}^2_{\text{MLE}}$ 代入式 (7.5) 中, 则有

$$\log(L(\hat{\boldsymbol{\beta}}, \hat{\sigma}^2_{\text{MLE}})) = -\frac{n}{2}\log(2\pi) - \frac{n}{2}\log\left(\frac{\text{RSS}}{n}\right) - \frac{n}{2}. \tag{7.6}$$

Akaike (1974) 提出的 AIC 方法适用于许多使用极大似然方法进行拟合的模型, 主要思想是通过对模型的复杂度施加惩罚来平衡模型的拟合优度. AIC 统计量的值越小, 表示模型的拟合效果越好, 其中 AIC 统计量定义为

$$\text{AIC} = 2\left[-\log(L(\hat{\boldsymbol{\beta}}, \hat{\sigma}^2_{\text{MLE}})) + K\right], \tag{7.7}$$

其中 $K=p+2$, 表示拟合模型估计参数的个数, 这些参数即需要估计的 $\beta_0,\beta_1,\cdots,\beta_p$ 和 σ^2. 下面主要讨论为什么把式 (7.7) 定义为 AIC 统计量, 以及式 (7.7) 中为什么会出现 2. Akaike (1974) 提出的 AIC 方法是来源于 Kullback-Leibler (K-L) 距离测度思想. 假设真实模型的密度函数为 $f(y)$, 拟合模型的密度函数为 $g(y|\boldsymbol{\theta})$, 其中 $\boldsymbol{\theta}$ 是 K 维的未知参数向量, 则 $f(\cdot)$ 和 $g(\cdot)$ 之间的 K-L 距离测度定义为

$$\begin{aligned}\mathrm{KL}(f,g)=&\int f(y)\log\left(\frac{f(y)}{g(y|\boldsymbol{\theta})}\right)\mathrm{d}y=\int f(y)\log(f(y))\mathrm{d}y-\int f(y)\log(g(y|\boldsymbol{\theta}))\mathrm{d}y\\=&\mathrm{E}_f[\log(f(y))]-\mathrm{E}_f[\log(g(y|\boldsymbol{\theta}))],\end{aligned}\tag{7.8}$$

其中 $\mathrm{KL}(f,g)$ 被称为度量真实模型和拟合模型之间的**期望对数似然比**, $\mathrm{E}_f[\log(g(y|\boldsymbol{\theta}))]$ 被称为**相对期望 K-L 信息**. Akaike (1974) 发现相对期望 K-L 信息 $\mathrm{E}_f[\log(g(y|\boldsymbol{\theta}))]$ 的估计和对数似然 $\log(L(\widehat{\boldsymbol{\theta}}))$ 之间有如下的关系, 即

$$\widehat{\mathrm{E}}_f[\log(g(y|\widehat{\boldsymbol{\theta}}))]=\log(L(\widehat{\boldsymbol{\theta}}))-K,\tag{7.9}$$

其中 $\widehat{\boldsymbol{\theta}}$ 是 $\boldsymbol{\theta}$ 的极大似然估计. 由式 (7.8) 和式 (7.9), $\mathrm{KL}(f,g)$ 的期望估计值可定义为

$$-\log(L(\widehat{\boldsymbol{\theta}}))+K+\mathrm{E}_f[\log(f(y))],$$

其中 $\mathrm{E}_f[\log(f(y))]$ 仅依赖于真实模型, 不依赖于拟合模型, 可以看成是一个未知的常数, 可忽略该项. Akaike (1974) 定义了如下的 AIC 统计量

$$\mathrm{AIC}=-2\log(L(\widehat{\boldsymbol{\theta}}))+2K=2\left[-\log(L(\widehat{\boldsymbol{\theta}}))+K\right].\tag{7.10}$$

既然 $\mathrm{KL}(f,g)$ 为期望对数似然比, 根据对数似然比统计量的性质, 乘 2 后在原假设下其极限分布为 χ^2 分布. 类似的, 由式 (7.6), 以及 $K=p+2$, 则由式 (7.7) 定义的 AIC 统计量变为

$$\mathrm{AIC}=2\left[\frac{n}{2}\log(2\pi)+\frac{n}{2}\log\left(\frac{\mathrm{RSS}}{n}\right)+\frac{n}{2}+(p+2)\right]=n\log\left(\frac{\mathrm{RSS}}{n}\right)+2p+\text{其他项},$$

这里, 其他项等于 $n\log(2\pi)+n+4$, 并不依赖于 RSS 和 p, 其中 p 表示回归系数向量 $(\beta_1,\cdots,\beta_p)^{\mathrm{T}}$ 的维数. AIC 是一种最优子集的模型选择方法, 主要是选择使 AIC 统计量达到最小时的模型作为最优模型. 因此, 进一步把 AIC 统计量写成

$$\mathrm{AIC}=n\log\left(\frac{\mathrm{RSS}_d}{n}\right)+2d,\tag{7.11}$$

其中 RSS_d 是基于 d 个协变量的残差平方和, 且 $1\leqslant d\leqslant p$. 在 R 语言中, 使用式 (7.11) 计算 AIC 统计量. 更多的讨论见 Burnham 和 Anderson (2004), 与 Sheather (2009).

当 $\mathrm{RSS}_d/n\approx\sigma^2$ 时, 用 AIC 方法选出的模型包含了正确模型. 由 Taylor 展式, 有

$$\log\left(\frac{\mathrm{RSS}_d}{n}\right)=\log\sigma^2+\log\left(1+\frac{\mathrm{RSS}_d}{n\sigma^2}-1\right)\approx\log\sigma^2+\frac{\mathrm{RSS}_d}{n\sigma^2}-1.$$

因此, AIC 统计量为

$$\mathrm{AIC}\approx\frac{\mathrm{RSS}_d}{\widehat{\sigma}^2}-(n-2d)+n\log\widehat{\sigma}^2,$$

其中 $\widehat{\sigma}^2$ 是 σ^2 的一个无偏估计. 去掉常数项 $n\log\widehat{\sigma}^2$, 并与式 (7.4) 定义的 C_p' 准则进行比较, 可以

发现 AIC 等价于 C_p' 准则, 且也等价于 C_p 准则.

AIC 并不是一个完美的模型选择方法, 缺乏模型选择的相合性, 通常会产生一个过拟合的模型. 为了改进 AIC 方法, 统计学家已经提出了很多信息准则, 可以写成如下一般形式

$$\mathrm{IC}(d,\lambda)=n\log\left(\frac{\mathrm{RSS}_d}{n}\right)+\lambda d, \tag{7.12}$$

其中 $\lambda>0$ 是调节参数. 当调节参数 λ 取不同的值, $\mathrm{IC}(d,\lambda)$ 将对应不同的信息准则. 经典的信息准则有:

- 当调节参数取 $\lambda=\log(n)$, 则为 Schwarz (1978) 提出的 BIC 方法, 定义为
$$\mathrm{BIC}=n\log\left(\frac{\mathrm{RSS}_d}{n}\right)+\log(n)d;$$
- 当调节参数取 $\lambda=\log(p)$, 则为 Foster 和 George (1994) 提出的 RIC 方法, 定义为
$$\mathrm{RIC}=n\log\left(\frac{\mathrm{RSS}_d}{n}\right)+\log(p)d.$$

使用 Taylor 展式, 信息准则 $\mathrm{IC}(d,\lambda)$ 等价于 $\mathrm{RSS}_d+\lambda d$, 后者详细的讨论见李高荣和吴密霞 (2021). 对任意的 $n>7$, 有 $\log(n)>2$, 可知 BIC 方法通常给包含多个协变量的模型施加较重的惩罚, 与 C_p 和 AIC 相比, 得到的模型规模会更小. 对任意的 $7<p<n$, 有 $2<\log(p)<\log(n)$, 可知 RIC 方法得到的模型规模比 AIC 方法得到的模型小, 而比 BIC 方法得到的模型要大. 图 7.1 给出了例 1.1 中前列腺癌症数据的三种信息准则的比较. 从图中可以看出: AIC 选取的最优模型包含 5 个重要变量, BIC 包含 3 个重要变量, RIC 包含 4 个重要变量, 所得结果与上述讨论一致.

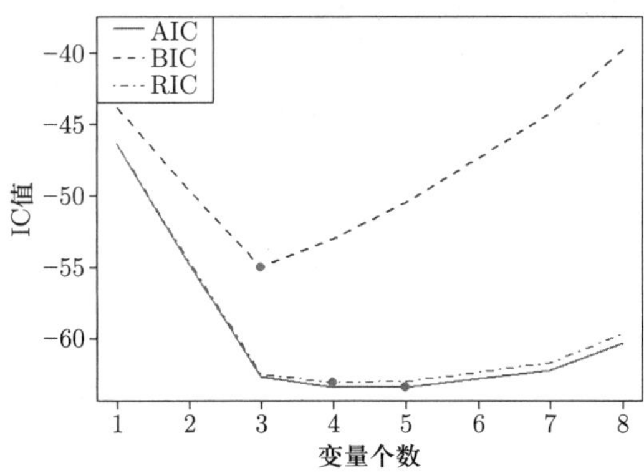

图 7.1 针对前列腺癌症数据, AIC、BIC 和 RIC 三种方法的比较

7.1.6 案例与 R 语言计算

在 R 语言中, 使用函数 step() 进行变量选择和选取 “最优子集”, 函数 step() 是使用信息准则来达到删除或增加变量的目的, 使用格式为

```
step(object, scope, scale = 0, direction = c("both", "backward",
     "forward"), trace = 1, keep = NULL, steps = 1000, k = 2, ...)
```

其中 object 是函数 lm() 或 glm() 分析的结果,scope 是确定逐步搜索的区域,direction 确定逐步搜索的方向:"both" 是" 一切子集回归法","backward" 是后退法 (只减少变量),"forward" 是前进法 (只增加变量), 默认值为"both".k 为正数, 表示自由度数目的倍数, 只有当 k=2 时, 才能给出真正的 AIC. 当 k=log(n) 时, 是 BIC 准则, 其中 n 表示样本量大小. 其他参数见在线帮助, 使用命令?step.

下面继续使用例 1.1 的前列腺癌症数据作逐步回归分析, 以及使用 AIC, BIC 和调整的判定系数 R^2_{adj} 对模型选择进行应用. 首先用函数 step() 对函数 lm() 的输出结果作逐步回归分析, 再使用函数 summary() 提取信息.

```
lm.aic = step(lm.reg)
## 输出结果
Start:  AIC=-58.32
lpsa ~ lcavol + lweight + age + lbph + svi + lcp + gleason + pgg45
             Df   Sum of Sq      RSS       AIC
- gleason     1      0.0412   44.204   -60.231
- pgg45       1      0.5258   44.689   -59.174
- lcp         1      0.6740   44.837   -58.853
<none>                        44.163   -58.322
- age         1      1.5503   45.713   -56.975
- lbph        1      1.6835   45.847   -56.693
- lweight     1      3.5861   47.749   -52.749
- svi         1      4.9355   49.099   -50.046
- lcavol      1     22.3721   66.535   -20.567

Step:  AIC=-60.23
lpsa ~ lcavol + lweight + age + lbph + svi + lcp + pgg45

             Df   Sum of Sq      RSS       AIC
- lcp         1      0.6623   44.867   -60.789
<none>                        44.204   -60.231
- pgg45       1      1.1920   45.396   -59.650
- age         1      1.5166   45.721   -58.959
- lbph        1      1.7053   45.910   -58.560
```

```
- lweight    1     3.5462  47.750  -54.746
- svi        1     4.8984  49.103  -52.037
- lcavol     1    23.5039  67.708  -20.872

Step:  AIC=-60.79
lpsa ~ lcavol + lweight + age + lbph + svi + pgg45

           Df   Sum of Sq     RSS      AIC
- pgg45     1      0.6590  45.526  -61.374
<none>                     44.867  -60.789
- age       1      1.2649  46.131  -60.092
- lbph      1      1.6465  46.513  -59.293
- lweight   1      3.5647  48.431  -55.373
- svi       1      4.2503  49.117  -54.009
- lcavol    1     25.4189  70.285  -19.248

Step:  AIC=-61.37
lpsa ~ lcavol + lweight + age + lbph + svi

           Df   Sum of Sq     RSS      AIC
<none>                     45.526  -61.374
- age       1      0.9592  46.485  -61.352
- lbph      1      1.8568  47.382  -59.497
- lweight   1      3.2251  48.751  -56.735
- svi       1      5.9517  51.477  -51.456
- lcavol    1     28.7665  74.292  -15.871
```

由上面的输出结果, 可以看出:

(1) 如果用全部变量作回归方程, AIC 统计量的值为 -58.32, 如果去掉变量 gleason, AIC 统计量的值会减少到 -60.231;

(2) 去掉变量 gleason 后, 用其他 7 个变量作回归方程, AIC 统计量的值为 -60.23. 如果去掉变量 lcp, AIC 统计量的值减少到 -60.789;

(3) 去掉变量 gleason 和 lcp 后, 用其他 6 个变量作回归方程, AIC 统计量的值为 -60.79. 如果去掉变量 pgg45, AIC 统计量的值减少到 -61.374;

(4) 去掉变量 gleason, lcp 和 pgg45 后, AIC 统计量的取值达到最小, 在下一轮中, 无论去掉哪一个变量, AIC 统计量的取值都会升高, 这时自动终止计算, 得到最优回归方程.

下面分析一下结果, 用函数 summary() 提取相关信息.

```
> summary(lm.aic)     ## 输出结果
Call:
lm(formula = lpsa ~ lcavol + lweight + age + lbph + svi)
Residuals:
     Min        1Q     Median       3Q       Max
-1.83505  -0.39396   0.00414   0.46336   1.57888
Coefficients:
             Estimate  Std. Error  t value   Pr(>|t|)
(Intercept)  0.95100     0.83175    1.143    0.255882
lcavol       0.56561     0.07459    7.583    2.77e-11 ***
lweight      0.42369     0.16687    2.539    0.012814 *
age         -0.01489     0.01075   -1.385    0.169528
lbph         0.11184     0.05805    1.927    0.057160 .
svi          0.72095     0.20902    3.449    0.000854 ***
---
Signif. codes: 0  '***'  0.001  '**'  0.01  '*'  0.05  '.'  0.1  ' '  1
Residual standard error: 0.7073 on 91 degrees of freedom
Multiple R-squared:  0.6441,    Adjusted R-squared:  0.6245
F-statistic: 32.94 on 5 and 91 DF,  p-value: < 2.2e-16
```

从分析结果看, 判定系数 $R^2 = 0.644\,1$ 变化很小, 回归系数检验的显著性水平也有一定的提高, 但是变量 age 和 lbph 系数检验的显著性水平仍不理想. 下面使用 BIC 方法进一步分析.

```
lm.bic = step(lm.reg, k = log(length(lpsa)), trace = FALSE)
> summary(lm.bic)       ## 输出结果
Call:
lm(formula = lpsa ~ lcavol + lweight + svi, data = prostate)
Residuals:
     Min        1Q     Median       3Q       Max
-1.72964  -0.45764   0.02812   0.46403   1.57013
Coefficients:
             Estimate  Std. Error  t value   Pr(>|t|)
(Intercept) -0.26809     0.54350   -0.493     0.62298
lcavol       0.55164     0.07467    7.388     6.3e-11 ***
lweight      0.50854     0.15017    3.386     0.00104 **
svi          0.66616     0.20978    3.176     0.00203 **
---
```

```
Signif. codes:0  '***'  0.001  '**'  0.01  '*'  0.05  '.'  0.1  ' '  1
Residual standard error: 0.7168 on 93 degrees of freedom
Multiple R-squared:  0.6264,    Adjusted R-squared:  0.6144
F-statistic: 51.99 on 3 and 93 DF,  p-value: < 2.2e-16
```

使用 BIC 方法, 从模型中进一步去掉了变量 age 和 lbph, 模型中仅仅保留了 3 个重要变量 lcavol, lweight 和 svi, 但是判定系数 R^2 变化比较小, 可以看出 AIC 方法比较保守. 因此, 最后得到经验回归方程为

$$\text{lpsa} = -0.268\,09 + 0.551\,64 \times \text{lcavol} + 0.508\,54 \times \text{lweight} + 0.666\,16 \times \text{svi}.$$

下面用程序包 leaps 中的函数 regsubsets() 来实现最优变量子集的筛选, 其中最优的概念是基于 RSS 来度量的. 对函数 regsubsets() 的输出结果, 可用函数 summary() 输出模型大小不同的情况下最优的协变量子集. 关于函数 regsubsets() 的使用格式见在线帮助, 程序和输出结果如下.

```
library(leaps)
regfit.full = regsubsets(lpsa ~ ., data = prostate)
> (reg.summary = summary(regfit.full))         ## 输出结果
Call: regsubsets.formula(lpsa ~ ., data = prostate)
8 Variables  (and intercept)
         Forced in   Forced out
lcavol       FALSE        FALSE
lweight      FALSE        FALSE
age          FALSE        FALSE
lbph         FALSE        FALSE
svi          FALSE        FALSE
lcp          FALSE        FALSE
gleason      FALSE        FALSE
pgg45        FALSE        FALSE
1 subsets of each size up to 8
Selection Algorithm: exhaustive
         lcavol  lweight  age  lbph  svi  lcp  gleason  pgg45
1  ( 1 ) "*"     " "      " "  " "   " "  " "  " "      " "
2  ( 1 ) "*"     "*"      " "  " "   " "  " "  " "      " "
3  ( 1 ) "*"     "*"      " "  " "   "*"  " "  " "      " "
4  ( 1 ) "*"     "*"      " "  "*"   "*"  " "  " "      " "
5  ( 1 ) "*"     "*"      "*"  "*"   "*"  " "  " "      " "
6  ( 1 ) "*"     "*"      "*"  "*"   "*"  " "  " "      "*"
```

```
7  ( 1 ) "*"      "*"      "*" "*"    "*"  "*"  " "      "*"
8  ( 1 ) "*"      "*"      "*" "*"    "*"  "*"  "*"      "*"
```

输出结果中 "*" 表示列对应的变量包含于行对应的模型中, 如输出结果中最优的 3 个变量的模型中包含 lcavol, lweight 和 svi, 与 BIC 选择的模型一致. 函数 regsubsets() 在默认设置下, 输出的结果给出最优的 8 个变量模型的 8 种变量选择结果, 使用参数 nvmax 选项可以设置用户所需要的协变量个数.

进一步, 函数 summary() 返回了相应模型的判定系数 R^2、RSS、调整的判定系数 R_{adj}^2、C_p 和 BIC 等. 因此, 可以通过对比这些统计量指标来选择整体最优的模型.

```
> names(reg.summary)
[1] "which"  "rsq"    "rss"    "adjr2"  "cp"     "bic"
[7] "outmat" "obj"
> round(reg.summary$rsq, 4)
[1] 0.5394 0.5859 0.6264 0.6366 0.6441 0.6493 0.6544 0.6548
> round(reg.summary$adjr2, 4)
[1] 0.5346 0.5771 0.6144 0.6208 0.6245 0.6259 0.6273 0.6234
```

上面结果显示: ① 当模型中只有一个变量 lcavol 时, R^2 约为 53.94%, 当模型包含所有变量时, R^2 增大到约为 65.48%; ② 当模型中只有一个变量 lcavol 时, 调整的判定系数 R_{adj}^2 约为 53.46%, 当模型中变量从 1 个增加到 7 个时, 调整的判定系数 R_{adj}^2 增大到约为 62.73%, 当变量增加到 8 个时, 调整的判定系数 R_{adj}^2 减小到约为 62.34%. 可见, 判定系数 R^2 随着模型中引入变量个数的增加而单调递增, 而调整的判定系数 R_{adj}^2 随着变量个数的增加是先递增然后递减.

下面绘制出所有模型的 RSS、调整的判定系数 R_{adj}^2、C_p 和 BIC 的图形, 辅助确定最终选择哪一个最优模型, 绘制图形时, 用实线连接图形上的点, 函数 which.max() 和 which.min() 分别可以识别一个向量中最大值和最小值所对应点的位置, 并用函数 points() 标出对应位置. 程序如下, 绘制的图形见图 7.2.

```
par(mfrow = c(2, 2))
plot(reg.summary$rss, xlab = "变量个数", ylab = "RSS", type = "l")
plot(reg.summary$adjr2,xlab="变量个数",ylab="Adjusted RSq",type="l")
ind.adjr2 = which.max(reg.summary$adjr2)
points(ind.adjr2, reg.summary$adjr2[ind.adjr2], col="red",pch=20)
plot(reg.summary$cp, xlab = "变量个数", ylab = "Cp", type = 'l')
ind.cp = which.min(reg.summary$cp)
points(ind.cp, reg.summary$cp[ind.cp], col="red", cex=2, pch=20)
```

```
ind.bic = which.min(reg.summary$bic)
plot(reg.summary$bic, xlab="变量个数", ylab="BIC", type='l')
points(ind.bic,reg.summary$bic[ind.bic],col="red",cex=2,pch=20)
```

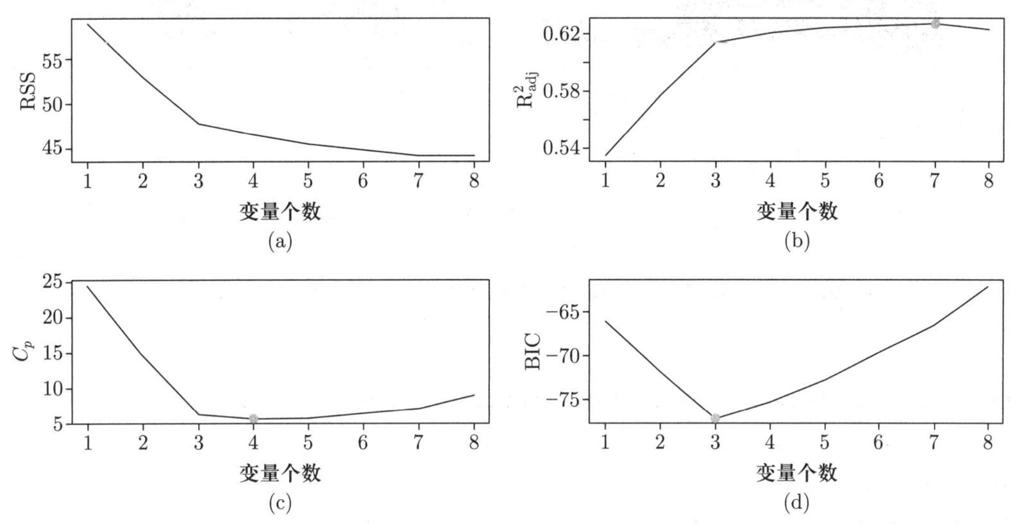

图 7.2 基于 RSS、调整的判定系数 R^2_{adj}、C_p 和 BIC 方法的比较

从图 7.2 可以看出: ① RSS 随着变量个数的增加会逐渐递减, 但是从 7 个变量增加到 8 个变量时, 减少较小; ② 调整的判定系数 R^2_{adj} 是随着变量个数的增加先递增然后递减的, 故推荐最优模型包含 7 个变量; ③ C_p 统计量随着变量个数的增加先递减然后递增, 当变量个数为 4 时, C_p 统计量达到最小, 故推荐最优模型包含 4 个变量; ④ BIC 统计量随着变量个数的增加先递减然后递增, 当变量个数为 3 时, BIC 统计量达到最小, 故推荐最优模型包含 3 个变量. 但是对比 C_p 统计量, BIC 统计量递增的幅度要大.

进一步, 通过绘制碎石图来展示最优子集的结果, 程序如下, 结果见图 7.3.

```
plot(regfit.full, scale="r2"); plot(regfit.full, scale="adjr2")
plot(regfit.full, scale="Cp"); plot(regfit.full, scale="bic")
> coef(regfit.full, 3)
(Intercept)       lcavol     lweight        svi
 -0.2680926    0.5516380   0.5085413  0.6661584
```

图 7.3 中第一行黑色的方块表示根据相应统计量选择的最优模型所包含的变量. 例如, 对于 BIC 准则, 当取 lcavol, lweight 和 svi 时, BIC 统计量达到最小, 并用函数 coef() 获取了该模型的参数估计值.

进一步, 向前逐步回归和向后逐步回归可以分别通过设定函数 regsubsets() 中的参数 method

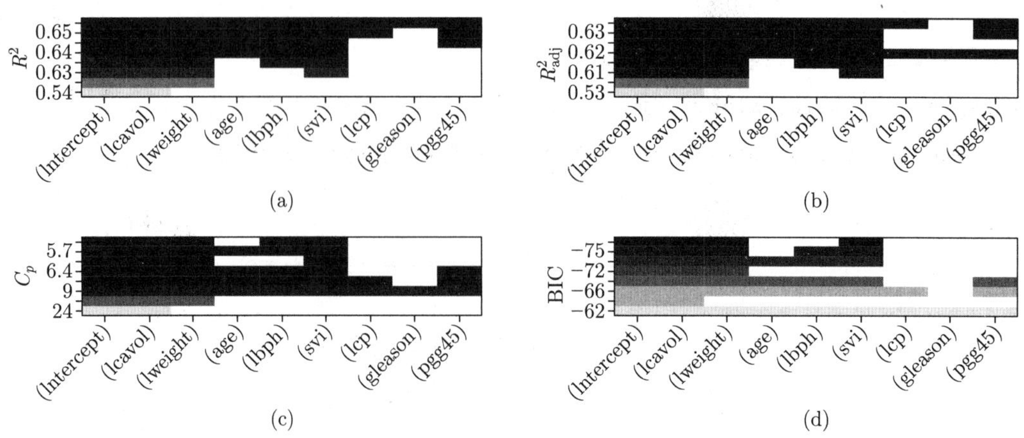

图 7.3 基于判定系数 R^2、调整的判定系数 R^2_{adj}、C_p 和 BIC 方法的碎石图

来实现, 分别取 method="forward" 和 method="backward". 举例说明如下.

```
regfit.fwd = regsubsets(lpsa~., data=prostate, method="forward")
> summary(regfit.fwd)          ## 输出结果
Subset selection object
Call: regsubsets.formula(lpsa~., data=prostate, method="forward")
8 Variables  (and intercept)
         Forced in   Forced out
lcavol       FALSE        FALSE
lweight      FALSE        FALSE
age          FALSE        FALSE
lbph         FALSE        FALSE
svi          FALSE        FALSE
lcp          FALSE        FALSE
gleason      FALSE        FALSE
pgg45        FALSE        FALSE
1 subsets of each size up to 8
Selection Algorithm: forward
         lcavol lweight age lbph svi lcp gleason pgg45
1  ( 1 ) "*"    " "     " " " "  " " " " " "     " "
2  ( 1 ) "*"    "*"     " " " "  " " " " " "     " "
3  ( 1 ) "*"    "*"     " " " "  "*" " " " "     " "
4  ( 1 ) "*"    "*"     " " "*"  "*" " " " "     " "
5  ( 1 ) "*"    "*"     "*" "*"  "*" " " " "     " "
6  ( 1 ) "*"    "*"     "*" "*"  "*" " " " "     "*"
```

```
7  ( 1 ) "*"     "*"     "*"  "*"  "*"  "*"  " "     "*"
8  ( 1 ) "*"     "*"     "*"  "*"  "*"  "*"  "*"     "*"
```

使用向前逐步回归时, 最优的单变量模型只包含了协变量 lcavol, 最优的两变量模型在此基础上增加了协变量 lweight, 依次增加变量, 最终 8 个协变量全部进入模型. 对于这个数据集, 最优子集选择方法、逐步向前回归和逐步向后回归得到的结果一致. 进一步可用函数 coef() 提出该模型的参数估计值.

```
> coef(regfit.fwd, 3)
(Intercept)        lcavol      lweight          svi
 -0.2680926     0.5516380    0.5085413    0.6661584
```

此外, R 语言中还有一个程序包 BeSS 可以完成本节的模型和变量选择问题, 感兴趣的读者可以使用程序包 BeSS 中的函数进行相应的数据分析.

§7.2 岭 回 归

考虑多元线性回归模型 (7.1), 假设对 $Y, X_1, \cdots, X_p$ 进行了 n 次独立的试验, 得到 n 组独立的观测值, 即 $\{(y_i, x_{i1}, \cdots, x_{ip}),\ i=1,\cdots,n\}$. 本节为了讨论简单, 响应变量作中心化, 对协变量数据进行标准化处理, 使得 $\sum\limits_{i=1}^{n} x_{ij}=0, \sum\limits_{i=1}^{n} x_{ij}^2=1$. 不失一般性, 可以把截距项 β_0 从模型 (7.1) 中移去. 为了表示方便, 继续使用之前的符号, 则标准化后的数据满足

$$y_i=\beta_1 x_{i1}+\cdots+\beta_p x_{ip}+\varepsilon_i, \qquad i=1,\cdots,n. \tag{7.13}$$

引进矩阵记号

$$\boldsymbol{Y}=\begin{pmatrix} y_1\\ y_2\\ \vdots\\ y_n \end{pmatrix}, \quad \mathbf{X}=\begin{pmatrix} x_{11} & x_{12} & \cdots & x_{1p}\\ x_{21} & x_{22} & \cdots & x_{2p}\\ \vdots & \vdots & & \vdots\\ x_{n1} & x_{n2} & \cdots & x_{np} \end{pmatrix}, \quad \boldsymbol{\beta}=\begin{pmatrix} \beta_1\\ \beta_2\\ \vdots\\ \beta_p \end{pmatrix}, \quad \boldsymbol{\varepsilon}=\begin{pmatrix} \varepsilon_1\\ \varepsilon_2\\ \vdots\\ \varepsilon_n \end{pmatrix},$$

其中 $\boldsymbol{Y}$ 为 n 维的响应变量的观测向量, $\mathbf{X}$ 为 $n\times p$ 的已知的设计矩阵, $\boldsymbol{\beta}$ 为 p 维的未知参数向量, $\boldsymbol{\varepsilon}$ 为 n 维的随机模型误差向量. 模型 (7.13) 写成如下矩阵形式

$$\boldsymbol{Y}=\mathbf{X}\boldsymbol{\beta}+\boldsymbol{\varepsilon}. \tag{7.14}$$

对模型 (7.13) 或 (7.14), 通过对最小二乘目标函数施加惩罚, 即给出下面的惩罚最小二乘目标函数

$$Q(\boldsymbol{\beta})=\frac{1}{n}\|\boldsymbol{Y}-\mathbf{X}\boldsymbol{\beta}\|_2^2+\lambda\|\boldsymbol{\beta}\|_2^2=\frac{1}{n}\sum_{i=1}^{n}\left(y_i-\sum_{j=1}^{p}\beta_j x_{ij}\right)^2+\lambda\sum_{j=1}^{p}\beta_j^2, \tag{7.15}$$

其中 $\lambda\geqslant 0$ 是一个**调节参数** (tuning parameter), 作用是控制回归系数估计的相对影响程度, 可以通过数据驱动的方法进行选取. 式 (7.15) 中, $\lambda\sum_{j=1}^{p}\beta_j^2$ 是压缩惩罚项, 针对回归系数 $\beta_1,\cdots,\beta_p$, 作用是把接近于 0 的回归系数往 0 的方向进行压缩. 极小化式 (7.15) 定义的惩罚最小二乘目标函数$Q(\boldsymbol{\beta})$, 可得到未知回归系数 $\boldsymbol{\beta}$ 的**岭回归估计** $\widehat{\boldsymbol{\beta}}^R=(\widehat{\beta}_1,\cdots,\widehat{\beta}_p)^{\mathrm{T}}$ 为

$$\widehat{\boldsymbol{\beta}}^R=(\widehat{\beta}_1,\cdots,\widehat{\beta}_p)^{\mathrm{T}}=(\mathbf{X}^{\mathrm{T}}\mathbf{X}+n\lambda\mathbf{I}_p)^{-1}\mathbf{X}^{\mathrm{T}}\boldsymbol{Y}, \tag{7.16}$$

其中 $\mathbf{I}_p$ 是 p 阶单位矩阵. 由式 (7.16) 定义的岭回归估计可知, 当 $\lambda=0$ 时, 岭回归估计就是最小二乘估计, 即惩罚项不起任何作用. 随着 $\lambda\to\infty$, 惩罚项的作用增强, 岭回归估计也会随着 λ 增大越来越接近于 0. 由岭回归估计 $\widehat{\boldsymbol{\beta}}^R$, 可得响应变量向量 $\boldsymbol{Y}$ 的岭回归拟合为

$$\widehat{\boldsymbol{Y}}=\mathbf{X}\widehat{\boldsymbol{\beta}}^R=\mathbf{X}(\mathbf{X}^{\mathrm{T}}\mathbf{X}+n\lambda\mathbf{I}_p)^{-1}\mathbf{X}^{\mathrm{T}}\boldsymbol{Y}=:\mathbf{H}(\lambda)\boldsymbol{Y},$$

其中 $\mathbf{H}(\lambda)=\mathbf{X}(\mathbf{X}^{\mathrm{T}}\mathbf{X}+n\lambda\mathbf{I}_p)^{-1}\mathbf{X}^{\mathrm{T}}$ 为投影矩阵. 这时, 可得岭回归估计的自由度为

$$df(ridge)=\operatorname{tr}\big(\mathbf{H}(\lambda)\big)=\operatorname{tr}\big(\mathbf{X}^{\mathrm{T}}\mathbf{X}(\mathbf{X}^{\mathrm{T}}\mathbf{X}+n\lambda\mathbf{I}_p)^{-1}\big)=\sum_{j=1}^{p}\frac{\gamma_j}{\gamma_j+\lambda},$$

其中 γ_j 是矩阵 $\mathbf{X}^{\mathrm{T}}\mathbf{X}/n$ 的第 j 个特征值, 且 $j=1,\cdots,p$.

岭回归的优势是平衡了偏差和方差, 随着 λ 的增加, 岭回归拟合的模型灵活度降低, 尽管方差变小, 但是偏差变大. 如果 $p>n$, 则最小二乘没有唯一解, 此时岭回归仍然能通过偏差小幅度的增加来换取方差大幅度的下降, 通过这种权衡获得比较好的模型效果. 与最优子集选择方法相比, 岭回归方法计算简便. 通过极小化下面的 GCV 目标函数, 获得最优的调节参数 λ, 即

$$\begin{aligned}\widehat{\lambda}_{\mathrm{gcv}}&=\arg\min_{\lambda}\mathrm{GCV}(\lambda)=\arg\min_{\lambda}\frac{\frac{1}{n}\|(\mathbf{I}_n-\mathbf{H}(\lambda))\boldsymbol{Y}\|_2^2}{[n^{-1}\operatorname{tr}(\mathbf{I}_n-\mathbf{H}(\lambda))]^2}\\&=\arg\min_{\lambda}\frac{\frac{1}{n}\|(\mathbf{I}_n-\mathbf{H}(\lambda))\boldsymbol{Y}\|_2^2}{(1-df(ridge)/n)^2}.\end{aligned}$$

极小化惩罚最小二乘目标函数 (7.15), 等价于求解下面约束的最小二乘问题

$$\begin{cases}\min\limits_{\boldsymbol{\beta}}\dfrac{1}{n}\|\boldsymbol{Y}-\mathbf{X}\boldsymbol{\beta}\|_2^2,\\ \text{s.t.}\quad\sum\limits_{j=1}^{p}\beta_j^2\leqslant c,\end{cases} \tag{7.17}$$

其中 c 是一个非负的常数, 作用相同于调节参数 λ. 通过 c 的大小控制 $\sum_{j=1}^{p}\beta_j^2$ 的大小. 当 c 的取值为无穷大时, 则约束项不起作用. 随着 $c\to 0$, 约束项的作用增强, 岭回归估计也会随着 c 的减小越

来越接近于零. 详细的几何解释见图 7.9(b).

进一步, 对岭回归进行推广, 考虑**二次惩罚** (quadratic penalty), 即考虑具有 L_2 惩罚的最小二乘目标函数

$$\|\boldsymbol{Y}-\mathbf{X}\boldsymbol{\beta}\|_2^2+n\lambda\boldsymbol{\beta}^{\mathrm{T}}\mathbf{D}\boldsymbol{\beta},$$

其中 $\mathbf{D}$ 是一个已知的, 且依赖于数据的矩阵. 极小化上面的惩罚最小二乘目标函数, 可得 β 的二次惩罚估计为

$$\widehat{\boldsymbol{\beta}}=(\mathbf{X}^{\mathrm{T}}\mathbf{X}+\lambda^*\mathbf{D})^{-1}\mathbf{X}\boldsymbol{Y},$$

其中 $\lambda^*=n\lambda$. 更重要的是, 上面的岭回归估计和二次惩罚估计可用于处理共线性问题. 应用例子有非参数回归中的光滑样条和惩罚样条估计问题.

在 R 语言中, 程序包 ridge 中的函数 linearRidge()、程序包 MASS 中的函数 lm.ridge() 和程序包 glmnet 中的函数 glmnet() 都可以实现岭回归, 其中在函数 glmnet() 中, 参数 `alpha=0`, 拟合岭回归模型; 参数 `alpha=1`, 拟合 Lasso 模型; 参数 `0<alpha<1`, 拟合弹性网模型. 这三个函数的调用格式可通过函数 help() 获取在线帮助.

用程序包 glmnet 中的函数 glmnet() 对例 1.1 的前列腺癌症数据进行岭回归分析. 尽管 R 语言中有现成的函数可以绘制岭回归估计的路径图, 但可视化较弱, 在此重新编写函数 path.plot() 绘制岭回归估计的路径图, 该函数也可以用于 Lasso 估计和 SCAD 估计等路径图的绘制. 函数 path.plot() 的自变量为 lam 和 beta.hat, 具体程序如下.

```
path.plot = function(lam, beta.hat){
  plot(log(lam), beta.hat[1,], type = 'o', ylim = c(min(beta.hat),
       max(beta.hat)), col = 3, lwd = 2,
       xlab = expression(log(lambda)), ylab = 'Coefficients')
  col = c(2, 1, 4, 5, 6, 7, 8); pch = c(3, 2, 4, 5, 6, 7, 8);
  lty = c(3, 2, 4, 5, 6, 5, 6)
  for (i in 1:7){
    lines(log(lam), beta.hat[i+1,], type = 'o', col = col[i],
          pch = pch[i], lty = lty[i], lwd = 2)
  }
  legend(-2.8,0.85, legend = colnames(prostate)[c(1:8)], ncol = 4,
         xpd = T, bty = 'n', col = c(3,col), pch = c(1,pch),
         lty = c(1,lty), lwd = 2, y.intersp = 0.4)
}
```

取 `alpha=0`, 用函数 glmnet() 计算岭回归估计, 用函数 path.plot() 绘制岭回归估计的路径图, 见图 7.4(a). 其次用 10 折交叉验证方法的函数 cv.glmnet() 选取最优的调节参数 λ, 并绘制交叉验证误差图, 见图 7.4(b). 程序和输出结果如下.

```
library(glmnet); library(latex2exp)
data(prostate, package = "faraway"); attach(prostate)
x = model.matrix(lpsa ~ ., prostate)[,-1]; y = prostate$lpsa
fit_ridge = glmnet(x, y, alpha = 0, nlambda = 20)
lam = fit_ridge$lambda
beta.hat = as.matrix(fit_ridge$beta)
path.plot(lam, beta.hat)       ## 绘制岭回归估计的路径图
## 用函数 cv.glmnet() 选择最优的 lambda
set.seed(2021)
cv.ridge = cv.glmnet(x, y, alpha = 0)
plot(cv.ridge, xlab = expression(log(lambda)))
plot(cv.ridge)                 ## 绘制交叉验证误差图
> cv.ridge$lambda.min          > cv.ridge$lambda.1se
  [1] 0.08434272                 [1] 1.141197
```

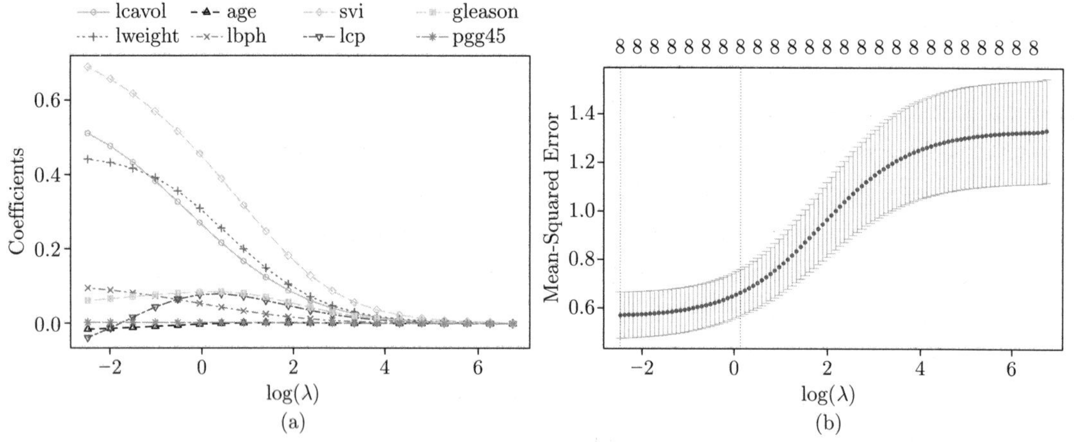

图 7.4 前列腺癌症数据的岭回归分析. (a) 岭回归估计随着 λ 变化的路径图; (b) 岭回归的交叉验证误差图

从图 7.4(a) 可以看出, 随着调节参数 λ 的增大, 岭回归估计向原点收缩, 但并不会使任何回归系数严格等于零. 对图 7.4(b), 横轴为 $\log(\lambda)$, 而纵轴为交叉验证误差 (即 $\mathrm{CV}(\lambda) = \overline{\mathrm{MSE}}(\lambda)$), 同时图上还显示了交叉验证误差的正、负标准差, 即 $\pm\mathrm{sd}_{\mathrm{MSE}}(\lambda)$. 图中左边的垂直虚线表示能使交叉验证误差最小的 $\log(\widehat{\lambda})$ 取值, 使用 cv.ridge$lambda.min 获得最优的调节参数为 $\widehat{\lambda} = 0.084\,342\,72$, 它可使得 $\mathrm{CV}(\widehat{\lambda})$ 最小化. 而右边的垂直虚线表示比 $\widehat{\lambda}$ 更大, 且与 $\mathrm{CV}(\widehat{\lambda})$ 相距一个标准差 $\mathrm{sd}_{\mathrm{MSE}}(\widehat{\lambda})$ 的调节参数的取值, 记为 $\log(\widetilde{\lambda})$. 意味着, $\mathrm{CV}(\widetilde{\lambda}) = \mathrm{CV}(\widehat{\lambda}) + \mathrm{sd}_{\mathrm{MSE}}(\widehat{\lambda})$. 从图 7.4(b) 可以看出, $\widetilde{\lambda} > \widehat{\lambda}$, 即 $\widetilde{\lambda}$ 对 $\|\boldsymbol{\beta}\|_2^2$ 的惩罚更严厉, 导致产生的模型更不易出现过拟合. 可使用 cv.ridge$lambda.1se 提取 $\widetilde{\lambda}$ 的值为 $\widetilde{\lambda} = 1.141\,197$. 把这种选择调节参数 $\widetilde{\lambda}$ 的经验方法称为 “一个标准差” 准则.

下面使用函数 coef() 分别提取 $\widehat{\lambda}$ 和 $\widetilde{\lambda}$ 对应的岭回归系数的估计.

```
> coef(cv.ridge, s="lambda.min")     > coef(cv.ridge, s="lambda.1se")
9 x 1 sparse Matrix of class "dgCMatrix"
                      1                                        1
(Intercept)  0.477167438             (Intercept)  0.4058586891
lcavol       0.511619845             lcavol       0.2504370439
lweight      0.442412837             lweight      0.2904818208
age         -0.015205231             age         -0.0008770431
lbph         0.095156345             lbph         0.0499425888
svi          0.690578565             svi          0.4324388015
lcp         -0.038132382             lcp          0.0793573430
gleason      0.061522375             gleason      0.0859136888
pgg45        0.003457472             pgg45        0.0026606988
```

§7.3 桥 回 归

Frank 和 Friedman (1993) 提出**桥回归** (bridge regression), 即考虑下面的 L_q 惩罚最小二乘目标函数

$$\frac{1}{2n}\|\boldsymbol{Y}-\mathbf{X}\boldsymbol{\beta}\|_2^2+\lambda^*\sum_{j=1}^{p}|\beta_j|^q, \tag{7.18}$$

其中 $\lambda^*=\lambda/q$, 且 $0\leqslant q\leqslant 2$. 对于不同 q 的取值, 图 7.5 给了 L_q 惩罚函数的等值线图.

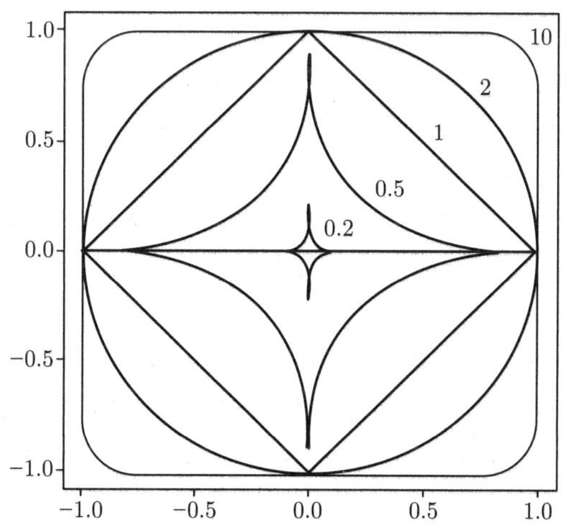

图 7.5 L_q 惩罚函数的等值线图, $q=0.2, 0.5, 1, 2$ 和 10

极小化 L_q 惩罚最小二乘目标函数 (7.18), 等价于求解下面约束的最小二乘问题

$$\begin{cases}\min\limits_{\boldsymbol{\beta}} \dfrac{1}{2n}\|\boldsymbol{Y}-\mathbf{X}\boldsymbol{\beta}\|_2^2,\\ \text{s.t.} \quad \sum\limits_{j=1}^{p}|\beta_j|^q \leqslant c,\end{cases} \tag{7.19}$$

其中 c 是一个非负的常数. 类似于岭回归估计, c 的大小控制着 $\sum\limits_{j=1}^{p}|\beta_j|^q$ 的大小. 当 c 的取值为无穷大时, 则约束项不起作用. 随着 $c \to 0$, 约束项的作用增强, 桥回归估计也会随着 c 的减小越来越接近于零. 式 (7.19) 可用凸优化的 Lagrange 乘子法找最优解.

§7.4 惩罚变量选择方法

7.4.1 惩罚函数

岭回归的一个劣势是不能产生稀疏模型, 即岭回归方法产生的最终模型还是包含 p 个预测变量, 惩罚项 $\lambda\sum\limits_{j=1}^{p}\beta_j^2$ 随着 λ 的增大可以把回归系数往 0 的方向进行压缩, 但是不会把任何一个变量的回归系数压缩到 0 (除非 $\lambda=\infty$).

为了选择对响应变量 Y 有显著影响的协变量, 即进行变量选择, 考虑下面的惩罚最小二乘目标函数

$$Q(\boldsymbol{\beta})=\frac{1}{2n}\|\boldsymbol{Y}-\mathbf{X}\boldsymbol{\beta}\|_2^2+\sum_{j=1}^{p}p_\lambda(|\beta_j|), \tag{7.20}$$

其中 $p_\lambda(\cdot)$ 是惩罚函数, $\lambda \geqslant 0$ 是调节参数或截断参数, 可用来控制模型的复杂度, 可以采用 CV、GCV 或 BIC 等数据驱动的方法进行选取.

正则化惩罚变量选择方法的优点是计算量小, 可以同时进行变量选择和参数估计, 而且统计性质很容易证明, 但是它遇到的一个主要问题是如何选择合适的惩罚函数. Fan 和 Li (2001) 建议一个好的惩罚函数将导致具有三个性质的估计量:

(1) **无偏性**. 当真参数很大时, 得到的估计量是渐近无偏的, 以避免不必要的建模偏差;

(2) **稀疏性**. 所得到的估计量是一个门限值, 自动把小的参数分量估计成 0, 以便减少模型的复杂性;

(3) **连续性**. 所得估计量在数据点处是连续的, 避免模型预测的不稳定性.

为了更好理解由式 (7.20) 定义的惩罚最小二乘变量选择方法, 考虑简单的正交情形. 假设 $\mathbf{X}^{\mathrm{T}}\mathbf{X}/n=\mathbf{I}_p$, 这时最小二乘估计为: $\widehat{\boldsymbol{\beta}}_{\mathrm{LS}}=(\mathbf{X}^{\mathrm{T}}\mathbf{X})^{-1}\mathbf{X}^{\mathrm{T}}\boldsymbol{Y}=\mathbf{X}^{\mathrm{T}}\boldsymbol{Y}/n$. 进一步, 最小二乘目标函数为

$$\frac{1}{2n}\|\boldsymbol{Y}-\mathbf{X}\boldsymbol{\beta}\|_2^2=\frac{1}{2n}\|\boldsymbol{Y}-\mathbf{X}\widehat{\boldsymbol{\beta}}_{\mathrm{LS}}\|_2^2+\frac{1}{2n}\|\mathbf{X}\widehat{\boldsymbol{\beta}}_{\mathrm{LS}}-\mathbf{X}\boldsymbol{\beta}\|_2^2 \tag{7.21}$$

且

$$\frac{1}{2n}\|\mathbf{X}\widehat{\boldsymbol{\beta}}_{\mathrm{LS}}-\mathbf{X}\boldsymbol{\beta}\|_2^2=\frac{1}{2}\|\widehat{\boldsymbol{\beta}}_{\mathrm{LS}}-\boldsymbol{\beta}\|_2^2=\frac{1}{2}\sum_{j=1}^{p}(\widehat{\beta}_{j,\mathrm{LS}}-\beta_j)^2, \tag{7.22}$$

其中 $\widehat{\beta}_{j,\mathrm{LS}}=(\mathbf{X}^{\mathrm{T}}\boldsymbol{Y}/n)_j$, 即表示 β 的第 j 个分量的最小二乘估计, 且 $j=1,\cdots,p$. 令 $z_j=\widehat{\beta}_{j,\mathrm{LS}}$. 对于正交情形, 由于式 (7.21) 右边第 1 项与未知回归系数 $\boldsymbol{\beta}$ 无关, 则惩罚最小二乘目标函数 (7.20) 变为

$$\frac{1}{2}\sum_{j=1}^{p}(z_j-\beta_j)^2+\sum_{j=1}^{p}p_\lambda(|\beta_j|). \tag{7.23}$$

基于上式, 为了更好理解惩罚变量选择方法, 首先考虑下面一般形式的惩罚最小二乘目标函数

$$\frac{1}{2}(z-\theta)^2+p_\lambda(|\theta|). \tag{7.24}$$

式 (7.24) 的导数为

$$\theta-z+p_\lambda'(|\theta|)\mathrm{sgn}(\theta)=\mathrm{sgn}(\theta)\{|\theta|+p_\lambda'(|\theta|)\}-z.$$

由上面导数, Fan 和 Li (2001) 讨论了满足上面三个性质的惩罚函数所应满足的条件, 结论是:

(1) **无偏性**. 取值较大的真参数估计具有无偏性的充要条件是对取值较大的 $|\theta|$ 有 $p_\lambda'(|\theta|)=0$;

(2) **稀疏性**. 具有稀疏性的充分条件是 $\min_\theta\{|\theta|+p_\lambda'(|\theta|)\}>0$;

(3) **连续性**. 具有连续性的充要条件是 $\arg\min_\theta\{|\theta|+p_\lambda'(|\theta|)\}=0$.

可知, 满足稀疏性和连续性的惩罚函数一定在原点处奇异, 而满足估计无偏性的要求是惩罚函数具有非凸性. 因此, 在原点的奇异性是产生稀疏解的一个必要条件.

L_2 惩罚函数 $p_\lambda(|\theta|)=\lambda|\theta|^2$, 极小化惩罚最小二乘函数 (7.24), 得到的是岭回归估计. 明显, L_2 惩罚函数在原点处不是奇异的, 因此 L_2 惩罚函数不能产生稀疏解. L_2 惩罚函数的一个推广形式是 L_q 惩罚函数 $p_\lambda(|\theta|)=\lambda|\theta|^q$, $q>1$. 这类惩罚函数只能减小估计的方差, 产生的是有偏估计, 但是不具有稀疏性.

L_1 惩罚函数 $p_\lambda(|\theta|)=\lambda|\theta|$ (见图 7.6(a)), 极小化惩罚最小二乘函数 (7.24), 产生一个**软门限解**如下 (见图 7.7(a)):

$$\widehat{\theta}=\mathrm{sgn}(z)(|z|-\lambda)_+, \tag{7.25}$$

其中 $\mathrm{sgn}(\cdot)$ 是符号函数, $x_+=\max\{x,0\}$. Tibshirani (1996) 把 L_1 惩罚函数施加于回归模型的一般最小二乘目标函数和似然函数, 提出了 Lasso 变量选择方法. Lasso 变量选择方法尽管可以产生稀疏解, 并满足连续性, 但是所得估计不具有无偏性. 为了解决 Lasso 方法的缺陷, Zou (2006) 提出了自适应 Lasso 方法, 解决了 Lasso 估计的有偏性问题, 并保证了估计的 oracle 性质. Knight 和 Fu (2000) 进一步把 L_1 惩罚函数推广到 L_q 惩罚函数, 即为桥回归的惩罚函数, 见 7.3 节的讨论. 类似于 L_1 惩罚函数, L_q $(q\leqslant 1)$ 惩罚函数可以得到稀疏解, 但是同样不能保证大的真参数估计的无偏性.

Antoniadis (1997) 提出了如下的**硬门限惩罚函数** (见图 7.6(b))

$$p_\lambda(|\theta|)=\frac{1}{2}\lambda^2-\frac{1}{2}(|\theta|-\lambda)^2I(|\theta|<\lambda). \tag{7.26}$$

如果施加硬门限惩罚函数, 可以得到如下的**硬门限解** (Antoniadis, 1997; Fan, 1997)

$$\widehat{\theta}=zI(|z|>\lambda). \tag{7.27}$$

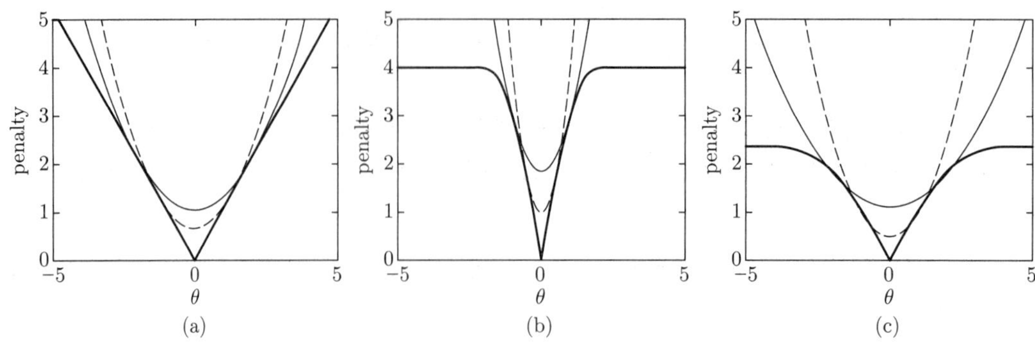

图 7.6 三个惩罚函数 $p_\lambda(|\theta|)$ 和它们的二次逼近, $\lambda=2$, SCAD 惩罚函数中取 $a=3.7$ (a) L_1 惩罚函数; (b) 硬门限惩罚函数; (c) SCAD 惩罚函数

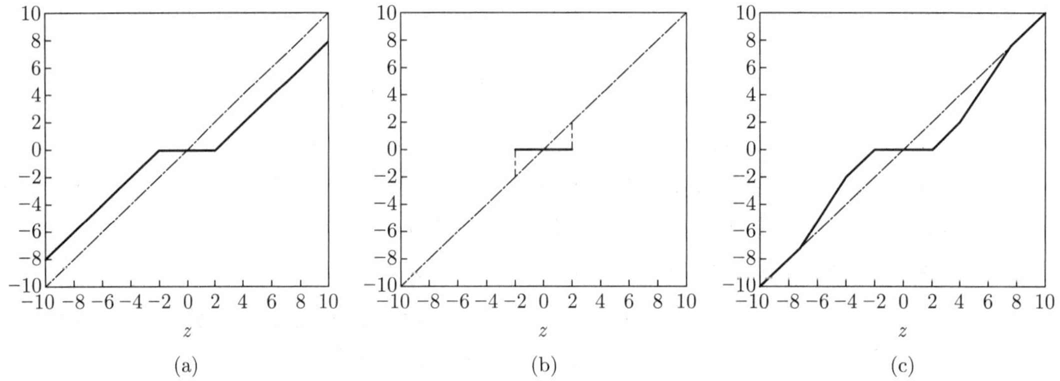

图 7.7 门限函数图: (a) Lasso 门限; (b) 硬门限; (c) SCAD 门限, 其中 $\lambda=2$, $a=3.7$

从图 7.7(b) 可以看出, 硬门限解满足无偏性和稀疏性, 但是对数据点 z, 不满足连续性.

上面提到的惩罚函数不能同时满足无偏性、稀疏性和连续性. 为了解决这个问题, Fan (1997) 提出了一个连续可微的惩罚函数, 称为 **SCAD 惩罚函数** (见图 7.6(c)), 定义为

$$p_\lambda'(|\theta|)=\lambda\left\{I(|\theta|\leqslant\lambda)+\frac{(a\lambda-|\theta|)_+}{(a-1)\lambda}I(|\theta|>\lambda)\right\}, \tag{7.28}$$

其中 $a>2$. Fan 和 Li (2001) 进一步对 SCAD 惩罚变量选择方法进行了研究, 证明 SCAD 惩罚函数可以同时满足无偏性、稀疏性和连续性, 并且具有 oracle 性质. Fan 和 Li (2001) 从 Bayes 角度建议取 $a=3.7$. 从图 7.6(c) 可以看到, 不同于 L_1 惩罚函数, SCAD 惩罚函数有平坦的尾部, 这是减少偏差的基础, 即产生无偏估计的主要原因. 如果施加 SCAD 惩罚函数, 可以得到如下的 **SCAD 惩罚最小二乘解** (见图 7.7(c))

$$\widehat{\theta}=\begin{cases}\operatorname{sgn}(z)(|z|-\lambda)_+, & |z|<2\lambda,\\ \{(a-1)z-\operatorname{sgn}(z)a\lambda\}/(a-2), & 2\lambda\leqslant|z|\leqslant a\lambda,\\ z, & |z|>a\lambda.\end{cases} \tag{7.29}$$

下面讨论, 三种惩罚函数的风险. 令 $z\sim N(\theta,1)$, 考虑风险函数为: $R(\widehat{\theta},\theta)=\mathrm{E}_\theta(\widehat{\theta}-\theta)^2$. 取 $\lambda=2$, 图 7.8 给了三个惩罚函数的风险函数图形. 从三个风险函数可以看出, SCAD 惩罚函数具有最小的风险.

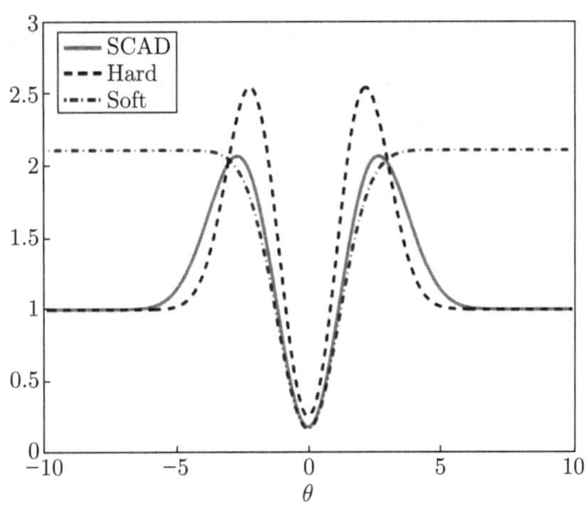

图 7.8 三个惩罚函数的风险函数

7.4.2 Lasso 方法

Lasso 变量选择方法自 Tibshirani (1996) 提出后, 已经被广泛应用到各种模型和实际问题的研究中. 本节以多元线性回归模型 (7.13) 为例, 详细介绍 Lasso 方法.

1. Lasso 方法在多元线性回归模型中的应用

针对多元线性回归模型 (7.13), 极小化下面的 L_1 惩罚最小二乘目标函数, 可得回归系数 $\boldsymbol{\beta}$ 的 Lasso 估计 $\widehat{\boldsymbol{\beta}}^L$

$$\frac{1}{2n}\sum_{i=1}^{n}\left(y_i-\sum_{j=1}^{p}\beta_j x_{ij}\right)^2+\lambda\sum_{j=1}^{p}|\beta_j|. \tag{7.30}$$

Lasso 估计 $\widehat{\boldsymbol{\beta}}^L$ 也等价于求解下面的约束优化问题

$$\begin{cases}\min\limits_{\beta}\left\{\dfrac{1}{2n}\sum\limits_{i=1}^{n}\left(y_i-\sum\limits_{j=1}^{p}\beta_j x_{ij}\right)^2\right\},\\ \text{s.t.}\quad \sum\limits_{j=1}^{p}|\beta_j|\leqslant c,\end{cases} \tag{7.31}$$

其中非负参数 c 的作用相同于调节参数 λ, c 的大小控制着 $\sum_{i=1}^{p}|\beta_j|$ 的大小, 当 c 非常大时, 这个约束条件不是很严格, 当 c 足够大时, 则最小二乘估计就会落在 Lasso 的限制区域内, 那么式 (7.31) 就会得到最小二乘估计. 随着 c 的变小, 约束条件 $\sum_{j=1}^{p}|\beta_j|\leqslant c$ 的作用就会变强, 这时会把回归系数接近于 0 的参数压缩到 0, 从而产生稀疏模型. 寻找 Lasso 估计, 就是寻找最优的调节参数 λ 或控制最优的 c, 找使得 RSS 最小的回归系数的估计. 而对于调节参数 λ, 可以通过一些数据驱动的方法进行选取, 如 CV、GCV 或 BIC 等方法进行选取.

与岭回归方法进行对比, 通过前面的讨论已经知道, 岭回归对于 Fan 和 Li (2001) 提出的三个性质, 只能满足连续性, 不能满足无偏性和稀疏性. 而 Lasso 方法, 能够满足稀疏性和连续性, 不满足无偏性. 所以 Lasso 方法和最优子集方法类似, 可以产生稀疏模型. 下面对 $p=2$ 的情形, 说明为什么 Lasso 可以产生稀疏模型, 而岭回归不可以?

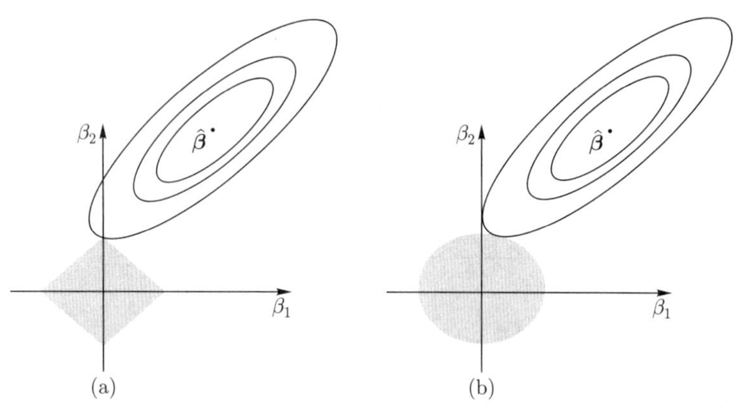

图 7.9 误差等高线和限制条件区域, (a) Lasso; (b) 岭回归. 椭圆是 RSS 等高线, 实心区域是限制条件: $|\beta_1|+|\beta_2|\leqslant c$ 和 $\beta_1^2+\beta_2^2\leqslant c$; $\widehat{\boldsymbol{\beta}}$ 为最小二乘估计

当 $p=2$ 时, 记 $\widehat{\boldsymbol{\beta}}=(\widehat{\beta}_1,\widehat{\beta}_2)^{\mathrm{T}}$ 为最小二乘估计, 岭回归的约束条件为 $\beta_1^2+\beta_2^2\leqslant c$, Lasso 的约束条件为 $|\beta_1|+|\beta_2|\leqslant c$. 下面通过图 7.9 (图形来自 Hastie 等, 2009) 进行解释, 菱形表示 Lasso 的约束区域, 圆形表示岭回归的约束区域, 椭圆表示 RSS 等高线. 如果 c 足够大时, 那么限制条件区域将包含最小二乘估计 $\widehat{\boldsymbol{\beta}}$, 且岭回归估计和 Lasso 估计将同最小二乘估计一致, 也对应于式 (7.15) 和式 (7.30) 中调节参数 $\lambda=0$. 在图 7.9 中, 最小二乘估计落在了菱形和圆形区域之外, 故最小二乘估计不同于岭回归估计和 Lasso 估计. 以最小二乘估计 $\widehat{\boldsymbol{\beta}}$ 为中心的每个椭圆代表了某一个岭回归估计或 Lasso 估计的 RSS 等高线, 即在一个给定的椭圆边界上, 每个点所代表的 RSS 是相同的. 随着椭圆与最小二乘估计 $\widehat{\boldsymbol{\beta}}$ 的距离越来越远, RSS 逐渐增大. 由式 (7.17) 和式 (7.31) 可以看出, 岭回归估计和 Lasso 估计是由其约束条件区域与椭圆第一次相交的点所决定的. 因为岭回归的约束条件区域是没有尖点的圆形, 所以这个相交点一般不会出现在坐标轴上, 所以岭回归估计的回归系数不会为 0. 而 Lasso 的约束条件区域在每个坐标轴上都有拐点, 所以椭圆经常在坐标轴上与约束条件区域有相交点, 在这种情况下, 其中一个系数就会被估计为 0. 在高维情况下, 会有很多系数被估计为 0. 在图 7.9(a) 中, 系数 β_1 被估计为 0.

关于求 Lasso 估计的问题, Tibshirani (1996) 提出了二次规划的优化算法; Fu (1998) 提出了打靶算法 (shooting algorithm); Friedman 等 (2010) 与 Wu 和 Lange (2008) 提出了坐标下降算法, 并提供了 R 程序包: glmnet 和 gcdnet; Efron 等 (2004) 提出了最小角回归 (least angle regression, LARS) 算法, 并提供了 R 程序包 lars.

2. 调节参数 λ 的选择

自由度表示模型的复杂度, 即回归系数估计的非零系数的个数. 对给定的调节参数 λ, 令 $\widehat{\boldsymbol{\beta}}(\lambda)$ 表示回归系数向量 $\boldsymbol{\beta}$ 的 Lasso 估计, 则 Lasso 的自由度定义为: $\widehat{df}(\lambda)=\#\{j:\widehat{\beta}_j(\lambda)\neq 0\}$, 其中 # 表示集合中元素的个数. 可知: $df(\lambda)=\mathrm{E}[\widehat{df}(\lambda)]$, 则 $\widehat{df}(\lambda)$ 是 Lasso 自由度的无偏估计.

有了自由度的定义, 在实际应用中, 可使用 GCV 方法和 BIC 方法选取调节参数 λ.

(1) **GCV 方法**. 可以极小化下面的 GCV 准则选择调节参数 λ, 即

$$\widehat{\lambda}_{\text{gcv}} = \arg\min_{\lambda} \text{GCV}(\lambda) = \arg\min_{\lambda} \frac{\|\boldsymbol{Y} - \mathbf{X}\widehat{\boldsymbol{\beta}}_{\lambda}\|_2^2}{n(1 - \widehat{df}(\lambda)/n)^2},$$

其中 $\widehat{\boldsymbol{\beta}}_{\lambda}$ 表示给定 λ 时极小化 L_1 惩罚最小二乘目标函数 (7.30) 的 Lasso 估计, 且 $\widehat{df}(\lambda)$ 表示给定 λ 的自由度.

(2) **BIC 方法**. 可以通过极小化下面的 BIC 准则选择调节参数 λ, 即

$$\text{BIC}(\lambda) = \log \widehat{\sigma}_{\lambda}^2 + \widehat{df}(\lambda)\log(n)/n,$$

其中 $\widehat{\sigma}_{\lambda}^2$ 是将基于任给一个 λ 所得模型的残差平方和除以 n 所得到的值. 极小化上面的 BIC 准则目标函数 BIC(λ), 可以选择最优的调节参数 λ, 记为 $\widehat{\lambda}_{\text{bic}}$.

3. 案例与 R 语言计算

首先, 用程序包 glmnet 中的函数 glmnet() 对例 1.1 的前列腺癌症数据进行 Lasso 回归分析, 并用函数 path.plot() 绘制 Lasso 估计的路径图, 见图 7.10(a). 其次, 用 10 折交叉验证方法的函数 cv.glmnet() 选取最优的调节参数 λ, 并绘制交叉验证误差图, 见图 7.10(b). 程序和输出结果如下.

```
library(glmnet); library(latex2exp)
fit_lasso = glmnet(x, y, alpha = 1, nlambda = 20)
lam = fit_lasso$lambda
beta.hat = as.matrix(fit_lasso$beta)
path.plot(lam, beta.hat)       ## 绘制 Lasso 估计的路径图
## 用函数 cv.glmnet() 选择最优的 lambda
set.seed(2021)
cv.lasso = cv.glmnet(x, y, alpha = 1)
plot(cv.lasso)                 ## 绘制交叉验证误差图
> cv.lasso$lambda.min          > cv.lasso$lambda.1se
  [1] 0.07508316                 [1] 0.2292931
```

针对前列腺癌症数据, 图 7.10(a) 展示了 Lasso 估计的路径图, 当 $\lambda = 0$ 时, Lasso 估计与最小二乘估计等价; 当 λ 足够大时, Lasso 估计得到一个零模型, 所有回归系数的 Lasso 估计均为 0. 然而在这两个极端之间, Lasso 估计最后被压缩成 0 的系数变量依次为 lcavol, svi 和 lweight, 而其他 5 个变量的估计系数随着 λ 变大, 很快被压缩成 0. 因此, 根据不同 λ 的取值, 可以得到包含不同变量的模型, 说明 Lasso 方法具有筛选变量的功能.

同样, 图 7.10(b) 展示了交叉验证误差图, 可见使 CV($\widehat{\lambda}$) 最小的 λ 为 $\widehat{\lambda} \approx 0.075\,1$, 而利用 "一个标准差" 准则选取的 λ 为 $\widetilde{\lambda} \approx 0.229\,3$. 下面使用函数 coef() 分别提取 $\widehat{\lambda}$ 和 $\widetilde{\lambda}$ 对应回归系数的 Lasso 估计.

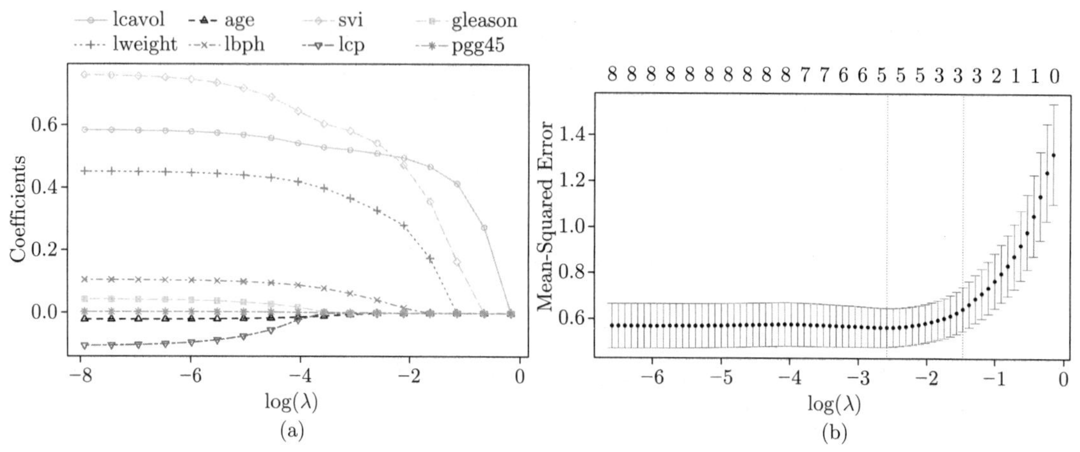

图 7.10 前列腺癌症数据的 Lasso 回归分析. (a) Lasso 估计随着 λ 变化的路径图; (b) Lasso 回归的交叉验证误差图

```
> coef(cv.lasso, s="lambda.min")     > coef(cv.lasso, s="lambda.1se")
9 x 1 sparse Matrix of class "dgCMatrix"
                        1                                    1
(Intercept) 0.433868154             (Intercept) 1.3539831
lcavol      0.511333209             lcavol      0.4557421
lweight     0.329187312             lweight     0.1211891
age         .                       age         .
lbph        0.042119796             lbph        .
svi         0.543559230             svi         0.3070828
lcp         .                       lcp         .
gleason     .                       gleason     .
pgg45       0.001225958             pgg45       .
```

从上面的结果可以看出, 尽管 $\widehat{\lambda} \approx 0.075\ 1$ 可使交叉验证误差 $\mathrm{CV}(\widehat{\lambda})$ 达到最小, 但仅仅把 3 个变量 age, lcp 和 gleason 的回归系数压缩成 0. 但是, 当采用 "一个标准差" 准则的 $\widetilde{\lambda} \approx 0.229\ 3$ 时, 可使更多变量的回归系数压缩成 0, 且仅有 3 个变量 (lcavol, lweight 和 svi) 的回归系数非 0, 使得模型更为简单, 不易导致过拟合. 注意到, 用 "一个标准差" 准则筛选的显著性变量与回归系数的显著性检验和 BIC 方法得到的结果一致.

7.4.3 SCAD 方法

从 7.4.1 节的讨论可知, Fan 和 Li (2001) 提出的 SCAD 惩罚变量选择方法具有无偏性、稀疏性和连续性. 本节针对多元线性回归模型 (7.14), 进一步对 SCAD 惩罚变量选择方法进行讨论.

1. SCAD 方法在多元线性回归模型中的应用

针对多元线性回归模型 (7.14), 考虑下面的 SCAD 惩罚最小二乘目标函数

$$Q(\boldsymbol{\beta})=\frac{1}{2n}\|\boldsymbol{Y}-\mathbf{X}\boldsymbol{\beta}\|_2^2+\sum_{j=1}^{p}p_\lambda(|\beta_j|), \tag{7.32}$$

其中 $p_\lambda(\cdot)$ 是由式 (7.28) 定义的 SCAD 惩罚函数, λ 是调节参数或截断参数. 由 7.4.1 节可知, 惩罚函数满足假设: ① $p_\lambda(\cdot)$ 是一个非负、非降函数, 且 $p_\lambda(0)=0$; ② $p_\lambda(\cdot)$ 在 $\boldsymbol{\beta}_0$ 的非零分量处存在二阶连续偏导数, 其中假设 $\boldsymbol{\beta}_0$ 是 $\boldsymbol{\beta}$ 的真值. 极小化由式 (7.32) 定义的 SCAD 惩罚最小二乘目标函数 $Q(\boldsymbol{\beta})$, 可得回归系数向量 $\boldsymbol{\beta}$ 的一个 SCAD 估计, 记为 $\widehat{\boldsymbol{\beta}}$.

Fan 和 Li (2001) 从理论上证明了 SCAD 估计具有 **oracle 性质**. 为了介绍什么是 oracle 性质, 考虑下面的线性回归模型

$$\boldsymbol{Y}=\mathbf{X}_{\mathrm{I}}\boldsymbol{\beta}_{\mathrm{I}}+\mathbf{X}_{\mathrm{II}}\boldsymbol{\beta}_{\mathrm{II}}+\boldsymbol{\varepsilon},$$

其中 $\mathrm{E}(\boldsymbol{\varepsilon}|\mathbf{X})=\mathbf{0}$ 和 $\mathrm{Cov}(\boldsymbol{\varepsilon})=\sigma^2\mathbf{I}_n$. 假设 $\boldsymbol{\beta}_{\mathrm{II}}=\mathbf{0}$, $\boldsymbol{\beta}_{\mathrm{I}}=(\beta_1,\cdots,\beta_s)^{\mathrm{T}}$, 且 $\boldsymbol{\beta}_{\mathrm{I}}$ 的所有分量不为 0. 上面的假设暗示着, 模型的第一部分是显著的, 而第二部分不是显著的, 为噪声变量, 可以从模型中删除. 这时, $\boldsymbol{\beta}$ 的一个理想估计是

$$\widehat{\boldsymbol{\beta}}_{\mathrm{II}}=\mathbf{0},\qquad \widehat{\boldsymbol{\beta}}_{\mathrm{I}}=(\mathbf{X}_{\mathrm{I}}^{\mathrm{T}}\mathbf{X}_{\mathrm{I}})^{-1}\mathbf{X}_{\mathrm{I}}^{\mathrm{T}}\boldsymbol{Y}.$$

SCAD 估计成功识别了正确的模型, 好像提前知道了正确的模型, 这就是 **oracle 估计**.

2. 算法

因为 SCAD 惩罚函数在原点处是奇异的, 惩罚最小二乘目标函数 $Q(\boldsymbol{\beta})$ 是非光滑、非凸和高维的函数, 这时 Newton-Raphson 迭代算法不能直接被用于求解 $\boldsymbol{\beta}$ 的最优解. 因此, 一个关键的问题就是, 如何处理非光滑和非凸的惩罚函数?

Fan 和 Li (2001) 提出对惩罚函数 $p_\lambda(\cdot)$ 进行局部二次逼近, 提出了一个**局部二次逼近** (local quadratic approximation, LQA) 的迭代算法. 在任给非零 θ_0 的某个小邻域内, 惩罚函数 $p_\lambda(\cdot)$ 在 θ_0 的局部渐近表示为

$$p_\lambda(|\theta|)\approx p_\lambda(|\theta_0|)+\frac{1}{2}\frac{p'_\lambda(|\theta_0|)}{|\theta_0|}(\theta^2-\theta_0^2).$$

基于上面对惩罚函数的局部二次逼近的思想, 对惩罚最小二乘目标函数 (7.32) 的求解问题, Fan 和 Li (2001) 提出了下面的 **LQA 算法**.

步骤 1 初始估计, 记为 $\boldsymbol{\beta}^{(0)}=(\beta_1^{(0)},\cdots,\beta_p^{(0)})^{\mathrm{T}}$. 可用没有惩罚的最小二乘估计作为初始估计;

步骤 2 (LQA) 在第 k 步, 令 $\boldsymbol{\beta}^{(k)}=(\beta_1^{(k)},\cdots,\beta_p^{(k)})^{\mathrm{T}}$ 为第 k 步的估计值. 在给定非零 $\beta_j^{(k)}$ 的某个小邻域内, 惩罚函数 $p_\lambda(|\beta_j|)$ 在 $\beta_j^{(k)}$ 的渐近表示为

$$p_\lambda(|\beta_j|)\approx p_\lambda(|\beta_j^{(k)}|)+\frac{1}{2}\frac{p'_\lambda(|\beta_j^{(k)}|)}{|\beta_j^{(k)}|}(\beta_j^2-\beta_j^{(k)2}),\qquad j=1,\cdots,p. \tag{7.33}$$

或者惩罚函数的导数在 $\beta_j^{(k)}$ 处表示为

$$[p_\lambda(|\beta_j|)]'=p'_\lambda(|\beta_j|)\mathrm{sgn}(\beta_j)\approx\frac{p'_\lambda(|\beta_j^{(k)}|)}{|\beta_j^{(k)}|}\beta_j;$$

步骤 3 把局部二次逼近的惩罚函数 (7.33) 代入惩罚最小二乘目标函数 (7.32), 并去掉常数项, 极小化下面的目标函数, 应用调整的 Newton-Raphson 迭代算法进行求解, 可得 $k+1$ 步估计为

$$\boldsymbol{\beta}^{(k+1)}=\arg\min_{\boldsymbol{\beta}}\left\{\frac{1}{2n}\|\boldsymbol{Y}-\mathbf{X}\boldsymbol{\beta}\|_2^2+\frac{1}{2}\sum_{j=1}^{p}\frac{p'_\lambda(|\beta_j^{(k)}|)}{|\beta_j^{(k)}|}\beta_j^2\right\}.$$

如果 $|\beta_j^{(k+1)}|<\eta$, 则删掉该变量;

步骤 4 在步骤 2 和步骤 3 之间进行迭代, 直到收敛.

上面提出的 LQA 算法, 可用于各种惩罚函数, 以及各种估计方法, 如惩罚最小二乘、惩罚似然和惩罚偏似然等. 对于线性回归模型 (7.14), LQA 算法变成了下面的迭代岭回归算法

$$\boldsymbol{\beta}^{(k+1)}=\{\mathbf{X}^{\mathrm{T}}\mathbf{X}+n\boldsymbol{\Sigma}_\lambda(\boldsymbol{\beta}^{(k)})\}^{-1}\mathbf{X}^{\mathrm{T}}\boldsymbol{Y},$$

其中 $\boldsymbol{\beta}^{(k)}$ 表示第 k 步的估计值, 且

$$\boldsymbol{\Sigma}_\lambda(\boldsymbol{\beta}^{(k)})=\mathrm{diag}\left\{\frac{p'_\lambda(|\beta_1^{(k)}|)}{|\beta_1^{(k)}|},\cdots,\frac{p'_\lambda(|\beta_p^{(k)}|)}{|\beta_p^{(k)}|}\right\}.$$

该迭代算法将删掉回归系数小的变量, 仅仅保留回归系数大的变量. 对于第 $k+1$ 步, 如果$|\beta_j^{(k+1)}|<\eta$ 时, 则删掉第 j 个变量.

尽管 Fan 和 Li (2001) 提出的 LQA 算法可以得到回归系数的 SCAD 估计, 但在实际应用中需要给定阈值 η. 另外, LQA 算法在迭代过程中把回归系数 $|\beta_j|<\eta$ 的变量删掉, 在后面的迭代过程删掉的变量不再回到计算过程中. 为了解决这个问题, Hunter 和 Li (2005) 在 LQA 算法的步骤 2 中, 对惩罚函数提出了下面扰动版本的局部二次逼近, 即

$$p_\lambda(|\beta_j|)\approx p_\lambda(|\beta_j^{(k)}|)+\frac{1}{2}\frac{p'_\lambda(|\beta_j^{(k)}|)}{|\beta_j^{(k)}|+\tau_0}(\beta_j^2-\beta_j^{(k)2}),$$

其中 τ_0 是一个非负的扰动参数. 通过这样的一个简单的修正, 可以避免把回归系数接近于 0 的变量从算法中删除, Hunter 和 Li (2005) 把修正以后的算法称为 **MM 算法**. 但是 MM 算法仍然需要给出一个数据驱动的方法选取合适的 τ_0. 为了避免选择 LQA 算法中的 η 和 MM 算法中的 τ_0, Zou 和 Li (2008) 提出了下面的**局部线性逼近** (local linear approximation, LLA) 算法.

步骤 1 给定初始估计 $\boldsymbol{\beta}^{(0)}=(\beta_1^{(0)},\cdots,\beta_p^{(0)})^{\mathrm{T}}$, 可用没有惩罚的最小二乘估计作为初始估计;

步骤 2 在第 k 步, 令 $\boldsymbol{\beta}^{(k)}=(\beta_1^{(k)},\cdots,\beta_p^{(k)})^{\mathrm{T}}$ 为第 k 步的估计值. 对给定非零 $\beta_j^{(k)}$ 的某个小邻域内, 惩罚函数 $p_\lambda(|\beta_j|)$ 在 $\beta_j^{(k)}$ 的局部线性表示为

$$p_\lambda(|\beta_j|)\approx p_\lambda(|\beta_j^{(k)}|)+p'_\lambda(|\beta_j^{(k)}|)(|\beta_j|-|\beta_j^{(k)}|);\tag{7.34}$$

步骤 3 把惩罚函数的局部线性逼近 (7.34) 代入到惩罚最小二乘目标函数 (7.32) 中, 并去掉常数项, 在 LLA 的帮助下, 极小化下面的目标函数, 可得 $k+1$ 步估计为

$$\boldsymbol{\beta}^{(k+1)}=\arg\min_{\boldsymbol{\beta}}\left\{\frac{1}{2n}\|\boldsymbol{Y}-\mathbf{X}\boldsymbol{\beta}\|_2^2+\sum_{j=1}^{p}p'_\lambda(|\beta_j^{(k)}|)|\beta_j|\right\}.$$

步骤 4 在步骤 2 和步骤 3 之间进行迭代, 直到收敛.

从 LLA 算法可以看出, LLA 算法成功避免选取 LQA 算法中的阈值 η 和 MM 算法中的 τ_0. 从步骤 3 也可以看出, 采用求 Lasso 估计的算法可以得到回归系数的 SCAD 估计. 另外一个重要的问题是, 把极小化非凸目标函数的问题转化成了一个极小化凸函数的问题. 因此, LLA 算法能够找到一个理想的局部最小值, 且具有 oracle 性质. 此外, Zou 和 Li (2008) 基于 LARS 算法, 提出了一步估计 (one-step estimates, OSE) 算法, 可参考李高荣和吴密霞 (2021).

3. 调节参数 λ 的选择

在介绍调节参数 λ 的选择之前, 首先介绍一些概念. 令 $df_N(\lambda)$ 表示真实模型的自由度, 即正确模型中非零回归系数的个数. 由回归系数 $\boldsymbol{\beta}$ 的 SCAD 估计 $\widehat{\boldsymbol{\beta}}$, 则响应变量 $\boldsymbol{Y}$ 预测的拟合为

$$\widehat{\boldsymbol{Y}} = \mathbf{X}\widehat{\boldsymbol{\beta}} = \mathbf{X}\{\mathbf{X}^{\mathrm{T}}\mathbf{X} + n\boldsymbol{\Sigma}_\lambda(\widehat{\boldsymbol{\beta}})\}^{-1}\mathbf{X}^{\mathrm{T}}\boldsymbol{Y}.$$

对于上面的拟合, 自由度定义为

$$\widehat{df}(\lambda) = \mathrm{tr}\left\{\mathbf{X}\{\mathbf{X}^{\mathrm{T}}\mathbf{X} + n\boldsymbol{\Sigma}_\lambda(\widehat{\boldsymbol{\beta}})\}^{-1}\mathbf{X}^{\mathrm{T}}\right\}.$$

在一定条件下, Zhang 等 (2010) 证明: $\mathbb{P}\{\widehat{df}(\lambda) = df_N(\lambda)\} = 1$. 这个结果也说明, 所定义的自由度是相合的. 基于该结果, 提出下面调节参数 λ 的 GCV 选择方法, 可以通过极小化下面的 GCV 准则选择调节参数 λ, 即

$$\widehat{\lambda}_{\mathrm{gcv}} = \arg\min_{\lambda} \mathrm{GCV}(\lambda) = \arg\min_{\lambda} \frac{\|\boldsymbol{Y} - \mathbf{X}\widehat{\boldsymbol{\beta}}_\lambda\|_2^2}{n(1 - \widehat{df}(\lambda)/n)^2},$$

其中 $\widehat{\boldsymbol{\beta}}_\lambda$ 是给定 λ 时回归系数 $\boldsymbol{\beta}$ 的 SCAD 估计. 现在的问题是: 基于 GCV 准则选择的调节参数 $\widehat{\lambda}_{\mathrm{gcv}}$, 所得到的 SCAD 估计是否具有 oracle 性质? 下面来回答这个问题.

令 $\widehat{\sigma}_\lambda^2 = n^{-1}\|\boldsymbol{Y} - \mathbf{X}\widehat{\boldsymbol{\beta}}_\lambda\|_2^2$, 则

$$\mathrm{GCV}(\lambda) = \frac{\widehat{\sigma}_\lambda^2}{(1 - \widehat{df}(\lambda)/n)^2}.$$

这时, 有

$$\begin{aligned}\log\{\mathrm{GCV}(\lambda)\} &= \log\widehat{\sigma}_\lambda^2 - 2\log[1 - \widehat{df}(\lambda)/n] \\ &\approx \log\widehat{\sigma}_\lambda^2 + 2\widehat{df}(\lambda)/n =: \mathrm{AIC}(\lambda).\end{aligned}$$

可见, $\log\{\mathrm{GCV}(\lambda)\}$ 类似于传统的 AIC 准则. 这时, 基于 GCV 选择调节参数 λ, 会导致选择的模型是过拟合的, 尽管包含了正确的模型, 但是也包含了很多不显著的噪声变量. 那么如何选择调节参数 λ, 能够使得 SCAD 估计具有 oracle 性质呢? Wang 等 (2007) 提出了基于 BIC 选取调节参数 λ 的方法, 定义下面的目标函数 $\mathrm{BIC}(\lambda)$

$$\mathrm{BIC}(\lambda) = \log\widehat{\sigma}_\lambda^2 + \widehat{df}(\lambda)\log(n)/n.$$

极小化上面的 $\mathrm{BIC}(\lambda)$, 可以选择最优的调节参数 λ, 记为 $\widehat{\lambda}_{\mathrm{bic}}$. Wang 等 (2007) 证明, 由 BIC 选择的调节参数 $\widehat{\lambda}_{\mathrm{bic}}$, 可以保证 SCAD 估计具有 oracle 性质.

SCAD 惩罚变量选择方法和 Lasso 方法进行比较, 在统计性质方面, Lasso 估计满足稀疏性和连续性, 但是不满足无偏性, 同时也不具有 oracle 性质. SCAD 估计满足无偏性、稀疏性和连续性三

个性质, 重要的是还具有 oracle 性质.

在优化方面, Lasso 惩罚最小二乘目标函数是凸函数, 这时存在唯一的全局最小值, 能够通过求解线性约束的二次规划得到最优解. 而 SCAD 惩罚最小二乘目标函数是非凸函数, 存在多个局部最小值, 可用 LQA 算法和 LLA 算法进行求解, 在 R 语言中, 求解 SCAD 估计有程序包 ncvreg 和 SIS.

4. 案例与 R 语言计算

首先, 用程序包 ncvreg 中的函数 ncvreg() 对例 1.1 的前列腺癌症数据进行 SCAD 回归分析, 并用函数 path.plot() 绘制 SCAD 估计的路径图, 见图 7.11(a). 其次, 用 10 折交叉验证方法的函数 cv.ncvreg() 选取最优的调节参数 λ, 并绘制交叉验证误差图, 见图 7.11(b). 程序和输出结果如下.

```
library(ncvreg); library(latex2exp)
fit_SCAD = ncvreg(x, y, penalty = "SCAD", nlambda = 20)
lam = fit_SCAD$lambda
beta.hat = fit_SCAD$beta[-1, ]
path.plot(lam, beta.hat)     ## 绘制 SCAD 估计的路径图
## 用函数 cv.ncvreg() 选择最优的 lambda
set.seed(2021)
cv.SCAD = cv.ncvreg(x, y, penalty = "SCAD")
plot(cv.SCAD)                ## 绘制交叉验证误差图
> summary(cv.SCAD)           ## 汇总 SCAD 回归分析结果
cv.SCAD$lambda.min
[1] 0.01195536
fit = cv.SCAD$fit;  plot(fit)
beta = fit$beta[,cv.SCAD$min]
## 输出回归系数的 SCAD 估计
> beta
 (Intercept)      lcavol     lweight          age        lbph
 0.929533636  0.591236612  0.448795392 -0.019360993  0.107620212
         svi          lcp     gleason        pgg45
 0.758418053 -0.104554308  0.003872116  0.005249209
> cv.SCAD$lambda[25]
[1] 0.1580428
> fit$beta[, 25]
(Intercept)      lcavol     lweight         age        lbph
  0.8814710   0.6805938   0.1780762   0.0000000   0.0000000
        svi         lcp     gleason       pgg45
  0.1277201   0.0000000   0.0000000   0.0000000
```

图 7.11(a) 显示了运用 SCAD 方法进行拟合得到的 SCAD 估计的路径图. 类似于 Lasso 方法,

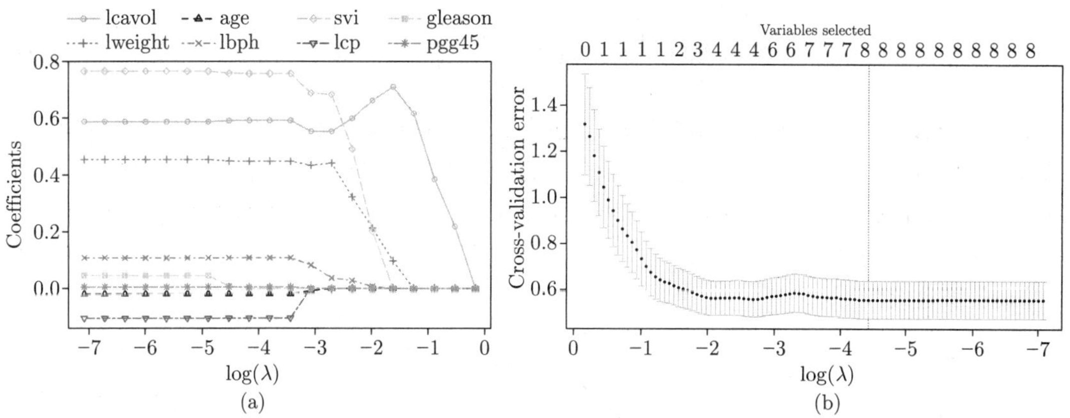

图 7.11 前列腺癌症数据的 SCAD 回归分析. (a) SCAD 估计随着 λ 变化的路径图; (b) SCAD 回归的交叉验证误差图

当 $\lambda=0$ 时, SCAD 估计与最小二乘估计等价; 当 λ 足够大时, SCAD 估计得到一个零模型, 所有回归系数的 SCAD 估计均为 0. 然而在这两个极端之间, SCAD 估计最后被压缩成 0 的系数变量依次为 lcavol, lweight 和 svi, 而其他 5 个变量的系数随着 λ 变大, 很快被压缩成 0. 因此, 根据不同 λ 的取值, 可以得到包含不同变量的模型, 说明 SCAD 方法也具有筛选变量的功能.

同样, 图 7.11(b) 展示了交叉验证误差图, 可见使 $\mathrm{CV}(\widehat{\lambda})$ 最小化的 λ 为 $\widehat{\lambda}\approx 0.011\ 96$, 对应的回归系数分别为: $\widehat{\beta}_0\approx 0.93$, $\widehat{\beta}_1\approx 0.59$, $\widehat{\beta}_2\approx 0.45$, $\widehat{\beta}_3\approx -0.019$, $\widehat{\beta}_4\approx 0.11$, $\widehat{\beta}_5\approx 0.76$, $\widehat{\beta}_6\approx -0.105$, $\widehat{\beta}_7\approx 0.004$ 和 $\widehat{\beta}_8\approx 0.005$. 取 $\widehat{\lambda}\approx 0.011\ 96$ 时, 并没有把回归系数压缩成 0. 如果选取较大的调节参数, 则会产生稀疏解. 当取 $\widetilde{\lambda}\approx 0.158\ 0$ 时, 可以产生稀疏解, 仅得到 3 个显著性变量 lcavol, lweight 和 svi.

7.4.4 自适应 Lasso

由 7.4.2 节讨论可知, Lasso 估计对大的回归系数不具有无偏性, 且也不具有 oracle 性质. 为了解决这个问题, Zou (2006) 提出了**自适应 Lasso** (adaptive Lasso, ALasso), 并证明了自适应 Lasso 具有 oracle 性质. 本节介绍自适应 Lasso 方法和应用.

Zou (2006) 提出下面的自适应加权 L_1 惩罚最小二乘目标函数, 即

$$\frac{1}{2n}\|\boldsymbol{Y}-\mathbf{X}\boldsymbol{\beta}\|_2^2+\lambda\sum_{j=1}^{p}w_j|\beta_j|, \tag{7.35}$$

其中 w_j 是非负的权重, 且 $j=1,\cdots,p$. Zou (2006) 建议取自适应权重为 $\widehat{w}_j=1/|\widehat{\beta}_j|^{\gamma}$, 其中 $\gamma>0$, $\widehat{\beta}_j$ 是 β_j 的一个 $\sqrt{n}$-相合估计, 如最小二乘估计. **自适应 Lasso 估计** $\widehat{\boldsymbol{\beta}}^{\text{alasso}}$ 定义为

$$\widehat{\boldsymbol{\beta}}^{\text{alasso}}=\arg\min_{\boldsymbol{\beta}}\left\{\frac{1}{2n}\|\boldsymbol{Y}-\mathbf{X}\boldsymbol{\beta}\|_2^2+\lambda\sum_{j=1}^{p}\widehat{w}_j|\beta_j|\right\}. \tag{7.36}$$

为了简单, 考虑正交设计情形, 即 $\mathbf{X}^{\mathrm{T}}\mathbf{X}/n=\mathbf{I}_p$, 这时最小二乘估计为: $\widehat{\boldsymbol{\beta}}_{\mathrm{LS}}=(\mathbf{X}^{\mathrm{T}}\mathbf{X})^{-1}\mathbf{X}^{\mathrm{T}}\boldsymbol{Y}=\mathbf{X}^{\mathrm{T}}\boldsymbol{Y}/n$. 在正交设计下, 取 $\gamma=1$, 由式 (7.36) 可知, β_j 的自适应 Lasso 估计为

$$\widehat{\beta}_j^{\text{alasso}} = \text{sgn}(\widehat{\beta}_{j,\text{LS}}) \left(|\widehat{\beta}_{j,\text{LS}}| - \frac{\lambda}{|\widehat{\beta}_{j,\text{LS}}|} \right)_+, \qquad j = 1, \cdots, p, \tag{7.37}$$

其中 $\widehat{\beta}_{j,\text{LS}} = (\mathbf{X}^{\text{T}}\boldsymbol{Y}/n)_j$. 由式 (7.37) 可知, 自适应 Lasso 的基本思想是, 对于最小二乘估计大的回归系数, 不进行惩罚, 使得到的自适应 Lasso 估计近似等于最小二乘估计. 然而, 对于接近于 0 的回归系数给尽量大的惩罚, 并压缩到 0. 当调节参数取 $\lambda = 2$ 时, 图 7.12 分别给出了 $\gamma = 0.5$ 和 $\gamma = 2$ 的自适应 Lasso 的门限函数图, 从图中可以看出, 如果选取合适的 γ, 自适应 Lasso 估计将满足无偏性、稀疏性和连续性.

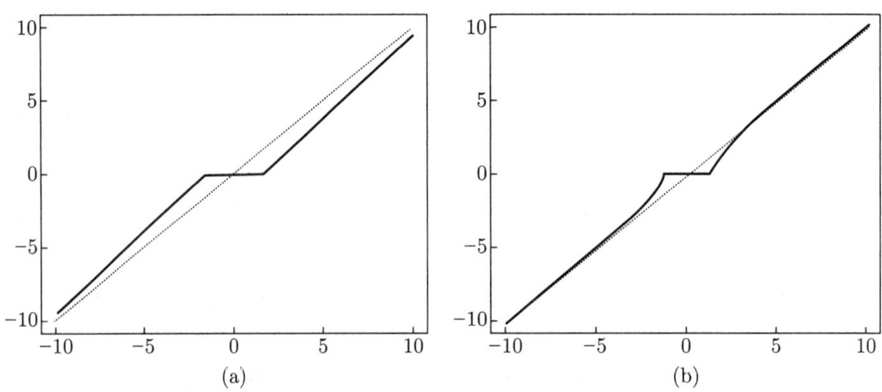

图 7.12 自适应 Lasso 门限函数图. (a) 取 $\gamma = 0.5$ 和 $\lambda = 2$; (b) 取 $\gamma = 2$ 和 $\lambda = 2$

在实际应用中, 如何求解自适应 Lasso 估计呢? 在 R 语言中, 可以借助存在的 Lasso 程序包进行计算, 例如 lars, glmnet 和 gcdnet. 下面简单介绍利用 LARS 算法求解自适应 Lasso 估计. 首先对数据作变换: $\boldsymbol{x}_j^* = \boldsymbol{x}_j/\widehat{w}_j$, 其中 $\boldsymbol{x}_j$ 是设计矩阵 $\mathbf{X}$ 的第 j 列的 n 个样本, 且 $j = 1, \cdots, p$. 然后应用 LARS 算法, 求解得

$$\widehat{\boldsymbol{\beta}}^* = \arg\min_{\boldsymbol{\beta}} \left\{ \frac{1}{2n} \|\boldsymbol{Y} - \mathbf{X}^*\boldsymbol{\beta}\|_2^2 + \lambda \sum_{j=1}^{p} |\beta_j| \right\}.$$

这时可得回归系数 $\boldsymbol{\beta}$ 的最终自适应 Lasso 估计为 $\widehat{\beta}_j = \widehat{\beta}_j^*/\widehat{w}_j$, $j = 1, \cdots, p$.

在自适应 Lasso 的实际应用中, 需要选择最优的调节参数 λ 和参数 γ. 关于这个问题, 可以通过在二维空间中利用 CV 方法获得最优的 λ 和 γ. 在 R 语言中, 可以直接通过程序包 msgps 中的函数 msgps() 进行自适应 Lasso 分析, 调用格式为

```
msgps(X, y, penalty = "enet", alpha=0, gamma=1, lambda=0.001, tau2,
     STEP=20000, STEP.max=200000,  DFtype="MODIFIED",  p.max=300,
     intercept=TRUE, stand.coef=FALSE)
其中 X 为协变量数据矩阵, y 为响应变量数据; 当 penalty 取"enet" 时, 表示使用
elastic net 方法, 取"genet" 表示推广的 elastic net 方法, 取"alasso" 表示自适应
Lasso 方法; alpha 对应的是 enet 和 genet 方法的参数; gamma 对应的是 alasso 方法的
```

参数，默认为 1；其余参数见在线帮助.

首先, 用程序包 msgps 中的函数 msgps() 对例 1.1 的前列腺癌症数据进行自适应 Lasso 回归分析, 并用函数 plot() 绘制自适应 Lasso 估计的路径图, 见图 7.13. 其次, 用函数 summary() 对函数 msgps() 的输出结果进行汇总. 程序和输出结果如下.

```
library(msgps)
alasso_fit = msgps(x, y, penalty = "alasso", gamma = 1, lambda=0)
par(mfrow=c(1,2))
plot(alasso_fit, criterion = "gcv", xvar = "t", main = "GCV")
plot(alasso_fit, criterion = "bic", xvar = "t", main = "BIC")
> summary(alasso_fit)           ## 输出结果
Call:msgps(X = x, y = y, penalty = "alasso", gamma = 1, lambda = 0)
Penalty: "alasso"
gamma: 1
lambda: 0
df:
      tuning        df
 [1,] 0.0000    0.0000
 [2,] 0.2454    0.1465
 [3,] 0.4494    0.2870
 [4,] 0.6531    0.4307
 [5,] 0.8572    0.5790
 [6,] 1.0612    0.7334
 [7,] 1.2651    0.8968
 [8,] 1.5412    1.1308
 [9,] 1.8702    1.4232
[10,] 2.1992    1.7419
[11,] 2.5283    2.1146
[12,] 2.9946    2.7601
[13,] 3.6811    3.7698
[14,] 4.4208    5.0284
[15,] 5.1863    5.8274
[16,] 5.9501    6.4003
[17,] 6.7141    6.8241
[18,] 7.1936    7.2392
```

```
[19,] 7.5293      7.6264
[20,] 7.8650      7.9955
tuning.max: 7.866
ms.coef:
                  Cp        AICC        GCV      BIC
(Intercept) -0.12271   -0.12271   -0.12271   0.1181
lcavol       0.54273    0.54273    0.54273   0.5261
lweight      0.47062    0.47062    0.47062   0.4142
age          0.00000    0.00000    0.00000   0.0000
lbph         0.03254    0.03254    0.03254   0.0000
svi          0.67480    0.67480    0.67480   0.6338
lcp          0.00000    0.00000    0.00000   0.0000
gleason      0.00000    0.00000    0.00000   0.0000
pgg45        0.00000    0.00000    0.00000   0.0000
ms.tuning:
        Cp     AICC      GCV      BIC
[1,] 3.095    3.095    3.095    2.564
ms.df:
        Cp     AICC      GCV      BIC
[1,] 2.885    2.885    2.885    2.161
```

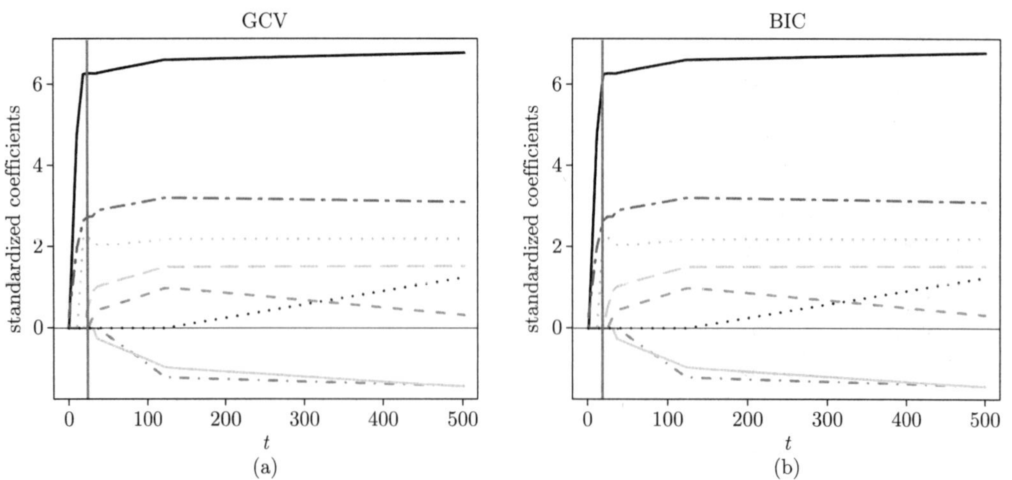

图 7.13 前列腺癌症数据的自适应 Lasso 估计的路径图. (a) 垂直虚线是用 GCV 选取的调节参数; (b) 垂直虚线是用 BIC 选取的调节参数

从图 7.13 和上面结果可以看出: ① 图 (a) 显示, 当采用 GCV 方法选取调节参数时, 4 个变量

(age, lcp, gleason, pgg45) 的系数被压缩成 0; ② 图 (b) 显示, 当采用 BIC 方法选取调节参数时, 把 5 个变量 (age, lbph, lcp, gleason, pgg45) 的系数被压缩成 0; ③ 从输出的结果可以看出, C_p 方法, AIC 方法和 GCV 方法得到的结果完全相同, 且图 7.13 输出的结果也一致.

7.4.5 弹性网方法

在实际应用中, 当模型中协变量之间存在高度相关的多重共线性问题时, 尽管可采用岭回归解决多重共线性问题, 但是岭回归不能产生稀疏解而进行变量选择. 直接利用 Lasso 和 SCAD 等变量选择方法, 受到多重共线性的影响, 这些变量选择方法也将产生不稳定的结果. 为了解决变量中存在多重共线性问题, Zou 和 Hastie (2005) 将岭回归和 Lasso 方法进行结合, 提出了**弹性网方法** (elastic net), 核心思想是在最小二乘目标函数后同时施加 L_1 和 L_2 惩罚函数, 即考虑如下的惩罚最小二乘目标函数

$$\frac{1}{n}\|\boldsymbol{Y}-\mathbf{X}\boldsymbol{\beta}\|_2^2+\lambda_1\sum_{j=1}^{p}|\beta_j|+\lambda_2\sum_{j=1}^{p}\beta_j^2, \tag{7.38}$$

其中 λ_1 和 λ_2 都是非负的调节参数, 把 $p_{\lambda_1,\lambda_2}(|t|)=\lambda_1|t|+\lambda_2 t^2$ 称为**弹性网惩罚函数**. 由于 λ_1 和 λ_2 的取值范围均为 $[0,\infty)$, 不便于使用数据驱动的 CV 和 GCV 等方法同时选择两个最优的调节参数. Zou 和 Hastie (2005) 建议考虑如下的弹性网惩罚函数

$$p_{\lambda,\alpha}(|t|)=\lambda\left[\alpha|t|+(1-\alpha)t^2\right],$$

其中 $\lambda=\lambda_1+\lambda_2$, $\alpha=\lambda_1/\lambda$. 这时, 回归系数向量 $\boldsymbol{\beta}$ 的**弹性网估计**为

$$\widehat{\boldsymbol{\beta}}^{\text{enet}}=\arg\min_{\boldsymbol{\beta}}\left\{\frac{1}{n}\|\boldsymbol{Y}-\mathbf{X}\boldsymbol{\beta}\|_2^2+\lambda\left[\alpha\sum_{j=1}^{p}|\beta_j|+(1-\alpha)\sum_{j=1}^{p}\beta_j^2\right]\right\}, \tag{7.39}$$

其中 $\lambda\geqslant 0$ 和 $0\leqslant\alpha\leqslant 1$ 为调节参数. 把调节参数 α 限制在区间 $[0,1]$ 上, 可减少计算量并方便使用数据驱动的 CV 准则选择最优的调节参数 (λ,α). 例如, 首先取 $\alpha=0.1k$, 其中 $k=1,\cdots,10$, 然后利用 CV 准则选取最优的 (λ,α). 由式 (7.39) 可知, 当 $\alpha=0$ 时, 式 (7.39) 所得弹性网估计退化为岭回归估计; 当 $\alpha=1$ 时, 式 (7.39) 所得弹性网估计退化为 Lasso 估计. 如果 $0<\alpha<1$ 时, 弹性网估计为岭回归估计和 Lasso 估计的折中. 图 7.14 提供了在二维空间中岭回归, Lasso 和弹性网约束集的比较.

从图 7.14 可知, 类似于 Lasso, 弹性网的约束集在坐标轴上也有四个尖角, 说明弹性网方法也具有变量选择的功能. 此外, 在四个象限内, 弹性网的约束集和岭回归的约束集类似, 呈现弧形, 说明弹性网方法具有压缩参数的功能. 弹性网方法的优点是不仅可以有效处理多重共线性问题, 还能产生稀疏解并达到变量选择的目的, 从而通过平衡偏差和方差获得良好的预测误差.

在 R 语言中, 可用三个程序包获得 $\boldsymbol{\beta}$ 的弹性网估计: ① 程序包 glmnet 中的函数 glmnet(), 其中参数 alpha$\in(0,1)$; ② 程序包 elasticnet 中的函数 enet(), 其中参数 lambda 是 L_2 惩罚函数对应的调节参数, 当 lambda=0 时, 对应的是 Lasso 方法. 程序包 elasticnet 是基于最小角回归的程序包 lars 开发而成; ③ 程序包 msgps 中的函数 msgps(), 当参数 `penalty="enet"` 和参数 alpha$\in(0,1)$ 时, 表示拟合弹性网模型. 对于这三个程序包的使用, 可参考在线帮助.

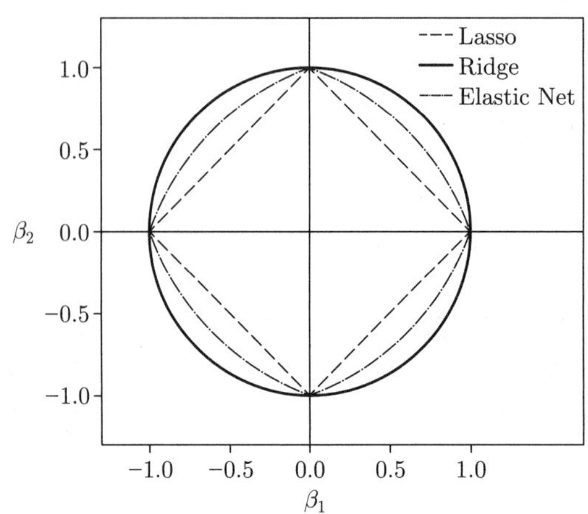

图 7.14 在二维空间中, 岭回归, Lasso 和弹性网的约束集, 其中弹性网中 $\alpha = 0.5$

为了直观展示岭回归, Lasso 和弹性网方法在高度相关或共线性情形下的表现, 考虑如下的例子. 假设响应变量 Y 满足模型: $Y = 1.5Z_1 - 0.5Z_2 + \varepsilon$, 其中 Z_1 和 Z_2 是两个独立的随机变量, 都来自标准正态分布 $N(0,1)$, 模型误差 $\varepsilon \sim N(0,1)$. 进一步, 假设观测的协变量 $X_1, \cdots, X_6$ 产生于

$$\begin{cases} X_j = Z_1 + \epsilon_j/4, & j = 1,2,3, \\ X_j = Z_2 + \epsilon_j/4, & j = 4,5,6, \end{cases}$$

其中 $\epsilon_1, \cdots, \epsilon_6$ 独立同分布, 且来自标准正态分布 $N(0,1)$. 从模型设置可见: ① X_1, X_2, X_3 是一个组, 依赖于变量 Z_1; ② X_4, X_5, X_6 是一个组, 依赖于变量 Z_2; ③ X_1, X_2, X_3 之间的相关系数为 1, 具有很强的相关性. 同样 X_4, X_5, X_6 之间的相关系数也为 1, 也具有很强的相关性, 而 X_1, X_2, X_3 与 X_4, X_5, X_6 两组之间相互独立. 从上面模型中可知, Z_2 组的三个变量 X_4, X_5, X_6 几乎为噪声变量.

因此, 本例的主要目的是针对高度相关的数据能准确识别 Z_1 组的三个变量 X_1, X_2, X_3. 从模型中产生 500 个独立同分布的随机样本 $\{(y_i, \boldsymbol{x}_i), i = 1, \cdots, 500\}$, 其中 $\boldsymbol{x}_i = (x_{i1}, \cdots, x_{i6})^{\mathrm{T}}$. 为了比较, 取 $\alpha = 0, 0.2, 0.4, 0.6, 0.8, 1$, 其中 $\alpha = 0$ 表示岭回归, $\alpha = 1$ 表示 Lasso, 其他情况表示弹性网. 程序如下, 绘制的系数估计的路径图见图 7.15.

```
library(glmnet); library(latex2exp)
n = 500; x = array(dim = c(n, 6)); z = array(dim = c(n, 2))
for (i in 1:2)
  z[, i] = rnorm(n)
  y = 1.5*z[, 1] - 0.5*z[, 2] + rnorm(n)
for (j in 1:3)
  x[, j] = z[, 1] + rnorm(n) / 4
for (j in 4:6)
  x[, j] = z[, 2] + rnorm(n) / 4
```

```
par(mfrow = c(2, 3))
for (k in 0:5) {
   enet.fit = glmnet(x, y, alpha = k * 0.2)
   plot(enet.fit, xvar = "lambda", label = TRUE,
        xlab = expression(log(lambda)), lwd = 2)
}
```

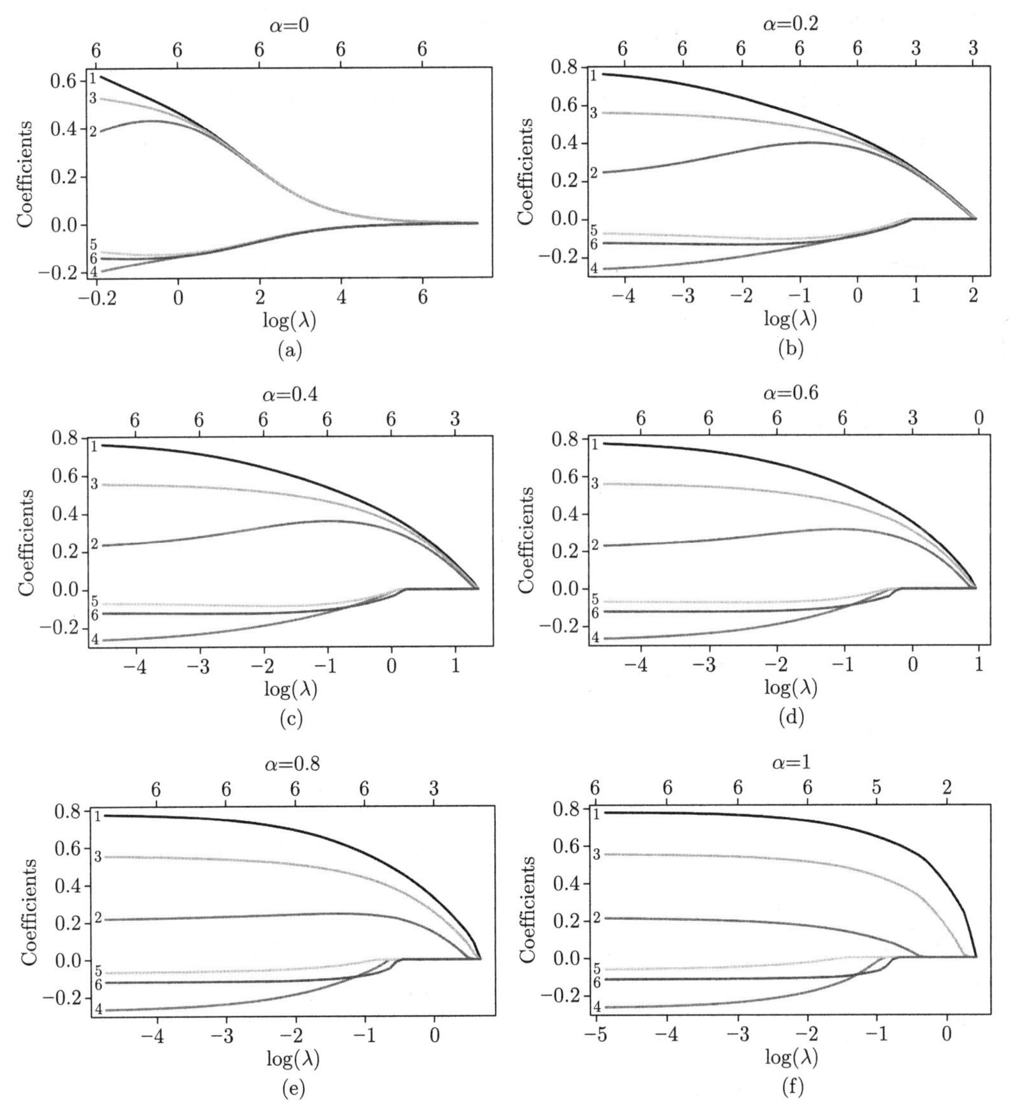

图 7.15 弹性网方法有效性的例子, 从 (a)—(f) 分别表示 $\alpha = 0, 0.2, 0.4, 0.6, 0.8, 1$ 时回归系数估计的路径图. 当 $\alpha = 0$ 时, 图 (a) 表示岭估计的路径图; 当 $\alpha = 1$ 时, 图 (f) 表示 Lasso 估计的路径图; 其他图表示不同 α 取值时弹性网估计的路径图

从图 7.15 可看出, Lasso 方法并不能有效处理高度相关数据, 很难准确识别 Z_1 的三个变量 X_1, X_2, X_3, 岭回归方法尽管可以很好处理高度相关数据, 但是不能把噪声变量压缩到 0, 随着 λ 的增大, 会把所有变量压缩为 0. 此外, 当 $\alpha = 0.6$ 时, 弹性网方法表现了很好的拟合效果.

基于该数据, 讨论如何选取最优的调节参数 α. 首先, 将 α 的取值区间 [0,1] 分为 10 等分, 即 $\alpha = 0, 0.1, \cdots, 0.9, 1$ (共有 11 个不同的取值); 其次, 为了对不同的 α 进行公平的对比, 对样本进行 10 折随机分组; 最后, 对每个固定的 α, 利用函数 cv.glmnet() 计算 CV 误差, 同时也可选择最优的调节参数 λ, 并绘制 CV 误差曲线图. 程序如下, 图 7.16 提供了不同 α 取值对应的 CV 误差图.

```
set.seed(2022); foldid = sample(1:10, size = n, replace = TRUE)
cv.error = rep(0, 11)
for (k in 1:11){
    cv.fit = cv.glmnet(x, y, foldid = foldid, alpha = (k-1)/10)
    cv.error[k] = min(cv.fit$cvm)
}
> cv.error
 [1] 1.090464 1.089347 1.088859 1.088599 1.088511 1.088539
 [7] 1.088575 1.088597 1.088628 1.088683 1.088746
> which.min(cv.error)
[1] 5
plot((1:11)/10, cv.error, type = "b", xlab = expression(alpha))
```

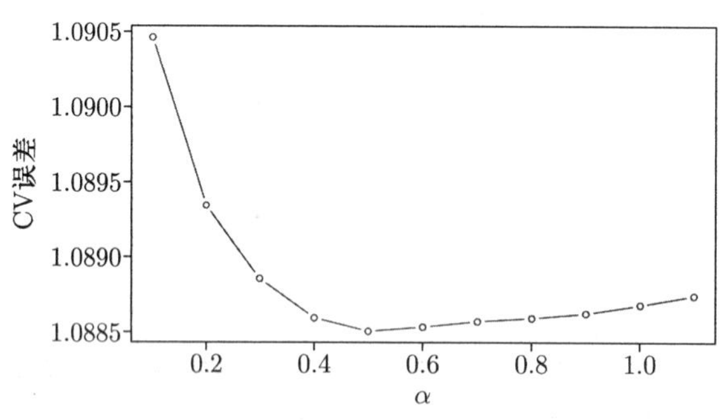

图 7.16 弹性网的 CV 误差图

程序中, 函数 sample() 中的参数 "replace=TRUE" 表示有放回的随机抽样, cv.fit$cvm 表示 CV 误差, 其中字母 “m” 表示 mean, 即 $\overline{\text{MSE}}$. 图 7.16 显示, 当选取 $\alpha = 0.5$ 进行弹性网拟合数据时, 可使得 CV 误差达到最小.

7.4.6 案例分析与模拟研究

本节通过前列腺癌症数据和一个模拟例子对岭回归、Lasso、SCAD、自适应 Lasso (记为 ALasso) 和弹性网 (记为 Enet) 方法进行比较.

例 7.1 考虑例 1.1 的前列腺癌症数据集, 该数据集包含 97 个样本和 9 个变量. 在本例中, 用函数 set.seed(2022) 设定种子, 从 97 个样本中随机选取 67 个作为训练集, 其余 30 个样本作为测试集, 用训练集进行岭回归、Lasso、SCAD、自适应 Lasso 和弹性网回归分析, 其中调节参数采用 10 折 CV 方法进行选取, 弹性网中调节参数 α 直接取 $\alpha = 0.5$; 最后, 通过训练集数据得到截距项和回归系数的估计后, 在测试集上用函数 predict() 进行预测, 计算非零变量个数和预测误差 (PE), 重复以上试验 500 次, 并展示箱线图. 这里, 预测误差定义为

$$\mathrm{PE} = \frac{1}{30}\sum_{i=1}^{30}(y_i - \widehat{\beta}_0 - \boldsymbol{x}_i^{\mathrm{T}}\widehat{\boldsymbol{\beta}})^2,$$

其中 $\{(\boldsymbol{x}_i, y_i), i = 1, \cdots, 30\}$ 为测试样本, y_i 表示响应变量 lpsa_i, $\boldsymbol{x}_i$ 表示其他 8 个协变量, $\widehat{\beta}_0$ 和 $\widehat{\boldsymbol{\beta}}$ 为在训练集上所得到截距项和回归系数的估计. 程序如下, 结果见图 7.17.

```
library(glmnet); library(ncvreg); library(msgps)
data(prostate, package = "faraway"); attach(prostate)
x = model.matrix(lpsa ~ ., prostate)[, -1]; y = prostate$lpsa
set.seed(2022); iter = 500
PE = matrix(0, iter, 5); No = matrix(0, iter, 5)
for (k in 1:iter){
  train = sample(length(y), 67)
  yt = y[-train]; xt = x[-train,]    ## 测试集
  fit.ridge = cv.glmnet(x[train,], y[train], alpha = 0)
  PE[k,1] = mean((predict(fit.ridge, xt, s = "lambda.min")-yt)^2)
  No[k,1] = sum(coef(fit.ridge, s = "lambda.min")[-1] != 0)
  fit.lasso = cv.glmnet(x[train,], y[train], alpha = 1)
  PE[k,2] = mean((predict(fit.lasso, xt, s = "lambda.min")-yt)^2)
  No[k,2] = sum(coef(fit.lasso, s = "lambda.min")[-1] != 0)
  fit.SCAD = cv.ncvreg(x[train,], y[train], penalty = "SCAD")
  scad.lam = fit.SCAD$lambda.min
  PE[k,3] = mean((predict(fit.SCAD, xt, lambda = scad.lam)-yt)^2)
  No[k,3] = sum(coef(fit.SCAD, lambda = scad.lam)[-1] != 0)
  fit.alasso = msgps(x[train,], y[train], penalty = "alasso",
                  gamma = 1, lambda = 0)
  gcv.lam = fit.alasso$dfgcv_result$tuning
  PE[k,4] = mean((predict(fit.alasso, xt, tuning = gcv.lam)-yt)^2)
```

```
  No[k,4] = sum(fit.alasso$dfgcv_result$coef[-1] != 0)
  fit.enet = cv.glmnet(x[train,], y[train], alpha = 0.5)
  PE[k,5] = mean((predict(fit.enet, xt, s = "lambda.min")-yt)^2)
  No[k,5] = sum(coef(fit.enet, s = "lambda.min")[-1] != 0)
}
colnames(PE) = c("Ridge", "Lasso", "SCAD", "ALasso", "Enet")
colnames(No) = c("Ridge", "Lasso", "SCAD", "ALasso", "Enet")
par(mfrow = c(1, 2))
col = c("bisque", "blue", "yellow", "purple", "red")
boxplot(PE, ylab = "预测误差 (PE)", col = col)
boxplot(No, ylab = "变量个数", col = col)
```

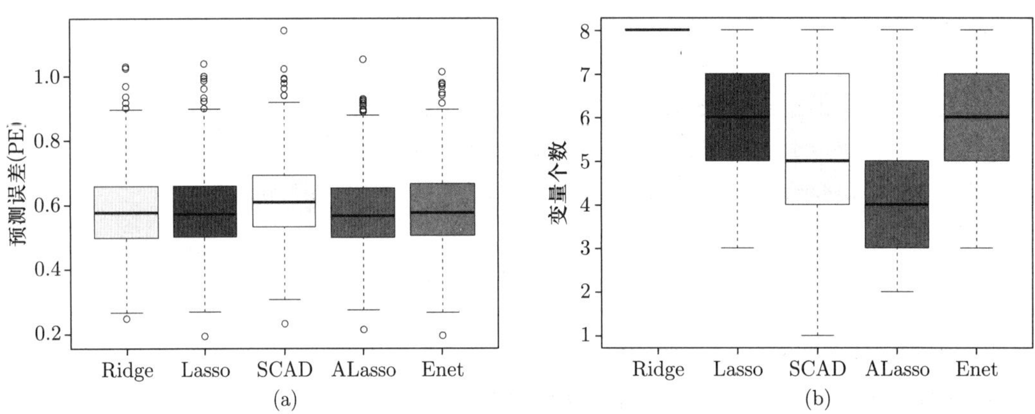

图 7.17 基于 500 次重复试验的箱线图. (a) 预测误差箱线图; (b) 被选变量个数的箱线图

从图 7.17(a) 可知, 岭回归、Lasso、SCAD、自适应 Lasso 和弹性网五种方法所得预测误差的平均值基本相差不大. 图 7.17(b) 可知, 岭回归方法不具有变量选择目的, Lasso 和弹性网方法基于 500 次重复试验平均选取 6 个显著性变量, SCAD 方法平均选取 5 个显著性变量, 而自适应 Lasso 方法平均选取 4 个显著性变量, 说明 SCAD 和自适应 Lasso 方法在选取显著性变量少的情况下, 基本可以达到相同的平均预测误差.

例 7.2 考虑下面的多元线性回归模型

$$y_i = \beta_1 x_{i1} + \cdots + \beta_p x_{ip} + \varepsilon_i, \qquad i = 1, \cdots, n,$$

其中 $\boldsymbol{\beta} = (-1.5, 1, 0.8, -0.8, 0.4, 0, \cdots, 0)^{\mathrm{T}}$ 为 p 维回归系数向量, $\boldsymbol{x}_i = (x_{i1}, \cdots, x_{ip})^{\mathrm{T}}$ 从 p 元正态分布 $N_p(\mathbf{0}, \boldsymbol{\Sigma})$ 中随机产生随机数, 这里, $\boldsymbol{\Sigma} = (\sigma_{ij})_{1\leqslant i,j\leqslant p}$, 且 $\sigma_{ij} = \rho^{|i-j|}$. 此外, 模型误差 $\varepsilon_i \sim N(0, 1)$, 且独立于协变量向量 $\boldsymbol{x}_i$. 这时, 响应变量 y_i 可以通过上面多元线性回归模型产生. 从模型设计可知, 前 5 个协变量对响应变量有显著性影响, 而剩余的 $p-5$ 个协变量对响应变量不显著, 故设回归系数为零. 取样本量 $n = 200$, $\rho = 0.3, 0.6$, 维数 $p = 50, 150, 400$, 其中当 $p = 400$ 时,

维数 p 大于样本量 n. 试对岭回归、Lasso、SCAD 和自适应 Lasso 四种方法进行比较.

为了对岭回归、Lasso、SCAD 和自适应 Lasso 四种方法进行比较, 重复 500 次试验, 产生随机数, 计算四个指标进行评价: ① 基于 500 次重复试验的平均估计误差, 用 "EE" 表示, 其中估计误差用 $\|\widehat{\boldsymbol{\beta}}-\boldsymbol{\beta}\|_2$ 来计算; ② 基于 500 重复试验的平均预测误差, 用 "PE" 表示, 其中预测误差用 $(\widehat{\boldsymbol{\beta}}-\boldsymbol{\beta})^{\mathrm{T}}\mathrm{E}(\boldsymbol{X}\boldsymbol{X}^{\mathrm{T}})(\widehat{\boldsymbol{\beta}}-\boldsymbol{\beta})$ 来计算; ③ 非零回归系数被正确估成非零的平均个数, 用 "C" 表示; ④ 零回归系数被错误估成非零的平均个数, 用 "IC" 表示. 在计算每种方法时, 采用 10 折 CV 方法选取调节参数 λ. 对于自适应 Lasso 方法, 当维数 $p<n$ 时, 初始估计取最小二乘估计; 当维数 $p>n$ 时, 初始估计取岭回归估计, 其中岭回归的调节参数取 0.000 01.

为了节省篇幅, 此处不再提供程序, 模拟结果见表 7.1, 此外图 7.18 提供了基于 500 次重复试验的估计误差和预测误差的箱线图.

表 7.1 例 7.2 的模拟结果, 其中 $n=200$

		$\rho=0.3$				$\rho=0.6$			
p	指标	Ridge	Lasso	SCAD	ALasso	Ridge	Lasso	SCAD	ALasso
$p=50$	EE	0.610 3	0.367 4	0.218 3	0.363 1	0.771 5	0.488 7	0.285 9	0.442 4
	PE	0.239 4	0.103 5	0.044 6	0.107 9	0.230 1	0.114 4	0.050 5	0.107 5
	C	5.000 0	5.000 0	5.000 0	5.000 0	5.000 0	4.992 0	4.980 0	4.994 0
	IC	45.000	12.786	3.806 0	14.942	45.000	15.242	4.268 0	14.694
$p=150$	EE	1.218 8	0.449 7	0.237 6	0.869 2	1.404 6	0.651 5	0.318 4	1.075 0
	PE	0.564 3	0.145 5	0.053 7	0.370 0	0.527 1	0.181 1	0.063 8	0.372 7
	C	5.000 0	5.000 0	5.000 0	4.990 0	5.000 0	4.920 0	4.954 0	4.964 0
	IC	145.00	21.464	6.714 0	66.638	145.00	27.986	8.748 0	67.092
$p=400$	EE	1.992 6	0.541 4	0.270 1	1.542 1	2.075 7	0.838 5	0.358 8	1.794 1
	PE	1.766 1	0.195 3	0.068 3	0.995 9	1.318 1	0.261 8	0.082 2	0.992 9
	C	5.000 0	4.982 0	4.984 0	4.978 0	5.000 0	4.704 0	4.912 0	4.924 0
	IC	395.00	30.098 0	11.122	291.834	395.00	38.856	16.370	291.922

从表 7.1 和图 7.18 的模拟结果, 可以发现下面的结果:

(1) 随着维数 p 的增加和 ρ 的增加, 所有方法对四个指标的表现都会变差, 说明维数和变量之间的相关性对结果具有重要的影响;

(2) 通过四个指标对四种方法进行比较, 可以发现, 对于各个指标而言, SCAD 方法表现都非常好, 因为 SCAD 方法具有无偏性、稀疏性和连续性, 更重要的是 SCAD 方法具有 oracle 性质 (见估计误差和预测误差的箱线图), 而 SCAD 方法选取的模型比其他三种方法选取的模型包含更少的噪声变量, 不至于出现过拟合;

(3) 当维数 p 较小时, 自适应 Lasso 方法也有很好的表现, 与 Lasso 和 SCAD 方法具有可比性, 但是随着维数 p 的增加, 自适应 Lasso 表现会变差. 尽管自适应 Lasso 方法解决了 Lasso 方法不具有无偏性和 oracle 性质的问题, 但是自适应 Lasso 方法需要给定回归系数 $\boldsymbol{\beta}$ 的初始估计, 所以初始估计会严重影响自适应 Lasso 方法的表现. 当维数变高时, 自适应 Lasso 方法更容易出现过拟合, 会把很多噪声变量选入模型;

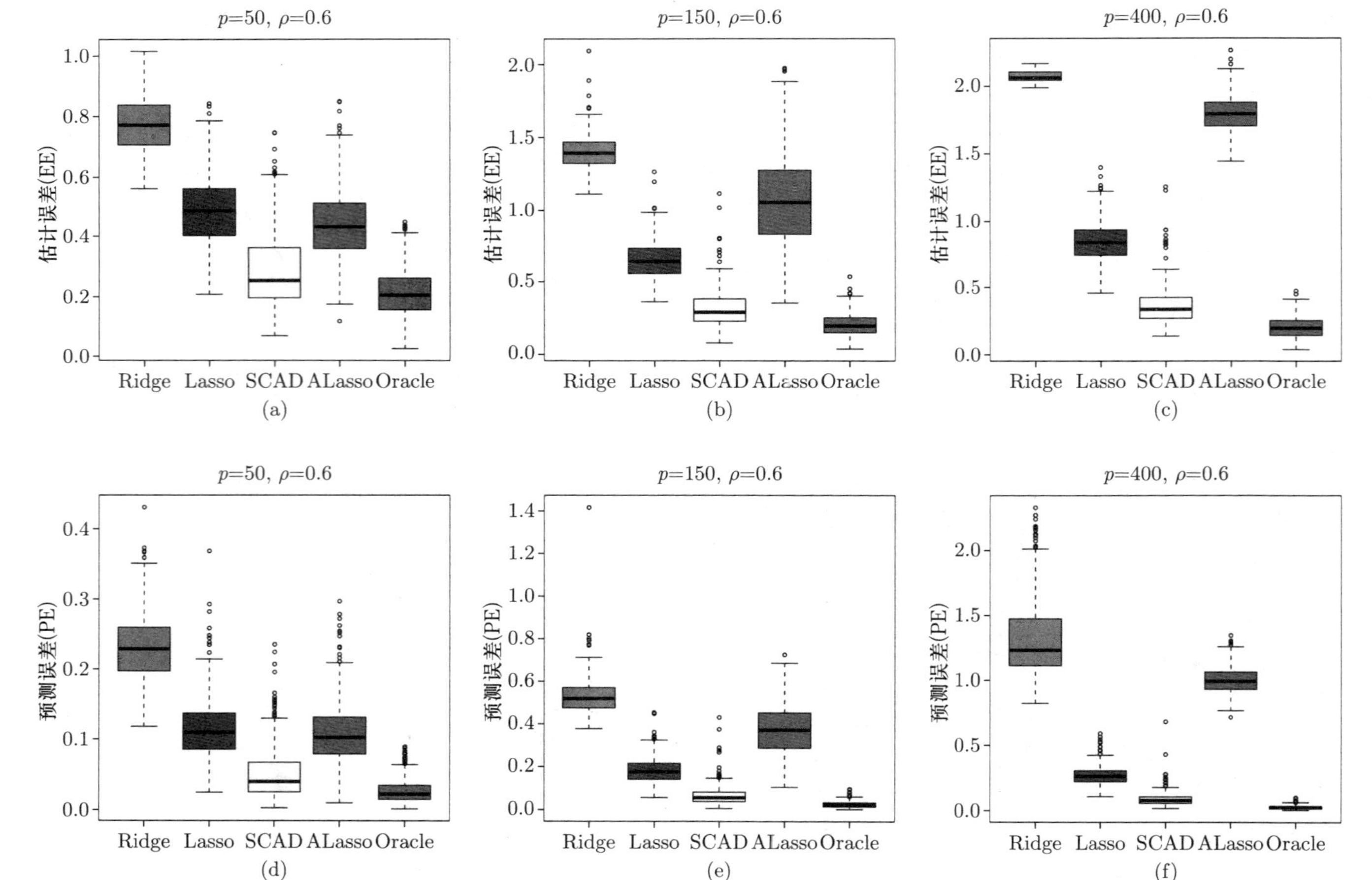

图 7.18 当 $n=200$ 和 $\rho=0.6$ 时, 基于 500 次重复试验, 例 7.2 模拟数据的估计误差 (EE) 和预测误差 (PE) 的箱线图. (a)—(c) 估计误差的箱线图, 从左到右分别为 $p=50,150,400$ 的估计误差箱线图; (d)—(f) 预测误差的箱线图, 从左到右分别为 $p=50,150,400$ 的预测误差箱线图

(4) 尽管 Lasso 方法不具有无偏性和 oracle 性质, 而当维数 p 增加时, Lasso 方法表现也比较稳定, 但是 Lasso 方法比 SCAD 方法更容易出现过拟合, 表明 Lasso 方法选取的模型中包含了很多噪声变量. 例如, 当 $p=150$ 和 $\rho=0.6$ 时, Lasso 方法平均有 27.986 个噪声变量被错误估计成显著性变量, 而 SCAD 方法只有平均 8.748 0 个噪声变量被错误估计成显著性变量;

(5) 从指标 IC 可以看出, 岭回归方法明显不能产生稀疏解, 而且岭回归方法具有最大的平均估计误差和预测误差, 而且随着维数 p 的增加, 表现也越来越差;

(6) 从图 7.18 的箱线图, 可以看出 SCAD 方法表现很稳健.

习 题 7

1. 设 Y 与 X_1, X_2, X_3 有相关关系, 其 8 组观测数据见表 7.2, 试回答如下问题:

表 7.2 观 测 数 据

序号	X_1	X_2	X_3	Y
1	38	47.5	23	66.0
2	41	21.3	17	43.0
3	34	36.5	21	36.0
4	35	18.0	14	23.0
5	31	29.5	11	27.0
6	34	14.2	9	14.0
7	29	21.0	4	12.0
8	32	10.0	8	7.6

(1) 设 $Y=\beta_0+\beta_1X_1+\beta_2X_2+\beta_3X_3+\varepsilon$, 试求回归方程、判定系数 R^2 和均方误差;

(2) 考虑二次回归模型:

$$
\begin{aligned}
Y=&\beta_0+\beta_1X_1+\beta_2X_2+\beta_3X_3+\beta_4X_1^2+\beta_5X_2^2+\beta_6X_3^2\\
&+\beta_7X_1X_2+\beta_8X_1X_3+\beta_9X_2X_3+\varepsilon,
\end{aligned}
$$

试用逐步回归方法筛选变量, 并计算判定系数 R^2 和均方误差;

(3) 对上面二次回归模型, 基于调整的判定系数 R_{adj}^2、C_p、AIC、BIC 和 RIC 准则, 选取最优子模型. 进一步绘图对几种方法进行比较.

2. 在单个数据集上采用最优子集选择, 向前逐步选择和向后逐步选择方法. 对于每种方法, 可获得 $p+1$ 个模型, 每个模型分别包含 $0,1,2,\cdots,p$ 个协变量. 对 $0\leqslant k<p$, 考虑下面问题并给出你的解释.

(1) 含有 k 个协变量的三个模型中, 哪个模型的训练集 RSS 最小?

(2) 含有 k 个协变量的三个模型中, 哪个模型的测试集 RSS 最小?

(3) 判断对错: ① 使用向前逐步选择方法选取的 k 个变量模型中协变量是使用向前逐步选择方法选取的 $k+1$ 个变量模型中协变量的子集; ② 使用向后逐步选择方法选取的 k 个变量模型中协

变量是使用向后逐步选择方法选取的 $k+1$ 个变量模型中协变量的子集; ③ 使用向后逐步选择方法选取的 k 个变量模型中协变量是使用向前逐步选择方法选取的 $k+1$ 个变量模型中协变量的子集; ④ 使用向前逐步选择方法选取的 k 个变量模型中协变量是使用向后逐步选择方法选取的 $k+1$ 个变量模型中协变量的子集; ⑤ 使用最优子集选择方法选取的 k 个变量模型中协变量是使用最优子集选择方法选取的 $k+1$ 个变量模型中协变量的子集.

3. 判断以下 (1)—(3) 中, ① — ④的陈述是否正确, 并证明你的判断.

(1) 与最小二乘相比, Lasso 模型: ① 灵活性更好, 且当 Lasso 模型预测结果的偏差增大小于其方差减小的大小时, Lasso 模型给出的预测值更精确; ② 灵活性更好, 且当 Lasso 模型预测结果的方差增大小于其偏差减小的大小时, Lasso 模型给出的预测值更精确; ③ 灵活性更差, 且当 Lasso 模型预测结果的偏差增大小于其方差减小的大小时, Lasso 模型给出的预测值更精确; ④ 灵活性更差, 且当 Lasso 模型预测结果的方差增大小于其偏差减小的大小时, Lasso 模型给出的预测值更精确.

(2) 与最小二乘相比, 对岭回归模型重复 (1) 中 ① — ④ 的内容.

(3) 与最小二乘相比, 对非参数方法重复 (1) 中 ① — ④ 的内容.

4. 对第 3 章习题中表 3.13 的数据, 考虑如下问题:

(1) 编写程序, 用最优子集选择算法和向前逐步选择算法求出 BOD 浓度 Y_1 和氧亏浓度 Y_2 与 $X_1,\cdots,X_7$ 的回归方程, 并比较两种算法的计算时间;

(2) 编写程序, 基于调整的判定系数 R^2_{adj}、C_p、AIC、BIC 和 RIC 准则, 选取最优子模型, 并对方法进行比较;

(3) 用岭回归方法求出 BOD 浓度 Y_1 和氧亏浓度 Y_2 与 $X_1,\cdots,X_7$ 的岭回归方程;

(4) 在利用岭回归方法进行求解时, 请写出调节参数 λ 选取的 LOOCV 和 GCV 目标函数, 并比较两种选取方法的计算时间.

5. 对多元线性回归模型 (7.14), 假设模型误差 $\boldsymbol{\varepsilon}\sim N_n(\mathbf{0},\sigma^2\mathbf{I}_n)$. 对式 (7.16) 定义的岭回归估计 $\widehat{\boldsymbol{\beta}}^R$, 请计算岭回归估计 $\widehat{\boldsymbol{\beta}}^R$ 的协方差矩阵 $\mathrm{Cov}(\widehat{\boldsymbol{\beta}}^R)$, 并说明调节参数 λ 对岭回归估计的影响.

6. 考虑下面的惩罚最小二乘目标函数

$$Q(\theta)=\frac{1}{2}(z-\theta)^2+p_\lambda(|\theta|),$$

其中 z 为 θ 的最小二乘估计, $p_\lambda(\cdot)$ 为惩罚函数, $\lambda\geqslant 0$ 为调节参数. 试回答如下问题:

(1) 对 5 种不同的惩罚函数: ① 岭回归惩罚函数; ② 硬门限惩罚函数; ③ Lasso 惩罚函数; ④ SCAD 惩罚函数; ⑤ 自适应 Lasso 惩罚函数. 极小化目标函数 $Q(\theta)$, 请给出 θ 的岭回归, 硬门限, Lasso, SCAD 和自适应 Lasso 估计, 写出详细的求解过程;

(2) 请给出各个估计的优缺点, 并绘图说明各个估计的路径图. 进一步, 你知道哪个惩罚函数满足变量选择所有的优良性质.

7. 考虑正交情形的多元线性回归模型: $\boldsymbol{Y}_{n\times 1}=\mathbf{X}_{n\times p}\boldsymbol{\beta}+\varepsilon$, 其中 $\mathbf{X}^{\mathrm{T}}\mathbf{X}/n=\mathbf{I}_p$. 对 6 种不同的惩罚函数: ① 岭回归惩罚函数; ② 硬门限惩罚函数; ③ Lasso 惩罚函数; ④ SCAD 惩罚函数; ⑤ 桥回归惩罚函数; ⑥ 自适应 Lasso 惩罚函数. 在正交设计下, 求解下面的惩罚最小二乘目标函数

$$\frac{1}{2n}\|\boldsymbol{Y}-\mathbf{X}\boldsymbol{\beta}\|_2^2+\sum_{j=1}^{p}p_\lambda(|\beta_j|),$$

其中 $p_\lambda(\cdot)$ 是惩罚函数, $\lambda \geqslant 0$ 是调节参数.

(1) 请给出在正交设计下, 多元线性回归模型中回归系数向量 $\boldsymbol{\beta}$ 的岭回归估计, 硬门限估计, Lasso 估计, SCAD 估计, 桥回归估计和自适应 Lasso 估计.

(2) 根据 6 种估计以及变量选择的性质, 对 6 种不同方法的优缺点进行说明; 另外, 据你所知, 哪些方法具备变量选择的所有优良性质?

(3) 根据你的理解, 谈谈初始估计对自适应 Lasso 估计的影响.

8. 试证明下面的结论:

(1) 如果函数 $g(x)$ 和 $h(x)$ 是凸函数, 证明: 对任给的 $\beta, \gamma \geqslant 0$, 则函数 $\beta g(x)+\gamma h(x)$ 是凸函数;

(2) 证明: 函数 $f(x)=\begin{cases}1, & x \neq 0, \\ 0, & x=0\end{cases}$ 不是凸函数;

(3) 判断下面哪个函数是凸函数, 并给出详细的证明. ① $\dfrac{1}{2n}\|\boldsymbol{Y}-\mathbf{X}\boldsymbol{\beta}\|_2^2+\lambda\|\boldsymbol{\beta}\|_0$; ② $\dfrac{1}{2n}\|\boldsymbol{Y}-\mathbf{X}\boldsymbol{\beta}\|_2^2+\lambda\|\boldsymbol{\beta}\|_1$; ③ $\dfrac{1}{2n}\|\boldsymbol{Y}-\mathbf{X}\boldsymbol{\beta}\|_2^2+\lambda\|\boldsymbol{\beta}\|_2^2$. 这里, $\boldsymbol{Y}$ 为 $n \times 1$ 向量, $\mathbf{X}$ 为 $n \times p$ 设计矩阵, $\boldsymbol{\beta}$ 为 $p \times 1$ 回归系数向量.

9. 令 $\lambda \geqslant 0$, 定义如下函数 $S_\lambda(x)$, 即

$$S_\lambda(x)=\begin{cases}x-\lambda, & x>\lambda, \\ 0, & |x| \leqslant \lambda, \\ x+\lambda, & x<-\lambda.\end{cases}$$

证明: 函数 $S_\lambda(x)$ 能重新写成 $S_\lambda(x)=\operatorname{sgn}(x)(|x|-\lambda)_+$, 其中 $\operatorname{sgn}(x)$ 为符号函数, $x_+=\max\{x, 0\}$.

10. 对给定的 z, λ 和 σ, 令目标函数 $Q(\theta|z, \lambda, \sigma)=\dfrac{1}{2\sigma^2}(z-\theta)^2+p_\lambda(|\theta|)$, 其中 $p_\lambda(\cdot)$ 为惩罚函数, $\lambda \geqslant 0$ 为调节参数. 可得 θ 的估计为

$$\widehat{\theta}(z|\lambda, \sigma)=\arg\min_\theta Q(\theta|z, \lambda, \sigma).$$

(1) 考虑 MCP 惩罚函数, 其导数定义为 $p_\lambda'(t)=(\lambda-t/a)_+$, 请求解 θ 的 MCP 估计 $\widehat{\theta}(z|\lambda, \sigma)$.

(2) 讨论当 λ 与 σ 如何变化时, MCP 解满足无偏性, 稀疏性和连续性, 并绘制 MCP 解的路径图.

11. 考虑弹性网惩罚函数 $p_{\lambda_1,\lambda_2}(|\theta|)=\lambda_1|\theta|+\lambda_2\theta^2$, 其中 λ_1 和 λ_2 为非负的调节参数. 对多元线性回归模型 (7.14), 令 $\widehat{\boldsymbol{\beta}}$ 为回归系数向量 $\boldsymbol{\beta}$ 的弹性网估计, 定义为

$$\widehat{\boldsymbol{\beta}}=\arg\min_{\boldsymbol{\beta}} \frac{1}{2n}\|\boldsymbol{Y}-\mathbf{X}\boldsymbol{\beta}\|_2^2+\sum_{j=1}^p p_{\lambda_1,\lambda_2}(|\beta_j|).$$

(1) 证明: 弹性网估计 $\widehat{\boldsymbol{\beta}}$ 是唯一的. (2) 如果 $\lambda_1>\|n^{-1}\mathbf{X}^{\mathrm{T}}\boldsymbol{Y}\|_\infty$, 试证明: $\widehat{\boldsymbol{\beta}}=\mathbf{0}$.

12. 假设极小化下面不等式约束的最小二乘目标函数, 可获得回归系数的估计, 即

$$\sum_{i=1}^n\left(y_i-\beta_0-\sum_{j=1}^p \beta_j x_{ij}\right)^2, \quad \text{s.t.} \quad \sum_{j=1}^p|\beta_j| \leqslant c,$$

其中 $c>0$ 为给定的值. 对以下的陈述进行判断并给出证明.

(1) 随着 c 从 0 开始增加, 训练集 RSS 会: ① 最初增长, 然后开始减小, 图像呈现 U 形; ② 最初减小, 然后开始增加, 图像呈现 U 形; ③ 稳定增长; ④ 稳定减小; ⑤ 保持不变.

(2) 随着 c 从 0 开始增加, 测试集 RSS 的变化呢? 重复 (1) 中的 ①—⑤.

(3) 随着 c 从 0 开始增加, 在训练集和测试集上偏差的平方和方差的变化呢? 重复 (1) 中的 ①—⑤.

(4) 随着 c 从 0 开始增加, 不可约误差的变化呢? 重复 (1) 中的 ①—⑤.

(5) 当约束变成 $\sum_{j=1}^{p}\beta_j^2 \leqslant c$ 时, 即考虑岭回归分析时, 重复 (1)—(4) 中的内容.

13. 对模型 $y_i=\beta_0+\beta_1x_{i1}+\cdots+\beta_px_{ip}+\varepsilon_i$, 其中 $\varepsilon_i\sim N(0,\sigma^2)$, 且 $i=1,\cdots,n$. 试考虑如下问题:

(1) 假设 $\boldsymbol{\beta}:\beta_1,\cdots,\beta_p$ 的先验独立同分布, 且服从均值为 0, 常数项参数为 θ 的双指数分布: $f(\beta_k)=\dfrac{1}{2\theta}\exp(-|\beta_k|/\theta)$, 且 $k=1,\cdots,p$. 请写出在这种情形下 $\boldsymbol{\beta}$ 的后验分布;

(2) 证明 Lasso 对 $\boldsymbol{\beta}$ 的参数估计是 (1) 中后验分布下的众数;

(3) 假设 $\boldsymbol{\beta}:\beta_1,\cdots,\beta_p$ 的先验独立同分布, 且服从均值为 0, 方差为 σ^2 的正态分布. 请写出在这种情形下 $\boldsymbol{\beta}$ 的后验分布;

(4) 证明岭回归对 $\boldsymbol{\beta}$ 的参数估计是 (3) 中后验分布下的均值和众数.

14. 考虑例 1.2 的 Credit 数据, 在程序包 ISLR2 中, 可通过函数 data(Credit) 获取该数据集, 其中包含 400 个样本和 11 个变量. 把该数据集中的变量 Balance 作为响应变量, 其他 10 个变量 (Income, Limit, Rating, Cards, Age, Education, Gender, Student, Married, Ethnicity) 作为协变量. 对四个定性变量 Gender, Student, Married 和 Ethnicity, 考虑哑变量建模, 并考虑如下的回归问题:

(1) 对建立的多元线性回归模型进行回归诊断, 并对结果进行解释;

(2) 考虑多元线性回归模型, 使用函数 step() 对多元线性回归模型进行逐步回归, 并比较 C_p、调整的判定系数 R^2_{adj}、AIC、BIC 和 RIC 等方法, 并对结果进行解释;

(3) 进行岭回归, 通过 10 折 CV (固定种子 set.seed(2022)), 选择最优调节参数 λ, 进一步利用最优调节参数对回归系数进行估计, 并对回归结果进行分析;

(4) 进行 Lasso 回归, 通过 10 折 CV (固定种子 set.seed(2022)), 选择最优调节参数 λ, 进一步利用最优调节参数对回归系数进行估计, 并对回归结果进行分析;

(5) 令 $\alpha=0.5$, 进行弹性网回归, 通过 10 折 CV (固定种子 set.seed(2022)), 选择最优调节参数 λ. 进一步, 使用 for 循环, 令 $\alpha=0,0.1,\cdots,0.9,1$, 并通过 10 折 CV (固定种子 set.seed(2022)), 选择弹性网回归的最优调节参数 α. 最后, 利用最优调节参数对回归系数进行估计, 并对回归结果进行分析;

(6) 使用程序包 glmnet, ncvreg 和 msgps 中的函数对该数据集进行岭回归、Lasso、SCAD、自适应 Lasso 和弹性网等分析, 并针对不同方法所得结果进行分析和比较;

(7) 针对 SCAD 方法中的三种算法: LQA 算法, MM 算法和 LLA 算法, 自己编写程序, 对上述多元线性回归模型进行分析, 并对三种算法所得结果进行比较;

(8) 根据调节参数 λ 的选取准则: GCV 和 BIC, 自己编写程序选择调节参数 λ, 并利用 Lasso 方法和 SCAD 方法对 Credit 数据集进行分析, 对两种调节参数选取方法所得结果进行比较.

15. 在本题中, 通过生成模拟数据集, 进行最优子集选择和变量选择.

(1) 使用函数 rnorm() 分别生成长度为 $n = 100, 200, 400$ 的协变量数据 $\boldsymbol{X}$ 以及长度为 n 的模型误差向量 $\boldsymbol{\varepsilon}$;

(2) 根据如下模型产生长度为 $n = 100, 200, 400$ 的响应变量向量 $\boldsymbol{Y}$, 模型为

$$Y = \beta_0 + \beta_1 X + \beta_2 X^2 + \cdots + \beta_{10} X^{10} + \varepsilon,$$

其中 $\beta_0, \beta_1, \beta_2$ 和 β_3 为非零系数, 可以自己设定, 而系数 $\beta_4, \cdots, \beta_{10}$ 都为 0;

(3) 利用函数 regsubsets() 对数据集进行最优子集选择, 从包含协变量 $X, X^2, \cdots, X^{10}$ 的模型中选出最优的模型. 根据 C_p 准则, BIC 和调整的判定系数 R^2_{adj} 选择最优模型. 此外, 比较随着样本量变大, 观察结果的变化. 进一步, 选择一些图像来展示你的结果, 并给出最优模型的系数估计值;

(4) 使用向前逐步选择算法和向后逐步选择算法, 重复 (3) 中的步骤, 并观察所得结果与 (3) 中结果有何不同?

(5) 使用岭回归、Lasso、SCAD、自适应 Lasso 和弹性网等惩罚方法拟合数据集, 绘制解的路径. 进一步, 使用交叉验证法选择调节参数 λ, 并绘制交叉验证误差图形;

(6) 根据 7.4 节介绍的调节参数 λ 的选取准则: GCV 和 BIC, 自己编写程序选择调节参数 λ, 并利用 Lasso 方法和 SCAD 方法对数据集进行分析, 对两种调节参数选取方法所得结果进行比较.

16. 用函数 attach(Boston) 获取程序包 MASS 中的 Boston 数据集, 该数据集是关于波士顿郊区住房价格数据, 共有 506 个样本, 14 个变量: crim, zn, indus, chas, nox, rm, age, dis, rad, tax, ptratio, black, lstat 和 medv. 试用 Boston 数据集预测 crim (人均犯罪率) 这一变量, 考虑如下问题:

(1) 基于 Boston 数据集, 尝试使用本章所学的几种变量选择方法, 如最优子集选择方法、岭回归、Lasso、SCAD 和弹性网, 给出你所考虑的方法得到的结果并进行分析;

(2) 提出一个在这个数据集上预测效果好的模型, 并证明你的选择. 确保你使用测试集误差、交叉验证或其他合理的方法来评价模型的预测效果, 而不只是使用训练误差来评价模型;

(3) 你是否选择了包含所有协变量的模型? 为什么?

(4) 对给定的一种方法, 当模型中含有多少个协变量时, 测试均方误差取值最小? 解释你的结论.

第 8 章　非参数回归模型

学习目标与要求:

1. 掌握非参数回归模型的估计方法, 包括多项式回归、回归样条、自然样条、光滑样条和局部非参数光滑方法, 以及它们的应用;

2. 掌握广义可加模型的估计方法及应用, 并了解各种半参数回归模型.

在第 3 章介绍了线性回归模型, 然而在实践中, 协变量 $X_1, \cdots, X_p$ 对响应变量 Y 的影响可能是非线性的, 这时用线性回归模型进行拟合时, 则会导致建模偏差. 例如, Tryfos (1998) 提供了一个工资曲线数据, 主要讨论工作经历 (单位: 年) 对工资的影响, Sheather (2009) 也对该数据进行了分析. 如果用一元线性回归模型对数据进行拟合, 图 8.1(a) 提供了数据的散点图和拟合直线, 图 8.1(b) 提供了标准化残差图. 从图中可以看出, 明显工作经历和工资之间是非线性的, 如果用线性回归模型进行建模和分析, 则会产生建模偏差, 并将导致错误的预测结果.

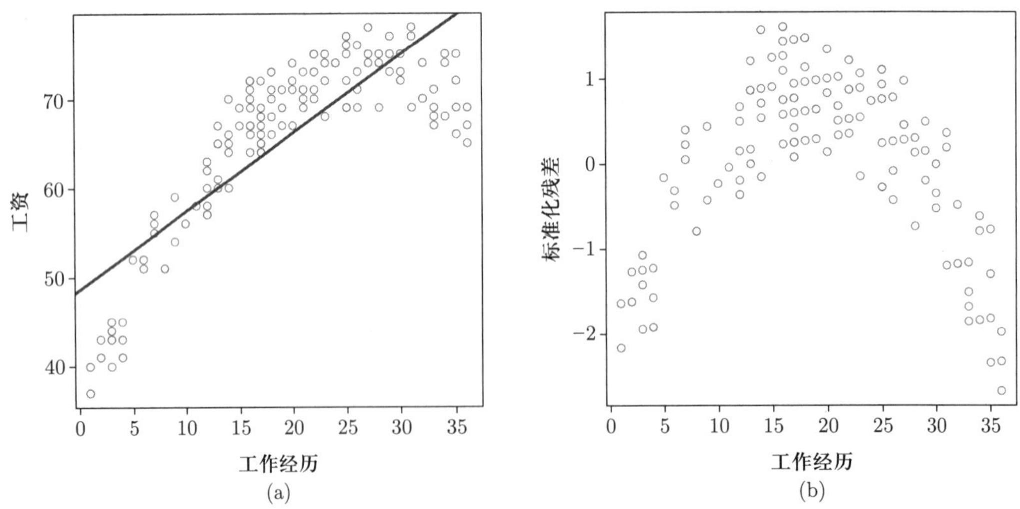

图 8.1　(a) 工资曲线数据的散点图和拟合直线; (b) 标准化残差图

为了放松线性回归模型的假设, 本章考虑更加灵活和更好拟合数据的非参数回归模型. 假设 Y

为响应变量, $\boldsymbol{X}=(X_1,\cdots,X_p)^{\mathrm{T}}$ 为影响 Y 的 p 维协变量向量, 则非参数回归模型的形式为

$$Y=g(\boldsymbol{X})+\varepsilon, \tag{8.1}$$

其中 $g(\boldsymbol{x})=\mathrm{E}(Y|\boldsymbol{X}=\boldsymbol{x})$ 为未知的 p 元回归函数, 通常要求回归函数 $g(\boldsymbol{x})$ 是连续的光滑函数. 此外, ε 为模型误差, 且满足 $\mathrm{E}(\varepsilon|\boldsymbol{X})=0$ 和 $\mathrm{Var}(\varepsilon)=\sigma^2<\infty$.

非参数回归模型 (8.1) 的优点是回归函数 $g(\cdot)$ 的形式任意, 而且模型的假设少, 可以很好地拟合实际数据并减少建模偏差. 但非参数回归模型的缺点是, 当 $\boldsymbol{X}\in\mathbb{R}^p$, 且 $\boldsymbol{X}$ 的维数 p 较高时, 对非参数回归模型进行估计和统计推断时, 会遇到所谓的 "维数灾祸" 问题. 关于非参数回归模型, 更详细的讨论见 Fan 和 Gijbels (1996), Hastie 等 (2009), Li 和 Racine (2007), 薛留根 (2015), 李高荣等 (2016).

在实际应用中, 为了避免 "维数灾祸" 问题, Hastie 和 Tibshirani (1990) 提出了**广义可加模型** (generalized additive models, GAM). 此外, 为了保留参数模型可解释性的优点以及非参数回归模型数据适应性的优点, 同时避免 "维数灾祸" 问题, 统计学者提出并发展了很多半参数回归模型. 例如, 部分线性模型、变系数模型、单指标模型和部分线性单指标模型等, 这些模型已经被广泛应用到了生物学、医学、金融和计量经济学等领域中.

本章首先考虑当维数 $p=1$ 时, 一元非参数回归模型的估计问题, 重点介绍多项式回归、回归样条、自然样条、光滑样条和局部非参数光滑方法. 然后, 简要介绍广义可加模型和半参数回归模型.

§8.1 多项式回归

8.1.1 多项式回归拟合

假设独立同分布的观测样本 $\{(x_i,y_i),i=1,\cdots,n\}$ 来自非参数回归模型, 即满足

$$y_i=g(x_i)+\varepsilon_i,\qquad i=1,\cdots,n, \tag{8.2}$$

其中 $g(\cdot)$ 是一元未知的连续光滑函数, ε_i 是模型误差, 且满足 $\mathrm{E}(\varepsilon_i)=0$ 和 $\mathrm{Var}(\varepsilon_i)=\sigma^2$.

为了克服线性回归模型的缺点, 更好拟合数据, 可用 d 阶多项式函数逼近回归函数 $g(\cdot)$, 即

$$g(x_i)\approx\beta_0+\beta_1x_i+\beta_2x_i^2+\cdots+\beta_dx_i^d,\quad i=1,\cdots,n,$$

其中 $1,x,x^2,\cdots,x^d$ 称为**多项式基函数**. 这时, 非参数回归模型 (8.2) 可写为如下的多项式回归模型

$$y_i\approx\beta_0+\beta_1x_i+\beta_2x_i^2+\cdots+\beta_dx_i^d+\varepsilon_i,\qquad i=1,\cdots,n, \tag{8.3}$$

其中 $x_i,x_i^2,\cdots,x_i^d$ 可视为 d 维协变量, $\boldsymbol{\beta}=(\beta_0,\beta_1,\cdots,\beta_d)^{\mathrm{T}}$ 可视为 $d+1$ 维的未知待估参数向量. 把这种多项式逼近的估计方法称为**多项式回归方法**. 模型 (8.3) 可看成一个多元线性回归模型, 并用最小二乘方法对模型进行拟合. 令

$$\mathbf{X}_d=\begin{pmatrix}1 & x_1 & x_1^2 & \cdots & x_1^d\\ \vdots & \vdots & \vdots & & \vdots\\ 1 & x_n & x_n^2 & \cdots & x_n^d\end{pmatrix},\qquad \boldsymbol{Y}=\begin{pmatrix}y_1\\ \vdots\\ y_n\end{pmatrix}.$$

利用最小二乘方法得到参数向量 $\boldsymbol{\beta}$ 的最小二乘估计 $\widehat{\boldsymbol{\beta}}=(\widehat{\beta}_0,\widehat{\beta}_1,\cdots,\widehat{\beta}_d)^{\mathrm{T}}=(\mathbf{X}_d^{\mathrm{T}}\mathbf{X}_d)^{-1}\mathbf{X}_d^{\mathrm{T}}\boldsymbol{Y}$ 后,可得回归函数 $g(x)$ 的估计为

$$\widehat{g}(x)=\widehat{\beta}_0+\widehat{\beta}_1x+\cdots+\widehat{\beta}_dx^d.$$

下面对 Tryfos (1998) 提供的工资曲线数据进行多项式回归分析. 从图 8.1 可知, 用一元线性回归模型对工资曲线数据进行拟合时, 不能很好捕捉数据的非线性关系. 首先, 利用程序包 boot 中的函数 cv.glm() 确定多项式的阶数 d, 设参数 $K=10$, 即采用 10 折 CV 方法.

```
library(boot)
profsalary = read.table("profsalary.txt", header = TRUE)
attach(profsalary)
set.seed(2022)
cv.error = rep(0, 10)
for (i in 1:10){
  glm.fit = glm(Salary ~ poly(Experience, i), data = profsalary)
  cv.error[i] = cv.glm(profsalary, glm.fit, K = 10)$delta[1]
}
> cv.error
 [1] 34.928993  7.983186  8.315825  8.347045  8.410880  8.538516
 [7] 9.533102   8.925294  8.254533  8.763390
```

从上面的输出结果可以看出, 当 $d=2$ 时, CV 误差达到了最小. 因此, 可用二阶多项式回归对数据进行拟合.

其次, 用函数 poly() 进行多项式逼近, 再用函数 lm() 拟合阶数为 $d=2$ 的多项式回归模型, 其中函数 poly() 中的参数为 raw, 如果 raw 缺省, 表示用正交多项式基函数进行逼近, 如果 raw=TRUE, 表示用非正交多项式基函数进行逼近. 从下面的结果可以看出, 参数 raw 是否缺省尽管影响系数的估计, 但是从两者之间预测误差之差的最大绝对误差 2.84×10^{-14} 可知, 并不影响拟合和预测的结果.

```
fit2 = lm(Salary ~ poly(Experience, 2))
> coef(summary(fit2))
                     Estimate Std. Error   t value      Pr(>|t|)
(Intercept)          65.16783  0.2355922 276.61285 1.379597e-193
poly(Experience,2)1  99.81446  2.8172731  35.42946  8.997415e-72
poly(Experience,2)2 -60.64538  2.8172731 -21.52627  2.965469e-46
fit2.raw = lm(Salary ~ poly(Experience, 2, raw = TRUE))
> coef(summary(fit2.raw))
                     Estimate      Std. Error    t value      Pr(>|t|)
```

```
(Intercept)            34.72049839 0.828723944  41.89634 4.324890e-81
poly(Experience,2)1  2.87227465  0.095696566  30.01440 7.419552e-63
poly(Experience,2)2 -0.05331609  0.002476792 -21.52627 2.965469e-46
## 绘制拟合曲线和 95% 置信带
x.lims = range(Experience)
x.grid = seq(from = x.lims[1], to = x.lims[2])
preds = predict(fit2, newdata=list(Experience=x.grid), se = TRUE)
se.bands = cbind(preds$fit+2*preds$se.fit,preds$fit-2*preds$se.fit)
plot(Experience, Salary, xlim = x.lims, cex = .5, col = "red")
lines(x.grid, preds$fit, lwd = 2, col = "blue")
matlines(x.grid, se.bands, lwd = 1.5, col = "blue", lty = 4)
## 判断正交基和非正交基的拟合效果，比较两者的预测误差之差
preds2=predict(fit2.raw, newdata=list(Experience=x.grid), se=TRUE)
> max(abs(preds$fit - preds2$fit))
[1] 2.842171e-14
```

最后, 上面程序也提供了工资关于工作经历的 $d=2$ 阶多项式回归拟合曲线, 以及距离拟合曲线两倍标准误差的曲线, 见图 8.2(a). 取两倍标准误差是因为对于正态分布的误差项而言, 这个值对应的大约是 95% 的置信带. 为了比较, 图 8.2(b) 提供了工资关于工作经历的 $d=12$ 阶多项式回归拟合曲线和 95% 置信带, 为了节省篇幅, 程序省略. 从图 8.2 可以看到, 当 $d=2$ 时, 多项式回归模型有很好的拟合效果, 当多项式阶数变成 $d=12$ 时, 拟合曲线变得曲折, 明显有过拟合现象.

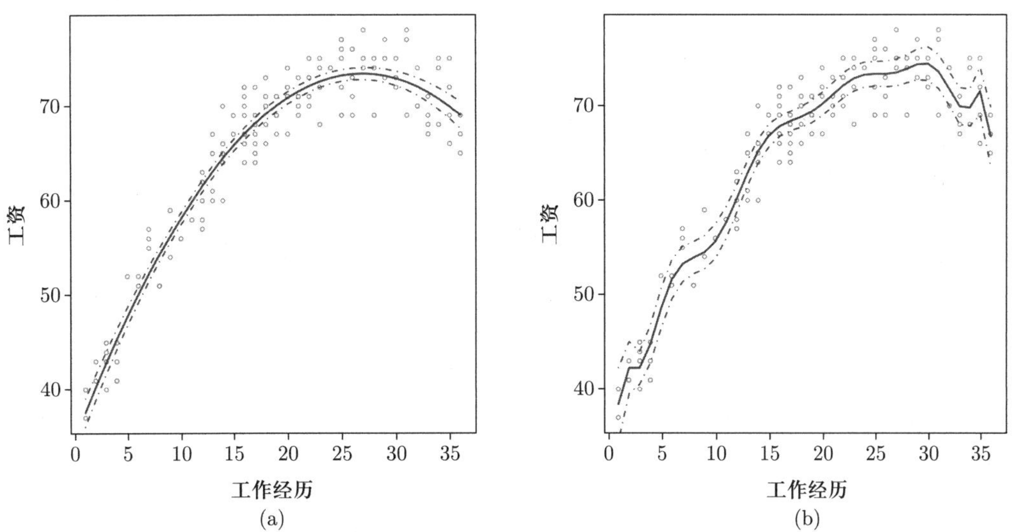

图 8.2 工资曲线数据的散点图, 拟合曲线和 95% 置信带. (a) 蓝色实线表示工资关于工作经历的 $d=2$ 阶多项式回归拟合曲线, 虚线表示 95% 置信带; (b) 蓝色实线表示工资关于工作经历的 $d=12$ 阶多项式回归拟合曲线, 虚线表示 95% 置信带

多项式阶 d 的选择一般不宜太大, 如果 d 太大, 将导致过拟合现象, 即偏差小, 而方差大, 见图 8.2(b). 如果 d 太小, 将导致欠拟合现象, 即偏差大, 而方差小, 见图 8.1(a). 通常通过平衡偏差和方差, 获得最优的多项式阶 d, 具体可采用第 4 章提出的 LOOCV、GCV 或 k 折 CV 等数据驱动方法进行选取.

8.1.2　分段多项式回归拟合

多项式回归是一个全局逼近的非参数回归模型的估计方法, 对具有局部特征的非线性数据, 多项式回归不是很灵活, 难以很好地拟合高度复杂的非线性数据. 下面介绍**分段多项式回归方法**.

不失一般性, 假设协变量 X 的支撑集为 $[0,1]$, 存在 K 个点 $\{\xi_k\}_{k=1}^K$, 满足 $0=\xi_0<\xi_1<\cdots<\xi_K<\xi_{K+1}=1$, 把协变量 X 的支撑集 $[0,1]$ 分为 $K+1$ 个区间: $[\xi_0,\xi_1],(\xi_1,\xi_2],\cdots,(\xi_K,\xi_{K+1}]$, 其中 $\xi_0=0$ 和 $\xi_{K+1}=1$. 在每个区间上用 d 阶的多项式回归拟合数据, 即

$$y_i=\begin{cases}\beta_{00}+\beta_{10}x_i+\beta_{20}x_i^2+\cdots+\beta_{d0}x_i^d+\varepsilon_i, & x_i\in[0,\xi_1],\\ \beta_{01}+\beta_{11}x_i+\beta_{21}x_i^2+\cdots+\beta_{d1}x_i^d+\varepsilon_i, & x_i\in(\xi_1,\xi_2],\\ \cdots\cdots\cdots\cdots & \\ \beta_{0K}+\beta_{1K}x_i+\beta_{2K}x_i^2+\cdots+\beta_{dK}x_i^d+\varepsilon_i, & x_i\in(\xi_K,1],\end{cases}\qquad i=1,\cdots,n. \tag{8.4}$$

这里, $\boldsymbol{\beta}_{(k)}=(\beta_{0k},\beta_{1k},\cdots,\beta_{dk})^{\mathrm{T}}$ 是区间 $(\xi_k,\xi_{k+1}]$ 内 d 阶多项式模型的 $d+1$ 维未知参数向量, 且 $k=0,1,\cdots,K$. 明显, 在每个区间内, 参数向量 $\boldsymbol{\beta}_{(k)}$ 都不相同. 因此, 把系数发生变化的临界点称为**节点** (knot), 故 $\xi_1,\cdots,\xi_K$ 为节点. 模型 (8.4) 中需要估计 $(K+1)\times(d+1)$ 个参数, 所以总共使用了 $(K+1)\times(d+1)$ 个自由度构建分段多项式回归模型.

例如, 考虑程序包 faraway 中的 exa 数据, 该数据集包含 256 个样本, 是来自于模型 $Y=\sin^3(2\pi X^3)+\varepsilon$ 的模拟数据, 真实的回归函数为 $g(x)=\sin^3(2\pi x^3)$, 见图 8.3 中的红色曲线. 图 8.3(a) 提供了真实曲线和四阶分段多项式回归拟合曲线, 其中节点为 $x=0.62$ 和 $x=0.9$, 拟合的

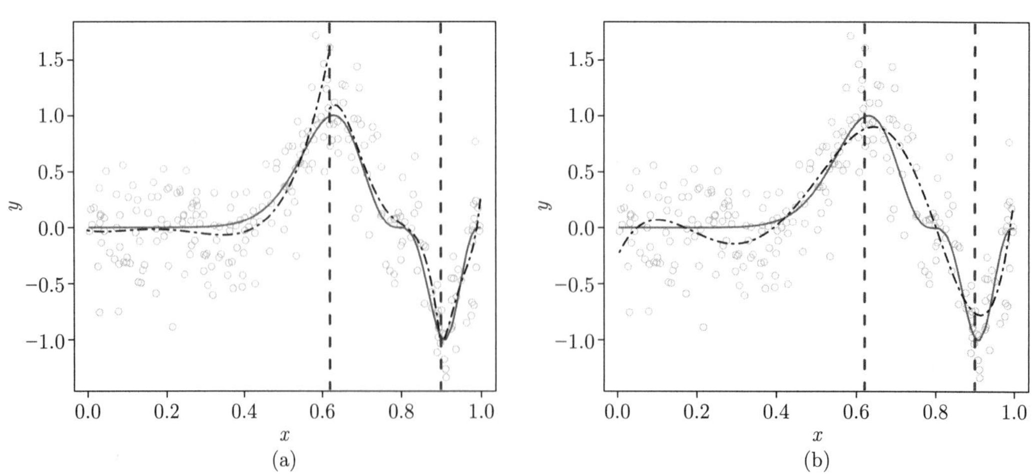

图 8.3　程序包 faraway 中 exa 数据的拟合, 真实的回归函数为 $g(x)=\sin^3(2\pi x^3)$. (a) 红色实线表示真实曲线, 蓝色点断线表示在 3 个区间上的四阶分段多项式回归拟合曲线, 节点取 $x=0.62$ 和 $x=0.9$; (b) 红色实线表示真实曲线, 蓝色点断线表示具有约束的拟合曲线, 限定四阶多项式在节点 $x=0.62$ 和 $x=0.9$ 处连续光滑, 且一阶导数、二阶导数和三阶导数都存在的四次多项式

自由度为 15. 尽管分段多项式回归在三个区间上有好的拟合效果, 但是在节点 $x=0.62$ 和 $x=0.9$ 处并不连续. 为了解决四阶分段多项式回归拟合曲线在节点处不连续的问题, 可在节点 $x=0.62$ 和 $x=0.9$ 处添加额外的限制, 要求分段多项式在节点处的一阶导数、二阶导数和三阶导数都是连续的, 并且要求分段多项式函数在节点处不仅是连续的, 而且是光滑的. 在节点 $x=0.62$ 和 $x=0.9$ 处进行限制后, 图 8.3(b) 提供了具有约束的拟合曲线, 所得拟合曲线在节点处是连续和光滑的, 该模型只有 7 个自由度, 比分段多项式回归减少了 8 个自由度.

为了解决分段多项式回归方法在节点处不连续的问题, 下面介绍回归样条、自然样条、光滑样条和局部非参数光滑方法等.

§8.2 回归样条

8.2.1 d 阶回归样条

不失一般性, 假设协变量 X 的支撑集为 $[0,1]$, 存在 K 个节点 $\{\xi_k\}_{k=1}^K$ 满足 $0=\xi_0<\xi_1<\cdots<\xi_K<\xi_{K+1}=1$, 把支撑集 $[0,1]$ 分为 $K+1$ 个区间: $[\xi_0,\xi_1],(\xi_1,\xi_2],\cdots,(\xi_K,\xi_{K+1}]$, 其中 $\xi_0=0$ 和 $\xi_{K+1}=1$. 回归样条的思想是: 用 d 阶样条函数逼近未知的回归函数 $g(x)$, 它对每一个区间 $(\xi_k,\xi_{k+1}](k=0,\cdots,K)$ 为 $d-1$ 次连续可微函数, 在节点 $\{\xi_k\}_{k=1}^K$ 处只存在前 $d-1$ 阶导数, 而不存在 d 阶导数.

为了定义回归样条, 首先给出具有 K 个节点 $\xi_1,\cdots,\xi_K$ 的**样条基函数**

$$b_0(x)=1,\ b_1(x)=x,\ b_2(x)=x^2,\ \cdots,\ b_d(x)=x^d,$$

$$b_{d+1}(x)=(x-\xi_1)_+^d,\ \cdots,\ b_{d+K}(x)=(x-\xi_K)_+^d,$$

其中

$$(x-\xi)_+^d=\begin{cases}(x-\xi)^d, & x>\xi,\\ 0, & \text{否则}\end{cases}$$

称为**截断幂基函数** (truncated power basis function). 由上面样条基函数, 回归函数 $g(x)$ 能被逼近为

$$\begin{aligned}g(x)&\approx\beta_0+\beta_1b_1(x)+\cdots+\beta_db_d(x)+\beta_{d+1}b_{d+1}(x)+\cdots+\beta_{d+K}b_{d+K}(x)\\&=\sum_{s=0}^d\beta_sx^s+\sum_{k=1}^K\beta_{d+k}(x-\xi_k)_+^d,\end{aligned}\tag{8.5}$$

其中 $\beta_0,\beta_1,\cdots,\beta_{d+K}$ 为 $K+d+1$ 个未知参数. 把式 (8.5) 称为具有 K 个节点 $\xi_1,\cdots,\xi_K$ 的 d 阶**回归样条**. 对任意一个子区间 $(\xi_k,\xi_{k+1}]$, d 阶回归样条为下面的 d 阶多项式函数

$$g(x)\approx\sum_{s=0}^d\beta_sx^s+\sum_{l=1}^k\beta_{d+k}(x-\xi_l)_+^d,\qquad k=1,\cdots,K.$$

对 $k=1,\cdots,K$, 有

$$g^{(d)}(\xi_k-) = d!\left(\beta_d + \sum_{l=1}^{k-1}\beta_{d+l}\right), \qquad g^{(d)}(\xi_k+) = d!\left(\beta_d + \sum_{l=1}^{k}\beta_{d+l}\right).$$

因此, 有

$$g^{(d)}(\xi_k+) - g^{(d)}(\xi_k-) = d!\beta_{d+k}.$$

由此可见, $g^{(d)}(x)$ 在节点 ξ_k 处有一个跳跃 $d!\beta_{d+k}$, 且第 k 个截断幂基函数的系数 β_{d+k} 表示跳跃的大小 (乘以 $d!$), 其中 $k=1,\cdots,K$. 综上所述, 具有 K 个节点 $\xi_1,\cdots,\xi_K$ 的 d 阶回归样条有连续的 $d-1$ 阶导数, 但是 d 阶导数不连续. 这时, 回归函数 $g(x)$ 能够被 d 次样条基函数逼近, 并且非参数回归模型 (8.2) 可写为

$$y_i \approx \underbrace{\beta_0 + \beta_1 b_1(x_i) + \cdots + \beta_d b_d(x_i) + \beta_{d+1} b_{d+1}(x_i) + \cdots + \beta_{d+K} b_{d+K}(x_i)}_{\approx g(x_i)} + \varepsilon_i, \tag{8.6}$$

其中 $i=1,\cdots,n$. 模型 (8.6) 变为多元线性回归模型, 可用最小二乘方法得到 $K+d+1$ 维参数向量 $\boldsymbol{\beta}=(\beta_0,\beta_1,\cdots,\beta_{d+K})^{\mathrm{T}}$ 的估计, 记为 $\widehat{\boldsymbol{\beta}}=(\widehat{\beta}_0,\widehat{\beta}_1,\cdots,\widehat{\beta}_{d+K})^{\mathrm{T}}$. 可知, 具有 K 个节点的 d 阶回归样条, 需要在 $K+1$ 个区间上共估计 $(K+1)(d+1)$ 个参数, 为了保证在每个节点上连续光滑, 并且前 $d-1$ 阶导数连续, 则在每个节点上需要施加 d 个约束. 因此, 具有 K 个节点的 d 阶回归样条的自由度为 $(K+1)(d+1)-Kd=K+d+1$, 且该自由度度量了回归样条模型的复杂度. 进一步, 可得回归函数 $g(x)$ 的估计为

$$\widehat{g}(x) = \widehat{\beta}_0 + \widehat{\beta}_1 b_1(x) + \cdots + \widehat{\beta}_d b_d(x) + \widehat{\beta}_{d+1} b_{d+1}(x) + \cdots + \widehat{\beta}_{d+K} b_{d+K}(x).$$

当 $d=1$ 时, 称为**线性样条**; $d=2$ 时, 称为**二次样条**; $d=3$ 时, 称为**三次样条**或**立方样条**. 为了更好理解回归样条, 下面就具有两个节点的线性样条和三次样条进行详细介绍.

8.2.2 线性样条

假设存在两个节点 ξ_1 和 ξ_2, 把区间 $[0,1]$ 分成三个区间: $[0,\xi_1],(\xi_1,\xi_2]$ 和 $(\xi_2,1]$. 假设在 $[0,\xi_1]$ 上, 回归函数 $g(x)$ 可用连续的分段线性函数 $l(x)$ 进行逼近, 即

$$l(x) = \beta_0 + \beta_1 x, \qquad x \in [0,\xi_1].$$

既然要求 $l(x)$ 在节点 ξ_1 处必须连续, 在区间 $[\xi_1,\xi_2)$ 上新增一个线性函数, 满足在节点 ξ_1 处的截距为 0, 则有

$$l(x) = \beta_0 + \beta_1 x + \beta_2(x-\xi_1)_+, \qquad x \in [\xi_1,\xi_2).$$

由截断幂基函数的定义, 可知当 $0 \leqslant x \leqslant \xi_1$ 时, $l(x)=\beta_0+\beta_1 x$; 当 $\xi_1 < x \leqslant \xi_2$ 时, $l(x)=(\beta_0-\beta_2\xi_1)+(\beta_1+\beta_2)x$. 进一步, 在区间 $(\xi_2,1]$ 上, 有

$$l(x) = \beta_0 + \beta_1 x + \beta_2(x-\xi_1)_+ + \beta_3(x-\xi_2)_+, \qquad x \in (\xi_2,1].$$

当 $x \leqslant \xi_2$ 时, $l(x)=(\beta_0-\beta_2\xi_1)+(\beta_1+\beta_2)x$; 当 $\xi_2 < x \leqslant 1$ 时, $l(x)=(\beta_0-\beta_2\xi_1-\beta_3\xi_2)+(\beta_1+\beta_2+\beta_3)x$. 明显可见, $l(x)$ 在节点 ξ_1 和 ξ_2 处具有连续性, 但是在不同区间内, $l(x)$ 有不同的截距项和斜率. 这时, 线性样条基函数定义为

$$b_0(x)=1,\quad b_1(x)=x,\quad b_2(x)=(x-\xi_1)_+,\quad b_3(x)=(x-\xi_2)_+.$$

因此, 可用线性样条基函数逼近非参数回归模型, 即

$$y_i\approx\underbrace{\beta_0+\beta_1b_1(x_i)+\beta_2b_2(x_i)+\beta_3b_3(x_i)}_{\approx g(x_i)}+\varepsilon_i,\qquad i=1,\cdots,n.$$

令 $\boldsymbol{\beta}=(\beta_0,\beta_1,\beta_2,\beta_3)^{\mathrm{T}}$, $\mathbf{B}_1$ 为 $n\times4$ 的设计矩阵、$\boldsymbol{Y}$ 为 $n\times1$ 向量, 即

$$\mathbf{B}_1=\begin{pmatrix}1 & x_1 & (x_1-\xi_1)_+ & (x_1-\xi_2)_+\\ \vdots & \vdots & \vdots & \vdots\\ 1 & x_n & (x_n-\xi_1)_+ & (x_n-\xi_2)_+\end{pmatrix},\qquad \boldsymbol{Y}=\begin{pmatrix}y_1\\ \vdots\\ y_n\end{pmatrix}.$$

可得回归函数 $g(\cdot)$ 的估计为

$$\widehat{g}(x)=\widehat{\beta}_0+\widehat{\beta}_1x+\widehat{\beta}_2(x-\xi_1)_++\widehat{\beta}_3(x-\xi_2)_+,$$

其中 $\widehat{\boldsymbol{\beta}}=(\mathbf{B}_1^{\mathrm{T}}\mathbf{B}_1)^{-1}\mathbf{B}_1^{\mathrm{T}}\boldsymbol{Y}$ 为 $\boldsymbol{\beta}$ 的最小二乘估计. 具有 $K=2$ 个节点的线性样条的自由度为 4, 上面的线性样条可以推广到多个节点的情形.

8.2.3 三次样条

假设存在两个节点 ξ_1 和 ξ_2, 把区间 $[0,1]$ 分成三个区间: $[0,\xi_1],(\xi_1,\xi_2]$ 和 $(\xi_2,1]$. 假设在 $[0,\xi_1]$ 上, 回归函数 $g(x)$ 可用连续的分段三阶多项式函数 $c(x)$ 进行逼近, 即

$$c(x)=\beta_0+\beta_1x+\beta_2x^2+\beta_3x^3,\qquad x\in[0,\xi_1].$$

类似地, 在区间 $(\xi_1,\xi_2]$ 上, 新增一个三次函数, 即

$$c(x)=\beta_0+\beta_1x+\beta_2x^2+\beta_3x^3+\beta_4(x-\xi_1)_+^3,$$

其中 $(x-\xi_1)_+^3$ 为截断幂基函数, 并且 $\beta_4(x-\xi_1)_+^3$ 在节点 $x=\xi_1$ 处, 一阶导数和二阶导数为 0. 类似地, 在区间 $[\xi_2,1]$ 上, 有

$$c(x)=\beta_0+\beta_1x+\beta_2x^2+\beta_3x^3+\beta_4(x-\xi_1)_+^3+\beta_5(x-\xi_2)_+^3,\qquad x\in[\xi_2,1].$$

具有节点 ξ_1 和 ξ_2 的三次样条函数 $c(x)$ 有连续的一阶导数和二阶导数, 在节点处连续, 但是三阶导数不连续. 这时, 三次样条基函数定义为

$$b_0(x)=1,\ \ b_1(x)=x,\ \ b_2(x)=x^2,\ \ b_3(x)=x^3,\ \ b_4(x)=(x-\xi_1)_+^3,\ \ b_5(x)=(x-\xi_2)_+^3.$$

因此, 可以用三次样条基函数逼近非参数回归模型, 即

$$y_i\approx\underbrace{\beta_0+\beta_1b_1(x_i)+\beta_2b_2(x_i)+\beta_3b_3(x_i)+\beta_4b_4(x_i)+\beta_5b_5(x_i)}_{\approx g(x_i)}+\varepsilon_i,\qquad i=1,\cdots,n.$$

令 $\boldsymbol{\beta}=(\beta_0,\beta_1,\cdots,\beta_5)^{\mathrm{T}}$, $\mathbf{B}_2$ 为 $n\times6$ 的设计矩阵、$\boldsymbol{Y}$ 为 $n\times1$ 向量, 即

$$\mathbf{B}_2 = \begin{pmatrix} 1 & x_1 & x_1^2 & x_1^3 & (x_1-\xi_1)_+^3 & (x_1-\xi_2)_+^3 \\ \vdots & \vdots & \vdots & \vdots & \vdots & \vdots \\ 1 & x_n & x_n^2 & x_n^3 & (x_n-\xi_1)_+^3 & (x_n-\xi_2)_+^3 \end{pmatrix}, \quad \boldsymbol{Y} = \begin{pmatrix} y_1 \\ \vdots \\ y_n \end{pmatrix}.$$

这时, 回归函数 $g(x)$ 的估计为

$$\widehat{g}(x) = \widehat{\beta}_0 + \widehat{\beta}_1 b_1(x) + \widehat{\beta}_2 b_2(x) + \widehat{\beta}_3 b_3(x) + \widehat{\beta}_4 b_4(x) + \widehat{\beta}_5 b_5(x),$$

其中 $\widehat{\boldsymbol{\beta}} = (\mathbf{B}_2^{\mathrm{T}}\mathbf{B}_2)^{-1}\mathbf{B}_2^{\mathrm{T}}\boldsymbol{Y}$ 为 $\boldsymbol{\beta}$ 的最小二乘估计. 因此, 拟合具有两个节点的三次样条共需要 6 个自由度.

一般情况下, 考虑 K 个节点 $\xi_1, \cdots, \xi_K$, 则三次样条的基函数为

$$b_0(x) = 1, \quad b_1(x) = x, \quad b_2(x) = x^2, \quad b_3(x) = x^3,$$

$$b_4(x) = (x-\xi_1)_+^3, \quad \cdots, \quad b_{K+3}(x) = (x-\xi_K)_+^3.$$

这时, 非参数函数 $g(x)$ 能够被三次样条基函数逼近, 则

$$y_i \approx \beta_0 + \beta_1 b_1(x_i) + \cdots + \beta_{K+3} b_{K+3}(x_i) + \varepsilon_i, \qquad i = 1, \cdots, n. \tag{8.7}$$

同样, 模型 (8.7) 变为多元线性回归模型, 可用最小二乘方法估计模型中的 $K+4$ 维参数向量 $\boldsymbol{\beta} = (\beta_0, \cdots, \beta_{K+3})^{\mathrm{T}}$, 最小二乘估计记为 $\widehat{\boldsymbol{\beta}} = (\widehat{\beta}_0, \cdots, \widehat{\beta}_{K+3})^{\mathrm{T}}$. 因此, 拟合具有 K 个节点的三次样条共需要 $K+4$ 个自由度. 这时, 回归函数 $g(x)$ 的估计为

$$\widehat{g}(x) = \widehat{\beta}_0 + \widehat{\beta}_1 b_1(x) + \cdots + \widehat{\beta}_{K+3} b_{K+3}(x).$$

8.2.4 自然三次样条

自然三次样条是具有约束的三次回归样条的一个特殊情况, 自然三次样条用 $\mathrm{NC}(x)$ 表示, 考虑 K 个节点 $\xi_1, \cdots, \xi_K$, 由三次回归样条, 有

$$\mathrm{NC}(x) = \beta_0 + \beta_1 x + \beta_2 x^2 + \beta_3 x^3 + \sum_{k=1}^{K} \beta_{3+k}(x-\xi_k)_+^3.$$

自然三次样条主要是限制在区间 $[0, \xi_1]$ 和 $(\xi_K, 1]$, 自然三次样条函数 $\mathrm{NC}(x)$ 是线性的. 首先, 当 $0 \leqslant x \leqslant \xi_1$ 时, $\mathrm{NC}(x)$ 是线性的, 即要求 $\beta_2 = \beta_3 = 0$. 其次, 当 $\xi_K < x \leqslant 1$ 时, $\mathrm{NC}(x)$ 是线性的, 除了要求 $\beta_2 = \beta_3 = 0$, 还要求 $\sum\limits_{k=1}^{K} \beta_{3+k}(x-\xi_k)^3$ 中的二次项和三次项系数为 0, 即

$$\sum_{k=1}^{K} \beta_{3+k} = 0, \qquad \sum_{k=1}^{K} \xi_k \beta_{3+k} = 0.$$

在满足上面要求时, 可得自然三次样条的基函数为

$$b_0(x) = 1, \quad b_1(x) = x, \quad b_{k+1}(x) = \frac{(x-\xi_k)_+^3 - (x-\xi_K)_+^3}{\xi_K - \xi_k} - \frac{(x-\xi_{K-1})_+^3 - (x-\xi_K)_+^3}{\xi_K - \xi_{K-1}}, \tag{8.8}$$

其中 $k=1,\cdots,K-2$. 这时, 自然三次样条函数为

$$\mathrm{NC}(x)=\sum_{k=0}^{K-1}\beta_k b_k(x),$$

其中 $\boldsymbol{\beta}=(\beta_0,\cdots,\beta_{K-1})^{\mathrm{T}}$ 为 K 维的未知参数向量. 进一步, 非参数回归模型能够被自然三次样条基函数逼近, 即

$$y_i\approx\sum_{k=0}^{K-1}\beta_k b_k(x_i)+\varepsilon_i,\qquad i=1,\cdots,n.$$

同样, 可用最小二乘方法估计模型中的 K 维参数向量 $\boldsymbol{\beta}=(\beta_0,\cdots,\beta_{K-1})^{\mathrm{T}}$. 因此, 拟合具有 K 个节点的自然三次样条共需要 K 个自由度, 度量了自然三次样条模型的复杂度.

8.2.5 节点个数和位置的选择

在数据拟合时, 当 d 太大时, 将产生灵活的模型, 并容易出现过拟合, 导致偏差小, 而方差大; 当 d 太小时, 容易导致欠拟合, 使得偏差大, 而方差小. 在实际应用中, 通常采用三次样条对数据进行拟合. 因此, 阶数 d 的选择并不是关键问题. 当然, 可采用第 4 章介绍的数据驱动方法选取最优的阶数 d.

关键的问题是如何确定节点的个数和位置? 如果节点太多, 拟合的曲线将变得非常曲折, 同样会产生过拟合问题, 即导致偏差小, 而方差大. 如果随着节点个数减少, 回归样条估计的方差随之变小, 但是偏差变大, 则拟合的曲线将变得光滑和平稳. 回归样条方法对节点个数 K 和位置的选择是敏感的, 下面介绍三种确定节点个数和位置的常用方法.

1. 等间距方法

等间距方法是在协变量 X 的支撑集 $[0,1]$ 上取等间距的 K 个点作为节点, 即

$$\xi_k=\frac{1}{K+1}k,\qquad k=1,\cdots,K.$$

在实际应用中, 通常把节点放在曲率变化比较大的位置上. 可使用节点删除法选取节点, 设 $\xi_1,\cdots,\xi_K$ 是在节点选择过程中可以删除的初始等间距节点, 其中节点数 K 通常取为 $\lfloor n/2\rfloor$ 或 $\lfloor n/3\rfloor$, 其中 $\lfloor a\rfloor$ 表示不超过 a 的最大正整数. 为了确定节点的个数, 可以删除具有最小绝对 t 值 $|\widehat{\beta}_{d+k}|/\mathrm{SE}(\widehat{\beta}_{d+k})(1\leqslant k\leqslant K)$ 的第 $k_0(1\leqslant k_0\leqslant K)$ 个节点, 其中 $\widehat{\beta}_{d+k}$ 为第 k 个节点截断幂基函数 $(x-\xi_k)_+^3$ 对应的系数估计, $\mathrm{SE}(\widehat{\beta}_{d+k})$ 为 $\widehat{\beta}_{d+k}$ 的标准误差, d 为多项式的阶数, 通常取 $d=3$. 每次删除一个节点, 重复上述删除过程. 可获得一系列由 $k(0\leqslant k\leqslant K)$ 表示的模型: 第 k 个模型包含具有残差平方和 RSS_k 的 $d+K-k$ 个自由参数. 这时, 可用 C_p、AIC 或 BIC 等信息准则选取最优节点的个数. 因此, 可极小化下面修正的信息准则获得节点个数

$$\mathrm{IC}(k)=\mathrm{RSS}_k+\lambda(d+K-k)\widehat{\sigma}^2,$$

其中 $\lambda>0$ 是调节参数, $\widehat{\sigma}^2$ 是基于全模型 σ^2 的无偏估计. 对三次回归样条方法而言, 全模型是指拟合自由度为 $K+4$ 的模型. 选取的最优节点数记为 $\widehat{k}=\arg\min\limits_k \mathrm{IC}(k)$. 最后, 把第 $\widehat{k}$ 个模型中涉及的节点用到最后的样条建模中, 最终完成节点的选取过程.

2. 等间距样本分位数方法

令 $x_{(1)},\cdots,x_{(n)}$ 表示样本 $x_1,\cdots,x_n$ 的次序统计量, 则 K 个节点定义为

$$\xi_k = x_{(1+[kn/(K+1)])}, \qquad k=1,\cdots,K,$$

其中 $[a]$ 表示 a 的整数部分. 等间距样本分位数方法是数据自适应的, 它会自动选取更多的节点在数据比较集中的位置. 当样本点均匀分布时, 等间距样本分位数方法近似等价于等间距方法. 对于节点的个数选择, 类似可采用上述提出的节点删除法和信息准则法.

3. 变量选择方法

首先, 使用等间距方法或等间距样本分位数方法选取更多的节点, 作为候选的节点. 这时, 对节点的检测等价于对截断幂基函数进行检测, 同时也等价于第 7 章介绍的变量选择问题. 然后, 再采用第 7 章介绍的惩罚变量选择方法同时选取节点个数和位置. 例如, 对具有 K 个候选节点的三次回归样条模型 (8.7), 考虑如下的惩罚最小二乘目标函数

$$\frac{1}{2n}\sum_{i=1}^{n}[y_i-\beta_0-\beta_1 b_1(x_i)-\cdots-\beta_{K+3}b_{K+3}(x_i)]^2+\sum_{k=1}^{K}p_\lambda(|\beta_{k+3}|),$$

其中 $p_\lambda(\cdot)$ 是惩罚函数, λ 是非负的调节参数. 在上面惩罚最小二乘目标函数中, 仅对带有节点 $\xi_1,\cdots,\xi_K$ 的截断幂基函数所对应的系数进行惩罚. 因此, 当估计 $\widehat{\beta}_{k+3}\neq 0$ 时, 则表示第 k 个节点 ξ_k 应该用到最后的样条建模中.

变量选择方法可以同时确定节点的个数和位置, 而对于等间距方法和等间距样本分位数方法, 确定节点位置后, 再用删除法和信息准则法确定最优节点个数 $\widehat{k}$. 在实际应用中, 可通过平衡偏差和方差, 首先确定需要的自由度, 然后依靠软件自动在数据的均匀分位数上设置相应个数的节点. 实际应用中, 同样使用第 4 章学过的 GCV、LOOCV 和 k 折 CV 等数据驱动方法对节点个数和位置进行选取.

8.2.6 案例分析与应用

R 语言中的程序包 splines 提供了拟合回归样条和自然样条的函数, 函数 bs() 能产生针对给定节点的所有样条基函数的矩阵, 默认为三次样条. 函数 ns() 产生自然样条基函数的矩阵.

```
bs(x, df = NULL, knots = NULL, degree = 3, intercept = FALSE,
   Boundary.knots = range(x))
ns(x, df = NULL, knots = NULL, intercept = FALSE,
   Boundary.knots = range(x))
其中 x 表示协变量数据, df 表示自由度, knots 表示节点, 默认参数 intercept=FALSE, 它
会忽略基函数中的常数项.
```

在函数 bs() 中, 参数 degree 表示样条的次数 d, 默认为三次样条. 如果三次样条拟合不够时, 可以设 degree=4 或 5. 如果参数 intercept=FALSE, 则自由度为 $K+3$, 即输出的基函数矩阵中不包含截距项, 其中 K 表示节点的个数. 参数 df 表示自由度, 该参数将等间距样本分位数设为样条的节

点, 如果 bs(x, df=7), 则表示具有 $K=4$ 个节点的三次样条, 节点位置对应于 x 的 20%, 40%, 60% 和 80% 的样本分位数. 如果 bs(x, df=7, intercept=TRUE), 则表示具有 $K=3$ 个节点的三次样条, 节点位置对应于 x 的 25%, 50% 和 75% 的样本分位数, 这时在基函数矩阵中包含了截距项.

在函数 ns() 中, 如果参数 intercept 缺省, 表示输出的基函数矩阵中不包含截距项. 参数 df 表示自由度, 如果 ns(x, df=5), 由式 (8.8) 可知, 则生成一个不包含截距项的自然三次样条的 $n\times 5$ 基函数矩阵, 其中 n 表示样本量, 节点位置对应于 x 的 20%, 40%, 60% 和 80% 的样本分位数. 如果 bs(x, df=5, intercept=TRUE), 则生成一个包含截距项的自然三次样条的 $n\times 5$ 基函数矩阵, 节点位置对应于 x 的 25%, 50% 和 75% 的样本分位数. 在这两个函数中, 可以使用参数 knots 指定节点, 如 knots=c(0.2, 0.4, 0.6, 0.8), 即把节点设定为 0.2, 0.4, 0.6 和 0.8.

下面对程序包 faraway 中的 exa 数据进行三次样条和自然三次样条拟合, 在函数 bs() 和 ns() 中, 通过自由度限制节点位置为 x 的 20%, 40%, 60% 和 80% 的等间距样本分位数, 并绘制拟合曲线和 95% 的置信带. 下面提供了程序, 图 8.4(a) 提供了三次样条的拟合曲线和 95% 的置信带, 图 8.4(b) 提供了自然三次样条的拟合曲线和 95% 的置信带.

```
library(splines)
data(exa, package = "faraway"); attach(exa)
par(mfrow = c(1, 2))
fit.b = lm(y ~ bs(x, df = 7), data = exa)  ## 三次样条
x.lim = range(x)
x.grid = seq(x.lim[1], x.lim[2], 0.01)
pred.b = predict(fit.b, newdata = list(x = x.grid), se = T)
plot(y ~ x, col = "gray", main = "三次样条")
lines(x.grid, pred.b$fit, lwd = 2, col = "blue")
lines(x.grid, pred.b$fit+2*pred.b$se, lty = 2, col = "blue")
lines(x.grid, pred.b$fit-2*pred.b$se, lty = 2, col = "blue")
abline(v=c(0.2099,0.4025,0.6142,0.8267), lty = 2, col = "purple")
fit.n = lm(y ~ ns(x, df = 5), data = exa)  ## 自然三次样条
pred.n = predict(fit.n, newdata = list(x = x.grid), se = T)
plot(y ~ x, col = "gray", main = "自然三次样条")
lines(x.grid, pred.n$fit, lwd = 2, col = "red")
lines(x.grid, pred.n$fit+2*pred.n$se, lty = 2, col = "red")
lines(x.grid, pred.n$fit-2*pred.n$se, lty = 2, col = "red")
abline(v=c(0.2099,0.4025,0.6142,0.8267), lty = 2, col = "purple")
```

对比图 8.4(a) 的三次样条拟合曲线和图 8.4(b) 的自然三次样条拟合曲线, 可以发现自然三次样条在两个边界区间 $[0, 0.209\,9]$ 和 $[0.826\,7, 1]$ 上施加了线性约束条件, 拟合曲线在两个边界区间内更加光滑, 而三次样条拟合曲线在两个边界区间 $[0, 0.209\,9]$ 和 $[0.826\,7, 1]$ 上有非线性的拟合效果. 两个拟合曲线在内部区间 $[0.209\,9, 0.826\,7]$ 内有类似的拟合效果.

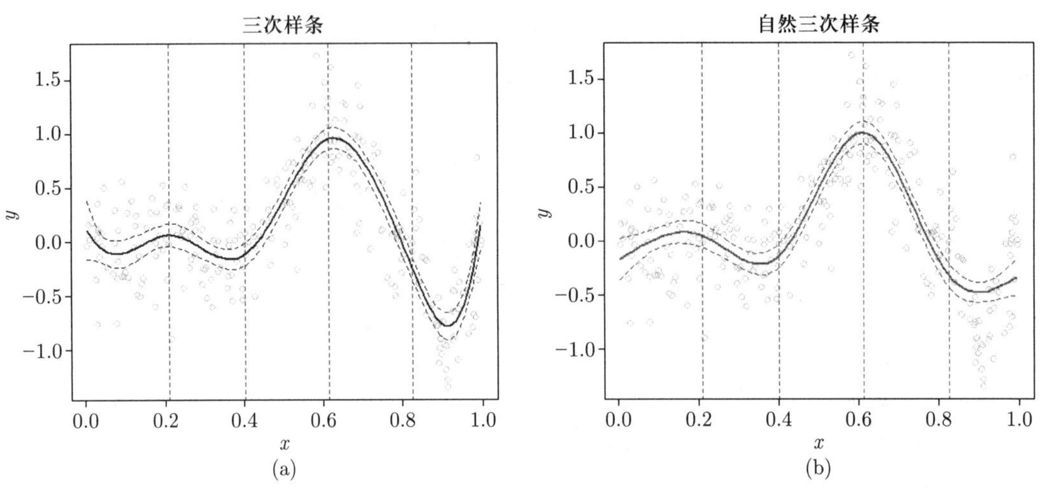

图 8.4 程序包 faraway 中 exa 数据的三次样条和自然三次样条拟合, 节点取 x 的 20%, 40%, 60% 和 80% 的等间距样本分位数. (a) 三次样条拟合曲线和 95% 的置信带; (b) 自然三次样条拟合曲线和 95% 的置信带

§8.3 光滑样条

8.3.1 光滑样条方法

假设协变量 X 的支撑集为 $[0,1]$, 并假设 $\mathcal{G}_2$ 是支撑集 $[0,1]$ 上所有连续可微、二次可积且具有二阶导数的函数构成的类. 对 $\mathcal{G}_2$ 中的任何函数 $g(\cdot)$, 定义下面的惩罚最小二乘目标函数

$$\mathrm{RSS}(g,\lambda)=\sum_{i=1}^{n}(y_i-g(x_i))^2+\lambda\int_0^1[g''(x)]^2\mathrm{d}x, \tag{8.9}$$

其中 $\lambda \geqslant 0$ 称为**光滑参数**, $g''(x)$ 是 $g(x)$ 的二阶导数. 式 (8.9) 包含两项, 第一项提供了 $g(\cdot)$ 对数据拟合程度的度量; 第二项为惩罚项, 用来度量 $g(\cdot)$ 的光滑度, 是对 $g(\cdot)$ 的波动性进行的惩罚, 因为二阶导数 $g''(\cdot)$ 衡量的是函数 $g(\cdot)$ 的**粗糙度** (roughness). 如果函数 $g(\cdot)$ 的粗糙度大, 那么会有大的惩罚. 如果函数 $g(\cdot)$ 非常光滑, 那么惩罚变小. 光滑参数 λ 反映了拟合的相对重要性和函数 $g(\cdot)$ 的光滑性.

极小化式 (8.9) 定义的目标函数 $\mathrm{RSS}(g,\lambda)$, 得到 $\widehat{g}(\cdot)$, 称它为**光滑样条估计量**. 当 $\lambda=0$ 时, 相应的估计是对数据的任意插值函数, 它可以在每一个训练数据点上作插值, 即 $\widehat{g}(x_i)=y_i$. 当 $\lambda=\infty$ 时, $\widehat{g}(x)=\widehat{\beta}_0+\widehat{\beta}_1 x$, 即变成一条尽可能接近所有训练样本的直线, 则为简单的最小二乘拟合. 进一步, 极小化目标函数 $\mathrm{RSS}(g,\lambda)$ 的解是一个有节点 $x_1,\cdots,x_n$ 的自然三次样条问题 (注: 此处的自然三次样条不同于 8.2.4 节的自然三次样条). 因为将每一个数据点 $x_1,\cdots,x_n$ 都作为节点, 会使得光滑样条的自由度太高, 导致结果变动剧烈. 当 λ 在 0 到 ∞ 范围内变化时, $g(x)$ 的估计在最复杂模型和最简单模型 (线性模型) 之间变化, 实际自由度也从 n 降至 2. 因此, 光滑样条方法的模型复杂度由光滑参数 λ 有效控制, 同时它也控制着有效自由度.

由于 $\min\limits_{g}\mathrm{RSS}(g,\lambda)$ 的解为自然三次样条, 令回归函数 $g(x)$ 可被自然三次样条基函数逼近, 即

$$g(x) \approx \sum_{j=1}^{n} \beta_j b_j(x),$$

其中 $b_j(x)$ 是自然样条的基函数, 且 $j = 1, \cdots, n$. 这时, 由式 (8.9) 定义的目标函数 $\mathrm{RSS}(g, \lambda)$ 可以写为

$$\mathrm{RSS}(\boldsymbol{\beta}, \lambda) = (\boldsymbol{Y} - \mathbf{B}\boldsymbol{\beta})^{\mathrm{T}}(\boldsymbol{Y} - \mathbf{B}\boldsymbol{\beta}) + \lambda \boldsymbol{\beta}^{\mathrm{T}} \boldsymbol{\Omega}_n \boldsymbol{\beta}, \tag{8.10}$$

其中 $\boldsymbol{Y} = (y_1, \cdots, y_n)^{\mathrm{T}}$ 为 n 维向量, $\boldsymbol{\beta} = (\beta_1, \cdots, \beta_n)^{\mathrm{T}}$ 为 n 维的未知参数向量, $\mathbf{B}$ 为 $n \times n$ 的矩阵, 其第 (i, j) 个元素为 $\{\mathbf{B}\}_{ij} = b_j(x_i)$, $\boldsymbol{\Omega}_n$ 为 $n \times n$ 的矩阵, 其第 (j, k) 个元素为 $\{\boldsymbol{\Omega}_n\}_{jk} = \int_0^1 b_j''(x) b_k''(x) \mathrm{d}x$. 极小化式 (8.10), 可得 $\boldsymbol{\beta}$ 的估计为

$$\widehat{\boldsymbol{\beta}} = (\mathbf{B}^{\mathrm{T}}\mathbf{B} + \lambda \boldsymbol{\Omega}_n)^{-1} \mathbf{B}^{\mathrm{T}} \boldsymbol{Y}. \tag{8.11}$$

式 (8.11) 定义的估计为广义岭回归估计, 则拟合的光滑样条为

$$\widehat{g}(x) = \sum_{j=1}^{n} \widehat{\beta}_j b_j(x). \tag{8.12}$$

8.3.2 光滑参数 λ 的选取

为了避免过拟合, 需要寻找一个最优的光滑参数 λ 使得均方误差达到最小. 可以采用第 4 章介绍的 LOOCV 和 GCV 等数据驱动方法选取最优光滑参数 λ. 首先引入有效自由度的定义, 由式 (8.11) 和式 (8.12), 可得 $\boldsymbol{g} = (g(x_1), \cdots, g(x_n))^{\mathrm{T}}$ 的拟合值为

$$\widehat{\boldsymbol{g}} = \mathbf{B}(\mathbf{B}^{\mathrm{T}}\mathbf{B} + \lambda \boldsymbol{\Omega}_n)^{-1} \mathbf{B}^{\mathrm{T}} \boldsymbol{Y} = \mathbf{S}_\lambda \boldsymbol{Y},$$

其中 $\mathbf{S}_\lambda = \mathbf{B}(\mathbf{B}^{\mathrm{T}}\mathbf{B} + \lambda \boldsymbol{\Omega}_n)^{-1} \mathbf{B}^{\mathrm{T}}$ 为**光滑矩阵**. 由第 2 章自由度的定义, 则光滑样条拟合的有效自由度为: $df_\lambda = \mathrm{tr}(\mathbf{S}_\lambda) = \sum_{i=1}^{n} \{\mathbf{S}_\lambda\}_{ii}$, 其中自由度 df_λ 是用来衡量光滑样条的光滑性. 可见, 光滑参数 λ 控制光滑样条的粗糙度, 同时也控制着有效自由度. 在实际应用中, 可以利用 LOOCV 或 GCV 方法选取最优的光滑参数 λ, 即

$$\widehat{\lambda} = \arg\min_{\lambda} \mathrm{CV}(\lambda) = \arg\min_{\lambda} \frac{1}{n} \sum_{i=1}^{n} \left(y_i - \widehat{g}_\lambda^{(-i)}(x_i)\right)^2 = \arg\min_{\lambda} \frac{1}{n} \sum_{i=1}^{n} \left[\frac{y_i - \widehat{g}_\lambda(x_i)}{1 - \{\mathbf{S}_\lambda\}_{ii}}\right]^2,$$

或者

$$\widehat{\lambda} = \arg\min_{\lambda} \mathrm{GCV}(\lambda) = \arg\min_{\lambda} \frac{1}{n} \sum_{i=1}^{n} \left[\frac{y_i - \widehat{g}_\lambda(x_i)}{1 - df_\lambda / n}\right]^2,$$

其中 $\widehat{g}_\lambda^{(-i)}(x_i)$ 为去掉第 i 个样本点 (x_i, y_i) 后光滑样条的拟合值.

8.3.3 案例分析与应用

在 R 语言中, 可使用函数 smooth.spline() 进行光滑样条拟合, 调用格式为

```
smooth.spline(x, y = NULL, w = NULL, df, spar = NULL, lambda = NULL,
              cv = FALSE, all.knots = FALSE, nknots = .nknots.smspl,
              keep.data = TRUE, df.offset = 0, penalty = 1,
              control.spar = list(), tol = 1e-6 * IQR(x),
              keep.stuff = FALSE)
```

其中 x 表示协变量观测数据，也可以是包含 x 和 y 的两列矩阵数据；y 表示响应变量的观测数据；df 表示自由度，定义为光滑矩阵的迹；spar 表示光滑参数，取值可以指定为 (0,1]；lambda 也表示光滑参数，可以通过 CV 准则选取；参数 cv 表示 LOOCV 和 GCV 方法，当 cv=TRUE 时，表示使用 LOOCV 方法，当 cv=FALSE 时，表示使用 GCV 方法，当 df 和 spar 没有指定时，可使用 LOOCV 或 GCV 方法选取光滑参数；其余参数见在线帮助.

对于光滑样条而言, 因为自由度 $df_\lambda = \mathrm{tr}(\mathbf{S}_\lambda)$ 是关于光滑参数 λ 的单调函数, 这个关系也是可逆的. 当光滑参数 $\lambda = \infty$ 时, 有效自由度为 $df = 2$. 当光滑参数 λ 逐渐减小时, 则有效自由度将逐渐变大. 因此, 可通过固定自由度来确定光滑参数 λ, 在函数 smooth.spline() 中, 可通过指定参数 df 来确定拟合的光滑程度.

对程序包 faraway 中的 exa 数据, 分别取自由度 $df = 2, df = 80$ 并利用 GCV 方法选取最优的自由度, 对数据进行光滑样条拟合, 程序如下, 拟合曲线见图 8.5(a). 此外, 当利用 GCV 方法选取最优的自由度为 18 时, 图 8.5(b) 构造了 95% 的置信带.

```
library(faraway)
par(mfrow = c(1, 2))
with(exa,  {
plot(y ~ x, col = "lightblue", pch = 8)
lines(x, m, lwd = 2, col = "red")
lines(smooth.spline(x, y, df = 2), lwd = 2, lty = 2, col = "blue")
lines(smooth.spline(x, y, cv=FALSE), lwd = 2, lty = 1, col="black")
lines(smooth.spline(x, y, df=80), lwd = 2, lty = 6, col = "purple")
legend("topleft",c("真实曲线","df=2","GCV","df=80"),lty=c(1,2,1,6),
     lwd = 2, col = c("red", "blue", "black", "purple"))
## 构造自由度为 18 的光滑样条拟合曲线的 95% 置信带
x = x[-which(duplicated(x))]; y = y[-which(duplicated(y))]
n = length(y); df = 18; alpha = 0.05
fit.exa = smooth.spline(x, y, df = 18)
yhat = predict(fit.exa, x)$y
sigmahat = sqrt(sum((y-yhat)^2)/(n-df))
syhat = sigmahat * sqrt(fit.exa$lev)
q1 = qt(alpha/2, n-df); q2 = qt(1-alpha/2, n-df)
```

```
low.lims = yhat-syhat*q2; up.lims = yhat-syhat*q1
plot(x, y, col = "lightblue", pch = 8)
lines(fit.exa, lwd = 2, col = "red")
lines(x, low.lims, col = "purple", lty = 2, lwd = 2)
lines(x, up.lims,  col = "purple", lty = 2, lwd = 2)
})
```

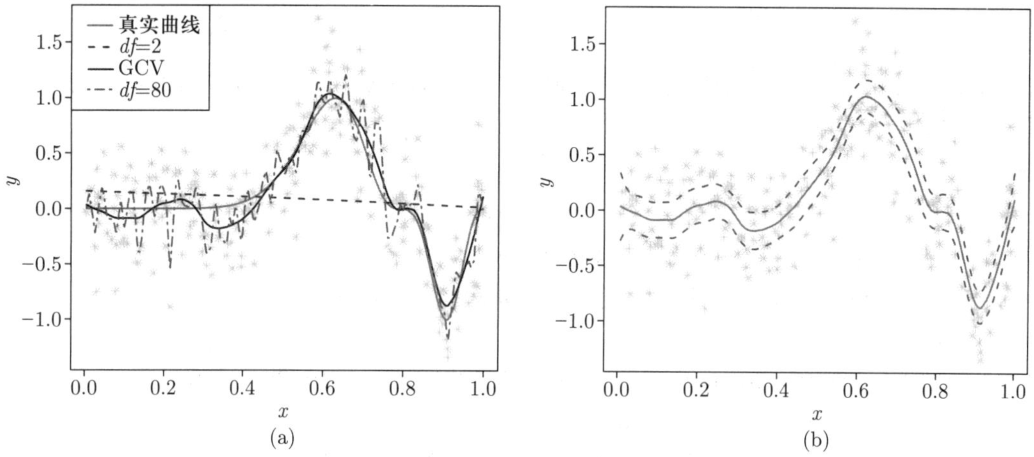

图 8.5 程序包 faraway 中 exa 数据的光滑样条拟合曲线和 95% 的置信带. (a) 自由度分别取 $df = 2$ 和 $df = 80$, 以及使用 GCV 方法选取最优的自由度; (b) 自由度为 $df = 18$ 时的光滑样条拟合曲线和 95% 的置信带

从图 8.5 可以看出, 当自由度 $df = 2$ 时, 即光滑参数 $\lambda = \infty$, 这时拟合的曲线为直线, 完全不能捕捉高曲率的部分, 并且在高曲率的地方有更显著的偏差. 因此, 当用线性模型拟合数据时, 将导致欠拟合问题. 当自由度 $df = 80$ 时, 这时光滑参数 λ 变小, 拟合的光滑样条曲线变得非常曲折, 尽管模型灵活, 但是有过拟合的问题. 当用 GCV 方法选取最优自由度时, 它平衡了偏差和方差, 拟合的曲线接近于真实曲线, 且拟合曲线较为光滑.

进一步, 首先编写程序利用 5 折 CV 方法选择最优的自由度 $df = 19$, 然后利用 "一个标准差" 准则确定自由度为 $df = 11$. 最后, 基于自由度 $df = 19$ 和 $df = 11$, 分别利用函数 smooth.spline() 进行光滑样条拟合, 并绘制拟合曲线. 下面提供了程序, 图 8.6(a) 提供了 5 折 CV 误差图, 图 8.6(b) 分别绘制了基于自由度 $df = 19$ 和 $df = 11$ 的光滑样条拟合曲线.

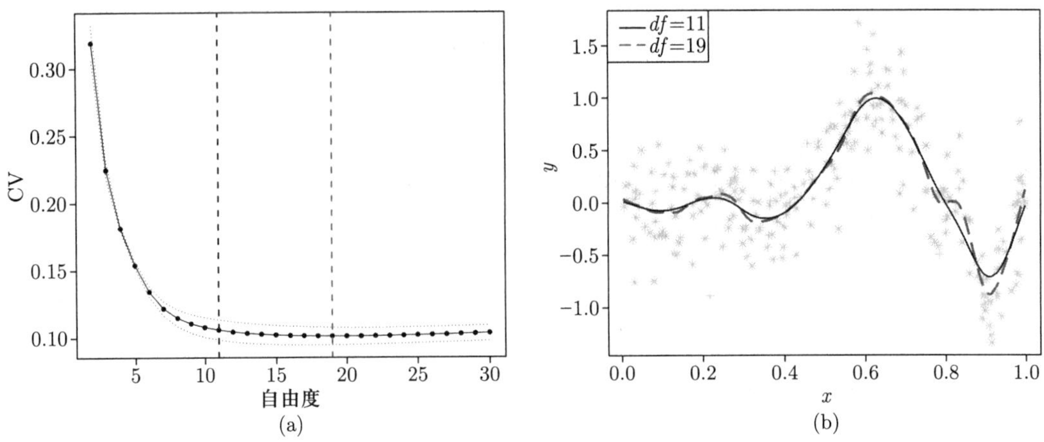

图 8.6 程序包 faraway 中 exa 数据的光滑样条拟合. (a) 5 折 CV 误差图; (b) 基于自由度 $df = 11$ 和 $df = 19$, 光滑样条的拟合曲线

```
data(exa, package = "faraway"); attach(exa)
x = x[-which(duplicated(x))]; y = y[-which(duplicated(y))]
n = length(y)
K = 5;  folds = vector(mode="list", length=K)  ## 5-fold CV method
for (k in 1:K) { folds[[k]] = seq(k, n, by = K) }
dfs = 2:30; ndfs = length(dfs); errs = matrix(0, n, ndfs)
for (k in 1:K) {
  i.tr = unlist(folds[-k]); i.val = folds[[k]]
  x.tr  = x[i.tr];     y.tr  = y[i.tr]
  x.val = x[i.val];    y.val = y[i.val]
  for (j in 1:ndfs) {
    fit.sp = smooth.spline(x.tr, y.tr, df = dfs[j])
    yhat = predict(fit.sp, x.val)$y
    errs[i.val, j] = (yhat - y.val)^2
  }
}
cv = colMeans(errs);  errs0 = matrix(0, K, ndfs)
for (k in 1:K) { errs0[k,] = colMeans(errs[folds[[k]],]) }
se = apply(errs0, 2, sd)/sqrt(K)
i1 = which.min(cv)
i2 = min(which(cv<=cv[i1] + se[i1]))
par(mfrow = c(1, 2))
plot(dfs, cv, type = "l", ylim = range(c(cv-se, cv+se)))
```

```
points(dfs, cv, pch = 20)
lines(dfs, cv-se, lty = 3); lines(dfs, cv+se, lty = 3)
abline(v = dfs[i1], col = "red",  lty = 2)
abline(v = dfs[i2], col = "blue", lty = 2)
yhat1 = smooth.spline(x, y, df = dfs[i1])$y
yhat2 = smooth.spline(x, y, df = dfs[i2])$y
plot(y ~ x, data = exa, pch = 8, col = "lightblue")
lines(x, yhat1, lty = 5, col = "red",  lwd = 3)
lines(x, yhat2, lty = 1, col = "blue", lwd = 2)
legend("topleft",c("df=11","df=19"),lty=c(1,5),col=c("blue","red"))
```

从图 8.6(b) 可以看出, 当自由度 $df = 11$ 时, 所得光滑样条拟合曲线比自由度 $df = 19$ 时更光滑. 当自由度 $df = 19$ 时, 光滑样条拟合曲线有点弯曲, 但是更接近于真实曲线.

§8.4 局部非参数光滑方法

本节针对非参数回归模型 (8.2), 介绍三种局部非参数光滑方法: **Nadaraya-Watson (N-W) 核光滑方法**、**Gasser-Müller 光滑方法**和**局部多项式光滑方法**. 详细介绍它们的估计思想、方法和应用, 并介绍光滑参数的选取问题等.

8.4.1 N-W 核光滑方法

1. N-W 核估计

假设 $\{(y_i, x_i), i = 1, \cdots, n\}$ 是来自模型 (8.2) 的独立同分布的随机样本, 另外为了简单, 假设协变量 X 的支撑集为 [0,1]. 令 $K(\cdot)$ 是一个**核函数**, h 为**窗宽**, 主要用于控制局部区域的大小. Nadaraya (1964) 与 Watson (1964) 分别提出了回归函数 $g(\cdot)$ 的核光滑 (kernel smoothing) 估计方法, 其主要思想是: 对于变量 x_i 支撑集内任意给定的一点 x, 在 x 的一个邻域 $[x-h, x+h]$ 中, 假定回归函数 $g(\cdot)$ 为一个常数 θ, 如果 $h \to 0$, 这时在局部邻域 $[x-h, x+h]$ 内, 极小化加权最小二乘目标函数, 则可得到 Nadaraya-Watson 核估计, 简称为 **N-W 核估计**, 定义为

$$\widehat{g}_{\mathrm{NW}}(x) = \arg\min_{\theta} \sum_{i=1}^{n} (y_i - \theta)^2 K\left(\frac{x_i - x}{h}\right) = \sum_{i=1}^{n} W_{ni}(x) y_i, \tag{8.13}$$

其中

$$W_{ni}(x) = \frac{K\left(\dfrac{x_i - x}{h}\right)}{\displaystyle\sum_{j=1}^{n} K\left(\dfrac{x_j - x}{h}\right)}$$

为**核权函数**, $i = 1, \cdots, n$. 从式 (8.13) 容易看出, N-W 核估计 $\widehat{g}_{\mathrm{NW}}(x)$ 是响应变量 y_i 的加权平均值. 图 8.7 给出了 N-W 核估计的原理示意图.

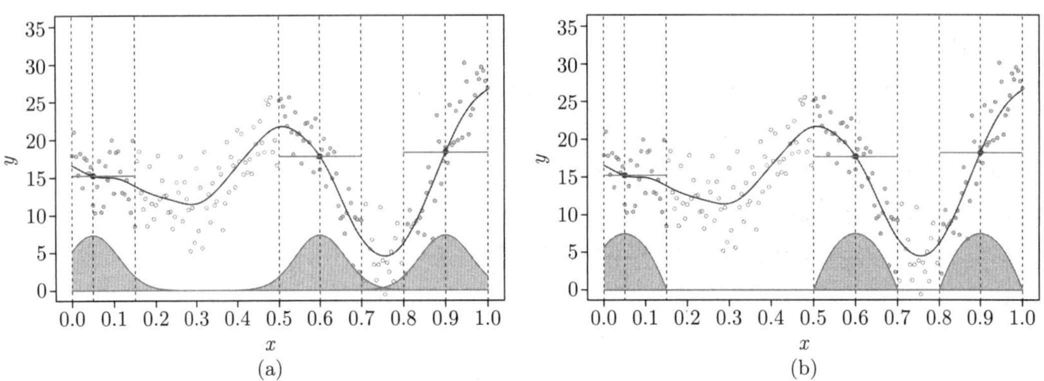

图 8.7 N-W 核估计的原理示意图. (a) 高斯核; (b) Epanechnikov 核

另外, 核函数 $K(\cdot)$ 通常取为某个概率密度函数, 常用的核函数有:

(1) 均匀核. $K(u)=\dfrac{1}{2}I(|u|\leqslant 1)$, 见图 8.8(a);

(2) 高斯核. $K(u)=\dfrac{1}{\sqrt{2\pi}}\exp(-u^2/2)$, 见图 8.8(b);

(3) Epanechnikov 核. $K(u)=\dfrac{3}{4}(1-u^2)I(|u|\leqslant 1)$, 见图 8.8(c);

(4) 四次核 (quartic kernel). $K(u)=\dfrac{15}{16}(1-u^2)^2I(|u|\leqslant 1)$, 见图 8.8(d).

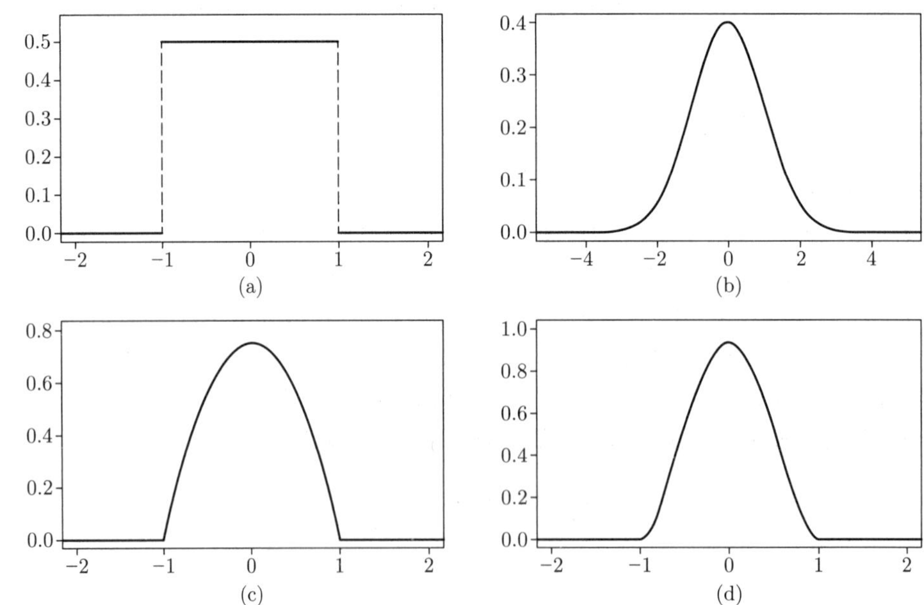

图 8.8 核函数曲线图. (a) 均匀核; (b) 高斯核; (c) Epanechnikov 核; (d) 四次核

注 8.4.1 如果核函数 $K(\cdot)$ 取均匀核时, 式 (8.13) 所得的 N-W 核估计 $\widehat{g}_{\mathrm{NW}}(x)$ 是落在邻域 $[x-h,x+h]$ 中的 x_i 对应的响应变量 y_i 的算术平均值, 其中 $2h$ 表示这个邻域的宽度. 如果核函数 $K(\cdot)$ 取高斯核时, 式 (8.13) 所得的 N-W 核估计 $\widehat{g}_{\mathrm{NW}}(x)$ 是 y_i 的加权算术平均值, 当 x_i 离 x 越近时, 施加的权重就越大, 离 x 越远时, 施加的权重就越小, 当 x_i 落在 $[x-3h,x+3h]$ 之外时, 权重基

本为 0. 而对于 Epanechnikov 核和四次核, 当 x_i 落在 $[x-h, x+h]$ 之外时, 权重为 0.

2. 渐近偏差和渐近方差

在一定条件下, 可以推得 N-W 核估计 $\widehat{g}_{\mathrm{NW}}(x)$ 的渐近偏差和渐近方差分别为

$$\operatorname{bias}(\widehat{g}_{\mathrm{NW}}(x)) = \frac{1}{2}\left(g''(x) + \frac{2g'(x)f'(x)}{f(x)}\right) d_K h^2 + o(h^2), \tag{8.14}$$

$$\operatorname{Var}(\widehat{g}_{\mathrm{NW}}(x)) = \frac{\sigma^2(x)c_K}{nhf(x)} + o((nh)^{-1}), \tag{8.15}$$

其中 $f(x)$ 表示 X 的密度函数, $f'(x)$ 是 $f(x)$ 的导数, $g'(x)$ 和 $g''(x)$ 分别是 $g(x)$ 的一阶和二阶导数, $d_K = \int_{-\infty}^{\infty} u^2 K(u)\mathrm{d}u$, $c_K = \int_{-\infty}^{\infty} K^2(u)\mathrm{d}u$.

从式 (8.14) 定义的渐近偏差和式 (8.15) 定义的渐近方差可以看出, 光滑参数窗宽 h 对 N-W 核估计 $\widehat{g}_{\mathrm{NW}}(x)$ 有显著的影响, 当窗宽 h 变小时, 参与加权平均的样本就变少, 这时偏差变小, 而方差则变大. 反之, 当窗宽 h 变大时, 参与加权平均的样本变多, 则偏差变大, 而方差变小. 所以对 $g(\cdot)$ 进行拟合时, 一个重要的问题就是选取合适的光滑参数, 即窗宽 h. 下面就窗宽 h 的选择做一些讨论.

3. 窗宽的选择

由上述讨论, 选取窗宽 h 的一个自然的办法就是平衡偏差和方差, 即极小化均方误差 (mean squared error, MSE), 获得最优的窗宽 h. 由式 (8.14) 和式 (8.15), 简单计算可得

$$\begin{aligned}\operatorname{MSE}(\widehat{g}_{\mathrm{NW}}(x)) &= \mathrm{E}[\widehat{g}_{\mathrm{NW}}(x) - g(x)]^2 = [\operatorname{bias}(\widehat{g}_{\mathrm{NW}}(x))]^2 + \operatorname{Var}(\widehat{g}_{\mathrm{NW}}(x)) \\ &\approx \frac{1}{4}C_B^2 d_K^2 h^4 + C_V c_K (nh)^{-1},\end{aligned}$$

其中 $C_B = g''(x) + \dfrac{2g'(x)f'(x)}{f(x)}$ 和 $C_V = \dfrac{\sigma^2(x)}{f(x)}$ 是与核函数 $K(\cdot)$ 和窗宽 h 无关的量. 因此, 极小化 MSE, 可获得如下理论上的最优窗宽

$$h_{\mathrm{opt}} = \left[\frac{C_V c_K}{C_B^2 d_K^2}\right]^{1/5} n^{-1/5} =: cn^{-1/5}. \tag{8.16}$$

如果取最优窗宽 h_{opt}, 则容易看到 N-W 核估计 $\widehat{g}_{\mathrm{NW}}(x)$ 在内点处的最优收敛速度为

$$\operatorname{MSE}(\widehat{g}_{\mathrm{NW}}(x)) = O(n^{-4/5}).$$

另外, 从式 (8.16) 也可以看出, 最优窗宽 h_{opt} 依赖于 c 的大小, 而 c 与 $f(x), f'(x), g'(x), g''(x)$ 和 $\sigma^2(x)$ 有关, 这些量都是未知的, 因此需要估计这些未知量, 得到 c 的大小, 进而选取最优窗宽. 但在实际应用中, c 的估计不是件容易的事情, 因为对于非参数函数 $g(\cdot)$ 的一阶导数 $g'(\cdot)$ 和二阶导数 $g''(\cdot)$, 以及密度函数的导数 $f'(\cdot)$ 的估计有一定的难度, 涉及的问题比较多, 进一步它们估计量的收敛速度也非常慢, 严重导致 c 的估计具有较大的偏差.

下面给出在实际应用中广泛采用的两种窗宽选取方法: LOOCV 方法和 GCV 方法.

LOOCV 方法是选择窗宽 h 的一种简单实用的方法, 通过极小化下面的 CV 目标函数获得窗宽 h 的选取

$$\operatorname{CV}(h) = \frac{1}{n}\sum_{i=1}^{n}[y_i - \widehat{g}_h^{(-i)}(x_i)]^2 \omega(x_i), \tag{8.17}$$

其中 $\widehat{g}_h^{(-i)}(x_i)$ 表示去掉第 i 个观测样本 (y_i, x_i) 后得到的带有窗宽 h 的 N-W 核估计, $\omega(x)$ 为非负的权函数, 可取为 $\omega(x) = I(|x-0.5| \leqslant 0.4)$, 即去掉了两个边界点附近的样本点. 极小化式 (8.17) 定义的 CV 目标函数, 可得最优窗宽为 $\widehat{h}_{\rm cv} = \arg\min\limits_{h>0} {\rm CV}(h)$.

LOOCV 方法核心的思想是: 去掉样本中第 i 个样本点 (y_i, x_i), 相当于去掉了 $\widehat{g}_h^{(-i)}(x_i)$ 中使核权函数达到最大值的项 $W_{ni}(x_i)y_i$, 从而排除了在观测点 $x = x_i$ 处过分夸大的作用, 有效提高了其他观测点的重要程度.

Craven 和 Wahba (1979) 进一步改进了 LOOCV 方法计算量大等缺点 (因为 LOOCV 方法需要拟合 n 条曲线), 提出了 GCV 的选取方法. 记

$$(\widehat{g}_h(x_1), \cdots, \widehat{g}_h(x_n))^{\rm T} =: \mathbf{S}_h \boldsymbol{Y},$$

其中 $\widehat{g}_h(x_i)$ 是 $g(x)$ 的具有窗宽 h 的任意一个非参数函数的拟合曲线, $\mathbf{S}_h$ 表示仅依赖于变量 X 的 $n \times n$ 的帽子矩阵, $\boldsymbol{Y} = (y_1, \cdots, y_n)^{\rm T}$, 则 GCV 方法选取的最优窗宽为

$$\widehat{h}_{\rm gcv} = \arg\min_{h>0} {\rm GCV}(h) = \arg\min_{h>0} \frac{\dfrac{1}{n}\displaystyle\sum_{i=1}^n [y_i - \widehat{g}_h(x_i)]^2}{[n^{-1}{\rm tr}(\mathbf{I}_n - \mathbf{S}_h)]^2}.$$

4. 核函数的选择

N-W 核估计 $\widehat{g}_{\rm NW}(x)$ 除了依赖于窗宽 h 以外, 还依赖于核函数 $K(\cdot)$. Fan 和 Gijbels (1996) 指出在实际应用中, 对 N-W 核估计 $\widehat{g}_{\rm NW}(x)$ 的精度起重要作用的仍然是窗宽 h, 核函数的作用不是太大.

把由式 (8.16) 定义的最优窗宽代入到 MSE 中, 计算得到

$${\rm MSE}(K) = \frac{5}{4}(C_V^2 C_B c_K^2 d_K)^{2/5} n^{-4/5}.$$

极小化 MSE(K), 找最优的核函数 $K(\cdot)$. 从上式可看到, MSE(K) 关于核函数仅依赖于 $c_K^2 d_K$, 即

$$\left(\int_{-\infty}^{\infty} K^2(u){\rm d}u\right)^2 \int_{-\infty}^{\infty} u^2 K(u){\rm d}u.$$

因此, 极小化上式即可获得最优核函数为 Epanechnikov 核: $K(u) = \dfrac{3}{4}(1-u^2)I(|u| \leqslant 1)$.

进一步, 关于 N-W 核估计的理论性质和详细讨论可见 Fan 和 Gijbels (1996), 薛留根 (2015). 关于 N-W 核光滑方法的计算, 可使用 R 语言中的函数 ksmooth(), 程序包 np 中的函数 npreg() 和程序包 PLRModels 中的函数 np.est().

8.4.2 Gasser-Müller 光滑方法

当对由式 (8.13) 定义的 N-W 核估计进行导数计算和研究它的渐近性质时, 对估计量中随机分母的估计是有一定困难的. 为了解决这个问题, Gasser 和 Müller (1979) 提出了 Gasser-Müller 估计方法. 假设数据已经按照 X 变量进行了排序, 则 Gasser-Müller 估计定义为

$$\widehat{g}_{\rm GM}(x) = \sum_{i=1}^n \widetilde{W}_{ni}(x) y_i, \tag{8.18}$$

其中 $\widetilde{W}_{ni}(x)$ 为 Gasser-Müller 权函数, 定义为

$$\widetilde{W}_{ni}(x)=\frac{1}{h}\int_{s_{i-1}}^{s_i}K\left(\frac{x-s}{h}\right)\mathrm{d}s,\quad i=1,\cdots,n,$$

其中 $s_0=0,s_n=1,s_i=(x_{(i)}+x_{(i+1)})/2,1\leqslant i\leqslant n-1$, $x_{(i)}$ 为 x_i 的次序统计量, $1\leqslant i\leqslant n$. $K(\cdot)$ 为 $[-1,1]$ 上有界且对称的概率密度函数, h 为收敛于 0 的窗宽. 在实际应用中, 窗宽 h 的选取可采用 8.4.1 节介绍的 LOOCV 或 GCV 方法进行选取.

由式 (8.13) 和式 (8.18) 可以看出, N W 核估计和 Gasser-Müller 估计都是在 x 的一个邻域 $[x-h,x+h]$ 内, 把非参数函数看成是一个局部常数进行逼近而得到的估计. 当 x 在一个适当的取值范围内变化时, 进而可以得到整个曲线的估计.

在一定条件下, 可以推得 Gasser-Müller 估计 $\widehat{g}_{\mathrm{GM}}(x)$ 的渐近偏差和渐近方差分别为

$$\operatorname{bias}(\widehat{g}_{\mathrm{GM}}(x))=\frac{1}{2}g''(x)d_Kh^2+o(h^2),\tag{8.19}$$

$$\operatorname{Var}(\widehat{g}_{\mathrm{GM}}(x))=\frac{3}{2}\frac{\sigma^2(x)c_K}{nhf(x)}+o((nh)^{-1}),\tag{8.20}$$

其中 $f(x)$ 表示 X 的密度函数, $g''(x)$ 是 $g(x)$ 的二阶导数, $d_K=\int_{-\infty}^{\infty}u^2K(u)\mathrm{d}u$, $c_K=\int_{-\infty}^{\infty}K^2(u)\mathrm{d}u$.

进一步, Gasser-Müller 估计 $\widehat{g}_{\mathrm{GM}}(x)$ 的渐近 MSE 为

$$\operatorname{MSE}(\widehat{g}_{\mathrm{GM}}(x))=\left\{\frac{1}{4}[g''(x)]^2d_K^2h^4+\frac{3}{2}\frac{\sigma^2(x)c_K}{nhf(x)}\right\}[1+o(1)].$$

当均方误差 $\operatorname{MSE}(\widehat{g}_{\mathrm{GM}}(x))$ 达到最小时, 理论上的最优窗宽为 $h_{\mathrm{opt}}=cn^{-1/5}$, 其中 c 与 $g''(x)$, $f(x)$, $\sigma^2(x)$, d_K 和 c_K 有关. 当取理论最优窗宽 $h_{\mathrm{opt}}=cn^{-1/5}$, Gasser-Müller 估计的最优收敛速度为: $\operatorname{MSE}(\widehat{g}_{\mathrm{GM}}(x))=O(n^{-4/5})$.

8.4.3 局部多项式光滑方法

1. 局部多项式估计

Fan (1993) 与 Fan 和 Gijbels (1996) 提出的局部多项式光滑方法具有良好的性质: ① 可以减小 N-W 核估计的渐近偏差; ② 可以减小 Gasser-Müller 估计的渐近方差; ③ 对边界效应具有自适应性, 即在边界处的收敛速度和内点处的收敛速度相同, 具有非参数最优的收敛速度; ④ 具有良好的最小最大有效性; ⑤ 具有容易解释和计算的优点, 并适应于导数的估计. 本节就局部多项式光滑方法进行简单介绍.

假设回归函数 $g(\cdot)$ 在 x 的邻域内有连续的 d 阶导数, 由 Taylor 展式可得近似回归函数 $g(\cdot)$ 如下

$$g(u)\approx\sum_{j=0}^{d}\frac{g^{(j)}(x)}{j!}(u-x)^j=:\sum_{j=0}^{d}\beta_j(u-x)^j,\tag{8.21}$$

其中 $\beta_j=g^{(j)}(x)/j!$, u 为 x 邻域内的点. 式 (8.21) 表示用一个多项式函数对回归函数 $g(\cdot)$ 进行局部逼近. 假设 $\{(y_i,x_i),i=1,\cdots,n\}$ 是来自模型 (8.2) 的独立同分布的随机样本, 构造如下的加权

最小二乘目标函数

$$\sum_{i=1}^{n}\left[y_i-\sum_{j=0}^{d}\beta_j(x_i-x)^j\right]^2 K_h(x_i-x), \tag{8.22}$$

其中 $K_h(\cdot)=K(\cdot/h)/h$, $K(\cdot)$ 为核函数, h 为窗宽. 极小化加权最小二乘目标函数 (8.22), 即可得到 $\boldsymbol{\beta}=(\beta_0,\beta_1,\cdots,\beta_d)^{\mathrm{T}}$ 的估计. 为了方便求解, 用向量和矩阵重新表示, 令 $\mathbf{W}=\mathrm{diag}\{K_h(x_1-x),\cdots,K_h(x_n-x)\}$ 为 $n\times n$ 的对角矩阵, $\boldsymbol{Y}=(y_1,\cdots,y_n)^{\mathrm{T}}$, 且

$$\mathbf{X}=\begin{pmatrix}1 & x_1-x & \cdots & (x_1-x)^d\\ \vdots & \vdots & & \vdots\\ 1 & x_n-x & \cdots & (x_n-x)^d\end{pmatrix}.$$

加权最小二乘目标函数 (8.22) 可以重新写成下面矩阵形式

$$(\boldsymbol{Y}-\mathbf{X}\boldsymbol{\beta})^{\mathrm{T}}\mathbf{W}(\boldsymbol{Y}-\mathbf{X}\boldsymbol{\beta}).$$

极小化上式, 可得 $\boldsymbol{\beta}$ 的加权最小二乘估计为

$$\widehat{\boldsymbol{\beta}}=(\mathbf{X}^{\mathrm{T}}\mathbf{W}\mathbf{X})^{-1}\mathbf{X}^{\mathrm{T}}\mathbf{W}\boldsymbol{Y}. \tag{8.23}$$

由 $\beta_j=g^{(j)}(x)/j!$ 可知, 估计量 $\widehat{\boldsymbol{\beta}}$ 应该依赖于 x, 为了突出这个依赖关系, 进一步记为 $\widehat{\boldsymbol{\beta}}(x)=(\widehat{\beta}_0(x),\widehat{\beta}_1(x),\cdots,\widehat{\beta}_d(x))^{\mathrm{T}}$. 则可得 $\widehat{\beta}_j(x)=\boldsymbol{e}_{j+1,d+1}^{\mathrm{T}}\widehat{\boldsymbol{\beta}}(x)$, 其中 $\boldsymbol{e}_{j+1,d+1}$ 表示 $d+1$ 维的单位列向量, 第 $j+1$ 个元素为 1, 其余元素均为 0. 进一步, 可以获得 $g^{(j)}(x)$ 的估计为

$$\widehat{g}^{(j)}(x)=j!\widehat{\beta}_j(x), \qquad j=0,1,\cdots,d. \tag{8.24}$$

需要注意的是, 回归函数 $g(x)$ 的局部多项式估计为

$$\widehat{g}(x)=\widehat{\beta}_0(x)=\boldsymbol{e}_{1,d+1}^{\mathrm{T}}(\mathbf{X}^{\mathrm{T}}\mathbf{W}\mathbf{X})^{-1}\mathbf{X}^{\mathrm{T}}\mathbf{W}\boldsymbol{Y}. \tag{8.25}$$

2. 局部线性估计

下面讨论一种特殊情况, 局部线性估计. 当 $d=1$ 时, 把由式 (8.25) 定义的非参数估计称为**局部线性估计**, 主要的原理是: 在 x 的一个邻域 $[x-h,x+h]$ 内, 用一个线性函数去逼近非参数函数 $g(x)$, 当 x 在适当的范围内变化时, 通过实施局部线性估计可以得到整个曲线 $g(\cdot)$ 的估计, 直观的解释可见图 8.9. 经过计算, 可得非参数函数 $g(\cdot)$ 的局部线性估计为

$$\widehat{g}_{\mathrm{LL}}(x)=\sum_{i=1}^{n}W_{ni}^{\mathrm{LL}}(x)y_i, \tag{8.26}$$

其中

$$W_{ni}^{\mathrm{LL}}(x)=\frac{K_h(x_i-x)[S_{n,2}(x)-(x_i-x)S_{n,1}(x)]}{S_{n,0}(x)S_{n,2}(x)-S_{n,1}^2(x)},$$

且 $S_{n,k}(x)=\sum\limits_{i=1}^{n}K_h(x_i-x)(x_i-x)^k$, $k=0,1,2$. 注意到: 权重满足 $\sum\limits_{i=1}^{n}W_{ni}^{\mathrm{LL}}(x)=1$. 关于局部多项式和局部线性估计的计算问题, 可以使用 R 语言中的函数 loess(), 以及程序包 np 中的函数 npreg(), 程序包 KernSmooth 中的函数 locpoly() 和程序包 PLRModels 中的函数 np.est().

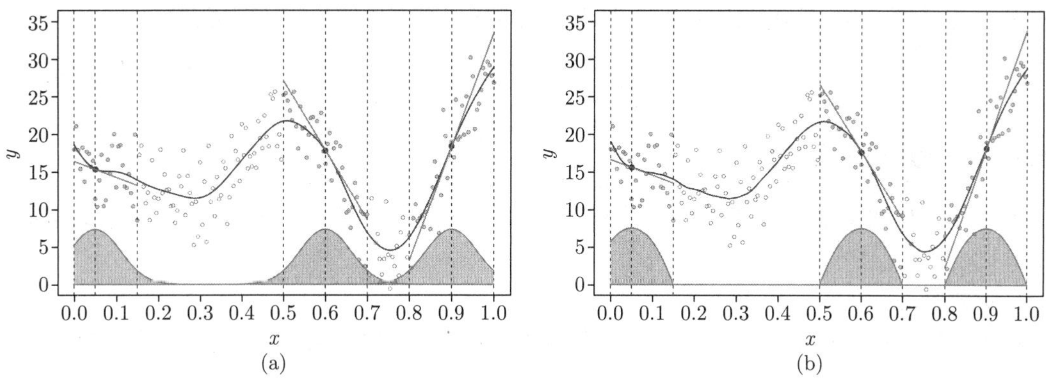

图 8.9 局部线性估计的原理示意图. (a) 高斯核; (b) Epanechnikov 核

3. 渐近条件偏差和方差

为了表示局部线性估计的渐近偏差和渐近方差, 首先介绍一些概念. 令 $f(x)$ 表示变量 X 的概率密度函数, $\mathcal{F}_n$ 表示由 $\{x_i, i=1,\cdots,n\}$ 产生的 σ 代数. 当 $n\to\infty$ 时, $h\to 0$, $nh\to\infty$, 可以推得局部线性估计 $\widehat{g}_{\mathrm{LL}}(x)$ 的渐近条件偏差和方差分别为

$$\operatorname{bias}(\widehat{g}_{\mathrm{LL}}(x)|\mathcal{F}_n) = \frac{1}{2}d_K g''(x)h^2 + o_P(h^2),$$

$$\operatorname{Var}(\widehat{g}_{\mathrm{LL}}(x)|\mathcal{F}_n) = \frac{c_K\sigma^2(x)}{f(x)}\frac{1}{nh} + o_P((nh)^{-1}),$$

其中 $f(x)$ 是 X 的密度函数, $g''(x)$ 是 $g(x)$ 的二阶导数, $d_K = \int_{-\infty}^{\infty} u^2K(u)\mathrm{d}u$, $c_K = \int_{-\infty}^{\infty} K^2(u)\mathrm{d}u$.

可以发现, 局部线性估计的渐近条件偏差不依赖于密度函数, 表明局部线性估计是自适应的. 另外可以发现, 局部线性估计的渐近条件方差相同于 N-W 核估计的渐近方差, 但是小于 Gasser-Müller 估计的渐近方差. 进一步, 局部线性估计 $\widehat{g}_{\mathrm{LL}}(x)$ 的渐近条件 MSE 为

$$\operatorname{MSE}(\widehat{g}_{\mathrm{LL}}(x)|\mathcal{F}_n) = \left\{\frac{1}{4}d_K^2[g''(x)]^2h^4 + \frac{c_K\sigma^2(x)}{f(x)}\frac{1}{nh}\right\}[1+o_P(1)].$$

局部线性估计对窗宽的选择很敏感, 如果窗宽 h 太大, 尽管可以减小条件方差, 但是产生了较大的偏差, 得到的估计较为光滑. 反之, 如果窗宽 h 太小, 尽管可以减小条件偏差, 但是又会引起较大的方差, 导致估计较粗糙. 所以对于具体的模型, 选择合适的窗宽是至关重要的, 同样理论上也是通过平衡偏差和方差选取最优窗宽, 即极小化估计 $\widehat{g}_{\mathrm{LL}}(x)$ 的渐近条件均方误差 $\operatorname{MSE}(\widehat{g}_{\mathrm{LL}}(x)|\mathcal{F}_n)$, 可得理论的最优窗宽为

$$h_{\mathrm{opt}} = \left\{\frac{c_K\sigma^2(x)}{d_K^2[g''(x)]^2f(x)}\right\}^{1/5} n^{-1/5} =: cn^{-1/5},$$

其中 c 与 $g''(x), f(x), \sigma^2(x), c_K$ 和 d_K 有关. 上述最优窗宽在实际问题中不能直接被使用, 因为最优窗宽中包含未知的量, 如 $g''(x), f(x)$ 和 $\sigma^2(x)$, 可利用 plug-in 方法把这些未知量的相合估计代入方可使用. 为了改进理论最优窗宽的使用, Fan 和 Gijbels (1996) 提出了两种窗宽选择方法: 辅助的残差平方选择方法和精练的窗宽选择方法. 详细的讨论见 Fan 和 Gijbels (1996) 的第 4 章, 以及薛

留根 (2015) 的第 4 章. 但在实际应用中, 推荐采用 8.4.1 节介绍的 LOOCV 或 GCV 方法选取最优窗宽.

8.4.4 案例分析与应用

本节针对 R 语言中几个主要函数, 重点介绍 N-W 核光滑方法和局部线性估计方法的应用与案例分析.

1. 函数 ksmooth()

R 语言自带的函数 ksmooth() 是用于非参数回归模型 N-W 核估计问题的主要函数, 其调用格式为

```
ksmooth(x, y, kernel=c("box", "normal"), bandwidth=0.5,
        range.x=range(x), n.points=max(100L, length(x)), x.points)
其中 x 表示协变量观测数据, y 表示响应变量的观测数据; kernel 表示核函数, normal 表示
高斯核函数, box 表示矩形盒子核函数; bandwidth 表示窗宽, 缺省为 0.5.
```

针对程序包 faraway 中的 cxa 数据, 在三种不同窗宽 $h = 0.01, 0.08, 0.5$ 的情况下, 利用函数 ksmooth() 进行 N-W 核估计, 程序如下, 绘制的 N-W 核估计拟合曲线分别见图 8.10(a) – 图 8.10(c).

```
library(faraway)
par(mfrow = c(1, 3))
for(bw in c(0.01, 0.08, 0.5)){
with(exa, {
plot(y ~ x, col = "lightblue", pch = 19)
lines(x, m, lwd = 2, lty = 2, col = "blue")
lines(ksmooth(x, y, "normal", bw), lwd = 2, col = "red")
legend("topleft", legend = c("True Curve", "Estimated Curve"),
        col = c("blue", "red"), lty = c(2, 1), lwd = 1)
})}
```

从图 8.10(a) – 图 8.10(c) 可以看出, 窗宽对 N-W 核估计有显著的影响. 当窗宽取 $h = 0.01$ 时, 图 8.10(a) 拟合的 N-W 核估计曲线非常曲折, 明显有过拟合现象, 即偏差小而方差大. 当窗宽取 $h = 0.5$ 时, 图 8.10(c) 拟合的 N-W 核估计曲线非常光滑, 远远偏离真实曲线, 明显有欠拟合现象, 即偏差大而方差小. 当窗宽取 $h = 0.08$ 时, 图 8.10(b) 拟合的 N-W 核估计曲线平衡了偏差和方差, 非常接近于真实曲线.

2. 程序包 KernSmooth 中的函数 locpoly()

程序包 KernSmooth 中的函数 locpoly() 主要利用局部多项式光滑方法估计密度函数, 回归函数和它们的导数, 调用格式为

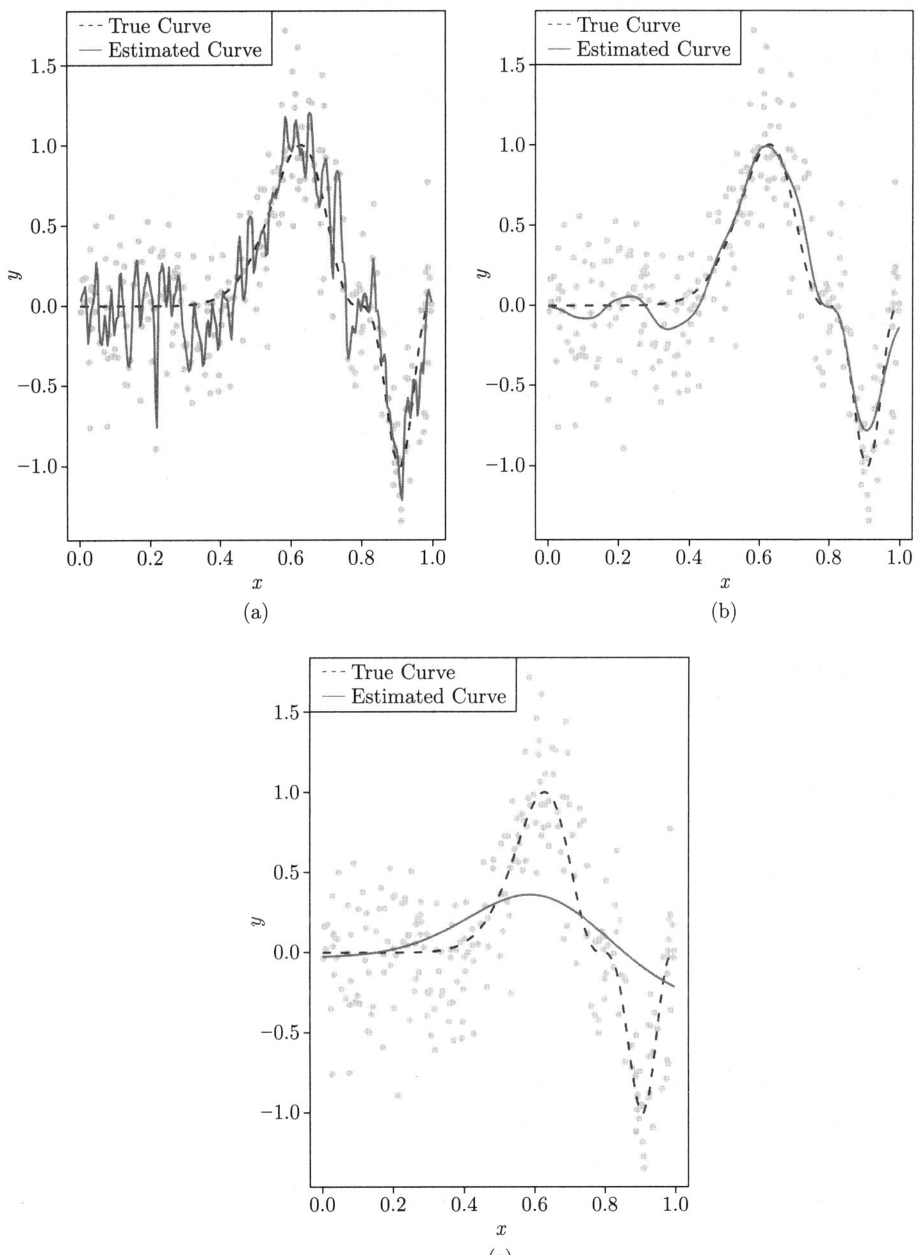

图 8.10 程序包 faraway 中 exa 数据的 N-W 核估计. (a) 窗宽 $h = 0.01$; (b) 窗宽 $h = 0.08$; (c) 窗宽 $h = 0.5$

```
locpoly(x, y, drv = 0L, degree, kernel = "normal",
       bandwidth, gridsize = 401L, bwdisc = 25,
       range.x, binned = FALSE, truncate = TRUE)
```

其中 x 表示协变量观测数据, y 表示响应变量的观测数据; drv 表示需要估计回归函数导数的阶数; degree 表示局部多项式的阶数, 要求大于参数 drv; kernel 表示核函数, 取"normal", "box", "epanech", "biweight" 和"triweight"; bandwidth 表示窗宽; 其余参数见在线帮助.

在使用函数 locpoly() 进行局部多项式估计前, 可以先使用程序包 KernSmooth 中的函数 dpill() 选取最优窗宽, 主要是利用 plug-in 方法选取最优窗宽 h. 为了展示局部线性估计方法, 下面对 Sheather (2009) 中使用的 curve 数据集进行分析, 该数据集包含 150 个样本, 来自模型 $y_i = g(x_i) + \varepsilon_i$, 其中 $g(x_i) = 15(1 + x_i\cos(4\pi x_i))$, $\varepsilon_i \sim N(0,4)$, 且 x_i 均匀分布于区间 $[0,1]$. 首先, 利用函数 dpill() 选取最优窗宽 $h_{\text{opt}} = 0.026$; 其次, 为了比较, 考虑另外两种不同窗宽情形, 即 $h = h_{\text{opt}}/5 = 0.005$ 和 $h = 5h_{\text{opt}} = 0.132$; 最后, 在三种不同窗宽下, 基于高斯核函数, 用函数 locpoly() 对数据进行局部线性拟合, 图 8.11 中也展示了在点 $x = 0.5$ 附近加权的情形. 下面提供了程序, 图 8.11(a) – 图 8.11(c) 分别提供了三种窗宽下局部线性估计拟合的曲线.

```
library(KernSmooth)
curve = read.table("curve.txt", header = TRUE); attach(curve)
x = curve$x; y = curve$y; n = length(x)
g = 15 + 15*x*cos(4*pi*x)
h.opt = dpill(x, y)
par(mfrow = c(1, 3))
for(bw in c(h.opt/5, h.opt, h.opt*5)){
with(curve, {
xx = c(0: 10000)/10000;  x1 = 0.5
ticks = c(0.1, 0.2, 0.3, 0.4, 0.5, 0.6, 0.7, 0.8, 0.9)
plot(x = c(0,1), y = c(0,35), type = "n", xlab = "x", ylab = "y")
axis(1, at = ticks, labels = ticks)
yy = (1/(bw*sqrt(2*pi)))*exp(-0.5*((x1-x)/bw)^2)
lines(x, yy, lty = 2, col = "red")
points(x, y, pch = 8, cex = 1, col = "lightblue")
lines(x, g, lty = 5, col = "blue", lwd = 2)
lines(locpoly(x,y,bandwidth=bw,degree=1), lty=1, col="red", lwd=2)
legend("topleft", legend=c("True Curve", "Estimated Curve"),
        col = c("blue", "red"), lty = c(5, 1), lwd = 1)
})}
```

从图 8.11(a) – 图 8.11(c) 可以看出, 窗宽对局部线性估计有显著的影响. 当窗宽取 $h = h_{\text{opt}}/5 = 0.005$ 时, 图 8.11(a) 拟合的局部线性估计曲线非常曲折, 明显有过拟合现象, 即偏差小而方差大. 当窗宽取 $h = 5h_{\text{opt}} = 0.132$ 时, 图 8.11(c) 拟合的局部线性估计曲线非常光滑, 远远偏离真实曲线, 明

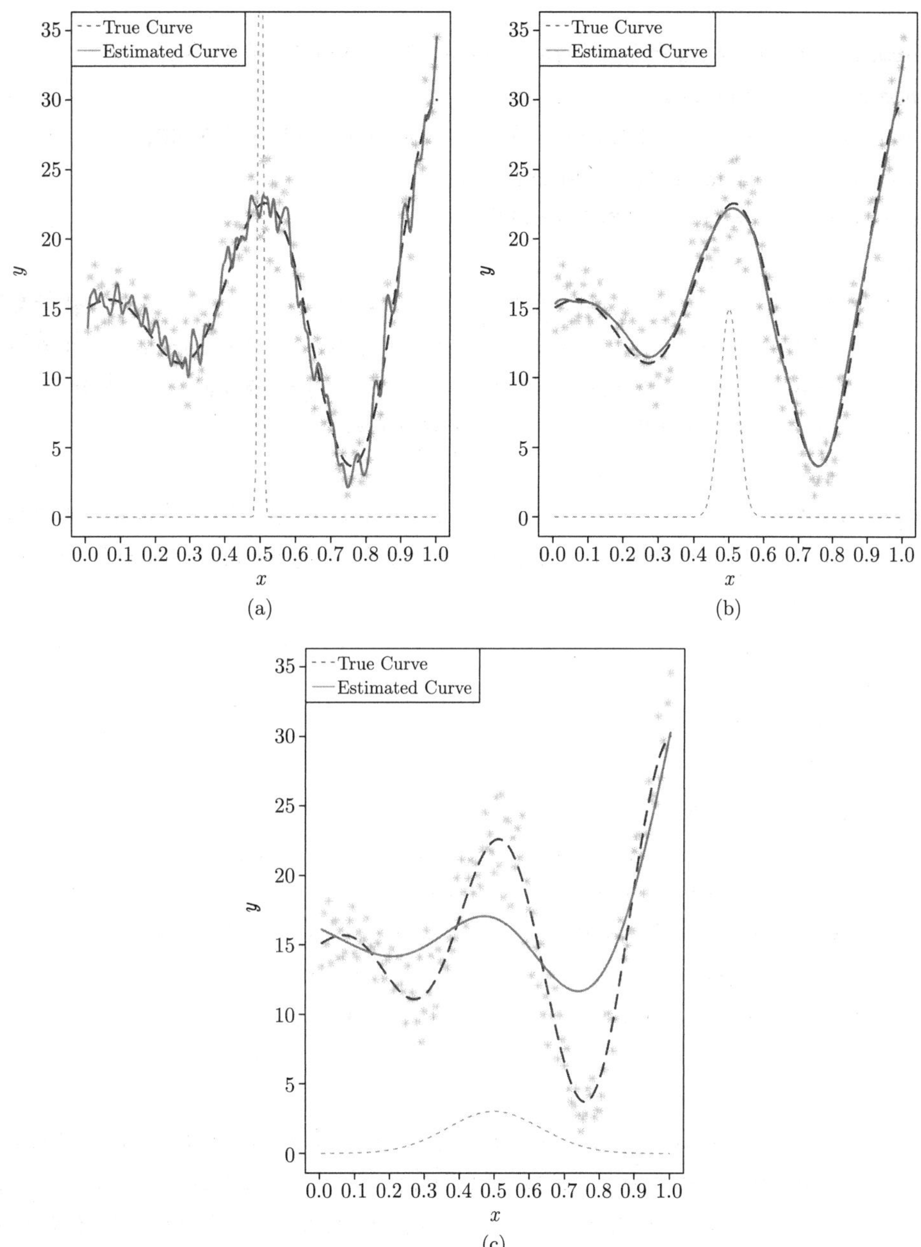

图 8.11 Curve 数据集的局部线性估计拟合曲线. (a) 窗宽 $h = h_{\text{opt}}/5 = 0.005$; (b) 窗宽 $h_{\text{opt}} = 0.026$; (c) 窗宽 $h = 5h_{\text{opt}} = 0.132$

显有欠拟合现象, 即偏差大而方差小. 当取最优窗宽 $h_{\text{opt}} = 0.026$ 时, 图 8.11(b) 拟合的局部线性估计曲线平衡了偏差和方差, 与真实曲线基本重合.

3. 函数 loess()

函数 loess() 用于非参数回归模型的局部多项式回归拟合, 调用格式为

```
loess(formula, data, weights, subset, na.action, model = FALSE,
      span = 0.75, enp.target, degree = 2,
      parametric = FALSE, drop.square = FALSE, normalize = TRUE,
      family = c("gaussian", "symmetric"),
      method = c("loess", "model.frame"),
      control = loess.control(...), ...)
```

其中 formula 表示响应变量与协变量之间的关系, 类似于函数 lm(); data 表示数据框数据, subset 为指定的数据子集; span 为光滑参数, 控制光滑度; degree 表示多项式的阶数, 缺省为 2; family 取"gaussian" 或"symmetric", 取"gaussian" 时, 用最小二乘拟合, 取"symmetric" 时, 用 M 估计进行拟合; 其余参数见在线帮助.

在三种不同光滑参数 span 下, 利用函数 loess() 对 curve 数据集进行局部多项式回归拟合, 下面提供了程序, 图 8.12(a) – 图 8.12(c) 分别提供了光滑参数 span 取 0.05, 1/3, 2/3 三种情形下的局部多项式回归拟合曲线.

```
par(mfrow = c(1, 3))
for(bw in c(0.05, 1/3, 2/3)){
with(curve, {
g = 15 + 15*x*cos(4*pi*x)
plot(x, y, xlab="x", ylab="y", pch=8, cex=1, col="lightblue")
lines(x, g, lty = 5, col = "blue", lwd = 2)
lines(x, predict(loess(y~x,span=bw), data.frame(D=x)), col="red")
legend("topleft", legend = c("True Curve", "Estimated Curve"),
       col = c("blue", "red"), lty = c(5, 1), lwd = 1)
})}
```

从图 8.12(a) – 图 8.12(c) 可以看出, 光滑参数 span 对局部多项式回归估计有显著的影响. 当光滑参数 span=0.05 时, 图 8.12(a) 的拟合曲线出现过拟合现象. 当光滑参数 span=2/3 时, 图 8.12(c) 的拟合曲线出现欠拟合现象. 当取光滑参数 span=1/3 时, 图 8.12(b) 拟合的曲线平衡了偏差和方差, 与真实曲线基本重合.

4. 程序包 PLRModels 中的函数 np.est()

程序包 PLRModels 中的函数 np.est() 提供了非参数回归模型的 N-W 核估计和局部线性估计, 更适合本节介绍的局部非参数估计方法, 调用格式为

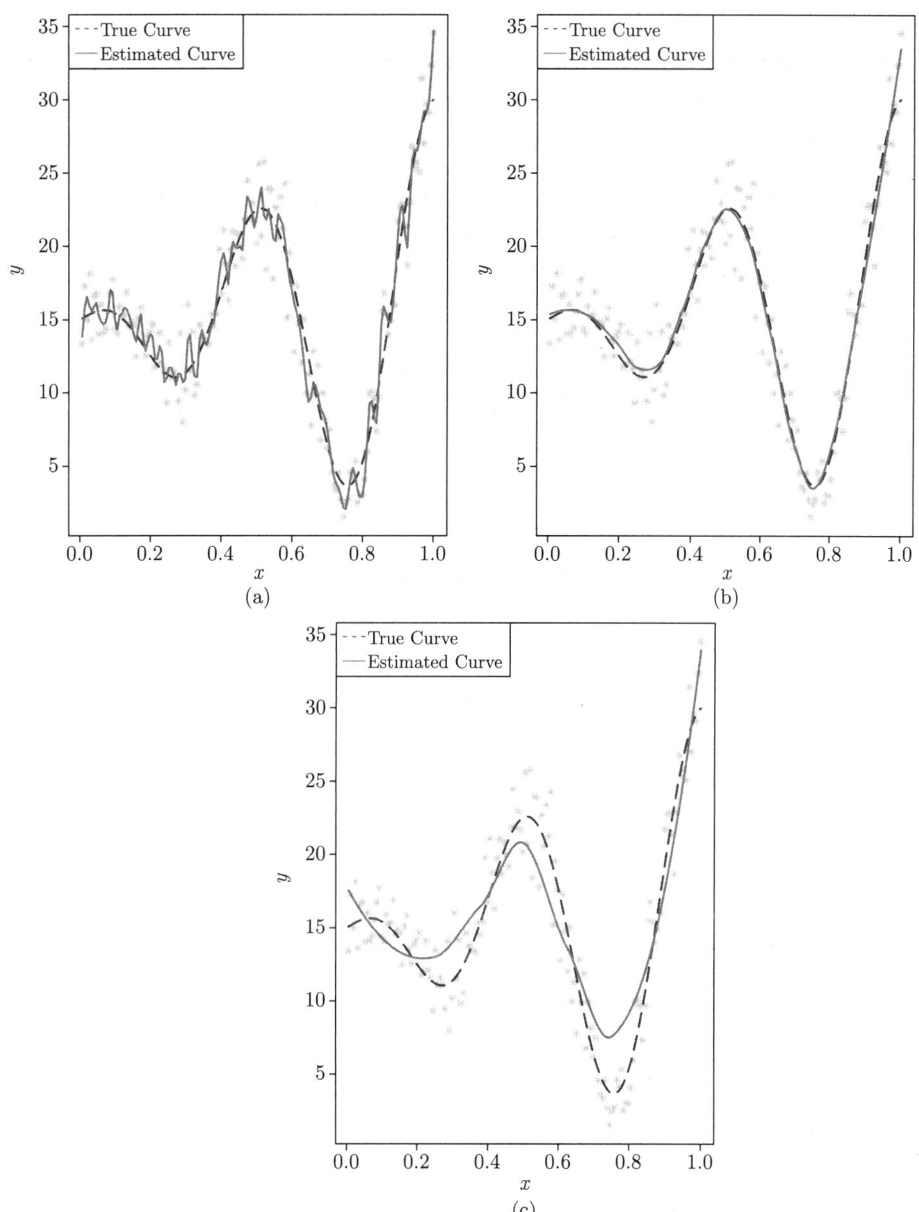

图 8.12 Curve 数据集的局部多项式回归估计拟合曲线. (a) 光滑参数 span=0.05; (b) 光滑参数 span=1/3; (c) 光滑参数 span=2/3

```
np.est(data = data, h.seq = NULL, newt = NULL,
      estimator = "NW", kernel = "quadratic")
```

其中 data 表示包含响应变量和协变量的数据; h.seq 表示窗宽, 缺省为基于 CV 准则进行选取; newt 表示新的协变量数据; estimator 取"NW" 或"LLP", 其中"NW" 表示 N-W 核估计, "LLP" 表示局部线性估计, 缺省为 N- W 核估计; kernel 取"gaussian"(高斯核函数),

"quadratic"(Epanechnikov 核函数), "triweight"(triweight 核函数) 或者"uniform"(均匀核函数), 缺省为 Epanechnikov 核函数.

在程序包 PLRModels 中还提供了窗宽选取的函数, 如基于 CV 准则的函数 np.cv() 和基于 GCV 准则的函数 np.gcv(), 详细的使用可见在线帮助. 如果参数 h.seq 缺省, 表示会自动使用 CV 准则选取最优窗宽, 并进行估计.

针对 curve 数据集, 取 Epanechnikov 核函数, 分别用 CV 准则和 GCV 准则选取最优窗宽, 利用函数 np.est() 进行 N-W 核估计和局部线性估计拟合, 程序如下, 拟合图形见图 8.13(a) 和图 8.13(b), 其中蓝色的点断线为 N-W 核估计拟合曲线, 红色实线为局部线性估计拟合曲线, 黑色虚线为真实曲线.

```
library(PLRModels)
data = matrix(c(curve$y, curve$x), nrow = length(curve$y))
## CV 方法选取最优窗宽
fit1.NW  = np.est(data, estimator = "NW")
fit1.LLP = np.est(data, estimator = "LLP")
plot(data[, 2], data[, 1], xlab="x", ylab="y", pch=8, cex=1,
     col = "lightblue", main = "CV")
lines(data[, 2], g, lty = 5, col = "black", lwd = 2)
lines(data[, 2], fit1.NW,  lty = 4, col = "blue", lwd = 2)
lines(data[, 2], fit1.LLP, lty = 1, col = "red",  lwd = 2)
## GCV 方法选取最优窗宽
h.NW    = np.gcv(data, estimator = "NW")$h.opt
fit2.NW = np.est(data, h.seq = h.NW, estimator = "NW")
h.LLP    = np.gcv(data, estimator = "LLP")$h.opt
fit2.LLP = np.est(data, h.seq = h.LLP, estimator = "LLP")
plot(data[, 2], data[, 1], xlab="x", ylab="y", pch=8, cex=1,
     col = "lightblue", main = "GCV")
lines(data[, 2], g, lty = 5, col = "black", lwd = 2)
lines(data[, 2], fit2.NW, lty = 4, col = "blue", lwd = 2)
lines(data[, 2], fit2.LLP, lty = 1, col = "red",  lwd = 2)
legend("topleft", legend = c("True curve", "N-W estimator",
       "Local linear estimator"), col = c("black","blue","red"),
       lty = c(5, 4, 1), lwd = 1)
```

从图 8.13(a) 和图 8.13(b) 可以看出, 当用 CV 准则和 GCV 准则选取最优窗宽进行拟合时, N-W 核估计和局部线性估计都有很好的拟合效果, 只是在边界点位置有很小的差异.

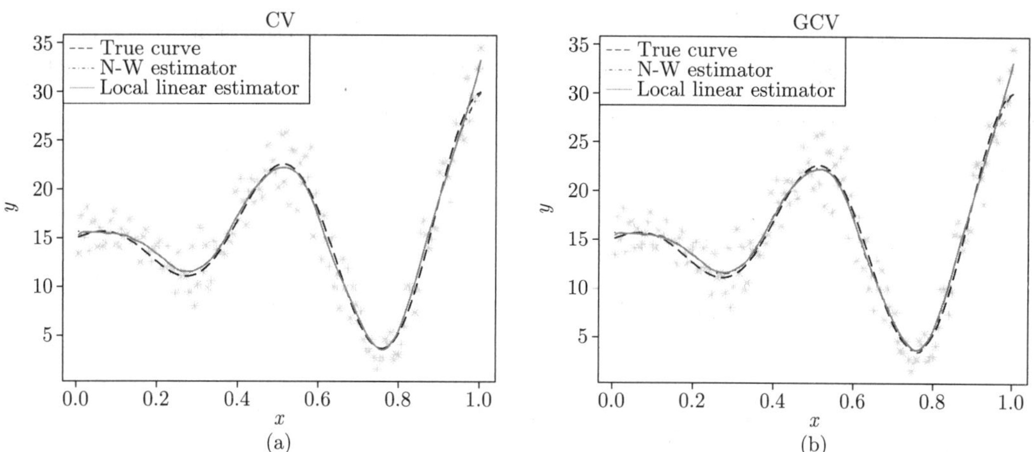

图 8.13 curve 数据集的 N-W 核估计和局部线性估计的拟合曲线. (a) 基于 CV 准则选取最优窗宽的拟合曲线; (b) 基于 GCV 准则选取最优窗宽的拟合曲线

在 R 语言中, 还有很多非参数回归模型的局部光滑方法, 如程序包 np 中的函数 npreg(), 程序包 locfit 中的函数 locfit(), 程序包 locpol 中的函数 locpol(), 程序包 ggplot2 中的函数 geom_smooth(), 以及程序包 sm, 此处不再一一赘述, 读者可通过在线帮助使用这些程序包和函数.

§8.5 广义可加模型

尽管非参数回归模型 (8.1) 不假定模型形式, 具有灵活的建模方式, 可以很好拟合实际数据, 但是当协变量向量 $\boldsymbol{X} = (X_1, \cdots, X_p)^{\mathrm{T}}$ 的维数 p 较高时, 利用非参数估计方法估计 p 元未知回归函数 $g(\cdot)$, 则会遇到 "维数灾祸" 问题, 并且估计的精度会降低. Friedman 和 Stuetzle (1981) 提出的广义可加模型可以有效解决该问题, Hastie 和 Tibshirani (1990) 对广义可加模型的理论和方法做了详细的研究. 假设 Y 是响应变量, $\boldsymbol{X} = (X_1, \cdots, X_p)^{\mathrm{T}}$ 是协变量向量, 广义可加模型具有如下形式

$$Y = \beta_0 + g_1(X_1) + \cdots + g_p(X_p) + \varepsilon, \tag{8.27}$$

其中 β_0 是截距项, $g_1(\cdot), \cdots, g_p(\cdot)$ 是 p 个未知的一元连续光滑函数, ε 是模型误差, 且要求 $\mathrm{E}(\varepsilon|\boldsymbol{X}) = 0$ 和 $\mathrm{Var}(\varepsilon|\boldsymbol{X}) = \sigma^2 < \infty$. 为了保证函数 $g_1(\cdot), \cdots, g_p(\cdot)$ 的可识别性, 需要假设

$$\mathrm{E}[g_k(X_k)] = 0, \qquad k = 1, \cdots, p. \tag{8.28}$$

由可识别性条件 (8.28) 和 $\mathrm{E}(\varepsilon|\boldsymbol{X}) = 0$, 则有 $\mathrm{E}(Y) = \beta_0$. 假设 $\{(\boldsymbol{x}_i, y_i), i = 1, \cdots, n\}$ 是来自模型 (8.27) 的独立同分布的随机样本, 其中 $\boldsymbol{x}_i = (x_{i1}, \cdots, x_{ip})^{\mathrm{T}}$. 因此, 截距项 β_0 的估计为 $\widehat{\beta}_0 = \overline{y} = \dfrac{1}{n}\sum_{i=1}^{n} y_i$. 对广义可加模型 (8.27) 中未知函数 $g_1(\cdot), \cdots, g_p(\cdot)$ 的估计, 最经典的估计方法是**后移算法** (backfitting algorithm). 为了简单, 不妨假设变量 $X_1, \cdots, X_p$ 的支撑集都为 $[0,1]$, 下面以 8.3 节介绍的光滑样条方法为例进行介绍, 则 $g_1(\cdot), \cdots, g_p(\cdot)$ 的可加三次光滑样条估计为

$$\widehat{g}_1, \cdots, \widehat{g}_p = \arg\min_{g_1, \cdots, g_p} \left\{ \sum_{i=1}^{n} \left(y_i - \widehat{\beta}_0 - \sum_{k=1}^{p} g_k(x_{ik}) \right)^2 + \sum_{k=1}^{p} \lambda_k \int_0^1 [g_k''(x)]^2 \mathrm{d}x \right\}, \tag{8.29}$$

其中 $\lambda_k \geqslant 0$ 为光滑参数, $k=1,\cdots,p$. 对于式 (8.29) 的优化问题, 可用下面的后移算法进行求解. 假设 $\widehat{\beta}_0=\bar{y}$, 并初始化 $\widehat{g}_1,\cdots,\widehat{g}_p$, 不妨假设所有的初始估计为 0, 则对 $k=1,\cdots,p$ 重复迭代下面的步骤, 直到收敛, 具体算法为:

步骤 1 令 $\widehat{r}_i=y_i-\widehat{\beta}_0-\sum\limits_{s\neq k}\widehat{g}_s(x_{is})$, 其中 $i=1,\cdots,n$;

步骤 2 对 $k=1,\cdots,p$, 利用光滑样条方法估计

$$\widehat{g}_k=\arg\min_{g_k}\left\{\sum_{i=1}^{n}(\widehat{r}_i-g_k(x_{ik}))^2+\lambda_k\int_0^1[g_k''(x)]^2\mathrm{d}x\right\};$$

步骤 3 (中心化): $\widehat{g}_k=\widehat{g}_k-\dfrac{1}{n}\sum\limits_{i=1}^{n}\widehat{g}_k(x_{ik})$, 其中 $k=1,\cdots,p$.

在上述后移算法中, 对非参数函数的估计, 本章介绍的非参数估计方法都适用, 如多项式回归方法、回归样条、自然样条、光滑样条和局部光滑方法等, 详细的讨论见 Hastie 和 Tibshirani (1990), 薛留根 (2012a) 第 10 章. 在 R 语言中, 常用函数 lm(), 程序包 gam, 程序包 mgcv 和程序包 SemiPar 对广义可加模型进行拟合.

1. 函数 lm()

如果先用函数 poly(), bs() 和 ns() 拟合非参数回归函数, 可视作是使用了合适基函数的多元线性回归模型, 然后可直接用函数 lm() 进行实现. 下面以 James 等 (2021) 中的 Wage 数据集为例进行说明, 该数据集包含 3000 个样本和 11 个变量, 此处仅仅考虑协变量 year, age 和 education 对响应变量 wage 的影响, 建立下面的广义可加模型

$$\text{wage}=\beta_0+g_1(\text{year})+g_2(\text{age})+g_3(\text{education})+\varepsilon, \tag{8.30}$$

其中 year 和 age 是定量变量, 而 education 是取五个水平的定性变量, 即 <HS Grad, HS Grad, Some College, College Grad, Advanced Degree, 指的是个体高中和大学的履历记录. 首先, 用自由度为 4 的三次样条估计函数 g_1(year), 自由度为 5 的自然样条估计函数 g_2(age), 用哑变量方法估计函数 g_3(education). 然后, 用函数 lm() 进行最小二乘估计, 并得到拟合结果. 最后, 用程序包 gam 中的函数 plot.Gam() 绘制拟合曲线. 程序如下, 拟合曲线和 95% 的置信带见图 8.14(a) – 图 8.14(c).

```
library(ISLR2); library(splines); library(gam)
attach(Wage)
gam1 = lm(wage ~ bs(year,df=4)+ns(age,df=5)+education, data=Wage)
summary(gam1)
par(mfrow = c(1, 3))
plot.Gam(gam1, se = TRUE, lwd = 2, col = "red")
```

图 8.14(a) 表明, 当协变量 age 和 education 给定时, wage 会随着 year 的增长有略微增长. 图 8.14(b) 表明, 当协变量 year 和 education 给定时, wage 随着 age 从 18 岁增长到 40 岁有快速的增长趋势, 当 age 取值在 $40\sim60$ 岁时 wage 达到最大, 然后随着 age 从 60 岁增长到 80 岁, wage 开

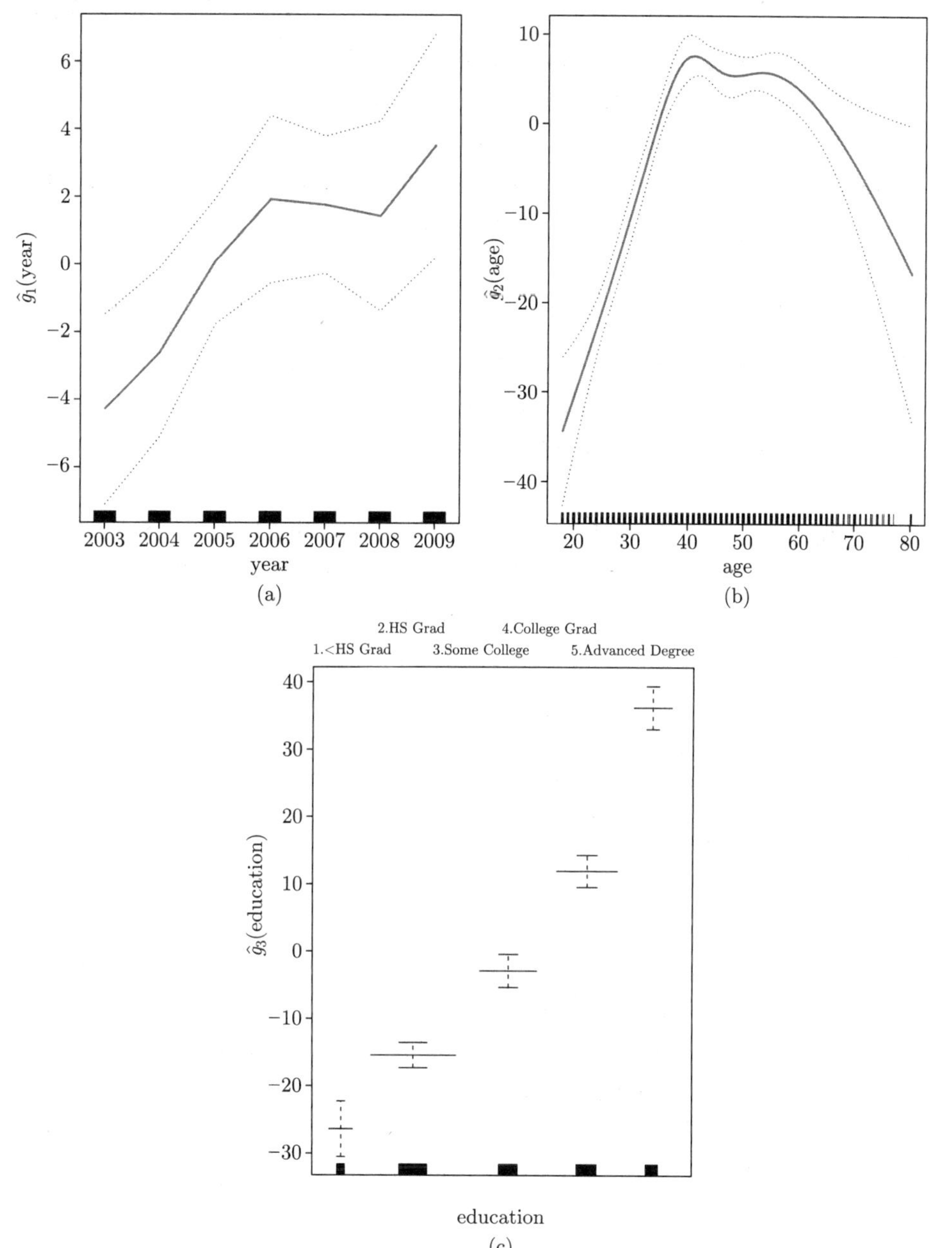

图 8.14 Wage 数据集的广义可加模型拟合. (a) 函数 g_1(year) 的自由度为 4 的三次样条拟合曲线和 95% 置信带; (b) 函数 g_2(age) 的自由度为 5 的自然样条拟合曲线和 95% 置信带; (c) 函数 g_3(education) 估计的阶梯函数和 95% 置信区间

始有较快的减少趋势. 图 8.14(c) 表明, 当协变量 year 和 age 给定时, 一个人的受教育水平越高, 他的平均工资就越高.

2. 程序包 gam 中的函数 gam()

在 R 语言中, 程序包 gam 中的函数 gam() 提供了后移算法对非参数函数的拟合, 调用格式为

```
gam(formula, family = gaussian, data, weights, subset, na.action,
      start, etastart, mustart, control = gam.control(...),
      model=TRUE, method, x=FALSE, y=TRUE, ...)
```

其中 formula 为模型公式，类似于函数 lm() 或 glm(); family 表示拟合模型的误差分布或联系函数，缺省时表示 gaussian，更多有 binomial，Gamma，poisson 和 quasi 等；其余参数见在线帮助.

在程序包 gam 中, 函数 s(x, df=4, spar=1) 用于拟合光滑样条, 其中参数 df 表示自由度, spar 表示光滑参数, 在 (0,1] 内取值; 函数 lo() 用于局部多项式回归拟合, 参数的使用见在线帮助. 绘制广义可加模型的拟合曲线, 可用函数 plot.Gam(). 在程序包 gam 中, 也可以使用函数 predict() 进行预测.

现在使用函数 gam() 对广义可加模型 (8.30) 中的函数进行拟合, 其中函数 g_1(year) 的拟合采用光滑参数 span=0.8 的局部线性估计方法, 函数 g_2(age) 的拟合采用自由度为 5 的光滑样条方法, 函数 g_3(education) 同样采用哑变量方法进行估计. 程序如下, 拟合曲线和 95% 的置信带见图 8.15(a) – 图 8.15(c), 结果类似于图 8.14 的结果, 此处不再赘述.

```
gam2 = gam(wage~lo(year,span=0.8)+s(age,df=5)+education,data=Wage)
summary(gam2)
par(mfrow = c(1, 3))
plot.Gam(gam2, se = TRUE, lwd = 2, col = "red")
```

现在考虑用函数 gam() 拟合的模型在测试集上的预测效果, 首先把 3 000 个样本随机分成相同样本量大小的训练集 (1 500 个样本) 和测试集 (1 500 个样本), 然后在训练集上拟合模型, 然后用函数 predict() 在测试集上进行预测, 绘制散点图, 并计算测试均方误差. 程序如下, 所得测试均方误差为 1198.31, 预测的散点图和 45° 线见图 8.16. 在程序中 abline(0,1) 表示绘制直线 $y = 0 + 1 \times x$, 即 45° 线. 如果预测效果好, 则散点应该集中在 45° 线周围. 图 8.16 中测试均方误差的预测结果并不理想, 可能存在过拟合或欠拟合问题, 留作业给读者进行改进.

```
set.seed(2022)
tr = sample(1:nrow(Wage), nrow(Wage)/2)
gam2.tr=gam(wage~lo(year,span=0.8)+s(age,df=5)+education,subset=tr)
wage.hat = predict(gam2.tr, newdata = Wage[-tr,])
wage.test = Wage[-tr, "wage"]
> (test.mse = round(mean((wage.hat - wage.test)^2), 2))
[1] 1198.31
plot(wage.hat, wage.test, pch=8, col="blue")
```

```
abline(0,1, col="red", lwd=5)
text(70, 200, paste("test MSE=", test.mse), col = "red")
```

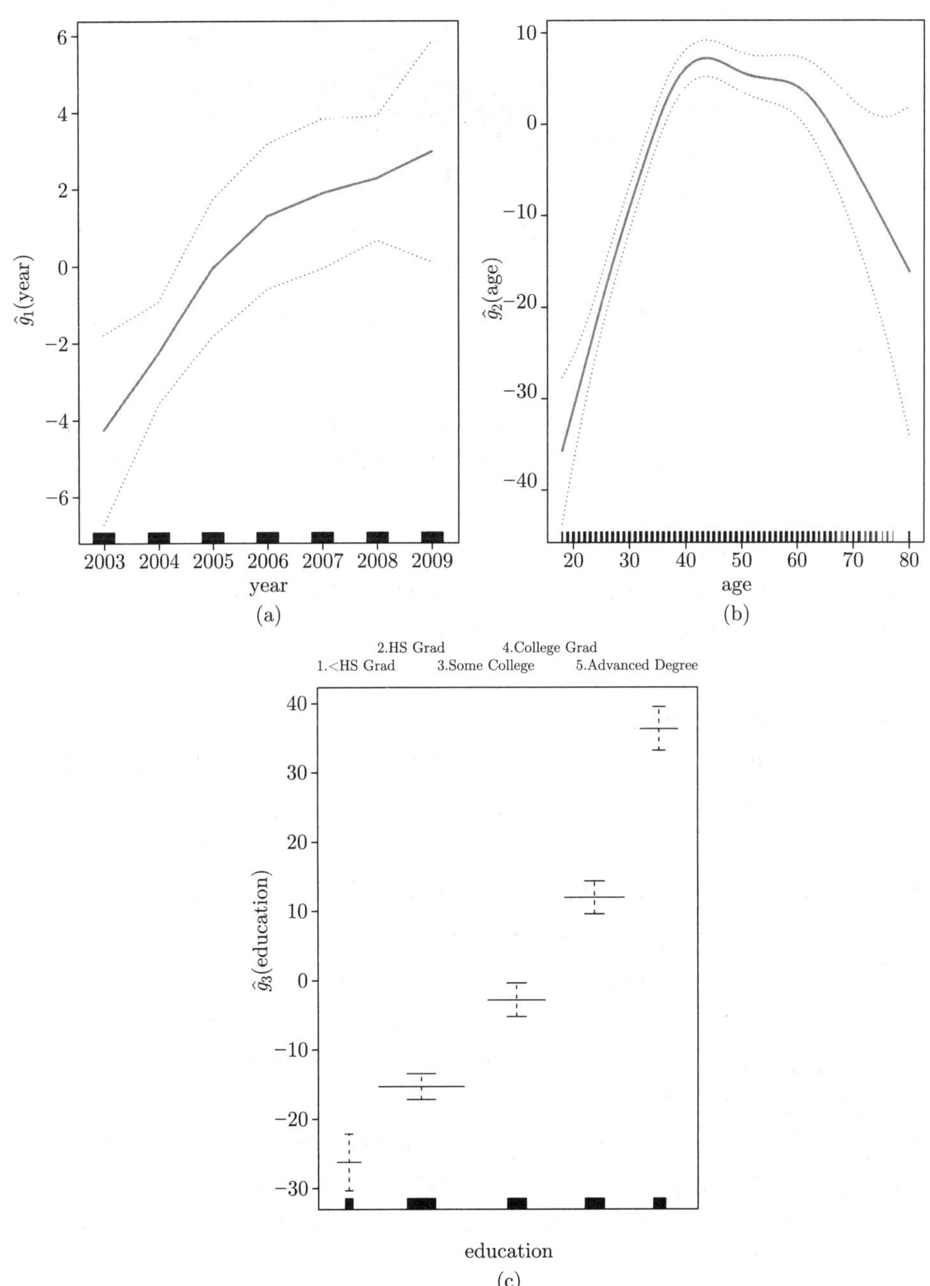

图 8.15 利用程序包 gam 中的函数 gam() 对 Wage 数据集的广义可加模型 (8.30) 进行拟合. (a) 函数 g_1(year) 的局部线性拟合曲线和 95% 置信带; (b) 函数 g_2(age) 的自由度为 5 的光滑样条拟合曲线和 95% 置信带; (c) 函数 g_3(education) 估计的阶梯函数和 95% 置信区间

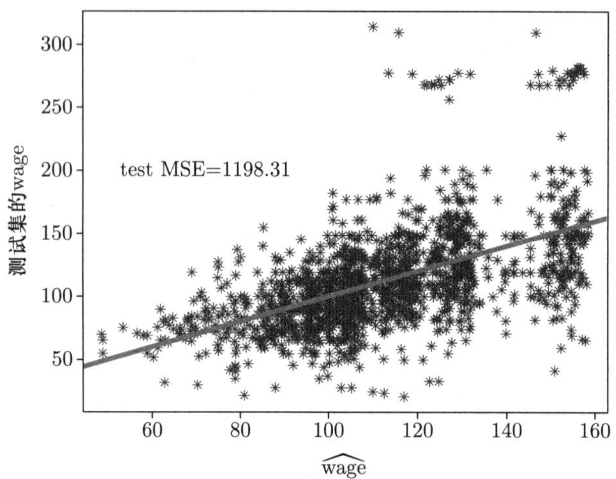

图 8.16 预测的散点图和 45° 线, 其中横坐标表示 wage 在测试集上的预测结果 $\widehat{\text{wage}}$, 纵坐标表示测试集上的 wage

进一步, 给定光滑参数 span=0.8, 可以使用函数 lo() 对协变量 year 和 age 进行交互效应拟合, 然后安装程序包 akima, 可以展示二维曲面的拟合效果, 读者可运行如下程序, 并对结果进行解释.

```
install.packages("akima");  library(akima)
gam3 = gam(wage ~ lo(year, age, span=0.8)+education, data = Wage)
plot.Gam(gam3, se = TRUE, lwd = 2, col = "red")
```

3. 程序包 mgcv 中的函数 gam()

在 R 语言中, 程序包 mgcv 中的函数 gam() 同样提供了使用后移算法对非参数函数的拟合, 拟合效果比程序包 gam 中的函数 gam() 更优, 调用格式为

```
gam(formula,family=gaussian(),data=list(),weights=NULL,subset=NULL,
    na.action, offset=NULL, method="GCV.Cp",
    optimizer=c("outer", "newton"), control=list(), scale=0,
    select=F, knots=NULL, sp=NULL, min.sp=NULL, H=NULL, gamma=1,
    fit=T, paraPen=NULL, G=NULL, in.out, drop.unused.levels=T,
    drop.intercept=NULL, discrete=F, ...)
其中 formula 为模型公式, 类似于函数 lm() 或 glm(); family 表示拟合模型的误差分布或
联系函数, 缺省时表示 gaussian, 其他类似于函数 glm(); method 表示光滑参数的估计方
法, 其中 GCV.Cp 表示用 GCV 准则和 Cp 准则进行估计, 其他估计方法见在线帮助; 其余参数
见在线帮助.
```

在程序包 mgcv 中, 函数 s() 用于拟合光滑样条, 光滑参数默认由 GCV.Cp 方法进行估计, 其余参数的使用见在线帮助. 绘制广义可加模型的拟合曲线, 可用函数 plot(). 在程序包 mgcv 中, 也可

以使用函数 predict.gam() 进行预测.

例 8.1 为了展示程序包 mgcv 对广义可加模型的拟合效果, 从下面的广义可加模型生成随机数据进行分析, 即

$$y_i = g_1(x_{i1}) + g_2(x_{i2}) + g_3(x_{i3}) + \varepsilon_i, \qquad i = 1, \cdots, 400, \tag{8.31}$$

其中 $g_1(x_{i1}) = \exp(-x_{i1}) - 1.63$, $g_2(x_{i2}) = (x_{i2} - 0.1)^3$, $g_3(x_{i3}) = 5\cos(\pi x_{i3})$, 模型误差 $\varepsilon_i \sim N(0, 4)$, 且 $x_{ik} \sim U(-2, 2)$, $k = 1, 2, 3$. 生成 x_1, x_2, x_3 和 ε 的随机数后, 响应变量 y 可由模型 (8.31) 产生, 则数据集为 $D = \{(y_i, x_{i1}, x_{i2}, x_{i3}), i = 1, \cdots, 400\}$. 在该模拟中, 固定种子 set.seed (2022), 把 400 个样本随机分成相同样本量大小的训练集和测试集, 在训练集上利用函数 gam() 进行拟合, 并绘制拟合曲线和 95% 的置信带. 最后在测试集上利用函数 predict.gam() 进行预测, 绘制 45° 线, 并计算测试均方误差. 程序如下, 拟合曲线和 95% 的置信带见图 8.17(a) – 图 8.17(c), 预测的散点图和 45° 线见图 8.17(d).

```
library(mgcv)
set.seed(2022); n = 400
g1 = function(x) { exp(-x)-1.63 }
g2 = function(x) { (x-0.1)^3    }
g3 = function(x) { 5*cos(pi*x)  }
x1 = runif(n,-2,2); x2 = runif(n,-2,2); x3 = runif(n,-2,2)
y  = g1(x1) + g2(x2) + g3(x3) + 2*rnorm(n)
D  = data.frame(y, x1, x2, x3)
tr = sample(1:nrow(D), nrow(D)/2)
gam4 = gam(y ~ s(x1) + s(x2) + s(x3), data=D, subset=tr)
summary(gam4)
par(mfrow = c(2, 2))
plot(gam4, col="red", lwd=2, residuals=TRUE, all.terms=TRUE,
     shade = TRUE, shade.col = "gold")
## 在测试集上进行预测
y.hat = predict.gam(gam4, newdata = D[-tr,])
y.test = D[-tr, "y"]
> (test.mse = round(mean((y.hat - y.test)^2), 4))
[1] 4.1629
plot(y.hat, y.test, pch = 8, col = "blue")
abline(0, 1, col = "red", lwd = 3)
text(5, -10, paste("test MSE=", test.mse), col = "red")
```

从图 8.17(a) – 图 8.17(c) 的拟合曲线和 95% 置信带可以看出, 程序包 mgcv 中的函数 gam() 对广义可加模型有很好的拟合效果, 而且置信带也很窄. 从图 8.17(d) 的预测散点图和 45° 线可以看

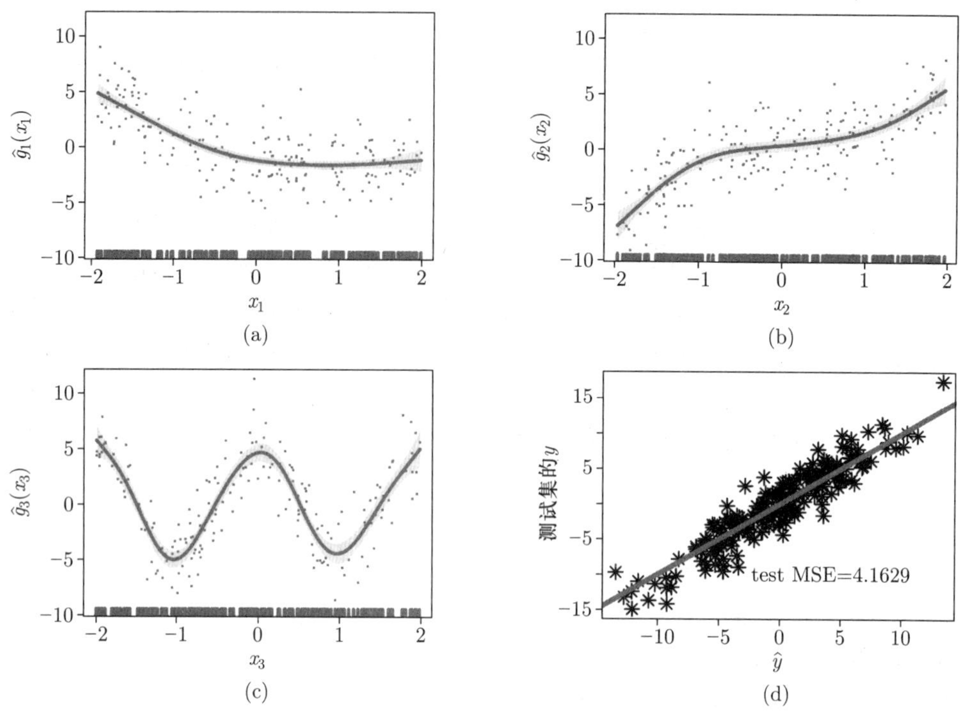

图 8.17　利用程序包 mgcv 中的函数 gam() 对广义可加模型 (8.31) 进行拟合. (a) 函数 $g_1(x_1)$ 的拟合曲线和 95% 置信带; (b) 函数 $g_2(x_2)$ 的拟合曲线和 95% 置信带; (c) 函数 $g_3(x_3)$ 的拟合曲线和 95% 置信带; (d) 预测的散点图和 45° 线, 其中横坐标表示模拟数据集 D 在测试集上的预测结果 $\widehat{y}$, 纵坐标表示测试集上的响应变量 y

出, 预测效果非常好, 并且测试均方误差仅为 4.162 9. 综合来看, 程序包 mgcv 中的函数 gam() 对广义可加模型有很好的拟合效果.

程序包 mgcv 中的函数 gam(), 也能对多元函数进行拟合, 下面的例子考虑多元函数广义可加模型的拟合问题.

例 8.2　考虑下面的广义可加模型

$$y_i = g_1(x_{i1}) + g_2(x_{i2}, x_{i4}) + g_3(x_{i3}, x_{i5}) + \varepsilon_i, \qquad i = 1, \cdots, 400, \tag{8.32}$$

其中 $g_1(x_{i1}) = (x_{i1} - 0.1)^3$ 为一元函数, $g_2(x_{i2}, x_{i4}) = 5\cos(\pi x_{i2} x_{i4})$ 为二元函数, $g_3(x_{i3}, x_{i5}) = (x_{i3} + x_{i5})^2$ 为二元函数, 模型误差 $\varepsilon_i \sim N(0, 4)$, 且 $x_{ik} \sim U(-2, 2)$, $k = 1, \cdots, 5$. 生成 $x_1, \cdots, x_5$ 和 ε 的随机数后, 响应变量 y 可由模型 (8.32) 产生, 则数据集为 $D = \{(y_i, \boldsymbol{x}_i), i = 1, \cdots, 400\}$, 其中 $\boldsymbol{x}_i = (x_{i1}, \cdots, x_{i5})^{\mathrm{T}}$. 在该模拟中, 固定种子 set.seed (2022), 利用程序包 mgcv 中的函数 gam() 进行拟合, 并绘制拟合曲线和曲面, 以及拟合曲线的 95% 置信带, 见下面程序和图 8.18(a) – 图 8.18(c).

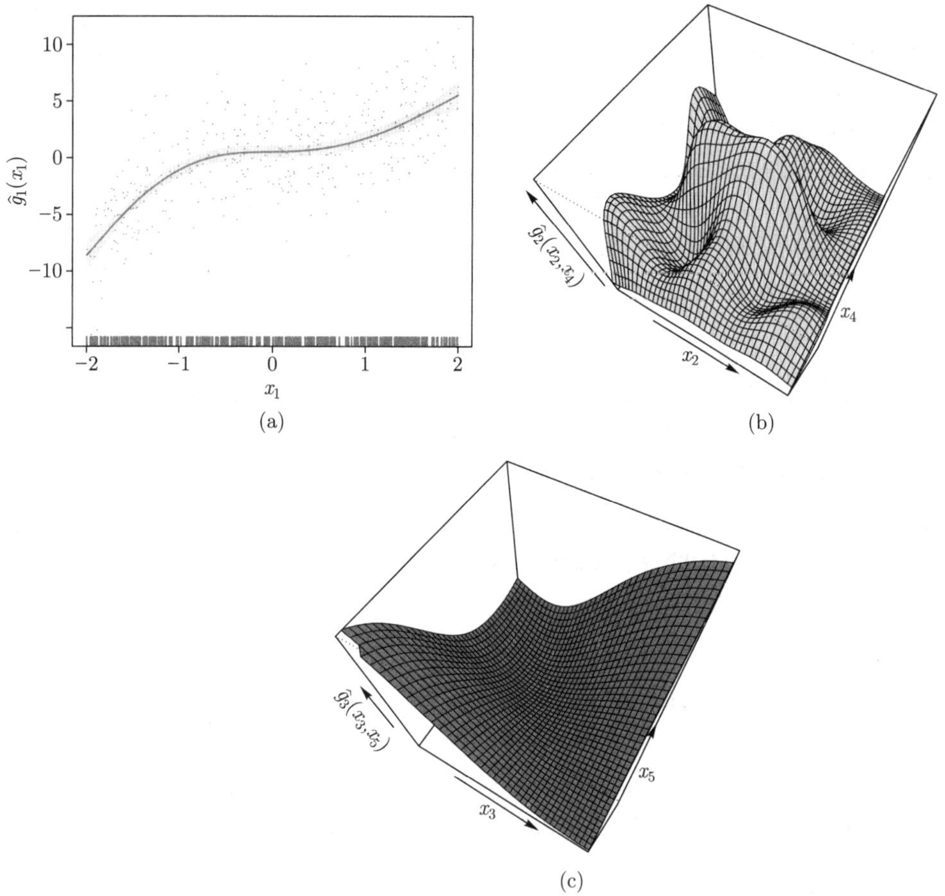

图 8.18 利用程序包 mgcv 中的函数 gam() 对广义可加模型 (8.32) 进行拟合. (a) 函数 $g_1(x_1)$ 的拟合曲线和 95% 置信带; (b) 函数 $g_2(x_2, x_4)$ 的拟合曲面; (c) 函数 $g_3(x_3, x_5)$ 的拟合曲面

```
library(mgcv)
set.seed(2022); n = 400
g1 = function(x)    { (x-0.1)^3    }
g2 = function(x, y) { 5*cos(pi*x*y) }
g3 = function(x, y) { (x+y)^2      }
x1 = runif(n,-2,2); x2 = runif(n,-2,2); x3 = runif(n,-2,2);
x4 = runif(n,-2,2); x5 = runif(n,-2,2)
y  = g1(x1) + g2(x2, x4) + g3(x3, x5) + 2*rnorm(n)
D  = data.frame(y, x1, x2, x3, x4, x5)
gam5 = gam(y ~ s(x1) + s(x2, x4) + s(x3, x5), data = D)
summary(gam5)
op = par(bg = "white")
```

```
par(bg = "honeydew")
par(mfrow = c(1, 3))
plot(gam5, select = 1, col = "red", lwd = 2, residuals = TRUE,
     all.terms = TRUE, shade = TRUE, shade.col = "gold")
plot(gam5, select = 2, phi = 60, pers = TRUE, col = "gold")
plot(gam5, select = 3, phi = 60, pers = TRUE, col = "red")
par(op)
```

从图 8.18(a) – 图 8.18(c) 的拟合曲线和二元函数的拟合曲面可以看出, 程序包 mgcv 中的函数 gam() 对多元函数的广义可加模型也有很好的拟合效果.

4. 程序包 SemiPar 中的函数 spm()

在 R 语言中, 也可用程序包 SemiPar 中的函数 spm() 进行拟合, 程序包 SemiPar 是配套 Ruppert, Wand 和 Carroll(2003) 的专著 *Semiparametric Regression*, 对非参数模型和半参数模型具有很强的应用. 函数 spm() 的调用格式为

```
spm(form, random = NULL, group = NULL, family = "gaussian",
              spar.method = "REML", omit.missing = NULL)
```

其中 form 为模型公式, 类似于函数 lm() 或 glm(); family 表示拟合似然模型的类型, 可以取"gaussian", "binomial" 或"poisson"; spar.method 表示光滑参数的自动选择方法, 如果 spar.method="REML" 表示限制极大似然方法, spar.method="ML" 表示极大似然方法; 其余参数见在线帮助.

在程序包 SemiPar 中, 用函数 spm() 拟合广义可加模型, 并用函数 plot() 绘制广义可加模型的拟合曲线, 也可使用函数 predict.spm() 进行预测.

下面以程序包 SemiPar 中的 calif.air.poll 数据集为例进行说明, Breiman 和 Friedman (1985) 对洛杉矶地区的大气臭氧浓度和气象数据进行了详细分析, 该数据集包含 345 个样本和 4 个变量, 其中响应变量 y 为日臭氧浓度 (ozone.level, 单位: ppm), 其他三个变量为协变量, 分别为: x_1 表示 Daggett 的压力梯度 (daggett.pressure.gradient, 单位: mmHg), x_2 表示反转基准高度 (inversion.base.height, 单位: 英尺), x_3 表示逆温 (inversion.base.temp, 单位: 华氏度①). 这时, 考虑下面的广义可加模型

$$y_i = \beta_0 + g_1(x_{i1}) + g_2(x_{i2}) + g_3(x_{i3}) + \varepsilon_i, \qquad i = 1, \cdots, 345. \tag{8.33}$$

用程序包 SemiPar 中的函数 spm() 对模型 (8.33) 进行拟合, 并用函数 plot() 绘制拟合曲线和 95% 的置信带. 进一步, 把原数据作为测试集, 用 predict() 进行预测, 并计算训练均方误差. 程序如下, 拟合曲线和 95% 的置信带, 以及预测散点图和 45° 线见图 8.19(a) – 图 8.19(d).

① 注: 1 华氏度 =−17.222 摄氏度.

```
library(SemiPar)
data(calif.air.poll); attach(calif.air.poll)
gam6 = spm(ozone.level ~ f(daggett.pressure.gradient)
      + f(inversion.base.height) + f(inversion.base.temp))
summary(gam6)
par(mfrow = c(2, 2))
op = par(bg = "white"); par(bg = "honeydew")
plot(gam6, shade = FALSE, col = c("red", "orange", "gold"),
     lwd = rep(5, 3), se.lwd = rep(3, 3),
     se.col  = c("greenyellow", "blue", "purple"),
     rug.col = c("navy", "deeppink", "darkorange"),
     xlim = list(lower=c(-50,0,30), upper = c(80,4200,90)),
     xlab=c("x1","x2","x3"), ylab=c("g1.hat", "g2.hat", "g3.hat"))
par(op)
## 在原数据集上进行预测，即计算训练均方误差
ozone.level.hat = predict.spm(gam6, newdata = calif.air.poll)
plot(ozone.level.hat, ozone.level, pch = 8, col = "blue")
abline(0, 1, col = "red", lwd = 3)
> mean((ozone.level.hat-ozone.level)^2)
[1] 17.82963
```

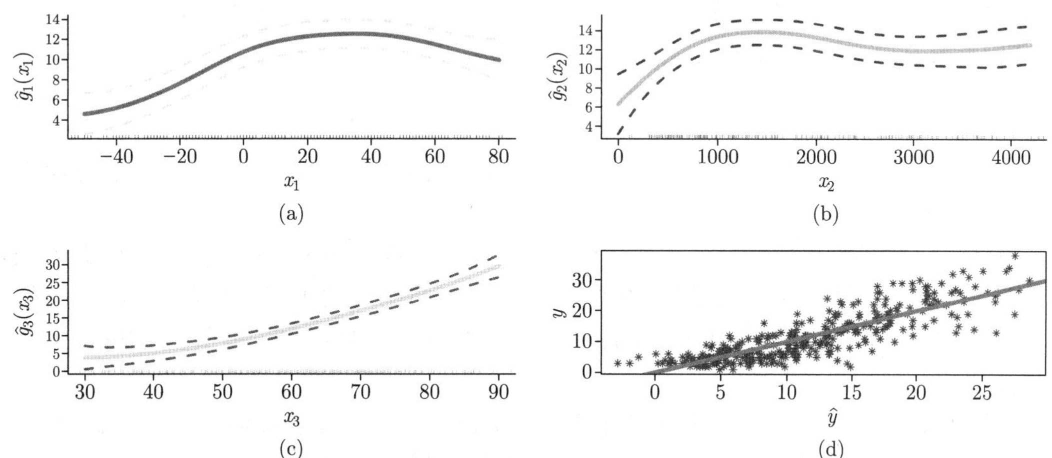

图 8.19 对 calif.air.poll 数据集, 利用程序包 SemiPar 中的函数 spm() 对广义可加模型 (8.33) 的拟合. (a) 函数 $g_1(x_1)$ 的拟合曲线和 95% 置信带; (b) 函数 $g_2(x_2)$ 的拟合曲线和 95% 置信带; (c) 函数 $g_3(x_3)$ 的拟合曲线和 95% 置信带; (d) 基于训练集预测的散点图和 45° 线

从图 8.19(a) – 图 8.19(c) 可以看出, 协变量 x_1, x_2 和 x_3 对日臭氧浓度 y 的影响是非线性的, 其中 $\widehat{g}_1(x_1)$ 是先增后减, $\widehat{g}_2(x_2)$ 是先增然后变化比较平稳, $\widehat{g}_3(x_3)$ 随着 x_3 的增加是单调递增的. 从图 8.19(d) 的训练集预测散点图和 45° 线, 以及训练均方误差 17.829 63 可知, 在训练集上, 程序

包 SemiPar 中的函数 spm() 对广义可加模型有很好的拟合效果. 在测试集上的表现, 读者可根据前面方法, 把数据集随机分成训练集和测试集, 在训练集上对模型进行拟合, 然后用函数 predict.spm() 在测试集上进行预测, 并观察预测效果.

在使用程序包 mgcv 中的函数 gam() 和程序包 SemiPar 中的函数 spm() 进行拟合时, 并没有给定自由度或光滑参数, 在这两个函数中, 如果缺省, 默认使用 CV 准则选取最优自由度和光滑参数并进行拟合模型. 在实际应用中, 可以指定自由度和光滑参数, 然后再进行计算, 如对三个函数拟合时分别指定自由度为 6, 5 和 8, 包括截距项, 则总的自由度为 $1+6+5+8=20$.

```
gam7 = spm(y ~ f(x1, df=6) + f(x2, df=5) + f(x3, df=8))
```

§8.6 半参数回归模型

半参数回归模型是 20 世纪 80 年代发展起来的一种重要统计模型, 包含部分线性模型、单指标模型和变系数模型等. 该类模型既含有参数分量, 又含有非参数分量, 可描述许多实际问题, 比单纯的参数模型和非参数模型有更大的适应性. 在理论上, 处理这类模型的方法融合了参数回归模型中常用的方法和较近发展起来的非参数方法, 但也并非这两类方法的简单叠加.

8.6.1 部分线性模型

假设响应变量 Y 依赖于 p 维协变量向量 $\boldsymbol{X}=(X_1,\cdots,X_p)^{\mathrm{T}}$ 和一维协变量 T, 且 Y 与 $\boldsymbol{X}$ 之间呈线性关系, Y 与 T 之间呈非线性关系, 其模型形式为

$$Y=\boldsymbol{X}^{\mathrm{T}}\boldsymbol{\beta}+g(T)+\varepsilon, \tag{8.34}$$

其中 $\boldsymbol{\beta}=(\beta_1,\cdots,\beta_p)^{\mathrm{T}}$ 是 p 维未知参数向量, $g(\cdot)$ 是一元未知的连续光滑函数, ε 是模型误差, 满足 $\mathrm{E}(\varepsilon|\boldsymbol{X})=0$ 和 $\mathrm{Var}(\varepsilon)=\sigma^2<\infty$.

下面针对部分线性模型 (8.34), 简要介绍一个经典的 **profile 最小二乘估计方法**, 对模型中的参数分量 $\boldsymbol{\beta}$ 和非参数函数 $g(\cdot)$ 进行估计. 对非参数函数 $g(\cdot)$ 的估计, 以局部线性光滑方法为例进行介绍, 当然也可以使用本章学过的其他非参数估计方法, 如多项式回归、回归样条、光滑样条和 N-W 核估计等方法.

假设 $\{(\boldsymbol{x}_i,t_i,y_i),i=1,\cdots,n\}$ 为来自模型 (8.34) 的一组独立同分布的可观测随机样本, 其中 $\boldsymbol{x}_i=(x_{i1},\cdots,x_{ip})^{\mathrm{T}}$. 假设 $\boldsymbol{\beta}$ 已知, 则模型 (8.34) 变为非参数回归模型

$$y_i-\boldsymbol{x}_i^{\mathrm{T}}\boldsymbol{\beta}=g(t_i)+\varepsilon_i,\qquad i=1,\cdots,n.$$

首先, 可用局部线性光滑方法估计非参数函数 $g(\cdot)$. 如果 t_i 在 t 的一个小邻域内, 则 $g(t_i)$ 可以用一个线性函数局部逼近, 即

$$g(t_i)\approx g(t)+g'(t)(t_i-t)=:a+b(t_i-t).$$

如果给定 $\boldsymbol{\beta}$, 则可以极小化下面的加权最小二乘目标函数获得 a 和 b 的估计

$$\sum_{i=1}^{n}\{y_i-\boldsymbol{x}_i^{\mathrm{T}}\boldsymbol{\beta}-a-b(t_i-t)\}^2K_h(t_i-t), \tag{8.35}$$

其中 $K_h(\cdot)=K(\cdot/h)/h$, $K(\cdot)$ 是一个核函数, h 是窗宽. 极小化上面的加权最小二乘目标函数, 可得 a 的 "伪估计" 为

$$\widetilde{a}=\widetilde{g}(t;\boldsymbol{\beta})=\sum_{j=1}^{n}W_{nj}(t)(y_j-\boldsymbol{x}_j^{\mathrm{T}}\boldsymbol{\beta}), \tag{8.36}$$

其中

$$W_{nj}(t)=\frac{K_h(t_j-t)[S_{n,2}(t)-(t_j-t)S_{n,1}(t)]}{S_{n,0}(t)S_{n,2}(t)-S_{n,1}^2(t)},$$

且 $S_{n,k}(t)=\sum_{i=1}^{n}K_h(t_i-t)(t_i-t)^k$, $k=0,1,2$. 由式 (8.36) 定义的 $g(t)$ 的伪估计 $\widetilde{g}(t;\boldsymbol{\beta})$, 定义下面的 profile 最小二乘目标函数

$$Q(\boldsymbol{\beta})=\sum_{i=1}^{n}\left[y_i-\boldsymbol{x}_i^{\mathrm{T}}\boldsymbol{\beta}-\widetilde{g}(t_i;\boldsymbol{\beta})\right]^2=\sum_{i=1}^{n}\left(\widetilde{y}_i-\widetilde{\boldsymbol{x}}_i^{\mathrm{T}}\boldsymbol{\beta}\right)^2, \tag{8.37}$$

其中 $\widetilde{\boldsymbol{x}}_i=\boldsymbol{x}_i-\sum_{j=1}^{n}W_{nj}(t_i)\boldsymbol{x}_j$ 和 $\widetilde{y}_i=y_i-\sum_{j=1}^{n}W_{nj}(t_i)y_j$. 极小化 profile 最小二乘目标函数 $Q(\boldsymbol{\beta})$, 可得回归系数向量 $\boldsymbol{\beta}$ 的 profile 最小二乘估计, 即

$$\widehat{\boldsymbol{\beta}}=\arg\min_{\boldsymbol{\beta}}Q(\boldsymbol{\beta})=\left[\sum_{i=1}^{n}\widetilde{\boldsymbol{x}}_i\widetilde{\boldsymbol{x}}_i^{\mathrm{T}}\right]^{-1}\sum_{i=1}^{n}\widetilde{\boldsymbol{x}}_i\widetilde{y}_i. \tag{8.38}$$

最后, 将由式 (8.38) 定义的 profile 最小二乘估计 $\widehat{\boldsymbol{\beta}}$ 代入到式 (8.36) 中, 可得到非参数函数 $g(\cdot)$ 的最终估计为

$$\widehat{g}(t)=\sum_{j=1}^{n}W_{nj}(t)(y_j-\boldsymbol{x}_j^{\mathrm{T}}\widehat{\boldsymbol{\beta}}).$$

自 Engle 等 (1986) 在研究气象条件对电力需求影响这一实际问题时首次提出部分线性模型以来, 该模型已出现了一系列丰富的研究成果, 可参考柴根象和洪圣岩 (1995), Härdle 等 (2000), 薛留根 (2012a) 第 2 章, 以及李高荣和杨宜平 (2015) 第 3 章关于纵向数据部分线性模型的内容, 李高荣等 (2016) 第 5 章关于部分线性测量误差模型的内容.

在 R 语言中, 对部分线性模型的估计, 可用程序包 np、AER、ssym 和 PLRModels 等, 本节主要介绍程序包 PLRModels 中的函数 plrm.est(), 调用格式为

```
plrm.est(data = data, b = NULL, h = NULL, newt = NULL,
       estimator = "NW", kernel = "quadratic")
其中 data 表示包含数据集, data[,1] 为响应变量数据, data[,2:p+1] 为线性部分协变量数
据, data[,p+2] 为非参数部分协变量数据; b 为估计参数分量时的窗宽; h 为估计非参数函数
```

的窗宽, b 和 h 缺省, 表示用 CV 准则选取窗宽; newt 表示新的非参数部分协变量数据; 参数 estimator 和 kernel 相同于函数 np.est().

在程序包 PLRModels 中还提供了窗宽选取的函数, 如基于 CV 准则的函数 plrm.cv() 和基于 GCV 准则的函数 plrm.gcv(), 详细的使用可见在线帮助. 此外, 还提供了计算置信区间的函数 plrm.ci() 和拟合优度检验的函数 plrm.gof().

为了展示程序包 PLRModels 对部分线性模型的拟合效果, 从下面的部分线性模型生成随机数据进行分析, 即

$$y_i = \boldsymbol{x}_i^{\mathrm{T}}\boldsymbol{\beta} + g(t_i) + \varepsilon_i, \qquad i = 1, \cdots, 400, \tag{8.39}$$

其中 $\boldsymbol{\beta} = (-0.5, 1, -1, 1.5)^{\mathrm{T}}$ 为参数分量的回归系数向量, $g(t_i) = 2(1 + t_i\cos(4\pi t_i))$ 为非参数函数, 模型误差 $\varepsilon_i \sim N(0,1)$, 协变量 t 从区间 [0,1] 中等间距生成 400 个样本, 协变量向量 $\boldsymbol{x}_i = (x_{i1}, x_{i2}, x_{i3}, x_{i4})^{\mathrm{T}} \sim N_4(\mathbf{0}, \boldsymbol{\Sigma})$, 这里 $\boldsymbol{\Sigma} = (\sigma_{ij})_{1\leqslant i,j\leqslant 4}$, 且 $\sigma_{ij} = 0.3^{|i-j|}$. 生成 $\boldsymbol{x}$, t 和 ε 的随机数后, 响应变量 y 可由模型 (8.39) 产生, 则数据集为 $D = \{(y_i, \boldsymbol{x}_i, t_i), i = 1, \cdots, 400\}$. 在该模拟中, 固定种子 set.seed (2022), 利用函数 plrm.est() 对模型 (8.39) 进行估计, 其中用 profile 最小二乘方法估计回归系数向量 $\boldsymbol{\beta}$, 用 N-W 核估计方法或局部线性光滑方法估计非参数函数 $g(\cdot)$, 取 Epanechnikov 核函数, 并用 CV 准则选取最优窗宽. 下面程序中, 提供了回归系数向量 $\boldsymbol{\beta}$ 的 profile 最小二乘估计 $\widehat{\boldsymbol{\beta}}$, 非参数函数 $g(\cdot)$ 的 N-W 核估计或局部线性估计 $\widehat{g}(\cdot)$, 并计算了均方误差 (MSE), 即

$$\mathrm{MSE} = \frac{1}{400}\sum_{i=1}^{400}(y_i - \widehat{y}_i)^2,$$

其中 $\widehat{y}_i = \boldsymbol{x}_i^{\mathrm{T}}\widehat{\boldsymbol{\beta}} + \widehat{g}(t_i), i = 1, \cdots, 400$.

图 8.20(a) 提供了函数 $g(t)$ 的真实曲线, N-W 核估计拟合曲线和局部线性估计拟合曲线; 图 8.20(b) 提供了利用 N-W 核方法估计的函数 $g(t)$, 响应变量 y 对拟合值 $\widehat{y}$ 的散点图和 45° 线; 图 8.20(c) 提供了利用局部线性光滑方法估计的函数 $g(t)$, 响应变量 y 对拟合值 $\widehat{y}$ 的散点图和 45° 线.

```
library(PLRModels); library(MASS)
set.seed(2022)
n = 400; p = 4; rho = 0.3; mu = rep(0, p)
ar1mat = rho^outer(1:p, 1:p, function(x,y) abs(x-y))
x = mvrnorm(n, mu, ar1mat)
beta = c(-0.5, 1, -1, 1.5)
g = function(t) { 2 + 2*t*cos(4*pi*t) }
t = ((1:n)-0.5)/n
y =  x%*%beta + g(t) + rnorm(n, 0, 1)
D = matrix(c(y, x, t), nrow=n)
fit.nw  = plrm.est(data = D)                ##N-W 核估计
```

```
fit.llp = plrm.est(data = D, estimator = "LLP") ## 局部线性估计
par(mfrow = c(1, 3))
op = par(bg = "white")
par(bg = "honeydew")
plot(t, g(t), type = "l", lwd = 2)
lines(t, fit.nw$m.t,  lty=2, lwd=2,  ylab="", col="blue")
lines(t, fit.llp$m.t, lty=4, lwd=2,  ylab="", col="red")
legend("topleft", legend = c("True curve", "N-W estimator",
       "Local linear estimator"), col=c("black", "blue", "red"),
        lwd = 2, lty = c(1, 2, 4))
plot(fit.nw$fitted.values, y, xlab = "y.hat", ylab = "y",
     main = "N-W 核估计", pch = 8, col = "lightblue")
abline(0, 1, lwd = 5, col = "red")
plot(fit.llp$fitted.values, y, xlab = "y.hat", ylab = "y",
     main = "局部线性估计", pch = 8, col = "lightblue")
abline(0, 1, lwd = 5, col = "red")
par(op)
> fit.nw$beta                        > fit.llp$beta
          [,1]                                 [,1]
[1,] -0.3796017                     [1,] -0.3763588
[2,]  0.9878191                     [2,]  0.9891673
[3,] -0.9606024                     [3,] -0.9573624
[4,]  1.5356926                     [4,]  1.5328420
> mean(fit.nw$residuals^2)          > mean(fit.llp$residuals^2)
[1] 1.005253                        [1] 0.9952479
```

从图 8.20 和模拟结果可看出如下结果: ① 当用 N-W 核估计方法估计非参数函数 $g(\cdot)$ 时, 回归系数向量 $\boldsymbol{\beta}$ 的 profile 最小二乘估计为 $\widehat{\boldsymbol{\beta}}=(-0.379\,6, 0.987\,8, -0.960\,6, 1.535\,7)^{\mathrm{T}}$, 均方误差为 1.005; ② 当用局部线性光滑方法估计非参数函数 $g(\cdot)$ 时, 回归系数向量 $\boldsymbol{\beta}$ 的 profile 最小二乘估计为 $\widehat{\boldsymbol{\beta}}=(-0.376\,4, 0.989\,2, -0.957\,4, 1.532\,8)^{\mathrm{T}}$, 均方误差为 0.995 2; ③ 图 8.20(a) 显示, 非参数函数 $g(\cdot)$ 的 N-W 核估计和局部线性估计拟合效果都很好, 在内点处基本重合, 但在边界点和曲率变化大的位置, 与真实曲线有点偏差, 整体来看, 局部线性估计的拟合效果更好一点, 特别是在边界点附近; 图 8.20(b) 和图 8.20(c) 分别给出了采用非参数函数 $g(\cdot)$ 的 N-W 核估计和局部线性估计时, 响应变量 y 对拟合值 $\widehat{y}$ 的散点图和 45° 线, 结合均方误差来看, 当用局部线性光滑方法拟合非参数函数时, 整个模型的拟合效果会更好一点, 因为有更小的均方误差.

从回归系数向量 $\boldsymbol{\beta}$ 的估计来看, 偏差有点大, 读者可以通过重复试验, 如重复模拟 500 次, 然后计算参数分量和非参数函数的平均估计, 再对结果进行比较. 这里留作业给读者, 从而可以从不同样

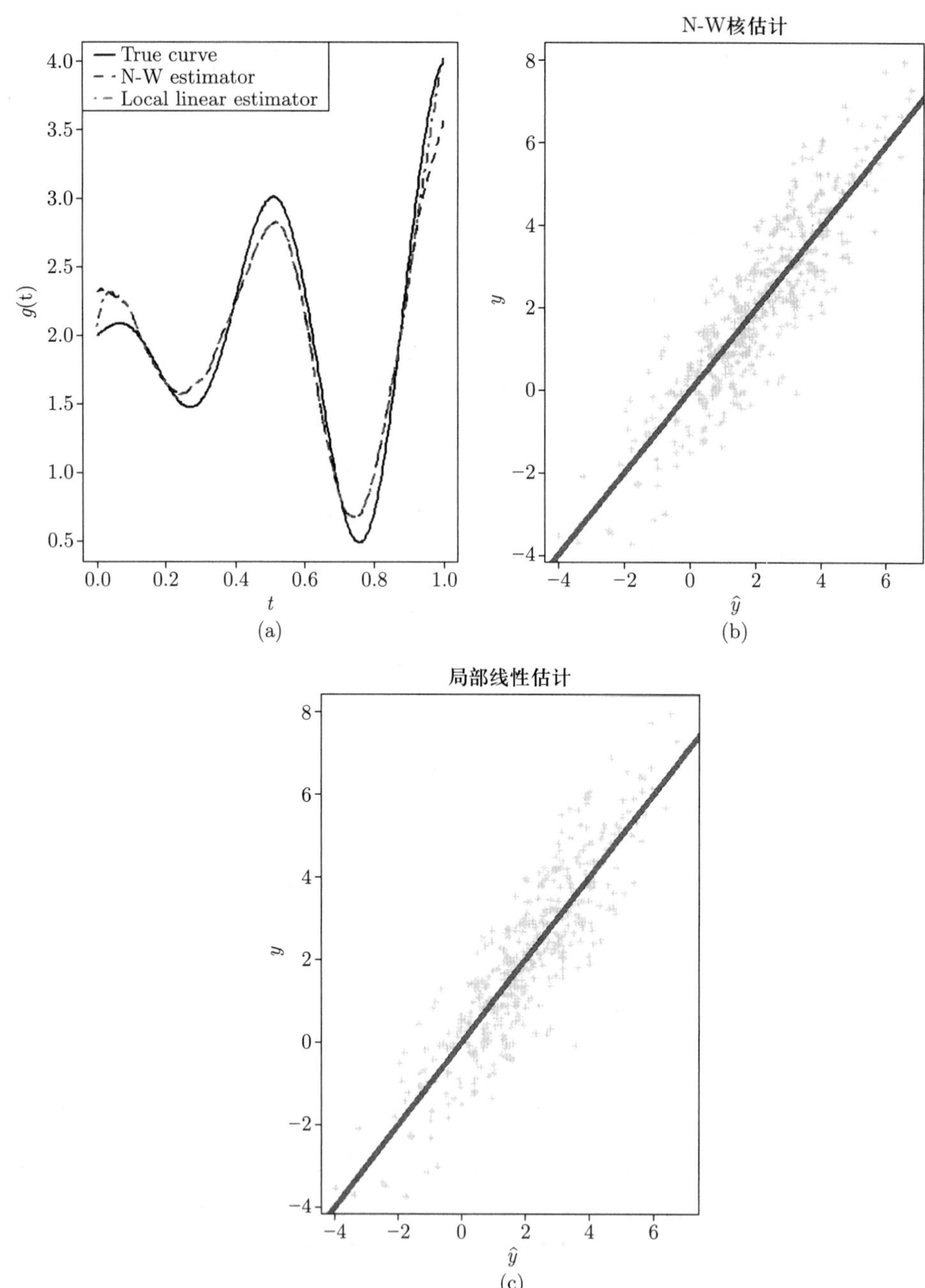

图 8.20　利用程序包 PLRModels 中的函数 plrm.est() 对部分线性模型 (8.39) 进行估计. (a) 函数 $g(t)$ 的真实曲线, 采用 N-W 核估计拟合曲线和局部线性估计拟合曲线; (b) 采用 N-W 核方法估计函数 $g(t)$, 响应变量 y 对拟合值 $\widehat{y}$ 的散点图和 45° 线; (c) 采用局部线性估计方法估计函数 $g(t)$, 响应变量 y 对拟合值 $\widehat{y}$ 的散点图和 45° 线

本量等角度进行模拟研究, 对估计方法进行评价.

8.6.2 单指标模型

部分线性单指标模型考虑响应变量 Y 可能与 p 维协变量向量 $\boldsymbol{X}=(X_1,\cdots,X_p)^{\mathrm{T}}$ 之间是线性关系, 同时与 q 维协变量向量 $\boldsymbol{Z}=(Z_1,\cdots,Z_q)^{\mathrm{T}}$ 之间是非线性关系, 即把 q 维协变量向量 $\boldsymbol{Z}$ 投影到一个线性空间上, 然后在这个一维线性空间上拟合一个一元光滑函数. 部分线性单指标模型的形式如下

$$Y=\boldsymbol{X}^{\mathrm{T}}\boldsymbol{\beta}+g(\boldsymbol{Z}^{\mathrm{T}}\boldsymbol{\theta})+\varepsilon, \tag{8.40}$$

其中 $\boldsymbol{\beta}=(\beta_1,\cdots,\beta_p)^{\mathrm{T}}$ 为 p 维未知参数向量, 刻画了 Y 与 $\boldsymbol{X}$ 之间的线性关系, $\boldsymbol{\theta}=(\theta_1,\cdots,\theta_q)^{\mathrm{T}}$ 为 q 维未知参数向量, 刻画了 $\boldsymbol{Z}$ 的线性组合, $g(\cdot)$ 为一元未知的光滑联系函数, 函数 $g(\cdot)$ 和线性组合 $\boldsymbol{Z}^{\mathrm{T}}\boldsymbol{\theta}$ 刻画了 Y 与 $\boldsymbol{Z}$ 之间的非线性关系, ε 是均值为 0 的随机误差, 且有 $\mathrm{E}(\varepsilon|\boldsymbol{X},\boldsymbol{Z})=0$. 为了模型的可识别性, 需要假定 $\|\boldsymbol{\theta}\|_2=1$, 且 $\boldsymbol{\theta}$ 的第一个非零元素大于 0, 其中 $\|\cdot\|_2$ 表示 Euclidean 模.

部分线性单指标模型 (8.40) 是一个比较广泛的模型, 包含许多重要的统计模型, 例如

(1) 若 $q=1$, 且 Z 为一维变量, 则模型 (8.40) 就退化为部分线性模型;

(2) 若 $\boldsymbol{X}=\boldsymbol{0}$, $q=1$ 且 Z 为一维变量, 则模型 (8.40) 就简化为一元非参数回归模型;

(3) 若 $\boldsymbol{X}=\boldsymbol{0}$, $g(\cdot)$ 为正态分布函数或 logistic 分布函数时, 则模型 (8.40) 就成为 probit 模型或 logistic 模型;

(4) 若 $g(\cdot)=0$, 则模型 (8.40) 就成为经典的线性回归模型;

(5) 若 $\boldsymbol{X}=\boldsymbol{0}$, 则模型 (8.40) 就退化为如下的单指标模型 (single-index model, SIM)

$$Y=g(\boldsymbol{Z}^{\mathrm{T}}\boldsymbol{\theta})+\varepsilon. \tag{8.41}$$

单指标模型作为一种广义的回归模型, 是 20 世纪 80 年代中后期发展起来的一种重要的统计模型, 该模型对解释变量 $\boldsymbol{X}$ 使用降维方法, 避免了 "维数灾祸" 问题, 同时又把参数模型和非参数模型有机地结合起来, 对实际数据有很好的拟合效果和更大的适用性. 因此, 单指标模型不仅有实际的应用背景, 而且有广泛的应用前景, 在金融经济、计量经济学和生物数学等领域具有很大的应用价值. 该模型的研究已经成为目前统计界的热门课题之一. 关于单指标模型的研究现状介绍, 见薛留根 (2012a) 的第 3—4 章, 薛留根 (2012b, 2012c), 以及李高荣和杨宜平 (2015) 第 4—6 章关于纵向数据单指标模型, 李高荣等 (2016) 第 7 章关于单指标测量误差模型的内容.

8.6.3 变系数模型

在实际应用中, 统计学家结合经典线性回归模型容易解释的优点, 半参数模型的灵活性, 以及平衡建模偏差和高维数据的 "维数灾祸" 问题等优点, 提出了部分线性变系数模型, 具体形式为

$$Y=\boldsymbol{X}^{\mathrm{T}}\boldsymbol{\beta}+\boldsymbol{Z}^{\mathrm{T}}\boldsymbol{\alpha}(T)+\varepsilon, \tag{8.42}$$

其中 Y 是响应变量, $\boldsymbol{X}=(X_1,\cdots,X_p)^{\mathrm{T}}$ 是 p 维协变量向量, $\boldsymbol{\beta}=(\beta_1,\cdots,\beta_p)^{\mathrm{T}}$ 为 p 维未知参数向量, $\boldsymbol{Z}=(Z_1,\cdots,Z_q)^{\mathrm{T}}$ 是 p 维协变量向量, $\boldsymbol{\alpha}(\cdot)=(\alpha_1(\cdot),\cdots,\alpha_q(\cdot))^{\mathrm{T}}$ 是一个 q 维的未知回归系数函数, T 是一维协变量, ε 是一个独立的随机误差, 且几乎处处有 $\mathrm{E}(\varepsilon|\boldsymbol{X},\boldsymbol{Z},T)=0$.

明显地, 模型 (8.42) 是经典线性模型和半参数模型的推广, 它包含了许多重要的统计模型. 例如, 当 $\boldsymbol{\alpha}(\cdot)\equiv\boldsymbol{\theta}$, 其中 $\boldsymbol{\theta}$ 是一个参数向量, 模型 (8.42) 便成为经典的线性回归模型. 当 $q=1$ 且

$Z=1$, 模型 (8.42) 退化成了部分线性模型 (8.34). 当 $\boldsymbol{X}=\mathbf{0}$, 模型 (8.42) 变成了如下著名的变系数模型

$$Y=\boldsymbol{Z}^{\mathrm{T}}\boldsymbol{\alpha}(T)+\varepsilon. \tag{8.43}$$

模型 (8.42) 和模型 (8.43) 是非参数模型和半参数模型的推广形式, 因此该类模型有较强的适应性, 并且有着广泛的应用背景. 目前已有很多统计学者对变系数模型进行了研究, 如 Hastie 和 Tibshirani (1993), 张日权和卢一强 (2004), Fan 和 Zhang (2008), 薛留根 (2012a) 第 5—6 章, 以及李高荣和杨宜平 (2015) 第 7 章关于纵向数据变系数模型, 李高荣等 (2016) 第 6 章关于变系数测量误差模型的内容. 在实际应用中, 半参数模型已经被广泛应用到生物学、医学、经济学、金融学、计量经济学、工程、传染病学、环境学和遥感等领域.

习　题　8

1. 当用 d 阶多项式回归模型拟合数据时, 如何选取合适的阶数 d 避免过拟合和欠拟合?

(1) 试用程序包 MASS 中的数据 mcycle 进行说明, 把 accel 作为响应变量, times 作为协变量, 用 LOOCV 和 GCV 方法选择最优的阶数 d, 绘制 CV 误差图并比较两种选取方法的计算时间;

(2) 使用最优的阶数 d, 绘制散点图和多项式回归拟合曲线以及 95% 的置信带.

2. 对非参数回归模型: $y_i=g(x_i)+\varepsilon_i, i=1,\cdots,n$, 其中 ε_i 是模型误差, 满足 $\mathrm{E}(\varepsilon_i)=0$ 和 $\mathrm{Var}(\varepsilon_i)=\sigma^2$, 且假设协变量的支撑集为 $[0,1]$. 利用具有 4 个节点 ξ_1,ξ_2,ξ_3,ξ_4 的三次样条函数对非参数函数进行拟合, 考虑下面问题, 并给出详细的过程.

(1) 写出三次样条逼近非参数的详细过程, 并给出基函数和非参数 $g(\cdot)$ 的逼近形式;

(2) 利用最小二乘估计方法, 给出非参数函数 $g(x)$ 的估计形式, 并给出拟合的自由度.

3. 使用基函数 $b_1(x)=x$, $b_2(x)=(x-1)^2I(x\geqslant 1)$ 拟合回归函数 $g(x)$, 其中 $I(\cdot)$ 为示性函数, 如果其括号内的表达式为真, 则取值为 1, 否则取值为 0. 拟合下面的回归模型

$$y=\beta_0+\beta_1b_1(x)+\beta_2b_2(x)+\varepsilon.$$

假设得到参数估计为 $\widehat{\beta}_0=1$, $\widehat{\beta}_1=1$ 和 $\widehat{\beta}_2=-2$. 试绘制 $x=-2$ 和 $x=2$ 之间的拟合曲线, 注意使用截距、斜率和其他相关信息.

4. 使用基函数 $b_1(x)=I(0\leqslant x\leqslant 2)-(x-1)I(1\leqslant x\leqslant 2)$, $b_2(x)=(x-3)I(3\leqslant x\leqslant 4)+I(4<x\leqslant 5)$ 拟合回归函数 $g(x)$, 其中 $I(\cdot)$ 为示性函数, 如果其括号内的表达式为真, 则取值为 1, 否则取值为 0. 拟合下面的回归模型

$$y=\beta_0+\beta_1b_1(x)+\beta_2b_2(x)+\varepsilon.$$

假设得到参数估计为 $\widehat{\beta}_0=1$, $\widehat{\beta}_1=1$ 和 $\widehat{\beta}_2=3$. 试绘制 $x=-2$ 和 $x=2$ 之间的拟合曲线, 注意使用截距、斜率和其他相关信息.

5. 对 K 个节点 $\xi_1,\cdots,\xi_K$ 三次回归样条的逼近

$$g(x)\approx\beta_0+\beta_1x+\beta_2x^2+\beta_3x^3+\sum_{k=1}^{K}\beta_{3+k}(x-\xi_k)_+^3,$$

试证明自然三次样条边界约束条件满足

$$\beta_2=0,\qquad \beta_3=0,\qquad \sum_{k=1}^{K}\beta_{3+k}=0,\qquad \sum_{k=1}^{K}\xi_k\beta_{3+k}=0.$$

进一步, 请推导式 (8.8) 定义的自然三次样条的基函数.

6. 假设回归函数 $g(\cdot)$ 可以通过光滑拟合 n 个样本点, 并极小化下式获得, 即

$$\widehat{g}=\arg\min_{g}\left\{\sum_{i=1}^{n}\left(y_i-g\left(x_i\right)\right)^2+\lambda\int\left[g^{(m)}(x)\right]^2\mathrm{d}x\right\},$$

其中 $g^{(m)}(x)$ 是 $g(x)$ 的第 m 阶导数, 且 $g^{(0)}(x)=g(x)$, $\lambda\geqslant 0$ 为光滑参数. 请举例说明如下情形下的 $\widehat{g}$.

① $\lambda=\infty, m=0$; ② $\lambda=\infty, m=1$; ③ $\lambda=\infty, m=2$; ④ $\lambda=\infty, m=3$; ⑤ $\lambda=0, m=3$.

7. 考虑下面两条拟合曲线 $\widehat{g}_1$ 和 $\widehat{g}_2$, 分别定义为

$$\widehat{g}_1=\arg\min_{g}\left\{\sum_{i=1}^{n}(y_i-g(x_i))^2+\lambda\int\left[g^{(3)}(x)\right]^2\mathrm{d}x\right\},$$

$$\widehat{g}_2=\arg\min_{g}\left\{\sum_{i=1}^{n}(y_i-g(x_i))^2+\lambda\int\left[g^{(4)}(x)\right]^2\mathrm{d}x\right\},$$

其中 $g^{(m)}(x)$ 是 $g(x)$ 的第 m 阶导数, $\lambda\geqslant 0$ 为光滑参数. 试考虑如下问题:

(1) 当 $\lambda\to\infty$ 时, $\widehat{g}_1$ 和 $\widehat{g}_2$ 哪一个的训练残差平方和 (training RSS) 更小?

(2) 当 $\lambda\to\infty$ 时, $\widehat{g}_1$ 和 $\widehat{g}_2$ 哪一个的测试残差平方和 (test RSS) 更小?

(3) 当 $\lambda=0$ 时, $\widehat{g}_1$ 和 $\widehat{g}_2$ 哪一个的训练残差平方和更小, 哪一个的测试残差平方和更小?

8. 假设 $x_1,\cdots,x_n$ 是一组独立同分布的简单随机样本, 且来自总体 $X\sim f(x)$, 其中 $f(x)$ 为总体 X 的密度函数, 由 N-W 核估计方法, 可得密度函数 $f(x)$ 的估计为

$$\widehat{f}(x)=\frac{1}{nh}\sum_{i=1}^{n}K\left(\frac{x_i-x}{h}\right),$$

其中 $K(\cdot)$ 表示对称核函数, h 表示窗宽.

(1) 试证明: 当 $n\to\infty, h\to 0, nh\to\infty$ 时, $\mathrm{E}(\widehat{f}(x))=f(x)+\dfrac{1}{2}f''(x)d_Kh^2$, 其中 $f''(x)$ 是 $f(x)$ 的二阶导数, $d_K=\displaystyle\int_{-\infty}^{\infty}u^2K(u)\mathrm{d}u$.

(2) 试说明: 窗宽 h 对密度函数估计 $\widehat{f}(x)$ 的影响.

9. 假设 $(x_1,y_1),\cdots,(x_n,y_n)$ 是一组来自非参数回归模型 $Y=g(X)+\varepsilon$ 的独立同分布的简单随机样本, 其中 $g(\cdot)$ 是未知的一元连续光滑函数, ε 是模型误差, 满足 $\mathrm{E}(\varepsilon)=0$ 和 $\mathrm{Var}(\varepsilon)=\sigma^2$. 采用 N-W 核估计方法, 可得非参数函数 $g(x)$ 由式 (8.13) 定义的估计 $\widehat{g}_{\mathrm{NW}}(x)$, 试回答如下问题.

(1) 证明: 当 $n\to\infty$, $h\to 0, nh\to\infty$ 时, N-W 核估计 $\widehat{g}_{\mathrm{NW}}(x)$ 的渐近偏差和渐近方差分别为

$$\mathrm{bias}(\widehat{g}_{\mathrm{NW}}(x))=\frac{1}{2}\left(g''(x)+\frac{2g'(x)f'(x)}{f(x)}\right)d_Kh^2+o(h^2),$$

$$\mathrm{Var}(\widehat{g}_{\mathrm{NW}}(x)) = \frac{\sigma^2(x)c_K}{nhf(x)} + o((nh)^{-1}),$$

其中 $f(x)$ 表示 X 的密度函数, $f'(x)$ 是 $f(x)$ 的导数, $g'(x)$ 和 $g''(x)$ 分别是 $g(x)$ 的一阶和二阶导数, $d_K = \int_{-\infty}^{\infty} u^2K(u)\mathrm{d}u$, $c_K = \int_{-\infty}^{\infty} K^2(u)\mathrm{d}u$.

(2) 试写出非参数函数 $g(x)$ 的 N-W 核估计 $\widehat{g}_{\mathrm{NW}}(x)$ 的均方误差 (MSE), 并计算 N-W 核估计的理论最优窗宽.

(3) 当取最优窗宽时, 在 MSE 意义下, 计算 N-W 核估计 $\widehat{g}_{\mathrm{NW}}(x)$ 的最优收敛速度. 进一步, 说明窗宽 h 对估计 $\widehat{g}_{\mathrm{NW}}(x)$ 的影响.

10. 考虑非参数回归模型

$$y_i = \exp(-x_i^2) + 8\sin(\pi x_i) + \varepsilon_i, \qquad i = 1, \cdots, 100,$$

其中 x_i 服从区间 $[0, 1]$ 上的均匀分布, 随机误差 $\varepsilon_i \sim N(0, 1.5^2)$. 产生 x_i 和 ε_i 的随机数后, 响应变量 y_i 从上面非参数回归模型中产生, 得到随机样本 $\{(x_i, y_i), i = 1, \cdots, 100\}$, 请考虑如下问题:

(1) 绘制散点图和真实回归函数 $g(x) = \exp(-x^2) + 8\sin(\pi x)$ 的曲线;

(2) 取不同的多项式阶数 (如 $d = 1, 2, 5, 10, 15, 20, 25$), 利用多项式回归方法估计回归函数 $g(x)$, 在一个图中绘制散点图、真实曲线和不同阶数 d 的拟合曲线, 并对结果进行分析;

(3) 利用 GCV 方法选择最优的多项式阶数, 绘制多项式回归拟合曲线和 95% 的置信带;

(4) 设置不同的节点, 分别利用线性样条和三次样条方法估计回归函数 $g(x)$, 在一个图中绘制散点图、真实曲线、不同样条方法和节点的拟合曲线, 并对结果进行分析;

(5) 设置不同的自由度, 利用自然三次样条方法估计回归函数 $g(x)$, 绘制散点图、真实曲线、自然三次样条的拟合曲线, 并对结果进行分析;

(6) 利用 GCV 方法选择最优的光滑参数 λ, 绘制散点图、真实曲线、光滑样条的拟合曲线和 95% 置信带;

(7) 试用 LOOCV 和 GCV 方法选择最优窗宽, 核函数可以选择高斯核或 Epanechnikov 核, 分别用 N-W 核光滑方法和局部线性光滑方法拟合回归函数 $g(x)$, 并讨论两种窗宽对估计的影响.

11. 考虑非参数回归模型

$$y_i = 2x_i + 3\exp(-16x_i^2) + \varepsilon_i, \qquad i = 1, \cdots, n,$$

其中 $x_i \sim N(0, 1)$, 随机误差 $\varepsilon_i \sim N(0, 0.81x^2)$. 从非参数回归模型中产生样本量 $n = 200$ 的随机样本, 取 Epanechnikov 核函数, 对回归函数 $g(x) = 2x + 3\exp(-16x^2)$ 作估计, 并考虑如下问题:

(1) 用 N-W 核光滑方法估计回归函数, 取不同的窗宽, 绘制散点图、真实曲线和拟合曲线, 观测窗宽对拟合曲线的影响, 并说明理由;

(2) 利用 GCV 方法选择最优窗宽, 并用 N-W 核光滑方法拟合曲线;

(3) 利用 GCV 方法选择最优窗宽, 并用局部线性光滑方法拟合曲线.

12. 假设 $\{(y_i, \boldsymbol{x}_i, t_i), i = 1, \cdots, n\}$ 是来自部分线性模型 (8.34) 的一组独立同分布的简单随机样本, 如果采用 N-W 核方法, 三次样条或自然三次样条方法估计非参数函数 $g(\cdot)$, 请写出参数向量 $\boldsymbol{\beta}$ 的 profile 最小二乘估计和非参数函数 $g(\cdot)$ 的估计.

13. 令 $\mathbf{A}$ 是一个 $k\times k$ 的矩阵, $\boldsymbol{b}$ 是一个已知的 k 维向量, $\boldsymbol{z}$ 是一个未知的 k 维向量. 给定其他分量的初值, Gauss-Seidel 算法可通过迭代求解线性方程 $\mathbf{A}\boldsymbol{z}=\boldsymbol{b}$, 获得第 j 个分量 z_j 的解. 重复 $j=1,\cdots,k$, 直到所有的解收敛.

(1) 考虑具有 n 个观测样本和 p 个协变量的广义可加模型, 对第 j 个未知函数 $g_j(\cdot)$ 可用 $n\times n$ 的线性光滑矩阵 $\mathbf{S}_j$ 去拟合, 则考虑如下的线性方程

$$\begin{pmatrix}\mathbf{I}_n & \mathbf{S}_1 & \mathbf{S}_1 & \cdots & \mathbf{S}_1\\ \mathbf{S}_2 & \mathbf{I}_n & \mathbf{S}_2 & \cdots & \mathbf{S}_2\\ \vdots & \vdots & \vdots & \ddots & \vdots\\ \mathbf{S}_p & \mathbf{S}_p & \mathbf{S}_p & \cdots & \mathbf{I}_n\end{pmatrix}\begin{pmatrix}\boldsymbol{g}_1\\ \boldsymbol{g}_2\\ \vdots\\ \boldsymbol{g}_p\end{pmatrix}=\begin{pmatrix}\mathbf{S}_1\boldsymbol{Y}\\ \mathbf{S}_2\boldsymbol{Y}\\ \vdots\\ \mathbf{S}_p\boldsymbol{Y}\end{pmatrix},$$

其中 $\boldsymbol{Y}=(y_1,\cdots,y_n)^{\mathrm{T}}$ 和 $\boldsymbol{g}_j=(g_j(x_{1j}),\cdots,g_j(x_{nj}))^{\mathrm{T}}$. 试证明后移算法是一个求解该线性方程的分块 Gauss-Seidel 算法.

(2) 如果矩阵 $\mathbf{A}$ 是正定矩阵, 则 Gauss-Seidel 算法收敛. 考虑一个简单情形, 当 $p=2$ 时, 假设光滑矩阵 $\mathbf{S}_1$ 和 $\mathbf{S}_2$ 都是对称矩阵, 且它们的特征值都在区间 $[0,1)$ 内, 试证明后移算法收敛.

(3) 当 $p=2$ 时, 假设光滑矩阵 $\mathbf{S}_1$ 和 $\mathbf{S}_2$ 都是对称矩阵, 且它们的特征值都在区间 $[0,1)$ 内. 令 $\boldsymbol{Y}=(y_1,\cdots,y_n)^{\mathrm{T}}$, 试证明, 对给定的任意初值, 后移算法收敛, 并给出最终的迭代解.

14. 考虑下面的部分线性模型

$$y_i=\boldsymbol{x}_i^{\mathrm{T}}\boldsymbol{\beta}+g(t_i)+\sigma\varepsilon_i,\qquad i=1,\cdots,n,$$

其中 $\boldsymbol{\beta}=(-0.5,1,-1,1.5)^{\mathrm{T}}$ 为参数分量的回归系数向量, $g(t_i)=2(1+t_i\cos(4\pi t_i))$ 为非参数函数, 模型误差 $\varepsilon_i\sim N(0,1)$, 协变量 $t_i\sim U[0,1]$, 协变量向量 $\boldsymbol{x}_i=(x_{i1},x_{i2},x_{i3},x_{i4})^{\mathrm{T}}\sim N_4(\mathbf{0},\boldsymbol{\Sigma})$, 这里 $\boldsymbol{\Sigma}=(\sigma_{ij})_{1\leqslant i,j\leqslant 4}$, 且 $\sigma_{ij}=\rho^{|i-j|}$. 记数据集为 $D=\{(y_i,\boldsymbol{x}_i,t_i),i=1,\cdots,n\}$. 利用程序包 PLRModels 中的函数 plrm.est(), 重复模拟 $B=500$ 次试验, 对模型中的参数分量 $\boldsymbol{\beta}$ 和非参数函数 $g(\cdot)$ 进行估计, 并对估计结果进行评价. 对参数估计 $\widehat{\boldsymbol{\beta}}$ 的评价准则为: 平均估计值、平均偏差和标准差, 分别为

$$\overline{\widehat{\beta}}_k=\frac{1}{B}\sum_{b=1}^{B}\widehat{\beta}_k^{(b)},\quad \mathrm{bias}(\widehat{\beta}_k)=\overline{\widehat{\beta}}_k-\beta_k,\quad \mathrm{sd}(\widehat{\beta}_k)=\sqrt{\frac{1}{B-1}(\widehat{\beta}_k^{(b)}-\overline{\widehat{\beta}}_k)^2},\quad k=1,\cdots,4,$$

其中 $\widehat{\beta}_k^{(b)}$ 为第 b 次重复试验第 k 个回归系数的 profile 最小二乘估计. 对非参数函数估计 $\widehat{g}(\cdot)$ 的精度评价, 除了绘制拟合曲线, 还可以计算平均均方误差的平方根 (square root of average squared error, RASE), 定义为

$$\mathrm{RASE}(\widehat{g})=\left\{\frac{1}{n_{\mathrm{grid}}}\sum_{k=1}^{n_{\mathrm{grid}}}[\widehat{g}(t_k)-g(t_k)]^2\right\}^{1/2},$$

其中 n_{grid} 是格子点数, $\{t_k,k=1,\cdots,n_{\mathrm{grid}}\}$ 是支撑集 [0,1] 内的等间距格子点. 对整个模型拟合效果的评价, 可以通过计算平均均方误差 (AMSE), 即

$$\mathrm{AMSE}=\frac{1}{B}\sum_{b=1}^{B}\left\{\frac{1}{n}\sum_{i=1}^{n}(y_i^{(b)}-\widehat{y}_i^{(b)})^2\right\},$$

其中 $y_i^{(b)}$ 表示第 b 次试验产生的响应变量, $\widehat{y}_i^{(b)}$ 表示基于第 b 次试验响应变量的拟合值. 基于 $B=500$ 次重复模拟试验, 试编写程序计算参数估计的平均估计值, 平均偏差和标准差, 非参数估计的 RASE, 以及模型拟合效果的 AMSE. 考虑下面问题, 设计表格和绘制图形, 对不同情形的结果进行比较.

(1) 对 $\widehat{\boldsymbol{\beta}}$ 的评价, 试比较: ① 固定 $n=200, \rho=0.5, \sigma=1$ 时, 首先用 GCV 准则选取最优窗宽 h_{opt}, 然后分别取三种不同的窗宽 $h_1=0.2h_{\mathrm{opt}}, h_2=h_{\mathrm{opt}}, h_3=5h_{\mathrm{opt}}$, 分别用 N-W 核估计方法和局部线性光滑方法估计非参数函数, 比较不同窗宽和不同非参数估计对参数估计 $\widehat{\boldsymbol{\beta}}$ 的影响; ② 固定一种非参数估计方法, 并给定 $\rho=0.5$ 和 $\sigma=1$ 时, 取 $n=50,150,300,400$, 比较不同样本量对参数估计 $\widehat{\boldsymbol{\beta}}$ 的影响; ③ 固定一种非参数估计方法, 并给定 $n=200$ 和 $\sigma=1$ 时, 取 $\rho=0.3,0.5,0.7$ 时, 比较不同相关系数 ρ 对参数估计 $\widehat{\boldsymbol{\beta}}$ 的影响; ④ 固定一种非参数估计方法, 并给定 $n=200$ 和 $\rho=0.5$ 时, 取 $\sigma=1,2,3$ 时, 比较不同 σ 对参数估计 $\widehat{\boldsymbol{\beta}}$ 的影响.

(2) 对 $\widehat{g}(\cdot)$ 的评价, 试比较: ① 固定 $n=200, \rho=0.5, \sigma=1$ 时, 首先用 GCV 准则选取最优窗宽 h_{opt}, 然后分别取三种不同的窗宽 $h_1=0.2h_{\mathrm{opt}}, h_2=h_{\mathrm{opt}}, h_3=5h_{\mathrm{opt}}$, 分别用 N-W 核估计方法和局部线性光滑方法估计非参数函数, 比较不同窗宽和不同方法对 $\widehat{g}(\cdot)$ 的影响; ② 用 GCV 准则选取最优窗宽, 并给定 $\rho=0.5$ 和 $\sigma=1$ 时, 取 $n=50,150,300,400$, 比较不同样本量对 $\widehat{g}(\cdot)$ 的影响; ③ 用 GCV 准则选取最优窗宽, 并给定 $n=200$ 和 $\sigma=1$ 时, 取 $\rho=0.3,0.5,0.7$ 时, 比较不同相关系数 ρ 对 $\widehat{g}(\cdot)$ 的影响; ④ 用 GCV 准则选取最优窗宽, 并给定 $n=200$ 和 $\rho=0.5$ 时, 取 $\sigma=1,2,3$ 时, 比较不同 σ 对 $\widehat{g}(\cdot)$ 的影响.

(3) 针对上面不同的情形, 试计算模型拟合效果的 AMSE, 说明不同情形对模型拟合效果的影响.

(4) 把非参数估计方法换成三次样条和自然三次样条, 比较不同自由度, 样本量, 相关系数 ρ 和 σ 对估计的影响.

15. 对程序包 ISLR2 中的 Wage 数据进行如下分析:

(1) 采用多项式回归, 用 age 预测 wage. 用 GCV 方法选择多项式的最优阶数 d. 回答以下问题: 最终选择的阶数是多少? 用 ANOVA 假设检验的结果如何? 最后绘制数据的拟合曲线图;

(2) 探索 Wage 数据中其余一些没有使用的特征, 如 maritl (婚姻状况), jobclass (工作类型) 等特征与 wage 之间的关系, 并采用更灵活的非参数回归模型拟合数据. 对所得结果作图并总结你的分析发现.

16. 对程序包 MASS 中的 Boston 数据进行分析, 考虑数据中的两个变量, 一个是 dis (到波士顿五个就业中心的加权平均距离), 另一个变量是 nox (每十万分之一的氮氧化物颗粒浓度). 将 dis 作为协变量, nox 作为响应变量.

(1) 用函数 poly() 对 dis 和 nox 拟合三阶多项式回归模型, 输出结果并绘制数据点及拟合曲线;

(2) 尝试采用不同阶数 (如从 $d=1,\cdots,10$) 的多项式回归模型拟合数据, 绘制拟合结果, 同时绘制相应的残差平方和曲线;

(3) 利用 GCV 方法或者其他方法选择合适的多项式阶数并解释你的结果;

(4) 用函数 bs() 对 dis 和 nox 拟合回归样条, 并输出自由度为 4 时的结果, 同时阐述选择节点的过程, 最后绘制拟合曲线;

(5) 尝试采用不同自由度拟合回归样条, 同时绘制拟合曲线和相应的 RSS, 并解释你得到的结果;

(6) 应用 GCV 方法或者其他方法选择合适的自由度和节点, 计算结果并对结果进行解释.

17. 对程序包 faraway 中的 teengamb 数据集进行分析, 将 gamble 作为响应变量, income 作为协变量, 试考虑如下问题:

(1) 绘制变量 gamble 和 income 的散点图;

(2) 采用 GCV 方法选取最优窗宽, 并取 Epanechnikov 核函数, 用 N-W 核光滑方法拟合数据, 绘制拟合曲线, 并观察它对数据的拟合情况, 以及是否满足线性关系?

(3) 利用光滑样条方法拟合数据, 光滑参数采用自动选取并最终展示拟合效果和有效自由度. 进一步, 与更大自由度的情形做比较, 观察自动选择的结果是否更令人满意?

(4) 利用函数 loess() 拟合数据, 绘制拟合曲线和 95% 置信带, 并观察线性拟合是否合理.

18. 对 R 语言中的 faithful 数据集, 考虑 waiting 为响应变量, eruptions 为协变量的回归问题, 并考虑如下问题:

(1) 使用不同窗宽, 利用核光滑方法绘制变量 eruptions 的核密度估计图形, 比较它们的差异;

(2) 选择合适的窗宽和核函数, 绘制 faithful 数据的二元核密度估计图形及等高线图;

(3) 利用光滑样条方法估计回归函数, 并利用 GCV 方法选择合适的光滑参数, 绘制 CV 误差图和最优光滑参数的拟合曲线;

(4) 使用程序包 SemiPar 中的函数 spm() 估计回归函数, 并与 (3) 中的拟合曲线作对比;

(5) 将线性拟合直线, lowess 拟合曲线与上述两种拟合曲线进行对比.

第 9 章　Logistic 回归

学习目标与要求:

1. 掌握 logistic 回归模型的思想和建模方法, 以及 logistic 回归模型的极大似然估计方法和惩罚似然变量选择方法, 能够熟练使用 R 语言进行数据分析;

2. 掌握非参数 logistic 回归模型和多项 logistic 回归模型, 以及它们的估计方法, 并能应用于实际问题进行数据分析;

3. 掌握二分类模型的评估方法和各种分类模型的适用情形, 并能应用于实际问题进行数据分析.

在第 3 章、第 7 章和第 8 章讨论了响应变量 Y 为定量变量情形的回归问题, 然而在许多实际问题中, 经常关心响应变量为定性变量的回归问题, 也把响应变量为定性变量的回归问题称为分类问题. 例如, 第 1 章例 1.3 的信用卡违约数据, 其中响应变量为 default, 表示客户是否违约, 如果取 "Yes" 表示客户违约, 如果取 "No" 表示客户不违约. 本章将讨论响应变量 Y 为定性变量的回归问题, 其中 **logistic 回归**是统计学习中解决这类问题的经典方法. 本章主要介绍参数的多元 logistic 回归模型和非参数 logistic 回归模型, 以及它们的估计方法和应用.

§9.1　多元 logistic 回归

9.1.1　多元 logistic 回归模型

例 1.3 的信用卡违约数据集包含 10 000 个样本和 4 个变量, 主要目的是基于客户是否为学生 (student), 年收入 (income) 和每月信用卡平均余额 (balance) 预测其是否违约的状态. 该数据集中有 9 667 个客户不存在违约情况, 而有 333 个客户存在违约情况. 为了更好展示年收入 (income) 和每月信用卡平均余额 (balance) 之间的关系, 从未违约的样本中随机抽取 1 500 个样本子集, 并利用违约的全部样本子集, 图 9.1(a) 绘制了客户年收入 (income) 与每月信用卡平均余额 (balance) 的散点图, 其中信用卡违约的标记为红色 "$*$", 未违约的标记为蓝色 "$\circ$". 图 9.1(b) 绘制了变量 default 关于每月信用卡平均余额 (balance) 的箱线图. 图 9.1(a) 和图 9.1(b) 表明违约的客户比未违约的客户拥有更多的信用卡余额, 也表明变量 balance 对响应变量 default 有显著的关系. 图 9.1(c) 绘制了变量 default 关于年收入 (income) 的箱线图, 表明 income 的分布情况, 表明年收入越低越有可能违约.

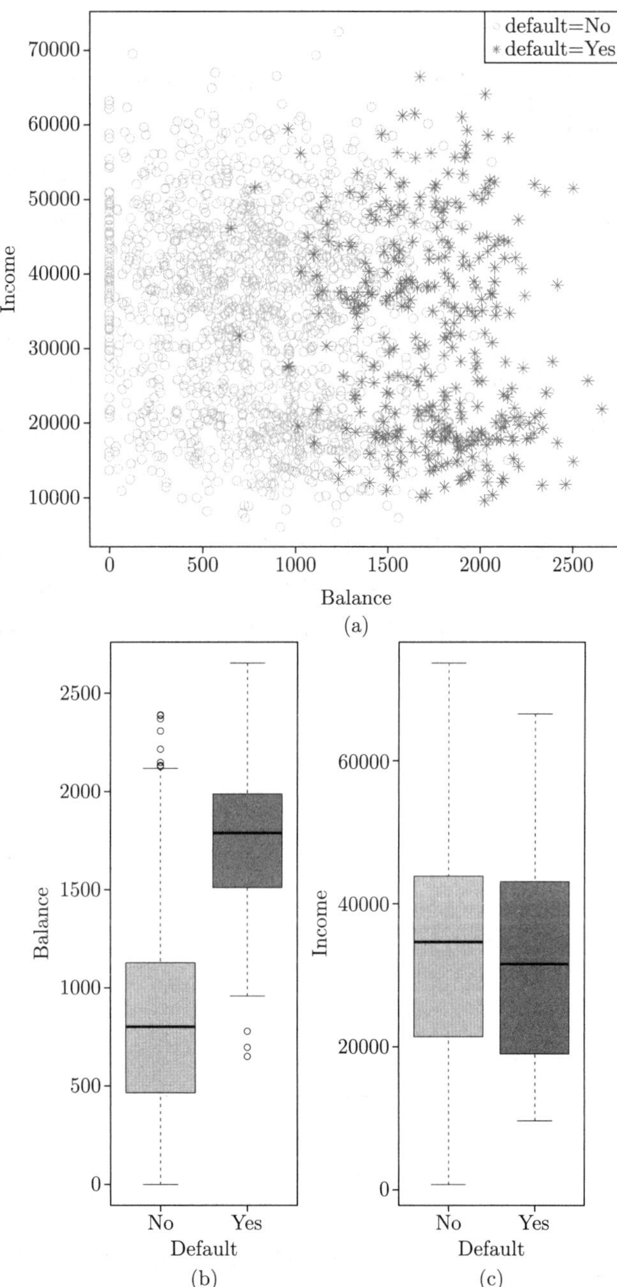

图 9.1 例 1.3 的信用卡违约数据集. (a) 为了更好展示散点图, 随机抽取 1 500 个未违约样本和全部 333 个违约样本绘制客户年收入 (income) 与每月信用卡平均余额 (balance) 的散点图, 其中信用卡违约的标记为红色 "∗", 未违约的标记为蓝色 "∘"; (b) 变量 default 关于每月信用卡平均余额 (balance) 的箱线图; (c) 变量 default 关于年收入 (income) 的箱线图

在信用卡违约数据集中, 令 default 为响应变量 Y, student 为协变量 X_1, balance 为协变量 X_2, income 为协变量 X_3, 其中 Y 和 X_1 为定性变量. 对响应变量 Y, 采用 0/1 编码; 对协变量 X_1, 考

虑哑变量建模, 即

$$Y=\begin{cases}1, & \text{default=Yes (违约)},\\ 0, & \text{default=No (未违约)},\end{cases}\qquad X_1=\begin{cases}1, & \text{student=Yes (客户为学生)},\\ 0, & \text{student=No (客户不是学生)}.\end{cases}$$

本节通过信用卡违约数据集建立多元 logistic 回归模型, 核心思想是建立违约概率模型, 即给定协变量向量 $X_1=x_1, X_2=x_2$ 和 $X_3=x_3$ 条件下, 考虑违约 $(Y=1)$ 的条件概率, 即

$$\mathbb{P}(Y=1|X_1=x_1, X_2=x_2, X_3=x_3) =: \pi(\boldsymbol{x}), \tag{9.1}$$

其中 $\boldsymbol{x}=(x_1,x_2,x_3)^{\mathrm{T}}$. 因为 $\pi(\boldsymbol{x})$ 是表示在给定 $X_1=x_1, X_2=x_2$ 和 $X_3=x_3$ 的条件下, 则违约 $(Y=1)$ 的条件概率必须满足: $\pi(\boldsymbol{x})\in[0,1]$. 因此, 可以根据条件概率 $\pi(\boldsymbol{x})$ 的大小对客户是否违约作出预测. 例如, 如果 $\pi(\boldsymbol{x})>0.5$ 时, 则可预测该客户违约, 否则预测其未违约. 关键的问题是如何建立概率模型 (9.1).

为了找到概率模型 (9.1), 要求对任意给定的 $X_1=x_1, X_2=x_2$ 和 $X_3=x_3$, 条件概率 $\pi(\boldsymbol{x})$ 的结果必须在 [0,1] 之间. 满足该条件的函数有很多, 其中最经典的为 logistic 函数, 即 $\pi(x)=\exp(x)/[1+\exp(x)]=1/[1+\exp(-x)]$, logistic 函数曲线见图 9.2. 从图 9.2 可以看出, logistic 函数曲线为单调递增的连续 S 形曲线, 取值在区间 [0,1], 在机器学习中称为 sigmoid 函数, 完全符合概率模型 (9.1).

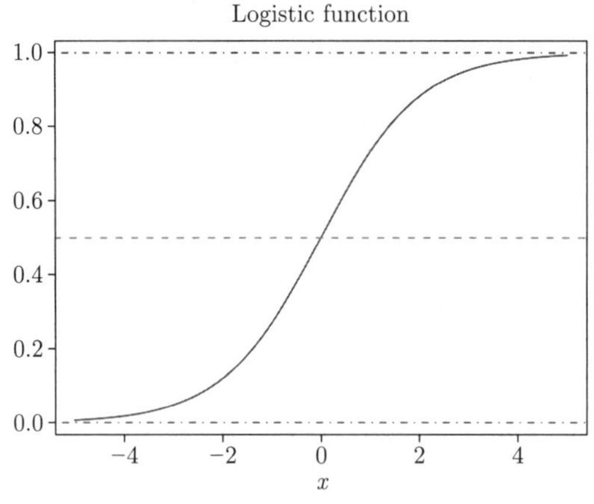

图 9.2 Logistic 函数

现在把信用卡违约数据推广到更一般的情形, 即对 $p+1$ 维协变量向量 $\boldsymbol{X}=(1,X_1,\cdots,X_p)^{\mathrm{T}}$ 和取值为 0 或 1 的二元响应变量 Y, 建立多元 logistic 回归模型, 其中 $\boldsymbol{X}$ 的第一个元素为 1, 表示截距项. 由 logistic 函数的定义, 可以给出如下的多元 logistic 回归模型

$$\begin{aligned}\mathbb{P}(Y=1|\boldsymbol{X}=\boldsymbol{x})=\pi(\boldsymbol{x})&=\frac{\exp(\beta_0+\beta_1x_1+\cdots+\beta_px_p)}{1+\exp(\beta_0+\beta_1x_1+\cdots+\beta_px_p)}\\&=\frac{1}{1+\exp(-\beta_0-\beta_1x_1-\cdots-\beta_px_p)},\end{aligned}\tag{9.2}$$

其中 $\boldsymbol{x}=(1,x_1,\cdots,x_p)^{\mathrm{T}}$, β_0 为未知的截距项参数, $\beta_1,\cdots,\beta_p$ 为未知的回归系数. 由多元 logistic

回归模型 (9.2), 有下面的**发生比或几率** (odds)

$$\frac{\pi(\boldsymbol{x})}{1-\pi(\boldsymbol{x})}=\exp(\beta_0+\beta_1x_1+\cdots+\beta_px_p). \tag{9.3}$$

由式 (9.3) 可知, 发生比 (odds) 的取值范围为 $(0,\infty)$. 给定协变量向量 $\boldsymbol{X}=\boldsymbol{x}$, 如果发生比 (odds) 接近于 0, 表示事件 $\{Y=1\}$ 发生的概率非常低; 如果发生比 (odds) 接近于 ∞, 则表示事件 $\{Y=1\}$ 发生的概率非常高. 例如, 对信用卡违约数据, 发生比 (odds) 取值接近于 0 表示违约概率非常低, 接近于 ∞ 表示违约概率非常高.

对式 (9.3) 两边取对数, 可得**对数发生比或对数几率** (log-odds) 为

$$\log\left(\frac{\pi(\boldsymbol{x})}{1-\pi(\boldsymbol{x})}\right)=\beta_0+\beta_1x_1+\cdots+\beta_px_p=:g(\boldsymbol{x}). \tag{9.4}$$

对数发生比 (log-odds) 也称为 **logit 函数**. 由式 (9.4) 可知, 多元 logistic 回归模型 (9.2) 可视为 logit 函数变换下关于 $\boldsymbol{x}$ 的一个多元线性回归模型, 且 $g(\boldsymbol{x})$ 的取值在 $(-\infty,\infty)$ 之间, 更加适合线性模型拟合.

对模型 (9.4), 当固定其他 $p-1$ 个协变量 $x_1,\cdots,x_{k-1},x_{k+1},\cdots,x_p$ 的取值, 而第 k 个协变量 x_k 每增加一个单位, 对数发生比 (log-odds) 的变化为 β_k, 或者发生比 (odds) 为 $\exp(\beta_k)$, 其中 $k=1,\cdots,p$. 记概率 π 的新值为 π^*, 则根据新发生比 $\pi^*/(1-\pi^*)$ 与原发生比 $\pi/(1-\pi)$ 的比率定义为如下的**优势比或几率比** (odds ratio, OR)

$$\mathrm{OR}_k=\frac{\dfrac{\pi^*}{1-\pi^*}}{\dfrac{\pi}{1-\pi}}=\frac{\exp[\beta_0+\beta_1x_1+\cdots+\beta_k(x_k+1)+\cdots+\beta_px_p]}{\exp(\beta_0+\beta_1x_1+\cdots+\beta_kx_k+\cdots+\beta_px_p)}=\exp(\beta_k),\quad k=1,\cdots,p.$$

当事件 $\{Y=1\}$ 出现的概率极小时, 优势比近似于相对危险度, 且 $\mathrm{OR}_k=\exp(\beta_k)$ 也称为**相对危险度**. 例如, $\beta_k=0.15$, 意味着 x_k 增加一个单位可引起对数发生比 (log-odds) 增加 15%, 新的发生比 (odds) 为原发生比 (odds) 的 $\exp(0.15)\approx1.16$ 倍, 即第 k 个变量的优势比 (OR_k) 为 1.16. 也可以讲, 优势比增加 16%, 因为 $\exp(\beta_k)-1=1.16-1=0.16$.

在 logistic 回归分析中, 若 $\beta_k>0$ 且 $\mathrm{OR}_k>1$, 说明协变量 X_k 可能导致事件 $\{Y=1\}$ 发生的概率上升; 若 $\beta_k<0$ 且 $\mathrm{OR}_k<1$, 说明协变量 X_k 可能导致事件 $\{Y=1\}$ 发生的概率下降; 若 $\beta_k=0$ 且 $\mathrm{OR}_k=1$, 说明协变量 X_k 对事件 $\{Y=1\}$ 发生与否没有影响.

9.1.2 极大似然估计

多元 logistic 回归模型 (9.2) 中的截距项 β_0 和回归系数 $\beta_1,\cdots,\beta_p$ 都是未知的, 需要通过训练样本估计这些未知参数. 多元 logistic 回归模型 (9.2) 本质上是非线性模型, 尽管可以采用非线性最小二乘方法拟合模型, 但是由于极大似然估计有更好的统计性质, 所以本节介绍极大似然估计方法, 对模型中的未知参数 $\beta_0,\beta_1,\cdots,\beta_p$ 进行估计.

假设存在观测训练样本集 $D=\{(\boldsymbol{x}_i,y_i),i=1,\cdots,n\}$, 其中 $\boldsymbol{x}_i=(1,x_{i1},\cdots,x_{ip})^{\mathrm{T}}\in\mathbb{R}^{p+1}$ 为观测的协变量向量, $y_i\in\{0,1\}$ 为二元响应变量. 对第 i 个个体, y_i 服从两点分布, 即当给定观测协变量 $\boldsymbol{x}_i$ 时, 有

$$\mathbb{P}(y_i=1|\boldsymbol{x}_i)=\pi(\boldsymbol{x}_i)=\frac{\exp(\beta_0+\beta_1x_{i1}+\cdots+\beta_px_{ip})}{1+\exp(\beta_0+\beta_1x_{i1}+\cdots+\beta_px_{ip})}=\frac{\exp(\boldsymbol{\beta}^{\mathrm{T}}\boldsymbol{x}_i)}{1+\exp(\boldsymbol{\beta}^{\mathrm{T}}\boldsymbol{x}_i)}$$

和

$$\mathbb{P}(y_i=0|\boldsymbol{x}_i)=1-\pi(\boldsymbol{x}_i)=\frac{1}{1+\exp(\beta_0+\beta_1x_{i1}+\cdots+\beta_px_{ip})}=\frac{1}{1+\exp(\boldsymbol{\beta}^{\mathrm{T}}\boldsymbol{x}_i)},$$

其中 $\boldsymbol{\beta}=(\beta_0,\beta_1,\cdots,\beta_p)^{\mathrm{T}}$ 为 $p+1$ 维的参数向量, 且 β_0 是截距项参数. 这时, 可得 $p+1$ 维参数向量 $\boldsymbol{\beta}=(\beta_0,\beta_1,\cdots,\beta_p)^{\mathrm{T}}$ 的似然函数为

$$L(\boldsymbol{\beta})=\prod_{i=1}^{n}\pi(\boldsymbol{x}_i)^{y_i}(1-\pi(\boldsymbol{x}_i))^{1-y_i}. \tag{9.5}$$

由似然函数 (9.5), 两边取对数, 可得 $\boldsymbol{\beta}=(\beta_0,\beta_1,\cdots,\beta_p)^{\mathrm{T}}$ 的对数似然函数为

$$\ell(\boldsymbol{\beta})=\log\left(L(\boldsymbol{\beta})\right)=\sum_{i=1}^{n}\left\{y_i(\boldsymbol{\beta}^{\mathrm{T}}\boldsymbol{x}_i)-\log\left[1+\exp(\boldsymbol{\beta}^{\mathrm{T}}\boldsymbol{x}_i)\right]\right\}. \tag{9.6}$$

极大化由式 (9.6) 定义的对数似然函数 $\ell(\boldsymbol{\beta})$, 可得参数向量 $\boldsymbol{\beta}$ 的极大似然估计为

$$\widehat{\boldsymbol{\beta}}=\arg\max_{\boldsymbol{\beta}}\ell(\boldsymbol{\beta}). \tag{9.7}$$

由式 (9.6) 可知, 对数似然函数 $\ell(\boldsymbol{\beta})$ 为非线性的目标函数, 极大化对数似然函数 $\ell(\boldsymbol{\beta})$, 不存在极大似然估计 $\widehat{\boldsymbol{\beta}}$ 的解析解. 为了求解参数向量 $\boldsymbol{\beta}$ 的极大似然估计数值解, 可使用 Newton-Raphson 迭代算法. 假设 $\ell(\boldsymbol{\beta})$ 满足二阶连续可微, 将 $\ell(\boldsymbol{\beta})$ 在 $\boldsymbol{\beta}^{(k)}$ 处进行 Taylor 展开, 可得

$$\begin{aligned}\ell(\boldsymbol{\beta})\approx\ \ell(\boldsymbol{\beta}^{(k)})&+\left(\frac{\partial\ell(\boldsymbol{\beta})}{\partial\boldsymbol{\beta}}\bigg|_{\boldsymbol{\beta}=\boldsymbol{\beta}^{(k)}}\right)^{\mathrm{T}}(\boldsymbol{\beta}-\boldsymbol{\beta}^{(k)})\\&+\frac{1}{2}(\boldsymbol{\beta}-\boldsymbol{\beta}^{(k)})^{\mathrm{T}}\left(\frac{\partial^2\ell(\boldsymbol{\beta})}{\partial\boldsymbol{\beta}\partial\boldsymbol{\beta}^{\mathrm{T}}}\bigg|_{\boldsymbol{\beta}=\boldsymbol{\beta}^{(k)}}\right)(\boldsymbol{\beta}-\boldsymbol{\beta}^{(k)}),\end{aligned} \tag{9.8}$$

其中 $\partial\ell(\boldsymbol{\beta})/\partial\boldsymbol{\beta}$ 为 $(p+1)\times1$ 的**梯度向量**, $\partial^2\ell(\boldsymbol{\beta})/\partial\boldsymbol{\beta}\partial\boldsymbol{\beta}^{\mathrm{T}}$ 为 $(p+1)\times(p+1)$ 的 **Hessian 矩阵**, 具体表达式分别为

$$\frac{\partial\ell(\boldsymbol{\beta})}{\partial\boldsymbol{\beta}}=\sum_{i=1}^{n}[y_i-\pi(\boldsymbol{x}_i)]\boldsymbol{x}_i, \tag{9.9}$$

$$\frac{\partial^2\ell(\boldsymbol{\beta})}{\partial\boldsymbol{\beta}\partial\boldsymbol{\beta}^{\mathrm{T}}}=-\sum_{i=1}^{n}\pi(\boldsymbol{x}_i)\big(1-\pi(\boldsymbol{x}_i)\big)\boldsymbol{x}_i\boldsymbol{x}_i^{\mathrm{T}}. \tag{9.10}$$

由式 (9.8) 和 $\partial\ell(\boldsymbol{\beta})/\partial\boldsymbol{\beta}=0$, 可得 Newton-Raphson 迭代公式为

$$\boldsymbol{\beta}^{(k+1)}=\boldsymbol{\beta}^{(k)}-\left(\frac{\partial^2\ell(\boldsymbol{\beta})}{\partial\boldsymbol{\beta}\partial\boldsymbol{\beta}^{\mathrm{T}}}\bigg|_{\boldsymbol{\beta}=\boldsymbol{\beta}^{(k)}}\right)^{-1}\frac{\partial\ell(\boldsymbol{\beta})}{\partial\boldsymbol{\beta}}\bigg|_{\boldsymbol{\beta}=\boldsymbol{\beta}^{(k)}}, \tag{9.11}$$

其中 $\boldsymbol{\beta}^{(k)}$ 表示第 k 步 $\boldsymbol{\beta}$ 的估计值, $\boldsymbol{\beta}^{(k+1)}$ 表示第 $k+1$ 步 $\boldsymbol{\beta}$ 的估计值. 对于给定的 ϵ, 当 $\|\boldsymbol{\beta}^{(k+1)}-\boldsymbol{\beta}^{(k)}\|_2^2<\epsilon$ 时, 停止迭代, 可得参数向量 $\boldsymbol{\beta}$ 最终的极大似然估计数值解 $\widehat{\boldsymbol{\beta}}$.

由式 (9.10) 定义的 $(p+1)\times(p+1)$ 维 Hessian 矩阵并不包含响应变量 y, 故它等价于 Hessian 矩

阵的数学期望, 并把 Hessian 矩阵数学期望之负数称为 **Fisher 信息矩阵** (Fisher information matrix), 即 $\mathbf{I} = -\mathrm{E}\left(\dfrac{\partial^2 \ell(\boldsymbol{\beta})}{\partial\boldsymbol{\beta}\partial\boldsymbol{\beta}^{\mathrm{T}}}\right)$ (给定 $\boldsymbol{x}$, 对 y 求条件期望). 因此, 对于 logistic 回归模型, Newton-Raphson 迭代算法也称为 **Fisher 得分迭代算法** (Fisher scoring iteration algorithm).

当样本量 $n \to \infty$ 时, 可证明 $\boldsymbol{\beta}$ 的极大似然估计 $\widehat{\boldsymbol{\beta}}$ 具有渐近正态分布, 均值向量为 $\boldsymbol{\beta}$, 协方差矩阵的估计为

$$\widehat{\mathrm{Cov}}(\widehat{\boldsymbol{\beta}}) \approx \left[\sum_{i=1}^{n} \widehat{\pi}(\boldsymbol{x}_i)\big(1-\widehat{\pi}(\boldsymbol{x}_i)\big)\boldsymbol{x}_i\boldsymbol{x}_i^{\mathrm{T}}\right]^{-1},$$

其中 $\widehat{\pi}(\boldsymbol{x}_i) = \dfrac{\exp(\widehat{\boldsymbol{\beta}}^{\mathrm{T}}\boldsymbol{x}_i)}{1+\exp(\widehat{\boldsymbol{\beta}}^{\mathrm{T}}\boldsymbol{x}_i)}$. 矩阵 $\widehat{\mathrm{Cov}}(\widehat{\boldsymbol{\beta}})$ 的对角线元素的平方根为 $\widehat{\beta}_0, \widehat{\beta}_1, \cdots, \widehat{\beta}_p$ 的标准误差. 这时, 可构造 β_k 置信水平为 $1-\alpha$ 的置信区间, 即

$$\widehat{\beta}_k \pm z_{1-\alpha/2} \times \mathrm{SE}(\widehat{\beta}_k), \qquad k = 0, 1, \cdots, p,$$

其中 $z_{1-\alpha/2}$ 是标准正态分布的上 $\alpha/2$ 分位点, $\mathrm{SE}(\widehat{\beta}_k)$ 表示 $\widehat{\beta}_k$ 的标准误差.

在实际问题中, 需要检验第 k 个协变量 X_k 对事件 $\{Y=1\}$ 发生的概率是否有显著影响, 即检验 X_k 的系数 β_k 是否为 0. 如果 $\beta_k = 0$, 说明协变量 X_k 对事件 $\{Y=1\}$ 发生的概率无显著影响, 否则 $\beta_k \neq 0$ 表示协变量 X_k 对事件 $\{Y=1\}$ 发生的概率有显著影响. 因此, 考虑下面回归系数的显著性检验问题

$$H_{k0}:\ \beta_k = 0 \longleftrightarrow H_{k1}:\ \beta_k \neq 0, \qquad k = 1, \cdots, p.$$

可以证明, 当样本量 $n \to \infty$, 且在原假设 H_{k0} 成立时, Z 统计量渐近服从标准正态分布, 即

$$Z_k = \frac{\widehat{\beta}_k}{\mathrm{SE}(\widehat{\beta}_k)} \xrightarrow{d} N(0,1), \qquad k = 1, \cdots, p. \tag{9.12}$$

如果 $|Z_k| \geqslant z_{1-\alpha/2}$ 或者 Z 统计量的 p 值, 即 $p_k < \alpha/2$ 时, 则拒绝原假设 H_{k0}, 认为 $\beta_k \neq 0$.

在 Newton-Raphson 迭代公式 (9.11) 或 Fisher 得分迭代算法中, 需要计算 Hessian 矩阵的逆, 在 $p < n$ 的低维情形, Hessian 矩阵是可逆的. 然而, 在 $p > n$ 或 $p \gg n$ 的高维情形, Hessian 矩阵不可逆, 这时 Newton-Raphson 迭代算法或 Fisher 得分迭代算法将失效. 为了解决该问题, 可以使用如下的**梯度上升算法** (gradient ascent algorithm)

$$\boldsymbol{\beta}^{(k+1)} = \boldsymbol{\beta}^{(k)} - \lambda_k \frac{\partial \ell(\boldsymbol{\beta})}{\partial \boldsymbol{\beta}}\bigg|_{\boldsymbol{\beta}=\boldsymbol{\beta}^{(k)}},$$

其中 λ_k 称为**步长** (step size) 或**学习率** (learning rate), $\boldsymbol{\beta}^{(k)}$ 表示第 k 步 $\boldsymbol{\beta}$ 的估计值, $\boldsymbol{\beta}^{(k+1)}$ 表示第 $k+1$ 步 $\boldsymbol{\beta}$ 的估计值. 梯度上升算法避免计算 Hessian 矩阵的逆, 但是需要确定步长或学习率, 并对初始估计很敏感, 只能找到局部最优解.

在 R 语言中, 函数 glm() 中当参数 family=binomial 时可进行 logistic 回归模型拟合, 下面以例 1.3 信用卡违约数据进行说明. 首先, 建立仅用变量 balance 预测违约概率的 logistic 回归模型, 并和线性回归模型的拟合进行比较. 表 9.1 提供了 logistic 回归模型的系数估计, 图 9.3 分别提供了线性回归模型和 logistic 回归模型违约概率的拟合曲线. 此外, 可用函数 confint() 计算参数的 95% 置信区间, 并用程序包 GGally 中的函数 ggcoef() 进行可视化, 结果不再显示.

```
library(GGally);  library(ISLR2);  attach(Default)
balance.glm=glm(default~balance, data=Default, family="binomial")
summary(balance.glm)
> confint(balance.glm)
                    2.5 %           97.5 %
(Intercept)    -11.383288936     -9.966565064
balance          0.005078926      0.005943365
ggcoef(balance.glm, exclude_intercept = T, vline_color = "red",
      errorbar_color = "blue", errorbar_height = 0.1) + theme_bw()
```

表 9.1　例 1.3 信用卡违约数据中, 变量 balance 预测违约概率的 logistic 回归模型的系数估计结果

变量	系数估计	标准误差	Z 统计量	p 值	95% 置信区间
截距项	−10.651 3	0.361 2	−29.49	$< 0.000\,1$	$[-11.383\,3, -9.966\,6]$
balance	0.005 5	0.000 2	24.95	$< 0.000\,1$	$[0.005\,1, 0.005\,9]$

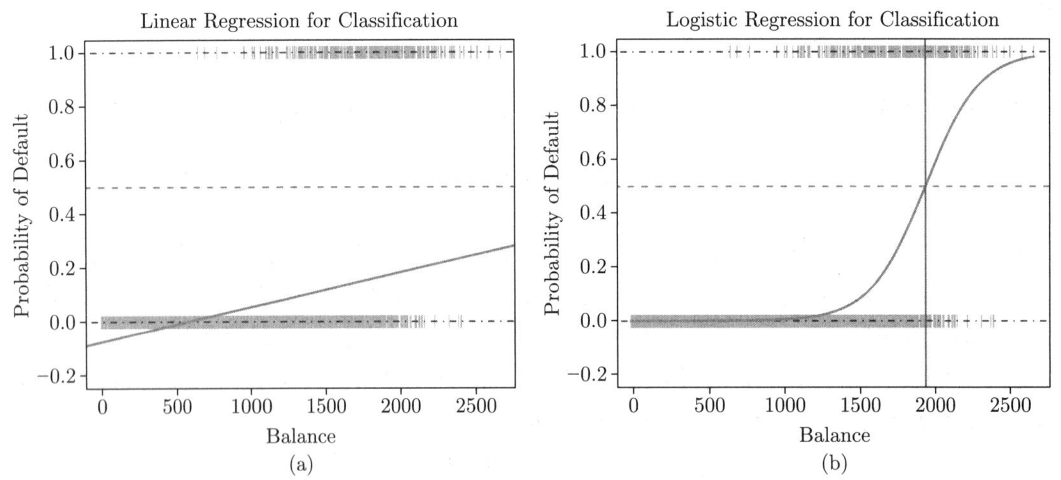

图 9.3　例 1.3 信用卡违约数据分类. (a) 线性回归模型的违约概率拟合; (b) logistic 回归模型的违约概率拟合, 其中紫色竖线表示决策边界

从表 9.1 可知, $\widehat{\beta}_0 = -10.651\,3$ 和 $\widehat{\beta}_1 = 0.005\,5$, p 值都小于 0.000 1, 表示变量 balance 对变量 default 是显著的. 由于变量 balance 的系数估计是正的, 且 95% 置信区间并没有包含 0 和负数, 表明信用卡余额越多, 发生违约的概率就越大. 更准确地讲, 变量 balance 每增加一个单位, 违约的对数发生比 (log-odds) 增加 0.005 5 个单位, 新的发生比 (odds) 为原发生比 (odds) 的 $\exp(0.005\,5) \approx 1.005\,5$ 倍, 即优势比 (OR) 为 1.005 5. 进一步, 可得 logistic 回归模型为

$$\mathbb{P}(\text{default} = \text{Yes}|\text{balance}) = \pi(\text{balance}) = \frac{\exp(-10.651\,3 + 0.005\,5 \times \text{balance})}{1 + \exp(-10.651\,3 + 0.005\,5 \times \text{balance})}.$$

表 9.1 也提供了估计的标准误差和 Z 统计量, 标准误差大小反映了估计的准确性. 对于回归系数的显著性检验问题, 即考虑原假设为 $H_0: \beta_1 = 0$. 如果原假设 H_0 成立时, 表示违约概率不依赖于变量 balance, 否则表示违约概率依赖于变量 balance. Z 统计量和 p 值可用来对回归系数进行显著性检验, 其中回归系数 β_1 的 Z 统计量等于 $Z_1 = \widehat{\beta}_1/\mathrm{SE}(\widehat{\beta}_1)$, 当 $|Z_1|$ 很大或 p 值很小时, 则拒绝原假设 $H_0: \beta_1 = 0$. 表 9.1 显示变量 balance 对违约概率有显著性的影响.

图 9.3(a) 显示, 用线性回归模型拟合违约概率时, 违约概率会出现负值, 明显拟合是不合理的. 因此, 用线性回归模型拟合事件 $\{Y = 1\}$ 的概率时, 拟合值范围为 $(-\infty, \infty)$, 会跑到区间 [0,1] 范围之外, 很难被用来解释数据. 图 9.3(b) 显示, logistic 回归模型预测的违约概率都落在 0 和 1 之间, 且当信用卡余额越多, 违约的概率就会越大, 可见 logistic 回归模型能够很好地解释数据.

其次, 用三个协变量 student (X_1), balance (X_2) 和 income (X_3) 对违约概率建立多元 logistic 回归模型, 并对模型中参数进行估计和统计推断, 结果见表 9.2.

```
fit.glm = glm(default ~ student + balance + income,
              family = "binomial", data = Default)
summary(fit.glm)
confint(fit.glm)
```

表 9.2　例 1.3 信用卡违约数据中, 三个协变量 student (X_1), balance (X_2) 和 income (X_3) 预测违约概率的多元 logistic 回归模型估计结果, 其中 student 为定性变量, 考虑哑变量建模, 1 代表学生, 0 代表非学生; income 的单位为千美元

变量	系数估计	标准误差	Z 统计量	p 值	95% 置信区间
截距项	−10.869 0	0.492 3	−22.080	< 0.000 1	[−11.859 0, −9.928 1]
student[Yes]	−0.646 8	0.236 3	−2.738	0.006 2	[−1.109 0, −0.182 2]
balance	0.005 7	0.000 2	24.738	< 0.000 1	[0.005 3, 0.006 2]
income	0.003 0	0.008 2	0.370	0.711 5	[−0.013 0, 0.019 1]

从表 9.2 可见, 变量 balance 和 student 的 p 值都很小, 且它们两个的 95% 置信区间都不包含 0, 表示它们对违约概率有显著性影响. 哑变量 student 的系数估计为负数, 表明学生比非学生更不容易违约. 变量 income 的 p 值为 0.711 5, 远远大于显著性水平 $\alpha = 0.05$, 且变量 income 系数的 95% 置信区间包含 0, 表示变量 income 对违约概率的影响不显著. 进一步, 可得多元 logistic 回归模型为

$$\mathbb{P}(Y = 1|X_1, X_2, X_3) = \frac{\exp(-10.869\,0 - 0.646\,8X_1 + 0.005\,7X_2 + 0.003\,0X_3)}{1 + \exp(-10.869\,0 - 0.646\,8X_1 + 0.005\,7X_2 + 0.003\,0X_3)}.$$

利用程序包 car 中的函数 mmps() 绘制每个协变量对违约概率拟合的边际 logistic 回归模型, 也可以直接调用程序包 alr4 进行绘制, 程序如下, 结果见图 9.4.

```
library(alr4)
mmps(fit.glm, layout=c(1, 3))
```

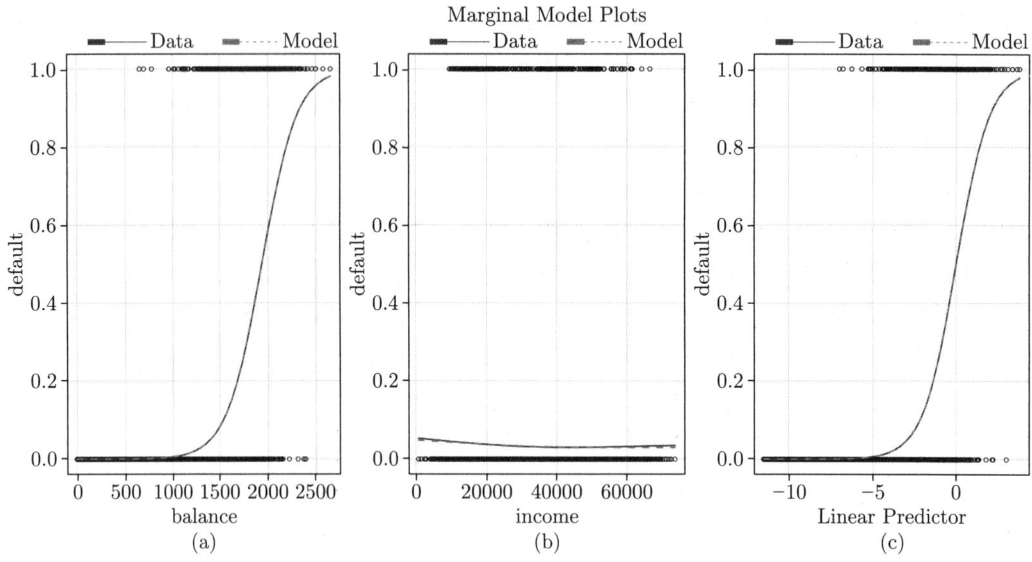

图 9.4 例 1.3 信用卡违约数据的边际 logistic 回归模型拟合图. (a) 协变量 balance 对违约概率的边际 logistic 回归模型拟合; (b) 协变量 income 对违约概率的边际 logistic 回归模型拟合; (c) $\widehat{\boldsymbol{\beta}}^{\mathrm{T}}\boldsymbol{x}$ 对违约概率的拟合图形

函数 mmps() 只能绘制连续型协变量的边际图形, 不能绘制定性协变量的图形, 所以图 9.4(a) 和图 9.4(b) 分别提供了协变量 balance 和 income 的边际 logistic 回归模型的拟合图形, 并没有提供定性变量 student 的边际 logistic 回归模型的拟合图形. 图 9.4(c) 提供了 $\widehat{\boldsymbol{\beta}}^{\mathrm{T}}\boldsymbol{x}$ 对违约概率的拟合图形. 从图 9.4(b) 也可以看出, 协变量 income 对违约概率的影响不是很显著.

最后, 用上述多元 logistic 回归模型作预测时还存在一些问题, 即变量 income 没有通过检验, 其 p 值为 0.711 5. 类似于线性回归模型, 可利用 AIC 准则和 BIC 准则进行模型选择, 其中 AIC 和 BIC 统计量分别定义为

$$\mathrm{AIC} = -2\ell(\widehat{\boldsymbol{\beta}}) + 2p = -2\log\left(L(\widehat{\boldsymbol{\beta}})\right) + 2p,$$

$$\mathrm{BIC} = -2\ell(\widehat{\boldsymbol{\beta}}) + p\log(n) = -2\log\left(L(\widehat{\boldsymbol{\beta}})\right) + p\log(n),$$

其中 $\ell(\widehat{\boldsymbol{\beta}})$ 表示用 p 个协变量拟合的对数似然函数, $L(\widehat{\boldsymbol{\beta}})$ 表示似然函数.

在 R 语言中, 同样可用函数 step() 对 glm() 的输出结果作逐步回归分析. 对信用卡违约数据, 因为只有 3 个协变量, 故只使用 AIC 准则进行模型选择, 见下面程序和结果, 进一步的分析结果见表 9.3.

```
> glm.aic = step(fit.glm)
Start:  AIC=1579.54
default ~ student + balance + income
          Df    Deviance     AIC
- income   1      1571.7    1577.7
<none>            1571.5    1579.5
```

```
- student    1        1579.0      1585.0
- balance    1        2907.5      2913.5
Step:  AIC=1577.68
default ~ student + balance
            Df     Deviance        AIC
<none>                1571.7      1577.7
- student    1        1596.5      1600.5
- balance    1        2908.7      2912.7
```

表 9.3　例 1.3 信用卡违约数据的逐步回归分析结果

变量	系数估计	标准误差	Z 统计量	p 值	95% 置信区间
截距项	−10.750 0	0.369 2	−29.116	< 0.000 1	[−11.498 1, −10.049 8]
student[Yes]	−0.714 9	0.147 5	−4.846	< 0.000 1	[−1.007 8, −0.429 1]
balance	0.005 7	0.000 2	24.750	< 0.000 1	[0.005 3, 0.006 2]

从上面结果可以看出, 如果用全部协变量作 logistic 回归分析, AIC 统计量的值为 1 579.54, 如果去掉协变量 income(X_3), AIC 统计量的值为 1 577.7. 如果再去掉其他任何一个协变量, AIC 统计量的取值都会升高, 这时自动终止计算. 因此, 认为协变量 income(X_3) 对违约概率是不显著的, 可把其从模型中去掉, 并得到下面最优的多元 logistic 回归模型

$$\mathbb{P}(Y=1|X_1,X_2)=\frac{\exp(-10.750\,0-0.714\,9X_1+0.005\,7X_2)}{1+\exp(-10.750\,0-0.714\,9X_1+0.005\,7X_2)}.$$

9.1.3　预测

得到多元 logistic 回归模型的系数估计 $\widehat{\boldsymbol{\beta}}$ 后, 则可预测 $y_0=1$ 的条件概率, 即

$$\mathbb{P}(y_0=1|\boldsymbol{x}_0)=\widehat{\pi}(\boldsymbol{x}_0)=\frac{\exp(\widehat{\boldsymbol{\beta}}^{\mathrm{T}}\boldsymbol{x}_0)}{1+\exp(\widehat{\boldsymbol{\beta}}^{\mathrm{T}}\boldsymbol{x}_0)},$$

其中 $\boldsymbol{x}_0=(1,x_{01},\cdots,x_{0p})^{\mathrm{T}}$ 为给定的测试样本. 显然, 如果预测概率 $\mathbb{P}(y_0=1|\boldsymbol{x}_0)>0.5$ 时, 则可预测 $y_0=1$, 否则预测为 $y_0=0$. 对于二分类问题, logistic 回归模型的决策边界为 $\{\boldsymbol{x}_i \mid \widehat{\mathbb{P}}(y_i=1|\boldsymbol{x}_i)=0.5\}$. 在决策边界上, 可以无差别预测 $\widehat{y}_i=0$ 或 1.

对 logistic 回归模型, 也可以使用对数发生比 (log-odds) 来预测响应变量的类别, 如果对数发生比 $\log\left(\dfrac{\widehat{\pi}(\boldsymbol{x}_0)}{1-\widehat{\pi}(\boldsymbol{x}_0)}\right)>0$, 则可预测 $y_0=1$; 如果对数发生比 $\log\left(\dfrac{\widehat{\pi}(\boldsymbol{x}_0)}{1-\widehat{\pi}(\boldsymbol{x}_0)}\right)<0$, 则可预测 $y_0=0$; 如果对数发生比 $\log\left(\dfrac{\widehat{\pi}(\boldsymbol{x}_0)}{1-\widehat{\pi}(\boldsymbol{x}_0)}\right)=0$, 则可预测 y_0 落在决策边界上, 可预测为 $y_0=0$ 或 1.

例如, 对例 1.3 信用卡违约数据, 如果一个信用卡余额为 1 500 美元, 同时收入为 40 000 美元的学生和非学生, 比较学生和非学生违约的概率.

由表 9.2 参数的估计, 一个信用卡余额为 1 500 美元, 同时收入为 40 000 美元的学生的违约概率为

$$\widehat{\pi}(\boldsymbol{x}_0)=\frac{\exp(-10.869\,0-0.646\,8\times 1+0.005\,7\times 1\,500+0.003\,0\times 40)}{1+\exp(-10.869\,0-0.646\,8\times 1+0.005\,7\times 1\,500+0.003\,0\times 40)}\approx 0.058.$$

一个信用卡余额为 1 500 美元, 同时收入为 40 000 美元的非学生的违约概率为

$$\widehat{\pi}(\boldsymbol{x}_0)=\frac{\exp(-10.869\,0+0.005\,7\times 1\,500+0.003\,0\times 40)}{1+\exp(-10.869\,0+0.005\,7\times 1\,500+0.003\,0\times 40)}\approx 0.105.$$

在 R 语言中, 可用函数 predict() 进行预测, 下面程序分别预测学生和非学生的违约概率, 结果同上.

```
> predict(fit.glm, newdata=data.frame(student="Yes", balance=1500,
          income=40000), type="response")
0.05788194
> predict(fit.glm, newdata=data.frame(student="No", balance=1500,
          income=40000), type="response")
0.1049919
```

从上面结果可以看出, 在相同信用卡余额和收入条件下, 非学生违约的概率大于学生的违约概率, 即非学生比学生更有可能违约.

§9.2 二分类模型的评估

在第 2 章尽管介绍了分类模型的评价准则, 如准确率 (accRate) 和错误率 (errRate), 但是准确率和错误率并不适合 "类别不平衡" 的数据. 类别不平衡的训练样本会导致训练分类模型存在偏差. 例如, 某种罕见病的发病率仅为 1%, 则样本中两个类别的数据高度不平衡. 这时, 采用任何的分类方法, 只要一直预测不发病, 准确率也能达到 99% (或错误率为 1%). 显然, 对于类别不平衡的数据, 无论准确率多高或错误率多低, 都没有任何意义. 因此, 实际应用中, 更希望准确预测那些发病的患者, 即所谓的正例 (positive cases).

根据二分类模型预测的正例 ($\widehat{y}=1$, 也称为阳性) 与反例 ($\widehat{y}=0$, 也称为阴性), 以及真实观测的正例 ($y=1$) 与反例 ($y=0$), 可将样本数据分为以下四类, 并用**混淆矩阵** (confusion matrix) 表示, 见表 9.4.

表 9.4 分类结果的混淆矩阵 (confusion matrix)

		真实分类		总计
		正例 ($y=1$)	反例 ($y=0$)	
预测分类	正例 ($\widehat{y}=1$)	真阳性值 (TP)	假阳性值 (FP)	$P^*=TP+FP$
	反例 ($\widehat{y}=0$)	假阴性值 (FN)	真阴性值 (TN)	$N^*=FN+TN$
	总计	$P=TP+FN$	$N=FP+TN$	n

假设有 n 个个体, 其中 n 个个体中真实正例 (或阳性) 的个数为 $P = \#\{y_i = 1\}$, 真实反例 (或阴性) 的个数为 $N = \#\{y_i = 0\}$, 且满足 $n = P + N$. 在表 9.4 中, 真阳性值 (true positive, TP) 表示真实类别为正例而被预测为正例的个数 (即 $\#\{\widehat{y}_i = 1, y_i = 1\}$), 假阳性值 (false positive, FP) 表示真实类别为反例而被预测为正例的个数 (即 $\#\{\widehat{y}_i = 1, y_i = 0\}$), 假阴性值 (false negative, FN) 表示真实类别为正例而被预测为反例的个数 (即 $\#\{\widehat{y}_i = 0, y_i = 1\}$), 真阴性值 (true negative, TN) 表示真实类别为反例而被预测为反例的个数 (即 $\#\{\widehat{y}_i = 0, y_i = 0\}$), P^* 表示预测为正例的总个数, N^* 表示预测为反例的总个数, 且有 $n = P^* + N^*$. 由表 9.4 的混淆矩阵, 可得准确率为 $\text{accRate} = (TP + TN)/n$, 错误率为 $\text{errRate} = 1 - \text{accRate}$.

根据表 9.4 混淆矩阵的信息, 可设计更为精细的模型评价指标: **灵敏度** (sensitivity)、**特异度** (specificity), **1-特异度** (1-specificity) 和**召回率** (recall rate, recRate).

灵敏度定义为在真实为正例的子样本中, 被正确预测为正例的比例, 也称为**真阳性率** (true positive rate, TPR), 定义为

$$\text{sensitivity} = TPR = \frac{TP}{TP + FN} = \frac{TP}{P}. \tag{9.13}$$

灵敏度也称为**查准率**, 反映了在真实为正例的子样本中, 正确预测的比例, 非常适合上述提到的罕见病的案例.

特异度定义为在真实为反例的子样本中, 被正确预测为反例的比例, 也称为**真阴性率** (true negative rate, TNR), 定义为

$$\text{specificity} = TNR = \frac{TN}{FP + TN} = \frac{TN}{N}. \tag{9.14}$$

1-特异度 (1-specificity) 定义为在真实为反例的子样本中, 被错误预测为正例的比例, 也称为**假阳性率** (false positive rate, FPR), 刻画了犯第一类错误的概率大小, 定义为

$$1 - \text{specificity} = FPR = \frac{FP}{FP + TN} = \frac{FP}{N}. \tag{9.15}$$

当然, 也可以从横向角度考察混淆矩阵. 例如, 考虑混淆矩阵的第 1 行, 在预测为正例的子样本中, 预测为正例所占的比例, 称为**查全率**或**召回率**, 定义为

$$\text{recRate} = \frac{TP}{TP + FP} = \frac{TP}{P^*}. \tag{9.16}$$

在 logistic 回归二分类问题中, 默认分类的阈值或决策边界为 $\widehat{\mathbb{P}}(y = 1|\boldsymbol{x}) = \widehat{\pi}(\boldsymbol{x}) = 0.5$, 该阈值或决策边界对于不平衡数据并不是最佳选择. 从混淆矩阵可知, 在做分类预测时, 可能犯 “假阳性” 或 “假阴性” 两种不同的错误, 在具体的问题中, 犯这两类错误的成本可能差别很大.

例如, 在医学诊断中, “假阳性” 表示将健康者误判为患者, 其成本可能只是医疗检查等损失; 而 “假阴性” 将患者误判为健康者, 则会耽误病情并产生严重的后果. 再如, 投资者在投资理财产品时, “假阳性” 表示投资者将无风险的理财产品误判为高风险的理财产品而放弃投资, 其成本可能只是少赚取一些利润; 而 “假阴性” 将高风险的理财产品误判为无风险的理财产品而进行投资, 则可能导致投资者血本无归. 类别不平衡的分类问题还包括诈骗检测、索赔预测、违约预测、客户流失预测、垃圾邮件检测和异常值检测等. 从这些例子可知, 做预测的两类错误, 其成本损失可能并不对称. 因此, 需要根据具体的问题, 选择合适的阈值进行分类, 降低错误分类造成的损失.

为了提高二分类模型预测的准确性, 准确度量 “假阳性” 或 “假阴性” 两种不同的错误非常重要. 因此, 需要选择合适的阈值或决策边界 $\widehat{\pi}(\boldsymbol{x}) = c$ 进行分类, 即

$$\widehat{y}_i = \begin{cases} 1, & \text{如果 } \widehat{\pi}(\boldsymbol{x}_i) > c, \\ 0, & \text{如果 } \widehat{\pi}(\boldsymbol{x}_i) \leqslant c, \end{cases} \qquad i = 1, \cdots, n.$$

如果使用更低的阈值 c, 将预测更多的正例, 而预测更少的反例. 这时, 在真实为正例的子样本中, 预测准确率将上升, 即灵敏度 (真阳性率, TPR) 将上升. 而在真实为反例的子样本中, 预测准确率将下降, 即特异度 (真阴性率, TNR) 下降, 故 1-特异度 (假阳性率, FPR) 上升.

从上述分析可见, 灵敏度 (真阳性率, TPR) 与 1-特异度 (假阳性率, FPR) 均为阈值 $\widehat{\pi}(\boldsymbol{x}) = c$ 的函数, 如果将 1-特异度 (假阳性率, FPR) 作为横坐标, 灵敏度 (真阳性率, TPR) 作为纵坐标, 然后让阈值 $\widehat{\pi}(\boldsymbol{x}) = c$ 从 0 连续地变为 1, 则可得一条曲线, 称为**受试者工作特征曲线** (receiver operating characteristic curve, ROC 曲线), 见图 9.5 的 ROC 曲线示意图.

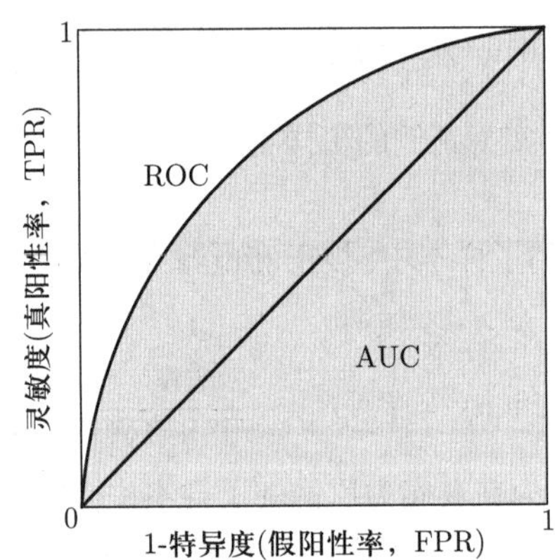

图 9.5 ROC 曲线示意图, 阴影部分为 AUC 值

当阈值 $c = 0$ 时, 所有样本都被预测为正例, 即 $\#\{\widehat{y}_i = 1\} = n$, 则 $FN = 0$ 和 $TN = 0$, 意味着所有真实正例都被正确预测, 而所有反例都被错误预测. 进一步, 可得灵敏度 (真阳性率) 为

$$\text{sensitivity} = TPR = \frac{TP}{TP + FN} = \frac{TP}{TP + 0} = 1,$$

和 1-特异度 (假阳性率) 为

$$1 - \text{specificity} = FPR = \frac{FP}{FP + TN} = \frac{FP}{FP + 0} = 1.$$

可知, 当阈值 $c = 0$ 时, 坐标为 $(1, 1)$, 位于图 9.5 的最右上角.

当阈值 c 从 0 变大时, 灵敏度 (真阳性率) 将变小, 当阈值变到另外一个极端情况, 即 $c = 1$ 时, 所有样本都被预测为反例, 即 $\#\{\widehat{y}_i = 0\} = n$, 则 $TP = 0$ 和 $FP = 0$, 意味着所有真实反例都被正确预测, 而所有正例都被错误预测. 可得灵敏度 (或真阳性率) 为 0, 且 1-特异度 (假阳性率) 也为 0. 可知, 当阈值 $c = 1$ 时, 坐标为 $(0, 0)$, 位于图 9.5 的原点.

当阈值 $0 \leqslant c \leqslant 1$ 时, 可得到整条 ROC 曲线, 希望拟合模型所得 ROC 曲线越靠近左上角越好. 因此, 为了度量 ROC 曲线的优良性, 可计算 **ROC 曲线下面积** (area under the curve, AUC) 来度

量, 见图 9.5 的阴影部分. AUC 值一般介于 0.5 与 1 之间, 如果 AUC=1, 表示模型对正例和反例都正确预测, 这是无法达到的理想情况; 如果 ROC 曲线和 45° 的对角线重合, 即 AUC=0.5, 表示模型的预测结果类似于随机猜测; 如果 AUC<0.5, 表示模型的预测结果还不如随机猜测. 在 R 语言中, 可用程序包 ROCR 和 pROC 绘制 ROC 曲线.

对例 1.3 信用卡违约数据, 固定种子 set.seed(2023), 把数据随机分成 70% 的训练样本和 30% 的测试样本, 首先在训练集上拟合多元 logistic 回归模型, 然后在测试集上用函数 predict() 进行预测, 其中函数 predict() 中的参数 type="response", 表示预测事件发生的条件概率; 默认取 type="link", 表示预测 $\widehat{\boldsymbol{\beta}}^{\mathrm{T}}\boldsymbol{x}_i$, 即对数发生比 (log-odds). 最后取阈值 $c = 0.5$, 如果预测的条件概率大于 0.5, 则预测为违约, 否则为未违约. 计算测试集上的混淆矩阵, 根据混淆矩阵计算准确率 (accRate)、错误率 (errRate)、灵敏度 (sensitivity)、特异度 (specificity) 和召回率 (recRate), 并用程序包 knitr 中的函数 kable() 输出表格结果.

```
library(ISLR2); library(ROCR); library(knitr)
attach(Default);  set.seed(2023)
tr.id = sample(nrow(Default), 0.7*nrow(Default))
train = Default[tr.id, ]; test  = Default[-tr.id, ]
train.m = glm(default ~ student + balance + income,
              family = "binomial", data = train)
prob.test = predict(train.m, type = "response", newdata = test)
pred.test = prob.test > 0.5
pred.test[which(pred.test == FALSE)] = "No"
pred.test[which(pred.test == TRUE)]  = "Yes"
con.mat = table(Predicted = pred.test, Actual = test$default)
> con.mat    ## 混淆矩阵
               Actual
Predicted       No    Yes
       No     2891     62
      Yes       14     33
(accRate = (con.mat[1,1]+con.mat[2,2])/sum(con.mat))
(errRate = (con.mat[2,1]+con.mat[1,2])/sum(con.mat))
(sensitivity = con.mat[2,2]/(con.mat[1,2]+con.mat[2,2]))
(specificity = con.mat[1,1]/(con.mat[1,1]+con.mat[2,1]))
(recRate = con.mat[2,2]/(con.mat[2,1]+con.mat[2,2]))
res=data.frame(accRate, errRate, sensitivity, specificity, recRate)
colnames(res)=c("准确率", "错误率", "灵敏度", "特异度", "召回率")
> kable(res, digits = 4)
|  准确率 |  错误率 |  灵敏度 |  特异度 |  召回率 |
```

```
|------:|------:|------:|------:|------:|
| 0.9747| 0.0253| 0.3474| 0.9952| 0.7021|
```

从输出结果可以看出, 当取阈值 $c = 0.5$ 时, 在测试集上有很好的预测结果, 准确率为 97.47%, 错误率为 2.53%. 在正例 (违约) 中的预测准确率 (即灵敏度) 为 34.74%, 而反例 (未违约) 中的预测准确率 (即特异度) 高达 99.52%. 显然在样本中反例 (未违约) 的样本居多, 而正例 (违约) 的样本较少. 因此, 结果显示更容易预测反例, 而较难预测正例.

现在使用程序包 ROCR 绘制 ROC 曲线, 并计算 AUC 值. 程序包 ROCR 中的函数 prediction() 用于建立预测对象, 函数 performance() 用来建立一个性能对象, 其参数 `measure="tpr"` 表示纵坐标为真阳性率 (TPR), 即灵敏度; 参数 `x.measure="fpr"` 表示横坐标为假阳性率 (FPR), 即 1-特异度. 图 9.6 提供了例 1.3 信用卡违约数据在 30% 测试集上的 ROC 曲线, 且 AUC=0.957.

```
pred.obj = prediction(prob.test, test$default)
perf = performance(pred.obj, measure = "tpr", x.measure = "fpr")
plot(perf, main = "ROC curve", lwd = 2, col = "red",
    xlab = "1-specificity(FPR)", ylab = "sensitivity(TPR)")
abline(0, 1, lwd = 2, col = "blue")
text(0.6, 0.2, expression(AUC==0.957))
auc.test = performance(pred.obj, measure = "auc")
auc.test@y.values
```

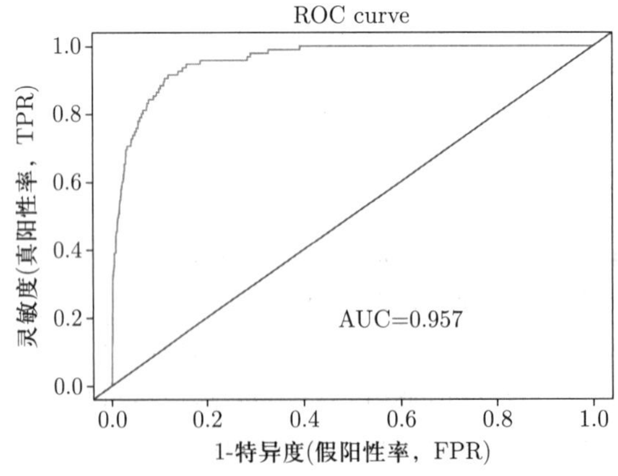

图 9.6 例 1.3 信用卡违约数据在 30% 测试集上的 ROC 曲线, AUC=0.957

对于类别不平衡的数据, 也可以利用 Cohen(1960) 提出的 kappa 指标进行度量, 详细的介绍可参考 Cohen (1960) 和陈强 (2020). 关于 kappa 指标的含义见表 9.5, 并可用程序包 vcd 中的函数 Kappa() 进行计算, 其中 kappa 指标可用于多分类问题.

表 9.5 Kappa 指标含义的解释

kappa 指标的取值	kappa 指标的解释
kappa⩽0.2	一致性很差 (poor agreement)
0.2<kappa⩽0.4	一致性较差 (fair agreement)
0.4<kappa⩽0.6	一致性中等 (moderate agreement)
0.6<kappa⩽0.8	一致性较好 (good agreement)
0.8<kappa⩽1	一致性很好 (great agreement)

```
library(vcd)
> Kappa(con.mat)
             value     ASE      z   Pr(>|z|)
Unweighted  0.4533  0.0523  8.669  4.374e-18
Weighted    0.4533  0.0523  8.669  4.374e-18
```

结果显示, 在测试集中, kappa 指标的值为 0.453 3. 对照表 9.5 可知, 预测值与真实值之间具有一致性中等 (moderate agreement) 表现.

§9.3 惩罚似然变量选择方法

类似于第 7 章介绍的线性回归模型的变量选择问题, 对于多元 logistic 回归模型, 也需要讨论模型中哪些协变量对事件 $\{Y=1\}$ 发生的概率有显著性影响, 而哪些协变量对事件 $\{Y=1\}$ 发生的概率无显著性影响, 如对例 1.3 信用卡违约数据的分析, 发现变量 income 对违约概率并无显著性影响. 因此, 同样可以采用惩罚的变量选择方法对多元 logistic 回归模型同时进行参数估计和变量选择.

为了对多元 logistic 回归模型进行变量选择, 定义下面的**惩罚似然目标函数**

$$
\begin{aligned}
Q(\boldsymbol{\beta}) =& \ell(\boldsymbol{\beta}) - n\sum_{j=1}^{p} p_\lambda(|\beta_j|) \\
=& \sum_{i=1}^{n}\left\{y_i(\boldsymbol{\beta}^{\mathrm{T}}\boldsymbol{x}_i) - \log\left[1+\exp(\boldsymbol{\beta}^{\mathrm{T}}\boldsymbol{x}_i)\right]\right\} - n\sum_{j=1}^{p} p_\lambda(|\beta_j|),
\end{aligned} \tag{9.17}
$$

其中 $\ell(\boldsymbol{\beta})$ 为由式 (9.6) 定义的对数似然函数, $p_\lambda(\cdot)$ 是惩罚函数, $\lambda \geqslant 0$ 是调节参数或截断参数, 可用来控制模型的复杂度, 可以采用 CV、GCV 或 BIC 等数据驱动的方法进行选取. 惩罚函数可以取第 7 章介绍的岭回归、Lasso、SCAD、自适应 Lasso 和弹性网等惩罚函数, 此处不再做详细介绍. 这时, 可极大化惩罚似然目标函数 $Q(\boldsymbol{\beta})$, 可得 $\boldsymbol{\beta}$ 的**惩罚极大似然估计**, 即

$$
\widehat{\boldsymbol{\beta}} = \arg\max_{\boldsymbol{\beta}} Q(\boldsymbol{\beta}). \tag{9.18}
$$

对于极大化式 (9.18) 求解惩罚极大似然估计的详细算法讨论可参考 Fan 等 (2020) 的第 5 章, 此处不再详细讨论. 在 R 语言中, 可利用程序包 glmnet、gcdnet 和 ncvreg 对多元 logistic 回归模型

进行惩罚似然变量选择. 下面通过实际数据和模拟数据对多元 logistic 回归模型的惩罚似然变量选择方法进行说明.

首先, 通过程序包 ncvreg 中的 Heart 数据集进行 Lasso 和 SCAD 分析. Heart 数据集包含 462 个观测样本 (见 Rousseauw 等, 1983), 其中包括二元响应变量 y (1 表示患有心脏病, 0 表示未患有心脏病), 462×9 的协变量矩阵 $\mathbf{X}$, 9 个协变量分别为: sbp (收缩压), tobacco (累计烟草消费量, 单位: kg), ldl (低密度脂蛋白胆固醇), adiposity (脂肪组织浓度), famhist (1 表示家族存在心脏病, 0 表示家族不存在心脏病), typea (A 型行为的测试度量得分), obesity (肥胖), alcohol (当前饮酒量) 和 age (个体的年龄). Heart 数据集分析的主要目的是考察 9 个协变量中哪些协变量对患有心脏病概率有显著影响.

对于 Lasso 惩罚似然变量选择, 采用程序包 glmnet 中的 10 折 CV 方法的函数 cv.glmnet() 选取最优的调节参数 λ, 绘制 Lasso 的交叉验证误差图, 见图 9.7(a). 用函数 glmnet() 进行 Lasso 分析, 并用函数 plot() 绘制 Lasso 估计随着 λ 变化的路径图, 见图 9.7(b).

```
library(glmnet); library(ncvreg)
data(Heart);     set.seed(2023)
lasso.cv = cv.glmnet(Heart$X, Heart$y, family="binomial", alpha=1)
plot(lasso.cv)                  ## 绘制交叉验证误差图
lasso.fit = glmnet(Heart$X, Heart$y, family = "binomial")
plot(lasso.fit, xvar="lambda", label=TRUE, lwd=2) ## Lasso 估计路径图
> lasso.cv$lambda.min                  > lasso.cv$lambda.1se
[1] 0.009921424                         [1] 0.03649477
```

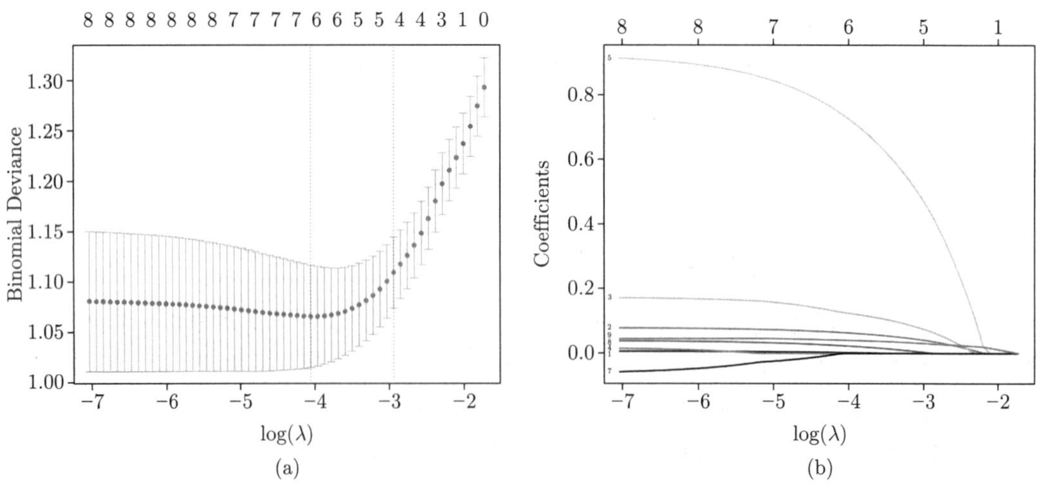

图 9.7 程序包 ncvreg 中 Heart 数据集的 Lasso 分析. (a) Lasso 的交叉验证误差图; (b) Lasso 估计随着 λ 变化的路径图

图 9.7(a) 展示了交叉验证误差图, 可见使 logistic 回归模型的二项式偏差 (binomial deviance)

达到最小化的 λ 为 $\widehat{\lambda} \approx 0.009\,9$, 而利用 "一个标准差" 准则选取的 λ 为 $\widetilde{\lambda} \approx 0.036\,5$. 图 9.7(b) 展示了 Lasso 估计的路径图, 当 $\lambda = 0$ 时, Lasso 估计与极大似然估计等价; 当 λ 足够大时, Lasso 估计得到一个零模型, 所有回归系数的 Lasso 估计均为 0. 然而在这两个极端之间, Lasso 估计随着 λ 变大, 系数估计被逐渐压缩成 0. 因此, 根据不同 λ 的取值, 可以得到包含不同变量的 logistic 回归模型, 说明 Lasso 方法具有筛选变量的功能.

使用函数 coef() 分别提取 $\widehat{\lambda}$ 和 $\widetilde{\lambda}$ 对应回归系数的 Lasso 估计, 程序和结果如下.

```
> coef(lasso.cv, s="lambda.min")     > coef(lasso.cv, s="lambda.1se")
10 x 1 sparse Matrix of class "dgCMatrix"
                     s1                                         s1
(Intercept) -5.73717333              (Intercept) -3.70344526
sbp          0.00416794              sbp          .
tobacco      0.07056290              tobacco      0.05029280
ldl          0.14789200              ldl          0.09549068
adiposity    .                       adiposity    .
famhist      0.81077289              famhist      0.57306288
typea        0.02967640              typea        0.01108731
obesity     -0.01618876              obesity      .
alcohol      .                       alcohol      .
age          0.04396417              age          0.03496002
```

从上面的结果可以看出, 当 $\widehat{\lambda} \approx 0.009\,9$ 时, 把 2 个变量 adiposity 和 alcohol 的回归系数估计压缩成 0. 当采用 "一个标准差" 准则的 $\widetilde{\lambda} \approx 0.036\,5$ 时, 使 4 个变量 sbp, adiposity, obesity 和 alcohol 的回归系数估计压缩成 0, 且其他 5 个变量的回归系数估计非 0, 使得模型更为简单, 不易导致过拟合.

对于 SCAD 惩罚似然变量选择, 采用程序包 ncvreg 中的 10 折 CV 方法的函数 cv.ncvreg() 选取最优的调节参数 λ, 绘制 SCAD 的交叉验证误差图, 见图 9.8(a), 并用函数 plot() 绘制 SCAD 估计随着 λ 变化的路径图, 见图 9.8(b).

```
scad.cv=cv.ncvreg(Heart$X,Heart$y,family="binomial",penalty="SCAD")
> summary(scad.cv)
SCAD-penalized logistic regression with n=462, p=9
At minimum cross-validation error (lambda=0.0144):
------------------------------------------------
  Nonzero coefficients: 7
  Cross-validation error (deviance): 1.07
  R-squared: 0.20
```

```
  Signal-to-noise ratio: 0.25
  Prediction error: 0.268
## 绘制交叉验证图和 SCAD 估计路径图
scad.fit = scad.cv$fit; plot(scad.cv); plot(scad.fit, log=TRUE)
> scad.cv$lambda.min
[1] 0.01439429
> scad.fit$beta[, scad.cv$min]    ## lambda=0.0144 对应的系数估计
 (Intercept)          sbp      tobacco          ldl    adiposity
-6.346175650  0.001815207  0.080107355  0.169622961  0.000000000
     famhist        typea      obesity      alcohol          age
 0.912011700  0.037695525 -0.015560248  0.000000000  0.050179621
> coef(scad.fit, lambda = 0.05)  ## lambda=0.05 对应的系数估计
 (Intercept)          sbp      tobacco          ldl    adiposity
-3.397134970  0.000000000  0.031306612  0.064116832  0.000000000
    famhist         typea      obesity      alcohol          age
0.436932032   0.005588174  0.000000000  0.000000000  0.041152826
```

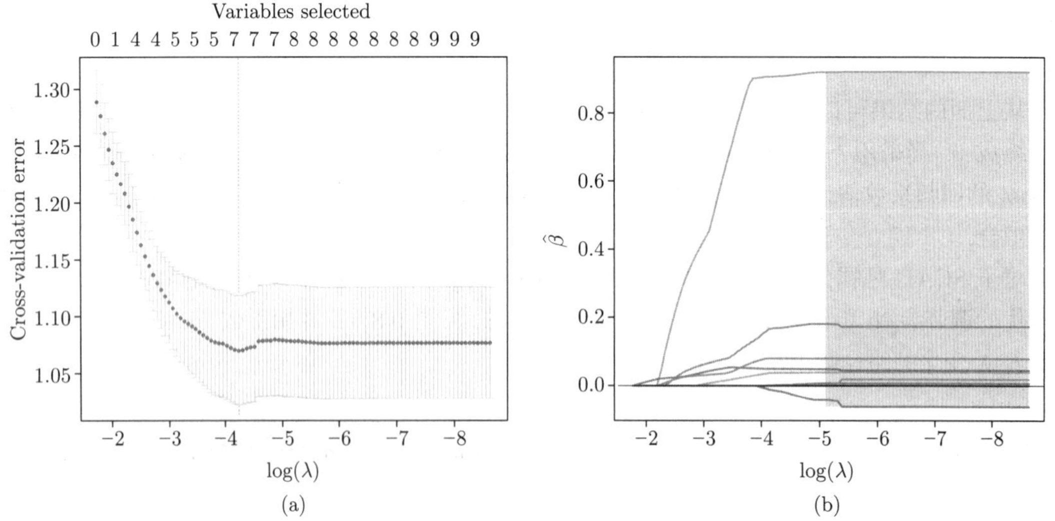

图 9.8 程序包 ncvreg 中 Heart 数据集的 SCAD 分析. (a) SCAD 的交叉验证误差图; (b) SCAD 估计随着 λ 变化的路径图

图 9.8(a) 展示了交叉验证误差图, 最优的 λ 为 $\widehat{\lambda} \approx 0.014\,4$. 图 9.8(b) 显示了运用 SCAD 方法进行拟合得到的 SCAD 估计的路径图. 当 $\lambda = 0$ 时, SCAD 估计与极大似然估计等价; 当 λ 足够大时, SCAD 估计得到一个零模型, 所有回归系数的 SCAD 估计均为 0. 然而在这两个极端之间, SCAD 估计随着 λ 变大, 系数估计被逐渐压缩成 0. 因此, 根据不同 λ 的取值, 可以得到包含不同变

量的 logistic 回归模型, 说明 SCAD 方法具有筛选变量的功能. 当 $\widehat{\lambda} \approx 0.014\,4$ 时, 把变量 adiposity 和 alcohol 的系数估计为 0, 其他 7 个变量的系数估计非 0. 当把 λ 变大, 取 $\lambda = 0.05$ 时, 可把变量 sbp, adiposity, obesity 和 alcohol 的系数估计压缩成 0.

最后, 使用函数 predict() 对 Lasso 方法和 SCAD 方法所得结果进行预测, 并对两种方法的预测结果进行比较. 为了公平, 调节参数都取使用 10 折 CV 方法选取的最优调节参数, 利用程序包 pROC 绘制 ROC 曲线和计算 AUC 值, 程序如下, 结果见图 9.9.

```
s1 = lasso.cv$lambda.min; s2 = scad.cv$lambda.min
pred.lasso = predict(lasso.fit, type="class", newx=Heart$X, s=s1)
pred.scad  = predict(scad.fit, Heart$X, type="class", lambda=s2)
library(pROC)
lasso.roc = plot.roc(Heart$y, as.numeric(pred.lasso), col="red",
                     main="ROC curve", percent=FALSE, legacy.axes=T)
scad.roc = lines.roc(Heart$y, pred.scad, percent=FALSE, col="blue")
legend("bottomright", legend = c("Lasso (AUC=0.695)",
       "SCAD (AUC=0.707)"), fill = c("red", "blue"), cex = 1)
```

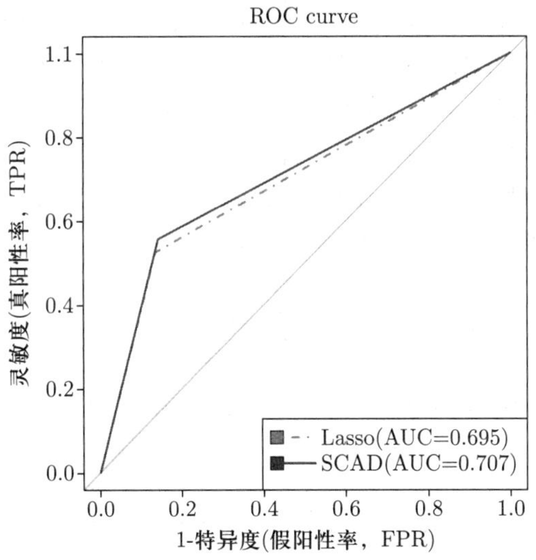

图 9.9 针对程序包 ncvreg 中 Heart 数据集, Lasso 方法和 SCAD 方法的 ROC 曲线和 AUC 值

由图 9.9 的结果可知, SCAD 方法的 ROC 曲线在 Lasso 方法的左上角, 且 Lasso 方法的 AUC=0.695, SCAD 方法的 AUC=0.707. 因此, SCAD 方法的预测效果好于 Lasso 方法.

§9.4 非参数 logistic 回归

当响应变量 Y 的取值为 0 或 1 的二元变量时, 可以把第 8 章的非参数模型推广到非参数 logistic 回归模型. 首先考虑单个协变量 X 的非参数 logistic 回归模型, 定义为

$$\mathbb{P}(Y=1|X=x)=\frac{\exp(g(x))}{1+\exp(g(x))}, \tag{9.19}$$

其中 $g(x)$ 为未知的连续光滑函数. 进一步, 可得到对数发生比 (log-odds) 为

$$\log\left(\frac{\mathbb{P}(Y=1|X=x)}{\mathbb{P}(Y=0|X=x)}\right)=g(x). \tag{9.20}$$

对于非参数函数 $g(x)$ 的拟合, 可采用第 8 章介绍的多项式回归、回归样条、自然样条、光滑样条、N-W 核光滑和局部线性光滑等方法. 本节以光滑样条为例对非参数函数 $g(x)$ 进行拟合, 进而得到条件概率 $\mathbb{P}(Y=1|X=x)$ 的光滑估计, 并用于分类或者风险评分.

假设 $\{(x_i,y_i),i=1,\cdots,n\}$ 是来自非参数 logistic 回归模型 (9.19) 的一组独立同分布的随机样本, 其中 $y_i\in\{0,1\}$ 为二元响应变量. 构造如下的惩罚对数似然目标函数

$$\ell(g;\lambda)=\sum_{i=1}^{n}\Big\{y_ig(x_i)-\log\Big[1+\exp(g(x_i))\Big]\Big\}-\frac{1}{2}\lambda\int\{g''(x)\}^2\mathrm{d}x, \tag{9.21}$$

其中 $\lambda\geqslant 0$ 称为光滑参数, $g''(x)$ 是 $g(x)$ 的二阶导数. 式 (9.21) 包含两项, 第一项为对数似然函数, 第二项为惩罚项, 用来度量 $g(\cdot)$ 的光滑度, 是对 $g(\cdot)$ 的波动性进行的惩罚, 因为二阶导数 $g''(\cdot)$ 衡量的是函数 $g(\cdot)$ 的粗糙度 (roughness). 如果函数 $g(\cdot)$ 的粗糙度大, 则会有大的惩罚. 如果函数 $g(\cdot)$ 非常光滑, 则惩罚变小. 光滑参数 λ 反映了拟合的相对重要性和函数 $g(\cdot)$ 的光滑性.

这时, 可以极大化惩罚对数似然目标函数 (9.21) 获得非参数函数 $g(x)$ 的估计. 类似于 8.3 节, 令非参数函数 $g(x)$ 可被自然三次样条基函数逼近, 即

$$g(x)\approx\sum_{j=1}^{n}\beta_jb_j(x),$$

其中 $b_j(x)$ 是自然样条的基函数, 且 $j=1,\cdots,n$. 这时, 由式 (9.21) 定义的惩罚对数似然目标函数 $\ell(g;\lambda)$ 可以写为

$$\ell(\boldsymbol{\beta};\lambda)=\sum_{i=1}^{n}\Big\{y_i\boldsymbol{\beta}^{\mathrm{T}}\boldsymbol{B}(x_i)-\log\Big[1+\exp\left(\boldsymbol{\beta}^{\mathrm{T}}\boldsymbol{B}(x_i)\right)\Big]\Big\}-\frac{1}{2}\lambda\boldsymbol{\beta}^{\mathrm{T}}\boldsymbol{\Omega}_n\boldsymbol{\beta}, \tag{9.22}$$

其中 $\boldsymbol{\beta}=(\beta_1,\cdots,\beta_n)^{\mathrm{T}}$ 为 $n\times 1$ 的未知参数向量, $\boldsymbol{B}(x_i)=\left(b_1(x_i),\cdots,b_n(x_i)\right)^{\mathrm{T}}$ 为 $n\times 1$ 的基函数向量, $\boldsymbol{\Omega}_n$ 为 $n\times n$ 的矩阵, 其第 (j,k) 个元素为 $\{\boldsymbol{\Omega}_n\}_{jk}=\int b_j''(x)b_k''(x)\mathrm{d}x$. 极大化式 (9.22), 同样不存在 $\boldsymbol{\beta}$ 估计的解析解. 为了解决该问题, 可使用 Newton-Raphson 迭代算法. 假设 $\ell(\boldsymbol{\beta};\lambda)$ 满足二阶连续可微, 分别计算梯度向量和 Hessian 矩阵, 具体表达式分别为

$$\frac{\partial\ell(\boldsymbol{\beta};\lambda)}{\partial\boldsymbol{\beta}}=\sum_{i=1}^{n}(y_i-\pi_i)\boldsymbol{B}(x_i)-\lambda\boldsymbol{\Omega}_n\boldsymbol{\beta}, \tag{9.23}$$

$$\frac{\partial^2 \ell(\boldsymbol{\beta};\lambda)}{\partial\boldsymbol{\beta}\partial\boldsymbol{\beta}^{\mathrm{T}}} = -\sum_{i=1}^{n}\pi_i(1-\pi_i)\boldsymbol{B}(x_i)\boldsymbol{B}^{\mathrm{T}}(x_i) - \lambda\boldsymbol{\Omega}_n, \tag{9.24}$$

其中 $\pi_i = \dfrac{\exp(\boldsymbol{\beta}^{\mathrm{T}}\boldsymbol{B}(x_i))}{1+\exp(\boldsymbol{\beta}^{\mathrm{T}}\boldsymbol{B}(x_i))}$, 且 $i=1,\cdots,n$. 由式 (9.23) 和式 (9.24), 对给定的光滑参数 λ, 可得 Newton-Raphson 迭代公式为

$$\boldsymbol{\beta}^{(k+1)} = \boldsymbol{\beta}^{(k)} - \left(\frac{\partial^2 \ell(\boldsymbol{\beta};\lambda)}{\partial\boldsymbol{\beta}\partial\boldsymbol{\beta}^{\mathrm{T}}}\bigg|_{\boldsymbol{\beta}=\boldsymbol{\beta}^{(k)}}\right)^{-1}\frac{\partial \ell(\boldsymbol{\beta};\lambda)}{\partial\boldsymbol{\beta}}\bigg|_{\boldsymbol{\beta}=\boldsymbol{\beta}^{(k)}}, \tag{9.25}$$

其中 $\boldsymbol{\beta}^{(k)}$ 表示第 k 步 $\boldsymbol{\beta}$ 的估计值, $\boldsymbol{\beta}^{(k+1)}$ 表示第 $k+1$ 步 $\boldsymbol{\beta}$ 的估计值. 对于给定的 ϵ, 当 $\|\boldsymbol{\beta}^{(k+1)}-\boldsymbol{\beta}^{(k)}\|_2^2 < \epsilon$ 时, 停止迭代, 可得参数向量 $\boldsymbol{\beta}$ 最终的极大似然估计数值解 $\widehat{\boldsymbol{\beta}}$. 因此, 最终可得 $g(x)$ 和条件概率的估计分别为

$$\widehat{g}(x) = \widehat{\boldsymbol{\beta}}^{\mathrm{T}}\boldsymbol{B}(x) = \sum_{j=1}^{n}\widehat{\beta}_j b_j(x), \qquad \widehat{\mathbb{P}}(Y=1|X=x) = \frac{\exp(\widehat{g}(x))}{1+\exp(\widehat{g}(x))}.$$

在 R 语言中, 除了第 8 章介绍的程序包 mgcv 中的函数 gam(), 程序包 SemiPar 中的函数 spm() 和程序包 gam 中的函数 gam() 可以拟合非参数 logistic 回归模型外, 还可以使用程序包 sm 中的函数 sm.binomial() 和程序包 gss 中的函数 gssanova() 拟合非参数 logistic 回归模型. 下面使用程序包 gss 中的函数 gssanova() 对一个模拟数据进行单变量非参数 logistic 回归分析, 其他程序包的使用留作作业, 供读者练习.

假设从模型 (9.19) 中产生 $n=1000$ 个随机样本 $\{(x_i,y_i), i=1,\cdots,n\}$, 其中 x_i 从区间为 $[0,3\pi]$ 的均匀分布中产生, 非参数函数取 $g(x_i)=x_i\sin(x_i)$. 给定 x_i 和 $g(x_i)$ 后, 响应变量 y_i 从 Bernoulli$(\pi(x_i))$ 中生成 0 或 1 的二元变量, 其中 $\pi(x_i)=\dfrac{\exp(g(x_i))}{1+\exp(g(x_i))}$, 且 $i=1,\cdots,1000$. 使用程序包 gss 中的函数 gssanova() 拟合非参数 logistic 回归模型, 其中非参数函数 $g(x)$ 的估计默认为三次光滑样条, 下面程序绘制了非参数函数 $g(x)$ 的真实曲线、拟合曲线和 95% 置信带 (见图 9.10(a)), 并绘制了事件 $\{y_i=1\}$ 条件概率的真实曲线、拟合曲线和 95% 置信带 (见图 9.10(b)).

```
library(gss); set.seed(2023)
n = 1000
g = function(x) { x*sin(x) }
x = sort(runif(n, 0, 3*pi))
p = 1 - 1/(1+exp(g(x)))
y = rbinom(x, 1, p)
logit.fit = gssanova(y ~ x, family = "binomial")
summary(logit.fit)
est = predict(logit.fit, data.frame(x=x), se = TRUE)
## 绘制非参数函数的拟合曲线和 95% 置信带
plot(x, g(x), type = "l", lwd = 2, col = "black")
```

```
lines(x, est$fit, lwd = 2, col = "red")
lines(x, est$fit+1.96*est$se, lty = 2, lwd = 2, col = "blue")
lines(x, est$fit-1.96*est$se, lty = 2, lwd = 2, col = "blue")
legend("topleft", c("True curve", "Estimated curve"),
       lwd = 2, col = c("black", "red"))
## 绘制拟合概率和 95% 置信带
plot(x, y, ylab = "Probability", col = "darkorange", pch = "|")
lines(x, p, lwd = 2, col = "black")
lines(x, 1-1/(1+exp(est$fit)), lwd=2, col="red")
lines(x,1-1/(1+exp(est$fit+1.96*est$se)),lty=2,lwd=2,col="blue")
lines(x,1-1/(1+exp(est$fit-1.96*est$se)),lty=2,lwd=2,col="blue")
abline(h=c(0,1,0.5),lty=4,lwd=2,col=c("blue","blue","purple"))
```

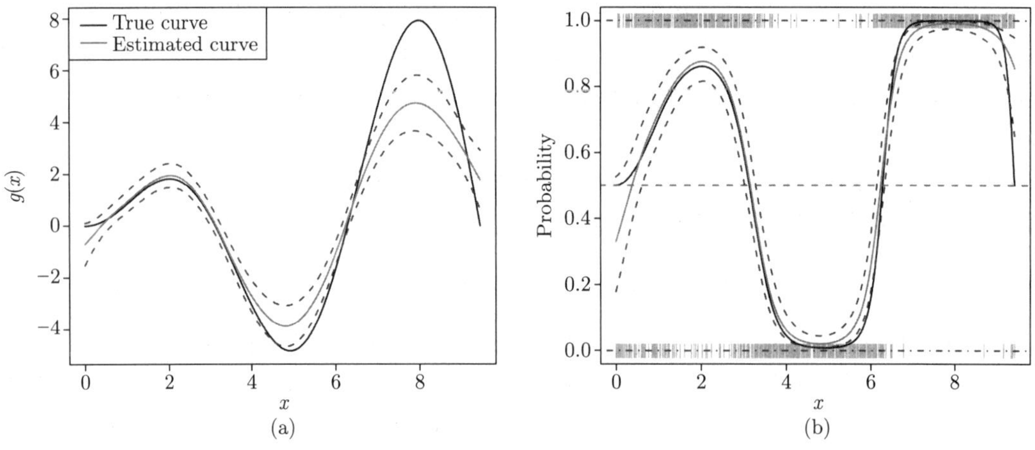

图 9.10 (a) 非参数函数 $g(x)$ 的真实曲线、拟合曲线和 95% 置信带; (b) 条件概率的真实曲线、拟合曲线和 95% 置信带, 其中黑色曲线表示真实曲线, 红色曲线表示拟合曲线, 蓝色虚线表示 95% 置信带

图 9.10(a) 显示非参数函数 $g(x)$ 的拟合曲线在边界点和曲率大的位置拟合效果较差, 比较平滑的位置有很好的拟合效果. 图 9.10(b) 显示, 除了边界点位置, 所提方法对条件概率的拟合都有非常好的效果.

上面的估计过程可以推广到更一般的高维情形, 即考虑 $\boldsymbol{X} = (X_1, \cdots, X_p)^{\mathrm{T}}$. 为了避免估计 p 元非参数函数时遭遇 “维数灾祸” 问题, 可以考虑如下的非参数广义可加 logistic 回归模型, 即

$$\log\left(\frac{\mathbb{P}(Y=1|\boldsymbol{X}=\boldsymbol{x})}{\mathbb{P}(Y=0|\boldsymbol{X}=\boldsymbol{x})}\right) = \beta_0 + g_1(x_1) + \cdots + g_p(x_p), \tag{9.26}$$

其中 $\boldsymbol{x} = (x_1, \cdots, x_p)^{\mathrm{T}}$, β_0 是截距项, $g_1(\cdot), \cdots, g_p(\cdot)$ 是 p 个未知的一元连续光滑函数. 同样可用后移算法获得 β_0 和 $g_1(\cdot), \cdots, g_p(\cdot)$ 的估计, 详细的讨论见 Hastie 等 (2009) 第 9 章.

程序包 ISLR2 中的 Wage 数据集记录了美国中部大西洋地区男性收入和变量 year、age、education 的情况. 考虑用非参数广义可加 logistic 回归模型来预测 Wage 数据中个人年收入超过 25 万

美元的可能性, 其中非参数广义可加 logistic 回归模型为

$$\log\left(\frac{\pi(\boldsymbol{x})}{1-\pi(\boldsymbol{x})}\right)=\beta_0+g_1(\text{year})+g_2(\text{age})+g_3(\text{education}),$$

其中 $\pi(\boldsymbol{x})=\mathbb{P}(I(\text{wage}>25)|\text{year},\text{age},\text{education})$, 且 $\boldsymbol{x}=(\text{year},\text{age},\text{education})^{\mathrm{T}}$. 下面利用程序包 gam 中的函数 gam() 进行拟合, 程序如下, 拟合图形见图 9.11.

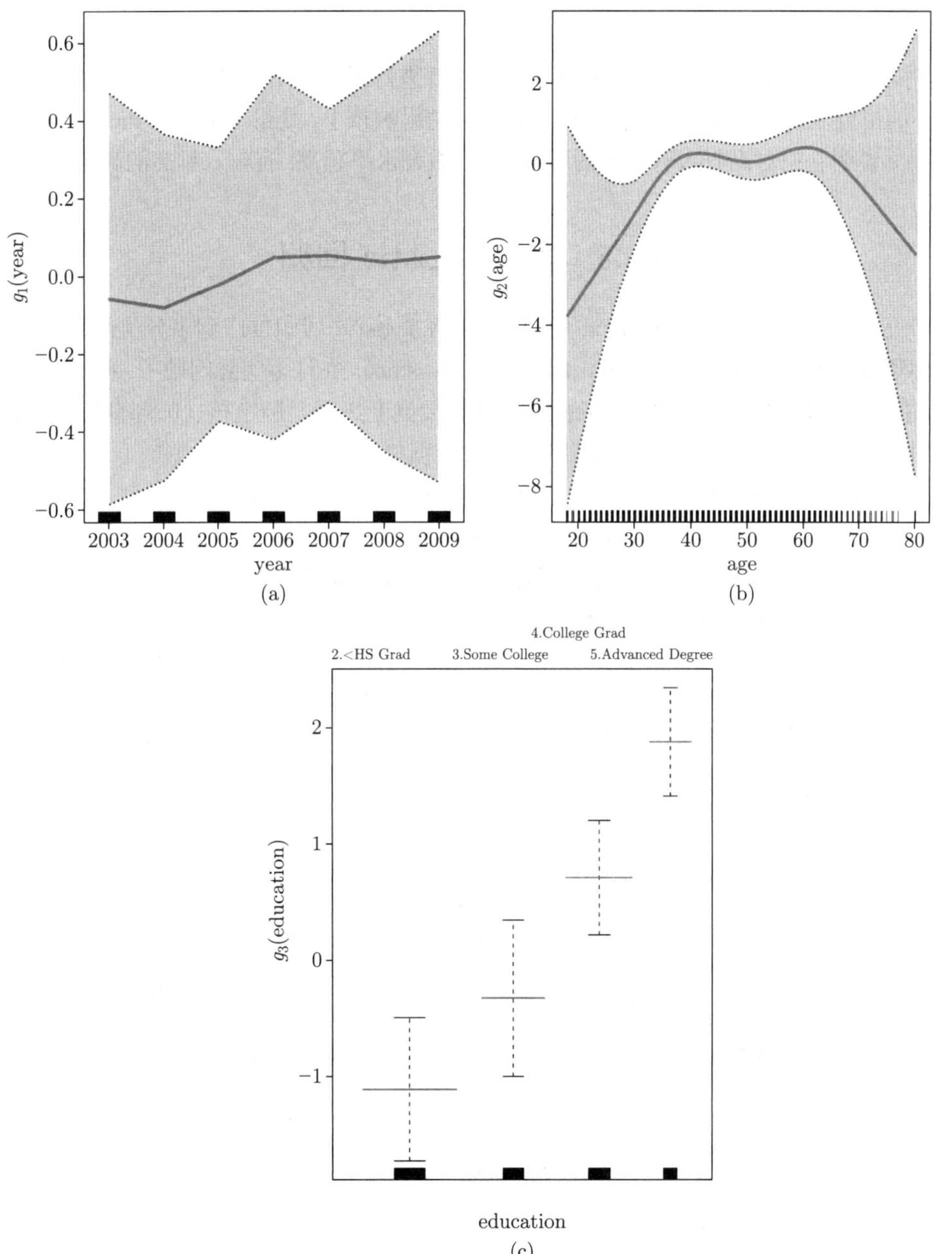

图 9.11 Wage 数据集的广义可加 logistic 回归模型的拟合. (a) 变量 year 自由度为 4 的自然样条拟合曲线和 95% 置信带; (b) 变量 age 自由度为 5 的光滑样条拟合曲线和 95% 置信带; (c) 变量 education 的阶梯函数和 95% 置信区间

```
library(ISLR2); library(gam); attach(Wage)
mod = gam(I(wage > 25) ~ ns(year, 4) + s(age, 5) + education,
     family=binomial,data=Wage,subset=(education!="1. < HS Grad"))
par(mfrow = c(1, 3))
plot(mod, se = T, col = "red", lwd = 3)
```

在程序中删除掉那些最高学历高中以下的个体后进行拟合, 从图 9.11 中的拟合结果可以看出, 变量 year 的拟合曲线基本在 0 附近, 显然对高收入的影响较小. 变量 age 和 education 的拟合曲线变化比较大, 说明它们对高收入有明显的影响, 而且教育水平越高, 有收入越高的趋势.

§9.5 多项 logistic 回归

9.1 节介绍了二分类问题的 logistic 回归, 本节将 logistic 回归推广到多分类问题的 logistic 回归, 称为**多项 logistic 回归** (multinomial logistic regression). 在许多实际问题中, 多分类问题也很常见. 例如, 在医学诊断中, 一个患者肺部有阴影, 医生要判断患者是肺结核、肺部良性肿瘤还是肺癌, 响应变量共有 $J=3$ 个类别; 例 1.4 的 CIFAR-10 数据集, 响应变量 Y 为 "airplane" "automobile" "bird" "cat" "deer" "dog" "frog" "horse" "ship" "truck", 共有 $J=10$ 个类别; 例 1.5 的手写数字识别数据中, 响应变量为 $Y\in\{\text{"0"},\text{"1"},\cdots,\text{"9"}\}$, 共有 $J=10$ 个类别.

下面讨论如何建立多项 logistic 回归模型, 并进行多分类问题研究.

假设存在观测训练样本集 $D=\{(\boldsymbol{x}_i,y_i),i=1,\cdots,n\}$, 其中 $\boldsymbol{x}_i=(1,x_{i1},\cdots,x_{ip})^{\mathrm{T}}\in\mathbb{R}^{p+1}$ 为观测的协变量向量, $\boldsymbol{x}_i$ 中第一个元素为截距项, $y_i\in\{1,2,\cdots,J\}$ 为类别变量, 其中 $J\geqslant 2$. 对于多分类问题, 给定第 i 个个体和协变量向量 $\boldsymbol{x}_i$, 条件概率满足 $\sum\limits_{j=1}^{J}\mathbb{P}(y_i=j|\boldsymbol{x}_i)=1$. 因此, 考虑如下的多项 logistic 回归模型

$$\mathbb{P}(y_i=j|\boldsymbol{x}_i)=\pi_j(\boldsymbol{x}_i)=\frac{\exp(\boldsymbol{\beta}_j^{\mathrm{T}}\boldsymbol{x}_i)}{1+\sum\limits_{s=2}^{J}\exp(\boldsymbol{\beta}_s^{\mathrm{T}}\boldsymbol{x}_i)},\qquad j=2,\cdots,J,\tag{9.27}$$

其中 $\boldsymbol{\beta}_j=(\beta_{0j},\beta_{1j},\cdots,\beta_{pj})^{\mathrm{T}}$ 为第 j 类对应的 $p+1$ 维参数向量. 把第 1 类 $(j=1)$ 作为参照类别, 且令 $\boldsymbol{\beta}_1=\boldsymbol{0}$. 根据 $\sum\limits_{j=1}^{J}\mathbb{P}(y_i=j|\boldsymbol{x}_i)=1$, 可得第 1 类的条件概率为

$$\mathbb{P}(y_i=1|\boldsymbol{x}_i)=\pi_1(\boldsymbol{x}_i)=1-\sum_{j=2}^{J}\pi_j(\boldsymbol{x}_i)=\frac{1}{1+\sum\limits_{s=2}^{J}\exp(\boldsymbol{\beta}_s^{\mathrm{T}}\boldsymbol{x}_i)}.\tag{9.28}$$

由式 (9.27) 和式 (9.28) 可知, 响应变量 y 归属于第 j 类 $(j=2,\cdots,J)$ 的条件概率与 y 归属于第 1 类的条件概率之比为

$$\frac{\mathbb{P}(y_i = j|\boldsymbol{x}_i)}{\mathbb{P}(y_i = 1|\boldsymbol{x}_i)} = \exp(\boldsymbol{\beta}_j^{\mathrm{T}}\boldsymbol{x}_i), \qquad j = 2, \cdots, J. \tag{9.29}$$

把式 (9.29) 定义的条件概率比称为事件 $\{y_i = j\}$ 与事件 $\{y_i = 1\}$ 发生的发生比 (odds), 也称为**相对风险** (relative risk). 当固定其他 $p-1$ 个协变量的取值, 而第 k 个协变量 x_k 每增加一个单位, 相对于第 1 类的参照类别 $(j = 1)$, 第 j 类新的发生比 (odds) 为原发生比 (odds) 的 $\exp(\beta_{kj})$ 倍, 其中 β_{kj} 表示第 j 类对应的第 k 个回归系数, 且 $j = 2, \cdots, J$ 和 $k = 1, \cdots, p$.

对于多项 logistic 回归模型, 同样可以采用极大似然方法估计模型中的未知参数 $\boldsymbol{\beta}_2, \cdots, \boldsymbol{\beta}_J$. 根据模型的特点, 可以定义第 i 个观测样本的似然函数为

$$L_i(\boldsymbol{\beta}_2, \cdots, \boldsymbol{\beta}_J) = \prod_{j=1}^{J} \mathbb{P}(y_i = j|\boldsymbol{x}_i)^{I(y_i=j)}, \tag{9.30}$$

其中 $I(\cdot)$ 为示性函数, 当 $y_i = j$ 时, $I(y_i = j) = 1$, 否则为 0. 对式 (9.30) 两边取对数, 可得第 i 个观测样本的对数似然函数为

$$\ell_i(\boldsymbol{\beta}_2, \cdots, \boldsymbol{\beta}_J) = \log\big(L_i(\boldsymbol{\beta}_2, \cdots, \boldsymbol{\beta}_J)\big) = \sum_{j=1}^{J} I(y_i = j)\log\Big(\mathbb{P}(y_i = j|\boldsymbol{x}_i)\Big), \tag{9.31}$$

对所有观测样本的对数似然函数进行求和, 并关于 $\boldsymbol{\beta}_2, \cdots, \boldsymbol{\beta}_J$ 极大化求和的对数似然函数, 可得 $\boldsymbol{\beta}_2, \cdots, \boldsymbol{\beta}_J$ 的极大似然估计为

$$\begin{aligned}(\widehat{\boldsymbol{\beta}}_2, \cdots, \widehat{\boldsymbol{\beta}}_J) &= \arg\max_{\boldsymbol{\beta}_2, \cdots, \boldsymbol{\beta}_J} \sum_{i=1}^{n} \ell_i(\boldsymbol{\beta}_2, \cdots, \boldsymbol{\beta}_J) \\ &= \arg\max_{\boldsymbol{\beta}_2, \cdots, \boldsymbol{\beta}_J} \sum_{i=1}^{n}\sum_{j=1}^{J} I(y_i = j)\log\Big(\mathbb{P}(y_i = j|\boldsymbol{x}_i)\Big).\end{aligned} \tag{9.32}$$

极大化式 (9.32) 同样不能估计 $\widehat{\boldsymbol{\beta}}_2, \cdots, \widehat{\boldsymbol{\beta}}_J$ 的解析解, 需要把 Newton-Raphson 迭代算法推广到多项 logistic 回归模型, 此处不再赘述. 在 R 语言中, 可用程序包 nnet 中的函数 multinom() 进行多项 logistic 回归分析, 其调用格式类似于函数 lm().

现在以 R 语言中自带的 Fisher Iris 数据集为案例进行多项 logistic 回归分析. Fisher Iris 数据集有四个属性: 萼片长度、萼片宽度、花瓣长度和花瓣宽度. 数据共有 150 个样本, 分为三类: 前 50 个样本是属于第 1 类 Setosa, 中间的 50 个样本属于第 2 类 Versicolor, 最后 50 个样本属于第 3 类 Virginica. 固定种子 set.seed(2023), 将该数据集随机分成两部分: 75 个样本作为训练集, 剩余 75 个样本作为测试集. 首先在训练集上利用程序包 nnet 中的函数 multinom() 拟合多项 logistic 回归模型.

```
library(nnet); set.seed(2023)
n = nrow(iris)
index = sample(n, size = trunc(0.50 * n))
iris.train = iris[index, ]; iris.test  = iris[-index, ]
fit.multi = multinom(Species ~ ., data = iris.train, trace = FALSE)
```

```
> summary(fit.multi)
Call:
multinom(formula = Species ~ ., data = iris.train, trace = FALSE)
Coefficients:
           (Intercept)    S.Length  S.Width  P.Length  P.Width
versicolor      99.223     -19.719  -32.931    42.163  -6.2775
virginica     -112.607     -11.967  -54.004    64.728  61.0027
Std. Errors:
           (Intercept)    S.Length  S.Width  P.Length  P.Width
versicolor      132.48      79.266   38.748    26.457   34.272
virginica       138.42      76.462   42.167    22.916   32.408
Residual Deviance: 3.5194
AIC: 23.519
## Sepal.Length 缩写为 S.Length; Sepal.Width 缩写为 S.Width
## Petal.Length 缩写为 P.Length; Petal.Width 缩写为 P.Width
```

上述结果中, 汇报了多项 logistic 回归模型的系数估计 (以第 1 类 Setosa 为参照类别, 提供了第 2 类 Versicolor 和第 3 类 Virginica 两组类别的系数估计), 相应的标准误差 (Std. Errors), 残差偏离度 (Residual Deviance) 和 AIC 统计量. 下面利用函数 confint() 计算回归系数和优势比 (OR) 的 95% 置信区间.

```
> confint(fit.multi)                  > exp(confint(fit.multi))
, , versicolor                        , , versicolor
                 2.5 %  97.5 %                  2.5 %        97.5 %
(Intercept)  -160.4332 358.879             2.1123e-70   7.2289e+155
Sepal.Length -175.0781 135.640             9.2158e-77    8.0873e+58
Sepal.Width  -108.8759  43.014             5.1974e-48    4.7924e+18
Petal.Length   -9.6907  94.017             6.1858e-05    6.7796e+40
Petal.Width   -73.4488  60.894             1.2635e-32    2.7916e+26
, , virginica                         , , virginica
                 2.5 %  97.5 %                  2.5 %        97.5 %
(Intercept)  -383.9091 158.696             1.8638e-167   8.3335e+68
Sepal.Length -161.8295 137.896             5.2278e-71    7.7171e+59
Sepal.Width  -136.6499  28.642             4.5050e-60    2.7479e+12
Petal.Length   19.8138 109.643             4.0274e+08    4.1413e+47
Petal.Width    -2.5166 124.522             8.0733e-02    1.2002e+54
```

考察模型在训练集 iris.train 上的训练错误率. 首先, 使用函数 predict() 预测条件概率, 并展示训练集中前 6 个样本的条件概率.

```
prob.train = predict(fit.multi, newdata=iris.train, type="probs")
> head(prob.train)
          setosa    versicolor     virginica
117    5.5967e-50    1.1865e-09    1.0000e+00
105    5.2161e-69    2.7962e-24    1.0000e+00
26     1.0000e+00    1.3185e-14    1.0604e-95
44     1.0000e+00    7.5624e-23    7.8686e-97
98     1.9264e-24    1.0000e+00    2.8935e-18
29     1.0000e+00    1.0576e-25   9.6020e-112
```

函数 predict() 中的参数 `type="probs"` 表示预测条件概率, 如果把此参数换成 `type="class"`, 则可直接预测 Iris 的类别. 得到预测的类别后, 可计算训练集 iris.train 上的混淆矩阵, 并计算训练准确率和错误率.

```
pred.train = predict(fit.multi, newdata=iris.train, type="class")
(train.table=table(Predicted=pred.train,Actual=iris.train$Species))
              Actual
Predicted      setosa  versicolor  virginica
  setosa           25           0          0
  versicolor        0          26          0
  virginica         0           1         23
> (accRate = sum(diag(train.table))/sum(train.table))
[1] 0.98667
```

由上述结果可知, 在训练集 iris.train 上, 仅有一个样本被错误分类, 训练准确率为 $\text{accRate} = 0.986\,67$, 训练错误率为 $\text{errRate} = 1 - \text{accRate} = 0.013\,333$.

考察模型在测试集 iris.test 上的测试错误率. 类似地, 利用函数 predict() 在测试集 iris.test 上进行预测, 并计算测试集上的混淆矩阵和测试错误率.

```
pred.test = predict(fit.multi, newdata=iris.test, type="class")
(test.table=table(Predicted=pred.test, Actual=iris.test$Species))
              Actual
Predicted      setosa  versicolor  virginica
  setosa           25           0          0
```

```
  versicolor        0         22         2
  virginica         0          1        25
> (accRate = sum(diag(test.table))/sum(test.table))
[1] 0.96
```

由上述结果可知, 在测试集 iris.test 上, 有 3 个样本被错误分类, 测试准确率为 accRate = 0.96, 测试错误率为 errRate = 1 − accRate = 0.04.

最后, 利用程序包 vcd 中的函数 Kappa() 和测试集的混淆矩阵计算 kappa 指标. 结果表明, 测试集 iris.test 上的 kappa 指标为 0.940, 对照表 9.5 的 kappa 指标的含义, 表示预测值与真实值之间具有一致性很好 (great agreement) 的拟合效果.

```
library(vcd)
> Kappa(test.table)
            value     ASE      z     Pr(>|z|)
Unweighted  0.940   0.0340   27.7   1.5e-168
Weighted    0.956   0.0253   37.8    0.0e+00
```

§9.6 分类方法比较

为了对不同分类方法有更好的理解, 本节把本章所学的 logistic 回归与 LDA、QDA 和 KNN 分类方法在四种不同的情形下进行模拟比较.

对每种情形, 生成 $n = 200$ 个独立同分布的简单随机样本 $\{(y_i, \boldsymbol{x}_i), i = 1, \cdots, 200\}$, 其中 $y_i \in \{0, 1\}$ 的二元类别变量, $\boldsymbol{x}_i = (x_{i1}, x_{i2})^{\mathrm{T}}$ 为二维协变量向量. 并把 $n = 200$ 个样本随机分为 70% 的训练集和 30% 的测试集, 在训练集上对四种方法进行拟合, 并把拟合结果用于测试集, 在测试集上计算测试错误率和混淆矩阵, 重复模拟 500 次试验, 绘制基于 500 次试验所得测试错误率的箱线图. 进一步, 根据 500 次重复试验, 计算测试集上的平均混淆矩阵, 进而绘制 ROC 曲线和计算 AUC 值, 对不同方法进行比较. 对于 KNN 分类方法, 除了固定 $K = 1$ 和 $K = 25$ 外, 另外采取 5 折 CV 方法选取最优的 K 值, 三种 KNN 分类方法分别记为 1-NN, 25-NN 和 KNN-CV.

情形 1 设置两个二元正态总体, 分别为 $N_2(\boldsymbol{\mu}_1, \boldsymbol{\Sigma}_1)$ 和 $N_2(\boldsymbol{\mu}_2, \boldsymbol{\Sigma}_2)$. 情形 1 考虑两个正态总体的均值向量不同, 而协方差矩阵相同, 即 $\boldsymbol{\mu}_1 \neq \boldsymbol{\mu}_2$, $\boldsymbol{\Sigma}_1 = \boldsymbol{\Sigma}_2 = \boldsymbol{\Sigma}$, 其中

$$\boldsymbol{\mu}_1 = \begin{pmatrix} 0 \\ 0 \end{pmatrix}, \qquad \boldsymbol{\mu}_2 = \begin{pmatrix} 1 \\ 2 \end{pmatrix}, \qquad \boldsymbol{\Sigma} = \begin{pmatrix} 1 & 0.6 \\ 0.6 & 1 \end{pmatrix}.$$

从两个二元正态总体中分别产生 100 个样本, 并把两个正态总体的类别变量 y_i 分别标记为 0 和 1. 由第 5 章可知, 当 $\boldsymbol{\Sigma}_1 = \boldsymbol{\Sigma}_2 = \boldsymbol{\Sigma}$ 时, 决策边界为线性的. 因此, 情形 1 对线性分类方法更有利, 如 LDA 方法和 logistic 回归方法. 基于 500 次重复试验, 图 9.12 展示了六种分类方法的测试错误率箱线图和 ROC 曲线图, 并计算了六种方法的平均 AUC 值.

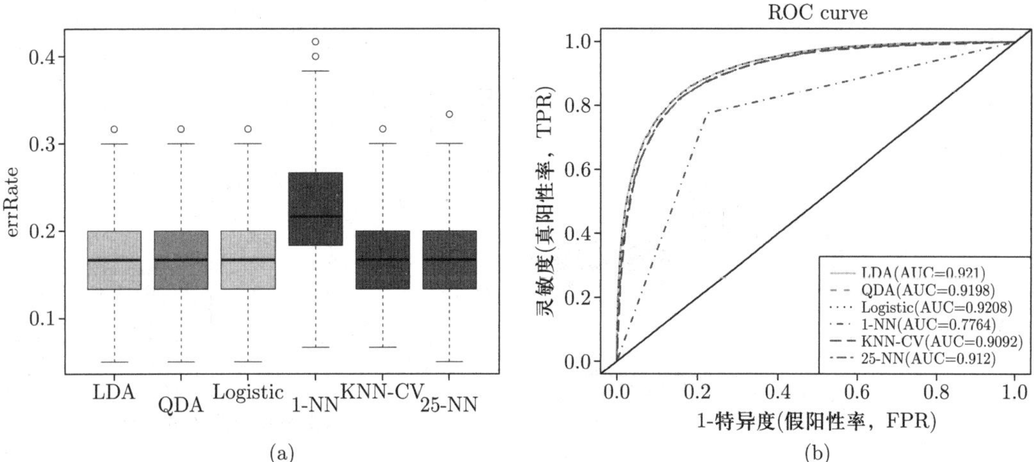

图 9.12　情形 1: 六种分类方法的测试错误率箱线图和 ROC 曲线图. (a) 六种分类方法的测试错误率箱线图; (b) 六种分类方法的 ROC 曲线和 AUC 值

从图 9.12 可以看到, 两种线性分类方法 LDA 和 logistic 回归方法表现最好, LDA 方法的 AUC 值为 0.921, logistic 回归方法的 AUC 值为 0.920 8. QDA, 25-NN 和 KNN-CV 方法的表现也很好, 而 1-NN 方法表现最差. 由于情形 1 的假设对 LDA 方法有利, 所得结果与预期一致, 即 LDA 方法有更好的表现. KNN 分类方法完全是一种非参数方法, 当 K 值很小时, 决策边界会变得不光滑, 存在过拟合问题, 在测试集上表现会很差. 当 K 值很大时, 决策边界会变得光滑, 但又会存在欠拟合问题, 同样在测试集上表现也会较差. 在情形 1 上, QDA 方法的表现也比 LDA 方法较差, 因为 QDA 方法的决策边界是二次型的, 适合非线性较高的分类器. Logistic 回归也假设线性决策边界, 所以 logistic 回归与 LDA 方法有类似的表现.

情形 2　数据产生过程与情形 1 类似, 但情形 2 考虑两个正态总体的协方差矩阵不同, 即 $\boldsymbol{\Sigma}_1 \neq \boldsymbol{\Sigma}_2$, 其中

$$\boldsymbol{\Sigma}_1 = \begin{pmatrix} 1 & 0.6 \\ 0.6 & 1 \end{pmatrix}, \qquad \boldsymbol{\Sigma}_2 = \begin{pmatrix} 1 & -0.6 \\ -0.6 & 1 \end{pmatrix}.$$

由第 5 章可知, 当 $\boldsymbol{\Sigma}_1 \neq \boldsymbol{\Sigma}_2$ 时, 决策边界为非线性的. 因此, 情形 2 对非线性分类方法更有利, 如 QDA 和 KNN 分类方法. 基于 500 次重复试验, 图 9.13 展示了六种分类方法的测试错误率箱线图和 ROC 曲线图, 并计算了六种方法的平均 AUC 值.

在情形 2 下, 图 9.13 的结果显示 QDA 方法表现最好, 表现与模型的设置一致. 25-NN 和 KNN-CV 方法也有较好的表现, 其他方法的表现与情形 1 类似.

情形 3　假设从 logistic 回归模型中产生 $n = 200$ 个随机样本 $\{(\boldsymbol{x}_i, y_i), i = 1, \cdots, 200\}$, 其中 $\boldsymbol{x}_i = (x_{i1}, x_{i2})^{\mathrm{T}} \sim N_2(\boldsymbol{\mu}, \boldsymbol{\Sigma})$, 其中 $\boldsymbol{\mu} = (0, 2)^{\mathrm{T}}$, 且协方差矩阵 $\boldsymbol{\Sigma}$ 相同于情形 1 和情形 2 中的 $\boldsymbol{\Sigma}_1$. 给定 $\boldsymbol{x}_i$ 后, 响应变量 y_i 从 Bernoulli$(\pi(\boldsymbol{x}_i))$ 中生成 0 或 1 的二元变量, 其中

$$\pi(\boldsymbol{x}_i) = \frac{\exp(\beta_0 + \beta_1 x_{i1} + \beta_2 x_{i2})}{1 + \exp(\beta_0 + \beta_1 x_{i1} + \beta_2 x_{i2})},$$

其中 $\beta_0 = 0.3, \beta_1 = 0.7, \beta_2 = -0.4$. 基于 500 次重复试验, 图 9.14 展示了六种分类方法的测试错误

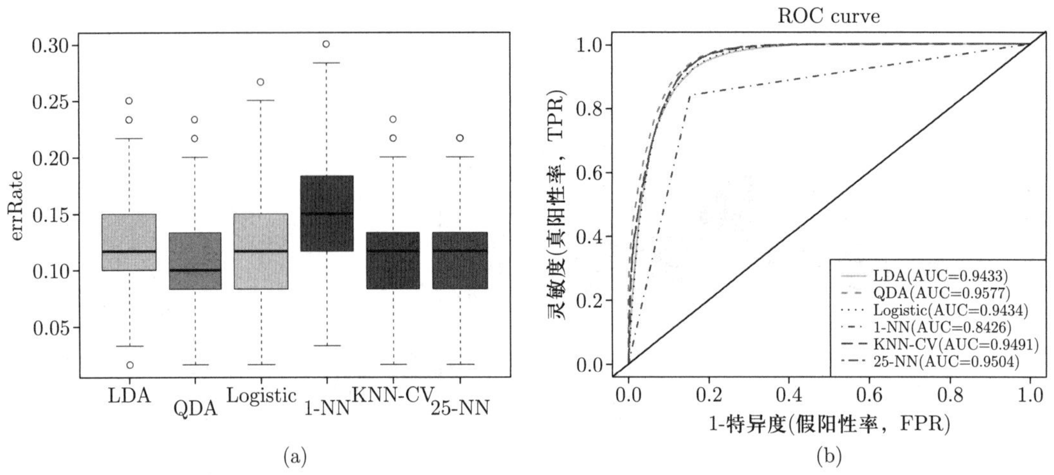

图 9.13 情形 2: 六种分类方法的测试错误率箱线图和 ROC 曲线图. (a) 六种分类方法的测试错误率箱线图; (b) 六种分类方法的 ROC 曲线和 AUC 值

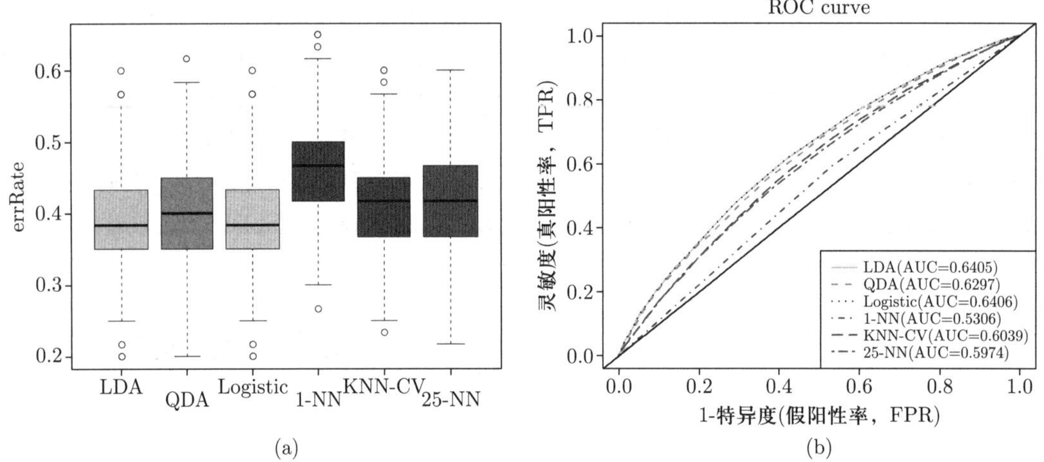

图 9.14 情形 3: 六种分类方法的测试错误率箱线图和 ROC 曲线图. (a) 六种分类方法的测试错误率箱线图; (b) 六种分类方法的 ROC 曲线和 AUC 值

率箱线图和 ROC 曲线图, 并计算了六种方法的平均 AUC 值.

情形 3 设置的决策边界也是线性的, 类似于情形 1, 此时图 9.14 显示 logistic 回归方法和 LDA 方法表现最好, 同样 1-NN 方法表现最差.

情形 4 数据产生类似于情形 3, 仅在 logistic 回归模型中增加了平方项 x_{i1}^2 和 x_{i2}^2, 以及交互项 $x_{i1}x_{i2}$. 这时, $\pi(\boldsymbol{x}_i)$ 为

$$\pi(\boldsymbol{x}_i) = \frac{\exp(\beta_0 + \beta_1 x_{i1} + \beta_2 x_{i2} + \beta_3 x_{i1}^2 + \beta_4 x_{i2}^2 + \beta_5 x_{i1} x_{i2})}{1 + \exp(\beta_0 + \beta_1 x_{i1} + \beta_2 x_{i2} + \beta_3 x_{i1}^2 + \beta_4 x_{i2}^2 + \beta_5 x_{i1} x_{i2})},$$

其中 $\beta_0 = 0.3, \beta_1 = 0.7, \beta_2 = -0.4, \beta_3 = 0.4, \beta_4 = 0.5, \beta_5 = 1$. 基于 500 次重复试验, 图 9.15 展示了六种分类方法的测试错误率箱线图和 ROC 曲线图, 并计算了六种方法的平均 AUC 值.

在情形 4 中, 当模型中增加二次项和交互项后, 更有利于非线性的分类方法. 图 9.15 显示 QDA,

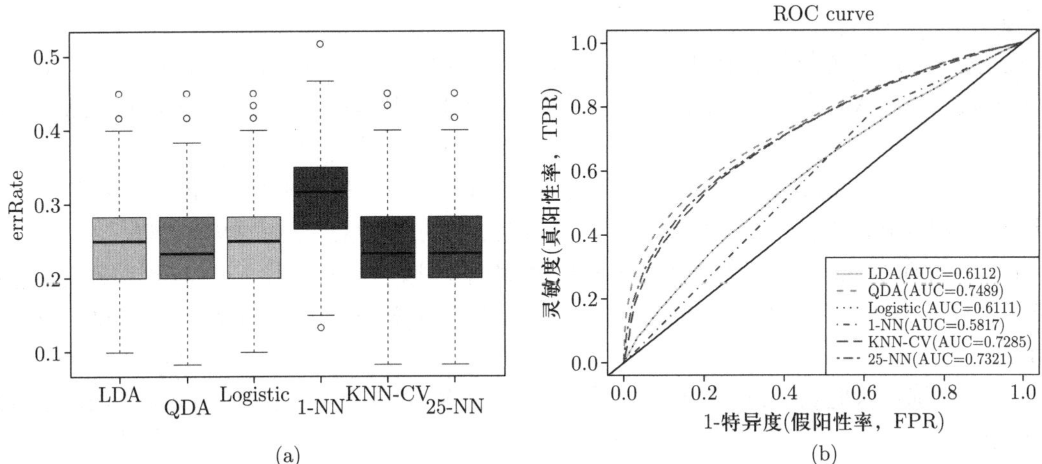

(a) (b)

图 9.15 情形 4: 六种分类方法的测试错误率箱线图和 ROC 曲线图. (a) 六种分类方法的测试错误率箱线图; (b) 六种分类方法的 ROC 曲线和 AUC 值

25-NN 和 KNN-CV 分类方法的分类效果好于其他方法. 情形 4 产生的数据是非线性的, 此时 LDA 和 logistic 回归方法表现较差. 相比之下, QDA 方法和具有合适 K 值的 KNN 方法更能将非线性数据进行分类.

四种情形的结果表明, 没有任何一种分类方法可以在各种情形下优于其他分类方法. 当真实决策边界是线性的, 则 LDA 和 logistic 回归方法具有比较好的表现. 当真实决策边界是非线性的, 则 QDA 方法有较好的表现. 对于更复杂的决策边界, KNN 分类方法可能会表现更好.

习 题 9

1. 根据式 (9.9)—式 (9.11), 编写 Newton-Raphson 迭代算法程序, 并用于例 1.3 的信用卡违约数据, 对 logistic 回归模型中未知参数进行估计, 并和函数 glm() 所得结果进行比较. 进一步, 考虑不同初值对估计量的影响.

2. 假设收集了一组学生在数理统计课上的数据, 其中协变量 X_1 表示学习时长 (单位: 小时), 协变量 X_2 表示学生本科的 GPA, 响应变量 Y 表示学生数理统计课程的考试成绩大于 85 分. 对该组数据拟合 logistic 回归模型, 所得参数估计为 $\widehat{\beta}_0=-6, \widehat{\beta}_1=0.05, \widehat{\beta}_2=1$. 试回答如下问题:

(1) 若某个学生学习时长为 $X_1=40$ 小时, GPA 为 $X_2=3.5$, 估计该生最终在数理统计课程考试成绩超过 85 分的概率;

(2) 如果该生有 50% 可能性数理统计课程考试成绩超过 85 分, 那该生需要学习多少小时才能保证?

3. 假设有一个临床数据集, Y 为二元变量 ($Y=1$ 表示患有心脏病, $Y=0$ 表示未患有心脏病), 另外考虑 5 个协变量: $X_1=$ Gender (性别, 1 代表男性, 0 代表女性), $X_2=$ Age (年龄), $X_3=$ Chol (胆固醇水平), $X_4=X_2\times X_3$, 即 Age 和 Chol 之间的交互作用, $X_5=X_1\times X_3$, 即 Gender 和 Chol 之间的交互作用. 试考虑如下问题:

(1) 给定 5 个协变量 $\boldsymbol{X}=(X_1,X_2,X_3,X_4,X_5)^{\mathrm{T}}$, 建立男性和女性患有心脏病 (即 $Y=1$) 的预

测模型.

(2) 假设回归系数的极大似然估计为: $\widehat{\beta}_0 = -8.6$, $\widehat{\beta}_1 = 1$, $\widehat{\beta}_2 = 0.12$, $\widehat{\beta}_3 = 0.02$, $\widehat{\beta}_4 = -0.000\,2$, $\widehat{\beta}_5 = 0.002$. 给定 $X_2 = 50$ 和 $X_3 = 240$, 请判断男性患心脏病可能性高, 还是女性患心脏病可能性高?

(3) 由于 Age 和 Chol 的交互项的系数 $\widehat{\beta}_4 = -0.000\,2$ 很小, 所以能直接判断二者之间不存在交互作用吗? 假设显著性水平取 $\alpha = 0.05$, 请从显著性检验的角度给出正确的判断过程.

4. 对程序包 locfit 中的训练数据集 cltrain 和测试数据集 cltest 进行 logistic 回归分析, 这两个数据集都包含 200 个样本和 3 个变量 x_1, x_2 和 y, 其中 x_1 和 x_2 为特征变量, y 为类别变量, 取值为 0 或 1.

(1) 对训练数据集 cltrain, 计算样本中 $y = 1$ 的比例, 并进行 logistic 回归分析, 对模型中参数进行估计;

(2) 计算模型中参数和优势比 (OR) 的 95% 置信区间, 并进行可视化;

(3) 分别绘制变量 x_1 和 x_2 对事件 $\{y = 1\}$ 发生条件概率的拟合曲线, 并给出决策边界;

(4) 在测试数据集 cltest 中进行预测, 计算准确率、错误率、灵敏度、特异度和召回率;

(5) 绘制 ROC 曲线和计算 AUC 值;

(6) 利用程序包 vcd 中的函数 Kappa() 计算 kappa 指标, 并对结果进行分析;

(7) 设置不同的阈值 c 进行分类, 如 $c - 0.1, 0.3, 0.5, 0.7, 0.9$, 观察阈值对分类结果的影响;

(8) 在测试数据集 cltest 上, 通过绘制 ROC 曲线和计算 AUC 值, 与 LDA、QDA 和 KNN 分类方法进行比较.

5. 针对单变量的非参数 logistic 回归模型 (9.19), 利用三次回归样条对非参数函数 $g(x)$ 进行估计, 请写出详细的估计过程, 并写出惩罚对数似然目标函数和 Newton-Raphson 迭代算法.

6. 根据式 (9.23)—式 (9.25), 请推导下面 $\boldsymbol{\beta}$ 和 $\boldsymbol{g} = (g(x_1), \cdots, g(x_n))^{\mathrm{T}}$ 估计的 Newton-Raphson 迭代公式

$$\boldsymbol{\beta}^{\text{new}} = (\mathbf{B}^{\mathrm{T}}\mathbf{W}\mathbf{B} + \lambda\boldsymbol{\Omega}_n)^{-1}\mathbf{B}^{\mathrm{T}}\mathbf{W}\big(\mathbf{B}\boldsymbol{\beta}^{\text{old}} + \mathbf{W}^{-1}(\boldsymbol{Y} - \boldsymbol{\pi})\big) = (\mathbf{B}^{\mathrm{T}}\mathbf{W}\mathbf{B} + \lambda\boldsymbol{\Omega}_n)^{-1}\mathbf{B}^{\mathrm{T}}\mathbf{W}\boldsymbol{z},$$

$$\boldsymbol{g}^{\text{new}} = \mathbf{B}(\mathbf{B}^{\mathrm{T}}\mathbf{W}\mathbf{B} + \lambda\boldsymbol{\Omega}_n)^{-1}\mathbf{B}^{\mathrm{T}}\mathbf{W}\big(\boldsymbol{g}^{\text{old}} + \mathbf{W}^{-1}(\boldsymbol{Y} - \boldsymbol{\pi})\big) = \mathbf{S}_{\lambda,w}\boldsymbol{z},$$

其中 $\boldsymbol{Y} = (y_1, \cdots, y_n)^{\mathrm{T}}$, $\boldsymbol{\pi} = (\pi_1, \cdots, \pi_n)^{\mathrm{T}}$, $\boldsymbol{z} = \mathbf{B}\boldsymbol{\beta}^{\text{old}} + \mathbf{W}^{-1}(\boldsymbol{Y} - \boldsymbol{\pi})$, $\boldsymbol{g}^{\text{old}} = \mathbf{B}\boldsymbol{\beta}^{\text{old}}$, $\mathbf{S}_{\lambda,w} = \mathbf{B}(\mathbf{B}^{\mathrm{T}}\mathbf{W}\mathbf{B} + \lambda\boldsymbol{\Omega}_n)^{-1}\mathbf{B}^{\mathrm{T}}\mathbf{W}$, $\mathbf{B}$ 为 $n \times n$ 的矩阵, 其第 (i, j) 个元素为 $\{\mathbf{B}\}_{ij} = b_j(x_i)$, $\mathbf{W}$ 为 $n \times n$ 的权重对角矩阵, 其对角线元素为 $\pi_i(1 - \pi_i)$, 且其他参数见 9.4 节.

7. 对程序包 rattle 中的意大利葡萄酒产地数据 wine 进行多项 logistic 回归分析, 其中 Type 为响应变量, 表示葡萄酒的三个不同产地, 其他 13 个变量作为协变量, 包括葡萄酒的颜色、酒精度和其他化学性质, 且 13 个协变量都为定量变量. 研究目的是根据葡萄酒的颜色、酒精度和其他化学性质判断其产地.

(1) 检查 wine 数据的结构, 以及响应变量 Type 的分布;

(2) 固定种子 set.seed(2023), 随机选取 100 个观测样本作为训练集, 并进行多项 logistic 回归分析;

(3) 在训练集中, 选择一个协变量, 让其增加一个单位, 而固定其他 12 个协变量, 观测发生比

(odds) 的变化;

(4) 对测试集进行预测, 并计算测试错误率;

(5) 利用程序包 vcd 中的函数 Kappa() 计算 kappa 指标, 并对结果进行分析.

8. 考虑非参数 logistic 回归模型: $y_i \sim \text{Bernoulli}(\pi(x_i))$, 其中 $\pi(x_i) = \dfrac{\exp(g(x_i))}{1+\exp(g(x_i))}$, 非参数函数 $g(x_i) = 3\sin(x_i)$. 协变量 x_i 从区间 $[-3,3]$ 的均匀分布中产生, 并按以上模型产生响应变量 y_i, 且 $i = 1, \cdots, n$. 固定样本量 $n = 500$ 和种子 set.seed(2023), 考虑如下的问题:

(1) 把数据随机分成训练集和测试集, 其中 70% 为训练集, 30% 为测试集. 针对训练集, 分别利用多项式回归、三次回归样条、自然三次样条、光滑样条和局部线性光滑方法拟合非参数函数 $g(x)$, 并绘制 y 与 x 的关系的拟合图, 以及 95% 的置信带 (注: 可以调用程序包 mgcv, SemiPar, gam, sm 和 gss 进行拟合).

(2) 在训练集上, 针对不同非参数估计方法, 并绘制 x 与事件 $\{y=1\}$ 发生条件概率的拟合曲线和 95% 的置信带.

(3) 对不同方法拟合的结果, 分别在测试集上进行预测, 计算测试错误率并对结果进行比较.

9. 在一组因慢性肾衰竭而接受透析至少两年的患者中, 确定哪些人经历过至少一次腹膜炎 (腹腔黏膜的炎症), 而哪些人没有, 数据见表 9.6. 变量 perito 是一个二元类别变量, 表示若该患者经历了感染取 1, 否则取 0. 协变量包括年龄 (age), 性别 (gender) 和种族 (race), 其中年龄是定量变量, 性别和种族是二元定性变量. 考虑 0/1 建模, 女性和非白人患者取 1, 男性和白人患者取 0.

表 9.6　透析患者数据

perito	age	gender	race	perito	age	gender	race
Yes	67	Female	Non-white	Yes	54	Male	White
Yes	62	Female	Non-white	Yes	49	Female	White
Yes	59	Male	Non-white	Yes	71	Female	White
Yes	65	Male	White	Yes	25	Female	Non-white
Yes	54	Female	White	No	59	Male	White
Yes	45	Male	White	Yes	61	Male	White
No	56	Female	White	Yes	45	Female	White
Yes	49	Male	White	Yes	29	Male	White
No	42	Male	White	Yes	31	Female	White
No	51	Female	White	No	61	Male	White
No	52	Male	White	No	57	Female	White
Yes	70	Female	White	Yes	62	Male	White
Yes	42	Male	White	Yes	48	Female	White
Yes	53	Male	White	No	59	Male	White
Yes	32	Female	White	Yes	58	Male	White
Yes	50	Female	Non-white	Yes	49	Female	Non-white
Yes	57	Female	Non-white	No	68	Male	White

续表

perito	age	gender	race	perito	age	gender	race
Yes	28	Female	Non-white	No	68	Male	White
Yes	65	Male	white	Yes	64	Male	White
Yes	61	Male	white	No	49	Female	White
Yes	60	Male	Non-white	No	26	Male	White
Yes	38	Male	White	Yes	63	Male	White
Yes	43	Male	Non-white	Yes	46	Male	Non-white

(1) 拟合三个独立的 logistic 回归模型, 调查年龄, 性别和种族对个体发生腹膜炎概率的影响, 并解释每个协变量的估计系数.

(2) 因慢性肾衰竭而接受透析的白人患者发生腹膜炎的预测概率是多少? 非白人患者的概率是多少?

(3) 估计男性与女性患腹膜炎的概率有多大?

(4) 在显著水平 $\alpha = 0.05$ 下, 哪个协变量有助于预测透析患者的腹膜炎?

(5) 你认为对响应变量的分类方式存在问题吗?

10. 考虑程序包 carData 中的 SLID 数据集, 该数据集来自加拿大安大略省 1994 年劳动力和收入调查研究, 包含 7 425 个样本和 5 个变量: wages 表示所有工作的小时工资率 (单位: 美元), education 表示学校受教育年限, age 表示年龄, sex 表示性别 (女性和男性), language 为因子变量 (英语、法语和其他).

(1) 利用散点图和非参数回归方法探索变量 wages 分别和 education 和 age 之间的关系, 你能得出什么结论? 如果是非线性关系, 试问能否作变换使得它们满足线性关系?

(2) 假设 wages 中的缺失值是因为这些人不处在劳动力中, 因此根据劳动力和非劳动力, 定义二元定性变量 `working = !is.na(wages)`. 现拟合一个半参数广义可加 logistic 回归模型, 以 working 为响应变量, age 和 education 为非参数协变量, sex 为哑变量. 检验模型中每一项的统计显著性, 同时检验 age 和 education 的影响是否具有非线性关系.

(3) 现考察加入 sex 与 age 和 sex 与 education 的两项交互项, 对劳动力参与情况 (working) 的影响. 拟合如下的多元 logistic 回归模型 (含交互项)

```
library(car);  data(SLID, package="carData")
attach(SLID);  working = !is.na(wages)
mod.work.glm = glm(working ~ (education+age)*sex, family=binomial)
Anova(mod.work.glm)
```

对拟合结果进行分析, 对回归系数进行显著性检验, 构造参数的 95% 置信区间, 并进行可视化.

(4) 利用程序包 mgcv 中的函数 gam() 拟合带有交互项的广义可加 logistic 回归模型, 例如

```
library(mgcv)
female=as.factor(sex == "Female"); male=as.factor(sex == "Male")
mod.work.gam = gam(working ~ s(education,by=female,fx=TRUE,k=4)
    +s(age,by=female,fx=TRUE,k=4)+s(education,by=male,fx=TRUE,k=4)
    +s(age,by=male,fx=TRUE,k=4)+sex, family=binomial)
```

对上述模型作拟合, 检验交互项的统计显著性.

11. 对程序包 SemiPar 中的 trade.union 数据集, 该数据集包含 534 个样本和 11 个变量, 可用函数 attach(trade.union) 获取该数据集. 第 171 个样本为强影响点, 可用 trade.union[-171,] 删除第 171 个样本点. 考虑响应变量为 union.member(Y), 表示是否具有工会成员资格 (1 代表成员, 0 代表非成员). 考虑 trade.union 数据集中 6 个协变量: wage(X_1) 表示每小时工资水平 (单位: 美元), age(X_2) 表示年龄 (单位: 年), years.educ(X_3) 表示受教育年限, race(X_4) 表示种族 (1=black, 2=Hispanic, 3=white), female(X_5) 表示性别 (1 为女性, 0 为男性), South(X_6) 表示是否居住在美国南部, 其中 X_1, X_2 和 X_3 为定量变量, X_4, X_5 和 X_6 为定性变量. 考虑如下的广义可加 logistic 回归模型

$$\mathbb{P}(Y=1|\boldsymbol{X})=\frac{\exp(\beta_0+g_1(X_1)+g_2(X_2)+g_3(X_3)+\beta_1X_4+\beta_2X_5+\beta_3X_6)}{1+\exp(\beta_0+g_1(X_1)+g_2(X_2)+g_3(X_3)+\beta_1X_4+\beta_2X_5+\beta_3X_6)},$$

其中 $\boldsymbol{X}=(X_1,\cdots,X_6)^{\mathrm{T}}$. 基于 trade.union 数据集, 对上面模型进行拟合, 请绘制 $g_1(\cdot), g_2(\cdot)$ 和 $g_3(\cdot)$ 的拟合图形, 并对模型的拟合结果进行分析.

12. 美国橄榄球联盟 (AFL) 和国家橄榄球联盟 (NFL) 在 1969 年赛季的点球数据如表 9.7 所示, 记 $\pi(x)$ 表示距离为 x 时点球成功的概率, 试回答如下问题:

(1) 对 AFL 和 NFL 联盟, 用表 9.7 的数据分别拟合下面模型, 并对结果进行分析

$$\pi(x)=\frac{\exp(\beta_0+\beta_1x+\beta_2x^2)}{1+\exp(\beta_0+\beta_1x+\beta_2x^2)},$$

其中 β_0 为截距项, β_1 和 β_2 为回归系数;

表 9.7　美国橄榄球联盟 (AFL) 和国家橄榄球联盟 (NFL) 在 1969 年赛季的点球数据

联盟	距离 x	成功次数	点球次数	z
NFL	14.5	68	77	0
NFL	24.5	74	95	0
NFL	34.5	61	113	0
NFL	44.5	38	138	0
NFL	52.0	2	38	0
AFL	14.5	62	67	1
AFL	24.5	49	70	1
AFL	34.5	43	79	1
AFL	44.5	25	82	1
AFL	52.0	7	24	1

(2) 记 z 为代表不同联盟的示性变量, 即当联盟为 AFL 时, $z=1$; 当联盟为 NFL 时, $z=0$. 再对下面模型进行拟合

$$\pi(x,z)=\frac{\exp(\beta_0+\beta_1 x+\beta_2 x^2+\beta_3 z)}{1+\exp(\beta_0+\beta_1 x+\beta_2 x^2+\beta_3 z)};$$

(3) 试问二次项 x^2 对模型的作用显著吗? 请用 Z 统计量进行假设检验;

(4) 在给定距离 x 的条件下, 每个联盟点球成功的概率相同吗?

13. 现有一组美国小姐选美比赛的相关数据 (见表 9.8), 想要对 2000—2008 年间美国各州产生前十名优胜者的占比情况进行多项 logistic 回归分析. 考察下列响应变量和协变量: Y 表示美国各州在 2000—2008 年间产生前十名优胜者的次数; X_1 表示各州总人口的对数, X_2 表示各州在 2002—2007 年间进入最终资格赛的平均人数的对数, X_3 表示各州地理面积的对数, X_4 表示各州议会大厦的纬度, X_5 表示各州议会大厦的经度.

表 9.8 美国小姐选美比赛数据

州	Y	X_1	X_2	X_3	X_4	X_5	州	Y	X_1	X_2	X_3	X_4	X_5
FL	3	13.088	3.726	11.094	30.383	84.367	GA	4	12.556	3.875	10.992	33.650	84.433
HI	3	10.621	2.565	9.299	21.333	157.917	ID	0	10.657	2.970	11.333	43.567	116.217
IL	2	13.034	3.239	10.967	39.833	89.667	IN	2	12.303	3.127	10.503	39.733	86.283
IA	1	11.631	2.879	10.938	41.533	93.650	KS	1	11.437	2.979	11.318	39.067	95.633
KY	2	11.757	3.434	10.607	38.200	84.867	LA	2	12.104	3.466	10.856	30.533	91.150
ME	0	10.607	2.485	10.474	44.317	69.800	MD	3	12.124	3.219	9.426	39.000	76.083
MA	2	12.443	2.918	9.264	42.367	71.033	MI	3	12.826	3.367	11.480	42.783	84.600
MN	0	12.129	2.725	11.373	44.883	93.217	MS	3	11.623	3.704	10.788	32.317	90.083
MO	0	12.172	3.526	11.152	38.567	92.183	MT	0	10.292	2.853	11.899	46.600	112.00
NE	0	11.049	2.872	11.256	40.850	96.750	NV	1	10.946	2.549	11.613	39.167	119.767
NH	1	10.663	2.785	9.143	43.200	71.500	NJ	2	12.527	3.243	9.074	40.217	74.767
NM	0	11.042	3.091	11.708	35.617	106.083	NY	3	13.487	3.073	10.907	42.750	73.800
NC	2	12.501	3.332	10.893	35.867	78.783	ND	0	10.184	3.033	11.166	46.767	100.750
OH	0	12.929	3.212	10.711	40.000	82.883	OK	5	11.614	3.784	11.155	35.400	97.600
OR	1	11.668	3.100	11.497	44.917	123.017	PA	4	13.021	3.178	10.738	40.200	76.767
RI	1	10.740	2.657	7.343	41.733	71.433	SC	1	11.895	3.726	10.374	33.950	81.117
SD	0	10.231	2.674	11.253	44.383	100.283							

(1) 拟合 logistic 回归模型, 利用协变量 X_1, X_2, X_3, X_4 和 X_5 预测 Y, 同时使得每个预测变量的显著水平至少为 5%. 利用边际模型绘图来检验全模型和最终模型的有效性 (若最终模型不同于全模型).

(2) 试找出 (1) 确定的最终模型中的所有杠杆点, 并讨论它们是否为异常的杠杆点.

(3) 试对 (1) 中最终模型的回归系数进行解释.

14. 试述真阳性率 (TPR)、假阳性率 (FPR) 与灵敏度 (sensitivity)、查全率之间的联系.

15. 试述错误率与 ROC 曲线的联系.

16. 根据 9.6 节的四种情形, 请编写程序, 绘制图 9.12—图 9.15.

第 10 章 决 策 树

学习目标与要求:

1. 了解决策树的构成和基本原理;

2. 掌握回归树的递归二叉分裂法, 代价复杂性剪枝, 能够熟练使用 R 语言建立回归树并进行数据分析;

3. 掌握利用信息增益和基尼指数准则建立分类树, 掌握分类树的代价复杂性剪枝, 能够熟练使用 R 语言建立分类树并进行数据分析;

4. 掌握装袋法和随机森林的基本原理和算法, 袋外误差的评价准则, 变量重要性的度量准则, 随机森林对装袋法改进的优点, 并能够熟练使用 R 语言进行回归和分类问题的数据分析和应用;

5. 掌握自适应提升法和回归问题的提升法, 并能够熟练使用 R 语言进行数据分析.

本章将介绍的**决策树** (decision tree) 是一种有监督的非参数统计学习或机器学习方法, 可用于回归和分类问题. 决策树最早产生于 20 世纪 60 年代, 由 Hunt 等 (1966) 提出了第一个 CLS (concept learning system) 决策树算法. Quinlan (1979) 和 Quinlan (1986) 发展了 ID3 (Iterative Dichotomiser 3) 算法, 使决策树受到极大关注, 并成为机器学习主流技术的算法. **ID3 算法**的核心是信息熵, 基于信息增益准则建立分类树. Quinlan (1993) 进一步发展了 **C4.5 算法**, 基于信息增益比准则建立分类树, 其中 "C" 表示 Classifier (分类器). Breiman 等 (1984) 在经典著作 *Classification and Regression Trees* 中发展了 **CART 算法**, 将概率论与统计学的知识引入决策树的研究中, 既可用于分类, 也可用于回归, 其中 CART 算法使用基尼指数准则建立分类树. 基于第 4 章介绍的 bootstrap 方法, Breiman (1996) 提出了**装袋法** (bootstrap aggregating, bagging). 为了解决装袋法决策树之间的强相关性问题, Breiman (2001) 提出了基于决策树的最强大算法——**随机森林** (random forests, RF).

在实际应用中, 如何建立决策树? 决策树究竟如何做判断和预测? 决策树如何避免欠拟合和过拟合, 提高决策能力和预测能力? 带着这些问题, 本章将重点介绍决策树的基本原理和建立过程, 进一步重点介绍决策树的推广, 包括装袋法、随机森林和提升法.

§10.1 决策树的基本原理

决策树是一种有监督的非参数统计学习方法, 把用于回归问题的决策树称为**回归树** (regression tree), 而把用于分类问题的决策树称为**分类树** (classification tree). 具体是用于回归问题还是分类问题, 主要取决于响应变量 Y, 如果响应变量 Y 为定量变量, 则为回归; 如果响应变量 Y 为定性变量或属性变量, 则为分类.

决策树是基于树形结构进行决策, 由**结点** (node) 和**有向边** (directed edge) 组成. 结点分为: **根结点** (root node)、**内部结点** (internal node) 和**叶结点** (leaf node), 其中叶结点也称为**终端结点** (terminal node), 见决策树示意图 10.1. 决策树通常是从上到下绘制, 本质上是一层一层地根据条件递归做判断, 每个内部结点对应于某个属性判断规则, 每个分支对应于该属性的某个取值, 每个叶结点对应于一个决策结果或预测结果. 由于决策树模型易于可视化和处理大规模数据集等优点, 决策树至今仍是有监督学习中应用最广泛的模型之一.

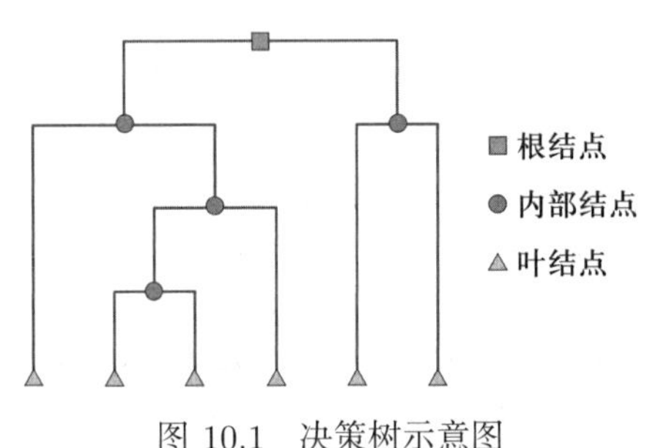

图 10.1 决策树示意图

决策树的基本原理是寻找特征变量空间的最佳分裂点或切分点, 把一个复杂的决策问题分割成一系列简单的子问题, 以达到最优预测的目的. CART 算法所用的决策树为**二叉树** (binary tree), 每次将内部结点一分为二, 分裂为两个子结点. 对于一个决策树, 首先要考虑利用哪个协变量或特征变量作为决策树的 "根", 然后在这个协变量或特征变量的所有可能取值上进行递归分割, 把原来的数据集分成两个不同的子集. 随后在每个子集上, 寻找最优的分裂点或切分点作为内部结点, 重复上述步骤, 直至到达叶结点或终端结点, 最终形成一棵决策树.

为了对决策树的基本原理有更深入的了解, 以 James 等 (2021) 关于棒球运动员薪水的 Hitters 数据集为例进行说明. Hitters 数据集可从程序包 ISLR2 中获取, 包含 322 个样本和 20 个变量. 为了直观展示, 此处仅考虑变量 Years (效力于职业棒球大联盟的年数) 和 Hits (1986 年击球次数) 来预测棒球运动员的薪水 (Salary, 单位: 千美元). 首先删除 Hitters 数据集中 Salary 有缺失的观测数据, 并对 Salary 作对数变换, 使其分布曲线更接近正态分布.

图 10.2(a) 给出了递归分割的一种可能结果, 把协变量 Years 和 Hits 的特征空间分割成了 8 个互不重叠的区域 $R_1,\cdots,R_8$. 根据递归分割的结果, 可得到图 10.2(b) 相应的决策树, 图 10.2(c) 提供了相应的拟合**分段常值函数** (piecewise constant function). 图 10.2(b) 的决策树, 根据一定的分裂准则, 选择效力于职业棒球大联盟的年数 Years 是否 <4.5 作为根结点进行分裂, 然后从根结点开始继续按照分裂准则进行一系列分裂而最终生成 8 个叶结点或终端结点, 其中 $R_1=\{\text{Years}<3.5, \text{Hits}<40.5\}$, $R_2=\{\text{Years}<3.5, 40.5\leqslant \text{Hits}<114\}$, $R_3=\{\text{Years}<3.5, \text{Hits}\geqslant 114\}$, $R_4=$

$\{3.5 \leqslant \text{Years} < 4.5\}$, $R_5 = \{4.5 \leqslant \text{Years} < 6.5, \text{Hits} < 117.5\}$, $R_6 = \{\text{Years} \geqslant 6.5, \text{Hits} < 50.5\}$, $R_7 = \{\text{Years} \geqslant 6.5, 50.5 \leqslant \text{Hits} < 117.5\}$ 和 $R_8 = \{\text{Years} \geqslant 4.5, \text{Hits} \geqslant 117.5\}$. 最后, 可根据叶结点或终端结点进行预测. 例如, 区域 $R_2 = \{\text{Years} < 3.5, 40.5 \leqslant \text{Hits} < 114\}$, 表示把符合 Years < 3.5 且 $40.5 \leqslant$ Hits < 114 的棒球运动员的薪水平均值作为他们的薪水预测值, 这部分棒球运动员的平均薪水的对数值为 4.624, 所以薪水的预测值为 $\exp(4.624) = 101.9$ 千美元.

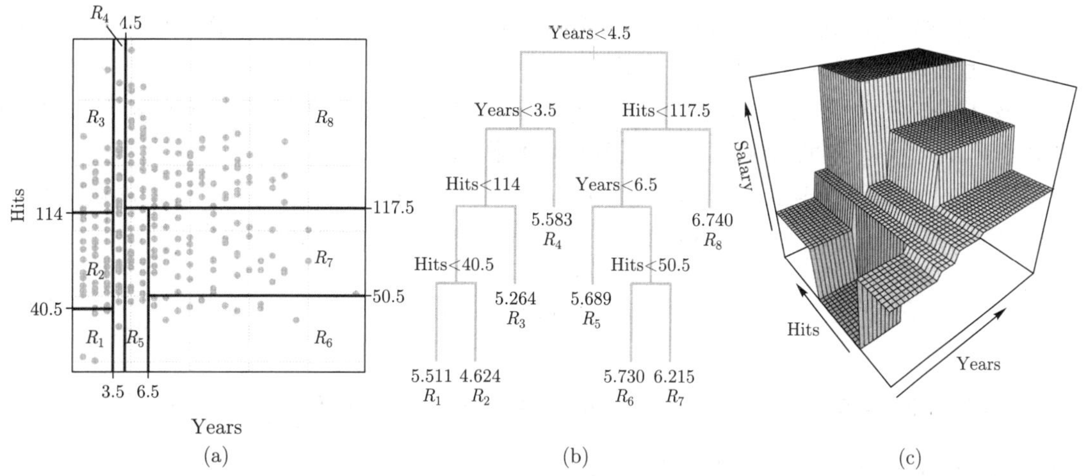

图 10.2 Hitters 数据集的决策树建立. (a) 决策树对协变量 Years 和 Hits 的特征空间递归分割的矩形区域; (b) 决策树; (c) 拟合的分段常值函数

对于三维以上的协变量情形, 尽管不能对图 10.2(a) 的递归分割和图 10.2(c) 的拟合分段常值函数进行可视化, 但是决策树在每个结点仅使用一个协变量进行分割, 因此即使对于高维协变量情形, 仍然可以建立和绘制图 10.2(b) 的决策树.

决策树模型将协变量的特征空间分割为若干个矩形或超矩形的叶结点或终端结点, 在进行预测时, 每个叶结点或终端结点只有一个共同的预测值. 对于回归问题, 预测值为该叶结点或终端结点所有训练样本中响应变量的平均值. 对于分类问题, 预测值为该叶结点或终端结点所有训练样本中类别响应变量的最常见类别.

在理论上, 可以考虑任意形状的分割. 例如, 第 6 章介绍的 K 近邻法所定义的近邻区域一般是不规则的. 决策树每次都是根据某个协变量 X_j 是否 $\leqslant t$ 进行分割的, 所定义的分割区域为矩形或超矩形, 不仅可带来计算上的方便, 也便于解释. 在实际应用中, 有 p 个协变量 $X_1, \cdots, X_p$, 并且每个协变量的取值都在实数集 $\mathbb{R}$ 上. 因此, 建立决策树的一个关键问题是如何确定分裂变量 X_j 和分裂点 t? 例如, 对 Hitters 数据集, 为什么选择效力于职业棒球大联盟的年数 Years 是否 < 4.5 作为根结点? 另外, 如何把协变量的特征空间分割为 K 个互不重叠的区域 $R_1, \cdots, R_K$? 下面分别针对回归和分类问题, 讨论如何建立回归树和分类树.

§10.2 回 归 树

10.2.1 递归二叉分裂法

回归树的主要目的就是发展一种算法, 自动确定最优的分裂变量 X_j 和分裂点 t, 并建立回归树模型. 建立回归树的过程主要有两步: ① 将 $X_1, \cdots, X_p$ 的特征空间 ($X_1, \cdots, X_p$ 可能取值构成的集合) 分割成 K 个互不重叠的区域 $R_1, \cdots, R_K$; ② 对落入区域 R_k 的每个观测值作同样的预测, 预测值等于 R_k 上训练集的响应变量取值的简单算术平均.

假设存在一个训练样本集 $D = \{(\boldsymbol{x}_i, y_i), i = 1, \cdots, n\}$, 其中 $\boldsymbol{x}_i = (x_{i1}, \cdots, x_{ip})^{\mathrm{T}} \in \mathbb{R}^p$ 为协变量向量的观测数据, $y_i \in \mathbb{R}$ 为响应变量的观测数据. 对于回归树模型, 回归函数为

$$g(\boldsymbol{x}) = \sum_{k=1}^{K} c_k I(\boldsymbol{x} \in R_k), \tag{10.1}$$

其中 c_k 为第 k 个区域的常数, 且 $k = 1, \cdots, K$. 这时, 极小化目标函数 $\sum\limits_{i=1}^{n}(y_i - g(\boldsymbol{x}_i))^2$, 可得 c_k 的估计为在区域 R_k 内响应变量 y_i 的平均值, 即

$$\widehat{c}_k = \mathrm{ave}(y_i|\boldsymbol{x}_i \in R_k), \qquad k = 1, \cdots, K. \tag{10.2}$$

例如, 若在第一步中得到两个互不重叠的区域 R_1 和 R_2, 其中在区域 R_1 上训练集的响应变量平均值为 15, 在区域 R_2 上训练集的响应变量平均值为 30. 对给定新的观测值 $\boldsymbol{X} = \boldsymbol{x}$, 如果 $\boldsymbol{x} \in R_1$, 给出的预测值为 15; 如果 $\boldsymbol{x} \in R_2$, 则给出的预测值为 30.

在应用中, 如何确定最优的分裂变量 X_j 和分裂点 t, 并构建区域 $R_1, \cdots, R_K$ 呢? 为了解决该问题, 下面介绍一种自上而下的**贪婪方法**: **递归二叉分裂法** (recursive binary splitting method). 贪婪指在建立回归树的每一步中, 最优分裂确定仅限于某一步进程, 而不是针对全局去选择那些能够在未来进程中构建出更好回归树的分裂点.

利用递归二叉分裂法划分区域的核心思想是将协变量的特征空间划分为超矩形区域, 找到使回归树模型的残差平方和 (RSS) 最小的超矩形区域 $R_1, \cdots, R_K$, 其中 RSS 的定义为

$$\mathrm{RSS} = \sum_{k=1}^{K} \mathrm{RSS}_k = \sum_{k=1}^{K} \sum_{i:\ \boldsymbol{x}_i \in R_k} (y_i - \widehat{y}_{R_k})^2, \tag{10.3}$$

其中 $\mathrm{RSS}_k = \sum\limits_{i:\boldsymbol{x}_i \in R_k} (y_i - \widehat{y}_{R_k})^2$ 为第 k 个超矩形区域 R_k 上的残差平方和, $\widehat{y}_{R_k} = \mathrm{ave}(y_i|\boldsymbol{x}_i \in R_k)$ 是第 k 个超矩形区域 R_k 内响应变量 y_i 的平均值.

在利用递归二叉分裂法建立回归树时, 首先需要确定根结点分裂的协变量 X_j 和分裂点 t. 为了寻找最优的 j 和 t, 将协变量 $X_1, \cdots, X_p$ 的特征空间分为互不重叠的两个区域

$$R_1(j, t) = \{\boldsymbol{X}|X_j < t\}, \qquad R_2(j, t) = \{\boldsymbol{X}|X_j \geqslant t\}. \tag{10.4}$$

确定协变量 X_j 和分裂点 t, 遍历所有协变量 $X_1, \cdots, X_p$ 和每个协变量对应 t 的所有取值, 使得构

造出的回归树具有最小的残差平方和, 即选择使下面残差平方和

$$\sum_{i:\ \boldsymbol{x}_i \in R_1(j,t)} (y_i - \widehat{y}_{R_1})^2 + \sum_{i:\ \boldsymbol{x}_i \in R_2(j,t)} (y_i - \widehat{y}_{R_2})^2 \tag{10.5}$$

达到最小的 j 和 t, 其中 $\widehat{y}_{R_1}$ 是区域 $R_1(j,t)$ 中响应变量的平均值, $\widehat{y}_{R_2}$ 是区域 $R_2(j,t)$ 中响应变量的平均值. 当维数 p 不是非常大时, 极小化式 (10.5), 很容易找到最优的 j 和 t. 重复上述步骤, 继续寻找最优分裂协变量和最优分裂点, 直到产生 K 个互不重叠的区域 $R_1, \cdots, R_K$, 在某个停止准则下使式 (10.3) 所定义的 RSS 达到最小, 分裂停止. 例如, 停止准则可以取所有区域包含的观测样本点都不大于 5.

产生区域 $R_1, \cdots, R_K$ 后, 对任给的一个测试观测样本, 就可以根据该测试观测样本所属的区域进行预测, 即用该区域训练样本中响应变量的平均值对其进行预测. 例如, 由图 10.2 所建立的 Hitters 数据集的回归树, 当新的测试样本满足 Years $\geqslant 6.5$ 且 $50.5 \leqslant$ Hits < 117.5 时, 则可预测棒球运动员的薪水为 $\exp(6.215) = 500.196$ 千美元.

10.2.2 代价复杂性剪枝

递归二叉分裂法是在训练集上使残差平方和达到最小而建立回归树, 尽管所建立的回归树在训练集上具有良好的预测效果, 但是会造成数据的过拟合, 导致在测试集上预测效果变差. 反过来, 如果建立规模更小的回归树, 即叶结点或终端结点更少, 所建立的回归树有更小的方差和更好的解释能力, 但是也将产生较大的偏差, 即可能会导致欠拟合. 为了解决该问题, 可利用第 2 章介绍的正则化方法建立合适的回归树, 避免过拟合和欠拟合, 使所建立的回归树有更好的预测效果.

在决策树中, 通常使用叶结点的数目或者决策树的深度来描述决策树模型的复杂度. 因此, 在决策树中, 正则化方法的思想是通过**剪枝** (pruning) 来控制决策树模型的复杂度. 对于回归树, 解决的策略是首先生成一棵很大的树 T_0, 然后通过**代价复杂性剪枝** (cost complexity pruning), 选出使测试集预测误差最小的**子树** (subtree), 即极小化下面的惩罚残差平方和

$$\sum_{k=1}^{|T|} \sum_{i:\ \boldsymbol{x}_i \in R_k} (y_i - \widehat{y}_{R_k})^2 + \lambda |T|, \tag{10.6}$$

其中 $|T|$ 表示树 T 的叶结点数, R_k 是第 k 个叶结点对应的超矩形区域, $\widehat{y}_{R_k} = \mathrm{ave}(y_i | \boldsymbol{x}_i \in R_k)$ 是第 k 个超矩形区域 R_k 内响应变量 y_i 的平均值, $\lambda (\geqslant 0)$ 为调节参数, 主要是在子树的复杂度和训练数据的拟合度之间控制权衡. 如果 $\lambda = 0$, 则子树 T 等于原树 T_0, 表示式 (10.6) 等价于式 (10.3), 即只度量了训练均方误差, 并没有对原树 T_0 进行剪枝. 当调节参数 λ 增大时, 叶结点数目较多的树将为它的复杂性付出代价, 使式 (10.6) 达到最小值的子树会变得更小. 当调节参数 λ 从 0 开始逐渐增加时, 所得子树以一种嵌套的、可预测的模式被修剪, 并获得与 λ 对应的一系列子树. 因此, 调节参数 λ 是至关重要的, 可用第 4 章介绍的数据驱动的 CV 方法选择最优的 λ, 然后确定与之对应的最优子树.

根据 10.2.1 节和 10.2.2 节的内容, 给出下面建立回归树的一般步骤.

步骤 1 利用递归二叉分裂法在训练集 $D = \{(\boldsymbol{x}_i, y_i), i = 1, \cdots, n\}$ 上生成一棵大树 T_0, 只有当叶结点的超矩形区域中包含的观测值个数低于某个最小值时停止.

步骤 2 对步骤 1 中所得大树 T_0 进行代价复杂性剪枝, 得到一系列子树, 且子树是调节参数 λ 的函数.

步骤 3 利用 k 折 CV 方法选择最优的调节参数 λ. 具体过程是将训练集 $D=\{(\boldsymbol{x}_i,y_i),i=1,\cdots,n\}$ 分为 k 折, 对所有的 $j=1,\cdots,k$, 有:

(1) 对训练集上所有不属于第 j 折的数据重复步骤 1 和 2, 得到与调节参数 λ 一一对应的子树;

(2) 计算上述子树在第 j 折上的预测均方误差;

(3) 上述步骤后, 每个调节参数 λ 会有相应的 k 个预测均方误差, 对这 k 个预测均方误差求平均, 选出使平均预测均方误差最小的调节参数 λ.

步骤 4 确定最优的调节参数 λ 后, 在步骤 2 中给出最优 λ 所对应的子树 T.

针对 Hitters 数据集, 图 10.2(b) 建立了具有 8 个叶结点或终端结点的未剪枝回归树, 通过协变量 Years 和 Hits 对棒球运动员的薪水 (Salary) 进行预测. 图 10.2(a) 中矩形区域 R_1 仅包含 5 个样本点, 所以未剪枝的回归树很有可能存在过拟合问题. 首先, 采用 10 折 CV 方法来选择最优的子树大小, 对不同子树计算预测均方误差 (MSE), 并绘制 CV 误差曲线图 10.3(a), 发现当叶结点或终端结点为 4 时, CV 误差基本达到最小, 且当叶结点或终端结点继续增加时, CV 误差变化比较平稳. 因此, 选择 4 个叶结点或终端结点的子树作为回归树. 最后, 当确定叶结点或终端结点个数后, 采用代价复杂性剪枝, 剪枝后的回归树见图 10.3(b).

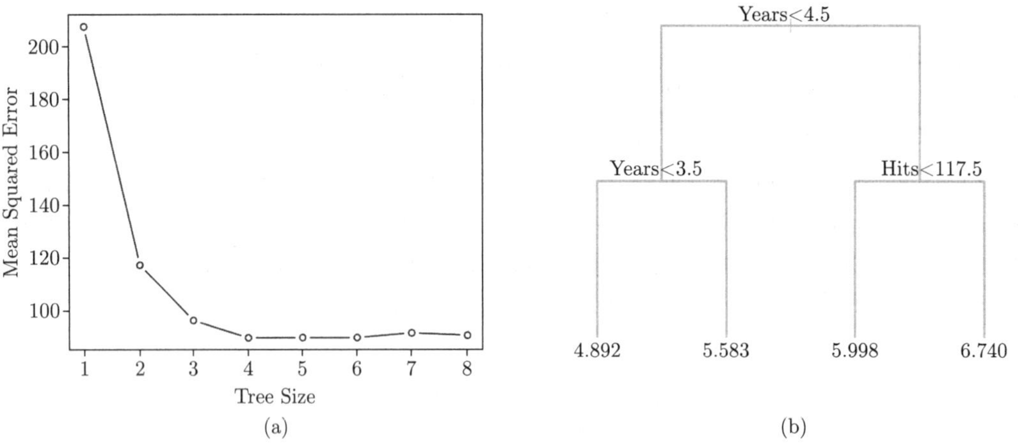

图 10.3 Hitters 数据集的回归树分析. (a) 10 折 CV 误差曲线图, 当叶结点或终端结点为 4 时, CV 误差最小; (b) 根据 10 折 CV 误差最小化剪枝的回归树

10.2.3 回归树的 R 案例分析

在 R 语言中, 常用的两个决策树程序包分别为 tree 和 rpart, 这两个程序包既可用于回归问题也可用于分类问题, 本节对这两个程序包进行介绍, 并用于回归树的案例分析.

1. 程序包 tree

程序包 tree 中的函数 tree() 可用于决策树的拟合, 调用格式为

```
tree(formula, data, weights, subset,
    na.action = na.pass, control = tree.control(nobs, ...),
    method = "recursive.partition", split = c("deviance", "gini"),
    model = FALSE, x = FALSE, y = TRUE, wts = TRUE, ...)
```
其中 formula 为模型公式，类似于函数 lm() 或 glm()，如 y ~ .，如果 y 为定量变量，拟合回归树，如果 y 为因子变量，则拟合分类树；data 表示数据框数据；subset 表示指定使用的数据子集；method="recursive.partition" 表示递归分割；split 表示分割点使用的准则，可以取 deviance 和 gini；其余参数见在线帮助.

如果参数 split="deviance", deviance 表示偏离度, 对于回归树而言, 表示采用残差平方和准则进行分割; 如果参数 split="gini", gini 表示基尼指数, 对于分类树而言, 表示采用基尼指数准则进行分割. 函数 cv.tree() 使用 k 折 CV 方法确定最优的树复杂性, 调用格式为

```
cv.tree(object, rand, FUN = prune.tree, K = 10, ...)
```
其中 object 表示函数 tree() 返回的结果；FUN 表示执行剪枝的函数，如果选取对象属性 FUN=prune.misclass，表明用分类错误率而不是函数 cv.tree() 的默认值偏差来控制交叉验证和剪枝过程；K 表示 k 折 CV 中 k 值大小，默认为 10 折 CV 方法.

函数 prune.tree() 用于代价复杂性剪枝, 调用格式为

```
prune.tree(tree, k = NULL, best = NULL, newdata, nwts,
          method = c("deviance", "misclass"), loss, eps = 1e-3)
```
其中 tree 表示函数 tree() 返回的结果；k 表示成本复杂性参数，缺省时由算法自动决定；best 表示叶结点或终端结点的个数；newdata 表示评价代价复杂性子树的新数据框数据，如果缺省，将使用生成决策树的数据进行评价；其余参数见在线帮助.

函数 predict() 用于预测, 调用格式为

```
predict(object, newdata = list(),
        type = c("vector", "tree", "class", "where"),
        split = FALSE, nwts, eps = 1e-3, ...)
```
其中 object 表示函数 tree() 返回的结果；newdata 表示包含协变量的数据框数据；其余参数见在线帮助.

为了展示程序包 tree 的应用, 现在对例 1.1 的前列腺癌症数据进行回归树分析. 首先, 固定种子 set.seed(1), 把 prostate 数据随机分成训练集和测试集, 其中训练集包含 60 个观测样本, 测试集包含 37 个观测样本. 把变量 lpsa 作为响应变量, 其他 8 个变量作为协变量, 在训练集上建立回归

树, 利用其他 8 个协变量预测 lpsa, 程序和输出结果如下.

```
library(tree)
data(prostate, package = "faraway"); attach(prostate)
set.seed(1); train = sample(97, 60)     ## 固定种子, 并随机生成训练集
train.tree = tree(lpsa ~ ., data = prostate, subset = train)
> train.tree          ## 输出回归树结果
node), split, n, deviance, yval
      * denotes terminal node
 1) root 60 80.6600 2.6030
   2) lcavol < 2.7202 52 42.5300 2.3200
     4) lcavol < 0.421344 12  7.7260 1.3190
       8) lcavol < -0.407996 5  3.6060 0.6676 *
       9) lcavol > -0.407996 7  0.4814 1.7850 *
     5) lcavol > 0.421344 40 19.1600 2.6210
      10) pgg45 < 22.5 24  9.4310 2.3400
        20) lweight < 3.70715 13  3.8790 1.9780
          40) lweight < 3.41445 7  1.3310 2.2410 *
          41) lweight > 3.41445 6  1.4950 1.6700 *
        21) lweight > 3.70715 11 1.8220 2.7690 *
      11) pgg45 > 22.5 16  5.0140 3.0410
        22) lcp < 0.99479 7  1.4620 3.3130 *
        23) lcp > 0.99479 9  2.6330 2.8300 *
   3) lcavol > 2.7202 8  6.9790 4.4400 *
```

结果显示, 共有 15 个结点, 其中有 8 个叶结点或终端结点 ("*" 号为叶结点或终端结点). 每行输出结果的内容依次为: node (结点), split (到达该结点的分裂条件, 如 lcavol<2.7202), n (该结点位置的样本数), deviance (该结点的偏离度, 如果为回归树, 表示残差平方和), yval (该结点的预测值, 即响应变量的平均值). 为了更加直观展示结果, 可利用函数 plot() 和 text() 绘制回归树, 其中函数 text() 在决策树图上添加文字信息. 程序如下, 在训练集上建立的回归树见图 10.4.

```
plot(train.tree, col = "orange", lwd = 3, type = "uniform")
text(train.tree, pretty = 0)
```

根据回归树的建立, 每个结点的分裂都是使残差平方和达到最小, 寻找分裂的协变量 X_j 和分裂点 t. 因此, 根据输出结果可知, 在根结点处的残差平方和 $42.53 + 6.979 = 49.509$ 是对所有协变量和分裂点最小的, 且分裂协变量为 lcavol, 分裂点为 2.7202. 同样对其他结点, 可给出类似的解释.

从上述输出结果和图 10.4 的回归树可知, 根结点的分裂条件为 lcavol 是否 < 2.7202. 不满足条

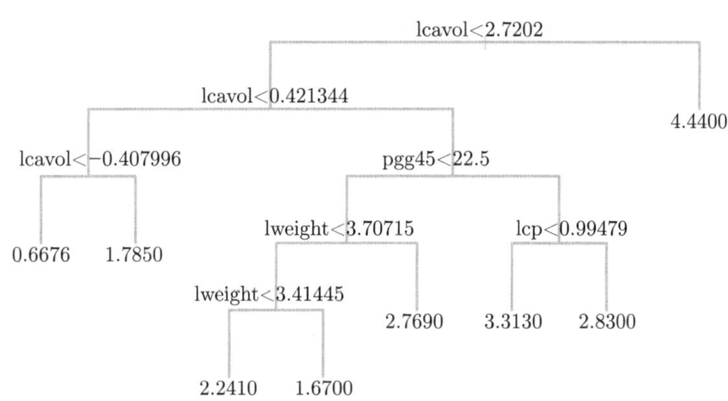

图 10.4 例 1.1 前列腺癌症数据在训练集上建立的回归树

件 lcavol< 2.7202 的样本数为 8, 残差平方和为 6.979, 预测值为 4.44, 并且该结点不再分裂, 为终端结点. 另外, 满足条件 lcavol< 2.7202 的样本数为 52, 残差平方和为 42.53, 预测值为 2.32, 该结点进一步分裂, 直到生成 7 个叶结点. 例如, 当 0.421344⩽lcavol<2.7202, pgg45<22.5, 且 lweight⩾3.70715 时, 该结点为终端结点, 在该终端结点处有 11 个观测样本, 残差平方和为 1.822, 预测值为 2.769. 对于其他终端结点, 可给出类似解释.

图 10.4 中根结点与内部结点垂直下降的高度不一, 此高度与残差平方和的下降幅度成正比. 在 prostate 数据集中, 共有 8 个协变量, 但是在建立回归树时, 仅使用了 4 个协变量 (lcavol, lweight, pgg45 和 lcp), 且显示协变量 lcavol (cancer volume 的对数) 对预测 lpsa 是非常显著的. 此外, 当患者出现前列腺癌症的症状时, 很容易使得前列腺特异性抗原 (PSA) 水平异常升高, 因为 lpsa 是前列腺特异性抗原 (PSA) 的对数. 因此, 可以根据 lpsa 的预测值大小对患者进行诊断.

其次, 图 10.4 的回归树是否存在过拟合, 且究竟多大规模的回归树具有最佳的预测效果? 为了回答该问题, 可使用 CV 方法确定回归树的大小, 并对回归树进行代价复杂性剪枝. 下面使用函数 cv.tree() 默认的 10 折 CV 方法确定回归树的大小, 绘制 CV 误差图, 并用函数 prune.tree() 进行剪枝, 给出剪枝后的回归树. 程序如下, 结果见图 10.5.

```
set.seed(1);  par(mfrow = c(1, 2))
cv.train = cv.tree(train.tree)
plot(cv.train$size, cv.train$dev, type = "b", lwd = 2, col = "blue",
    xlab = "Tree Size", ylab = "Mean Squared Error")
prune.train = prune.tree(train.tree, best = 3)
plot(prune.train, col = "orange", lwd = 3, type = "uniform")
text(prune.train, pretty = 0)
```

由图 10.5(a) 可知, 当树的终端结点数为 3 时, 使得 CV 误差达到最小, 并在图 10.5(b) 给出了具有 3 个终端结点的最优回归树. 在剪枝后的回归树模型中, 只使用了 1 个协变量 lcavol, 可见协变量 lcavol 是非常显著的预测变量.

最后, 使用函数 predict() 进行预测, 并计算测试均方误差 (test MSE). 进一步, 对未剪枝的回归

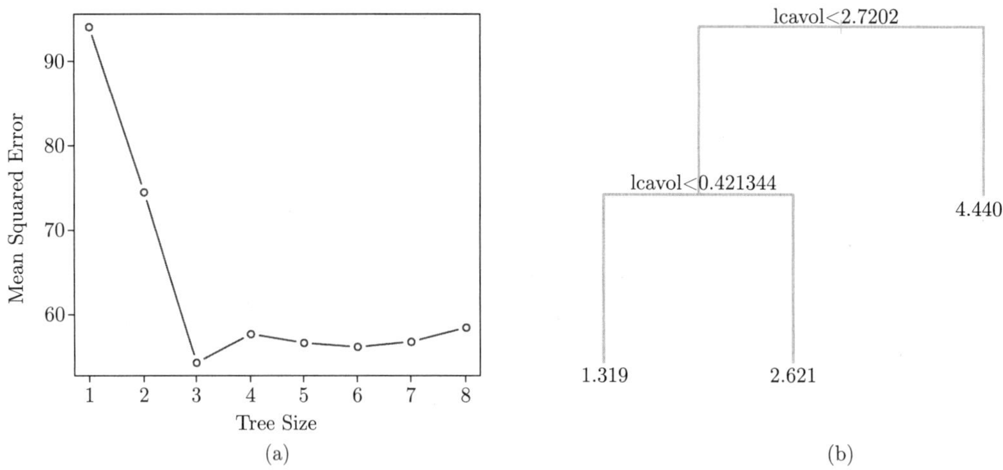

图 10.5 (a) 前列腺癌症数据的 CV 误差图; (b) 剪枝后的回归树

树模型, 剪枝后的回归树模型和多元线性回归模型的预测效果进行比较. 程序如下, 结果见图 10.6, 其中程序中 y.test 表示测试集中变量 lpsa 的观测值.

```
y.test = prostate[-train, "lpsa"]
## 未剪枝回归树的预测
yhat.tree = predict(train.tree, newdata = prostate[-train, ])
mse.tree = round(mean((yhat.tree - y.test)^2), 4)
plot(yhat.tree, y.test, col = "dodgerblue", cex = 2, xlab = "yhat",
     ylab = "y.test", main = "Regression tree")
abline(0, 1, lwd = 3, col = "red")
text(3.2, 0.5, paste("test MSE=", mse.tree), col = "red")
## 剪枝后回归树的预测
yhat.ptree = predict(prune.train, newdata = prostate[-train, ])
mse.ptree = round(mean((yhat.ptree - y.test)^2), 4)
plot(yhat.ptree, y.test, col = "dodgerblue", cex = 2, xlab = "yhat",
     ylab = "y.test", main = "Pruned regression tree")
abline(0, 1, lwd = 3, col = "red")
text(3.2, 0.5, paste("test MSE=", mse.ptree), col = "red")
## 多元线性回归模型的预测
train.lm = lm(lpsa ~ ., data = prostate, subset = train)
yhat.lm  = predict(train.lm, newdata = prostate[-train, ])
mse.lm = round(mean((yhat.lm - y.test)^2), 4)
plot(yhat.lm, y.test, col = "dodgerblue", cex = 2, xlab = "yhat",
     ylab = "y.test", main = "Linear regression model")
```

```
abline(0, 1, lwd = 3, col = "red")
text(3.2, 0.5, paste("test MSE=", mse.lm), col = "red")
```

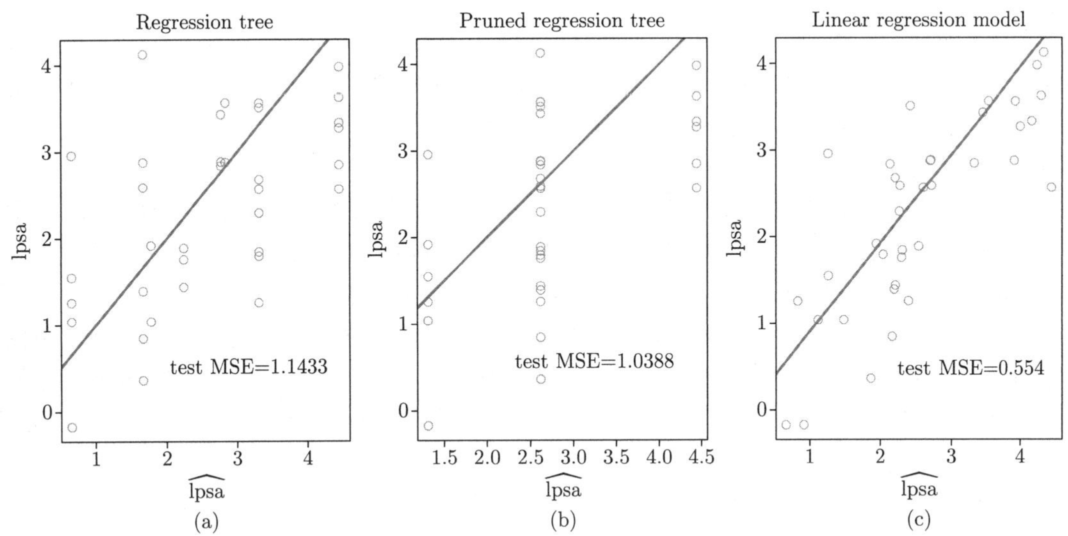

图 10.6 前列腺癌症数据的预测值 $\widehat{\text{lpsa}}$ 与测试集中实际观测值 lpsa 的散点图和 45° 线. (a) 未剪枝回归树模型的预测散点图和 45° 线, 测试均方误差为 1.143 3; (b) 剪枝后回归树模型的预测散点图和 45° 线, 测试均方误差为 1.038 8; (c) 多元线性回归模型的预测散点图和 45° 线, 测试均方误差为 0.554

从图 10.6 的预测散点图和 45° 线可以看出, 未剪枝回归树模型的测试均方误差为 1.143 3, 大于剪枝后回归树模型的测试均方误差 1.038 8, 表明剪枝后的回归树模型避免了过拟合, 在测试集上表现较好. 多元线性回归模型的测试均方误差为 0.554, 比回归树模型的预测效果要好, 原因是多元线性回归模型在拟合数据时, 使用了所有的 8 个协变量, 而剪枝后的回归树模型仅使用了协变量 lcavol.

2. 程序包 rpart

程序包 rpart 主要是基于 CART 算法实现, 在很多地方作了扩充, 具有更强的功能. 程序包 rpart 中的函数 rpart() 可用于决策树的拟合, 调用格式为

```
rpart(formula, data, weights, subset, na.action = na.rpart, method,
     model = FALSE, x = FALSE, y = TRUE, parms, control, cost, ...)
其中 formula 为模型公式, 类似于函数 lm() 或 glm();data 表示输入的数据框数据;
参数 weights,subset,na.action,model,x,y,parms 和 cost 等都是可选的; 参数 method
表示生成决策树的类型, 最常用的取值包括"class" 和"anova", 分别表示构建分类树
和回归树; 对回归树, 参数 parms 可缺省; 对分类树, parms="gini" 表示采用基尼指
数,parms="information" 表示采用信息熵; 参数 control 可通过下面函数 rpart.control()
输入; 其余参数见在线帮助.
```

```
rpart.control(minsplit=20, minbucket=round(minsplit/3), cp=0.01,
          maxcompete=4, maxsurrogate=5, usesurrogate=2,
          xval=10, surrogatestyle=0, maxdepth=30, ...)
```

在利用函数 rpart() 拟合决策树时, 可以使用如下三个参数来控制决策树的生成: ① 参数 minsplit 表示在生成决策树的过程中, 当该结点对应的训练样本数超过给定的 minsplit 值时才能考虑进一步分割; ② 参数 minbucket 表示叶结点所对应的训练样本最小数目; ③ 参数 maxdepth 表示决策树的最大深度.

在得到相应的决策树模型后, 可进一步使用 CV 方法对所得决策树进行剪枝, 函数 rpart() 中的参数 cp 用来控制决策树模型复杂度 $|T|$ 的惩罚力度, 是 complexity parameter 的简写. 设置不同的 cp 值, 可得到叶结点或终端结点数差异很大的决策树. 参数 cp 的取值一般在 0 和 1 之间, 如果取 cp=1, 得到一个只有根结点的决策树, 这时模型复杂度最低; 如果取 cp=0, 表示在训练集上不控制结点的数目, 模型复杂度会很高. 在实际应用中, 通过对 cp 值的区间进行格子点划分, 构建相应的决策树, 然后利用 CV 方法计算不同 cp 值所得决策树模型的测试误差, 绘制 CV 误差曲线, 从而选取最优的 cp 值进行剪枝.

在得到一个决策树后, 可使用函数 prune() 进行剪枝和 predict() 进行预测, 调用格式分别为

```
prune(tree, cp, ...)
其中 tree 表示函数 rpart() 返回的结果; 参数 cp 是选择的 cp 值.
predict(object, newdata, type=c("vector","prob","class","matrix"),
      na.action = na.pass, ...)
其中 object 表示函数 rpart() 返回的结果;newdata 表示包含协变量的数据框数据; 其余参数见在线帮助.
```

下面以程序包 faraway 中的 exa 数据为例, 展示如何利用程序包 rpart 建立回归树, 并对回归函数进行拟合. 第 8 章使用一元非参数回归模型对 exa 数据进行了分析, 该数据集包含 256 个样本, 是来自于模型 $Y = \sin^3(2\pi X^3) + \varepsilon$ 的模拟数据, 真实的回归函数为 $g(x) = \sin^3(2\pi x^3)$. 本例讨论如何利用回归树方法拟合回归函数 $g(\cdot)$.

在非参数回归模型的估计问题中, 回归树类似于 KNN 回归方法, 回归树通过递归二叉分裂法创建区域 $R_1, \cdots, R_K$, 建立回归树模型. 程序包 faraway 中的 exa 数据只有一个协变量 X, 因此只需要寻找分裂点 x, 把协变量 X 所有可能取值的特征空间分割成区域 $R_1 = \{X < x\}$ 和 $R_2 = \{X \geqslant x\}$. 分裂点 x 的选择, 可为使由式 (10.5) 定义的残差平方和达到最小的分裂点 x. 然后在这两个区域 R_1 和 R_2 内, 分别重复此过程, 直到满足某停止准则, 创建区域 $R_1, \cdots, R_K$. 建立回归树后, 检查新的测试样本属于哪个区域, 利用该区域中响应变量 y_i 的平均值进行预测. 下面以 exa 数据为例, 展示建立回归树对非参数回归模型拟合的详细过程, 下面的分析过程对于 p 维协变量 $\boldsymbol{X} = (X_1, \cdots, X_p)^{\mathrm{T}}$ 的情形同样适用, 留作习题供读者练习.

首先, 编写函数 plot.tree() 展示只有一个根结点时, 回归树模型对回归函数的拟合原理. 分别

取分裂点为 $x=0.2,0.6,0.9$, 对每种情况, 都把协变量特征空间分成两个互不重叠的区域 R_1 和 R_2, 对这两个区域中响应变量的观测值取平均来拟合回归函数. 图 10.7 非常直观地展示了回归树模型对回归函数的拟合, 其中黑色竖线把协变量特征空间分成了区域 R_1 和 R_2, 左侧绿色水平线是区域 R_1 内响应变量 y_i 的平均值, 右侧红色水平线是区域 R_2 内响应变量 y_i 的平均值.

```
data(exa, package = "faraway"); attach(exa)
plot.tree = function(D, cut = 0, main = "main") {
  plot(D$y ~ D$x, data = D, col = "dodgerblue", main = main)
  abline(v = cut, col = "black", lwd = 3)
  left.pred  = mean(D$y[D$x < cut])
  right.pred = mean(D$y[D$x > cut])
  segments(x0 = min(D$x), y0 = left.pred, x1 = cut,
           y1 = left.pred, col = "limegreen", lwd = 3)
  segments(x0 = cut, y0 = right.pred, x1 = 2,
           y1 = right.pred, col = "firebrick", lwd = 3)
}
par(mfrow = c(1, 3))
plot.tree(D = exa, cut = 0.2, main = "cut @ x = 0.2")
plot.tree(D = exa, cut = 0.6, main = "cut @ x = 0.6")
plot.tree(D = exa, cut = 0.9, main = "cut @ x = 0.9")
```

图 10.7 仅仅展示了根结点的情形, 对每个区域, 可以继续重复此过程, 直到建立对数据拟合效果较好的回归树模型. 图 10.7 中的分裂点是随便给定的, 在应用中, 可以通过编写下面的函数, 寻找使式 (10.5) 定义的残差平方和最小的分裂点, 此处仅提供程序, 不再展示结果.

```
RSS = function(data = D, cut = 0) {
  left.pred = mean(D$y[D$x<cut]); right.pred = mean(D$y[D$x>cut])
  left.RSS  = round(sum((D$y[D$x < cut] - left.pred) ^ 2), 2)
  right.RSS = round(sum((D$y[D$x > cut] - right.pred) ^ 2), 2)
  T.RSS = round(left.RSS + right.RSS, 2)
  c("Total RSS"=T.RSS, "Left RSS"=left.RSS, "Right RSS"=right.RSS)
}
```

其次, 利用函数 rpart() 拟合 exa 数据, 建立回归树, 绘制散点图、真实曲线和回归树的拟合曲线, 并利用程序包 rpart.plot 中的函数 rpart.plot() 绘制回归树. 详细程序如下, 结果见图 10.8.

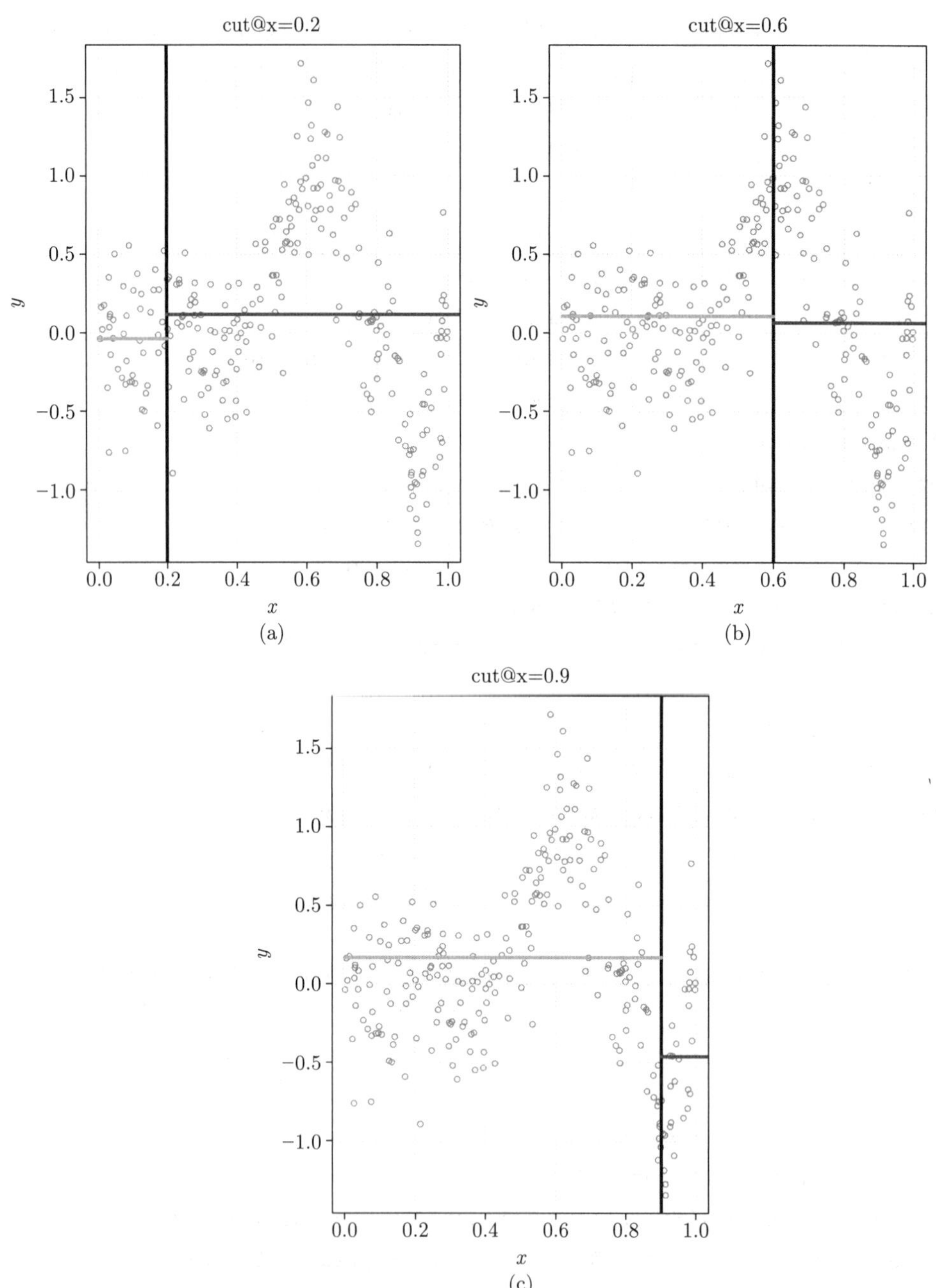

图 10.7 对 exa 数据展示只有一个分裂点时的回归树拟合. (a) 分裂点取 $x = 0.2$; (b) 分裂点取 $x = 0.6$; (c) 分裂点取 $x = 0.9$. 图中黑色竖线把协变量特征空间分成了区域 R_1 和 R_2, 左侧绿色水平线是区域 R_1 内响应变量 y_i 的平均值, 右侧红色水平线是区域 R_2 内响应变量 y_i 的平均值

```
library(rpart); library(rpart.plot); library(tibble)
tree.exa = rpart(y ~ x, data = exa)
```

```
## 绘制散点图、真实曲线和回归树的拟合曲线
plot(y ~ x, data = exa, col = "dodgerblue", main = "")
lines(m ~ x, data = exa, lwd = 2, col = "red")
curve(predict(tree.exa, tibble(x = exa$x)), col = "black",
     lwd = 3, lty = 1, add = TRUE, n = 256)
## 利用函数 rpart.plot() 绘制回归树
rpart.plot::rpart.plot(tree.exa)
```

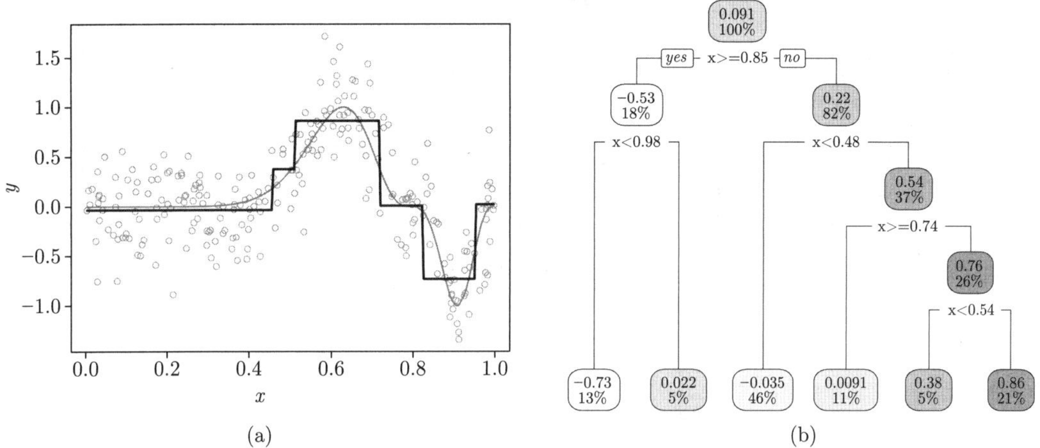

图 10.8 (a) 程序包 faraway 中 exa 数据的散点图、真实曲线 (红色) 和回归树的拟合曲线 (黑色); (b) 程序包 faraway 中 exa 数据的回归树, 共有 5 个分裂点和 6 个叶结点

从图 10.8(a) 中的回归树拟合曲线可以看出, 回归树拟合曲线为分段阶梯函数, 尽管和真实曲线之间有一定的偏差, 但是也能很好显示数据的特征. 图 10.8(b) 的回归树显示共有 5 个分裂点和 6 个叶结点, 可以通过叶结点的值进行预测. 例如, 当 $0.85 \leqslant x < 0.98$ 时, 预测值为 -0.73, 该叶结点包含总样本量 13% 的数据. 从图 10.8(a) 和图 10.8(b) 可以看出, 回归树的拟合曲线和回归树之间具有一致性.

在函数 rpart() 中, 可以通过参数 minsplit, minbucket 和 maxdepth 控制决策树的生成, 参数 cp 用来控制对决策树模型复杂度 $|T|$ 的惩罚力度. 下面讨论这些参数对回归函数拟合的影响, 默认参数 minbucket 和 maxdepth, 指定参数 minsplit=25, 即表示结点处样本少于 25 时停止分裂, 让参数 cp 发生变化, 观察回归函数的拟合情况. 参数 cp 是一个复杂度参数, 控制回归函数拟合的灵活性或复杂度, 如果参数 cp 值较小, 则有较大的自由度, 拟合的曲线会变得曲折, 容易发生过拟合. 考虑 cp=0.20, 0.05 和 0 三种情况, 程序如下, 结果见图 10.9.

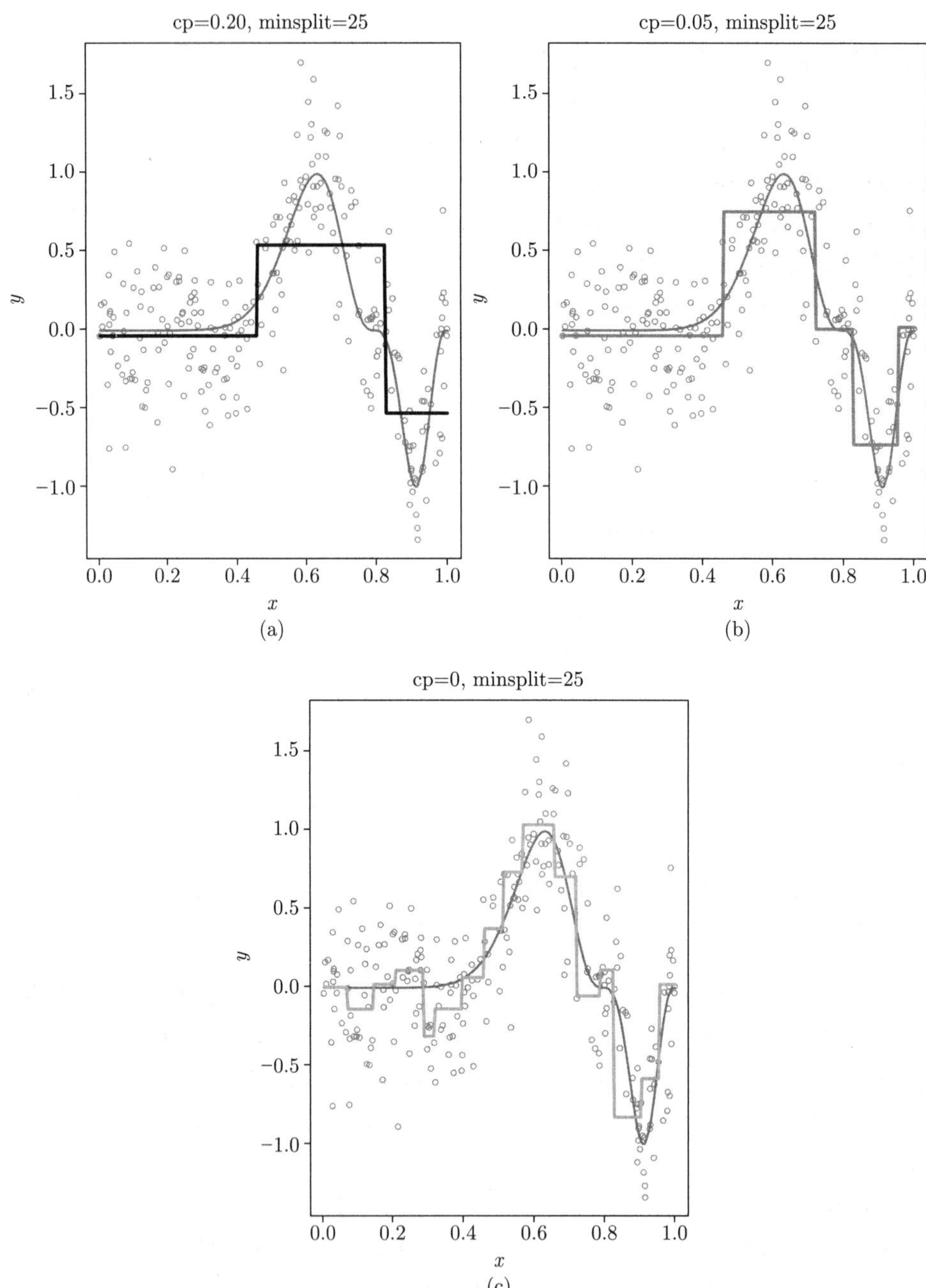

图 10.9 固定参数 minsplit=25, 参数 cp 变化, exa 数据的回归树拟合曲线, 以及散点图和真实曲线. (a) 参数 cp=0.20, minsplit=25 的回归树拟合曲线; (b) 参数 cp=0.05, minsplit=25 的回归树拟合曲线; (c) 参数 cp=0, minsplit=25 的回归树拟合曲线

```
tree.cp20 = rpart(y ~ x, data = exa, cp = 0.20, minsplit = 25)
tree.cp05 = rpart(y ~ x, data = exa, cp = 0.05, minsplit = 25)
tree.cp00 = rpart(y ~ x, data = exa, cp = 0.00, minsplit = 25)
## 绘制图 10.9(a)
plot(y~x, data=exa, col="dodgerblue", main="cp=0.20, minsplit=25")
lines(m ~ x, data = exa, lwd = 2, col = "red")
curve(predict(tree.cp20, tibble(x = exa$x)),
      col = "black", lwd = 3, lty = 1, add = TRUE, n = 256)
## 绘制图 10.9(b)
plot(y~x, data=exa, col="dodgerblue", main="cp=0.05, minsplit=25")
lines(m ~ x, data = exa, lwd = 2, col = "red")
curve(predict(tree.cp05, tibble(x = exa$x)),
      col = "dodgerblue", lwd = 3, lty = 1, add = TRUE, n = 256)
## 绘制图 10.9(c)
plot(y ~ x, data=exa, col="dodgerblue", main="cp=0, minsplit=25")
lines(m ~ x, data = exa, lwd = 2, col = "red")
curve(predict(tree.cp00, tibble(x = exa$x)),
      col = "limegreen", lwd = 3, lty = 1, add = TRUE, n = 256)
```

图 10.9(a) 显示当参数 cp=0.20, minsplit=25 时, 共有 2 个分裂点和 3 个叶结点; 图 10.9(b) 显示当参数 cp=0.05, minsplit=25 时, 共有 4 个分裂点和 5 个叶结点; 图 10.9(c) 显示当参数 cp=0, minsplit=25 时, 共有 15 个分裂点和 16 个叶结点. 参数 cp 对回归树拟合曲线影响很大, 当参数 cp=0 时, 随着叶结点数增加, 拟合曲线变得更加曲折, 尽管偏差变小, 但是方差将变大. 进一步, 可利用函数 rpart.plot() 绘制回归树, 由于回归树的拟合曲线和回归树结果一致. 因此, 此处仅提供下面程序, 不再提供回归树图.

```
rpart.plot(tree.cp20); rpart.plot(tree.cp05); rpart.plot(tree.cp00)
```

如果固定参数 cp, 而让其他参数变化, 回归树拟合曲线和回归树会有什么变化吗? 限于篇幅, 此处不再展示相应的结果.

最后, 讨论如何选择合适的参数 cp, 对回归树进行剪枝, 得到预测效果较好的回归树模型. 利用函数 plotcp() 对回归树拟合结果 tree.exa 绘制 CV 误差图, 选取最优的 cp 值. 基于最优的 cp 值, 利用函数 prune() 进行剪枝, 并绘制剪枝后的回归树拟合曲线和回归树. 图 10.10 提供了 CV 误差曲线图、剪枝后的回归树拟合曲线和回归树.

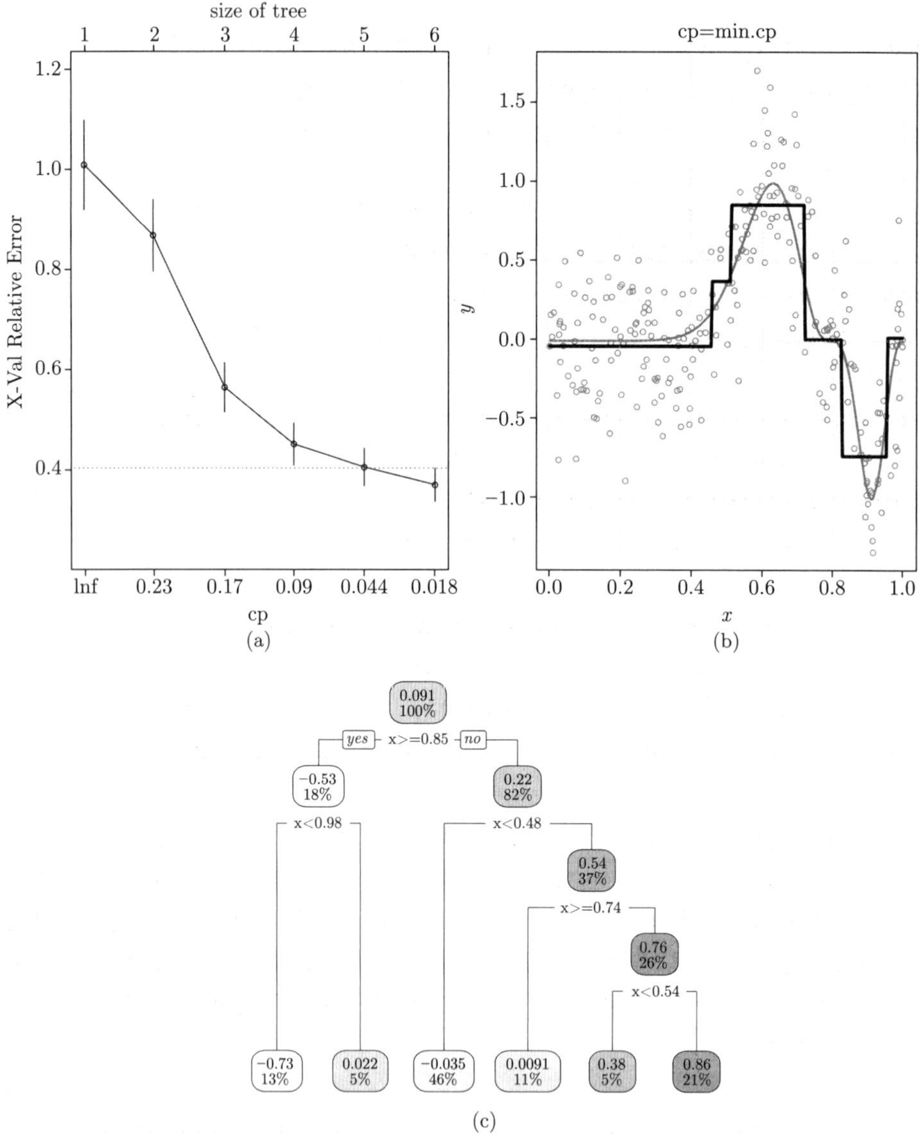

图 10.10 (a) CV 误差曲线图; (b) exa 数据的散点图, 真实曲线和剪枝后的回归树拟合曲线; (c) 剪枝后的回归树, 共有 5 个分裂点和 6 个叶结点

```
plotcp(tree.exa)        ## 绘制 10 折 CV 误差曲线图
> (cptable = tree.exa$cptable)
          CP nsplit  rel error    xerror       xstd
1 0.25779917      0  1.0000000 1.0076967 0.08883004
2 0.21410228      1  0.7422008 0.8673525 0.07152774
3 0.13293607      2  0.5280986 0.5653220 0.04910102
```

```
4 0.06101634        3  0.3951625  0.4524335  0.04174685
5 0.03193824        4  0.3341462  0.4068162  0.03709804
6 0.01000000        5  0.3022079  0.3720753  0.03294261
min.cp = cptable[which.min(cptable[, "xerror"]), "CP"]
> min.cp
[1] 0.01
tree.best = prune(tree.exa, cp = min.cp)
## 绘制剪枝后的回归树拟合曲线和回归树
plot(y ~ x, data = exa, col = "dodgerblue", main = "cp = min.cp")
lines(m ~ x, data = exa, lwd = 2, col = "red")
curve(predict(tree.best, tibble(x = exa$x)),
    col = "black", lwd = 3, lty = 1, add = TRUE, n = 256)
rpart.plot::rpart.plot(tree.best)
```

图 10.10(a) 提供了 10 折 CV 误差曲线图, 图中下方横轴为参数 cp, 上方横轴为回归树模型大小 (size of tree), 即叶结点数, 纵轴为相对的 CV 误差 (已将 CV 误差的最大值标准化为 1), 以及相应的标准误差. 图 10.10(a) 显示, 当参数 cp=0.018 时, 叶结点数为 6, 相对的 CV 误差达到最小. 另外, 图中水平虚线表示离最优参数 cp 值一个标准差的位置. 因此, 如果使用“一个标准差”准则, 则应该选择叶结点数为 5. 图 10.10(a) 的详细信息可通过 cptable 查看. 第 1 列为参数 cp 值; 第 2 列 nsplit 为分裂点数, 即叶结点数减去 1; 第 3 列 rel error 为训练集的相对误差; 第 4 列 xerror 为 CV 误差, 其中 “x” 表示 “cross”; 第 5 列 xstd 为 CV 误差的标准差.

利用函数 which.min() 寻找使 CV 误差 xerror 最小的位置, 结果显示最优参数 cp 值为 min.cp= 0.01, 对应的 nsplit=5, 即叶结点数为 6. 这时, 取最优参数 cp=0.01, 利用函数 prune() 进行剪枝, 并对结果进行可视化. 对比图 10.10 与图 10.8 的结果, 发现两者相同, 说明当所有参数缺省时, 函数 rpart() 默认取最优参数.

进一步, 固定种子 set.seed (2023), 把 exa 数据随机分为训练集和测试集, 其中训练集包含 180 个样本, 测试集包含 76 个样本. 首先使用函数 rpart() 在训练集上拟合回归树, 然后使用函数 predict() 在测试集上进行预测, 计算测试均方误差, 并绘制预测值 $\widehat{y}$ 与测试集中实际观测值 y 的散点图和 45° 线, 见图 10.11.

```
set.seed(2023)
train = sample(256, 180)     ## 训练集
train.exa = rpart(y ~ x, data = exa, subset = train)
yhat      = predict(train.exa, newdata = exa[-train, ])
y.test = exa[-train, "y"]
test.mse = round(mean((yhat - y.test)^2), 4)
```

```
plot(yhat, y.test, col = "dodgerblue", cex = 2)
abline(0, 1, lwd = 3, col = "red")
text(0.4, -1, paste("test MSE=", test.mse), col = "red")
```

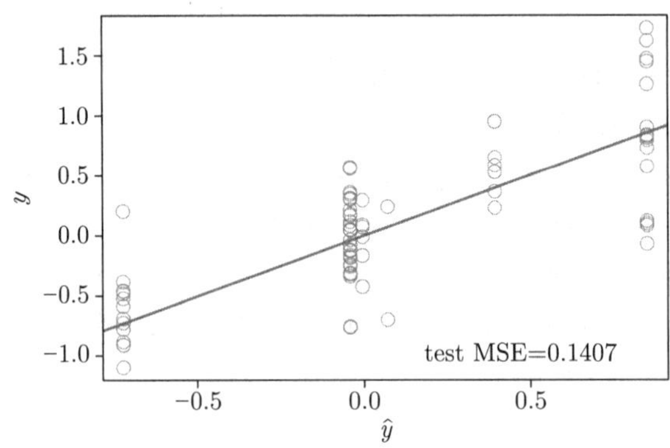

图 10.11 回归树预测值 $\widehat{y}$ 与测试集中实际观测值 y 的散点图和 45° 线

图 10.11 显示回归树有较好的预测效果, 回归树预测值 $\widehat{y}$ 与测试集中实际观测值 y 的散点在 45° 线周围, 测试均方误差为 0.1407.

§10.3 分 类 树

分类树主要用于预测响应变量 $Y \in \{1, 2, \cdots, J\}$ 为定性变量或类别变量的情形, 同样可以采用递归二叉分裂法把协变量 $X_1, \cdots, X_p$ 的特征空间分割成互不重叠的区域 $R_1, \cdots, R_K$, 建立分类树模型. 对于分类树, 预测值为该叶结点或终端结点所有训练样本中类别响应变量的最常见类别.

假设存在一个训练样本集 $D = \{(\boldsymbol{x}_i, y_i), i = 1, \cdots, n\}$, 其中 $\boldsymbol{x}_i = (x_{i1}, \cdots, x_{ip})^{\mathrm{T}} \in \mathbb{R}^p$ 为观测协变量向量, $y_i \in \{1, 2, \cdots, J\}$ 为观测的类别变量. 在利用递归二叉分裂法建立分类树时, 同样需要考虑选择分裂变量 X_j 和分裂点 t 的问题, 但是不同于回归树, 不能再用残差平方和作为分裂准则. 分类问题一个自然的选择是**分类错误率** (classification error rate), 定义为此区域的训练集中非最常见类别所占的比例, 即

$$\text{errRate} = 1 - \max_j(\widehat{p}_{kj}), \tag{10.7}$$

其中 $\widehat{p}_{kj}$ 代表第 k 个区域 R_k 的训练集中第 j 类所占比例, 其中 $k = 1, \cdots, K$ 和 $j = 1, \cdots, J$. 特别地, 对于二分类问题, 分类错误率简化为

$$\text{errRate} = 1 - \max(p_{k1}, 1 - p_{k1}) = \begin{cases} p_{k1}, & \text{如果 } 0 \leqslant p_{k1} < 0.5, \\ 1 - p_{k1}, & \text{如果 } 0.5 \leqslant p_{k1} \leqslant 1, \end{cases}$$

其中 $\widehat{p}_{k1}$ 代表第 k 个区域 R_k 的训练集中第 1 类所占比例, $1 - \widehat{p}_{k1}$ 代表第 k 个区域 R_k 的训练集中第 2 类所占比例, 其中 $k = 1, \cdots, K$. 可见, 当分类错误率在 $p_{k1} = 0.5$ 时达到了最大值 0.5, 然后

以 0.5 为中心向两边线性递减, 呈三角形状, 见图 10.14.

但在实际应用中, 分类错误率在构建分类树时不够敏感, 下面介绍两个最常用的指标: **信息增益** (information gain) 和**基尼指数** (Gini index).

10.3.1 信息增益

在信息论和概率论中, **信息熵** (information entropy) 表示随机变量不确定性的度量. 假设 X 为取有限个值的离散型随机变量, 其概率分布为 $\mathbb{P}(X=x_i)=p_i$, 其中 $i=1,\cdots,n$, 则随机变量 X 的信息熵定义为

$$H(X)=-\sum_{i=1}^{n}p_i\log p_i. \tag{10.8}$$

在式 (10.8) 中, 如果 $p_i=0$, 则定义 $0\log 0=0$. 在式 (10.8) 中, 如果对数以 2 为底, 这时信息熵的单位称为**比特** (bit) 或者**香农** (shannons); 如果对数以 e 为底, 这时信息熵的单位称为**奈特** (nats). 由信息熵的定义可知, 信息熵只依赖于随机变量 X 的分布, 而与随机变量 X 的取值无关, 所以也可以将 X 的信息熵记为 $H(p)$, 即

$$H(p)=-\sum_{i=1}^{n}p_i\log p_i.$$

信息熵越大, 表示随机变量 X 的不确定性就越大. 由信息熵的定义可知 $0\leqslant H(p)\leqslant\log n$. 当随机变量 X 服从两点分布, 即随机变量 X 的分布为

$$\mathbb{P}(X=1)=p,\qquad \mathbb{P}(X=0)=1-p,$$

其中 $0\leqslant p\leqslant 1$. 这时, 取对数以 2 为底的信息熵 (单位为比特) 为

$$H(p)=-p\log_2 p-(1-p)\log_2(1-p).$$

信息熵 $H(p)$ 随概率 p 变化的曲线如图 10.12 (单位为比特).

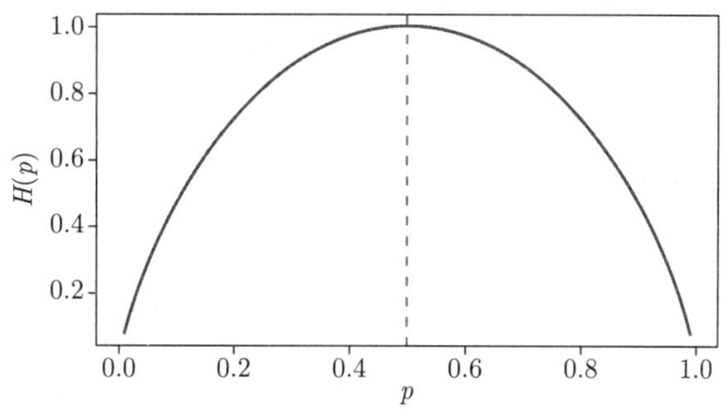

图 10.12　信息熵 $H(p)$ 随概率 p 变化的曲线, 单位为比特

当 $p=0$ 或 $p=1$ 时, $H(p)=0$, 表示随机变量 X 完全没有不确定性; 当 $p=0.5$ 时, $H(p)=1$, 信息熵达到了最大值, 表示随机变量 X 的不确定性最大.

对随机向量 (X,Y), 其联合概率分布为

$$\mathbb{P}(X=x_i, Y=y_j)=p_{ij}, \qquad i=1,\cdots,n, \quad j=1,\cdots,m.$$

条件熵 $H(Y|X)$ 度量在已知随机变量 X 的条件下随机变量 Y 的不确定性, 定义为在给定 X 的条件下, 随机变量 Y 的条件概率分布的熵对 X 的数学期望, 即

$$H(Y|X)=\sum_{i=1}^{n} p_i H(Y|X=x_i), \tag{10.9}$$

其中 $p_i=\mathbb{P}(X=x_i), i=1,\cdots,n$.

当用极大似然估计方法获得信息熵和条件熵中的概率估计时, 则信息熵和条件熵分别称为**经验信息熵** (empirical information entropy) 和**经验条件熵** (empirical conditional entropy).

信息增益表示得知特征变量或协变量 X 的信息而使得类别变量 Y 信息的不确定性减少的程度.

定义 10.1　信息增益 (information gain)

特征变量 X 对训练数据集 D 的信息增益 $g(D,X)$ 定义为集合 D 的经验信息熵 $H(D)$ 与特征变量 X 给定条件下 D 的经验条件熵 $H(D|X)$ 之差, 即

$$g(D,X)=H(D)-H(D|X). \tag{10.10}$$

一般把信息熵 $H(Y)$ 与条件熵 $H(Y|X)$ 之差称为**互信息** (mutual information). 分类树学习中的信息增益等价于训练数据集中类别变量 Y 与特征变量 X 的互信息. 分类树学习应用信息增益准则选取特征变量 X. 给定训练数据集 D 和特征变量 X, 经验信息熵 $H(D)$ 表示对训练数据集 D 进行分类的不确定性, 而经验条件熵 $H(D|X)$ 表示在特征变量 X 给定的条件下对训练数据集 D 进行分类的不确定性. 信息增益 $g(D,X)=H(D)-H(D|X)$ 表示由于特征变量 X 而使得对训练数据集 D 的分类不确定性减少的程度. 显然, 对于训练数据集 D, 信息增益 $g(D,X)$ 依赖于特征变量 X, 不同特征变量往往具有不同的信息增益, 而信息增益大的特征变量具有更强的分类能力.

信息增益准则选取特征变量的方法是: 对训练数据集 D, 计算每个特征变量的信息增益, 并比较它们的大小, 选择使信息增益最大的特征变量. 那么, 在实际应用中, 如何计算信息增益呢?

为了计算信息增益, 首先介绍一些符号. 令 D 表示训练数据集, $|D|$ 表示训练数据集 D 包含的样本量大小. 进一步, 假设有 J 个类 $C_j, j=1,\cdots,J$, 且 $|C_j|$ 表示属于第 j 类 C_j 中的样本个数, 满足 $|D|=\sum_{j=1}^{J}|C_j|$. 进一步, 假设特征变量 X 有 s 个不同的取值 $\{x_1,\cdots,x_s\}$. 根据特征变量 X 的取值将 D 划分为 s 个子集 $D_1,\cdots,D_s$, $|D_i|$ 为第 i 个子集 D_i 的样本个数, 且 $|D|=\sum_{i=1}^{s}|D_i|$. 令第 i 个子集 D_i 中属于第 j 类 C_j 样本的子集为 D_{ij}, 即 $D_{ij}=D_i\bigcap C_j$, $|D_{ij}|$ 为子集 D_{ij} 的样本个数. 有了这些符号, 下面给出计算信息增益的算法.

步骤 1　计算训练数据集 D 的经验信息熵 $H(D)$, 即

$$H(D)=-\sum_{j=1}^{J}\frac{|C_j|}{|D|}\log_2\frac{|C_j|}{|D|}; \tag{10.11}$$

步骤 2 计算特征变量 X 对训练数据集 D 的经验条件熵 $H(D|X)$, 即

$$H(D|X) = \sum_{i=1}^{s} \frac{|D_i|}{|D|} H(D_i) = -\sum_{i=1}^{s} \frac{|D_i|}{|D|} \sum_{j=1}^{J} \frac{|D_{ij}|}{|D_i|} \log_2 \frac{|D_{ij}|}{|D_i|}; \tag{10.12}$$

步骤 3 由步骤 1 和步骤 2, 得到经验信息熵 $H(D)$ 和经验条件熵 $H(D|X)$ 后, 计算信息增益为

$$g(D, X) = H(D) - H(D|X). \tag{10.13}$$

现在以 Liu (2006) 与李航 (2022) 中的贷款申请数据为例, 介绍如何利用信息增益准则建立分类树. 表 10.1 的贷款申请样本数据集包含 15 个样本和贷款申请人的 4 个特征变量: ① 年龄 (X_1), 取青年、中年和老年三种情况; ② 有工作 (X_2), 取是和否两种情况; ③ 有自己的房子 (X_3), 取是和否两种情况; ④ 信贷情况 (X_4), 取一般、好和非常好三种情况. 表 10.1 的最后一列是类别变量 Y, 表示是否同意贷款申请, 是表示同意, 否表示不同意.

表 10.1 贷款申请样本数据集

序号	年龄 (X_1)	有工作 (X_2)	有自己的房子 (X_3)	信贷情况 (X_4)	类别 (Y)
1	青年	否	否	一般	否
2	青年	否	否	好	否
3	青年	是	否	好	是
4	青年	是	是	一般	是
5	青年	否	否	一般	否
6	中年	否	否	一般	否
7	中年	否	否	好	否
8	中年	是	是	好	是
9	中年	否	是	非常好	是
10	中年	否	是	非常好	是
11	老年	否	是	非常好	是
12	老年	否	是	好	是
13	老年	是	否	好	是
14	老年	是	否	非常好	是
15	老年	否	否	一般	否

针对表 10.1 的贷款申请样本数据, 希望建立一个贷款申请的分类树, 用来对未来贷款申请进行分类, 即当新的客户提出贷款申请时, 根据申请人的特征变量信息利用分类树决定是否批准贷款给申请人.

首先, 计算经验信息熵 $H(D)$. 该数据集包含 15 个训练样本, 且 $J = 2$, 其中同意贷款申请比例占 $p_1 = 9/15$, 不同意贷款申请比例占 $p_2 = 6/15$, 由式 (10.12), 可得经验信息熵 $H(D)$ 为

$$H(D) = -\frac{9}{15} \log_2 \frac{9}{15} - \frac{6}{15} \log_2 \frac{6}{15} = 0.971.$$

然后, 分别计算每个特征变量 X_1, X_2, X_3 和 X_4 对数据集 D 的信息增益.

(1) 计算特征变量 X_1 对数据集 D 的信息增益. 特征变量 X_1 有三个取值 {青年, 中年, 老年}, 即 $s=3$. 根据特征变量 X_1, 可以把样本分成三个子集 D_1, D_2 和 D_3, 分别表示青年, 中年和老年集合.

根据特征变量 X_1 和青年子集 D_1 的样本数据集, 则可计算子集 D_1 的经验信息熵 $H(D_1)$ 为

$$H(D_1)=-\frac{2}{5}\log_2\frac{2}{5}-\frac{3}{5}\log_2\frac{3}{5}=0.971.$$

根据特征变量 X_1 和中年子集 D_2 的样本数据集, 则可计算 D_2 的经验信息熵 $H(D_2)$ 为

$$H(D_2)=-\frac{3}{5}\log_2\frac{3}{5}-\frac{2}{5}\log_2\frac{2}{5}=0.971.$$

根据特征变量 X_1 和老年子集 D_3 的样本数据集, 则可计算 D_3 的经验信息熵 $H(D_3)$ 为

$$H(D_3)=-\frac{4}{5}\log_2\frac{4}{5}-\frac{1}{5}\log_2\frac{1}{5}=0.722.$$

得到经验信息熵 $H(D), H(D_1), H(D_2)$ 和 $H(D_3)$ 后, 利用计算信息增益算法的步骤 2 和步骤 3, 则可计算特征变量 X_1 对数据集 D 的信息增益为

$$\begin{aligned}
g(D,X_1)&=H(D)-\left[\frac{5}{15}H(D_1)+\frac{5}{15}H(D_2)+\frac{5}{15}H(D_3)\right]\\
&=0.971-\left[\frac{5}{15}\times 0.971+\frac{5}{15}\times 0.971+\frac{5}{15}\times 0.722\right]\\
&=0.971-0.888=0.083.
\end{aligned}$$

(2) 特征变量 X_2 有两个取值 {是, 否}, 即 $s=2$. 根据特征变量 X_2, 可以把样本分成两个子集 D_1 和 D_2, 分别表示有工作和无工作两个子集. 同样的方法, 计算特征变量 X_2 对数据集 D 的信息增益为

$$\begin{aligned}
g(D,X_2)&=H(D)-\left[\frac{5}{15}H(D_1)+\frac{10}{15}H(D_2)\right]\\
&=0.971-\left[\frac{5}{15}\times 0+\frac{10}{15}\times\left(-\frac{4}{10}\log_2\frac{4}{10}-\frac{6}{10}\log_2\frac{6}{10}\right)\right]=0.324.
\end{aligned}$$

(3) 特征变量 X_3 有两个取值 {是, 否}, 即 $s=2$. 根据特征变量 X_3, 可以把样本分成两个子集 D_1 和 D_2, 分别表示有自己的房子和无自己的房子两个子集. 同样的方法, 计算特征变量 X_3 对数据集 D 的信息增益为

$$\begin{aligned}
g(D,X_3)&=H(D)-\left[\frac{6}{15}H(D_1)+\frac{9}{15}H(D_2)\right]\\
&=0.971-\left[\frac{6}{15}\times 0+\frac{9}{15}\times\left(-\frac{3}{9}\log_2\frac{3}{9}-\frac{6}{9}\log_2\frac{6}{9}\right)\right]=0.420.
\end{aligned}$$

(4) 特征变量 X_4 有三个取值 {一般, 好, 非常好}, 即 $s=3$. 根据特征变量 X_4, 可以把样本分成三个子集 D_1, D_2 和 D_3, 分别表示信贷一般、好和很好三个子集. 类似地, 计算特征变量 X_4 对数据

集 D 的信息增益为

$$g(D,X_4)=H(D)-\left[\frac{5}{15}H(D_1)+\frac{6}{15}H(D_2)+\frac{4}{15}H(D_3)\right]$$

$$=0.971-\left[\frac{5}{15}\times\left(-\frac{1}{5}\log_2\frac{1}{5}-\frac{4}{5}\log_2\frac{4}{5}\right)+\frac{6}{15}\times\left(-\frac{4}{6}\log_2\frac{4}{6}-\frac{2}{6}\log_2\frac{2}{6}\right)+\frac{4}{15}\times 0\right]$$

$$=0.363.$$

最后, 比较四个信息增益, 发现 $g(D,X_3)$ 最大, 所以首先选择特征变量 X_3 作为最优特征, 即作为根结点的特征. 这时, 特征变量 X_3 将训练数据集分割成两个子集 D_1 (X_3 取值为 "是", 见表 10.2) 和 D_2 (X_3 取值为 "否", 见表 10.3). 由于 D_1 只有同一类的样本点, 因此它成为一个叶结点, 标记为类 "是".

表 10.2　根据特征变量 X_3, 子集 D_1 的样本数据集

序号	年龄 (X_1)	有工作 (X_2)	有自己的房子 (X_3)	信贷情况 (X_4)	类别 (Y)
4	青年	是	是	一般	是
8	中年	是	是	好	是
9	中年	否	是	非常好	是
10	中年	否	是	非常好	是
11	老年	否	是	非常好	是
12	老年	否	是	好	是

表 10.3　根据特征变量 X_3, 子集 D_2 的样本数据集

序号	年龄 (X_1)	有工作 (X_2)	有自己的房子 (X_3)	信贷情况 (X_4)	类别 (Y)
1	青年	否	否	一般	否
2	青年	否	否	好	否
3	青年	是	否	好	是
5	青年	否	否	一般	否
6	中年	否	否	一般	否
7	中年	否	否	好	否
13	老年	是	否	好	是
14	老年	是	否	非常好	是
15	老年	否	否	一般	否

对表 10.3 的数据集 D_2, 特征变量为年龄 (X_1), 有工作 (X_2) 和信贷情况 (X_4). 计算数据集 D_2 的经验信息熵为

$$H(D_2)=-\frac{3}{9}\log_2\frac{3}{9}-\frac{6}{9}\log_2\frac{6}{9}=0.918.$$

对数据集 D_2, 计算特征变量 X_1, X_2 和 X_4 分别对数据集 D_2 的信息增益为

$$g(D_2, X_1) = H(D_2) - H(D_2|X_1) = 0.918 - 0.667 = 0.251,$$

$$g(D_2, X_2) = H(D_2) - H(D_2|X_2) = 0.918 - 0 = 0.918,$$

$$g(D_2, X_4) = H(D_2) - H(D_2|X_4) = 0.918 - 0.444 = 0.474.$$

可见, 特征变量 X_2 对数据集 D_2 的信息增益达到最大. 因此, 把特征变量 X_2 作为下个内部结点, 从这一结点引出两个子结点: "是" (有工作) 和 "否" (无工作), 其中 "是" (有工作) 包含 3 个样本点, 它们都属于同一个类, 故为一个叶结点; "否" (无工作) 包含 6 个样本点, 它们也都属于同一个类, 故也为一个叶结点. 这样生成一棵图 10.13 的分类树, 该分类树只用了两个特征变量 (X_3 和 X_2), 共有 2 个内部结点和 3 个叶结点.

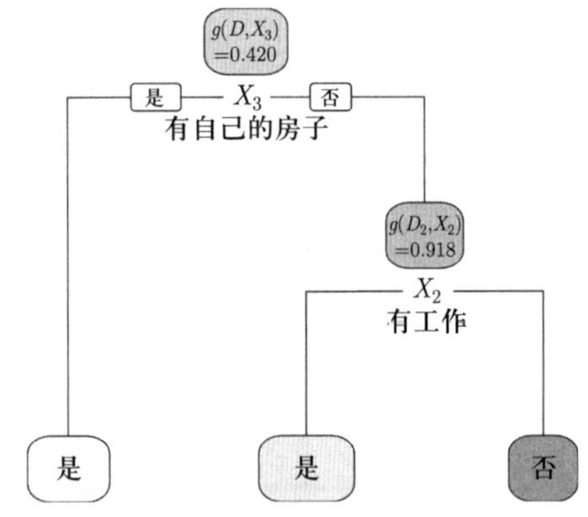

图 10.13 表 10.1 贷款申请样本数据的分类树

采用信息增益作为分割训练数据集的特征变量的准则, 会存在偏向于选择取值较多的特征变量问题. **信息增益比** (information gain ratio) 可作为特征变量选取的另一个准则, 可对该问题进行校正.

定义 10.2 信息增益比

特征变量 X 对训练数据集 D 的信息增益比 $g_R(D, X)$ 定义为其信息增益 $g(D, X)$ 与集合 D 关于特征变量 X 的值的经验熵 $H_X(D)$ 之比, 即

$$g_R(D, X) = \frac{g(D, X)}{H_X(D)}, \tag{10.14}$$

其中 $H_X(D) = -\sum_{i=1}^{s} \frac{|D_i|}{|D|} \log_2 \frac{|D_i|}{|D|}$, 且 s 是特征变量 X 取值的个数.

10.3.2 基尼指数

在建立分类树时, 也可以使用基尼指数 (Gini index) 作为特征变量选择的准则, 首先给出基尼指数的定义.

定义 10.3 基尼指数

在分类问题中, 假设有 J 个类, 样本点属于第 j 个类的概率为 p_j, 则概率分布的基尼指数定义为

$$\mathrm{Gini}(p) = \sum_{j=1}^{J} p_j(1-p_j) = 1 - \sum_{j=1}^{J} p_j^2. \tag{10.15}$$

对于二分类问题, 若样本点属于第 1 类的概率为 p, 则概率分布的基尼指数为

$$\mathrm{Gini}(p) = 2p(1-p). \tag{10.16}$$

对给定的训练样本数据集 D, 其基尼指数为

$$\mathrm{Gini}(D) = 1 - \sum_{j=1}^{J} \left(\frac{|C_j|}{|D|}\right)^2, \tag{10.17}$$

其中 C_j 表示训练数据集中属于第 j 类的样本子集, $|D|$ 表示训练数据集 D 包含的样本量大小, $|C_j|$ 表示属于第 j 类 C_j 中的样本个数, 且满足 $|D| = \sum_{j=1}^{J} |C_j|$.

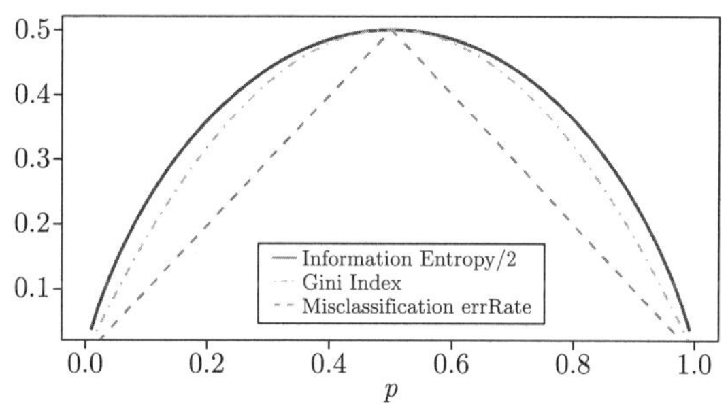

图 10.14 二分类问题中基尼指数, 信息熵 (除以 2, 单位: 比特) 和分类错误率的关系

在式 (10.15) 中, $p_j(1-p_j)$ 可视为两点分布的方差. 在多分类的情况下, 基尼指数也可解释为单独取出其中的某类, 而将其他类并为一类, 计算此两点分布的方差; 然后重复此过程, 将所有的方差进行求和. 因此, 基尼指数用来衡量 J 个类别的总方差. 基尼指数被视为衡量结点纯度的指标, 如果它很小, 意味着某个结点包含的观测值几乎都来自同一类别. 图 10.14 比较了二分类问题中基尼指数, 信息熵 (除以 2, 单位: 比特) 和分类错误率的关系. 横坐标表示概率 p, 纵坐标表示损失, 可以看出基尼指数和信息熵的一半非常接近, 且都可以近似代表分类错误率. 此外, 当每个类别的概率都接近于 0 或 1 时, 基尼指数, 信息熵和分类错误率都会很小, 即不确定性会减小. 基尼指数值越大, 不确定性也就越大.

选定基尼指数作为特征变量选取的准则后, 同样需要选择分裂的特征变量和分裂点. 如何确定分裂的特征变量和分裂点呢? 假设训练样本数据集 D 被某个特征变量 X 是否取某一可能值 x 分割成子集 D_1 和 D_2, 在特征变量 X 给定的条件下, 数据集 D 的基尼指数定义为

$$\mathrm{Gini}(D, X) = \frac{|D_1|}{|D|}\mathrm{Gini}(D_1) + \frac{|D_2|}{|D|}\mathrm{Gini}(D_2),$$

其中 $\text{Gini}(D_1)$ 和 $\text{Gini}(D_2)$ 可采用式 (10.17) 去计算. 基尼指数 $\text{Gini}(D)$ 表示数据集 D 的不确定性, 基尼指数 $\text{Gini}(D,X)$ 表示经过特征变量 $X=x$ 分割后数据集 D 的不确定性大小. 因此, 可选择使结点不纯度下降最多 (基尼指数值变化最大) 的分裂特征变量和分裂点作为分裂结点.

以表 10.1 的贷款申请样本数据为例, 介绍如何采用基尼指数作为特征变量选取准则建立分类树. 首先, 表 10.1 的贷款申请样本数据为二分类数据, 故由式 (10.16) 或式 (10.17), 可计算数据集 D 的基尼指数为

$$\text{Gini}(D)=1-\left(\frac{9}{15}\right)^2-\left(\frac{6}{15}\right)^2=2\times\frac{9}{15}\times\frac{6}{15}=0.48.$$

其次, 计算各个特征变量 X_1,X_2,X_3 和 X_4 的基尼指数. 在特征变量 X_1 和其三种取值为青年, 中年和老年给定的情况下, 则

$$\text{Gini}(D,X_1=\text{青年})=\frac{5}{15}\left[2\times\frac{2}{5}\times\left(1-\frac{2}{5}\right)\right]+\frac{10}{15}\left[2\times\frac{7}{10}\times\left(1-\frac{7}{10}\right)\right]=0.44,$$

$$\text{Gini}(D,X_1=\text{中年})=\frac{5}{15}\left[2\times\frac{3}{5}\times\left(1-\frac{3}{5}\right)\right]+\frac{10}{15}\left[2\times\frac{6}{10}\times\left(1-\frac{6}{10}\right)\right]=0.48,$$

$$\text{Gini}(D,X_1=\text{老年})=\frac{5}{15}\left[2\times\frac{4}{5}\times\left(1-\frac{4}{5}\right)\right]+\frac{10}{15}\left[2\times\frac{5}{10}\times\left(1-\frac{5}{10}\right)\right]=0.44.$$

当 "$X_1=$ 青年" 和 "$X_1=$ 老年" 时, $\text{Gini}(D,X_1=\text{青年})=\text{Gini}(D,X_1=\text{老年})=0.44$, 且对数据集 D 的基尼指数 $\text{Gini}(D)=0.48$ 改变最大, 所以 "$X_1=$ 青年" 和 "$X_1=$ 老年" 都可以选作特征变量 X_1 的最佳分裂点.

由于特征变量 X_2 和 X_3 的取值都为是或否, 计算特征变量 X_2 和 X_3 的基尼指数分别为

$$\text{Gini}(D,X_2=\text{是})=\frac{5}{15}\left[2\times\frac{5}{5}\times\left(1-\frac{5}{5}\right)\right]+\frac{10}{15}\left[2\times\frac{4}{10}\times\left(1-\frac{4}{10}\right)\right]=0.32,$$

$$\text{Gini}(D,X_3=\text{是})=\frac{6}{15}\left[2\times\frac{6}{6}\times\left(1-\frac{6}{6}\right)\right]+\frac{9}{15}\left[2\times\frac{3}{9}\times\left(1-\frac{3}{9}\right)\right]=0.27.$$

特征变量 X_2 和 X_3 只有一个分割点, 所以它们就是最优分割点. 进一步, 计算特征变量 X_4 的基尼指数为

$$\text{Gini}(D,X_4=\text{一般})=0.32,\quad \text{Gini}(D,X_4=\text{好})=0.47,\quad \text{Gini}(D,X_4=\text{非常好})=0.36.$$

当 "$X_4=$ 一般" 时, $\text{Gini}(D,X_4=\text{一般})=0.32$ 在三个取值中最小, 且对数据集 D 的基尼指数 $\text{Gini}(D)=0.48$ 改变最大, 所以 "$X_4=$ 一般" 可以选作特征变量 X_4 的最佳分裂点.

遍历四个特征变量 X_1,X_2,X_3,X_4 和它们所有可能的取值, $\text{Gini}(D,X_3=\text{是})=0.27$ 最小, 所以选择特征变量 X_3 为最优特征变量, "$X_3=$ 是" 为最优分裂点. 因此, 根结点 "$X_3=$ 是" 生成两个子结点, 其中一个是叶结点. 对另一个结点继续使用上述方法在特征变量 X_1,X_2,X_4 中选择最优特征变量和分裂点, 结果是 "$X_2=$ 是" 是分裂点, 最终生成了与图 10.13 一样的分类树.

在利用信息增益和基尼指数建立分类树时, 也可以考虑连续型特征变量. 由于连续型特征变量的取值不再有限, 因此, 不能直接根据连续型的可能取值对结点进行分割. 此时, 连续型离散化技术可解决此问题.

假设连续型特征变量 X 有 n 个不同的取值, 将这些值从小到大排序, 记为 $\{x_1, x_2, \cdots, x_n\}$. 基于分割点 x 可将训练数据集 D 分为互不重叠的子集 D_x^- 和 D_x^+, 其中 D_x^- 包含那些在特征变量 X 上取值小于等于 x 的样本, D_x^+ 包含那些在特征变量 X 上取值大于 x 的样本. 显然, 对相邻的取值 x_i 和 x_{i+1}, x 在区间 $[x_i, x_{i+1})$ 中取任意值所产生的分割结果相同. 因此, 对连续型特征变量 X, 可考察包含 $n-1$ 个点的候选分裂点集合, 即

$$C_x = \left\{ \frac{x_i + x_{i+1}}{2} \middle| 1 \leqslant i \leqslant n-1 \right\},$$

即把区间 $[x_i, x_{i+1})$ 的中位点作为候选分裂点. 对连续型特征变量进行离散化后, 再利用信息增益和基尼指数准则建立分类树.

10.3.3 分类树的代价复杂性剪枝

在建立分类树模型时, 如果不停地进行分裂, 这样产生的分类树往往对训练数据的分类很准确, 但容易产生过拟合问题, 从而对未知的测试样本的分类没有那么准确, 即泛化预测能力下降. 同样解决这个问题的办法是代价复杂性剪枝, 对已生成的分类树进行简化, 选择一个泛化能力强且合适的分类树模型.

对于分类树, 首先生成一棵很大的树 T_0, 然后通过代价复杂性剪枝选出泛化能力强的子树, 在剪枝过程中, 计算子树的损失函数

$$C_\lambda(T) = C(T) + \lambda|T|, \tag{10.18}$$

其中 T 为任意子树, $|T|$ 表示子树 T 的叶结点数, $C(T)$ 为训练数据的预测误差或损失函数 (如基尼指数, 经验信息熵或者分类错误率), $\lambda(\geqslant 0)$ 为调节参数, 用于权衡训练集数据的拟合程度与模型的复杂度. 此外, $C_\lambda(T)$ 为调节参数是 λ 的子树 T 的整体损失. 显然, 如果 $\lambda = 0$ 时, 则没有复杂性惩罚项, 一定选择使训练误差为 0 的最大树 T_0, 导致出现过拟合问题. 当调节参数 λ 增大时, 则会得到一个相互嵌套的子树序列, 然后从中选择最优的子树. 在实际应用中, 可通过数据驱动的 CV 方法选取最优的调节参数 λ, 进而选择最优的子树.

10.3.4 分类树的 R 案例分析

1. 二分类问题的 R 案例分析

本节对程序包 bestglm 中的 SAheart 数据集建立分类树进行分析, SAheart 数据集是来自南非西开普省心脏病高危地区的 462 例男性样本数据 (见 Rousseauw 等, 1983), 包含 10 个变量, 其中 chd 为二元响应变量, 表示心脏病是否发生, chd=1 表示患有心脏病, chd=0 表示未患有心脏病, 其他 9 个变量为协变量或特征变量, 分别为: sbp (收缩压), tobacco (累计烟草消费量, 单位: kg), ldl (低密度脂蛋白胆固醇), adiposity (脂肪组织浓度), famhist (心脏病家族史, Present 表示家族存在心脏病, Absent 表示家族不存在心脏病), typea (A 型行为的测试度量得分), obesity (肥胖), alcohol (当前饮酒量) 和 age (个体的年龄). SAheart 数据集中大约有 34.6% 的个体患有心脏病. 主要目的是根据其他 9 个特征变量来预测个体是否患有心脏病.

为了展示程序包 rpart 的应用, 对 SAheart 数据集进行分类树分析. 首先, 固定种子 set.seed(100),

把 SAheart 数据集随机分成训练集和测试集, 其中训练集包含 320 个观测样本, 测试集包含 142 个观测样本. 把变量 chd 作为二元响应变量, 其他 9 个变量作为特征变量, 在训练集上建立分类树, 程序和输出结果如下.

```
library(rpart);  library(rpart.plot)
data(SAheart, package = "bestglm")
set.seed(100)
train = sample(length(SAheart$chd), 320)
heart.mod=rpart(chd~., data=SAheart, subset=train, method="class")
> heart.mod              ## 输出分类树结果
n= 320
node), split, n, loss, yval, (yprob)
      * denotes terminal node
 1) root 320 107 0 (0.66562500 0.33437500)
   2) age< 49.5 200  39 0 (0.80500000 0.19500000)
     4) age< 27.5  61   2 0 (0.96721311 0.03278689) *
     5) age>=27.5 139  37 0 (0.73381295 0.26618705)
      10) ldl< 3.405  36   4 0 (0.88888889 0.11111111) *
      11) ldl>=3.405 103  33 0 (0.67961165 0.32038835)
        22) typea< 53.5 43   8 0 (0.81395349 0.18604651) *
        23) typea>=53.5 60  25 0 (0.58333333 0.41666667)
          46) famhist=Absent  35  11 0 (0.68571429 0.31428571) *
          47) famhist=Present 25  11 1 (0.44000000 0.56000000)
            94) sbp>=145  7   1 0 (0.85714286 0.14285714) *
            95) sbp< 145 18   5 1 (0.27777778 0.72222222) *
   3) age>=49.5 120  52 1 (0.43333333 0.56666667)
     6) famhist=Absent 51  20 0 (0.60784314 0.39215686)
      12) tobacco< 7.585 33   8 0 (0.75757576 0.24242424) *
      13) tobacco>=7.585 18   6 1 (0.33333333 0.66666667) *
     7) famhist=Present 69  21 1 (0.30434783 0.69565217)
      14) tobacco< 1.375 15   6 0 (0.60000000 0.40000000) *
      15) tobacco>=1.375 54  12 1 (0.22222222 0.77777778) *
```

结果显示, 共有 19 个结点, 其中有 10 个叶结点或终端结点 (“*” 号为叶结点或终端结点). 每行输出结果的内容依次为: node (结点), split (到达该结点的分裂条件, 如 age< 49.5), n (该结点位置的样本数), loss (该结点的损失或偏差), yval (该结点的预测, 0 或 1), yprob (该结点预测为 0 或 1 观测值的比例).

其次, 讨论如何选择合适的参数 cp, 对分类树进行剪枝, 得到预测效果更好的分类树模型. 利用函数 plotcp() 对分类树拟合结果 heart.mod 绘制 CV 误差曲线图, 选取最优的 cp 值. 基于最优的 cp 值, 利用函数 prune() 进行剪枝, 并绘制剪枝后的分类树. 图 10.15 提供了 CV 误差曲线图和剪枝后的分类树.

```
par(mfrow = c(1, 2))
plotcp(heart.mod)
> (cptable = heart.mod$cptable)
          CP  nsplit  rel error     xerror        xstd
1 0.14953271       0  1.0000000  1.0000000  0.07887201
2 0.10280374       1  0.8504673  0.9813084  0.07849737
3 0.05607477       2  0.7476636  0.8878505  0.07638257
4 0.02803738       3  0.6915888  0.7757009  0.07327477
5 0.01495327       4  0.6635514  0.7570093  0.07269134
6 0.01000000       9  0.5887850  0.8411215  0.07516686
> (cp.min = cptable[which.min(cptable[, "xerror"]), "CP"])
[1] 0.01495327
heart.best = prune(heart.mod, cp = cp.min)
rpart.plot(heart.best, type = 2, box.palette = c("Greens", "Reds"))
```

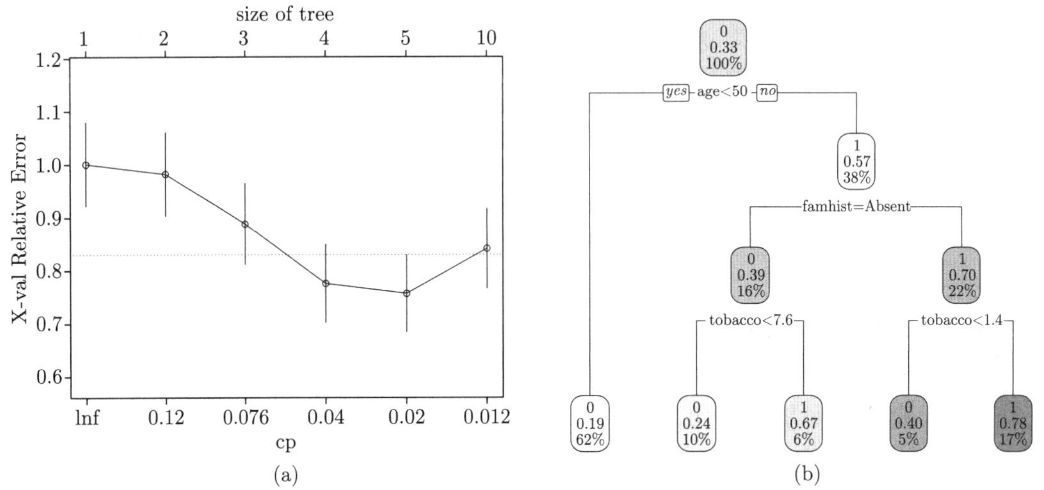

图 10.15 (a) SAheart 数据集的 CV 误差曲线图; (b) 剪枝后的分类树

由上述结果和图 10.15(a) 可知, 当参数 cp 取 0.014 953 27 时, 叶结点数为 5, CV 误差 xerror 达到最小. 图 10.15(b) 给出了具有 5 个叶结点的最优分类树. 在剪枝后的分类树模型中, 使用了 3 个特征变量 age, famhist 和 tobacco. 图 10.15(b) 的分类树非常简单直观, 从分类树图中可以看出, 年龄小于 50 岁的个体患有心脏病的可能性仅为 19%, 而对于年龄超过 50 岁, 存在心脏病家族史, 且累计烟草消费量超过 1.4 千克的个体, 以 78% 的可能性预测其患有心脏病. 此外, 对于年龄超过

50 岁, 不存在心脏病家族史, 但是累计烟草消费量超过 7.6 千克的个体患心脏病的可能性为 67%.

最后, 使用函数 predict() 进行预测, 并计算混淆矩阵. 根据混淆矩阵, 在测试集上计算准确率 (accRate)、错误率 (errRate)、灵敏度 (sensitivity)、特异度 (specificity) 和召回率 (recRate).

```
heart.pred = predict(heart.best, SAheart[-train, ], type = "class")
chd.test = SAheart[-train, "chd"]
mat = table(heart.pred, chd.test)
accRate = (mat[1,1] + mat[2,2])/sum(mat)
errRate = (mat[2,1] + mat[1,2])/sum(mat)
sensitivity = mat[2,2]/(mat[1,2] + mat[2,2])
specificity = mat[1,1]/(mat[1,1] + mat[2,1])
recRate = mat[2,2]/(mat[2,1] + mat[2,2])
library(knitr)
results=data.frame(accRate,errRate,sensitivity,specificity,recRate)
colnames(results) = c(" 准确率", " 错误率", " 灵敏度", " 特异度", " 召回率")
> kable(results, digits = 4)
|  准确率 |  错误率 |  灵敏度 |  特异度 |  召回率 |
|------:|------:|------:|------:|------:|
| 0.6901| 0.3099| 0.3208| 0.9101|   0.68|
```

结果显示, 预测的准确率为 69.01%, 错误率为 30.99%, 且算法的灵敏度为 32.08%, 明显错误率较高, 且灵敏度也不是很高, 即只能成功诊断 32.08% 的心脏病患者. 事实上, 在上述预测时, 默认以 "概率大于 0.5" 作为预测标准. 为提高预测的灵敏度, 即能够更多正确诊断心脏病患者, 可降低此概率阈值, 但是会导致准确率降低.

在函数 rpart() 中, 默认使用基尼指数作为分裂准则建立分类树. 在函数 rpart() 中, 如果参数取 `parms="information"`, 表示采用信息熵作为分裂准则建立分类树, 此处不再展示结果, 留作习题供读者比较.

2. 多分类问题的 R 案例分析

考虑程序包 mlbench 中的 Glass 数据集, 该数据集包含 214 个观测样本, 10 个变量, 其中 Type 为类别响应变量 (表示玻璃类型, 包含 6 个水平: 1, 2, 3, 5, 6, 7), 其他 9 个变量为玻璃的理化性质及成分的数量变量, 分别为: RI (折射率), Na (钠), Mg (镁), Al (铝), Si (硅), K (钾), Ca (钙), Ba (钡) 和 Fe (铁). 主要目的是根据玻璃的理化性质和成分来预测玻璃的种类.

首先, 把类别变量 Type 作为响应变量, 其他 9 个变量作为特征变量, 建立分类树, 程序和输出结果如下.

```
library(mlbench); library(rpart); library(rpart.plot)
data(Glass)
```

```
> (Glass.mod = rpart(Type ~ ., data = Glass))
n= 214
node), split, n, loss, yval, (yprob)
      * denotes terminal node
  1) root 214 138 2 (0.33 0.36 0.079 0.061 0.042 0.14)
    2) Ba< 0.335 185 110 2 (0.37 0.41 0.092 0.065 0.049 0.016)
      4) Al< 1.42 113  50 1 (0.56 0.27 0.12 0.0088 0.027 0.018)
        8) Ca< 10.48 101  38 1 (0.62 0.21 0.13 0 0.02 0.02)
         16) RI>=1.51707 85  25 1 (0.71 0.2 0.071 0 0.012 0.012)
           32) Mg< 3.865 77  18 1 (0.77 0.14 0.065 0 0.013 0.013)
             64) Fe< 0.115 57  8 1 (0.86 0.053 0.053 0 0.018 0.018)*
             65) Fe>=0.115 20 10 1 (0.5 0.4 0.1 0 0 0)
              130) Mg< 3.6 10  3 1 (0.7 0.2 0.1 0 0 0) *
              131) Mg>=3.6 10  4 2 (0.3 0.6 0.1 0 0 0) *
           33) Mg>=3.865 8   2 2 (0.12 0.75 0.12 0 0 0) *
         17) RI< 1.51707 16   9 3 (0.19 0.25 0.44 0 0.062 0.062) *
        9) Ca>=10.48 12   2 2 (0 0.83 0 0.083 0.083 0) *
      5) Al>=1.42 72  28 2 (0.083 0.61 0.056 0.15 0.083 0.014)
       10) Mg>=2.26 52  11 2 (0.12 0.79 0.077 0 0.019 0) *
       11) Mg< 2.26 20   9 5 (0 0.15 0 0.55 0.25 0.05)
         22) Na< 13.495 12   1 5 (0 0.083 0 0.92 0 0) *
         23) Na>=13.495 8   3 6 (0 0.25 0 0 0.62 0.12) *
    3) Ba>=0.335 29   3 7 (0.034 0.034 0 0.034 0 0.9) *
```

结果显示, 共有 19 个结点, 其中有 10 个叶结点或终端结点 ("*" 号为叶结点或终端结点). 每行输出结果的内容依次为: node (结点), split (到达该结点的分裂条件, 如 Ba<0.335), n (该结点位置的样本数), loss (该结点的损失或偏差), yval (该结点的预测, 分别为 1, 2, 3, 5, 6, 7), yprob (该结点预测为 1, 2, 3, 5, 6, 7 观测值的比例).

其次, 讨论如何选择合适的参数 cp, 对分类树进行剪枝, 得到预测效果更好的分类树模型. 利用函数 plotcp() 对分类树拟合结果 Glass.mod 绘制 CV 误差曲线图, 选取最优的 cp 值. 基于最优的 cp 值, 利用函数 prune() 进行剪枝, 并绘制剪枝后的分类树. 进一步, 利用剪枝后的分类树在原数据集上进行预测, 计算混淆矩阵和训练错误率. 图 10.16 提供了 CV 误差曲线图和剪枝后的分类树.

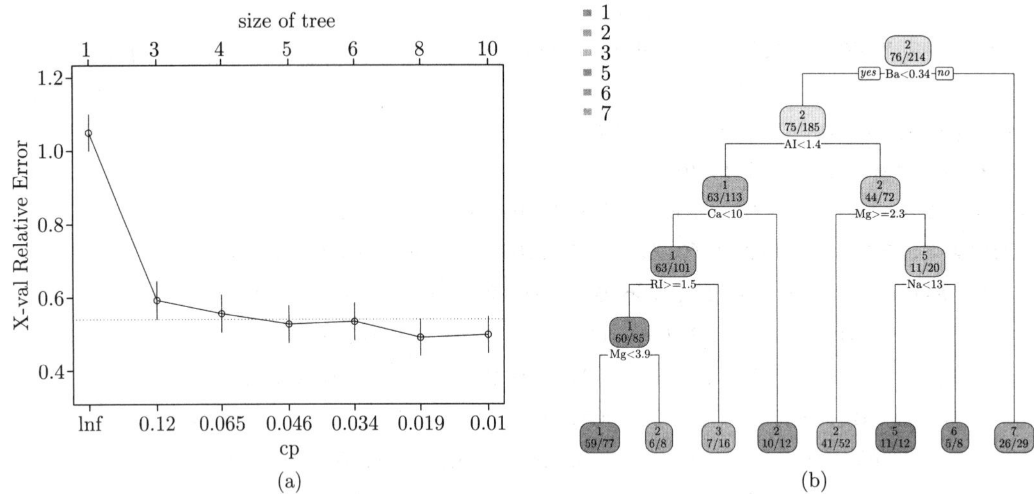

图 10.16 (a) Glass 数据集的 CV 误差曲线图; (b) 剪枝后的分类树

```
par(mfrow = c(1, 2))
plotcp(Glass.mod)
> (cptable = Glass.mod$cptable)
          CP nsplit rel error    xerror       xstd
1 0.20652174      0 1.0000000 1.0507246 0.04954759
2 0.07246377      2 0.5869565 0.5942029 0.05153567
3 0.05797101      3 0.5144928 0.5579710 0.05087679
4 0.03623188      4 0.4565217 0.5289855 0.05025566
5 0.03260870      5 0.4202899 0.5362319 0.05041896
6 0.01086957      7 0.3550725 0.4927536 0.04935656
7 0.01000000      9 0.3333333 0.5000000 0.04954759
> (cp.min = cptable[which.min(cptable[, "xerror"]), "CP"])
[1] 0.01086957
Glass.best = prune(Glass.mod, cp = cp.min)
rpart.plot(Glass.best, type = 2, extra = 2, cex = 0.75)
## 在原数据集上做预测
Glass.pred = predict(Glass.best, Glass, type = "class")
> (mat = table(Glass$Type, Glass.pred))
    Glass.pred
      1  2  3  5  6  7
  1  59  7  3  0  0  1
  2  11 57  4  1  2  1
  3   5  5  7  0  0  0
```

```
  5    0    1    0   11    0    1
  6    1    2    1    0    5    0
  7    1    0    1    0    1   26
> (errRate = 1 - sum(diag(mat))/nrow(Glass))
[1] 0.228972
```

由上述结果和图 10.16(a) 可知, 当参数 cp 取 0.010 869 57 时, 叶结点数为 8, CV 误差 xerror 达到最小. 图 10.16(b) 给出了具有 8 个叶结点的最优分类树. 利用剪枝后的分类树在原数据集上进行预测, 所得训练错误率约为 22.9%. 类似地, 可计算未剪枝分类树的训练错误率约为 21.5%. 因为未剪枝分类树更复杂, 对于训练集, 所以它应该比剪枝后的分类树有更好的拟合. 但是对于测试集, 剪枝后分类树会比未剪枝分类树有更好的拟合, 即有更小的测试错误率.

最后, 利用程序包 caret 中的函数 train() 对 Glass 数据的分类树作 10 折交叉验证, 程序和输出结果如下, 其中参数 `method="rpart"` 表示拟合 CART 分类树.

```
library(caret); set.seed(2023)
rpartFit = train(Type ~ ., data = Glass, method = "rpart",
                 trControl = trainControl(method = "cv"))
> rpartFit       ## 输出结果
CART
214 samples
  9 predictor
  6 classes: '1', '2', '3', '5', '6', '7'
No pre-processing
Resampling: Cross-Validated (10 fold)
Summary of sample sizes: 192, 192, 192, 193, 192, 193, ...
Resampling results across tuning parameters:
       cp          Accuracy        Kappa
  0.05797101      0.6675974      0.5241629
  0.07246377      0.6294589      0.4647548
  0.20652174      0.4727489      0.2061225
Accuracy was used to select the optimal model using the largest
value. The final value used for the model was cp = 0.05797101.
```

输出结果表明, 推荐最优参数 cp=0.057 971 01, 这时 10 折交叉验证的准确率为 66.76%, kappa 指标值为 0.524 162 9, 对照表 9.5 可知, 预测值与真实值之间具有一致性中等 (moderate agreement) 表现. 结合训练错误率可以看出, 10 折交叉验证的错误率为 33.24%, 明显差于训练错误率 22.9%.

§10.4 装袋法和随机森林

10.2 节和 10.3 节介绍的决策树具有高方差风险. 如果把训练数据集随机分成两个子集, 对这两个子集分别建立决策树, 可能会得到截然不同的两棵树. 反过来, 将一个低方差的统计学习方法反复应用到不同的数据集上, 则也会产生类似的结果. 为了降低决策树方法的高方差风险, 基于第 4 章介绍的 bootstrap 方法, Breiman (1996) 提出了**装袋法** (bootstrap aggregating, bagging). 为了降低装袋法中决策树之间相关性问题, Breiman (2001) 提出了**随机森林** (random forest, RF) 实现对装袋法的改进.

10.4.1 装袋法

给定 n 个独立观测值 $Z_1,\cdots,Z_n$, 每个观测值的方差都是 σ^2, 则它们平均值的方差为 $\mathrm{Var}(\overline{Z})=\dfrac{\sigma^2}{n}$, 表明一组观测值的平均值可以减小方差. 因此, 要减小某种统计学习方法的方差从而增加预测准确性, 自然的方法是: 从总体中独立抽取多个训练数据集, 对每个训练数据集分别建立预测模型, 再对这些预测模型得到的预测值求平均. 例如, 假设从总体中独立抽取 B 个训练数据集, 可计算出 B 个独立的预测结果 $\widehat{g}^1(\boldsymbol{x}),\cdots,\widehat{g}^B(\boldsymbol{x})$, 对它们求平均, 可得到如下低方差的统计学习模型

$$\widehat{g}_{\text{average}}(\boldsymbol{x})=\frac{1}{B}\sum_{b=1}^{B}\widehat{g}^b(\boldsymbol{x}).$$

一般情况下, 很难获得多个独立的训练数据集, 因此上述方法显然不可行. 但是第 4 章介绍的 bootstrap 方法可以帮助从一个训练数据集中进行有放回的抽样, 生成 B 个不同的 bootstrap 训练数据集. 假设训练数据集 $D=\{(\boldsymbol{x}_i,y_i),i=1,\cdots,n\}$, 其中 $\boldsymbol{x}_i=(x_{i1},\cdots,x_{ip})^{\mathrm{T}}\in\mathbb{R}^p$ 为协变量或特征变量向量的观测数据, y_i 为响应变量的观测数据. 如果 $y_i\in\mathbb{R}$ 为定量变量时, 则考虑回归问题; 如果 $y_i\in\{1,\cdots,J\}$ 为定性变量或类别变量时, 则考虑分类问题. 装袋法的具体步骤如下:

步骤 1 对训练数据集 $D=\{(\boldsymbol{x}_i,y_i),i=1,\cdots,n\}$ 进行 B 次有放回再抽样, 得到 B 个 bootstrap 样本, 每个 bootstrap 样本的样本容量均为 n, 其中第 b 个 bootstrap 样本为

$$\big\{(\boldsymbol{x}_i^{*b},y_i^{*b}),i=1,\cdots,n\big\},\qquad b=1,\cdots,B;$$

步骤 2 对 $b=1,\cdots,B$, 根据 bootstrap 样本 $\{(\boldsymbol{x}_i^{*b},y_i^{*b}),i=1,\cdots,n\}$, 构建 B 棵不同的决策树, 并不进行剪枝, 记其预测结果分别为 $\widehat{g}^{*1}(\boldsymbol{x}),\cdots,\widehat{g}^{*B}(\boldsymbol{x})$;

步骤 3 对于回归树, 则将 B 棵树的预测结果进行平均, 得装袋估计为

$$\widehat{g}_{\text{bagging}}(\boldsymbol{x})=\frac{1}{B}\sum_{b=1}^{B}\widehat{g}^{*b}(\boldsymbol{x}).\tag{10.19}$$

对于分类树, 则将 B 棵树的预测结果进行**多数投票** (majority vote), 得票最多的类别胜出, 即

$$\widehat{g}_{\text{bagging}}(\boldsymbol{x})=\arg\max_{y\in\{1,\cdots,J\}}\sum_{b=1}^{B}I\Big(y=\widehat{g}^{*b}(\boldsymbol{x})\Big),\tag{10.20}$$

其中 $y\in\{1,\cdots,J\}$, 共分为 J 类, $I(\cdot)$ 为示性函数, 判断是否 “$y=\widehat{g}^{*b}(\boldsymbol{x})$”, 如果是, 则记为 1, 否则

记为 0, 通过多数投票, 将许多弱分类器进行组合.

装袋法将 B 棵决策树进行平均, 故可降低估计量的方差, 从而提高模型的预测准确率. 另外, 由于装袋法并不进行剪枝, 而让每棵决策树都生长为大树, 因此每棵树都是方差大而偏差小. 装袋法将 B 棵决策树进行平均, 可降低估计量的方差. 因此, 在一定条件下, 装袋法可以同时降低偏差与方差, 可减小均方误差或总错误率. 事实证明, 与单棵树相比, 装袋法通过 B 棵树的组合, 可显著降低测试误差.

在实际应用中, B 取多大比较合适呢? 测试误差可以表示成 B 的函数, 树的个数 B 并不是一个对装袋法起决定作用的参数, B 很大时也不会产生过拟合. 在实践中, 取足够大的 B 值, 能使测试误差稳定下来. 因此, 取使测试误差稳定的 B 值即可.

在什么情况适合使用装袋法呢? 装袋法特别适合用于方差较大的不稳定估计问题, 即对给定不同的样本数据, 得到的估计结果会有较大的变化. 例如, 对于决策树方法, 当给定的样本数据有轻微改变时, 所得决策树结果可能会发生较大改变. 再如, 多元线性回归模型的最优子集选择方法对样本数据也比较敏感, 对给定不同的样本数据, 所选变量的结果也有较大的变化. 装袋法对于方差较小的稳定估计问题作用不大, 例如 K 近邻法, 即使给定不同的样本数据, 一般对 K 近邻法的平均结果不会产生明显影响.

10.4.2 袋外误差

由 4.2 节可知, bootstrap 方法在进行有放回抽样时, 有 36.8% (近似于总样本的 1/3) 的观测样本未被抽到, 因此把这些未被抽到的观测样本称为**袋外观测值** (out-of-bag observations, OOB 观测值). 由于袋外观测值并不出现于 bootstrap 样本中, 故可将其构成测试集, 并用于计算测试误差, 称为**袋外误差** (out-of-bag error, OOB 误差).

具体过程为: 对于任意观测值 $(\boldsymbol{x}_i, y_i)$, 它未出现于大约 $B/3$ 的决策树, 故对于这些决策树而言, $(\boldsymbol{x}_i, y_i)$ 就是 OOB 观测值. 将 OOB 观测值 $\boldsymbol{x}_i$ 用到这些决策树中进行预测, 这样便会生成大约 $B/3$ 的响应预测值, 然后对这些响应预测值求平均 (回归问题) 或执行多数投票 (分类问题), 记为对第 i 个观测值的 OOB 预测值 $\widehat{y}_{i,\text{OOB}}$. 用这种方法可以求出每个观测值的 OOB 预测值 $\widehat{y}_{1,\text{OOB}}, \cdots, \widehat{y}_{n,\text{OOB}}$. 将 OOB 预测值 $\widehat{y}_{i,\text{OOB}}$ 与实际观测值 y_i 对比, 即可计算袋外误差 (OOB 误差). 对于回归问题, 袋外误差为 **OOB 均方误差** (OOB MSE), 即

$$\text{MSE}_{\text{OOB}} = \frac{1}{n}\sum_{i=1}^{n}(\widehat{y}_{i,\text{OOB}} - y_i)^2. \tag{10.21}$$

对于分类问题, 袋外误差为 **OOB 错误率** (OOB errRate), 即

$$\text{errRate}_{\text{OOB}} = \frac{1}{n}\sum_{i=1}^{n} I(\widehat{y}_{i,\text{OOB}} \neq y_i). \tag{10.22}$$

可以证明, 当 B 足够大时, OOB 误差实质上与 LOOCV 误差是等价的. 在大数据集上使用装袋法时, 用袋外误差作为测试误差的估计变得特别方便, 相比 LOOCV 方法计算测试误差, 可以节省运算时间.

对于回归树问题, 还可根据 OOB 均方误差计算**伪** R^2 (pseudo R^2), 即在响应变量 Y 的样本方

差中, 有多大比例可由模型解释, 即

$$\text{Pseudo } R^2 = \frac{\widehat{\sigma}_Y^2 - \text{MSE}_{\text{OOB}}}{\widehat{\sigma}_Y^2} = 1 - \frac{\text{MSE}_{\text{OOB}}}{\widehat{\sigma}_Y^2}, \tag{10.23}$$

其中 MSE_{OOB} 由式 (10.21) 定义, $\widehat{\sigma}_Y^2 = \dfrac{1}{n-1}\sum_{i=1}^{n}(y_i - \overline{y})^2$, 且 $\overline{y} = \dfrac{1}{n}\sum_{i=1}^{n} y_i$.

10.4.3 随机森林

在使用装袋法时, 构建每棵决策树的算法相同 (如都是 CART 算法), 而每棵决策树所用的 bootstrap 样本都是来自同样的原始训练数据集 D, 故每棵决策树之间必然存在比较高的相关性. 如果想进一步提高装袋法的预测能力, 则必须要降低这些决策树之间的相关性. 因此, 一个关键的问题是如何对决策树进行**去相关** (decorrelate)? 这样得到的决策树的平均值有更小的方差, 而且可信度也更高.

Breiman (2001) 提出的**随机森林**通过对决策树做去相关处理, 实现对装袋法的改进. 随机森林是通过集成学习的思想将多棵决策树集成的一种算法, 它的基本单元是决策树, 而它的本质属于机器学习的一大分支——**集成学习**.

随机森林在装袋法的基础上 (依然使用 bootstrap 样本), 在决策树的每个结点进行分裂时, 从全部的 p 个变量中仅随机选取 m 个变量作为候选的分裂变量, 其中 $m < p$. 例如, 在一个结点随机选取 m 个变量作为候选的分裂变量, 其余 $p - m$ 个变量则不用, 在下一个结点再次随机选取 (可能不相同) m 个变量作为候选的分裂变量, 以此类推; 然后对随机森林中的每棵决策树都如此操作. 对于回归问题, 一般建议随机选取 $m = p/3$ 个变量; 对于分类问题, 则一般建议随机选取 $m = \sqrt{p}$ 个变量.

这种做法称为**随机特征选择** (random feature selection), 其主要目的是降低决策树之间的相关性. 在建立随机森林的过程中, 对决策树上的每个分裂点来说, 算法将大部分可用的变量排除在考虑范围之外, 暂时未被使用, 无疑会增大偏差. 这种做法似乎很疯狂, 但是它的原理却很巧妙. 假设数据集中有一个很强的协变量和其他一些中等强度的协变量, 在装袋法进行预测的过程中, 大多数 (甚至可能是所有) 的决策树都会将最强的协变量用于根结点的分裂, 这造成装袋法所有的决策树看起来都很相似, 原因是这些装袋法决策树中的协变量是高度相关的. 因此, 对许多高度相关的量求平均带来方差的减小程度较小. 具体来说, 在这种情况下, 装袋法与单棵决策树相比不会带来方差的重大降低.

随机森林在不同的结点被强迫使用不同的变量进行分裂, 可降低不同决策树之间的相关性, 从而减小方差. 在一次结点分裂中未被选为候选变量的协变量, 以后依然有机会被选为分裂变量, 或被其他决策树选为候选分裂变量, 这样给其他协变量都提供了更多的机会. 因此, 在偏差与方差的权衡中, 随机森林以牺牲少量偏差为代价, 可以换取方差的大幅下降, 从而降低总误差.

明显可以看出, 装袋法为随机森林的特例, 即当 $m = p$ 时, 随机森林则为装袋法. 此时, 在每个结点上, 装袋法把所有 p 个协变量作为候选的分裂变量. 由于使用所有的协变量进行分裂, 故偏差较小, 但不同决策树之间的相关性较强, 导致方差较大. 对另外一个极端情况, 如果 m 很小, 虽然决策树之间很不相关, 可降低方差, 但由于每次用于分裂的变量太少, 导致偏差较大.

随机森林最重要的问题是如何选取最优的参数 m? 参数 m 的选取涉及偏差和方差的权衡, 在应用中可以通过使袋外误差或交叉验证误差达到最小, 选取一个最优的 m.

对于随机森林, bootstrap 样本的数目 B 则不太重要, 通常选择 $B = 500$ 或更多. 由于随机森林使用 B 棵决策树的预测结果进行平均或多数投票, 故增加 B 并不会导致过拟合. 一般选择足够大的 B, 使得袋外误差或交叉验证误差不再随着 B 增大而下降即可.

综上所述, 随机森林的主要优点有: ① 无须进行交叉验证或者用一个独立的测试集来获得测试误差的一个无偏估计, 它可以在内部进行评估, 也就是说在预测的过程中可以使用袋外误差对测试误差建立一个无偏估计; ② 能够处理协变量具有高维特征的数据情形, 并且不需要进行降维或变量选择, 也能够评估各个变量的重要性; ③ 能够有效地运行在大数据集上, 对于缺失值问题也能够获得很好的预测结果; ④ 在当前所有算法中, 随机森林有极好的准确性.

10.4.4 变量重要性的度量

决策树通过绘制漂亮且易于解释的树状图形, 可以直观展示协变量或特征变量的重要性. 而随机森林包含很多决策树, 并通过对 B 棵决策树的结果进行平均或多数投票进行预测, 尽管随机森林能够提高预测的准确性, 但是无法像单棵决策树一样展现相应的统计学习过程, 也很难给出在随机森林预测过程中**变量重要性** (variable importance) 的度量. 因此, 随机森林对预测准确性的提升是以牺牲解释性为代价的.

即使在解释数据能力上随机森林比单棵决策树差很多, 也可以用残差平方和 (回归问题) 或基尼指数 (分类问题) 对各协变量或特征变量的重要性作出整体的概括. 在利用随机森林进行回归问题的统计学习过程中, 可以记录下任一给定协变量引发的分裂而减少的残差平方和总量, 对每个协变量减少的残差平方和总量在所有 B 棵回归树上取平均, 即为该协变量重要性的度量, 平均值越大则说明该协变量越重要. 同样的道理, 在利用随机森林进行分类问题的统计学习过程中, 可以记录每一个特征变量在一棵分类树上因分裂而使基尼指数减少的总量, 然后同样在所有 B 棵分类树上取平均作为特征变量重要性的度量, 平均值越大则说明该特征变量越重要. 在 R 语言中, 可以将每个变量的重要性依次排列进行可视化绘图, 即为**变量重要性图** (variable importance plot).

10.4.5 偏依赖图

变量重要性只是将协变量或特征变量的重要性进行度量并排序, 更感兴趣的是每个变量对于响应变量 Y 的边际效应. 例如, 对于协变量向量 $\boldsymbol{X} = (X_1, \cdots, X_p)^{\mathrm{T}}$, 假设 $Y = g(\boldsymbol{X})$, 但是函数 $g(\cdot)$ 无解析表达式 (如装袋法或随机森林). 不失一般性, 考虑变量 X_1 对响应变量 Y 的边际效应为

$$\frac{\partial Y}{\partial X_1} = \frac{\partial g(X_1, X_2, \cdots, X_p)}{\partial X_1}. \tag{10.24}$$

在式 (10.24) 中, 边际效应 $\dfrac{\partial Y}{\partial X_1}$ 依赖于其他 $p-1$ 个变量 $X_2, \cdots, X_p$ 的取值, 通常不是常数. 因此, 考虑在函数 $Y = g(X_1, X_2, \cdots, X_p)$ 中, 将其他变量 $X_2, \cdots, X_p$ 对于响应变量 Y 的影响通过积分平均掉, 即

$$\phi(X_1) = \mathrm{E}_{X_2,\cdots,X_p}[g(X_1, X_2, \cdots, X_p)], \tag{10.25}$$

其中数学期望 $\mathrm{E}_{X_2,\cdots,X_p}(\cdot)$ 表示对变量 $X_2,\cdots,X_p$ 求期望, 故在式 (10.25) 中已将变量 $X_2,\cdots,X_p$ 积分掉了, $\phi(X_1)$ 已是变量 X_1 的函数. 在实际应用中, 由于函数 $g(\cdot)$ 无解析表达式, 一般很难直接计算此期望, 但是当给定变量的观测样本 $\{(\boldsymbol{x}_i,y_i),i=1,\cdots,n\}$ 时, 可用样本均值估计式 (10.25) 中的数学期望, 即

$$\hat{\phi}(x_1)=\frac{1}{n}\sum_{i=1}^{n}g(x_1,x_{i2},\cdots,x_{ip}). \tag{10.26}$$

在式 (10.26) 中, 任意给定 x_1, 都可计算 $\hat{\phi}(x_1)$, 并绘制 $(x_1,\hat{\phi}(x_1))$ 的图像, 即**偏依赖图** (partial dependence plot). 进一步, 可以同时考虑多个变量对响应变量 Y 的影响. 例如, Y 对 (X_1,X_2) 的偏依赖可定义为

$$\hat{\phi}(x_1,x_2)=\frac{1}{n}\sum_{i=1}^{n}g(x_1,x_2,x_{i3},\cdots,x_{ip}). \tag{10.27}$$

10.4.6 回归问题的 R 案例分析

在 R 语言中, 装袋法和随机森林的程序包是 randomForest, 其中核心函数是 randomForest(), 主要参数包括: ① formula 为模型公式, 类似于函数 lm() 或 glm(); ② data 表示指定分析的数据集; ③ subset 表示以向量形式确定样本数据子集; ④ ntree 表示随机森林中决策树的数目, 默认为 500; ⑤ mtry 表示每次选取最佳分裂变量时随机选取协变量的个数 m, 默认为 mtry=$p/3$ (回归问题) 或 mtry=$\sqrt{p}$ (分类问题); ⑥ replace 表示 bootstrap 随机抽样的方式, 默认 replace=TRUE 表示有放回抽样; ⑦ nodesize 表示决策树结点位置最小样本数, 默认为 nodesize=1 (分类问题) 或 nodesize=5 (回归问题); ⑧ maxnodes 表示终端结点的最大个数; ⑨ importance 取值为 TRUE 或 FALSE, 表示是否计算变量的重要性; 其余参数见在线帮助.

为了展示程序包 randomForest 的应用, 现在对例 1.1 的前列腺癌症数据进行装袋法和随机森林研究, 并与 10.2.3 节回归树的结果进行比较.

首先, 固定种子 set.seed(1), 把 prostate 数据随机分成训练集和测试集, 其中训练集包含 60 个观测样本, 测试集包含 37 个观测样本. 把变量 lpsa 作为响应变量, 其他 8 个变量作为协变量, 在训练集上利用函数 randomForest() 进行装袋法研究, 利用函数 plot() 绘制袋外均方误差, 程序和输出结果如下, 袋外均方误差曲线见图 10.17.

```
library(randomForest)
data(prostate, package = "faraway")
set.seed(1)
train = sample(97, 60)
train.bag = randomForest(lpsa ~ ., data = prostate, subset = train,
                         mtry = 8, importance = TRUE)
> train.bag        ## 输出装袋法的结果
               Type of random forest: regression
```

```
                Number of trees: 500
No. of variables tried at each split: 8

          Mean of squared residuals: 0.6235777
                    % Var explained: 53.61
plot(train.bag, col = "blue", lwd = 2,  main = "Bagging OOB MSE")
```

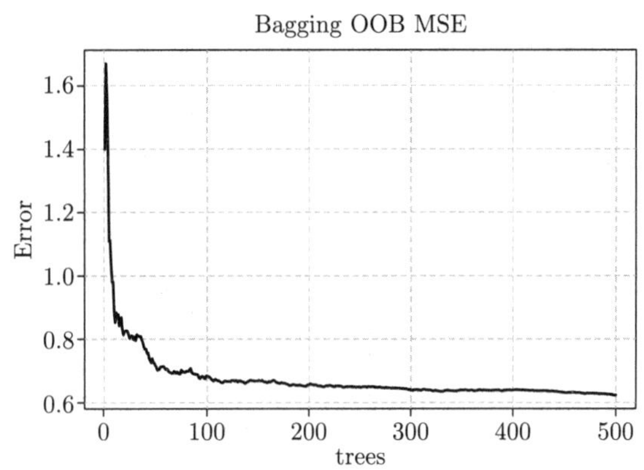

图 10.17 装袋法的袋外均方误差

结果显示, 函数 randomForest() 默认拟合 500 棵回归树, 在每个结点均使用全部 8 个协变量作为分裂变量, 根据袋外观测值计算的 OOB 均方误差为 0.623 577 7, 而伪 R^2 为 53.61%, 即装袋法模型可解释响应变量 lpsa 的 53.61% 方差. 图 10.17 的横坐标为回归树的数目 (B), 纵坐标为袋外均方误差. 由图 10.17 可知, 当 $B > 200$ 时, 袋外均方误差基本稳定下来, 袋外均方误差减少非常小, 表明增大 B 不会导致装袋法的过拟合.

其次, 利用函数 importance() 计算变量的重要性, 并用函数 varImpPlot() 绘制变量重要性图 10.18.

```
> importance(train.bag)
            %IncMSE   IncNodePurity
lcavol    28.840949      49.7162120
lweight    2.398882       5.8728486
age       -3.345215       3.4223606
lbph       1.767934       1.8059034
svi        8.311156       6.1181447
lcp        1.091612       3.7151146
gleason    2.424511       0.9461919
```

```
pgg45          7.767604          5.2119216
## 绘制变量重要性图形
varImpPlot(train.bag, main = "Variable Importance Plot")
```

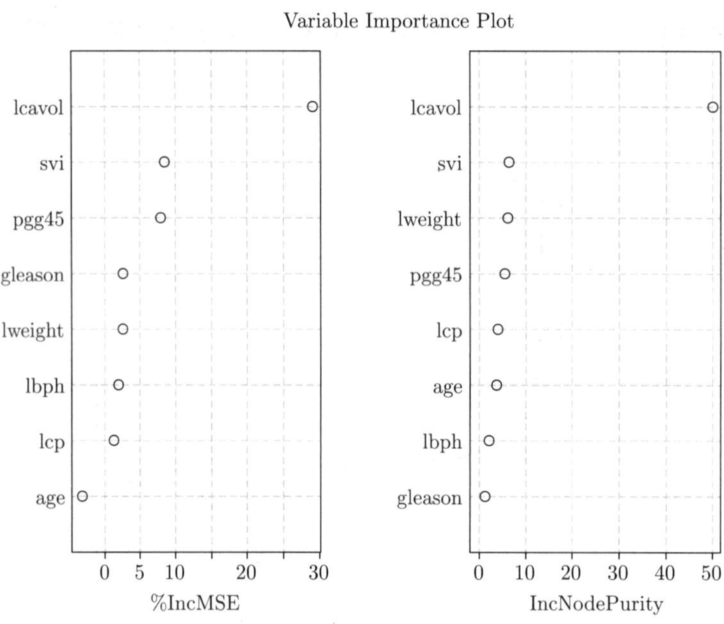

图 10.18 装袋法的变量重要性图

在输出结果中, 第 1 列 (%IncMSE) 表示在模型中去掉某个变量后使得袋外均方误差上升的百分比. 例如, 去掉协变量 lcavol, 则袋外均方误差将上升 28.84%. 第 2 列 (IncNodePurity) 表示基于训练样本计算的变量重要性, 如果为回归问题, 则 IncNodePurity 表示残差平方和; 如果为分类问题, 则 IncNodePurity 表示基尼指数. 从输出结果和图 10.18 可知, 无论使用哪种度量方式, 对于响应变量 lpsa 影响最显著的两个协变量为 lcavol (癌体积的对数) 和 svi (精囊浸润). 下面使用函数 partialPlot() 绘制这两个协变量的偏依赖图 10.19.

```
par(mfrow = c(1, 2))
partialPlot(train.bag, prostate[train, ], x.var = lcavol, lwd = 2)
partialPlot(train.bag, prostate[train, ], x.var = svi, lwd = 2)
```

由图 10.19(a) 可知, 协变量 lcavol 对响应变量 lpsa 的影响为正向, 具有一定的非线性影响, 并且响应变量 lpsa 随着协变量 lcavol 的增大而增大. 由图 10.19(b) 可知, 协变量 svi 对响应变量 lpsa 的影响为正向, 并且是完全线性关系.

最后, 在测试集上使用函数 predict() 进行预测, 并计算测试均方误差 (test MSE), 程序如下, 结果见图 10.20(a).

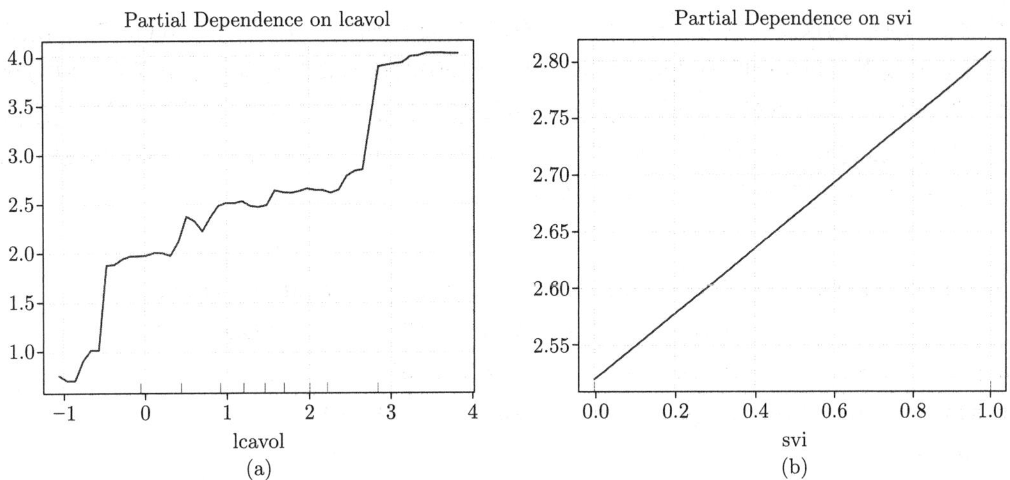

图 10.19 (a) 协变量 lcavol 的偏依赖图; (b) 协变量 svi 的偏依赖图

```
lpsa.pred = predict(train.bag, newdata = prostate[-train, ])
lpsa.test = prostate[-train, "lpsa"]
mse.bag = round(mean((lpsa.pred - lpsa.test)^2), 4)
plot(lpsa.pred, lpsa.test, col = "dodgerblue", xlab = "lpsa.hat",
    ylab = "lpsa.test", main = "Bagging Prediction", cex = 2)
abline(0, 1, lwd = 3, col = "red")
text(3.2, 0.5, paste("test MSE=", mse.bag), col = "red")
```

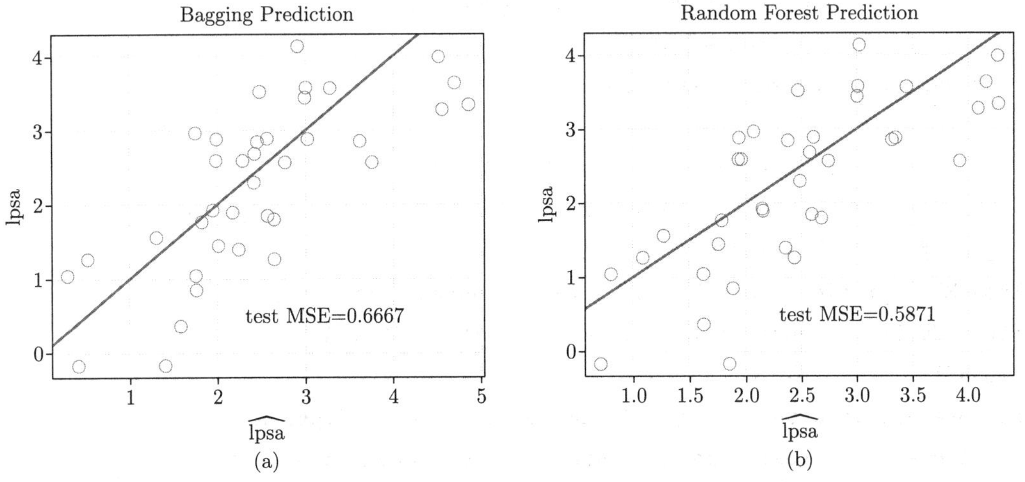

图 10.20 对前列腺癌症数据的预测值 $\widehat{\text{lpsa}}$ 与测试集中实际观测值 lpsa 的散点图和 45° 线. (a) 装袋法预测值与实际值的散点图, 测试均方误差为 0.666 7; (b) 随机森林预测值与实际值的散点图, 测试均方误差为 0.587 1

从图 10.20(a) 的预测散点图和 45° 线可以看出, 装袋法的测试均方误差为 0.666 7. 对比图 10.6 回归树和多元线性回归模型的测试均方误差结果, 装袋法的预测效果明显好于单棵回归树的预测效果, 并且非常接近于多元线性回归模型的测试均方误差 0.554. 可以尝试用不同参数对装袋法估计进行改进, 提高测试均方误差. 例如, 如果改变参数 nodesize=20, 即表示将叶结点的最小规模设为 20 个观测值, 下面程序计算所得测试均方误差为 0.597 9.

```
bag.node = randomForest(lpsa ~ ., data = prostate, subset = train,
                        mtry = 8, importance = TRUE, nodesize = 20)
lpsa.pred = predict(bag.node, newdata = prostate[-train, ])
> (testMSE = round(mean((lpsa.pred - lpsa.test)^2), 4))
[1] 0.5979
```

进一步, 利用随机森林对 prostate 数据进行分析. 由 10.4.3 节可知, 随机森林在装袋法的基础上, 在决策树的每个结点进行分裂时, 从全部的 p 个变量中仅随机选取 m 个变量作为候选的分裂变量, 其中 $m < p$. 对于回归问题, 函数 randomForest() 默认参数 mtry=p/3. 下面利用函数 randomForest() 在训练集上建立随机森林模型, 并在测试集上使用函数 predict() 进行预测, 计算测试均方误差 (test MSE). 图 10.20(b) 展示了随机森林预测散点图和 45° 线.

```
set.seed(1)
train.RF = randomForest(lpsa ~ ., data = prostate, subset = train)
> train.RF        ## 输出随机森林的结果
Call:
 randomForest(formula = lpsa ~ ., data = prostate, subset = train)
               Type of random forest: regression
                     Number of trees: 500
No. of variables tried at each split: 2

          Mean of squared residuals: 0.6621367
                    % Var explained: 50.75
## 进行预测, 并计算随机森林的测试均方误差
> lpsa.RF = predict(train.RF, newdata = prostate[-train, ])
> (testMSE.RF = round(mean((lpsa.RF - lpsa.test)^2), 4))
[1] 0.5871
plot(lpsa.RF, lpsa.test, col = "dodgerblue", xlab = "lpsa.hat",
     ylab = "lpsa.test", main = "Random Forest Prediction")
abline(0, 1, lwd = 3, col = "red")
text(3.2, 0.5, paste("test MSE=", testMSE.RF), col = "red")
```

结果显示, 随机森林拟合时, 从全部的 8 个协变量中仅随机选取 mtry=2 个协变量作为候选的分裂变量, 根据袋外观测值计算的 OOB 均方误差为 0.662 136 7, 而伪 R^2 为 50.75%, 即随机森林模型可解释响应变量 lpsa 的 50.75% 方差. 另外, 随机森林的测试均方误差为 0.587 1, 比装袋法有所提高.

为了展示不同回归树的数目 (B) 对随机森林测试均方误差的影响, 并与装袋法和单棵回归树进行比较, 取 $B = 1:500$, 分别计算测试均方误差, 并绘制测试均方误差曲线图 10.21.

```
RF.MSE = numeric(500); set.seed(1)
for (i in 1:500){
  RF.fit=randomForest(lpsa ~ .,data=prostate,subset=train,ntree=i)
  pred = predict(RF.fit, newdata = prostate[-train, ])
  RF.MSE[i] = mean((pred - lpsa.test)^2)
  }
Bag.MSE = numeric(500); set.seed(1)
for (i in 1:500){
  Bag=randomForest(lpsa~.,data=prostate,subset=train,ntree=i,mtry=8)
  pred = predict(Bag, newdata = prostate[-train, ])
  Bag.MSE[i] = mean((pred - lpsa.test)^2)
  }
library(rpart); set.seed(1)
tree.fit = rpart(lpsa ~ ., data = prostate, subset = train)
min.cp=tree.fit$cptable[which.min(tree.fit$cptable[,"xerror"]),"CP"]
tree.pr = prune(tree.fit, cp = min.cp)
tree.pred = predict(tree.pr, newdata = prostate[-train, ])
tree.MSE = mean((tree.pred - lpsa.test)^2)
plot(1:500, RF.MSE, type = "l", col = "blue", ylab = "test MSE",
     xlab = "Number of Trees", ylim = c(0.5, 1.2))
lines(1:500, Bag.MSE, type = "l", col = "red")
lines(1:500, rep(tree.MSE, 500), type = "l", lty = 2)
legend("topright", lty = c(1,1,2), col = c("blue", "red", "black"),
       legend = c("Random Forest", "Bagging", "Regression Tree"))
```

图 10.21 的结果显示, 装袋法的测试均方误差低于最优的单棵回归树, 随机森林的测试均方误差比装袋法的测试均方误差更低. 因此, 随机森林对数据有更好的拟合.

对随机森林方法而言, 一个重要问题是如何确定每个结点处分裂变量的个数 m, 即函数 randomForest() 中的参数 mtry. 首先, 可以通过极小化由式 (10.21) 定义的袋外均方误差 $\mathrm{MSE}_{\mathrm{OOB}}$ 选取最优参数 mtry, 并利用程序包 randomForest 中的函数 tuneRF() 获取, 但是该函数要求设定参数 stepFactor, 表示随机选择变量缩放的倍数, 并不考虑参数 mtry 的所有可能取值. 其次, 也可以采用

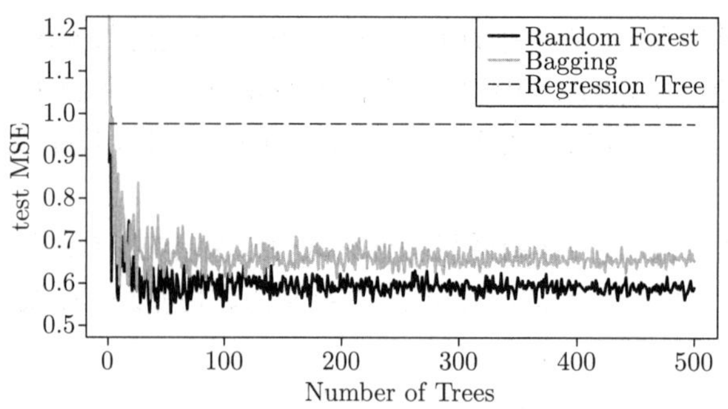

图 10.21 测试均方误差的比较, 其中蓝色曲线为随机森林测试均方误差, 红色曲线为装袋法测试均方误差, 黑色水平虚线为单棵回归树的测试均方误差 (0.976 1)

程序包 randomForest 中的函数 rfcv(), 利用 CV 方法选取最优参数 mtry, 同样该函数也不考虑参数 mtry 的所有可能取值. 最后, 可以编写程序, 采用两种方法选取最优参数 mtry. 第一种方法是在训练集上, 考虑参数 mtry 的所有可能取值, 通过 for 循环寻找使袋外均方误差 $\mathrm{MSE_{OOB}}$ 达到最小的参数 mtry, 程序和结果如下, 图 10.22(a) 直观展示了袋外均方误差曲线. 得到最优参数 mtry 后, 可用于测试集计算测试均方误差检验随机森林模型的有效性.

```
OOB.MSE = numeric(8); set.seed(1)
for (i in 1:8){
  RF = randomForest(lpsa ~ ., data=prostate, subset=train, mtry=i)
  OOB.MSE[i] = mean(RF$mse[500])
  }
> min(OOB.MSE)                   > which.min(OOB.MSE)
[1] 0.5723392                     [1] 6
plot(1:8, OOB.MSE, type = "b", col = "blue", xlab = "mtry",
     ylab = "OOB MSE", main = "OOB MSE")
abline(v = which.min(OOB.MSE), lty = 2, lwd = 2, col = "purple")
```

图 10.22(a) 和上面结果显示, 当 mtry=6 时, 袋外均方误差 $\mathrm{MSE_{OOB}}$ 达到最小, 为 0.572 339 2. 通过袋外均方误差最小准则选取最优参数 mtry 后, 还需要在测试集上评价随机森林模型的有效性.

第二种方法是考虑参数 mtry 的所有可能取值, 在训练数据集上建立随机森林模型, 通过 for 循环寻找使测试均方误差 (test MSE) 达到最小的参数 mtry, 程序和结果如下, 图 10.22(b) 更直观展示了测试均方误差曲线.

```
test.MSE = numeric(8); set.seed(1)
for (i in 1:8){
  RF = randomForest(lpsa ~ ., data=prostate, subset=train, mtry=i)
  pred = predict(RF, newdata = prostate[-train, ])
```

```
  test.MSE[i] = mean((pred - lpsa.test)^2)
  }
> min(test.MSE)                   > which.min(test.MSE)
[1] 0.5778154                      [1] 2
plot(1:8, test.MSE, type = "b", col = "blue", xlab = "mtry",
     ylab = "test MSE", main = "test MSE")
abline(v = which.min(test.MSE), lty = 2, lwd = 2, col = "purple")
```

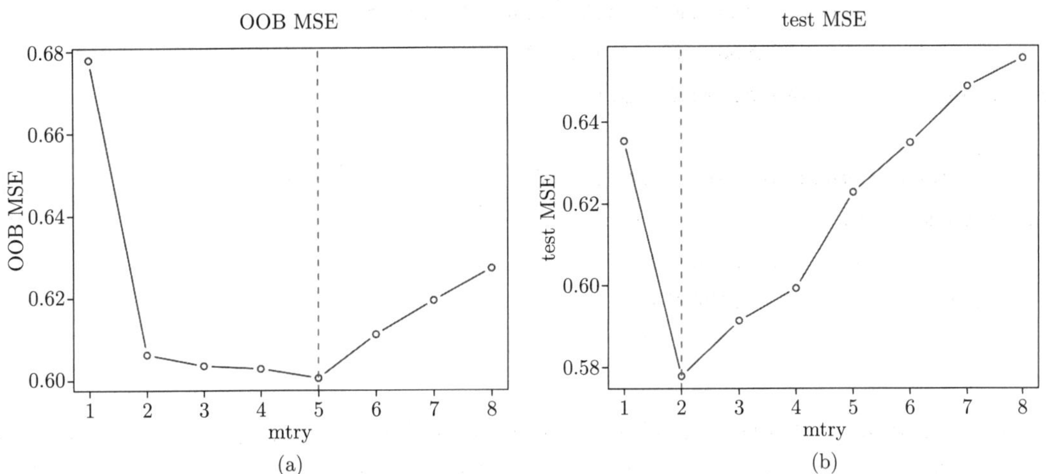

图 10.22 (a) 随机森林的袋外均方误差 (OOB MSE) 曲线; (b) 随机森林的测试均方误差 (test MSE) 曲线

图 10.22(b) 和上面结果显示, 当 mtry=2 时, 测试均方误差达到最小, 为 0.577 815 4. 严格来讲, 通过测试均方误差最小准则选取最优参数 mtry, 则无法再使用测试集估计测试均方误差和对训练模型的拟合效果进行测试, 因为测试集的信息已经被用于选取最优参数 mtry.

在实际应用中, 如果样本量足够大, 通常把观测样本数据集分为训练集 (training set), 验证集 (validation set) 和测试集 (testing set), 其中训练集用于训练模型, 验证集用于选取最优参数 (如参数 mtry), 测试集用于测试模型的拟合效果.

10.4.7 分类问题的 R 案例分析

1. 二分类问题的 R 案例分析

本节继续对 10.3.4 节的 SAheart 数据集进行分析, 根据其他 9 个特征变量, 利用装袋法和随机森林预测个体是否患有心脏病. 同 10.3.4 节, 固定种子 set.seed(100), 把 SAheart 数据集随机分成训练集和测试集, 其中训练集包含 320 个观测样本, 测试集包含 142 个观测样本. 由 10.3.4 节可知, 单棵分类树的测试错误率为 30.99%. 利用第 9 章的 logistic 回归模型, 可计算测试错误率为 27.46% (为了节省篇幅, 此处不再提供程序).

既然装袋法是随机森林的一种特殊情况, 本节仅考虑随机森林, 不再专门对装袋法进行深入分析. 下面程序在训练集上拟合随机森林模型, 并计算了袋外错误率.

```
library(randomForest)
data(SAheart, package = "bestglm")
set.seed(100)
train = sample(length(SAheart$chd), 320)  ## 训练集
RF.mod = randomForest(factor(chd) ~ ., data = SAheart,
                      subset = train, importance = TRUE)
> RF.mod        ## 输出随机森林的结果
               Type of random forest: classification
                     Number of trees: 500
No. of variables tried at each split: 3

        OOB estimate of  error rate: 30%
Confusion matrix:
        0     1     class.error
0     181    32       0.1502347
1      64    43       0.5981308
```

结果显示, 函数 randomForest() 默认参数 mtry=3 个特征变量作为结点的候选分裂变量, 因为分类问题选取默认参数 mtry=$\sqrt{p} = \sqrt{9} = 3$. 袋外错误率为 30%, 未患心脏病类的袋外错误率为 15.02%, 但是患有心脏病的袋外错误率高达 59.81%. 进一步, 使用函数 plot() 可同时绘制这三个袋外错误率, 结果见图 10.23.

```
plot(RF.mod, main = "OOB errRate", col = c("red", "blue", "black"))
legend("topright", colnames(RF.mod$err.rate), lty = 1:3,
       col = c("red", "blue", "black"), lwd = 2)
```

在图 10.23 中, 红色曲线为整个样本的 OOB 错误率, 蓝色断线表示未患有心脏病 (chd=0) 样本的 OOB 错误率, 黑色虚线表示患有心脏病 (chd=1) 样本的 OOB 错误率. 利用函数 importance() 考察变量的重要性, 结果如下, 并用函数 varImpPlot() 直观展示随机森林的变量重要性, 结果如图 10.24.

```
> round(importance(RF.mod), 4)
                0       1 MeanDecreaseAccuracy MeanDecreaseGini
sbp        2.6047  1.1240               2.9579          13.8175
tobacco    4.3273  9.6546               8.9400          20.5808
```

```
ldl        -2.2175  9.1366          4.2054          19.8601
adiposity   5.0894 -0.6465          3.5822          16.6481
famhist     2.4148 16.4501         12.7744           7.3500
typea       3.8030 -1.6948          1.8071          14.5677
obesity    -0.8299 -3.1743         -2.7334          14.1262
alcohol    -1.5850  0.1304         -1.1774          11.1787
age         7.1505 14.8870         14.7427          23.7522
> varImpPlot(RF.mod, main = "Variable Importance Plot")
```

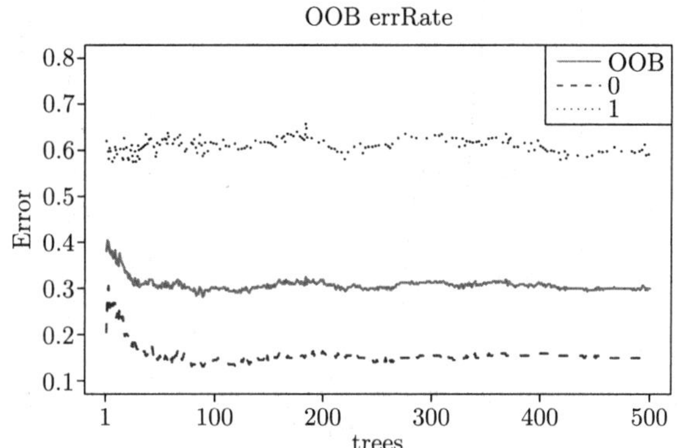

图 10.23　随机森林的袋外错误率 (OOB errRate) 曲线

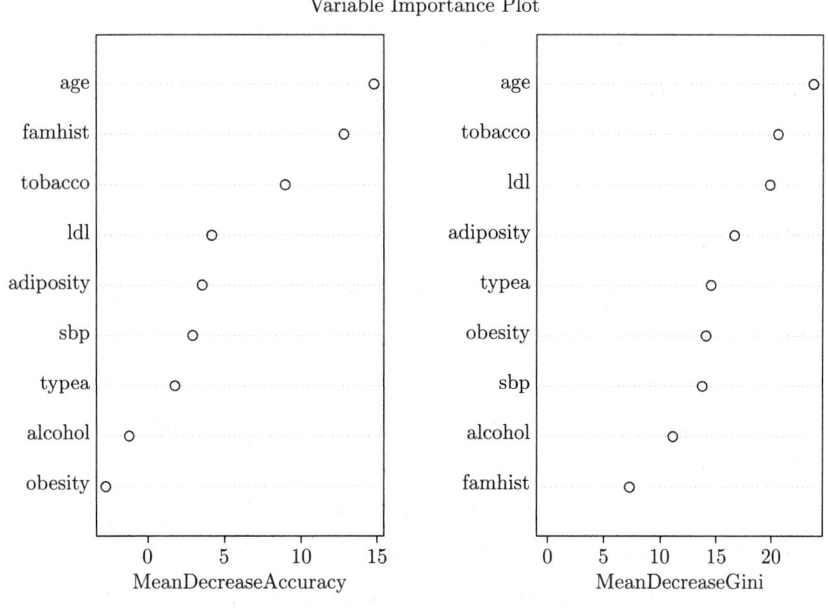

图 10.24　随机森林的变量重要性图

由上面结果和图 10.24 可知, 重要的变量为 age, tobacco, ldl 和 famhist, 该结果与分类树的结果一致. 进一步, 考察变量 age, tobacco 和 ldl 的偏依赖图, 程序如下, 结果见图 10.25.

```
partialPlot(RF.mod, SAheart[train,], x.var = age, col = "blue")
partialPlot(RF.mod, SAheart[train,], x.var = tobacco, col = "blue")
partialPlot(RF.mod, SAheart[train,], x.var = ldl, col = "blue")
```

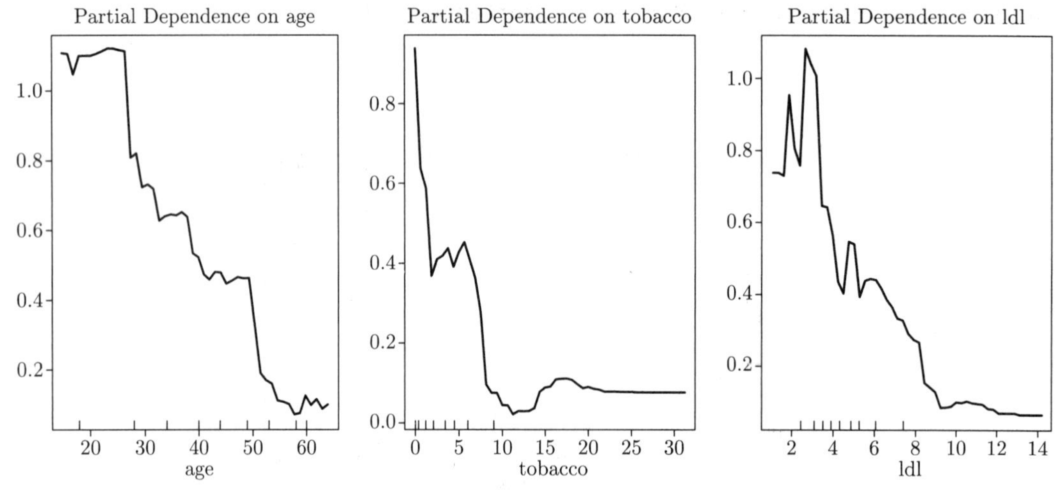

图 10.25　变量 age, tobacco 和 ldl 的偏依赖图

最后, 使用函数 predict() 考察随机森林的预测效果, 并计算混淆矩阵和测试错误率.

```
chd.RF = predict(RF.mod, newdata = SAheart[-train, ])
> (mat.RF = table(chd.RF, chd.test))
          chd.test
chd.RF      0      1
     0     77     31
     1     12     22
> (errRate.RF  = 1 - sum(diag(mat.RF))/sum(mat.RF))
[1] 0.3028169
```

结果显示, 随机森林的预测错误率为 30.28%, 比单棵分类树的预测错误率并没有提高多少. 同样可以选取最优参数 mtry, 提高随机森林的预测效果. 尽管可以利用程序包 randomForest 中的函数 tuneRF() 和 rfcv() 选取最优参数 mtry, 但是这两个函数不考虑参数 mtry 的所有可能取值. 可以编写程序, 考虑参数 mtry 的所有可能取值, 在训练数据集上建立随机森林模型, 通过 for 循环寻找使测试错误率 (test errRate) 达到最小的参数 mtry, 程序和结果如下, 图 10.26 更直观展示了随机森林的测试错误率曲线.

```
RF.err = numeric(9); set.seed(100)
for (i in 1:9){
  RF=randomForest(factor(chd)~.,data=SAheart,subset=train,mtry=i)
  chd.hat = predict(RF, newdata = SAheart[-train, ])
  mat = table(chd.hat, chd.test)
  RF.err[i]  = 1 - sum(diag(mat))/sum(mat)
  }
> min(RF.err)                   > which.min(RF.err)
[1] 0.2887324                   [1] 5
plot(1:9, RF.err, type = "b", lwd = 2, col = "blue", xlab = "mtry",
     ylab = "test errRate", main = "test errRate")
abline(v = which.min(RF.err), lty = 2, lwd = 2, col = "purple")
```

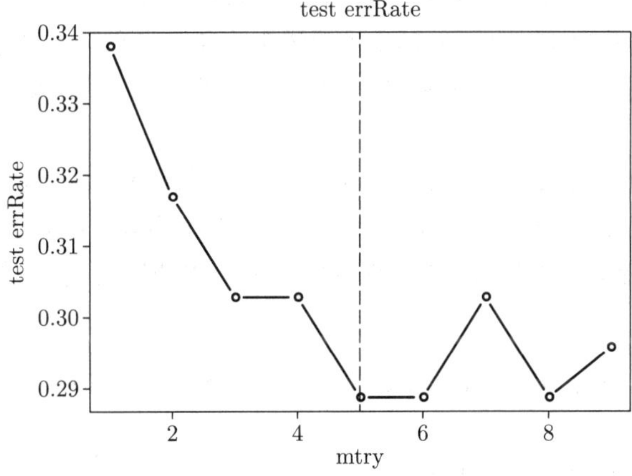

图 10.26 随机森林的测试错误率 (test errRate) 曲线

由图 10.26 和上面结果可知, 当参数 mtry=5 时, 测试错误率达到最小, 为 28.87%, 明显提高了随机森林的预测效果.

2. 多分类问题的 R 案例分析

继续对 10.3.4 节的 Glass 数据集进行多分类问题研究, 主要目的是利用随机森林方法根据玻璃的理化性质和成分来预测玻璃的种类. 首先, 把类别变量 Type 作为响应变量, 其他 9 个变量作为特征变量, 利用函数 randomForest() 进行随机森林分析, 程序和输出结果如下.

```
library(mlbench); library(randomForest)
data(Glass); set.seed(1)
RF.Glass = randomForest(Type~.,data=Glass,localImp=T,proximity=T)
> RF.Glass      ## 输出结果
```

```
               Type of random forest: classification
                     Number of trees: 500
No. of variables tried at each split: 3

        OOB estimate of  error rate: 19.16%
Confusion matrix:
   1  2 3 5 6  7 class.error
1 64  5 1 0 0  0  0.08571429
2 11 60 1 2 1  1  0.21052632
3  6  4 7 0 0  0  0.58823529
5  0  3 0 9 0  1  0.30769231
6  0  1 0 0 8  0  0.11111111
7  1  3 0 0 0 25  0.13793103
```

结果显示, 共产生了 500 棵分类树, 在每个结点随机选 mtry=$\sqrt{p} = \sqrt{9} = 3$ 个特征变量进行分裂, 整个样本的袋外错误率为 19.16%, 并输出了混淆矩阵和响应变量 6 个水平的袋外错误率, 其中 Type=3 的袋外错误率高达 58.82%, Type=5 的袋外错误率为 30.77%, 其他水平的袋外错误率相对较低.

考虑随机森林分类的变量重要性, 输出结果包含了变量的重要性, 其中 RF.Glass$importance 的输出结果为 9×8 的矩阵, 前面 6 列表示 9 个特征变量对于响应变量 6 类中每一类的相对重要性, 最后两列表示 9 个特征变量的两个总体重要性度量. 图 10.27 展示了这 8 个重要性图, 且程序如下.

```
layout(matrix(c(1:6, rep(7, 3), rep(8, 3)), 2, 6, by = T))
for (i in 1:8){
  if (i>6) ca = 0.5 else ca = 0.3;
  barplot(RF.Glass$importance[, i],
  main = colnames(RF.Glass$importance)[i],
  las = 2, cex.names = 1, col = "salmon")
  }
```

图 10.27 中上面 6 个图分别展示了响应变量 Type 各个水平 $\{1,2,3,5,6,7\}$ 下, 9 个特征变量的重要性. 图 10.27 下面 2 个图中, "MeanDecreaseAccuracy" 表示删除特征变量时精确度的平均下降程度. 如果删除一个特征变量, 那么精确度就有可能下降, 下降程度越多则说明该特征变量越重要, 该指标是用 OOB 数据进行计算. 如果删除一个特征变量后, 精确度不变, 表明该变量对分类毫无用处. "MeanDecreaseGini" 表示在生成分类树时, 每个特征变量平均降低基尼指数不纯度程度的大小. 图 10.27 的下面两个图从不同角度描述了特征变量的总体重要性, 最重要的三个特征变量是 Mg, RI 和 Al. 此外, 可使用函数 partialPlot() 绘制每个特征变量的偏依赖图, 此处不再展示结果.

随机森林还产生了对每个观测值各个特征变量的局部重要性, 即 RF.Glass$localImportance, 输

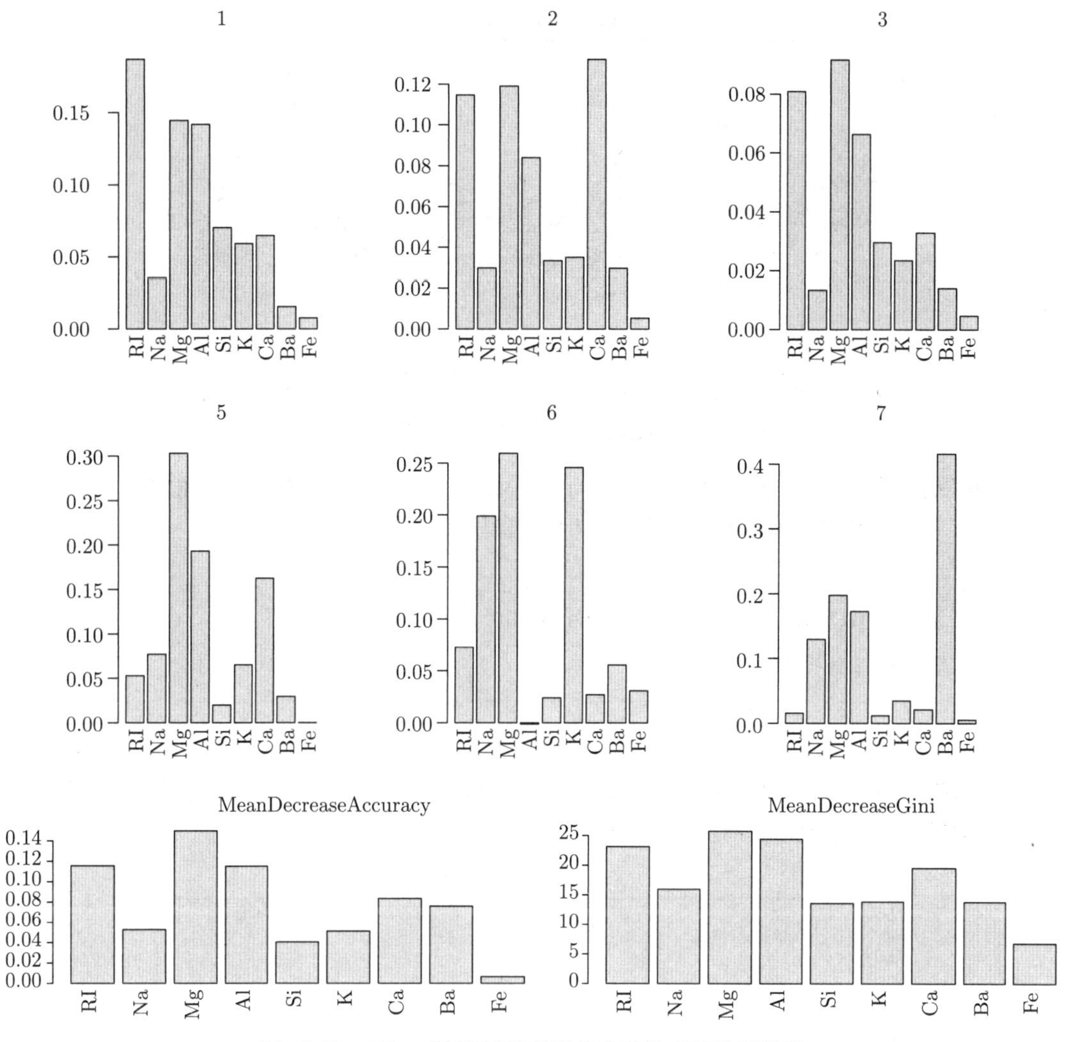

图 10.27 Glass 数据集随机森林分类的变量重要性图

出结果为 9×214 矩阵, 其中每一列表示 9 个特征变量对每一个观测值的重要性. 利用函数 matplot() 把这个矩阵在图 10.28 中直观展示, 其中每一条横线所连接的 9 个点就是各个特征变量对于响应变量 Type 取值的局部重要性. 图 10.28 中的连线仅仅是为了把与一个观测值有关的点连接起来, 只有点的纵坐标有意义.

```
matplot(1:9, RF.Glass$localImportance, type = "l", las = 2,
     main = "Local Importance", cex.axis = 1.5, at = 1:9,
     labels = names(Glass)[-10])
```

图 10.28 显示对大多数观测值都重要的特征变量对于某些观测值不一定重要. 因此, 随机森林在每个结点限制竞争分裂变量的候选特征变量个数有一定意义.

在随机森林中, 两个观测值之间的亲密度 (proximity) 是度量它们同时在一个结点中出现的频

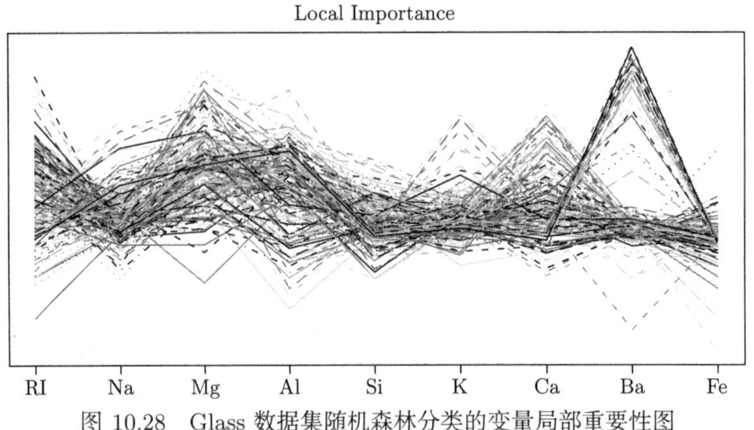

图 10.28 Glass 数据集随机森林分类的变量局部重要性图

率. 有些观测值很难与其他观测值一起出现于同一结点, 这些观测值被称为**离群点** (outlier). 图 10.29 展示了 Glass 数据集随机森林分类所产生的离群点图.

```
plot(outlier(RF.Glass$proximity), type = "h", col = "blue",
    main = "Outlier Measure")
```

尽管随机森林给出了离群点的度量, 因为随机森林在每棵分类树上基于 bootstrap 抽取样本, 又对每个结点的候选特征变量进行随机选取和限制, 个别观测值或特征变量不会对预测精度有太大影响. 因此, 随机森林基本上不受离群点的影响.

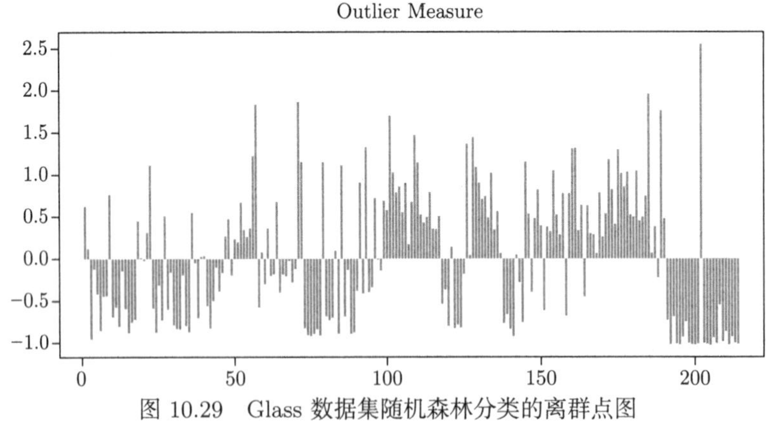

图 10.29 Glass 数据集随机森林分类的离群点图

最后, 利用程序包 caret 中的函数 train() 对 Glass 数据的随机森林作 10 折交叉验证, 程序和输出结果如下, 其中参数 method="rf" 表示拟合随机森林.

```
library(caret); set.seed(2023)
RF.Fit = train(Type ~ ., data = Glass, method = "rf",
               trControl = trainControl(method = "cv"))
```

```
> RF.Fit        ## 输出结果
Random Forest
214 samples
  9 predictor
  6 classes: '1', '2', '3', '5', '6', '7'
No pre-processing
Resampling: Cross-Validated (10 fold)
Summary of sample sizes: 192, 192, 192, 193, 192, 193, ...
Resampling results across tuning parameters:
  mtry        Accuracy         Kappa
     2      0.8092424      0.7340013
     5      0.7765368      0.6910405
     9      0.7752165      0.6901618
Accuracy was used to select the optimal model using the largest
value. The final value used for the model was mtry = 2.
```

输出结果表明, 推荐最优参数 mtry=2, 这时 10 折交叉验证的准确率为 80.92%, kappa 指标值约为 0.734, 对照表 9.5 可知, 预测值与真实值之间具有一致性较好 (good agreement) 表现. 对比 10.3.4 节单棵分类树的结果, 随机森林的分类效果明显优于单棵分类树.

进一步, 在 R 语言中, 有一个解释随机森林的程序包 randomForestExplainer, 读者可以通过在线帮助使用该程序包.

§10.5 提 升 法

集成学习 (ensemble learning) 的核心是构建多个不同的**基学习器模型**, 使用不同的策略, 并将这些基学习器模型聚合起来从而提高模型的预测效果, 是一种有效和应用广泛的统计学习或机器学习方法. 在集成学习中, 通常并不要求每个基学习器模型的预测效果都特别好, 但是通过有效聚合多个不同的基学习器模型, 能够获得较好的预测效果.

根据基学习器模型的生成策略, 集成学习方法可以分为两类: ① **并行方法** (parallel method), 如装袋法和随机森林, 可以把每棵决策树看成是基学习器模型, 它们的作用完全独立和对称, 可以随便更换决策树的位置; ② **序贯方法** (sequential method), 如**提升法** (boosting). 在序贯方法中, 顺次构建多个基学习器模型, 希望后面的基学习器模型能够避免前面基学习器模型的错误, 从而提高聚合后模型的预测效果.

与单个模型相比, 集成学习的缺点包括: ① 计算复杂度较大. 因为集成学习需要训练多个模型, 所以计算复杂度有较大程度的提高; ② 集成学习所得模型很难解释. 如单棵决策树模型很容易解释, 而由多棵决策树组成的随机森林却不太容易解释.

提升法 (boosting) 是一种序贯集成学习方法, 顺次建立一系列基学习器模型, 通过分析当前已经建立的基学习器模型, 如分析已建立基学习器模型错误分类的训练样本, 寻找改进的方向, 来构建新的基学习器模型, 显著提高模型的预测能力. 本节主要介绍自适应提升法 (adaptive boosting, AdaBoost) 和回归问题的提升法.

10.5.1 自适应提升法

Freund 和 Schapire (1996, 1997) 提出了用于分类问题的自适应提升法 (AdaBoost), 通过顺次生成 B 个分类器 $C_1(\boldsymbol{x}),\cdots,C_B(\boldsymbol{x})$, 对于第 b 个分类器 $C_b(\boldsymbol{x})$ 中错误分类的观测值, 则在之后的第 $b+1$ 个分类器加大其权重, 依次类推. 因此, AdaBoost 通过改变训练样本的权重, 学习多个分类器, 并将这些分类器进行聚合来提高分类的性能. 在实际应用中, 可以具体采用如下两种方法来加大错分观测值的权重.

(1) **权重更新** (reweighting). 在定义信息熵或基尼指数的不纯度函数, 以及在计算叶结点或终端结点时, 均考虑不同观测值的权重.

(2) **再抽样** (resampling). 在生成每棵分类树时, 都使用从 "加权的分布" 中再抽样得到的数据. 当然, 这需要先将每轮的权重标准化, 使得权重的和为 1.

下面以二分类问题为例介绍 **AdaBoost 算法**. 假设存在一个训练样本集 $D=\{(\boldsymbol{x}_i,y_i),i=1,\cdots,n\}$, 其中 $\boldsymbol{x}_i=(x_{i1},\cdots,x_{ip})^{\mathrm{T}}\in\mathbb{R}^p$ 为观测特征变量向量, $y_i\in\{-1,1\}$ 为观测的类别变量. AdaBoost 算法具体步骤如下.

步骤 1 初始化每个观测值的权重 $w_i=1/n,i=1,\cdots,n$.

步骤 2 对 $b=1,\cdots,B$, 执行以下操作:

(a) 使用当前权重 w_i, 利用训练样本拟合分类器 $C_b(\boldsymbol{x})$, 目的是极小化加权错误率 $\sum\limits_{i=1}^{n}w_iI(y_i\neq C_b(\boldsymbol{x}_i))$;

(b) 根据当前权重 w_i, 计算第 b 个分类器的加权分类错误率, 即

$$\mathrm{errRate}_{(b)}=\frac{\sum\limits_{i=1}^{n}w_iI(y_i\neq C_b(\boldsymbol{x}_i))}{\sum\limits_{i=1}^{n}w_i};$$

(c) 计算正确分类的对数比率 (log odds) α_b, 即正确分类的准确率 $1-\mathrm{errRate}_{(b)}$ 除以加权分类错误率 $\mathrm{errRate}_{(b)}$, 然后再取对数

$$\alpha_b=\log\left(\frac{1-\mathrm{errRate}_{(b)}}{\mathrm{errRate}_{(b)}}\right);$$

(d) 更新权重, 即

$$w_i\longleftarrow w_i\cdot\exp\Big(\alpha_b\cdot I(y_i\neq C_b(\boldsymbol{x}_i))\Big),\qquad i=1,\cdots,n; \tag{10.28}$$

(e) 将所有权重标准化, 保证权重之和为 1, 即 $w_i\longleftarrow w_i\Big/\sum\limits_{i=1}^{n}w_i$.

步骤 3 将每个分类器的预测结果 $C_b(\boldsymbol{x})$, 以对数比率 α_b 为权重, 通过加权多数票原则组合在

一起, 输出最终预测结果, 即

$$\operatorname{sgn}\left(\sum_{b=1}^{B} \alpha_b C_b(\boldsymbol{x})\right),$$

其中 $\operatorname{sgn}(\cdot)$ 为符号函数, 如果 $z \geqslant 0$, 则 $\operatorname{sgn}(z) = 1$; 如果 $z < 0$, 则 $\operatorname{sgn}(z) = -1$.

在 AdaBoost 算法中, 如果每个分类器 $C_b(\boldsymbol{x})$ 是分类树, Breiman (1998) 认为用分类树作为基学习器的 AdaBoost 是世界上现有最好的分类器. 另外, 在 AdaBoost 算法的步骤 2(d) 中, 假定弱分类器的分类错误率至少比随机猜测更低, 则 $\dfrac{1-\mathrm{errRate}_{(b)}}{\mathrm{errRate}_{(b)}} > 1$, 故对数几率 $\alpha_b = \log\left(\dfrac{1-\mathrm{errRate}_{(b)}}{\mathrm{errRate}_{(b)}}\right) > 0$. 因此, 权重更新式 (10.28) 可写为

$$w_i \longleftarrow w_i \cdot \exp\Big(\alpha_b \cdot I(y_i \neq C_b(\boldsymbol{x}_i))\Big) = \begin{cases} w_i \cdot \left(\dfrac{1-\mathrm{errRate}_{(b)}}{\mathrm{errRate}_{(b)}}\right), & \text{如果 } y_i \neq C_b(\boldsymbol{x}_i), \\ w_i, & \text{如果 } y_i = C_b(\boldsymbol{x}_i). \end{cases}$$

由上式可知, 分类错误的观测值权重增加 $\dfrac{1-\mathrm{errRate}_{(b)}}{\mathrm{errRate}_{(b)}} > 1$ 倍, 而分类正确的观测值权重保持不变. 在 AdaBoost 算法的步骤 2(e) 中, 需要对所有观测值的权重进行标准化, 使得权重之和为 1, 这样分类正确观测值的权重会相对缩小, 而某观测值如果一直分类错误, 则该观测值的权重将不断增加. 因此, AdaBoost 算法越来越希望能将这样分类困难的观测值正确地分类.

二分类问题的 AdaBoost 算法可以推广到多分类问题, 假设类别变量 $y \in \{1, \cdots, J\}$, 则多分类问题的 AdaBoost 算法与二分类问题基本相同, 最后预测结果可以通过如下加权多数投票计算

$$\max_{y \in \{1,\cdots,J\}} \left\{\sum_{b=1}^{B} \alpha_b \cdot I(y = C_b(\boldsymbol{x}))\right\},$$

其中给定特征向量 $\boldsymbol{x}$, 示性函数 $I(y = C_b(\boldsymbol{x}))$ 用于判断第 b 个分类器的预测结果 $C_b(\boldsymbol{x})$ 是否正确. 在多分类问题的 AdaBoost 算法中, 以正确分类的对数几率 α_b 为权重, 进行加权投票, 最后以得票最多者胜出. 关于 AdaBoost 算法更多的讨论和统计解释, 可参考陈强 (2020).

10.5.2 AdaBoost 算法应用

在 R 语言中, 可使用程序包 adabag 和 gbm 实现提升法, 其中程序包 adabag 只适用于分类问题的 boosting 和 bagging 程序. 程序包 adabag 中的函数 boosting() 用于 AdaBoost 算法, 能够解决二分类和多分类问题, 调用格式为

```
boosting(formula, data, boos = TRUE, mfinal = 100,
      coeflearn = 'Breiman', control,...)
```

其中 formula 表示模型公式, 类似于函数 glm(); data 为数据框数据; 参数 boos 默认为 TRUE, 表示将利用当前每个样本的权重并使用 bootstrap 抽样得到当前的训练集, 如果 boos=FALSE, 表示每个样本以及当前的权重将会被使用; 参数 mfinal 表示 boosting 中基分类器的总数, 默认为 100; 参数 coeflearn 用来指定在 boosting 算法中计算权重的方

法, 默认为 Breiman, 另外还可以取 Freund 和 Zhu; 参数 control 用来控制每个基分类器的参数, 如果调用程序包 rpart 训练分类树作为基分类器, 则可使用程序包 rpart 中的函数 rpart.control() 来具体指定控制参数, 如每棵分类树的深度等.

下面以程序包 mlbench 中的 Sonar 数据集为例介绍程序包 adabag 和 AdaBoost 算法. Sonar 数据集包含 208 个样本和 61 个变量, 最早是由 Gorman 和 Sejnowski (1988) 用来使用神经网络对声呐信号进行分类研究, 任务是训练一个神经网络来区分反射的声呐信号是来自金属圆柱体 (M) 还是圆柱形的岩石 (R). 首先, 固定种子 set.seed (1000), 把数据随机分成训练集和测试集, 其中训练集包含 148 个样本, 测试集包含 60 个样本; 其次, 在训练集上拟合单棵分类树、随机森林和 AdaBoost 模型; 最后, 在测试集上计算测试错误率, 并对三个模型的测试错误率进行比较. 程序和输出结果如下.

```
library(rpart); library(randomForest); library(adabag)
data(Sonar, package = "mlbench");   set.seed(1000)
train = sample(length(Sonar$Class), 148)
## 拟合单棵分类树模型和计算测试错误率
tree.fit = rpart(Class ~ ., data = Sonar[train, ])
Class.tree=predict(tree.fit,newdata=Sonar[-train,],type="class")
acc.tree=sum(Sonar[-train,"Class"]==Class.tree)/nrow(Sonar[-train,])
> (errRate.tree = 1 - acc.tree)
[1] 0.3
## 拟合随机森林模型和计算测试错误率
RF.fit = randomForest(Class ~ ., data = Sonar, subset = train,
                      importance = TRUE)
Class.RF = predict(RF.fit, newdata = Sonar[-train, ])
(mat.RF = table(Class.RF, Sonar[-train, "Class"]))
> (errRate.RF  = 1- sum(diag(mat.RF))/sum(mat.RF))
[1] 0.15
## 拟合 AdaBoost 模型和计算测试错误率
boost.fit = boosting(Class~., data = Sonar[train, ], boos = FALSE,
                     mfinal = 500, coeflearn = 'Breiman',
                     control = rpart.control(maxdepth = 3))
Class.boost = predict(boost.fit, newdata = Sonar[-train, ])
> (errRate.boost = Class.boost$error)
[1] 0.1166667
```

上面每种方法都是固定种子 set.seed(1000), 且结果可见, 单棵分类树的测试错误率为 30%, 随机森林的测试错误率为 15%, AdaBoost 算法的测试错误率约为 11.67%. 因此, AdaBoost 算法的预测效果明显好于单棵分类树和随机森林. 进一步, 在不同分类树情形下, 对 AdaBoost 算法在训练集和测试集上的错误率进行比较, 程序如下, 结果见图 10.30.

```
errorevol(boost.fit, newdata = Sonar[train, ])  -> evol.train
errorevol(boost.fit, newdata = Sonar[-train, ]) -> evol.test
plot.errorevol(evol.test, evol.train, lwd = 2)
```

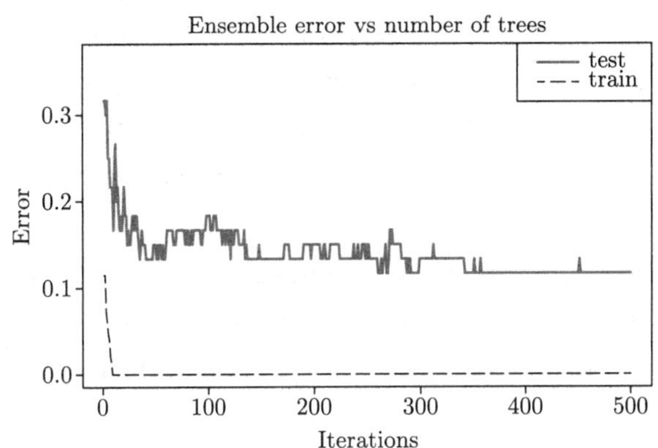

图 10.30 Sonar 数据集 AdaBoost 算法的训练错误率和测试错误率比较

由图 10.30 的结果可知, 在训练集上, AdaBoost 算法的训练错误率很快为 0; 而在测试集上, 当分类树大约增加到 350 棵后, 测试错误率基本稳定.

对于多分类问题, 继续对 10.3.4 节的 Glass 数据集进行分析. 利用程序包 caret 中的函数 train() 和程序包 gbm 中的 gbm 方法对提升法作 10 折交叉验证, 其中参数 `method="gbm"` 表示拟合提升法, 程序和输出结果如下.

```
library(caret); library(gbm); library(plyr)
data(Glass, package = "mlbench"); set.seed(2023)
gbm.Fit = train(Type ~ ., data = Glass, method = "gbm",
                trControl = trainControl(method = "cv"))
> gbm.Fit       ## 输出结果
Stochastic Gradient Boosting
214 samples
  9 predictor
  6 classes: '1', '2', '3', '5', '6', '7'

No pre-processing
Resampling: Cross-Validated (10 fold)
```

```
Summary of sample sizes: 192, 192, 192, 193, 192, 193, ...
Resampling results across tuning parameters:
  interaction.depth    n.trees    Accuracy     Kappa
  1                     50        0.7198052    0.6036904
  1                    100        0.7386364    0.6339484
  1                    150        0.7670346    0.6749076
  2                     50        0.7665584    0.6751913
  2                    100        0.7758658    0.6881532
  2                    150        0.8040260    0.7285535
  3                     50        0.8133333    0.7397423
  3                    100        0.7992641    0.7205561
  3                    150        0.8033550    0.7274049

Accuracy was used to select the optimal model using the largest
value. The final values used for the model were n.trees = 50,
interaction.depth = 3, shrinkage = 0.1 and n.minobsinnode = 10.
```

输出结果表明, 推荐参数 n.trees=50, interaction.depth=3, shrinkage=0.1 和 n.minobsinnode=10. 这时 10 折交叉验证的准确率为 81.33%, kappa 指标值约为 0.7397423, 对照表 9.5 可知, 预测值与真实值之间具有一致性较好 (good agreement) 表现. 对比单棵分类树和随机森林的结果, 提升法的分类效果明显优于单棵分类树, 稍好于随机森林.

10.5.3 回归问题的提升法

对于回归模型 $y_i = g(\boldsymbol{x}_i) + \varepsilon_i, i = 1, \cdots, n$, 假设回归函数 $g(\boldsymbol{x})$ 能够用基函数逼近, 即

$$g(\boldsymbol{x}) \approx \sum_{m=1}^{M} \beta_m b(\boldsymbol{x}; \boldsymbol{\gamma}_m),$$

其中 β_m 是展开系数, $b(\boldsymbol{x}; \boldsymbol{\gamma}_m) \in \mathbb{R}$ 是基函数, 而 $\boldsymbol{\gamma}_m$ 为参数向量 (如以决策树为基函数, 则 $\boldsymbol{\gamma}_m$ 表示分裂变量、在何处分裂以及叶结点的预测值), 且 $m = 1, \cdots, M$. 对于回归函数 $g(\boldsymbol{x})$ 的估计, 可极小化下面损失函数获得 $\{\beta_m, \boldsymbol{\gamma}_m\}_{m=1}^M$ 的估计, 进而可得回归函数 $g(\boldsymbol{x})$ 的估计, 即

$$\min_{\{\beta_m, \boldsymbol{\gamma}_m\}_{m=1}^M} \sum_{i=1}^{n} \ell_n \left(y_i, \sum_{m=1}^{M} \beta_m b(\boldsymbol{x}_i; \boldsymbol{\gamma}_m) \right), \tag{10.29}$$

其中 $\ell_n(\cdot, \cdot)$ 为损失函数. 例如, 平方损失函数、绝对损失函数、L_q 损失函数和 $0-1$ 损失函数等. 极小化式 (10.29) 比较困难, 特别是对基函数 $b(\boldsymbol{x}; \boldsymbol{\gamma}_m)$ 为决策树的情形. 因此, 考虑分步计算, 即所谓**前向分段算法**, 具体步骤如下.

步骤 1 初始化 $g_0(\boldsymbol{x}) = 0$.

步骤 2 对 $m = 1, \cdots, M$, 重复以下过程:

(a) 求解极小化问题, 即

$$(\beta_m, \boldsymbol{\gamma}_m) = \arg\min_{\{\beta,\gamma\}} \sum_{i=1}^{n} \ell_n\big(y_i, g_{m-1}(\boldsymbol{x}_i) + \beta b(\boldsymbol{x}_i; \boldsymbol{\gamma})\big), \tag{10.30}$$

其中, 在已知 $g_{m-1}(\boldsymbol{x}_i)$ 的情况下, 选择下一轮的最优展开系数 β_m 和基函数参数 $\boldsymbol{\gamma}_m$;

(b) 更新回归函数估计, 即

$$g_m(\boldsymbol{x}) = g_{m-1}(\boldsymbol{x}) + \beta_m b(\boldsymbol{x}; \boldsymbol{\gamma}_m). \tag{10.31}$$

如果考虑平方损失函数 $\ell_n(y, g(\boldsymbol{x})) = (y - g(\boldsymbol{x}))^2$, 则式 (10.30) 中的损失函数可以写为

$$\begin{aligned}\ell_n\big(y_i, g_{m-1}(\boldsymbol{x}_i) + \beta b(\boldsymbol{x}_i; \boldsymbol{\gamma})\big) &= \big[y_i - g_{m-1}(\boldsymbol{x}_i) - \beta b(\boldsymbol{x}_i; \boldsymbol{\gamma})\big]^2 \\ &= \big[r_{i,m} - \beta b(\boldsymbol{x}_i; \boldsymbol{\gamma})\big]^2,\end{aligned} \tag{10.32}$$

其中 $r_{i,m} = y_i - g_{m-1}(\boldsymbol{x}_i)$ 为当前阶段模型的回归残差. 这意味着, 只要以当前残差 $r_{i,m}$ 为响应变量, 对协变量向量 $\boldsymbol{x}_i$ 进行回归即可. 这种方法称为**回归问题的提升法**, 或L_2 **boosting**.

以残差 $r_{i,m}$ 为响应变量, 对协变量向量 $\boldsymbol{x}_i$ 进行回归时, 也可使用回归树. 如果使用回归树模型, 则称为**回归提升树** (boosted regression tree). 针对训练数据集 $D = \{(\boldsymbol{x}_i, y_i), i = 1, \cdots, n\}$, 想学得回归函数 $g(\boldsymbol{x})$, 则回归提升树的算法如下.

步骤 1 对训练集中所有的 $i = 1, \cdots, n$, 初始化 $\widehat{g}(\boldsymbol{x}) = 0$, 则残差就是响应变量 $r_i = y_i$.

步骤 2 对回归树个数 $b = 1, \cdots, B$, 重复以下过程:

(a) 使用数据 $\{(\boldsymbol{x}_i, r_i), i = 1, \cdots, n\}$ 建立一棵有 d 个分裂点 ($d+1$ 个叶结点) 的回归树 $\widehat{g}^{(b)}(\boldsymbol{x})$;

(b) 将压缩后的新回归树加入模型, 并更新 $\widehat{g}(\boldsymbol{x})$, 即

$$\widehat{g}(\boldsymbol{x}) \longleftarrow \widehat{g}(\boldsymbol{x}) + \lambda \widehat{g}^{(b)}(\boldsymbol{x}),$$

其中 $0 < \lambda < 1$ 为学习率. 这意味着, 仅将第 b 棵回归树 $\widehat{g}^{(b)}(\boldsymbol{x})$ 的一小部分加入 $\widehat{g}(\boldsymbol{x})$, 进一步放慢学习速度;

(c) 更新残差, 即

$$r_i \longleftarrow r_i - \lambda \widehat{g}^{(b)}(\boldsymbol{x}_i).$$

在 (b) 中, 由于函数 $\widehat{g}(\boldsymbol{x})$ 增加 $\lambda \widehat{g}^{(b)}(\boldsymbol{x})$, 所以在更新残差时, r_i 减少 $\lambda \widehat{g}^{(b)}(\boldsymbol{x}_i)$.

步骤 3 输出经过提升的模型, 即

$$\widehat{g}(\boldsymbol{x}) = \sum_{b=1}^{B} \lambda \widehat{g}^{(b)}(\boldsymbol{x}).$$

在步骤 3 中, 将每次学习的增量 $\lambda \widehat{g}^{(b)}(\boldsymbol{x})$ 进行求和, 即为最终学习的回归函数 $\widehat{g}(\boldsymbol{x})$. 在进行回归提升树时, 需要考虑如下的调节参数或超参数.

(1) 回归树的总数 B. 与装袋法和随机森林不同, 如果 B 过大, 提升法可能出现过拟合, 不过即使出现过拟合, 其发展也很缓慢. 一般可使用 CV 方法选择最优的 B.

(2) 每棵回归树的分裂点数 d. 参数 d 也称为**交互深度** (interaction depth), 主要控制着整个提升模型的复杂性和交互顺序, 因为 d 个分裂点最多包含 d 个变量. 例如, $d = 1$, 则仅有一个分裂点构

成, 此时每棵回归树都是一个树桩, 无法考虑变量之间的交互效应, 相当于没有交互项. 这种情况的提升法与加法模型相符, 因为每棵回归树只包含一个变量. 如果 $d = 2$, 回归树分裂两次, 则可包含两个变量之间的交互效应; 如果 $d = 3$, 回归树分裂三次, 则可包含三个变量之间的交互效应; 以此类推. 一般建议选择 $d = 4 \sim 8$, 以充分捕捉多个变量之间的交互效应.

(3) 学习率 λ. 学习率 λ 控制着提升法的学习速度, λ 通常取 0.01 或 0.001, 需要根据具体问题确定合适的取值. 若 λ 很小, 则需要很大的 B 才能获得良好的预测效果. 设定较小的学习率, 也是一种正则化方法, 可以避免出现过拟合问题.

10.5.4 程序包 gbm 的应用

在 R 语言中, 程序包 gbm 可以实现提升法, 其采用决策树作为基学习器模型, 核心函数是 gbm(), 可以使用提升法来进行分类和回归问题研究. 函数 gbm() 中的主要参数有: ① 参数 distribution, 表示损失函数的形式. 例如, 如果是平方损失取 gaussian, 如果是绝对损失取 laplace, 如果是 0-1 损失或 logistic 回归取 bernoulli, 如果是 AdaBoost 算法的指数损失取 adaboost; ② 参数 n.trees, 表示决策树的数目, 默认为 100; ③ 参数 interaction.depth, 表示决策树内部结点的数目, 限制了每棵树的深度, 默认为 1; ④ 参数 shrinkage, 表示学习率, 默认为 0.1; ⑤ 参数 bag.fraction, 表示子取样比例, 默认为 0.5; 其他更多参数见在线帮助.

为了展示程序包 gbm 的应用, 现在对例 1.1 的前列腺癌症数据进行提升法研究, 并与 10.2.3 节回归树和 10.4.6 节随机森林的预测结果进行比较.

为了方便比较, 固定同样的种子 set.seed(1), 首先在 60 个训练样本上拟合提升法模型, 然后在 37 个测试集上计算测试均方误差 (test MSE). 图 10.31(a) 展示了每个协变量的相对影响图形, 图 10.31(b) 展示了提升法的预测散点图和 45° 线.

```
library(gbm)
data(prostate, package = "faraway")
set.seed(1); train = sample(97, 60)
boost.mod = gbm(lpsa ~ ., data = prostate[train, ],
               distribution = "gaussian", n.trees = 500,
               shrinkage = 0.01, interaction.depth = 3)
> summary(boost.mod)          ## 总结结果
                var         rel.inf
lcavol       lcavol       42.145668
lweight     lweight       21.121650
pgg45         pgg45       13.965338
lcp             lcp        8.547405
lbph           lbph        6.914845
age             age        3.941959
svi             svi        2.030262
```

```
gleason       gleason         1.332873
## 预测和计算测试均方误差
y.boost = predict(boost.mod, newdata = prostate[-train, ])
y.test = prostate[-train, "lpsa"]
> (testMSE.boost = round(mean((y.boost - y.test)^2), 4))
[1] 0.549
plot(y.boost, y.test, col="dodgerblue", cex=2, xlab="lpsa.hat",
     ylab = "lpsa", main = "Boosting Prediction")
abline(0, 1, lwd = 3, col = "red")
text(3.2, 0.5, paste("test MSE=", testMSE.boost), col = "red")
```

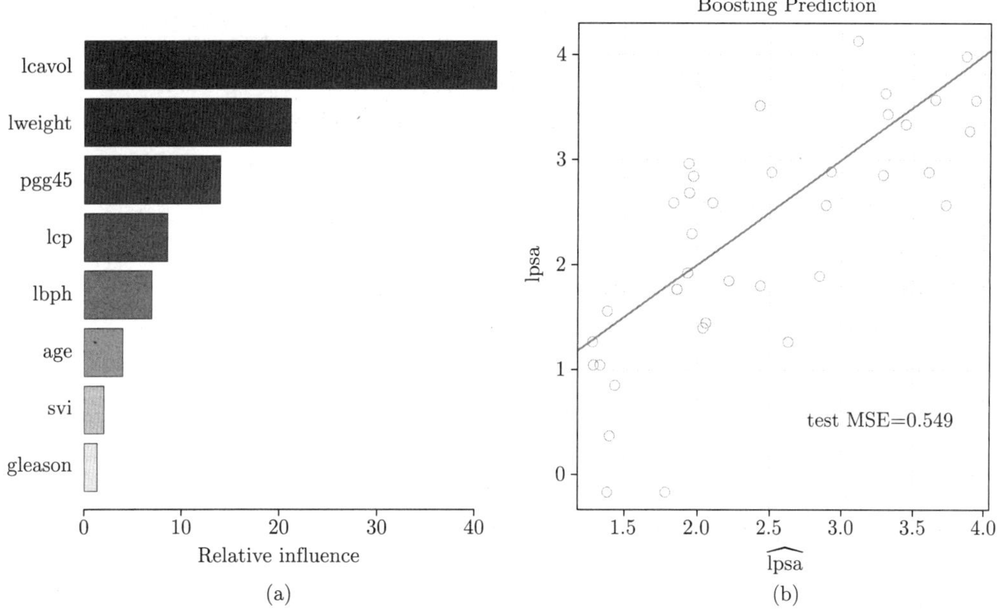

图 10.31 (a) 前列腺癌症数据协变量的相对影响图; (b) 提升法的预测值 $\widehat{\text{lpsa}}$ 与测试集中实际观测值 lpsa 的散点图和 45° 线, 测试均方误差为 0.549

图 10.31(a) 的结果显示, 协变量 lcavol 仍然是最显著的变量. 由上面结果和图 10.31(b) 可知, 当参数 n.trees=500, shrinkage=0.01 和 interaction.depth=3 时, 提升法的测试均方误差为 0.549, 明显好于单棵回归树和随机森林的预测效果.

习 题 10

1. 考虑一个可以由递归二叉分裂法得到的二维特征空间分割并作图. 要求例子中至少包含 6 个区域, 并画出与这一分割相对应的决策树. 要求图中的所有要点都被标出, 包括区域 $R_1, R_2, \cdots$ 和分割点 $t_1, t_2, \cdots$.

2. 假设 $Z_1,\cdots,Z_n$ 是 n 个同分布但不相互独立的随机变量, 并假设两两之间的相关系数为 $\rho>0$, 试计算均值 $\overline{Z}$ 的方差 $\text{Var}(\overline{Z})$, 并根据计算结果说明 ρ 对 $\text{Var}(\overline{Z})$ 的影响, 其中 $\overline{Z}=\dfrac{1}{n}\sum_{i=1}^{n}Z_i$.

3. 已知如表 10.4 所示的训练数据, 试用平方误差损失或信息增益比生成一个二叉回归树.

表 10.4 训练数据集

x_i	1	2	3	4	5	6	7	8	9	10
y_i	4.50	4.75	4.91	5.34	5.80	7.05	7.90	8.23	8.70	9.00

4. Carseats 数据集是包含 400 家不同商店儿童汽车座椅销售的数据集, 在该数据集中包含 400 个样本和 11 个变量. 现针对 Carseats 数据集, 把 Sales (每个商店儿童汽车座椅的价格, 单位: 千美元) 作为响应变量, 考虑三个协变量 (Advertising, Price, Income) 对响应变量 Sales (单位: 千美元) 的预测, 建立回归树, 用函数 tree() 对数据进行拟合, 得到下面拟合的结果.

```
library(tree);  library(ISLR2);  attach(Carseats)
> (fit=tree(Sales ~ Advertising + Price + Income, data = Carseats))
node), split, n, deviance, yval
      * denotes terminal node
 1) root 400 3182.00  7.496
   2) Price < 94.5 71  486.60  9.788
     4) Price < 75.5 19  105.50 11.040 *
     5) Price > 75.5 52  340.40  9.331 *
   3) Price > 94.5 329 2242.00  7.002
     6) Advertising < 6.5 174  860.00  6.170
      12) Price < 130.5 118  513.70  6.508 *
      13) Price > 130.5 56  304.20  5.456
        26) Income < 82.5 37  170.50  4.806 *
        27) Income > 82.5 19   87.58  6.722 *
     7) Advertising > 6.5 155 1127.00  7.936
      14) Price < 136.5 127  785.30  8.468
        28) Income < 51.5 39  210.10  7.406 *
        29) Income > 51.5 88  511.80  8.938
          58) Advertising < 16.5 73  410.10  8.580 *
          59) Advertising > 16.5 15   46.83 10.680 *
      15) Price > 136.5 28  142.40  5.523 *
```

试回答如下问题:

(1) 根据上面回归树的拟合结果, 手动画出回归树, 并标出根结点, 内部结点, 终端结点和分支, 以及相应的信息;

(2) 根据 (1) 所得回归树, 选择其中一个终端结点, 解释得到的信息或预测结果;

(3) 如果只保留 4 个终端结点, 如何进行剪枝, 并画出剪枝以后的回归树, 并说明你的理由.

5. 证明在代价复杂性剪枝算法中, 求出的子树序列 $\{T_0, T_1, \cdots, T_n\}$ 分别是区间 $\lambda \in [\lambda_i, \lambda_{i+1})$ 的最优子树 T_λ, 其中 $i = 0, 1, \cdots, n, 0 = \lambda_0 < \lambda_1 < \cdots < \lambda_n < \infty$.

6. 利用定义 10.2 的信息增益比作为特征变量选择的准则, 对表 10.1 的贷款申请样本数据重新建立分类树, 并与图 10.13 的分类树结果进行比较.

7. 判断题, 对下面论断进行判断.

(1) 选择最小化分类错误率的分类树分裂 (在每个结点向下移动) 将保证最佳的分类树.

(2) 选择最大化信息增益的分类树分裂 (在每个结点向下移动) 将保证最佳的分类树.

(3) 随机森林可用于对高维数据进行分类.

(4) 在提升法中确定样本初始权重时, 是基于训练样本的正态分布来求得的.

(5) 在 AdaBoost 算法中, 分类误差率都是通过错误分类样本个数与样本总量的比来计算的.

(6) 随机森林是一种集成学习方法, 目的是要降低决策树的偏差.

(7) 装袋法是通过对 B 个弱学习器重加权, 从而转化为一个强学习器. 而提升法是从原始数据集中抽取 B 个样本分布 (通常带有替换), 供学习者进行训练.

(8) 一个无限深度的二分类决策树总是可以达到 100% 的训练精度, 前提是在训练集中没有一个点被错误标记.

8. 试考虑如下问题: 对于神经网络分类, 典型方法是训练 K 个网络并对结果进行平均. 对于决策树来说是否有必要使用所有的数据运行 K 次, 然后对结果取平均? 为什么?

9. 由 10.5.3 节所提, 用深度为 1 的树 (树桩) 构建提升法会得到如下可加模型

$$g(\boldsymbol{x}) = \sum_{j=1}^{p} g_j(x_j),$$

其中 $\boldsymbol{x} = (x_1, \cdots, x_p)^{\mathrm{T}}$. 根据回归提升树的算法, 解释这种情况出现的原因.

10. 在一个仅有两个类别的简单分类情况下, 请考虑基尼指数, 分类错误率和信息熵. 创建一张图, 将这几个量分别表示为 $\widehat{p}_{m1}$ 的函数, 其中 $\widehat{p}_{m1}$ 表示第 m 个区域的训练集中第 1 类所占比例, 且 $\widehat{p}_{m1} + \widehat{p}_{m2} = 1$. $\widehat{p}_{m1}$ 在 x 轴上, 取值范围是从 0 到 1, y 轴应展示基尼指数, 分类错误率和信息熵的值.

11. 某公司招聘职员考查身体, 业务能力和发展潜力这 3 项. 身体分为合格 (用 1 表示) 和不合格 (用 0 表示), 业务能力和发展潜力分为上, 中和下三级, 其中用 1 表示上, 2 表示中, 3 表示下. 类别变量分为两类: 合格 (用 1 表示) 和不合格 (用 −1 表示). 已知 10 个应聘人员情况数据, 见表 10.5. 假设基学习器模型为分类树, 试用 AdaBoost 算法学习一个分类器.

表 10.5 应聘人员情况数据表

	1	2	3	4	5	6	7	8	9	10
身体	0	0	1	1	1	0	1	1	1	0
业务能力	1	3	2	1	2	1	1	1	3	2
发展潜力	3	1	2	3	3	2	2	1	1	1
分类	−1	−1	−1	−1	−1	−1	1	1	−1	−1

12. 用 p 维协变量 $X_1, \cdots, X_p$ 对响应变量 Y 构建回归树, 考虑下面的问题:

(1) 假设回归树具有 m 个叶结点, 请给出回归树拟合的自由度公式;

(2) 要求协变量 $X_1, \cdots, X_p$ 独立且服从标准正态分布, 并模拟生成 100 个协变量观测样本 $\boldsymbol{x}_i = (x_{i1}, \cdots, x_{ip}), i = 1, \cdots, 100$. 进一步, 生成响应变量 Y 的观测样本 $y_i, i = 1, \cdots, 100$, 要求响应变量与协变量独立且服从标准正态分布. 固定观测样本结果并输出;

(3) 利用所生成的观测样本分别拟合具有 1、5 和 10 个叶结点的回归树, 估计每个回归树拟合的自由度. 每棵回归树重复模拟次数均为 10 次, 以获得自由度的良好估计;

(4) 比较 (1) 和 (3) 中自由度的估计, 解释所得结果;

(5) 如果回归树的拟合具有线性形式, 即存在矩阵 $\mathbf{S}$ 使 $\widehat{\boldsymbol{Y}} = \mathbf{S}\boldsymbol{Y}$, 则回归树自由度可以表示为 $\mathrm{tr}(\mathbf{S})$. 请提出一种近似矩阵 $\mathbf{S}$ 的方法, 计算 $\mathrm{tr}(\mathbf{S})$, 并与 (1) 和 (3) 中的自由度进行比较, 解释所得结果.

13. 考虑随机森林重抽样的袋外错误率和 k 折 CV 错误率, 试证明: 随着重抽样样本数量 B 的增加, 袋外错误率的估计逐渐接近 k 折 CV 错误率的估计, 当 $B \to \infty$ 时, 二者相等.

14. 请分析: 使用 "最小训练误差准则" 作为决策树分割的选择准则存在哪些缺陷? 应该使用什么样的选择准则, 为什么?

15. 假设 $x_1, \cdots, x_n$ 相互独立, 且 $x_i \sim N(\mu, \sigma^2), i = 1, \cdots, n$. 令 $\overline{x}_1^*$ 和 $\overline{x}_2^*$ 是样本均值 $\overline{x}$ 的两次重抽样实现, 试考虑如下问题:

(1) 证明 $\mathrm{corr}(\overline{x}_1^*, \overline{x}_2^*) = \dfrac{n}{2n-1} \approx 50\%$;

(2) 推导 $\mathrm{Var}(\overline{x}_1^*)$ 和 $\mathrm{Var}(\overline{x}_{\mathrm{bag}})$, 其中 $\mathrm{Var}(\overline{x}_{\mathrm{bag}})$ 是装袋均值;

(3) 试分析 (1) 和 (2) 中的结论, 解释所得结果. (提示: 样本均值是一个线性的统计量)

16. 考虑如下情形: 对一个二分类问题建立分类树, 训练集的样本量为 n, 每个训练样本都有 p 个实值特征变量. 在分类树的每个结点上, 尝试对每个可能的单特征变量进行分裂 (即对于每个特征变量, 尝试该特征变量的每个可能的分裂值), 并选择最大化信息增益原则. 请解释: 为什么可以在 $O(nph)$ 时间内构建分类树, 其中 h 是分类树的最深结点的深度. 解释应该包括对选择一个结点分裂时间的分析, 这里假设可以在线性时间内对实数进行基数排序.

17. 请从包含红绿两个类别的数据集中产生 10 个 bootstrap 样本, 并对每个 bootstrap 样本建立一棵分类树. 对给定的 X 值, 条件概率 $\mathbb{P}$ (类别是 $\mathrm{Red}|X$) 的 10 个估计分别为

$$0.1,\ \ 0.15,\ \ 0.2,\ \ 0.2,\ \ 0.55,\ \ 0.6,\ \ 0.6,\ \ 0.65,\ \ 0.7,\ \ 0.75.$$

请分别根据多数投票和平均概率的方法, 将这些结果结合成一个预测类别, 并给出两种方法的最终分类结果.

18. 利用回归树和装袋法对程序包 MASS 中的数据 mcycle 进行非参数拟合, 把 accel 作为响应变量, times 作为协变量, 试考虑如下问题:

(1) 利用 10.2.3 节编写的函数 plot.tree(), 取不同的分裂点, 展示只有一个根结点时, 回归树模型对回归函数的拟合情况;

(2) 利用程序包 rpart 中的函数 rpart() 拟合 mcycle 数据, 建立回归树, 绘制散点图和回归树的拟合曲线, 并利用程序包 rpart.plot 中的函数 rpart.plot() 绘制回归树;

(3) 对参数 cp, minsplit, minbucket 和 maxdepth 取不同的值, 建立回归树, 绘制散点图、回归树的拟合曲线和回归树, 观察这些参数改变对结果的影响;

(4) 利用装袋法对 mcycle 数据进行拟合, 观察不同回归树的数目对拟合曲线的影响, 并与最优回归树拟合的结果进行比较.

19. 请考虑程序包 MASS 的 Boston 数据集. 首先, 把数据随机分成 70% 的训练集和 30% 的测试集; 然后, 分别取参数 mtry=2, 4, 6, 8, 10, 12, 14 和参数 ntree=5, 10, 25, 50, 100, 200, 500, 1000, 在训练集上建立随机森林; 最后, 在测试集上进行预测, 计算测试均方误差, 绘制测试均方误差曲线图, 并描述所得结果.

20. 对程序包 ISLR2 中的 Carseats 数据集进行分析, 该数据集包含 400 个样本和 11 个变量, 其中响应变量 Sales 表示每个商店儿童汽车座椅的价格 (单位: 千美元), 主要目的是利用其他 10 个协变量来对响应变量 Sales 进行预测, 试考虑如下问题:

(1) 使用 set.seed(1), 首先将 Carseats 数据集随机分为训练集和测试集, 其中训练集包含 280 个样本, 测试集包含 120 个样本. 然后利用训练集估计回归树模型, 并绘制该回归树;

(2) 通过 10 折 CV 方法, 选择最优的复杂性参数 cp, 并画图展示结果;

(3) 根据最优的复杂性参数 cp 进行剪枝, 并画出剪枝后的回归树;

(4) 在测试集上进行预测, 计算测试均方误差, 并绘制回归树的预测散点图和 45° 线, 进一步, 与多元线性回归模型的测试均方误差进行比较;

(5) 在训练集上, 使用装袋法和随机森林拟合数据, 并绘制袋外均方误差曲线, 比较不同参数 mtry 袋外均方误差的变化;

(6) 基于装袋法和随机森林结果, 对变量重要性列表, 并画图比较;

(7) 选择三个重要变量, 绘制它们的偏依赖图, 并对结果进行解释;

(8) 在测试集上进行预测, 分别计算装袋法和随机森林的测试均方误差, 并绘制预测散点图和 45° 线;

(9) 编写程序, 分别通过 10 折 CV 方法和测试均方误差, 选择最优的参数 mtry, 并画图展示;

(10) 在训练集上估计提升法模型, 设置参数 n.trees=5000, interaction.depth=4, cv.fold=5, shrinkage=0.1 和 n.minobsinnode=10;

(11) 基于提升法结果, 对变量重要性列表, 并画图比较;

(12) 考察训练均方误差与交叉验证误差随回归树数目大小的变化, 并画图展示;

(13) 需要多少棵回归树, 才能达到训练均方误差与交叉验证误差的最小值? 此最小值分别是多少?

(14) 在测试集上进行预测, 计算提升法的测试均方误差, 并绘制预测散点图和 45° 线;

(15) 根据测试均方误差的结果, 对单棵回归树、多元线性回归模型、装袋法、随机森林和提升法进行比较, 说明哪种方法的预测效果较好.

21. 对程序包 cba 中的 Mushroom 数据集进行分析, 该数据集包含 8 124 个样本和 23 个变量, 其中响应变量为因子 class, 取两个水平: edible (表示蘑菇可食用) 和 poisonous (表示蘑菇有毒). 主要目的是利用其他 22 个特征变量来对响应变量 class 进行分类预测, 其中 22 个特征变量包含蘑菇的外形、颜色、种群、栖息地等因子变量. 试考虑如下问题:

(1) 使用 set.seed(1), 首先将 Mushroom 数据集随机分为训练集和测试集, 其中训练集包含

7 124 个样本, 测试集包含 1 000 个样本. 然后利用训练集估计分类树模型, 并绘制该分类树;

(2) 通过 10 折 CV 方法, 选择最优的复杂性参数 cp, 并画图展示结果;

(3) 根据最优的复杂性参数 cp 进行剪枝, 并画出剪枝后的分类树;

(4) 在测试集上进行预测, 计算混淆矩阵和测试错误率, 并根据混淆矩阵绘制 ROC 曲线;

(5) 使用信息熵准则, 估计最优的分类树模型, 并在测试集上进行预测, 计算混淆矩阵和测试错误率, 与 (4) 所得结果进行比较;

(6) 使用命令 `sum(is.na(Mushroom))`, 计算样本中有多少个观测值缺失;

(7) 在利用程序包 randomForest 进行随机森林分析时, 该程序包不允许有缺失值, 使用其函数 na.roughfix(), 以中位数或众数借补缺失值, 进一步, 由于某些变量名不被程序包 randomForest 所接受, 会导致报错, 使用命令 `names(Mushroom)=make.names(names(Mushroom))` 让变量名合法化;

(8) 在训练集上, 取不同参数 mtry, 估计随机森林模型, 并绘制袋外错误率曲线, 比较不同参数 mtry 时袋外错误率的变化;

(9) 基于最优随机森林的结果, 对变量重要性列表, 并画图比较;

(10) 选择三个重要特征变量, 绘制它们的偏依赖图, 并对结果进行解释;

(11) 在测试集上进行预测, 计算随机森林预测结果的混淆矩阵和测试错误率, 并根据混淆矩阵绘制 ROC 曲线;

(12) 编写程序, 分别通过 10 折 CV 方法和测试错误率, 选择最优的参数 mtry, 并画图展示.

22. 对程序包 evtree 中的 GermanCredit 数据集进行二分类问题的提升法分析, 该数据集包含 1 000 个样本和 21 个变量, 其中响应变量为因子 credit_risk, 取两个水平: good (表示信用好) 和 bad (表示信用坏). 主要目的是利用其他 20 个特征变量来对响应变量 credit_risk 进行分类预测, 其中 20 个特征变量包含有关个人、银行和贷款信息等. 试考虑如下问题:

(1) 使用 set.seed(1), 首先将 GermanCredit 数据集随机分为训练集和测试集, 其中训练集包含 700 个样本, 测试集包含 300 个样本;

(2) 使用函数 model.matrix() 将所有因子变量变为虚拟变量, 并去掉取值没有变化的虚拟变量 (提示: 用函数 model.matrix() 所生成数据框的第 31 个变量), 否则使用程序包 gbm 时会报错;

(3) 设置参数 set.seed(1), n.trees=1 000, cv.folds=5, shrinkage=0.01, interaction.depth=2, 其他参数默认, 估计提升树模型;

(4) 考察训练错误率与测试错误率随分类树数目的变化, 并画图展示;

(5) 在测试集上进行预测, 计算混淆矩阵和测试错误率, 进一步, 与最优单棵分类树和随机森林的测试错误率进行比较, 并在一个图中绘制 ROC 曲线做比较, 说明哪种方法的预测效果较好.

23. 对程序包 ISLR2 中的 Hitters 数据集进行提升法分析, 该数据集包含 322 个样本和 20 个变量, 主要目的是利用其他 19 个变量对 Salary (单位: 千美元) 进行预测. 试考虑下面的问题:

(1) 首先对数据进行预处理, 剔除变量 Salary 有缺失的观测样本, 再对 Salary 作对数变换;

(2) 使用 set.seed(1), 随机创建一个含 200 个观测样本的训练集, 用余下的 122 个观测样本建立测试集;

(3) 用回归树作为基学习器, 用 1 000 棵回归树对训练集执行提升法, 选取不同的学习率 λ;

(4) 横坐标取不同的学习率 λ, 纵坐标取对应的测试均方误差, 绘制测试均方误差曲线, 并分析所得结果;

(5) 计算提升法的测试均方误差, 并与第 3 章的多元线性回归模型和第 7 章的变量选择方法所得测试均方误差进行比较;

(6) 在提升法模型中, 哪些变量是最重要的协变量?

(7) 对训练集使用随机森林, 比较随机森林和提升法的测试均方误差.

24. 对程序包 rattle 中的意大利葡萄酒产地数据 wine 进行多分类问题研究, 该数据集包含 178 个样本和 14 个变量, 其中 Type 为响应变量, 表示葡萄酒的三个不同产地, 其他 13 个变量作为特征变量, 包括葡萄酒的颜色、酒精度和其他化学性质, 且 13 个特征变量都为定量变量. 研究目的是根据葡萄酒的颜色、酒精度和其他化学性质判断其产地. 试考虑下面的问题:

(1) 使用 set.seed (2023), 首先随机选取 100 个观测样本作为训练集, 其余 78 个观测样本作为测试集. 然后利用训练集估计分类树模型, 并绘制该分类树;

(2) 通过 10 折 CV 方法, 选择最优的复杂性参数 cp, 并画图展示结果;

(3) 根据最优的复杂性参数 cp 进行剪枝, 并画出剪枝后的分类树;

(4) 在测试集上进行预测, 计算混淆矩阵和测试错误率;

(5) 在训练集上, 取不同参数 mtry, 估计随机森林模型, 并绘制袋外错误率曲线, 比较不同参数 mtry 袋外错误率的变化;

(6) 基于最优随机森林的结果, 考虑随机森林分类的变量重要性, 并展示变量重要性图和变量局部重要性图;

(7) 利用程序包 caret 中的函数 train() 对 wine 数据的 logistic 回归、分类树、随机森林和提升法作 10 折交叉验证, 计算 kappa 指标, 并对不同方法进行比较.

25. 请自行选取一个数据集进行数据分析, 试考虑如下问题:

(1) 请利用信息熵作为分裂准则, 构建决策树. 进一步生成剪枝决策树, 并与未剪枝决策树进行比较;

(2) 请利用基尼指数作为分裂准则, 构建决策树. 进一步生成剪枝决策树, 并与未剪枝决策树进行比较;

(3) 请利用错误率作为分裂准则, 构建决策树. 进一步生成剪枝决策树, 并与未剪枝决策树进行比较;

(4) 比较三种方法构建的决策树和剪枝决策树, 进行显著性检验, 解释所得结果.

26. 请自行选取一个数据集, 在训练集上应用提升法、装袋法和随机森林方法, 评估模型在测试集上的表现效果. 如果是回归问题, 进一步与线性回归模型和 KNN 回归方法进行比较; 如果是分类问题, 进一步与 logistic 回归模型和 KNN 分类方法进行比较. 通过比较说明决策树方法的预测准确性如何. 提升法、装袋法和随机森林三种基于决策树的方法中, 谁的预测效果最好?

第 11 章　支持向量机

学习目标与要求:

1. 掌握分割超平面的概念, 最大间隔分类器的思想、原理和方法, 以及求解的优化算法;
2. 掌握支持向量分类器和支持向量机的思想、原理和方法, 以及求解的优化算法;
3. 掌握多分类的支持向量机和惩罚支持向量机的思想、原理和方法;
4. 掌握支持向量回归的思想、原理和方法, 以及求解的优化算法;
5. 掌握支持向量机的数据分析技术及 R 语言应用.

支持向量机 (support vector machine, SVM) 是一种有监督的统计学习方法, 被广泛应用于统计分类和回归分析问题中, 已经成为统计学习方法的优秀代表. 支持向量机是由模式识别中广义肖像算法 (generalized portrait algorithm) 发展而来的分类器, 最早来自 Vapnik 和 Lerner (1963) 提出的工作, 此后在 20 世纪 90 年代迅速发展成为计算机界广泛使用的一种分类方法, 详细参考文献 Cortes 和 Vapnik (1995), Vapnik (1995), Vapnik (1998) 与 Vapnik (1999).

支持向量机的主要目标是找到一个超平面, 使得它能够尽可能把两类数据点正确分开, 同时使分开的两类数据点距离超平面最远. 寻找超平面的主要方法是构造一个在约束条件下的优化问题, 具体说是一个约束二次规划问题, 求解该优化问题, 进而得到分类器. 本章重点介绍最大间隔分类器 (maximal margin classifier)、支持向量分类器 (support vector classifier)、支持向量机 (SVM) 和惩罚支持向量机, 而通常把它们统称为 "支持向量机". 支持向量机也可以用于回归问题, 本章也重点介绍支持向量回归 (support vector regression, SVR).

§11.1　最大间隔分类器

11.1.1　超平面

假设存在观测训练样本集 $D=\{(\boldsymbol{x}_i,y_i),i=1,\cdots,n\}$, 其中 $\boldsymbol{x}_i=(x_{i1},\cdots,x_{ip})^{\mathrm{T}}\in\mathbb{R}^p$ 为特征向量, $y_i\in\{-1,1\}$ 为类别变量, 1 代表一种类别, -1 代表另一种类别. 分类学习的基本思想就是基于训练集 D 在样本空间中找到一个分类的超平面, 将不同类别的样本分开, 同时使分类错误率达到尽可能小. 因此, 如何定义超平面成为分类的一个重要因素.

定义 11.1 超平面

在 p 维空间中, 超平面 (hyperplane) 是 $p-1$ 维的平面仿射子空间, 定义为

$$\beta_0+\beta_1X_1+\beta_2X_2+\cdots+\beta_pX_p=0, \tag{11.1}$$

其中 $\beta_0,\beta_1,\cdots,\beta_p$ 是未知参数.

从几何上看, 超平面中 $\boldsymbol{\beta}=(\beta_1,\cdots,\beta_p)^{\mathrm{T}}$ 为**法向量**, 决定超平面的方向; β_0 为**位移项**, 决定超平面与原点之间的距离. 显然, 超平面可被法向量 $\boldsymbol{\beta}$ 和位移项 β_0 决定. 假设 $\boldsymbol{x}=(x_1,\cdots,x_p)^{\mathrm{T}}$ 是样本空间中的任意一个样本点, 可知它到超平面的距离为

$$d=\frac{|\beta_0+\boldsymbol{\beta}^{\mathrm{T}}\boldsymbol{x}|}{\|\boldsymbol{\beta}\|_2}. \tag{11.2}$$

由超平面的定义 11.1 可知: ① 如果样本点 $\boldsymbol{x}=(x_1,\cdots,x_p)^{\mathrm{T}}$ 满足 $\beta_0+\boldsymbol{\beta}^{\mathrm{T}}\boldsymbol{x}=0$, 则点 $\boldsymbol{x}$ 落在 p 维超平面上; ② 如果样本点 $\boldsymbol{x}$ 满足 $\beta_0+\boldsymbol{\beta}^{\mathrm{T}}\boldsymbol{x}>0$, 说明样本点 $\boldsymbol{x}$ 位于超平面的一侧; ③ 如果样本点 $\boldsymbol{x}$ 满足 $\beta_0+\boldsymbol{\beta}^{\mathrm{T}}\boldsymbol{x}<0$, 说明样本点 $\boldsymbol{x}$ 位于超平面的另一侧. 可见超平面将 p 维空间分成了两部分, 因此只需要判断式 (11.1) 左边取值的正负号, 即可判断样本点的分类情况. 图 11.1给出了二维空间中的一个超平面.

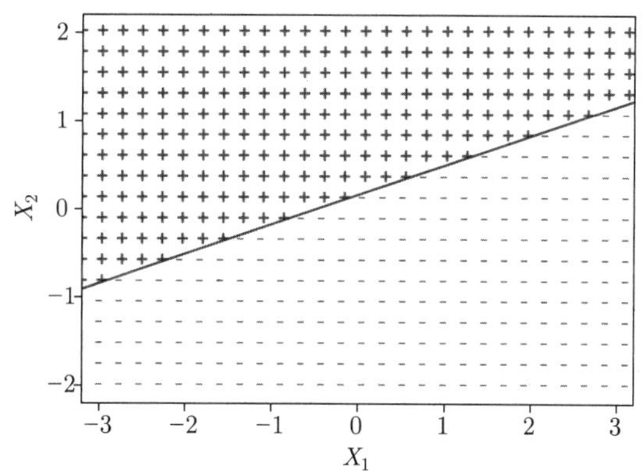

图 11.1 超平面 $1+2X_1-6X_2=0$, 蓝色 “+” 号区域是满足不等式 $1+2X_1-6X_2>0$ 的点集, 红色 “−” 号区域是满足不等式 $1+2X_1-6X_2<0$ 的点集

特别地, 当 $p=2$ 时, 在二维空间中超平面就是一条直线, 即满足 $\beta_0+\beta_1X_1+\beta_2X_2=0$; 在三维空间中, 超平面是一个平坦的二维子空间, 即就是一个平面, 满足 $\beta_0+\beta_1X_1+\beta_2X_2+\beta_3X_3=0$; 在 $p>3$ 维的空间中, 超平面是一个 $p-1$ 维的平面子空间, 很难对其进行可视化.

11.1.2 分割超平面

对于训练集 $D=\{(\boldsymbol{x}_i,y_i),i=1,\cdots,n\}$, 假设可以构造一个分割超平面, 把类别不同的训练样本分割开来, 而分割超平面有如下性质

$$\begin{cases}\beta_0+\beta_1x_{i1}+\beta_2x_{i2}+\cdots+\beta_px_{ip}>0, & \text{如果} y_i=1,\\ \beta_0+\beta_1x_{i1}+\beta_2x_{i2}+\cdots+\beta_px_{ip}<0, & \text{如果} y_i=-1.\end{cases} \tag{11.3}$$

等价于, 对所有的 $i=1,\cdots,n$, 有

$$y_i(\beta_0+\beta_1 x_{i1}+\beta_2 x_{i2}+\cdots+\beta_p x_{ip})>0. \tag{11.4}$$

如果分割超平面存在, 就可以用它来构造分类器, 判断一个新的 p 维测试观测样本 $\boldsymbol{x}^*=(x_1^*,\cdots,x_p^*)^{\mathrm{T}}$ 会被判定为哪个类别. 因此, 可根据 $g(\boldsymbol{x}^*)=\beta_0+\beta_1 x_1^*+\beta_2 x_2^*+\cdots+\beta_p x_p^*=\beta_0+\boldsymbol{\beta}^{\mathrm{T}}\boldsymbol{x}^*$ 的符号来对测试观测样本进行分类: ① 如果 $g(\boldsymbol{x}^*)$ 的符号为正, 则将测试观测样本 $\boldsymbol{x}^*$ 分为 1 类; ② 如果 $g(\boldsymbol{x}^*)$ 的符号为负, 则将测试观测样本 $\boldsymbol{x}^*$ 分为 -1 类. 进一步, 可以根据 $g(\boldsymbol{x}^*)$ 取值的大小对测试观测样本 $\boldsymbol{x}^*$ 进行分类, 如果 $g(\boldsymbol{x}^*)$ 的取值远离 0, 则表示 $\boldsymbol{x}^*$ 距离分割超平面很远, 就能准确判断 $\boldsymbol{x}^*$ 属于的类别. 如果 $g(\boldsymbol{x}^*)$ 的取值很接近于 0, 则表示 $\boldsymbol{x}^*$ 落在了分割超平面附近, 这时很难对 $\boldsymbol{x}^*$ 所属类别进行准确判断. 图 11.2(a) 就是一个通过分割超平面进行分类的一个例子.

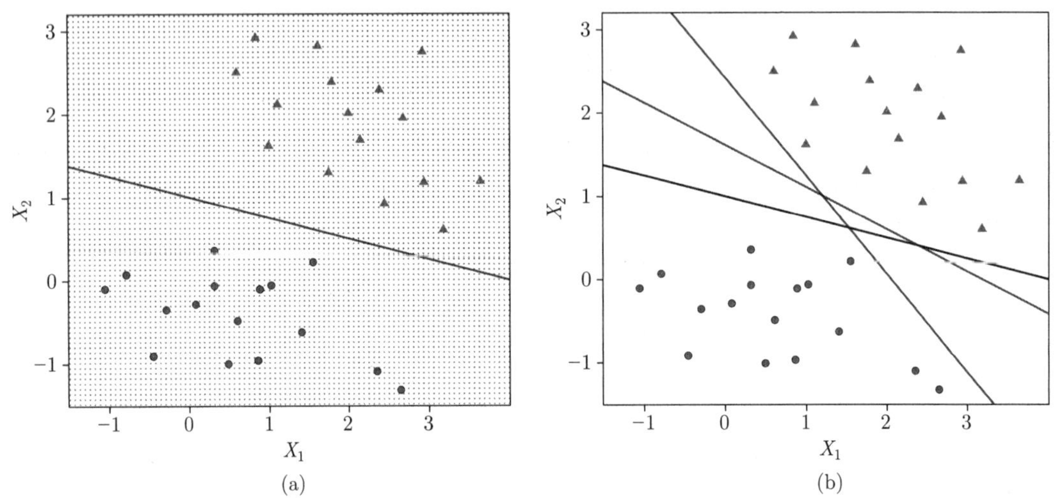

图 11.2 分割超平面, 所有观测分成两类, 分别用红色 "●" 和蓝色 "▲" 表示. (a) 黑色实线代表分割超平面, 红色和蓝色的网格表示基于这个分割超平面的分类器的判别准则; (b) 分割超平面可能有许多个, 给出了三个分割超平面的情形

在实际应用中, 可以找到很多分割超平面把样本点分到 1 或 -1 的类中. 因为对给定的一个分割超平面, 稍微上移、下移或适当地旋转, 只要不接触这些样本点并把数据分隔开即可. 图 11.2(b) 提供了三种可能的分割超平面. 因此, 一个关键的问题是如何找到一个最优的分割超平面?

11.1.3 最大间隔分类器

为了解决该问题, 可以寻找一个**最大间隔超平面**, 即离训练样本最远的那个分割超平面, 也把该分割超平面称为**最优分割超平面**. 具体做法是: ① 计算训练集中每个样本到一个特定分割超平面的垂直距离, 然后把训练样本到分割超平面距离中的最小距离称为**间隔** (margin); ② 寻找所有间隔超平面中使得间隔最大的超平面作为最大间隔分类器. 对于最大间隔分类器, 希望在训练集上间隔最大, 而在测试集上也能使得间隔较大, 这样的分类器才能正确对测试集进行分类.

对于训练集 $D=\{(\boldsymbol{x}_i,y_i),i=1,\cdots,n\}$, 令

$$\begin{cases}\beta_0+\boldsymbol{\beta}^{\mathrm{T}}\boldsymbol{x}_i \geqslant 1, & y_i=1,\\ \beta_0+\boldsymbol{\beta}^{\mathrm{T}}\boldsymbol{x}_i < -1, & y_i=-1.\end{cases} \tag{11.5}$$

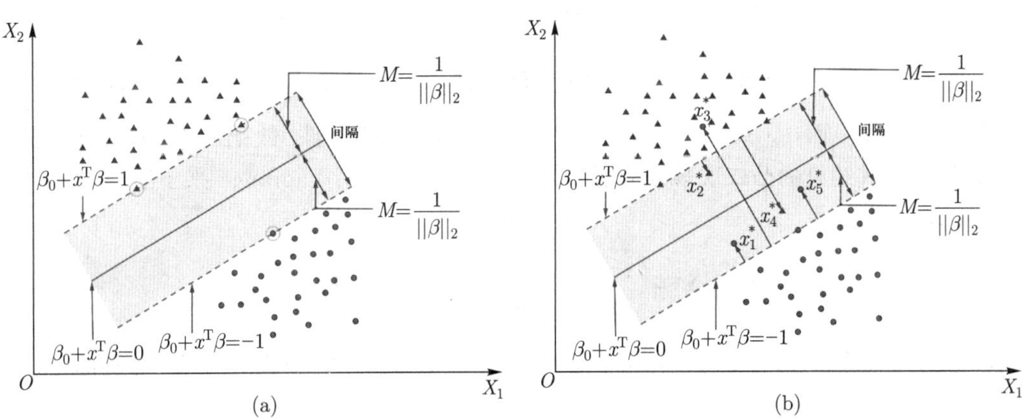

图 11.3 支持向量分类器. (a) 可分情形, 实线是超平面, 虚线是间隔, 阴影部分为最大间隔宽度 $2M=2/\|\boldsymbol{\beta}\|_2$; (b) 不可分情形, 有 5 个样本点 $(\boldsymbol{x}_1^*,\cdots,\boldsymbol{x}_5^*)$ 在间隔错误的一侧, 甚至样本点 $\boldsymbol{x}_3^*$ 和 $\boldsymbol{x}_4^*$ 到了超平面错误的一侧

当 $p=2$ 时, 图 11.3(a) 给出了最大间隔超平面, 可以发现有 3 个样本点到最大间隔超平面的距离是一样的, 虚线之间的距离表明了间隔的宽度. 把这 3 个训练样本点称为**支持向量** (support vector), 它们是 p 维空间中的向量. 支持向量的作用是支持最大间隔超平面, 因为它们的位置稍微发生改变, 最大间隔超平面也会发生改变. 对于训练集 $D=\{(\boldsymbol{x}_i,y_i),i=1,\cdots,n\}$, 可定义 1 类和 -1 类之间的间隔为 $2M$, 其中 M 为

$$M=\frac{1}{\|\boldsymbol{\beta}\|_2}. \tag{11.6}$$

为了找到最大间隔超平面, 也就是要找到能满足式 (11.5) 中的法向量 $\boldsymbol{\beta}$ 和位移项 β_0, 使得 M 最大, 即求解下面的优化问题

$$\begin{cases}\max\limits_{\boldsymbol{\beta},\beta_0} M,\\ \text{s.t.}\quad \|\boldsymbol{\beta}\|_2=1, \qquad y_i(\beta_0+\boldsymbol{\beta}^{\mathrm{T}}\boldsymbol{x}_i)\geqslant M, \qquad i=1,\cdots,n.\end{cases} \tag{11.7}$$

对约束条件 $y_i(\beta_0+\boldsymbol{\beta}^{\mathrm{T}}\boldsymbol{x}_i)\geqslant M$, 当 $M>0$ 时, 保证了每个观测都落在超平面的正确一侧. 在这个约束条件中假设 $M>0$ 实际上是要求每个观测和超平面之间保持一定的距离, 两个约束条件保证了第 i 个观测到超平面的垂直距离为 $y_i(\beta_0+\boldsymbol{\beta}^{\mathrm{T}}\boldsymbol{x}_i)$. 因此, 由约束条件可以看出, M 反映了超平面的间隔. 可以通过把条件替换为下面的形式来摆脱 $\|\boldsymbol{\beta}\|_2=1$ 的约束, 即

$$\frac{1}{\|\boldsymbol{\beta}\|_2}y_i(\beta_0+\boldsymbol{\beta}^{\mathrm{T}}\boldsymbol{x}_i)\geqslant M, \tag{11.8}$$

上式等价于 $y_i(\beta_0+\boldsymbol{\beta}^{\mathrm{T}}\boldsymbol{x}_i)\geqslant\|\boldsymbol{\beta}\|_2M$. 因为对于任意满足这些不等式的 $\boldsymbol{\beta}$ 和 β_0, 任意正的放缩因子

同样成立, 因此令 $\|\boldsymbol{\beta}\|_2 = 1/M$, 则式 (11.7) 的优化问题可以重新写成下面的优化问题

$$\begin{cases}\min\limits_{\boldsymbol{\beta},\beta_0} \dfrac{1}{2}\|\boldsymbol{\beta}\|_2^2, \\ \text{s.t.} \quad y_i(\beta_0 + \boldsymbol{\beta}^{\mathrm{T}}\boldsymbol{x}_i) \geqslant 1, \qquad i = 1, \cdots, n.\end{cases} \tag{11.9}$$

这里, 在式 (11.9) 的优化问题中, 去掉了约束条件 $\|\boldsymbol{\beta}\|_2 = 1$. 目标函数 $\dfrac{1}{2}\|\boldsymbol{\beta}\|_2^2 = \dfrac{1}{2}\boldsymbol{\beta}^{\mathrm{T}}\boldsymbol{\beta} = \dfrac{1}{2}(\beta_1^2 + \cdots + \beta_p^2)$ 为二次型, 而 $y_i(\beta_0 + \boldsymbol{\beta}^{\mathrm{T}}\boldsymbol{x}_i) \geqslant 1$ 为线性不等式约束条件, 故把式 (11.9) 的优化问题称为具有线性不等式约束的**凸二次规划问题**. 为求解该问题, 使用 Lagrange 乘子法, 可定义如下的 Lagrange 函数

$$L(\boldsymbol{\beta}, \beta_0; \boldsymbol{\lambda}) = \frac{1}{2}\|\boldsymbol{\beta}\|_2^2 - \sum_{i=1}^{n} \lambda_i \left[y_i(\beta_0 + \boldsymbol{\beta}^{\mathrm{T}}\boldsymbol{x}_i) - 1\right], \tag{11.10}$$

其中 $\boldsymbol{\lambda} = (\lambda_1, \cdots, \lambda_n)^{\mathrm{T}}$ 是非负 Lagrange 乘子向量. 令 $L(\boldsymbol{\beta}, \beta_0; \boldsymbol{\lambda})$ 分别对 $\boldsymbol{\beta}$ 和 β_0 求偏导数, 并令其等于零, 可得

$$\boldsymbol{\beta} = \sum_{i=1}^{n} \lambda_i y_i \boldsymbol{x}_i \tag{11.11}$$

和

$$0 = \sum_{i=1}^{n} \lambda_i y_i. \tag{11.12}$$

从式 (11.11) 可知, 最优 $\boldsymbol{\beta}$ 是各样本点观测数据的线性组合, 并依赖于 Lagrange 乘子向量 $\boldsymbol{\lambda}$. 由式 (11.11) 定义的 $\boldsymbol{\beta}$, 进而可得函数

$$g(\boldsymbol{x}) = \beta_0 + \boldsymbol{\beta}^{\mathrm{T}}\boldsymbol{x} = \beta_0 + \sum_{i=1}^{n} \lambda_i y_i \boldsymbol{x}_i^{\mathrm{T}}\boldsymbol{x}. \tag{11.13}$$

由于式 (11.9) 的优化问题包含不等式约束, 故最优解必须满足下面的 KKT (Karush-Kuhn-Tucker) 条件

$$\begin{cases}\lambda_i \geqslant 0, \\ y_i(\beta_0 + \boldsymbol{\beta}^{\mathrm{T}}\boldsymbol{x}_i) - 1 \geqslant 0, \\ \lambda_i[y_i(\beta_0 + \boldsymbol{\beta}^{\mathrm{T}}\boldsymbol{x}_i) - 1] = 0.\end{cases} \tag{11.14}$$

可见, 对任意的训练样本 $(\boldsymbol{x}_i, y_i)$, 总有 $\lambda_i = 0$ 或 $y_i(\beta_0 + \boldsymbol{\beta}^{\mathrm{T}}\boldsymbol{x}_i) = 1$. 若 $\lambda_i = 0$, 则该样本点将不会在式 (11.13) 的求和中出现, 也就不会对函数 $g(\boldsymbol{x}) = \beta_0 + \boldsymbol{\beta}^{\mathrm{T}}\boldsymbol{x}$ 有任何影响, 可以把这样的样本点称为**安全点**. 若 $\lambda_i > 0$, 则必有 $y_i(\beta_0 + \boldsymbol{\beta}^{\mathrm{T}}\boldsymbol{x}_i) = 1$, 所对应的样本点位于最大间隔边界上, 是一个支持向量, 它将会影响 Lagrange 函数的最优化. 这显示出支持向量的一个重要性质: 训练完成后, 只需要保留这些支持向量, 而其他大部分训练样本都可以舍掉.

为了确定函数 $g(\boldsymbol{x})$ 的符号, 首先需要估计 β_0 和 Lagrange 乘子向量 $\boldsymbol{\lambda}$. 把式 (11.11) 和式 (11.12) 代入式 (11.10), 可将 Lagrange 函数 $L(\boldsymbol{\beta}, \beta_0; \boldsymbol{\lambda})$ 中的 $\boldsymbol{\beta}$ 和 β_0 消去, 再考虑式 (11.12) 的约

束, 就可以得到式 (11.9) 的对偶问题

$$\begin{cases}\max\limits_{\boldsymbol{\lambda}}\left\{\sum\limits_{i=1}^{n}\lambda_i-\dfrac{1}{2}\sum\limits_{i=1}^{n}\sum\limits_{k=1}^{n}\lambda_i\lambda_k y_i y_k \boldsymbol{x}_i^{\mathrm{T}}\boldsymbol{x}_k\right\}, \\ \text{s.t.} \quad \sum\limits_{i=1}^{n}\lambda_i y_i=0, \quad \lambda_i \geqslant 0, \quad i=1,\cdots,n,\end{cases} \tag{11.15}$$

其中 $\boldsymbol{x}_i^{\mathrm{T}}\boldsymbol{x}_k$ 为 $\boldsymbol{x}_i$ 和 $\boldsymbol{x}_k$ 的内积, 可记为 $\langle\boldsymbol{x}_i,\boldsymbol{x}_k\rangle$. 这意味着, 特征向量 $\{\boldsymbol{x}_i, i=1,\cdots,n\}$ 通过相互之间的内积方式影响最优解. 式 (11.15) 是一个关于 Lagrange 乘子向量 $\boldsymbol{\lambda}$ 的简单凸优化问题, 可使用二次规划算法求解得到 $\widehat{\boldsymbol{\lambda}}=(\widehat{\lambda}_1,\cdots,\widehat{\lambda}_n)^{\mathrm{T}}$, 可以看成是训练样本 $\{(\boldsymbol{x}_i,y_i), i=1,\cdots,n\}$ 的函数. 把 Lagrange 乘子的估计 $\widehat{\lambda}_i$ 代入式 (11.11) 中, 可得

$$\widehat{\boldsymbol{\beta}}=\sum_{i=1}^{n}\widehat{\lambda}_i y_i \boldsymbol{x}_i. \tag{11.16}$$

对于位移项 β_0 的估计, 可通过支持向量来求解. 假设样本点 $(\boldsymbol{x}_s,y_s)$ 为任意支持向量, 则该支持向量在间隔上, 并满足

$$y_s(\beta_0+\boldsymbol{\beta}^{\mathrm{T}}\boldsymbol{x}_s)=1. \tag{11.17}$$

把式 (11.16) 定义的估计 $\widehat{\boldsymbol{\beta}}$ 代入式 (11.17) 中, 可得

$$\widehat{\beta}_0=\frac{1}{y_s}-\widehat{\boldsymbol{\beta}}^{\mathrm{T}}\boldsymbol{x}_s. \tag{11.18}$$

式 (11.18) 理论上对所有的支持向量都成立, 令 $S=\{s:\widehat{\lambda}_s>0\}$ 为支持向量的下标集, 则可得位移项 β_0 的稳健估计为

$$\widehat{\beta}_0=\frac{1}{|S|}\sum_{s\in S}\left\{\frac{1}{y_s}-\widehat{\boldsymbol{\beta}}^{\mathrm{T}}\boldsymbol{x}_s\right\}, \tag{11.19}$$

其中 $|S|$ 表示支持向量的个数. 把式 (11.16) 和式 (11.19) 代入式 (11.13) 中, 可得最优分割超平面的估计函数为

$$\widehat{g}(\boldsymbol{x})=\widehat{\beta}_0+\widehat{\boldsymbol{\beta}}^{\mathrm{T}}\boldsymbol{x}=\widehat{\beta}_0+\left(\sum_{i=1}^{n}\widehat{\lambda}_i y_i \boldsymbol{x}_i\right)^{\mathrm{T}}\boldsymbol{x}. \tag{11.20}$$

最后, 给定新的样本观测点 $\boldsymbol{x}^*$, 可用 $\widehat{g}(\boldsymbol{x}^*)$ 的符号进行分类预测.

§11.2 支持向量分类器

11.1 节介绍的最大间隔分类器需要将所有的训练观测样本都正确分开, 但其对观测个体是非常敏感的, 如果增加一个观测样本点, 则最大间隔超平面将发生很大的变化, 导致间隔很小, 使得最大间隔分类器对训练观测样本产生过拟合问题. 图 11.4 提供了一个例子, 在图 11.4(b) 中额外增加一个蓝色的观测样本点 $\boldsymbol{x}^*$, 导致图 11.4(a) 中的最大间隔超平面发生了很大的转移.

为了解决该问题, 引入**松弛变量** $\varepsilon_1,\cdots,\varepsilon_n$, 放松对于约束条件的要求, 使得分割超平面将大多数训练观测样本正确分开, 而允许少量观测样本落在间隔错误的一侧, 甚至超平面错误的一侧. 因此,

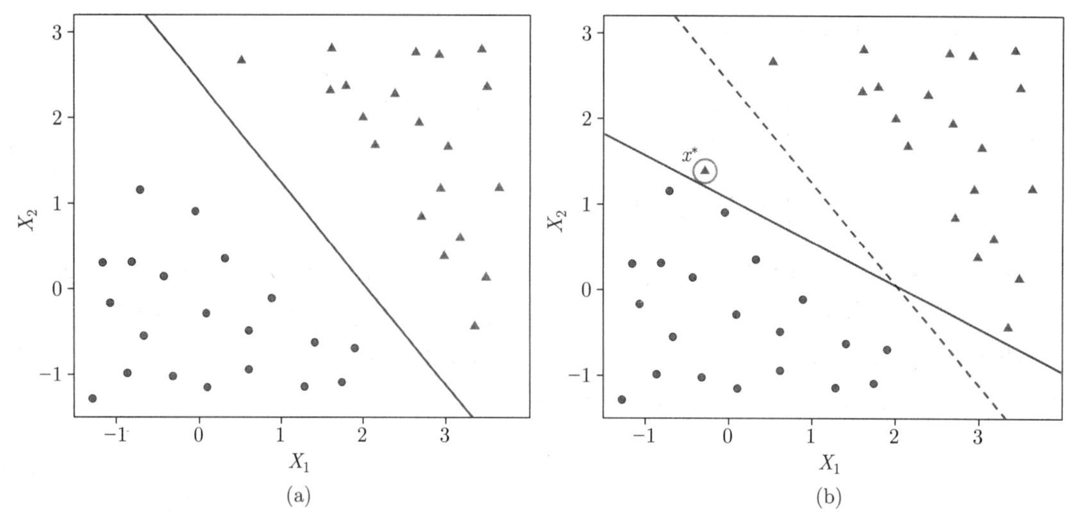

图 11.4　(a) 所有观测样本分为两类, 分别用红色 "•" 和蓝色 "▲" 表示, 黑色实线表示最大间隔超平面; (b) 额外增加一个蓝色的观测样本点 $\boldsymbol{x}^*$, 导致最大间隔超平面发生了很大的转移, 其中黑色实线表示增加 $\boldsymbol{x}^*$ 后发生转移的最大间隔超平面, 虚线表示没有增加 $\boldsymbol{x}^*$ 的原来的最大间隔超平面

考虑下面的优化问题

$$\max_{\beta_0,\boldsymbol{\beta},\boldsymbol{\varepsilon}} M, \tag{11.21}$$

满足

$$\begin{cases}\sum_{j=1}^{p}\beta_j^2 = 1,\\ y_i(\beta_0 + \boldsymbol{\beta}^{\mathrm{T}}\boldsymbol{x}_i) \geqslant M(1-\varepsilon_i),\\ \varepsilon_i \geqslant 0, \qquad \sum_{i=1}^{n}\varepsilon_i \leqslant C, \qquad i = 1,\cdots,n,\end{cases} \tag{11.22}$$

其中 $2M$ 是间隔的宽度, C 是非负的调节参数, $\boldsymbol{\varepsilon} = (\varepsilon_1,\cdots,\varepsilon_n)^{\mathrm{T}}$ 是**松弛变量** (slack variable), 作用是允许训练观测样本中有小部分观测落在间隔错误的一侧或超平面错误的一侧. 因此, 把在约束条件 (11.22) 下, 关于式 (11.21) 优化的分类器称为**支持向量分类器** (support vector classifier), 也称为**软间隔分类器** (soft margin classifier).

松弛变量 ε_i 的作用是给出了第 i 个观测样本的位置: ① 如果 $\varepsilon_i = 0$, 那么第 i 个观测样本就落在间隔上或间隔正确的一侧; ② 如果 $0 < \varepsilon_i < 1$, 那么第 i 个观测样本就落在间隔错误的一侧, 这时候第 i 个观测样本穿过了间隔, 但依然在超平面的正确一侧, 如图 11.3(b) 中的观测样本 $\boldsymbol{x}_1^*, \boldsymbol{x}_2^*$ 和 $\boldsymbol{x}_5^*$; ③ 如果 $\varepsilon_i = 1$, 则表示第 i 个观测样本正好落在超平面上; ④ 如果 $\varepsilon_i > 1$, 则第 i 个观测样本就落在超平面错误的一侧, 如图 11.3(b) 中的观测样本 $\boldsymbol{x}_3^*$ 和 $\boldsymbol{x}_4^*$.

调节参数 C 的作用是限制所有松弛变量 ε_i 和的上界, 代表了能够容忍穿过间隔 (或超平面) 的观测样本数目和严重程度. 如果调节参数 $C = 0$, 则有 $\varepsilon_1 = \cdots = \varepsilon_n \equiv 0$, 等价于 11.1 节介绍的最大间隔分类器, 也称为**硬间隔分类器** (hard margin classifier), 即不允许穿过间隔的观测样本存在. 随着调节参数 C 的增大, 越来越能允许观测样本穿过间隔, 从而间隔会变得越来越宽. 相反, 随着调

节参数 C 的减小, 越来越不能允许观测样本穿过间隔, 从而间隔会变窄. 对于支持向量分类器, 所有在间隔上、间隔内与分类错误的观测样本点, 都是支持向量, 它们都对最优解有影响.

类似于 11.1.3 节的优化问题求解, 令 $\|\boldsymbol{\beta}\|_2 = 1/M$, 则在约束条件 (11.22) 下关于式 (11.21) 的优化问题可以重新写成下面的优化问题

$$\begin{cases} \min\limits_{\beta_0,\boldsymbol{\beta},\boldsymbol{\varepsilon}} \left\{ \dfrac{1}{2}\|\boldsymbol{\beta}\|_2^2 + \alpha \sum\limits_{i=1}^{n} \varepsilon_i \right\}, \\ \text{s.t.} \quad \varepsilon_i \geqslant 0, \qquad y_i(\beta_0 + \boldsymbol{\beta}^{\mathrm{T}}\boldsymbol{x}_i) \geqslant 1 - \varepsilon_i, \qquad i = 1, \cdots, n, \end{cases} \tag{11.23}$$

其中 α 为非负的代价参数或调节参数, 用来惩罚过大的松弛变量总和. 如果 $\alpha = \infty$, 则表示算法不容忍训练观测样本中有任何分类错误, 即为 11.1 节介绍的最大间隔分类器或硬间隔分类器. 在实际应用中, 可使用第 4 章介绍的 CV 准则选取最优的调节参数 α, Hastie 等 (2009) 在 12.2.2 节讨论了调节参数 α 对支持向量机方法分类效果的影响, 发现 α 的选择对分类效果的影响不是很敏感. 为求解该问题, 使用 Lagrange 乘子法, 可定义如下的 Lagrange 函数

$$L(\boldsymbol{\beta}, \beta_0, \boldsymbol{\varepsilon}, \boldsymbol{\lambda}, \boldsymbol{\mu}) = \frac{1}{2}\|\boldsymbol{\beta}\|_2^2 + \alpha \sum_{i=1}^{n} \varepsilon_i - \sum_{i=1}^{n} \lambda_i \left[y_i(\beta_0 + \boldsymbol{\beta}^{\mathrm{T}}\boldsymbol{x}_i) - (1 - \varepsilon_i) \right] - \sum_{i=1}^{n} \mu_i \varepsilon_i, \tag{11.24}$$

其中 $\boldsymbol{\lambda} = (\lambda_1, \cdots, \lambda_n)^{\mathrm{T}}$ 和 $\boldsymbol{\mu} = (\mu_1, \cdots, \mu_n)^{\mathrm{T}}$ 是非负 Lagrange 乘子向量. 令 $L(\boldsymbol{\beta}, \beta_0, \boldsymbol{\varepsilon}, \boldsymbol{\lambda}, \boldsymbol{\mu})$ 分别对 $\boldsymbol{\beta}$, β_0 和 ε_i 求偏导数并令其等于零, 可得

$$\begin{cases} \boldsymbol{\beta} = \sum\limits_{i=1}^{n} \lambda_i y_i \boldsymbol{x}_i, \\ 0 = \sum\limits_{i=1}^{n} \lambda_i y_i, \\ \lambda_i = \alpha - \mu_i, \qquad i = 1, \cdots, n. \end{cases} \tag{11.25}$$

将式 (11.25) 代入式 (11.24) 中, 可得式 (11.23) 的对偶问题为

$$\begin{cases} \max\limits_{\boldsymbol{\lambda}} \left\{ \sum\limits_{i=1}^{n} \lambda_i - \dfrac{1}{2} \sum\limits_{i=1}^{n} \sum\limits_{k=1}^{n} \lambda_i \lambda_k y_i y_k \boldsymbol{x}_i^{\mathrm{T}} \boldsymbol{x}_k \right\}, \\ \text{s.t.} \quad \sum\limits_{i=1}^{n} \lambda_i y_i = 0, \quad 0 \leqslant \lambda_i \leqslant \alpha, \quad i = 1, \cdots, n. \end{cases} \tag{11.26}$$

将式 (11.26) 与 11.1.3 节定义的最大间隔下的对偶问题 (11.15) 进行比较, 两者唯一的区别是对偶变量的约束条件不同: 前者是 $0 \leqslant \lambda_i \leqslant \alpha$, 而后者是 $\lambda_i \geqslant 0$. 因此, 可用 11.1.3 节同样的算法求解式 (11.26).

对软间隔支持向量机和 $i = 1, \cdots, n$, 最优解必须满足下面的 KKT (Karush-Kuhn-Tucker) 条件

$$\begin{cases} \lambda_i \geqslant 0, \quad \mu_i \geqslant 0, \\ y_i(\beta_0 + \boldsymbol{\beta}^{\mathrm{T}}\boldsymbol{x}_i) - (1 - \varepsilon_i) \geqslant 0, \\ \lambda_i[y_i(\beta_0 + \boldsymbol{\beta}^{\mathrm{T}}\boldsymbol{x}_i) - (1 - \varepsilon_i)] = 0, \\ \varepsilon_i \geqslant 0, \quad \mu_i \varepsilon_i = 0. \end{cases} \tag{11.27}$$

可见, 对任意的训练样本 $(\boldsymbol{x}_i, y_i)$, 总有 $\lambda_i = 0$ 或 $y_i(\beta_0 + \boldsymbol{\beta}^{\mathrm{T}}\boldsymbol{x}_i) = 1 - \varepsilon_i$. 若 $\lambda_i = 0$, 则该样本点不会对函数 $g(\boldsymbol{x}) = \beta_0 + \boldsymbol{\beta}^{\mathrm{T}}\boldsymbol{x}$ 有任何影响, 可以把这样的样本点称为安全点. 若 $\lambda_i > 0$, 则必有 $y_i(\beta_0 + \boldsymbol{\beta}^{\mathrm{T}}\boldsymbol{x}_i) = 1 - \varepsilon_i$, 所对应的样本点为支持向量. ① 由式 (11.25) 的第 3 式可知, 如果 $\lambda_i < \alpha$, 则 $\mu_i > 0$, 进而有 $\varepsilon_i = 0$, 则该样本点恰好在最大间隔边界上. ② 由式 (11.25) 的第 3 式可知, 如果 $\lambda_i = \alpha$, 则 $\mu_i = 0$, 此时若 $0 < \varepsilon_i \leqslant 1$, 则该样本点落在最大间隔内部; 若 $\varepsilon_i > 1$, 则该样本点位于超平面错误的一侧, 表示被错误分类.

同样, 式 (11.26) 是一个关于 Lagrange 乘子向量 $\boldsymbol{\lambda}$ 的简单凸优化问题, 可使用二次规划算法求解得到 $\widehat{\boldsymbol{\lambda}} = (\widehat{\lambda}_1, \cdots, \widehat{\lambda}_n)^{\mathrm{T}}$, 可以看成是训练样本 $\{(\boldsymbol{x}_i, y_i), i = 1, \cdots, n\}$ 的函数. 把 Lagrange 乘子的估计 $\widehat{\lambda}_i$ 代入式 (11.25) 中, 可得

$$\widehat{\boldsymbol{\beta}} = \sum_{i=1}^{n} \widehat{\lambda}_i y_i \boldsymbol{x}_i. \tag{11.28}$$

非负估计 $\widehat{\lambda}_i$ 只针对约束 $y_i(\beta_0 + \boldsymbol{\beta}^{\mathrm{T}}\boldsymbol{x}_i) - (1 - \varepsilon_i) = 0$ 成立的支持向量. 由式 (11.27) 的第 3 式, 可用满足 $\widehat{\lambda}_i > 0$ 和 $\widehat{\varepsilon}_i = 0$ 的支持向量求解位移项 β_0. 为了数值稳定性, 可对所有的解计算均值, 获得最终的估计 $\widehat{\beta}_0$. 最后, 可用所得超平面估计函数 $\widehat{g}(\boldsymbol{x}) = \widehat{\beta}_0 + \widehat{\boldsymbol{\beta}}^{\mathrm{T}}\boldsymbol{x}$ 的符号进行分类预测.

在 R 语言中, 对偶问题 (11.26) 的二次规划求解, 可利用程序包 quadprog 中的函数 solve.QP(). 令 $\mathbf{D} \in \mathbb{R}^{n\times n}$ 为 $n \times n$ 的非退化矩阵, $\mathbf{A} \in \mathbb{R}^{m\times n}$ 为 $m \times n$ 的矩阵, $\boldsymbol{d} \in \mathbb{R}^n$ 为 $n \times 1$ 向量, $\boldsymbol{b} \in \mathbb{R}^m$ 为 $m \times 1$ 向量, 其中 $m \geqslant 1$. 这时, 把对偶问题写成如下一般矩阵形式

$$\begin{cases} \max\limits_{\boldsymbol{\lambda}} \left\{ -\dfrac{1}{2}\boldsymbol{\lambda}^{\mathrm{T}}\mathbf{D}\boldsymbol{\lambda} + \boldsymbol{d}^{\mathrm{T}}\boldsymbol{\lambda} \right\}, \\ \text{s.t.} \quad \mathbf{A}\boldsymbol{\lambda} \geqslant \boldsymbol{b}. \end{cases}$$

在约束条件 $\mathbf{A}\boldsymbol{\lambda} \geqslant \boldsymbol{b}$ 中, 假设前 meq 个约束是等式成立的, 其余 $m - meq$ 个约束是不等式成立的, 其中 $0 \leqslant meq \leqslant m$. 特别地, 针对式 (11.26) 的对偶问题, 取 $m = 2n+1, meq = 1$, 以及

$$\mathbf{Z} = \begin{pmatrix} x_{11}y_1 & \cdots & x_{1p}y_1 \\ \vdots & & \vdots \\ x_{n1}y_n & \cdots & x_{np}y_n \end{pmatrix} \in \mathbb{R}^{n\times p}, \quad \mathbf{A} = \begin{pmatrix} y_1 & y_2 & \cdots & y_n \\ -1 & 0 & \cdots & 0 \\ 0 & -1 & \cdots & 0 \\ \vdots & \vdots & & \vdots \\ 0 & 0 & \cdots & -1 \\ 1 & 0 & \cdots & 0 \\ 0 & 1 & \cdots & 0 \\ \vdots & \vdots & & \vdots \\ 0 & 0 & \cdots & 1 \end{pmatrix} \in \mathbb{R}^{(2n+1)\times n}.$$

进一步, 令 $\mathbf{D} = \mathbf{Z}\mathbf{Z}^{\mathrm{T}} \in \mathbb{R}^{n\times n}$, $\boldsymbol{b} = (0, -\alpha, \cdots, -\alpha, 0, \cdots, 0)^{\mathrm{T}} \in \mathbb{R}^{2n+1}$, $\boldsymbol{d} = \mathbf{1}_n$ 表示所有元素为 1 的 n 维列向量. 根据上述求解过程, 给出如下 R 语言函数 SVM.1().

```
library(quadprog)
SVM.1 = function(X, y, alpha){
  eps = 0.0001; n = nrow(X); meq = 1; D = matrix(nrow=n, ncol=n);
  for(i in 1:n)
     for(j in 1:n)
  D[i,j] = sum(X[i, ]*X[j, ])*y[i]*y[j]; D = D+eps*diag(n)
  d = rep(1, n)
  A = matrix(nrow = (2*n+1), ncol = n); A[1, ] = y;
  A[2:(n+1), 1:n] = -diag(n); A[(n+2):(2*n+1), 1:n] = diag(n);
  A = t(A)
  b = c(0, rep(-alpha, n), rep(0, n))
  lambda = solve.QP(Dmat=D,dvec=d,Amat=A,bvec=b,meq=1)$solution
  beta = drop((lambda*y)%*%X);
  index = (1:n)[eps<lambda & lambda<alpha-eps]
  beta.0 = mean(y[index]-X[index, ]%*%beta)
  return(list(beta = beta, beta.0 = beta.0))
}
```

从二元正态总体 $(X_1, X_2)^{\mathrm{T}} \sim N_2(\mathbf{0}, \mathbf{I}_2)$ 中随机生成 100 个独立同分布的随机样本, 并把 100 个样本随机分到 1 类和 −1 类, 利用函数 SVM.1() 进行求解, 并绘制超平面和间隔. 程序如下, 结果见图 11.5(a).

```
set.seed(2022)
beta1 = rnorm(1); beta2 = rnorm(1); n = 100;
X = matrix(rnorm(n*2), ncol = 2, nrow = n);
y = sign(beta1*X[, 1] + beta2*X[, 2] + 0.1*rnorm(n))
plot(-3:3, -3:3, xlab = "X1", ylab = "X2", type = "n")
for(i in 1:n){
  if(y[i]==1) points(X[i, 1], X[i, 2], col = "blue", pch = 17)
  else        points(X[i, 1], X[i, 2], col = "red", pch = 16)
}
fit = SVM.1(X, y, 10);
abline(-fit$beta.0/fit$beta[2], -fit$beta[1]/fit$beta[2], lwd = 3)
## 绘制间隔
abline(-(fit$beta.0 + 1)/fit$beta[2], -fit$beta[1]/fit$beta[2])
abline(-(fit$beta.0 - 1)/fit$beta[2], -fit$beta[1]/fit$beta[2])
```

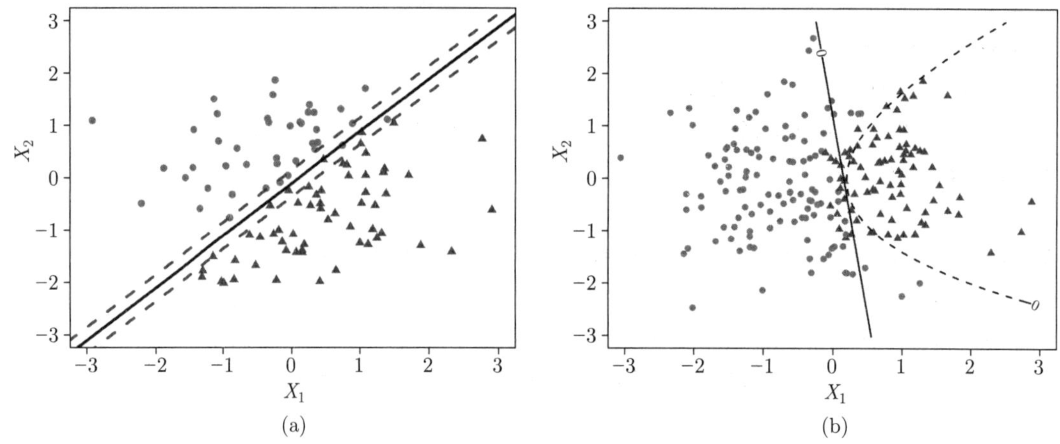

图 11.5 产生随机样本, 并绘制支持向量分类器. (a) 实线表示超平面, 虚线表示间隔; (b) 实线表示线性核函数的决策边界, 虚线表示自由度为 2 的多项式核函数的决策边界

§11.3 支持向量机和核

11.1 节和 11.2 节介绍了训练观测样本线性可分的情况, 即存在一个超平面能将训练观测样本进行分类. 但在实际应用中, 存在线性不可分的情况, 需要发展非线性的决策边界, 如图 11.6(a) 所示. 本节将介绍能够自动生成非线性决策边界的支持向量机. 支持向量机是支持向量分类器的一个扩展, 扩展的结果是支持向量机使用了一种特殊的方式, 即**核函数** (kernel function) 来扩大特征空间.

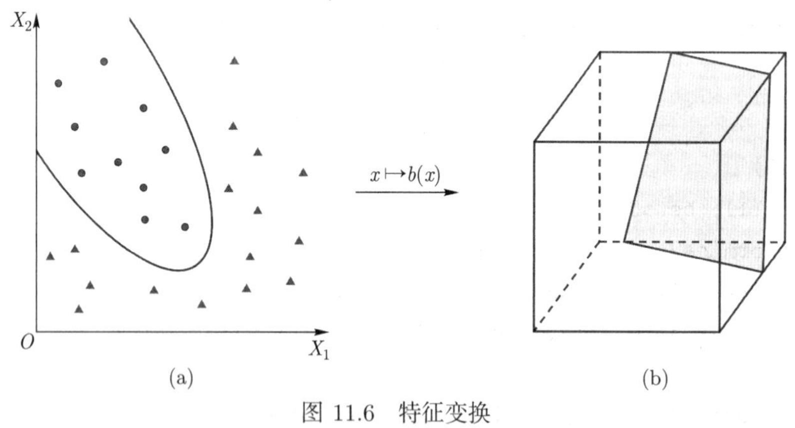

图 11.6 特征变换

为了解决支持向量分类器的非线性问题, 可以使用预测变量的函数来扩大特征空间, 如第 8 章介绍的多项式或者样条. 一般地, 在扩展特征空间的线性决策边界能够达到更好的训练观测样本分类的效果, 进而转换为原始特征空间中的非线性决策边界. 如图 11.6 所示, 若将原始的二维特征空间映射到一个合适的三维特征空间, 就能找到一个合适的分割超平面. 幸运的是, 如果原始特征空间是有限维的, 那么一定存在一个高维特征空间使观测样本可分.

对给定的基函数 $b_l(\boldsymbol{x}), l = 1, \cdots, L$, 则在扩展的特征空间中超平面所对应的模型可表示为

$$g(\boldsymbol{x}) = \beta_0 + \boldsymbol{\beta}^{\mathrm{T}} \boldsymbol{b}(\boldsymbol{x}), \tag{11.29}$$

其中 β_0 和 $\boldsymbol{\beta}=(\beta_1,\cdots,\beta_L)^{\mathrm{T}}$ 是模型参数, $\boldsymbol{b}(\boldsymbol{x})=(b_1(\boldsymbol{x}),\cdots,b_L(\boldsymbol{x}))^{\mathrm{T}}$ 是基函数向量. 为了确定式 (11.29) 定义的分类器函数, 可利用 11.2 节介绍的算法拟合支持向量分类器. 给定基函数后, 将训练观测样本 $\{(\boldsymbol{x}_i,y_i),i=1,\cdots,n\}$ 变换为 $\{(\boldsymbol{b}(\boldsymbol{x}_i),y_i),i=1,\cdots,n\}$, 其中 $\boldsymbol{b}(\boldsymbol{x}_i)=(b_1(\boldsymbol{x}_i),\cdots,b_L(\boldsymbol{x}_i))^{\mathrm{T}}$. 类似式 (11.23), 考虑下面的优化问题

$$\begin{cases}\min\limits_{\beta_0,\boldsymbol{\beta},\boldsymbol{\varepsilon}}\left\{\dfrac{1}{2}\|\boldsymbol{\beta}\|_2^2+\alpha\sum\limits_{i=1}^{n}\varepsilon_i\right\},\\ \text{s.t.}\quad \varepsilon_i\geqslant 0,\qquad y_i[\beta_0+\boldsymbol{\beta}^{\mathrm{T}}\boldsymbol{b}(\boldsymbol{x}_i)]\geqslant 1-\varepsilon_i,\qquad i=1,\cdots,n.\end{cases}\tag{11.30}$$

其对偶问题为

$$\begin{cases}\max\limits_{\boldsymbol{\lambda}}\left\{\sum\limits_{i=1}^{n}\lambda_i-\dfrac{1}{2}\sum\limits_{i=1}^{n}\sum\limits_{k=1}^{n}\lambda_i\lambda_k y_i y_k\boldsymbol{b}(\boldsymbol{x}_i)^{\mathrm{T}}\boldsymbol{b}(\boldsymbol{x}_k)\right\},\\ \text{s.t.}\quad \sum\limits_{i=1}^{n}\lambda_i y_i=0,\quad 0\leqslant\lambda_i\leqslant\alpha,\quad i=1,\cdots,n.\end{cases}\tag{11.31}$$

例如, 考虑二次多项式基函数, 把原始的 p 维特征空间 $X_1,X_2,\cdots,X_p$ 扩展到 $2p$ 维特征空间 $X_1,X_1^2,X_2,X_2^2,\cdots,X_p,X_p^2$, 进而得到支持向量分类器. 这时, 支持向量分类器的超平面就是求解下面的优化问题

$$\begin{cases}\min\limits_{\beta_0,\boldsymbol{\beta},\boldsymbol{\varepsilon}}\left\{\dfrac{1}{2}\|\boldsymbol{\beta}\|_2^2+\alpha\sum\limits_{i=1}^{n}\varepsilon_i\right\},\\ \text{s.t.}\quad \varepsilon_i\geqslant 0,\qquad y_i\left(\beta_0+\sum\limits_{j=1}^{p}\beta_{j1}x_{ij}+\sum\limits_{j=1}^{p}\beta_{j2}x_{ij}^2\right)\geqslant 1-\varepsilon_i,\qquad i=1,\cdots,n,\end{cases}$$

其中 $\boldsymbol{\beta}=(\beta_{11},\beta_{12},\beta_{21},\beta_{22},\cdots,\beta_{p1},\beta_{p2})^{\mathrm{T}}$ 为 $2p\times 1$ 的模型参数向量, $\boldsymbol{\varepsilon}=(\varepsilon_1,\cdots,\varepsilon_n)^{\mathrm{T}}$ 为松弛变量.

求解式 (11.31) 涉及计算 $\boldsymbol{b}(\boldsymbol{x}_i)^{\mathrm{T}}\boldsymbol{b}(\boldsymbol{x}_k)$, 这是样本 $\boldsymbol{x}_i$ 与 $\boldsymbol{x}_k$ 映射到特征空间之后的内积. 由于特征空间维数可能很高, 甚至可能是无穷维, 导致直接计算 $\boldsymbol{b}(\boldsymbol{x}_i)^{\mathrm{T}}\boldsymbol{b}(\boldsymbol{x}_k)$ 是比较困难的. 为了避免这个问题, 可以引入核函数, 即假设

$$K(\boldsymbol{x}_i,\boldsymbol{x}_k)=\langle\boldsymbol{b}(\boldsymbol{x}_i),\boldsymbol{b}(\boldsymbol{x}_k)\rangle=\boldsymbol{b}(\boldsymbol{x}_i)^{\mathrm{T}}\boldsymbol{b}(\boldsymbol{x}_k),\tag{11.32}$$

即 $\boldsymbol{x}_i$ 与 $\boldsymbol{x}_k$ 在特征空间的内积等于它们在原样本空间中核函数 $K(\cdot,\cdot)$ 的计算结果. 定义了核函数, 可把上面的支持向量机推广到更一般的形式, 用核函数 $K(\boldsymbol{x}_i,\boldsymbol{x}_k)$ 代替内积 $\langle\boldsymbol{b}(\boldsymbol{x}_i),\boldsymbol{b}(\boldsymbol{x}_k)\rangle$, 式 (11.31) 可重写为

$$\begin{cases}\max\limits_{\boldsymbol{\lambda}}\left\{\sum\limits_{i=1}^{n}\lambda_i-\dfrac{1}{2}\sum\limits_{i=1}^{n}\sum\limits_{k=1}^{n}\lambda_i\lambda_k y_i y_k K(\boldsymbol{x}_i,\boldsymbol{x}_k)\right\},\\ \text{s.t.}\quad \sum\limits_{i=1}^{n}\lambda_i y_i=0,\quad 0\leqslant\lambda_i\leqslant\alpha,\quad i=1,\cdots,n.\end{cases}\tag{11.33}$$

利用 11.2 节的求解方法, 可得到非线性函数

$$\widehat{g}(\boldsymbol{x})=\widehat{\beta}_0+\widehat{\boldsymbol{\beta}}^{\mathrm{T}}\boldsymbol{b}(\boldsymbol{x})=\widehat{\beta}_0+\sum_{i=1}^{n}\widehat{\lambda}_i y_i K(\boldsymbol{x},\boldsymbol{x}_i).\tag{11.34}$$

最后可用所得非线性函数 $\widehat{g}(\boldsymbol{x})=\widehat{\beta}_0+\widehat{\boldsymbol{\beta}}^{\mathrm{T}}\boldsymbol{b}(\boldsymbol{x})$ 的符号进行分类预测.

根据前面讨论可知, 支持向量机的目的是希望观测样本在特征空间内线性可分, 因此特征空间的好坏直接影响支持向量机的性能. 既然核函数反映了特征空间, 则核函数对支持向量机的性能也有影响. 下面介绍几个常用的核函数.

(1) 线性核函数. $K(\boldsymbol{x}_i,\boldsymbol{x}_{i'})=\langle\boldsymbol{x}_i,\boldsymbol{x}_{i'}\rangle=\sum\limits_{j=1}^{p}x_{ij}x_{i'j}$. 如果使用线性核函数, 就等于使用支持向量分类器.

(2) 自由度为 d 的多项式核函数. 定义为

$$K(\boldsymbol{x}_i,\boldsymbol{x}_{i'})=\left(1+\sum_{j=1}^{p}x_{ij}x_{i'j}\right)^d,$$

其中 $d\geqslant 1$ 为多项式的阶数. 对比线性核函数, 在支持向量分类器中自由度为 $d>1$ 的多项式核函数, 能够生成灵活度更高的决策边界. 例如, 考虑含有两个输入变量 X_1 和 X_2 的特征空间, 以及自由度为 $d=2$ 的多项式核函数, 则 $L=6$, 且基函数为 $b_1(X)=1,b_2(X)=\sqrt{2}X_1,b_3(X)=\sqrt{2}X_2,b_4(X)=X_1^2,b_5(X)=X_2^2$ 和 $b_6(X)=\sqrt{2}X_1X_2$, 则核函数为 $K(\boldsymbol{X},\boldsymbol{X}')=\langle\boldsymbol{b}(\boldsymbol{X}),\boldsymbol{b}(\boldsymbol{X}')\rangle$, 其中 $\boldsymbol{b}(\boldsymbol{X})=(1,\sqrt{2}X_1,\sqrt{2}X_2,X_1^2,X_2^2,\sqrt{2}X_1X_2)^{\mathrm{T}}$, 且 $\boldsymbol{X}'=(X_1',X_2')^{\mathrm{T}}$.

(3) 径向核函数 (radial kernel). 也称为**径向基核函数**, 定义为

$$K(\boldsymbol{x}_i,\boldsymbol{x}_{i'})=\exp\left(-\gamma\sum_{j=1}^{p}(x_{ij}-x_{i'j})^2\right),$$

其中 γ 为正常数. 如果测试观测样本 $\boldsymbol{x}^*=(x_1^*,\cdots,x_p^*)^{\mathrm{T}}$ 距离训练观测样本 $\boldsymbol{x}_i=(x_{i1},\cdots,x_{ip})^{\mathrm{T}}$ 非常远, 那么 $\sum\limits_{j=1}^{p}(x_j^*-x_{ij})^2$ 的值就会很大, 从而径向核函数 $K(\boldsymbol{x}^*,\boldsymbol{x}_i)$ 的取值会很小, 意味着在式 (11.34) 中 $\boldsymbol{x}_i$ 对 $\widehat{g}(\boldsymbol{x}^*)$ 的作用很小. 进一步表明: 距离测试样本 $\boldsymbol{x}^*$ 远的那些训练观测样本, 对测试样本 $\boldsymbol{x}^*$ 的类别预测几乎没有任何帮助. 基于径向核函数的支持向量机是一种局部方法, 因为只有测试样本附近的训练观测样本对测试样本的预测类别有影响.

(4) Sigmoid 核函数. 定义为

$$K(\boldsymbol{x}_i,\boldsymbol{x}_{i'})=\tanh(\gamma\boldsymbol{x}_i^{\mathrm{T}}\boldsymbol{x}_{i'}+\theta),\quad \gamma>0,\quad \theta<0,$$

其中 $\tanh(\cdot)$ 表示双曲正切函数, 定义为 $\tanh(z)=\dfrac{\exp(z)-\exp(-z)}{\exp(z)+\exp(-z)}$.

类似于函数 SVM.1(), 针对线性核函数和自由度为 $d=2$ 的多项式核函数, 首先编写函数 SVM.2() 和 plot.kernel(), 程序如下.

```
library(quadprog)
## 线性核函数
K.linear = function(x, y) { return(t(x)%*%y) }
```

```
## 自由度为 2 的多项式核函数
K.poly = function(x, y) { return((1+t(x)%*%y)^2) }
## 函数 SVM.2()
SVM.2 = function(X, y, alpha, K){
  eps = 0.0001; n = nrow(X); D = matrix(nrow = n, ncol = n)
  for(i in 1:n)
    for(j in 1:n)
  D[i,j] = K(X[i,],X[j,])*y[i]*y[j]; D = D+eps*diag(n); d = rep(1,n)
  A = matrix(nrow=(2*n+1),ncol=n); A[1,]=y; A[2:(n+1),1:n]=-diag(n);
  A[(n+2):(2*n+1), 1:n] = diag(n); A = t(A)
  b = c(0, -alpha*rep(1, n), rep(0, n)); meq = 1
  lambda = solve.QP(Dmat=D,dvec=d,Amat=A,bvec=b,meq=1)$solution
  index  = (1:n)[eps<lambda & lambda<alpha-eps]
  beta   = drop((lambda*y)%*%X)
  beta.0 = mean(y[index]-X[index, ]%*%beta)
  return(list(lambda = lambda, beta.0 = beta.0))
}
## 函数 plot.kernel()
plot.kernel = function(K, lty){
  fit = SVM.2(X,y,1,K); lambda = fit$lambda; beta.0 = fit$beta.0
  f = function(u, v) {x = c(u, v); S = beta.0;
  for(i in 1:n)
  S = S+lambda[i]*y[i]*K(X[i, ], x); return(S)}
  u = seq(-3,3,.1); v = seq(-3,3,.1); w = array(dim=c(61,61))
  for(i in 1:61) for(j in 1:61) w[i,j] = f(u[i], v[j])
  contour(u, v, w, level = 0, add = TRUE, lty = lty, lwd = 2)
}
```

从二元正态总体 $(X_1, X_2)^{\mathrm{T}} \sim N_2(\mathbf{0}, \mathbf{I}_2)$ 中随机生成 200 个独立同分布的随机样本, 并把 200 个样本随机分到 1 和 -1 类, 利用函数 SVM.2() 进行求解, 并用函数 plot.kernel() 绘制决策边界线. 程序如下, 结果见图 11.5(b). 结果显示, 线性核函数产生了线性决策边界, 而多项式核函数产生了非线性决策边界.

```
set.seed(2022); beta1 = 3; beta2 = -1
n = 200; X = matrix(rnorm(n*2), ncol = 2, nrow = n);
y = sign(beta1*X[, 1]+beta2*X[, 2]^2+0.3*rnorm(n))
```

```
plot(-3:3, -3:3, xlab = "X1", ylab = "X2", type = "n")
for(i in 1:n){
  if(y[i]==1) points(X[i, 1], X[i, 2], col = "blue", pch = 17)
   else       points(X[i, 1], X[i, 2], col = "red", pch = 16)
}
plot.kernel(K.linear, 1); plot.kernel(K.poly, 2)
```

§11.4 多分类的支持向量机

前面几节介绍了二分类的支持向量机, 本节将介绍如何将支持向量机推广到多分类的情形. 假设存在一个训练集 $D = \{(\boldsymbol{x}_i, y_i), i = 1, \cdots, n\}$, 其中 $\boldsymbol{x}_i = (x_{i1}, \cdots, x_{ip})^{\mathrm{T}} \in \mathbb{R}^p$ 为特征向量, $y_i \in \{1, \cdots, J\}$ 为类别变量, 即训练集数据共有 $J > 2$ 个类. 主要任务是找到决策函数 $g(\boldsymbol{x})$ 或者一个分类准则, 用于预测新数据的类别. 由于支持向量机使用超平面分割不同类别的数据, 并没有推广到多分类问题的自然方法. 目前把支持向量机扩展到多分类问题的主要方法有: ① **一类对一类** (one-versus-one) 的多分类支持向量机方法; ② **一类对余类** (one-versus-all) 的多分类支持向量机方法.

11.4.1 一类对一类的分类方法

假设训练集共 $J > 2$ 个类, 一类对一类的分类方法是在每两个类之间都构造一个二分类的支持向量机, 则分类方法需要构建 $C_J^2 = J(J-1)/2$ 个支持向量机, 其中每个支持向量机用来分割两个类别. 例如, 考虑 $J = 3$ 类的二维数据, 图 11.7(a) 中虚线 g_{12} 表示 1 类和 2 类数据之间二分类支持向量机的决策边界, g_{13} 表示 1 类和 3 类数据之间二分类支持向量机的决策边界, g_{23} 表示 2 类和 3

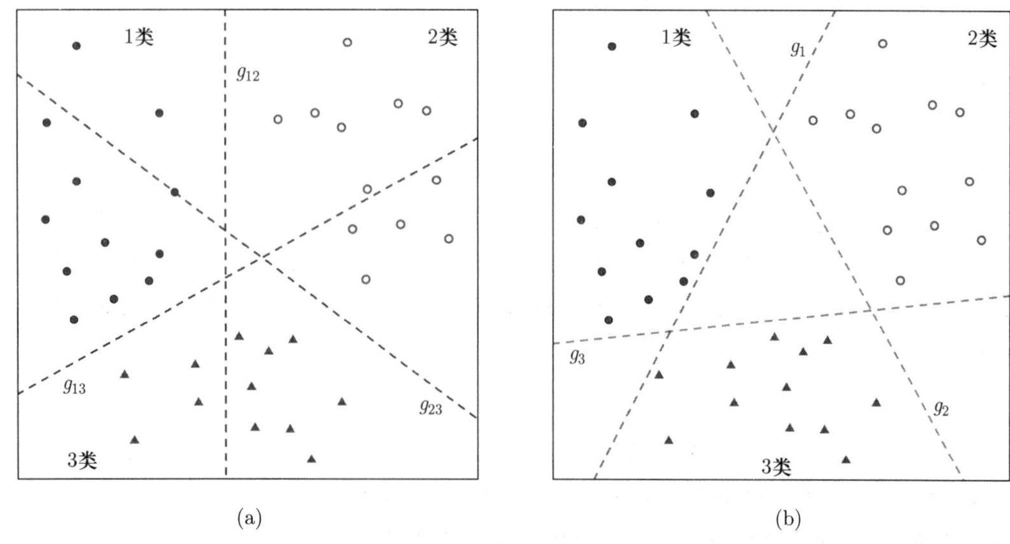

图 11.7 (a) 一类对一类的分类方法; (b) 一类对余类的分类方法

类数据之间二分类支持向量机的决策边界.

使用一类对一类的分类方法, 最终可得到 $C_J^2 = J(J-1)/2$ 个支持向量机模型. 对给定一个新的测试观测样本 $\boldsymbol{x}^*$, 使用这 C_J^2 个支持向量机模型进行预测, 记录测试观测样本 $\boldsymbol{x}^*$ 被分到每个类别的次数, 最后采用投票策略以预测次数最多的那个类作为最终的预测类别. 例如, 每个二分类支持向量机根据其决策函数对 $\boldsymbol{x}^*$ 有一个预测 (或投票), 以 i 类和 j 类之间的二分类支持向量机为例, 若对 $\boldsymbol{x}^*$ 的预测为 i 类, 则 i 类得票加 1; 否则 j 类得票加 1. 最终得票最多的类别就是对 $\boldsymbol{x}^*$ 的预测类别.

11.4.2 一类对余类的分类方法

一类对余类的分类方法是将支持向量机应用到多分类情形的另一种方法, 主要思想是: 对于其中每一个类, 将其作为 +1 类, 而把其余 $J-1$ 个类的所有样本作为 -1 类, 构造一个二分类的支持向量机, 一共需要构造 J 个二分类支持向量机来拟合数据, 并求解 J 个二次规划问题. 如图 11.7(b) 所示, 对于红色 "•" 所示的 1 类 (记为 +1 类), 将 2 类和 3 类都当成 -1 类, 构造二分类的支持向量机, 其决策边界为 g_1; 对于紫色 "∘" 所示的 2 类 (记为 +1 类), 则将 1 类和 3 类都当成 -1 类, 构造二分类的支持向量机, 其决策边界为 g_2; 类似地, 可得到决策边界为 g_3.

对于新的测试观测样本 $\boldsymbol{x}^*$, 把 $\boldsymbol{x}^*$ 预测为使得 $\widehat{g}_j(\boldsymbol{x}^*) = \widehat{\beta}_{0j} + \widehat{\boldsymbol{\beta}}_j^{\mathrm{T}}\boldsymbol{x}^*$ 最大化的那个类, 其中 $j=1,\cdots,J$. 如果 $\widehat{g}_j(\boldsymbol{x}^*)$ 最大, 则把 $\boldsymbol{x}^*$ 预测为第 j 类.

关于多分类支持向量机的详细讨论, 可参考文献 Hsu 和 Lin (2002), 邓乃扬和田英杰 (2004), Abe (2005).

§11.5 惩罚支持向量机

利用支持向量机进行分类时, 为了避免过拟合和欠拟合, 可以采用 "损失函数 + 惩罚项" 的形式平衡偏差和方差, 即考虑如下极小化问题

$$\min_{\beta_0,\boldsymbol{\beta}}\left\{\sum_{i=1}^{n}\ell(y_i, g(\boldsymbol{x}_i)) + \sum_{j=1}^{p}p_\gamma(|\beta_j|)\right\}, \tag{11.35}$$

其中 $\ell(y, g(\boldsymbol{x}))$ 是损失函数, 用来度量模型对数据的拟合程度, $g(\boldsymbol{x}) = \beta_0 + \boldsymbol{\beta}^{\mathrm{T}}\boldsymbol{x}$ 是决策函数, 且 $\boldsymbol{\beta} = (\beta_1,\cdots,\beta_p)^{\mathrm{T}}$ 是 p 维参数向量, $p_\gamma(\cdot)$ 是惩罚函数, γ 是非负的调节参数. 常用的损失函数有 hinge 损失函数、指数损失函数、logistic 损失函数和平方损失函数. 图 11.8给出了四种损失函数的图形.

(1) Hinge 损失函数. $\ell_{\text{hinge}}(y, g(\boldsymbol{x})) = \max(0, 1 - yg(\boldsymbol{x}))$.

(2) Logistic 损失函数. $\ell_{\log}(y, g(\boldsymbol{x})) = \log[1 + \exp(-yg(\boldsymbol{x}))]$.

(3) 指数损失函数. $\ell_{\exp}(y, g(\boldsymbol{x})) = \exp(-yg(\boldsymbol{x}))$.

(4) 平方损失函数. $\ell_{\text{square}}(y, g(\boldsymbol{x})) = (1 - yg(\boldsymbol{x}))^2$.

在式 (11.35) 中取损失函数为 hinge 损失函数, 惩罚函数取岭回归的惩罚函数, 则式 (11.35) 的

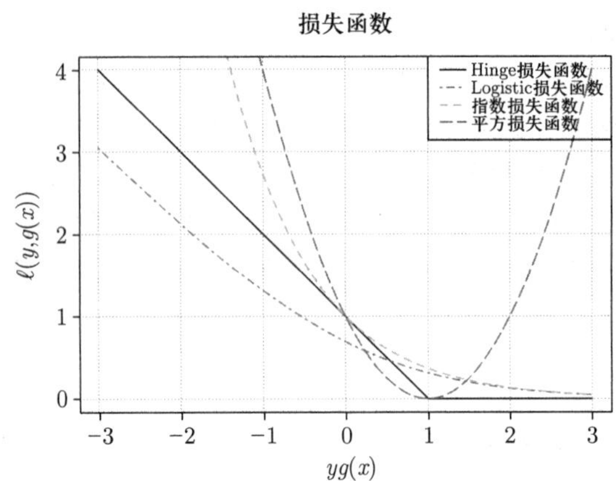

图 11.8 四种损失函数图形: hinge 损失函数、logistic 损失函数、指数损失函数和平方损失函数

优化问题可以改写为

$$\min_{\beta_0,\boldsymbol{\beta}}\left\{\sum_{i=1}^{n}\max\left(0,1-y_i[\beta_0+\boldsymbol{\beta}^{\mathrm{T}}\boldsymbol{x}_i]\right)+\gamma\sum_{j=1}^{p}\beta_j^2\right\}. \tag{11.36}$$

当非负的调节参数 γ 较大时, $\beta_1,\cdots,\beta_p$ 较小, 能够容忍穿过间隔的观测样本就越多, 可得到一个方差较小但偏差较大的分类器. 当非负的调节参数 γ 较小时, $\beta_1,\cdots,\beta_p$ 较大, 穿过间隔的观测样本就会越少. 因此, 式 (11.36) 中的调节参数 γ 等价于式 (11.23) 中的 α, 当 $\gamma=1/2\alpha$ 时, 可以证明式 (11.36) 的解与式 (11.23) 的解相同.

支持向量分类器的主要特点是: 只有支持向量在构建分类器时会发挥作用, 而落在间隔之外被正确分类的观测样本并不影响分类器. 主要原因是: 落在间隔之外被正确分类的观测样本, 它们满足不等式 $y_i(\beta_0+\boldsymbol{\beta}^{\mathrm{T}}\boldsymbol{x}_i)\geqslant 1$, 在 hinge 损失函数中的取值为 0. 而对于其他三种损失函数, 在任何时候都不会为 0. 从图 11.8 可以看出, logistic 损失函数和 hinge 损失函数非常相似, 因此 logistic 回归和支持向量分类器得到的结果很近似. 在实际应用中, 当不同类别的观测样本可以被很好分类时, 支持向量机方法优于 logistic 回归; 当不同类别观测样本存在较多重叠时, logistic 回归的分类效果更好.

§11.6 支持向量回归

本节考虑支持向量回归问题. 假设存在一个训练集 $D=\{(\boldsymbol{x}_i,y_i),i=1,\cdots,n\}$, 其中 $\boldsymbol{x}_i=(x_{i1},\cdots,x_{ip})^{\mathrm{T}}\in\mathbb{R}^p$ 为特征向量, $y_i\in\mathbb{R}$, 希望学习得到一个回归模型 $g(\boldsymbol{x})=\beta_0+\boldsymbol{\beta}^{\mathrm{T}}\boldsymbol{x}$, 使得 $g(\boldsymbol{x})$ 与 y 尽可能接近, 其中 β_0 和 $\boldsymbol{\beta}=(\beta_1,\cdots,\beta_p)^{\mathrm{T}}$ 是待估的模型参数.

对给定的观测样本 $\{(\boldsymbol{x}_i,y_i),i=1,\cdots,n\}$, 传统的回归模型是通过计算残差平方和 $\mathrm{RSS}=\sum\limits_{i=1}^{n}(y_i-\widehat{g}(\boldsymbol{x}_i))^2$ 来计算损失, 其中 $\widehat{g}(\boldsymbol{x}_i)=\widehat{\beta}_0+\widehat{\boldsymbol{\beta}}^{\mathrm{T}}\boldsymbol{x}_i$ 为预测模型. 与传统回归不同, **支持向量回归** (support vector regression, SVR) 假设能容忍 $g(\boldsymbol{x}_i)$ 与 y_i 之间最多有 ϵ 的偏差, 即仅当 $g(\boldsymbol{x}_i)$ 与 y_i 之间差别的绝对值大于 ϵ 时才计算损失. 如图 11.9(a) 的示意图, 以 $g(\boldsymbol{x})=\beta_0+\boldsymbol{\beta}^{\mathrm{T}}\boldsymbol{x}$ 为中心, 构建一个宽度为 2ϵ 的间隔带, 若观测训练样本落入此间隔带, 则表示这些观测样本是被正确预测的.

对于 SVR 问题, 考虑如下关于模型参数 β_0 和 $\boldsymbol{\beta}$ 的极小化问题

$$\min_{\beta_0,\boldsymbol{\beta}}\left\{\frac{1}{2}\|\boldsymbol{\beta}\|_2^2+\alpha\sum_{i=1}^{n}\ell_\epsilon(y_i-g(\boldsymbol{x}_i))\right\},\tag{11.37}$$

其中 α 是非负的调节参数或正则化参数, $\ell_\epsilon(\cdot)$ 是图 11.9(b) 中所示的 ϵ-不敏感损失 (ϵ-insensitive loss) 函数, 定义为

$$\ell_\epsilon(z)=\begin{cases}|z|-\epsilon, & \text{如果 } |z|>\epsilon,\\ 0, & \text{其他},\end{cases}\tag{11.38}$$

其中 $\epsilon>0$ 为调节参数. 由式 (11.38) 可知, 如果残差 $z_i=y_i-g(\boldsymbol{x}_i)$ 的绝对值小于或等于 ϵ, 则损失为 0. 因此, 在一个宽度为 2ϵ 的间隔带中, 损失函数对残差不敏感, 故把该损失函数称为 ϵ-不敏感损失函数. 如果残差 $z_i=y_i-g(\boldsymbol{x}_i)$ 的绝对值大于 ϵ, 则损失为 $|z_i|-\epsilon$, 并呈线性增长. 图 11.9(b) 中也绘制了平方损失函数 $\ell(z)=z^2$. 与平方损失函数相比, ϵ-不敏感损失函数存在一个宽度为 2ϵ 的间隔带, 在间隔带内损失为 0. 在间隔带外, ϵ-不敏感损失函数呈线性增长, 但其增长速度小于平方损失函数的增长速度.

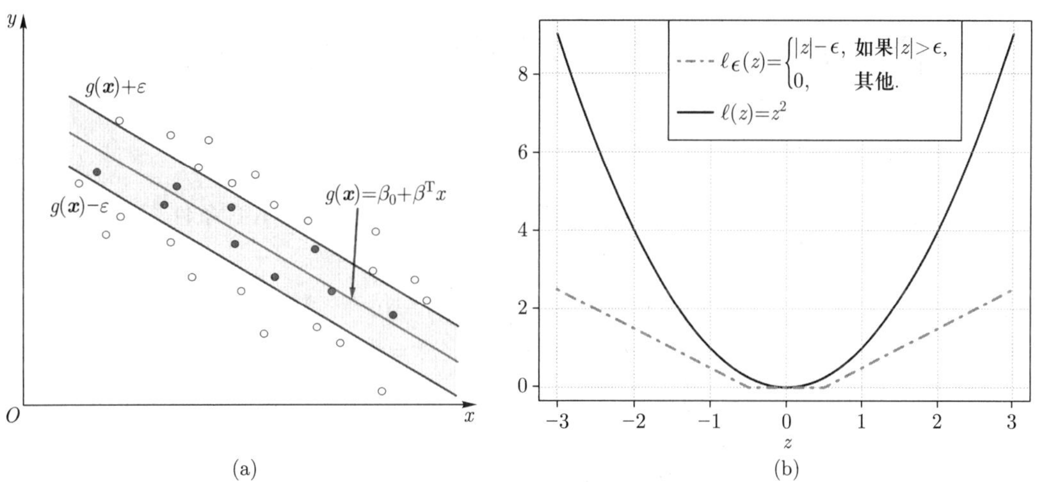

图 11.9 (a) 支持向量回归示意图, 红色显示出 ϵ-间隔带, 落入其中的样本不计算损失; (b) ϵ-不敏感损失函数

引入非负的松弛变量 ξ_i 和 ξ_i^*, 可将式 (11.37) 重新写为

$$\begin{cases}\min\limits_{\beta_0,\boldsymbol{\beta},\xi_i,\xi_i^*}\left\{\dfrac{1}{2}\|\boldsymbol{\beta}\|_2^2+\alpha\sum\limits_{i=1}^{n}(\xi_i+\xi_i^*)\right\},\\ \text{s.t.}\quad g(\boldsymbol{x}_i)-y_i\leqslant\epsilon+\xi_i,\qquad y_i-g(\boldsymbol{x}_i)\leqslant\epsilon+\xi_i^*,\\ \qquad\quad \xi_i\geqslant 0,\qquad \xi_i^*\geqslant 0,\qquad i=1,\cdots,n.\end{cases}\tag{11.39}$$

引入非负的 Lagrange 乘子 $\lambda_i\geqslant 0,\lambda_i^*\geqslant 0,\eta_i\geqslant 0$ 和 $\eta_i^*\geqslant 0$, 利用 Lagrange 乘子法可得如下的

Lagrange 乘子函数

$$
\begin{aligned}
L(\beta_0,\boldsymbol{\beta},\xi_i,\xi_i^*)=&\frac{1}{2}\|\boldsymbol{\beta}\|_2^2+\alpha\sum_{i=1}^{n}(\xi_i+\xi_i^*)-\sum_{i=1}^{n}\lambda_i\xi_i-\sum_{i=1}^{n}\lambda_i^*\xi_i^*\\
&+\sum_{i=1}^{n}\eta_i(g(\boldsymbol{x}_i)-y_i-\epsilon-\xi_i)+\sum_{i=1}^{n}\eta_i^*(y_i-g(\boldsymbol{x}_i)-\epsilon-\xi_i^*),
\end{aligned}
\tag{11.40}
$$

其中 $g(\boldsymbol{x}_i)=\beta_0+\boldsymbol{\beta}^{\mathrm{T}}\boldsymbol{x}_i$. 令 $L(\beta_0,\boldsymbol{\beta},\xi_i,\xi_i^*)$ 分别对 $\beta_0,\boldsymbol{\beta},\xi_i,\xi_i^*$ 求偏导数, 并令其等于零, 可得

$$
\begin{cases}
0=\sum_{i=1}^{n}(\eta_i^*-\eta_i),\\
\boldsymbol{\beta}=\sum_{i=1}^{n}(\eta_i^*-\eta_i)\boldsymbol{x}_i,\\
\alpha=\lambda_i+\eta_i,\\
\alpha=\lambda_i^*+\eta_i^*.
\end{cases}
\tag{11.41}
$$

将式 (11.41) 代入式 (11.40), 可得 SVR 的对偶问题为

$$
\begin{cases}
\min\limits_{\boldsymbol{\eta},\boldsymbol{\eta}^*}\left\{\sum_{i=1}^{n}y_i(\eta_i^*-\eta_i)-\epsilon\sum_{i=1}^{n}(\eta_i^*+\eta_i)-\frac{1}{2}\sum_{i=1}^{n}\sum_{j=1}^{n}(\eta_i^*-\eta_i)(\eta_j^*-\eta_j)\boldsymbol{x}_i^{\mathrm{T}}\boldsymbol{x}_j\right\},\\
\text{s.t.}\quad \sum_{i=1}^{n}(\eta_i^*-\eta_i)=0,\qquad 0\leqslant\eta_i,\eta_i^*\leqslant\alpha,\qquad i=1,\cdots,n,
\end{cases}
\tag{11.42}
$$

其中 $\boldsymbol{\eta}=(\eta_1,\cdots,\eta_n)^{\mathrm{T}}$ 和 $\boldsymbol{\eta}^*=(\eta_1^*,\cdots,\eta_n^*)^{\mathrm{T}}$. 上述过程需要满足 KKT 条件, 对 $i=1,\cdots,n$, 即有

$$
\begin{cases}
\eta_i(g(\boldsymbol{x}_i)-y_i-\epsilon-\xi_i)=0,\\
\eta_i^*(y_i-g(\boldsymbol{x}_i)-\epsilon-\xi_i^*)=0,\\
\eta_i\eta_i^*=0,\\
\xi_i\xi_i^*=0,\\
(\alpha-\eta_i)\xi_i=0,\\
(\alpha-\eta_i^*)\xi_i^*=0.
\end{cases}
\tag{11.43}
$$

从 KKT 条件 (11.43) 可以看出, 当且仅当 $g(\boldsymbol{x}_i)-y_i-\epsilon-\xi_i=0$ 时, η_i 能取非零值; 同样当且仅当 $y_i-g(\boldsymbol{x}_i)-\epsilon-\xi_i^*=0$ 时, η_i^* 能取非零值. 这就意味着, 仅当观测样本 $(\boldsymbol{x}_i,y_i)$ 不落入 ϵ-间隔带中, 相应的 η_i 和 η_i^* 才能取非零值. 此外, 对给定的第 i 个观测样本 $(\boldsymbol{x}_i,y_i)$, 约束 $g(\boldsymbol{x}_i)-y_i-\epsilon-\xi_i=0$ 和 $y_i-g(\boldsymbol{x}_i)-\epsilon-\xi_i^*=0$ 不能同时成立, 因此 η_i 和 η_i^* 中至少有一个为零.

通过极小化式 (11.42), 可得 $\boldsymbol{\eta}$ 和 $\boldsymbol{\eta}^*$ 的估计, 分别记为 $\widehat{\boldsymbol{\eta}}=(\widehat{\eta}_i,\cdots,\widehat{\eta}_n)^{\mathrm{T}}$ 和 $\widehat{\boldsymbol{\eta}}^*=(\widehat{\eta}_i^*,\cdots,\widehat{\eta}_n^*)^{\mathrm{T}}$. 由式 (11.41) 的第 2 式, 可得 $\boldsymbol{\beta}$ 的估计为

$$
\widehat{\boldsymbol{\beta}}=\sum_{i=1}^{n}(\widehat{\eta}_i^*-\widehat{\eta}_i)\boldsymbol{x}_i.
\tag{11.44}
$$

下面考虑 β_0 的估计. 由 KKT 条件 (11.43) 可知, 对每个观测样本 $(\boldsymbol{x}_i,y_i)$, 都有 $(\alpha-\eta_i)\xi_i=0$ 和

$\eta_i(g(\boldsymbol{x}_i) - y_i - \epsilon - \xi_i) = 0$. 因此, 在得到 η_i 的估计 $\widehat{\eta}_i$ 后, 若 $0 < \widehat{\eta}_i < \alpha$, 则必有 $\xi_i = 0$, 进而有

$$\widehat{\beta}_0 = y_i + \epsilon - \widehat{\boldsymbol{\beta}}^{\mathrm{T}}\boldsymbol{x}_i = y_i + \epsilon - \sum_{j=1}^{n}(\widehat{\eta}_j^* - \widehat{\eta}_j)\boldsymbol{x}_j^{\mathrm{T}}\boldsymbol{x}_i. \tag{11.45}$$

理论上讲, 任意满足 $0 < \widehat{\eta}_i^* < \alpha$ 的观测样本都可通过式 (11.45) 对 β_0 进行估计. 记 $S = \{i : 0 < \widehat{\eta}_i < \alpha\}$ 为满足 $0 < \widehat{\eta}_i < \alpha$ 的观测样本子集, 则可得 β_0 的稳健估计为

$$\widehat{\beta}_0 = \frac{1}{|S|}\sum_{i\in S}\left\{y_i + \epsilon - \widehat{\boldsymbol{\beta}}^{\mathrm{T}}\boldsymbol{x}_i\right\}, \tag{11.46}$$

其中 $|S|$ 表示支持向量的个数. 把式 (11.44) 和式 (11.46) 代入 $g(\boldsymbol{x}) = \beta_0 + \boldsymbol{\beta}^{\mathrm{T}}\boldsymbol{x}$ 中, 可得 $g(\boldsymbol{x})$ 的估计为

$$\widehat{g}(\boldsymbol{x}) = \widehat{\beta}_0 + \widehat{\boldsymbol{\beta}}^{\mathrm{T}}\boldsymbol{x} = \widehat{\beta}_0 + \sum_{i=1}^{n}(\widehat{\eta}_i^* - \widehat{\eta}_i)\boldsymbol{x}_i^{\mathrm{T}}\boldsymbol{x} = \widehat{\beta}_0 + \sum_{i=1}^{n}(\widehat{\eta}_i^* - \widehat{\eta}_i)\langle\boldsymbol{x}_i, \boldsymbol{x}\rangle. \tag{11.47}$$

能使式 (11.47) 中的 $\widehat{\eta}_i^* - \widehat{\eta}_i \neq 0$ 的观测样本即为 SVR 的支持向量, 它们必落在 ϵ-间隔带之外. 可见, SVR 的支持向量仅是训练观测样本的一部分, 其解仍具有稀疏性.

与分类问题一样, SVR 的解仅仅通过内积 $\langle\boldsymbol{x}_i, \boldsymbol{x}\rangle$ 来关联输入的观测样本. 因此, 可以通过定义合适的内积将这个方法推广到高维特征空间. 对给定的基函数 $b_l(\boldsymbol{x}), l = 1, \cdots, L$, 假设回归函数 $g(\boldsymbol{x})$ 可用该基函数进行如下的近似, 即

$$g(\boldsymbol{x}) = \beta_0 + \boldsymbol{\beta}^{\mathrm{T}}\boldsymbol{b}(\boldsymbol{x}), \tag{11.48}$$

其中 β_0 和 $\boldsymbol{\beta} = (\beta_1, \cdots, \beta_L)^{\mathrm{T}}$ 是模型参数, $\boldsymbol{b}(\boldsymbol{x}) = (b_1(\boldsymbol{x}), \cdots, b_L(\boldsymbol{x}))^{\mathrm{T}}$ 是基函数向量. 类似于式 (11.47) 的求解过程, 在高维特征空间中可得 $g(\boldsymbol{x})$ 的估计为

$$\widehat{g}(\boldsymbol{x}) = \widehat{\beta}_0 + \widehat{\boldsymbol{\beta}}^{\mathrm{T}}\boldsymbol{b}(\boldsymbol{x}) = \widehat{\beta}_0 + \sum_{i=1}^{n}(\widehat{\eta}_i^* - \widehat{\eta}_i)K(\boldsymbol{x}_i, \boldsymbol{x}), \tag{11.49}$$

其中 $K(\boldsymbol{x}_i, \boldsymbol{x}) = \boldsymbol{b}(\boldsymbol{x}_i)^{\mathrm{T}}\boldsymbol{b}(\boldsymbol{x})$ 为核函数. 在式 (11.49) 中, β_0 的稳健估计可类似于式 (11.46) 给出, 仅需把 $\boldsymbol{x}_i$ 换成 $\boldsymbol{b}(\boldsymbol{x}_i)$, 且 $\widehat{\boldsymbol{\beta}}$ 具有如下形式

$$\widehat{\boldsymbol{\beta}} = \sum_{i=1}^{n}(\widehat{\eta}_i^* - \widehat{\eta}_i)\boldsymbol{b}(\boldsymbol{x}_i).$$

§11.7 支持向量机的案例与 R 语言计算

在 R 语言中, 支持向量机方法可使用程序包e1071 中的函数 svm()、程序包 kernlab 中的函数 ksvm() 和程序包 LiblineaR 中的函数 LiblineaR(). 本节主要介绍利用程序包 e1071 中的函数 svm() 进行数值分析和应用研究.

程序包 e1071 中的函数 svm() 进行支持向量机的分类和回归, 调用格式为

```
svm(formula, data = NULL, ..., subset, na.action =
    na.omit, scale = TRUE)
其中 formula 为模型公式, 类似于函数 glm() 或 lm(); data 为数据框数据;subset 为被指定用于训练样本的子集; scale=TRUE 表示对数据进行标准化处理.
svm(x, y = NULL, scale = TRUE, type = NULL, kernel = "radial",
    degree = 3, gamma = if (is.vector(x)) 1 else 1 / ncol(x),
    coef0 = 0, cost = 1, nu = 0.5, class.weights = NULL,
    cachesize = 40, tolerance = 0.001, epsilon = 0.1,
    shrinking = TRUE, cross = 0, probability = FALSE,
    fitted = TRUE, ..., subset, na.action = na.omit)
其中 x 为观测数据矩阵;y 为响应向量的观测数据, 可以为因子变量或者定量变量; 参数 type 可取为 C- classification,nu- classification, one- classification,eps- regression 和 nu- regression, 前三个用于分类, 后两个用于回归; 参数 kernel 为核函数, 可取 linear(线性核函数)、polynomial(多项式核函数)、radial(径向核函数) 和 sigmoid(sigmoid 核函数), 缺省为径向核函数; 参数 degree 为多项式核函数的阶数, 缺省为 3; 参数 gamma 为除线性核函数外其他核函数的参数; 参数 cost 用来设置观测样本穿过间隔的成本, 设置较小, 间隔会很宽, 否则会很窄; 其余参数见在线帮助.
```

此外, 可以用函数 predict() 进行预测, 函数 tune() 为使用 CV 准则选取最优参数, 具体使用见在线帮助.

11.7.1 SVM 的模拟数据分析与 R 语言计算

本节通过二分类问题的模拟数据展示函数 svm() 和函数 tune() 的使用, 分别对线性可分数据和线性不可分数据进行 SVM 分析.

1. 线性可分数据

对线性可分数据情形, 首先从二维正态分布 $N_2(\mathbf{0}, \mathbf{I}_2)$ 中产生 40 个观测样本, 即生成一个 40×2 的观测数据矩阵 $\mathbf{X}$, 并生成一个 40×1 的响应向量 $\boldsymbol{y}$, 其中前 20 个元素为 -1, 后 20 个元素为 1. 为了更好区别 $y=\pm 1$ 的两类数据, 在 $y=1$ 类的两个特征变量的观测值后都加 2.

下面程序绘制了模拟数据的散点图 11.10(a), 并用函数 svm() 对模拟数据进行分析, 取线性核函数, 参数 cost=1e5, 即指定软间隔分类器 (11.23) 的代价参数 $\alpha=10^5$, 这是一个非常严厉的惩罚, 几乎不允许观测样本错误分类, 要求间隔很窄, SVM 的分析结果如下, 同时见图 11.10(b).

```
library(e1071);  set.seed(2023)
x = matrix(rnorm(40*2), ncol = 2)
y = c(rep(-1, 20), rep(1, 20))
x[y==1, ] = x[y==1, ] + 2
```

```
plot(x, col = ifelse(y==-1, 1, 2), pch = 16, main = "Scatterplot")
data = data.frame(x = x, y = as.factor(y))
colnames(data) = c("x1", "x2", "y")
fit1 = svm(y~., data=data, kernel="linear", cost=1e5, scale=TRUE)
> fit1              ## 输出结果
Call:
svm(formula = y ~ ., data = data, kernel = "linear", cost = 1e+05,
    scale = TRUE)
Parameters:
   SVM-Type:   C-classification
 SVM-Kernel:   linear
       cost:   1e+05
Number of Support Vectors:  6
>(svm.points = fit1$index)
[1]  6   8   16   26   28   31
plot(fit1, data, col = c("grey", "cornflowerblue"),
     symbolPalette = c("black", "red"))
```

结果显示, 共有 6 个支持向量, 分别为第 6 个、第 8 个、第 16 个、第 26 个、第 28 个和第 31 个样本点为支持向量. 图 11.10(b) 中 "×" 的样本点表示支持向量, 而 "∘" 表示其他观测样本 (非支持向量). 进一步, 考虑更小的参数 cost=1 对数据进行 SVM 分析, 程序如下, 结果见图 11.10(c). 从下面输出结果和图 11.10(c) 的结果可以看出, 当参数 cost=1 时, SVM 的结果共有 12 个支持向量, 表示当惩罚力度变小时, 间隔变宽, 使得支持向量增多.

```
fit2 = svm(y~., data = data, kernel = "linear", cost = 1)
> fit2              ## 输出结果
Call:
svm(formula = y ~ ., data = data, kernel = "linear", cost = 1)
Parameters:
   SVM-Type:   C-classification
 SVM-Kernel:   linear
       cost:   1
Number of Support Vectors:  12
> (svm.points = fit2$index)
 [1]  6  8  14  16  19  20  26  28  31  33  34  40
plot(fit2, data, col = c("grey", "cornflowerblue"),
```

```
   symbolPalette = c("black", "red"))
```

既然参数 cost 非常关键, 那在实际应用中, 如何确定最优的参数 cost? 下面使用函数 tune() 进行交叉验证, 选取最优的参数 cost, 默认为 10 折交叉验证.

```
set.seed(2023)
tune.res = tune(svm, y~., data = data, kernel = "linear",
                ranges = list(cost=c(0.001,0.01,0.1,1,5,10,100)))
> tune.res         ## 输出结果
Parameter tuning of ‘svm’ :
- sampling method: 10-fold cross validation
- best parameters:
 cost
  0.1
- best performance: 0.05
> (fit.best = tune.res$best.model)     ## 输出结果
Parameters:
   SVM-Type:    C-classification
 SVM-Kernel:    linear
       cost:    0.1
Number of Support Vectors:  24
plot(fit.best, data, col = c("grey", "cornflowerblue"),
     symbolPalette = c("black", "red"))
```

在上面程序中, 参数 `ranges=list(cost=c(0.001,0.01,0.1,1,5,10,100))` 表示代价参数 $\text{cost}\in\{0.001, 0.01, 0.1, 1, 5, 10, 100\}$ 在这 7 个不同取值的网格上进行搜索. 从输出结果可见, 选取的最优参数为 cost=0.1, 并有 24 个支持向量, 且基于最优参数 cost=0.1 的 SVM 结果见图 11.10(d).

最后, 产生一个样本量大小为 100 的测试集, 基于上面训练好的最优 SVM 模型, 利用函数 predict() 在新数据集上进行预测, 计算混淆矩阵和测试集的准确率. 程序和结果如下, 结果表明测试集的预测准确率为 88%.

```
set.seed(2023)
x.new = matrix(rnorm(100*2), ncol = 2)
y.new = sample(c(-1, 1), 100, rep = TRUE)
x.new[y.new==1, ] = x.new[y.new==1, ] + 1.5
pred = predict(fit.best, x.new)
```

```
> (table = table(Predicted = pred, Actual = y.new))
            Actual
Predicted     -1   1
       -1     48   9
        1      3  40
> (accuracy = sum(diag(table))/sum(table))
[1] 0.88
```

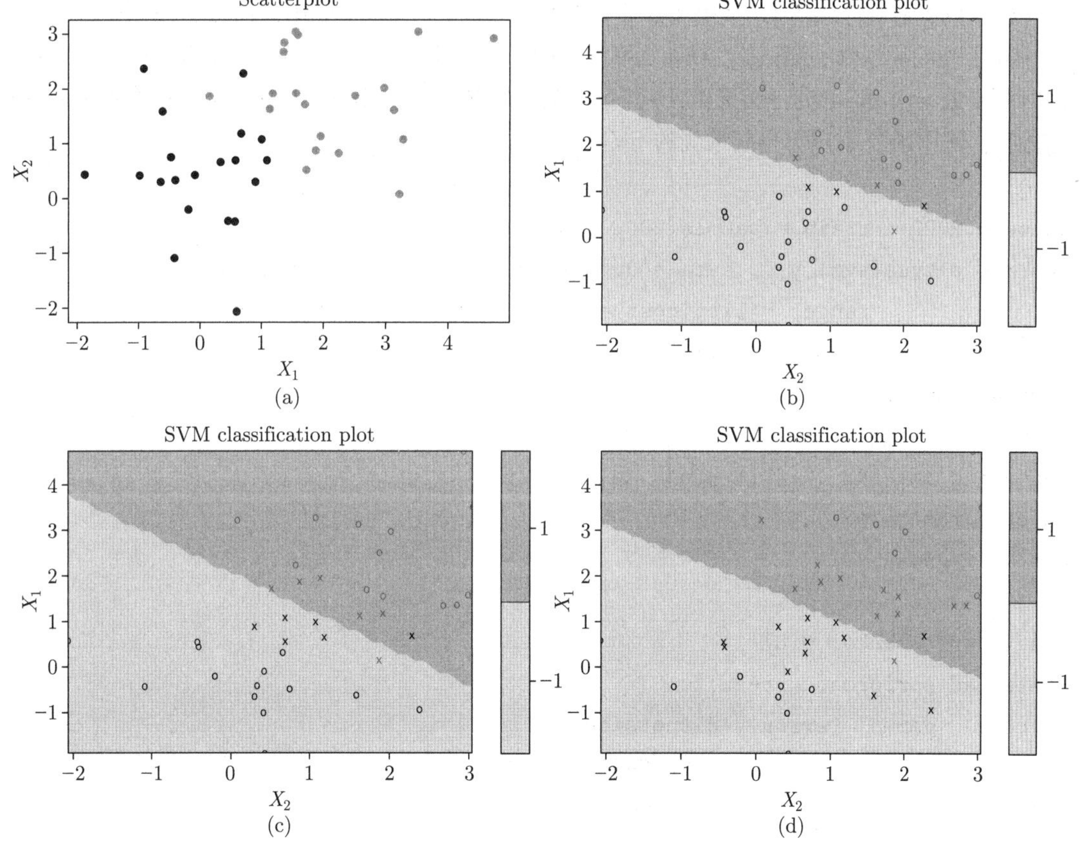

图 11.10 (a) 线性可分模拟数据的散点图; (b) 线性可分模拟数据的 SVM 结果, 参数 cost=10^5; (c) 线性可分模拟数据的 SVM 结果, 参数 cost=1; (d) 最优参数 cost 所得 SVM 结果, 最优参数为 cost=0.1. 注意: 程序包 e1071 得到的图 (b)–(d), 将 X_1 放在纵轴

2. 线性不可分数据

对线性不可分数据情形, 首先从二维正态分布 $N_2(\mathbf{0}, \mathbf{I}_2)$ 中产生 200 个观测样本, 即生成一个 200×2 的观测数据矩阵 $\mathbf{X}$, 并生成一个 200×1 的响应向量 $\boldsymbol{y}$, 其中 150 个观测样本属于 -1 类, 剩余 50 个观测样本属于 1 类. 模拟数据生成如下, 且绘制散点图 11.11(a). 从散点图 11.11(a) 可见, 线性决策边界很难应用于该模拟数据.

```
set.seed(2023)
x = matrix(rnorm(200*2), ncol = 2)
x[1:100,   ] = x[1:100,   ] + 2
x[101:150, ] = x[101:150, ] - 2
y = c(rep(-1, 150), rep(1, 50))
dat = data.frame(x = x, y = as.factor(y))
colnames(dat) = c("x1", "x2", "y")
plot(x, pch = 16, col = ifelse(y==-1,1,2), main = "Scatterplot")
```

将模拟数据随机分成两半, 其中 100 个观测样本作为训练集, 主要用来训练 SVM 模型. 然后用剩余 100 个观测样本作为测试集, 对训练好的 SVM 模型进行测试. 首先利用函数 tune() 在训练集上同时对参数 cost 和 γ 进行交叉验证, 并选择最优的参数 cost 和 γ, 然后基于最优参数 cost 和 γ 在训练集上使用函数 svm() 得到最优的 SVM 模型.

```
set.seed(2022); train = sample(200, 100)
tune.res = tune(svm, y~., data = dat[train, ], kernel = "radial",
                ranges = list(cost = c(0.001,0.01,0.1,1,5,10,100),
                gamma = c(0.5, 1, 2, 3, 4)))
> summary(tune.res)      ## 输出结果
Parameter tuning of  'svm' :
- sampling method: 10-fold cross validation
- best parameters:
 cost    gamma
   1      0.5
- best performance: 0.07
- Detailed performance results:
   cost   gamma   error   dispersion
1  1e-03    0.5    0.20   0.08164966
2  1e-02    0.5    0.20   0.08164966
3  1e-01    0.5    0.20   0.08164966
4  1e+00    0.5    0.07   0.06749486
5  5e+00    0.5    0.08   0.07888106
6  1e+01    0.5    0.09   0.07378648
7  1e+02    0.5    0.08   0.07888106
8  1e-03    1.0    0.20   0.08164966
9  1e-02    1.0    0.20   0.08164966
10 1e-01    1.0    0.20   0.08164966
```

```
11 1e+00     1.0    0.07    0.06749486
12 5e+00     1.0    0.09    0.07378648
13 1e+01     1.0    0.10    0.06666667
14 1e+02     1.0    0.08    0.07888106
15 1e-03     2.0    0.20    0.08164966
16 1e-02     2.0    0.20    0.08164966
17 1e-01     2.0    0.20    0.08164966
18 1e+00     2.0    0.08    0.07888106
19 5e+00     2.0    0.09    0.05676462
20 1e+01     2.0    0.08    0.06324555
21 1e+02     2.0    0.12    0.09189366
22 1e-03     3.0    0.20    0.08164966
23 1e-02     3.0    0.20    0.08164966
24 1e-01     3.0    0.20    0.08164966
25 1e+00     3.0    0.10    0.06666667
26 5e+00     3.0    0.08    0.06324555
27 1e+01     3.0    0.08    0.07888106
28 1e+02     3.0    0.15    0.09718253
29 1e-03     4.0    0.20    0.08164966
30 1e-02     4.0    0.20    0.08164966
31 1e-01     4.0    0.20    0.08164966
32 1e+00     4.0    0.11    0.08755950
33 5e+00     4.0    0.07    0.06749486
34 1e+01     4.0    0.09    0.09944289
35 1e+02     4.0    0.16    0.09660918
> (fit.best = tune.res$best.model)   ## 输出结果
Parameters:
   SVM-Type:  C-classification
 SVM-Kernel:  radial
       cost:  1
Number of Support Vectors:  32
plot(fit.best, data=dat[train,], col=c("grey", "cornflowerblue"),
    symbolPalette = c("black", "red"))
```

参数 ranges=list() 表示在 cost$\in$ $\{0.001, 0.01, 0.1, 1, 5, 10, 100\}$ 与 $\gamma \in \{0.5, 1, 2, 3, 4\}$ 所组成的二维网格 (共 35 种组合) 上进行搜索. 从上面结果可知, 最优参数为 cost=1 和 $\gamma = 0.5$. 基于最优参数在训练集上得到的 SVM 模型有 32 个支持向量, 且结果见图 11.11(b), 具有一个非线性的决

策边界.

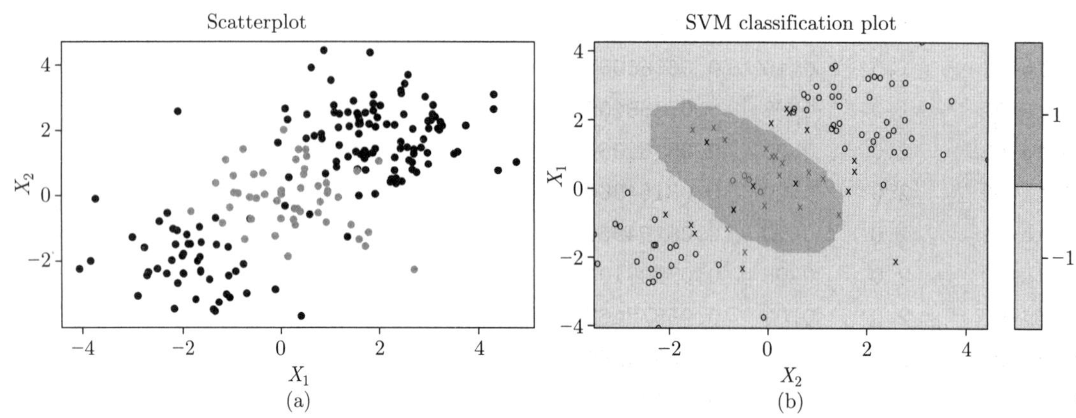

图 11.11 (a) 线性不可分模拟数据的散点图; (b) 线性不可分模拟数据在训练集上的 SVM 结果, 参数为 cost=1 和 $\gamma = 0.5$

进一步, 使用在训练集上得到的最优 SVM 模型在测试集上进行预测, 计算混淆矩阵和测试集的预测准确率. 程序和结果如下, 结果表明测试集的预测准确率为 88%.

```
pred = predict(fit.best, x[-train, ])
> (table = table(Predicted = pred, Actual = y[-train]))
               Actual
Predicted    -1      1
       -1    67      9
        1     3     21
> (accuracy = sum(diag(table))/sum(table))
[1] 0.88
```

最后, 固定参数 cost=1, 取 $\gamma = 0.5$ 和 $\gamma = 50$, 分别在训练集和测试集上绘制 ROC 曲线. 为了节省篇幅, 程序省略, 结果见图 11.12.

在径向核函数中, 参数 γ 取值不同, 对 SVM 的决策边界有很大影响, 随着 γ 取值变大, 拟合的决策边界会变得越来越非线性, 拟合的 SVM 模型变得越来越灵活. 图 11.12 显示, 在训练集上, 当参数 $\gamma = 50$ 时, 其拟合的 SVM 模型的分类效果好于参数 $\gamma = 0.5$ 的 SVM 模型, 而在测试集上则相反, 再次说明虽然灵活的方法或模型能够改善训练集的分类效果, 但是并不意味着这些灵活的方法或模型一定能够提升测试集的分类效果. 正如第 2 章所述, 通常选取在测试集上分类效果最好的模型作为最终预测模型. 此外, 固定参数 γ, 如果增大参数 cost 的值, 可以减少训练集的误差, 但代价是得到一个更加不规则的决策边界, 将会产生过拟合问题, 读者可改变参数 cost 的大小, 观察决策边界和 ROC 曲线的变化.

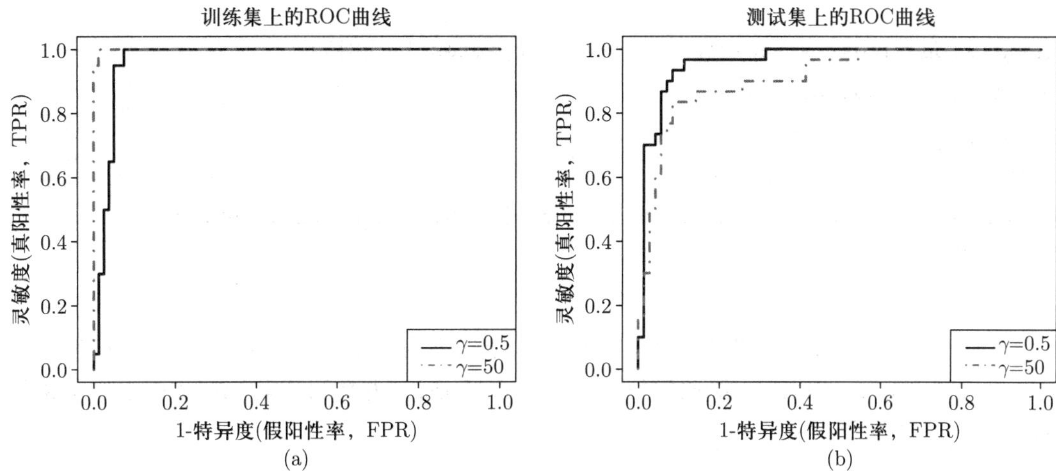

图 11.12 (a) 训练集上的 ROC 曲线; (b) 测试集上的 ROC 曲线, 其中固定参数 cost=1, 分别取参数 $\gamma = 0.5$ 和 $\gamma = 50$

11.7.2 SVM 的二分类 R 案例

本节针对程序包 kernlab 中的垃圾邮件数据集 spam, 利用函数 svm() 进行二分类问题的研究. 该数据集共包含 4 601 个观测样本和 58 个变量, 每个观测样本对应一封邮件, 其中第 58 列变量 type 为因子变量, 取值为 `"nonspam"` 和 `"spam"`, 其他为特征变量, 有 54 个特征变量表示 54 个不同词汇或字符在邮件中出现的频率, 另外 3 个特征变量分别表示连续大写字母序列的平均长度、连续大写字母序列的最大长度和邮件中大写字母的总数.

首先, 固定种子 set.seed (2023), 把该 spam 数据集随机分成训练集和测试集, 其中训练集和测试集都包含 2 300 个观测样本.

```
library(kernlab);  data(spam)
set.seed(2023)
index = sample(1:dim(spam)[1])
spamtrain = spam[index[1:floor(dim(spam)[1]/2)], ]
spamtest = spam[index[((ceiling(dim(spam)[1]/2))+1):dim(spam)[1]],]
```

其次, 固定参数 cost=1, 使用线性核函数进行 SVM 估计, 并在测试集上进行预测, 计算测试集上的混淆矩阵和测试错误率.

```
library(e1071)
fit.linear=svm(type~., data=spamtrain, kernel="linear", cost=1)
pred.linear = predict(fit.linear, spamtest[, -58])
```

```
> (confusion.linear = table(pred.linear, spamtest[, 58]))
pred.linear    nonspam    spam
    nonspam       1310      90
    spam            78     822
> (errRate = 1 - sum(diag(confusion.linear))/sum(confusion.linear))
[1] 0.07304348
```

结果显示, 使用线性核函数所得 SVM 的测试错误率为 7.3%. 进一步, 固定参数 degree=2, cost=1 和 gamma=1, 利用二阶多项式核函数进行 SVM 估计, 并在测试集上进行预测, 计算测试集上的混淆矩阵和测试错误率.

```
fit.poly = svm(type~., data = spamtrain, kernel = "polynomial",
               degree = 2, gamma = 1, cost = 1)
pred.poly = predict(fit.poly, spamtest[, -58])
> (confusion.poly = table(pred.poly, spamtest[, 58]))
pred.poly    nonspam    spam
  nonspam       1263     139
  spam           125     773
> (errRate = 1-sum(diag(confusion.poly))/sum(confusion.poly))
[1] 0.1147826
```

结果显示, 使用二阶多项式核函数所得 SVM 的测试错误率约为 11.48%, 明显高于线性核函数的测试错误率. 固定参数 cost=1 和 gamma=1, 继续使用径向核函数进行 SVM 估计, 并在测试集上进行预测, 计算测试集上的混淆矩阵和测试错误率.

```
fit.rkf=svm(type~.,data=spamtrain,kernel="radial",gamma=1,cost=1)
pred.rkf = predict(fit.rkf, spamtest[, -58])
> (confusion.rkf = table(pred.rkf, spamtest[, 58]))
pred.rkf     nonspam    spam
  nonspam       1384     535
  spam             4     377
> (errRate = 1 - sum(diag(confusion.rkf))/sum(confusion.rkf))
[1] 0.2343478
```

结果显示, 使用径向核函数所得 SVM 的测试错误率变得更高, 升为约 23.43%, 显然对 spam 数据集不适合使用径向核函数. 最后, 固定参数 cost=1 和 gamma=1, 使用 sigmoid 核函数进行 SVM 估计, 并在测试集上进行预测, 计算测试集上的混淆矩阵和测试错误率.

```
fit.sig=svm(type~.,data=spamtrain,kernel="sigmoid",gamma=1,cost=1)
pred.sig = predict(fit.sig, spamtest[, -58])
> (confusion.sig = table(pred.sig, spamtest[, 58]))
pred.sig    nonspam   spam
  nonspam      1169    281
  spam          219    631
> (errRate = 1 - sum(diag(confusion.sig))/sum(confusion.sig))
[1] 0.2173913
```

结果显示, 使用 sigmoid 核函数所得 SVM 的测试错误率约为 21.74%, 表现也不理想. 为了进一步对四种核函数的 SVM 二分类结果进行比较, 在测试集上绘制 ROC 曲线, 如图 11.13.

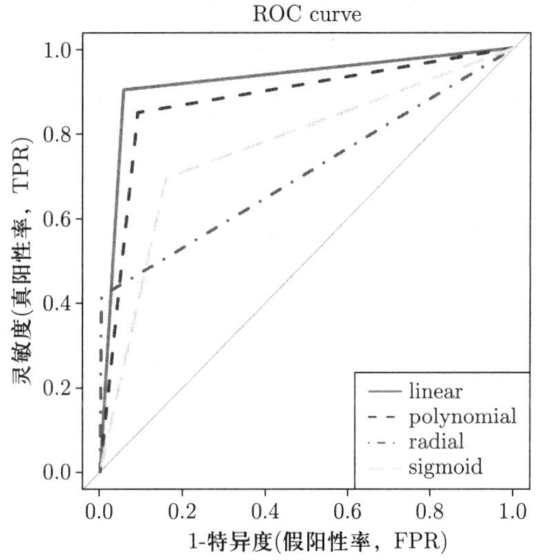

图 11.13 四种核函数的 SVM 二分类结果在测试集上的 ROC 曲线, 其中红色实线是线性核函数, 蓝色虚线是二次多项式核函数, 紫色点断线是径向核函数, 绿色长断线是 sigmoid 核函数

```
library(pROC)
roc.linear = roc(spamtest[, 58], as.numeric(pred.linear))
roc.poly = roc(spamtest[, 58], as.numeric(pred.poly))
roc.rkf  = roc(spamtest[, 58], as.numeric(pred.rkf))
roc.sig  = roc(spamtest[, 58], as.numeric(pred.sig))
plot(roc.linear, main="ROC curve", col="red", lwd=3, legacy.axes=T)
plot(roc.poly, add=TRUE, col = "blue", lwd = 3, lty = 2)
plot(roc.rkf, add=TRUE, col = "purple", lwd = 3, lty = 4)
```

```
plot(roc.sig, add=TRUE, col = "green", lwd = 3, lty = 5)
legend("bottomright", c("linear","polynomial","radial","sigmoid"),
       col=c("red","blue","purple","green"), lty=c(1,2,4,5), lwd=2)
```

图 11.13 的结果显示, 线性核的预测结果最好, 并明显好于其他三种核函数的预测结果. 进一步, 读者也可以使用 CV 方法首先选取最优参数, 然后再进行预测和比较, 但是较为费时. 另外一种选择是, 将 spam 数据集随机分成训练集、验证集和测试集, 在训练集上进行 SVM 估计, 在验证集上选择最优的参数 cost 和 gamma, 最后在测试集上计算混淆矩阵和测试错误率. 这样比较节省时间, 适用于样本量较大的数据集.

11.7.3 SVM 的多分类 R 案例

例 1.5 的 MNIST 数据集是包含数字 $0 \sim 9$ 的手写数字图片数据集, 该数据集由 60 000 个训练集和 10 000 个测试集组成, 其中每个图片由 28×28 个像素点组成, 每个像素点的取值区间为 $[0, 255]$, 0 表示白色, 255 表示黑色, 每个图片的维数为 $p = 28 \times 28 = 784$. 本节的主要目的是利用 SVM 方法进行多分类的手写数字识别.

由于原数据集数据量大, 如果利用所有数据进行 SVM 分析, 计算量巨大. 为了快速展示 SVM 方法在多分类问题的表现, 从原数据集中随机抽取 2 800 个样本, 其中 1 000 个训练集样本用于训练 SVM 模型, 1 000 个验证集样本用于选择最优参数, 800 个测试样本用于计算混淆矩阵和测试错误率, 对 SVM 方法进行评价.

首先, 对每个数字随机选取 10 个图片的数据, 下面程序利用函数 plotMatrix() 进行展示, 结果见图 11.14.

```
library(RColorBrewer); library(e1071)
load("mnist.rda")
plotMatrix = function(x)
  image(t(x[nrow(x):1, ]), xaxt = 'none', yaxt = 'none',
        col=rev(colorRampPalette(rev(brewer.pal(9,'Greys')))(100)))
par(mfrow = c(10, 10), mar = c(0, 0, 0, 0))
for (k in unique(mnist$label)){
  for (i in 1:10){
    first.id = which(mnist$label == k)[1]
    plot.mat = matrix(t(mnist[i+first.id,c(1:784)]),28,28,byrow=T)
    plotMatrix(plot.mat)
  }
}
```

其次, 对参数 cost 和 gamma 分别取 5 个值, 即组成了二维网格 (共 25 种组合). 对每种组合,

图 11.14 手写数字图片的示例

利用函数 svm() 在训练集上进行估计, 然后在验证集上计算错误率.

```
set.seed(2023)
mnist[, c(1:784)] = t(scale(t(mnist[, c(1:784)])))
train_data = mnist[c(1:1000), ]; vad_data = mnist[c(1001:2000), ]
test_data = mnist[c(2001:2800), ]
gamma_grid = c(0.0001, 0.001, 0.01, 0.05, 0.1)
cost_grid  = c(0.01, 0.1, 1, 5, 10)
errRate_svm = matrix(NA, 5, 5)
for (gamma in gamma_grid) {
  for (cost in cost_grid) {
    model_svm=svm(label~.,data=train_data,gamma=gamma,cost=cost)
    pred = predict(model_svm, vad_data[, c(1:784)])
    table.mat = table(pred, vad_data$label)
    errRate_svm[which(gamma_grid==gamma), which(cost_grid==cost)]
       = 1 - sum(diag(table.mat))/sum(table.mat)
  }
}
```

最后, 基于验证集的错误率最小确定最优参数 cost 和 gamma, 然后重新在训练集上进行 SVM 估计, 并把最优模型的估计结果用于测试集上计算混淆矩阵和测试错误率. 进一步, 利用程序包 vcd 中的函数 Kappa() 和测试集的混淆矩阵计算 kappa 指标.

```
id_min = which(errRate_svm == min(errRate_svm), arr.ind = T)
model_svm=svm(label~.,data=train_data,gamma=gamma_grid[id_min[1]],
```

```
              cost = cost_grid[id_min[2]])
pred = predict(model_svm, test_data[, c(1:784)])
conf_svm=table(pred,test_data$label,dnn=c("预测数字","真实数字"))
> conf_svm
       真实数字
预测数字  0  1  2  3  4  5  6  7  8  9
       0 79  0  1  0  0  1  3  0  1  2
       1  0 77  2  1  0  0  1  0  4  0
       2  0  2 71  3  1  0  2  1  0  2
       3  0  0  2 71  0  4  0  1  4  0
       4  0  0  1  0 69  1  1  1  1  7
       5  0  1  1  2  1 71  1  0  2  1
       6  0  0  1  0  1  1 72  0  1  0
       7  0  0  0  0  1  0  0 73  0  4
       8  1  0  1  2  3  1  0  0 66  3
       9  0  0  0  1  4  1  0  4  1 61
> (errRate_svm = 1-sum(diag(conf_svm))/sum(conf_svm))
[1]  0.1125
> library(vcd)
> Kappa(conf_svm)      ## 计算 kappa 指标
            value      ASE      z   Pr(>|z|)
Unweighted  0.8750  0.01241  70.51         0
Weighted    0.8761  0.01446  60.58         0
```

结果表明, 基于最优参数的径向核函数的 SVM 模型的测试错误率为 11.25%. 测试集上的 kappa 指标为 0.875 0. 对照表 9.5 的 kappa 指标的含义, 表示预测值与真实值之间具有一致性很好 (great agreement) 的拟合效果.

11.7.4 SVR 的 R 案例

本节以波士顿郊区住房价格数据集 Boston 展示 SVR 方法, 并与多元线性回归模型进行比较. 程序包 MASS 中的 Boston 数据集共有 506 个样本, 14 个变量: crim (人均犯罪率), zn (可建 25000 平方英尺以上大院的住宅用地比例), indus (非零售商业用地比例), chas (是否毗邻查尔斯河), nox (氮氧化物浓度), rm (平均房间数), age (房屋年龄), dis (距离波士顿五个就业中心的加权平均距离), rad (高速公路可达性指标), tax (房产税率), ptratio (学生与教师比), black (黑人所占比重的平方), lstat (低端人口所占百分比) 和 medv (社区房价中位数). 主要目的是对 Boston 数据集进行 SVR 分析, 其中把变量 medv 作为响应变量, 其他 13 个变量作为协变量, 建立回归模型, 利用其他 13 个变量对 medv 进行预测.

首先, 固定种子 set.seed(0), 把 Boston 数据集随机分成训练集和测试集, 其中训练集包含 354 个样本, 测试集包含 152 个样本. 其次, 使用函数 svm() 在训练集上进行支持向量回归分析, 分别取径向核函数和线性核函数进行 SVR 分析, 其中参数 `epsilon=0.1` 表示式 (11.38) 中 SVR 的调节参数 $\epsilon = 0.1$. 此外, 与第 3 章的多元线性回归模型进行比较. 最后, 在测试集上计算测试均方误差, 并绘制预测值 $\widehat{\text{medv}}$ 与测试集中实际观测值 medv 的散点图和 45° 线, 结果见图 11.15.

```
library(MASS); library(e1071)
set.seed(0);   train = sample(nrow(Boston), 354)
## 径向核函数的 SVR
rkf.fit=svm(medv~., data=Boston, subset=train, epsilon=0.1)
rkf.pred = predict(rkf.fit, Boston[-train, ])
rkf.mse = round(mean((rkf.pred - Boston[-train, 14])^2), 4)
plot(rkf.pred, Boston[-train, 14], col = "dodgerblue", cex = 2,
     main = "SVR with radial kernel function")
abline(0, 1, lwd = 3, col = "red")
text(20, 40, paste("test MSE=", rkf.mse), col = "red")
## 线性核函数的 SVR
l.fit=svm(medv~.,Boston,subset=train,epsilon=0.1,kernel="linear")
l.pred = predict(l.fit, Boston[-train, ])
l.mse = round(mean((l.pred - Boston[-train, 14])^2), 4)
plot(l.pred, Boston[-train, 14], col = "dodgerblue", cex = 2,
     main = "SVR with linear kernel function")
abline(0, 1, lwd = 3, col = "red")
text(20, 40, paste("test MSE=", l.mse), col = "red")
## 多元线性回归分析
lm.fit = lm(medv~., data = Boston, subset = train)
lm.pred = predict(lm.fit, Boston[-train, ])
lm.mse = round(mean((lm.pred - Boston[-train, 14])^2), 4)
plot(lm.pred, Boston[-train, 14], col = "dodgerblue", cex = 2,
     main = "Linear regression model")
abline(0, 1, lwd = 3, col = "red")
text(20, 40, paste("test MSE=", lm.mse), col = "red")
```

从图 11.15 的结果可以看出, 径向核函数 SVR 的测试均方误差仅为 13.495 7, 而线性核函数 SVR 的测试均方误差为 21.622 4, 与多元线性回归模型的测试均方误差很接近. 结果表明, 使用径向核的 SVR 有较好的预测效果, 可见决定波士顿郊区住房价格的回归函数为非线性, 导致线性模型 (包括多元线性回归模型和线性核函数 SVR) 的预测效果较差.

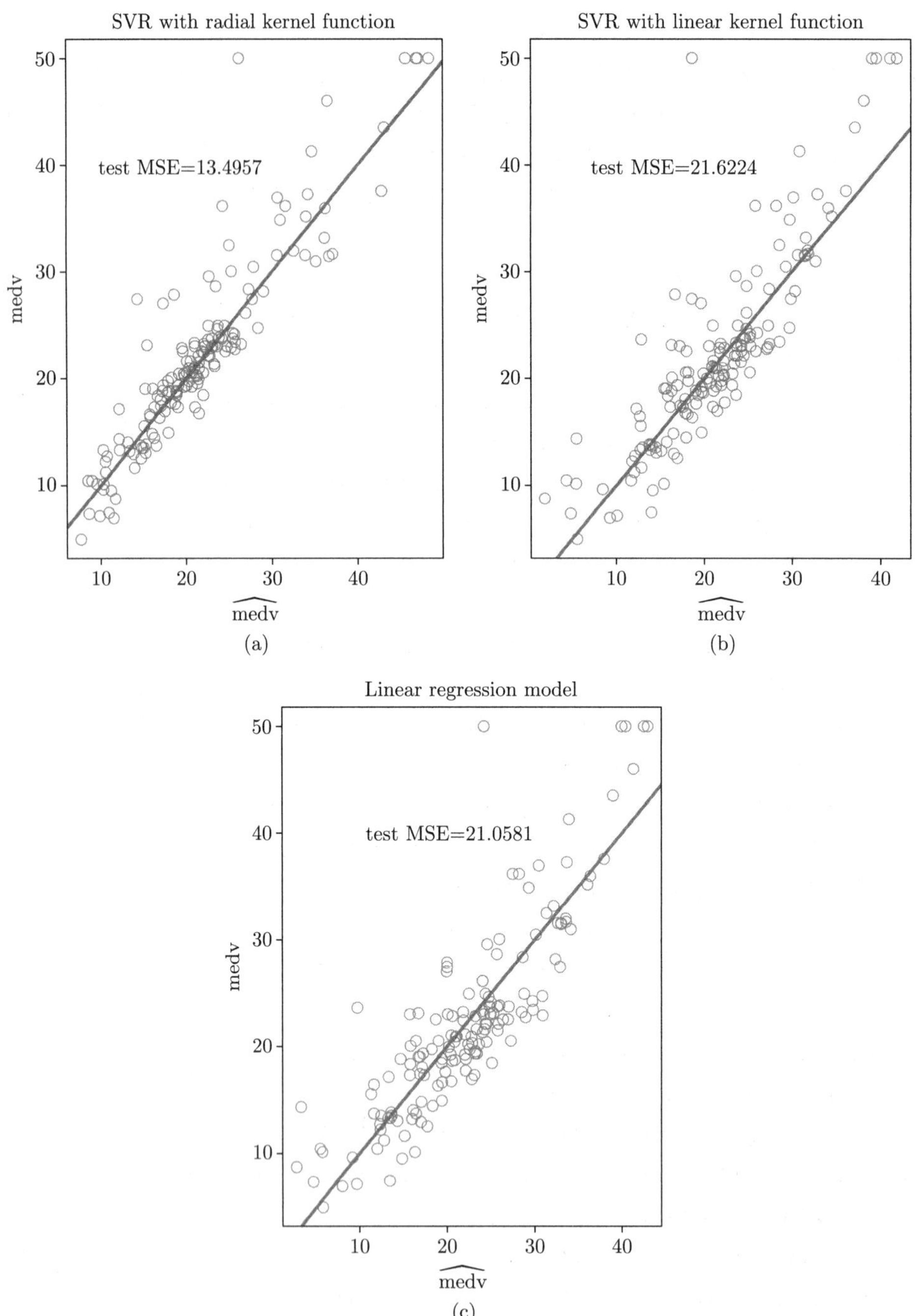

图 11.15 (a) 径向核函数 SVR 的预测值 $\widehat{\text{medv}}$ 与测试集中实际观测值 medv 的散点图和 45° 线, 测试均方误差为 13.495 7; (b) 线性核函数 SVR 的预测值 $\widehat{\text{medv}}$ 与测试集中实际观测值 medv 的散点图和 45° 线, 测试均方误差为 21.622 4; (c) 线性回归模型的预测值 $\widehat{\text{medv}}$ 与测试集中实际观测值 medv 的散点图和 45° 线, 测试均方误差为 21.058 1

习 题 11

1. 针对二维空间的超平面, 请考虑如下问题:

(1) 绘制超平面 $1+3X_1-X_2=0$. 分别指出 $1+3X_1-X_2>0$ 和 $1+3X_1-X_2<0$ 的点集;

(2) 在同一张图中, 绘制超平面 $-2+X_1+2X_2=0$. 分别指出 $-2+X_1+2X_2>0$ 和 $-2+X_1+2X_2<0$ 的点集.

2. 当维数 $p=2$ 时, 线性决策边界为 $\beta_0+\beta_1X_1+\beta_2X_2=0$. 现在考虑非线性的决策边界, 并考虑如下问题:

(1) 绘制曲线 $(1+X_1)^2+(2-X_2)^2=4$;

(2) 在所绘制的图中, 分别指出 $(1+X_1)^2+(2-X_2)^2>4$ 和 $(1+X_1)^2+(2-X_2)^2\leqslant 4$ 的点集;

(3) 假设一个分类器会把观测数据分成两类, 当 $(1+X_1)^2+(2-X_2)^2>4$ 时, 把观测数据分为蓝色的一类, 否则分为红色的一类. 那么 $(0,0)$ 会被分为哪一类? $(-1,1)$? $(2,2)$? $(3,8)$?

(4) 证明问题 (3) 中的决策边界对 X_1 和 X_2 来说不是线性的, 但是对 X_1, X_1^2, X_2 和 X_2^2 来说是线性的.

3. 试证明 p 维样本空间中任意点 $\boldsymbol{x}$ 到超平面 (11.1) 的距离为式 (11.2).

4. 已知正例点 $\boldsymbol{x}_1=(1,2)^{\mathrm{T}},\boldsymbol{x}_2=(2,3)^{\mathrm{T}},\boldsymbol{x}_3=(3,3)^{\mathrm{T}}$, 负例点 $\boldsymbol{x}_4=(2,1)^{\mathrm{T}}$, $\boldsymbol{x}_5=(3,2)^{\mathrm{T}}$, 试求最大间隔超平面和分类决策函数, 并在图上画出分割超平面, 间隔边界及支持向量.

5. 试讨论线性判别分析 (LDA) 与线性核支持向量机在何种条件下等价.

6. 试分析支持向量机 (SVM) 对噪声敏感的原因.

7. 线性支持向量机还可以定义为如下形式

$$\begin{cases}\min\limits_{\beta_0,\boldsymbol{\beta},\boldsymbol{\varepsilon}}\left\{\dfrac{1}{2}\|\boldsymbol{\beta}\|_2^2+\alpha\sum\limits_{i=1}^{n}\varepsilon_i^2\right\},\\ \text{s.t.}\quad \varepsilon_i\geqslant 0,\qquad y_i(\beta_0+\boldsymbol{\beta}^{\mathrm{T}}\boldsymbol{x}_i)\geqslant 1-\varepsilon_i,\qquad i=1,\cdots,n,\end{cases}$$

试求其对偶形式.

8. 用表 11.1 的数据集来讨论最大间隔分类器, 并考虑如下问题:

表 11.1 数 据 集

序号	X_1	X_2	Y
1	3	4	Red
2	2	2	Red
3	4	4	Red
4	1	4	Red
5	2	1	Blue
6	4	3	Blue
7	4	1	Blue

(1) 在 $p=2$ 维的空间中, 有 $n=7$ 个观测值, 且每个观测值都有对应的类别标签, 请画出所有

的观测值;

(2) 绘制最优分割超平面, 并给出超平面的表达式;

(3) 描述最大间隔分类器的分类规则. 按照这样的格式 "如果 $\beta_0+\beta_1X_1+\beta_2X_2>0$, 则把观测归为 "Red" 的类, 否则归为 "Blue" 的类". 给出 β_0, β_1 和 β_2 的值;

(4) 在所绘制的图中, 指出最大间隔超平面的间隔;

(5) 指出最大间隔分类器的支持向量;

(6) 证明第 7 个观测点的轻微移动并不会影响最大间隔超平面;

(7) 绘制一个不是最优分割超平面的超平面, 并给出这个超平面的表达式;

(8) 在图上额外画一个观测点, 使得两个类别不能再被一个超平面分离.

9. 如果 $g(\boldsymbol{x})=\beta_0+\boldsymbol{\beta}^{\mathrm{T}}\boldsymbol{b}(\boldsymbol{x})$, 试证明式 (11.30) 的优化问题等价于下面的优化问题

$$\min_{\beta_0,\boldsymbol{\beta}}\sum_{i=1}^{n}[1-y_ig(\boldsymbol{x}_i)]_++\frac{\lambda}{2}\|\boldsymbol{\beta}\|_2^2,$$

其中 λ 是非负的 Lagrange 乘子.

10. 将支持向量机问题拓展到寻找 $(\beta_0,\boldsymbol{\beta})\in\mathbb{R}\times\mathbb{R}^p$ 和松弛变量 $\boldsymbol{\varepsilon}=(\varepsilon_1,\cdots,\varepsilon_n)^{\mathrm{T}}$. 对 $i=1,\cdots,n$, 在约束条件 $\varepsilon_i\geqslant0, C\geqslant0$, $\sum\limits_{i=1}^{n}\varepsilon_i\leqslant C$, $M\geqslant0$ 和 $y_i(\beta_0+\boldsymbol{\beta}^{\mathrm{T}}\boldsymbol{x}_i)\geqslant M(1-\varepsilon_i)$ 下, 考虑优化问题 $\max\limits_{\beta_0,\boldsymbol{\beta},\boldsymbol{\varepsilon}}M$. 试考虑如下问题:

(1) 当松弛变量 $\varepsilon_i=0$, $0<\varepsilon_i<1$, $\varepsilon_i=1$, $\varepsilon_i>1$ 时, 样本点 $(\boldsymbol{x}_i,y_i)$ 分别处于什么位置?

(2) 假如 $y_i(\beta_0+\boldsymbol{\beta}^{\mathrm{T}}\boldsymbol{x}_i)<0$ 至少对 r 个样本 i 成立, 对任意的 β_0 和 $\boldsymbol{\beta}$, 试证明: 如果 $C\leqslant r$, 优化问题的解将不存在 (提示: $\varepsilon_i>1$ 对每一个 i 均成立);

(3) 为什么 C 越大, M 的值越小?

11. 在 $g_j(\boldsymbol{\beta})\leqslant0$ 的条件下, 通过最小化 $g_0(\boldsymbol{\beta})$ 获得 $\boldsymbol{\beta}\in\mathbb{R}^p$ 的值, 其中 $j=1,\cdots,m$. 如果这样的一个解存在, 把最小值记作 g^*. 考虑如下两个等式

$$\sup_{\boldsymbol{\alpha}\geqslant0}L(\boldsymbol{\alpha},\boldsymbol{\beta})=\begin{cases}g_0(\boldsymbol{\beta}), & g_j(\boldsymbol{\beta})\leqslant0,\quad j=1,\cdots,m,\\+\infty & \text{其他},\end{cases}\tag{11.50}$$

$$g^*=:\inf_{\boldsymbol{\beta}}\sup_{\boldsymbol{\alpha}\geqslant0}L(\boldsymbol{\alpha},\boldsymbol{\beta})\geqslant\sup_{\boldsymbol{\alpha}\geqslant0}\inf_{\boldsymbol{\beta}}L(\boldsymbol{\alpha},\boldsymbol{\beta}),\tag{11.51}$$

其中 $\boldsymbol{\alpha}=(\alpha_1,\cdots,\alpha_m)\in\mathbb{R}^m$, $L(\boldsymbol{\alpha},\boldsymbol{\beta})=:g_0(\boldsymbol{\beta})+\sum\limits_{j=1}^{m}\alpha_jg_j(\boldsymbol{\beta})$. 进一步, 假设 $p=2$ 和 $m=1$, 令

$$L(\alpha,\boldsymbol{\beta})=:\beta_1+\beta_2+\alpha\left(\beta_1^2+\beta_2^2-1\right),\tag{11.52}$$

则不等式 (11.51) 中的等号成立.

12. 如果在求解支持向量机问题当中移除 $\|\boldsymbol{\beta}\|_2=1$ 这个条件, 同时考虑 $\beta_0/M,\boldsymbol{\beta}/M$ 来替换 β_0 和 $\boldsymbol{\beta}$, 于是问题转化为通过极小化下面的目标函数 $L(\beta_0,\boldsymbol{\beta},\boldsymbol{\varepsilon},\boldsymbol{\lambda},\boldsymbol{\mu})$ 来获得 $\beta_0,\boldsymbol{\beta}$ 和 $\boldsymbol{\varepsilon}=$

$(\varepsilon_1,\cdots,\varepsilon_n)^{\mathrm{T}}$, 其中 $L(\beta_0,\boldsymbol{\beta},\boldsymbol{\varepsilon},\boldsymbol{\lambda},\boldsymbol{\mu})$ 定义为

$$L(\beta_0,\boldsymbol{\beta},\boldsymbol{\varepsilon},\boldsymbol{\lambda},\boldsymbol{\mu})=\frac{1}{2}\|\boldsymbol{\beta}\|_2^2+\alpha\sum_{i=1}^n\varepsilon_i-\sum_{i=1}^n\lambda_i\Big[y_i\left(\beta_0+\boldsymbol{\beta}^{\mathrm{T}}\boldsymbol{x}_i\right)-(1-\varepsilon_i)\Big]-\sum_{i=1}^n\mu_i\varepsilon_i, \tag{11.53}$$

其中 $\alpha>0$ 是调节参数, $\boldsymbol{\lambda}=(\lambda_1,\cdots,\lambda_n)^{\mathrm{T}}$ 和 $\boldsymbol{\mu}=(\mu_1,\cdots,\mu_n)^{\mathrm{T}}$ 是非负 Lagrange 乘子向量.

(1) 试证明式 (11.53) 的优化问题满足如下的 KKT 条件

$$\boldsymbol{\beta}=\sum_{i=1}^n\lambda_i y_i\boldsymbol{x}_i\in\mathbb{R}^p,$$

$$\sum_{i=1}^n\lambda_i y_i=0,$$

$$\alpha-\mu_i-\lambda_i=0,$$

$$y_i(\beta_0+\boldsymbol{\beta}^{\mathrm{T}}\boldsymbol{x}_i)-(1-\varepsilon_i)\geqslant 0,$$

$$\lambda_i[y_i(\beta_0+\boldsymbol{\beta}^{\mathrm{T}}\boldsymbol{x}_i)-(1-\varepsilon_i)]=0,$$

$$\varepsilon_i\geqslant 0,\quad \mu_i\varepsilon_i=0,\qquad i=1,\cdots,n.$$

(2) 试证明: 式 (11.53) 的对偶问题为

$$L_D(\boldsymbol{\lambda})=\sum_{i=1}^n\lambda_i-\frac{1}{2}\sum_{i=1}^n\sum_{k=1}^n\lambda_i\lambda_k y_i y_k\boldsymbol{x}_i^{\mathrm{T}}\boldsymbol{x}_k,$$

$$\text{s.t.}\quad \sum_{i=1}^n\lambda_i y_i=0,\quad 0\leqslant\lambda_i\leqslant\alpha,\quad i=1,\cdots,n.$$

进一步, $\boldsymbol{\beta}$ 如何从 $\boldsymbol{\lambda}$ 得到?

(3) 试证明如下结果

$$\begin{cases}\lambda_i=0 & \Longleftarrow\quad y_i(\beta_0+\boldsymbol{\beta}^{\mathrm{T}}\boldsymbol{x}_i)>1,\\ 0<\lambda_i<\alpha & \Longrightarrow\quad y_i(\beta_0+\boldsymbol{\beta}^{\mathrm{T}}\boldsymbol{x}_i)=1,\\ \lambda_i=\alpha & \Longleftarrow\quad y_i(\beta_0+\boldsymbol{\beta}^{\mathrm{T}}\boldsymbol{x}_i)<1.\end{cases}$$

(4) 试证明: $\lambda_1=\cdots=\lambda_n=0$ 和 $y_i(\beta_0+\boldsymbol{\beta}^{\mathrm{T}}\boldsymbol{x}_i)=1$, 可推出 $\beta_0=y_i$, 其中 $i=1,\cdots,n$.

(5) 试证明: 至少存在一个样本 i, 使得 $y_i(\beta_0+\boldsymbol{\beta}^{\mathrm{T}}\boldsymbol{x}_i)=1$.

13. 令 $g(\boldsymbol{x})=\beta_0+\boldsymbol{\beta}^{\mathrm{T}}\boldsymbol{b}(\boldsymbol{x})$, 且令 $\mathbf{K}$ 是一个由所有训练特征对构成的 $n\times n$ 核矩阵. 试证明: 对于一个特定的核函数, 式 (11.54) 的解与式 (11.55) 的解是相同的, 其中

$$\min_{\beta_0,\boldsymbol{\beta}}\sum_{i=1}^n[1-y_i g(\boldsymbol{x}_i)]_+ +\frac{\lambda}{2}\|\boldsymbol{\beta}\|_2^2, \tag{11.54}$$

$$\min_{\beta_0,\boldsymbol{\alpha}}\sum_{i=1}^n[1-y_i g(\boldsymbol{x}_i)]_+ +\frac{\lambda}{2}\boldsymbol{\alpha}^{\mathrm{T}}\mathbf{K}\boldsymbol{\alpha}. \tag{11.55}$$

14. 生成一个包含 100 个观察值和 2 个特征变量的两类别的模拟数据集, 要求两个类别之间存在可见但非线性的分隔. 证明在此种设定下, 多项式核函数的支持向量机 (多项式的阶数大于 1) 和径向核函数的支持向量机在训练集上的表现比支持向量分类器好. 哪种方法在测试集上的表现最好? 为了证明你的结论, 画出以及指出训练集和测试集的错误率.

15. 在表 11.2 的数据集上分别用线性核和径向核训练一个 SVM, 并比较其支持向量的差别.

表 11.2　数　据　集

序号	X_1	X_2	Y
1	0.697	0.460	1
2	0.774	0.376	1
3	0.634	0.264	1
4	0.608	0.318	1
5	0.556	0.215	1
6	0.403	0.237	1
7	0.481	0.149	1
8	0.437	0.211	1
9	0.666	0.091	−1
10	0.243	0.267	−1
11	0.245	0.057	−1
12	0.343	0.099	−1
13	0.639	0.161	−1
14	0.657	0.198	−1
15	0.360	0.370	−1
16	0.593	0.042	−1
17	0.719	0.103	−1

16. 使用程序包 dslabs 中的 mnist_27 数据集进行 SVM 分析, 该数据集中包含 800 个训练样本和 200 个测试样本, 分别通过 `mnist_27$train` 和 `mnist_27$test` 获取. 该数据集是处理后的手写数字数据, 包含 3 个变量: 类别变量 y (取值为 2 和 7), 特征变量 x_1 和 x_2. 因此, 主要是根据特征变量 x_1 和 x_2 来识别手写数字 2 和 7. 试考虑如下问题:

(1) 对训练样本绘制散点图, 并对 2 和 7 的类用不同颜色标注样本点;

(2) 在训练集上, 利用函数 svm() 进行估计, 其中核函数可以使用线性核函数、多项式核函数、径向核函数和 sigmoid 核函数, 参数可以默认, 对不同核函数的结果进行比较;

(3) 针对不同的核函数, 利用函数 tune() 选择最优的参数, 然后基于最优参数在训练集上进行 SVM 估计, 与 (2) 中所得结果进行比较;

(4) 针对 (3) 中最优参数所得模型, 分别绘制决策边界图;

(5) 利用 (3) 中最优参数所得模型, 在测试集上进行预测, 计算混淆矩阵和测试错误率, 并绘制 ROC 曲线, 对不同方法进行比较;

(6) 针对径向核函数, 固定参数 γ, 让参数 cost 发生改变, 分别在训练集和测试集上计算混淆矩阵和错误率, 并绘制 ROC 曲线, 观察参数 cost 在训练集和测试集上的表现;

(7) 针对径向核函数, 固定参数 cost, 让参数 γ 发生改变, 分别在训练集和测试集上计算混淆矩阵和错误率, 并绘制 ROC 曲线, 观察参数 γ 在训练集和测试集上的表现.

17. 考虑程序包 ISLR2 中的 OJ 数据集, 其中该数据集包含 1 070 个观测样本和 18 个变量. 请考虑如下问题:

(1) 固定种子 set.seed(1), 把 OJ 数据集随机分成训练集和测试集, 其中训练集包含 800 个观测样本, 剩余的 270 个观测样本作为测试集;

(2) 使用支持向量分类器拟合训练数据, 其中参数 cost=0.01, 把 Purchase 作为类别变量, 其他的变量都作为特征变量, 其中 Purchase 为因子变量, 取 CH 或 MM, 表示客户是否购买了 Citrus Hill 或 Minute Maid 橙汁, 使用函数 summary() 来生成描述统计量, 并描述所得结果;

(3) 在训练集上拟合后, 分别在训练集与测试集上进行预测, 计算训练集与测试集上的混淆矩阵和预测错误率, 并进行比较;

(4) 使用函数 tune() 选择最优的参数 cost, 并画图展示, 其中参数 cost 的取值从 0.01 到 10;

(5) 使用 (4) 中选取的最优参数 cost 重新计算训练集和测试集的预测错误率, 并绘制 ROC 曲线和计算 AUC 值;

(6) 使用径向核函数的 SVM 重复 (2) 到 (5) 的过程, 其中参数 γ 取默认值;

(7) 使用多项式核函数的 SVM 重复 (2) 到 (5) 的过程, 其中参数 degree=2;

(8) 从总体来看, 对于这个数据而言, 哪种方法能得到最好的结果?

18. 考虑程序包 ucidata 中的 wine 数据集, 该数据集表示红葡萄酒和白葡萄酒质量数据, 包含 6 497 个观测样本和 12 个变量, 其中 1 599 个观测样本为红酒数据, 4 898 个观测样本为白酒数据. 利用 wine 数据集中 4 898 个白葡萄酒质量数据进行多分类的 SVM 分析, 其中把 quality 作为类别变量, 表示品酒师对于白葡萄酒的评级, 可能取值为 $0 \sim 10$ 的整数, “0” 表示质量非常差 (very bad), “10” 表示质量非常好 (very excellent), 而样本中实际取值为 $3 \sim 9$ 的整数. 特征变量包括有关白葡萄酒的 11 个化学指标, 均为数值型. 试考虑如下问题:

(1) 考察类别变量 quality 的分布, 并绘制柱状图;

(2) 固定种子 set.seed (1), 把 4 898 个白葡萄酒质量数据随机分成训练集和测试集, 其中测试集包含 1 000 个观测样本;

(3) 使用径向核函数在训练集上进行 SVM 估计, 其中取参数 $\gamma = 1$ 和 cost=1, 然后在测试集上计算混淆矩阵, 并计算预测准确率或预测错误率;

(4) 通过 CV 方法选择最优的参数 γ 和 cost, 进一步在测试集上计算混淆矩阵和预测准确率;

(5) 对比多项 logistic 回归的测试集准确率.

19. 对例 1.1 程序包 faraway 中的前列腺癌症数据集 prostate 进行 SVR 分析, 其中把 lpsa (PSA 的对数) 作为响应变量, 其他 8 个临床指标变量作为协变量, 试考虑如下问题:

(1) 固定种子 set.seed (1), 把 97 个观测样本随机分成训练集和测试集, 其中测试集包含 67 个观测样本;

(2) 分别使用不同的核函数在训练集上进行 SVR 估计, 然后在测试集上进行预测, 计算测试均方误差, 并绘制预测值 $\widehat{\text{lpsa}}$ 与测试集中实际观测值 lpsa 的散点图和 45° 线, 观测不同核函数对预测

结果的影响;

(3) 利用第 3 章的多元线性回归模型对数据集 prostate 进行分析, 计算测试均方误差, 与 (2) 中不同核函数的 SVR 分析结果进行比较.

第 12 章　主成分分析

学习目标与要求:

1. 掌握主成分分析方法的思想、定义、推导、性质和计算;
2. 掌握贡献率、累计贡献率、因子载荷量和相关系数的平方和等概念, 并掌握如何确定主成分的个数;
3. 掌握样本主成分分析的理论性质和应用, 并能够熟练使用 R 语言进行数据分析和主成分分析可视化, 进一步掌握主成分分析方法在图像处理中的应用;
4. 掌握非线性的核主成分分析方法及其应用.

主成分分析 (principal component analysis, PCA) 也称为**主分量分析**, 是一种无监督的统计学习方法, 最早是由 Pearson (1901) 提出, 后来被 Hotelling (1933) 进一步系统发展. 大数据的一种表现形式是高维数据, 即变量 $\boldsymbol{X}=(X_1,\cdots,X_p)^{\mathrm{T}}$ 的维数 p 很大, 甚至变量的维数 p 超过样本容量 n. 在统计学中, 处理高维数据的一个主要策略是**降维** (dimension reduction), 即将数据从高维降到低维. 主成分分析就是利用降维的思想, 在损失很少信息的前提下, 将多个变量转化为少数几个综合变量的一种统计分析方法. 通常把转化生成的综合变量称为**主成分**, 其中每个主成分都是原变量的线性组合, 且各个主成分之间互不相关, 使得主成分集中了原变量中绝大部分信息, 并且具有某些更优越的性能. 在实际问题的研究中, 经常会遇到多变量的问题, 这样利用主成分分析方法就可以只考虑少数几个主成分而不至于损失太多信息, 从而抓住主要矛盾, 揭示事物内部变量之间的规律性, 同时使问题得到简化, 提高分析效率. 主成分分析在分析实际问题中遇到的复杂数据时尤为有用, 如人脸识别等.

本章重点介绍主成分分析的基本思想、定义和基本理论, 然后重点介绍主成分分析的计算和利用 R 语言进行主成分分析和案例分析, 最后介绍非线性的核主成分分析方法及应用.

§12.1 总体主成分分析

12.1.1 主成分的定义与导出

设 $\boldsymbol{X}=(X_1,\cdots,X_p)^{\mathrm{T}}$ 是 p 维随机向量, 在实际问题研究中, $X_1,\cdots,X_p$ 表示研究某一事物所涉及的 p 个变量. 并假设均值向量 $\boldsymbol{\mu}=\mathrm{E}(\boldsymbol{X})$, 协方差矩阵 $\boldsymbol{\Sigma}=\mathrm{Cov}(\boldsymbol{X})$. 对 $\boldsymbol{X}$ 做如下线性变换

$$\begin{cases} Z_1=\boldsymbol{a}_1^{\mathrm{T}}\boldsymbol{X}=a_{11}X_1+a_{12}X_2+\cdots+a_{1p}X_p, \\ Z_2=\boldsymbol{a}_2^{\mathrm{T}}\boldsymbol{X}=a_{21}X_1+a_{22}X_2+\cdots+a_{2p}X_p, \\ \qquad\qquad\cdots\cdots\cdots\cdots \\ Z_p=\boldsymbol{a}_p^{\mathrm{T}}\boldsymbol{X}=a_{p1}X_1+a_{p2}X_2+\cdots+a_{pp}X_p, \end{cases} \tag{12.1}$$

则形成新的综合变量, 用 $\boldsymbol{Z}=(Z_1,\cdots,Z_p)^{\mathrm{T}}$ 表示. 由式 (12.1) 可知, 新的综合变量 $\boldsymbol{Z}$ 是原变量 $\boldsymbol{X}$ 的线性组合, 并且有

$$\begin{aligned} \mathrm{Var}(Z_i)&=\boldsymbol{a}_i^{\mathrm{T}}\boldsymbol{\Sigma}\boldsymbol{a}_i, \qquad i=1,\cdots,p, \\ \mathrm{Cov}(Z_i,Z_j)&=\boldsymbol{a}_i^{\mathrm{T}}\boldsymbol{\Sigma}\boldsymbol{a}_j, \qquad i,j=1,\cdots,p, \end{aligned} \tag{12.2}$$

其中 $\boldsymbol{a}_i=(a_{i1},\cdots,a_{ip})^{\mathrm{T}}$. 由于可以任意地对原变量 $\boldsymbol{X}$ 进行式 (12.1) 的线性变换, 由不同的线性变换得到的综合变量 $\boldsymbol{Z}$ 的统计特性也不尽相同. 因此, 为了取得较好的效果, 假如希望用 Z_1 来代替 p 个原变量 $X_1,\cdots,X_p$, 就要求 Z_1 能够尽可能多地反映 p 个原变量 $X_1,\cdots,X_p$ 的信息, 而所谓的 "信息" 用什么来表达呢? 最经典的方法就是用 Z_1 的方差来表达, 即 $\mathrm{Var}(Z_1)$ 越大, 表示 Z_1 包含的信息就越多. 为了使 $\mathrm{Var}(Z_1)$ 达到最大, 实际上就是求下面约束优化问题

$$\begin{cases} \max\limits_{\boldsymbol{a}}\ \mathrm{Var}(\boldsymbol{a}^{\mathrm{T}}\boldsymbol{X})=\max\limits_{\boldsymbol{a}}\ \boldsymbol{a}^{\mathrm{T}}\boldsymbol{\Sigma}\boldsymbol{a}, \\ \text{s.t.} \qquad \boldsymbol{a}^{\mathrm{T}}\boldsymbol{a}=1 \end{cases}$$

的解 $\boldsymbol{a}_1$. 因此, $\boldsymbol{a}_1$ 是协方差矩阵 $\boldsymbol{\Sigma}$ 的最大特征值 (不妨设为 λ_1) 对应的特征向量. 此时, 称 $Z_1=\boldsymbol{a}_1^{\mathrm{T}}\boldsymbol{X}$ 为**第一主成分** (或**主分量**). 类似地, 希望原变量 $\boldsymbol{X}$ 的第二个线性组合 Z_2 的方差达到最大, 为了有效地代表原变量的信息, Z_1 已反映的信息不希望在 Z_2 中出现, 即要求

$$\mathrm{Cov}(Z_1,Z_2)=\boldsymbol{a}_1^{\mathrm{T}}\boldsymbol{\Sigma}\boldsymbol{a}_2=0. \tag{12.3}$$

由于 $\boldsymbol{a}_1$ 是 λ_1 的特征向量, 所以选择的 $\boldsymbol{a}_2$ 应与 $\boldsymbol{a}_1$ 正交. 类似于前面的推导, 求 Z_2, 就是在约束 $\boldsymbol{a}_2^{\mathrm{T}}\boldsymbol{a}_2=1$ 和式 (12.3) 条件下, 求 $\boldsymbol{a}_2$ 使得 $\mathrm{Var}(Z_2)$ 方差达到最大, 可知所求的 $\boldsymbol{a}_2$ 是协方差矩阵 $\boldsymbol{\Sigma}$ 的第二大特征值 (设为 λ_2) 的特征向量, 则称 $Z_2=\boldsymbol{a}_2^{\mathrm{T}}\boldsymbol{X}$ 为**第二主成分**. 以此类推, 可得到原变量 $\boldsymbol{X}$ 的 p 个主成分.

一般情况下, 对于协方差矩阵 $\boldsymbol{\Sigma}>0$, 存在正交矩阵 $\mathbf{Q}$, 将它化为对角阵, 即

$$\mathbf{Q}^{\mathrm{T}}\boldsymbol{\Sigma}\mathbf{Q}=\mathrm{diag}(\lambda_1,\lambda_2,\cdots,\lambda_p). \tag{12.4}$$

且不失一般性, 令 $\lambda_1\geqslant\lambda_2\geqslant\cdots\geqslant\lambda_p$, 则矩阵 $\mathbf{Q}$ 的第 i 列就对应于 $\boldsymbol{a}_i$, 相应的 Z_i 就是第 i **主成分**.

定义 12.1 主成分

设 $\boldsymbol{X} = (X_1, \cdots, X_p)^{\mathrm{T}}$ 为 p 维随机向量, 称 $Z_i = \boldsymbol{a}_i^{\mathrm{T}}\boldsymbol{X}$ 为原变量 $\boldsymbol{X}$ 的第 i 主成分, $i = 1, \cdots, p$, 如果

(1) $\boldsymbol{a}_i^{\mathrm{T}}\boldsymbol{a}_i = 1, \quad i = 1, \cdots, p$;

(2) 当 $i > 1$ 时, $\boldsymbol{a}_i^{\mathrm{T}}\boldsymbol{\Sigma}\boldsymbol{a}_j = 0, j = 1, \cdots, i-1$;

(3) $\mathrm{Var}(Z_i) = \max\limits_{\boldsymbol{a}^{\mathrm{T}}\boldsymbol{a}=1, \boldsymbol{a}^{\mathrm{T}}\boldsymbol{\Sigma}\boldsymbol{a}_j=0\ (j=1,\cdots,i-1)} \mathrm{Var}(\boldsymbol{a}^{\mathrm{T}}\boldsymbol{X})$.

从代数学观点看, 主成分就是 p 个原变量 $X_1, \cdots, X_p$ 的一些特殊的线性组合, 表现为将原变量 $\boldsymbol{X}$ 的协方差矩阵 $\boldsymbol{\Sigma}$ 变换成对角矩阵. 从几何观点看, 这些线性组合正是把由原变量 $X_1, \cdots, X_p$ 构成的坐标系经旋转而产生新的正交坐标系, 如图 12.1. 新坐标轴通过样本变差最大的方向 (或者说具有最大的样本方差), 使之指向样本点散布最开的 p 个正交方向, 然后对多维变量系统进行降维处理, 能以一个较高的精度转换成低维变量系统, 再通过构造适当的价值函数, 进一步把低维系统转化成一维系统. 详细的讨论见李高荣和吴密霞 (2021).

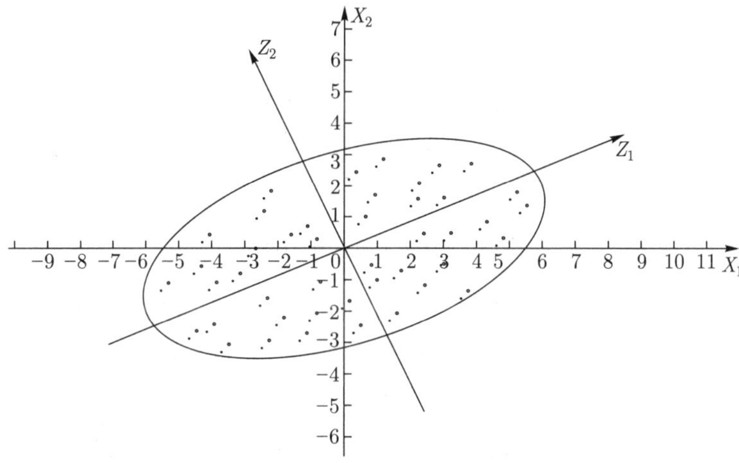

图 12.1 主成分的几何意义

12.1.2 主成分的计算

主成分分析的计算一般是从原变量 $\boldsymbol{X}$ 的协方差矩阵 $\boldsymbol{\Sigma}$ 或相关系数矩阵 $\mathbf{R}$ 出发进行, 包含以下内容: ① 各主成分的构成; ② 各主成分的方差及其在总方差中所占的比例 (或贡献率); ③ 每个变量在各个主成分下的得分值; ④ 各主成分变量与原变量之间的相关性.

由定义 12.1, 求第一主成分 $Z_1 = \boldsymbol{a}_1^{\mathrm{T}}\boldsymbol{X}$ 的问题就是求 $\boldsymbol{a}_1 = (a_{11}, a_{12}, \cdots, a_{1p})^{\mathrm{T}}$, 使得在 $\boldsymbol{a}_1^{\mathrm{T}}\boldsymbol{a}_1 = 1$ 下, $\mathrm{Var}(Z_1)$ 达到最大. 这时, 可用 Lagrange 乘子法求条件极值问题, 即

$$L(\boldsymbol{a}_1, \lambda) = \mathrm{Var}(Z_1) - \lambda(\boldsymbol{a}_1^{\mathrm{T}}\boldsymbol{a}_1 - 1) = \boldsymbol{a}_1^{\mathrm{T}}\boldsymbol{\Sigma}\boldsymbol{a}_1 - \lambda(\boldsymbol{a}_1^{\mathrm{T}}\mathbf{I}_p\boldsymbol{a}_1 - 1), \tag{12.5}$$

其中 λ 是 Lagrange 乘子. 由式 (12.5), 可得下面方程

$$
\begin{cases}
\dfrac{\partial L(\boldsymbol{a}_1,\lambda)}{\partial \boldsymbol{a}_1} = 2(\boldsymbol{\Sigma}-\lambda\mathbf{I}_p)\boldsymbol{a}_1 = 0,\\
\dfrac{\partial L(\boldsymbol{a}_1,\lambda)}{\partial \lambda} = \boldsymbol{a}_1^{\mathrm{T}}\boldsymbol{a}_1 - 1 = 0.
\end{cases}
\tag{12.6}
$$

由于 $\boldsymbol{a}_1 \neq \mathbf{0}$, 故 $|\boldsymbol{\Sigma}-\lambda\mathbf{I}_p| = 0$. 则求解方程组 (12.6), 其实就是求 $\boldsymbol{\Sigma}$ 的特征值和特征向量的问题. 设 $\lambda=\lambda_1$ 是 $\boldsymbol{\Sigma}$ 的最大特征值, 则其对应的单位特征向量即为所求的 $\boldsymbol{a}_1$. 进一步, 由方程 (12.6), 有

$$
\mathrm{Var}(\boldsymbol{a}_1^{\mathrm{T}}\boldsymbol{X}) = \boldsymbol{a}_1^{\mathrm{T}}\boldsymbol{\Sigma}\boldsymbol{a}_1 = \lambda_1 \underbrace{\boldsymbol{a}_1^{\mathrm{T}}\boldsymbol{a}_1}_{=1} = \lambda_1.
$$

因此, 求原变量 $\boldsymbol{X}$ 的第 i 主成分就是求 $\boldsymbol{\Sigma}$ 的第 i 个大的特征值 λ_i 所对应的单位特征向量 $\boldsymbol{a}_i$. 由于 $\boldsymbol{\Sigma}$ 是半正定矩阵, 可求得其特征值和单位特征向量序列为 $(\lambda_1,\boldsymbol{a}_1),(\lambda_2,\boldsymbol{a}_2),\cdots,(\lambda_p,\boldsymbol{a}_p)$, 其中 $\lambda_1 \geqslant \lambda_2 \geqslant \cdots \geqslant \lambda_p \geqslant 0$ 和 $\boldsymbol{a}_i=(a_{i1},a_{i2},\cdots,a_{ip})^{\mathrm{T}}$, 则原变量 $\boldsymbol{X}$ 的第 i 主成分为

$$
Z_i = \boldsymbol{a}_i^{\mathrm{T}}\boldsymbol{X} = a_{i1}X_1 + a_{i2}X_2 + \cdots + a_{ip}X_p, \quad i=1,\cdots,p. \tag{12.7}
$$

进一步, 有

$$
\mathrm{Var}(Z_i) = \boldsymbol{a}_i^{\mathrm{T}}\boldsymbol{\Sigma}\boldsymbol{a}_i = \lambda_i \underbrace{\boldsymbol{a}_i^{\mathrm{T}}\boldsymbol{a}_i}_{=1} = \lambda_i, \quad i=1,\cdots,p. \tag{12.8}
$$

如果 $\boldsymbol{\Sigma}$ 的所有特征值 $\lambda_1,\cdots,\lambda_p$ 都不相等, 则 $\boldsymbol{\Sigma}$ 的单位特征向量 $\boldsymbol{a}_1,\cdots,\boldsymbol{a}_p$ 是正交的. 所以, 对于任意两个单位特征向量 $\boldsymbol{a}_i$ 和 $\boldsymbol{a}_k$, 则有 $\boldsymbol{a}_i^{\mathrm{T}}\boldsymbol{a}_k=0,\ i\neq k$. 既然 $\boldsymbol{\Sigma}\boldsymbol{a}_k=\lambda_k\boldsymbol{a}_k$, 对其左边乘 $\boldsymbol{a}_i^{\mathrm{T}}$, 则

$$
\mathrm{Cov}(Z_i,Z_k) = \boldsymbol{a}_i^{\mathrm{T}}\boldsymbol{\Sigma}\boldsymbol{a}_k = \boldsymbol{a}_i^{\mathrm{T}}\lambda_k\boldsymbol{a}_k = \lambda_k\boldsymbol{a}_i^{\mathrm{T}}\boldsymbol{a}_k = 0, \qquad i\neq k. \tag{12.9}
$$

由式 (12.8) 可知, $\mathrm{Var}(Z_1)\geqslant \mathrm{Var}(Z_2)\geqslant\cdots\geqslant\mathrm{Var}(Z_p)$. 由式 (12.9) 可知, 各主成分之间是互不相关的, 且第 i 主成分 Z_i 的方差等于协方差矩阵 $\boldsymbol{\Sigma}$ 的第 i 大特征值 λ_i, 其中 $i=1,\cdots,p$. 如果一些特征值 λ_i 相等, 则相应的系数向量 $\boldsymbol{a}_i$ 和主成分 Z_i 不是唯一的.

现在讨论 p 维随机向量 $\boldsymbol{X}=(X_1,\cdots,X_p)^{\mathrm{T}}$ 的各分量方差之和 $\sum\limits_{i=1}^{p}\mathrm{Var}(X_i)$ 的分解. 由矩阵迹的定义, $\mathrm{tr}(\boldsymbol{\Sigma})=\sum\limits_{i=1}^{p}\sigma_{ii}$. 因为 $\boldsymbol{\Sigma}$ 是一个对称矩阵, 则存在一个 $p\times p$ 的正交矩阵 $\boldsymbol{\Gamma}$, 使得 $\boldsymbol{\Sigma}=\boldsymbol{\Gamma}\boldsymbol{\Lambda}\boldsymbol{\Gamma}^{\mathrm{T}}$, 其中 $\boldsymbol{\Lambda}$ 是一个由 $\boldsymbol{\Sigma}$ 的 p 个特征值构成的对角矩阵, 且 $\boldsymbol{\Gamma}=[\boldsymbol{a}_1,\boldsymbol{a}_2,\cdots,\boldsymbol{a}_p]$, 并满足 $\boldsymbol{\Gamma}\boldsymbol{\Gamma}^{\mathrm{T}}=\boldsymbol{\Gamma}^{\mathrm{T}}\boldsymbol{\Gamma}=\mathbf{I}_p$. 由 $\mathrm{tr}(\mathbf{AB})=\mathrm{tr}(\mathbf{BA})$, 有

$$
\sum_{i=1}^{p}\mathrm{Var}(X_i) = \mathrm{tr}(\boldsymbol{\Sigma}) = \mathrm{tr}(\boldsymbol{\Gamma}\boldsymbol{\Lambda}\boldsymbol{\Gamma}^{\mathrm{T}}) = \mathrm{tr}(\boldsymbol{\Lambda}\boldsymbol{\Gamma}^{\mathrm{T}}\boldsymbol{\Gamma}) = \mathrm{tr}(\boldsymbol{\Lambda}) = \sum_{i=1}^{p}\lambda_i = \sum_{i=1}^{p}\mathrm{Var}(Z_i). \tag{12.10}
$$

式 (12.10) 说明原变量 $\boldsymbol{X}$ 的总方差可分解为互不相关的主成分的方差和. 当原变量 $\boldsymbol{X}$ 的维数 p 很大时, 主成分分析的目的是简化数据结构 (即减少变量的个数), 即在不损失较多信息的情况下, 用很少的几个主成分去代表原变量 $\boldsymbol{X}$. 因此, 在实际应用中一般不用 p 个主成分, 而选用前 $m(m<p)$ 个主成分来代替. 为了解决这个问题, 下面引出贡献率和累计贡献率的定义.

第 i 主成分方差在总方差中所占的比例, 称为第 i 主成分 Z_i 的**贡献率**, 定义为

$$\frac{\lambda_i}{\lambda_1+\lambda_2+\cdots+\lambda_p},\qquad i=1,\cdots,p. \tag{12.11}$$

把前 m 个主成分方差在总方差中所占的比例, 称为**累计贡献率**, 定义为

$$f_m=\frac{\lambda_1+\lambda_2+\cdots+\lambda_m}{\lambda_1+\lambda_2+\cdots+\lambda_p},\qquad m<p. \tag{12.12}$$

例如, 第一主成分的贡献率为 $\lambda_1/\sum\limits_{i=1}^{p}\lambda_i$, 由于 $\mathrm{Var}(Z_1)=\lambda_1$, 所以

$$\frac{\lambda_1}{\sum\limits_{i=1}^{p}\lambda_i}=\frac{\mathrm{Var}(Z_1)}{\sum\limits_{i=1}^{p}\mathrm{Var}(Z_i)}.$$

因此, 第一主成分的贡献率就是第一主成分的方差在总方差 $\sum\limits_{i=1}^{p}\lambda_i$ 中的比值, 这个值越大, 表明第一主成分综合 $X_1,\cdots,X_p$ 信息的能力就越强. 对于累计贡献率 f_m, 在实际应用中通常取 m 使得累计贡献率 f_m 达到 80% 或 85% 以上, 表明前 m 个主成分基本包含了全部原变量 $\boldsymbol{X}$ 的所有信息.

累计贡献率 f_m 的大小表达了前 m 个主成分提取了 p 个原变量 $X_1,\cdots,X_p$ 的多少信息, 但它没有表达某个变量被提取了多少信息. 对每个主成分的系数向量 $\boldsymbol{a}_i=(a_{i1},\cdots,a_{ik},\cdots,a_{ip})^{\mathrm{T}}$, 其中 a_{ik} 的大小度量了第 k 个原变量 X_k 对第 i 主成分 Z_i 的重要性. 特别, a_{ik} 与 Z_i 和 X_k 的相关系数成比例. 由相关系数的定义, 有

$$\rho(Z_i,X_k)=\frac{\mathrm{Cov}(Z_i,X_k)}{\sqrt{\mathrm{Var}(Z_i)}\sqrt{\mathrm{Var}(X_k)}}=\frac{\lambda_i a_{ik}}{\sqrt{\lambda_i}\sqrt{\sigma_{kk}}}=\frac{a_{ik}\sqrt{\lambda_i}}{\sqrt{\sigma_{kk}}},\qquad i,k=1,\cdots,p. \tag{12.13}$$

进一步, 把主成分 Z_i 与原变量 X_k 的相关系数 $\rho(Z_i,X_k)$ 称为**因子载荷量**. 由 $\boldsymbol{\Sigma}=\boldsymbol{\Gamma\Lambda\Gamma}^{\mathrm{T}}$, 故有

$$\sigma_{kk}=(a_{1k},\cdots,a_{pk})\boldsymbol{\Lambda}\begin{pmatrix}a_{1k}\\ \vdots\\ a_{pk}\end{pmatrix}=\sum_{i=1}^{p}\lambda_i a_{ik}^2. \tag{12.14}$$

由式 (12.14) 和式 (12.13), 有

$$\sum_{i=1}^{p}\rho^2(Z_i,X_k)=\sum_{i=1}^{p}\frac{a_{ik}^2\lambda_i}{\sigma_{kk}}=1,\qquad k=1,\cdots,p. \tag{12.15}$$

由式 (12.13), 对 $i=1,\cdots,p$, 进一步有

$$\sum_{k=1}^{p}\sigma_{kk}\rho^2(Z_i,X_k)=\sum_{k=1}^{p}\sigma_{kk}\frac{a_{ik}^2\lambda_i}{\sigma_{kk}}=\lambda_i. \tag{12.16}$$

表 12.1 提供了主成分与原变量的相关系数. 由式 (12.15) 可知, 第 k 个原变量 X_k 与主成分 $Z_1,\cdots,Z_p$ 的相关系数的平方和等于 1, 即表 12.1 中每一行的平方和均为 1. 由式 (12.16) 可知, 主成分 Z_i 所对应的每一列关于各变量相关系数的加权平方和为 λ_i, 即第 i 主成分的方差 $\mathrm{Var}(Z_i)$.

表 12.1 主成分和原变量的相关系数

	Z_1	$\cdots$	Z_i	$\cdots$	Z_p	$\sum_{i=1}^{p}\rho^2(Z_i,X_k)$
X_1	$\rho(Z_1,X_1)$	$\cdots$	$\rho(Z_i,X_1)$	$\cdots$	$\rho(Z_p,X_1)$	1
$\vdots$	$\vdots$		$\vdots$		$\vdots$	$\vdots$
X_k	$\rho(Z_1,X_k)$	$\cdots$	$\rho(Z_i,X_k)$	$\cdots$	$\rho(Z_p,X_k)$	1
$\vdots$	$\vdots$		$\vdots$		$\vdots$	$\vdots$
X_p	$\rho(Z_1,X_p)$	$\cdots$	$\rho(Z_i,X_p)$	$\cdots$	$\rho(Z_p,X_p)$	1

将前 m 个主成分 $Z_1,\cdots,Z_m$ 对原变量 X_k 的贡献率 $v_k^{(m)}$ 定义为 X_k 与 $Z_1,\cdots,Z_m$ 的**相关系数的平方和**, 即

$$v_k^{(m)}=\sum_{i=1}^{m}\frac{\lambda_i a_{ik}^2}{\sigma_{kk}}=\sum_{i=1}^{m}\rho^2(Z_i,X_k). \tag{12.17}$$

12.1.3 基于标准化的主成分

在实际应用中, 当变量的测量尺度或单位不同时, 有不同的量纲, 通过协方差矩阵 $\mathbf{\Sigma}$ 来计算主成分时总是优先考虑方差大的变量, 导致不合理的结果. 为了消除量纲的影响, 对变量 $\boldsymbol{X}$ 进行标准化是必要的. 令 $\boldsymbol{X}\sim N_p(\boldsymbol{\mu},\mathbf{\Sigma})$, 则进行如下标准化, 即

$$X_i^*=\frac{X_i-\mathrm{E}(X_i)}{\sqrt{\mathrm{Var}(X_i)}}=\frac{X_i-\mu_i}{\sqrt{\sigma_{ii}}},\qquad i=1,\cdots,p.$$

可知, 标准化后的随机向量满足 $\boldsymbol{X}^*=(X_1^*,\cdots,X_p^*)^{\mathrm{T}}\sim N_p(\mathbf{0},\mathbf{\Sigma}^*)$, 其中协方差矩阵 $\mathbf{\Sigma}^*$ 其实就是原变量 $\boldsymbol{X}$ 的相关系数矩阵 $\mathbf{R}$, 即 $\mathbf{\Sigma}^*=\mathrm{Corr}(\boldsymbol{X})=\mathbf{R}$. 因此, 标准化后变量 $\boldsymbol{X}^*$ 的主成分可以通过原变量 $\boldsymbol{X}$ 的相关系数矩阵 $\mathbf{R}$ 出发进行计算. 对 $i=1,\cdots,p$, 若 $(\lambda_i^*,\boldsymbol{a}_i^*)$ 表示 $\mathbf{R}$ 的特征值和单位特征向量序列, 则标准化变量 $\boldsymbol{X}^*=(X_1^*,\cdots,X_p^*)^{\mathrm{T}}$ 的第 i 主成分为

$$Z_i^*=\boldsymbol{a}_i^{*\mathrm{T}}\boldsymbol{X}^*=\boldsymbol{a}_i^{*\mathrm{T}}\mathbf{D}^{-1/2}(\boldsymbol{X}-\boldsymbol{\mu}),\qquad i=1,\cdots,p,$$

其中 $\mathbf{D}^{1/2}=\mathrm{diag}(\sqrt{\sigma_{11}},\cdots,\sqrt{\sigma_{pp}})$ 为标准差对角阵, 则有下面的结论:

(1) $\mathrm{Cov}(\boldsymbol{Z}^*)=\mathbf{\Lambda}^*=\mathrm{diag}(\lambda_1^*,\lambda_2^*,\cdots,\lambda_p^*)$, 其中 $\lambda_1^*\geqslant\lambda_2^*\geqslant\cdots\geqslant\lambda_p^*$ 是相关系数矩阵 $\mathbf{R}$ 的特征值;

(2) $\displaystyle\sum_{i=1}^{p}\mathrm{Var}(Z_i^*)=\sum_{i=1}^{p}\mathrm{Var}(X_i^*)=\sum_{i=1}^{p}\lambda_i^*=p$;

(3) 第 i 主成分 Z_i^* 和标准化变量 X_k^* 的相关系数 $\rho(Z_i^*,X_k^*)$ 为

$$\rho(Z_i^*,X_k^*)=a_{ik}^*\sqrt{\lambda_i^*},\qquad i,k=1,\cdots,p, \tag{12.18}$$

其中 $\boldsymbol{a}_i^*=(a_{i1}^*,\cdots,a_{ip}^*)^{\mathrm{T}}$ 是 $\mathbf{R}$ 对应于特征值 λ_i^* 的单位正交特征向量;

(4) 对 $k=1,\cdots,p$, 有 $\sum\limits_{i=1}^{p}\rho^2(Z_i^*,X_k^*)=\sum\limits_{i=1}^{p}\lambda_i^*(a_{ik}^*)^2=1$;

(5) 对 $i=1,\cdots,p$, 有 $\sum\limits_{k=1}^{p}\rho^2(Z_i^*,X_k^*)=\sum\limits_{k=1}^{p}\lambda_i^*(a_{ik}^*)^2=\lambda_i^*$.

表 12.2 给出了主成分 Z_i^* 对标准化变量 X_k^* 的因子载荷量 $\rho_{ik}=\rho(Z_i^*,X_k^*)$, 其中 $i,k=1,\cdots,p$. 进一步, 对 $k=1,\cdots,p$, 可以计算第 k 主成分 Z_k^* 能够解释的方差比例为 λ_k^*/p.

表 12.2 变量标准化后的因子载荷量

	Z_1^*	$\cdots$	Z_i^*	$\cdots$	Z_p^*	$\sum\limits_{i=1}^{p}\rho_{ik}^2$
X_1^*	$a_{11}^*\sqrt{\lambda_1^*}$	$\cdots$	$a_{i1}^*\sqrt{\lambda_i^*}$	$\cdots$	$a_{p1}^*\sqrt{\lambda_p^*}$	1
$\vdots$	$\vdots$		$\vdots$		$\vdots$	$\vdots$
X_k^*	$a_{1k}^*\sqrt{\lambda_1^*}$	$\cdots$	$a_{ik}^*\sqrt{\lambda_i^*}$	$\cdots$	$a_{pk}^*\sqrt{\lambda_p^*}$	1
$\vdots$	$\vdots$		$\vdots$		$\vdots$	$\vdots$
X_p^*	$a_{1p}^*\sqrt{\lambda_1^*}$	$\cdots$	$a_{ip}^*\sqrt{\lambda_i^*}$	$\cdots$	$a_{pp}^*\sqrt{\lambda_p^*}$	1
$\sum\limits_{k=1}^{p}\rho_{ik}^2$	λ_1^*	$\cdots$	λ_i^*	$\cdots$	λ_p^*	$\sum\limits_{i=1}^{p}\sum\limits_{k=1}^{p}\rho_{ik}^2=p$

§12.2 样本主成分分析

在实际应用中, 协方差矩阵 $\mathbf{\Sigma}$ 和相关系数矩阵 $\mathbf{R}$ 是未知的, 可分别用它们的无偏估计来代替, 即样本协方差矩阵 $\mathbf{S}$ 和样本相关系数矩阵 $\widehat{\mathbf{R}}$. 假设 $\boldsymbol{x}_1,\cdots,\boldsymbol{x}_n$ 为来自均值和协方差矩阵为 $(\boldsymbol{\mu},\mathbf{\Sigma})$ 的 p 元总体的一组独立简单随机样本, 其中 $\boldsymbol{x}_i=(x_{i1},\cdots,x_{ip})^{\mathrm{T}}$, $\boldsymbol{\mu}\in\mathbb{R}^p$ 和 $\mathbf{\Sigma}>0$. 记 $n\times p$ 的样本随机矩阵 $\mathbf{X}$ 为

$$\mathbf{X}=(\boldsymbol{x}_1,\cdots,\boldsymbol{x}_n)^{\mathrm{T}}=\begin{pmatrix} x_{11} & x_{12} & \cdots & x_{1p}\\ x_{21} & x_{22} & \cdots & x_{2p}\\ \vdots & \vdots & & \vdots\\ x_{n1} & x_{n2} & \cdots & x_{np}\end{pmatrix}, \tag{12.19}$$

则样本协方差矩阵 $\mathbf{S}$ 和样本相关系数矩阵 $\widehat{\mathbf{R}}$ 分别定义为

$$\mathbf{S}=\frac{1}{n-1}\sum_{i=1}^{n}(\boldsymbol{x}_i-\overline{\boldsymbol{x}})(\boldsymbol{x}_i-\overline{\boldsymbol{x}})^{\mathrm{T}}=(s_{ij})_{p\times p}$$

和 $\widehat{\mathbf{R}}=(r_{ij})_{p\times p}$, 元素 r_{ij} 定义为 $r_{ij}=\dfrac{s_{ij}}{\sqrt{s_{ii}}\sqrt{s_{jj}}}$, $i,j=1,\cdots,p$, 其中 $\overline{\boldsymbol{x}}=\dfrac{1}{n}\sum\limits_{i=1}^{n}\boldsymbol{x}_i=(\overline{x}_1,\cdots,\overline{x}_p)^{\mathrm{T}}$ 为样本均值向量, $s_{ij}=\dfrac{1}{n-1}\sum\limits_{k=1}^{n}(x_{ki}-\overline{x}_i)(x_{kj}-\overline{x}_j)$.

12.2.1 基于样本协方差矩阵 S 的主成分

类似于总体的主成分, 同样可以定义样本的主成分. 令 $(\widehat{\lambda}_1, \widehat{\boldsymbol{a}}_1), (\widehat{\lambda}_2, \widehat{\boldsymbol{a}}_2), \cdots, (\widehat{\lambda}_p, \widehat{\boldsymbol{a}}_p)$ 为样本协方差矩阵 $\mathbf{S}$ 的特征值和单位特征向量序列, 且不妨假设 $\widehat{\lambda}_1 \geqslant \widehat{\lambda}_2 \geqslant \cdots \geqslant \widehat{\lambda}_p$. 则可以定义第 i 个样本主成分为

$$z_i = \widehat{\boldsymbol{a}}_i^{\mathrm{T}} \boldsymbol{x} = \widehat{a}_{i1} x_1 + \cdots + \widehat{a}_{ip} x_p, \quad i = 1, \cdots, p, \tag{12.20}$$

其中 $\boldsymbol{x} = (x_1, \cdots, x_p)^{\mathrm{T}}$ 为任意一个 p 元观测样本. 把第 k 个样本 $\boldsymbol{x}_k = (x_{k1}, \cdots, x_{kp})^{\mathrm{T}}$ 代入式 (12.20) 定义的第 i 个样本主成分, 记为 $z_{i,k}$, 并定义为

$$z_{i,k} = \widehat{\boldsymbol{a}}_i^{\mathrm{T}} \boldsymbol{x}_k = \widehat{a}_{i1} x_{k1} + \cdots + \widehat{a}_{ip} x_{kp}, \quad i = 1, \cdots, p; \quad k = 1, \cdots, n,$$

则把 $z_{i,k}$ 称为 $\boldsymbol{x}_k$ 在第 i 主成分上的**得分** (score), 把 $[\widehat{\boldsymbol{a}}_1, \cdots, \widehat{\boldsymbol{a}}_p]$ 称为**载荷** (loadings).

对当前给定的独立简单随机样本 $\boldsymbol{x}_1, \cdots, \boldsymbol{x}_n$, 则第 i 个样本主成分的样本均值和样本方差分别为

$$\overline{z}_i = \frac{1}{n} \sum_{k=1}^{n} z_{i,k} = \widehat{\boldsymbol{a}}_i^{\mathrm{T}} \overline{\boldsymbol{x}}$$

和

$$\widehat{\mathrm{Var}}(z_i) = \frac{1}{n-1} \sum_{k=1}^{n} (z_{i,k} - \overline{z}_i)^2 = \frac{1}{n-1} \sum_{k=1}^{n} (\widehat{\boldsymbol{a}}_i^{\mathrm{T}} \boldsymbol{x}_k - \widehat{\boldsymbol{a}}_i^{\mathrm{T}} \overline{\boldsymbol{x}})^2 = \widehat{\boldsymbol{a}}_i^{\mathrm{T}} \mathbf{S} \widehat{\boldsymbol{a}}_i = \widehat{\lambda}_i.$$

同样, 可以计算主成分 z_i 和 z_j 的样本协方差, 即

$$\begin{aligned}
\widehat{\mathrm{Cov}}(z_i, z_j) &= \frac{1}{n-1} \sum_{k=1}^{n} (z_{i,k} - \overline{z}_i)(z_{j,k} - \overline{z}_j) \\
&= \frac{1}{n-1} \sum_{k=1}^{n} (\widehat{\boldsymbol{a}}_i^{\mathrm{T}} \boldsymbol{x}_k - \widehat{\boldsymbol{a}}_i^{\mathrm{T}} \overline{\boldsymbol{x}})(\widehat{\boldsymbol{a}}_j^{\mathrm{T}} \boldsymbol{x}_k - \widehat{\boldsymbol{a}}_j^{\mathrm{T}} \overline{\boldsymbol{x}}) \\
&= \widehat{\boldsymbol{a}}_i^{\mathrm{T}} \mathbf{S} \widehat{\boldsymbol{a}}_j = \widehat{\lambda}_j \widehat{\boldsymbol{a}}_i^{\mathrm{T}} \widehat{\boldsymbol{a}}_j = 0, \quad i \neq j.
\end{aligned}$$

因此, 总的样本方差为

$$\sum_{i=1}^{p} s_{ii} = \widehat{\lambda}_1 + \widehat{\lambda}_2 + \cdots + \widehat{\lambda}_p.$$

同样, 可以定义第 k 个变量 X_k 对第 i 个样本主成分 z_i 的贡献 (即样本相关系数) 如下

$$r(z_i, x_k) = \frac{\dfrac{1}{n-1} \displaystyle\sum_{j=1}^{n} \widehat{\boldsymbol{a}}_i^{\mathrm{T}} (\boldsymbol{x}_j - \overline{\boldsymbol{x}})(\boldsymbol{x}_j - \overline{\boldsymbol{x}})^{\mathrm{T}} \boldsymbol{e}_k}{\sqrt{\widehat{\lambda}_i s_{kk}}} = \frac{\widehat{a}_{ik} \sqrt{\widehat{\lambda}_i}}{\sqrt{s_{kk}}}, \qquad i, k = 1, \cdots, p,$$

其中 $\boldsymbol{e}_k = (0, \cdots, 1, \cdots, 0)^{\mathrm{T}}$ 表示第 k 个元素为 1, 其他元素为 0 的 p 维列向量.

在实际应用中, 需要对观测样本进行中心化, 但是并不影响样本协方差矩阵 $\mathbf{S}$ 的大小. 这时, 可以定义第 i 个样本主成分为

$$z_i = \widehat{\boldsymbol{a}}_i^{\mathrm{T}} (\boldsymbol{x} - \overline{\boldsymbol{x}}), \qquad i = 1, \cdots, p,$$

其中 $\boldsymbol{x}=(x_1,\cdots,x_p)^{\mathrm{T}}$ 为任意一个 p 元观测样本, $\overline{\boldsymbol{x}}$ 为样本均值. 如果考虑第 k 个样本 $\boldsymbol{x}_k=(x_{k1},\cdots,x_{kp})^{\mathrm{T}}$ 在第 i 主成分上的**得分** (score), 则有

$$z_{i,k}=\widehat{\boldsymbol{a}}_i^{\mathrm{T}}(\boldsymbol{x}_k-\overline{\boldsymbol{x}}),\quad i=1,\cdots,p;\quad k=1,\cdots,n,$$

则

$$\overline{z}_i=\frac{1}{n}\sum_{k=1}^{n}z_{i,k}=\frac{1}{n}\sum_{k=1}^{n}\widehat{\boldsymbol{a}}_i^{\mathrm{T}}(\boldsymbol{x}_k-\overline{\boldsymbol{x}})=\frac{1}{n}\sum_{k=1}^{n}\widehat{\boldsymbol{a}}_i^{\mathrm{T}}\mathbf{0}=0,\quad i=1,\cdots,p.$$

表明每一个样本主成分的均值为 0, 并且中心化后不改变样本方差和变量对主成分的贡献大小.

在实际应用中, 需要确定主成分的个数. 首先定义前 m 个样本主成分的累计贡献率为

$$\widehat{f}_m=\frac{\widehat{\lambda}_1+\widehat{\lambda}_2+\cdots+\widehat{\lambda}_m}{\widehat{\lambda}_1+\widehat{\lambda}_2+\cdots+\widehat{\lambda}_p},\qquad m=1,\cdots,p.$$

通常选取 m, 使得累计贡献率 $\widehat{f}_m\geqslant 80\%$ 或者 $\widehat{f}_m\geqslant 85\%$. 此外, 也可以作 $\widehat{\lambda}_i\sim i$ 的**碎石图** (scree plot) 直观确定主成分的个数, 可以选择图形拐弯地方作为主成分的个数.

为了解释样本主成分, 图 12.2 给出了当 $p=2$ 时样本主成分的几何解释, 图 12.2(a) 表示中心为 $\overline{\boldsymbol{x}}$, 且 $\widehat{\lambda}_1>\widehat{\lambda}_2$ 时的常数距离椭圆 $(\boldsymbol{x}-\overline{\boldsymbol{x}})^{\mathrm{T}}\mathbf{S}^{-1}(\boldsymbol{x}-\overline{\boldsymbol{x}})=c^2$, 在这种情况下, 常数距离椭圆的轴能被唯一确定, 可以视为是原坐标系的移动和旋转. 图 12.2(b) 表示中心为 $\overline{\boldsymbol{x}}$, 且 $\widehat{\lambda}_1\approx\widehat{\lambda}_2$ 时的常数距离椭圆, 在这种情况下, 常数距离椭圆的轴不能唯一确定, 且样本主成分可以位于两个垂直方向上, 甚至包括原坐标轴的垂直方向上. 当 $\mathbf{S}$ 的特征值几乎相等时, 样本的波动在所有方向上都是均匀的. 这时, 不能用少于维数 p 的样本主成分对数据进行很好的表示.

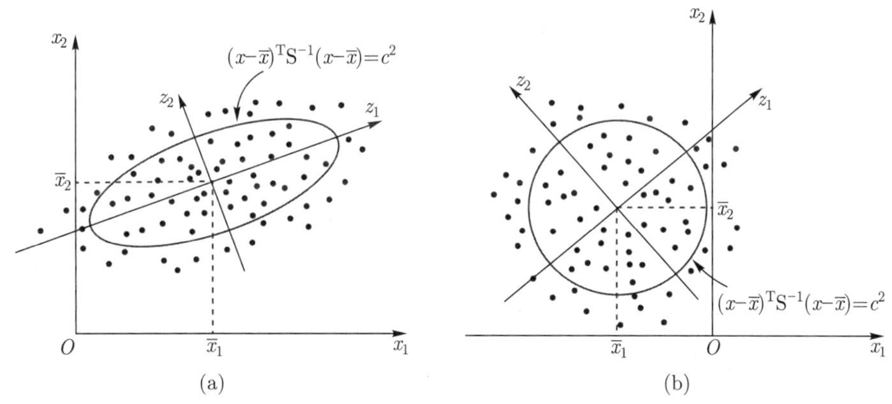

图 12.2 样本主成分和常数距离椭圆 (a) $\hat{\lambda}_1>\hat{\lambda}_2$; (b) $\hat{\lambda}_1\approx\hat{\lambda}_2$

此外, 当最后几个特征值 $\widehat{\lambda}_i$ 充分小时, 相应的特征向量 $\widehat{\boldsymbol{a}}_i$ 的方向可以忽略不计, 因此它们对应的样本主成分也是可以忽略的.

12.2.2 标准化的样本主成分

当变量测量的度量单位不同或者样本值波动差异较大时, 常常对变量进行标准化, 以便使计算结果有合理的解释. 若记 $\widehat{\mathbf{D}}^{1/2}=\mathrm{diag}(\sqrt{s_{11}},\cdots,\sqrt{s_{pp}})$ 为样本标准差对角阵, 对观测样本进行如下

的标准化

$$\boldsymbol{x}_k^* = \widehat{\mathbf{D}}^{-1/2}(\boldsymbol{x}_k - \overline{\boldsymbol{x}}) = \begin{pmatrix} \dfrac{x_{k1} - \overline{x}_1}{\sqrt{s_{11}}} \\ \dfrac{x_{k2} - \overline{x}_2}{\sqrt{s_{22}}} \\ \vdots \\ \dfrac{x_{kp} - \overline{x}_p}{\sqrt{s_{pp}}} \end{pmatrix}, \qquad k = 1, \cdots, n. \tag{12.21}$$

可见, 标准化后的样本均值为 $\overline{\boldsymbol{x}}^* = \mathbf{0}$, 且样本协方差矩阵为

$$\mathbf{S}^* = \frac{1}{n-1}\sum_{k=1}^{n}[\widehat{\mathbf{D}}^{-1/2}(\boldsymbol{x}_k - \overline{\boldsymbol{x}})][\widehat{\mathbf{D}}^{-1/2}(\boldsymbol{x}_k - \overline{\boldsymbol{x}})]^{\mathrm{T}} = \widehat{\mathbf{D}}^{-1/2}\mathbf{S}\widehat{\mathbf{D}}^{-1/2} = \widehat{\mathbf{R}}.$$

这时, 在 12.2.1 节讨论的基于样本协方差矩阵 $\mathbf{S}$ 的样本主成分, 可以用样本相关系数矩阵 $\widehat{\mathbf{R}}$ 代替 $\mathbf{S}$ 进行研究. 为了简单, 仍记 $(\widehat{\lambda}_1, \widehat{\boldsymbol{a}}_1), (\widehat{\lambda}_2, \widehat{\boldsymbol{a}}_2), \cdots, (\widehat{\lambda}_p, \widehat{\boldsymbol{a}}_p)$ 为样本相关系数矩阵 $\widehat{\mathbf{R}}$ 的特征值和单位特征向量序列, 且不妨假设 $\widehat{\lambda}_1 \geqslant \widehat{\lambda}_2 \geqslant \cdots \geqslant \widehat{\lambda}_p \geqslant 0$, 则可以定义标准化后的第 i 个样本主成分为

$$z_i = \widehat{\boldsymbol{a}}_i^{\mathrm{T}}\boldsymbol{x}^* = \widehat{a}_{i1}x_1^* + \cdots + \widehat{a}_{ip}x_p^*, \quad i = 1, \cdots, p, \tag{12.22}$$

其中 $\boldsymbol{x}^* = (x_1^*, \cdots, x_p^*)^{\mathrm{T}}$ 为任意一个标准化后的 p 元观测样本. 对给定的标准化后的简单随机样本 $\boldsymbol{x}_1^*, \cdots, \boldsymbol{x}_n^*$, 则容易计算第 i 个标准化后的样本主成分的样本均值、样本方差以及主成分 z_i 和 z_j 的样本协方差分别为

$$\overline{z}_i = 0, \quad \widehat{\mathrm{Var}}(z_i) = \widehat{\lambda}_i, \quad \widehat{\mathrm{Cov}}(z_i, z_j) = 0, \quad i \neq j.$$

因此, 总的样本方差为

$$\mathrm{tr}(\widehat{\mathbf{R}}) = \sum_{i=1}^{p} r_{ii} = p = \widehat{\lambda}_1 + \widehat{\lambda}_2 + \cdots + \widehat{\lambda}_p.$$

同样, 可以定义第 k 个标准化变量 X_k^* 对第 i 个标准化后样本主成分 z_i 的贡献 (即样本相关系数) 如下

$$r(z_i, x_k^*) = \widehat{a}_{ik}\sqrt{\widehat{\lambda}_i}, \qquad i, k = 1, \cdots, p,$$

以及前 m 个样本主成分的累计贡献率

$$\widehat{f}_m = \frac{\widehat{\lambda}_1 + \widehat{\lambda}_2 + \cdots + \widehat{\lambda}_m}{p}, \qquad m = 1, \cdots, p.$$

通常选取 m, 使得累计贡献率 $\widehat{f}_m \geqslant 80\%$ 或者 $\widehat{f}_m \geqslant 85\%$. 此外, 也可以作 $\widehat{\lambda}_i \sim i$ 的碎石图 (scree plot) 直观确定主成分的个数, 可以选择图形拐弯地方作为主成分的个数.

§12.3 主成分分析方法的应用

主成分分析方法是处理降维问题的一种经典方法, 通常来讲降维将带来信息的损失, 但是主成分分析方法通过提取数据的主要特征分量, 运用线性变换将原数据变换为一组各维度线性无关的数据, 使信息损失达到最小. 基于主成分分析方法的降维思想, 已经成为数据挖掘和图像处理中常用的降维方法, 如特征主成分提取、图像压缩与重建、人脸识别和图像查询等. 本节主要介绍几个与主成分分析有关的 R 语言函数、案例分析以及主成分分析方法在图像压缩和人脸识别方面的简单应用.

12.3.1 主成分分析的 R 函数

1. 函数 princomp()

函数 princomp() 是主成分分析的主要函数, 其调用格式为

```
princomp(formula, data = NULL, subset, na.action, ...)
其中 formula 是没有响应变量的公式, 类似于函数 lm(), 但是没有响应变量;data 是数据框数据, 类似于回归分析或方差分析函数. 或者
princomp(x, cor = FALSE, scores = TRUE, covmat = NULL,
         subset = rep_len(TRUE, nrow(as.matrix(x))), ...)
其中 x 是用于主成分分析的数据, 以数值型矩阵或数据框的形式给出; cor 是逻辑变量, 当 cor=TRUE 表示用样本相关系数矩阵作主成分分析, 当 cor=FALSE(默认) 表示用样本协方差矩阵作主成分分析; covmat 是协方差矩阵, 如果不提供数据 x, 则需要提供协方差矩阵; 其他参数的意义见在线帮助.
```

在 R 语言中, 也可以使用函数 prcomp(), 程序包 FactoMineR 中的函数 PCA() 或者程序包 psych 中的函数 principal() 进行主成分分析, 调用格式见在线帮助.

2. 函数 summary()

函数 summary() 与回归分析中的用法相同, 目的是提取出主成分分析结果的信息, 其调用格式为

```
summary(object, loadings = FALSE, cutoff = 0.1, ...)
其中 object 是由函数 princomp() 得到的对象; loadings 是逻辑变量, 当 loadings=TRUE 表示显示 loadings 的内容, 当 loadings=FALSE 时, 则不显示 loadings 的内容.
```

3. 函数 loadings()

函数 loadings() 用于显示主成分分析或因子分析载荷矩阵的结果, 自变量为函数 princomp() 或 factanal() 得到的对象.

4. 函数 predict()

函数 predict() 类似于回归分析中的使用方法, 目的是预测主成分的值或得分, 其调用格式为

```
predict(object, newdata, ...)
```

其中 object 是由函数 princomp() 得到的对象; newdata 是给定需要预测新的数据框数据, 当 newdata 为默认值时, 预测已有数据的主成分值.

5. 函数 screeplot()

函数 screeplot() 绘制主成分的碎石图, 目的是确定主成分的个数, 其调用格式为

```
screeplot(x, npcs = min(10, length(x$sdev)),
        type = c("barplot", "lines"),
        main = deparse1(substitute(x)), ...)
```

其中 x 是由函数 princomp() 得到的对象; npcs 是画出主成分的个数; type 是绘制主成分碎石图的类型, 其中"barplot" 是直方图类型, "lines" 是直线图类型; 其他参数见在线帮助.

6. 函数 biplot()

函数 biplot() 绘制数据关于主成分的散点图 (也称为**双标图**) 和原坐标在主成分下的方向, 其调用格式为

```
biplot(x, choices = 1:2, scale = 1, pc.biplot = FALSE, ...)
```

其中 x 是由函数 princomp() 得到的对象; choices 是选择的主成分, 默认为第 1 和第 2 主成分; pc.biplot 是逻辑变量 (默认为 FALSE), 如果 pc.biplot=TRUE, 表示用 Gabriel (1971) 提出的画图方法.

12.3.2 中学生身体指标数据主成分分析

考虑中学生身体各指标的主成分分析, 随机抽取 30 名某年级中学生, 测量他们的身高 (X_1)、体重 (X_2)、胸围 (X_3) 和坐高 (X_4), 数据来自高惠璇 (2005), 见表 12.3, 该数据集是用于主成分分析的一个经典应用. 试对中学生身体指标数据作主成分分析.

表 12.3 中学生身体各指标数据

序号	X_1	X_2	X_3	X_4	序号	X_1	X_2	X_3	X_4
1	148	41	72	78	4	149	36	67	79
2	139	34	71	76	5	159	45	80	86
3	160	49	77	86	6	142	31	66	76

续表

序号	X_1	X_2	X_3	X_4	序号	X_1	X_2	X_3	X_4
7	153	43	76	83	19	160	47	74	87
8	150	43	77	79	20	156	44	78	85
9	151	42	77	80	21	151	42	73	82
10	139	31	68	74	22	147	38	73	78
11	140	29	64	74	23	157	39	68	80
12	161	47	78	84	24	147	30	65	75
13	158	49	78	83	25	157	48	80	88
14	140	33	67	77	26	151	36	74	80
15	137	31	66	73	27	144	36	68	76
16	152	35	73	79	28	141	30	67	76
17	149	47	82	79	29	139	32	68	73
18	145	35	70	77	30	148	38	70	78

首先对表 12.3 中数据用文件 student.txt 保存, 放在 R 语言的工作目录下, 然后用函数 read.table() 读入文件名是 student.txt 的数据. 最后利用函数 princomp() 进行主成分分析, 函数 summary() 提取主成分分析结果的信息, 并设置 loadings=TRUE 显示主成分的载荷.

```
student = read.table("student.txt", header = TRUE)
student.pca = princomp(student, cor = TRUE)
> summary(student.pca, loadings = TRUE)     ## 输出结果
Importance of components:
                          Comp.1     Comp.2     Comp.3     Comp.4
Standard deviation     1.8817805 0.55980636 0.28179594 0.25711844
Proportion of Variance 0.8852745 0.07834579 0.01985224 0.01652747
Cumulative Proportion  0.8852745 0.96362029 0.98347253 1.00000000

Loadings:
      Comp.1   Comp.2   Comp.3   Comp.4
X1     0.497    0.543    0.450    0.506
X2     0.515   -0.210    0.462   -0.691
X3     0.481   -0.725   -0.175    0.461
X4     0.507    0.368   -0.744   -0.232
```

通过上面数据分析结果, 可以发现:

(1) 第一主成分为 $Z_1 = 0.497X_1^* + 0.515X_2^* + 0.481X_3^* + 0.507X_4^*$, 其中 X_i^* 表示标准化后的变量. 第一大特征值对应的第一个特征向量的各个分量值均在 0.5 附近, 且都符号相同, 它反映学生身材的魁梧程度, 身体高大的学生, 他的 4 个部位的尺寸都比较大; 而身体矮小的学生, 他的 4 个部位的尺寸都比较小. 因此称第一主成分为 "大小因子";

(2) 第二主成分为 $Z_2 = 0.543X_1^* - 0.210X_2^* - 0.725X_3^* + 0.368X_4^*$. 第二大特征值对应的特征向量中第一个分量 (身高 X_1 的系数) 和第四个分量 (坐高 X_4 的系数) 为正值, 而第二个分量 (体重 X_2 的系数) 和第三个分量 (胸围 X_3 的系数) 为负值, 它反映学生的胖瘦情况, 故称第二主成分为 "胖瘦因子";

(3) 第一主成分的贡献率为 88.5%, 第二主成分的贡献率为 7.8%, 且前两个主成分的累计贡献率达到 96.4%.

```
> predict(student.pca)         ## 对数据进行预测并计算得分
          Comp.1      Comp.2      Comp.3       Comp.4
 [1,] -0.06990950 -0.23813701  0.35509248 -0.266120139
 [2,] -1.59526340 -0.71847399 -0.32813232 -0.118056646
 [3,]  2.84793151  0.38956679  0.09731731 -0.279482487
 [4,] -0.75996988  0.80604335  0.04945722 -0.162949298
 [5,]  2.73966777  0.01718087 -0.36012615  0.358653044
 [6,] -2.10583168  0.32284393 -0.18600422 -0.036456084
 [7,]  1.42105591 -0.06053165 -0.21093321 -0.044223092
 [8,]  0.82583977 -0.78102576  0.27557798  0.057288572
 [9,]  0.93464402 -0.58469242  0.08814136  0.181037746
[10,] -2.36463820 -0.36532199 -0.08840476  0.045520127
[11,] -2.83741916  0.34875841 -0.03310423 -0.031146930
[12,]  2.60851224  0.21278728  0.33398037  0.210157574
[13,]  2.44253342 -0.16769496  0.46918095 -0.162987830
[14,] -1.86630669  0.05021384 -0.37720280 -0.358821916
[15,] -2.81347421 -0.31790107  0.03291329 -0.222035112
[16,] -0.06392983  0.20718448 -0.04334340  0.703533624
[17,]  1.55561022 -1.70439674  0.33126406  0.007551879
[18,] -1.07392251 -0.06763418 -0.02283648  0.048606680
[19,]  2.52174212  0.97274301 -0.12164633 -0.390667991
[20,]  2.14072377  0.02217881 -0.37410972  0.129548960
[21,]  0.79624422  0.16307887 -0.12781270 -0.294140762
[22,] -0.28708321 -0.35744666  0.03962116  0.080991989
[23,]  0.25151075  1.25555188  0.55617325  0.109068939
```

```
[24,] -2.05706032  0.78894494  0.26552109  0.388088643
[25,]  3.08596855 -0.05775318 -0.62110421 -0.218939612
[26,]  0.16367555  0.04317932 -0.24481850  0.560248997
[27,] -1.37265053  0.02220972  0.23378320 -0.257399715
[28,] -2.16097778  0.13733233 -0.35589739  0.093123683
[29,] -2.40434827 -0.48613137  0.16154441 -0.007914021
[30,] -0.50287468  0.14734317  0.20590831 -0.122078819
```

从上面的预测结果可以看出: ① 从第一主成分来看, 较大的几个值是第 25 号、第 3 号和第 5 号样本, 说明这几个学生身体魁梧; 而第 11 号、第 15 号和第 29 号样本的值较小, 说明这几个学生身材瘦小; ② 从第二主成分来看, 较大的几个值是第 23 号、第 19 号和第 4 号样本, 说明这几个学生属于 "细高" 型; 而第 17 号样本、第 8 号和第 2 号样本的值较小, 说明这几个学生属于 "矮瘦" 型.

下面程序绘制 30 名中学生身体指标数据主成分分析的碎石图, 以及第一主成分和第二主成分的散点图 (或双标图), 结果见图 12.3.

```
par(mfrow = c(1, 2))
screeplot(student.pca, type = "lines", main = "Scree Plot", lwd = 2)
abline(h = 0.5598064^2, lty = 2, col = "blue", lwd = 3)
biplot(student.pca)
```

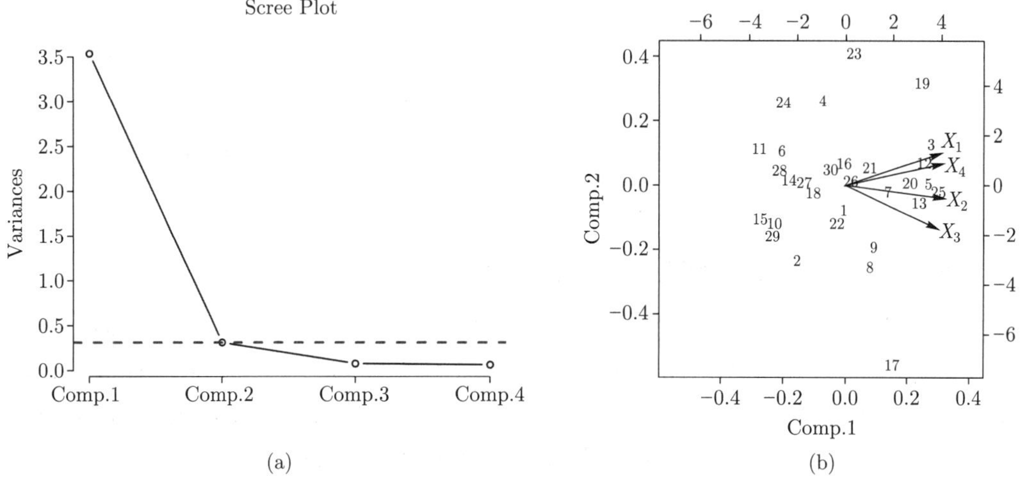

图 12.3 (a) 碎石图; (b) 第一主成分和第二主成分的散点图 (或双标图)

图 12.3(a) 给出了 30 名中学生身体指标数据主成分分析的碎石图, 图 12.3(b) 给出了第一主成分和第二主成分的散点图 (或双标图), 以及原坐标在主成分下的方向. 从碎石图 (a) 可以看出, 选取

$m = 2$, 即取前两个主成分能很好地代替原四个变量的信息. 第一主成分和第二主成分的散点图 (b) 说明: 第 25 号样本属于高大魁梧型; 第 11 号和第 15 号样本属于身材瘦小型; 第 23 号样本属于细高型; 第 17 号样本属于矮胖型; 第 26 号样本属于正常型.

进一步, 利用程序包 rgl 中的函数 plot3d(), 还可绘制前三个主成分得分的散点图, 也称为**三标图** (triplot). 此外, 还可将主成分分析与第 13 章将介绍的 K 均值聚类相结合, 根据聚类结果对三标图的散点进行上色. 在下面程序中, `size=2` 控制散点的大小, 参数 `type="s"` 表示以圆球 (sphere) 来绘制散点, 结果见图 12.4. 函数 plot3d() 输出的图像, 可以用鼠标拖动, 任意调整三维图形的角度, 方便结果的可视化.

```
library(rgl); set.seed(2023)
plot3d(student.pca$scores[,1:3], size = 2, type = "s", col = "blue")
clust = kmeans(student.pca$scores[, 1:3], centers = 2, nstart = 30)
plot3d(student.pca$scores[,1:3],size=2,type="s",col=clust$cluster+1)
```

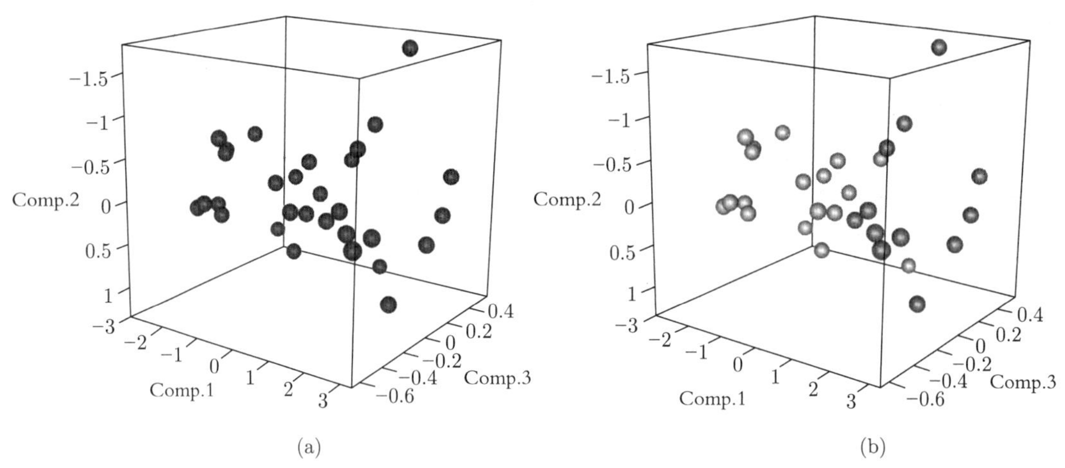

图 12.4 (a) 前三个主成分得分的散点图 (或三标图); (b) 根据聚类结果上色的三标图

12.3.3 Fisher Iris 数据主成分分析的可视化

R 语言中自带的 Fisher Iris 数据集有四个属性: 萼片长度、萼片宽度、花瓣长度和花瓣宽度. 数据共有 150 个样本, 分为三类: 前 50 个样本是属于第 1 类 Setosa, 中间的 50 个样本属于第 2 类 Versicolor, 最后 50 个样本属于第 3 类 Virginica. 5.3.4 节对 Fisher Iris 数据进行了判别分析, 本节将使用程序包 factoextra 和 factoMineR 对 Fisher Iris 数据进行主成分分析的可视化.

首先, 使用程序包 factoMineR 中的函数 PCA() 对 Fisher Iris 数据进行主成分分析, 并用函数 summary() 输出主成分分析结果. 为了节省篇幅, 不再提供具体的输出结果. 进一步, 利用程序包 factoextra 中的函数 fviz_eig() 展示碎石图和每个主成分所占方差的比例, 如图 12.5. 从图 12.5 可以看出, 前两个主成分的累计贡献率达到 95.9%.

```
library(factoextra); library(FactoMineR)
iris.pca = PCA(iris[, -5], graph = FALSE, scale.unit = TRUE)
summary(iris.pca)
fviz_eig(iris.pca, addlabels = TRUE, ylim = c(0, 100))
```

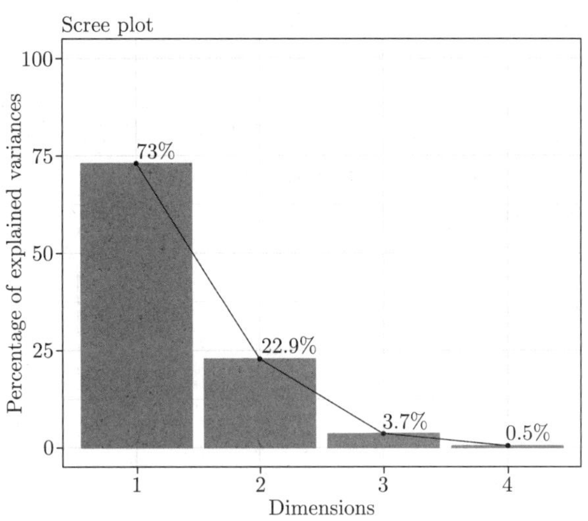

图 12.5 Fisher Iris 数据主成分分析的碎石图

其次, 使用函数 fviz_pca_var() 对变量贡献结果的载荷图进行可视化, 如图 12.6(a). 在下面程序中, 如果参数取 `col.var="contrib"`, 表示可以展示加上各个变量平方坐标 (称为 cos2) 的载荷图 (这里不再展示). 进一步, 也可以通过程序包 corrplot 中的函数 corrplot() 绘制相关图进行变量对主成分贡献的可视化, 如图 12.6(b). 可以看到变量 Petal.Length 和 Petal.Width 与第一主成分的相关性比较强, 而 Sepal.Width 与第二主成分的相关性比较强.

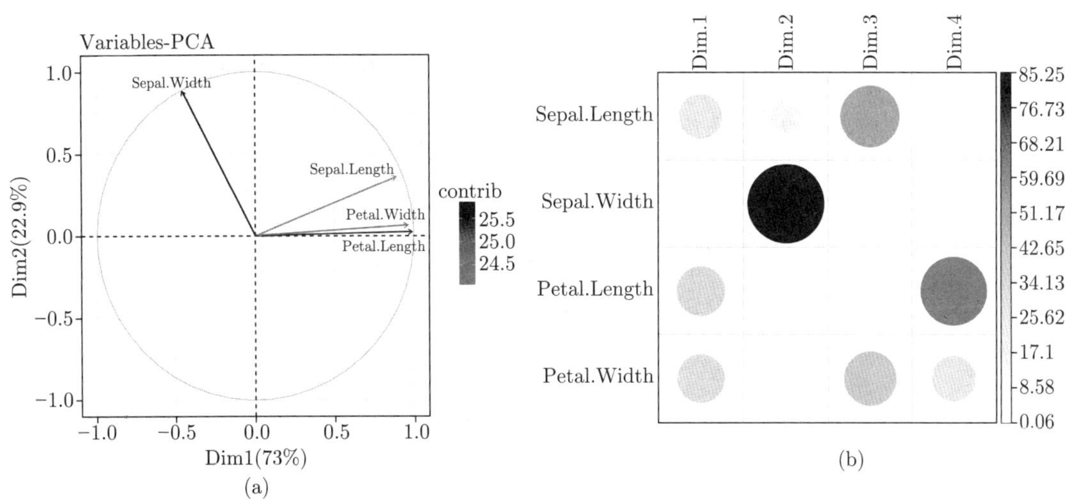

图 12.6 (a) Fisher Iris 数据主成分分析的载荷图; (b) 变量对主成分贡献的相关图

```
fviz_pca_var(iris.pca, col.var = "contrib",
             gradient.cols = c("red", "blue", "black"),
             repel = TRUE)
library(corrplot)
res.var = get_pca_var(iris.pca)
corrplot(res.var$contrib, is.corr = FALSE)
```

最后, 使用函数 fviz_pca_ind() 进行样本结果的可视化, 主要展示不同样本在前两个主成分上的得分, 如图 12.7. 在图 12.7(b) 中, 点的大小表示其 cos2 的值.

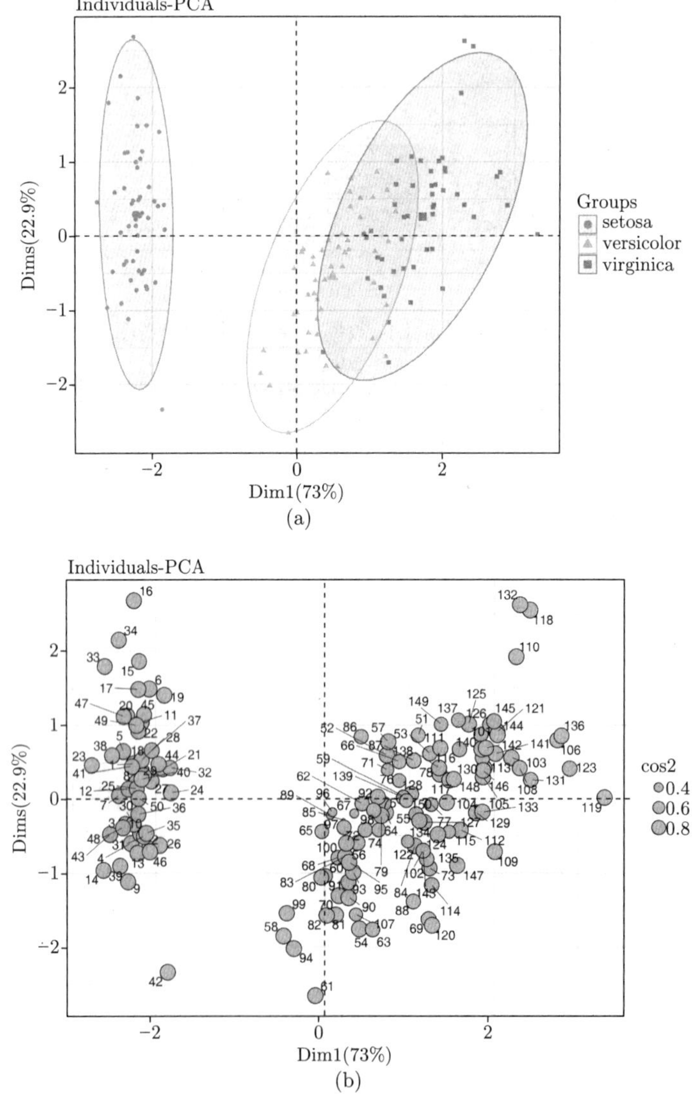

图 12.7 Fisher Iris 数据主成分分析的得分点图. (a) 所有观测值在前两个主成分上的得分点图; (b) 所有观测值在前两个主成分上 cos2 的得分点图

```
fviz_pca_ind(iris.pca, geom.ind = "point", col.ind = iris$Species,
             palette = c("#00AFBB", "#E7B800", "#FC4E07"),
             addEllipses = TRUE, legend.title = "Groups")
fviz_pca_ind(iris.pca, pointsize = "cos2", pointshape = 21,
             fill = "#E7B800", repel = TRUE)
```

程序包 factoextra 和 factoMineR 也可以用于因子分析和聚类分析等方法的数据可视化, 在数据可视化方面有较强的功能.

12.3.4 图像压缩

图像处理常涉及的是高维问题, 而主成分分析方法的核心思想是对样本协方差矩阵 $\mathbf{S}$ 或样本相关系数矩阵 $\widehat{\mathbf{R}}$ 进行特征值和特征向量分解, 但是当维数 p 远远大于样本量 n 时, 这种分解会变得困难. 为了解决这个问题, 下面首先介绍一种快速求解特征值的**奇异值分解** (SVD) 方法.

假设 $\mathbf{X}$ 是由式 (12.19) 定义的 $n\times p$ 的数据矩阵, 并令 r 为 $\mathbf{X}$ 的秩. 主成分分析中求 $\mathbf{X}^{\mathrm{T}}\mathbf{X}$ 和 $\mathbf{X}\mathbf{X}^{\mathrm{T}}$ 的特征值问题可以归结为求奇异值分解问题, 即

$$\mathbf{X}=\mathbf{U}\boldsymbol{\Lambda}\mathbf{V}^{\mathrm{T}},$$

其中 $\mathbf{U}$ 是 $n\times r$ 的正交矩阵且满足 $\mathbf{U}^{\mathrm{T}}\mathbf{U}=\mathbf{I}_r$, $\mathbf{V}$ 是 $p\times r$ 的正交矩阵且满足 $\mathbf{V}^{\mathrm{T}}\mathbf{V}=\mathbf{I}_r$, $\boldsymbol{\Lambda}$ 为 $\mathbf{X}^{\mathrm{T}}\mathbf{X}$ 或 $\mathbf{X}\mathbf{X}^{\mathrm{T}}$ 的 r 个共同非零特征值的平方根构成的对角矩阵, 即

$$\boldsymbol{\Lambda}=\mathrm{diag}(\lambda_1^{1/2},\cdots,\lambda_r^{1/2}),\quad \lambda_k>0,\quad k=1,\cdots,r.$$

进一步可知, $\mathbf{U}$ 的列包含了 $\mathbf{X}\mathbf{X}^{\mathrm{T}}$ 的特征向量, $\mathbf{V}$ 的列包含了 $\mathbf{X}^{\mathrm{T}}\mathbf{X}$ 的特征向量, 则有

$$\mathbf{X}^{\mathrm{T}}\mathbf{X}=(\mathbf{U}\boldsymbol{\Lambda}\mathbf{V}^{\mathrm{T}})^{\mathrm{T}}\mathbf{U}\boldsymbol{\Lambda}\mathbf{V}^{\mathrm{T}}=\mathbf{V}\boldsymbol{\Lambda}^{\mathrm{T}}\boldsymbol{\Lambda}\mathbf{V}^{\mathrm{T}},$$

$$\mathbf{X}\mathbf{X}^{\mathrm{T}}=\mathbf{U}\boldsymbol{\Lambda}\mathbf{V}^{\mathrm{T}}(\mathbf{U}\boldsymbol{\Lambda}\mathbf{V}^{\mathrm{T}})^{\mathrm{T}}=\mathbf{U}\boldsymbol{\Lambda}\boldsymbol{\Lambda}^{\mathrm{T}}\mathbf{U}^{\mathrm{T}}.$$

可见, 矩阵 $\mathbf{X}^{\mathrm{T}}\mathbf{X}$ 和 $\mathbf{X}\mathbf{X}^{\mathrm{T}}$ 具有相同的非零特征值 $\lambda_1,\cdots,\lambda_r$. 下面讨论基于 SVD 分解的主成分分析. 记 $\mathbf{M}$ 为对数据矩阵 $\mathbf{X}$ 中心化后 $n\times p$ 的数据矩阵, 则样本协方差矩阵为

$$\mathbf{S}=\frac{1}{n-1}\mathbf{M}^{\mathrm{T}}\mathbf{M}.$$

由 SVD 分解, 知 $\mathbf{M}=\mathbf{U}\boldsymbol{\Lambda}\mathbf{V}^{\mathrm{T}}$, 则

$$\mathbf{S}=\frac{1}{n-1}\mathbf{V}\boldsymbol{\Lambda}^{\mathrm{T}}\boldsymbol{\Lambda}\mathbf{V}^{\mathrm{T}}.$$

由主成分分析可知, $\mathbf{V}$ 为主成分的**载荷矩阵**, $\mathbf{Z}=\mathbf{M}\mathbf{V}$ 为主成分得分. 这时, 取前 m 个主成分对 $\mathbf{M}$ 进行近似, 则有

$$\mathbf{M}=\mathbf{M}\mathbf{V}\mathbf{V}^{\mathrm{T}}=\mathbf{M}(\mathbf{V}_m\mathbf{V}_m^{\mathrm{T}}+\mathbf{V}_{p-m}\mathbf{V}_{p-m}^{\mathrm{T}})\approx(\mathbf{M}\mathbf{V}_m)\mathbf{V}_m^{\mathrm{T}}=\widehat{\mathbf{Z}}_m\mathbf{V}_m^{\mathrm{T}}=\widehat{\mathbf{M}}.$$

因此, 主成分分析方法可以看成是一种压缩技术, 通过前 m 个主成分分量来描述数据. 基于该

思想, 可以把主成分分析方法应用到图像压缩中.

把上面介绍的基于奇异值分解的主成分分析方法应用到一个花篮的图片 (2.68MB) 中, 观测图像压缩的效果.

对图片数据直接进行 SVD 计算, 并分别选取主成分个数为 5, 20, 100 进行 3 次主成分分析, 即对图片进行压缩, 具体程序如下, 压缩效果展示在图 12.8 中.

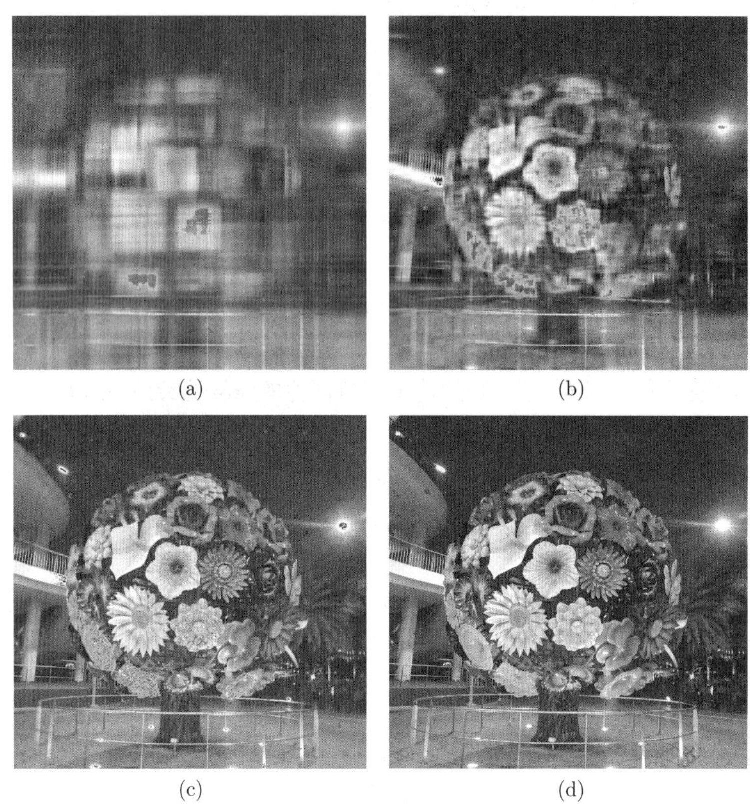

图 12.8　花篮图片分别选取的主成分个数为 5, 20 和 100 的压缩图片和原图对比. (a) 主成分个数为 5; (b) 主成分个数为 20; (c) 主成分个数为 100; (d) 原图

```
library(jpeg)
PIC=readJPEG('flower.jpg'); PICsvd = list()
for(i in 1:3) PICsvd[[i]] = svd(PIC[, , i])
comPIC = PIC; cPIC = list()
PS = file.info('flower.jpg')$size
for (i in c(5, 20, 100)){
  for(k in 1:3){
    comPIC[,,k]=PICsvd[[k]]$u[,1:i]%*%diag(PICsvd[[k]]$d[1:i])%*%
      t(PICsvd[[k]]$v[,1:i])
    writeJPEG(comPIC, paste('comPIC', round(i,0), '.jpg', sep=''))
```

```
  }
  cPIC[[i]]=comPIC
}
z = NULL; for(i in c(5, 20, 100))
z = c(z,file.info(paste("comPIC",i,".jpg",sep=""))$size/PS); z
[1] 0.2088549    0.2994487    0.4177813
```

注意在上面代码中, 实际上是分别对图片中三种颜色 (红、绿、蓝) 的矩阵进行奇异值分解. 从图 12.8 可以看出, 当主成分个数为 5 和 20 时, 压缩以后的图片不是很清楚, 当主成分个数为 100 时, 压缩以后的照片变得比较清楚. 而相对于原图, 三个图片的大小比例分别约为: 20.89%, 29.94% 和 41.78%. 可见, 当主成分个数为 100 时, 压缩图片的大小占原图文件的 41.78%.

12.3.5 人脸识别

本节考虑主成分分析方法在人脸识别中的应用. **特征脸方法** (Eigenface) 是由 Turk 和 Pentland (1991) 提出的, 主要思想是: 利用主成分分析的方法进行降维, 对训练集中所有人脸图像的协方差矩阵进行特征值分解, 得到对应的特征向量, 即**特征脸** (eigenface), 每个特征脸相当于描述人脸之间的一种特性, 这就意味着每个人脸都可以表示为这些特征脸的线性组合.

考虑 10 个 112×92 分辨率人脸图像, 10 个人脸原图见图 12.9 的第 1 层. 忽略相邻像素之间的关系, 每个图像为 $p = 112 \times 92 = 10\,304$ 维的数据, 共有 $n = 10$ 个图像. 记 $n \times p$ 维图像数据矩阵为 $\mathbf{X}$, 显然 $p \gg n$. 首先对原数据作变换, 即令 $\mathbf{Y} = \dfrac{1}{\sqrt{n-1}}(\mathbf{X} - \mathbf{1}\boldsymbol{\mu}^{\mathrm{T}})$, 其中 $\boldsymbol{\mu}^{\mathrm{T}} = \mathbf{1}^{\mathrm{T}}\mathbf{X}/n$. 这时, 可得样本协方差矩阵 $\mathbf{Y}^{\mathrm{T}}\mathbf{Y}$ 为 $10\,304 \times 10\,304$ 的矩阵, 直接对其求解特征值和特征向量会出现问题. 这时可以求解阶数为 n 的样本协方差矩阵 $\mathbf{Y}\mathbf{Y}^{\mathrm{T}}$ 的特征值和特征向量. 由于 $\mathbf{Y}\mathbf{Y}^{\mathrm{T}}$ 和 $\mathbf{Y}^{\mathrm{T}}\mathbf{Y}$ 有相同的特征值向量, 记为 $\boldsymbol{\lambda}$. 令 λ_i 为 $\mathbf{Y}\mathbf{Y}^{\mathrm{T}}$ 的第 i 个特征值, 其对应的特征向量为 $\boldsymbol{u}_i$, 那么 λ_i 对矩阵 $\mathbf{Y}^{\mathrm{T}}\mathbf{Y}$ 的特征向量为 $\boldsymbol{\phi}_i = \mathbf{Y}^{\mathrm{T}}\boldsymbol{u}_i$, 则有

$$\begin{aligned}\mathbf{Y}\mathbf{Y}^{\mathrm{T}}\boldsymbol{u}_i = \lambda_i\boldsymbol{u}_i &\Leftrightarrow \mathbf{Y}^{\mathrm{T}}\mathbf{Y}\mathbf{Y}^{\mathrm{T}}\boldsymbol{u}_i = \mathbf{Y}^{\mathrm{T}}\lambda_i\boldsymbol{u}_i \\ &\Leftrightarrow \mathbf{Y}^{\mathrm{T}}\mathbf{Y}(\mathbf{Y}^{\mathrm{T}}\boldsymbol{u}_i) = \lambda_i(\mathbf{Y}^{\mathrm{T}}\boldsymbol{u}_i) \Leftrightarrow \mathbf{Y}^{\mathrm{T}}\mathbf{Y}\boldsymbol{\phi}_i = \lambda\boldsymbol{\phi}_i.\end{aligned}$$

选择 m 个主成分, 记为 $\widehat{\boldsymbol{\Phi}}_m = [\boldsymbol{\phi}_1, \cdots, \boldsymbol{\phi}_m]$, 其中 $\widehat{\boldsymbol{\Phi}}_m$ 称为 m 个**特征脸**, 则对任意一个图像 $\boldsymbol{x}$, 其主成分得分为

$$\widehat{\boldsymbol{Y}}_{m\times 1} = \widehat{\boldsymbol{\Phi}}_m^{\mathrm{T}}(\boldsymbol{x} - \boldsymbol{\mu}).$$

因此, $\widehat{\boldsymbol{x}} = \widehat{\boldsymbol{\Phi}}_m\widehat{\boldsymbol{Y}}_{m\times 1} + \boldsymbol{\mu}$. 由于 $m < (n, p)$, 从而在低维空间表达了原数据, 可用于下一步的分析, 如人脸判断、识别和归类等问题.

下面以 10 个 112×92 分辨率人脸图像为例, 介绍如何利用主成分分析方法进行人脸识别, 并获得特征脸. 在进行主成分分析时, 分别取 $m = 5, 10, 20, 30$ 个主成分或特征脸, 程序如下.

```
library(RColorBrewer)
showMatrix = function(x)
  image(t(x[nrow(x):1,]), xaxt = 'none', yaxt = 'none',
        col = rev(colorRampPalette(brewer.pal(7, 'Greys'))(100)))
load("faces.rdb")
par(mfrow = c(1, 10), mar = c(0, 0, 0, 0))  ## 展示 10 个原始人脸图像
for(i in 1:10) showMatrix(matrix(X[i, ], 112, 92))
n= nrow(X); p = ncol(X)
X.C = scale(X, scale = FALSE)      ## 中心化
Y = t(X.C)/sqrt(n-1)               ## 作变换得到 Y
Y.egn = eigen(t(Y)%*%Y)
Phi = Y%*%Y.egn$vectors
Phi = apply(Phi, 2, function(i) i/sqrt(sum(i*i)))
re_image = function(m){
  Phi.m = Phi[, 1:m]; Y.hat = X.C%*%Phi.m
  X.R = Y.hat%*%t(Phi.m) + matrix(apply(X, 2, mean),
        nrow = n, ncol = p, byrow = TRUE)
  for(i in 1:10){ showMatrix(matrix(X.R[i,], 112, 92)) }
}
re_image(5); re_image(10); re_image(20); re_image(30)
```

结果展示在图 12.9 中, 其中第 1 层给出了 10 个人脸原图, 第 2–5 层分别给出了利用 $m = 5, 10, 20, 30$ 个主成分或特征脸恢复后的人脸图像, 从恢复后的人脸图像和原人脸图像对比来看, 发现利用 $m = 30$ 个主成分恢复的效果很好, 对人脸识别提供了有力支持.

图 12.9 第 1 层为 10 个人脸原图, 第 2–5 层分别使用 $m = 5, 10, 20, 30$ 个主成分恢复后的 10 个人脸图像

§12.4 核主成分分析

12.1 节和 12.2 节介绍的主成分分析, 是一种从高维空间到低维空间的降维方法, 其函数映射是线性的. 在许多实际问题的应用中, 可能需要非线性映射才能找到合适的主成分方向. 为了解决这一问题, Schölkopf 等 (1998) 把一般的主成分分析中的线性函数映射推广到非线性函数映射, 提出了**核主成分分析** (kernel principal component analysis, KPCA).

核主成分分析本质是通过一个合适的函数将数据映射到更高维的空间, 此时原数据间的差异在更高维空间中被放大和分离, 可以更好地实现数据的比较, 然后将数据按新的特征分开. 也就是说, 核主成分分析是在升维的基础上进行降维, 高维和低维之间发生了相互转化和相互过渡. 因此, 在核主成分分析中, 线性可分与非线性可分是辩证统一的. 在低维空间中数据线性不可分, 通过映射到高维空间中是线性可分的; 而高维空间中线性可分返回到低维空间中又是非线性可分的.

假设给定 p 维空间中的观测数据集 $\boldsymbol{x}_i=(x_{i1},\cdots,x_{ip})^{\mathrm{T}}\in\mathbb{R}^p$, $i=1,\cdots,n$. 进一步, 假设 $\boldsymbol{b}(\cdot)$ 是一个非线性映射, 且在原始空间和映射特征空间满足如下的归一化条件

$$\sum_{i=1}^n\boldsymbol{x}_i=\mathbf{0},\qquad\sum_{i=1}^n\boldsymbol{b}(\boldsymbol{x}_i)=\mathbf{0},$$

其中 $\boldsymbol{b}(\boldsymbol{x}_i)$ 表示通过非线性映射 $\boldsymbol{b}(\cdot)$ 把原数据 $\boldsymbol{x}_i$ 映射到高维或无穷维特征空间. 这时, 定义映射后特征空间的样本协方差矩阵为

$$\mathbf{C}=\frac{1}{n}\sum_{i=1}^n\boldsymbol{b}(\boldsymbol{x}_i)\boldsymbol{b}(\boldsymbol{x}_i)^{\mathrm{T}}=\frac{1}{n}\mathbf{B}\mathbf{B}^{\mathrm{T}},\tag{12.23}$$

其中 $\mathbf{B}=[\boldsymbol{b}(\boldsymbol{x}_1),\cdots,\boldsymbol{b}(\boldsymbol{x}_n)]$. 然后, 在特征空间中实施主成分分析, 等价于求 $\mathbf{C}$ 的特征向量, 即

$$\mathbf{C}\boldsymbol{a}=\lambda\boldsymbol{a},\tag{12.24}$$

其中 λ 是 $\mathbf{C}$ 的一个特征值, $\boldsymbol{a}$ 是 λ 对应的特征向量. 由式 (12.23) 和式 (12.24) 整理, 可得

$$\boldsymbol{a}=\frac{1}{n\lambda}\mathbf{B}\mathbf{B}^{\mathrm{T}}\boldsymbol{a}=\mathbf{B}\left(\frac{1}{n\lambda}\mathbf{B}^{\mathrm{T}}\boldsymbol{a}\right)=:\mathbf{B}\boldsymbol{\theta},\tag{12.25}$$

其中 $\boldsymbol{\theta}=\dfrac{1}{n\lambda}\mathbf{B}^{\mathrm{T}}\boldsymbol{a}$ 是一个 n 维向量, 每一维对应一个数据点与特征向量 $\boldsymbol{a}$ 的内积. 同时, 式 (12.25) 说明在特征空间的特征向量 $\boldsymbol{a}$ 由所有数据样本的向量加权平均得到, 权重为 $\boldsymbol{\theta}$. 因此, 求特征向量 $\boldsymbol{a}$ 转化为求权重 $\boldsymbol{\theta}$, 即将原始问题转化为对偶问题.

将 $\boldsymbol{a}=\mathbf{B}\boldsymbol{\theta}$ 和 $\mathbf{C}=\dfrac{1}{n}\mathbf{B}\mathbf{B}^{\mathrm{T}}$ 代入式 (12.24), 且在两边左乘 $\mathbf{B}^{\mathrm{T}}$, 可得

$$\mathbf{B}^{\mathrm{T}}\mathbf{B}\mathbf{B}^{\mathrm{T}}\mathbf{B}\boldsymbol{\theta}=n\lambda\mathbf{B}^{\mathrm{T}}\mathbf{B}\boldsymbol{\theta}.\tag{12.26}$$

令 $\mathbf{K}=\mathbf{B}^{\mathrm{T}}\mathbf{B}$, 其中 $K_{ij}=\boldsymbol{b}(\boldsymbol{x}_i)^{\mathrm{T}}\boldsymbol{b}(\boldsymbol{x}_j)=:K(\boldsymbol{x}_i,\boldsymbol{x}_j)$, 其中 $K(\cdot,\cdot)$ 为**核函数**, 常见的核函数见第 11 章 11.3 节. 因此, 式 (12.26) 进一步可以写为

$$\mathbf{K}^2\boldsymbol{\theta}=n\lambda\mathbf{K}\boldsymbol{\theta}.\tag{12.27}$$

可证明式 (12.27) 成立的充要条件是

$$\mathbf{K}\boldsymbol{\theta} = n\lambda\boldsymbol{\theta}. \tag{12.28}$$

考虑特征向量 $\boldsymbol{a}$ 应该满足 $\boldsymbol{a}^{\mathrm{T}}\boldsymbol{a} = 1$, 而 $\boldsymbol{a} = \mathbf{B}\boldsymbol{\theta}$, 有

$$\boldsymbol{a}^{\mathrm{T}}\boldsymbol{a} = \boldsymbol{\theta}^{\mathrm{T}}\mathbf{B}^{\mathrm{T}}\mathbf{B}\boldsymbol{\theta} = \boldsymbol{\theta}^{\mathrm{T}}\mathbf{K}\boldsymbol{\theta} = 1. \tag{12.29}$$

对式 (12.28) 两端左乘 $\boldsymbol{\theta}^{\mathrm{T}}$, 并代入式 (12.29), 可得

$$n\lambda\boldsymbol{\theta}^{\mathrm{T}}\boldsymbol{\theta} = 1. \tag{12.30}$$

因此, $\boldsymbol{\theta}$ 可以通过下式优化进行求解, 即

$$\mathbf{K}\boldsymbol{\theta} = n\lambda\boldsymbol{\theta}, \qquad \text{s.t.} \quad \boldsymbol{\theta}^{\mathrm{T}}\boldsymbol{\theta} = \frac{1}{n\lambda}. \tag{12.31}$$

注意式 (12.31) 的优化问题类似于传统的主成分分析的求解, 其中 $\boldsymbol{\theta}$ 是 $\mathbf{K}$ 的特征向量. 求解式 (12.31), 得到 $\boldsymbol{\theta}$ 后, 即可基于式 (12.25) 得到特征空间的主成分向量 $\boldsymbol{a}$. 与传统主成分分析类似, 可以求得多个主成分向量, 并组成主成分向量集 $\{\boldsymbol{a}_i\}$.

基于 $\{\boldsymbol{a}_i\}$, 可对任一测试样本 $\boldsymbol{x} = (x_1, \cdots, x_p)^{\mathrm{T}}$ 进行降维, 这等价于在特征空间中计算 $\boldsymbol{b}(\boldsymbol{x})$ 在各个主成分向量 $\boldsymbol{a}_i$ 上的投影, 计算如下

$$\boldsymbol{b}(\boldsymbol{x})^{\mathrm{T}}\boldsymbol{a}_i = \boldsymbol{b}(\boldsymbol{x})^{\mathrm{T}}\mathbf{B}\boldsymbol{\theta}_i = \sum_{j=1}^{n}\theta_{ij}K(\boldsymbol{x}, \boldsymbol{x}_j). \tag{12.32}$$

由式 (12.32) 可知, 在特征空间中进行主成分提取并基于得到的主成分对数据进行降维的过程, 并不需要在特征空间中进行任何操作, 所有计算都在原始空间中以核函数 $K(\cdot,\cdot)$ 方式进行, 计算所得结果等价于在特征空间中进行的计算. 因此, 核主成分分析方法可以在复杂的特征空间中对数据进行主成分分析建模, 从而解决原始数据的非线性和非高斯化问题, 具有较好的灵活性和可扩展性.

在 R 语言中, 可用程序包 kernlab 中的函数 kpca() 进行核主成分分析, 其调用格式为

```
kpca(x, kernel = "rbfdot", kpar = list(sigma = 0.1),
    features = 0, th = 1e-4, na.action = na.omit, ...)
```

其中 x 为数据矩阵; 参数 kernel 表示核函数, 可取 rbfdot, polydot, vanilladot, tanhdot, laplacedot, besseldot, anovadot 和 splinedot; kpar 为核函数中所包含的超参数; 其他参数见在线帮助.

下面考虑小麦种子数据, 该种子数据包含了三个不同品种 (Kama、Rosa 和 Canadian) 的小麦种子, 分别用定性变量 1、2 和 3 表示. 每个品种包含 70 个观测样本, 共有 210 个观测样本. 该种子数据集还包含 7 个定量的特征变量: area (面积)、perimeter (周长)、compactness (紧密度, 等于 4π 面积/周长 ^{2})、length of kernel (核长)、width of kernel (核宽)、asymmetry coefficient (非对称系数) 和 length of kernel groove (内核槽长度). 考虑用核主成分分析方法对种子数据进行分析.

首先, 固定种子 set.seed (2023), 把种子数据随机分成训练集和测试集, 其中训练集包含 150 个观测样本, 测试集包含 60 个观测样本. 其次, 在训练集上利用函数 kpca() 进行核主成分分析, 其中

取径向基核函数 (kernel ="rbfdot"), 并绘制训练观测样本在第一主成分和第二主成分平面的投影, 见图 12.10(a). 最后, 把测试样本嵌入到图 12.10(a) 中, 如图 12.10(b).

```
seeds = read.csv("seeds.csv");  set.seed(2023)
test = sample(1:nrow(seeds), 60)
library(kernlab)
kpca.seeds = kpca(~., data = seeds[-test, -8], kernel = "rbfdot",
                  kpar = list(sigma = 1), features = 2)
pcv(kpca.seeds)
plot(rotated(kpca.seeds), col = as.integer(seeds[-test, 8]),
     pch = as.integer(seeds[-test, 8]) + 14,
     xlab="1st Principal Component", ylab="2nd Principal Component")
emb = predict(kpca.seeds, seeds[test, -8])
points(emb, col = as.integer(seeds[test, 8]),
       pch = as.integer(seeds[-test, 8]) + 14)
```

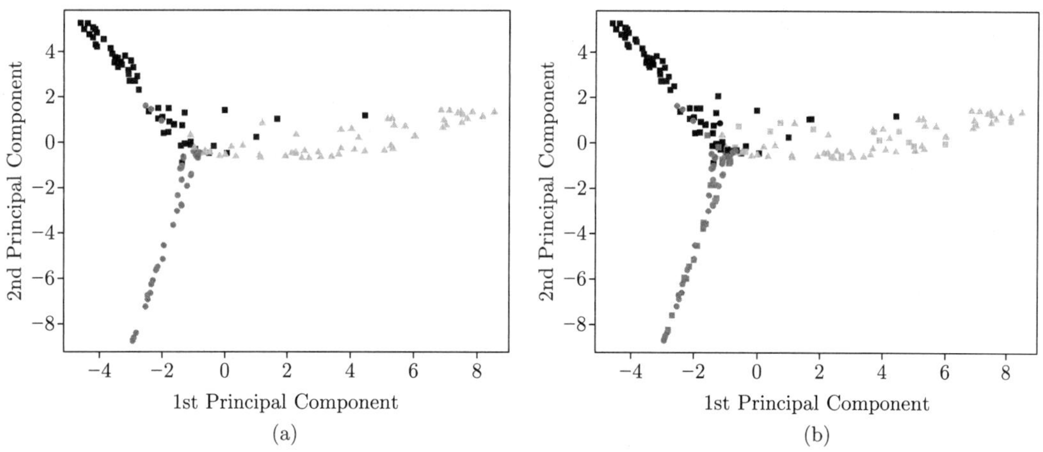

图 12.10 种子数据的核主成分分析结果. (a) 训练观测样本在第一主成分和第二主成分平面的投影; (b) 测试观测样本嵌入图 (a) 中形成的图

习 题 12

1. 设 $\boldsymbol{X} = (X_1, X_2)^{\mathrm{T}}$ 的协方差矩阵 $\boldsymbol{\Sigma} = \begin{pmatrix} 1 & 4 \\ 4 & 100 \end{pmatrix}$, 试从协方差矩阵 $\boldsymbol{\Sigma}$ 和相关系数矩阵 $\mathbf{R}$ 出发求出总体主成分, 并加以比较.

2. 设 $\boldsymbol{X} = (X_1, X_2)^{\mathrm{T}} \sim N_2(\mathbf{0}, \boldsymbol{\Sigma})$, 协方差矩阵 $\boldsymbol{\Sigma} = \begin{pmatrix} 1 & \rho \\ \rho & 1 \end{pmatrix}$, 其中 ρ 为 X_1 和 X_2 的相关系数

$(\rho > 0)$.

(1) 试从 $\boldsymbol{\Sigma}$ 出发求 $\boldsymbol{X}$ 的两个总体主成分;

(2) 求 $\boldsymbol{X}$ 的等概密度椭圆的主轴方向;

(3) 试问当 ρ 取多大时才能使第一主成分的贡献率达 95% 以上.

3. 设 p 元总体 $\boldsymbol{X}$ 的协方差矩阵为

$$\boldsymbol{\Sigma} = \sigma^2 \begin{pmatrix} 1 & \rho & \cdots & \rho \\ \rho & 1 & \cdots & \rho \\ \vdots & \vdots & & \vdots \\ \rho & \rho & \cdots & 1 \end{pmatrix} \quad (0 < \rho \leqslant 1).$$

(1) 试证明总体的第一主成分 $Z_1 = \dfrac{1}{\sqrt{p}}(X_1 + X_2 + \cdots + X_p)$;

(2) 试求第一主成分的贡献率.

4. 设总体 $\boldsymbol{X} = (X_1, \cdots, X_p)^{\mathrm{T}} \sim N_p(\boldsymbol{\mu}, \boldsymbol{\Sigma})(\boldsymbol{\Sigma} > 0)$, 等概率密度椭球为

$$(\boldsymbol{X} - \boldsymbol{\mu})^{\mathrm{T}} \boldsymbol{\Sigma}^{-1} (\boldsymbol{X} - \boldsymbol{\mu}) = C^2 \ (C\text{为常数}).$$

试问椭球的主轴方向是什么?

5. 设三元总体 $\boldsymbol{X}$ 的协方差矩阵为 $\boldsymbol{\Sigma} = \begin{pmatrix} 4 & 0 & 0 \\ 0 & 4 & 0 \\ 0 & 0 & 2 \end{pmatrix}$, 试求总体主成分.

6. 设三元总体 $\boldsymbol{X}$ 的协方差矩阵为 $\boldsymbol{\Sigma} = \begin{pmatrix} \sigma^2 & \rho\sigma^2 & 0 \\ \rho\sigma^2 & \sigma^2 & \rho\sigma^2 \\ 0 & \rho\sigma^2 & \sigma^2 \end{pmatrix}$, 试求总体主成分, 并计算每个主成分解释的方差比例 $(|\rho| \leqslant 1/\sqrt{2})$.

7. 设 4 维随机向量 $\boldsymbol{X}$ 的协方差矩阵是

$$\boldsymbol{\Sigma} = \begin{pmatrix} \sigma^2 & \sigma_{12} & \sigma_{13} & \sigma_{14} \\ \sigma_{12} & \sigma^2 & \sigma_{14} & \sigma_{13} \\ \sigma_{13} & \sigma_{14} & \sigma^2 & \sigma_{12} \\ \sigma_{14} & \sigma_{13} & \sigma_{12} & \sigma^2 \end{pmatrix},$$

其中 $\sigma_{12} \geqslant \sigma_{13} \geqslant \sigma_{14} \geqslant 0$, $\sigma^2 + \sigma_{14} \geqslant \sigma_{12} + \sigma_{13}$. 试求 $\boldsymbol{X}$ 的主成分.

8. 已知总体 $\boldsymbol{X} = (X_1, \cdots, X_p)^{\mathrm{T}}$ 的 n 次观测数据阵为 $\mathbf{X} = (x_{ij})_{n \times p}$. 设 $Z_i = \boldsymbol{a}_i^{\mathrm{T}} \boldsymbol{X}$ 是 $\boldsymbol{X}$ 的前 m 个样本主成分, 其中 $j = 1, \cdots, m$, 且 $m < p$. 设变量 X_j 与 $Z_1, \cdots, Z_m$ 的回归模型为

$$X_j = b_{j1} Z_1 + \cdots + b_{jm} Z_m + \varepsilon_j \xlongequal{\text{def}} \boldsymbol{b}_j^{\mathrm{T}} \boldsymbol{Z} + \varepsilon_j, \qquad j = 1, \cdots, p.$$

(1) 试求参数 $\boldsymbol{b}_j$ 的最小二乘估计 $\widehat{\boldsymbol{b}}_j \ (j = 1, \cdots, p)$;

(2) 求 X_j 回归方程的回归平方和 U_j 和残差平方和 Q_j, 以及判定系数 $R_j^2 \ (j = 1, \cdots, p)$.

9. 设 $\boldsymbol{X} = (X_1, \cdots, X_p)^{\mathrm{T}} \sim N_p(\boldsymbol{\mu}, \boldsymbol{\Sigma})$, $\boldsymbol{\Sigma}$ 有一个 p 重特征值 λ_1, 即 $\boldsymbol{\Sigma} = \lambda_1 \mathbf{I}_p$.

(1) 给定观测值 $\boldsymbol{x}_i = (x_{i1}, \cdots, x_{ip})^{\mathrm{T}} (i = 1, \cdots, n)$, 试证明: λ_1 的极大似然估计是

$$\widehat{\lambda}_1 = \frac{1}{pn} \sum_{k=1}^{p} \sum_{i=1}^{n} (x_{ik} - \overline{x}_k)^2, \qquad \text{其中} \overline{x}_k = \frac{1}{n} \sum_{i=1}^{n} x_{ik};$$

(2) 试证明: $\boldsymbol{X}$ 的主成分由 $\mathbf{B}^{\mathrm{T}} \boldsymbol{X}$ 给出, 其中 $\mathbf{B}$ 是任何 p 阶正交矩阵.

10. 若随机向量 $\boldsymbol{X} = (X_1, \cdots, X_p)^{\mathrm{T}}$ 的协方差矩阵是 $p \times p$ 非负定矩阵 $\mathbf{\Sigma}$, 随机向量 $\boldsymbol{Y} = (Y_1, \cdots, Y_p)^{\mathrm{T}}$ 的协方差矩阵为 $\mathbf{\Sigma} + \sigma^2 \mathbf{I}_p$, 则 $\mathbf{L}^{\mathrm{T}} \boldsymbol{X}$ 是 $\boldsymbol{X}$ 的主成分的充要条件是 $\mathbf{L}^{\mathrm{T}} \boldsymbol{Y}$ 是 $\boldsymbol{Y}$ 的主成分, 其中 $\mathbf{L}$ 是正交矩阵.

11. 在对高维数据进行主成分分析降维之前应该对数据进行中心化处理, 常见的是将协方差矩阵 $\mathbf{X}\mathbf{X}^{\mathrm{T}}$ 转化为 $\mathbf{X}\mathbf{H}\mathbf{H}^{\mathrm{T}}\mathbf{X}^{\mathrm{T}}$, 其中 $\mathbf{X} \in \mathbb{R}^{n \times p}$ 和 $\mathbf{H} = \mathbf{I}_p - \dfrac{1}{p} \mathbf{1}_p \mathbf{1}_p^{\mathrm{T}}$. 这里, $\mathbf{I}_p$ 表示 p 阶单位阵, $\mathbf{1}_p$ 表示所有元素为 1 的 p 维向量. 试分析其效果.

12. 对 R 语言中程序包 Applied Predictive Modeling 的 abalone 数据进行主成分分析, 试考虑如下问题:

(1) 去掉响应变量 Rings 和因子变量 Type, 对其余变量进行主成分分析;

(2) 汇报方差分解的结果, 需要多少个主成分才能解释特征变量总方差的 90%?

(3) 根据主成分载荷向量, 解释每个主成分的含义;

(4) 对主成分分析结果进行数据可视化, 并对图形的结果进行解释和说明.

13. 用主成分分析方法探讨城市工业主体结构. 表 12.4 是某市工业部门 13 个行业 8 项指标的数据, 其中 X_1 表示年末固定资产定值 (单位: 万元), X_2 表示职工人数 (单位: 人), X_3 表示工业总产值 (单位: 万元), X_4 表示全员劳动生产率 (单位: 万元), X_5 表示百元固定原资产值实现产值 (单位: 万元), X_6 表示资金利税率 (%), X_7 表示标准燃料消费量 (单位: 吨), X_8 表示能源利用效果 (单位: 万元/吨).

表 12.4　某市工业部门 13 个行业 8 项指标的数据

行业	X_1	X_2	X_3	X_4	X_5	X_6	X_7	X_8
1 (冶金)	90 342	52 455	101 091	19 272	82.000	16.100	197 435	0.172
2 (电力)	4 903	1 973	2 035	10 313	34.200	7.100	592 077	0.003
3 (煤炭)	6 735	21 139	3 767	1 780	36.100	8.200	726 396	0.003
4 (化学)	49 454	36 241	81 557	22 504	98.100	25.900	348 226	0.985
5 (机械)	139 190	203 505	215 898	10 609	93.200	12.600	139 572	0.628
6 (建材)	12 215	16 219	10 351	6 382	62.500	8.700	145 818	0.066
7 (森工)	2 372	6 572	8 103	12 329	184.400	22.200	20 921	0.152
8 (食品)	11 062	23 078	54 935	23 804	370.400	41.000	65 486	0.263
9 (纺织)	17 111	23 907	52 108	21 796	221.500	21.500	63 806	0.276
10 (缝纫)	1 206	3 930	6 126	15 586	330.400	29.500	1 840	0.437
11 (皮革)	2 150	5 704	6 200	10 870	184.200	12.000	8 913	0.274
12 (造纸)	5 251	6 155	10 383	16 875	146.400	27.500	78 796	0.151
13 (文教艺术用品)	14 341	13 203	19 396	14 691	94.600	17.800	6 354	1.574

(1) 试用主成分分析方法确定 8 项指标的样本主成分 (综合变量); 若要求损失信息不超过 15%, 应取几个主成分; 并对这几个主成分进行解释;

(2) 利用主成分得分对 13 个行业进行排序和分类.

14. 使用主成分分析, 对 R 语言中程序包 kernlab 的 spam 数据进行降维, 试考虑如下问题:

(1) 将数据框 spam 的特征变量标准化后, 进行主成分分析;

(2) 汇报方差分解的结果, 需要多少个主成分才能解释特征变量总方差的 80%?

(3) 绘制碎石图和双标图.

15. 随便取一张图片, 利用主成分分析作图片的压缩, 分别采用不同数量的主成分, 并产生压缩后的图片, 进行比较.

第 13 章　聚类分析

学习目标与要求:

1. 掌握数据的预处理方法, 距离和相似系数的定义;
2. 掌握 K 均值聚类方法的思想和算法、类个数的确定和应用;
3. 掌握类间距离的定义、系统聚类方法的思想和算法、性质、类的确定和应用.

聚类分析 (cluster analysis) 是在一个数据集中寻找子群或类的无监督统计学习方法. 所谓的 “类”, 通俗来讲就是相似元素的集合. 聚类分析是按照观测样本 (或变量) 取值的相似程度, 对观测样本 (或变量) 进行分类, 使在同一类内的观测样本 (或变量) 是相似的, 不同类间的观测样本 (或变量) 是不相似的. 聚类分析区别于判别分析, 事先不知道所研究的问题应分为几类, 更不知道观测到的样本 (或变量) 的具体分类情况, 属于一种无监督的统计学习方法. 研究的目的正是需要通过对观测数据进行分析处理, 选定一种度量样本 (或变量) 相似程度的统计量, 确定分类数目, 建立一种分类方法, 并按相似程度对观测数据给出合理的分类.

在聚类分析中, 根据分类的对象不同, 可分为两类: R-型聚类分析和 Q-型聚类分析, 其中 R-型是对变量或指标进行分类, Q-型聚类分析的目的主要是对样本进行分类, 找出每类样本的特点以指导具体的实际工作. 在进行 R-型和 Q-型聚类分析时, 常通过距离和相似系数进行聚类. 分类的结果是直观的, 且比传统分类方法更细致、全面和合理. 在实际应用中, 使用不同的聚类分析方法, 将会得到不同的聚类结果. 因此, 对任何观测数据都没有唯一正确的分类方法, 在实际应用中, 通常需要根据具体问题结合聚类分析方法所得结果决定分类结果.

本章重点介绍在实际应用中使用最广泛的两种聚类分析方法: ① K **均值聚类** (K-means clustering); ② **系统聚类** (hierarchical clustering). 本章也重点讨论针对样本分类的 Q-型聚类分析问题. 对 R-型聚类分析问题, 类似可以推导, 本书不做重点介绍.

§13.1　距离和相似系数

为了对样本进行聚类分析, 首先需要对样本之间的相似程度进行度量, 通常的度量准则是**距离**和**相似系数**. 利用距离进行聚类分析时, 可以把每一个样本看成 p 维空间的一个点, 在 p 维空间中定义距离, 把距离接近的点归为一类, 而把距离较远的点归为不同的类. 利用相似系数进行聚类分析时, 把相似系数的绝对值接近于 1 的样本, 归为一类; 而把彼此不相关的样本, 即把相似系数的绝对值接近于 0 的样本归为不同的类. 在实际问题中, 距离和相似系数的定义与变量的类型有关, 不同类型的变量, 在定义距离和相似系数时有很大的差异, 在实际应用中必须注意. 在应用中, 遇到的更多的是定量数据的聚类分析. 下面先介绍定量变量在聚类分析之前需要进行数据变换的几种方法.

13.1.1 数据预处理

设有 n 个样本, 每个样本测得 p 项指标 (或变量), 得到观测数据 $x_{ij}(i=1,\cdots,n,\ j=1,\cdots,p)$. 通常将数据列成如表 13.1 的数据结构形式.

表 13.1 数 据 结 构

变量和样本	$\mathbf{x}_1$	$\cdots$	$\mathbf{x}_j$	$\cdots$	$\mathbf{x}_p$
$\boldsymbol{x}_1$	x_{11}	$\cdots$	x_{1j}	$\cdots$	x_{1p}
$\vdots$	$\vdots$	$\vdots$	$\vdots$	$\vdots$	$\vdots$
$\boldsymbol{x}_i$	x_{i1}	$\cdots$	x_{ij}	$\cdots$	x_{ip}
$\vdots$	$\vdots$	$\vdots$	$\vdots$	$\vdots$	$\vdots$
$\boldsymbol{x}_n$	x_{n1}	$\cdots$	x_{nj}	$\cdots$	x_{np}
均值	$\overline{x}_1$	$\cdots$	$\overline{x}_j$	$\cdots$	$\overline{x}_p$
标准差	s_1	$\cdots$	s_j	$\cdots$	s_p
极差	R_1	$\cdots$	R_j	$\cdots$	R_p

在表 13.1 中, $\overline{x}_j=\dfrac{1}{n}\displaystyle\sum_{i=1}^{n}x_{ij}$, $s_j=\sqrt{\dfrac{1}{n-1}\displaystyle\sum_{i=1}^{n}(x_{ij}-\overline{x}_j)^2}$ 和 $R_j=\max\limits_{1\leqslant i\leqslant n}x_{ij}-\min\limits_{1\leqslant i\leqslant n}x_{ij}$, 其中 $j=1,\cdots,p$.

在表 13.1 中, 对于 p 个不同的变量, 当变量的测量尺度或单位不同时, 有不同的量纲或单位, 以及不同的取值范围. 为了使不同量纲, 不同取值范围的数据在一起能进行比较, 通常需要对数据进行数据变换的预处理. 常用的变换方法有: 中心化变换、标准化变换、极差标准化变换、极差正规化变化和对数变换等. 为了完成 K 均值聚类和系统聚类法, 下面介绍几种数据预处理的数据变换方法.

(1) **中心化变换**. $x_{ij}^*=x_{ij}-\overline{x}_j$, 其中 $i=1,\cdots,n,\ j=1,\cdots,p$. 中心化变换后的数据均值为 0, 而样本协方差矩阵不变, 即

$$\mathbf{S}^*=\mathbf{S}=(s_{kl})_{p\times p},$$

其中 $s_{kl}=\dfrac{1}{n-1}\displaystyle\sum_{i=1}^{n}(x_{ik}-\overline{x}_k)(x_{il}-\overline{x}_l)$.

(2) **标准化变换**. $x_{ij}^*=\dfrac{x_{ij}-\overline{x}_j}{s_j}$, 其中 $i=1,\cdots,n,\ j=1,\cdots,p$. 变换后的数据, 每个变量的样本均值为 0, 标准差为 1, 而且标准化变换后的数据 x_{ij}^* 与变量的量纲无关. R 语言中使用函数 scale() 进行中心化和标准化变换, 具体为

```
scale(x, center = TRUE, scale = TRUE)
其中 x 为样本构成的数据矩阵; center=TRUE 表示作中心化变换; scale=TRUE 表示作标准化
变换.
```

(3) **极差标准化变换**. $x_{ij}^* = \dfrac{x_{ij} - \overline{x}_j}{R_j}$, 其中 $i = 1, \cdots, n,\ j = 1, \cdots, p$. 变换后的数据满足: 每个变量的样本均值为 0, 极差为 1, 且 $|x_{ij}^*| < 1$, 成为无量纲的量. 经过极差标准化变化后的数据在后续参与的计算中可减少误差的产生. R 语言中使用函数 sweep() 进行极差标准化变换, 具体为

```
center = sweep(x, 2, apply(x, 2, mean))  ## 中心化
R = apply(x, 2, max)-apply(x, 2, min)    ## 计算极差
x_star = sweep(center, 2, R, "/")        ## 计算极差标准化数据
```

在上述命令中, 用到了函数 sweep(), 该函数可用于对数组或矩阵进行计算, 运算格式为

```
sweep(x, MARGIN, STATS, FUN = "-", ...)
其中 x 是数组或矩阵; MARGIN 是运算的区域, 对于矩阵来讲, 1 表示行, 2 表示列; STATS
是统计量, 如 apply(x,2,mean) 表示对 x 各列取均值; FUN 表示函数的运算, 默认值为减法
运算.
```

(4) **极差正规化变换**. $x_{ij}^* = \dfrac{x_{ij} - \min\limits_{1\leqslant t\leqslant n} x_{tj}}{R_j}$, 其中 $i = 1, \cdots, n,\ j = 1, \cdots, p$. 变换后的数据满足: $0 \leqslant x_{ij}^* \leqslant 1$, 极差为 1, 且 $|x_{ij}^*| < 1$, 成为无量纲的量. 利用函数 sweep() 可得到数据的极差正规化变换, 具体为

```
center = sweep(x, 2, apply(x, 2, min))
R = apply(x, 2, max)-apply(x, 2, min)
x_star = sweep(center, 2, R, "/")
```

(5) **对数变换**. $x_{ij}^* = \log(x_{ij})$, 其中 $i = 1, \cdots, n,\ j = 1, \cdots, p$. 在对数变换中, 要求 $x_{ij} > 0$. 对数变换可将具有指数特征的数据结构化为线性数据结构.

13.1.2 样本间的距离

描述样本间的亲疏程度最常用的是距离, 本节介绍几种常使用的距离. 假设将 n 个样本看成是 p 维空间中的 n 个点, 用 d_{ij} 表示样本 $\boldsymbol{x}_i$ 和 $\boldsymbol{x}_j$ 之间的距离. 对所有的 $i, j, k = 1, \cdots, n$, 距离 d_{ij} 一般要求满足:

(1) **非负性**. $d_{ij} \geqslant 0$;

(2) **对称性**. $d_{ij} = d_{ji}$;

(3) **三角不等式**. $d_{ij} \leqslant d_{ik} + d_{kj}$.

在条件 (1) 中, 当 $d_{ij} = 0$ 时, 当且仅当样本 $\boldsymbol{x}_i$ 和 $\boldsymbol{x}_j$ 的各变量取值相同.

下面介绍几个满足上面三个条件的距离, 即 Minkowski 距离、马氏 (Mahalanobis) 距离、Canberra 距离和斜交空间距离.

1. Minkowski 距离

对 $i,j = 1,\cdots,n$, 称

$$d_{ij}(q) = \left[\sum_{l=1}^{p} |x_{il} - x_{jl}|^q\right]^{1/q}$$

为 **Minkowski 距离或闵科夫斯基距离**. 当 q 取不同值时, 可得到 Minkowski 距离的几种特殊情况.

(1) **绝对值距离**. 当 $q = 1$ 时, 一阶 Minkowski 距离 $d_{ij}(1)$ 就称为**绝对值距离**, 定义为

$$d_{ij}(1) = \sum_{l=1}^{p} |x_{il} - x_{jl}|, \quad i,j = 1,\cdots,n.$$

(2) **欧氏距离**. 当 $q = 2$ 时, 二阶 Minkowski 距离 $d_{ij}(2)$ 称为**欧氏距离**, 定义为

$$d_{ij}(2) = \sqrt{\sum_{l=1}^{p} (x_{il} - x_{jl})^2}, \quad i,j = 1,\cdots,n.$$

(3) **切比雪夫距离**. 当 $q = \infty$ 时, Minkowski 距离 $d_{ij}(\infty)$ 称为**切比雪夫距离**, 定义为

$$d_{ij}(\infty) = \max_{1 \leqslant l \leqslant p} |x_{il} - x_{jl}|, \quad i,j = 1,\cdots,n.$$

当各个变量的测量值相差很大时, 采用 Minkowski 距离并不合理. 通常解决的办法是, 先对数据进行标准化, 然后再对标准化后的数据计算 Minkowski 距离.

Minkowski 距离是聚类分析中使用最广泛的距离, 特别是欧氏距离. 但是 Minkowski 距离存在三个方面的不足之处: ① Minkowski 距离与各变量的量纲有关; ② 它没有考虑指标间的相关性; ③ 没有考虑各变量方差的不同. 在实际问题中较常用的欧氏距离也不例外, 从统计的角度看, 使用欧氏距离要求一个指标的 n 个分量是不相关的, 且具有相同的方差, 或者说各指标对欧氏距离的贡献是相同的且变差大小也是相同的. 这时使用欧氏距离才合适, 才能达到较好的效果. 但从欧氏距离的定义中可见, 变差大的变量在距离中的作用或贡献会变大, 这显然是不合适的. 为了解决该问题, 可以考虑一些 “统计距离”. 例如, 加权的欧氏距离, 定义为

$$d_{ij}^* = \sqrt{\sum_{l=1}^{p} \left(\frac{x_{il} - x_{jl}}{s_l}\right)^2}, \qquad i,j = 1,\cdots,n.$$

2. 马氏 (Mahalanobis) 距离

马氏距离由印度统计学家 Mahalanobis 于 1936 年提出, 定义为

$$d_{ij}^2(M) = (\boldsymbol{x}_i - \boldsymbol{x}_j)^{\mathrm{T}} \mathbf{S}^{-1} (\boldsymbol{x}_i - \boldsymbol{x}_j), \qquad i,j = 1,\cdots,n,$$

其中 $\mathbf{S}^{-1}$ 是样本协方差矩阵的逆矩阵.

马氏距离的优点是: ① 排除了各指标之间相关性的干扰; ② 不受各个指标量纲的影响; ③ 可以证明, 将原始数据作一线性变换后, 马氏距离仍保持不变. 但是在聚类分析之前, 如果用全部的数据计算均值和样本协方差矩阵来求马氏距离, 效果不是很好. 合理的解决方法是用各个类的样本计算各类的样本均值和样本协方差矩阵, 故同一类样本间的马氏距离应当用这一类的样本协方差矩阵来计算. 在实际应用中, 类的形成依赖于样本间的距离, 而样本间的马氏距离又依赖于类, 故在实际应用中, 如果事先不知道类的大小, 则形成了一个恶性循环.

3. Canberra 距离

又称为**兰氏距离**, 是由 Lance 和 Williams (1967) 最早提出, 定义为

$$d_{ij}(L) = \frac{1}{p}\sum_{l=1}^{p}\frac{|x_{il}-x_{jl}|}{x_{il}+x_{jl}}, \qquad i,j=1,\cdots,n.$$

Canberra 距离仅适用于一切 $x_{ij}>0$ 的情况, 且是一个无量纲的量, 即克服了各指标之间量纲的影响, 但是没有考虑指标之间的相关性. 兰氏距离对大的奇异值不敏感, 使得它适合高度偏倚的数据.

R 语言中使用函数 dist() 计算 Minkowski 距离、马氏距离和 Canberra 距离.

```
dist(x, method="euclidean", diag=FALSE, upper=FALSE, p=2)
其中 method 的参数"euclidean" 表示欧氏距离, "maximum" 表示切比雪夫距离,"manhattan" 表示绝对距离, "canberra" 表示 Canberra 距离,"minkowski" 表示 Minkowski 距离, "binary" 表示定性变量的距离, 参数 method 缺省时默认为欧氏距离; diag=TRUE 表示对角线上的距离;upper=TRUE 表示输出上三角矩阵的值; 默认为 p=2(欧氏距离).
```

4. 斜交空间距离

由于变量之间存在不同程度的相关关系, 在这种情况下, 用正交空间距离来计算样本间的距离, 容易产生形变, 用在聚类分析的谱系结构中也会发生形变. 在 p 维空间中, 为使具有相关性变量的谱系结构不发生形变, 采用下面定义的斜交空间距离

$$d_{ij} = \left[\frac{1}{p^2}\sum_{k=1}^{p}\sum_{l=1}^{p}(x_{ik}-x_{jk})(x_{il}-x_{jl})r_{kl}\right]^{1/2}, \qquad i,j=1,\cdots,n,$$

其中 r_{kl} 表示变量 X_k 和 X_l 之间的相关系数.

计算任何两个样本 $\boldsymbol{x}_i$ 与 $\boldsymbol{x}_j$ 之间的距离 d_{ij}, 其值越小表示两个样本接近程度越大, 距离 d_{ij} 值越大表示两个样本接近程度越小. 如果把任何两个样本的距离都计算出来, 并用距离矩阵 $\mathbf{D}$ 表示, 即

$$\mathbf{D} = \begin{pmatrix} d_{11} & d_{12} & \cdots & d_{1n} \\ d_{21} & d_{22} & \cdots & d_{2n} \\ \vdots & \vdots & & \vdots \\ d_{n1} & d_{n2} & \cdots & d_{nn} \end{pmatrix},$$

其中 $d_{11}=d_{22}=\cdots=d_{nn}=0$. 可见, $\mathbf{D}$ 是一个 $n\times n$ 的实对称矩阵, 所以只需计算上三角形部分

或下三角形部分即可. 在聚类分析中, 根据距离矩阵 $\mathbf{D}$ 可对 n 个样本进行分类, 距离近的样本归为一类, 距离远的样本归为不同的类.

13.1.3 相似系数

聚类分析方法不仅可以对样本进行分类, 还可以对变量或指标进行分类, 在对变量或指标进行分类时, 常用相似系数来度量变量之间的相似程度.

设 c_{ij} 表示变量 X_i 和 X_j 之间的相似系数, 一般要求相似系数 c_{ij} 满足:

(1) $c_{ij}=\pm 1$ 当且仅当 $X_i=aX_j$, 其中 $a\neq 0$;

(2) $|c_{ij}|\leqslant 1$, 对一切的 i,j 成立;

(3) $c_{ij}=c_{ji}$, 对一切的 i,j 成立.

如果 $|c_{ij}|$ 越接近于 1, 则表示变量 X_i 和 X_j 之间的关系越密切, c_{ij} 越接近于 0, 则表示变量 X_i 和 X_j 之间的关系越疏远.

1. 夹角余弦

变量 X_i 的 n 次观测值为 $\boldsymbol{x}_i=(x_{1i},x_{2i},\cdots,x_{ni})^{\mathrm{T}}$, 可以看成是 n 维空间中的向量, 向量 $\boldsymbol{x}_i$ 和 $\boldsymbol{x}_j$ 夹角 θ_{ij} 的余弦用 $\cos\theta_{ij}$ 表示, 并称为两向量的相似系数, 记为 $c_{ij}(1)=\cos\theta_{ij}$, 即

$$c_{ij}(1)=\frac{\sum\limits_{k=1}^{n}x_{ki}x_{kj}}{\sqrt{\sum\limits_{k=1}^{n}x_{ki}^2}\sqrt{\sum\limits_{k=1}^{n}x_{kj}^2}},\qquad i,j=1,\cdots,p. \tag{13.1}$$

当变量 X_i 和 X_j 的两个观测向量 $\boldsymbol{x}_i$ 和 $\boldsymbol{x}_j$ 平行时, 则 $c_{ij}(1)=\pm 1$, 说明两观测向量完全相似; 当变量 X_i 和 X_j 的两个观测向量 $\boldsymbol{x}_i$ 和 $\boldsymbol{x}_j$ 正交时, 则 $c_{ij}(1)=0$, 说明两个观测向量不相关; 当 $|c_{ij}(1)|$ 接近于 1 时, 说明两个观测向量相似密切; 当 $|c_{ij}(1)|$ 接近于 0 时, 说明两个观测向量差别较大. 把所有两两变量的相似系数都算出, 可排成一个 $p\times p$ 的相似系数矩阵

$$\mathbf{C}=\begin{pmatrix}c_{11}(1) & c_{12}(1) & \cdots & c_{1p}(1)\\ c_{21}(1) & c_{22}(1) & \cdots & c_{2p}(1)\\ \vdots & \vdots & & \vdots\\ c_{p1}(1) & c_{p2}(1) & \cdots & c_{pp}(1)\end{pmatrix},$$

其中 $c_{11}(1)=c_{22}(1)=\cdots=c_{pp}(1)=1$. 相似系数矩阵 $\mathbf{C}$ 是一个实对称矩阵, 所以只需计算上三角形部分或下三角形部分. 根据 $\mathbf{C}$ 可对 p 个变量进行分类, 把比较相似的变量归为一类, 不怎么相似的变量归为不同的类.

R 语言中使用函数 scale() 计算两向量夹角余弦的计算, 具体如下

```
y = scale(x, center = F, scale = T)/sqrt(nrow(x)-1)
C = t(y) %*% y
其中 x 是样本构成的数据矩阵, C 是相似系数矩阵.
```

注 13.1.1 由于标准化变换除的是 s_i, 而式 (13.1) 需要除以 $\sqrt{\sum_{k=1}^{n} x_{ki}^2}$, 相差 $\sqrt{n-1}$ 倍, 故计算公式中还需要除以 $\sqrt{n-1}$.

2. Pearson 相关系数

相关系数就是对数据作标准化变换后的夹角余弦, 也就是变量 X_i 和变量 X_j 的样本相关系数 r_{ij}, 记为 $c_{ij}(2)$, 即

$$c_{ij}(2) = \frac{\sum_{k=1}^{n}(x_{ki}-\overline{x}_i)(x_{kj}-\overline{x}_j)}{\sqrt{\sum_{k=1}^{n}(x_{ki}-\overline{x}_i)^2}\sqrt{\sum_{k=1}^{n}(x_{kj}-\overline{x}_j)^2}}, \qquad i,j=1,\cdots,p. \tag{13.2}$$

当 $c_{ij}(2)=\pm 1$ 时, 表示两个变量是线性相关的, 一般情况下, $|c_{ij}(2)| \leqslant 1$. 同样, 把所有的样本相关系数全部算出来, 可得到样本相关系数矩阵 $\mathbf{C}=\mathbf{R}$, 可根据 $\mathbf{R}$ 对 p 个变量进行分类.

在 R 语言中, $c_{ij}(2)$ 的计算非常方便, 直接用函数 cor() 计算样本相关系数矩阵即可.

值得注意的是: 如果根据相似系数对样本进行 Q-型聚类分析时, 上面介绍的相似系数和相关系数同样可以针对样本进行定义, 只要对样本的 p 个观测向量计算夹角余弦和相关系数即可.

3. Kendall τ 相关系数

令 $\{x_{ki}, k=1,\cdots,n\}$ 和 $\{x_{kj}, k=1,\cdots,n\}$ 分别表示第 i 个变量 X_i 和第 j 个变量 X_j 的 n 个观测样本. 当 $(x_{ki}-x_{li})(x_{kj}-x_{lj})>0$ 时, 称 (x_{ki},x_{kj}) 与 (x_{li},x_{lj}) **是协同的 (concordant)**; 当 $(x_{ki}-x_{li})(x_{kj}-x_{lj})<0$ 时, 称 (x_{ki},x_{kj}) 与 (x_{li},x_{lj}) 是**非协同的 (discordant)**. 由此, 可以定义第 i 个变量 X_i 和第 j 个变量 X_j 的 Kendall τ 相关系数为

$$c_{ij}(3) = \frac{N_{c,ij}-N_{d,ij}}{n(n-1)/2}, \qquad i,j=1,\cdots,p, \tag{13.3}$$

其中 $N_{c,ij}$ 表示变量 X_i 和 X_j 的 n 个观测样本中协同对的个数, $N_{d,ij}$ 表示变量 X_i 和 X_j 的 n 个观测样本中非协同对的个数. Kendall τ 相关系数也可以表示成下面一种更常用的形式

$$c'_{ij}(3) = \frac{1}{n(n-1)}\sum_{k\neq l}\operatorname{sgn}(x_{ki}-x_{li})\operatorname{sgn}(x_{kj}-x_{lj}), \qquad i,j=1,\cdots,p, \tag{13.4}$$

其中 $\operatorname{sgn}(\cdot)$ 表示符号函数. Kendall τ 相关系数对重尾分布、异常点和强影响点数据具有稳健性等优点. 在 R 语言中可以使用程序包 Kendall 中的函数 Kendall() 计算 Kendall τ 相关系数.

4. Spearman 相关系数

令 $\{x_{ki}, k=1,\cdots,n\}$ 和 $\{x_{kj}, k=1,\cdots,n\}$ 分别表示第 i 个变量 X_i 和第 j 个变量 X_j 的 n 个观测样本, 则变量 X_i 和 X_j 的 Spearman 相关系数定义为

$$c_{ij}(4) = \frac{\frac{1}{n}\sum_{k=1}^{n}\left(R_{x_{ki}}-\frac{n+1}{2}\right)\left(R_{x_{kj}}-\frac{n+1}{2}\right)}{(n^2-1)/12}, \qquad i,j=1,\cdots,p, \tag{13.5}$$

其中 $R_{x_{ki}}$ 表示观测值 x_{ki} 在变量 X_i 的 n 个观测值 $\{x_{ki}, i=1,\cdots,n\}$ 中的秩, $R_{x_{kj}}$ 表示观测值 x_{kj} 在变量 X_j 的 n 个观测值 $\{x_{kj}, i=1,\cdots,n\}$ 中的秩. 此外, 还可以给出下面一种便于计算的

Spearman 相关系数

$$c'_{ij}(4) = 1 - \frac{6}{n(n^2-1)}\sum_{k=1}^{n}(R_{x_{ki}} - R_{x_{kj}})^2, \qquad i,j = 1,\cdots,p. \tag{13.6}$$

由式 (13.6) 定义的 Spearman 相关系数是通过 $R_{x_{ki}}$ 与 $R_{x_{kj}}$ 的欧氏距离度量的. 从非参数的角度解释: 当 $R_{x_{ki}}$ 与 $R_{x_{kj}}$ 的距离越小, 表明变量 X_i 与 X_j 越可能正相关; 当 $R_{x_{ki}}$ 与 $R_{x_{kj}}$ 的距离越大, 表明变量 X_i 与 X_j 越可能负相关.

5. 变量间的距离

在实际应用中, 也可以通过相似系数和样本协方差矩阵定义变量间的距离, 具体为:

(1) 可利用相似系数 c_{ij} 来定义变量间的距离, 即

$$d_{ij} = 1 - |c_{ij}| \qquad \text{或} \qquad d_{ij}^2 = 1 - c_{ij}^2, \qquad i,j = 1,\cdots,p, \tag{13.7}$$

其中 c_{ij} 可以是前面定义的 Pearson 相关系数、Kendall τ 相关系数和 Spearman 相关系数;

(2) 利用样本协方差矩阵 $\mathbf{S} = (s_{ij})_{p\times p}$ 来定义距离, 变量 X_i 和 X_j 之间的距离可定义为

$$d_{ij} = s_{ii} + s_{jj} - 2s_{ij}, \qquad i,j = 1,\cdots,p;$$

(3) 变量 X_i 的 n 次观测值为 $\boldsymbol{x}_i = (x_{1i}, x_{2i}, \cdots, x_{ni})^{\mathrm{T}}$, 可以看成是 n 维空间中的向量, 则在 n 维空间中, 可按照 13.1.2 节讨论样本间距离的定义, 类似地定义变量间的 Minkowski 距离、马氏距离、Canberra 距离和斜交空间距离等, 写成一个 $p \times p$ 的距离矩阵 $\mathbf{D}$, 进而对变量进行聚类.

在 13.1.2 节介绍的 R 语言自带的距离函数 dist() 中没有 Pearson、Spearman 和 Kendall τ 相关系数的选项. 可以在 R 语言中安装程序包 factoextra, 使用程序包 factoextra 中的函数 get_dist() 计算距离, 该函数中选项 method 中有: euclidean (默认)、maximum、manhattan、canberra、minkowski、binary、pearson、spearman 和 kendall. 如果选项 method 取 pearson、spearman 和 kendall, 则 get_dist() 输出的距离是由式 (13.7) 的第 1 式定义的, 即把相关系数转化为距离.

例 13.1 USArrests 数据集是 R 语言自带的数据, 该数据集是 1973 年美国 50 个州的犯罪率指标, 它包含 50 个观测值和 4 个变量, 其中 Murder、Assault、Rape 三个变量分别为每 10 万居民中被逮捕的谋杀、暴力和强奸犯罪人数, UrbanPop 表示各州城市人口比例. 试用 USArrests 数据集来看美国 50 个州的集群现象.

为了直观展示美国 50 个州的集群现象, 可以使用程序包 factoextra 中的函数 get_dist() 计算距离, 并用函数 fviz_dist() 对距离矩阵进行直观展示. 图 13.1 以 Pearson 相关系数和 Kendall τ 相关系数为例进行介绍, 其他距离和相关系数同样可得. 尽管上面仅给出了变量之间的相关系数, 类似的也可以定义样本之间的相关系数.

```
library(factoextra)
data(USArrests)
d1 = get_dist(USArrests, stand = TRUE, method = "pearson")
fviz_dist(d1, gradient=list(low="red", mid="white", high="blue"))
d2 = get_dist(USArrests, stand = TRUE, method = "kendall")
```

```
fviz_dist(d2, gradient=list(low="red", mid="white", high="blue"))
```

需要注意的是: 函数 get_dist() 和 R 语言自带的距离函数 dist() 不同的地方是, 函数 get_dist() 输出的结果 d 不是 R 语言中的矩阵 (matrix 类), 而是属于 dist 类, 需要使用 as.matrix(d) 转换成矩阵查看或输出具体的数值.

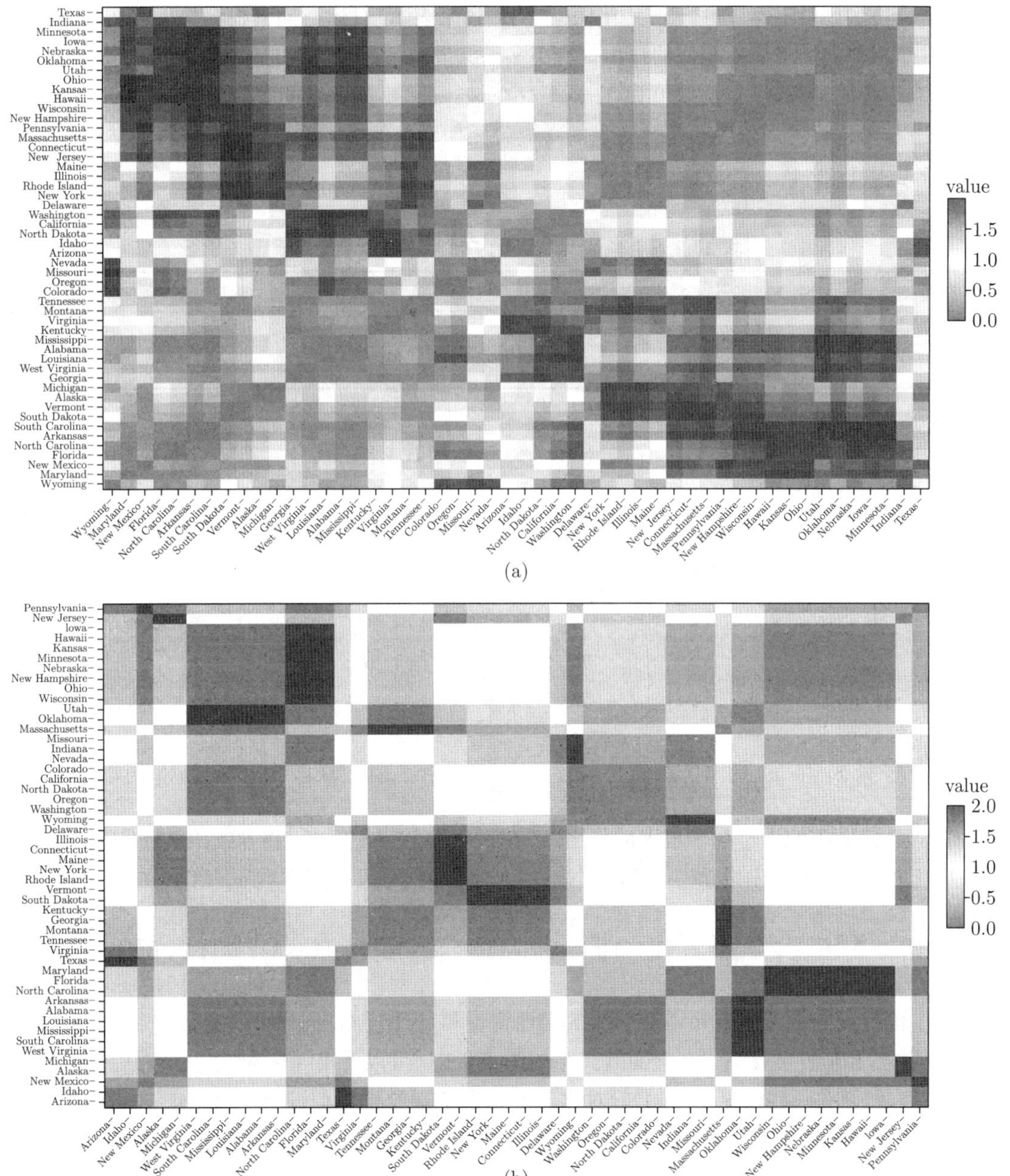

(a)

(b)

图 13.1 USArrests 数据集美国 50 个州在变量标准化后的距离图: (a) Pearson 相关系数距离图; (b) Kendall τ 相关系数距离图

13.1.4 定性变量样本的距离和相似系数

以上定义的几种距离适用于定量变量, 下面给出定性变量的距离或相似系数的定义.

在对定性变量进行量化分析时, 通常把定性变量叫作**项目**, 而把定性变量的各种不同取"值"叫作**类目**. 例如, 性别是项目, 而男或女是这个项目的类目; 职业是项目, 而工人、农民、教师、干部、医生等是这个项目的类目. 在实际问题中, 一个个体的性别只能是男或女中的一个类目, 不能兼取; 而职业可以是医生兼教师, 即可兼取多个类目.

在实际问题中, 对定性变量, 当无法用 p 维测量值来表示项目时, 通常根据是否存在某些特征来表示项目, 而相似的样本比不相似的样本具有更多的共同特征. 可以引进一个二元变量进行运算, 如项目存在某一特征时, 该项目的取值为 1, 当不存在该特征时, 该项目的取值为 0. 例如, 下面考虑一个具有 $p=5$ 个项目的例子说明定性变量的距离或相似系数的计算问题, 对任意两个样本 $\boldsymbol{x}_i$ 和 $\boldsymbol{x}_j$ 的"得分"见表 13.2.

表 13.2 样本 x_i 和 x_j 的 5 个项目的"得分"表

项目	1	2	3	4	5
$\boldsymbol{x}_i$	1	0	0	1	1
$\boldsymbol{x}_j$	1	1	0	1	0

从表 13.2 中可以看出, 两个样本 $\boldsymbol{x}_i$ 和 $\boldsymbol{x}_j$ 在 5 个项目上的"得分", 有 1–1 配对, 0–0 配对, 以及 0–1 或 1–0 不配对情况.

令 x_{ik} 表示第 i 个样本在第 k 个项目上的二元变量的"得分", 其中 x_{ik} 的取值是 1 或 0. 同样 x_{jk} 表示第 j 个样本在第 k 个项目上的二元变量的"得分", 取值同样为 1 或 0, 其中 $k=1,\cdots,p$. 由该定义, 则有

$$(x_{ik}-x_{jk})^2=\begin{cases}0, & \text{如果 } x_{ik}=x_{jk}=1 \text{ 或 } x_{ik}=x_{jk}=0,\\ 1, & \text{如果 } x_{ik}\neq x_{jk}.\end{cases} \tag{13.8}$$

则可得两个样本 $\boldsymbol{x}_i$ 和 $\boldsymbol{x}_j$ 的欧氏距离为: $d_{ij}^2=\sum\limits_{k=1}^{p}(x_{ik}-x_{jk})^2$. 从该欧氏距离 d_{ij} 可以看出, 不配对的个数对欧氏距离的大小起了很大的作用, 当出现太多的不配对时, 将导致该欧氏距离 d_{ij} 变大, 即欧氏距离越大表示两个样本越不相似. 对表 13.2 中的例子, 可得到样本 $\boldsymbol{x}_i$ 和 $\boldsymbol{x}_j$ 的欧氏距离为

$$d_{ij}^2=\sum_{k=1}^{5}(x_{ik}-x_{jk})^2=(1-1)^2+(0-1)^2+(0-0)^2+(1-1)^2+(1-0)^2=2.$$

利用上面定义的欧氏距离 d_{ij}, 对 p 维的定性变量和 n 个样本, 同样可以定义一个 $n\times n$ 欧氏距离矩阵 $\mathbf{D}$ 进行相似性的度量. 在上面欧氏距离的定义中, 可以看出 1–1 配对和 0–0 配对有相同的权重或贡献. 然而在一些情况下, 1–1 配对比 0–0 配对有更强的相似性指示. 例如, 在对患者进行分类时, 两个患者具有遗传因素影响比没有遗传因素对相似性有更强的依据. 这时, 把 0–0 配对的权重变小, 甚至忽略 0–0 配对的权重是合理的. 为了合理地处理 1–1 配对和 0–0 配对, 可以考虑下面的相似系数.

为了介绍相似系数, 首先用下面的列联表 13.3 列出样本 $\boldsymbol{x}_i$ 和 $\boldsymbol{x}_j$ 中 “得分” 的配对和不配对的频数.

表 13.3 样本 $\boldsymbol{x}_i$ 和 $\boldsymbol{x}_j$ 中 “得分” 的配对和不配对频数的列联表

		样本 $\boldsymbol{x}_j$		总和
		1	0	
样本 $\boldsymbol{x}_i$	1	a	b	$a+b$
	0	c	d	$c+d$
总和		$a+c$	$b+d$	$p=a+b+c+d$

在列联表 13.3 中, a 表示 1–1 配对的频数, b 表示 1–0 配对的频数, c 表示 0–1 配对的频数, d 表示 0–0 配对的频数. 在上例中, 可见 $a=2$ 和 $b=c=d=1$. 根据列联表 13.3 的频数, 样本 $\boldsymbol{x}_i$ 和 $\boldsymbol{x}_j$ 之间的相似性度量由表 13.4 给出几种定义方法, 把这种相似性度量称为**匹配系数**.

表 13.4 两样本之间相似性的几种度量

	匹配系数	说明
1	$\dfrac{a+d}{p}$	1–1 配对和 0–0 配对的总数在总数中之比
2	$\dfrac{2(a+d)}{2(a+d)+b+c}$	对 1–1 配对和 0–0 配对数双倍加权
3	$\dfrac{a+d}{a+d+2(b+c)}$	对不配对数双倍加权
4	$\dfrac{a}{p}$	1–1 配对在总数中之比
5	$\dfrac{a}{a+b+c}$	不考虑 0–0 配对的情况
6	$\dfrac{2a}{2a+b+c}$	不考虑 0–0 配对, 并对 1–1 配对数双倍加权
7	$\dfrac{a}{a+2(b+c)}$	不考虑 0–0 配对, 并对不配对数双倍加权
8	$\dfrac{a}{b+c}$	不考虑 0–0 配对, 1–1 配对数与不配对数之比

在表 13.4 中, 匹配系数 1、2 和 3 具有单调性. 例如, 假设在表 I 和表 II 中, 分别计算匹配系数 1 为: $(a_{\mathrm{I}}+d_{\mathrm{I}})/p$ 和 $(a_{\mathrm{II}}+d_{\mathrm{II}})/p$. 如果 $(a_{\mathrm{I}}+d_{\mathrm{I}})/p \geqslant (a_{\mathrm{II}}+d_{\mathrm{II}})/p$, 对匹配系数 2, 则有 $2(a_{\mathrm{I}}+d_{\mathrm{I}})/[2(a_{\mathrm{I}}+d_{\mathrm{I}})+b_{\mathrm{I}}+c_{\mathrm{I}}] \geqslant 2(a_{\mathrm{II}}+d_{\mathrm{II}})/[2(a_{\mathrm{II}}+d_{\mathrm{II}})+b_{\mathrm{II}}+c_{\mathrm{II}}]$. 对匹配系数 3, 同样成立. 对匹配系数 5、6 和 7 也有相应的单调性. 这种单调性是非常重要的, 当相似度量改变时, 如果单调性成立, 将不会影响聚类分析结果.

例 13.2 (匹配系数的计算) 考虑 5 个个体的 6 个项目或特征, 具体描述见表 13.5, 其中身高的单位是米, 体重的单位是公斤.

表 13.5 5 个个体的 6 个项目或特征

个体	身高/m	体重/kg	眼睛颜色	头发颜色	手的习惯	性别
个体 1	1.68	70	绿色	金色	右	女
个体 2	1.75	85	棕色	黑色	右	男
个体 3	1.67	76	蓝色	金色	右	男
个体 4	1.60	60	棕色	黑色	右	女
个体 5	1.80	90	棕色	黑色	左	男

首先定义 6 个二元变量 X_k, $k=1,\cdots,6$, 且

$$X_1=\begin{cases}1, & \text{身高} \geqslant 1.70,\\ 0, & \text{身高} < 1.70,\end{cases} \qquad X_4=\begin{cases}1, & \text{金色头发},\\ 0, & \text{非金色头发},\end{cases}$$

$$X_2=\begin{cases}1, & \text{体重} \geqslant 75,\\ 0, & \text{体重} < 75,\end{cases} \qquad X_5=\begin{cases}1, & \text{右手},\\ 0, & \text{左手},\end{cases}$$

$$X_3=\begin{cases}1, & \text{棕色眼睛},\\ 0, & \text{非棕色眼睛},\end{cases} \qquad X_6=\begin{cases}1, & \text{女性},\\ 0, & \text{男性}.\end{cases}$$

由上面的定义, 可得 5 个个体的 6 个项目的 “得分” 见表 13.6.

表 13.6 5 个个体的 6 个项目或特征的 “得分”

个体	X_1	X_2	X_3	X_4	X_5	X_6
个体 1	0	0	0	1	1	1
个体 2	1	1	1	0	1	0
个体 3	0	1	0	1	1	0
个体 4	0	0	1	0	1	1
个体 5	1	1	1	0	0	0

首先计算个体 1 和个体 2 之间的匹配系数, 可计算 1–1 匹配的个数为 $a=1$, 1–0 匹配的个数为 $b=2$, 0–1 匹配的个数为 $c=3$, 0–0 匹配的个数为 $d=0$. 考虑表 13.4 中的匹配系数 1, 可得个体 1 和个体 2 的匹配系数为

$$\frac{a+d}{p}=\frac{1+0}{6}=\frac{1}{6}.$$

用类似的方法, 计算个体 1 到个体 6 两两之间的匹配系数 1, 则可得到下面 5×5 匹配系数矩阵

$$\begin{array}{c} \\ 1 \\ 2 \\ 3 \\ 4 \\ 5 \end{array}\begin{array}{c} \begin{array}{ccccc} 1 & 2 & 3 & 4 & 5 \end{array} \\ \begin{pmatrix} 1 & & & & \\ \frac{1}{6} & 1 & & & \\ \frac{4}{6} & \frac{3}{6} & 1 & & \\ \frac{4}{6} & \frac{3}{6} & \frac{2}{6} & 1 & \\ 0 & \frac{5}{6} & \frac{2}{6} & \frac{2}{6} & 1 \end{pmatrix} \end{array}.$$

从上面的匹配系数矩阵可见: 个体 2 和个体 5 之间的匹配系数最大, 为 5/6, 说明这两个个体是最相似的; 而个体 1 和个体 5 之间的匹配系数为 0, 说明这两个个体之间是最不相似的. 根据匹配系数矩阵中元素的大小, 或许可以把 5 个个体分成两个子群: $\{1,3,4\}$ 和 $\{2,5\}$.

需要注意的一个问题是: 当 $X_3=0$ 时, 对于具有绿色眼睛的个体和蓝色眼睛的个体, 他们组成了 0–0 配对, 这时再计算匹配系数 1、2 和 3 是不恰当的, 因为这些匹配系数对 1–1 匹配和 0–0 匹配有相同的权重. 为了解决该问题, 需要对项目的类目进行考虑, 然后再利用本节提到的方法计算匹配系数矩阵, 详细的讨论见高惠璇 (2005) 的 6.2 节.

前面已经给出了距离和相似性的构造定义, 可以通过距离来定义相似性, 即令

$$\widetilde{s}_{ij}=\frac{1}{1+d_{ij}}, \tag{13.9}$$

其中 d_{ij} 表示样本 $\boldsymbol{x}_i$ 和 $\boldsymbol{x}_j$ 之间的距离, 且 $\widetilde{s}_{ij}(0<\widetilde{s}_{ij}\leqslant 1)$ 表示样本 $\boldsymbol{x}_i$ 和 $\boldsymbol{x}_j$ 之间的相似性度量. 然而, 由相似性构造出的距离, 有时不能满足距离的三个条件, 即非负性, 对称性和三角不等式. Gower (1967) 与 Gower 和 Hand (1996) 证明, 当相似矩阵是非负定矩阵时, 并且正则化可使得相似矩阵对角线元素 $\widetilde{s}_{ii}=1$, 则可构造满足三个条件的距离如下

$$d_{ij}=\sqrt{2(1-\widetilde{s}_{ij})}. \tag{13.10}$$

13.1.5 定性变量间的相似系数

对于变量间相似系数的度量, 通常是考虑样本的相关系数矩阵. 在应用中, 通常把负相关系数用它们的绝对值代替. 下面简单介绍对定性变量情形下, 如何定义变量间的相似系数?

当变量 X_i 是定性 (或属性) 变量时, 并假设变量 X_i 的 m 种取值记为 $r_1,r_2,\cdots,r_m$, 或称项目 X_i 有 m 个类目; 变量 X_j 的 q 种取值记为 $t_1,t_2,\cdots,t_q$, 称项目 X_j 有 q 个类目. 对 n 个样本中两个定性变量的实际观测结果可见列联表 13.7, 其中 n_{kl} 表示在 n 个样本中 X_i 取第 k 个值 r_k, 且 X_j 取第 l 个值 t_l 的频数, $n_{+l}=\sum\limits_{k=1}^{m}n_{kl}$.

在利用列联表对两个定性变量 X_i 和 X_j 进行独立性检验时, 通常采用如下的 χ^2 统计量

$$\chi_{ij}^2=N\left(\sum_{k=1}^{m}\sum_{l=1}^{q}\frac{n_{kl}^2}{n_{k+}n_{+l}}-1\right).$$

表 13.7 列 联 表

	变量 X_j	t_1	t_2	$\cdots$	t_q	求行和
变量 X_i	r_1	n_{11}	n_{12}	$\cdots$	n_{1q}	$n_{1+}=\sum_{l=1}^{q} n_{1l}$
	r_2	n_{21}	n_{22}	$\cdots$	n_{2q}	$n_{2+}=\sum_{l=1}^{q} n_{2l}$
	$\vdots$	$\vdots$	$\vdots$	$\vdots$	$\vdots$	$\vdots$
	r_m	n_{m1}	n_{m2}	$\cdots$	n_{mq}	$n_{m+}=\sum_{l=1}^{q} n_{ml}$
	求列和	n_{+1}	n_{+2}	$\cdots$	n_{+q}	总和 $N=\sum_{k=1}^{m}\sum_{l=1}^{q} n_{kl}$

针对定性变量, 建立在 χ^2 统计量基础上的相似系数有联列系数和连关系数. 进一步, 也可以定义积矩相关系数、四分相关系数和夹角余弦.

(1) **联列系数**. 定义为

$$c_{ij}(1)=\sqrt{\chi_{ij}^2/(\chi_{ij}^2+n)}, \qquad i,j=1,\cdots,p.$$

(2) **连关系数**. 连关系数有三种, 对 $i,j=1,\cdots,p$, 分别定义为

$$c_{ij}(2)=\sqrt{\frac{\chi_{ij}^2}{n\times\max(m-1,q-1)}},$$

$$c_{ij}(3)=\sqrt{\frac{\chi_{ij}^2}{n\times\min(m-1,q-1)}},$$

$$c_{ij}(4)=\sqrt{\frac{\chi_{ij}^2}{n\times\sqrt{(m-1)(q-1)}}}.$$

(3) **积矩相关系数**. 当定性变量 X_i 和 X_j 是二元变量时 (即 $m=q=2$), 不妨假设取值为 0 和 1, 则列联表 13.7 可退化为表 13.8.

表 13.8 二元变量的列联表

		变量 X_j		总和
		1	0	
变量 X_i	1	a	b	$a+b$
	0	c	d	$c+d$
总和		$a+c$	$b+d$	$n=a+b+c+d$

在列联表 13.8 中, a 表示变量 X_i 和变量 X_j 的 1–1 配对频数, b 表示 1–0 配对的频数, c 表示 0–1 配对的频数, d 表示 0–0 配对的频数. 基于列联表 13.8, 可定义如下的**积矩相关系数**

$$c_{ij}(5)=\frac{ad-bc}{[(a+b)(c+d)(a+c)(b+d)]^{1/2}},\qquad i,j=1,\cdots,p. \tag{13.11}$$

由式 (13.11) 定义的积矩相关系数可以度量两个变量之间的相似性. 此外, 该积矩相关系数 $c_{ij}(5)$ 也可用于构造 χ^2 检验统计量对两个分类变量之间的独立性进行检验. 考虑检验统计量 $c_{ij}^2(5)=\chi_{ij}^2/n$, 对固定的样本量 n, 当检验统计量较大时, 则拒绝两个二元变量 X_i 和 X_j 之间具有独立性, 即它们之间存在相关性.

(4) **四分相关系数**. 定义为

$$c_{ij}(6)=\sin\left(90^\circ\frac{(a+d)-(b+c)}{a+b+c+d}\right).$$

(5) **夹角余弦**. 定义为

$$c_{ij}(7)=\left(\frac{a}{a+b}\frac{a}{a+c}\right)^{1/2}=\frac{a}{\sqrt{(a+b)(a+c)}}.$$

考虑到对称性 $c_{ij}=c_{ji}$, 则进一步可以改进为

$$c_{ij}(8)=\left(\frac{a}{a+b}\frac{a}{a+c}\frac{d}{d+b}\frac{d}{d+c}\right)^{1/2}=\frac{ad}{\sqrt{(a+b)(a+c)(d+b)(d+c)}}.$$

例 13.3 花卉数据是由 Struyf 等 (1997) 提供的, 数据集在 R 语言程序包 cluster 中. 花卉数据集包含有定量变量和定性变量, 已知有 18 种花卉, 并测得这些花卉的 8 个不同指标, 其中 V1 表示花卉冬天是否可以留在花园中 (定性变量, 取 0 和 1); V2 表示花卉是否生长在阴暗的地方 (定性变量, 取 0 和 1); V3 表示花卉是否有块茎 (定性变量, 取 0 和 1); V4 表示花卉颜色 (定性变量, 1= 白色, 2= 黄色, 3= 粉红色, 4= 红色, 5= 蓝色); V5 表示花卉生长泥土情况 (有序变量, $1<2<3$, 代表干旱 < 正常 < 潮湿); V6 表示人们对这 18 种花卉的偏好选择 (有序变量, $1<2<\cdots<18$); V7 表示花卉高度 (定量变量, 单位为厘米); V8 表示花卉之间所需的间隔距离 (定量变量, 单位为厘米). 试分别考察花卉数据样本和变量的集群现象.

针对花卉数据, 可以分别画出样本观测和变量的距离图. 此外, 也可以在距离图上增加分层聚类的树状图. 为了展示花卉数据样本和变量的集群现象, 可使用程序包 CluMix 中的函数 distmap(), 代码如下, 结果见图 13.2.

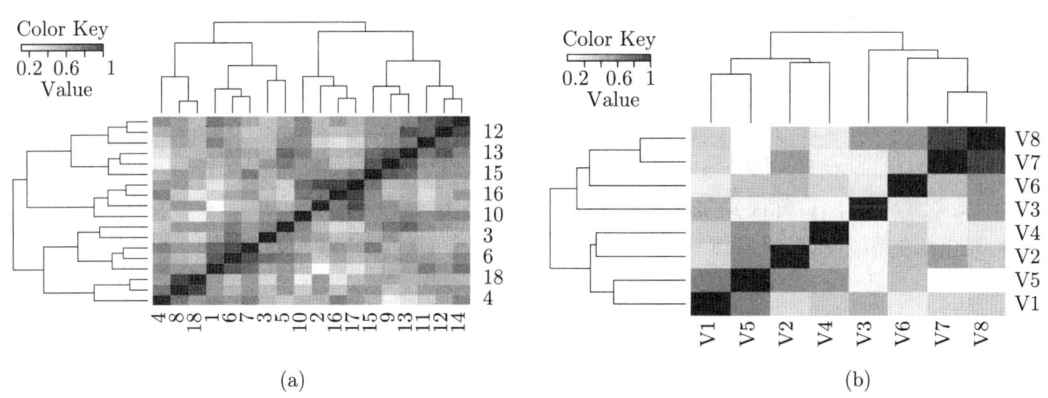

图 13.2 (a) 花卉数据的样本距离图; (b) 花卉数据的变量距离图

```
library(CluMix); library(cluster)
data(flower)
distmap(flower, what = "subjects")
distmap(flower, what = "variables")
```

§13.2 K 均值聚类

13.2.1 K 均值聚类算法

K **均值聚类** (K-means clustering) 算法是由 MacQueen (1967) 提出的一种经典聚类分析算法, 是一种自上而下 (top-down) 简单快捷的聚类分析方法. 假设 $\{\boldsymbol{x}_i = (x_{i1}, \cdots, x_{ip})^{\mathrm{T}}, i = 1, \cdots, n\}$ 是 n 个观测样本, K 均值聚类的目的是将样本集合划分为 K 个子集, 构成 K 个类, 将 n 个观测样本分到 K 个类中, 要求每个观测样本只能属于一个类, 且每个观测样本到其所属类中心的距离最小. 在进行 K 均值聚类分析时, 首先要确定聚类个数 K 的大小, 然后 K 均值聚类算法将会把每个观测样本准确地分配到 K 个类中.

K 均值聚类方法来源于一个简单直观的数学问题. 为了描述 K 均值聚类方法, 首先介绍一些概念和符号. 令 $G_1, G_2, \cdots, G_K$ 分别表示在每个类中包含观测样本的集合, 并要求它们满足下面两个性质:

(1) $G_1 \bigcup G_2 \bigcup \cdots \bigcup G_K = \{1, \cdots, n\}$, 即每个观测样本属于 K 个类中至少一个类;

(2) 对每个 $k \neq l$, 都有 $G_k \bigcap G_l = \emptyset$. 表示类与类之间是无重叠的, 即没有一个观测样本同时属于两个类或更多的类中.

K 均值聚类的核心思想是: 好的聚类方法使同类内所有数据点的总体差异性尽可能小. 令 $W(G_k)$ 表示第 k 类 G_k 的类内差异性度量值, K 均值聚类方法主要是通过极小化下面的目标函数, 找到最优的类 $G_1, G_2, \cdots, G_K$, 即

$$\min_{G_1, \cdots, G_K} \left\{ \sum_{k=1}^{K} W(G_k) \right\}. \tag{13.12}$$

式 (13.12) 是把所有样本观测值分到 K 个类中, 使得 K 个类总的类内差异性尽可能小. 为了极小化目标函数 (13.12), 首先需要定义类内差异性 $W(G_k)$. 有很多办法可以用来度量类内差异性, 如在 13.1 节介绍的距离和相似系数等. 为了简单, 采用最常用的**平方欧氏距离**, 即

$$W(G_k) = \frac{1}{|G_k|} \sum_{i, i' \in G_k} \sum_{j=1}^{p} (x_{ij} - x_{i'j})^2, \qquad k = 1, \cdots, K, \tag{13.13}$$

其中 $|G_k|$ 表示 G_k 类中观测样本的数量. 可见, 第 k 类的类内差异就等于在第 k 类中各个观测之间所有成对的平方欧氏距离的总和除以第 k 类中观测样本的数量. 为了得到最优的类 $G_1, G_2, \cdots, G_K$,

由式 (13.12) 和式 (13.13), K 均值聚类法可求解下面的最优化问题

$$\min_{G_1,\cdots,G_K}\left\{\sum_{k=1}^{K}\frac{1}{|G_k|}\sum_{i,i'\in G_k}\sum_{j=1}^{p}(x_{ij}-x_{i'j})^2\right\}. \tag{13.14}$$

现在需要一种快速的优化算法求解上面的最小化问题 (13.14), 即把 n 个观测样本分配到 K 个类中, 并使得目标函数 (13.14) 的值达到最小. 实际应用中是非常困难的, 解上面最优化问题 (13.14) 需要 K^n 种方法把 n 个观测样本分到 K 个类中. 例如, 当 $K=3$ 和 $n=5$ 时, 有 $K^n=243$; 当 $K=3$ 和 $n=10$ 时, 有 $K^n=59\,049$; 当 $K=3$ 和 $n=20$ 时, 有 $K^n=3\,486\,784\,401$; 当 n 和 K 更大时, 将是一个天文数字. 为了减少计算量并解决该问题, 可以考虑下面的局部最优的**K 均值聚类算法**.

步骤 1 为每个观测样本随机分配一个从 1 到 K 的数字, 可以看作是这些观测样本的初始类;

步骤 2 重复以下操作, 直到类的分配停止为止:

(1) 分别计算 K 个类的类中心, 第 k 个类的中心是第 k 个类中样本的 p 维观测向量的均值向量;

(2) 将每个观测样本分配到距离其最近的类中心所在的类中 (用平方欧氏距离定义最近).

上述算法可以保证每一步结束后, 目标 (13.14) 的值都会减小. 为了理解该算法, 考虑下面的等式

$$\frac{1}{|G_k|}\sum_{i,i'\in G_k}\sum_{j=1}^{p}(x_{ij}-x_{i'j})^2=2\sum_{i\in G_k}\sum_{j=1}^{p}(x_{ij}-\overline{x}_{kj})^2,\qquad k=1,\cdots,K, \tag{13.15}$$

其中 $\overline{x}_{kj}=\dfrac{1}{|G_k|}\sum\limits_{i\in G_k}x_{ij}$ 是第 G_k 类中第 j 个分量的均值. 在步骤 2(1) 中, 每个变量的类中心是使类内总离差平方和最小化的常数, 在步骤 2(2) 中, 重新分配样本观测只会改善式 (13.15). 当算法重复运行时, 得到的聚类结果会持续改善, 直到结果不再改变, 即目标 (13.14) 的值不会继续变大. 当聚类结果不再改变时, 分类就达到了一个局部最优解. K 均值聚类算法找到的是局部最优解, 所以最终结果未必是全局最优解, 所得结果依赖于初始步对样本观测值的随机分配.

为了更清楚直观地展示 K 均值聚类算法的聚类过程, 使用 R 语言生成 300 个二维数据点, 并使用 R 编程实现 K 均值聚类算法进行聚类, 同时展示每次迭代结束后数据点的聚类情况. 三组数据分别从三个具有协方差矩阵相同, 而均值向量不同的二元正态分布中产生, 即 $N_2(\boldsymbol{\mu}_k,\boldsymbol{\Sigma})$, 其中

$$\boldsymbol{\mu}_1=\begin{pmatrix}4\\4\end{pmatrix},\quad \boldsymbol{\mu}_2=\begin{pmatrix}0\\0\end{pmatrix},\quad \boldsymbol{\mu}_3=\begin{pmatrix}0\\8\end{pmatrix},\quad \boldsymbol{\Sigma}=\begin{pmatrix}3&0\\0&3\end{pmatrix}.$$

每组数据产生 100 个数据点, 明显三组数据来自三个不同的类. K 均值聚类过程演示见图 13.3, 原始数据见图 13.3(a).

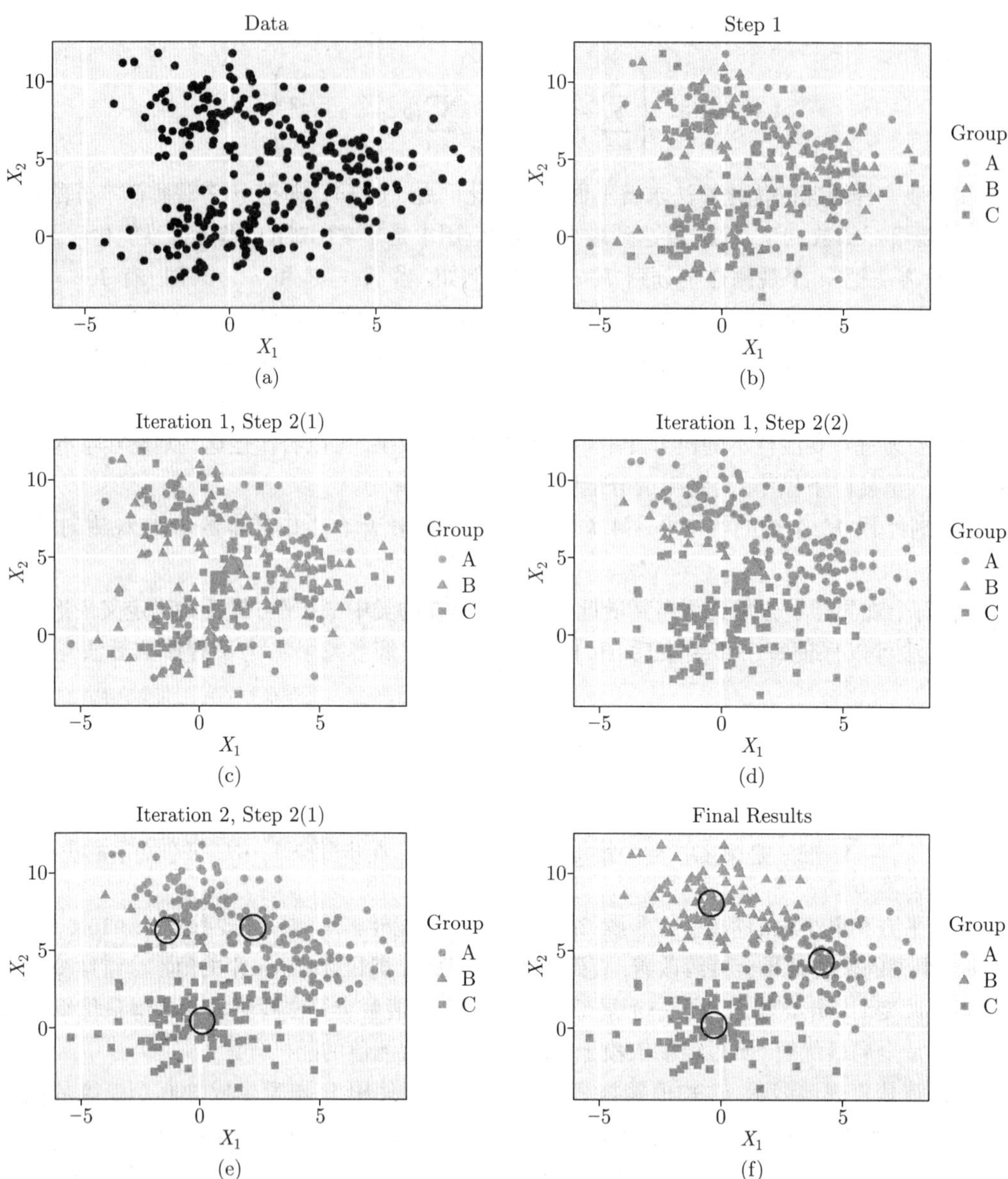

图 13.3 $K=3$ 时的 K 均值聚类过程演示. (a) 原始 300 个数据点; (b) K 均值聚类算法的步骤 1, 把每个观测点随机分配到一个类中; (c) 步骤 2(1), 计算随机分配到每个类中观测点的类中心, 用大图形表示. 因为 K 均值聚类算法的初始类分配是随机的, 所以初始的类中心几乎是完全重叠的; (d) 步骤 2(2), 每个观测点被重新分配到与它相近的类中; (e) 步骤 2(1), 再次执行计算重新分配后每类观测点的类中心; (f) 迭代后得到的最终聚类结果

13.2.2 K 均值聚类中类个数的确定和应用

1. 肘方法确定类的个数 K

K 均值聚类方法的一个缺点是需要事先确定一个 K, 实际应用中非常困难. 本节将介绍一种基于类内平方和变化的方法确定类的个数 K.

假设 $\{\boldsymbol{x}_i=(x_{i1},\cdots,x_{ip})^{\mathrm{T}},\ i=1,\cdots,n\}$ 为观测数据, 如果把该数据划分为 K 类, 把第 l 类 $(l=1,\cdots,K)$ 的数据记为 $\{x_{ij}^{(l)}, i=1,\cdots,n_l; j=1,\cdots,p\}$, 其中 $n=\sum\limits_{l=1}^{K} n_l$. 这时, 第 l 类的平方和为

$$\mathrm{SS}^{(l)}=\sum_{i=1}^{n_l}\sum_{j=1}^{p}(x_{ij}^{(l)}-\overline{x}_j^{(l)})^2,$$

其中 $\overline{x}_j^{(l)}=\dfrac{1}{n_l}\sum\limits_{i=1}^{n_l}x_{ij}^{(l)}$. 因此, 可得类内总平方和为

$$\mathrm{WSS}_K=\sum_{l=1}^{K}\mathrm{SS}^{(l)}=\sum_{l=1}^{K}\sum_{i=1}^{n_l}\sum_{j=1}^{p}(x_{ij}^{(l)}-\overline{x}_j^{(l)})^2. \tag{13.16}$$

一般而言, 如果类的个数 K 增加, 类内总平方和 WSS_K 会逐渐减少, 当 K 增加到样本容量 n 时, 即每个样本就是一类, 这时 $\mathrm{WSS}_K=0$. 因此, 人们希望逐渐增加类的个数 K, 观察类内总平方和 WSS_K 的减少趋势. 如果减少到一定量时, 类内总平方和 WSS_K 减少变慢, 这时就停止增加 K. 这种方法类似于主成分分析方法中用碎石图来确定主成分个数形状的 "拐弯点", 因此称为**肘方法 (elbow method)** 或**弯头法**.

为了展示肘方法确定 K 均值聚类中类个数 K, 考虑 13.2.2 节聚类过程使用的模拟数据, 确定类的个数 K.

分别取 $K=1,\cdots,10$, 计算类内平方和, 结果见图 13.4, 程序如下.

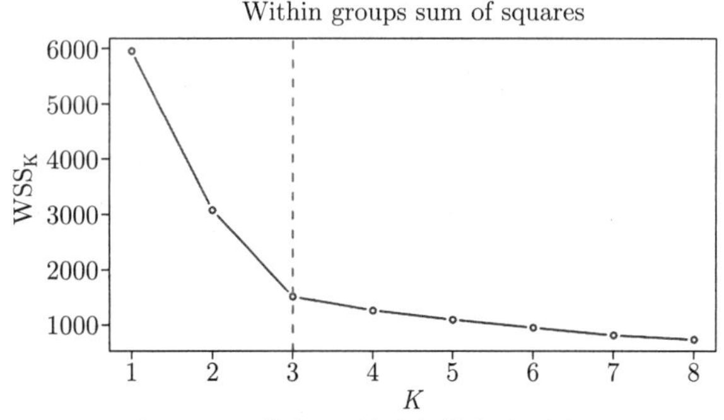

图 13.4 不同 K 所对应的类内平方和

```
library(MASS); set.seed(16); n = 100
Sig = matrix(c(3, 0, 0, 3), 2, 2)
x1 = mvrnorm(n, c(4, 4), Sig)
x2 = mvrnorm(n, c(0, 0), Sig)
x3 = mvrnorm(n, c(0, 8), Sig)
x  = data.frame(rbind(x1, x2, x3))
WSS = vector()
```

```
for (i in 1:8)
WSS[i] = kmeans(x, centers = i)$tot.withinss
plot(1:8, WSS, type = "b", xlab = "K", ylab = expression(WSS[K]),
     main = "Within groups sum of squares", col = "blue")
```

从图 13.4 可以看出, 在 $K=3$ 处对应拐弯点, 从 $K=3$ 以后类内平方和 WSS_K 变化显著放缓. 因此, 类的个数应该选择 $K=3$.

2. 信息准则方法确定类的个数 K

肘方法依然有一定的主观性. 例如, 如何判断 "拐弯点", 有时会有争议, 而利用信息准则方法确定类的个数 K 是一种相对客观的选择. 首先定义如下的 AIC 信息准则, 即

$$\text{AIC}(K)=\text{WSS}_K+2pK, \tag{13.17}$$

其中 WSS_K 是由式 (13.16) 定义的类内总平方和, 为 K 的函数, 是对模型拟合优度的度量. 如果 K 变大, 尽管可使 WSS_K 变小, 但会导致过拟合. 对于极端情况, 当 $K=n$ 时, 即每个样本就是一类, 这使得 $\text{WSS}_K=0$, 但这显然没有任何意义. 因此, 在式 (13.17) 右边对 WSS_K 施加惩罚项 $2pK$, 主要目的是对模型复杂度进行惩罚. 在实际应用中, 可以通过极小化 $\text{AIC}(K)$, 获得最优类的个数 K.

在实际应用中, 也可以考虑惩罚更加严厉的 BIC 信息准则, 即

$$\text{BIC}(K)=\text{WSS}_K+\log(n)pK. \tag{13.18}$$

当 $n>7$ 时, $\log(n)>2$, 故 BIC 准则对于模型复杂度的惩罚比 AIC 准则更加严厉. 同样, 可极小化 $\text{BIC}(K)$ 来获得最优类的个数 K.

3. R 语言应用

在 R 语言中, 可用函数 kmeans() 完成 K 均值聚类. 下面继续使用 13.2.2 节聚类过程的模拟数据进行应用, 通过上面分析, 已经知道该数据类的个数应该选择 $K=3$, 使用函数 kmeans() 将数据分为 3 类, 并输出聚类的结果.

```
fit = kmeans(x, 3)
> fit          ## 输出结果
K-means clustering with 3 clusters of sizes 104, 98, 98
Cluster means:
          X1          X2
1 -0.2519682    0.154966
2 -0.3299850    7.999836
3  4.2064125    4.208461

Clustering vector:
  [1] 3 3 2 3 3 3 3 3 2 3 3 3 3 3 3 3 3 3 3 3 2 3 3 3 2 3 3 3 3 2 3 3
```

```
 [32] 3 3 3 3 3 3 3 3 3 3 3 3 3 3 3 3 3 3 3 3 3 3 3 3 3 3 3 2 3 1 3
 [63] 3 1 3 1 3 3 3 3 3 3 3 3 3 3 3 1 1 3 3 3 3 3 3 3 3 3 3 3 3 3 3
 [94] 3 3 3 3 3 3 3 1 1 1 1 1 1 1 1 1 1 1 1 1 1 3 1 1 1 1 1 1 1 3 1
[125] 1 1 1 1 1 1 1 1 1 1 1 1 1 1 1 1 1 1 1 1 1 1 1 1 1 1 1 1 1 1 1
[156] 1 1 1 1 1 1 1 1 1 1 1 1 1 1 1 1 1 1 1 1 1 1 1 1 1 1 1 1 1 1 1
[187] 1 1 1 1 1 1 1 1 1 1 1 1 1 1 2 2 2 2 2 2 2 2 2 2 2 2 2 2 2 2 2
[218] 2 2 2 2 2 2 2 2 2 2 2 2 2 2 2 2 2 2 2 3 2 2 3 2 2 2 2 2 2 2 3 2
[249] 2 2 2 2 2 2 2 2 2 2 2 2 2 2 2 2 2 2 2 2 2 2 2 2 2 2 1 2 3 3 2
[280] 2 2 2 2 3 3 2 2 2 2 2 2 2 2 2 2 2 2 2 2 2

Within cluster sum of squares by cluster:
[1] 561.7858     478.3486     474.7073
 (between_SS / total_SS =  74.6 %)
Available components:
[1] "cluster"      "centers"      "totss"        "withinss"
[5] "tot.withinss" "betweenss"    "size"         "iter"
[9] "ifault"
```

从程序输出结果可看出, 3 个类的样本数分别为 104、98 和 98, 并且程序还输出了每个类的聚类中心 (Cluster means), 每个样本的所属类别, 以及每类的类内平方和.

为了检查聚类的结果, 可使用函数 clusplot() 将聚类结果可视化. 在使用函数 clusplot() 时, 首先将数据进行主成分降维, 然后使用前两个主成分得分作为每个样本的空间坐标, 程序如下, 且可视化结果见图 13.5(a). 从图中可以看出, 3 个类有部分样本重合.

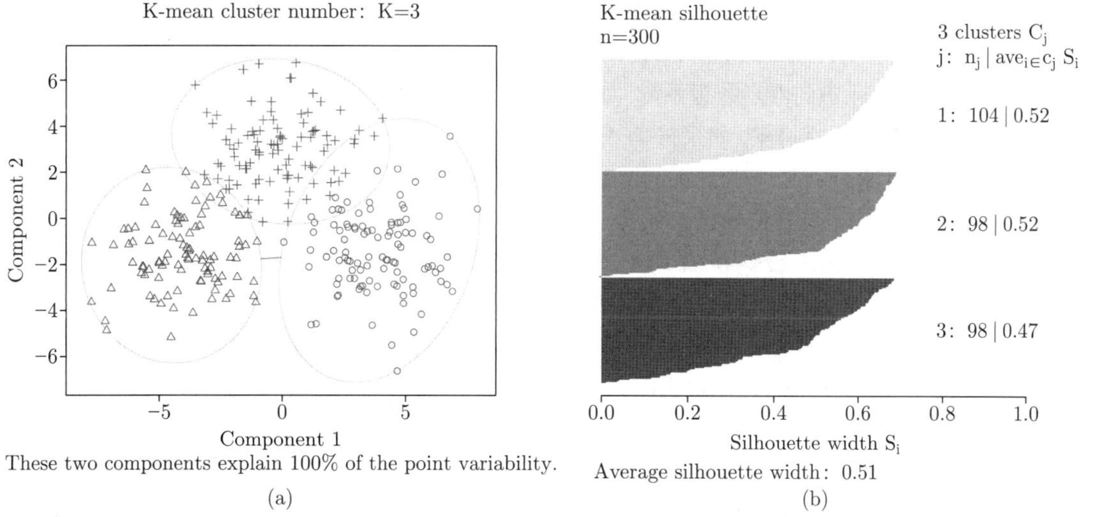

图 13.5 (a) *K* 均值聚类结果可视化; (b) *K* 均值聚类轮廓图

```
library(cluster)
clusplot(x, fit$cluster, main = "K-mean cluster number: K=3")
```

散点图只能用于二维空间观察聚类的效果, 如何更全面合理评价聚类结果的好坏呢? 在 R 语言中, 可以使用函数 silhouette() 和 plot() 计算轮廓系数和绘制轮廓图判断聚类效果的好坏. **轮廓系数** (Silhouette Coefficient) 是聚类效果好坏的一种评价指标, 它的取值范围在 $[-1,1]$, 而且越接近于 1, 说明聚类的效果越好; 如果轮廓系数小于 0, 说明该样本不适合划分为相应的类, 反之则表示适合划分为相应的类.

程序如下, 得到的轮廓图和轮廓系数见图 13.5(b).

```
sil = silhouette(fit$cluster, dist(x, method = "euclidean"))
plot(sil, main="K-mean silhouette", col=c("green", "red", "blue"))
```

从图 13.5(b) 看出, 平均轮廓系数为 0.51, 并且各类中绝大多数样本的轮廓系数都大于 0, 说明将该数据分为 3 类的聚类效果是比较好的.

13.2.3 图像色彩的 K 均值聚类

图像色彩聚类是对像素点上的 RGB 值进行 K 均值聚类分析, 将 RGB 取值较为接近的像素点聚为一类, 并将类内像素点的 RGB 值替换为类中心点的值, 实现对图像色彩的聚合. 例如, 在图像色彩聚类时, 给定 $K=2$, 则 K 均值聚类把原图像的相似的颜色组合起来, 形成 $K=2$ 只有两种颜色, 就有黑白画的效果, 但不完全是黑白两种颜色.

首先介绍一下计算机中颜色的十六进制表示形式. 各种颜色可以用 R (红)、G (绿) 和 B (蓝) 三种颜色调制而成. 从最小值 0 到最大值 255, 当所有颜色都以最小值显示时, 颜色为黑色, 当所有颜色都以最大值显示时, 颜色为白色. 然而, RGB 颜色模式的一个令人困惑的方面是, 所有这些颜色都可能以各种方式表示, 下面主要介绍两种:

(1) RGB 在 $[0,1]$ 中的浮点数组系统, 如 $(0.1,0.3,0.6)$ 表示各颜色的比例为 $0.1, 0.3$ 和 0.6;

(2) 十六进制 RGB 字符串, 如字符串 "#0F0F0F".

第 2 种方式通过一个以 "#" 开头的 6 位十六进制数值表示一种颜色, 6 位数字分为 3 组, 每组两位, 依次表示红、绿、蓝三种颜色的强度. 十六进制用 0, 1, 2, 3, 4, 5, 6, 7, 8, 9, A, B, C, D, E 和 F 表示. 在十六进制的两位数中, 最小的是 00, 最大的是 FF. 例如, 颜色值 "#FF0000" 为红色, 因为红色的值达到了最高值 FF (即十进制的 255), 其余两种颜色强度为 0; 颜色值 "#FFFF00" 表示黄色, 因为当红色和绿色都为最大值, 且蓝色为 0 时, 产生的就是黄色; 颜色值 "#000000" 表示最弱的黑色; 颜色值 "#FFFFFF" 表示最强的白色.

下面把图像色彩的 K 均值聚类应用到一个彩色鸟巢图片中, 实现用几种颜色对该图片进行重组, 分别取 $K=2,4,10,16$ 四种情形. 程序如下, 结果见图 13.6. 从图 13.6 中可以看出, 让 $K=2$ 时, 即只有两种颜色, 聚类结果如水墨画一样 (见第一个图), 但是随着 K 的增加, 画面越来越趋于原画的色彩.

```
library(jpeg)
pic = readJPEG("birdnest.jpg"); imgDm = dim(pic)
pic_rgb = data.frame(
x = rep(1:imgDm[2], each = imgDm[1]),
y = rep(imgDm[1]:1, imgDm[2]),
R = as.vector(pic[, , 1]),
G = as.vector(pic[, , 2]),
B = as.vector(pic[, , 3]))

par(mfrow = c(2, 2))
for (k in c(2, 4, 10, 16)){
pic_km = kmeans(pic_rgb[, 3:5], centers = k)
kc = rgb(pic_km$centers[pic_km$cluster, ])
plot(y~x, data=pic_rgb, col=kc, asp=1, pch = ".", axes=F, xlab="",
     ylab="", main=paste("K-Means Clustering of", k, "Colours"))
}
```

K-Means Clustering of 2 Colours

K-Means Clustering of 4 Colours

K-Means Clustering of 10 Colours

K-Means Clustering of 16 Colours

图 13.6　图像色彩的 K 均值聚类结果, 分别取 $K = 2, 4, 10, 16$

对原图片分别用 $K = 2, 4, 10, 16$ 种颜色进行组合后, 可以用程序包 scales 显示配色后的相应颜色的十六进制表示形式, 代码如下, 图 13.7 给出了对图像色彩进行 K 均值聚类后 4 种结果中,

$K = 2, 4, 10, 16$ 种颜色的调色板.

```
library(scales); par(mfrow=c(2, 2))
for (k in c(2, 4, 10, 16)){
  pic_km = kmeans(pic_rgb[, 3:5], centers = k)
  show_col(rgb(pic_km$centers))
}
```

#1E2541	#524D47	#242125	#131215
#716759	#BA915D	#9E3D1E	#ADB3C3
#787E92	#393737		

#7E8496	#665B41	#AC9366	#8B7456
#902F17	#1D1B20	#4D4D57	#322923
#9BA7BD	#ECB475	#111013	#646777
#D8DAE0	#272A37	#423F3A	#CF6C30

图 13.7 对图像色彩进行 K 均值聚类后 4 种结果中, $K = 2, 4, 10, 16$ 种颜色的调色板

在进行 K 均值聚类时, 由于初始的聚类中心是随机生成的, 如此将会导致较差的聚类结果, 因此可尝试多次运行 K 均值聚类程序, 从而得到更稳定的聚类结果. 值得注意的是: ① K 均值聚类法的一个主要缺陷是对若干椭球或椭圆形状的凸形区域的数据比较适用, 而对其他非凸的数据集则可能失效; ② K 均值聚类法对数据中存在的异常值很敏感, 所以在进行 K 均值聚类之前进行异常值处理是非常重要的. 密度聚类方法可以聚类任意形状的数据, 具有一定的稳健性, 详细的讨论见李

高荣和吴密霞 (2021).

§13.3 系统聚类法

系统聚类法 (hierarchical clustering method) 是目前在实际应用中使用最广泛的一种聚类方法, 通过输出一个树形结构的**谱系图 (dendrogram)**, 根据实际需要确定分类结果.

13.3.1 类间距离和系统聚类法

考虑表 13.1 提供的数据结构, 假设有 n 个样本, 每个样本有 p 个指标或变量. 系统聚类法的基本思想是: 首先定义样本间的距离 (或相似系数), 然后定义类与类之间的距离 (或相似系数). 以距离为例介绍, 初始将 n 个样本看作 n 类, 即把每个样本看成一类, 这时类间的距离与样本间的距离是等价的; 然后把距离最近的两类合并成新类, 并计算新类与其他类的类间距离, 再按照最小距离准则合并类. 这样每次缩小一类, 直到所有的样本都合并成一类为止. 这个并类的过程可以用聚类的谱系图直观表示出来.

根据上面系统聚类法的基本思想, 整理出如下**系统聚类算法**.

步骤 1 首先将每个样本看作一类, 计算 n 个观测样本中所有 $C_n^2 = n(n-1)/2$ 对两两样本间的距离 (如欧氏距离);

步骤 2 令 $k = n, n-1, \cdots, 2$:

(1) 在第 k 个类中, 比较任意两类间的距离, 找到距离最小的那一对类, 并将它们合并起来;

(2) 计算剩下的 $k-1$ 个新类中, 每两个类之间的距离, 同样把距离最小的两个类合并;

步骤 3 画聚类谱系图.

在上面系统聚类算法中, 最核心的就是定义类与类之间的距离. 类与类之间的距离也有各种定义, 不同的距离将产生不同的系统聚类结果. 本章用 d_{ij} 表示样本 $\boldsymbol{x}_i$ 和样本 $\boldsymbol{x}_j$ 之间的距离, $G_1, G_2, \cdots$ 表示类, D_{KL} 表示类 G_K 和 G_L 之间的距离. 在下面所介绍的系统聚类方法中, 所有的方法开始时每个样本自成一类, 类与类间的距离与样本间的距离相同, 所以最初的距离矩阵全部相同, 记为 $\mathbf{D}_{(0)} = (d_{ij})$.

通常两个类中, 至少有一个类中包含多个观测, 那么如何定义两个类之间的相异度或距离? 本节根据类与类之间的不同距离定义, 介绍几个系统聚类法: **最短距离法**、**最长距离法**、**中间距离法**、**重心法**、**类平均法** 和 **Ward 方法**.

1. 最短距离法

定义类与类之间的距离为两类最近样本间的距离, 即

$$D_{KL} = \min_{i \in G_K, j \in G_L} d_{ij}.$$

把这种系统聚类法称为**最短距离法** (single linkage method), 见示意图 13.8.

当某步骤中把 G_K 和 G_L 合并成一个新类 $G_M = \{G_K, G_L\}$ 后, 按照最短距离计算新类 G_M 与

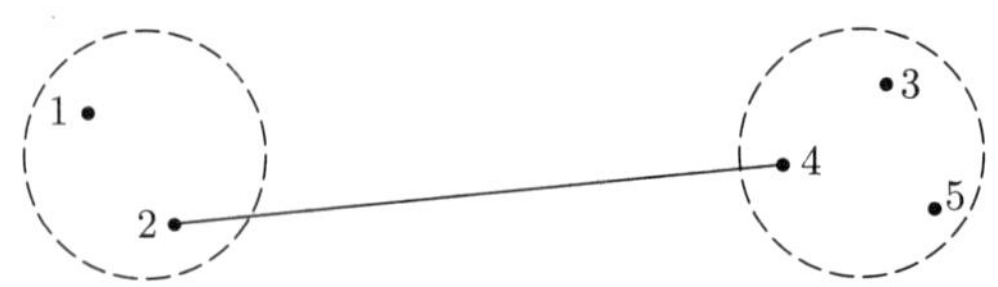

图 13.8 最短距离示意图, d_{24} 是最短距离

其他类 G_J 的类间距离, 其递推公式为

$$D_{MJ}=\min_{i\in G_M,j\in G_J}d_{ij}=\min\left\{\min_{i\in G_K,j\in G_J}d_{ij},\min_{i\in G_L,j\in G_J}d_{ij}\right\}$$

$$=\min\{D_{KJ},D_{LJ}\},\qquad J\neq K,L.$$

为了展示系统聚类算法, 下面例子类间距离采用最短距离法, 样本间距离采用欧氏距离.

例 13.4 设有 5 个产品, 分别对每个产品测量两项质量指标 $\boldsymbol{X}=(X_1,X_2)^{\mathrm{T}}$, 测量值分别为: $\boldsymbol{x}_1=(1,1)^{\mathrm{T}},\boldsymbol{x}_2=(2,2)^{\mathrm{T}},\boldsymbol{x}_3=(3.5,1)^{\mathrm{T}},\boldsymbol{x}_4=(6,1.5)^{\mathrm{T}},\boldsymbol{x}_5=(8,2)^{\mathrm{T}}$. 试对这 5 个产品按照两个质量指标进行分类.

按照系统聚类算法的步骤, 计算如下.

(1) 把 5 个样本 $\boldsymbol{x}_1,\boldsymbol{x}_2,\boldsymbol{x}_3,\boldsymbol{x}_4,\boldsymbol{x}_5$ 各自看成一类, 共有 $k=5$ 类. 计算 5 个样本两两之间的欧氏距离, 得到初始距离矩阵 $\mathbf{D}_{(0)}=(d_{ij})_{1\leqslant i,j\leqslant 5}$, 见表 13.9.

表 13.9 初始距离矩阵 $\mathbf{D}_{(0)}=(d_{ij})_{1\leqslant i,j\leqslant 5}$

	$G_1=\{\boldsymbol{x}_1\}$	$G_2=\{\boldsymbol{x}_2\}$	$G_3=\{\boldsymbol{x}_3\}$	$G_4=\{\boldsymbol{x}_4\}$	$G_5=\{\boldsymbol{x}_5\}$
$G_1=\{\boldsymbol{x}_1\}$	0				
$G_2=\{\boldsymbol{x}_2\}$	**1.41**	0			
$G_3=\{\boldsymbol{x}_3\}$	2.50	1.80	0		
$G_4=\{\boldsymbol{x}_4\}$	5.02	4.03	2.55	0	
$G_5=\{\boldsymbol{x}_5\}$	7.07	6.00	4.61	2.06	0

(2) 由表 13.9 的初始距离矩阵 $\mathbf{D}_{(0)}$ 可知, 类 G_1 和 G_2 之间的距离最小, 为 1.41. 因此, 首先合并 G_1 和 G_2 为一新类, 记为 $G_6=\{\boldsymbol{x}_1,\boldsymbol{x}_2\}$. 此时, 类的总数变为 $k=4$ 个, 即 $G_3=\{\boldsymbol{x}_3\},G_4=\{\boldsymbol{x}_4\},G_5=\{\boldsymbol{x}_5\}$ 和 $G_6=\{\boldsymbol{x}_1,\boldsymbol{x}_2\}$.

(3) 按照最短距离法计算新类 G_6 与其他类之间的距离, 得到新的距离矩阵 $\mathbf{D}_{(1)}$, 见表 13.10.

表 13.10 距离矩阵 $\mathbf{D}_{(1)}$

	$G_6=\{\boldsymbol{x}_1,\boldsymbol{x}_2\}$	$G_3=\{\boldsymbol{x}_3\}$	$G_4=\{\boldsymbol{x}_4\}$	$G_5=\{\boldsymbol{x}_5\}$
$G_6=\{\boldsymbol{x}_1,\boldsymbol{x}_2\}$	0			
$G_3=\{\boldsymbol{x}_3\}$	**1.80**	0		
$G_4=\{\boldsymbol{x}_4\}$	4.03	2.55	0	
$G_5=\{\boldsymbol{x}_5\}$	6.00	4.61	2.06	0

(4) 由表 13.10 给出的距离矩阵 $\mathbf{D}_{(1)}$ 看出, 类间距离最小为 1.80, 故把类 G_3 和 G_6 合并, 记新的类为 $G_7 = \{\boldsymbol{x}_1, \boldsymbol{x}_2, \boldsymbol{x}_3\}$. 此时类的总数又减少一个, 变为 $k = 3$ 个, 即 $G_4 = \{\boldsymbol{x}_4\}, G_5 = \{\boldsymbol{x}_5\}$ 和 $G_7 = \{\boldsymbol{x}_1, \boldsymbol{x}_2, \boldsymbol{x}_3\}$.

(5) 按照最短距离法计算新类 G_7 与其他类之间的距离, 得到新的距离矩阵 $\mathbf{D}_{(2)}$, 见表 13.11.

表 13.11 距离矩阵 $\mathbf{D}_{(2)}$

	$G_7 = \{\boldsymbol{x}_1, \boldsymbol{x}_2, \boldsymbol{x}_3\}$	$G_4 = \{\boldsymbol{x}_4\}$	$G_5 = \{\boldsymbol{x}_5\}$
$G_7 = \{\boldsymbol{x}_1, \boldsymbol{x}_2, \boldsymbol{x}_3\}$	0		
$G_4 = \{\boldsymbol{x}_4\}$	2.55	0	
$G_5 = \{\boldsymbol{x}_5\}$	4.61	**2.06**	0

(6) 由表 13.11 给出的距离矩阵 $\mathbf{D}_{(2)}$ 看出, 类间距离最小为 2.06, 故把类 G_4 和 G_5 合并, 记新的类为 $G_8 = \{\boldsymbol{x}_4, \boldsymbol{x}_5\}$. 此时类的总数又减少一个, 变为 $k = 2$ 个, 即 $G_7 = \{\boldsymbol{x}_1, \boldsymbol{x}_2, \boldsymbol{x}_3\}$ 和 $G_8 = \{\boldsymbol{x}_4, \boldsymbol{x}_5\}$.

(7) 按照最短距离法计算新类 G_8 与类 G_7 之间的距离, 得到新的距离矩阵 $\mathbf{D}_{(3)}$, 见表 13.12.

表 13.12 距离矩阵 $\mathbf{D}_{(3)}$

	$G_7 = \{\boldsymbol{x}_1, \boldsymbol{x}_2, \boldsymbol{x}_3\}$	$G_8 = \{\boldsymbol{x}_4, \boldsymbol{x}_5\}$
$G_7 = \{\boldsymbol{x}_1, \boldsymbol{x}_2, \boldsymbol{x}_3\}$	0	
$G_8 = \{\boldsymbol{x}_4, \boldsymbol{x}_5\}$	**2.55**	0

(8) 由表 13.12 给出的距离矩阵 $\mathbf{D}_{(3)}$ 看出, 类间距离最小为 2.55, 故把类 G_7 和 G_8 合并, 记新的类为 $G_9 = \{\boldsymbol{x}_1, \boldsymbol{x}_2, \boldsymbol{x}_3, \boldsymbol{x}_4, \boldsymbol{x}_5\}$. 此时类的总数又减少一个, 变为 $k = 1$ 个, 即把所有的样本合并成了一类, 并类过程结束.

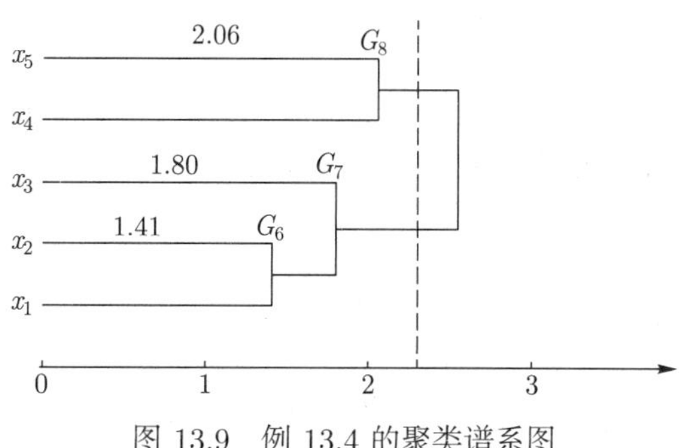

图 13.9 例 13.4 的聚类谱系图

(9) 画出聚类谱系图, 见图 13.9.

(10) 根据聚类谱系图 13.9, 给定不同的阈值, 可以确定类的个数和各类成员. 例如, 当 $2.06 \leqslant T < 2.55$ 时, 可以分为两类, 即 $G_7 = \{\boldsymbol{x}_1, \boldsymbol{x}_2, \boldsymbol{x}_3\}$ 和 $G_8 = \{\boldsymbol{x}_4, \boldsymbol{x}_5\}$, 在聚类谱系图 13.9 中红线位置, 取阈值为 2.3 时, 则分为两类 G_7 和 G_8.

2. 最长距离法

定义类与类之间的距离为两类最远样本间的距离, 即

$$D_{KL} = \max_{i \in G_K, j \in G_L} d_{ij}.$$

把这种系统聚类法称为**最长距离法** (complete linkage method), 见示意图 13.10.

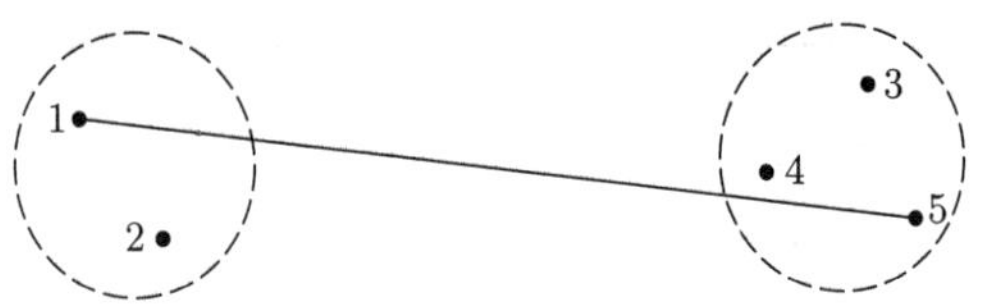

图 13.10 最长距离示意图, d_{15} 是最长距离

当某步骤中把 G_K 和 G_L 合并成一个新类 G_M 后, 按照最长距离计算新类 G_M 与其他类 G_J 的类间距离为

$$\begin{aligned} D_{MJ} &= \max_{i \in G_M, j \in G_J} d_{ij} = \max\left\{ \max_{i \in G_K, j \in G_J} d_{ij}, \max_{i \in G_L, j \in G_J} d_{ij} \right\} \\ &= \max\{D_{KJ}, D_{LJ}\}, \qquad J \neq K, L. \end{aligned}$$

最长距离法即两类合并后的新类与其他类的距离是与原来两类间距离的最大距离. 它加大了合并后的类与其他类间的距离, 具有空间距离扩张性质.

3. 中间距离法

类与类之间的距离既不取两类的最短距离, 也不取两类的最长距离, 而是取介于两者之间的距离, 称为**中间距离法** (median linkage method).

设某一步骤将 G_K 和 G_L 合并成一个新类 G_M, 任一类 G_J 和 G_M 的距离 D_{MJ} 定义为

$$D_{MJ}^2 = \frac{1}{2}D_{KJ}^2 + \frac{1}{2}D_{LJ}^2 + \beta D_{KL}^2, \qquad J \neq K, L, \tag{13.19}$$

其中 $-1/4 \leqslant \beta \leqslant 0$.

考虑由 D_{KL}, D_{LJ} 和 D_{KJ} 为边长组成的三角形, 当 $\beta = -1/4$ 时, 由初等平面几何可知, 式 (13.19) 定义的距离 D_{MJ} 就是三角形的中线, 见图 13.11.

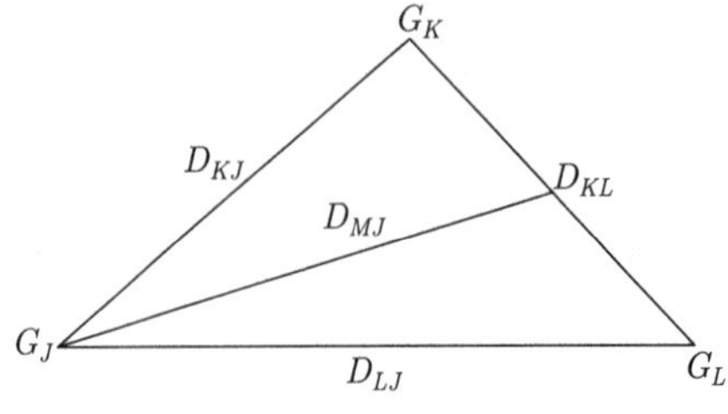

图 13.11 中间距离法的几何表示

如果用最短距离法, 则 $D_{MJ} = D_{KJ}$; 如果用最长距离法, 则 $D_{MJ} = D_{LJ}$; 如果取夹在这两边

的中线作为 D_{MJ}, 则 $D_{MJ}=\sqrt{\frac{1}{2}D_{KJ}^2+\frac{1}{2}D_{LJ}^2-\frac{1}{4}D_{KL}^2}$. 当 $\beta=0$ 时, 式 (13.19) 变为

$$D_{MJ}^2=\frac{1}{2}(D_{KJ}^2+D_{LJ}^2), \tag{13.20}$$

称此方法为 **Mequitty 相似分析法**.

4. 重心法

以上介绍的三种方法, 在定义类与类之间的距离时, 并没有考虑每一类所包含样本的个数. 如果类与类之间的距离定义为它们的重心 (均值) 之间的距离, 则把这种方法称为**重心法** (centroid hierarchical method).

设某一步骤将 G_K 和 G_L 合并成一个新类 G_M, 它们所包含的样本个数分别为 n_K, n_L 和 n_M, 其中 $n_M=n_K+n_L$. 假设各类的重心 (均值) 分别为 $\overline{\boldsymbol{x}}^{(K)}$, $\overline{\boldsymbol{x}}^{(L)}$ 和 $\overline{\boldsymbol{x}}^{(M)}$, 则有

$$\overline{\boldsymbol{x}}^{(M)}=\frac{1}{n_M}\left(n_K\overline{\boldsymbol{x}}^{(K)}+n_L\overline{\boldsymbol{x}}^{(L)}\right). \tag{13.21}$$

设某一类 $G_J(J\neq K,L)$ 的重心 (均值) 为 $\overline{\boldsymbol{x}}^{(J)}$, 它与新类 G_M 的距离定义为

$$D_{MJ}=d\{\overline{\boldsymbol{x}}^{(M)},\overline{\boldsymbol{x}}^{(J)}\}.$$

如果用欧氏距离定义样本间的距离, 把式 (13.21) 代入 D_{MJ} 中, 则有

$$\begin{aligned}
D_{MJ}^2&=(\overline{\boldsymbol{x}}^{(M)}-\overline{\boldsymbol{x}}^{(J)})^{\mathrm{T}}(\overline{\boldsymbol{x}}^{(M)}-\overline{\boldsymbol{x}}^{(J)})\\
&=\left[\frac{n_K}{n_M}(\overline{\boldsymbol{x}}^{(J)}-\overline{\boldsymbol{x}}^{(K)})+\frac{n_L}{n_M}(\overline{\boldsymbol{x}}^{(J)}-\overline{\boldsymbol{x}}^{(L)})\right]^{\mathrm{T}}\left[\frac{n_K}{n_M}(\overline{\boldsymbol{x}}^{(J)}-\overline{\boldsymbol{x}}^{(K)})+\frac{n_L}{n_M}(\overline{\boldsymbol{x}}^{(J)}-\overline{\boldsymbol{x}}^{(L)})\right]\\
&=\frac{n_K}{n_M}D_{KJ}^2+\frac{n_L}{n_M}D_{LJ}^2-\frac{n_Kn_L}{n_M^2}D_{KL}^2,\qquad J\neq K,L.
\end{aligned} \tag{13.22}$$

进一步, 基于样本间的欧氏距离, 类 G_K 和 G_L 之间的平方距离为

$$D_{KL}^2=(\overline{\boldsymbol{x}}^{(K)}-\overline{\boldsymbol{x}}^{(L)})^{\mathrm{T}}(\overline{\boldsymbol{x}}^{(K)}-\overline{\boldsymbol{x}}^{(L)}). \tag{13.23}$$

如果样本间不是欧氏距离, 根据不同情况可导出不同的递推公式. 值得注意的是: 重心法在处理异常值方面比其他系统聚类法要更稳健, 但是在别的方面一般不如下面将介绍的类平均法和 Ward 方法.

5. 类平均法

类平均法 (average linkage method) 有两种定义:

(1) 把类与类之间的距离定义为两类所有样本间距离的平均距离, 即定义类 G_K 和 G_L 之间的距离为

$$D_{KL}=\frac{1}{n_Kn_L}\sum_{i\in G_K,j\in G_L}d_{ij}, \tag{13.24}$$

其中 n_K 和 n_L 分别为类 G_K 和 G_L 的样本个数, d_{ij} 为类 G_K 中样本 i 与类 G_L 中样本 j 之间的距离, 见示意图 13.12.

设某一步骤将 G_K 和 G_L 合并成一个新类 G_M, 且 $n_M=n_K+n_L$ 是新类 G_M 的样本个数, 则

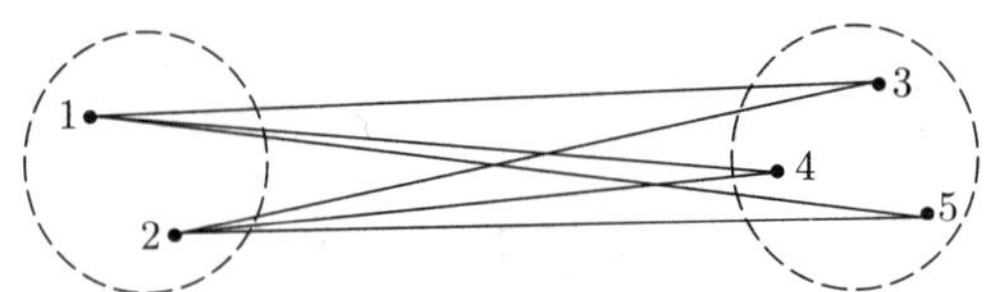

图 13.12 类平均法示意图, 平均距离为: $\dfrac{d_{13}+d_{14}+d_{15}+d_{23}+d_{24}+d_{25}}{6}$

新类 G_M 与其他类 G_J 之间距离的递推公式为

$$\begin{aligned} D_{MJ} &= \frac{1}{n_M n_J}\sum_{i\in G_M, j\in G_J} d_{ij} = \frac{1}{n_M n_J}\left(\sum_{i\in G_K, j\in G_J} d_{ij} + \sum_{i\in G_L, j\in G_J} d_{ij}\right) \\ &= \frac{n_K}{n_M}D_{KJ} + \frac{n_L}{n_M}D_{LJ}, \qquad J\neq K, L, \end{aligned} \tag{13.25}$$

其中 n_J 是类 G_J 的样本个数.

(2) 把类与类之间的平方距离定义为样本对之间平方距离的平均值, 即

$$D_{KL}^2 = \frac{1}{n_K n_L}\sum_{i\in G_K, j\in G_L} d_{ij}^2. \tag{13.26}$$

同样, 可得它的递推公式为

$$D_{MJ}^2 = \frac{n_K}{n_M}D_{KJ}^2 + \frac{n_L}{n_M}D_{LJ}^2. \tag{13.27}$$

类平均法较充分地利用了所有样本之间的信息, 在很多情况下, 它被认为是一种较好的系统聚类方法.

在递推公式 (13.27) 中, D_{KL} 的影响没有被反映出来, 因此可将该递推公式进一步推广为

$$D_{MJ}^2 = (1-\beta)\left(\frac{n_K}{n_M}D_{KJ}^2 + \frac{n_L}{n_M}D_{LJ}^2\right) + \beta D_{KL}^2, \tag{13.28}$$

其中 $\beta < 1$ 是可变参数, 把这种系统聚类法称为**可变类平均法**.

6. Ward 方法

Ward 方法是 Ward(1963) 提出的, 也称为**离差平方和法**. Ward 方法是基于方差的分析思想, 如果类分得正确, 则同类样本之间的离差平方和应当较小, 而不同类样本之间的离差平方和应当较大.

设将类 G_K 和 G_L 合并成一个新类 G_M, 则 G_K, G_L 和 G_M 的离差平方和分别是

$$\begin{aligned} W_K &= \sum_{i\in G_K}(\boldsymbol{x}_i - \overline{\boldsymbol{x}}^{(K)})^{\mathrm{T}}(\boldsymbol{x}_i - \overline{\boldsymbol{x}}^{(K)}), \\ W_L &= \sum_{i\in G_L}(\boldsymbol{x}_i - \overline{\boldsymbol{x}}^{(L)})^{\mathrm{T}}(\boldsymbol{x}_i - \overline{\boldsymbol{x}}^{(L)}), \\ W_M &= \sum_{i\in G_M}(\boldsymbol{x}_i - \overline{\boldsymbol{x}}^{(M)})^{\mathrm{T}}(\boldsymbol{x}_i - \overline{\boldsymbol{x}}^{(M)}), \end{aligned}$$

其中 $\boldsymbol{x}_i = (x_{i1}, \cdots, x_{ip})^{\mathrm{T}}$, 且 $\overline{\boldsymbol{x}}^{(K)}$, $\overline{\boldsymbol{x}}^{(L)}$ 和 $\overline{\boldsymbol{x}}^{(M)}$ 分别是 G_K, G_L 和 G_M 的重心 (均值). 所以 W_K, W_L 和 W_M 反映了各自类内样本的分散程度. 如果 G_K 和 G_L 这两类相距较近, 则合并后所增加的离差平方和 $W_M-(W_K+W_L)$ 应较小; 否则, 应较大. 这时可定义 G_K 和 G_L 之间的平方

距离为

$$D_{KL}^2 = W_M - (W_K + W_L). \tag{13.29}$$

这种系统聚类法称为**离差平方和法**或 **Ward 方法** (Ward's minimum variance method). 设某一步骤将 G_K 和 G_L 合并成一个新类 G_M, 且 $n_M = n_K + n_L$ 是新类 G_M 的样本个数, 则新类 G_M 与其他类 G_J 之间距离的递推公式为

$$D_{MJ}^2 = \frac{n_J + n_K}{n_J + n_M} D_{KJ}^2 + \frac{n_J + n_L}{n_J + n_M} D_{LJ}^2 - \frac{n_J}{n_J + n_M} D_{KL}^2, \qquad J \neq K, L, \tag{13.30}$$

其中 n_J 是类 G_J 的样本个数.

进一步, 类 G_K 和 G_L 之间的平方距离为

$$D_{KL}^2 = \frac{n_K n_L}{n_M} (\overline{\boldsymbol{x}}^{(K)} - \overline{\boldsymbol{x}}^{(L)})^{\mathrm{T}} (\overline{\boldsymbol{x}}^{(K)} - \overline{\boldsymbol{x}}^{(L)}). \tag{13.31}$$

比较式 (13.23) 定义的重心法距离和式 (13.31) 定义的距离, 可见它们只差一个常数倍. 重心法的类间距离与两类的样本个数无关, 而 Ward 方法的类间距离与两类的样本个数有较大的关系, 两个大类倾向于有较大的距离, 因为不易合并, 这更符合聚类的实际要求. Ward 方法在许多场合下优于重心法, 是一种比较好的系统聚类法, 但是它对异常值很敏感.

13.3.2 系统聚类法的统一

13.3.1 节介绍的 8 种系统聚类法的算法是一样的, 区别在于类与类之间的距离定义不同, 因而得到了不同的递推公式, Lance 和 Williams (1967) 给出了统一的公式, 这样为系统聚类编制统一的计算程序提供了很大的方便.

设某一步骤将 G_K 和 G_L 合并成一个新类 $G_M = \{G_K, G_L\}$, 且 $n_M = n_K + n_L$ 是新类 G_M 的样本个数, 则新类 G_M 与其他类 G_J 之间平方距离的统一递推公式为

$$D_{MJ}^2 = \alpha_K D_{KJ}^2 + \alpha_L D_{LJ}^2 + \beta D_{KL}^2 + \gamma |D_{KJ}^2 - D_{LJ}^2|, \qquad J \neq K, L, \tag{13.32}$$

其中 $\alpha_K, \alpha_L, \beta$ 和 γ 是参数. 不同的系统聚类法有不同的参数取值, 见表 13.13, 表中 n_J 表示类 G_J 的样本个数, 右上角有 "*" 的方法要求样本间的距离取欧氏距离.

表 13.13 系统聚类法参数表

方法	α_K	α_L	β	γ
最短距离法	$1/2$	$1/2$	0	$-1/2$
最长距离法	$1/2$	$1/2$	0	$1/2$
中间距离法	$1/2$	$1/2$	$-1/4 \leqslant \beta \leqslant 0$	0
Mequitty 相似分析法	$1/2$	$1/2$	0	0
重心法 *	n_K/n_M	n_L/n_M	$-\alpha_K \alpha_L$	0
类平均法	n_K/n_M	n_L/n_M	0	0
可变平均法	$(1-\beta)n_K/n_M$	$(1-\beta)n_L/n_M$	$\beta < 1$	0
Ward 方法 *	$\dfrac{n_J + n_K}{n_J + n_M}$	$\dfrac{n_J + n_L}{n_J + n_M}$	$-\dfrac{n_J}{n_J + n_M}$	0

13.3.3 系统聚类法的性质和类的确定

对同一个数据集, 采用不同的系统聚类法, 将会得到不同的分类结果, 这时会遇到这样的问题: 在实际应用中应该选择哪一个结果? 把这组数据分为几类最合适? 这在实际应用中是最受关心的问题, 也是困难的问题, 但亦是不可回避的问题. 本节将研究系统聚类法的一些简单性质, 以及给出确定类个数的三种方法.

1. 系统聚类法的简单性质

系统聚类法具有下面的两个简单性质: 单调性和空间的浓缩或扩张.

(1) 单调性.

设 D_k 是系统聚类法中第 k 次并类时的距离, 如果 $D_1 < D_2 < \cdots$ 时, 则称该并类距离具有**单调性**. 可以证明: 最短距离法、最长距离法、类平均法、可变类平均法和 Ward 方法都具有单调性, 只有重心法和中间距离法不具有单调性.

具有单调性的聚类法画出的谱系图符合系统聚类的思想, 先合并的类关系较近, 后合并的类关系较远.

(2) 空间的浓缩或扩张.

比较最短距离法和最长距离法的并类过程, 以及每一步骤相应的距离矩阵, 可以看出, 对于所有的 i, j, 每一步骤都有

$$d_{ij}(\text{短}) \leqslant d_{ij}(\text{长}).$$

这种性质称为**最长距离法比最短距离法扩张**; 或称为**最短距离法比最长距离法浓缩**.

一般作谱系图时纵坐标 (并类距离) 的范围太小时对区别类的灵敏度就差些, 即太浓缩的方法不够灵敏, 但是太扩张的方法当样本量大时容易失真. 对于系统聚类法的各种方法, 有: 类平均法比最短距离法扩张, 但比最长距离法浓缩; 类平均法比重心法扩张, 但比 Ward 方法浓缩. 因此, 类平均法比较适中, 相对于其他方法不太浓缩也不太扩张, 而且具有单调性, 是一种应用广泛且聚类效果较好的方法.

系统聚类法还可以通过其他方面的性质进行比较, 如单调变换不变性、类重复不变量、系统结构性和最优化性等. 因此, 对于系统聚类法的各种方法进行比较仍是目前研究的重要课题.

2. 类的特征

设类 G 包含的样本为 $\boldsymbol{x}_1, \cdots, \boldsymbol{x}_n$, 其中 $\boldsymbol{x}_i = (x_{i1}, \cdots, x_{ip})^{\mathrm{T}}$ 为 p 维的第 i 个样本. 这时, 可从不同的角度来刻画 G 的特征, 常用的特征有以下三种:

① 均值 (或称类 G 的重心): $\overline{\boldsymbol{x}}_G = \dfrac{1}{n}\sum\limits_{i=1}^{n} \boldsymbol{x}_i$;

② 样本离差矩阵$\mathbf{A}_G$ 和样本协方差矩阵 $\mathbf{S}_G$, 分别定义为

$$\mathbf{A}_G = \sum_{i=1}^{n} (\boldsymbol{x}_i - \overline{\boldsymbol{x}}_G)(\boldsymbol{x}_i - \overline{\boldsymbol{x}}_G)^{\mathrm{T}}, \qquad \mathbf{S}_G = \frac{1}{n-1}\mathbf{A}_G;$$

③ 类的直径, 设用 D_G 表示类 G 的直径, 常用的直径有

$$D_G = \sum_{i=1}^{n} (\boldsymbol{x}_i - \overline{\boldsymbol{x}}_G)^{\mathrm{T}}(\boldsymbol{x}_i - \overline{\boldsymbol{x}}_G) = \mathrm{tr}(\mathbf{A}_G)$$

和

$$D_G = \max_{i,j \in G} d_{ij},$$

其中 d_{ij} 表示类 G 中任两个元素的距离.

3. 类个数的确定

在实际应用中, 类的概念是一个比较模糊的概念, 至今很难找到满意的方法确定类的个数. 下面介绍几种确定类的个数的常用方法.

(1) 适当阈值确定的方法.

通过某种系统聚类法, 得到聚类的谱系图后, 观察谱系图, 给出一个认为适当的阈值 T_0, 要求类与类之间的聚类要大于阈值 T_0, 如在例 13.4 中, 当 $2.06 \leqslant T < 2.55$ 时, 则可分为两类 G_7 和 G_8.

(2) 根据观测样本的散点图直观确定类的个数.

对于二维变量 $(p=2)$ 的样本, 则可以通过观测样本数据的散点图直观确定类的个数. 对于三维变量 $(p=3)$ 的样本, 可以通过绘制三维散点图, 或者绘制三维散布图并通过旋转三维坐标轴由数据点的分布来确定类的个数, 可以使用 R 语言、Python 和 SAS 等统计软件实现. 当变量的维数 $p>3$ 时, 可首先利用主成分分析方法把这些变量综合出两个或三个综合变量, 然后再绘制观测样本数据在综合变量上的散点图, 从而直观确定类的个数.

(3) 根据统计量确定类的个数.

在实际应用中, 可以构造统计量, 近似检验分类个数来选择更合适的分类个数. 确定分类个数最常见的五种统计量有: R^2 统计量、半偏 R^2 统计量、伪 F 统计量、伪 t^2 统计量和 Gap 统计量, 其中 Gap 统计量是由 Tibshirani 等 (2001) 提出的, 可用程序包 cluster 中的函数 clusGap() 来确定聚类的个数. 本书仅介绍 R^2 统计量, 其他统计量方法的详细讨论见高惠璇 (2005) 与李高荣和吴密霞 (2021).

假设已将 n 个样本分为了 K 类, 记为 $G_1, G_2, \cdots, G_K$, n_k 表示类 G_k 的样本个数 $(n = n_1+n_2+\cdots+n_K)$, $\overline{\boldsymbol{x}}^{(k)}$ 表示类 G_k 的重心或均值. 进一步假设 $\boldsymbol{x}_i^{(k)}$ 表示类 G_k 中第 i 个样本 $(i=1,\cdots,n_k)$, $\overline{\boldsymbol{x}}$ 表示所有样本的重心或均值, 则类 G_k 中 n_k 个样本的离差平方和为

$$W_k = \sum_{i=1}^{n_k} \left(\boldsymbol{x}_i^{(k)} - \overline{\boldsymbol{x}}^{(k)}\right)^{\mathrm{T}} \left(\boldsymbol{x}_i^{(k)} - \overline{\boldsymbol{x}}^{(k)}\right),$$

其中 $\boldsymbol{x}_i^{(k)}, \overline{\boldsymbol{x}}^{(k)}$ 和 $\overline{\boldsymbol{x}}$ 都是 p 维向量, W_k 为一数值. 因此, 可定义所有样本的总离差平方和为

$$\mathrm{TSS} = \sum_{k=1}^{K}\sum_{i=1}^{n_k} \left(\boldsymbol{x}_i^{(k)} - \overline{\boldsymbol{x}}\right)^{\mathrm{T}} \left(\boldsymbol{x}_i^{(k)} - \overline{\boldsymbol{x}}\right).$$

进一步, 总离差平方和 TSS 可以分解为

$$\begin{aligned}
\mathrm{TSS} &= \sum_{k=1}^{K}\sum_{i=1}^{n_k} \left(\boldsymbol{x}_i^{(k)} - \overline{\boldsymbol{x}}^{(k)} + \overline{\boldsymbol{x}}^{(k)} - \overline{\boldsymbol{x}}\right)^{\mathrm{T}} \left(\boldsymbol{x}_i^{(k)} - \overline{\boldsymbol{x}}^{(k)} + \overline{\boldsymbol{x}}^{(k)} - \overline{\boldsymbol{x}}\right) \\
&= \sum_{k=1}^{K} W_k + \sum_{k=1}^{K} n_k \left(\overline{\boldsymbol{x}}^{(k)} - \overline{\boldsymbol{x}}\right)^{\mathrm{T}} \left(\overline{\boldsymbol{x}}^{(k)} - \overline{\boldsymbol{x}}\right) \\
&=: \mathrm{WSS} + \mathrm{BSS}.
\end{aligned}$$

由定义可知: 总离差平方和 TSS 可以分解为类内离差平方和的总和 WSS 和类间离差平方和的总和 BSS. 这时, 构造下面的 R^2 统计量, 即

$$R^2 = \frac{\text{BSS}}{\text{TSS}} = 1 - \frac{\text{WSS}}{\text{TSS}}.$$

对于给定类的个数 K, 如果 R^2 取值越大, 也就是 BSS/TSS 越大, 表示 K 个类的类间离差平方和的总和 BSS 在总离差平方和 TSS 中所占的比例越大, 说明 K 个类越能够区分开. 因此, R^2 统计量可用于评价合并为 K 个类时的聚类效果. 即 R^2 越大, 聚类效果越好.

统计量 R^2 的取值总是在 0 和 1 之间, 当 n 个样本各自为不同的类时, 则 TSS = BSS, 即 $R^2 = 1$; 当 n 个样本最后合并成同一个类时, 则 TSS = WSS, 即 $R^2 = 0$. 进一步, R^2 的值总是随着分类个数 K 的增大而变大. 因此, 类似与 K 均值聚类法确定类的个数的肘方法或弯头法, 逐渐增加类的个数 K, 观察统计量 R^2 有增加的趋势. 如果增加到一定量时, 统计量 R^2 变大变慢, 这时就停止增加 K.

13.3.4 系统聚类的 R 语言计算与应用

在 R 语言中, 函数 hclust() 提供了系统聚类法的计算, 函数 plot() 可以画出系统聚类的谱系图, 函数 rect.hclust() 可用来确定类的个数, 本质上是由给定类的个数或给定阈值来确定聚类情况.

```
hclust(d, method = "complete", members = NULL)
其中 d 是由"dist" 构成的距离结构;method 是系统聚类的方法 (默认是最长距离法),
其中参数 "single" 表示最短距离法,"complete" 表示最长距离法,"median" 表示中间距
离法,"mcquitty" 表示 Mcquitty 相似法,"average" 表示类平均法,"centroid" 表示重心
法,"ward" 表示 Ward 方法;members 默认值为 NULL, 或与 d 有相同变量长度的向量, 具体
使用请参见在线帮助.

plot(x, labels = NULL, hang = 0.1, axes = TRUE, frame.plot = FALSE,
     ann = TRUE, main = "Cluster Dendrogram", sub = NULL,
     xlab = NULL, ylab = "Height", ...)
其中 x 是由 hclust() 函数生成的对象; hang 表明谱系图中各类所在的位置, 当 hang 取负
值时, 谱系图中的类从底部画起; 其他参数的意义参见在线帮助.

rect.hclust(tree, k = NULL, which = NULL, x = NULL, h = NULL,
            border = 2, cluster = NULL)
其中 tree 是由 hclust 生成的对象; k 是类的个数; h 是谱系图中的阈值, 要求分成的各类
的距离大于 h; border 是数或向量, 标明矩形框的颜色.
```

下面对 2018 年全国 31 个地区 (不含港澳台) 的 8 项人均消费支出数据进行系统聚类分析, 并对前面介绍的系统聚类法进行比较.

例 13.5 考虑 2018 年全国 31 个地区的 8 项人均消费支出数据, 数据见表 13.14, 其中涉及地

区、区域划分、三大地带 3 个因子 (类别变量) 和 8 个消费支出数值变量, 且消费指标包括: 食品烟酒 (X_1)、衣着 (X_2)、居住 (X_3)、生活用品及服务 (X_4)、交通通信 (X_5)、教育文化娱乐 (X_6)、医疗保健 (X_7) 和其他用品及服务 (X_8). 首先试用 R^2 统计量确定类的个数, 然后分别用最短距离法、最长距离法、中间距离法、重心法、类平均法和 Ward 方法对各地区作聚类分析.

表 13.14　2018 年全国 31 个地区的人均消费支出　　单位: 元

地区	区域	地带	X_1	X_2	X_3	X_4	X_5	X_6	X_7	X_8
北京	华北	东部	8 064.9	2 175.5	14 110.3	2 371.9	4 767.4	3 999.4	3 274.5	1 078.6
天津	华北	东部	8 647.5	1 990.0	6 406.3	1 818.4	4 280.9	3 186.6	2 676.9	896.3
河北	华北	东部	4 271.3	1 257.4	4 050.4	1 138.7	2 355.4	1 734.5	1 540.5	373.8
山西	华北	中部	3 688.2	1 261.0	3 228.5	855.6	1 845.2	1 940.0	1 635.1	356.4
内蒙古	华北	西部	5 324.3	1 751.2	3 680.0	1 204.6	3 074.3	2 245.4	1 847.5	537.9
辽宁	东北	东部	5 727.8	1 628.1	4 169.5	1 259.4	2 968.2	2 708.0	2 257.1	680.2
吉林	东北	中部	4 417.4	1 397.0	3 294.8	899.4	2 479.7	2 193.4	2 012.0	506.7
黑龙江	东北	中部	4 573.2	1 405.4	3 176.3	886.4	2 196.6	2 030.3	2 235.3	490.4
上海	华东	东部	10 728.2	2 036.8	14 208.5	2 095.5	4 881.2	5 049.4	3 070.2	1 281.5
江苏	华东	东部	6 529.8	1 541.0	6 731.2	1 493.3	3 522.8	2 582.6	2 016.4	590.4
浙江	华东	东部	8 198.3	1 813.5	7 721.2	1 652.4	4 302.0	3 031.3	2 059.4	692.6
安徽	华东	中部	5 414.7	1 137.4	3 941.9	1 041.2	2 082.1	1 810.4	1 224.0	392.8
福建	华东	东部	7 572.9	1 212.1	6 130.0	1 223.1	2 923.3	2 194.0	1 234.8	505.8
江西	华东	中部	4 809.0	1 074.1	3 795.2	1 047.7	1 872.1	1 813.0	1 000.0	381.0
山东	华东	东部	5 030.9	1 391.8	3 928.5	1 394.3	2 834.3	2 174.4	1 627.6	398.1
河南	中南	中部	3 959.8	1 172.8	3 512.0	1 054.4	1 838.0	1 769.1	1 541.5	321.0
湖北	中南	中部	5 491.3	1 316.2	4 310.6	1 253.2	2 584.1	2 187.5	1 907.9	487.0
湖南	中南	中部	5 260.0	1 215.5	3 976.1	1 190.2	2 322.9	2 786.2	1 705.5	351.5
广东	中南	东部	8 480.8	1 135.3	6 643.3	1 440.8	3 423.9	2 750.9	1 520.8	658.2
广西	中南	西部	4 545.7	616.7	3 268.5	898.2	2 150.1	1 798.9	1 364.6	291.9
海南	中南	东部	6 552.2	655.9	3 744.0	826.6	1 919.0	2 185.5	1 236.1	409.2
重庆	西南	西部	6 220.8	1 454.5	3 498.8	1 338.9	2 545.0	2 087.8	1 660.0	442.8
四川	西南	西部	5 937.9	1 173.8	3 368.0	1 182.2	2 398.8	1 599.7	1 568.6	434.5
贵州	西南	西部	3 792.9	934.7	2 760.7	878.1	2 408.0	1 660.0	1 083.5	280.1
云南	西南	西部	3 983.4	789.1	3 081.1	859.9	2 212.8	1 772.7	1 267.7	283.2
西藏	西南	西部	4 330.5	1 285.2	2 102.6	622.3	1 847.7	609.3	460.1	262.6
陕西	西北	西部	4 292.5	1 141.1	3 388.2	1 200.8	2 005.8	2 008.8	1 749.4	373.2
甘肃	西北	西部	4 253.3	1 111.5	3 095.0	896.9	1 640.7	1 710.3	1 573.9	342.4
青海	西北	西部	4 671.6	1 350.6	2 990.0	932.0	2 671.4	1 655.6	1 842.0	444.0
宁夏	西北	西部	4 234.1	1 388.2	3 014.3	1 067.1	2 724.4	2 139.5	1 727.1	420.4
新疆	西北	西部	4 691.6	1 456.0	2 894.3	1 082.8	2 274.4	1 762.5	1 592.6	434.9

在进行聚类分析之前, 先对数据作标准化, 消除数据的量纲影响. 首先编写函数计算总离差平方和、类内离差平方和以及 R^2 统计量; 然后利用 R^2 统计量确定类的个数 K, 在计算 R^2 统计量时, 以 Ward 方法为例, 其他方法类似. 程序如下, 结果见图 13.13.

```
Consumer = read.csv("consumer2018.csv")
Cosumer  = Consumer[, -c(2, 3)]
data.mat = as.matrix(Cosumer[,2:9]); rownames(data.mat)=Cosumer[,1]
## 编写函数计算总离差平方和、类内离差平方和和 R^2 统计量
tss.cal = function(x) sum(scale(x,scale=F)^2)
wss.cal = function(x,clst) sum(by(x, INDICES=clst, FUN=tss.cal))
rsq.cal = function(x,clst) (tss.cal(x)-wss.cal(x,clst))/tss.cal(x)
rsq = vector("numeric", 14)
res = hclust(dist(scale(data.mat)), method = "ward.D")
for(ii in 2:15){
 clst = cutree(res, ii)
 rsq[ii-1] = rsq.cal(data.mat, clst)
}
plot(2:15,rsq,type="b",xlab="K",ylab=expression(R^2),col="blue")
```

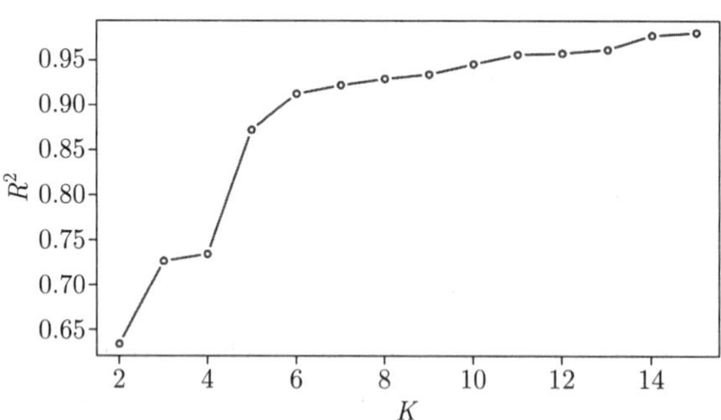

图 13.13　例 13.5 中 2018 年人均消费支出数据不同 K 对应的 R^2 统计量

从图 13.13 中 R^2 统计量可以看出, 使用 Ward 方法时, 31 个地区分成 5 类比较合理. 下面用函数 hclust() 作聚类分析, plot() 绘制聚类谱系图, rect.hclust() 将地区分成 5 类, 程序如下, 结果见图 13.14.

```
m = c("single","complete","median","average","centroid","ward.D")
h = list(); reh = list();  opar = par(mfrow=c(3, 2))
for (i in 1:length(m)){
```

```
  h[[i]]=hclust(dist(scale(data.mat)), method = m[i])
  plot(h[[i]], main = paste("Method: ", m[i]), hang = -1)
  reh[[i]] = rect.hclust(h[[i]], k = 5, border = "red")
}
```

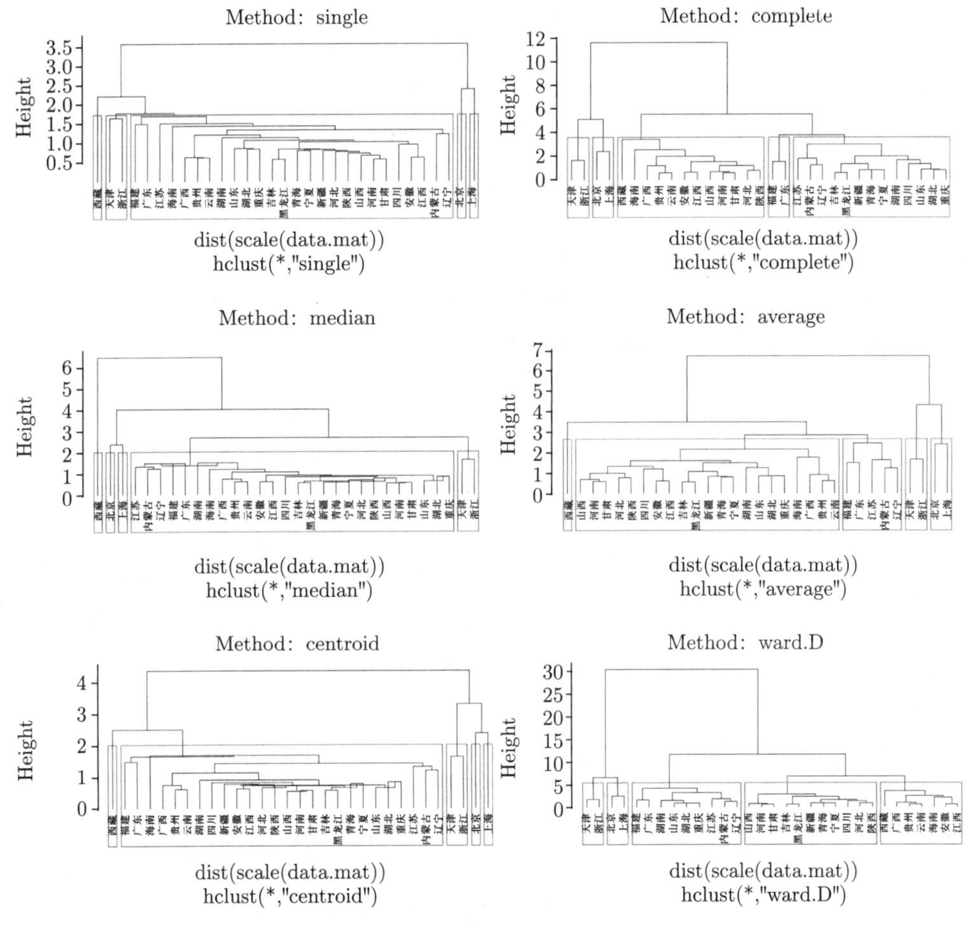

图 13.14 6 种系统聚类方法得到的 31 个地区聚类的谱系图

从图 13.14 可以看出, 6 种系统聚类方法对 31 个地区的聚类结果, 有的相同, 有的不同, 如最短距离法、中间距离法和重心法得到的聚类结果相同, 但和其他三种方法得到的聚类结果不同, 并且最长距离法、类平均法和 Ward 方法得到的聚类结果也不相同. 因此, 可以根据具体的数据和背景再进一步确定哪种聚类结果较为合理.

尽管函数 plot() 可以绘制聚类谱系图, 但是参数设置有限, 图形也不够美观. 为了使聚类谱系图更加美观, 可使用程序包 ggfortify 中的函数 autoplot()、程序包 ggdendro 中的函数 ggdendrogram()、程序包 ggraph 中的函数 ggraph()、程序包 factoextra 中的函数 fviz_dend(), 并结合程序包 ggplot2 绘制更加美观和形式多样的聚类谱系图, 而且还具有可修改性. 对例 13.5 的数据进一步进行展示,只考虑 Ward 方法, 程序如下, 其中 type="circular" 表示绘制圆形聚类图, type="phylogenic" 表示绘制植物形聚类图, type="rectangle" 表示绘制矩形聚类图. 结果见图 13.15.

```
library(factoextra)
library(ggplot2)
h = hclust(dist(scale(data.mat)), method = "ward.D")
fviz_dend(h, k = 5,                        ## 分成 5 类
  cex = 0.6,                               ## 设置数据标签的字体大小
  horiz = FALSE,                           ## 垂直摆放图形
  k_colors = c("green3", "red", "blue3", "6", "grey1"),
  color_labels_by_k=TRUE,                  ## 自动设置数据标签颜色
  lwd = 0.8,                               ## 设置分支和矩形的线宽
  type = "circular",                       ## 绘制圆形聚类图
  rect = TRUE,                             ## 使用不同的颜色矩形标记类别
  rect_lty = 1, rect_fill = TRUE) ## 设置标记框的线型和填充颜色
```

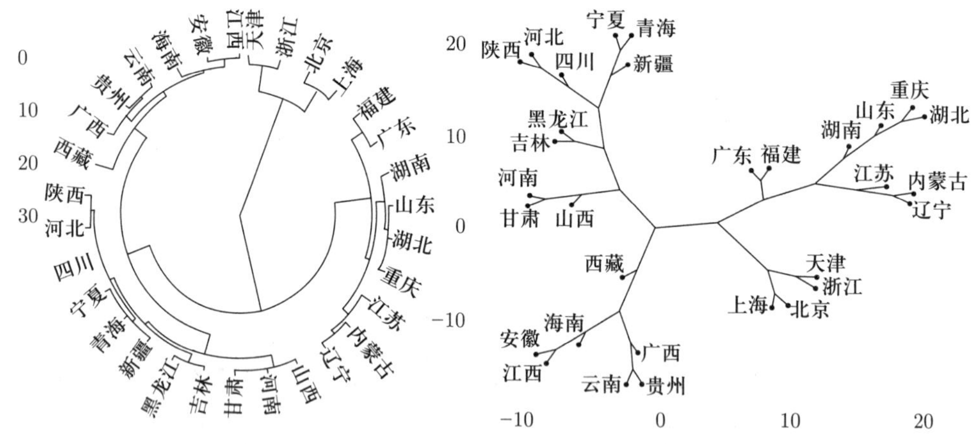

图 13.15 Ward 方法得到的 31 个地区聚类的圆形聚类图和植物形聚类图

13.3.5 新的聚类方法

经典的系统聚类法将遇到以下几个问题: ① 对具有噪声和离群值的数据较敏感, 不具有稳健性; ② 系统聚类法一旦将某一个样本或变量错分到某一个类后, 则不能修正该错误; ③ 系统聚类法具有很大的计算复杂度, 如果对样本进行聚类, 计算复杂度为 $O(n^2)$, 这时很难对大规模数据集进行数据挖掘和聚类分析等. 为了克服这些问题并提高聚类效果, 最近发展了一些新的聚类方法, 如 Zhang 等 (1996) 提出了 BIRCH (Balanced Iterative Reducing and Clustering using Hierarchies) 方法, Guha 等 (1998) 提出了 CURE (Clustering Using REpresentatives) 方法, Guha 等 (2000) 提

出了 ROCK (RObust Clustering using linKs) 方法, Karypis 等 (1999) 提出了 Chameleon 方法, Celeux 和 Govaert (1995) 与 Fraley 和 Raftery (2002) 提出了基于统计模型的聚类方法, 感兴趣的读者可查阅相关文献.

习　题　13

1. 试证明下列结论:

(1) 由两个距离的和所组成的函数仍为距离;

(2) 由一个正常数乘一个距离所组成的函数仍为距离;

(3) 设 d 为一个距离, $c>0$ 为常数, 则 $d^*=d/(d+c)$ 仍是一个距离;

(4) 由两个距离的乘积所组成的函数不一定是距离.

2. 给出式 (13.22) 的详细推导过程.

3. 假设对 A,B,C,D 四个项目测量两个指标 X_1 和 X_2, 数据如表 13.15. 利用 K 均值聚类法将项目划分为 $K=2$ 个类, 并利用肘方法确定类的个数.

表 13.15　A,B,C,D 四个项目测量两个指标 X_1 和 X_2 的数据

	A	B	C	D
X_1	5	1	−1	3
X_2	4	−2	1	1

4. 使用 R 语言中的 iris 数据的全部四个特征向量, 进行 K 均值聚类分析 ($K=3$), 展示混淆矩阵, 并计算分类准确率和错误率.

5. R 语言自带数据 faithful 包含美国黄石公园老忠实间歇泉 (Old Faithful geyser) 的间歇喷射信息. 对数据 faithful 进行 K 均值聚类分析, 试考虑如下问题:

(1) 绘制数据 faithful 的散点图;

(2) 假设 $K=2$, 进行 K 均值聚类分析, 并画图展示聚类结果;

(3) 假设 $K=3$, 进行 K 均值聚类分析, 并画图展示聚类结果;

(4) 利用肘方法确定类的个数 K;

(5) 利用 AIC 和 BIC 信息准则选择类的个数 K.

6. 分别利用最长距离法、中间距离法、重心法、类平均法和 Ward 方法对例 13.4 的 5 个样本数据给出系统聚类算法的过程, 并对结果进行比较.

7. 利用距离平方的递推公式

$$D_{MJ}^2=\alpha_K D_{KJ}^2+\alpha_L D_{LJ}^2+\beta D_{KL}^2+\gamma\left|D_{KJ}^2-D_{LJ}^2\right|,\quad J\neq K,L.$$

试证明: 当 $\gamma=0,\ \alpha_K\geqslant 0,\ \alpha_L\geqslant 0,\ \alpha_K+\alpha_L+\beta\geqslant 1$ 时, 系统聚类中的类平均法、可变类平均法、可变法以及 Ward 法的单调性.

8. 试从定义直接证明最长和最短距离法的单调性.

9. 下面是 5 个样本两两间的距离矩阵

$$\mathbf{D}^{(0)}=\begin{pmatrix}0 & & & & \\ 4 & 0 & & & \\ 6 & 9 & 0 & & \\ 1 & 7 & 10 & 0 & \\ 6 & 3 & 5 & 8 & 0\end{pmatrix},$$

试用最短距离法、最长距离法、类平均法和 Ward 方法做系统聚类, 并画出聚类谱系图.

10. 给出 5 只股票的样本相关系数矩阵为

	JP Morgan	Citibank	Wells Fargo	Royal DutchShell	Exxon Mobil
JP Morgan	1				
Citibank	0.63	1			
Wells Fargo	0.51	0.57	1		
Royal DutchShell	0.12	0.32	0.18	1	
Exxon Mobil	0.16	0.21	0.15	0.68	1

将样本相关系数作为相似度度量指标, 利用最短距离法和最长距离法对股票进行聚类. 画出谱系图并比较结果.

11. 设有 5 个样本, 对每个样本考察一个指标, 得数据分别为 1、2、5、7、10. 试用 Ward 方法求将 5 个样本分为 k 类 $(k=5,4,3,2,1)$ 的分类法 b_k 及其相应的总离差平方和 $W(k)$.

12. 试编写程序计算 R^2 统计量和半偏 R^2 统计量, 并用于例 13.5 的 2018 年全国 31 个地区的 8 项人均消费支出数据中, 确定类的个数. **注**: 关于半偏 R^2 统计量, 请参考高惠璇 (2005) 与李高荣和吴密霞 (2021).

13. 使用 Ward 方法对四个项目进行聚类, 得到它们在单个变量 $\boldsymbol{X}$ 上的测量值: 2、1、5、8.

(1) 首先, 每个项目都是一类, 则有 $\{1\},\{2\},\{3\},\{4\}$. 证明: ESS=0.

(2) 如果将 $\{1\}$ 和 $\{2\}$ 聚类, 则产生新的一类 $\{1,2\}$, 有

$$\mathrm{ESS}_1=\sum_{i=1}^{2}(x_i-\overline{x})^2=(2-1.5)^2+(1-1.5)^2=0.5,$$

且与分组 $\{1,2\},\{3\},\{4\}$ 相关的 ESS 满足: $\mathrm{ESS}=0.5+0+0=0.5$. ESS (信息丢失) 增加的 $0.5-0=0.5$ 是从第一步到当前一步产生的. 通过确定步骤 2 中 ESS 增加的所有可能性, 完成表 13.16.

表 13.16 ESS 中的增加量

聚类			ESS 中的增加量
{1, 2}	{3}	{4}	0.5
{1, 3}	{2}	{4}	
{1, 4}	{2}	{3}	
{1}	{2, 3}	{4}	
{1}	{2, 4}	{3}	
{1}	{2}	{3, 4}	

(3) 完成最后两个合并步骤, 并构建树状图, 显示合并发生时的 ESS 值.

14. 现有 6 个钻探头, 用 "中子活化" 方法测得 7 种微量元素的含量数据, 见表 13.17.

表 13.17　微量元素含量数据

样本号	Ag(银) ($\boldsymbol{X}_1$)	Al(铝) ($\boldsymbol{X}_2$)	Cu(铜) ($\boldsymbol{X}_3$)	Ca(钙) ($\boldsymbol{X}_4$)	Sb(锑) ($\boldsymbol{X}_5$)	Bi(铋) ($\boldsymbol{X}_6$)	Sn(锡) ($\boldsymbol{X}_7$)
1	0.057 98	5.515 0	347.10	21.910	8 586	1 742	61.69
2	0.084 41	3.970 0	347.20	19.710	7 947	2 000	2 440
3	0.072 17	1.153 0	54.85	3.052	3 860	1 445	9 497
4	0.150 10	1.702 0	307.50	15.030	12 290	1 461	6 380
5	5.744 00	2.854 0	229.60	9.657	8 099	1 266	12 520
6	0.213 00	0.705 8	240.30	13.910	8 980	2 820	4 135

(1) 试用多种系统聚类法对 6 个探头进行分类, 并比较分类结果;

(2) 试用多种方法对 7 种微量元素进行分类.

15. 设在某地区抽取了 14 块岩石标本, 其中 7 块含矿和 7 块不含矿. 对每块岩石测定了 Cu、Ag 和 Bi 三种化学成分的含量, 得到的数据见表 5.5. 试用几种系统聚类方法进行聚类分析, 给出综合的分析结果, 并与实际情况进行比较.

16. 利用图像色彩的 K 均值聚类方法, 找一张彩色图片, 把彩色图片转换成有 K 种颜色的图片, 并进行比较. 另外, 把聚类出来的 K 种颜色改成其他颜色并对结果进行比较.

17. 在 R 语言中, 程序包 HSAUR 中有 pottery 数据集, 首先利用 data (pottery) 载入数据集; 然后使用基于相关系数的聚类, 对 pottery 数据集的 9 个变量进行聚类分析 (可以自己选择聚类方法, 选择聚类数目); 最后评价聚类效果.

18. 对 305 名女中学生测量 8 个体型指标, 相应的相关系数矩阵如表 13.18 所示, 将相关系数看成相似系数, 定义距离为

$$d_{ij} = 1 - r_{ij}.$$

试用最短距离法、最长距离法、中间距离法、重心法、类平均法和 Ward 方法对体型指标作聚类分析, 并绘制谱系图进行比较.

表 13.18　体型各变量之间的相关系数

	身高	手臂长	上肢长	下肢长	体重	颈围	胸围	胸宽
身高	1.000							
手臂长	0.846	1.000						
上肢长	0.805	0.881	1.000					
下肢长	0.859	0.826	0.801	1.000				
体重	0.473	0.376	0.380	0.436	1.000			
颈围	0.398	0.326	0.319	0.329	0.762	1.000		
胸围	0.301	0.277	0.237	0.327	0.730	0.583	1.000	
胸宽	0.382	0.277	0.345	0.365	0.629	0.577	0.539	1.000

第 14 章　前馈神经网络

学习目标与要求:

1. 掌握神经元模型和神经元的概念, 以及常见激活函数的性质和它们的优缺点;
2. 掌握前馈神经网络模型及表示和原理, 以及神经网络模型的通用近似定理和在机器学习中的应用;
3. 掌握前馈神经网络学习的反向传播算法和正则化方法;
4. 能够熟练使用 R 语言对前馈神经网络进行数据分析和应用.

人工神经网络 (artificial neural network, ANN) 或**神经网络** (neural network, NN) 是指一系列受生物学和神经科学启发而发明的数学模型, 主要是通过对人脑的神经元网络进行抽象, 构建人工神经元, 按照一定的拓扑结构建立人工神经元之间的连接, 来模拟生物神经网络. **前馈神经网络** (feedforward neural network, FNN) 是最具代表性的神经网络, 主要用于监督学习, 例如回归和分类.

本章重点介绍最基础的神经元模型和前馈神经网络模型, 以及前馈神经网络模型学习的反向传播算法和正则化方法, 其中反向传播算法也是随机梯度下降算法的具体实现.

§14.1　神经元模型

14.1.1　神经元

人工神经元 (artificial neuron), 简称为**神经元** (neuron), 是构成神经网络的基本单元, 其主要是模拟生物神经元的结构和特性, 接收一组输入信号并产生输出.

生物学家在 20 世纪初就发现了生物神经元的结构. 一个生物神经元通常具有多个树突和一条轴突. 树突用来接收信息, 轴突用来发送信息. 当神经元所获得输入信号的积累超过某个阈值时, 它就处于兴奋状态, 产生电脉冲. 轴突尾端有许多末梢可以给其他神经元的树突产生连接 (突触), 并通过轴突将电脉冲信号传递给其他神经元.

McCulloch 和 Pitts (1943) 根据生物神经元的结构, 提出了一种非常简单的神经元模型: **McCulloch-Pitts 神经元模型**, 简称为 **M-P 神经元模型**. 现代神经网络中的神经元模型和 M-P 神经元模型的结构并无太多变化. 不同的是, M-P 神经元模型中的激活函数 f 为 0 或 1 的阶跃函数, 而现代神经元中模型的激活函数通常要求是连续可导的函数.

假设一个神经元接受 p 个输入 $x_1, \cdots, x_p$, 并用向量表示为 $\boldsymbol{x} = (x_1, \cdots, x_p)^{\mathrm{T}}$, 并用**净输入**

(net input) $z \in \mathbb{R}$ 表示一个神经元所获得的输入信号 $\boldsymbol{x}$ 的加权和, 记为

$$z = \sum_{i=1}^{p} w_i x_i - \theta = \boldsymbol{w}^{\mathrm{T}} \boldsymbol{x} - \theta, \tag{14.1}$$

其中 $\boldsymbol{w} = (w_1, \cdots, w_p)^{\mathrm{T}} \in \mathbb{R}^p$ 是 p 维的**权重向量**, $\theta \in \mathbb{R}$ 是**阈值**或**偏置**. 权重向量 $\boldsymbol{w}$ 和偏置 θ 是神经元函数的参数, 通过学习得到.

净输入 z 经过一个非线性函数 $f(\cdot)$ 后, 得到神经元的**活性值** (activation), 即

$$y = f(z) = f\left(\sum_{i=1}^{p} w_i x_i - \theta\right), \tag{14.2}$$

其中非线性函数 $f(\cdot)$ 称为**激活函数** (activation function).

在这个模型中, 神经元接收到来自 p 个其他神经元传递过来的输入信号, 这些输入信号通过带权重的连接 (connection) 进行传递, 神经元接收到的净输入值 z 将与神经元的阈值 θ 进行比较, 然后通过激活函数 $f(\cdot)$ 处理以产生神经元的输出. 图 14.1 给出了一个典型的神经元模型示例.

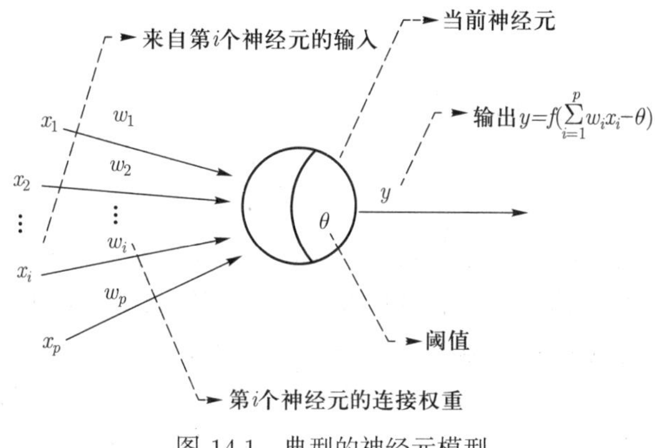

图 14.1 典型的神经元模型

14.1.2 激活函数

激活函数在神经元模型中非常重要, 为了增强网络的表示能力和学习能力, 激活函数需要具备以下几个性质:

(1) 连续并可导 (允许少数点上不可导) 的非线性函数, 可导的激活函数可以直接利用数值优化的方法来学习网络参数;

(2) 激活函数及其导数要尽可能地简单, 有利于提高网络计算效率;

(3) 激活函数导数的值域要在一个合适的区间内, 不能太大也不能太小, 否则会影响训练的效率和稳定性.

常用的激活函数有: 阶跃函数、sigmoid 函数、tanh 函数 (双曲正切函数) 和修正线性单元 (ReLU) 函数等.

1. 阶跃函数

阶跃函数定义为

$$\operatorname{sgn}(x)=\begin{cases}1, & \text{如果 } x \geqslant 0,\\ 0, & \text{如果 } x<0.\end{cases} \tag{14.3}$$

图 14.2 给出了阶跃函数的形状. 理想中的激活函数是图 14.2 所示的阶跃函数, 它将输入值映射为输出值 “0” 或 “1”, 显然 “0” 表示抑制神经元, 而 “1” 表示激活神经元. 然而, 阶跃函数具有不连续和不光滑等不太好的性质.

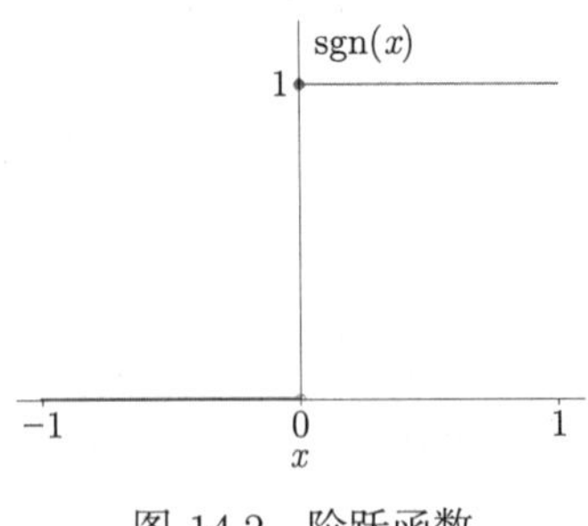

图 14.2 阶跃函数

2. Sigmoid 函数

Sigmoid 函数又称为 **logistic 函数**, 定义为

$$\operatorname{sigmoid}(x)=\frac{1}{1+\exp(-x)}. \tag{14.4}$$

图 14.3(a) 给出了 sigmoid 函数的形状, 可见 sigmoid 函数是一个 S 形函数, 可以看成是一个 “挤压” 函数, 把一个实数域的输入 “挤压” 到区间 $(0,1)$. 当输入值在 0 附近时, sigmoid 函数近似为线性函数; 当输入值靠近两端时, 对输入值进行抑制. 输入值越小, 越接近于 0; 输入值越大, 越接近于 1. 这样的特点也和生物神经元类似, 对一些输入会产生兴奋 (输出为 1), 对另一些输入产生抑制 (输出为 0). 与式 (14.3) 的阶跃激活函数相比, sigmoid 函数是连续可导的, 其数学性质更好.

简单计算可知, sigmoid 函数的导数为

$$\operatorname{sigmoid}'(x)=\operatorname{sigmoid}(x)[1-\operatorname{sigmoid}(x)], \tag{14.5}$$

其中 $\operatorname{sigmoid}(x)$ 为由式 (14.4) 定义的 sigmoid 函数, 图 14.3(b) 给出了 sigmoid 函数的导数形状. 当 x 非常大或者非常小时, sigmoid 函数的导数将接近 0, 导致梯度更新十分缓慢, 即发生梯度消失问题.

Sigmoid 函数的优点是: ① sigmoid 函数是便于求导的光滑函数; ② sigmoid 函数能够压缩数据, 保证数据幅度不会有问题; ③ sigmoid 函数适合用于前向传播算法.

Sigmoid 函数的缺点是: ① 存在梯度消失 (gradient vanishing) 的现象, 当激活函数接近饱和区时, 变化太缓慢, 导数接近 0, 由于后向传递的数学依据是微积分求导的链式法则, 当前导数需要之前各层导数的乘积, 几个比较小的数相乘, 导数结果很接近 0, 从而无法完成深层网络的训练; ② sigmoid 函数的输出值域不是 0 均值 (zero-centered) 的, 这会导致后层的神经元的输入是非 0 均值的信号, 对梯度产生影响. 以 $f(x)=\operatorname{sigmoid}(wx+b)$ 为例, 假设输入均为正数 (或负数), 那么对 w 的导数总是正数 (或负数), 这样在反向传播过程中要么都往正方向更新, 要么都往负方向更新, 导致有一种捆绑效果, 使得收敛缓慢; ③ sigmoid 函数存在幂运算, 使得其相对耗时.

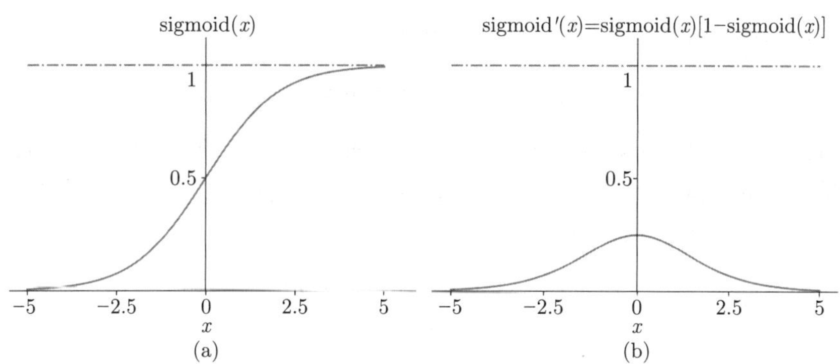

图 14.3 (a) sigmoid 函数; (b) sigmoid 函数的导数

3. Tanh 函数

Tanh 函数又称为**双曲正切函数**, 也是一种 S 形函数, 定义为

$$\tanh(x) = \frac{\exp(x) - \exp(-x)}{\exp(x) + \exp(-x)}. \tag{14.6}$$

从式 (14.6) 可知 $\tanh(x) = 2\text{sigmoid}(2x) - 1$, 可见 tanh 函数可以看作是放大并平移的 sigmoid 函数, 其值域是 $(-1, 1)$. 从图 14.4(a) 的 tanh 函数形状可知, tanh 函数是一个完全可微的和反对称的函数, 且对称中心在原点.

简单计算, 可得 tanh 函数的导数为

$$\tanh'(x) = \frac{4}{[\exp(x) + \exp(-x)]^2}. \tag{14.7}$$

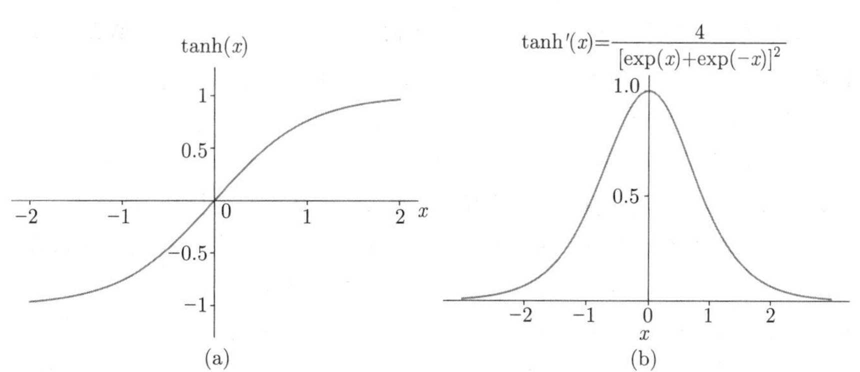

图 14.4 (a) tanh 函数; (b) tanh 函数的导数

从图 14.4(b) 可以看出, 当 x 很大或很小时, tanh 函数的导数都接近于 0, 会导致梯度很小, 权重更新非常缓慢, 同样存在梯度消失问题. Tanh 函数的输出是零中心化的 (zero-centered), 而 sigmoid 函数的输出恒大于 0. 非零中心化的输出会使得其后一层的神经元的输入发生偏置偏移 (bias shift), 并进一步使得梯度下降的收敛速度变慢. 因此, tanh 函数解决了 sigmoid 函数的不是 0 均值 (zero-centered) 输出问题. Tanh 函数对于梯度消失和幂运算的问题仍然存在.

4. ReLU 函数

ReLU (rectified linear unit, ReLU) 函数是由 Nair 和 Hinton (2010) 提出, 也称为**修正线性单**

元函数, 是目前深度神经网络中经常使用的激活函数, 定义为

$$\mathrm{ReLU}(x) = \max(0, x). \tag{14.8}$$

ReLU 函数的定义域为 $(-\infty, \infty)$, 值域为 $[0, \infty)$. 如图 14.5(a) 所示, ReLU 函数的特点是输入是当负值时, 输出为 0; 当输入是正值时, 输出为正且线性单调递增; 当输入为 0 时, 输出也是 0.

容易得到, ReLU 函数的导数 (图形见图 14.5(b)) 为

$$\mathrm{ReLU}'(x) = \begin{cases} 1, & \text{当 } x > 0, \\ 0, & \text{当 } x \leqslant 0. \end{cases} \tag{14.9}$$

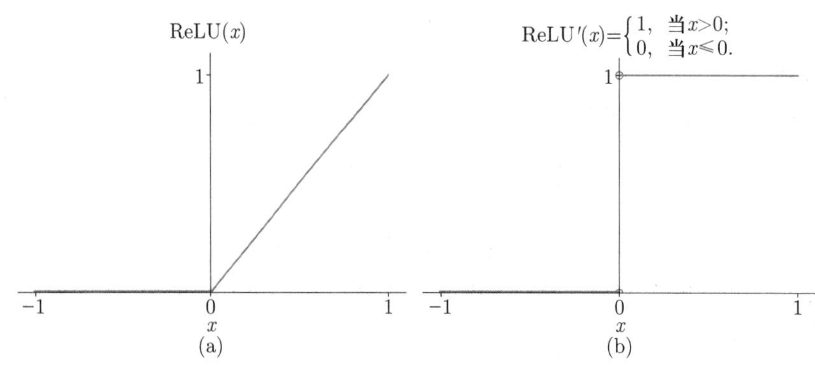

图 14.5 (a) ReLU 函数; (b) ReLU 函数的导数

对于激活函数 $f(x)$, 当其导数满足 $\lim\limits_{x\to-\infty} f'(x) = 0$ 时, 称为**左饱和函数**; 当其导数满足 $\lim\limits_{x\to+\infty} f'(x) = 0$ 时, 称为**右饱和函数**; 同时满足左饱和和右饱和条件时, 称为**两端饱和函数**.

Sigmoid 函数和 tanh 函数是两端饱和函数, 而 ReLU 函数是左饱和函数, 且当 $x > 0$ 时, ReLU 函数的导数为 1, 在一定程度上 ReLU 函数缓解了神经网络的梯度消失问题, 加速了梯度下降的收敛速度. 因为 ReLU 函数只需要判断输入是否大于 0, 计算速度非常快, 且收敛速度远快于 sigmoid 函数和 tanh 函数. 采用 ReLU 函数的神经元只需要进行加、乘和比较的操作, 计算上更加高效. ReLU 函数被认为有生物上的解释性, 例如单侧抑制和宽兴奋边界 (即兴奋程度也可以非常高).

ReLU 函数的缺点是: ① ReLU 函数的输出是非零中心化的, 会给后一层的神经网络引入偏置偏移, 影响梯度下降的效率; ② ReLU 函数的神经元在训练时比较容易 "死亡", 导致相应的参数永远不能被更新. 在训练时, 如果参数在一次不恰当的更新后, 第一个隐藏层中的某个 ReLU 神经元在所有的训练数据上都不能被激活, 那么这个神经元自身参数的梯度永远都会是 0, 在以后的训练过程中永远不能被激活, 这种现象称为**死亡 ReLU 问题** (dying ReLU problem), 并且也有可能会发生在其他隐藏层. 尽管 ReLU 函数存在这两个问题, 但是 ReLU 函数仍是目前最常用的激活函数, 特别是在卷积神经网络中.

在神经网络应用中, 还有很多激活函数可以使用, 如 hard-sigmoid 函数、hard-tanh 函数、泄漏 ReLU 函数、softplus 函数和 swish 函数等, 更多详细的讨论见邱锡鹏 (2020).

§14.2 前馈神经网络模型

本节首先介绍三种常见的网络结构, 然后重点介绍前馈神经网络模型及表示, 以及神经网络模型的通用近似定理和在机器学习中的应用.

14.2.1 网络结构

神经网络是由神经元连接组成的网络, 采用不同类型的神经元以及神经元的不同连接方法可以构建不同的网络结构, 也就是不同的神经网络模型. 到目前为止, 研究者已经发明了各种各样的神经网络结构, 常用的神经网络结构有: 前馈网络、记忆网络和图网络.

1. 前馈网络

前馈网络中各个神经元按接收信息的先后分为不同的组, 每一组可以看作一个神经层, 每一层中的神经元接收前一层神经元的输出, 并输出到下一层神经元, 如图 14.6(a). 整个网络中的信息是朝一个方向传播, 没有反向的信息传播, 可以用一个有向无环路图表示. 前馈网络包括全连接前馈网络和卷积神经网络等.

前馈网络可以看作一个函数, 通过简单非线性函数的多次复合, 实现输入空间到输出空间的复杂映射. 这种网络结构简单, 易于实现.

2. 记忆网络

记忆网络, 也称为**反馈网络**, 网络中的神经元不但可以接收其他神经元的信息, 也可以接收自己的历史信息, 如图 14.6(b). 与前馈网络相比, 记忆网络中的神经元具有记忆功能, 在不同的时刻具有不同的状态. 记忆神经网络中的信息传播可以是单向或双向传递, 因此可用一个有向循环图或无向图来表示. 记忆网络包括循环神经网络、Hopfield 网络、玻尔兹曼机和受限玻尔兹曼机等. 记忆网络可以看作一个程序, 具有更强的计算和记忆能力.

3. 图网络

前馈网络和记忆网络的输入都可以表示为向量或向量序列, 但实际应用中很多数据是图结构的数据. 例如, 知识图谱、社交网络和分子 (molecular) 网络等. 前馈网络和记忆网络很难处理图结构的数据.

图网络是定义在图结构数据上的神经网络, 图中每个节点都由一个或一组神经元构成, 节点之间的连接可以是有向的, 也可以是无向的, 每个节点可以收到来自相邻节点或自身的信息, 如图 14.6(c).

图网络是前馈网络和记忆网络的泛化, 包含很多不同的实现方式. 例如, 图卷积网络、图注意力网络和消息传递神经网络等.

14.2.2 前馈神经网络模型及表示

前馈神经网络 (feedforward neural network, FNN) 是最早发明的简单人工神经网络, 由多层神经元组成, 层间的神经元相互连接, 层内的神经元不连接, 也不存在跨层连接. 这里, 神经元是对多个输入信号 (实数向量) 进行非线性激活转换产生一个输出信号 (实数值) 的函数, 整个神经网络是对多个输入信号 (实数向量) 进行多次非线性激活转换产生多个输出信号 (实数向量) 的复合函数.

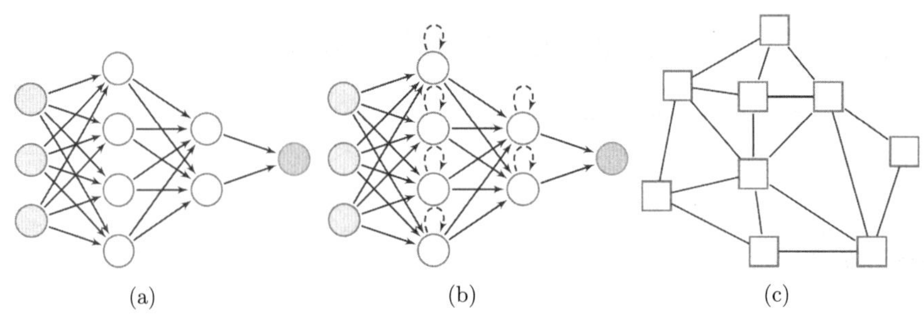

图 14.6 (a) 前馈网络; (b) 记忆网络; (c) 图网络. 图中圆形节点表示一个神经元, 方形节点表示一组神经元 (图片来源于邱锡鹏, 2020)

每个神经元的函数含有参数, 可以通过学习得到.

在前馈神经网络中, 各神经元分别属于不同的层. 每一层的神经元可以接收前一层神经元的信号, 并产生信号输出到下一层. 第 0 层称为**输入层**, 最后一层称为**输出层**, 其他中间层称为**隐藏层**, 图 14.7 给出了具有两个隐藏层的前馈神经网络示例图. 对前馈神经网络, 整个网络中无反馈, 信号从输入层向输出层单向传播, 可用一个有向无环图表示. 当前馈神经网络的层数达到一定数量时 (一般大于 2), 又称为**深度神经网络** (deep neural network, DNN). 表 14.1 描述了前馈神经网络的符号说明, 其中层数 L 只考虑隐藏层和输出层.

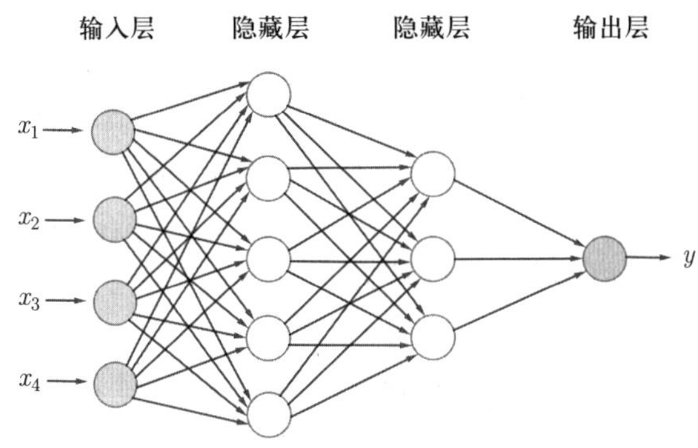

图 14.7 双隐藏层的前馈神经网络

表 14.1 前馈神经网络的符号说明

记号	含义
L	神经网络的层数
M_l	第 l 层神经元的个数
$f_l(\cdot)$	第 l 层神经元的激活函数
$\mathbf{W}^{(l)} \in \mathbb{R}^{M_{l-1} \times M_l}$	第 $l-1$ 层到第 l 层的权重矩阵
$\boldsymbol{\theta}^{(l)} \in \mathbb{R}^{M_l}$	第 $l-1$ 层到第 l 层的偏置
$\boldsymbol{z}^{(l)} \in \mathbb{R}^{M_l}$	第 l 层神经元的净输入 (净活性值)
$\boldsymbol{b}^{(l)} \in \mathbb{R}^{M_l}$	第 l 层神经元的输出 (活性值)

令 $\boldsymbol{b}^{(0)}=\boldsymbol{x}=(x_1,\cdots,x_p)^{\mathrm{T}}$ 表示初始输入, 前馈神经网络通过不断迭代下面公式进行信息传播, 即

$$\begin{cases}\boldsymbol{z}^{(l)}=\mathbf{W}^{(l)\mathrm{T}}\boldsymbol{b}^{(l-1)}-\boldsymbol{\theta}^{(l)},\\ \boldsymbol{b}^{(l)}=f_l(\boldsymbol{z}^{(l)}), \qquad l=1,\cdots,L.\end{cases} \tag{14.10}$$

首先根据第 $l-1$ 层神经元的活性值 $\boldsymbol{b}^{(l-1)}$ 计算出第 l 层神经元的净活性值 $\boldsymbol{z}^{(l)}$, 然后经过一个激活函数得到第 l 层神经元的活性值 $\boldsymbol{b}^{(l)}$, 式 (14.10) 也可以合并写为

$$\boldsymbol{z}^{(l)}=\mathbf{W}^{(l)\mathrm{T}}f_{l-1}(\boldsymbol{z}^{(l-1)})-\boldsymbol{\theta}^{(l)}, \qquad l=1,\cdots,L, \tag{14.11}$$

或者

$$\boldsymbol{b}^{(l)}=f_l(\mathbf{W}^{(l)\mathrm{T}}\boldsymbol{b}^{(l-1)}-\boldsymbol{\theta}^{(l)}), \qquad l=1,\cdots,L. \tag{14.12}$$

这样, 前馈神经网络可以通过逐层的信息传递, 得到网络最后的输出, 记为 $\boldsymbol{y}=\boldsymbol{b}^{(L)}$. 可见, 前馈神经网络模型是矩阵与向量乘积的非线性变换的多次重复, 其基本结构非常简单. 因此, 多次非线性变换是前馈神经网络的本质.

特别地, 考虑二层前馈神经网络 $(L=2)$, 且拥有 p 个输入神经元, l 个输出神经元, q 个隐藏层神经元, 如图 14.8 所示.

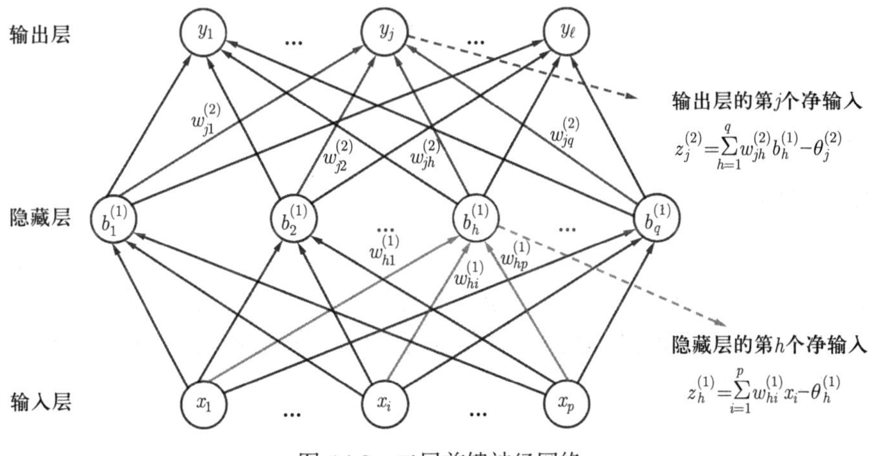

图 14.8　二层前馈神经网络

二层前馈神经网络是如下定义的非线性函数的复合函数, 输入是 $\boldsymbol{x}=(x_1,\cdots,x_p)^{\mathrm{T}}$, 输出是 $\boldsymbol{y}=(y_1,\cdots,y_l)^{\mathrm{T}}$. 神经网络有两层, 第 1 层由 q 个神经元组成, 其中第 h 个神经元为

$$b_h^{(1)}=f_1(z_h^{(1)})=f_1\left(\sum_{i=1}^{p}w_{hi}^{(1)}x_i-\theta_h^{(1)}\right), \qquad h=1,\cdots,q, \tag{14.13}$$

其中 x_i 是输入, $w_{hi}^{(1)}$ 是权重, $\theta_h^{(1)}$ 是偏置, $z_h^{(1)}$ 是净输入, $f_1(\cdot)$ 是激活函数. 第 2 层由 l 个神经元组

成, 其中第 j 个神经元是

$$y_j = f_2(z_j^{(2)}) = f_2\left(\sum_{h=1}^{q} w_{jh}^{(2)} b_h^{(1)} - \theta_j^{(2)}\right), \qquad j = 1, \cdots, l, \tag{14.14}$$

其中 $b_h^{(1)}$ 是第 1 层神经元的输出, $w_{jh}^{(2)}$ 是权重, 且 $h = 1, \cdots, q$, $\theta_j^{(2)}$ 是偏置, $z_j^{(2)}$ 是净输入, $f_2(\cdot)$ 是激活函数. 该神经网络整体是

$$y_j = f_2\left[\sum_{h=1}^{q} w_{jh}^{(2)} f_1\left(\sum_{i=1}^{p} w_{hi}^{(1)} x_i - \theta_h^{(1)}\right) - \theta_j^{(2)}\right], \qquad j = 1, \cdots, l. \tag{14.15}$$

在二层前馈神经网络中, 共有 $(p+l+1)q+l$ 个待学习参数. 通常情况下, 第 2 层只有一个神经元, 即 $l = 1$. 进一步, 二层前馈神经网络也可以用矩阵来表示, 即

$$\begin{cases} \boldsymbol{b}^{(1)} = f_1(\boldsymbol{z}^{(1)}) = f_1(\mathbf{W}^{(1)\mathrm{T}}\boldsymbol{x} - \boldsymbol{\theta}^{(1)}), \\ \boldsymbol{y} = f_2(\boldsymbol{z}^{(2)}) = f_2(\mathbf{W}^{(2)\mathrm{T}}\boldsymbol{b}^{(1)} - \boldsymbol{\theta}^{(2)}), \end{cases} \tag{14.16}$$

其中 $\boldsymbol{z}^{(1)} = (z_1^{(1)}, \cdots, z_q^{(1)})^{\mathrm{T}}$, $\boldsymbol{b}^{(1)} = (b_1^{(1)}, \cdots, b_q^{(1)})^{\mathrm{T}}$, $\boldsymbol{z}^{(2)} = (z_1^{(2)}, \cdots, z_l^{(2)})^{\mathrm{T}}$, $\boldsymbol{\theta}^{(1)} = (\theta_1^{(1)}, \cdots, \theta_q^{(1)})^{\mathrm{T}}$, $\boldsymbol{\theta}^{(2)} = (\theta_1^{(2)}, \cdots, \theta_l^{(2)})^{\mathrm{T}}$, 且权重矩阵 $\mathbf{W}^{(1)}$ 和 $\mathbf{W}^{(2)}$ 分别定义为

$$\mathbf{W}^{(1)} = \begin{pmatrix} w_{11}^{(1)} & w_{12}^{(1)} & \cdots & w_{1q}^{(1)} \\ w_{21}^{(1)} & w_{22}^{(1)} & \cdots & w_{2q}^{(1)} \\ \vdots & \vdots & & \vdots \\ w_{p1}^{(1)} & w_{p2}^{(1)} & \cdots & w_{pq}^{(1)} \end{pmatrix}, \quad \mathbf{W}^{(2)} = \begin{pmatrix} w_{11}^{(2)} & w_{12}^{(2)} & \cdots & w_{1l}^{(2)} \\ w_{21}^{(2)} & w_{22}^{(2)} & \cdots & w_{2l}^{(2)} \\ \vdots & \vdots & & \vdots \\ w_{q1}^{(2)} & w_{q2}^{(2)} & \cdots & w_{ql}^{(2)} \end{pmatrix}.$$

14.2.3 通用近似定理

前馈神经网络模型是一类典型的深度学习模型, 目标是近似某个函数 $g(\boldsymbol{x})$, 方法是定义映射 $\boldsymbol{y} = g(\boldsymbol{x})$ 并学习参数的值, 使之得到最佳的函数近似. 多层前馈网络有强大的表示能力, Hornik 等 (1989) 证明了神经网络的**通用近似定理**. 主要结论为: 只需一个包含足够多神经元的隐藏层, 多层前馈神经网络就能以任意精度逼近任意复杂度的连续函数.

定理 14.2.1 (通用近似定理) 令 $f(\cdot)$ 是一个非常数, 有界和单调递增的连续激活函数, $\mathcal{I}_p$ 是一个 p 维的单位超立方体 $[0,1]^p$, $C(\mathcal{I}_p)$ 是定义在 $\mathcal{I}_p$ 上的连续函数集合. 对于任意一个函数 $g \in C(\mathcal{I}_p)$, 存在一个正整数 M (即神经元数目), 和一组实数 $\alpha_m, \theta_m \in \mathbb{R}$, 以及实数向量 $\boldsymbol{w}_m \in \mathbb{R}^p, m = 1, \cdots, M$, 以至于可以定义函数

$$G(\boldsymbol{x}) = \sum_{m=1}^{M} \alpha_m f(\boldsymbol{w}_m^{\mathrm{T}}\boldsymbol{x} - \theta_m)$$

作为函数 $g(\boldsymbol{x})$ 的近似实现, 则有

$$|G(\boldsymbol{x}) - g(\boldsymbol{x})| < \epsilon, \qquad \forall \boldsymbol{x} \in C(\mathcal{I}_p),$$

其中 $\epsilon > 0$ 是一个很小的正数.

根据通用近似定理, 对于具有线性输出层和至少一个使用 “挤压” 性质的激活函数的隐藏层组成的前馈神经网络, 只要其隐藏层神经元的数量足够, 它可以以任意的精度来近似任何一个定义在实数空间 $\mathbb{R}^p$ 中的有界闭集函数. 所谓 “挤压” 性质的函数是指像 sigmoid 函数的有界函数, 但神经网络的通用近似性质也被证明对于其他类型的激活函数, 如 ReLU 函数, 也都是适用的.

通用近似定理只是说明了神经网络的计算能力可以去近似一个给定的连续函数, 但并没有给出如何找到这样一个网络, 以及是否是最优的. 当应用到机器学习时, 真实的映射函数并不知道, 一般是通过经验风险最小化和正则化来进行参数学习. 因为神经网络的强大能力, 反而容易在训练集上产生过拟合现象. 此外, 如何设置隐藏层神经元的个数仍是待解决的问题, 实际应用中常采用 “试错法” 调整.

14.2.4 应用到机器学习

根据通用近似定理 14.2.1, 神经网络在某种程度上可以作为一个 “万能” 函数来使用, 可以用来进行复杂的特征转换, 或逼近一个复杂的条件分布.

在机器学习中, 输入样本的特征对分类器的影响很大. 以分类问题的有监督学习为例, 好的特征可以极大提高分类器的性能. 因此, 要取得好的分类效果, 需要将样本的原始特征向量 $\boldsymbol{x} = (x_1, \cdots, x_p)^{\mathrm{T}}$ 转换到更有效的特征向量 $f(\boldsymbol{x})$, 这个过程叫作**特征提取**.

多层前馈神经网络可以看作一个非线性复合函数 $f: \mathbb{R}^p \to \mathbb{R}^l$, 将输入 $\boldsymbol{x} \in \mathbb{R}^p$ 映射到输出 $f(\boldsymbol{x}) \in \mathbb{R}^l$. 因此, 多层前馈神经网络也可以看成是一种特征转换方法, 其输出 $f(\boldsymbol{x})$ 作为分类器的输入进行分类.

给定一个训练样本 $(\boldsymbol{x}, y)$, 先利用多层前馈神经网络将 $\boldsymbol{x}$ 映射到 $f(\boldsymbol{x})$, 然后再将 $f(\boldsymbol{x})$ 输入到分类器 $g(\cdot)$, 可得

$$\widehat{y} = g(f(\boldsymbol{x}); \boldsymbol{\beta}), \tag{14.17}$$

其中 $g(\cdot)$ 为线性或非线性的分类器, $\boldsymbol{\beta}$ 是分类器 $g(\cdot)$ 的参数向量, $\widehat{y}$ 为分类器的输出.

特别地, 对于二分类问题 $y \in \{0, 1\}$, 并采用 logistic 回归, 那么 logistic 回归分类器可以看成神经网络的最后一层. 也就是说, 网络的最后一层只用一个神经元, 并且其激活函数为 sigmoid 函数, 网络的输出可以直接作为类别 $y = 1$ 的后验概率, 即

$$\mathbb{P}(y = 1|\boldsymbol{x}) = b^{(L)}, \tag{14.18}$$

其中 $b^{(L)} \in [0, 1]$ 为第 L 层神经元的活性值.

同样, 对于多分类问题 $y \in \{1, 2, \cdots, J\}$, 如果使用 softmax 回归分类器, 相当于网络最后一层设置了 J 个神经元, 其激活函数为 softmax 函数, 网络最后一层 (即第 L 层) 的输出可以作为每个类的后验概率, 即

$$\widehat{\boldsymbol{P}} = \mathrm{softmax}(\boldsymbol{z}^{(L)}), \qquad j = 1, \cdots, J, \tag{14.19}$$

其中 $\boldsymbol{z}^{(L)} \in \mathbb{R}^J$ 为第 L 层神经元的净输入, $\widehat{\boldsymbol{P}} = (\mathbb{P}(y = 1|\boldsymbol{x}), \cdots, \mathbb{P}(y = J|\boldsymbol{x}))^{\mathrm{T}} \in [0, 1]^J$ 为第 L 层神经元的活性值, $\mathbb{P}(y = j|\boldsymbol{x})$ 表示第 j 类预测的后验概率, 且 $\mathrm{softmax}(z_i) = \exp(z_i) \Big/ \sum_{j=1}^{J} \exp(z_j)$.

§14.3 反向传播算法

14.3.1 参数学习

给定训练集为 $D=\{(\boldsymbol{x}_i,y_i),i=1,\cdots,n\}$, 其中 $\boldsymbol{x}_i=(x_{i1},\cdots,x_{ip})^{\mathrm{T}}$ 为输入, y_i 为输出, n 表示样本容量. 在参数学习时, 通常假设神经网络的结构已经确定, 包括网络的层数、每层的神经元数和神经元激活函数的类型等. 所以网络的参数已确定, 需要从训练数据中学习或估计参数.

将每个样本 $\boldsymbol{x}_i$ 输入给前馈神经网络, 得到网络的输出记为 $\widehat{y}_i$, 其在训练数据集上的结构化风险函数为

$$\mathcal{R}(\mathbf{W},\boldsymbol{\theta})=\frac{1}{n}\sum_{i=1}^{n}\ell(y_i,\widehat{y}_i)+\frac{1}{2}\lambda\|\mathbf{W}\|_F^2, \tag{14.20}$$

其中 $\mathbf{W}$ 和 $\boldsymbol{\theta}$ 分别表示网络中所有的权重矩阵和偏置向量, $\lambda\|\mathbf{W}\|_F^2$ 是正则化项, 目的是防止过拟合, $\lambda\geqslant 0$ 为调节参数或超参数, 且 λ 越大, $\mathbf{W}$ 越接近于 0. 这里的 $\|\mathbf{W}\|_F^2$ 一般使用 Frobenius 范数, 即

$$\|\mathbf{W}\|_F^2=\sum_{l=1}^{L}\sum_{i=1}^{M_l}\sum_{j=1}^{M_{l-1}}(w_{ij}^{(l)})^2.$$

在式 (14.20) 中, $\ell(y_i,\widehat{y}_i)$ 表示一般的损失函数. 当前馈神经网络用于回归问题时, 损失函数 $\ell(\cdot,\cdot)$ 为平方损失, 学习进行的是平方损失的最小化. 当前馈神经网络用于二分类或多分类问题时, 损失函数 $\ell(\cdot,\cdot)$ 为**交叉熵** (cross entropy) 损失, 学习进行的是交叉熵的最小化, 其中离散分布的交叉熵定义为 $-\sum\limits_{j=1}^{J}P_j\log(Q_j)$, 表示经验分布与预测分布的差异, 这里 Q_j 表示预测分布的概率, P_j 表示经验分布的概率.

有了学习准则和训练样本, 网络参数可以通过**梯度下降法**来进行学习. 在梯度下降法的每次迭代中, 第 l 层的参数 $\mathbf{W}^{(l)}$ 和 $\boldsymbol{\theta}^{(l)}$ 更新方式为

$$\mathbf{W}^{(l)}\leftarrow\mathbf{W}^{(l)}-\eta\frac{\partial\mathcal{R}(\mathbf{W},\boldsymbol{\theta})}{\partial\mathbf{W}^{(l)}}=\mathbf{W}^{(l)}-\eta\left(\frac{1}{n}\sum_{i=1}^{n}\frac{\partial\ell(y_i,\widehat{y}_i)}{\partial\mathbf{W}^{(l)}}+\lambda\mathbf{W}^{(l)}\right), \tag{14.21}$$

$$\boldsymbol{\theta}^{(l)}\leftarrow\boldsymbol{\theta}^{(l)}-\eta\frac{\partial\mathcal{R}(\mathbf{W},\boldsymbol{\theta})}{\partial\boldsymbol{\theta}^{(l)}}=\boldsymbol{\theta}^{(l)}-\eta\left(\frac{1}{n}\sum_{i=1}^{n}\frac{\partial\ell(y_i,\widehat{y}_i)}{\partial\boldsymbol{\theta}^{(l)}}\right), \tag{14.22}$$

其中 η 为**学习率**, 其控制着算法每一轮迭代中的更新步长, 若太大则容易震荡, 太小收敛速度又会过慢.

梯度下降法需要计算损失函数对参数的偏导数, 如果通过链式法则逐一对每个参数进行求偏导比较低效. 在神经网络的训练中经常使用反向传播 (back propagation, BP) 算法来高效地计算梯度.

14.3.2 BP 算法

基于梯度下降或随机梯度下降的学习算法的核心是针对给定样本, 计算损失函数对神经网络中所有参数的梯度, 并更新神经网络中的所有参数. 反向传播算法也称为**误差反向传播算法**, 提供了一

个高效的梯度计算以及参数更新方法. 只需要依照网络结构进行一次信号的正向传播和一次误差的反向传播, 就可以完成梯度下降的一次迭代. 在梯度下降的每一步, 参数已在前一步更新, 正向传播旨在基于当前的参数重新计算神经网络所有变量 (如神经元的输出), 反向传播旨在基于当前的变量重新计算损失函数对所有参数的梯度, 这样就可以根据式 (14.21) 和式 (14.22) 更新神经网络中的所有参数.

假设采用随机梯度下降进行神经网络参数学习, 给定一个样本 $(\boldsymbol{x}, y)$, 将其输入前馈神经网络模型中, 得到网络输出为 $\widehat{y}$. 假设损失函数为 $\ell(y, \widehat{y})$, 要进行参数学习就需要计算损失函数关于每个参数的导数.

不失一般性, 对第 l 层中的参数 $\mathbf{W}^{(l)}$ 和 $\boldsymbol{\theta}^{(l)}$ 计算偏导数. 因为 $\dfrac{\partial \ell(y,\widehat{y})}{\partial \mathbf{W}^{(l)}}$ 的计算涉及向量对矩阵的微分, 十分烦琐, 因此可以先计算损失函数 $\ell(y,\widehat{y})$ 关于参数矩阵中每个元素的偏导数 $\dfrac{\partial \ell(y,\widehat{y})}{\partial w_{ij}^{(l)}}$. 根据链式法则, 有

$$\frac{\partial \ell(y,\widehat{y})}{\partial w_{ij}^{(l)}} = \frac{\partial \boldsymbol{z}^{(l)}}{\partial w_{ij}^{(l)}} \frac{\partial \ell(y,\widehat{y})}{\partial \boldsymbol{z}^{(l)}}, \tag{14.23}$$

$$\frac{\partial \ell(y,\widehat{y})}{\partial \boldsymbol{\theta}^{(l)}} = \frac{\partial \boldsymbol{z}^{(l)}}{\partial \boldsymbol{\theta}^{(l)}} \frac{\partial \ell(y,\widehat{y})}{\partial \boldsymbol{z}^{(l)}}. \tag{14.24}$$

式 (14.23) 和式 (14.24) 中右边第二项都是目标函数关于第 l 层的神经元 $\boldsymbol{z}^{(l)}$ 的偏导数, 称为**误差项**, 可以一次计算得到. 这样只需要计算三个偏导数: $\dfrac{\partial \boldsymbol{z}^{(l)}}{\partial w_{ij}^{(l)}}$, $\dfrac{\partial \ell(y,\widehat{y})}{\partial \boldsymbol{\theta}^{(l)}}$ 和 $\dfrac{\partial \ell(y,\widehat{y})}{\partial \boldsymbol{z}^{(l)}}$. 下面分别来计算这三个偏导数.

(1) 计算偏导数 $\dfrac{\partial \boldsymbol{z}^{(l)}}{\partial w_{ij}^{(l)}}$. 注意 $\boldsymbol{z}^{(l)} = \mathbf{W}^{(l)\mathrm{T}}\boldsymbol{b}^{(l-1)} - \boldsymbol{\theta}^{(l)}$, 偏导数为

$$\begin{aligned}
\frac{\partial \boldsymbol{z}^{(l)}}{\partial w_{ij}^{(l)}} &= \left[\frac{\partial z_1^{(l)}}{\partial w_{ij}^{(l)}}, \cdots, \frac{\partial z_i^{(l)}}{\partial w_{ij}^{(l)}}, \cdots, \frac{\partial z_{M_l}^{(l)}}{\partial w_{ij}^{(l)}}\right] \\
&= \left[0, \cdots, \frac{\partial (\boldsymbol{w}_{.i}^{(l)\mathrm{T}}\boldsymbol{b}^{(l-1)} - \theta_i^{(l)})}{\partial w_{ij}^{(l)}}, \cdots, 0\right] \\
&= \left[0, \cdots, b_j^{(l-1)}, \cdots, 0\right] =: \boldsymbol{I}_i(b_j^{(l-1)}) \in \mathbb{R}^{1\times M_l},
\end{aligned} \tag{14.25}$$

其中 $\boldsymbol{w}_{.i}^{(l)}$ 表示权重矩阵 $\mathbf{W}^{(l)}$ 的第 i 列, $\boldsymbol{I}_i(b_j^{(l-1)})$ 表示第 i 个元素为 $b_j^{(l-1)}$, 其余元素为 0 的 M_l 维行向量.

(2) 计算偏导数 $\dfrac{\partial \ell(y,\widehat{y})}{\partial \boldsymbol{\theta}^{(l)}}$. 由 $\boldsymbol{z}^{(l)} = \mathbf{W}^{(l)\mathrm{T}}\boldsymbol{b}^{(l-1)} - \boldsymbol{\theta}^{(l)}$, 偏导数为

$$\frac{\partial \boldsymbol{z}^{(l)}}{\partial \boldsymbol{\theta}^{(l)}} = -\mathbf{I}_{M_l} \in \mathbb{R}^{M_l\times M_l}, \tag{14.26}$$

其中 $\mathbf{I}_{M_l}$ 为 $M_l \times M_l$ 的单位矩阵.

(3) 计算偏导数 $\frac{\partial \ell(y,\hat{y})}{\partial \boldsymbol{z}^{(l)}}$. 偏导数 $\frac{\partial \ell(y,\hat{y})}{\partial \boldsymbol{z}^{(l)}}$ 表示第 l 层神经元对最终损失的影响, 也反映了最终损失对第 l 层神经元的敏感程度, 因此一般称为第 l 层神经元的**误差项**, 用 $\boldsymbol{\delta}^{(l)}$ 来表示, 即

$$\boldsymbol{\delta}^{(l)} =: \frac{\partial \ell(y,\hat{y})}{\partial \boldsymbol{z}^{(l)}} \in \mathbb{R}^{M_l}. \tag{14.27}$$

误差项 $\boldsymbol{\delta}^{(l)}$ 也间接反映了不同神经元对网络能力的贡献程度, 从而比较好地解决了**贡献度分配问题** (credit assignment problem, CAP). 根据 $\boldsymbol{z}^{(l+1)} = \mathbf{W}^{(l+1)\mathrm{T}}\boldsymbol{b}^{(l)} - \boldsymbol{\theta}^{(l+1)}$, 有

$$\frac{\partial \boldsymbol{z}^{(l+1)}}{\partial \boldsymbol{b}^{(l)}} = \mathbf{W}^{(l+1)} \in \mathbb{R}^{M_l \times M_{l+1}}. \tag{14.28}$$

根据 $\boldsymbol{b}^{(l)} = f_l(\boldsymbol{z}^{(l)})$, 因此有

$$\frac{\partial \boldsymbol{b}^{(l)}}{\partial \boldsymbol{z}^{(l)}} = \frac{\partial f_l(\boldsymbol{z}^{(l)})}{\partial \boldsymbol{z}^{(l)}} = \operatorname{diag}(f_l'(\boldsymbol{z}^{(l)})) \in \mathbb{R}^{M_l \times M_l}. \tag{14.29}$$

因此, 由式 (14.27), 式 (14.28) 和式 (14.29), 根据链式法则, 第 l 层的误差项为

$$\begin{aligned}\boldsymbol{\delta}^{(l)} &= \frac{\partial \ell(y,\hat{y})}{\partial \boldsymbol{z}^{(l)}} = \frac{\partial \boldsymbol{b}^{(l)}}{\partial \boldsymbol{z}^{(l)}}\frac{\partial \boldsymbol{z}^{(l+1)}}{\partial \boldsymbol{b}^{(l)}}\frac{\partial \ell(y,\hat{y})}{\partial \boldsymbol{z}^{(l+1)}} \\ &= \operatorname{diag}(f_l'(\boldsymbol{z}^{(l)})) \cdot \mathbf{W}^{(l+1)} \cdot \boldsymbol{\delta}^{(l+1)} \\ &= f_l'(\boldsymbol{z}^{(l)}) \odot \left(\mathbf{W}^{(l+1)}\boldsymbol{\delta}^{(l+1)}\right) \in \mathbb{R}^{M_l},\end{aligned} \tag{14.30}$$

其中 $\odot$ 是向量的点积运算符, 表示每个元素相乘. 由式 (14.30) 可知, 误差从输出层反向传播时, 在每一层都要乘以该层的激活函数的导数. 当使用 sigmoid 函数或 tanh 函数时, 它们饱和区的导数更是接近于 0. 这样, 误差经过每一层传递都会不断衰减. 当网络层数很深时, 梯度就会不停衰减, 甚至消失, 使得整个网络很难训练. 这就是所谓的**梯度消失问题** (vanishing gradient problem). 在深度神经网络中, 减轻梯度消失问题的方法有很多种. 一种简单有效的方式是使用导数比较大的激活函数, 如 ReLU 函数等.

从式 (14.30) 可以看出, 第 l 层的误差项可以通过第 $l+1$ 层的误差项计算得到, 这就是误差的反向传播. 反向传播算法的含义是: 第 l 层的一个神经元的误差项 (敏感性) 是所有与该神经元相连的第 $l+1$ 层的神经元的误差项的权重和. 然后, 再乘上该神经元激活函数的梯度.

在得到上面三个偏导数后, 由式 (14.25) 和式 (14.27), 式 (14.23) 可以写为

$$\frac{\partial \ell(y,\hat{y})}{\partial w_{ij}^{(l)}} = \frac{\partial \boldsymbol{z}^{(l)}}{\partial w_{ij}^{(l)}}\frac{\partial \ell(y,\hat{y})}{\partial \boldsymbol{z}^{(l)}} = \boldsymbol{I}_i(b_j^{(l-1)})\boldsymbol{\delta}^{(l)} = \delta_i^{(l)} b_j^{(l-1)}, \tag{14.31}$$

其中 $\delta_i^{(l)} b_j^{(l-1)}$ 相当于向量 $\boldsymbol{\delta}^{(l)}$ 和向量 $\boldsymbol{b}^{(l-1)}$ 的外积的第 i,j 个元素. 式 (14.31) 可以进一步写为

$$\left[\frac{\partial \ell(y,\hat{y})}{\partial \mathbf{W}^{(l)}}\right]_{ij} = \left[\boldsymbol{\delta}^{(l)}\boldsymbol{b}^{(l-1)\mathrm{T}}\right]_{ij}. \tag{14.32}$$

因此, $\ell(y,\hat{y})$ 关于第 l 层权重 $\mathbf{W}^{(l)}$ 的梯度为

$$\frac{\partial \ell(y,\hat{y})}{\partial \mathbf{W}^{(l)}} = \boldsymbol{\delta}^{(l)}\boldsymbol{b}^{(l-1)\mathrm{T}} \in \mathbb{R}^{M_l \times M_{l-1}}. \tag{14.33}$$

由式 (14.24), 式 (14.26) 和式 (14.27), 同理可得 $\ell(y,\widehat{y})$ 关于第 l 层偏置 $\boldsymbol{\theta}^{(l)}$ 的梯度为

$$\frac{\partial \ell(y,\widehat{y})}{\partial \boldsymbol{\theta}^{(l)}} = \frac{\partial \boldsymbol{z}^{(l)}}{\partial \boldsymbol{\theta}^{(l)}} \frac{\partial \ell(y,\widehat{y})}{\partial \boldsymbol{z}^{(l)}} = -\mathbf{I}_{M_l}\boldsymbol{\delta}^{(l)} = -\boldsymbol{\delta}^{(l)} \in \mathbb{R}^{M_l}. \tag{14.34}$$

在计算出每一层的误差项之后, 就可以得到每一层参数的梯度. 因此, 使用误差反向传播算法的前馈神经网络训练过程可以分为三步: ① 前馈计算每一层的净输入 $\boldsymbol{z}^{(l)}$ 和激活值 $\boldsymbol{b}^{(l)}$, 直到最后一层; ② 反向传播计算每一层的误差项 $\boldsymbol{\delta}^{(l)}$; ③ 计算每一层参数的偏导数, 并更新参数. 算法 14.1 给出使用反向传播算法的随机梯度下降训练过程.

算法 14.1: 前馈神经网络的反向传播算法

输入: 训练集 $D=\{(\boldsymbol{x}_i,y_i), i=1,\cdots,n\}$, 测试集 $\mathcal{T}$, 学习率 η, 调节参数或超参数 λ, 网络层数 L 和神经元数量 M_l, 其中 $l=1,\cdots,L$.

初值: 随机初始化权重矩阵 $\mathbf{W}$ 和偏置向量 $\boldsymbol{\theta}$.

repeat

  对训练集 D 中的样本随机重排序;

  for $i=1,\cdots,n$ do

    从训练集 D 中选取样本 $(\boldsymbol{x}_i,y_i)$;

    前馈计算每一层的净输入 $\boldsymbol{z}^{(l)}$ 和激活值 $\boldsymbol{b}^{(l)}$, 直到最后一层;

    由式 (14.30), 反向传播计算每一层的误差 $\boldsymbol{\delta}^{(l)}$;

    对任意的 $L=1,\cdots,L$, 由式 (14.33) 和式 (14.34), 计算每一层参数的导数;

    由式 (14.21) 和式 (14.22), 更新参数, 即

    $\mathbf{W}^{(l)} \leftarrow \mathbf{W}^{(l)} - \eta\left[\boldsymbol{\delta}^{(l)}\boldsymbol{b}^{(l-1)\mathrm{T}} + \lambda\mathbf{W}^{(l)}\right]$;

    $\boldsymbol{\theta}^{(l)} \leftarrow \boldsymbol{\theta}^{(l)} + \eta\boldsymbol{\delta}^{(l)}$;

  end

until 神经网络模型在测试集 $\mathcal{T}$ 上的测试误差不再下降;

输出: 返回更新的权重矩阵 $\mathbf{W}$ 和偏置向量 $\boldsymbol{\theta}$.

在训练神经网络之前, 一般建议将全部特征变量归一化 (最小值为 0, 而最大值为 1) 或标准化 (均值为 0 而标准差为 1). 原因是如果特征变量的取值范围差别较大, 则会影响神经网络的权重参数, 不利于神经网络的训练. 对于回归问题, 若将特征变量全部归一化或标准化, 也建议将响应变量作归一化或标准化处理, 便于模型的训练与预测. 另外, 在选择权重矩阵 $\mathbf{W}$ 的初始值时, 一般并不将其所有元素都设为相同取值, 而通常从标准正态分布 $N(0,1)$ 或取值介于 $[-0.7,0.7]$ 的均匀分布中随机抽样, 这样有利于不同神经元之间的分化, 避免趋同.

神经网络的训练过程可看作一个参数寻优过程, 即在参数空间中, 寻找一组最优参数使得误差最小, 可能存在多个 “局部最小”, 只有一个 “全局最小”, 图 14.9 展示全局最小和局部最小. 前馈神经网络学习的目标函数一般是非凸函数, 优化问题是非凸优化. 一个前馈神经网络通常有大量的参数需要学习, 所以其学习的优化问题有大量的局部最小点.

基于梯度的搜索是使用最为广泛的参数寻优方法, 从某些初始值出发, 迭代寻找最优参数值. 每次迭代中, 先计算损失函数在当前点的梯度, 然后根据梯度确定搜索方向. 例如, 由于负梯度方向是

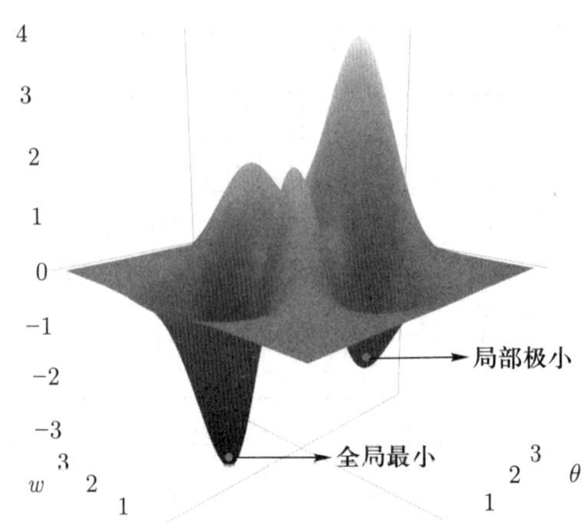

图 14.9 全局最小与局部最小

函数值下降最快的方向, 因此梯度下降法就是沿着负梯度方向搜索最优解. 若损失函数在当前点的梯度为零, 则已达到局部最小, 更新量将为零, 这意味着参数的迭代更新将在此结束. 显然, 如果损失函数仅有一个局部最小, 那么此时找到的局部最小就是全局最小. 然而, 如果损失函数有多个局部最小, 则不能保证找到的解是全局最小. "跳出" 局部最小的常见策略包括: 设置不同的初始参数、模拟退火、随机扰动和遗传算法等.

神经网络的参数主要通过梯度下降来进行优化, 当确定了风险函数以及网络结构后, 则可以手动用链式法则来计算风险函数对每个参数的梯度, 并用代码进行实现. 但是手动求导并转换为计算机程序的过程非常琐碎并容易出错, 导致实现神经网络变得十分低效. 实际上, 参数的梯度可以让计算机来自动计算. 目前, 主流的深度学习框架都包含了自动梯度计算的功能, 即可以只考虑网络结构并用代码实现, 其梯度可以自动进行计算, 这样可以大幅提高开发效率, 详细讨论见邱锡鹏 (2020).

§14.4 前馈神经网络的正则化

根据通用近似定理 14.2.1, 神经网络具有很强的拟合函数能力, 特别对包含多个隐藏层的深度神经网络, 可以学习输入与输出之间非常复杂的函数关系. 这意味着, 如果进行很多轮的训练, 很容易导致过拟合. **正则化** (regularization) 的目的是提高学习的泛化能力, 即不仅使训练误差而且使测试误差达到最小. 本节主要介绍前馈神经网络学习中的正则化方法, 具体有: **早停法** (early stopping)、**暂退法** (dropout) 和**惩罚法** (penalization).

1. 早停法

早停法, 言外之意就是提前停止训练, 而不必要等到神经网络达到损失函数或训练误差的最小值. 早停法在学习中使用验证集进行评估, 判断训练的停止点, 进行模型选择, 是隐式的正则化方法. 在实际应用中, 如何知道何时停止训练呢?

早停法将数据随机分为训练集、验证集和测试集, 例如各占 50%、25% 和 25% 的比例. 在学习中, 首先在训练集中进行训练, 计算训练误差, 并同时将学到的神经网络模型同步在验证集中作预测, 计算验证误差. 最后, 将所得的最终模型在测试集上进行预测, 计算测试误差. 图 14.10 提供了训练过程的示意图, 横轴表示迭代次数或训练步数, 纵轴表示误差. 随着迭代次数或训练步数的增加, 通常训练误差不断减小, 逐渐趋于 0, 而验证误差在某个点达到最小, 之后逐渐增加.

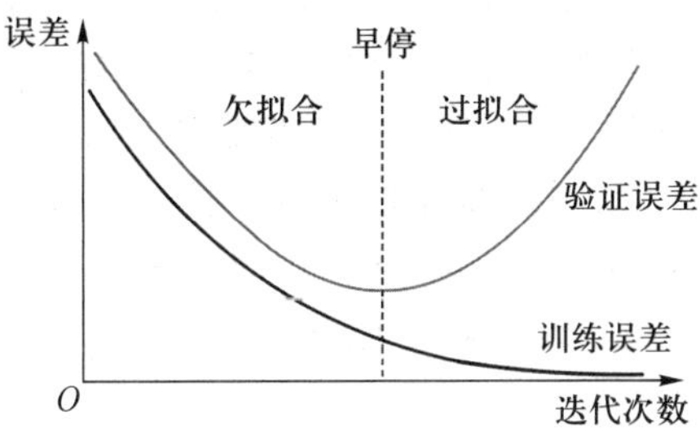

图 14.10 训练过程与早停法防止过拟合

如果选择训练误差很小而验证误差已经开始增大的点作为训练停止点, 很有可能这个模型的测试误差不是最小的, 即产生过拟合问题. 早停选择验证误差最小的点为训练停止点, 将这时的模型作为最终模型, 并有很大的概率这个模型也是使测试误差最小的模型, 即泛化最好的模型, 因为用验证集代替测试集进行了模型评估.

2. 暂退法

Srivastava 等 (2014) 提出的暂退法可用于避免神经网络的过拟合问题, 主要思想是: 在训练过程中, 随机让某些神经元的激活值取为 0, 即让它们不参与 (或退出) 训练, 学习结束后, 对权重进行调整, 然后将整体网络用于预测.

前馈神经网络训练时, 设输入层和隐藏层的每一层 (不包括输出层) 都有一个保留概率 p (各层的概率可以不同), 每层的神经元以概率 p 保留, 以概率 $1-p$ 退出, 保留概率为 1 时不退出. 通常输入层的保留概率设为 0.8, 隐藏层的保留概率设为 0.5. 在训练的每一步, 针对每一个样本或每一组样本, 在每一层随机判断, 选取保留的神经元和退出的神经元. 所有保留的神经元构成了一个退化的神经网络, 也是整体网络的一个子网络, 可使用梯度下降法更新子网络的权重. 图 14.11 展示了一个随机得到的子神经网络.

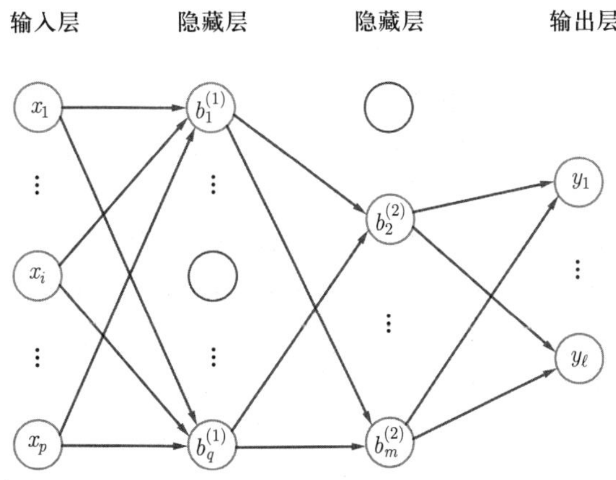

图 14.11 暂退法避免过拟合得到的子神经网络

关于早停法和暂退法更详细的算法, 感兴趣的读者可参考李航 (2022).

3. 惩罚法

惩罚法在 14.3.1 节的式 (14.20) 进行了讨论, 主要思想是在神经网络的目标函数中, 施加一个参数惩罚项 $\lambda\|\mathbf{W}\|_F^2$, 限制模型的学习能力, 并防止产生过拟合问题. 调节参数或超参数用于权衡惩罚项和目标函数的相对贡献, 可通过第 4 章的 CV 等数据驱动方法进行选取.

本章介绍的前馈神经网络是一种类型最简单的神经网络, 相邻两层的神经元之间为全连接关系, 也称为全连接神经网络或多层感知器. 前馈神经网络作为一种机器学习方法在很多模式识别和机器学习的教材中都有介绍. 例如, Duda 等 (2001), Bishop (2006), Haykin (2009), 周志华 (2016), 邱锡鹏 (2020) 和李航 (2022) 等.

§14.5 R 案例分析与应用

在 R 语言中, 常用程序包 nnet、程序包 neuralnet 和程序包 keras 进行神经网络模型的估计, 其中程序包 nnet 局限于单一隐藏层的前馈神经网络, 而程序包 neuralnet 允许多个隐藏层.

本章主要使用程序包 neuralnet 进行前馈神经网络的学习和案例分析. 程序包 neuralnet 中的三个主要函数是: ① neuralnet(), 主要用于训练神经网络; ② plot(), 主要是对由函数 neuralnet() 训练得到的神经网络进行可视化; ③ predict(), 主要用来作预测. 下面重点介绍函数 neuralnet() 的调用.

```
neuralnet(formula, data, hidden = 1, threshold = 0.01,
  stepmax = 1e+05, rep = 1, startweights = NULL,
  learningrate.limit = NULL, learningrate.factor = list(minus = 0.5,
  plus = 1.2), learningrate = NULL, lifesign = "none",
  lifesign.step = 1000, algorithm = "rprop+", err.fct = "sse",
  act.fct = "logistic", linear.output = TRUE, exclude = NULL,
  constant.weights = NULL, likelihood = FALSE)
```

函数 neuralnet() 中值得注意的参数为: ① formula, 表示需要拟合的模型公式, 类似于函数 lm() 或 glm(); ② data, 表示 formula 中所涉及变量的数据框数据; ③ hidden, 表示隐藏层神经元的个数, 默认为 1; ④ threshold, 表示指定误差函数偏导数的阈值作为停止准则; ⑤ stepmax, 表示训练神经网络的最大步骤; ⑥ learningrate, 表示指定传统反向传播算法使用的学习速率的数值, 仅用于传统反向传播算法, 其他算法使用 learningrate.limit 或 learningrate.factor; ⑦ algorithm, 表示用于计算神经网络的算法类型, 包含 `'backprop'`, `'rprop+'`, `'rprop-'`, `'sag'` 或 `'slr'`, 其中 `'backprop'` 表示反向传播算法, `'rprop+'` 和 `'rprop-'` 分别表示带权值回溯和不带权值回溯的弹性反向传播算法, 而 `'sag'` 和 `'slr'` 则表示引入了改进的全局收敛算法; ⑧ err.fct, 表示计算误差的可微函数, 其中 `'sse'` 表示残差平方和, `'ce'` 表示交叉熵; ⑨ act.fct, 表示激活函数, 其中 `'logistic'` 为 sigmoid 函数, `'tanh'` 为 tanh 函数; 其余参数见在线帮助. 值得注意的是, 函数 neuralnet() 仅提供了 sigmoid 激活函数和 tanh 激活函数, 其他激活函数可通过自定义进行训练.

14.5.1 回归问题的 R 案例

本节利用前馈神经网络对 11.7.4 节的 Boston 数据集进行分析, 该数据集共有 506 个样本, 14 个变量, 主要目的是利用其他 13 个变量对 medv 进行预测.

首先, 载入程序包 MASS 和 Boston 数据集, 固定种子 set.seed(0), 把 Boston 数据集随机分成包含 354 个样本的训练集和包含 152 个样本的测试集, 并对数据集进行预处理, 作归一化处理, 程序如下.

```
library(MASS)
> dim(Boston)
[1] 506  14
set.seed(0)
train = sample(nrow(Boston), 354)
medv.test = Boston[-train, "medv"]
maxs = apply(Boston, 2, max)
mins = apply(Boston, 2, min)
Boston.s=as.data.frame(scale(Boston,center=mins,scale=maxs-mins))
summary(Boston.s, digits = 2)   ## 展示归一化后的效果
```

上面程序中函数 scale() 对每个变量 x (包括响应变量) 所做的变换为

$$\widetilde{x} = \frac{x - \min(x)}{\max(x) - \min(x)}.$$

其次, 在训练集上利用程序包 neuralnet 中的函数 neuralnet() 估计包含一个隐藏层的前馈神经网络, 其中隐藏层设置 8 个神经元, 激活函数为 sigmoid 函数. 利用函数 plot() 对训练的神经网络作可视化, 如图 14.12. 进一步, 利用函数 predict() 在测试集上做预测, 计算测试均方误差.

```
library(neuralnet)
set.seed(0)
fit.log = neuralnet(medv~., data = Boston.s[train, ], hidden = 8,
                act.fct = "logistic", linear.output = TRUE)
plot(fit.log, fontsize = 15, col.entry.synapse = "brown",
   col.out = "red", col.out.synapse = "red")
pred = predict(fit.log, Boston.s[-train, ])
pred.log=pred*(max(Boston$medv)-min(Boston$medv))+min(Boston$medv)
> (mse.log = mean((pred.log - medv.test)^2))
[1] 12.78126
```

上面程序中 "linear.output=TRUE" 表示输出结果不再使用激活函数, 倒数第 3 行程序是把预

测值 pred 返回到原来的尺度. 函数 neuralnet() 通过从标准正态分布 $N(0,1)$ 随机抽样来初始化权重参数, 故设定种子 set.seed(0) 保证结果的可重复性. 结果显示, 训练的前馈神经网络在测试集上的测试均方误差为 12.78126.

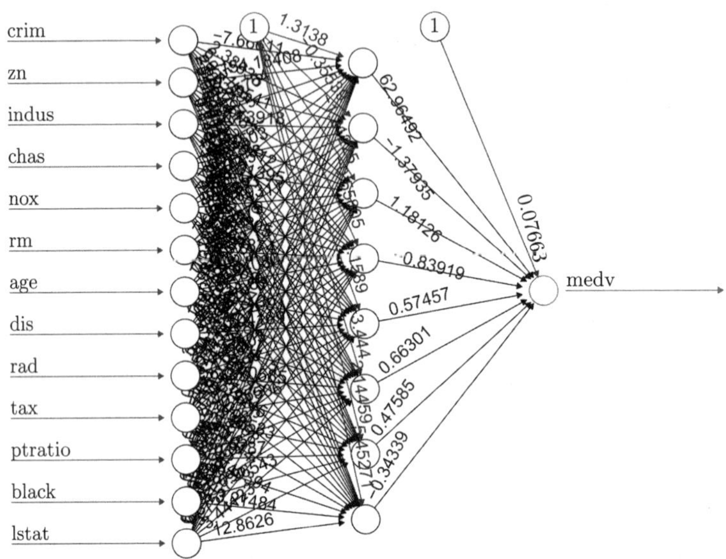

图 14.12 估计的前馈神经网络结构, 其中包含 1 个隐藏层, 隐藏层有 8 个神经元, 激活函数为 sigmoid 函数

使用 tanh 函数作为激活函数, 进一步训练前馈神经网络, 在测试集上进行预测, 并计算测试均方误差, 程序如下.

```
set.seed(0)
fit.tanh=neuralnet(medv~.,Boston.s[train,],hidden=8,act.fct="tanh")
plot(fit.tanh, fontsize = 15, col.entry.synapse = "brown",
     col.out = "red", col.out.synapse = "red")
pred = predict(fit.tanh, Boston.s[-train, ])
pred.tanh=pred*(max(Boston$medv)-min(Boston$medv))+min(Boston$medv)
> (mse.tanh = mean((pred.tanh - medv.test)^2))
[1] 15.76738
```

结果显示, 使用 tanh 激活函数, 测试均方误差为 15.76738. 尽管函数 neuralnet() 只提供了两个激活函数, 但是也可以通过自定义激活函数进行训练. 例如, 可定义如下的 softplus 激活函数 $\text{softplus}(x) = \log(1 + \exp(x))$, 在训练集上估计前馈神经网络, 并在测试集上作预测, 计算测试均方误差, 程序如下.

```
softplus = function(x) log(1 + exp(x))
set.seed(0)
```

```
fit.sp=neuralnet(medv~.,Boston.s[train,],hidden=8,act.fct=softplus)
plot(fit.sp, fontsize = 15, col.entry.synapse = "brown",
    col.out = "red", col.out.synapse = "red")
pred = predict(fit.sp, Boston.s[-train, ])
pred.sp=pred*(max(Boston$medv)-min(Boston$medv))+min(Boston$medv)
> (mse.sp = mean((pred.sp - medv.test)^2))
[1] 12.64319
```

结果显示, 使用 softplus 激活函数, 测试均方误差为 12.643 19. 固定 sigmoid 激活函数, 讨论对于单隐藏层的前馈神经网络, 究竟需要多少个神经元? 下面程序使用验证集方法和 for 循环, 选择使测试均方误差最小的神经元数目, 并绘制图 14.13(a).

```
MSE = numeric(15)
for (i in 1:15){
  set.seed(0)
  fit=neuralnet(medv~.,Boston.s[train,],hidden=i,linear.output=TRUE)
  pred = predict(fit, Boston.s[-train, ])
  pred = pred*(max(Boston$medv)-min(Boston$medv))+min(Boston$medv)
  MSE[i] = mean((pred - medv.test)^2)
}
> min(MSE)
[1] 8.678564
> which.min(MSE)
[1] 9
plot(1:15, MSE, type = "b", xlab = "Number of hidden neurons")
points(which.min(MSE), MSE[which.min(MSE)], pch = 13, cex = 4)
abline(v = which.min(MSE), lty = 2, lwd = 3, col = "red")
```

从上面结果和图 14.13(a) 可以看出, 当神经元数目为 9 时, 测试均方误差为 8.678 564, 当神经元个数大于 9 时, 训练的前馈神经网络出现过拟合, 测试均方误差有所上升. 与 11.7.4 节 SVR 和多元线性回归模型的预测结果做比较, 前馈神经网络的预测表现更好. 感兴趣的读者也可以与第 6 章的 KNN 回归方法和第 10 章的随机森林方法进行比较.

此外, 基于最优的神经元数目所得前馈神经网络模型, 利用程序包 ggplot2 和程序包 ggpol 可视化预测变量对预测结果的重要性, 其中重要性主要是通过连接权重进行度量. 程序如下, 结果见图 14.13(b), 可见预测变量 zn、dis 和 crim 对预测结果相对其他预测变量重要.

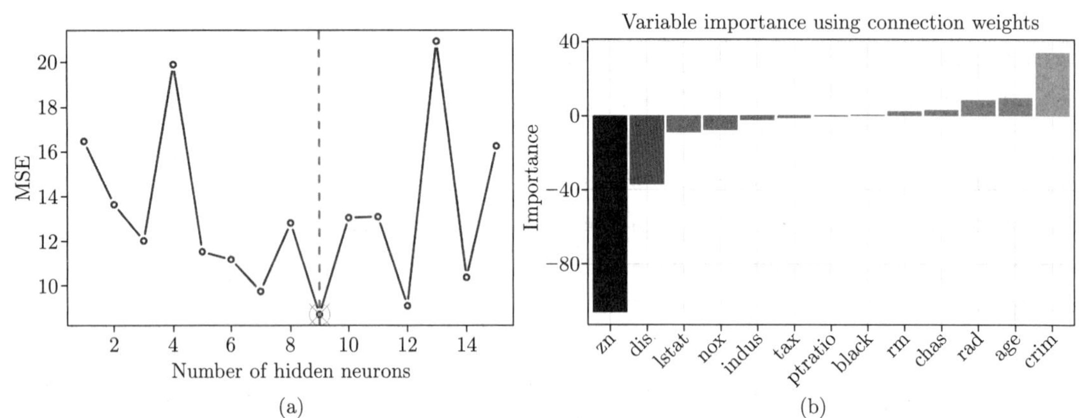

图 14.13　(a) 通过验证集方法选择最优神经元数目; (b) 预测变量对前馈神经网络模型预测结果的重要性

```
library(ggplot2); library(ggpol)
fit.o=neuralnet(medv~.,Boston.s[train,],hidden=9,linear.output=TRUE)
olden(fit.o)+ggtitle("Variable importance using connection weights")
```

上面仅仅讨论了单隐藏层的案例分析. 在实际应用中, 如果增加隐藏层的个数和隐藏层神经元的数目, 尽管训练误差会减小, 在训练集上有好的表现, 但是由于模型的复杂度过高会产生过拟合问题, 导致较差的泛化能力, 即测试误差反而会增大. 因此, 为了达到最理想的预测效果, 如何确定神经网络最优的隐藏层个数以及每个隐藏层的神经元数目?

在 R 语言中, 程序包 neuralnet 和程序包 keras 都提供了不同的函数来设置隐藏层个数和每个隐藏层的神经元数目. 例如, 程序包 neuralnet 中的函数 neuralnet() 可以设置参数 hidden 来指定隐藏层的数目和每个隐藏层的神经元数目, 如 `hidden=c(5,3)` 表示包含两个隐藏层, 且第一个隐藏层有 5 个神经元, 第二个隐藏层有 3 个神经元. 在实际应用中, 可以采用试错法, 也可以采用第 4 章介绍的验证集方法或 CV 准则选取最优的隐藏层个数和每个隐藏层的神经元数目.

为了减少计算量, 本节固定为两个隐藏层, 编写下面程序讨论如何选取每个隐藏层最优的神经元数目, 程序如下.

```
MSE = matrix(rep(0, 144), ncol = 12)
for (i in 1:12){
 for (j in 1:12){
   set.seed(0)
   fit = neuralnet(medv~., data = Boston.s[train, ],
                   hidden = c(i, j), linear.output = TRUE)
   pred = predict(fit, Boston.s[-train, ])
   pred = pred*(max(Boston$medv)-min(Boston$medv))+min(Boston$medv)
   medv.test = Boston[-train, "medv"]
```

```
    MSE[i, j] = mean((pred - medv.test)^2)
  }
}
> min(MSE)                > which(MSE==min(MSE), arr.ind=TRUE)
[1] 6.418622                   row   col
                          [1,]  10     7
```

结果显示, 当参数 hidden=c(10,7) 时, 前馈神经网络的测试均方误差降为 6.418 622, 比具有最优神经元数目单隐藏层的预测效果更好.

最后, 在利用反向传播算法对前馈神经网络进行估计时, 需要通过迭代不断优化权重和偏置参数, 但是在迭代过程中, 什么时候停止呢? 下面利用程序包 RSNNS 中的函数 mlp() 在训练集和测试集上进行全连接神经网络模型拟合, 并利用函数 plotIterativeError() 可视化模型训练过程中误差的变化情况, 评价指标采用 RSME, 结果见图 14.14.

```
library(RSNNS)
mlpreg=mlp(Boston.s[train, 1:13], Boston.s[train, 14], # 训练数据
           size = c(10, 10, 10),                       # 隐藏层和神经元数量
           maxit = 200,                                # 最大迭代次数
           learnFunc = "Rprop",                        # 学习算法
           hiddenActFunc = "Act_Logistic",             # 激活函数
           inputsTest = Boston.s[-train, 1:13],        # 测试数据
           targetsTest = Boston.s[-train, 14],
           metric = "RSME")                            # 评价指标
plotIterativeError(mlpreg, main = "Iterative Error", lwd = 2)
```

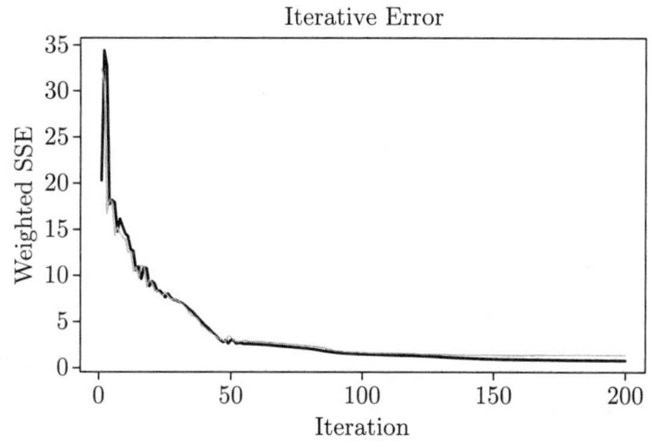

图 14.14 模型训练过程中误差的变化情况, 其中黑线表示误差在训练集的收敛情况, 红线表示在测试集上的收敛情况

从图 14.14 的结果可以看出, 随着迭代次数增加, 训练集和测试集上的误差值都呈递减趋势, 迭代到 50 次附近时, 两个数据集上的误差都快速降到一定数值, 然后训练集上的误差随着迭代次数增加仍在减少并逐渐趋于 0, 而测试集上的误差较为平稳. 因此, 选择测试集上误差变得较为平稳时停止迭代.

14.5.2 分类问题的 R 案例

本节利用前馈神经网络对 11.7.3 节的 2 800 个 MNIST 数据集进行多分类分析, 并与随机森林、朴素贝叶斯和 KNN 方法进行比较. 该数据集是从原数据集中随机抽取了 2 800 个样本, 其中 1 000 个训练集样本用于训练模型, 1 000 个验证集样本用于前馈神经网络选取最优神经元数目和 KNN 分类方法选取最优 K 值, 800 个测试样本用于计算混淆矩阵和测试错误率进行评价.

首先, 载入所需要的所有程序包, 为了对混淆矩阵和测试错误率进行可视化展示, 编写下面的函数 plot_confusion().

```
library(neuralnet); library(randomForest); library(class)
library(e1071); library(ggplot2); library(gridExtra)
## 编写函数 plot_confusion()
plot_confusion = function(confMatrix, title, filename){
  confMatrix = as.data.frame(confMatrix, stringsAsFactors = TRUE)
  plot_matrix=ggplot(confMatrix,aes(真实数字, 预测数字,fill=Freq))+
    geom_tile() + geom_text(aes(label = Freq)) +
    scale_fill_gradient(low = "white", high = "#3575b5") +
    labs(x="真实数字", y="预测数字", title = title, fill = "") +
    theme(plot.title = element_text(size = 20, hjust = 0.5),
          axis.title.x = element_text(size = 15),
          axis.title.y = element_text(size = 15))
  ggsave(filename, plot_matrix, width = 8, height = 6)
  return(plot_matrix)
}
```

其次, 读入数据, 固定种子 set.seed (2023), 把数据分成训练集、验证集和测试集.

```
load("mnist.rda"); set.seed(2023)
mnist[, c(1:784)] = t(scale(t(mnist[, c(1:784)])))
train_data = mnist[c(1:1000), ]; vad_data = mnist[c(1001:2000), ]
test_data = mnist[c(2001:2800), ]
```

对于前馈神经网络, 如果同时选取最优隐藏层个数和每个隐藏层神经元数目, 计算量非常大.

因此, 此处固定两个隐藏层, 基于训练集和验证集, 首先固定第二个隐藏层的数目, 利用验证集方法和 for 循环选取第一个隐藏层最优的神经元数目, 然后固定第一个隐藏层的最优神经元数目, 选取第二个隐藏层的最优神经元数目. 得到两个隐藏层的最优神经元数目后, 利用最优神经元数目的前馈神经网络在训练集上训练模型, 最后在测试集上计算混淆矩阵和测试错误率, 并用函数 plot_confusion() 绘制混淆矩阵图形. 下面程序仅提供了选取第二个隐藏层最优神经元的数目的程序, 最终得到两个隐藏层最优神经元数目分别为 142 和 60.

```
errRate_nn = c();  m.grid = c(50:100)
for (j in 1:length(m.grid)){
   set.seed(2023)
   model_nn = neuralnet(label~., data = train_data,
           hidden = c(142, m.grid[j]), linear.output = F)
   prob_nn = predict(model_nn, vad_data[, c(1:784)])
   pred_nn = apply(prob_nn, 1, which.max) - 1
   conf_nn=table(pred_nn,vad_data$label,dnn=c("预测数字","真实数字"))
   errRate_nn[j] = 1 - sum(diag(conf_nn))/sum(conf_nn)
}
m.min = m.grid[which.min(errRate_nn)]
model_nn = neuralnet(label~., data = train_data,
               hidden = c(142, m.min), linear.output = F)
prob_nn = predict(model_nn, test_data[, c(1:784)])
pred_nn = apply(prob_nn, 1, which.max)-1
conf_nn=table(pred_nn,test_data$label,dnn=c("预测数字","真实数字"))
errRate_nn = 1 - sum(diag(conf_nn))/sum(conf_nn)
plot_nn = plot_confusion(conf_nn, paste("FNN,", 'errRate =',
        round(errRate_nn, 4)), "Figure_nn.jpeg")
```

上面程序中, `linear.output=F` 表示对输出层施加 sigmoid 激活函数, 故所得结果为条件概率. 对于随机森林, 利用函数 randomForest() 在训练集上估计模型, 然后用到测试集上计算混淆矩阵和测试错误率, 并用函数 plot_confusion() 绘制混淆矩阵图形.

```
set.seed(2023)
model_rf = randomForest(label~., data = train_data)
pred_rf = predict(model_rf, test_data[, c(1:784)])
conf_rf=table(pred_rf,test_data$label,dnn=c("预测数字","真实数字"))
errRate_rf = 1 - sum(diag(conf_rf))/sum(conf_rf)
plot_rf = plot_confusion(conf_rf, paste("Random Forest,",
```

```
        'errRate =', round(errRate_rf, 4)), "Figure_rf.jpeg")
```

对于朴素贝叶斯, 利用函数 naiveBayes() 在训练集上估计模型, 然后用到测试集上计算混淆矩阵和测试错误率, 并用函数 plot_confusion() 绘制混淆矩阵图形.

```
model_nb = naiveBayes(label~., data = train_data)
pred_nb = predict(model_nb, test_data[, c(1:784)])
conf_nb=table(pred_nb,test_data$label,dnn=c("预测数字","真实数字"))
errRate_nb = 1 - sum(diag(conf_nb))/sum(conf_nb)
plot_nb = plot_confusion(conf_nb, paste("Naive Bayes,",
          'errRate =', round(errRate_nb, 4)), "Figure_nb.jpeg")
```

对于 KNN 分类方法, 基于训练集和验证集, 利用 for 循环, 对不同的 K 值, 利用函数 knn() 在训练集上估计模型, 在验证集上计算错误率, 选择使验证集错误率最小的最优 K 值. 得到最优 K 值后, 利用最优 K 值在训练集上估计模型, 最后在测试集上计算混淆矩阵和测试错误率, 并用函数 plot_confusion() 绘制混淆矩阵图形.

```
set.seed(2023);   errRate_knn = c()
for (k in 1:10){
  pred_knn=knn(train=train_data[,c(1:784)],test=vad_data[,c(1:784)],
             cl = train_data$label, k = k)
  conf_knn=table(pred_knn,vad_data$label,dnn=c("预测数字","真实数字"))
  errRate_knn[k] = 1 - sum(diag(conf_knn))/sum(conf_knn)
}
k_min = which.min(errRate_knn)
pred_knn=knn(train=train_data[,c(1:784)],test=test_data[, c(1:784)],
           cl = train_data$label, k = k_min)
conf_knn=table(pred_knn,test_data$label,dnn=c("预测数字","真实数字"))
errRate_knn = 1 - sum(diag(conf_knn))/sum(conf_knn)
plot_knn = plot_confusion(conf_knn, paste(k,"-NN,", "errRate =",
          round(errRate_knn, 4)), "Figure_knn.jpeg")
```

为了对结果更好进行比较和展示, 对所得四种模型在测试集上的混淆矩阵和测试错误率, 利用函数 grid.arrange() 对四个混淆矩阵进行整合和可视化, 结果见图 14.15.

```
grid.arrange(plot_nn, plot_rf, plot_nb, plot_knn, nrow=2, ncol=2)
```

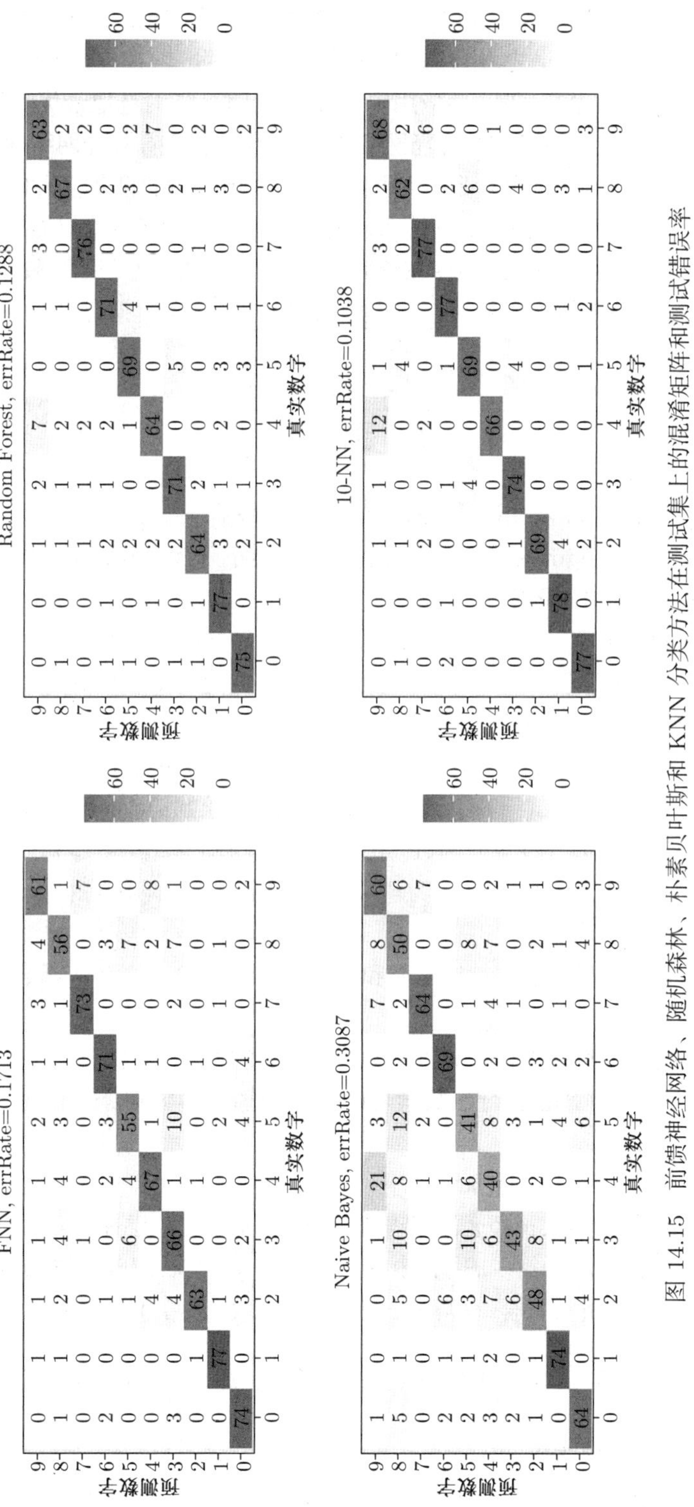

图 14.15 前馈神经网络、随机森林、朴素贝叶斯和 KNN 分类方法在测试集上的混淆矩阵和测试错误率

从图 14.15 的结果可知, 前馈神经网络的测试错误率为 0.1713, 随机森林的测试错误率为 0.1288, 朴素贝叶斯的测试错误率为 0.3087, KNN 分类方法的测试错误率为 0.1038. 另外, 由 11.7.3 节可知, 支持向量机的测试错误率为 0.1125. 从测试错误率来看, 前馈神经网络的表现不如随机森林、KNN 分类方法和支持向量机, 在实际应用中需要进行优化, 同时选取最优的隐藏层个数和神经元数目, 还需要利用正则化方法避免前馈神经网络的过拟合问题, 提高神经网络学习的泛化能力.

前馈神经网络尽管结构简单, 适用于多种回归、分类和异常值检测等多种监督学习任务, 也有较高的计算效率, 可以在较短时间内完成训练和预测. 然而, 前馈神经网络只能处理静态数据, 对序列数据或时序数据, 以及输入与输出之间存在较为复杂关系的数据, 处理效果较差. 此外, 前馈神经网络容易出现过拟合问题, 在数据分析时需要考虑正则化方法, 避免过拟合出现.

习　题　14

1. 试述线性函数 $f(\boldsymbol{x}) = \boldsymbol{w}^{\mathrm{T}}\boldsymbol{x}$ 用作神经元激活函数的缺陷.

2. 试述对于一个神经元 $\mathrm{sigmoid}(\boldsymbol{w}^{\mathrm{T}}\boldsymbol{x} - \theta)$, 并使用梯度下降优化参数 $\boldsymbol{w}$, 如果输入 $\boldsymbol{x}$ 恒大于 0, 其收敛速度会比零均值化的输入更慢.

3. 先阅读邱锡鹏 (2020) 关于 XOR 问题, 然后试设计一个前馈神经网络来解决 XOR 问题, 要求该前馈神经网络具有两个隐藏神经元和一个输出神经元, 并使用 ReLU 作为激活函数.

4. 试举例说明 "死亡 ReLU 问题", 并提出解决方法.

5. Swish 函数是一种自门控激活函数, 定义为 $\mathrm{swish}(x) = x \times \mathrm{sigmoid}(\beta x)$, 其中 β 为学习的参数, $\mathrm{sigmoid}(\cdot)$ 是 sigmoid 函数. 试计算 swish 函数的导数, 并绘制 swish 函数及其导数的图形.

6. GELU 函数是高斯误差线性单元函数, 定义为 $\mathrm{GELU}(x) = x\mathbb{P}(X \leqslant x)$, $\mathbb{P}(X \leqslant x)$ 是高斯分布 $N(\mu, \sigma^2)$ 的累积分布函数, 其中 μ 和 σ 为超参数. 试计算 GELU 函数的导数, 并绘制 GELU 函数及其导数的图形.

7. 证明通用近似定理对于具有线性输出层和至少一个使用 ReLU 激活函数的隐藏层组成的前馈神经网络, 也都是适用的.

8. 为什么在神经网络模型的结构化风险函数中不对偏置 $\boldsymbol{\theta}$ 进行正则化?

9. 为什么在用反向传播算法进行参数学习时要采用随机参数初始化的方式, 而不是直接令 $\mathbf{W} = \mathbf{0}$ 和 $\boldsymbol{\theta} = \mathbf{0}$?

10. 梯度消失问题是否可以通过增加学习率来缓解?

11. 对图 14.8 拥有 p 个输入神经元, l 个输出神经元, q 个隐藏层神经元的二层前馈神经网络. 给定训练集 $D = \{(\boldsymbol{x}_i, \boldsymbol{y}_i), i = 1, \cdots, n\}$, 其中 $\boldsymbol{x}_i \in \mathbb{R}^p$ 和 $\boldsymbol{y}_i \in \mathbb{R}^l$, 利用具有 sigmoid 激活函数的二层前馈神经网络对训练集进行拟合, 实际输出为 $\widehat{\boldsymbol{y}}_i = (\widehat{y}_{i1}, \cdots, \widehat{y}_{il})^{\mathrm{T}}$, 并考虑均方误差损失, 记为 $E_i = \dfrac{1}{2}\displaystyle\sum_{j=1}^{l}(\widehat{y}_{ij} - y_{ij})^2$. 根据 14.3 节介绍的反向传播算法, 试写出二层前馈神经网络的具体误差反向传播算法. **提示**: 请参考周志华 (2016).

12. 使用 R 语言程序包 AppliedPredictiveModeling 中的 abalone 数据, 估计回归问题的前馈神经网络模型, 试考虑如下问题:

(1) 以 Rings 为响应变量, 使用函数 model.matrix() 将因子变量 Type 变为虚拟变量;

(2) 数据预处理, 将所有变量 (含响应变量) 进行归一化处理;

(3) 为节省时间, 随机选取 1 000 个观测值作为训练集, 固定种子 set.seed(1), 分别使用 sigmoid 函数和 tanh 函数作为激活函数, 估计包含 3 个神经元的单隐层前馈神经网络模型, 并对结果做比较;

(4) 在测试集中计算均方误差;

(5) 对比线性回归模型、KNN 回归方法、随机森林方法和 SVR 方法拟合的测试均方误差;

(6) 通过在 1:10 之间的 for 循环, 选择最优的神经元数目, 并画图展示;

(7) 试述式 (14.21) 和式 (14.22) 中学习率 η 取值对回归问题神经网络训练的影响, 并通过 abalone 数据分析进行说明.

13. 使用 R 语言程序包 mlbench 中的 Ionosphere 数据, 估计二分类问题的前馈神经网络模型, 试考虑如下问题:

(1) 进行数据预处理, 将两个水平的响应变量 Class 变为虚拟变量, 去掉取值无变化的因子变量 V2, 把两个水平的因子变量 V1 变为虚拟变量, 然后将所有特征变量归一化;

(2) 随机选取 251 个观测值作为训练集, 固定种子 set.seed(1), 使用 sigmoid 函数作为激活函数, 估计包含 5 个神经元的单隐层前馈神经网络模型;

(3) 在测试集中计算混淆矩阵和测试错误率;

(4) 对比 KNN 分类方法、logistic 回归模型、随机森林方法和 SVM 方法拟合的测试错误率;

(5) 通过在 1:10 之间的 for 循环, 选择最优的神经元数目, 并画图展示;

(6) 试述式 (14.21) 和式 (14.22) 中学习率 η 取值对分类问题神经网络训练的影响, 并通过 Ionosphere 数据分析进行说明.

14. 试实现前馈神经网络的反向传播算法, 使用例 1.4 的 CIFAR-10 数据集构建普适物体的识别和分类网络.

第 15 章　卷积神经网络

学习目标与要求:

1. 掌握卷积的定义和计算, 以及填充和步长的定义;
2. 掌握汇聚的定义和计算, 并重点掌握最大汇聚和平均汇聚;
3. 掌握卷积神经网络模型的架构, 以及卷积神经网络模型的定义和性质;
4. 掌握卷积神经网络模型的学习算法, 重点掌握卷积导数和反向传播算法;
5. 能够熟练使用 R 语言对卷积神经网络进行数据分析和应用.

卷积神经网络 (convolutional neural network, CNN 或 ConvNet) 是受生物学上感受野机制的启发而提出的, 是一种具有局部连接和权重共享等特性的深层前馈神经网络. 卷积神经网络具有层次化网络结构, 一般是由**卷积 (convolution) 层**、**汇聚 (pooling) 层**和**全连接层**交叉堆叠而成的前馈神经网络, 使用反向传播算法进行训练. 对于卷积神经网络的结构, 前一层的输出是后一层的输入; 前面几层每一层都进行卷积运算和汇聚运算, 卷积实现的是特征检测, 汇聚实现的是特征选取; 最后几层是全连接的前馈神经网络, 进行分类或回归预测.

Fukushima (1980) 提出了一种称为新知机 (neocognitron) 的带卷积和子采样操作的多层神经网络. LeCun 等 (1989) 将反向传播算法引入了卷积神经网络, 进一步 LeCun 等 (1998) 在手写体数字识别上取得了很大的成功. Krizhevsky 等 (2012) 开发了被称为 AlexNet 的卷积神经网络模型, 并在 ImageNet 比赛中取得了优异的成绩, 成为深度学习技术在图像分类上真正突破的开端. AlexNet 不用预训练和逐层训练, 首次使用了很多现代深度网络的技术, 如使用 GPU 进行并行训练, 采用了 ReLU 函数作为非线性激活函数, 使用暂退法防止过拟合问题, 使用数据增强来提高模型准确率等, 这些技术极大地推动了深度学习模型的发展. 在 AlexNet 之后, 出现了很多优秀的卷积网络. 例如, Simonyan 和 Zisserman (2014) 提出的 VGG 网络, He 等 (2016) 提出的被计算机视觉广泛使用的残差网络.

卷积神经网络有三个结构上的特性: 局部连接、权重共享和汇聚. 这些特性使得卷积神经网络具有一定程度上的平移、缩放和旋转不变性. 与前馈神经网络相比, 卷积神经网络的参数更少. 卷积神经网络的应用领域包括计算机视觉、自然语言处理、语音处理、推荐系统以及图像和视频分析的各种任务 (如图像分类、人脸识别、物体识别和图像分割等).

本章将首先介绍卷积和汇聚的定义和计算, 然后介绍卷积神经网络的架构、定义和性质以及卷积神经网络的学习算法, 最后介绍卷积神经网络的应用.

§15.1 卷　积

卷积是分析数学中一种重要的运算. 在信号或图像处理中, 经常使用一维卷积或二维卷积.

15.1.1 数学卷积

在数学中, 卷积是定义在两个函数上的运算, 表示用其中一个函数对另一个函数的形状进行调整. 设 f 和 g 是两个可积的实值函数, 定义一个新函数 h, 称为 f 和 g 的**卷积**, 记为

$$h(t) = (f \circledast g)(t) = \int_{-\infty}^{\infty} f(\tau)g(t-\tau)\mathrm{d}\tau, \tag{15.1}$$

其中 $\circledast$ 表示卷积运算符号. 例如, 考虑如下数学卷积的例子, 即

$$y(t) = (x \circledast g)(t) = \int_{-\infty}^{\infty} x(\tau)w(t-\tau)\mathrm{d}\tau,$$

其中 $x(\tau)$ 是任意给定的函数, $w(t)$ 是高斯核函数, 定义为

$$w(t) = \frac{1}{\sqrt{2\pi}\sigma}\exp\left(-\frac{t^2}{2\sigma^2}\right).$$

卷积表示用高斯核函数 $w(t)$ 对给定的任意函数 $x(\tau)$ 进行平滑得到的结果, 如图 15.1.

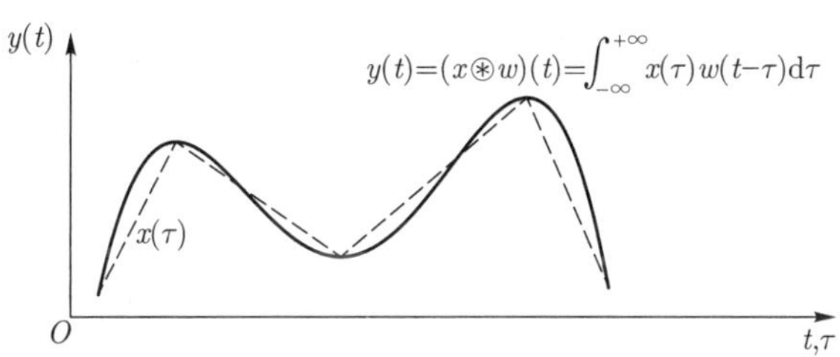

图 15.1　数学卷积示例图

卷积神经网络中的卷积与数学卷积并不相同, 实际是数学中的**互相关** (cross correlation). 两个实值函数 f 和 g 的互相关是指

$$(f * g)(t) = \int_{-\infty}^{\infty} f(\tau)g(t+\tau)\mathrm{d}\tau, \tag{15.2}$$

其中 $*$ 表示互相关运算符号. 互相关不满足交换律 $(f*g)(t) \neq (g*f)(t)$. 可以将上述互相关自然推广到二维和离散的情形.

15.1.2 一维卷积

一维卷积经常用在信号处理中, 用于计算信号的延迟累积. 假设一个信号发生器每个时刻 t 产生一个信号 x_t, 其信息的衰减率为 w_k, 即在 $k-1$ 个时间步长后, 信息为原来的 w_k 倍, 其中把 $w_1, w_2, \cdots$ 称为**滤波器** (filter) 或**卷积核** (convolution kernel). 假设滤波器长度为 K, 它和一个信号

序列 $x_1, x_2, \cdots$ 的卷积为

$$y_t = \sum_{k=1}^{K} w_k x_{t-k+K}. \tag{15.3}$$

进一步, 信号序列 $\boldsymbol{x}$ 和滤波器 $\boldsymbol{w}$ 的卷积定义为

$$\boldsymbol{y} = \boldsymbol{w} \circledast \boldsymbol{x}. \tag{15.4}$$

这里, $\circledast$ 表示卷积运算符号.

一般情况下滤波器的长度 K 远小于信号序列长度 N. 图 15.2 给出了一维卷积示例. 滤波器为 $[-1, 0, 1]$, 连接边上的数字为滤波器中的权重.

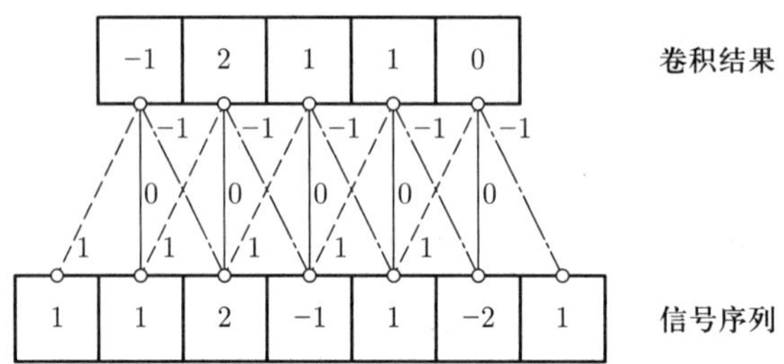

图 15.2 一维卷积示例图, 滤波器为 $[-1, 0, 1]$

当滤波器 $w_k = 1/K$, $1 \leqslant k \leqslant K$, 卷积相当于信号序列的简单移动平均 (窗口大小为 K).

15.1.3 二维卷积

卷积也经常用在图像处理中. 因为图像为一个二维结构, 所以需要将一维卷积扩展到二维卷积. 给定一个图像输入矩阵 $\mathbf{X} \in \mathbb{R}^{M \times N}$ 和滤波器或卷积核 $\mathbf{W} \in \mathbb{R}^{I \times J}$, 一般 $I \ll M, J \ll N$, 其卷积为

$$y_{kl} = \sum_{i=1}^{I} \sum_{j=1}^{J} w_{ij} x_{k-i+I, l-j+J}, \tag{15.5}$$

其中 $k = 1, \cdots, K$, $l = 1, \cdots, L$, $K = M - I + 1$ 和 $L = N - J + 1$. 因此, 一个输入信息矩阵 $\mathbf{X} \in \mathbb{R}^{M \times N}$ 和卷积核 $\mathbf{W} \in \mathbb{R}^{I \times J}$ 的二维卷积定义为

$$\mathbf{Y} = \mathbf{W} \circledast \mathbf{X}, \tag{15.6}$$

其中 $\mathbf{Y}$ 为 $K \times L$ 的输出矩阵.

例 15.1 给定输入矩阵 $\mathbf{X}$ 和卷积核 $\mathbf{W}$, 即

$$\mathbf{X} = \begin{pmatrix} 3 & 2 & 0 & 1 \\ 0 & 2 & 1 & 2 \\ 2 & 0 & 0 & 3 \\ 2 & 3 & 1 & 2 \end{pmatrix}, \qquad \mathbf{W} = \begin{pmatrix} 2 & 1 & 2 \\ 0 & 0 & 3 \\ 0 & 0 & 2 \end{pmatrix}.$$

求卷积 $\mathbf{Y} = \mathbf{W} \circledast \mathbf{X}$.

因为卷积核 $\mathbf{W}$ 作用在 $\mathbf{X}$ 上, 并不超出 $\mathbf{X}$ 的范围. 由式 (15.5), 计算卷积 $\mathbf{Y}=\mathbf{W}\circledast\mathbf{X}$ 的元素为

$$y_{11}=\sum_{i=1}^{3}\sum_{j=1}^{3}w_{ij}x_{4-i,4-j}=10,\qquad y_{12}=\sum_{i=1}^{3}\sum_{j=1}^{3}w_{ij}x_{4-i,5-j}=16,$$

$$y_{21}=\sum_{i=1}^{3}\sum_{j=1}^{3}w_{ij}x_{5-i,4-j}=15,\qquad y_{22}=\sum_{i=1}^{3}\sum_{j=1}^{3}w_{ij}x_{5-i,5-j}=15.$$

输入矩阵是 4×4 矩阵, 卷积核是 3×3 矩阵, 图 15.3 展示了这个卷积计算的过程, 且输出矩阵为

$$\mathbf{Y}=\mathbf{W}\circledast\mathbf{X}=\begin{pmatrix}2&1&2\\0&0&3\\0&0&2\end{pmatrix}\circledast\begin{pmatrix}3&2&0&1\\0&2&1&2\\2&0&0&3\\2&3&1&2\end{pmatrix}=\begin{pmatrix}10&16\\15&15\end{pmatrix}.$$

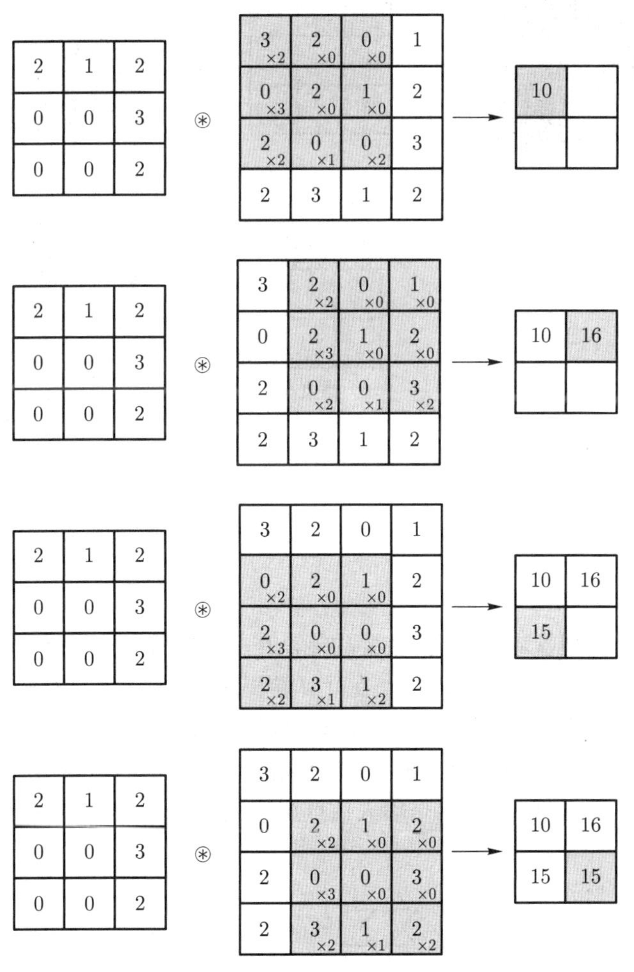

图 15.3 卷积计算的过程

在图像处理中常用的均值滤波 (mean filter) 就是一种二维卷积, 将当前位置的像素值设为滤波器窗口中所有像素的平均值, 即 $w_{ij} = \frac{1}{IJ}$.

在图像处理中, 卷积经常作为特征提取的有效方法. 一幅图像在经过卷积操作后得到结果称为**特征映射**. 图 15.4 给出在图像处理中三种滤波器的示例, 以及其对应的特征映射. 图中最上面的滤波器可以用来对图像进行平滑去噪; 中间和最下面的滤波器可以用来提取边缘特征.

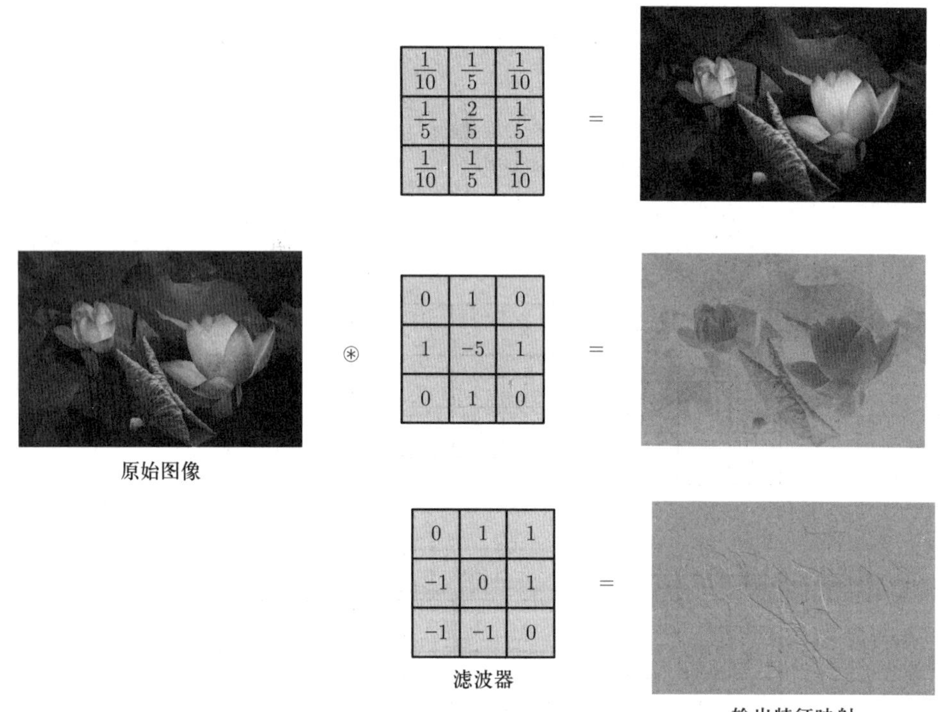

图 15.4 图像处理中三种滤波器的示例

15.1.4 互相关

在机器学习和图像处理领域, 卷积的主要功能是在一个图像 (或某种特征) 上滑动一个卷积核 (滤波器), 通过卷积操作得到一组新的特征. 在计算卷积的过程中, 需要进行卷积核翻转, 其中翻转就是从两个维度 (从上到下、从左到右) 颠倒次序, 即旋转 180 度. 在具体实现上, 一般会以互相关操作来代替卷积, 从而会减少一些不必要的操作. **互相关**是一个衡量两个序列相关性的函数, 通常是用滑动窗口的点积计算来实现. 给定一个输入信息矩阵 $\mathbf{X} \in \mathbb{R}^{M\times N}$ 和卷积核 $\mathbf{W} \in \mathbb{R}^{I\times J}$, 它们的互相关为

$$y_{kl} = \sum_{i=1}^{I}\sum_{j=1}^{J} w_{ij}x_{k+i-1,l+j-1}, \tag{15.7}$$

其中 $k = 1, \cdots, K$, $l = 1, \cdots, L$, $K = M - I + 1$ 和 $L = N - J + 1$. 对比式 (15.5), 可以发现互相关和卷积的区别仅仅在于卷积核是否进行翻转. 因此, 互相关也可以称为不翻转的卷积.

进一步, 式 (15.7) 也可以写成如下矩阵形式

$$\mathbf{Y} = \mathbf{W} * \mathbf{X} = \mathrm{rot180}(\mathbf{W}) \circledast \mathbf{X}, \tag{15.8}$$

其中 $*$ 为互相关运算符号, $\mathrm{rot180}(\cdot)$ 表示矩阵旋转 180 度, $\mathbf{Y} \in \mathbb{R}^{K \times L}$ 为 $K \times L$ 的输出矩阵, 且 $K = M - I + 1$ 和 $L = N - J + 1$.

对例 15.1 给定的输入矩阵 $\mathbf{X}$ 和卷积核 $\mathbf{W}$, 由式 (15.8), 计算互相关输出矩阵 $\mathbf{Y} = \mathbf{W} * \mathbf{X}$ 的元素分别为

$$y_{11} = \sum_{i=1}^{3}\sum_{j=1}^{3} w_{ij} x_{ij} = 11, \qquad y_{12} = \sum_{i=1}^{3}\sum_{j=1}^{3} w_{ij} x_{i,j+1} = 18,$$

$$y_{21} = \sum_{i=1}^{3}\sum_{j=1}^{3} w_{ij} x_{i+1,j} = 6, \qquad y_{22} = \sum_{i=1}^{3}\sum_{j=1}^{3} w_{ij} x_{i+1,j+1} = 22.$$

图 15.5 展示了这个互相关计算的过程, 且输出矩阵为

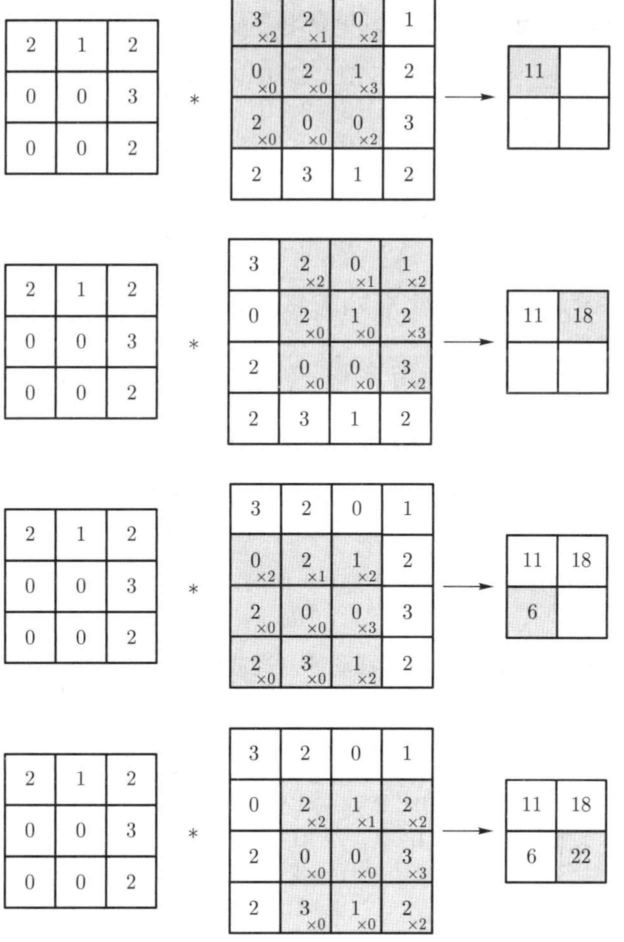

图 15.5 互相关计算的过程

$$\mathbf{Y}=\mathbf{W}*\mathbf{X}=\begin{pmatrix}2&1&2\\0&0&3\\0&0&2\end{pmatrix}*\begin{pmatrix}3&2&0&1\\0&2&1&2\\2&0&0&3\\2&3&1&2\end{pmatrix}=\begin{pmatrix}11&18\\6&22\end{pmatrix}.$$

在神经网络中使用卷积是为了进一步进行特征选取, 卷积核是否进行翻转和其特征抽取的能力无关. 特别是当卷积核是可学习的参数时, 卷积和互相关在能力上是等价的. 因此, 为了实现上的方便起见, 可用互相关来代替卷积. 事实上, 很多深度学习工具中卷积操作其实都是互相关操作. 因此, 本书后面内容不再提互相关概念, 直接用卷积概念, 并且计算符号用 “$*$” 表示.

15.1.5 填充和步长

卷积运算的扩展可以通过增加填充和步长来实现. 在输入矩阵的周边添加元素为 0 的行和列, 使卷积核能够更充分地作用于输入矩阵边缘的元素, 这样的处理成为**填充** (padding) 或**零填充** (zero padding).

对例 15.1 的输入矩阵 $\mathbf{X}$ 进行填充, 得到填充矩阵为

$$\widetilde{\mathbf{X}}=\begin{pmatrix}0&0&0&0&0&0\\0&3&2&0&1&0\\0&0&2&1&2&0\\0&2&0&0&3&0\\0&2&3&1&2&0\\0&0&0&0&0&0\end{pmatrix}.$$

卷积核 $\mathbf{W}$ 不变, 针对填充后的输入矩阵 $\widetilde{\mathbf{X}}$, 由式 (15.8) 可得卷积输出 $\widetilde{\mathbf{Y}}=\mathbf{W}*\widetilde{\mathbf{X}}$ 为

$$\widetilde{\mathbf{Y}}=\mathbf{W}*\widetilde{\mathbf{X}}=\begin{pmatrix}2&1&2\\0&0&3\\0&0&2\end{pmatrix}*\begin{pmatrix}0&0&0&0&0&0\\0&3&2&0&1&0\\0&0&2&1&2&0\\0&2&0&0&3&0\\0&2&3&1&2&0\\0&0&0&0&0&0\end{pmatrix}=\begin{pmatrix}10&2&7&0\\13&11&18&1\\10&6&22&4\\11&7&12&3\end{pmatrix}.$$

输入矩阵 $\mathbf{X}$ 通过填充后, 由 4×4 的矩阵变为 6×6 的矩阵, 卷积核 $\mathbf{W}$ 是 3×3 的矩阵, 输出矩阵 $\widetilde{\mathbf{Y}}$ 为 4×4 的矩阵.

在卷积运算中, 卷积核每次向右或向下移动的列数或行数称为**步长** (stride). 下面给出步长为 2 的卷积计算的例子.

例 15.2 给定输入矩阵 $\mathbf{X}$ 和卷积核 $\mathbf{W}$, 即

$$\mathbf{X}=\begin{pmatrix}1&3&3&0&2&0&1\\2&0&0&1&3&2&0\\3&0&1&2&1&0&3\\0&1&0&2&1&0&1\\3&2&0&0&1&2&3\\0&3&1&1&0&1&0\\2&1&0&0&1&3&1\end{pmatrix},\qquad \mathbf{W}=\begin{pmatrix}1&2&0\\0&0&1\\1&0&3\end{pmatrix}.$$

设卷积步长为 2, 求卷积 $\mathbf{Y}=\mathbf{W}*\mathbf{X}$.

卷积核 $\mathbf{W}$ 作用在输入矩阵 $\mathbf{X}$ 上, 每次计算向右或向下移动两列或两行. 由式 (15.8), 可以计算每一个卷积的值, 并得到输出矩阵 $\mathbf{Y}$ 为

$$\mathbf{Y}=\begin{pmatrix}1&2&0\\0&0&1\\1&0&3\end{pmatrix}*\begin{pmatrix}1&3&3&0&2&0&1\\2&0&0&1&3&2&0\\3&0&1&2&1&0&3\\0&1&0&2&1&0&1\\3&2&0&0&1&2&3\\0&3&1&1&0&1&0\\2&1&0&0&1&3&1\end{pmatrix}=\begin{pmatrix}13&10&12\\6&9&12\\10&3&9\end{pmatrix}.$$

输入矩阵 $\mathbf{X}$ 是 7×7 的矩阵, 卷积核 $\mathbf{W}$ 是 3×3 的矩阵, 卷积步长为 2, 输出矩阵 $\mathbf{Y}$ 是 3×3 的矩阵. 图 15.6 提供了这个卷积计算的其中两步.

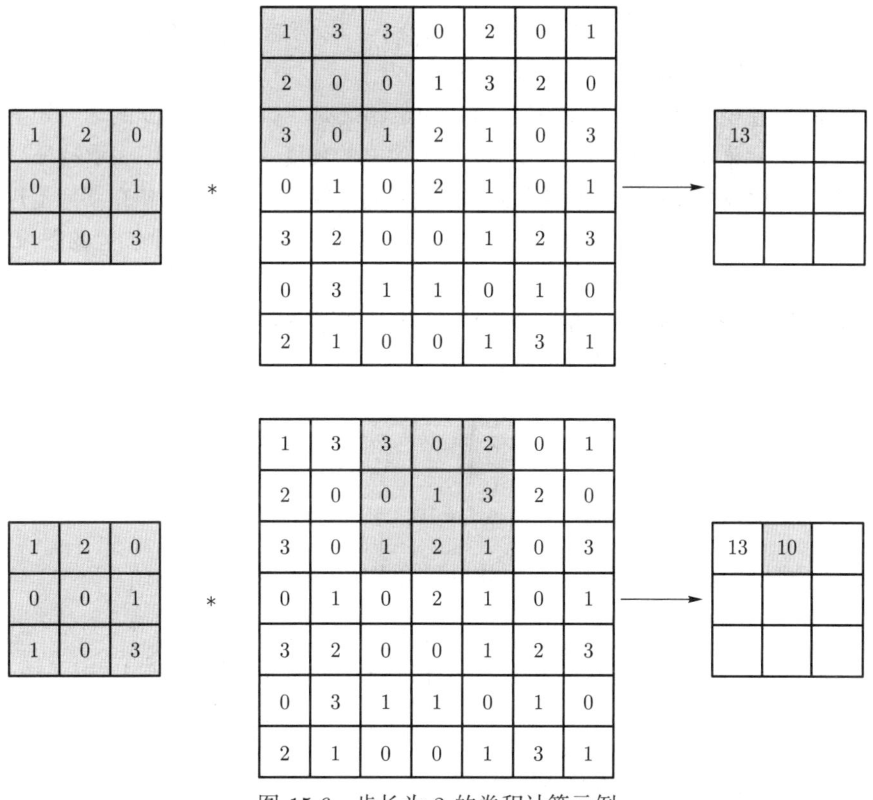

图 15.6 步长为 2 的卷积计算示例

卷积运算依赖于卷积核的大小、填充的大小和步长的大小. 这些是卷积运算的超参数, 假设输入信息矩阵 $\mathbf{X}$ 的大小是 $M\times N$, 卷积核 $\mathbf{W}$ 的大小是 $I\times J$, 两个方向填充的大小分别是 P 和 Q, 步长的大小是 S, 则卷积输出矩阵 $\mathbf{Y}$ 的大小为

$$K\times L=\left\lfloor\frac{M+2P-I}{S}+1\right\rfloor\times\left\lfloor\frac{N+2Q-J}{S}+1\right\rfloor, \tag{15.9}$$

其中 $\lfloor a\rfloor$ 表示不超过 a 的最大整数. 填充大小 P 和 Q 的最大值分别是 $I-1$ 和 $J-1$, 这时的填充

称为**全填充** (full padding).

注 15.1.1 卷积核大小在神经网络中代表感受野的大小, 一般情况下, 卷积核越大, 感受野越大, 看到的图片信息越多, 所获得的全局特征就越好. 但是大的卷积核会导致计算量的暴增, 计算性能也会降低. 卷积核的步长 S 代表提取特征的精度, 步长定义了当卷积核在图像上面进行卷积操作时, 每次卷积跨越的长度. 对于大小为 2 的卷积核, 如果步长为 $S=1$, 那么相邻步感受野之间就会有重复区域; 如果步长为 $S=2$, 那么相邻感受野不会重复, 也不会有覆盖不到的地方; 如果步长为 $S=3$, 那么相邻步感受野之间会有一道大小为 1 的缝隙, 这样就会遗漏原图的信息.

一般常用的卷积有以下三类:

(1) 窄卷积 (narrow convolution). 步长 $S=1$, 两个方向填充的大小为 $P=Q=0$, 即两个方向不进行填充, 卷积后输出矩阵的大小为 $K\times L=(M-I+1)\times(N-J+1)$;

(2) 宽卷积 (wide convolution). 步长 $S=1$, 两端补零, 且 $P=I-1$ 和 $Q=J-1$, 卷积后输出矩阵的大小为 $K\times L=(M+I-1)\times(N+J-1)$;

(3) 等宽卷积 (equal-wide convolution). 步长 $S=1$, 两端补零, 且 $P=(I-1)/2$ 和 $Q=(J-1)/2$, 卷积后输出矩阵的大小为 $K\times L=M\times N$.

在图像处理中, 卷积实现的是特征检测. 最简单的情况是二维卷积, 卷积的输入矩阵 $\mathbf{X}$ 表示灰度图像, 矩阵的一个元素对应图像的一个像素, 代表像素的灰度. 卷积核 $\mathbf{W}$ 表示特征, 如物体的边缘, 矩阵的一个元素代表特征在一个像素点上的灰度权重. 卷积运算将卷积核在图像上进行滑动, 在图像的每一个位置对一个特定的特征进行检测, 输出一个检测值. 当在某个位置的图像的特征和卷积核的特征一致时, 检测值最大, 这是因为卷积进行的是矩阵内积计算. 值得注意的是, 卷积核的权重是在卷积神经网络中通过学习获得的, 即学习得到特征检测的能力.

例 15.3 给定输入矩阵 $\mathbf{X}$ 和卷积核 $\mathbf{W}$, 即

$$\mathbf{X}=\begin{pmatrix}0&0&0&0\\0&2&0&0\\0&2&0&0\\0&2&2&2\end{pmatrix},\qquad \mathbf{W}=\begin{pmatrix}2&0&0\\2&0&0\\2&2&2\end{pmatrix}.$$

由式 (15.8), 可以计算每一个卷积的值, 并得到输出矩阵 $\mathbf{Y}$ 为

$$\mathbf{Y}=\mathbf{W}*\mathbf{X}=\begin{pmatrix}2&0&0\\2&0&0\\2&2&2\end{pmatrix}*\begin{pmatrix}0&0&0&0\\0&2&0&0\\0&2&0&0\\0&2&2&2\end{pmatrix}=\begin{pmatrix}4&8\\8&20\end{pmatrix}.$$

例 15.3 展示了卷积进行特征检测的情况, 输入矩阵 $\mathbf{X}$ 表示一个 4×4 图片, 取值为 0 或 2, 图片中有一个 L 字. 卷积核 $\mathbf{W}$ 表示一个特征, 取值也是 0 或 2, 也包含一个 L 字. 输出矩阵 $\mathbf{Y}$ 表示特征检测值, 当卷积核滑动到图片中的 L 字形边时, 检测值最大.

15.1.6 三维卷积

三维卷积的输入和输出一般是由**张量** (tensor) 表示的特征图, 其中矩阵表示的特征图可以看作是一张特征图, 而张量表示的特征图可以看作是多张特征图. 这样的特征图有高度、宽度和深度, 可

将彩色图像数据看作是一种特殊的特征图.

图像处理常使用彩色图像, 由红、绿、蓝三个通道的数据组成. 每一个通道的数据由一个矩阵表示, 矩阵的每一个元素对应一个像素, 代表颜色的深度. 三个矩阵排列起来就构成了一个张量. 三维卷积作用于这样的张量数据 (特征图). 彩色图像三个通道的矩阵的行数和列数是特征图的高度和宽度, 也就是彩色图像看上去的高度和宽度, 通道数是特征图的深度, 如图 15.7(a).

通过卷积或汇聚运算也得到由张量表示的特征图. 张量由多个大小相同的矩阵组成, 矩阵的行数和列数是特征图的高度和宽度, 矩阵的个数是特征图的深度, 如图 15.7(b). 三维卷积作用于这样的特征图, 一个三维卷积的输出是一个矩阵, 多个三维卷积的输出矩阵排列起来得到一个张量特征图.

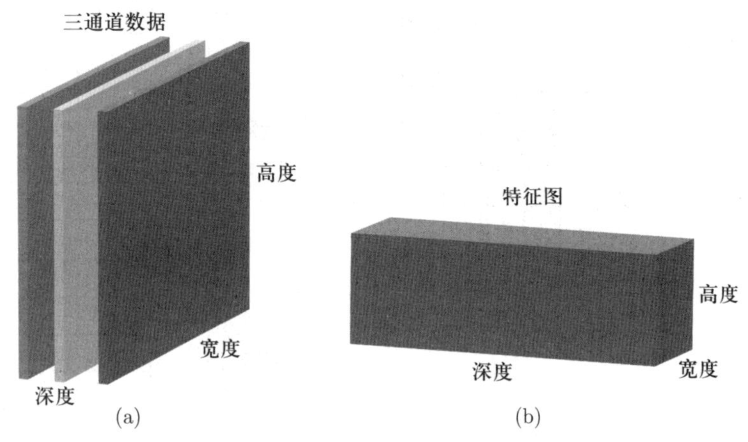

图 15.7 (a) 用张量表示的三通道数据; (b) 特征图

下面以彩色图像数据为例介绍三维卷积的计算方法. 输入是三通道数据, 用张量表示 $\mathbf{X} = (\mathbf{X}_{\mathrm{R}}, \mathbf{X}_{\mathrm{G}}, \mathbf{X}_{\mathrm{B}})$, 其中 $\mathbf{X}_{\mathrm{R}}, \mathbf{X}_{\mathrm{G}}, \mathbf{X}_{\mathrm{B}}$ 是三个通道的数据, 分别用矩阵表示. 卷积核也可用张量表示 $\mathbf{W} = (\mathbf{W}_{\mathrm{R}}, \mathbf{W}_{\mathrm{G}}, \mathbf{W}_{\mathrm{B}})$, 其中 $\mathbf{W}_{\mathrm{R}}, \mathbf{W}_{\mathrm{G}}, \mathbf{W}_{\mathrm{B}}$ 是三个通道的二维卷积核, 也分别用矩阵表示. 这时, 三维卷积可以通过如下等价关系计算

$$\mathbf{Y} = \mathbf{W} * \mathbf{X} = \mathbf{W}_{\mathrm{R}} * \mathbf{X}_{\mathrm{R}} + \mathbf{W}_{\mathrm{G}} * \mathbf{X}_{\mathrm{G}} + \mathbf{W}_{\mathrm{B}} * \mathbf{X}_{\mathrm{B}}. \tag{15.10}$$

由式 (15.10) 可见, 三维卷积的计算首先是使用三个不同的二维卷积核对三个通道的输入矩阵分别进行二维卷积计算, 然后将得到的三个输出矩阵相加, 最终得到一个三维卷积的输出矩阵. 需要注意的是二维卷积核的个数和通道的个数相等.

例 15.4 输入张量由三个通道的矩阵组成 $\mathbf{X} = (\mathbf{X}_{\mathrm{R}}, \mathbf{X}_{\mathrm{G}}, \mathbf{X}_{\mathrm{B}})$, 其中

$$\mathbf{X}_{\mathrm{R}} = \begin{pmatrix} 4 & 2 & 0 & 1 \\ 0 & 3 & 1 & 0 \\ 3 & 1 & 0 & 2 \\ 2 & 2 & 0 & 1 \end{pmatrix}, \quad \mathbf{X}_{\mathrm{G}} = \begin{pmatrix} 3 & 2 & 0 & 1 \\ 2 & 1 & 0 & 1 \\ 1 & 0 & 2 & 1 \\ 2 & 1 & 0 & 0 \end{pmatrix} \quad \mathbf{X}_{\mathrm{B}} = \begin{pmatrix} 3 & 2 & 0 & 1 \\ 0 & 2 & 1 & 2 \\ 2 & 0 & 0 & 3 \\ 2 & 3 & 1 & 2 \end{pmatrix}.$$

卷积核张量由三个矩阵组成 $\mathbf{W} = (\mathbf{W}_{\mathrm{R}}, \mathbf{W}_{\mathrm{G}}, \mathbf{W}_{\mathrm{B}})$, 其中

$$\mathbf{W}_{\mathrm{R}} = \begin{pmatrix} 1 & 0 & -1 \\ 1 & 0 & -1 \\ 1 & 0 & -1 \end{pmatrix}, \quad \mathbf{W}_{\mathrm{G}} = \begin{pmatrix} 1 & 0 & 1 \\ 0 & 1 & 0 \\ 1 & 0 & 1 \end{pmatrix} \quad \mathbf{W}_{\mathrm{B}} = \begin{pmatrix} 2 & 1 & 2 \\ 0 & 0 & 3 \\ 0 & 0 & 2 \end{pmatrix}.$$

由式 (15.10), 可得到输出矩阵 $\mathbf{Y}$ 为

$$\mathbf{Y} = \mathbf{W} * \mathbf{X} = \mathbf{W}_{\mathrm{R}} * \mathbf{X}_{\mathrm{R}} + \mathbf{W}_{\mathrm{G}} * \mathbf{X}_{\mathrm{G}} + \mathbf{W}_{\mathrm{B}} * \mathbf{X}_{\mathrm{B}} = \begin{pmatrix} 24 & 25 \\ 14 & 30 \end{pmatrix}.$$

输出矩阵 $\mathbf{Y}$ 是一个 2×2 的矩阵, 图 15.8 展示了三维卷积计算的一步.

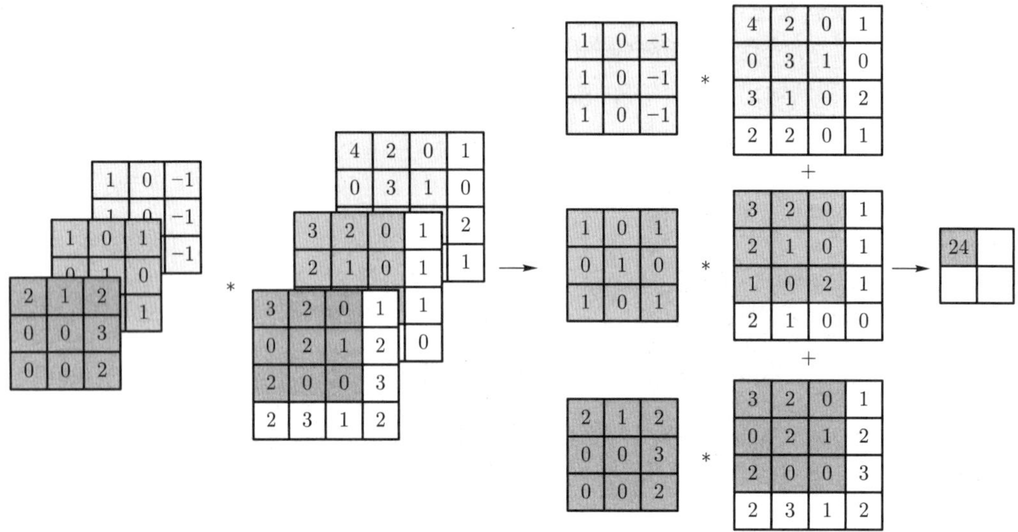

图 15.8 三维卷积的计算示例图

§15.2 汇 聚

卷积神经网络还进行汇聚 (pooling) 运算, 其作用是进行特征选择, 降低特征数量, 从而减少参数数量.

15.2.1 二维汇聚

给定一个 $M \times N$ 的输入矩阵 $\mathbf{X}$, 一个虚设的 $I \times J$ 卷积核 $\mathbf{W}$, 其中 $I \ll M$ 和 $J \ll N$. 让卷积核在输入矩阵上从左到右再从上到下进行滑动, 将输入矩阵 $\mathbf{X}$ 划分成若干大小为 $I \times J$ 的子矩阵, 这些子矩阵相互不重叠且完全覆盖整个输入矩阵 $\mathbf{X}$. 对每个子矩阵求最大值或平均值, 产生一个 $K \times L$ 的输出矩阵 $\mathbf{Y} = [y_{kl}]_{K \times L}$, 称此运算为**汇聚**或**二维汇聚**.

常用的汇聚函数有两种: **最大汇聚** (max pooling) 和**平均汇聚** (mean pooling).

(1) 最大汇聚. 最大汇聚是对子矩阵取最大值, 定义为

$$y_{kl} = \max_{i \in \{1, \cdots, I\}, j \in \{1, \cdots, J\}} x_{k+i-1, l+j-1}, \tag{15.11}$$

其中 $k = 1, \cdots, K, l = 1, \cdots, L$, 且 K 和 L 满足

$$K = \frac{M}{I}, \qquad L = \frac{N}{J}. \tag{15.12}$$

这里假设 M 和 N 分别可以被 I 和 J 整除.

(2) 平均汇聚. 平均汇聚是对子矩阵取平均值, 定义为

$$y_{kl} = \frac{1}{IJ}\sum_{i=1}^{I}\sum_{j=1}^{J} x_{k+i-1,l+j-1}, \tag{15.13}$$

其中 $k=1,\cdots,K$, $l=1,\cdots,L$, 且 K 和 L 同样满足式 (15.12).

对于汇聚的运算, 还有很多扩展. 在汇聚运算中, 卷积核每次向右或向下滑动的列数或行数也称为步长. 通常汇聚的步长与卷积核的大小相等. 汇聚运算也可以进行填充, 即在输入矩阵 $\mathbf{X}$ 的周边添加元素 0 的行和列. 汇聚运算也依赖于卷积核的大小、填充的大小和步长的大小, 这些也都是超参数.

汇聚也称为**下采样** (down-sampling), 因为通过汇聚运算的数据矩阵会变小. 相反, 使数据矩阵变大的运算称为**上采样** (up-sampling).

对例 15.1 给定的输入矩阵 $\mathbf{X}$, 核 (或移动窗口) 的大小为 2×2, 步长为 2, 按照式 (15.11), 图 15.9 给出了最大汇聚的计算过程, 计算得到最大汇聚的输出矩阵 $\mathbf{Y}$ 为

$$\mathbf{Y} = \begin{pmatrix} 3 & 2 \\ 3 & 3 \end{pmatrix}.$$

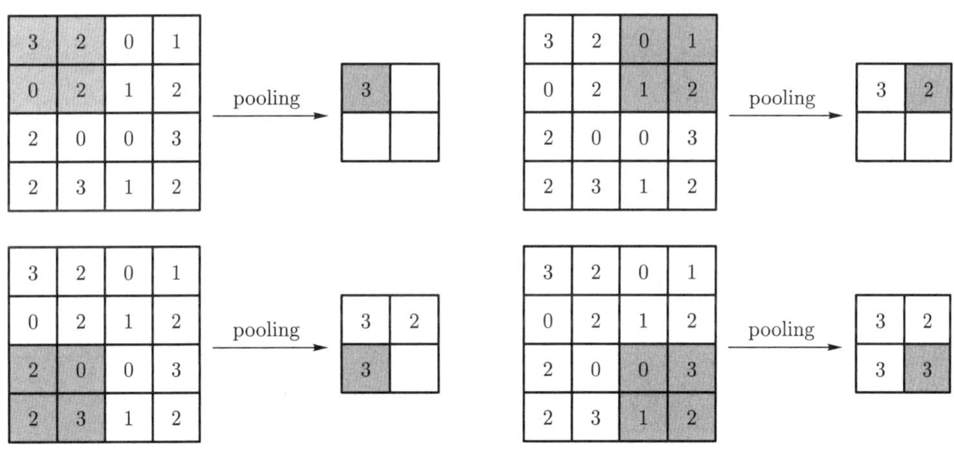

图 15.9 最大汇聚计算示例

进一步, 按照式 (15.13), 并要求核 (或移动窗口) 的大小为 2×2, 步长为 2, 图 15.10 给出了平均汇聚的计算过程, 计算得到平均汇聚的输出矩阵 $\mathbf{Y}$ 为

$$\mathbf{Y} = \begin{pmatrix} 1.75 & 1 \\ 1.75 & 1.5 \end{pmatrix}.$$

在图像处理中, 汇聚实现的是特征选择. 最基本的情况是二维汇聚, 输入是一个矩阵, 矩阵的一个元素表示一个特征, 代表特征的检测值. 汇聚运算是将汇聚核在输入矩阵上进行滑动, 从汇聚核覆盖的特征检测值中选择一个最大值或平均值, 这样可以有效地进行特征抽取. 输出是一个缩小的矩阵, 也就是进行了下采样.

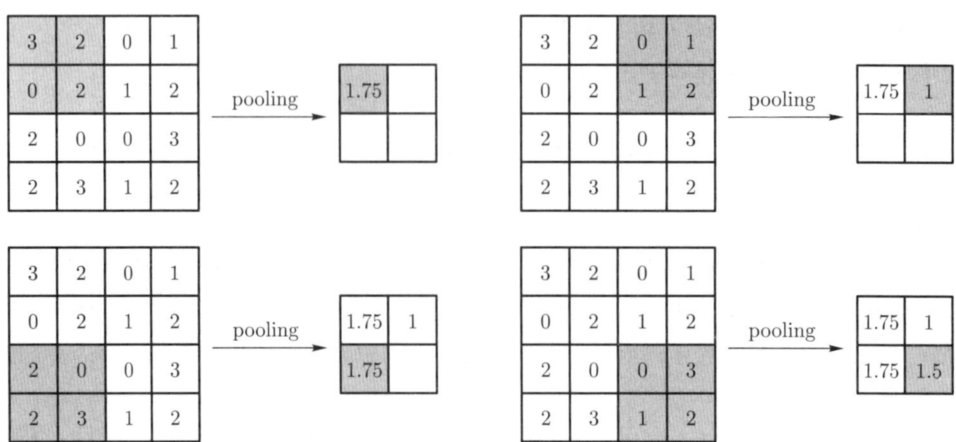

图 15.10 平均汇聚计算示例

15.2.2 三维汇聚

三维汇聚的输入和输出都是张量表示的特征图. 汇聚对输入张量的各个矩阵分别进行汇聚运算, 再将结果排列起来, 产生输出张量. 汇聚的输入特征图和输出的特征图的深度相等, 输出特征图比输入特征图有更小的高度和宽度.

对例 15.4 的输入张量 $\mathbf{X} = (\mathbf{X}_{\mathrm{R}}, \mathbf{X}_{\mathrm{G}}, \mathbf{X}_{\mathrm{B}})$, 按照式 (15.11), 图 15.11 给出了最大汇聚的计算过程, 计算得到最大汇聚的输出张量 $\mathbf{Y}$ 为

$$\mathbf{Y} = \text{pooling}(\mathbf{X}_{\mathrm{R}}, \mathbf{X}_{\mathrm{G}}, \mathbf{X}_{\mathrm{B}}) = \left(\begin{pmatrix} 4 & 1 \\ 3 & 2 \end{pmatrix}, \begin{pmatrix} 3 & 1 \\ 2 & 2 \end{pmatrix}, \begin{pmatrix} 3 & 2 \\ 3 & 3 \end{pmatrix} \right). \tag{15.14}$$

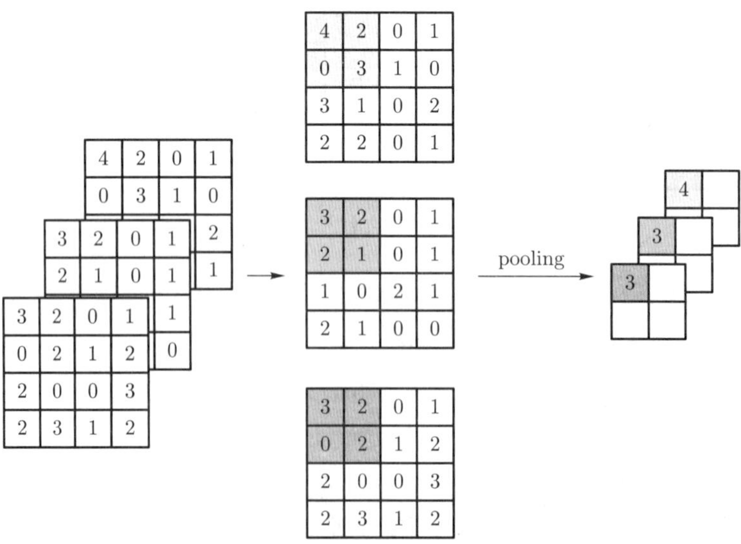

图 15.11 三维最大汇聚的计算示例图

§15.3 卷积神经网络模型

随着深度学习的发展和应用, 卷积神经网络已成为计算机视觉领域最常用的一种神经网络模型. 相比传统的神经网络模型, 卷积神经网络针对图像数据设计了专门的卷积和汇聚运算, 并提取出图像中的关键信息进行分类. 与其他机器学习算法通常需要预处理图像特征不同, 卷积神经网络可以直接从原始的像素值中学习区分目标的有效特征. 由于卷积神经网络具有对图像数据进行高效处理、特征提取和分类问题解决能力等优势, 其已在图像识别、自动驾驶、医学影像分析和人脸识别等领域得到了广泛应用.

卷积神经网络模型一般由**卷积层**、**汇聚层**和**全连接层**构成. 卷积神经网络模型架构如图 15.12 所示.

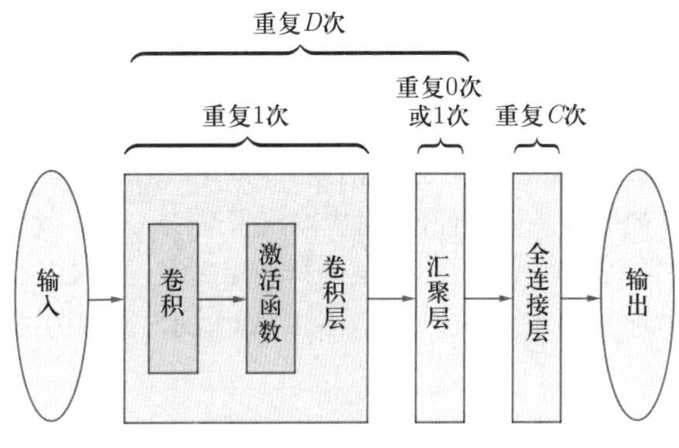

图 15.12 卷积神经网络架构

15.3.1 模型的定义

卷积神经网络是具有以下特点的神经网络, 输入是以张量表示的数据, 输出是标量, 表示分类或回归的预测值. 经过多个卷积层, 有时中间经过汇聚层, 最后经过全连接层. 每层的输入是以张量(包括矩阵) 表示的特征图, 输出也是以张量 (包括矩阵) 表示的特征图.

1. 卷积层

卷积层 (convolution layer) 的作用是提取一个局部区域的特征, 不同的卷积核相当于不同的特征提取器. 由于卷积神经网络主要应用在图像处理上, 而图像为二维结构, 因此为了更充分地利用图像的局部信息, 通常将神经元组织为三维结构的神经层, 其大小为 $M \times N \times D$, 由 D 个 $M \times N$ 大小的特征映射构成, 其中 M 表示高度, N 表示宽度, D 表示深度.

特征映射 (feature map) 为一幅图像 (或其他特征映射) 在经过卷积运算提取到的特征, 每个特征映射可以作为一类抽取的图像特征. 为了提高卷积神经网络的表示能力, 可以在每一层使用多个不同的特征映射, 以便更好地表示图像的特征.

在输入层, 特征映射就是图像本身. 如果是灰度图像, 就是有一个特征映射, 输入层的深度 $D = 1$; 如果是彩色图像, 分别有 RGB 三个颜色通道的特征映射, 输入层的深度 $D = 3$. 不失一般性, 假设一个卷积层的结构如下:

(1) 输入特征映射组. $\mathbf{X} \in \mathbb{R}^{M\times N\times D}$ 为三维张量 (tensor), 其中每个切片 (slice) 矩阵 $\mathbf{X}_d \in \mathbb{R}^{M\times N}$ 为一个输入特征映射, 且 $1 \leqslant d \leqslant D$;

(2) 输出特征映射组. $\mathbf{Y} \in \mathbb{R}^{M'\times N'\times D'}$ 为三维张量, 其中每个切片矩阵 $\mathbf{Y}_{d'} \in \mathbb{R}^{M'\times N'}$ 为一个输出特征映射, 且 $1 \leqslant d' \leqslant D'$;

(3) 卷积核. $\mathbf{W} \in \mathbb{R}^{I\times J\times D\times D'}$ 为四维张量, 其中每个切片矩阵 $\mathbf{W}_{d,d'} \in \mathbb{R}^{I\times J}$ 为一个二维卷积核, 且 $1 \leqslant d \leqslant D$ 和 $1 \leqslant d' \leqslant D'$.

卷积层进行基于卷积函数的仿射变换和基于激活函数的非线性变换. 假设第 l 层是卷积层, 则第 l 层的计算如下

$$\mathbf{Z}^{(l)} = \mathbf{W}^{(l)} * \mathbf{X}^{(l-1)} + \mathbf{\Theta}^{(l)}, \tag{15.15}$$

$$\mathbf{X}^{(l)} = f(\mathbf{Z}^{(l)}), \tag{15.16}$$

其中 $\mathbf{X}^{(l-1)}$ 是第 $l-1$ 层输入的 $M\times N\times D$ 张量, $\mathbf{X}^{(l)}$ 是第 l 层输出的 $M'\times N'\times D'$ 张量, $\mathbf{W}^{(l)}$ 是第 l 层卷积核的 $I\times J\times D\times D'$ 张量, $\mathbf{\Theta}^{(l)}$ 是第 l 层大小为 $M'\times N'\times D'$ 的偏置张量, $\mathbf{Z}^{(l)}$ 是第 l 层净输入的 $M'\times N'\times D'$ 张量, $f(\cdot)$ 是激活函数. 式 (15.15) 和式 (15.16) 表示的变换由一组函数决定, 也就是第 l 层的神经元, 一个神经元对应输出张量 $\mathbf{X}^{(l)}$ 的一个元素. 另一方面, 输入张量 $\mathbf{X}^{(l-1)}$ 也就是第 $l-1$ 层的输出张量由第 $l-1$ 层的神经元决定. 当 $\mathbf{X}^{(l-1)}$ 的元素到 $\mathbf{X}^{(l)}$ 的元素之间存在映射关系时, 对应的神经元之间存在连接. 图 15.13 展示了卷积层的输入与输出张量特征图.

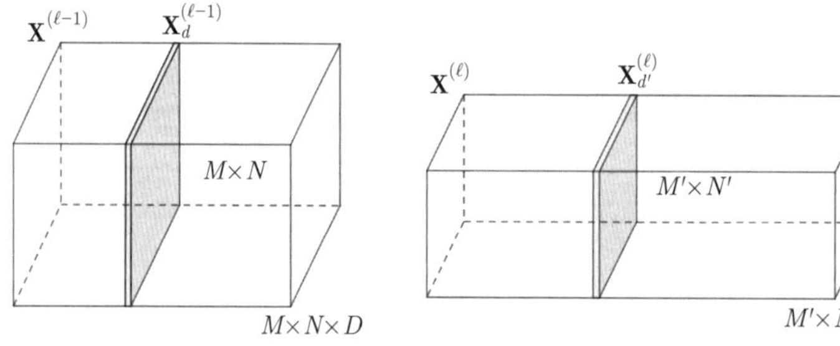

图 15.13 卷积层的输入与输出张量特征图

在输入为 $\mathbf{X} \in \mathbb{R}^{M\times N\times D}$, 输出为 $\mathbf{Y} \in \mathbb{R}^{M'\times N'\times D'}$ 的卷积层中, 每一个输出特征映射都需要 D 个卷积核或滤波器以及一个偏置. 假设每个卷积核的大小为 $I\times J$, 那么共需要学习 $(D\times D')\times(I\times J)+D'$ 个参数.

可以将 $M\times N\times D$ 的张量展开成 D 个 $M\times N$ 矩阵, 将 $M'\times N'\times D'$ 的张量展开成 D' 个 $M'\times N'$ 矩阵, 卷积层计算也可以写成

$$\mathbf{Z}_{d'}^{(l)} = \sum_{d=1}^{D} \mathbf{W}_{d,d'}^{(l)} * \mathbf{X}_d^{(l-1)} + \mathbf{\Theta}_{d'}^{(l)}, \tag{15.17}$$

$$\mathbf{X}_{d'}^{(l)} = f(\mathbf{Z}_{d'}^{(l)}), \tag{15.18}$$

其中 $\mathbf{X}_d^{(l-1)}$ 是第 $l-1$ 层输入的第 d 个切片 $M\times N$ 矩阵, $\mathbf{X}_{d'}^{(l)}$ 是第 l 层输出的第 d' 个切片

$M' \times N'$ 矩阵, $\mathbf{W}_{d,d'}^{(l)}$ 是第 l 层二维卷积核的第 $d \times d'$ 个 $I \times J$ 权重矩阵, $\mathbf{\Theta}_{d'}^{(l)}$ 是第 l 层偏置的第 d' 个 $M' \times N'$ 偏置矩阵, $\mathbf{Z}_{d'}^{(l)}$ 是第 l 层净输入的第 d' 个切片 $M' \times N'$ 矩阵, $f(\cdot)$ 是激活函数.

每次对 D 个 $M \times N$ 矩阵同时进行卷积运算得到 1 个 $M' \times N'$ 矩阵, 整体计算 D' 个 $M' \times N'$ 矩阵, 卷积核是 D' 个 $I \times J \times D$ 张量, 输入和输出张量的深度分别是 D 和 D'.

2. 汇聚层

汇聚层 (pooling layer), 也称为**池化层**, 其作用是进行特征选择, 降低特征数量, 从而减少参数的数量.

在卷积神经网络中, 卷积层虽然可以显著减少网络中连接的数量, 但特征映射组中的神经元个数并没有显著减少. 如果后面接一个分类器, 分类器的输入维数依然很高, 很容易出现过拟合. 为了解决这个问题, 可以在卷积层之后加上一个汇聚层, 从而降低特征维数, 避免出现过拟合问题.

假设汇聚层的输入张量为 $\mathbf{X} \in \mathbb{R}^{M \times N \times D}$, 对于其中每一个特征映射 $\mathbf{X}_d \in \mathbb{R}^{M \times N}$, $1 \leqslant d \leqslant D$, 将其划分为很多区域, 这些区域可以重叠, 也可以不重叠. 汇聚运算是指对每个区域进行下采样得到一个值, 作为这个区域的概括.

汇聚层进行汇聚运算. 假设第 l 层是汇聚层, 则第 l 层的计算如下

$$\mathbf{X}^{(l)} = \text{pooling}(\mathbf{X}^{(l-1)}), \tag{15.19}$$

其中 $\mathbf{X}^{(l-1)}$ 是第 $l-1$ 层输入 $M \times N \times D$ 的张量, $\mathbf{X}^{(l)}$ 是第 l 层输出 $M' \times N' \times D'$ 的张量, pooling 是汇聚运算.

式 (15.19) 表示基于神经元的变换 (汇聚加恒等). 输入张量 $\mathbf{X}^{(l-1)}$ 由第 $l-1$ 层的神经元决定, 输出张量 $\mathbf{X}^{(l)}$ 由第 l 层的神经元决定. 当 $\mathbf{X}^{(l-1)}$ 的元素到 $\mathbf{X}^{(l)}$ 的元素之间存在映射关系时, 对应的神经元之间存在连接.

典型的汇聚层是将每个特征映射划分为 2×2 大小的不重叠区域, 然后使用最大汇聚的方式进行下采样. 汇聚层也可以看作一个特殊的卷积层, 卷积核大小为 $K \times K$, 步长为 $S \times S$, 卷积核为最大 (max) 函数或平均 (mean) 函数. 过大的采样区域不仅会急剧减少神经元的数量, 也会造成过多的信息损失.

可以将 $M \times N \times D$ 的张量展开成 D 个 $M \times N$ 矩阵, 将 $M' \times N' \times D'$ 的张量展开成 D' 个 $M' \times N'$ 矩阵, 汇聚层的计算也可以写成

$$\mathbf{X}_d^{(l)} = \text{pooling}(\mathbf{X}_d^{(l-1)}), \tag{15.20}$$

其中 $\mathbf{X}_d^{(l-1)}$ 是第 $l-1$ 层输入的第 d 个 $M \times N$ 矩阵, $\mathbf{X}_d^{(l)}$ 是第 l 层输出的第 d 个 $M' \times N'$ 矩阵. 图 15.14 展示了汇聚层的输入与输出张量特征图.

汇聚运算对 D 个 $M \times N$ 矩阵分别进行, 得到 D 个 $M' \times N'$ 矩阵, 汇聚核是 D 个 $M \times N$ 矩阵, 输入和输出张量的深度都是 D.

3. 全连接层

全连接的第 l 层是前馈神经网络的一层, 进行仿射变换和非线性变换, 即

$$\boldsymbol{z}^{(l)} = \mathbf{W}^{(l)}\boldsymbol{x}^{(l-1)} + \boldsymbol{\theta}^{(l)}, \tag{15.21}$$

$$\boldsymbol{x}^{(l)} = f(\boldsymbol{z}^{(l)}), \tag{15.22}$$

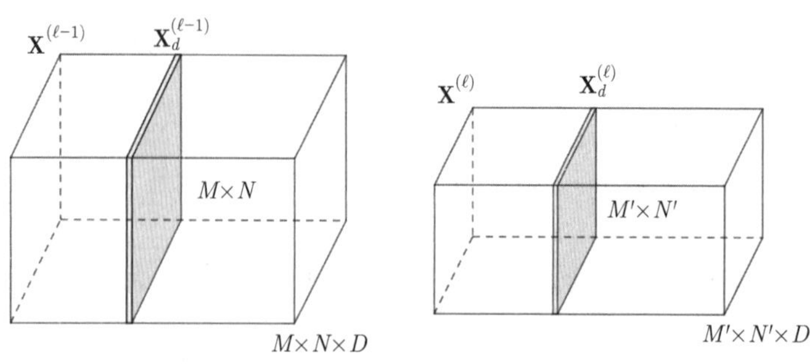

图 15.14 汇聚层的输入与输出张量特征图

其中 $\boldsymbol{x}^{(l-1)}$ 是第 $l-1$ 层的 J 维输入向量, 是由张量展开得到的, $\boldsymbol{x}^{(l)}$ 是第 l 层的 I 维输出向量, $\mathbf{W}^{(l)}$ 是第 l 层的 $I\times J$ 权重矩阵, $\boldsymbol{\theta}^{(l)}$ 是第 l 层的 I 维偏置向量, $\boldsymbol{z}^{(l)}$ 是第 l 层的 I 维净输入向量, $f(\cdot)$ 是激活函数. 全连接的最后一层输出的是标量.

卷积神经网络中的所有参数, 包括卷积层的权重和偏置、全连接层的权重和偏置, 都可通过学习获得.

卷积神经网络也可以只有卷积层和全连接层, 而没有汇聚层. 步长大于 1 的卷积运算也可以代替汇聚运算起到下采样的作用. 为了达到更好的预测效果, 通常采用更小的卷积核 (如 3×3) 和更深的结构, 前端使用少量的卷积核, 后端使用大量的卷积核.

卷积神经网络的特点可以由每一层的输入和输出张量体现, 因此习惯上用输入和输出张量表示卷积神经网络模型的架构.

下面介绍一个简单的卷积神经网络模型, 该模型与 LeCun 等 (1998) 提出的 LeNet 模型有相似的架构和规模, 是卷积神经网络最基本的模型. 该模型在手写体数字识别上有很高的准确率, 在 20 世纪 90 年代被美国很多银行用来识别支票上面的手写数字.

整个卷积神经网络共有 7 层, 由两个卷积层、两个汇聚层、两个全连接层和一个输出层组成, 见图 15.15.

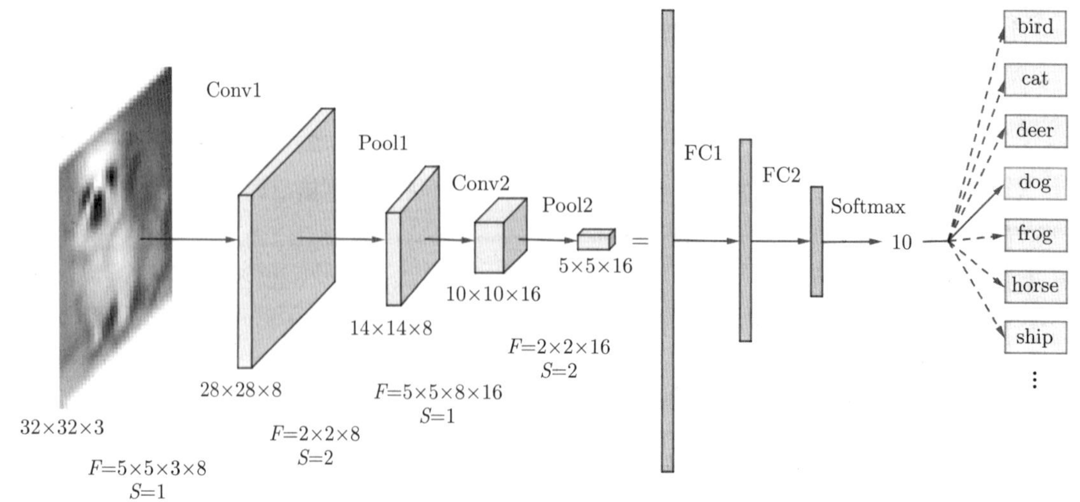

图 15.15 卷积神经网络模型的网络架构

表 15.1 列出了卷积层、汇聚层、全连接层和输出层的超参数, 以及输出特征图的大小, 其中 F 表示卷积核或汇聚核的大小, S 表示步长, W 表示卷积核或权重矩阵 $\mathbf{W}$ 的大小, B 表示偏置向量的长度.

表 15.1 卷积神经网络模型的规模

	超参数	输出特征图大小
输入		$32 \times 32 \times 3$
Conv1	$F = 5 \times 5 \times 3 \times 8, S = 1$	$28 \times 28 \times 8$
Pool1	$F = 2 \times 2 \times 8, S = 2$	$14 \times 14 \times 8$
Conv2	$F = 5 \times 5 \times 8 \times 16, S = 1$	$10 \times 10 \times 16$
Pool2	$F = 2 \times 2 \times 16, S = 2$	$5 \times 5 \times 16$
FC1	$W = 400 \times 120, B = 120$	120×1
FC2	$W = 120 \times 84, B = 84$	84×1
Softmax	$W = 84 \times 10$	10×1

15.3.2 卷积神经网络的性质

1. 表示效率

卷积神经网络的表示和学习效率比前馈神经网络高. 首先层与层之间的连接是稀疏的, 因为卷积代表的是稀疏连接, 比全连接的数目大幅减少, 如图 15.16 所示.

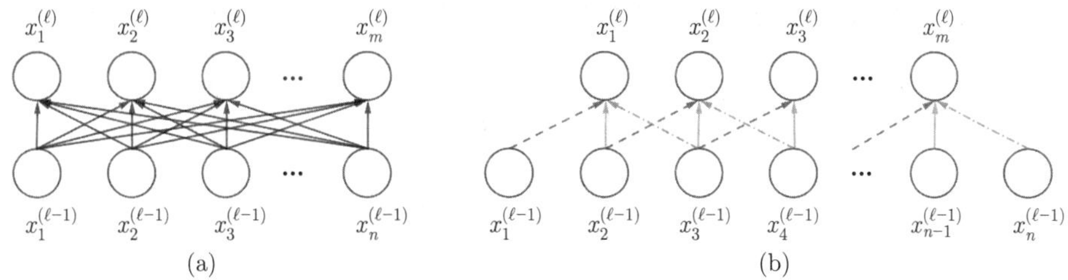

图 15.16 全连接层与卷积层对比, 其中图 (a) 为全连接层, 图 (b) 为卷积层

其次同一层的卷积的参数是共享的, 卷积核在前一层的各个位置上滑动计算, 在所有位置上具有相同的参数, 这样就大幅减少了待学习参数的数量. 此外, 每一层内的卷积运算可以并行处理, 这样可以加快学习和推理的速度.

2. 不变性

设 $g(\boldsymbol{x})$ 是以 $\boldsymbol{x}$ 为输入的函数, $\tau(\boldsymbol{x})$ 是对 $\boldsymbol{x}$ 的变化, 如平移变换、旋转变换和缩放变换. 如果满足如下的关系

$$g(\boldsymbol{x}) = g(\tau(\boldsymbol{x})),$$

则称函数 $g(\cdot)$ 对变换 $\tau(\cdot)$ 具有不变性. 如果 $\tau(\cdot)$ 表示平移变换、旋转变换和缩放变换, 则函数 $g(\cdot)$ 具有平移不变性、旋转不变性和缩放不变性.

卷积神经网络具有平移不变性, 但不能严格保证; 不具有旋转不变性和缩放不变性. 这意味着在图像识别中, 图像中的物体平行移动位置也能被识别. 在图像识别中, 常通过数据增强方法提高卷积神经网络的旋转不变性和缩放不变性.

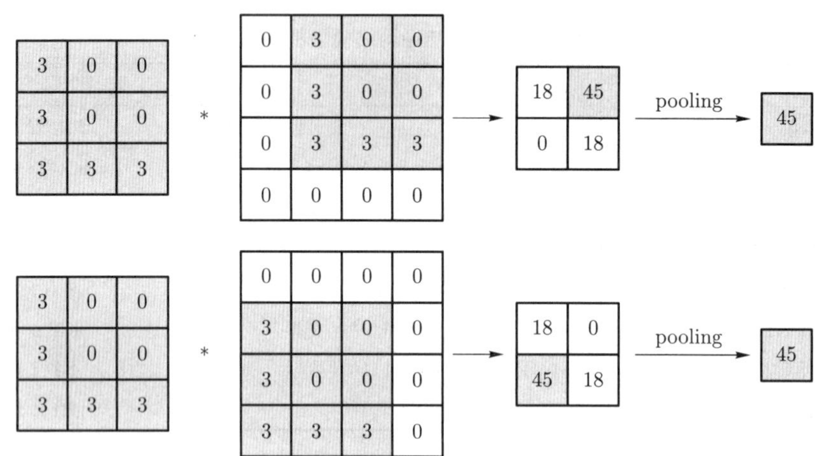

图 15.17 卷积和汇聚运算实现的特征选取具有平移不变性

图 15.17 给出从两张图片中进行特征提取的例子. 图片中都包含 L 字, 但位置发生了平移. 通过卷积运算和汇聚运算, 可以分别提取出两张图片中的这个特征, 其中卷积使用表示 L 字的卷积核, 汇聚使用最大汇聚. 这里的卷积运算和汇聚运算对特征提取都具有平移不变性.

下面给出平移不变性、旋转不变性和缩放不变性的严格定义. 令 (x,y) 表示平面上点的坐标, 通过以下矩阵变换得到新坐标 (x',y'), 则分别称变换为平移变换、旋转变换和缩放变换.

(1) 平移变换. 令 t_x 和 t_y 分别表示点在 x 轴和 y 轴方向平移的幅度, 平移变换定义为

$$\begin{pmatrix} x' \\ y' \\ 1 \end{pmatrix} = \begin{pmatrix} 1 & 0 & t_x \\ 0 & 1 & t_y \\ 0 & 0 & 1 \end{pmatrix} \begin{pmatrix} x \\ y \\ 1 \end{pmatrix}.$$

(2) 旋转变换. 令 θ 表示点围绕原点旋转的角度, 旋转变换定义为

$$\begin{pmatrix} x' \\ y' \\ 1 \end{pmatrix} = \begin{pmatrix} \cos\theta & -\sin\theta & 0 \\ \sin\theta & \cos\theta & 0 \\ 0 & 0 & 1 \end{pmatrix} \begin{pmatrix} x \\ y \\ 1 \end{pmatrix}.$$

(3) 缩放变换. 令 s_x 和 s_y 分别表示点在 x 轴和 y 轴方向缩放的尺度, 缩放变换定义为

$$\begin{pmatrix} x' \\ y' \\ 1 \end{pmatrix} = \begin{pmatrix} s_x & 0 & 0 \\ 0 & s_y & 0 \\ 0 & 0 & 1 \end{pmatrix} \begin{pmatrix} x \\ y \\ 1 \end{pmatrix}.$$

3. 感受野

感受野 (receptive field) 定义为卷积神经网络每一层输出的特征图上的像素点映射回输入图像

上的区域大小. 通俗的解释是, 特征图上一点, 相对于原图的大小, 也是卷积神经网络特征所能看到输入图像的区域. 卷积神经网络利用卷积运算实现了图像处理需要的特征表示, 前端的神经元表示局部的特征, 如物体的轮廓; 后端的神经元表示全局的特征, 如物体的部件, 可以更好地对图像数据进行预测.

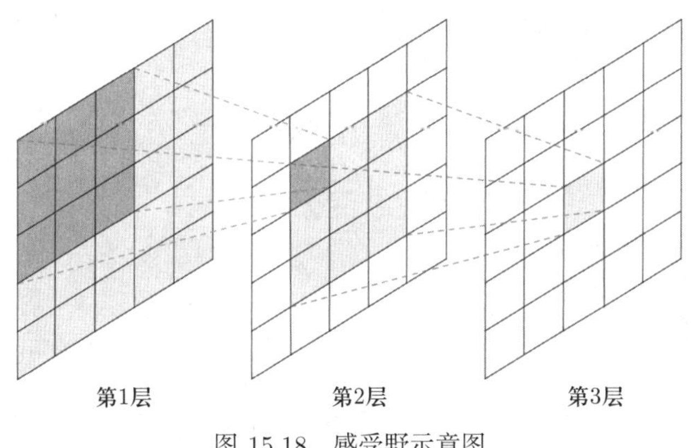

图 15.18 感受野示意图

卷积神经网络通过特殊的函数表示和学习实现了自己的感受野机制. 卷积神经网络的感受野是指其神经元涵盖的输入矩阵的部分. 图 15.18 提供的神经网络共有 3 层, 其中第 1 层是输入层, 表示输入一个二维图像, 第 2 层和第 3 层是卷积层, 卷积核大小为 3×3. 在第 2 层中, 感受野的大小为 3; 在第 3 层中, 浅蓝色神经元的感受野是输入层的整个区域, 感受野的大小为 5. 感受野是从神经元的输出到输入反向看过去得到的结果. 卷积核加激活函数产生的感受野具有与生物视觉系统中的感受野相似的特点. 在实际应用中, 设计卷积神经网络的其中一个核心思想就是在最后的输出特征图中具有相对大的感受野.

如何计算感受野的大小呢? 感受野的计算是逐层迭代的, 同时还需要考虑步长和卷积核的大小. 考虑卷积神经网络全部由卷积层组成的情况, 神经元的感受野的大小为

$$R^{(l)} = 1 + \sum_{k=1}^{l} (J^{(k)} - 1) \prod_{i=0}^{k-1} S^{(i)}. \tag{15.23}$$

设输入矩阵和卷积核都是正方形, $R^{(l)} \times R^{(l)}$ 表示第 l 层神经元感受野的大小, $J^{(k)} \times J^{(k)}$ 表示第 k 层卷积核的大小, $S^{(i)}$ 表示第 i 层卷积的步长, 设 $S^{(0)} = 1$.

§15.4 卷积神经网络的学习算法

在卷积神经网络中, 参数为卷积核中权重以及偏置; 与全连接的前馈神经网络类似, 卷积神经网络的学习算法也可以通过反向传播算法来进行参数学习. 不同点在于正向和反向传播的参数学习是基于卷积函数的.

在全连接前馈神经网络中, 梯度主要通过每一层的误差项 $\boldsymbol{\delta}$ 进行反向传播, 并进一步计算每层参数的梯度. 在卷积神经网络中, 主要有两种不同功能的卷积层和汇聚层. 而参数为卷积核以及偏置, 因此只需要计算卷积层中参数的梯度.

15.4.1 卷积导数

设有函数 $f(\mathbf{Z})$, 且 $\mathbf{Z}=\mathbf{W}*\mathbf{X}$, 其中 $\mathbf{X}\in\mathbb{R}^{M\times N}$ 是输入矩阵, $\mathbf{W}\in\mathbb{R}^{I\times J}$ 是卷积核, $\mathbf{Z}\in\mathbb{R}^{K\times L}$ 是净输入矩阵, 则 $f(\mathbf{Z})$ 对 $\mathbf{W}$ 的偏导数为

$$\frac{\partial f(\mathbf{Z})}{\partial w_{ij}}=\sum_{k=1}^{K}\sum_{l=1}^{L}\frac{\partial z_{kl}}{\partial w_{ij}}\frac{\partial f(\mathbf{Z})}{\partial z_{kl}}=\sum_{k=1}^{K}\sum_{l=1}^{L}x_{k+i-1,l+j-1}\frac{\partial f(\mathbf{Z})}{\partial z_{kl}}, \tag{15.24}$$

其中 $i=1,\cdots,I$ 和 $j=1,\cdots,J$. 进一步, 整体可以写成

$$\frac{\partial f(\mathbf{Z})}{\partial \mathbf{W}}=\frac{\partial f(\mathbf{Z})}{\partial \mathbf{Z}}*\mathbf{X}. \tag{15.25}$$

另外, $f(\mathbf{Z})$ 对 $\mathbf{X}$ 的偏导数为

$$\frac{\partial f(\mathbf{Z})}{\partial x_{mn}}=\sum_{k=1}^{K}\sum_{l=1}^{L}\frac{\partial z_{kl}}{\partial x_{mn}}\frac{\partial f(\mathbf{Z})}{\partial z_{kl}}=\sum_{k=1}^{K}\sum_{l=1}^{L}w_{m-k+K,n-l+L}\frac{\partial f(\mathbf{Z})}{\partial z_{kl}}, \tag{15.26}$$

其中 $m=1,\cdots,M$ 和 $n=1,\cdots,N$. 进一步, 整体可以写成

$$\frac{\partial f(\mathbf{Z})}{\partial \mathbf{X}}=\mathrm{rot180}\left(\frac{\partial f(\mathbf{Z})}{\partial \mathbf{Z}}\right)*\mathbf{W}=\mathrm{rot180}(\mathbf{W})*\frac{\partial f(\mathbf{Z})}{\partial \mathbf{Z}}, \tag{15.27}$$

其中 $\mathrm{rot180}(\cdot)$ 表示矩阵 180 度旋转, 且 $*$ 是对输入矩阵进行全填充后的卷积.

15.4.2 反向传播算法

卷积神经网络和前馈神经网络一样, 也是通过反向传播算法求出损失函数 $\ell(\cdot)$ 对各层参数的梯度, 利用梯度下降法更新模型参数. 对于每次迭代, 首先通过正向传播从前向后传递信号, 然后通过反向传播从后向前传递误差, 最后求损失函数 $\ell(\cdot)$ 对每层参数的梯度, 并对每层参数进行更新. 在卷积神经网络中, 特殊的是卷积层和汇聚层的参数更新.

1. 卷积层

假设第 l 层为卷积层, 由式 (15.17) 和式 (15.18) 可知, 第 l 层的第 d' 个净输入矩阵 $\mathbf{Z}_{d'}^{(l)}$ 为

$$\mathbf{Z}_{d'}^{(l)}=\sum_{d=1}^{D}\mathbf{W}_{d,d'}^{(l)}*\mathbf{X}_{d}^{(l-1)}+\mathbf{\Theta}_{d'}^{(l)},$$

其中 $\mathbf{X}_{d}^{(l-1)}$ 是第 $l-1$ 层输入的第 d 个切片 $M\times N$ 矩阵, $\mathbf{W}_{d,d'}^{(l)}$ 是第 l 层二维卷积核的第 $d\times d'$ 个 $I\times J$ 权重矩阵, $\mathbf{\Theta}_{d'}^{(l)}$ 是第 l 层偏置的第 d' 个 $M'\times N'$ 偏置矩阵. 第 l 层输出的第 d' 个切片矩阵为

$$\mathbf{X}_{d'}^{(l)}=f(\mathbf{Z}_{d'}^{(l)}),$$

其中 $\mathbf{Z}_{d'}^{(l)}$ 是第 l 层净输入的第 d' 个切片 $M'\times N'$ 矩阵, $f(\cdot)$ 是激活函数.

由此可以进行从第 $l-1$ 层到第 l 层的正向传播, $\mathbf{X}_{d}^{(l-1)}$ 从第 $l-1$ 层的神经元传递到第 l 层的相连神经元, 得到 $\mathbf{X}_{d'}^{(l)}$. 以上计算可以扩展到第 l 层的所有 D' 个输出矩阵上.

考虑第 l 层的梯度更新. 第 l 层的第 d 个切片输入矩阵是 $\mathbf{X}_{d}^{(l-1)}$, 并设第 l 层的第 d' 个误差矩

阵 $\boldsymbol{\Delta}_{d'}^{(l)}$ 是

$$\boldsymbol{\Delta}_{d'}^{(l)} = \frac{\partial \ell}{\partial \mathbf{Z}_{d'}^{(l)}}, \tag{15.28}$$

其中 ℓ 表示损失函数. 设从正向传播得到输出矩阵 $\mathbf{X}_d^{(l-1)}$, 从反向传播得到误差矩阵 $\boldsymbol{\Delta}_{d'}^{(l)}$. 由式 (15.25) 和式 (15.28), 可以计算第 l 层的第 $d \times d'$ 个权重矩阵和第 d' 个偏置矩阵的梯度, 即

$$\frac{\partial \ell}{\partial \mathbf{W}_{d,d'}^{(l)}} = \frac{\partial \ell}{\partial \mathbf{Z}_{d'}^{(l)}} * \mathbf{X}_d^{(l-1)} = \boldsymbol{\Delta}_{d'}^{(l)} * \mathbf{X}_d^{(l-1)}, \tag{15.29}$$

$$\frac{\partial \ell}{\partial \boldsymbol{\Theta}_{d'}^{(l)}} = \boldsymbol{\Delta}_{d'}^{(l)}. \tag{15.30}$$

由此可以对第 l 层 (卷积层) 的梯度进行更新, 然后在其基础上进行参数更新, 实现梯度下降的一步. 以上计算过程可以扩展到第 l 层的所有 $D \times D'$ 个权重矩阵和 D' 个偏置矩阵上.

考虑从第 l 层到第 $l-1$ 层的误差反向传播. 设第 $l-1$ 层的第 d 个误差矩阵 $\boldsymbol{\Delta}_d^{(l-1)}$ 是

$$\boldsymbol{\Delta}_d^{(l-1)} = \frac{\partial \ell}{\partial \mathbf{Z}_d^{(l-1)}}. \tag{15.31}$$

通过第 l 层的第 d' 个误差矩阵 $\boldsymbol{\Delta}_{d'}^{(l)}$, 计算 $\boldsymbol{\Delta}_d^{(l-1)}$. 由链式法则, 式 (15.27) 和式 (15.31), 可得

$$\begin{aligned}\boldsymbol{\Delta}_d^{(l-1)} &= \frac{\partial \ell}{\partial \mathbf{Z}_d^{(l-1)}} = \frac{\partial \mathbf{X}_d^{(l-1)}}{\partial \mathbf{Z}_d^{(l-1)}} \frac{\partial \ell}{\partial \mathbf{X}_d^{(l-1)}} = \frac{\partial f}{\partial \mathbf{Z}_d^{(l-1)}} \odot \sum_{d'=1}^{D'} \left(\mathrm{rot180}\big(\mathbf{W}_{d,d'}^{(l)}\big) * \frac{\partial \ell}{\partial \mathbf{Z}_{d'}^{(l)}} \right) \\ &= \frac{\partial f}{\partial \mathbf{Z}_d^{(l-1)}} \odot \sum_{d'=1}^{D'} \left(\mathrm{rot180}\big(\mathbf{W}_{d,d'}^{(l)}\big) * \boldsymbol{\Delta}_{d'}^{(l)} \right),\end{aligned} \tag{15.32}$$

其中 $\odot$ 表示矩阵的逐元素乘积或 Hadamard 积, rot180$(\cdot)$ 表示矩阵 180 度旋转, $*$ 表示对输入矩阵进行全填充后的卷积. 根据式 (15.32), $\boldsymbol{\Delta}_{d'}^{(l)}$ 从第 l 层的神经元传递到第 $l-1$ 层的相连神经元, 得到 $\boldsymbol{\Delta}_d^{(l-1)}$. 以上计算可扩展到第 $l-1$ 层的所有 D 个误差矩阵上.

2. 汇聚层

假设第 l 层为汇聚层, 由式 (15.19) 可知, 第 l 层的第 d 个输出矩阵 $\mathbf{X}_d^{(l)}$ 为

$$\mathbf{X}_d^{(l)} = \mathbf{Z}_d^{(l)} = \mathrm{pooling}(\mathbf{X}_d^{(l-1)}),$$

这里, $\mathbf{X}_d^{(l-1)}$ 是第 $l-1$ 层的第 d 个切片输入矩阵. 引入第 l 层的第 d 个切片净输入矩阵 $\mathbf{Z}_d^{(l)}$, 净输入矩阵 $\mathbf{Z}_d^{(l)}$ 和输出矩阵 $\mathbf{X}_d^{(l)}$ 之间是恒等变换. 由此可以进行从第 $l-1$ 层到第 l 层的正向传播, $\mathbf{X}_d^{(l-1)}$ 从第 $l-1$ 层的神经元传递到第 l 层的相连神经元, 得到 $\mathbf{X}_d^{(l)}$. 以上计算可扩展到第 l 层的所有 D 个输出矩阵上.

汇聚层没有参数, 所以学习过程没有参数需要更新.

考虑从第 l 层到第 $l-1$ 层的误差反向传播, 假设第 l 层的第 d 个误差矩阵 $\boldsymbol{\Delta}_d^{(l)}$ 是

$$\boldsymbol{\Delta}_d^{(l)} = \frac{\partial \ell}{\partial \mathbf{Z}_d^{(l)}}. \tag{15.33}$$

第 $l-1$ 层的第 d 个误差矩阵 $\boldsymbol{\Delta}_d^{(l-1)}$ 是

$$\boldsymbol{\Delta}_d^{(l-1)} = \frac{\partial \ell}{\partial \mathbf{Z}_d^{(l-1)}}. \tag{15.34}$$

通过 $\boldsymbol{\Delta}_d^{(l)}$, 计算 $\boldsymbol{\Delta}_d^{(l-1)}$. 由链式法则可得

$$\begin{aligned}\boldsymbol{\Delta}_d^{(l-1)} &= \frac{\partial \ell}{\partial \mathbf{Z}_d^{(l-1)}} = \frac{\partial \mathbf{X}_d^{(l-1)}}{\partial \mathbf{Z}_d^{(l-1)}} \frac{\partial \ell}{\partial \mathbf{X}_d^{(l-1)}} = \frac{\partial \mathbf{X}_d^{(l-1)}}{\partial \mathbf{Z}_d^{(l-1)}} \frac{\partial \mathbf{Z}_d^{(l)}}{\partial \mathbf{X}_d^{(l-1)}} \frac{\partial \ell}{\partial \mathbf{Z}_d^{(l)}} \\ &= \frac{\partial f}{\partial \mathbf{Z}_d^{(l-1)}} \odot \text{up.sample}(\boldsymbol{\Delta}_d^{(l)}),\end{aligned} \tag{15.35}$$

具中 $\odot$ 表示矩阵的逐元素乘积或 Hadamard 积, up.sample($\boldsymbol{\Delta}_d^{(l)}$) 是误差矩阵 $\boldsymbol{\Delta}_d^{(l)}$ 的上采样, 是汇聚 (下采样) 的反向运算. 最大汇聚时, $\boldsymbol{\Delta}_d^{(l)}$ 从第 l 层的神经元传递到第 $l-1$ 层的输出最大的相连神经元; 平均汇聚时, $\boldsymbol{\Delta}_d^{(l)}$ 从第 l 层的神经元平均分配到第 $l-1$ 层的相连神经元. 以上计算可扩展到第 $l-1$ 层的所有 D 个误差矩阵上.

本章简要介绍了卷积神经网络的最基础知识, 而卷积神经网络被认为是学习图像内容的最佳技术之一, 在图像识别、分割、检测和检索等相关任务方面显示了最佳的效果. 到目前为止, 已经出现了许多卷积神经网络架构的改进, 并在计算机视觉、自然语言处理、语音处理、推荐系统以及图像和视频分析等领域取得了重要进展. 关于卷积神经网络更详细的讨论见 Hadji 和 Wildes (2018).

§15.5 R 案例分析与应用

本节利用程序包 keras 进行卷积神经网络分析. 程序包 keras 是一个用 Python 语言编写的高级神经网络 API, 能够以 Tensor Flow 为后端运行. 程序包 keras 是 RStudio 公司开发的 R 包, 使得 R 语言可以利用 keras 来做深度学习, 具有用户友好、高度模块化和可扩展性等优点. Keras 允许相同的代码在 CPU 或 GPU 上无缝运行, 同时支持卷积神经网络和循环神经网络, 以及两者任意组合的内置支持, 它也支持任意的网络架构. 第一次使用程序包 keras, 可使用如下命令进行安装.

```
install.packages("keras"); install.packages("tensorflow")
library(keras); library(tensorflow); library(reticulate)
reticulate::install_python(version = "3.12.0")
keras::install_keras()
```

需要注意的是, 通过 R 语言下载 Python 前, 首先需要在电脑上安装 **git**, 并确保配置好环境变量, 其中 **git** 可从官网下载, 所下载的 Python 版本可根据需要自行修改. 完成以上步骤后, 可以运行程序包 keras 中的函数 `is_keras_available()` 验证当前环境是否可以在 R 语言中使用.

程序包 keras 的核心数据结构是 model, 一种组织网络层的方式, 最简单的模型是 sequential 顺序模型, 由多个网络层线性堆叠, 执行一个完整的建模任务还需要以下几个核心函数: ① 使用 layer 搭建神经网络模型结构, 主要参数包括指定单元数量 (units) 和激活函数 (activation) 等; ② 使

用 compile 编译模型以供训练, 主要参数包括损失函数 (loss)、优化算法 (optimizer) 和评价指标 (metrics) 的指定, 其中评价指标是评估模型训练和测试的性能指标; ③ 使用 fit 训练模型, 主要参数包括训练集、迭代次数 (epochs) 和验证集的比例 (validaton_split) 等; ④ 使用 predict 产生预测结果. 关于程序包 keras 的详细使用, 读者可以参考 Chollet 等 (2022) 的专著 *Deep Learning with R*.

15.5.1 二分类的 R 案例分析

本节利用卷积神经网络对 10.3.4 节的 SAheart 数据集进行二分类分析, 并与前馈神经网络的结果进行比较. SAheart 数据集是来自南非西开普省心脏病高危地区 462 例男性样本数据 (见 Rousseauw 等, 1983), 包含 10 个变量, 其中 chd 为二元响应变量, 表示心脏病是否发生, chd=1 表示患有心脏病, chd=0 表示未患有心脏病, 其他 9 个变量为协变量或特征变量.

首先, 固定种子 set.seed (100), 把 SAheart 数据集随机分成训练集和测试集, 其中训练集包含 320 个观测样本, 测试集包含 142 个观测样本, 对特征变量进行标准化处理, 并将数据转化为张量形式用于神经网络的训练. 把变量 chd 作为二元响应变量, 其他 9 个变量作为特征变量, 在训练集上建立神经网络, 程序如下.

```
library(keras);  library(bestglm);  library(pROC)
data(SAheart, package = "bestglm"); set.seed(100)
SAheart$famhist = ifelse(SAheart$famhist == "Present", 1, 0)
train = sample(length(SAheart$chd), 320)
x.train = scale(SAheart[train, -10]); y.train = SAheart[train, 10]
x.test = scale(SAheart[-train, -10]); y.test = SAheart[-train, 10]
## 将数据转换为张量形式
x.train = array_reshape(x.train, dim = c(320, 9, 1))
x.test  = array_reshape(x.test,  dim = c(142, 9, 1))
```

利用如下程序搭建包含 1 个卷积层, 1 个汇聚层, 1 个 flatten 层, 2 个全连接层和 1 个输出层的卷积神经网络, 其中卷积层的卷积核大小为 3×1, 采用 ReLU 激活函数; 汇聚层采用最大汇聚, 核的大小为 2; 两个全连接层的神经元个数分别设为 64 和 32, 均采用 ReLU 激活函数; 输出层的神经元个数为 1, 采用 sigmoid 激活函数.

```
model = keras_model_sequential() %>%
  layer_conv_1d(filter = 32, kernel_size = 3, activation = 'relu',
                input_shape = c(9, 1)) %>%
  layer_max_pooling_1d(pool_size = 2)  %>%
  layer_flatten() %>%
  layer_dense(units = 64, activation = 'relu') %>%
```

```
  layer_dense(units = 32, activation = 'relu') %>%
  layer_dense(units = 1,  activation = 'sigmoid')
```

上述代码中 %>% 为管道函数, 其作用是将上一句代码的输出值, 作为下一句代码的输入值, 从而省略了定义中间变量的过程, 实现内存节省和代码优化的目的. 可以想象当网络结构较为复杂时, 如果不用任何管道操作符, 需要定义多少个中间变量, 并且使用中间变量会使得内存开销成倍增长, 从而不仅代码冗余, 阅读困难, 内存也会迅速透支. 下面利用函数 summary() 对 model 进行汇总, 从下面输出结果可以看到, 待学习参数一共有 8 449 个.

```
> summary(model)
Model: "sequential"
________________________________________________________________
Layer (type)                     Output Shape          Param #
================================================================
conv1d (Conv1D)                  (None, 7, 32)         128
max_pooling1d (MaxPooling1D)     (None, 3, 32)         0
flatten (Flatten)                (None, 96)            0
dense_2 (Dense)                  (None, 64)            6208
dense_1 (Dense)                  (None, 32)            2080
dense (Dense)                    (None, 1)             33
================================================================
Total params: 8449 (33.00 KB)
Trainable params: 8449 (33.00 KB)
Non-trainable params: 0 (0.00 Byte)
```

进一步, 使用函数 compile() 对 model 编译以供训练, 其中损失函数选取二分类交叉熵损失函数, 优化算法选取 Adam 算法, 评价指标选取分类准确率. 使用函数 fit() 在训练集上训练所构建的卷积神经网络, `validation_split=0.1` 表示使用训练集最后 10% 的数据作为验证数据, 设定训练次数为 20 次, 并利用函数 plot() 绘制图 15.19(a) 展示训练过程中损失函数值以及分类准确率随训练次数的变化情况.

```
model %>% compile(loss = 'binary_crossentropy',
  optimizer = optimizer_adam(), metrics = c('accuracy'))
history.cnn = model %>% fit(x.train, y.train, epochs = 20,
                  batch_size = 32, validation_split = 0.1)
plot(history.cnn)
```

图 15.19(a) 的结果显示, 随着训练次数的增加, 训练集和验证集对应的损失函数值总体上均呈下降趋势, 分类准确率呈上升趋势. 在迭代 8 次以后, 分类准确率的上升趋势变得平稳.

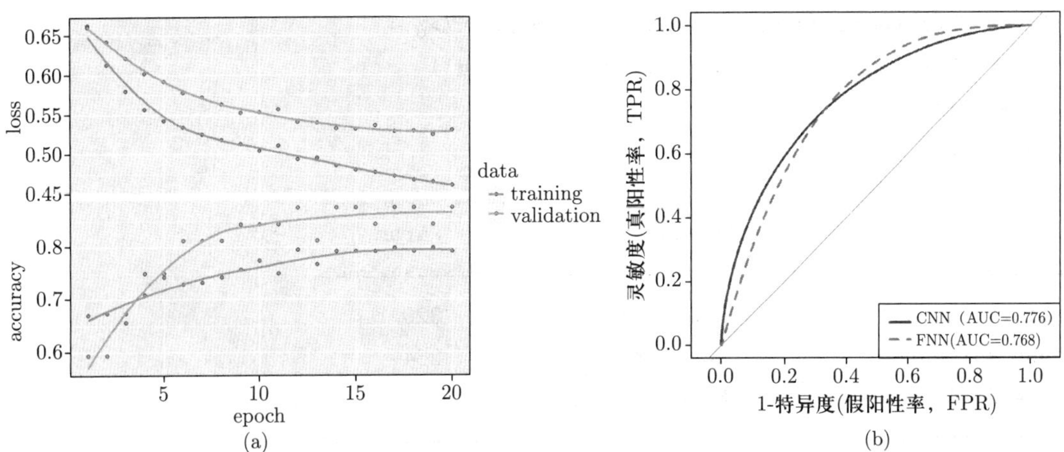

图 15.19 针对 SAheart 数据集的二分类分析. (a) 损失函数值和分类准确率随训练次数的变化情况; (b) ROC 曲线和 AUC 值, 其中前馈神经网络的 AUC 值为 0.768, 卷积神经网络的 AUC 值为 0.776

最后, 使用函数 predict() 在测试集上做预测, 计算混淆矩阵和测试错误率.

```
prob.cnn = model %>% predict(x.test)
pred.cnn = ifelse(prob.cnn > 0.5, 1, 0)
> (conf.cnn=table(pred.cnn, y.test, dnn=c("预测类别", "真实类别")))
            真实类别
  预测类别      0     1
        0     78    30
        1     11    23
> (errRate.cnn = 1 - sum(diag(conf.cnn))/sum(conf.cnn))
[1] 0.2887
```

上面结果显示, 在所构建的卷积神经网络结构下, 测试错误率为 28.87%.

为了与所构建的卷积神经网络进行对比, 本例进一步利用如下程序构建包含 2 个隐藏层和 1 个输出层的前馈神经网络, 其中两个隐藏层的神经元个数分别设为 32 和 8, 输出层的神经元个数为 1, 隐藏层均采用 ReLU 激活函数, 输出层采用 sigmoid 激活函数. 利用函数 summary() 对 model 进行汇总, 从下面输出结果可以看到, 所构建的前馈神经网络待学习参数一共有 593 个. 同样, 使用函数 compile() 对 model 编译以供训练, 使用函数 fit() 在训练集上训练所构建的前馈神经网络, 使用函数 predict() 在测试集上做预测, 并计算混淆矩阵和测试错误率.

```
model = keras_model_sequential() %>%
  layer_dense(units = 32, activation = 'relu', input_shape = 9) %>%
  layer_dense(units = 8, activation = 'relu') %>%
  layer_dense(units = 1, activation = 'sigmoid')
> summary(model)
Model: "sequential_1"
________________________________________________________
Layer (type)                Output Shape           Param
========================================================
dense_5 (Dense)             (None, 32)             320
dense_4 (Dense)             (None, 8)              264
dense_3 (Dense)             (None, 1)              9
========================================================
Total params: 593 (2.32 KB)
Trainable params: 593 (2.32 KB)
Non-trainable params: 0 (0.00 Byte)
## 训练前馈神经网络，并作预测
model %>% compile(loss = 'binary_crossentropy',
  optimizer = optimizer_adam(), metrics = c('accuracy'))
history.fnn = model %>% fit(x.train, y.train, epochs = 20,
  batch_size = 32, validation_split = 0.1)
prob.fnn = model %>% predict(x.test)
pred.fnn = ifelse(prob.fnn > 0.5, 1, 0)
> (conf.fnn=table(pred.fnn, y.test, dnn=c("预测类别", "真实类别")))
               真实类别
  预测类别         0     1
         0       75    29
         1       14    24
> (errRate.fnn = 1 - sum(diag(conf.fnn))/sum(conf.fnn))
[1] 0.3028
```

上面结果显示, 在所构建的前馈神经网络结构下, 测试错误率为 30.28%, 表明分类效果差于所构建的卷积神经网络.

为了更好对比卷积神经网络和前馈神经网络在 SAheart 数据集上的分类效果, 利用如下程序绘制两个神经网络模型的 ROC 曲线和 AUC 值, 结果见图 15.19(b).

```
roc.cnn = roc(y.test, as.numeric(prob.cnn), smooth = T)
roc.fnn = roc(y.test, as.numeric(prob.fnn), smooth = T)
plot(roc.cnn, col = 'blue', lwd = 3, legacy.axes = T)
plot(roc.fnn, col = 'red', lwd = 3, add = TRUE, lty = 2)
legend("bottomright", col=c("blue", "red"), lwd=3, lty=c(1, 2),
      legend=c(paste("CNN (AUC=", round(auc(roc.cnn)[1],3), ")"),
      paste("FNN (AUC=", round(auc(roc.fnn)[1],3), ")")))
```

图 15.19(b) 的结果显示, 所构建前馈神经网络的 AUC 值为 0.768, 卷积神经网络的 AUC 值为 0.776, 说明卷积神经网络的分类效果略优于前馈神经网络.

综上结果可知, 前馈神经网络的测试错误率为 30.28%, 卷积神经网络的测试错误率为 28.87%. 与 10.4.7 节的随机森林方法比较, 当取最优参数 mtry=5 时, 随机森林的测试错误率为 28.87%. 从结果的比较可以发现, 神经网络并没有显著提高模型的泛化能力. 但是本例指定了神经网络的结构、激活函数、神经元个数和卷积核大小等参数, 读者也可以进行调参或优化模型, 检查是否可以提高神经网络模型的泛化能力.

15.5.2 多分类的 R 案例分析

本节利用卷积神经网络对例 1.4 的 CIFAR-10 数据集进行多分类分析, 该数据集由 10 个类别的 60 000 张 32×32 RGB 彩色图片组成, 每类 6 000 张图片, 其中 50 000 张为训练图片, 10 000 张为测试图片. 10 个类别分别是 “airplane” “automobile” “bird” “cat” “deer” “dog” “frog” “horse” “ship” 和 “truck”.

首先, 从程序包 keras 中下载 CIFAR-10 数据集, 将数据分为包含 50 000 张图片的训练集和包含 10 000 张图片的测试集, 并将像素值进行归一化处理, 程序如下.

```
library(keras); cifar10 = dataset_cifar10()
x_train = cifar10$train$x/255; x_test = cifar10$test$x/255
y_train = cifar10$train$y;      y_test = cifar10$test$y
```

其次, 利用如下程序搭建包含 4 个卷积层, 2 个汇聚层, 3 个 dropout 层, 1 个 flatten 层, 1 个全连接层和 1 个输出层的卷积神经网络, 其中卷积层的卷积核大小均为 3×3, 激活函数均采用 Leaky ReLU 函数; 汇聚层均采用最大汇聚, 核的大小均为 2×2; 全连接层的神经元个数为 256.

```
model = keras_model_sequential() %>%
  layer_conv_2d(filter = 16, kernel_size = c(3, 3), padding="same",
    input_shape = c(32, 32, 3)) %>%
  layer_activation_leaky_relu(0.1) %>%
```

```
  layer_conv_2d(filter = 32, kernel_size = c(3, 3)) %>%
  layer_activation_leaky_relu(0.1) %>%
  layer_max_pooling_2d(pool_size = c(2, 2)) %>%
  layer_dropout(0.25) %>%
  layer_conv_2d(filter = 32, kernel_size = c(3, 3),
    padding = "same") %>%
  layer_activation_leaky_relu(0.1) %>%
  layer_conv_2d(filter = 64, kernel_size = c(3, 3)) %>%
  layer_activation_leaky_relu(0.1) %>%
  layer_max_pooling_2d(pool_size = c(2, 2)) %>%
  layer_dropout(0.25) %>% layer_flatten() %>%
  layer_dense(256) %>% layer_activation_leaky_relu(0.1) %>%
  layer_dropout(0.5) %>% layer_dense(10)
```

下面利用函数 summary() 对 model 进行汇总, 从下面输出结果可以看到, 所构建的卷积神经网络待学习参数一共有 625 482 个.

```
> summary(model)

Model: "sequential_1"
_________________________________________________________________
Layer (type)                      Output Shape            Param #
=================================================================
conv2d_3 (Conv2D)                 (None, 32, 32, 16)      448
leaky_re_lu_4 (LeakyReLU)         (None, 32, 32, 16)      0
conv2d_2 (Conv2D)                 (None, 30, 30, 32)      4640
leaky_re_lu_3 (LeakyReLU)         (None, 30, 30, 32)      0
max_pooling2d_1 (MaxPooling2D)    (None, 15, 15, 32)      0
dropout_2 (Dropout)               (None, 15, 15, 32)      0
conv2d_1 (Conv2D)                 (None, 15, 15, 32)      9248
leaky_re_lu_2 (LeakyReLU)         (None, 15, 15, 32)      0
conv2d (Conv2D)                   (None, 13, 13, 64)      18496
leaky_re_lu_1 (LeakyReLU)         (None, 13, 13, 64)      0
max_pooling2d (MaxPooling2D)      (None, 6, 6, 64)        0
dropout_1 (Dropout)               (None, 6, 6, 64)        0
flatten_1 (Flatten)               (None, 2304)            0
```

```
dense_4 (Dense)                 (None, 256)             590080
leaky_re_lu (LeakyReLU)         (None, 256)             0
dropout (Dropout)               (None, 256)             0
dense_3 (Dense)                 (None, 10)              2570
=================================================================
Total params: 625482 (2.39 MB)
Trainable params: 625482 (2.39 MB)
Non-trainable params: 0 (0.00 Byte)
```

进一步, 下面程序使用函数 compile() 对 model 编译以供训练, 其中损失函数选取稀疏交叉熵损失函数, 优化算法选取 AdaMax 算法, 评价指标选取分类准确率. 使用函数 fit() 在训练集上训练所构建的卷积神经网络, `validation_split=0.1` 表示使用训练集最后 10% 的数据作为验证数据, 设定训练次数为 50 次, 并利用函数 plot() 绘制图 15.20 展示训练过程中损失函数值和分类准确率随训练次数的变化情况.

```
model %>% compile(
  loss = loss_sparse_categorical_crossentropy(from_logits = TRUE),
  optimizer = optimizer_adamax(), metrics = "accuracy")
history = model %>% fit(x_train, y_train, batch_size = 32,
                        epochs = 50, validation_split = 0.1)
plot(history)
```

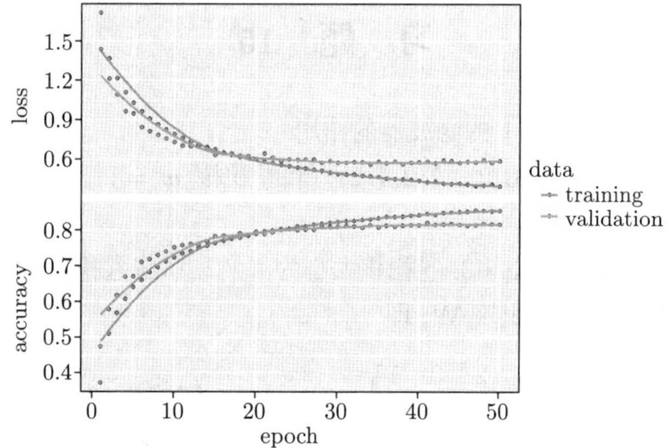

图 15.20 训练过程中, 损失函数值和分类准确率随训练次数的变化情况

从图 15.20 的结果可知, 随着训练次数的增加, 训练集和验证集对应的损失函数值总体上均呈下降趋势, 并且迭代 40 次以后, 训练集上损失函数值近乎为 0. 随着训练次数的增加, 分类准确率呈

上升趋势, 训练次数到 30 以后, 上升趋势变得平稳.

最后, 使用函数 predict() 在测试集上进行预测, 计算混淆矩阵和测试错误率. 进一步, 利用程序包 vcd 中的函数 Kappa() 计算 kappa 指标, 程序和结果如下.

```
prob_predict = model %>% predict(x_test)
pred = apply(prob_predict, 1, which.max)
conf_cnn = table(pred, y_test, dnn = c(" 预测类别", " 真实类别"))
> (errRate_cnn = 1 - sum(diag(conf_cnn))/sum(conf_cnn))
[1] 0.1965
library(vcd)
> Kappa(conf_cnn)
            value      ASE      z  Pr(>|z|)
Unweighted  0.7817  0.004411  177.2       0
Weighted    0.7927  0.005247  151.1       0
```

上面结果显示, 在所构建的卷积神经网络结构下, 测试错误率为 19.65%, 测试集上的 kappa 指标为 0.781 7. 对照表 9.5 的 kappa 指标的含义, 表示预测值与真实值之间具有一致性较好 (good agreement) 的拟合效果.

当改变卷积神经网络结构或者改变网络中的某些参数时, 比如增加全连接层, 更换激活函数、改变卷积核大小和进行汇聚运算等, 分类效果会发生变化, 感兴趣的读者可自行构建不同的神经网络模型对该数据集进行分析和比较, 检查模型的泛化能力.

习 题 15

1. 分析卷积神经网络中用 1×1 的滤波器的作用.

2. 给定输入信号向量 $\boldsymbol{x}=(3,0,2,-2,2,1,2)^{\mathrm{T}}$ 和卷积核 $\boldsymbol{w}=(1,-1,2)^{\mathrm{T}}$, 利用式 (15.3), 计算 $\boldsymbol{y}=\boldsymbol{w}\circledast\boldsymbol{x}$.

3. 对于一个二维卷积, 输入为 3×3, 卷积核大小为 2×2, 试将卷积操作重写为仿射变换的形式.

4. 给定如下输入矩阵 $\mathbf{X}$ 和卷积核 $\mathbf{W}$, 即

$$\mathbf{X}=\begin{pmatrix}3&2&0&1\\0&2&1&2\\2&0&0&3\\2&3&1&2\end{pmatrix},\qquad \mathbf{W}=\begin{pmatrix}2&1&2\\0&0&3\\0&0&2\end{pmatrix}.$$

(1) 试分别计算数学卷积 $\mathbf{W}\circledast\mathbf{X}$ 和 $\mathbf{X}\circledast\mathbf{W}$, 并验证数学卷积是否满足交换律.

(2) 试验证机器学习卷积 (互相关) 不满足交换律.

5. 设有输入矩阵 $\mathbf{X} \in \mathbb{R}^{3\times 3}$ 和核卷积 $\mathbf{W} \in \mathbb{R}^{3\times 3}$, 即

$$\mathbf{X} = \begin{pmatrix} x_{11} & x_{12} & x_{13} \\ x_{21} & x_{22} & x_{23} \\ x_{31} & x_{32} & x_{33} \end{pmatrix}, \qquad \mathbf{W} = \begin{pmatrix} w_{11} & w_{12} & w_{13} \\ w_{21} & w_{22} & w_{23} \\ w_{31} & w_{32} & w_{33} \end{pmatrix}.$$

试证明: $\text{rot180}(\mathbf{W}) * \mathbf{X} = \text{rot180}(\mathbf{X}) * \mathbf{W}$.

6. 设输入矩阵 $\mathbf{X} \in \mathbb{R}^{M\times N}$, 卷积核 $\mathbf{W} \in \mathbb{R}^{I\times J}$, 满足 $I \ll M$ 和 $J \ll N$, 则称以下运算为二维数学卷积, 产生输出矩阵 $\mathbf{Y} \in \mathbb{R}^{K\times L}$, 即

$$\mathbf{Y} = \mathbf{W} \circledast \mathbf{X},$$

其中

$$y_{kl} = \sum_{i=1}^{I}\sum_{j=1}^{J} w_{ij} x_{k-i+I,l-j+J}, \quad k = 1, \cdots, K, \quad l = 1, \cdots, L,$$

且 $K = M - I + 1$ 和 $L = N - J + 1$. 试证明数学卷积和机器学习卷积有如下关系

$$\mathbf{W} \circledast \mathbf{X} = \text{rot180}(\mathbf{W}) * \mathbf{X},$$

其中 $\circledast$ 表示数学卷积, $*$ 表示机器学习卷积, rot180 表示对矩阵的 180 度旋转.

7. 对于一个输入为 $100 \times 100 \times 256$ 的特征映射组, 使用 3×3 的卷积核, 输出为 $100 \times 100 \times 256$ 的特征映射组的卷积层, 求其时间和空间复杂度. 如果引入一个 1×1 卷积核, 先得到 $100 \times 100 \times 64$ 的特征映射, 再进行 3×3 的卷积, 得到 $100 \times 100 \times 256$ 的特征映射组, 求其时间和空间复杂度.

8. 给定输入矩阵 $\mathbf{X}$ 和卷积核 $\mathbf{W}$, 即

$$\mathbf{X} = \begin{pmatrix} 1 & 1 & 1 & 1 & 1 \\ -1 & 0 & -3 & 0 & 1 \\ 2 & 1 & 1 & -1 & 0 \\ 0 & -1 & 1 & 2 & 1 \\ 1 & 2 & 1 & 1 & 1 \end{pmatrix}, \qquad \mathbf{W} = \begin{pmatrix} 1 & 0 & 0 \\ 0 & 0 & 0 \\ 0 & 0 & -1 \end{pmatrix}.$$

试考虑如下问题:

(1) 由式 (15.5), 计算卷积 $\mathbf{Y} = \mathbf{W} \circledast \mathbf{X}$;

(2) 由式 (15.7), 计算互相关 $\mathbf{Y} = \mathbf{W} * \mathbf{X}$.

9. 给定输入矩阵 $\mathbf{X}$ 和卷积核 $\mathbf{W}$, 即

$$\mathbf{X} = \begin{pmatrix} 3 & 2 & 0 & 1 & 0 & 2 & 1 \\ 0 & 2 & 1 & 2 & 1 & 2 & 1 \\ 2 & 0 & 0 & 3 & 0 & 0 & 2 \\ 2 & 3 & 1 & 0 & 1 & 1 & 3 \\ 2 & 2 & 1 & 1 & 0 & 3 & 1 \\ 1 & 1 & 0 & 0 & 1 & 2 & 2 \\ 2 & 1 & 0 & 3 & 2 & 1 & 1 \end{pmatrix}, \qquad \mathbf{W} = \begin{pmatrix} 2 & 1 & 2 \\ 0 & 0 & 3 \\ 0 & 0 & 2 \end{pmatrix}.$$

试考虑如下问题:

(1) 分别设卷积步长为 $S=1$ 和 $S=2$, 计算卷积 $\mathbf{Y}=\mathbf{W}*\mathbf{X}$;

(2) 对输入矩阵 $\mathbf{X}$ 进行零填充, 且要求 $P=Q=2$, 得到零填充后的输入矩阵 $\widetilde{\mathbf{X}}$, 卷积核 $\mathbf{W}$ 不变, 试计算输出矩阵 $\mathbf{Y}=\mathbf{W}*\widetilde{\mathbf{X}}$;

(3) 设步长为 $S=2$, 计算卷积 $\mathbf{Y}=\mathbf{W}*\widetilde{\mathbf{X}}$;

(4) 对输入矩阵 $\mathbf{X}$ 进行零填充, 且要求 $P=Q=1$, 得到零填充后的输入矩阵 $\widetilde{\mathbf{X}}$, 要求卷积核大小为 3×3, 步长为 3, 分别求 $\widetilde{\mathbf{X}}$ 上的最大汇聚和平均汇聚.

10. 计算函数 $y=\max(x_1,\cdots,x_p)$ 和函数 $y=\arg\max(x_1,\cdots,x_p)$ 的梯度.

11. 设有输入矩阵 $\mathbf{X}\in\mathbb{R}^{4\times 5}$ 和核卷积 $\mathbf{W}\in\mathbb{R}^{3\times 3}$, 即

$$\mathbf{X}=\begin{pmatrix} x_{11} & x_{12} & x_{13} & x_{14} & x_{15} \\ x_{21} & x_{22} & x_{23} & x_{24} & x_{25} \\ x_{31} & x_{32} & x_{33} & x_{34} & x_{35} \\ x_{41} & x_{42} & x_{43} & x_{44} & x_{45} \end{pmatrix}, \qquad \mathbf{W}=\begin{pmatrix} w_{11} & w_{12} & w_{13} \\ w_{21} & w_{22} & w_{23} \\ w_{31} & w_{32} & w_{33} \end{pmatrix}.$$

有卷积 $\mathbf{Y}=\mathbf{W}*\mathbf{X}$. 试求 $\dfrac{\partial\mathbf{Y}}{\partial\mathbf{W}}$ 和 $\dfrac{\partial\mathbf{Y}}{\partial\mathbf{X}}$, 并具体写出 $\dfrac{\mathrm{d}y_{kl}}{\mathrm{d}w_{ij}}$ 和 $\dfrac{\mathrm{d}y_{kl}}{\mathrm{d}x_{mn}}$.

12. 考虑如下 softmax 函数

$$\mathbb{P}(Y=j|\boldsymbol{X}=\boldsymbol{x})=\frac{\exp(z_j)}{\sum\limits_{i=1}^{J}\exp(z_i)}, \qquad j=1,\cdots,J,$$

其中 $z_i=\beta_{i0}+\beta_{i1}x_1+\cdots+\beta_{ip}x_p$. 用其对多分类概率进行建模.

(1) 证明: 如果向每个 z_i 添加一个常数 c, 那么概率不变;

(2) 证明: 如果将常数 $c_j, j=0,1,\cdots,p$, 添加到每个类的每个相应系数中, 则在任何新观测点 $\boldsymbol{x}_0$ 处的预测结果都保持不变.

13. 试证明感受野的关系式 (15.23) 成立.

14. 考虑一个卷积神经网络, 输入 32×32 的灰度图像, 并具有单个卷积层和三个 5×5 的卷积核 (无边界填充). 试考虑如下问题:

(1) 绘制输入层和第一个隐藏层的图形;

(2) 该模型有多少个超参数需要学习?

(3) 解释如何将此模型视为普通的前馈神经网络, 其中单个像素作为输入, 并对隐藏层单元中的权重进行约束. 这些约束是什么?

(4) 如果没有约束, 那么 (3) 中的普通前馈神经网络会有多少个权重?

15. 考虑简单函数 $f(\beta)=\sin(\beta)+\beta/10$.

(1) 在 $\beta\in[-6,6]$ 范围内绘制该函数的图形;

(2) 计算该函数导数, 并绘制导数的图形;

(3) 给定 $\beta^{(0)}=2.3$, 运行梯度下降算法, 使用学习率 $\eta=0.1$ 找到 $f(\beta)$ 的局部最小值. 在图中显示每个迭代值 $\beta^{(0)},\beta^{(1)},\cdots$, 以及最终解.

(4) 给定 $\beta^{(0)}=1.4$, 重复 (3).

16. 将神经网络拟合到程序包 ISLR2 中的 Default 数据集. 使用具有 10 个神经元的单个隐藏层, 并去除正则化. 将该模型的分类性能与 logistic 回归模型的分类结果进行比较. 进一步, 自己构建一个卷积神经网络, 把数据随机分成训练集和测试集, 在测试集上进行预测, 计算测试错误率, 并与前馈神经网络、logistic 回归模型、随机森林和支持向量机等方法进行比较.

17. 设计一个基于卷积神经网络的自然语言句子分类模型. 假设句子是单词序列, 每个单词用一个实数向量表示.

18. 利用卷积神经网络, 对例 1.5 手写数字识别的 MNIST 数据集进行多分类分析, 并与前馈神经网络的结果进行比较.

参考文献

[1] 柴根象, 洪圣岩. 半参数回归模型. 合肥: 安徽教育出版社, 1995.

[2] 陈强. 机器学习及 R 应用. 北京: 高等教育出版社, 2020.

[3] 陈强. 机器学习及 Python 应用. 北京: 高等教育出版社, 2021.

[4] 邓乃扬, 田英杰. 数据挖掘中的新方法: 支持向量机. 北京: 科学出版社, 2004.

[5] 高惠璇. 应用多元统计分析. 北京: 北京大学出版社, 2005.

[6] 李高荣, 杨宜平. 纵向数据半参数模型. 北京: 科学出版社, 2015.

[7] 李高荣, 吴密霞. 多元统计分析. 北京: 科学出版社, 2021.

[8] 李高荣, 张君, 冯三营. 现代测量误差模型. 北京: 科学出版社, 2016.

[9] 李航. 统计学习方法. 2 版. 北京: 清华大学出版社, 2019.

[10] 李航. 机器学习方法. 北京: 清华大学出版社, 2022.

[11] 邱锡鹏. 神经网络与深度学习. 北京: 机械工业出版社, 2020.

[12] 王松桂, 陈敏, 陈立萍. 线性统计模型: 线性回归与方差分析. 北京: 高等教育出版社, 1999.

[13] 薛留根. 现代统计模型. 北京: 科学出版社, 2012.

[14] 薛留根. 单指标模型的统计推断. 数理统计与管理, 2012, 31(1): 55–78.

[15] 薛留根. 单指标模型的统计推断. 数理统计与管理, 2012, 31(2): 226–246.

[16] 薛留根. 现代非参数统计. 北京: 科学出版社, 2015.

[17] 薛毅, 陈立萍. 统计建模与 R 软件. 北京: 清华大学出版社, 2007.

[18] 张日权, 卢一强. 变系数模型. 北京: 科学出版社, 2004.

[19] 周志华. 机器学习. 北京: 清华大学出版社, 2016.

[20] Abe, S. (2005). Support Vector Machines for Pattern Classification. London: Springer-Verlag.

[21] Akaike, H. (1974). A new look at the statistical model identification. IEEE Transactions on Automatic Control, 19: 716–723.

[22] Anderson, T. W. (2003). An Introduction to Multivariate Statistical Analysis. 3rd ed. New York: John Wiley & Sons.

[23] Anscombe, F. (1973). Graphs in statistical analysis. The American Statistician, 27: 17–21.

[24] Antoniadis, A. (1997). Wavelets in statistics: A review (with discussion). Journal of the Italian Statistical Society, 6: 97–144.

[25] Belsley, D., Kuh, E. and Welsch, R. E. (1980). Regression Diagnostics: Identifying Influential Data and Sources of Collinearity. New York: John Wiley & Sons.

[26] Bishop, C. M. (2006). Pattern Recognition and Machine Learning. New York: Springer.

[27] Bouma, B. N., et al. (1975). Evaluation of the detection rate of hemophilia carriers. Statistical Methods for Clinical Decision Making, 7(2): 339–350.

[28] Box, G. and Cox, D. R. (1964). An analysis of transformations. Journal of the Royal Statistical Society: Series B, 26: 211–252.

[29] Breiman, L. (1996). Bagging predictors. Machine Learning, 24: 123–140.

[30] Breiman, L. (1998). Arcing classifiers (with discussion). The Annals of Statistics, 26: 801–849.

[31] Breiman, L. (2001). Random forests. Machine Learning, 45: 5–32.

[32] Breiman, L. and Friedman, J. (1985). Estimating optimal transformations for multiple regression and correlation (with discussion). Journal of the American Statistical Association, 80: 580–619.

[33] Breiman, L., Friedman, J. H., Stone, C. J., et al. (1984). Classification and Regression Trees. Boca Raton: Chapman & Hall/CRC.

[34] Burnham, K. P. and Anderson, D. R. (2004). Understanding AIC and BIC in model selection. Sociological Methods & Research, 33: 261–304.

[35] Candès, E. J. and Tao, T. (2007). The Dantzig selector: Statistical estimation when p is much larger than n. The Annals of Statistics, 35: 2313–2351.

[36] Celeux, G. and Govaert, G. (1995). Gaussian parsimonious clustering models. Pattern Recognition, 28: 781–793.

[37] Chatterjee, S. and Hadi, A. S. (2006). Regression Analysis by Example. 4th ed. New Jersey: John Wiley & Sons.

[38] Chollet, F., Kalinowski, T. and Allaire, J. J. Deep Learning with R. 2nd ed. New York: Manning Publications Co, 2022.

[39] Cohen, J. (1960). A coefficient of agreement of nominal scales. Educational and Psychological Measurement, 20: 37–46.

[40] Cook, R. D. (1977). Detection of influential observation in linear regression. Technometrics, 19: 15–18.

[41] Cortes, C. and Vapnik, V. N. (1995). Support vector networks. Machine Learning, 20(3): 273–297.

[42] Cover, T. and Hart, P. (1967). Nearest neighbor pattern classification. IEEE Transactions on Information Theory, 13(1): 21–27.

[43] Craven, P. and Wahba, G. (1979). Smoothing noisy data with spline functions: estimating the correct degree of smoothing by the method of generalized cross-validation. Numerische Mathematik, 31: 337–403.

[44] Dasarathy, B. (1991). Nearest Neighbor Pattern Classification Techniques. Los Alamitos: IEEE Computer Society Press.

[45] Davison, A. C. and Hinkley, D. V. (1997). Bootstrap Methods and their Application. Cambridge: Cambridge University Prcss.

[46] Duda, R. O., Hart, P. E. and Stork, D. G. (2001). Pattern Classification. 2nd ed. New York: John Wiley & Sons.

[47] Efron, B. (1979). Bootstrap methods: another look at the Jackknife. The Annals of Statistics, 7(1): 1–26.

[48] Efron, B., Hastie, T., Johnstone, I, et al. (2004). Least angle regression (with discussion). The Annals of Statistics, 32: 407–499.

[49] Efron, B. and Tibshirani, R. (1993). An Introduction to the Bootstrap. London: Chapmen & Hall/ CRC.

[50] Engle, R. F., Granger, C. W. J., Rice, J., et al. (1986). Semiparametric estimates of the relation between weather and electricity scales. Journal of the American Statistical Association, 81: 310–320.

[51] Fan, J. Q. (1993). Local linear regression smoothers and their minimax efficiencies. The Annals of Statistics, 21(1): 196–216.

[52] Fan, J. Q. (1997). Comment on "Wavelets in statistics: a review" by A. Antoniadis. Journal of the Italian Statistical Society, 6: 131–138.

[53] Fan, J. and Gijbels, I. (1996). Local Polynomial Modelling and Its Applications. London: Chapman and Hall.

[54] Fan, J. Q. and Li, R. Z. (2001). Variable selection via nonconcave penalized likelihood and its oracle properties. Journal of the American Statistical Association, 96: 1348–1360.

[55] Fan, J. Q., Li, R. Z., Zhang, C.-H. and Zou, H. (2020). Statistical Foundations of Data Science. New York: CRC Press.

[56] Fan, J. Q. and Zhang, W. Y. (2008). Statistical methods with varying coefficient models. Statistics and Its Inference, 1: 179–195.

[57] Fisher, R. A. (1936). The use of multiple measurements in taxonomic problem. Annals of Eugenics, 7: 179–188.

[58] Fisher, R. A. (1938). The statistical utilization of multiple measurements. Annals of Eugenics, 8: 376–386.

[59] Fix, E. and Hodges, J. (1951). Discriminatory analysis—nonparametric discrimination: Consistency properties. *Technical Report 21-49-004,4,* U. S. Air Force, School of Aviation Medicine, Randolph Field, TX.

[60] Foster, D. P. and George, E. I. (1994). The risk inflation criterion for multiple regression. The Annals of Statistics, 22(4): 1947–1975.

[61] Fraley, C. and Raftery, A. E. (2002). Model-based clustering, discriminant analysis and density estimation. Journal of the American Statistical Association, 97: 611–631.

[62] Frank, I. E. and Friedman, J. H. (1993). An statistical view of some chemometrics regression tools (with discussion). Technometrics, 35: 109–135.

[63] Freund, Y. and Schapire, R. (1996). Experiments with a new boosting algorithm. Machine Learning: Proceedings of the Thirteenth International Conference, Morgan Kauffman, San Francisco.

[64] Freund, Y. and Schapire, R. (1997). A decision-theoretic generalization of on-line learning and an application to boosting. Journal of Computer and System Science, 55: 119–139.

[65] Friedman, J., Hastie, T. and Tibshirani, R. (2010). Regularization paths for generalized linear models via coordinate descent. Journal of Statistical Software, 33(1): 1–22.

[66] Friedman, J. and Stuetzle, W. (1981). Projection Pursuit Regression. Journal of the American Statistical Association, 76: 817–823.

[67] Fu, W. (1998). Penalized regressions: the Bridge versus the Lasso. Journal of Computational and Graphical Statistics, 7(3): 397–416.

[68] Fukushima, K. (1980). Neocognitron: a self-organizing neural network model for a mechanism of pattern recognition unaffected by shift in position. Biological Cybernetics, 36(4): 193–202.

[69] Gabriel, K. R. (1971). The biplot graphic display of matrices with application to principal component analysis. Biometrika, 58(3): 453–467.

[70] Gasser, T. and Müller, H. G. (1979). Kernel estimation of regression function. In Smoothing Techniques for Curve Estimation, Lecture Notes in Mathematics, 757: 23–68. New York: Springer-Verlag.

[71] Gorman, R. P. and Sejnowski, T. J. (1988). Analysis of hidden units in a layered network trained to classify sonar targets. Neural Networks, 1(1): 75–89.

[72] Gower, J. C. (1967). Multivariate analysis and multidimensional geometry. The Statistician, 17: 13–25.

[73] Gower, J. C. and Hand, D. J. (1996). Biplots. London: Chapman and Hall.

[74] Graybill, F. (1976). Theory and Application of the Linear Model. Pacific Grove, CA: Duxbury Press.

[75] Guha, S., Rastogi, R. and Shim, K. (1998). CURE: An efficient clustering algorithm for large databases. In Proceedings of ACM SIGMOD International Conference on Management of Data, 73–84.

[76] Guha, S., Rastogi, R. and Shim, K. (2000). ROCK: A robust clustering algorithm for categorical attributes. Information Systems, 25(5): 345–366.

[77] Hadi, A. S. and Simonoff, J. S. (1993). Procedures for the identification of multiple outliers in linear models. Journal of the American Statistical Association, 88: 1264–1272.

[78] Hadji, I. and Wildes, R. P. (2018). What Do we understand about Convolutional Networks? arXiv: 1803.08834v1.

[79] Hall, P. (1992). The Bootstrap and Edgeworth Expansion. New York: Springer-Verlag.

[80] Härdle, W., Liang, H. and Gao, J. T. (2000). Partially Linear Models. Heidelberg: Physica Verlag.

[81] Hastie, T. and Tibshirani, R. (1990). Generalized Additive Models. London: Chapman and Hall.

[82] Hastie, T. and Tibshirani, R. (1993). Varying-coefficient models. Journal of the Royal Statistical Society: Series B, 55(4): 757–796.

[83] Hastie, T. and Tibshirani, R. (1996). Discriminant adaptive nearestneighbor classification. IEEE Pattern Recognition and Machine Intelligence, 18: 607–616.

[84] Hastie, T., Tibshirani, R. and Friedman, J. (2009). The Elements of Statistical Learning: Data Mining, Inference, and Prediction. 2nd ed. New York: Springer-Verlag.

[85] Haykin, S. (2009). Neural Networks and Learning Machines. 3rd ed. Pearson.

[86] He, K., Zhang, X., Ren, S., et al. (2016). Deep residual learning for image recognition. Proceedings of the IEEE Conference on Computer Vision and Pattern Recognition, 770–778.

[87] Hoaglin, D. C. and Welsch, R. E. (1978). The hat matrix in regression and ANOVA. The American Statistician, 32: 17–22.

[88] Hornik, K., Stinchcombe, M. and White, H. (1989). Multilayer feedforward networks are universal approximators. Neural Networks, 2(5): 359–366.

[89] Hotelling, H. (1933). Analysis of a complex of statistical variables into principal components. Journal of Educational Psychology, 24: 417–441, 498–520.

[90] Hsu, C. W. and Lin, C. J. (2002). A comparison of methods for multiclass support vector machines. IEEE Transactions on Neural Networks, 13(2): 415–425.

[91] Huet, S., Bouvier, A., Poursat, M.-A. and Jolivet, E. (2004). Statistical Tools for Nonlinear Regression: A Practical Guide with S-PLUS and R Examples. 2nd ed. New York: Springer-Verlag.

[92] Hunt, E. B., Marin, J., and Stone, P. J. (1966). Experiments in Induction. England: Academic Press.

[93] Hunter, D. and Li, R. Z. (2005). Variable selection using MM algorithms. The Annals of Statistics, 33: 1617–1642.

[94] James, G., Witten, D., Hastie, T. and Tibshirani, R. (2021). An Introduction to Statistical Learning with Applications in R. 2nd ed. New York: Springer-Verlag.

[95] James, G., Witten, D., Hastie, T., Tibshirani, R. and Taylor, J. (2023). An Introduction to Statistical Learning with Applications in Python. New York: Springer-Verlag.

[96] Johnson, R. A. and Wichern, D. W. (2008). Applied Multivariate Statistical Analysis. 6th ed. 北京：清华大学出版社.

[97] Karypis, G., Han, E. and Kumar, V. (1999). Chameleon: Hierarchical clustering using dynamic modeling. IEEE Computer, 32 (8): 68–75.

[98] Knight, K. and Fu, W. (2000), Asymptotics for Lasso type estimators. The Annals of Statistics, 28: 1356–1378.

[99] Krizhevsky, A., Sutskever, I. and Hinton, G. E. (2012). ImageNet classification with deep convolutional neural networks. Advances in Neural Information Processing Systems, 25: 1106–1114.

[100] Lance, G. N. and Williams, W. T. (1967). A general theory of classificatory sorting strategies: hierarchical systems. The Computer Journal, 9(4): 373–380.

[101] LeCun, Y., Boser, B., Denker, J. S., et al. (1989). Backpropagation applied to handwritten zip code recognition. Neural Computation, 1(4): 541–551.

[102] LeCun, Y., Bottou, L., Bengio, Y., et al. (1998). Gradient-based learning applied to document recognition. Proceedings of the IEEE, 86(11): 2278–2324.

[103] Li, Q. and Racine, J. (2007). Nonparametric Econometrics: Theory and Practice. Princeton: Princeton University Press.

[104] Liu, B. (2006). Web Data Mining: Exploring Hyperlinks, Contents and Usage Data. New York: Springer-Verlag.

[105] MacQueen, J. (1967). Some methods for classification and analysis of multivariate observations. Proceedings of the Fifth Berkeley Symposium on Mathematical Statistics and Probability, University of California Press, 1: 281–297.

[106] Mahalanobis, P. C. (1936). On tests and measures of group divergence. Journal and Proceedings of the Asiatic Society of Bengal, 26: 541–588.

[107] Mallows, C. L. (1973). Some comments on C_p. Technometrics, 15: 661–675.

[108] McCulloch, W. S. and Pitts, W. (1943). A logical calculus of the ideas immanent in nervous activity. The Bulletin of Mathematical Biophysics, 5(4): 115–133.

[109] Nadaraya, E. A. (1964). On estimating regression. Theory of Probability and Its Application, 9(1): 141–142.

[110] Nair, V. and Hinton, G. E. (2010). Rectified linear units improve restricted boltzmann machines. Proceedings of the International Conference on Machine Learning, 807–814.

[111] Pearson, K. (1901). On lines and planes of closest fit to systems of points in space. Philosophical Magazine, 11: 559–572.

[112] Quinlan, J. R. (1979). Discovering rules by induction from large collection of examples. In Michie, D. (Ed.), Expert Systems in the Micro Electronic Age. Edinburgh University Press.

[113] Quinlan, J. R. (1986). Induction of decision trees. Machine Learning, 1(1): 81–106.

[114] Quinlan, J. R. (1993). C4.5: Programs for Machine Learning. San Mateo, CA: Morgan Kaufmann.

[115] Rao, C. R. (1973). Linear Statistical Inference and Its Application. 2nd ed. New York: John Wiley & Sons.

[116] Rousseauw, J., du Plessis, J., Benade, A., Jordaan, P., Kotze, J. and Ferreira, J. (1983). Coronary risk factor screening in three rural communities. South African Medical Journal, 64: 430–436.

[117] Ruppert, D., Wand, M. P. and Carroll, R. J. (2003). Semiparametric Regression. Cambridge: Cambridge University Press.

[118] Schölkopf, B., Smola, A. and Müller, K.-R. (1998). Nonlinear component analysis as a kernel eigenvalue problem. Neural Computation, 10(5): 1299–1319.

[119] Schwarz, G. (1978). Estimating the dimension of a model. The Annals of Statistics, 6: 461–464.

[120] Searle, S. R. (1971). Linear Models. New York: John Wiley & Sons.

[121] Seber, G. A. F. and Lee, A. J. (2003) Linear Regression Analysis. 2nd ed. New York: John Wiley & Sons.

[122] Sheather, S. J. (2009). A Modern Approach to Regression with R. New York: Springer.

[123] Siegel, A. (1997). Practical Business Statistics. 3rd ed. Boston: Irwin McGraw-Hill.

[124] Simonyan, K. and Zisserman, A. (2014). Very deep convolutional networks for large-scale image recognition. arXiv preprint arXiv: 1409.1556.

[125] Srivastava, N., Hinton, G., Krizhevsky, A., Sutskever, I. and Salakhutdinov, R. (2014). Dropout: a simple way to prevent neural networks from overfitting. Journal of Machine Learning Research, 15: 1929–1958.

[126] Stamey, T., Kabalin, J., McNeal, J., Johnstone, I., Freiha, F., Redwine, E. and Yang, N. (1989). Prostate specific antigen in the diagnosis and treatment of adenocarcinoma of the prostate II radical prostatectomy treated patients. Journal of Urology, 16: 1076–1083.

[127] Struyf, A., Hubert, M. and Rousseeuw, P. J. (1997). Clustering in an object-oriented environment. Journal of Statistical Software, 1: 1–30.

[128] Suzuki, J. (2020). Statistical Learning with Math and R. Singapore: Springer.

[129] Tibshirani, R. (1996). Regression shrinkage and selection via the LASSO. Journal of the Royal Statistical Society: Series B, 58: 267–288.

[130] Tibshirani, R., Walther, G. and Hastie, T. (2001). Estimating the number of data clusters via the Gap statistic. Journal of the Royal Statistical Society: Series B, 63(2): 411–423.

[131] Tong, X., Feng, Y. and Li, J. (2018). Neyman-Pearson classification algorithms and NP receiver operating characteristics. Science Advances, 4(2): eaao1659. DOI: 10.1126/sciadv.aao1659.

[132] Tryfos, P. (1998). Methods for Business Analysis and Forecasting: Text & Cases. New York: John Wiley & Son.

[133] Turk, M. and Pentland, A. (1991). Eigedces for recognition. Journal of Cognitive Neuroscience, 3(1): 71–86.

[134] Vapnik, V. N. (1995). The Nature of Statistical Learning Theory. New York: Springer-Verlag.

[135] Vapnik, V. N. (1998). Statistical Learning Theory. New York: John Wiley & Son.

[136] Vapnik, V. N. (1999). An overview of statistical learning theory. IEEE Transactions on Neural Networks, 10(5): 988–999.

[137] Vapnik, V. N. and Lerner, A. (1963). Pattern recognition using generalized portrait method. Automation and Remote Control, 24: 774–780.

[138] Wang, H. S., Li, R. Z. and Tsai, C.-L. (2007). Tuning parameter selectors for the smoothly clipped absolute deviation method. Biometrika, 94: 553–568.

[139] Ward, Jr., J. H. (1963). Hierarcllical grouping to optimize an objective function. Journal of the American Statistical Association, 58: 236–244.

[140] Watson, G. S. (1964). Smooth regression analysis. Sankhya: The Indian Journal of Statistics, Series A, 26(4): 359–372.

[141] Wu, T. and Lange, K. (2008). Coordinate descent algorithms for Lasso penalized regression. Annals of Applied Statistics, 2: 224–244.

[142] Zhang, C. H. (2010). Nearly unbiased variable selection under minimax concave penalty. The Annals of Statistics, 38(2): 894–942.

[143] Zhang, Y., Li, R. Z. and Tsai, C.-L. (2010). Regularization parameter selections via generalized information criterion. Journal of the American Statistical Association, 105(489): 312–323.

[144] Zhang, T., Ramakrishnan, R. and Livny, M. (1996). BIRCH: An efficient data clustering method for very large databases. In Proceedings of the ACM SIGMOD Conference on Management of Data, 103–114.

[145] Zou, H. (2006). The adaptive LASSO and its oracle properties. Journal of the American Statistical Association, 101: 1418–1429.

[146] Zou, H. and Hastie, T. (2005). Regularization and variable selection via the elastic net. Journal of the Royal Statistical Society: Series B, 67: 301–320.

[147] Zou, H. and Li, R. Z. (2008). One-step sparse estimates in nonconcave penalized likelihood models (with discussion). The Annals of Statistics, 36: 1509–1566.

索　　引

(按拼音字母排序)

T

W

X

Y

Z

读者意见反馈

为收集对教材的意见建议，进一步完善教材编写并做好服务工作，读者可将对本教材的意见建议通过如下渠道反馈至我社。

咨询电话　400-810-0598

反馈邮箱　gjdzfwb@pub.hep.cn

通信地址　北京市朝阳区惠新东街 4 号富盛大厦 1 座　高等教育出版社总编辑办公室

邮政编码　100029